K-IFRS
중급재무회계

K-IFRS
중급재무회계

INTERMEDIATE ACCOUNTING

윤순석
송민섭
이종은

제14판

신영사

머리말

계속하여 본 교재를 사랑해 주시는 교수님들과 독자들에게 우선 감사의 말씀을 드립니다. 본 교재는 1993년도에 『중급재무회계』라는 제목의 초판이 출간되었으며, K-IFRS의 채택으로 인하여 『K-IFRS 중급재무회계』라는 제목으로 바뀐 이래 벌써 제14판에 이르게 되었습니다. 본 교재가 아직도 개정되고 발전할 수 있었던 것은 여러 가지 유익한 조언과 성원을 해주신 교수님들과 독자들의 사랑 덕분이라고 생각합니다.

지난 20여 년간 공저자로 참여해 주셨던 성균관대학교의 명예교수이신 최관 교수님의 정년퇴직으로 인하여 이제 세 명의 저자로 제14판을 내게 되었습니다. 그간 본 교재의 유지 · 발전을 위하여 혁혁한 기여를 하신 최관 교수님께 감사드립니다. 앞으로도 본 교재의 발전을 위하여 계속되는 성원과 가르침을 베풀어 주시기를 부탁드립니다. 또한 최초의 공저자로 함께하셨던 송인만 교수님의 건강을 빌며 마찬가지로 한없는 성원과 가르침을 기대해 봅니다.

제14판에서는 다음과 같은 방향으로 일관성 있게 교재를 수정하는 데에 주안점을 두었습니다.

- 제13판에 있던 사례는 모두 예제로 전환하되 필요한 경우 통합하거나 삭제하였고, 그 결과 종전에 46개의 사례를 43개의 예제로 전환하였으며 예제번호를 재설정하였습니다.
- 본문에 있는 예제에 상응하는 연습문제가 없는 경우 연습문제를 추가하고, 가능하면 연습문제를 본문에 나타나는 내용의 순서대로 배열하였습니다. 이에 따라 연습문제가 29개 증가하였고 연습문제의 배치도 많이 변경되었습니다. 제14판에서 포함된 예제 수는 각 장의 특성에 따라 다양합니다. 제14판에 포함된 총 예제의 수는 295개(종합예제 33개 포함)이며 많게는 30개(5장)에 이르고 있습니다. 또한, 총 연습문제의 수는 제13판에 비하여 29개 증가한 437개(공인회계사 시험 기출문제 54개 포함)에 이르게 되었습니다.
- 본문에 반복되거나 중요성이 결여된 부분을 통합하거나 삭제하였습니다. 그 결과 본문의 내용이 상당히 줄어들었습니다.
- 본문에 박스 형태로 제공된 설명부분 중 그림이나 표로 제시할 수 있는 부분은 그 성격에 따라 표 또는 그림으로 변경하였습니다. 이에 따라 표나 그림의 수가 증가한 결과 제14판에서는 총 97개의 표와 총 68개의 그림이 있습니다.
- 제13장 부채 이전에 별도로 있는 '부채와 자본'을 제13장 제1절로 전환하였습니다. 그 결과 제13장은 7개의 절을 갖게 되었습니다.

• 마지막으로 제23장에서는 최근 들어 중요한 회계보고의 일부로 대두된 기후변화에 대한 지속가능성 공시를 제5절에서 별도로 설명하고 있습니다.

결과적으로 제14판은 제13판에 비하여 형식이 많이 달라져서 거의 새로운 교재의 저술과 같은 느낌이 들 정도라고 할 수 있습니다. 그럼에도 불구하고 제13판과 같은 내용을 다루고 있기 때문에 강의 및 공부에는 별로 큰 차이를 못 느낄 것으로 예상합니다.

본 교재가 내용이 충실하고 오류가 없도록 항상 최선을 다하고 있으나 아직도 부족하거나 오류가 있을 수 있다는 점을 너그럽게 양해해 주시기 바랍니다. 본 교재를 항상 애용해 주시는 교수님들과 독자분들께서 더 좋은 제안이 있거나 오류를 발견하시면 언제든지 저자들에게 직접 연락하시거나 출판사에 연락하시면 바로 조치를 취할 것임을 알려드립니다.

본 교재를 통하여 얻은 지식을 통하여 독자들은 모두 뜻하신 바를 성취하시고 회계전문가로 성장하실 수 있기를 기대합니다. 또한, 교수님들은 본 교재를 통하여 훌륭한 회계학 제자들을 양성하셔서 그분들이 한국 회계학 및 회계 관련 산업의 발전에 크게 기여할 수 있는 인재로 성장하시기를 기원합니다.

2025년 2월

저자 윤순석, 송민섭, 이종은 드림

한국채택국제회계기준(K-IFRS) 목록

(2025년 1월 현재)

번 호	제 목	K-IFRS 번호
	재무보고를 위한 개념체계	
IFRS 1	한국채택국제회계기준의 최초채택 (First-time Adoption of IFRS)	1101
2	주식기준보상 (Share-based Payment)	1102
3	사업결합 (Business Combinations)	1103
5	매각예정비유동자산과 중단영업 (Non-current Assets Held for Sale and Discontinued Operations)	1105
6	광물자원의 탐사와 평가 (Exploration for and Evaluation of Mineral Resources)	1106
7	금융상품 : 공시 (Financial Instruments : Disclosures)	1107
8	영업부문 (Operating Segments)	1108
9	금융상품 (Financial Instruments)	1109
10	연결재무제표 (Consolidated Financial Statements)	1110
11	공동약정 (Joint Arrangements)	1111
12	타 기업에 대한 지분의 공시 (Disclosure of Interests in Other Entities)	1112
13	공정가치 측정 (Fair Value Measurement)	1113
14	규제이연계정 (Regulatory Deferral Accounts)	1114
15	고객과의 계약에서 생기는 수익 (Revenue from Contracts with Customers)	1115
16	리스 (Leases)	1116
17	보험계약 (Insurance Contracts)	1117
IAS 1	재무제표 표시 (Presentation of Financial Statements)	1001
2	재고자산 (Inventories)	1002
7	현금흐름표 (Statement of Cash Flows)	1007
8	회계정책, 회계추정치 변경과 오류 (Accounting Policies, Changes in Accounting Estimates and Errors)	1008
10	보고기간후사건 (Events After the Reporting Period)	1010
12	법인세 (Income Taxes)	1012
16	유형자산 (Property, Plant and Equipment)	1016
19	종업원급여 (Employee Benefits)	1019
20	정부보조금의 회계처리와 정부지원의 공시 (Accounting for Government Grants and Disclosure of Government Assistance)	1020
21	환율변동효과 (The Effects of Changes in Foreign Exchange Rates)	1021
23	차입원가 (Borrowing Costs)	1023
24	특수관계자공시 (Related Party Disclosures)	1024
26	퇴직급여제도에 의한 회계처리와 보고 (Accounting and Reporting by Retirement Benefit Plans)	1026
27	별도재무제표 (Separate Financial Statements)	1027
28	관계기업과 공동기업에 대한 투자 (Investments in Associates and Joint Ventures)	1028
29	초인플레이션 경제에서의 재무보고 (Financial Reporting in Hyperinflationary Economies)	1029
32	금융상품 : 표시 (Financial Instruments : Presentation)	1032
33	주당이익 (Earnings Per Share)	1033
34	중간재무보고 (Interim Financial Reporting)	1034
36	자산손상 (Impairment of Assets)	1036
37	충당부채, 우발부채, 우발자산 (Provisions, Contingent Liabilities and Contingent Assets)	1037
38	무형자산 (Intangible Assets)	1038
39	금융상품 : 인식과 측정 (Financial Instruments : Recognition and Measurement)	1039
40	투자부동산 (Investment Property)	1040
41	농림어업 (Agriculture)	1041

요약차례

차 례

제 Ⅰ 부 재무회계의 기능 및 기초개념

chapter 1 재무회계의 환경과 회계기준

chapter 2

재무보고 개념체계

chapter 3 재무제표

chapter 4 재무제표요소의 측정

제 II 부 자산회계

chapter 6 재고자산

chapter 7 유형자산

chapter 8

감가상각 및 제거

chapter 9

무형자산

chapter 10 자산재평가와 자산손상

chapter 11 금융상품, 금융자산 - 인식, 분류 및 측정

chapter 15 복합금융상품

chapter 16 종업원급여

chapter 17 주식기준보상

chapter 18 주당이익

제Ⅳ부 특수회계

chapter 19 리 스

chapter 20 법인세회계

chapter 21 회계변경과 오류수정

chapter 22 현금흐름표

chapter 23 재무보고와 완전공시

PART I

재무회계의 기능 및 기초개념

CHAPTER

1 재무회계의 환경과 회계기준

회계(accounting)란 용역제공활동으로서 기술적이고 분석적인 학문이며 또한 정보시스템이기도 하다.

용역제공활동으로서의 회계는 회계정보이용자들이 자원의 배분 및 활용에 대한 의사결정을 하는 데 유용한 재무정보를 제공하여 회계의 목적을 달성하는 측면을 말한다.

기술적이고 분석적인 학문으로서의 회계는 경제주체의 경제활동을 구성하는 방대한 거래 및 사건들을 인식하여 이들을 일정한 원칙에 따라 측정, 분류, 요약함으로써 간결하고, 의미 있고, 상호관련성을 갖는 상태로 전환시켜 이들을 조합하고 보고하여 특정한 경제실체의 재무상태, 경영성과 및 재무상태의 변동을 기술하는 회계의 방법론에 대한 측면을 말한다.

정보시스템으로서의 회계는 한 경제실체의 경제정보를 수집하여 이들을 그 실체의 이해관계자에게 전달하는 정보제공기능을 주요 기능으로 한다는 측면을 말한다.

제 1 절 재무회계의 본질 및 환경

회계(accounting)는 기업에서 발생하는 사건에 대해 기록, 분류, 요약하는 프로세스이다. 이러한 과정을 통하여 회계는 정보이용자가 경제적 의사결정을 내리는 데 도움을 주는 정보를 제공하는 것을 목적으로 한다. 회계에는 목적과 특성에 따라 재무회계, 원가·관리회계, 세무회계, 회계감사, 정부회계, 비영리법인회계 등의 세부분야가 있다. 본 교과서의 관심분야인 재무회계는 기업의 내·외부 정보이용자를 위하여 보고실체의 거래를 인식, 측정, 기록하여 재무제표를 작성하는 것을 목적으로 재무정보의 산출 및 보고 절차에 초점을 맞추고 있는 회계의 한 영역이다.

1 기업과 이해관계자

기업과 이해관계자의 관계를 〈표 1-1〉과 같이 요약할 수 있다.

▶ 표 1-1 기업과 이해관계자의 관계

기 업		이해관계자	
자원수요자	← 자원	자원제공자 · 자본제공자 · 기타자원제공자	 소유주와 채권자 종업원, 납품업자, 정부 등
가치창출자	대가 →	대가수령자	소유주(이익), 채권자(이자), 종업원(인건비), 납품업자(납품대가), 정부(세금) 등
정보제공자	정보 →	정보수요자	재무정보 등

기업은 생산의 주체로서 재화와 서비스를 생산하고 제공하는 역할을 수행한다. 이러한 역할을 위하여 기업은 자원을 필요로 하는데, 이때 자원제공자(resource providers)는 이해관계자로서 희소한 자원을 기업에 제공하여 기업이 가치를 창출하도록 도와주고 그에 대한 적절한 대가를 받는다.

자원제공자는 다양한 형태를 취하지만 대표적으로 자본제공자(capital providers)와 기타자원제공자로 구분할 수 있다. 자본제공자는 다시 소유주와 대여자 및 기타채권자로 구분할 수 있으며, 이들을 투자자로 통칭하기도 한다. 소유주는 기업에 대한 총체적 위험을 부담하고 다른 이해관계자에 대한 대가를 제공하고 남은 잔여지분(residual interests)을 차지하는 자본제공자라고 할 수 있다. 즉 소유주는 사업성과에 따라 분배받는 배당금과 소유권의 가치증가에 따라 얻게 되는 자본이득을 자본제공의 대가로 받는다. 반면, 대여자 및 기타채권자는 소유주에 비하여 위험은 적게 부담하고 대가의 회수에 있어서는 선순위권리를 갖는 대신 정해진 이자수익만을 받는 것이 일반적이다. 기타자원제공자로서는 노동력을 제공하는 종업원, 상품이나 용역을 제공하는 납품업자, 행정·국방·외교·사회간접자본 등의 서비스를 제공하는 정부 등을 꼽을 수 있다.

경제적인 측면에서 기업은 자원수요자인 동시에 가치창출자로서 외부이해관계자로부터 자원을 제공받아 가치를 창출하여 이들에게 되돌려준다. 기업이 창출하는 가치는 각종 자원제공자에게 분배되는 몫의 합으로 표현할 수 있는데, 여기에는 주주에게 분배되는 이익, 채권자에게 분배되는 이자, 종업원에게 분배되는 인건비, 납품업자에게 분배되는 상품 또는 용역의 대가, 정부에 분배되는 세금 등이 포함된다.

이 과정에서 자원제공자로부터 받은 자원을 효율적으로 활용했다는 것을 보여주기 위해 경영성과 및 재무상태 등에 대한 정보를 제공할 의무가 있다. 기업이 이해관계자에게 제공하는 정보는 이해관계자의 합리적인 의사결정에 유용하게 사용될 수 있어야 하며, 재무제표는 기업이 제공하는 가장 대표적인 정보이다.

2 재무보고와 재무제표

재무보고(financial reporting)는 다양한 이해관계자의 경제적 의사결정을 위해 경영자가 기업실체의 경제적 자원과 의무, 경영성과, 자본변동, 현금흐름 등에 대한 재무정보를 제공하는 것을 말한다. 재무제표(financial statements)는 재무보고의 가장 핵심적인 수단으로서 기업실체의 경제적 자원(자산), 의무(부채), 자본과 이들의 변동에 관한 정보를 제공하는 재무보고서이다. 가장 일반적으로 이용되고 있는 재무상태표, 포괄손익계산서, 자본변동표, 현금흐름표, 주석은 기본재무제표로 불린다.

기업은 재무제표 이외의 수단을 사용하여 재무정보를 전달하기도 한다. 재무제표 이외의 재무정보 전달수단은 일정한 규칙이나 양식이 없으며, 또한 내용에 있어서도 다양하다. 따라서 재무보고는 재무제표를 포괄하는 광범위한 개념이며, 여기에는 재무제표의 본체(주기 포함)와 그 주석을 비롯하여 재무제표의 부속명세서, 그리고 기타 재무보고수단이 포함된다.[1)]

사업보고서는 재무제표와 더불어 기업에 대한 정보를 제공하는 보고수단이다. 여기에는 재무정보뿐만 아니라 비재무정보가 포함된다. 사업에 대한 설명, 경영자 예측, 경영자의 주주에 대한 서한, 기업실체의 사회·환경적 영향에 대한 설명 등은 재

1) 재무보고와 재무제표에 대한 자세한 설명은 제3장 [그림 3-6]을 참조.

무제표에서 제공되지 않는 비재무정보의 예이다. 최근에는 기업을 중심으로 기업지배구조보고서, 지속가능보고서 등과 같이 기업 경영활동뿐만 아니라 기업의 사회적 영향, 환경에 미치는 영향까지 보고하려는 움직임이 있다.

3 재무보고의 기능 및 환경

회계는 다른 학문과 마찬가지로 환경의 산물이라고 할 수 있다. 회계는 사회, 경제, 정치, 법률 등에 의하여 영향을 받기도 하며 또한 이들에 영향을 미치기도 한다. 회계의 환경에 의한 영향 및 환경에 대한 영향은 시간이 흐름에 따라 변한다. 오늘날 회계와 환경 간의 상호작용관계가 나타내는 특징을 요약하면 대체로 다음과 같다.

첫째, 회계는 희소한 경제적 자원(scarce economic resources)이 자본시장을 통해 효율적으로 배분되도록 하는 자본주의 시장경제체제의 중요한 하부구조(infrastructure)의 하나이다. 회계정보는 자원을 효율적으로 이용하는 경제실체를 파악하는 데 중요한 역할을 한다. 회계에서 산출되는 재무정보를 이용하여 기업간 비교를 함으로써 어느 기업이 상대적으로 자원을 효율적으로 활용하고 있는가를 파악할 수 있다. 그 결과 투자자 및 채권자들이 투자 및 신용제공에 대한 의사결정을 하는 데 있어서 예상되는 수익 및 위험 등을 평가할 수 있다. 따라서 회계는 자원을 효율적으로 배분하는 데 도움을 준다. 이를 회계의 정보제공기능이라고 한다.[2)]

둘째, 회계는 복잡한 경제체제하에서 한 경제주체(소유주, 투자자 등)가 다른 경제주체(경영자)에게 자원의 관리 및 운영권한을 위임한다는 사실에 근거하여 발달해 왔다. 오늘날 가장 보편적인 회사형태인 주식회사(corporation)에서는 소유와 경영이 분리되어 있다. 경영자가 주주로부터 위임받은 사항에 대하여 재무정보를 마련하여 이를 주주에게 보고하는 기능을 경영자의 수탁기능(stewardship function)이라고 하는데, 재무회계는 수탁기능의 핵심이다. 회사의 경영에 참여하지 않는 외부주주로서는 회계정보가 없다면 회사의 재무상태 및 경영활동에 관하여 직접 정보를 수집 또는 분석한다는 것은 사실상 불가능하다. 회계는 이와 같은 외부주주의 요구에 부응하여 의사결정에 목적적합하고 표현충실한 재무정보를 외부주주 등에게 제공하는 역할을 한다.[3)]

셋째, 회계는 기업에 대한 다양한 이해관계자들간의 형평성을 제고하는 데 도움을 준다. 예를 들면 회계는 법적 재산권, 사회적 가치관, 사회적 형평성 및 공정성 등

2) 회계정보는 자본시장에 존재할 수 있는 역선택 문제와 기업가의 도덕적 해이 문제를 완화하는 기능을 한다. 역선택(adverse selection)은 품질이나 특성에 대한 정보부족으로 저질의 재화나 서비스가 거래되고 양질의 재화나 서비스가 시장에서 사라지는 시장실패(market failure)가 발생하는 현상을 말한다. 도덕적 해이(moral hazard)는 기업가 또는 경영자가 자신의 효용을 극대화하는 행동을 할 것이며 이들의 행동을 관찰할 수 없기 때문에 주주나 채권자의 효용이 감소하는 현상을 말한다.

3) 이 과정에서 회계감사인은 회사에서 마련한 재무정보가 회계기준에 따라 적정하게 작성되었다는 것을 확인함으로써 회계정보의 신뢰성을 제고시키는 역할을 한다.

에 바탕을 두고 있다. 자본주의 사회에서는 기본적으로 시장(실물시장 및 금융시장), 기업, 경쟁 등 자율적 기능에 의하여 자원의 효율적 배분이 달성된다. 그러나 자원의 효율적 배분을 위하여 정부에 의한 규제 및 간섭이 필요한 경우도 있다. 예를 들어 조세의 징수, 통화량의 조절, 보조금의 지급, 요금의 규제 등이 정부가 효율적이고 공평한 자원배분을 위하여 사용하는 정책수단이다. 이와 같이 정부가 적절한 정책수단을 강구할 필요가 있을 때 회계정보가 중요한 기초자료를 제공한다.

넷째, 회계는 경제활동이 식별가능한 경제주체에 의하여 이루어진다는 것을 전제로 한다. 기업은 경제적 자원(자산), 의무(부채) 및 잔여지분(자본)으로 구성된 경제조직이며 그 구성요소는 기업의 경제활동에 따라 증감하게 된다. 회계는 경제실체에 영향을 미치는 경제활동을 일정한 원칙, 즉 회계기준에 따라 요약하여 보고한다.

4 기업의 의사결정과 재무보고

기업의 재무보고는 회사의 고유한 의사결정, 거시경제변수 및 산업요인 등의 환경요인에 의하여 영향을 받는다([그림 1-1] 참고).

▶ 그림 1-1
회계의사결정과 경영의사결정

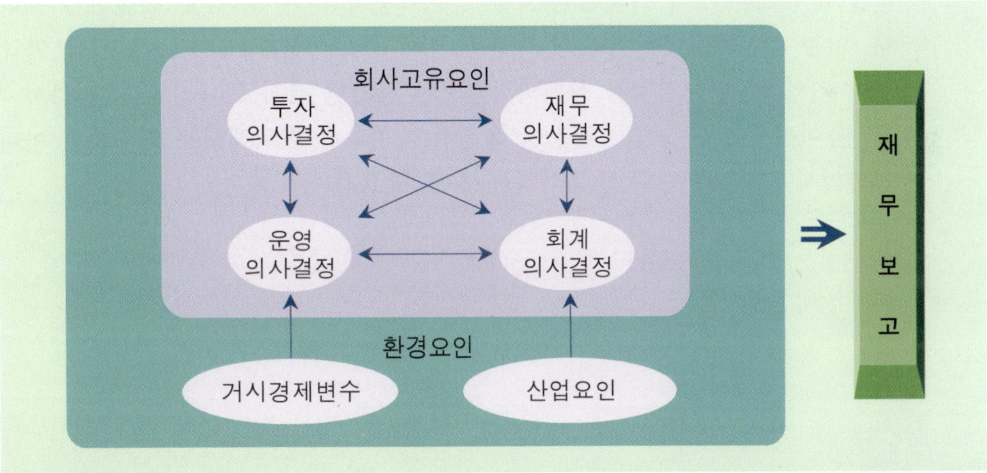

경영의사결정은 일반적으로 투자, 재무, 운영 및 회계 의사결정으로 구분할 수 있다. 투자의사결정은 기업의 사업과 관련한 장기적 관점의 의사결정으로서 사업부문의 범위와 종류, 전문화 또는 계열화에 관한 의사결정, 시설투자결정 등을 포함한다. 재무의사결정은 사업을 위한 자금을 어떻게 조달할지에 관한 것으로 유상증자, 사채발행, 은행차입, 리스 등과 같은 자금조달방법을 어떻게 조화할지를 결정한다. 운영의사결정은 월생산량, 재고수준, 임금수준 등 기업의 영업활동과 관련한 의사결정을 의미한다.

회계의사결정은 여러 이용가능한 회계처리방법 중에서 어떤 방법을 이용하여 재무보고를 할 것인가에 관한 의사결정이다. 회계의사결정은 다른 경영의사결정과 상호 밀접한 연관성을 가지며 상호간 영향을 미친다. 회계는 경제주체로서 기업이 내린 경영의사결정의 결과를 화폐로 측정하여 보고하는 소극적인 역할만을 한다고 보는 것이 회계역할에 대한 종전의 시각이었다. 그러나 회계의사결정은 다른 경영의사결정에 의하여 영향을 받는 것이 일반적이지만 다른 경영의사결정에 영향을 미치기도 한다. 예를 들어 부채가 장부상에 기록되는 것을 회피하기 위하여 자산의 구입대금을 은행에서 차입하는 대신 단기리스를 이용하는 것은 회계의사결정이 재무의사결정에 영향을 미치는 예이다.

회계는 기업을 둘러싼 환경에 영향을 받지만 동시에 이러한 환경요인에 영향을 미치기도 한다. 특히 회계는 이해관계자에게 정보를 제공함으로써 희소한 자원의 효율적 배분에 영향을 미칠 수 있다. 회사의 현상이나 전망을 평가 또는 예측하는 데 필요한 정보를 제공함으로써 증권(주식 및 채권)에의 투자여부, 정부 또는 감독기관에 의한 영업활동의 규제여부, 취업결정, 사업상의 거래여부, 상품의 구입 등에 관한 의사결정에 영향을 미친다. 또한, 회계정보에 기초하여 법인세를 산정하거나 공익사업 요금의 결정, 회계자료에 기초한 임금 협상 등과 같이 회계정보는 경제주체간의 부의 이전에 영향을 미치는 기초자료를 제공한다.

본 교재는 주로 회계정보를 어떻게 산출하는가에 초점을 맞추고 있지만 이에 못지않게 중요한 것이 산출된 정보를 정보이용자의 의사결정에 적절히 이용하는 것이다. 이는 재무제표분석이라는 과정을 통해 이루어진다. 회계는 위에서 언급한 바와 같이 기업경영의사결정과 회계의사결정이 복합한 결과로 나타난다. 따라서 재무보고를 잘 이해하고 이를 의사결정에 유용하게 이용하기 위해서는 회계뿐만 아니라 기업경영의사결정을 이해하고 분석하는 것도 필요하다.

제 2 절 재무정보의 수요와 공급

재무정보의 수요와 공급을 간단하게 살펴보면 〈표 1-2〉와 같다.

▶ 표 1-2
재무정보의 수요와 공급

공급측면	재무정보의 종류	수요측면
[공급규제] • 상법, 세법, 자본시장법, 외감법 등의 법령 〈목적〉 • 경제질서의 확립 • 정보불균등의 해소 • 투자자 등의 보호 • 세원확보 등 **[시장요인 및 자발적 요인]** • 자본시장 : 자금조달 • 노동시장 : 경영계약 • 경영권지배시장 : 인수합병 • 기타 자발적 요인 : 명성제고, 차별화, 신호행위 등	**[기업에서 제공]** • 재무제표 재무상태표 포괄손익계산서 자본변동표 현금흐름표 주석 • 부속명세서 • 기타 정보 **[재무분석가 등이 제공]** • 재무제표분석 가공된 재무정보 • 재무예측 정보 • 기타 정보	• 투자자 : 투자목적 수탁기능목적 • 채권자 : 신용제공결정목적 • 경영자 : 경영계약목적 • 정부 및 규제기관 : 세금결정목적 관급공사발주목적 요금결정목적 경제정책수립목적 • 정보중개인 : 경영분석목적 • 기타 정보이용자(거래처, 종업원, 고객 등)

1 재무정보의 수요

(1) 재무정보이용자집단

재무제표에 보고되는 항목들은 재무정보에 대한 다양한 집단의 수요와 공급의 결과로 발생한 산물이다. 재무정보를 요구하는 집단은 ① 투자자, ② 채권자, ③ 경영자, ④ 정부 및 규제기관, ⑤ 정보중개인, ⑥ 기타 정보이용자로 구분할 수 있다. 이와 같은 집단들은 의사결정을 위하여, 경영자를 관찰하기 위하여 또는 재무정보에 근거하여 작성된 각종 계약 및 협약 등에 활용하기 위하여 재무정보를 요구한다.

1) 투자자(소유주)

투자자들은 재무정보의 주된 이용자이다. 이들은 상대적으로 빈약한 자원을 가진 개인투자자로부터 인적·물적 자원이 풍부한 기관투자가에 이르기까지 다양한 집단으로 구성된다. 이들은 어느 증권(주식, 회사채)을 살 것인가, 기존 증권을 계속 보유할 것인가 또는 처분할 것인가 등의 의사결정을 한다. 이들의 재무정보에 대한 수요는 투자목적과 수탁기능목적으로 구분된다.

투자목적(investment focus)에 따른 정보요구는 위험과 수익률 등에 관한 투자자의 선호도에 따른 증권포트폴리오의 선택과 관련하여 발생한다. 투자자들은 재무정보로부터 미래현금흐름(투자수익과 투자액의 회수)의 시기, 금액 및 불확실성의 정도 등을 판단하여 투자에 활용하고자 한다.

수탁기능목적(stewardship focus)에 따른 정보요구는 소유와 경영의 분리에 따라 경영자의 행동을 관찰·감독하여 경영자가 주주의 이해관계에 적합한 방향으로 행동하도록 유도하기 위해서 발생한다. 경영자는 자기에게 위탁된 회사의 자원을 사용 및 처분하는 데 상당한 재량권을 갖고 있다. 경영자는 이러한 재량권을 주주가 아닌 자신의 사적 이익을 추구하는 데 사용할 수 있는데, 이러한 현상을 대리인문제(agency problem)라고 한다. 만약 주주가 경영자의 이러한 기회주의적 행동을 파악할 수 있는 수단이 없다면 대리인문제는 더욱 악화될 것이다.

2) 채권자(대여자 및 그 밖의 채권자)

채권자는 기업실체에 대해 법적 채권을 가지고 있는 자금대여자 등을 말한다. 채권자는 그 회사의 재무상태 및 수익성 등을 검토하여 자기들이 제공한 자금에 대한 대가인 이자와 원금의 회수가능성을 판단한다. 따라서 재무정보는 이들의 의사결정에 중대한 영향을 미칠 수 있다. 예컨대 은행은 대출을 신청한 회사의 재무상태와 경영성과를 분석하여 대출여부, 이자율, 대출금액 등을 결정하고 대출기간 중에 차입자가 지켜야 할 대출조건을 재무비율로 명시하기도 한다. 경우에 따라 채권투자자는 투자자로 볼 수도 있고 채권자로 볼 수도 있다. 이들 채권자들은 모두 기업실체의 부채 및 이자지급능력에 관심을 갖는다.

3) 경영자

경영자는 재무제표의 작성자인 동시에 이용자로 볼 수 있다. 경영계약이 여러 가지 재무제표 변수들에 근거하여 작성된 경우가 일반적이므로 경영자는 재무정보에 관심을 갖는다. 예컨대 매출액순이익률, 총자산순이익률 등과 연계하여 목표달성 정도에 따라 경영자보수를 다르게 할 수 있다. 또한 차입계약과 같은 각종 계약에 재무비율로 표시한 조건을 포함하는 경우가 있다. 이러한 경우에 경영자는 계약조건을 준수하기 위하여 재무정보를 항상 면밀히 관찰하고 때로는 이를 적극 관리한다.

4) 정부 및 규제기관

정부 및 규제기관들도 다양한 이유에서 회사의 재무정보를 요구하게 된다. 예컨대 법인세, 부가가치세 등과 같은 세수확보, 관급공사 계약자 선정 및 계약금액의 산정, 전기요금과 같은 요금 결정에 재무정보가 필요하다. 또한 정책금융 및 정부보증과 같은 정부지원 사업에서 재무정보를 요구한다.

5) 정보중개인

재무분석가와 신용평가기관 같은 정보중개인(information intermediary)은 정보를 수집하고 분석하여 정보이용자가 보다 쉽게 이용할 수 있는 상태의 정보를 제공한다. 또한 매출액이나 순이익에 대한 예측정보를 발표하기도 한다. 정보중개인들이 이용하는 정보 중에서 재무정보가 가장 큰 비중을 차지한다.

특히 현대에 있어서 일반 정보이용자들이 재무정보를 이용하기에는 너무 방대하고 복잡하여 이를 적절히 해석하기 위해서는 전문적인 지식을 필요로 한다. 따라서 재무보고에서 정보중개인의 역할이 더욱 커지고 이들에 의한 재무정보 수요가 크다고 볼 수 있다.

6) 기타 정보이용자

기타 정보이용자로는 공급자, 종업원, 거래처, 고객 등을 들 수 있다. 제품이나 용역의 공급자는 회사의 재무상태나 수익성에 관심을 갖게 된다. 공급자는 납품대가의 회수가능성에 관심을 가지며, 특히 매입채무 및 기타 미지급금의 지급능력을 평가할 수 있는 정보를 필요로 한다.

종업원들도 회사의 재무정보와 존속가능성, 성장성 또는 수익성 등에 대하여 관심을 갖는다. 재무정보를 통하여 자신들의 직업에 대한 안전도와 임금인상의 가능성 등에 대하여 정보를 얻기 때문이다. 특히 자신들의 임금인상계획을 회사의 경영성과나 재무상태와 관련하여 결정하기로 약정한 경우에는 재무정보의 신뢰성 및 결과에 관심이 높을 수밖에 없다.

기업과 장기간 거래관계를 유지하고 있거나 거래의존도가 높은 거래처의 경우 그 기업의 존속가능성에 대한 정보를 필요로 한다. 예컨대 기업으로부터 부품이나 원재료를 조달받는 고객기업의 경우에는 상대 회사의 재무상태와 수익성에 큰 관심을 가질 수밖에 없으며 존속가능성에 대한 관심은 더욱 크다고 할 수 있다. 개별소비자인 고객도 때로는 제품보증, 하자보수 등을 보장하는 제품을 구입하기를 원한다. 이 경우 소비자는 재무정보로부터 회사의 존속가능성에 대한 정보를 얻을 수 있다. 학자, 환경보호단체, 지역주민들도 연구·환경보호 및 사회적 책임 등을 분석하기 위하여 재무정보를 필요로 한다.

(2) 이해관계자간의 상충관계

이해관계자 중 일부 집단이 선택한 행동으로 인하여 이들 이해관계자 사이에 부의 재분배가 일어날 수 있다. 예를 들면,

① 경영자의 보수를 높이면 경영자의 부는 증가하나 주주의 부는 감소된다.

② 회사가 과도한 배당을 하여 자산이 부채를 상환하기에 충분하지 못하면 주주의 부는 증가하나 채권자의 부는 감소한다.
③ 전기요금을 인상하면 전력회사 주주의 부는 증가하나 소비자의 요금부담이 증가하여 소비자의 부가 감소한다.

회사를 둘러싼 이해관계자 사이에 이해관계가 엇갈리기 때문에 재무정보에 대한 요구에서도 상충관계가 존재한다. 예를 들면, 이해관계자집단에 따라서 재무제표에 공시되는 내용과 공시시점에 대하여 의견을 달리할 수 있다. 금융기관 경영진은 예금인출사태를 우려하여 부실대출금에 대한 공시를 꺼릴 수 있지만, 예금주 입장에서는 부실채권에 대해서 즉시 공시할 것을 요구할 것이다.

이와 같은 이해관계의 상충으로 인하여 재무정보의 적정성을 감시하는 것이 매우 중요하다. 예컨대 재무성과에 따라 경영자의 보수나 주주에 대한 배당이 달라지는 경우, 경영자는 자신의 보수를 위해 재무성과를 부풀릴 유인이 존재한다. 현행의 회계감사제도는 재무제표를 외부감사인에 의하여 감사하도록 하여 경영자에 의한 부당한 부의 재분배를 방지하기 위한 제도라고 할 수 있다.

2 재무정보의 공급

재무정보의 공급에 영향을 미치는 요인은 규제와 회사의 자발적인 정보공시유인이다.

(1) 재무정보의 공급에 대한 규제

회계규제에는 크게 두 가지 접근법이 있다. 하나는 자유시장접근법이고, 다른 하나는 규제접근법이다. 자유시장접근법(free-market approach)은 회계정보를 경제재(economic goods)로 파악하여 수요와 공급의 균형에 의하여 적절한 양과 수준의 재무정보가 제공되도록 해야 한다는 주장이다. 따라서 이 접근방법은 특별히 규제할 필요가 없다는 입장을 취한다.

규제접근법(regulatory approach)은 정보약자인 외부정보이용자들의 이익을 보호하기 위하여 규제가 필요하다고 보는 입장이다. 만약 자유시장접근법에 따라 재무정보에 대해 가격을 부여하는 경우, 가격을 지급하고 먼저 정보를 취득하는 자와 그렇지 못한 자 사이에 정보의 차이, 즉 정보비대칭(information asymmetry)이 발생한다. 반대로 재무정보를 공공재(public goods)로 보아 무료로 이용하게 하는 경우 소위 무임승차문제가 발생하여 재무정보를 수요하고 공급하는 시장이 형성되지 않게 된다. 이와 같은 이유에서 기업과 외부정보이용자 사이에 존재하는 정보비대칭현상을 완화시키고 상대적 정보약자인 정보이용자를 보호할 목적으로 각국에서는 법적으로 재무정보의 제공을 강제하고 있다.

국가에 따라서 다소 차이는 있지만 정부부문 또는 법률에 의하여 정보의 공시를 강제함으로써 일반에게 정보가 공시되는 경우가 많다. 정보공시를 강제화하지 않을 경우 대부분의 기업들은 재무정보 자체를 아예 공시하지 않거나 아주 제한된 정보만 공시할 가능성이 크다. 따라서 회계정보이용자들이 일반적으로 필요로 하는 정보를 파악하고, 이를 보고하는 재무보고서의 종류 및 형식, 보고서의 제출시기 등에 대하여 지침을 정하여 법률로써 정하고 있다.

(2) 재무정보의 공급과 시장의 역할

공시를 강제하지 않더라도 회사가 자발적으로 재무정보를 공급하기도 하며, 또는 법에서 정하는 정보뿐만 아니라 추가적인 재무정보를 제공하기도 한다. 회사가 정보를 자발적으로 공시하는 가장 큰 이유는 이를 통해 회사의 명성과 신뢰성을 제고하거나, 차별화, 홍보 등에 활용할 수 있기 때문이다.

경영자 역시 공시를 통하여 얻는 효익이 관련한 비용보다 클 때 자발적으로 공시를 하고자 하는 유인이 존재한다. 경영자가 얻는 효익은 자본시장과 노동시장에서 발생하는 경제적 이익과 관련이 있다.

1) 자본시장

기업이 자금조달을 위하여 발행한 유가증권(주식 및 사채)은 그 가치에 불확실성이 존재하기 때문에, 주식과 사채가 올바로 평가받기 위해서는 투자자가 가치를 합리적으로 평가하는 데 충분한 정보를 제공할 유인이 존재한다. 정보를 적절히 공시하지 않으면 회사가 부실하다는 신호로 작용하여 자본시장으로부터 부당한 대우를 받을 수 있다. 회사가 부실하다고 판단되면 은행차입금에 대해서는 높은 이자를 부담하거나 담보를 많이 제공할 것을 요구받게 되고, 주식의 발행가격을 낮추어야 한다. 즉, 기업의 자본비용이 상승하는 결과가 나타난다. 따라서 경영자는 회사에 대한 정보를 충분히 제공하여 이러한 불확실성을 감소시킬 유인을 갖는다.

또한 좋은 공시는 거래에서 발생하는 비용을 감소시킬 수 있다. 예컨대, 거래상대방의 재무건전성에 대한 정보는 신용위험 평가에 영향을 미치고 신용 공여 기간 및 이자율 등에 영향을 미칠 수 있다. 따라서 기업은 자발적으로 좋은 공시를 함으로써 기업의 거래비용을 낮추고자 하는 유인이 있다.

2) 경영자시장

투자자는 경영자가 주주나 채권자의 부를 심각하게 위협하는 의사결정을 하는 대리인문제 위험에 노출되어 있다. 투자자가 이와 같은 위험에 노출되어 있을수록 경영자의 재량권을 제한하고자 하며, 동시에 이에 대한 보상으로 높은 수익률을 요구한다. 더 나아가 경영자의 유임과 해임에 간여하기도 한다. 이와 같은 제약은 기업에 부담으로 다가오기 때문에 경영자는 자기가 그와 같은 행동을 하지 않는다는 믿음을 주어야 한다. 경영자는 양질의 공시 및 자발적 공시를 통해 이와 같은 위험이 없다는 신호를 보낸다.

또한 좋은 공시를 통하여 경영자는 자신의 효용을 높이고자 한다. 공시는 기업이 가진 정보를 외부정보이용자와 공유하는 행위이기 때문에 경영자는 자신에게 불리한 정보는 숨기고자 하는 유인이 있다. 유능한 경영자일수록 이러한 공시와 감독을 더욱 강화하여 자신의 능력과 성실성을 돋보이게 하여 다른 경영자들과 구분될 수 있도록 할 유인이 존재한다.

3) 우리나라 공시시스템

우리나라의 상당수의 공시는 금융감독원이 운영하는 전자공시시스템인 DART (data analysis, retrieval and transfer)를 통하여 이루어진다. DART시스템은 외부감사를 의무적으로 받아야 하는 상장기업 및 기타 기업으로 하여금 감독기관, 증권시장 및 투자자에게 공시하는 서류를 전자문서 형태로 제출하여 모든 정보이용자들이 쉽게 접근할 수 있도록 하고 있다.[4]

DART시스템이 제공하는 공시정보는 유형별로 정기공시, 주요사항보고, 발행공시, 지분공시, 기타공시, 외부감사 관련 공시, 펀드공시, 자산유동화공시, 거래소공시,

▶ 그림 1−2
금융감독원의 DART시스템 검색 화면

4) 기업의 재무제표를 빠르고 저렴하게 데이터베이스로 변환시킬 수 있도록 XBRL(Extensible Business Reporting Language)도 운영하고 있다.

공정위원회 공시로 나뉜다. 이 중 재무제표와 밀접한 정기공시는 다시 사업보고서, 반기보고서, 분기보고서 등으로 세분화되고, 외부감사 관련 공시는 감사보고서, 회계법인사업보고서 등 세분화된 정보를 제시한다.

DART시스템은 회사가 발표하는 중요한 의무공시와 자발적 공시 모두 이루어진다는 점에서 중요한 정보원천이므로 알아둘 필요가 있다. http://dart.fss.or.kr로 접속하여 구체적인 공시 내용과 정보 유형을 확인해 보기를 권한다.

정기공시에서 가장 중요한 정보는 사업보고서이다. 사업보고서는 기업의 1년 동안의 재무상태 및 변동과 영업성과에 대한 재무제표를 주주에게 보고하는 중요한 보고서이다. 해당 보고서의 중요성으로 인하여 해당 공시에 대해서는 엄격한 기준이 적용된다.

기업의 사업보고서가 정보이용자에게 전달되는 과정은 〈표 1-3〉에 요약되어 있다.

▶ 표 1-3
재무정보의 작성과 전달과정

기한	주주총회 6주 전	주주총회 2주 전	주주총회 1주 전	주주 총회일	주주총회 2주 내	결산일 3개월 내
정보 제공 활동	재무제표 작성과 제출/ 회계감사 의뢰 (회사 ⇒ 외부감사인과 증권선물위원회)	주주총회 소집공시 [요약재무제표 첨부]	감사보고서 제출 (외부감사인 ⇒ 회사와 금융위원회)	재무제표 승인	감사보고서 및 재무제표 제출 (회사 ⇒ 증권선물위원회)	사업보고서 제출 (회사 ⇒ 금융위원회)

제3절 회계기준

회계의 신뢰성을 높이기 위해서는 회계에 영향을 미치는 여러 가지 요소들이 잘 정비되어야 한다. 재무보고의 목적을 달성하기에 합당하고 국제적 정합성을 가진 회계기준의 제정, 경영자들의 성실한 재무보고, 독립적이고 전문성을 가진 외부감사인에 의한 재무제표의 감사, 외부감사인의 감사행위를 감독하는 감리제도, 허위재무보고에 따른 피해자의 보호대책 등이 모두 재무보고의 신뢰성을 제고하기 위하여 중요한 요소들이다. 여기에서는 이들 요소 중 회계기준과 우리나라 회계제도에 대하여 좀더 상세하게 살펴보기로 한다.

1 회계기준의 의의 및 제정방법

(1) 일반적으로 인정된 회계원칙

기업의 이해관계자들은 다양한 집단으로 구성되어 있고 이들이 필요로 하는 재무정보는 이용자들의 욕구에 따라 다양하다. 다양한 정보이용자들의 욕구를 모두 충족시킬 수 없기 때문에 주요 정보이용자들이 공통적으로 요구한다고 판단되는 정보의 제공을 목적으로 외부이용자들에게 전달하는 재무보고서를 '일반목적 재무제표(general purpose financial statements)'라고 한다. 일반목적 재무제표는 간단하게 재무제표라고 불리며, 기업의 재무상태 및 경영성과 등에 관하여 목적적합하고 표현충실한 정보를 제시하는 것으로 이해하면 된다.

재무제표를 작성함에 있어서 편의, 부정확, 불명확 등의 오류를 범할 수 있다. 또한 기업은 각 회사마다 독특한 정보들을 독특한 방법에 따라 보고하거나 심지어 아무것도 보고하지 않는 경우도 있을 것이다. 따라서 이와 같은 오류를 최소화하고 기업간 또는 기간별 비교가능성을 제고하기 위하여 회계에서는 일반적으로 보편타당하고 합리적이라고 인정되는 일련의 기준을 마련하기 위해 부단한 노력을 해왔으며, 그 결과 오늘날 일반적으로 인정된 회계원칙(GAAP, generally accepted accounting principles)이라는 회계기준을 가지게 되었다.

'일반적으로 인정된'이라는 용어는 특정한 회계사항에 관하여 회계기준의 제정권을 가진 기관이 회계기준을 정하거나, 오랜 기간에 걸쳐 특정한 회계처리관습이 실무계의 광범위한 지지를 받아 사용되어 온 결과 이제는 하나의 원칙으로 형성되어 있다는 것을 의미한다. 따라서 GAAP란 '다수의 (실질적으로) 권위 있는 지지(substantial authoritative supports)'를 갖는 회계원칙이라고 정의된다.

GAAP은 가장 좁은 의미로 해석할 때에는 회계기준을 제정할 수 있는 법적 권한을 가진 기관에서 만든 회계기준서와 회계기준해석서를 말한다. 그러나 GAAP을 넓은 의미로 해석하면 회계기준서 등에는 명시되어 있지 않지만 회계실무에서 전통적으로 사용되어 온 회계처리방법, 교과서 등에서 이론적인 뒷받침이 있는 방법, 기타 권위 있는 기관에서 발표한 보고서 등까지를 포함하는 것으로 볼 수 있다.

(2) 회계기준제정의 접근방법

회계기준제정의 접근방법에는 [그림 1-3]과 같이 크게 연역적 접근법과 귀납적 접근법이 있다. 연역적 접근법(deductive approach)은 재무보고의 목적을 뒷받침하는 기본적인 가정이나 명제에 기초하여 여러 대체적인 회계처리방법 중 기본가정이나 명제에 부합하는 회계처리방법을 선택하는 접근방법이다. 연역적 접근법에는 회계학의 정의, 가정, 개념을 이론적으로 구축하여 이들과 논리적으로 일관성을 갖는 회계기준

▶ 그림 1-3
회계기준제정의 접근방법

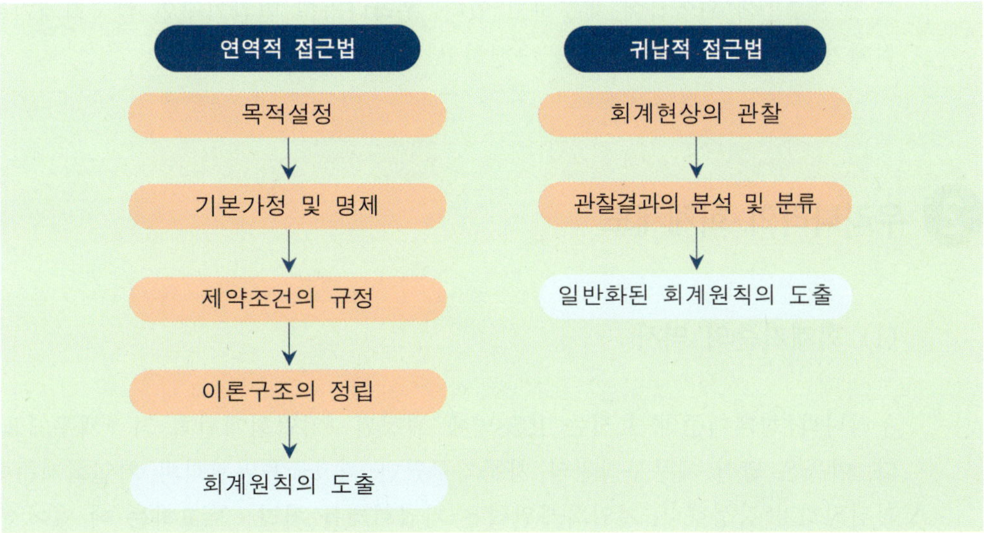

을 제정하는 공리적 접근법, 재무정보이용자의 의사결정유용성을 강조하는 의사결정모형접근법, 그리고 재무보고목적을 정한 후 이에 부합하는 회계기준을 제정하는 재무보고목적접근법이 있다.

귀납적 접근법(inductive approach)은 실무에서 사용되고 있는 회계처리방법을 관찰하여 이들을 체계적으로 분석하고 분류하여 실무계에서 일반적으로 받아들여지면서 합리적인 회계처리방법을 정리하여 회계기준으로 선택하는 접근방법이다. 따라서 이 방법은 현행회계실무를 종합하는 방법이라고 할 수 있는데, 가장 큰 단점은 회계원칙들간의 논리적 일관성이 결여될 가능성이 높다는 점이다. 하지만 실무에서 사용되고 있는 원칙을 정리한 것이므로 회계변경에 따른 경제적 영향을 최소화할 수 있다는 장점이 있다.

현재 회계기준의 제정과정은 연역적 접근법과 귀납적 접근법을 적절히 혼합하여 사용하고 있다.

(3) 회계기준제정주체

회계기준을 제정하는 주체로는 공공부문과 민간부문이 있는데, 국가에 따라 채택하고 있는 입장이 다르다. 공공부문(public sector)에서 회계기준을 제정할 경우 강력한 회계규제가 가능하고, 공정성을 유지할 수 있으며, 압력기관들의 압력을 줄일 수 있는 등의 장점이 있으나, 전문성과 유연성의 결여, 공정한 절차의 무시, 지나친 정부규제 등의 단점이 있다. 민간부문(private sector)에서 회계기준을 제정할 경우 회계전문가들에 의해 일관성이 있고 실무적으로 수용가능성이 높은 회계기준을 제정할 수 있다는 장점이 있지만, 공공부문에 의한 강력한 지지가 있어야만 회계기준의 강제력이 유지된다는 단점이 있다.

많은 국가에서는 공공부문이 원래 회계기준에 관한 권한을 가지고 있었으나 이를 민간부문에 위임하여 제정하고 있다. 우리나라도 민간기구인 한국회계기준원에서 회계기준 제정과 관련 업무를 수행하고 있다.

2 우리나라의 회계제도

(1) 회계기준의 역사

우리나라 회계기준의 효시는 1958년에 제정된 「기업회계원칙」과 「재무제표규칙」이다. 이들은 당시 재무부장관의 자문기구였던 재정금융위원회의 기업회계준칙제정분과위원회가 작성했다. 기업회계원칙은 기업회계를 처리・보고하는 데 있어서 지켜야 할 기본적 기준으로서 회계학의 학문적 연구분야로 생각되어 재무부 이름으로 발표하는 것이 불합리하다고 판단하여 법령으로서가 아니고 기업회계준칙제정분과위원회의 책임하에 보고서 형식으로 작성되었으며 재무제표규칙 제정의 기초를 제공하는 의미를 가졌다. 한편 실무에 필요한 재무제표의 용어・양식・회계처리방식을 규정한 재무제표규칙은 재무부 고시로 발표되었다.

기업회계원칙과 재무제표규칙은 당시의 경제상황이 외자도입의 촉진, 조세제도의 정비, 금융의 선진화, 증권시장의 육성 등을 필요로 하였기 때문에 그에 발맞추어 기업회계제도 정비의 필요성에 따라 제정되었다. 그 당시 우리나라 회계제도의 형편상 일본회계규정의 영향을 많이 받아 내용이나 체계에서 일본의 그것과 거의 유사하게 제정되었다. 이들 규정으로 인하여 회계용어와 재무제표양식의 통일이 이루어졌으며 회계처리방법도 점차 개선되어 갔다.

1960년대 이후의 급속한 경제성장과 함께 회계제도의 점진적인 개선이 이루어졌다. 1968년에는 「자본시장육성에 관한 법률」이 제정되고, 1973년에는 「기업공개촉진법」이 제정되었으며 이에 따라 「상장법인 등의 회계처리에 관한 규정」과 「상장법인 등의 재무제표에 관한 규칙」이 각각 1974년과 1975년에 제정되었다. 따라서 한동안은 「기업회계원칙」, 「재무제표규칙」, 「상장법인 등의 회계처리에 관한 규정」 및 「상장법인 등의 재무제표에 관한 규칙」이 공존하였다. 회계규정의 이원화로 인한 불편을 해소하기 위해 1981년에 이들을 통합하여 「기업회계기준」을 제정했는데, 이것이 여러 차례의 개정을 거치기는 했으나 1999년까지 우리나라 회계기준으로 사용되었다.

우리나라에서는 1958년에 제정된 「기업회계원칙」과 「재무제표규칙」을 재무부의 자문기구였던 재정금융위원회에서 제정한 이래 재정경제부 주관하에 회계기준을 제정・개정해 왔다. 재정경제부는 회계전문가들로부터 자문을 받아서 회계기준을 제정하였다. 1977년에 증권감독원이 창설되기 이전에는 한국공인회계사회가 회계기준의 제정 및 개정에 중심적인 역할을 수행했다. 그러나 증권감독원이 창설되면서 회계기준의 제정권한이 한국공인회계사회에서 증권감독원으로 이양되었다. 1998년에 증권

감독원이 금융감독원으로 통합됨에 따라 기업회계기준 제정 및 개정에 관한 권한이 금융위원회로 이관되었다. 따라서 1958년부터 1999년까지는 정부 주도하에 회계기준이 제정・개정되었다.

1997년에 외환위기를 겪은 우리나라는 회계투명성을 제고하기 위하여 여러 가지 제도개혁을 추진하였는데, 그중 하나가 1999년 9월에 발족한 민간부문 회계기준제정기구인 회계기준위원회의 설립이다. 회계기준위원회는 한국회계기준원에 소속되어 있으며 금융위원회로부터 기업회계기준의 제정・개정권을 위탁받아 회계기준을 제정・개정하도록 되어 있다.

(2) 한국회계기준원/한국회계기준위원회

1) 한국회계기준원의 설립배경 및 기능

우리나라에서는 1999년도까지 정부부문(재무부, 금융감독위원회 등) 주도로 회계기준이 제정되어 왔다. 그러나 1999년 9월에 민간주도의 독립회계기준제정기구인 한국회계기준원/한국회계기준위원회(KAI/KASB, Korea Accounting Institute/Korea Accounting Standards Board)가 발족되었다. 이의 법적・제도적 뒷받침을 위하여 2000년 1월에 외감법을 개정하여 금융감독위원회가 회계처리기준에 관한 업무를 민간법인 또는 단체에 위탁할 수 있는 근거조항을 마련했으며, 2000년 7월에는 외감법 시행령(제7조의2)을 통하여 회계기준제정기관으로서 한국회계기준원을 지정하였다.

회계기준위원회는 기업회계기준의 제정・개정・해석과 질의회신 업무를 수행하고 있다. 금융위원회는 회계기준위원회가 마련한 기업회계기준 등에 대하여 이해관계인의 보호, 국제적 회계처리기준에의 합치 등을 위하여 필요하다고 인정되는 때에는 회계처리기준의 수정을 요구할 수 있고(수정요구권), 회계기준위원회는 정당한 사유가 없는 한 이에 따르도록 되어 있다.

우리나라가 국제회계기준을 전면 채택하기로 함에 따라 현재 회계기준위원회는 국제회계기준의 번역, 비상장기업회계기준의 제정, 중소기업회계기준의 제정, 국제회계기준위원회에 대한 의견제출 등을 주요 업무로 하고 있다.

2) 한국회계기준원의 구조

한국회계기준원은 한국공인회계사회, 전국경제인연합회, 한국상장회사협의회 등 현재 13개 관련기관을 회원으로 하여 금융위원회에 등록한 사단법인이다. 한국회계기준원의 각 회원은 1개의 의결권을 가지며 회원총회에서 이사회의 이사, 감사, 한국회계기준원의 원장 및 상임위원의 선임 및 해임에 관한 사항을 의결한다. 총회의 중요한 기능 중의 하나는 회원의 분담금에 관한 사항을 결정하는 것이다.

이사회는 15인 이내의 이사로 구성된다. 한국회계기준원의 원장은 이사회의 위원장이 되며 상임위원과 함께 이사회의 당연직 이사가 된다. 이사회에서는 회계기준위원회와 지속가능성기준위원회의 비상임위원을 선임하고 회계기준위원회와 회계기준자문위원회 및 지속가능성기준위원회의 운영 전반에 관한 기본방침을 수립하며 조사연구실의 구성과 운영에 관한 사항을 의결한다.

회계기준 설정임무를 수행하는 회계기준위원회는 7명의 위원으로 구성되어 있다. 위원장과 1명의 상임위원은 상근직으로 회원총회에서 선임되고 나머지 5명의 비상임위원은 이사회에서 선임된다. 위원장과 상임위원은 다른 법인의 임직원이 되거나 영리사업을 영위할 수 없다. 위원의 임기는 3년이고 연임할 수 있다. 회계기준위원회의 업무수행을 지원하기 위하여 조사연구실을 두고 있다.

회계기준자문위원회는 회계기준위원회 상임위원이 겸임하는 위원장 1인을 포함한 20인 이내의 위원으로 구성한다. 회계기준자문위원회의 위원은 위원장을 제외하고 회계기준위원회 위원장이 위촉하며 비상임으로 임기는 2년이고 연임할 수 있다.

(3) 국제회계기준의 채택에 따른 회계기준의 체계

우리나라 상장기업은 2011년부터 국제회계기준을 적용함에 따라 회계기준이 삼원화되었다. 첫째는 상장기업들이 의무적으로 따라야 하는 한국채택국제회계기준(K-IFRS)이고, 둘째는 비상장기업들이 사용할 수 있는 일반기업회계기준이며, 셋째는 중소기업에 적용되는 중소기업회계기준이다. 일반기업회계기준은 2011년 K-IFRS의 의무적용에 대비해서 2009년말에 제정되었다.

우리나라는 IASB에 의하여 제정 또는 개정된 IFRS를 전면 채택(full adoption)하고 원문에 충실하게 한글로 번역하여 이를 한국채택국제회계기준(K-IFRS)이라고 부르고 있다. 상장기업과 금융기관은 K-IFRS를 의무적으로 적용해야 하고, 비상장기업의 경우에도 K-IFRS를 선택할 수 있다.[5)]

일반기업회계기준은 K-IFRS에 비해 회계처리가 상대적으로 간단하며 비상장기업이 이용할 수 있도록 하고 있다. 중소기업회계기준은 2014년에 발효되었고, 일반회계기준보다 더 간단하다.

K-IFRS는 회계기준서 및 회계기준해석서로 구성된다. 기준서는 일반적으로 목적, 적용범위, 인식과 측정, 공시, 시행일 등으로 구성되며, 결론도출근거, 적용지침, 실무지침 및 예시사례 등은 기준서의 부록으로 제공된다.

국제회계기준의 영어명칭은 두 종류가 있는데, 하나는 2003년 이전에 제정된 기준서로서 IAS(International Accounting Standards)이고, 다른 하나는 2003년 6월부터 제정되기 시작한 IFRS(International Financial Reporting Standards)이다. IAS에 대한 비교적 소규모의 개정은 명칭을 그대로 사용하고 있으며, 대폭 개정되거나 새로운 기준에서는 IFRS라는 명칭을 사용하고 있다. 명칭은 다르지만 회계기준으로서의 효력의 차이는 없다. 우리나라는 IAS에 대해 K-IFRS 제10XX호로 표시하고 있으며 IFRS에 대해서는 K-IFRS 제11XX호로 표시하고 있다.

---

5) 그러나 연결재무제표가 기업이 공시해야 할 주요 재무제표이기 때문에 상장기업의 연결자회사도 모회사와의 연결을 위하여 K-IFRS에 근거하여 재무제표를 작성해야 한다.

IASB에 의한 국제회계기준의 제정 또는 개정과 이의 번역에는 시차가 있을 수 있다. IASB는 국제회계기준을 채택한 국가가 많아짐에 따라 각국에서 번역할 수 있는 시간을 제공하기 위해 예전에 비하여 시행일자에 여유를 두는 정책을 취하고 있다. 따라서 번역 및 공표 과정을 거치더라도 대부분의 국제회계기준은 IASB에서 정해진 시행일자와 같아질 수 있을 것으로 예상한다.

이상에서 살펴본 회계기준의 체계를 요약하면 〈표 1-4〉와 같다.

▶ **표 1-4**
회계기준의 체계

회계기준	적용대상	구 성
한국채택 국제회계기준 (K-IFRS)	· 상장법인과 대부분의 금융기관 (연결비상장자회사 포함) · 자발적 채택 비상장법인	· 회계기준서 · 회계기준해석서 (단, 결론도출근거, 적용지침, 실무지침, 예시사례 등은 기준서를 구성하지 않음)
일반기업 회계기준	· 비상장법인	· 기존 K-GAAP을 수정보완한 편람식 기준서 (총 33장으로 구성) · 본문(핵심규정)과 보론(결론도출근거, 실무지침 및 적용사례, 해석, 적용의견서 등)으로 구성
중소기업 회계기준	· 중소기업	· 편람식 기준서 : 총 10장, 56조, 5개의 별지서식으로 구성

제 4 절 국제회계기준

1 국제회계기준의 필요성

회계는 정보이용자들의 합리적인 의사결정에 유용하게 사용될 수 있는 재무정보를 제공해야 한다. 어떤 내용과 어떤 형태의 재무보고를 할 것인가에 대해서는 오랫동안 발전과정을 거쳐 왔으나 최근까지 각 국가마다 독특한 색채의 회계기준을 유지해 왔기 때문에 국가간 비교가능성이 떨어졌다.

오늘날 투자자들은 국경을 넘어 투자기회를 찾기를 강력히 원한다. 마찬가지로 자금의 수요자인 기업들도 국경을 초월하여 보다 유리한 조건으로 자금을 조달하기를 원한다. 국제적인 투자기회 및 자금조달기회를 찾는 투자자와 기업들은 회계기준이 다르면 기업분석에 많은 비용을 부담하게 된다. 또한 국제적 비교가능성이 낮은 회계기준으로 작성된 재무제표를 이해하기 어렵기 때문에 자본자유화가 달성되기 어려우며 결과적으로 기업은 유리한 자금조달기회를 활용하지 못하게 되고, 투자자들도 합리적으로 투자할 수 없게 된다. 이와 같은 투자자와 기업들의 욕구에 부응하여 각국의 회계전문가 및 증권감독기구는 회계기준 국제화의 필요성을 절감하게 되었다.

국경을 초월한 기업활동의 증가로 인하여 자국에서 영업활동을 하는 다국적기업들의 규제 및 과세문제가 대두되면서 각국 정부로부터도 회계기준 통일의 필요성이 강력히 제기되기에 이르렀다. 특히 국제증권감독자기구(IOSCO, International Organization of Securities Commissions), 은행감독에 관한 Basel위원회(Basel Committee on Banking Supervision) 등의 국제기구들이 통일된 회계기준의 필요성을 주장하고 나섰다.

1997년말에 우리나라를 비롯한 아시아 일부 국가의 외환위기는 투자자, 채권자 및 감독당국이 현명하고 건전한 의사결정을 할 수 있도록 투명하고 신뢰성 있는 재무정보를 제공하는 것이 얼마나 중요한지를 각성하게 하는 계기가 되었다. 각국 정부도 회계투명성의 필요성을 절감했음은 물론이고, 세계은행(World Bank)은 더 나아가 각국 정부에 국제회계기준을 채택하거나 국제회계기준에 근거하여 자국의 회계기준을 제정할 것을 권고하기에 이르렀다. 유럽연합(EU)에서는 회계기준이 하나의 증권시장으로 통합하는 체제를 구축하는 데 중요하다고 판단하고 국제회계기준을 2005년에 채택하였다. 미국의 증권거래위원회(SEC)는 2007년 11월부터 외국기업이 미국증권시장에 상장하는 경우 국제회계기준에 따라 작성된 재무제표는 미국회계기준에 따라 조정을 하지 않아도 된다고 발표함으로써 국제회계기준의 위상을 한층 격상시키는 계기가 되었다. 또한 2008년 미국의 주택담보대출의 부실로 촉발된 세계금융경제위기에 대처하기 위한 G-20 정상회담에서는 5대원칙 및 47개 실천과제를 천명하기에 이르렀는데, 여기에서 국제회계기준의 정비를 회계투명성을 높이고 국제금융위기에 대처할 수 있는 가장 중요한 항목으로 다루고 있다. 이 회담에서 처음에는 회계기준의 국제적 조화차원에서 유사하지만 각국의 특수성 등을 고려하여 일부 차이를 인정하는 수준에서 의견접근을 보이던 것이 회계기준의 통일 쪽으로 가닥을 잡게 되었다.

국제적으로 통일된 하나의 회계기준을 사용하는 경우 대표적인 장점을 요약하면 다음과 같다.

- 국가간 재무제표의 비교가능성이 높아진다.
- 외국증권시장에의 접근 및 자본자유화가 쉬워진다.
- 회계문제에 대한 정부 및 압력집단의 간섭이 감소한다.
- 국제간 자본이동의 활성화로 기업의 자본비용(cost of capital)이 저렴해진다.
- 국내외 증권시장에 중복 상장된 회사들이 이중의 재무보고를 하지 않아도 되기 때문에 회계처리비용이 절감된다.
- 각국마다 회계기준을 제정할 필요성이 감소하여 회계기준제정비용이 절감된다.
- 회계교육 및 회계전문가의 자격 상호인증이 쉬워진다.
- 회계규제가 용이해진다.
- 회계투명성이 개선된다.

2 국제회계기준위원회의 설립 및 발달

회계전문가들은 국제회계기준의 조화 및 통합을 위한 노력을 경주해 왔다. 1966년에 미국, 영국 및 캐나다의 회계전문가들이 모여 AISG(Accounting International Study Group)를 창립하여 활동을 하다가 1977년에 해체된 적이 있으며, 해체되기까지 20여 개의 보고서를 발간했다. 1972년에는 국제회계사연맹총회에서 국제회계기준위원회(IASC, International Accounting Standards Committee)의 창립이 제안되었으며, 1973년에 AISG 회원국 및 호주, 프랑스, 독일, 일본, 네덜란드, 멕시코가 참여하여 IASC를 창립하기에 이르렀다.

이와 같이 9개 회원국으로 시작한 IASC는 2000년까지 국제회계사연맹(IFAC, International Federation of Accountants)에 소속된 112개국의 159개 회계사협회의 지지를 받게 되었다. IASC는 2001년에 국제회계기준위원회(IASB, International Accounting Standards Board)라는 이름으로 개명하여 재출범하였다.

각국이 서로 다른 회계기준을 이용하는 대신 하나의 양질의 회계기준(a single set of high quality accounting standards)을 전 세계가 사용하는 것이 IASB의 출범의 비전이었다. 각국의 회계기준은 나라마다의 특성을 고려하여 제정되어 왔기 때문에 국제적으로 완전한 통일을 이루기까지는 많은 난관에 봉착할 수밖에 없었다. 국제회계기준이 자리매김하는 데 가장 큰 장애물은 구속력의 부족에 있었다. 이런 문제점을 해결하기 위하여 IASC는 1995년에 국제증권감독자기구(IOSCO)[6]와 연합하여 국제회계기준을 정비한 후 이를 이용하여 작성한 재무제표를 가지고 IOSCO 가맹국의 증권시장에 상장할 경우 이를 승인하도록 합의하는 데 성공하였다. 이를 위하여 정비가 필요한 40여개의 핵심회계기준을 지정했으며, IASC는 1998년말까지 이들을 정비했다. IOSCO는 2000년 5월에 검토를 완료하고, 회원국들에게 국제회계기준의 사용을 권장하기에 이르렀다. 또한, 거의 비슷한 시기에 은행감독에 관한 Basel위원회와 G7재무장관들은 국제회계기준에 대한 지지를 선언했다. 국제회계기준에 대한 IOSCO의 강력한 지지는 각국의 법령에 의한 지지를 간접적으로 확보한다는 점에서 국제회계기준의 위상이 크게 진전하는 계기가 되었다.

국제회계기준은 자본시장의 국제화와 IASB의 노력 및 국제기관들의 적극적인 협조에 힘입어 2005년부터는 유럽연합(EU), 호주, 뉴질랜드, 남아프리카공화국, 싱가포르, 홍콩 등이 전면 도입하기 시작했다. 또한 자국의 회계기준제정기구를 갖지 못했거나 비경제적이라고 생각한 군소 국가들도 자국의 회계기준을 포기하고 국제회계기준을 전면 도입하기에 이르렀다. 2025년초 현재 168개 국가가 국제회계기준을 전면 도입하거나 국제회계기준과 유사한 회계기준을 유지하고 있다.

---

6) 국제증권감독자기구(IOSCO)는 전 세계 100여개 증권감독기관의 연합체이다. 한국의 금융위원회도 이 연합체의 회원으로 있다.

한편, IASB는 과거 수십년 동안 전 세계 회계기준을 주도해 온 미국 재무회계기준위원회(FASB, Financial Accounting Standards Board)와 회계기준 정합화(convergence)를 위해 공동으로 노력한다는 노르워크합의서(Norwalk Agreement)를 체결했다. 그 주된 내용은 몇 가지 주요한 현안에 대해 공동프로젝트를 진행한다는 것이었다. 2006년에는 로드맵을 마련하여 장단기 프로젝트로 구분하여 21개에 대한 공통프로젝트 또는 개별 검토프로젝트를 선정하여 조정작업을 진행했다. 그 결과 2007년 11월에 미국 증권거래위원회(SEC)는 미국 증권시장에 상장된 외국기업들이 국제회계기준으로 재무제표를 작성하여 SEC에 보고하는 경우 미국회계기준에 따라 조정해야 하는 의무를 면제해 주었다. 그러나 미국 SEC는 2017년에 위원장의 입장발표문을 통하여 국제회계기준과의 정합화를 사실상 중단하는 결정을 하였다.

3 국제회계기준위원회의 구조 및 기준제정과정

국제회계기준위원회(IASB)의 구조는 [그림 1-4]와 같다.

▶ 그림 1-4
국제회계기준위원회(IASB)의 구조

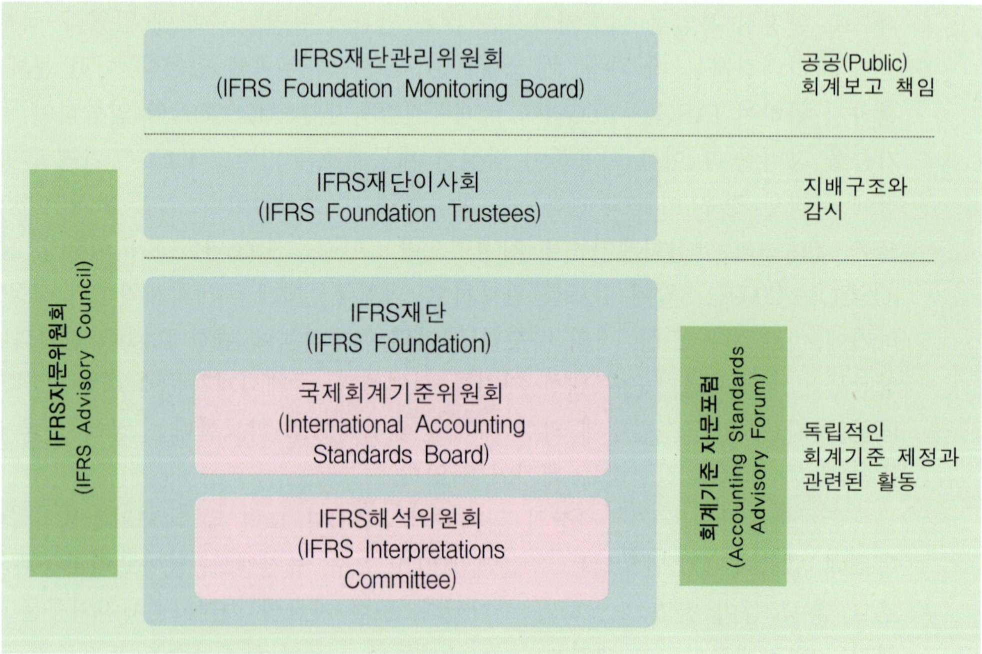

7개의 회원기관(IOSCO의 신흥시장위원회, 미국증권거래위원회, 일본증권감독원, EU집행위원회, 한국금융위원회, 중국재무부, 브라질증권위원회)과 1개의 옵서버(은행감독 바젤위원회)로 구성된 관리위원회(Monitoring Board)가 IFRS재단이사회(IFRS Foundation Trustees) 이사를 선임하고 감시하는 역할을 한다. 약 22명의 이사(trustees)로 구성된

국제회계기준재단의 이사회가 약 15명으로 구성된 IASB위원을 선임, 감독 및 재정지원을 하고 있다. IASB는 국제회계기준해석위원회(IFRIC, International Financial Reporting Interpretations Committee), 50여명으로 구성된 기준자문위원회(IFRS Advisory Council)의 기술적 지원을 받는다. IFRS재단은 또한 IASB, IFRS자문위원회 및 IFRIC의 위원을 선임한다. IFRS자문위원회는 IFRS재단과 IASB에 자문을 제공하며, IFRIC는 해석서를 마련해서 IASB의 승인을 받는 구조를 갖는다.

IFRS재단은 2000년에 재출범하면서 미국 델라웨어주법에 따라 재단으로 설립되었다. 런던에 본부를 두고 있는 IASB는 8월을 제외하고는 매달 회의를 개최하며, 회의는 4일간 계속된다. 특히 IASB는 각국 회계기준제정기구와의 긴밀한 협조가 필요하기 때문에 8명의 위원은 할당된 지역의 연락책임을 겸하고 있다. IASB위원들의 구성에 균형을 갖추는 문제도 아주 중요하다고 보고 있기 때문에 IFRS재단에서 위원을 선임할 때 전문지식을 기본적인 요건으로 하면서, 지역 및 분야의 균형을 강조하고 있다. 분야별로 최소한 5명은 감사경험이 있는 사람, 3명은 재무제표 작성 경험을 가진 사람, 3명은 재무정보이용자, 1명은 회계학자일 것을 요구하고 있다.

IASB의 기준서는 적법한 절차에 따라 제정하도록 되어 있다. 적법한 절차(due process)는 많은 시간과 노력을 필요로 하지만, 제정된 회계기준의 수용성을 높이기 위한 제도로 여겨지고 있다. 적법한 절차는 다음과 같은 주요 과정을 거친다([그림 1-5]를 참조).

▶ 그림 1-5

국제회계기준 제정과정

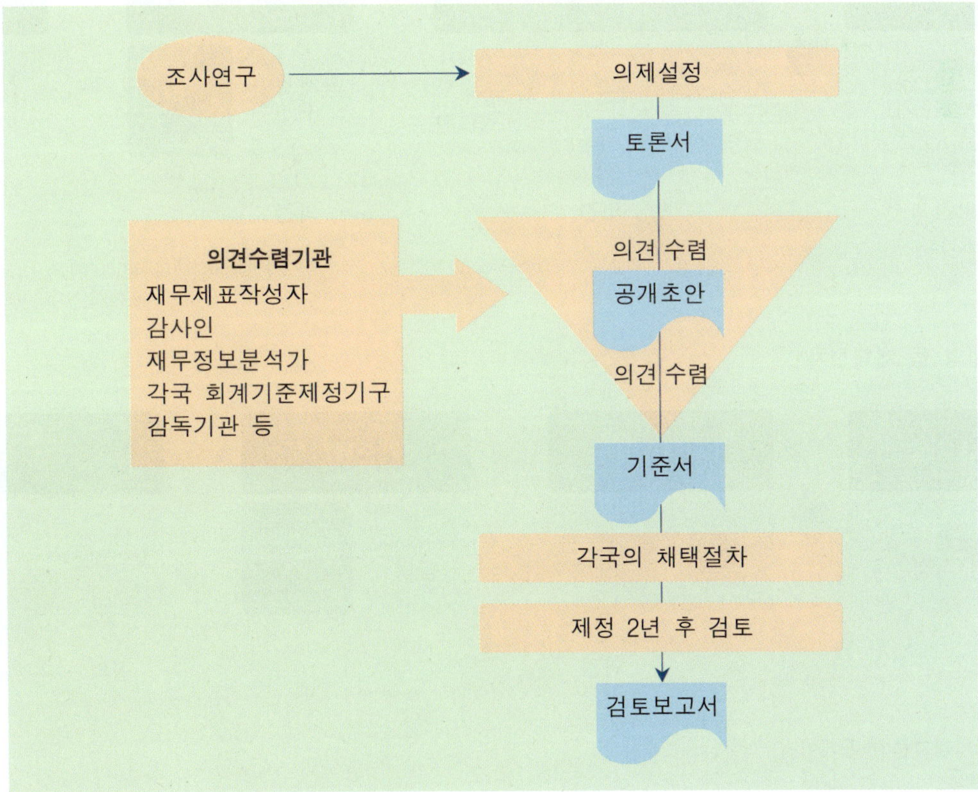

① 조사연구활동에 의하여 다루어야 할 의제를 설정한다.
② 의제가 설정되면 연구를 통하여 토론서(DP, discussion paper)를 만들어서 의견을 수렴하기도 하는데, 이는 필요에 따라 이루어지는 선택적인 절차이다.
③ 공개초안(exposure drafts)을 마련하여 다양한 의견을 수렴한다. 토론서 또는 공개초안이 마련되어 의견을 주로 수렴하는 기관으로는 IASB 내의 조직인 IFRS자문위원회와 외부이해관계자집단(재무제표작성자, 감사인, 재무정보분석가, 각국 회계기준제정기구, 감독기관 등)이 있다.
④ 회계기준(accounting standard)을 의결하고 공표한다. IASB의 의결구조는 단순과반수의 의결로 통과한다. 이견이 있는 경우 이를 소수의견으로 기준서에 표시하도록 되어 있다. 한편, IASB에 의해 제정된 회계기준은 각국의 채택절차를 따라서 각국에서 채택된다.
⑤ 기준서가 공표되면 IASB는 이해관계자집단과 접촉을 통하여 기준서를 이해시키고, 기준서가 실무에 미치는 영향을 검토하는 등 다각적인 제정 후 활동을 하며, 이의 일환으로 기준서 제정 후 약 2년이 경과되면 검토보고서를 작성한다.

▶ **그림 1-6** IFRS 기준서 제정 및 개정 절차

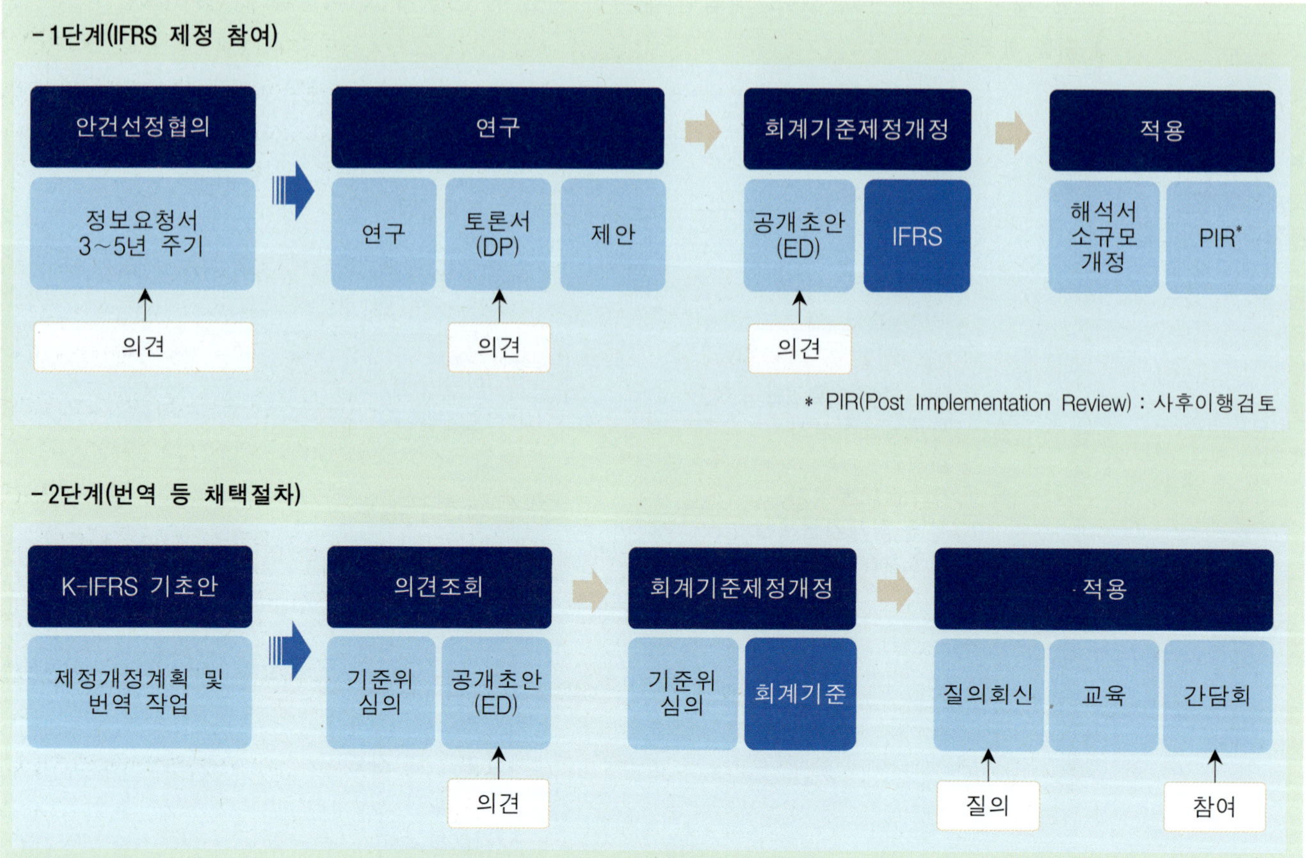

출처 : 한국회계기준원 홈페이지

우리나라의 회계기준 제·개정 절차는 IASB의 회계기준 제정절차에 추가적인 과정이 필요하다. KASB는 기준 제정 및 개정 과정을 1단계(IFRS 제정 참여)와 2단계(번역 등 채택절차)로 구분하여 참여하고 있는데, 1단계는 IASB가 주도하는 기준서 제·개정 과정에서 안건 선정에 대한 정보 및 의견 제출, 토론서에 대한 의견제출, 공개초안에 대한 의견을 제출하는 역할을 수행한다. 의견제출을 위해 기업, 감사인, 감독당국으로부터 새로운 기준서에 대한 의견을 수렴한다. 2단계는 IASB가 채택을 확정한 기준서를 우리나라의 기준으로 채택하는 절차이다. KASB는 감독기관, 회계법인 등과 협업으로 IFRS를 번역하여 K-IFRS로 발간하는 작업을 수행한다. 이렇게 만들어진 한국어로 번역된 국제회계기준은 한국회계기준위원회와 금융위원회의 승인을 거쳐 금융위원회가 공표함으로써 효력을 발휘한다.

4 국제회계기준의 특징

2025년초 현재 41개의 유효한 국제회계기준서가 있다. 이 중 25개는 종전에 제정된 IAS(International Accounting Standards)이고 16개는 IFRS(International Financial Reporting Standards)인데, 앞으로 제정될 기준서는 IFRS라는 명칭을 사용할 계획이다. 국제회계기준과 함께 재무보고의 개념체계도 마련되어 있다(현행 국제회계기준서 목록은 본 교재의 머리말 다음에 제시됨).

국제회계기준의 특징을 살펴보면 다음과 같다. 첫째, 국제회계기준은 원칙주의 회계기준이다. 원칙주의(principles-based approach)는 개념체계에 근거한 일반원칙을 강조하는 접근법을 따른다. 따라서 국제회계기준은 회계처리에 대한 구체적인 실무적용지침을 제공하기보다는 전문가의 판단을 중시하는 접근법을 따르고 있다. 예컨대 원칙주의 감가상각방법은 "자산의 소비형태를 가장 잘 나타내는 방법"을 선택하면 된다. 이런 정신에 따라 원칙주의 회계기준에서는 산업별 회계처리기준은 가능한 한 삼가고 해석서를 가능한 한 발표하지 않는다. 환언하면 원칙주의 회계기준은 '목적적합하고 표현충실한' 재무제표의 표시라는 대원칙 또는 개념에 근거하고 있다.

국제회계기준은 구체적인 지침이 결여되어 있기 때문에 동일한 국제회계기준이 각국에서 적용될 때 나라마다 달리 적용되거나 또 심지어는 회사마다 달리 적용될 가능성이 있다. 따라서 일부에서는 원칙주의 국제회계기준이 적용문제를 가질 수 있다고 우려하기도 한다. 즉, 각국은 문화, 법률, 제도 등이 상이하기 때문에 이를 수용하는 과정에서 나름대로 해석을 하여 적용할 가능성이 있다. 실제로 2005년부터 국제회계기준을 의무적용한 EU의 경우 나라마다 국제회계기준의 적용에 상당한 차이가 있는 것으로 파악되었다.

한편, 미국 등에서 채택하고 있는 규칙주의(rules-based approach) 회계기준은 개별 상황에 맞게 가능한 한 구체적인 규칙을 제정하는 것이다. 규칙주의적인 미국 회계기준을 제정하는 재무회계기준위원회(FASB)는 상대적으로 계량적인 지침을 제공한다거나, 산업별 회계기준을 제정한다거나, 많은 해석서를 발표하고 있다.

둘째, 국제회계기준은 연결재무제표(consolidated financial statements)를 기본재무제표로 본다. 따라서 모든 기준서는 연결실체에 대한 재무제표를 작성하는 것을 전제로 한다. 예컨대, 포괄손익계산서도 당기손익과 기타포괄손익 각각에 대해 지배회사 소유주의 몫과 비지배지분의 몫으로 구분하여 공시할 것을 요구하고 있다.

셋째, 국제회계기준은 공시(disclosures)를 강조하고 있다. 이는 기업의 경제적 환경이 복잡해지고 거래행위도 미묘한 경우가 많으며, 개별 국가의 법률 및 제도에 따른 차이와 기업의 상황을 반영할 수 있도록 국제회계기준의 적용에 어느 정도 유연성을 주되 공시를 강화하여 정보이용자를 보호하고자 하는 취지이다. 그러나 유연성이 폭넓게 허용되는 것은 아니다. 원칙의 해석에는 어느 정도 유연성을 허용하지만 원칙 자체를 이탈하면 국제회계기준을 사용한 것으로 인정하지 않고 있다.

넷째, 국제회계기준은 공정가치회계(fair value accounting)를 점차 확대하여 적용해 나가고 있다. 종전의 회계기준은 역사적원가를 주요 측정기준으로 삼았는데, 국제회계기준은 역사적원가와 함께 공정가치를 주요 측정기준으로 부각시키고 있다. 이에 따라 금융상품의 경우 공정가치회계가 원칙이고, 유형자산에 대해서는 원가와 공정가치 중에서 선택할 수 있도록 하고 있으며, 모든 자산(특히 영업권 및 비한정내용연수를 갖는 무형자산)에 대하여 자산손상회계를 강조하고 있다.

제 5 절 기타 관련 사항

1 회계의 경제적 영향과 정치적 과정

회계기준이 제정 · 공표되면 이의 적용을 받는 각종 이해관계자들에게 많은 경제적 영향(economic consequences)을 미치게 된다. 경제적 영향의 구체적인 예로서, 연구개발비를 비용으로 처리하게 하면 연구개발에 대한 투자를 기피한다거나, 유전의 탐사원가에 대한 회계처리를 전부원가법(full cost method)을 배제하고 성공원가법(successful effort method)으로 강제화하는 경우 유전탐사활동이 위축되는 것 등을 들 수 있다. 우리나라 조선업의 경우 조선계약을 외화표시로 수주할 경우 환율변동위험에 노출되는 것을 회피하기 위하여 외화선도계약(부채)을 체결하는 것이 일반적이다.

회계기준의 제정 및 개정으로 직접적인 영향을 받는 업체, 산업체연합, 경제인연합회, 상공회의소 등은 불리한(유리한) 경제적 영향을 가져올 회계기준의 제정 및 개정을 반대(찬성)하기 위하여 힘을 규합하여 회계기준제정기관에 압력을 가하거나 로비를 하는 경우가 있다. 이와 같이 회계기준의 설정에 개입하는 것을 정치적 과정(political process)이라고 부른다. 과거 경험에 따르면, 유가증권회계처리에 관하여 저가기준을 강제화하자 증권회사 등의 기관투자가들이 중심이 되어 해당 규정의 실시시기를 유예시켰던 것이나, 외화차입금에 대한 환산손실을 당기손익에 반영하지 않고 자본조정계정이나 이연자산으로 처리하도록 실력을 행사한 것들이 정치적 과정의 예라고 할 수 있다. 회계기준 설정에 작용하는 정치적 과정은 긍정적인 면과 부정적인 면을 갖는다고 볼 수 있으며 이를 정리해 보면 다음과 같다.

먼저 정치적 과정이 긍정적이라고 볼 수 있는 면은 다음과 같다.

① 회계기준이 일반적으로 인정된 회계원칙이 되기 위해서는 직·간접적으로 영향을 받는 집단들에 의한 회계기준의 수용을 전제로 한다. 회계기준은 단순히 기술적 또는 이론적 측면만을 고려하여 제정 또는 개정될 수는 없으며 그것이 실무에 미치는 영향도 고려해야 한다. 따라서 정치적 과정은 회계기준의 설정에 있어서 기준의 수용성을 고려해야 한다는 것을 상기시켜 준다.
② 특정 회계기준이 이해관계자에게 미치는 영향은 다양할 수 있다. 무엇이 맞고 틀리냐의 문제가 아니라 회계기준의 선택은 사회적 선택(social choice)이며 여기에는 필연적으로 가치판단의 문제가 개입된다. 따라서 다양한 이해관계자들의 이해관계를 종합적으로 고려하여 타협에 의하여 회계기준을 선택해야 하는 경우가 있으며, 부작용을 최소화하기 위해서는 정치적 과정이 회계기준의 설정에 필요악이라고 할 수 있다.

한편, 정치적 과정은 부정적인 면도 가지는데, 이는 다음과 같다.

① 회계는 상당부분이 기술적인 문제라고 볼 수 있다. 예컨대 이익의 결정, 자산과 부채의 평가 등이 어떻게 결정되어야 할 것인가 하는 문제는 독립적이고 공정한 입장에 서 있는 연구자들의 광범위하고 전문적인 연구의 결과에 근거하여 결정해야 할 것이지 타협의 대상이 되어서는 안 된다.
② 비록 회계처리문제에 있어서 단일의 최적 해결책은 없다 할지라도 이해관계자들의 이기적인 힘의 논리에 의하여 해결책을 마련하는 것보다 독립적인 위치에 있으면서 전문적 지식과 관심을 갖는 집단에 의해 합리적으로 해결되는 것이 바람직하다. 특히 기업을 둘러싼 복잡한 기업환경을 고려할 때 회계전문가집단이 적절한 회계기준을 마련하는 것이 가장 이상적이다.
③ 회계기준의 제정 및 개정에 있어서 타협 또는 합의점의 도출에 의하여 기준을 결정하게 되면 결과적으로 회계의 전문성을 약화시키게 될 것이다.

④ 정치적 과정이 무분별하게 허용되면 회계기준의 제정 및 개정은 결국 이해관계집단들간의 소모적인 논쟁만 불러일으킬 것이며, 이는 회계의 발전에 걸림돌이 될 수밖에 없다.

우리나라가 IFRS를 도입하면서 회계기준 제정의 권한이 사실상 IASB로 이전됨에 따라 국내에서 회계기준 제정을 위한 정치적 과정은 많이 사라졌다. 하지만 정치적 과정이 이루어지는 장소가 우리나라에서 IASB로 옮겨간 것이지 정치적 과정이 없어진 것은 아니다.

2 회계윤리

국제회계기준은 원칙중심 회계기준으로서 회계기준의 적용에 전문가의 판단을 요구한다. 따라서 원칙중심 회계기준의 적용에 있어서 재량성이 많이 허용된다고 해석하여 이를 남용할 소지가 있다. 회계기준의 자의적인 적용은 자칫하면 회계윤리문제를 야기시킬 수 있다는 점에서 주의할 필요가 있다. 전문가적 판단을 내릴 때에는 회계정보가 의사결정에 목적적합하고 표현충실한 정보여야 한다는 것을 유념해야 한다.

윤리(ethics)란 옳고 그름을 평가하는 기준을 제공한다. 회계윤리는 재무보고에 있어서 윤리를 적용해야 하는 이슈를 다룬다. 회계윤리는 목적적합성과 표현충실성을 충족시키도록 전문가적 판단을 행사해야 한다는 관점에서 보았을 때 회계기준을 준수하면 되기 때문에 윤리딜레마는 해결이 어렵지 않다.

(1) 윤리와 전문가 정신

회계전문가는 재무정보를 생산하거나 감사하는 위치에 있는 전문가들로서 자신의 직분을 이행함에 있어서 윤리적 행동을 할 것으로 기대된다. 회계전문가들이 필요로 하는 윤리적 행동지침을 공식적으로 윤리강령에 포함하는 경우가 일반적이다. 한국공인회계사회는 공인회계사들이 준수해야 할 윤리강령을 제정하여 회원들에게 준수를 요구하고 있다. 또한 국제회계사연맹(IFAC)은 산하에 국제윤리기준위원회(IESBA)를 두어 전 세계적으로 공인회계사들이 지켜야 할 윤리강령을 제시하고 있다.

(2) 윤리 의사결정을 위한 분석모형

아래는 윤리적 문제에 대한 분석체계를 제시하는 일련의 단계를 보여준다. 이러한 단계들은 윤리딜레마에 대해 옳고 그름을 판단하는 데 도움을 줄 것이다.

[1단계] 상황의 사실관계를 파악한다. 이는 누가, 무엇을, 어디서, 언제, 그리고 어떻게 등을 결정하는 것이다.

[2단계] 윤리적 문제와 이에 관련된 당사자들을 식별한다. 당사자들로는 현재 및 잠재적 주주, 채권자, 경영자, 종업원, 그리고 지역사회가 있을 수 있다.

[3단계] 그 상황에 관련된 가치를 식별한다. 회계담당자로서 회계기준을 따르는 것이 중요한지 또는 상급자의 의견을 존중하는 것이 중요한지의 문제를 다룬다. 이러한 상충되는 대안에 직면할 경우 어느 가치가 지켜지고 어느 가치가 희생될 것인지를 고려한다.

[4단계] 회계처리 대안(행동방침)을 식별한다.

[5단계] [4단계]에서 명시된 행동방침을 [3단계]에서 식별된 가치와 함께 지속가능성 측면에서 평가한다. 본 단계에서 취해야 할 행동방침이 제시될 수도 있고, 그렇지 못할 수도 있다.

[6단계] 가능한 각 행동방침의 영향을 식별한다. 만일 [5단계]가 행동방침을 제시하지 못하면, 각 행동방침이 관련된 모든 이해관계자들에게 미치는 영향을 평가한다.

[7단계] 윤리적인 판단에 따라 자신의 결정을 내리고, 제시된 행동을 취한다.

익힘문제

CHAPTER 1

1. 재무회계란 무엇인가?

2. 기업과 이해관계자의 관계를 자원수요(제공)자와 정보제공(수요)자의 입장에서 설명하라.

3. 재무보고와 재무제표의 차이를 설명하라.

4. 재무보고의 주된 수단은 무엇인가?

5. 일반목적 재무제표란 무엇을 의미하는가?

6. 만약 당신이 회계에 대하여 잘 모르는 사람에게 '일반적으로 인정된 회계원칙'이나 기준에 대하여 설명해야 한다면 어떤 점을 특히 강조하겠는가?

7. 회계가 환경에 미치는 영향을 예를 들어 설명하라.

8. 회계기준의 필요성에 대하여 설명하라.

9. 회계기준제정의 접근방법에 대하여 설명하라.

10. 회계기준은 공공부문 또는 민간부문에 의해 제정될 수 있다. 각 제정방법의 장단점을 비교하라.

11. 회계정보를 수요하는 주요 집단들과 이들이 필요로 하는 정보를 간단히 설명하라.

12. 회계정보의 강제적인 공급과 자발적인 공급을 설명하라.

13. 회계정보의 공시를 촉진시키는 시장요인으로서는 어떤 것이 있으며, 왜 이들이 정보의 공시에 영향을 미치는가?

14. 회계기준을 국제적으로 통일할 경우의 장점으로서 어떤 것들이 있는가?

15. 국제회계기준의 채택으로 한국회계기준의 체계가 3원화되어 있다. 한국회계기준의 체계를 설명하되 적용대상과 기준의 구성을 중심으로 간략하게 설명하라.

16. 국제회계기준을 소위 원칙중심의 회계기준이라고 하는데 이는 무슨 의미이며 시사점은 무엇인가?

17. 국제회계기준의 주요 특징을 설명하라.

18. 회계기준의 경제적 영향에 대하여 간단하게 설명하라.

19. 왜 회계기준의 설정이 정치적 과정을 거칠 가능성이 높고 또 사회적 선택일 수밖에 없다고 생각하는가?

20. 회계윤리와 전문가로서의 책임을 설명하라.

연습문제

CHAPTER 1

1. 회계의 수요와 공급

회계가 사회에 기여하는 역할이 막대하다. 그렇다면 회계는 무엇 때문에 존재하는가를 근본적으로 따져볼 필요가 있을 것이다.

요구사항

1. 회계의 본질에 대하여 간단하게 기술하라.
2. 회계가 제공하는 산물은 구체적으로 어떤 형태를 취하게 되는가? 그리고 회계산물인 재무정보를 필요로 하는 수요자를 구분하고 이들은 어떤 목적에서 재무정보를 필요로 하는가를 기술하라.
3. 회계정보를 공급하는 자들은 누구인가? 그리고 회계정보제공을 규제의 차원, 자발적인 공시 차원, 법적인 강제는 아니지만 정보제공을 사실상 강제화하게 되는 시장차원에서 설명해 보라.

2. 회계원칙(Ⅰ)

안진(주)에 대한 감사가 종료된 후 그 회사의 사장이 회계감사인의 감사보고서상에 나타난 "일반적으로 인정된 회계원칙에 따라"라는 부분의 의미를 알고자 한다. 사장은 여기에는 그가 '원칙'으로 생각하는 것 이상의 그 어떤 의미가 있으리라 기대하고 있다.

요구사항

1. 감사보고서에 나타나는 "회계원칙"의 의미를 설명하라(단, 여기서는 "일반적으로 인정된"의 중요성은 논할 필요 없음).
2. 회계원칙이 일반적으로 인정된 것인지 아닌지를 어떻게 결정하는지 설명하라.
3. 사장은 회계원칙을 통일하면 비교가능성이 향상됨에도 불구하고 다양한 기업실체의 특성과 환경을 반영하기 위하여 다양한 회계처리가 필요하다고 믿고 있다. 회계처리의 다양성은 불가피하다는 사장의 주장에 동의하는가?

3. 회계원칙(Ⅱ)

회계담당자인 김은주 양은 회계기준의 제정과정이 복잡하여 많은 혼란을 겪고 있다. 특히 김양은 여러 기관들이 회계기준의 제정에 각기 다른 주장을 하고 있으며 이러한 회계기준들에 대한 지지에 많은 차이가 있음에 놀랐다. 김양은 자신의 업무에 대한 이해를 증진시키기 위하여 회계기준 제정 환경을 살펴보기로 했다. 김양은 학교교육을 통하여 회계기준의 개발이나 재무회계의 환경에 관하여 간단하게 배우긴 했으나 이 부분이 강조되지 않았다.

요구사항

1. 회계기준의 제정과 관련된 중요 기관들을 분류하여 설명하라.
2. 회계는 어떻게 환경과 관련되는가? 즉 어떤 환경적 요소가 회계에 영향을 미치며, 회계는 또 어떻게 환경에 영향을 미치는가?
3. 김양은 '권위 있는 지지'란 무엇인지를 알고 싶어한다. 이 말의 의미를 설명하라.

4. 회계기준의 제정절차

회계기준은 이론적으로 질서정연하고 실무에서 받아들여지면 그 생명력이 있는 것이다. 그러나 회계기준이 이와 같은 조건을 만족하기 위해서는 기준의 설정과정에서 적법한 절차를 따라야 한다.

요구사항

1. 회계기준이 적법한 절차를 밟아야 하는 이유가 어디에 있다고 보는가?
2. 회계기준 설정에 관심을 갖고 있는 단체들로서는 어떤 것들이 있는가?

5. 국제회계기준 도입

국제회계기준 도입에 따른 가장 큰 변화의 하나는 공시제도가 개별재무제표 중심으로부터 연결재무제표 중심으로 전환된다는 것이다.
개별재무제표는 모회사(지배기업) 단독의 재무제표이지만 연결재무제표는 지배기업이 통제하는 자회사(종속기업)를 모두 포함(연결)하여 작성된다. 예를 들어, 외부에 판매(₩90)될 제품을 지배기업이 종속기업에게 ₩100을 받고 판매하더라도 연결재무제표에서는 매출로 처리하지 않고 종속기업이 그 제품을 외부에 판매할 때 비로소 매출(₩90)을 보고한다.
투자자가 볼 때 그 기업의 진정한 판매능력과 미래에도 계속 돈을 벌어들이는 잠재능력을 보여주는 사건은 외부판매(₩90)이지 지배기업의 내부판매(₩100)는 아닐 것이다. 그 현금(₩100)은 지배기업의 지시에 의해 기업내부(연결실체)의 한 호주머니(사업부)에서 다른 호주머니(사업부)로 장소만 바뀌었을 뿐일 수 있다.
따라서 한 기업의 실상을 바로 파악하기 위해서는 연결재무정보가 필수적이다. 그래서 국제회계기준은 투자자의 목적에 적합한 모든 재무정보를 연결재무제표 중심으로 제공하도록 요구하고 있다. … 중략 …
연결재무제표는 국제회계기준이 도입되기 전에도 제공되었지만 지배기업 단독의 개별재무제표가 우선 제공되고 연결재무제표는 한 달여 후에 보충적으로 제공되었으며 수시공시도 개별재무제표 중심이었다. 국제회계기준이 도입되면 모든 공시가 연결재무제표 중심으로 바뀌게 될 것이다. … 후략 … (서울경제, 2010.5.23)

요구사항

1. 위의 기사를 보고 국제회계기준의 '연결중심의 회계기준'이라는 특성에 대한 자신의 생각을 논하라. 또한 '연결중심의 회계기준'으로 인한 장점을 기술하라.
2. **요구사항** 1.에서 언급된 장점 이외에 국제회계기준을 도입하면서 얻을 수 있는 이점을 간략하게 5개 이상 서술하라.

윤리문제

도스(주)는 자동차부품 제조업체이다. 도스(주)는 2000년 창업 이래 계속하여 순이익을 보고해오고 있다. 경영진은 도스(주)가 이룬 업적에 대단한 자부심을 갖고 있으며 이러한 좋은 성과의 원동력 중 하나로서 순이익 목표를 달성할 경우 최고경영진에게 보너스를 지급하는 인센티브시스템을 꼽고 있다. 그런데 2021년에는 당기순이익 목표를 달성하기 어려운 상황에 처해 있다.

도스(주)의 CFO(최고재무책임자)는 궁리 끝에 12월 판매량을 늘리고 최고경영진이 보너스를 받을 수 있는 묘안을 제안하였다. 회사의 주요 고객 업체로부터 2022년 1월 15일에 선적을 요청하는 2억원어치 물량의 주문을 2021년 12월 15일에 받았는데, 이를 활용해 보자는 것이다. CFO는 최고경영진의 회의에서 "특근을 할 경우 12월 31일까지 주문물량의 생산을 완료하여 선적 예정 항구의 창고에 입고할 수 있을 것이다. 따라서 주문은 확보되어 있고 생산 및 선적 준비까지 완료할 수 있기 때문에 2021년에 동 물량을 수익으로 인식하는 데 문제가 없으며, 그렇게 할 경우 2021년 보너스를 받기에 충분한 당기순이익을 달성할 수 있다"고 보고하였다. 한편, 도스(주)는 통상 도착지인도(FOB destination)조건으로 선적을 하며, 고객이 부품을 인수할 때 수익을 인식해오고 있다.

7단계 윤리문제 분석모형을 적용하여 도스(주)의 회계윤리문제를 분석하라.

CHAPTER

2 재무보고 개념체계

회계에 대한 잘못된 상식 중의 하나는 회계가 장부를 정리하고 재무제표를 작성하는 부기(bookkeeping) 정도로 이해하고 회계를 단지 기계적인 회계처리의 절차적 차원에서만 생각한다는 것이다. 따라서 회계담당자도 단순히 계정만 익히면 되는 단순전문가 정도면 족하다는 사고방식을 가지고 있다.

그러나 회계는 체계화된 이론을 필요로 하는 학문영역이며, 여러 가지 이론이 정립되어 있다. 즉 회계는 학문으로서의 목적, 규범적 이론, 체계화된 개념, 세밀한 정의, 합리적인 규칙 등을 수반하는 학문이다. 아울러 회계담당자들은 단순한 기계적인 업무처리만을 수행하지 않고 업무를 수행함에 있어서 논리적인 사고를 하고, 이론을 정립하며, 전문적 판단과 고도의 지식을 활용하는 전문가이다.

제 1 절 개념체계의 의의

1 개념체계의 위상과 목적

회계원칙은 자연과학이나 수학 등의 원칙 또는 법칙처럼 불변의 진리도 발견의 대상도 아닌 약속에 불과하며 언제라도 변화될 수 있다. 회계원칙의 제정 및 개정은 실무계에서 수용이 되어야만 원칙으로서의 효력을 갖는다. 이러한 이유 때문에 '일반적으로 인정된 회계원칙'은 '다수의 (실질적인) 권위 있는 지지를 받는 원칙'이라고 한다. 즉 회계기준은 기준제정기구, 감독기관 및 실무계의 적법한 지원 및 수용에 의하여 입지가 확보된다.

회계원칙은 객관적으로 또는 실험에 의하여 그 정당성 또는 합리성을 증명하기가 어려우므로 평가 및 제정에 적용할 수 있는 원칙이 필요하다. 이와 같은 회계기준의 근본골격, 즉 재무제표 작성·공시의 기초가 되는 체계를 재무보고의 개념체계(conceptual framework financial reporting, 이하 개념체계)라고 한다. 재무보고의 개념체계에서는 개념체계의 목적을 다음과 같이 밝히고 있다.

① 회계기준위원회가 일관된 개념에 기반하여 회계기준을 제·개정하는 데 도움을 준다.[1)]
② 특정 거래나 다른 사건에 적용할 회계기준이 없거나 회계기준에서 회계정책을 선택하는 것을 허용하는 경우에 재무제표작성자가 일관된 회계정책을 개발하는 데 도움을 준다.
③ 모든 이해관계자가 회계기준을 이해하고 해석하는 데 도움을 준다.

개념체계는 개별 회계기준들의 뼈대 또는 근간을 제공하는 역할을 하므로 모든 법률의 근간역할을 하는 헌법과 같은 것으로 이해할 수 있다. 따라서 개념체계는 다음과 같은 회계기준을 위한 기반을 제공한다.

① 투자자와 그 밖의 시장참여자가 정보에 입각한 경제적 의사결정을 내릴 수 있도록 재무정보의 비교가능성과 정보의 질을 향상시켜 투명성에 기여한다.
② 기업과 자본제공자 간의 정보 격차를 줄임으로써 회계책임(accountability)을 강화한다. 개념체계에 기반한 회계기준은 경영진의 수탁책임(stewardship) 평가에

1) 개념체계는 회계기준위원회의 공식(기준설정) 임무에 기여한다. 이 임무는 금융시장에 투명성, 책임성, 효율성을 제고하는 회계기준을 개발하는 것이다. 회계기준위원회의 임무는 경제에서의 신뢰, 성장, 장기적 금융안정을 조성함으로써 공공이익에 기여하는 것이다.

도 필요한 정보를 제공하며, 규제기관에게도 매우 중요하다.

③ 투자자에게 투자기회와 위험을 파악하도록 도움을 주어 한정된 자원의 배분을 향상시킴으로써 경제적 효율성에 기여한다. 기업이 개념체계에 기반한 신뢰성 있는 회계기준을 사용하면 자본비용을 절약할 수 있다.

개념체계는 회계의 근간이 되는 기초개념을 정립하는 것이 목적이기 때문에 그 자체로서는 회계기준은 아니다. 따라서 개념체계는 구체적인 회계처리방법이나 공시에 관한 기준을 정하는 것을 목적으로 삼지 않는다. 만약 개념체계의 내용이 특정 회계기준과 상충되는 경우에는 회계기준이 개념체계에 우선한다.

2 개념체계의 발달

미국 재무회계기준위원회(FASB, Financial Accounting Standards Board)는 1973년 출범 직후부터 개념체계의 필요성을 절감하고 작업에 착수한 후, 1978년부터 최근까지 재무보고와 관련된 일련의 재무회계개념보고서(SFAC, Statements of Financial Accounting Concepts)를 발간하였다.[2] FASB의 개념체계는 재무회계분야에 미치는 영향이 지대했으며, 현대 재무회계의 이론을 구성하는 근간이 되어 왔다. FASB의 개념체계는 회계의 목적을 명확하게 하였음은 물론이고, 회계정보가 유용하기 위하여 가져야 할 질적 특성을 정리하고 있다. 또한 재무제표의 요소에 대한 정의를 명확하게 하여 재무제표에 대한 이해를 제고할 수 있도록 도와주고 있고, 구체적인 인식 및 측정의 기본이 되는 원칙을 정리하고 있다.

국제회계기준위원회(IASB)는 2001년에 "재무제표의 작성 및 표시에 관한 체계(Framework for the Preparation and Presentation of Financial Statements)"를 마련했다. 그 이후 FASB와 함께 개념체계를 정비해왔다. 2010년에는 "재무보고를 위한 개념체계(The Conceptual Framework for Financial Reporting)"를 발표하였는데, 종전의 재무제표 개념체계에서 재무보고 개념체계로 바꾸었다는 특징을 갖는다. 그 후 2018년에는 IASB 단독으로 기존의 개념체계를 보완·정비하여 포괄적인 개념체계를 공표하였다.

2) 현재까지 FASB가 제공한 개념보고서는 모두 8개이다. 제1호 기업재무보고의 목적, 제2호 회계정보의 질적특성, 제3호 기업재무제표의 요소, 제4호 비영리조직 재무보고의 목적, 제5호 기업재무제표의 인식 및 측정, 제6호 재무제표의 요소(제3호를 대체), 제7호 회계측정에 있어서 현금흐름정보와 현재가치의 이용, 제8호 재무보고의 개념체계(제1호와 제2호를 대체)가 재무보고와 관련된 개념체계이다. 따라서 현재 효력이 있는 개념보고서는 4, 5, 6, 7 및 8호이며, 이 중에서 기업과 관련된 것들은 5, 6, 7, 8호이다.

3 재무보고 개념체계의 구성

2018년에 공표된 개념체계는 다음과 같이 총 8장으로 구성되어 있다.

제1장 일반목적재무보고의 목적
제2장 유용한 재무정보의 질적특성
제3장 재무제표와 보고기업
제4장 재무제표요소
제5장 인식과 제거
제6장 측정
제7장 표시와 공시
제8장 자본 및 자본유지의 개념

[그림 2-1]은 재무보고 개념체계의 각 요소간의 연관관계를 그림으로 보여주고 있다.3)

▶ **그림 2-1**
재무보고 개념체계의 구성

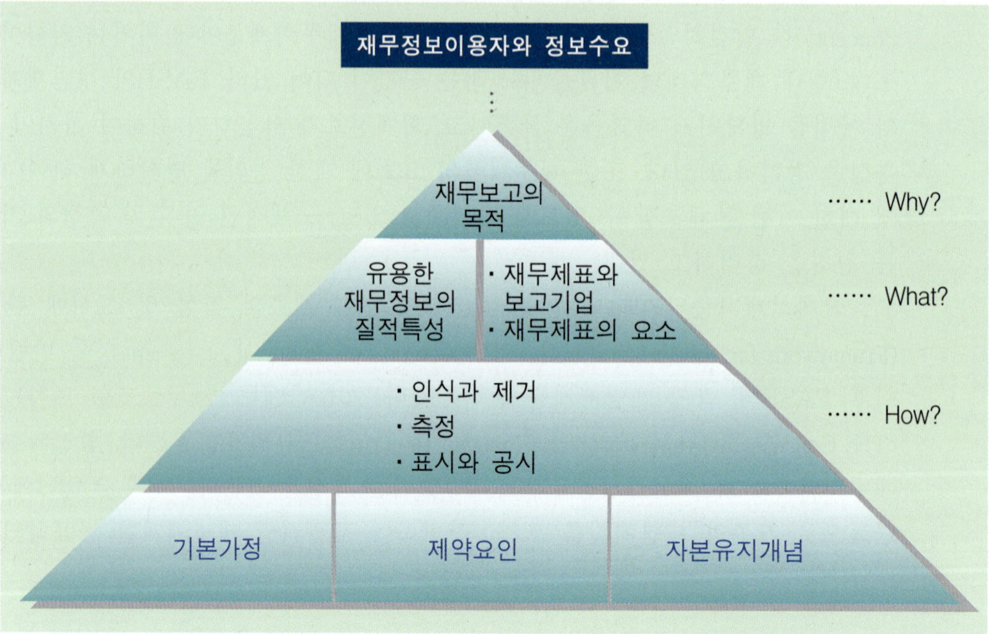

개념체계의 상층(제1단계)은 일반목적재무보고의 목적으로서, 왜(why) 재무보고를 해야 하는가에 대한 개념을 다루며 개념체계의 근간을 이룬다. 중층(제2단계)은 재무정보의 질적특성, 재무제표와 보고기업 및 재무제표의 요소가 위치하는데, 이는 재

3) [그림 2-1]은 회계기준위원회가 제시한 것이 아니며, 독자들의 이해를 돕기 위해서 작성한 것임을 밝혀둔다.

무보고 목적과 구체적인 인식 및 측정을 연결시키는 허리 역할을 하며 무엇(what)을 보고할 것인가에 대한 개념을 밝히고 있다. 질적특성은 회계정보가 유용하기 위해서 갖추어야 할 특성을 의미하고, 재무제표와 보고기업은 누가 무엇을 보고해야 하는지 제시하며, 재무제표의 요소는 재무제표의 구성요소들을 정의한다. 이들 모두 회계상의 거래를 인식하고 측정하기 위한 회계기준을 설정하는 데 기초를 제공한다. 하층(제3단계)은 재무제표요소를 어떻게(how) 인식하고, 측정할 것인가에 대한 기본개념을 다룬다. 재무제표요소는 기본가정과 자본유지개념에 근거하여 인식하고 측정하는데, 여기에는 근본적으로 제약요인이 있을 수밖에 없음을 밝히고 있다.

4 정보이용자와 정보수요

재무정보를 왜 제공하는가에 대한 기본적인 질문에 답하려면 재무정보의 이용자를 명확히 규정할 필요가 있다. 재무정보이용자와 그들이 어떤 목적으로 정보를 이용하는지를 규명해야만 회계정보의 목적을 개념화시킬 수 있으며, 나아가 어떤 종류의 정보를 어떻게 측정할 것인가에 대한 개념을 정리할 수 있기 때문이다.

개념체계에서는 일반목적재무보고(general purpose financial reporting)[4]의 목적은 현재 및 잠재적 투자자, 대여자 및 그 밖의 채권자 등의 자원제공자가 기업에 자원을 제공하는 것에 대한 의사결정을 할 때 유용한 재무정보를 제공하는 것으로 본다. 특히 다양한 재무정보이용자 중에서 투자자(investors)와 채권자(creditors)를 주된 정보이용자로 본다. 이들은 재무정보에 근거하여 투자의사결정(지분상품 및 채무상품의 매수, 매도 또는 보유)과 신용제공의사결정(대여 및 기타 형태의 신용제공 또는 결제)을 한다.

투자자와 채권자를 강조하는 것은 자본주의의 산물이라고 할 수 있다. 다양한 재무정보이용자 중 투자자와 채권자는 재무자원(자본)제공자라는 점에서 다른 재무정보이용자와 구분된다. 이들은 자기들의 재무자원을 자본시장(주식시장, 채권시장 등)을 통하여 투자함으로써 증식시켜 나가기를 원한다. 회계의 역할은 자본시장에 유용한 정보를 제공함으로써 자본시장[5]을 돕는 데(to serve the capital markets) 있다고 할 수 있다.

이러한 정보이용자들의 의사결정은 사회 전체적인 자원배분에 영향을 미치므로 이들의 의사결정에 유용한 재무정보는 희소한 자원의 효율적 배분(efficient allocation of scarce economic resources)을 제고하는 데 기여하게 된다. 회계의 가치는 사회 전체적인 차원에서 자원이 효율적으로 배분되도록 하는 기능에서 찾을 수 있겠다.

4) 일반목적재무보고란 외부정보이용자에게 보고기업에 관한 재무정보를 제공하는 것을 목적으로 하는 보고를 의미한다. 재무보고는 별도의 표현이 없는 한 일반목적재무보고의 의미로 사용된다.

5) 자본시장은 직접금융시장인 증권(주식과 회사채)시장과 간접금융시장인 금융시장으로 구성된 것으로 이해하면 된다. 직접금융이란 자금수요자와 공급자 간에 직접 자금거래가 이루어지는 것을 말하고, 간접금융이란 자금수요자와 자금공급자 간에 금융중개인(은행 등)이 개입하여 자금거래가 이루어진 것을 말한다.

제2절 일반목적재무보고

1 일반목적재무보고의 목적 CF1:1-4

일반목적재무보고의 목적은 기업의 이해관계자인 현재 및 잠재적 투자자와 채권자 등의 자원제공자가 기업에 자원을 제공하는 의사결정을 함에 있어서 합리적인 의사결정을 할 수 있도록 유용한 정보(useful information)를 제공하는 것이다. 물론 이러한 정보는 기업의 경영진이 기업의 경제적 자원을 사용하는 데에 대한 책임을 얼마나 효율적이고 효과적으로 이행했는지 여부, 즉 수탁책임(stewardship)을 평가하는 데도 도움이 될 것이다.

경영자는 자원제공자들로부터 희소한 경제적 자원을 제공받았기 때문에 조달된 자원을 보전하고 효율적으로 활용하여 수익을 창출할 책임이 있다. 뿐만 아니라 경영자는 자원제공자들로부터 제공받은 자원의 재무상태 및 운영성과를 정확히 측정하여 투명하게 보고할 회계책임이 있다.

이를 위해서 재무정보이용자들이 어떠한 재무정보에 관심이 있는지를 검토할 필요가 있다. 투자자와 채권자는 공통적으로 미래현금흐름(future cash flows)에 관심이 있다. 투자자는 주식거래를 통한 자본이득과 배당금수취라는 현금흐름에 관심을 갖고, 채권자는 원금과 이자의 수취라는 현금흐름에 관심을 갖는다. 따라서 회계가 제공하는 재무정보는 미래현금흐름의 금액(amounts), 시기(timing) 및 불확실성(uncertainty), 그리고 기업의 경제적 자원에 대한 경영진의 수탁책임을 평가하는 데 유용해야 한다. 이러한 평가를 위하여 현재 및 잠재적 투자자와 채권자는 기업의 경제적 자원, 기업에 대한 청구권 및 그러한 자원과 청구권의 변동에 대한 정보를 필요로 한다.

일반목적재무보고는 보고기업의 가치를 보여주기 위해 고안된 것은 아니지만, 위와 같은 정보의 제공은 현재 및 잠재적 투자자와 채권자가 보고기업의 가치를 추정하는 데 도움을 준다.

2 재무상태(경제적 자원 및 청구권)와 그 변동에 관한 정보

(1) 재무상태 CF1:13-14

재무상태란 기업의 경제적 자원(economic resources)과 경제적 자원에 대한 청구권(claims)을 의미한다. 이에 대한 정보를 제공하기 위해서 재무상태표를 작성하여 보고한다. 즉 재무상태표는 경제적 자원(자산)과 경제적 자원에 대한 청구권, 즉 채권자청구권(부채)과 소유주청구권(자본)에 대한 정보를 제공한다.

기업의 재무상태의 성격 및 금액에 대한 정보는 정보이용자가 기업의 재무적 강점과 약점을 식별하는 데 도움을 준다. 그리고 재무상태에 대한 정보는 기업의 유동성(liquidity), 지급능력(solvency), 추가적인 자금조달의 필요성 및 그 자금조달이 얼마나 성공적일지 판단하는 데 도움을 준다. 또한, 재무상태에 대한 정보는 청구권의 우선순위 및 지급요구에 대한 정보를 제공하며, 이는 자원에 대한 청구권자들간에 미래현금흐름이 어떻게 배분될 것인지를 예상하는 데 도움이 된다.

(2) 재무상태의 변동 CF1:15-16

보고기업의 경제적 자원과 청구권의 변동은 재무상태의 구성요소인 자산, 부채 및 자본의 변동을 의미한다. 이들 변동은 영업활동, 투자활동 및 재무활동과 관련된 거래의 결과로 발생한다. 즉, 경제적 자원 및 청구권의 변동은 영업활동의 결과로 인한 이익잉여금과 포괄손익누계액의 변동, 투자활동(투자자산, 유형자산, 무형자산의 취득과 처분)의 결과로 인한 자산의 변동, 재무활동(채무상품, 지분상품의 발행 및 상환)의 결과로 인한 부채와 자본의 변동 등으로 나타난다.

재무상태의 변동은 손익계산서(재무성과표),[6] 현금흐름표, 자본변동표에 의해 설명할 수 있다. 손익계산서는 기업이 회계기간 동안 어떻게 경제적 자원을 이용하여 수익을 창출했는지를 이해하는 데 도움을 준다. 수익창출활동의 결과로 나타나는 재무성과에 대한 정보를 제공하여 이용자들이 기업의 경제적 자원에 대한 경영진의 수탁책임을 평가하는 데도 도움을 준다. 특히 미래현금흐름의 불확실성을 평가하는 데 도움을 주는 수익의 변동성 및 구성요소에 대한 정보를 제공한다.

자본변동표는 재무성과에 영향을 미치는 손익거래와 함께 재무성과에 기인하지 않은 지분상품의 발행이나 배당금의 지급과 같은 자본거래(소유주와의 거래)가 재무상태에 미치는 변동을 설명한다. 자본변동표는 경제적 자원과 청구권이 변동된 이유와

6) 국제회계기준에서는 재무성과표라는 용어를 공식적으로 사용하지만 손익계산서의 사용을 금지하지 않고 있다. 실무 및 학계에서는 대부분 손익계산서라는 용어를 선호하기 때문에 본서에서는 특별히 재무성과표라는 용어를 사용해야 할 상황을 제외하고는 손익계산서라는 용어를 사용하기로 한다.

그 변동이 미래 재무성과에 주는 의미를 이해하는 데 도움을 준다.

현금흐름표는 현금흐름과 관련된 모든 활동(영업, 투자 및 재무 활동)이 재무상태에 미치는 영향을 설명한다. 채무의 차입과 상환, 현금배당 등 투자자에 대한 현금 분배 그리고 기업의 유동성이나 지급능력에 영향을 미치는 그 밖의 요인에 대한 정보를 포함하여, 보고기업이 어떻게 현금을 획득하고 사용하는지 보여준다.

재무제표 항목들은 동일한 거래나 사건의 각각 다른 측면을 반영하므로 서로 다른 정보를 제공하는 동시에 한편으로는 밀접한 상호연관성을 가지고 있다. 따라서 그 중 어느 하나만으로 특정 정보이용자가 필요로 하는 모든 정보를 제공하지 못할 수 있으며, 다른 재무제표와 함께 전체적인 측면에서 이해되어야 한다. 재무제표에 대해서는 제3장에서 자세히 다룬다.

3 발생기준회계가 반영된 재무성과 CF1:17-19

K-IFRS에 기반한 재무보고는 발생기준을 적용한다. 발생기준(accrual basis)은 거래, 사건 및 상황이 보고기업의 경제적 자원과 청구권에 미치는 영향을 발생한 기간에 보고하는 원칙을 말한다. 발생주의는 현금주의와 대비되는데, 현금주의(cash basis)는 현금의 수취와 지급이 이루어진 시점에 해당 거래의 영향을 인식하는 원칙이다.

기업의 영업의 결과로 발생하는 현금흐름은 그 발생시점이 일정하지 않고 장기간에 걸쳐 발생할 수 있다. 회계는 일정기간마다 재무보고를 하는 기간별 보고를 하는데, 기업이 현금을 창출하기 위한 활동을 하는 시점과 그러한 활동의 결과로 나타나는 현금흐름의 시점이 일치하지 않을 수 있다. 따라서 현금흐름이 발생한 시점에 기업의 성과를 평가하는 경우, 특정 기간 동안 기업이 현금흐름을 창출하기 위한 노력과 성과(비용과 수익)를 반영하지 못할 수 있다.

이러한 현금주의의 한계점을 극복하고자 발생주의는 거래가 발생한 시점에 재무적 영향을 파악하여 측정하고 보고한다. 많은 연구는 발생주의가 기업실체의 과거 성과를 평가하고 미래 성과를 예측하는 데 더 유용한 근거를 제공한다는 결과를 제시하고 있다.

4 재무보고의 한계 CF1:6-11

일반목적재무보고는 현재 및 잠재적 자원제공자가 필요로 하는 정보를 제공하기는 하지만, 이들 이해관계자들이 필요로 하는 모든 정보를 제공하지는 않으며 또한 제공할 수도 없다. 즉 재무정보는 기업에 관한 유일한 정보원천은 아니다. 정보이용자들은 일반 경제적 상황 및 예측, 정치적 사건과 정치풍토, 산업 및 기업 전망과 같은 정보는 다른 정보원천을 통해서 입수할 수도 있다.

주요 정보이용자들의 정보 수요 및 욕구는 다양하고 상충되기도 한다. 재무보고는 최대 다수의 주요 이용자들의 수요를 충족시키는 정보이어야 한다는 점에서 일반목적재무보고라고 부른다. 이러한 측면에서 채권자나 주주와 같은 투자자를 주된 정보이용자로 상정하고 정보를 제공하기 때문에 다른 정보이용자들의 요구를 충족시키지 못할 수도 있다.

일반목적재무보고가 갖는 또 다른 한계점은 재무정보가 상당부분 추정, 판단 및 모형에 근거한다는 점이다. 그러나 추정, 판단 또는 사용된 모형에 대한 정보를 충분히 제공한다면 합리적 의사결정에 유용한 정보를 제공할 수 있다고 본다.

제3절 유용한 회계정보의 질적특성

1 질적특성의 개념과 구분 CF2:1-4

재무보고의 목적이 달성되기 위해서는 회계정보가 재무정보이용자의 의사결정에 유용해야 한다.[7] 회계정보의 질적특성(qualitative characteristics)이란 회계정보가 유용하기 위해 갖추어야 할 주요 질적특성을 말하며, 회계정보의 유용성을 판단하는 기준이 된다. 이러한 질적특성은 회계기준제정기구가 회계기준을 설정할 때 회계처리방법들을 비교 평가할 수 있는 판단기준이 된다. 또한 질적특성은 경영자와 감사인이 회계정책을 선택 또는 평가하거나 재무정보이용자가 기업에서 사용한 회계처리방법의 적절성을 평가할 때 판단기준을 제공한다.

회계정보의 질적특성은 크게 근본적 질적특성과 보강적 질적특성이 있다. 그리고, 정보를 제공하고 사용함으로써 발생하는 효익이 관련한 비용을 초과해야 정보로서 가치가 있기 때문에 정보제공에 소요되는 원가에 대한 포괄적 제약요인(pervasive constraint)이 된다. [그림 2-2]는 회계정보의 질적특성에 대한 개념체계를 요약하여 보여주고 있다.[8]

7) 회계정보(accounting information)와 재무정보(financial information)는 동일한 의미로 사용된다. 재무정보란 화폐단위로 측정된 정보를 의미하며, 회계정보는 화폐단위로 제공되기 때문에 두 용어는 같은 의미로 사용된다.
8) 회계기준위원회에서는 이 그림을 제시하지 않고 있는데, 독자들의 이해를 돕기 위하여 저자가 작성한 그림이다.

▶ **그림 2-2**
회계정보의 질적특성

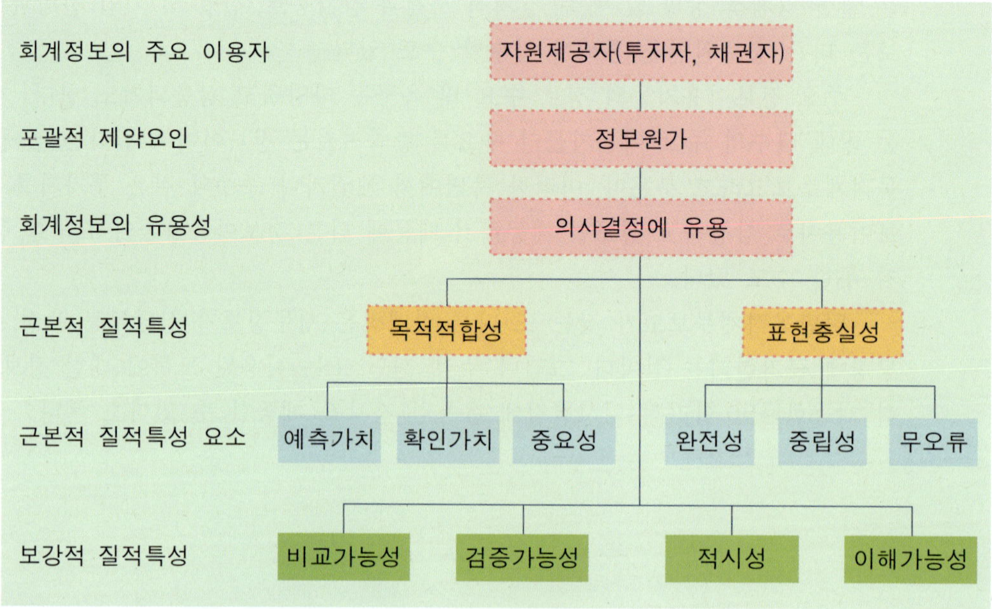

2 근본적 질적특성 CF2:5

정보가 유용하기 위해서는 목적적합성과 표현충실성을 충족시켜야 한다. 즉, 정보이용자의 의사결정목적에 적합하지 않거나 경제적 현상이 충실하게 표현되지 못한 정보는 유용성이 심각하게 저해되거나 상실된다는 것을 시사한다. 따라서 목적적합성과 표현충실성은 근본적 질적특성(fundamental qualitative characteristics)이라고 본다.

(1) 목적적합성 CF2:6-10

목적적합성(relevance)은 의사결정을 함에 있어서 정보를 갖게 되면 정보가 없는 경우와 비교하여 '차이를 낼 수 있음(capable of making a difference)'을 의미한다. 목적적합한 회계정보는 예측가치 또는 확인가치를 가져야 한다. 정보이용자들이 미래 결과를 예측하기 위해 사용한다면, 그 정보는 예측가치(predictive value)를 갖는다. 재무상태와 과거 성과에 대한 정보는 통상적으로 미래 성과, 배당과 급여 지급능력, 주가변동, 의무이행능력과 같이 정보이용자와 직접적 이해관계가 있는 사안을 예측하는 기초자료로 이용된다. 다만 정보가 예측능력을 지니기 위하여 반드시 미래에 대한 예측정보일 필요는 없으며 과거 정보도 그 표시방법에 따라 정보의 예측능력을 향상시킬 수 있다. 예를 들면, 손익계산서에서 기타포괄손익항목을 당기손익항목과 구분하여 표시할 경우 손익계산서의 예측가치가 향상될 수 있다.

재무정보가 과거 평가에 대해 피드백을 제공한다면, 확인가치(feedback value)를 갖는다. 확인가치는 기업실체의 재무상태, 성과, 순현금흐름 또는 자본변동에 대한 정보이용자의 과거 평가를 확인 또는 변경함으로써 정보이용자의 의사결정에 영향을 미칠 수 있는 능력을 의미한다.

회계정보의 예측가치와 확인가치는 상호 연관되어 있다. 예측가치를 갖는 정보는 확인가치도 갖는 경우가 많다. 예를 들면, 당해 연도 수익정보는 미래 연도 수익에 대한 예측가치를 가짐과 동시에 과거 연도에 행한 당해 연도 수익예측치에 대한 확인가치를 가질 수 있다. 확인가치는 이용자가 그 과거 예측에 사용한 절차를 수정하고 개선하는 데 도움을 줄 수 있다.

정보의 목적적합성은 정보로 인하여 의사결정자가 구체적인 행동을 유발해야 한다는 것을 의미하지 않는다. 예컨대 어느 회사의 주주가 재무정보에 근거하여 그 주식을 계속 보유하기로 했다면, 그것은 외관상 행동의 변화는 없으나 계속 보유하는 것이 유리하다고 판단한 의사결정이다. 새로운 정보가 이미 결정한 의사결정의 결과에 대한 불확실성을 감소시켰다면 목적적합한 것이며, 반드시 선택을 수정해야만 한다는 것을 의미하지 않는다.

목적적합성은 해당 정보가 중요하다는 것을 전제로 한다. 정보가 누락 또는 오기된 경우 주요 이용자들의 의사결정에 영향을 줄 수 있다면, 그 정보는 중요한 것이다. 중요성(materiality)은 개별 기업 재무보고 관점에서 해당 정보항목의 성격, 규모에 따라 판단해야 하기 때문에 기업특유(entity-specific) 측면의 목적적합성을 의미한다. 또한 중요성은 인식을 위한 최소요건(threshold for recognition)이라고 부르기도 한다. 왜냐하면 중요성은 재무제표의 표시와 관련된 임계치나 판단기준으로서 회계항목을 재무제표에 구분하여 표시하기 위한 요건이기 때문이다.

재무제표항목이 중요하면 회계측정 및 공시기준에 따라 회계처리 및 공시를 해야 한다. 그러나 금액이 사소한 경우에는 과목을 통합하거나 또는 별도의 공시를 생략하는 등의 방도를 마련하는 것이 적절하다고 볼 수 있다. 그러나 이 경우에도 금액이 적다고 해서 인식할 필요가 없다는 것은 아니며, 단지 과목통합 등이 보다 합리적일 수 있다는 것을 의미한다.

중요성은 정보가 제공하는 금액의 크기(magnitude)나 정보의 성격(nature)에 의해 결정된다. 예를 들어 영업이익이 1,000백만원인 기업 A에게 20백만원의 자산처분손실이 발생하였고, 영업이익이 10백만원인 기업 B에게 7백만원의 자산처분손실이 발생하였다고 가정하자. 자산처분손실 절대 금액은 기업 A가 기업 B보다 더 크지만 영업이익 대비 비율로는 기업 A가 2%이고 기업 B는 무려 70%이다. 따라서 기업 A는 자산처분손실이 별도로 공시되지 않더라도 정보를 크게 왜곡시키지 않는다고 할 수 있지만 기업 B의 경우에는 이를 별도로 공시하지 않으면, 당기손익에 관한 정보를 목적적합하고 충실하게 공시했다고 할 수 없다.

(2) 표현충실성 CF2:12-19

표현충실성(representational faithfulness) 또는 충실한 표현(faithful representation)은 그 정보가 나타내고자 하거나 나타낼 것으로 기대되는 거래나 사건을 충실하게 표현해야 한다는 것을 의미한다. 즉 표현충실성은 측정대상인 속성과 측정치의 일치 정도를 의미한다. 예를 들어 어느 사람의 키를 측정한 결과 178cm(측정치)이었고 그의 실제 키(속성)도 178cm라면 측정치와 그 속성이 일치하는 충실한 표현이며, 만약 실제 키가 177.6cm라면 0.4cm의 오차를 갖는 표현이 된다. 마찬가지로 측정속성이 회사의 이익이라면, 회계측정절차에 따라 측정한 당기순이익이 이익을 충실하게 나타낼 때 표현충실성이 달성될 것이다.

정보가 표현충실성을 갖기 위해서는 세 가지 특성이 충족되어야 한다. 정보가 충실하게 표현되기 위해서는 완전하고, 중립적이고, 오류가 없어야 한다. 완전성(completeness)은 재무정보의 서술이 이용자가 서술되는 현상을 이해하는 데 필요한 모든 정보를 포함해야 한다는 것을 의미한다. 예컨대, 자산에 대한 서술이 완전성을 갖기 위해서는 자산의 특성(질 및 성격 포함), 수량(수량결정에 사용된 절차 포함), 내용(원가, 상각후원가, 공정가치 등 포함)에 대한 기술이 포함되어야 한다.

중립성(neutrality)이란 재무정보의 선택이나 표시에 편의(bias)가 없어야 한다는 것을 의미한다. 즉, 중립성은 이용자들이 재무정보를 유리하게 또는 불리하게 받아들일 가능성을 높이기 위해서 편파적이 되거나, 편중되거나, 강조되거나, 경시되거나 그 밖의 방식으로 조작해서는 안 된다는 것을 의미한다.

중립적 정보라고 해서 목적이 없거나 행동에 영향을 미치지 않는 정보임을 의미하지 않는다. 오히려 목적적합한 정보가 중립적으로 제시되었을 때 이용자의 의사결정에 제대로 차이가 나게 할 수 있는 능력을 지닌다고 볼 수 있다.

중립성은 신중성에 기반을 둔다. 신중성(prudence)은 불확실한 상황에서 판단에 신중을 기한다는 의미이다. 신중을 기한다는 것은 자산과 수익이 과대평가되지 않고 부채와 비용이 과소평가되지 않는 것을 의미한다. 마찬가지 이유로, 신중성은 자산이나 수익의 과소평가나 부채나 비용의 과대평가도 허용하지 않는다.

무오류(free from error)란 경제적 현상의 기술에 오류나 누락이 없고, 정보를 생산하는 데 사용된 절차의 선택과 적용에 절차상 오류가 없다는 것을 의미한다. 그러나 오류가 없다는 것은 모든 면에서 완벽하게 정확하다는 것을 의미하지 않는다. 예컨대, 관측 불가능한 가격이나 가치의 추정치는 정확성 여부를 판가름할 수 없다. 그러나 추정치로서 금액을 명확하고 정확하게 기술하고, 추정절차의 성격과 한계를 설명하며 추정절차의 선택과 적용에 오류가 없다면, 그 추정치의 표현은 충실하다고 할 수 있다.

3 보강적 질적특성 CF2:23-38

보강적 질적특성(enhancing qualitative characteristics)은 목적적합하고 충실하게 표현된 정보의 유용성을 보강시키는 질적특성이다. 보강적 질적특성은 어떤 대안들이 동일하게 의사결정목적에 적합하고 경제적 현상을 충실하게 표현할 수 있다면 이들 가운데 어느 대안을 선택해야 할지를 결정하는 데에 도움을 준다. 다시 말하면, 보강적 질적특성은 그 자체로서 유용성을 가진다고 볼 수는 없으나 근본적 질적특성을 보강시켜주는 역할을 한다. 보강적 질적특성으로는 비교가능성, 검증가능성, 적시성 및 이해가능성이 있다.

(1) 비교가능성 CF2:24-29

비교가능성(comparability)은 이용자들이 정보의 유사점과 차이점을 식별하고 이해할 수 있게 하는 질적특성이다. 유사한 거래나 사건의 영향을 측정·보고함에 있어 기간별로 일관성이 있어야 하며, 기업간에도 비교가능성이 높은 것이 바람직하다.

비교가능성은 일관성을 포함하는 개념이다. 일관성(consistency)은 동일한 항목에 대해 동일한 방법을 적용하는 것을 말한다. 한 회사가 여러 기간에 걸쳐 또는 같은 기간 동안에 다른 기업들과 같이 동일한 항목에 대해 동일한 방법을 적용할 때 일관성이 높아진다. 즉, 일관성은 특정 정보의 시계열적 비교가능성이라고 볼 수 있다.

비교가능성은 통일성을 뜻하는 것이 아니다. 통일성(uniformity)은 상이한 특성을 가진 거래도 동일한 방법을 적용한다는 의미이다. 그러나 정보가 비교가능하기 위해서는 비슷한 것은 비슷하게 보여야 하고 다른 것은 다르게 보여야 한다.

하나의 경제적 현상이 여러 가지 방법으로 충실하게 표현될 수 있으나, 동일한 경제적 현상에 대해서 대체적인 회계처리방법을 허용하면 비교가능성이 감소한다.

(2) 검증가능성 CF2:30-32

검증가능성(verifiability)은 합리적인 판단력이 있고 독립적인 서로 다른 관찰자가 어떤 측정대상에 대한 기술이 충실한 표현인가에 대해 의견이 같아질 수 있는 정도를 의미한다. 예를 들면, 어떤 측정대상의 길이를 측정한 결과, 관찰자 A가 178cm로 측정했고, 다른 관찰자들도 178cm와 매우 가까운 측정을 했다면 해당 대상에 대한 측정의 검증가능성이 높은 것이다. 검증가능성은 경제적 현상이 충실히 표현되었는지를 확인하는 데 도움을 준다.

검증은 직접 또는 간접적으로 이루어질 수 있다. 직접검증은 직접적인 관찰을 통하여 금액이나 그 밖의 표현을 검증하는 것을 말한다. 간접검증은 모형, 공식 또는 그 밖의 기법에 요소를 투입하고 동일한 방법을 사용하여 그 결과를 재계산하는 것을 의미한다. 예컨대, 수량 및 원가 등의 요소를 투입하고 동일한 원가흐름가정(예, 선입선출법)을 사용하여 기말 재고자산을 재계산하여 재고자산의 장부금액을 검증하는 것은 간접검증에 해당한다.

미래 관련 재무정보는 미래 어느 기간까지는 전혀 검증가능하지 않을 수 있다. 이용자들이 그 정보의 이용여부를 결정하는 데 도움을 주기 위해서는 일반적으로 기초가 된 가정, 정보의 작성방법과 그 정보를 뒷받침하는 그 밖의 요인 및 상황에 대해 공시할 필요가 있다.

(3) 적시성 CF2:33

적시성(timeliness)은 정보이용자의 의사결정에 영향을 미치는 정보를 필요로 하는 시점에 이용가능하게 하는 것을 의미한다. 일반적으로 정보는 오래될수록 적시성이 낮아진다. 그러나 일부 정보는 오랫동안 적시성을 유지할 수도 있는데, 그 이유는 과거 정보가 미래의 추세를 식별하고 평가하는 데 사용될 수도 있기 때문이다.

(4) 이해가능성 CF2:34-36

이해가능성(understandability)은 정보가 명확하고 간결하게 제공되어서 정보이용자가 이를 이해할 수 있어야 한다는 것을 의미한다. 일부 현상은 본래 복잡하여 이해하기 어려울 수 있다. 그렇다고 해서 그 현상에 대한 정보를 재무보고에서 제외하면 얼핏 보기에는 쉬워 보일지 모르지만 그 보고는 완전성이 결여되어 정보이용자를 오도할 가능성이 있다.

이해가능성은 두 가지 측면을 갖는데, 하나는 이해가능한 형태로 제공되어야 한다는 것이며, 또 하나는 정보이용자가 재무정보를 이해할 수 있는 능력을 갖도록 노력해야 한다는 것이다. 즉, 회계정보는 회계에 대한 어느 정도의 이해와 지식을 가지고 있는 정보이용자를 대상으로 한다. 때로는 박식하고 부지런한 정보이용자도 복잡한 경제적 현상에 대한 정보를 이해하기 위해 전문가의 도움을 받는 것이 필요할 수 있다.

4 유용한 재무정보에 대한 원가제약 CF2:39-43

재무정보 제공자인 기업은 재무정보의 수집, 처리, 검증 및 전파 과정에서 원가(비용)를 발생시킨다. 또한 이용자에게는 제공된 정보를 분석하고 해석하는 데에도 원가가 발생한다. 그리고 만약에 필요한 정보가 제공되지 않는다면 그 정보를 다른 곳에서 얻거나 추정하기 위해 추가적인 원가를 이용자들이 부담해야 할 것이다.

정보제공에 소요되는 원가는 재무정보에 대한 포괄적 제약요인(pervasive constraint)이다. 재무정보를 보고하는 이유는 재무정보의 이용으로부터 혜택을 얻을 수 있기 때문이다. 그러나 정보이용에 따른 혜택이 정보제공에 소요되는 원가를 초과해야만 정보가 경제적 재화로서의 가치가 있는 것이다.

제4절 재무제표와 보고기업

재무보고의 목적과 유용성은 구체적 형태인 재무제표를 통하여 실현된다. 재무제표는 재무제표요소의 정의를 충족하는 ① 보고기업의 경제적 자원, ② 보고기업에 대한 청구권 및 ③ 경제적 자원과 청구권의 변동에 관한 정보를 제공한다.

1 재무제표

(1) 재무제표의 목적과 범위 CF3:2-3

재무제표의 목적은 보고기업에 유입될 미래순현금흐름에 대한 전망과 보고기업의 경제적 자원에 대한 경영진의 수탁책임을 평가하는 데 유용한 보고기업의 자산, 부채, 자본, 수익 및 비용[9]에 대한 재무정보를 재무제표이용자들에게 제공하는 것이다. 이러한 정보는 다음을 통해 제공된다.[10]

① 자산, 부채 및 자본이 인식된 재무상태표
② 수익과 비용이 인식된 손익계산서
③ 다음에 관한 정보가 표시되고 공시된 다른 재무제표와 주석
(가) 인식된 자산, 부채, 자본, 수익 및 비용, 그 각각의 성격과 인식된 자산 및 부채에서 발생하는 '위험에 대한 정보'를 포함한다.

9) 뒤의 〈표 2-1〉에서 재무제표요소인 자산, 부채, 자본, 수익 및 비용을 정의한다.
10) 제3장에서 설명하는 K-IFRS 제1001호(재무제표의 표시)와 달리 개념체계는 재무제표로 현금흐름표와 자본변동표를 언급하지 않고 있는데, 그 이유는 두 가지는 자산, 부채와 자본이 인식되는 재무상태표나 수익과 비용이 인식되는 손익계산서(포괄손익계산서)와는 달리 '인식이 이루어지는 장소(the place where recognition occurs)'가 아니기 때문이다.

(나) 인식되지 않은 자산 및 부채, 그 각각의 성격과 인식되지 않은 자산과 부채에서 발생하는 '위험에 대한 정보'를 포함한다.

(다) 현금흐름

(라) 자본청구권 보유자의 출자와 자본청구권 보유자에 대한 분배

(마) 표시되거나 공시된 금액을 추정하는 데 사용된 방법, 가정과 판단 및 그러한 방법, 가정과 판단의 변경

개념체계에서는 재무제표가 특정 정보이용자집단의 관점이 아닌 보고기업 전체의 관점에서 정보를 제공한다고 본다. 재무제표(종류 및 기능)에 대해서는 본 교재의 제3장에서 보다 상세히 언급한다.

(2) 보고기간 CF3:4-7

재무제표는 특정 시점이나 기간(보고기간)에 대하여 작성된다. 예컨대 12월 결산을 하는 기업의 연간 회계기간은 1월 1일부터 12월 31일까지이며 재무제표는 다음 정보를 제공한다.

① 보고기간말 현재 또는 보고기간중 존재했던 자산과 부채(미인식된 자산과 부채 포함) 및 자본

② 보고기간의 수익과 비용

또한 재무제표이용자들이 변화와 추세를 식별하고 평가하는 것을 돕기 위해, 재무제표는 최소한 직전 연도에 대한 비교정보를 제공한다. 즉, 비교재무제표를 제공한다. 미래에 발생할 수 있는 거래 및 사건에 대한 정보(미래전망 정보)도 다음 모두에 해당하는 경우에는 재무제표에 제시해야 한다.

① 그 정보가 보고기간말 현재 또는 보고기간중 존재했던 자산, 부채(미인식 자산이나 부채 포함), 자본 또는 보고기간의 수익이나 비용과 관련된 경우

② 재무제표이용자들에게 유용한 경우

재무제표의 목적을 달성하기 위해 보고기간 후 발생한 거래 및 그 밖의 사건에 대한 정보를 제공할 필요가 있다면, 재무제표에 그러한 정보를 포함한다.

(3) 계속기업의 가정 CF3:9

개념체계에서는 재무제표는 보고기업이 계속기업이라는 기본가정에 근거하여 작성된다. 계속기업의 가정(going concern assumption)이란 일반적으로 보고기업이 예측가능한 미래에 영업을 계속할 것이라는 가정이다. 따라서 별도의 증거가 없는 한 기업이 청산을 하거나 거래를 중단하려는 의도가 없으며, 그럴 필요도 없다고 가정한다. 만

약 그러한 의도나 필요가 있다면, 재무제표는 계속기업과는 다른 기준에 따라 작성되어야 한다. 또한, 사용된 기준을 재무제표에 기술해야 한다.

발생기준회계의 주요 회계원칙들은 계속기업의 가정에 근거하고 있다. 예컨대 유형자산의 취득원가를 내용연수에 걸쳐 감가상각하는 것은 기업이 최소한 유형자산의 내용연수 동안 존속한다는 가정에 근거하고 있다. 따라서 계속기업을 가정하지 않는다면, 취득원가의 원칙과 같은 주요 회계원칙이 근거를 잃게 된다.

2 보고기업 CF3:10-18

보고실체(reporting entity)는 재무제표를 작성해야 하거나 작성의 대상을 의미한다. 본 교과서에서 대상으로 하는 보고실체는 기업이며 하나 또는 둘 이상의 기업으로 구성될 수도 있다.

한 기업(지배기업)이 다른 기업(종속기업)을 지배하는 경우가 있다. 보고대상이 지배기업과 종속기업으로 구성된 전체로 이루어지면 그 보고기업의 재무제표를 연결재무제표라고 부른다.[11] 연결재무제표(consolidated financial statements)는 단일의 보고기업으로서의 지배기업과 종속기업의 자산, 부채, 자본, 수익 및 비용을 모두 통합한 정보를 제공한다.

연결재무제표 정보는 지배기업에 유입될 미래현금흐름에 대한 전망을 평가하는데 유용하다. 그 이유는 지배기업에 유입되는 순현금흐름에 지배기업이 종속기업으로부터 받는 분배가 포함되고, 그러한 분배는 종속기업에 유입되는 순현금흐름에 달려 있기 때문이다. 연결재무제표는 특정 종속기업에 대한 정보를 제공하지 않는다. 종속기업 자체의 재무제표가 그러한 정보를 제공한다.

별도재무제표는 지배기업이 종속기업을 지배하고 있지만 종속기업을 제외하고 지배기업 자신만을 대상으로 작성한 재무제표를 말한다. 별도재무제표는 종속기업의 재무상태 및 수익과 비용을 연결하지 않는다. 대신 종속기업과 관계기업에 대한 투자지분을 투자주식으로 포함시키고 지배기업만의 수익과 비용을 보고한다. 별도재무제표 정보는 다음과 같은 이유로 지배기업의 재무정보이용자에게 유용할 수 있다.

① 지배기업에 대한 청구권은 일반적으로 그 보유자에게 종속기업에 대한 청구권을 부여하지 않는다.
② 지배기업의 자본청구권보유자에게 법적으로 분배될 수 있는 금액이 지배기업의 분배가능 잉여금(distributable reserves)에 달려 있다.

---

11) 보고기업이 지배-종속관계로 모두 연결되어 있지 않은 둘 이상 실체들로 구성된다면, 그 보고기업의 재무제표를 결합재무제표(combined financial statements)라고 부른다.

보고기업이 종속기업이 없는 단일기업인 경우 보고하는 재무제표를 개별재무제표라고 한다.

제 5 절 재무제표요소

재무제표는 거래 및 기타 사건의 재무적 영향을 경제적 특성에 따라 대분류하여 나타낸다. 이러한 대분류를 재무제표의 요소로 정의한다.[12] 이러한 요소들은 앞에서 논의된 경제적 자원, 청구권 및 경제적 자원과 청구권의 변동과 연계되어 있으며, 〈표 2-1〉에 정의되어 있다. CF4:1-2

▶ 표 2-1
재무제표요소

관련 개념	요 소	정의 또는 설명
경제적 자원	자산	과거 사건의 결과로 기업이 통제하는 현재의 경제적 자원. 경제적 자원은 경제적 효익을 창출할 잠재력을 지닌 권리
청구권	부채	과거 사건의 결과로 기업의 경제적 자원을 이전해야 하는 현재의무
	자본	기업의 자산에서 모든 부채를 차감한 후의 잔여지분
재무성과를 반영하는 경제적 자원 및 청구권의 변동	수익	자본의 증가를 가져오는 자산의 증가나 부채의 감소로서, 자본청구권보유자에 의한 출자와 관련된 것은 제외
	비용	자본의 감소를 가져오는 자산의 감소나 부채의 증가로서, 자본청구권보유자에 대한 분배와 관련된 것은 제외
그 밖의 경제적 자원 및 청구권의 변동	−	자본청구권보유자에 의한 출자와 그들에 대한 분배
	−	자본의 증가나 감소를 초래하지 않는 자산이나 부채의 교환

재무제표의 요소가 재무상태표와 손익계산서에 표시될 때 소분류의 과정을 거친다. 예컨대, 자산과 부채는 기업이 영위하는 사업에서의 해당 항목의 성격이나 기능에 따라 이용자의 경제적 의사결정 목적에 가장 유용하도록 해당 정보를 나타내는 방법으로 분류할 수 있다.

12) 현금흐름표는 일반적으로 재무상태표 요소의 변동과 손익계산서의 요소를 반영하므로 개념체계에서는 현금흐름표의 고유한 요소에 대해 별도로 식별하지 않는다.

1 자산의 정의 CF4:3-25

자산(assets)은 과거 사건의 결과로 기업이 통제하는 현재의 경제적 자원이다. 여기에서 경제적 자원(economic resource)은 경제적 효익을 창출할 잠재력을 지닌 권리이다. 자산의 정의에 대한 다음 세 가지 측면, 즉 ① 권리, ② 경제적 효익을 창출할 잠재력과 ③ 통제를 살펴보기로 한다.

(1) 권 리 CF4:6-13

경제적 효익을 창출할 잠재력을 지닌 권리(right)는 재화나 용역을 제공받을 권리를 포함하여 다양한 형태의 권리가 있다.13) 많은 권리들은 계약, 법률 또는 유사한 수단에 의해 확보된다. 예를 들면, 기업은 특정 물리적 대상을 보유하거나 리스함으로써 권리를 획득할 수 있고, 금융상품을 소유하거나 등록된 특허권을 소유함으로써 권리를 획득할 수 있다.

권리가 기업의 자산이 되기 위해서는, 누구에게나 이용가능한 경제적 효익을 초과하는 경제적 효익을 기업에 창출할 잠재력이 있고, 그 기업에 의해 통제되어야 한다. 예를 들면, 기업은 도로 또는 노하우와 같은 공공재에 접근할 수 있는 권리가 있지만 이를 통제한다고 볼 수 없기 때문에 자산이 아니다.

(2) 경제적 효익을 창출할 잠재력 CF4:14-18

경제적 자원은 경제적 효익을 창출할 잠재력(potential to produce economic benefits)을 지닌 권리이다. 경제적 자원은 기업에게 계약상 현금 또는 기타 경제적 자원의 수취와 같은 다양한 자격이나 권한을 부여하여 경제적 효익을 창출할 수 있다.14)

---

13) 여기에는 다음과 같은 형태의 권리가 있다.
① 다른 당사자의 의무에 해당하는 권리. 예를 들면, 이는 다음과 같다.
(가) 현금수취권
(나) 재화나 용역을 제공받을 권리
(다) 유리한 조건으로 다른 당사자와 경제적 자원을 교환할 권리(예, 유리한 조건으로 경제적 자원을 구매하는 선도계약 또는 옵션)
(라) 불확실한 특정 미래 사건이 발생하면 다른 당사자가 부담할 예정인 의무로 인해 효익을 얻을 권리
② 다른 당사자의 의무에 해당하지 않는 권리. 예를 들면 다음과 같다.
(가) 유형자산 또는 재고자산과 같은 물리적 대상에 대한 권리
(나) 지적재산 사용권
경우에 따라서는 권리의 존재 여부가 불확실할 수 있다. 예를 들면, 한 기업이 다른 당사자로부터 경제적 자원을 수취할 수 있는 권리가 있는지에 대해 서로 분쟁이 있을 수 있다. 그러한 존재불확실성이 해결(예를 들면, 법원의 판결)될 때까지 기업은 권리를 보유하는지 불확실하고, 결과적으로 자산이 존재하는지도 불확실할 수 있다.

14) 이의 예로는 다음과 같은 것이 있다.
① 계약상 현금흐름 또는 다른 경제적 자원의 수취

이러한 잠재력이 있기 위해 권리가 경제적 효익을 창출할 것이라고 확신하거나 그 가능성이 높아야 하는 것은 아니다. 경제적 효익을 창출할 가능성이 낮더라도 권리가 경제적 자원의 정의를 충족할 수 있다. 다만, 가능성의 정도는 자산의 인식 및 측정을 포함하여 자산에 대해 제공해야 할 정보와 제공방법에 영향을 미칠 수 있다.

경제적 자원의 가치는 미래경제적 효익을 창출할 현재의 잠재력에서 도출된다. 그러나 경제적 자원은 그 잠재력을 포함한 현재의 권리이며, 그 권리가 미래경제적 효익 자체를 나타내는 것은 아니다. 예를 들면, 옵션은 미래의 어떤 시점에 행사하여 경제적 효익을 창출할 잠재력에서 그 가치가 나온다. 경제적 자원은 옵션 행사에 대한 현재의 권리이며 그 권리로 미래에 옵션을 행사할 수 있다. 그러나 경제적 자원이 옵션 행사시 보유자가 받게 될 미래경제적 효익의 가치를 나타내는 것은 아니다.

지출의 발생과 자산의 취득은 밀접하게 관련되어 있으나 양자가 반드시 일치하는 것은 아니다. 따라서 기업이 지출한 경우 이는 미래경제적 효익을 추구했다는 증거가 될 수는 있지만, 자산을 취득했다는 확정적인 증거는 될 수 없다. 마찬가지로 관련된 지출이 없더라도 특정 항목이 자산의 정의를 충족하는 것을 배제하지는 않는다. 예를 들어, 자산은 무상으로 취득할 수도 있다.

(3) 통 제 CF4:19-25

기업은 경제적 자원의 사용을 지시하고 그로부터 유입될 수 있는 경제적 효익을 얻을 수 있는 현재의 능력이 있다면, 그 경제적 자원을 통제(control)한다. 통제에는 다른 당사자가 ① 경제적 자원의 사용을 지시하고 ② 이로부터 유입될 수 있는 경제적 효익을 얻지 못하게 하는 현재의 능력이 포함된다. 즉, 통제는 배타적 권리를 의미한다.

기업은 경제적 자원을 자신의 활동에 사용할 수 있는 권리가 있거나 다른 당사자가 사용하도록 허용할 권리가 있다면, 그 경제적 자원의 사용을 지시(direct)할 수 있는 현재의 능력이 있다. 통제는 일반적으로 법적 권리를 행사할 수 있는 능력에서 비롯된다. 그러나 통제는 경제적 자원의 사용의 지시로 효익을 실질적으로 확보할 수 있는 경우에도 발생할 수 있다. 예를 들면, 기업은 어떤 노하우에 접근할 수 있고 그 노하우를 지킬 수 있는 현재능력이 있다면, 그 노하우가 특허권에 의해 보호받지 못하더라도 통제할 수 있다.

기업이 경제적 자원을 통제하면 해당 자원으로 인해 배타적인 미래경제적 효익이 그 기업에게 직접 또는 간접으로 유입된다. 이는 모든 상황에서 해당 자원이 경제

---

② 다른 당사자와 유리한 조건으로 경제적 자원을 교환
③ 다음과 같은 방식으로 현금유입의 창출 또는 현금유출의 회피
(가) 경제적 자원을 재화의 생산이나 용역의 제공을 위해 사용
(나) 경제적 자원을 다른 경제적 자원의 가치를 증가시키기 위해 사용
(다) 경제적 자원을 다른 당사자에게 리스 제공
④ 경제적 자원을 판매하여 현금 또는 다른 경제적 자원을 수취
⑤ 경제적 자원을 이전하여 부채를 상환

적 효익을 창출한다는 것을 보장하는 것은 아니다. 대신에 자원이 경제적 효익을 창출하면, 기업은 직접 또는 간접으로 그 경제적 효익을 얻을 수 있음을 의미한다.

2 부채의 정의 CF4:26-47

부채(liabilities)는 과거 사건의 결과로 기업이 경제적 자원을 이전해야 하는 현재의무이다. 부채가 존재하기 위해서는 다음의 세 가지 조건을 모두 충족해야 한다.

① 기업에게 의무가 있다.
② 의무는 경제적 자원을 이전하는 것이다.
③ 의무는 과거 사건의 결과로 존재하는 현재의무이다.

(1) 의 무 CF4:28-35

의무(obligation)란 기업이 회피할 수 없는 다른 당사자에 대한 책무나 책임을 말한다. 한 당사자가 경제적 자원을 이전해야 하는 의무가 있는 경우, 상대방은 그 경제적 자원을 수취할 권리가 있다. 그러나 한 당사자가 부채를 인식하고 이를 특정 금액으로 측정한다고 해서 상대방이 자산을 인식하거나 동일한 금액으로 측정해야 한다는 것을 의미하지는 않는다.

의무는 대부분 계약, 법률 또는 이와 유사한 수단에 의해 성립된다.[15] 그러나 기업이 실무관행이나 공개한 경영방침과 상충되는 방식으로 행동할 능력이 없는 경우, 그러한 실무관행과 경영방침에서도 의무가 발생할 수 있다. 그러한 상황에서 발생하는 의무를 의제의무(constructive obligation)라고 부른다.

경제적 자원의 이전을 회피할 수 있는 실제 능력이 있는지를 평가하는 데 사용되는 요소는 기업의 의무의 성격에 따라 달라질 수 있다. 예를 들면, 경제적 자원의 이전을 회피하는 전략이 이전하는 것보다 유의적으로 더 불리한 경제적 결과를 가져온다면, 기업은 이전을 회피할 수 있는 실제 능력이 없을 수 있다. 이전하고자 하는 의도나 높은 이전가능성은 이전을 회피할 수 있는 실제 능력이 없다고 결론을 내릴 충분조건은 아니다.

15) 의무가 존재하는지 불확실한 경우가 있다. 예를 들면, 상대방이 기업의 범법행위 혐의에 대한 보상을 요구하는 경우, 범법행위의 존재 여부, 기업의 해당 범법행위 여부, 법률 적용 방식 등이 불확실할 수 있다. 법원의 판결로 그 존재의 불확실성이 해소될 때까지 기업이 그 상대방에게 의무가 있는지, 그리고 결과적으로 부채가 존재하는지 여부가 불확실할 수 있다.

(2) 경제적 자원의 이전 CF4:36-41

의무에는 기업이 다른 당사자에게 경제적 자원의 이전(transfer of economic resource)을 요구받게 될 가능성이 있어야 한다. 이전가능성이 존재하기 위해서는 기업이 경제적 자원의 이전을 요구받을 것이 확실하거나 그 가능성이 높아야 하는 것은 아니다. 예를 들면, 지급보증과 같이 불확실한 특정 미래 사건이 발생할 경우에만 이전이 요구될 수도 있다. 이러한 의무의 발생가능성이 낮을지라도 사건의 발생가능성이 존재한다면 부채의 정의를 충족한다. 다만, 가능성의 정도는 부채의 인식과 측정에 영향을 미치며, 해당 정보를 제공하는 방법에 대해 영향을 미친다.

경제적 자원을 이전해야 하는 의무에는 재화의 인도, 용역의 제공과 같은 다양한 의무가 있다.[16] 경제적 자원을 이전해야 할 의무를 이행하는 대신에 ① 협상을 통하여 의무를 면제받거나 ② 의무를 제3자에게 이전, 또는 ③ 새로운 거래를 체결하여 기존의 의무를 다른 의무로 대체하는 방법도 있다. 그러나 이 상황에서도 기업은 해당 의무를 면제, 이전 또는 대체할 때까지 경제적 자원을 이전할 의무가 있다.

(3) 과거 사건으로 생긴 현재의무 CF4:42-47

의무는 과거 사건으로 생긴 현재의무(present obligation)이어야 한다. 현재의무는 다음 모두에 해당하는 경우에만 과거 사건의 결과로 존재한다.

① 기업이 이미 경제적 효익을 얻었거나 조치를 취했고,
② 그 결과로 이전하지 않아도 되었을 경제적 자원을 이전해야만 하는 경우

만약 위의 조건을 충족하지 못한다면, 기업은 경제적 자원을 이전해야 하는 현재의무가 없다. 예를 들면, 기업이 종업원의 용역에 대한 대가로 종업원에게 급여를 지급하는 계약을 체결한 경우, 기업은 종업원의 용역을 제공받을 때까지 급여를 지급할 현재의무가 없다. 그 전까지 계약은 미이행계약(executory contract)이며, 기업은 미래 종업원 용역에 대해 권리와 의무를 함께 가지고 있다.

미래의 특정 시점까지 경제적 자원의 이전이 이행될 수 없더라도 현재의무는 존재할 수 있다. 예를 들면, 계약에서 미래의 특정 시점까지는 지급을 요구하지 않더라도 지급해야 하는 계약상 부채가 현재 존재할 수 있다. 이와 유사하게, 거래상대방이 미래의 특정 시점까지는 업무의 수행을 요구할 수 없더라도 기업에게는 미래의 특정

16) 다음과 같은 다양한 형태의 의무가 있다.
① 현금을 지급할 의무
② 재화를 인도하거나 용역을 제공할 의무
③ 불리한 조건으로 다른 당사자와 경제적 자원을 교환할 의무. 예를 들면, 현재 불리한 조건으로 경제적 자원을 판매하는 선도계약 또는 다른 당사자가 해당 기업에서 경제적 자원을 구입할 수 있는 옵션을 포함한다.
④ 불확실한 특정 미래 사건이 발생할 경우 경제적 자원을 이전할 의무
⑤ 기업에게 경제적 자원을 이전하도록 요구하는 금융상품을 발행할 의무

시점에 업무를 수행해야 하는 계약상 의무가 현재 존재할 수 있다.

3 자본의 정의 CF4:63-67

자본(equity)은 기업의 자산에서 모든 부채를 차감한 후의 잔여지분으로 정의된다. 즉, 자본청구권은 기업의 자산에서 부채를 차감한 후의 잔여지분(residual interest)에 대한 청구권이다. 보통주 및 우선주와 같은 자본청구권의 보유자는 기업으로부터 다음과 같은 권리를 부여받을 수 있다.

① 보유자에게 지급되는 배당금
② 자본청구권에 의거하여 청산시점에 전액 또는 다른 시점에 일부 금액을 수취
③ 그 밖의 자본청구권

법률, 규제 또는 그 밖의 요구사항이 자본금 또는 이익잉여금과 같은 자본의 특정 구성요소에 영향을 미칠 수 있다. 예를 들면, 분배가능한 특정 준비금이 충분한 경우에만 자본청구권보유자에게 분배를 허용하기도 한다.

4 수익과 비용의 정의 CF4:68-72

수익(income)은 자산의 증가 또는 부채의 감소로서 순자본의 증가를 가져오는 것이며, 자본청구권보유자에 의한 출자에 따른 자본의 증가를 제외한다. 비용(expenses)은 자산의 감소 또는 부채의 증가로서 순자본의 감소를 가져오는 것이며, 자본청구권보유자에 대한 분배에 따른 자본의 감소를 제외한다. 즉 자본청구권보유자에 의한 출자와 자본청구권보유자에 대한 분배는 자본거래(capital transactions)로서 수익과 비용에 영향을 미치지 아니한다.[17)]

거래나 사건의 종류에 따라 다른 특성을 지닌 수익과 비용이 발생할 수 있다. 수익과 비용의 특성별로 정보를 제공한다면, 재무제표이용자들이 기업의 재무성과를 이해하는 데 도움이 될 수 있다.

---

17) 수익과 비용은 이득(gains)과 손실(losses)을 각각 포함한 개념을 이용하고 있다. 즉, 수익과 비용을 발생원천에 따라 기업의 주된 활동과 부수적인 활동에 따라 구분하지 않고, 비소유주원천에서 발생한 모든 자본의 증가는 수익으로, 비소유주원천에서 발생한 모든 자본의 감소는 비용으로 정의하고 있다.

5 기타 관련 사항

(1) 회계단위 CF4:48-55

회계단위(unit of account)는 인식기준과 측정개념이 적용되는 권리, 의무 또는 권리와 의무의 집합을 의미한다. 예컨대, 공구, 소액비품 등과 같이 개별적으로 경미한 항목은 통합하여 그 전체를 하나의 회계단위로 보는 것이 적절할 수 있다.

회계단위의 선택으로 정보의 유용성이 달라지기 때문에 이를 선택할 때 목적적합성과 표현충실성을 고려해야 한다. 또한 원가제약에 따라 회계단위의 선택으로 인해 재무제표이용자들에게 제공되는 정보의 효익이 그 정보를 제공하고 사용하는 데 발생한 원가를 초과해야 한다.

(2) 미이행계약 CF4:56-58

미이행계약(executory contracts)은 계약당사자 모두가 자신의 의무를 수행하지 않은 계약을 의미한다. 또한 계약당사자 모두가 동일한 정도로 자신의 의무를 부분적으로 수행한 계약도 미이행계약에 속하며, 계약의 일부에도 적용되는 개념이다.

미이행계약은 경제적 자원을 교환할 권리와 의무가 결합되어 성립된다. 그러한 권리와 의무는 상호의존적이어서 분리될 수 없으며, 교환조건이 유리하면 자산, 불리하면 부채가 된다. 그러한 자산이나 부채를 재무제표에 포함할지 여부는 그 자산 또는 부채에 대해 선택된 인식요건과 측정기준에 따라 다르다. 계약에 따른 비용이 수익을 초과할 것으로 예상되는 손실부담계약(onerous contract)인 경우 부채성을 판단해야 한다.

당사자 일방이 계약상 의무를 이행하면, 그 계약은 더 이상 미이행계약이 아니다. 보고기업이 계약을 먼저 수행하면, 경제적 자원을 교환할 권리와 의무를 경제적 자원을 수취할 권리로 변경하는 사건이 되고 그 권리는 자산이 된다. 다른 당사자가 먼저 수행하는 경우에는 경제적 자원을 교환할 권리와 의무를 경제적 자원을 이전할 의무로 변경하는 사건이 되고, 그 의무는 부채가 된다.

(3) 계약상 권리와 의무의 실질 CF4:59-62

계약에 포함된 조건은 계약당사자인 기업의 권리와 의무를 창출한다. 하지만, 계약의 법률적 형태와 경제적 실질이 다를 수 있다. 예를 들어 회사가 유형자산을 임대하여 사용하는 경우, 법률적 소유권은 자산제공자에게 있지만 유형자산의 사용에 대한 지시권한과 경제적 효익은 회사가 가진다. 이러한 경우 해당 유형자산의 통제는 회사가 가지고 있다고 보아 리스자산으로 인식한다. 이처럼 재무제표는 거래의 실질(substance)

이 보고될 수 있도록 해야 한다.

계약조건이 계약의 경제적 실질에 영향을 미치지 않는다면, 그 계약조건은 실질이 없으므로 무시된다. 실질이 없는 조건의 예로는 다음과 같은 것이 있다.

① 당사자 그 누구도 구속하지 않는 조건
② 권리보유자가 어떠한 상황에서도 행사할 실제 능력을 갖지 못하는 권리

명시적이건 암묵적이건 계약의 모든 조건은 실질이 없지 않는 한 고려되어야 한다. 암묵적 조건의 예로는 법령에 의해 부과된 의무(예를 들면, 고객에게 상품을 판매하기 위해 계약을 체결할 때 부과되는 법정 보증의무)가 있다.

제 6 절 인식과 제거

1 인식절차 CF5:1-5

인식(recognition)은 재무제표 각 요소를 재무상태표나 손익계산서에 포함하는 과정이다. 특정 항목을 인식하게 되면, 재무제표에 그 항목의 명칭과 화폐금액이 나타나게 된다. 재무상태표에 인식되는 금액을 장부금액(carrying amount)이라고 한다. 인식에 따라 재무제표요소, 재무상태표 및 손익계산서가 다음과 같이 연계된다([그림 2-3] 참조).

① 보고기간 기초와 기말에 재무상태표의 총자산에서 총부채를 차감한 금액은 총자본과 같다.
② 보고기간에 인식한 자본변동은 다음과 같이 구성되어 있다.
(가) 손익계산서에 인식된 수익에서 비용을 차감한 금액
(나) 자본청구권보유자로부터의 출자에서 자본청구권보유자에의 분배를 차감한 금액

하나의 항목을 인식하게 되면 하나 이상의 다른 항목의 인식 또는 제거가 필요하다. 예를 들면, 수익의 인식은 자산의 증가 또는 부채의 감소를 초래하며 비용의 인식은 자산의 감소 또는 부채의 증가를 초래한다.

거래나 그 밖의 사건에서 발생된 자산이나 부채를 인식함에 따라 수익과 관련 비용을 동시에 인식할 수 있다. 예를 들면, 재고자산의 현금판매에 따라 수익(현금의 증

▶ **그림 2-3**
인식에 따라 재무제표요소들이 연계되는 방법

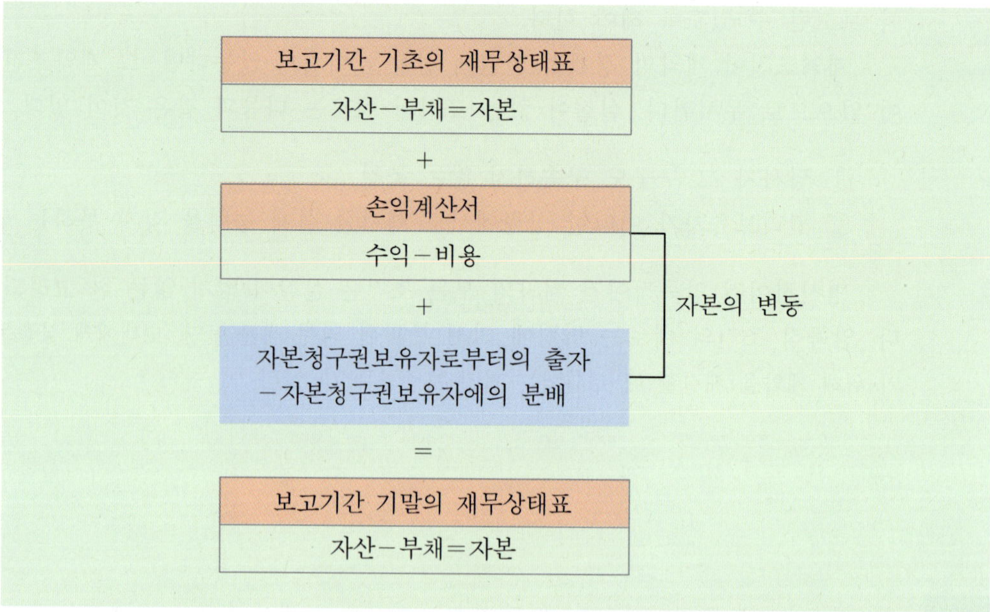

가로 발생)과 비용(재고자산의 감소로 발생)을 동시에 인식하게 된다. 수익과 관련 비용의 동시 인식은 때로는 수익과 관련된 원가의 대응(matching)을 나타낸다.

2 인식요건 CF5:6-11

자산과 부채의 인식요건은 자산과 부채의 정의를 만족하고 다음을 충족시켜야 한다.

① 자산이나 부채 그리고 이에 따른 결과로 발생하는 수익, 비용 또는 자본변동에 대한 목적적합한 정보를 제공하고,
② 자산이나 부채 그리고 이에 따른 결과로 발생하는 수익, 비용 또는 자본변동을 충실하게 표현한다.

재무제표 각 요소의 정의를 충족하는 항목만이 재무상태표와 손익계산서에 인식된다. 그러나 정의를 충족하는 항목이라고 할지라도 항상 인식되는 것은 아니다. 왜냐하면 어떤 상황에서는 이러한 항목을 인식하는 것이 오히려 정보의 유용성을 감소시킬 수 있기 때문이다. 따라서 자산과 부채의 인식은 정보의 유용성, 즉 목적적합성과 표현충실성을 가질 때 의미가 있다.

자산이나 부채를 인식하려면 재무제표이용자들에게 제공되는 정보의 효과성(효익>원가)을 충족해야 한다. 어떤 정보가 이용자들에게 유용한지는 항목, 사실, 그리고 상황에 따라 다르다. 따라서 특정 항목의 인식여부를 결정할 때에는 판단이 필요하며 인식을 위한 판단기준은 회계기준서마다 또는 회계기준 내에서도 달라질 수 있다.

(1) 목적적합성 CF5:12-17

인식기준으로서 목적적합성은 자산 또는 부채로부터 발생하는 경제적 효익의 유입 또는 유출 가능성과 밀접히 관련되어 있다.

1) 존재불확실성

자산 또는 부채의 존재가 불확실한 경우에는 경제적 효익의 유입 및 유출 가능성이 낮고 발생가능한 결과가 매우 광범위할 수가 있다. 예를 들면 한 기업이 다른 당사자로부터 경제적 자원을 수취할 수 있는 권리가 있는지에 대해 서로 분쟁이 있을 수 있다. 이러한 분쟁이 해결될 때까지 기업이 권리를 보유하는지, 결과적으로 자산이 존재하는지에 대해 불확실성이 있을 수 있다. 이는 자산이나 부채를 단일 금액으로만 측정하여 인식하는 것이 목적적합하지 않다는 것을 의미할 수 있다. 이 경우에는 자산이나 부채가 인식되는지 여부에 관계없이 존재의 불확실성에 대한 정보를 재무제표에 제공해야 한다.

2) 경제적 효익의 유입 및 유출 가능성

경제적 효익의 유입 및 유출 가능성이 낮더라도 자산이나 부채가 존재할 수 있다. 예를 들어, 회사가 고객으로부터 제품 하자에 대한 소송을 받은 경우, 비록 회사가 소송에 패소할 가능성은 낮더라도 패소에 따른 법률적 위험이 존재하지 않는 것은 아니다. 따라서 경제적 자원의 유출가능성은 낮지만 부채는 존재한다.

경제적 효익의 유입 및 유출 가능성이 낮다면 자산 또는 부채를 재무제표에 인식하는 것이 유용한지에 대한 의문이 존재할 수 있다. 이런 경우, 자산 또는 부채를 인식하기보다는 발생가능한 유입이나 유출의 크기, 시기, 발생가능성에 영향을 미치는 요인에 대한 정보를 주석으로 기재하는 것이 더 유용할 수 있다.

하지만 경제적 효익의 유입 및 유출 가능성이 낮다고 무조건적으로 자산이나 부채를 인식하지 않는 것이 아님에 유의해야 한다. 예컨대, 시장조건에 따른 교환거래는 발생가능성이 낮더라도 미래의 경제적 효익의 유입과 유출 가능성을 반영하여 이루어진다. 따라서 이러한 교환거래에서 발생한 자산과 부채에 대한 가격은 목적적합한 정보를 제공할 수 있다.

(2) 표현충실성 CF5:18-25

인식기준으로서 표현충실성은 자산 또는 부채로부터 발생하는 경제적 효익의 신뢰성 있는 측정과 밀접히 관련되어 있다.

1) 측정불확실성

자산이나 부채를 인식하기 위한 측정을 추정에 의존하는 경우가 많다. 추정치가 명확하고 정확하면, 합리적인 추정의 사용은 정보의 유용성을 훼손하지 않는다. 측정의 불확실성이 높더라도 유용한 정보를 제공할 수 있다.

경우에 따라 자산이나 부채를 측정하는 데 추정과 관련된 불확실성이 너무 높아서, 인식하고자 하는 항목을 충분히 충실하게 표현할 수 있는지 의심스러울 수 있다. 예를 들면, 자산을 측정하기 위해 현금흐름기준측정기법이 유일한 추정방법일 때 발생가능한 결과가 매우 다양하고 각 결과의 가능성을 추정하기가 매우 어려워 측정불확실성이 높을 수 있다. 또한 추정치가 조금만 변화하더라도 측정치가 크게 달라질 수 있다. 이 경우 추정에 대한 설명과 추정에 영향을 미칠 수 있는 불확실성에 대한 설명을 동반한다면, 이러한 추정치는 유용한 정보일 수 있다.

자산이나 부채를 충실하게 표현하려면, 자산이나 부채의 존재여부, 측정치 또는 그 결과(궁극적으로 자산이나 부채에서 발생할 경제적 유입 또는 유출의 양 또는 시기)와 관련된 불확실성에 대한 설명정보를 제시해야 한다.

2) 다른 요인들

인식된 항목의 충실한 표현을 위해서는 해당 항목의 인식뿐만 아니라 그 항목의 측정 및 표시와 관련한 정보를 공시해야 한다. 따라서 자산과 부채의 인식으로 그 항목을 충실하게 표현할 수 있는지를 평가할 때 다음과 같은 사항도 고려한다.

① 인식의 결과로 발생하는 수익, 비용 및 자본변동에 대한 서술 : 예를 들면, 취득한 자산을 인식하지 않으면 비용을 인식하게 되고, 결과적으로 이익과 자본을 감소시킬 수 있다.

② 관련된 자산과 부채의 인식여부 : 관련된 자산과 부채가 모두 인식되지 않으면, 회계불일치를 초래할 수 있다. 비록 주석에 설명정보가 제공된다 하더라도, 자산이나 부채를 발생시키는 거래의 전반적인 영향에 대해 이해가능하거나 충실한 표현을 제공하지 못할 수 있다.

③ 표시와 공시 : 재무정보의 완전성을 제고하기 위해 재무제표이용자들이 서술된 경제현상을 이해하는 데 필요한 모든 정보를 제공해야 한다.

3 제 거 CF5:26-33

제거(derecognition)란 재무상태표에서 인식된 자산이나 부채를 삭제하는 것이다. 제거는 일반적으로 인식했던 항목이 더 이상 자산 또는 부채의 정의를 충족하지 못할 때 발생한다. 일반적으로 자산은 이의 전부 또는 일부에 대한 통제를 상실하였을 때, 그리고 부채는 이의 전부 또는 일부에 대한 현재의무를 더 이상 부담하지 않을 때 제거한다.

제거에 대한 회계는 ① 제거를 초래하는 거래 후의 잔여 자산과 부채와 ② 제거를 초래하는 거래로 인한 기업의 자산과 부채의 변동을 모두 충실히 표현하는 것을 목표로 한다. 자산과 부채의 제거와 관련한 회계처리는 관련한 장에서 구체적으로 논의한다.

4 측 정 CF6:1-95

재무제표는 인식한 요소들을 화폐단위로 수량화하여 표시한다. 인식한 재무제표의 요소를 화폐단위로 수량화하는 과정을 측정(measurement)이라고 한다. 대표적인 측정기준으로는 역사적원가, 현행가치(공정가치, 자산의 사용가치 및 부채의 이행원가, 현행원가)가 있다. 이에 대해서는 본 교재 제4장에서 논의하며, 각 주제별로 관련한 장에서 구체적인 회계처리 방안을 논의한다.

제7절 표시와 공시

1 소통수단으로서의 표시와 공시 CF7:1-3

재무제표정보의 표시와 공시(presentation and disclosure)[18]는 보고기업의 정보소통수단으로서 자산, 부채, 자본, 수익 및 비용에 관한 정보를 정보이용자에게 효과적으로 소통하는 방법과 관련되어 있다. 재무제표정보의 효과적 전달은 정보의 목적적합성과 표현충실성을 향상시키며, 정보에 대한 이해가능성과 비교가능성도 향상시킨다. 재무정보의 효과적인 소통을 위해서는 다음과 같은 사항을 고려해야 한다.

① 표시와 공시의 목적과 원칙
② 정보의 분류
③ 정보의 통합 정도

18) 개념체계에서는 측정에 대한 개념체계를 제6장에서 먼저 다루고, 표시와 공시에 대한 개념체계를 제7장에서 다루고 있다. 측정에 대한 개념체계는 내용이 많고 중요하기 때문에 본서의 제4장 제3절에서 별도로 설명하고 있다. 또한, 개념체계 제8장에서는 자본의 개념과 자본유지에 대해 설명하고 있다. 자본유지에 대한 개념체계는 본서의 제4장 제2절에서 별도로 설명하고 있다.

또한, 특정 정보의 표시와 공시의 효익이 이를 제공하고 사용하는 데 드는 원가를 정당화할 수 있는지도 고려해야 한다.

2 표시와 공시의 목적과 원칙 CF7:4-6

각 회계기준에 표시와 공시의 목적을 포함하는 것은 정보를 재무제표에서 효과적으로 소통하고자 함이다. 표시와 공시의 목적을 명확히 함으로써 기업이 유용한 정보를 식별하고 가장 효과적인 방식으로 정보가 소통되는 방법을 결정하는 데 도움을 준다.

재무제표정보를 쉽고 효과적으로 소통하기 위해서는 ① 기업에 융통성을 부여하여 목적적합하고 표현충실한 정보를 제공하는 것과 ② 기업간 또는 기간간 비교가능한 정보를 제공하는 것 사이의 균형이 필요하다. 표시와 공시에 대한 다음 원칙을 고려하면, 재무제표에서 효과적인 소통에 도움이 된다.

- 기업특유의 정보가 때로는 표준적 설명(표준문안, boilerplate)보다 유용하다.
- 재무제표의 서로 다른 부분에서 정보를 중복하여 작성하는 것은 일반적으로 불필요하며 재무제표를 이해하기 어렵게 만들 수 있다.

3 분 류 CF7:7-19

분류(classification)란 표시와 공시를 위해 재무제표요소를 공통특성에 따라 구분하는 것을 말한다. 특성으로는 항목의 성격, 기업의 사업활동 내에서의 역할, 측정방법 등이 있다. 특성이 상이한 항목을 함께 분류하면 목적적합한 정보를 불분명하게 하고, 이해가능성과 비교가능성이 낮아지며, 표현하고자 하는 내용을 충실하게 표현하지 못하게 된다.

(1) 자산과 부채의 분류

재무정보의 유용성을 향상시키기 위해 특성이 다른 구성요소를 구분하여 별도로 분류할 수도 있다. 예를 들면, 자산이나 부채를 유동항목과 비유동항목으로 분류하는 것이 적절할 수 있다.

기업이 자산과 부채를 별도의 회계단위로 인식하고 측정하는 것을 원칙으로 한다. 상계(offsetting)는 서로 다른 항목의 자산과 부채를 순액처리하는 것을 의미하며 원칙적으로 허용되지 않는다. 자산과 부채의 상계는 권리와 의무의 집합을 하나의 회계단위로서 취급하는 것과 다르다.

(2) 자본의 분류

자본청구권이 다른 특성을 갖는 경우에는 이를 별도로 분류할 수 있다. 또한 자본의 일부 구성요소에 특정 법률, 규제 등이 있는 경우에는 자본의 그 구성요소를 별도로 분류할 수 있다. 예를 들어, 특정 준비금이 충분히 있는 경우에만 자본청구권의 보유자에게 분배를 허용한다면, 이러한 준비금을 별도로 표시하거나 공시하면 유용한 정보를 제공할 수 있다.

(3) 수익과 비용의 분류

수익과 비용은 ① 손익계산서에 포함되는 손익[19] 또는 ② 기타포괄손익 중 하나에 포함된다. 손익계산서는 보고기간의 기업 재무성과에 관한 정보의 주요 원천이다. 여기에는 해당 기간의 재무성과에 대한 요약인 당기손익이 나타난다. 손익계산서는 해당 기간의 기업 재무성과에 관한 정보의 주요 원천이기 때문에 모든 수익과 비용은 원칙적으로 여기에 포함된다. 그러나 자산이나 부채의 현행가치의 변동으로 인한 손익을 포함하는 것이 그 기간의 기업 재무성과에 대해 보다 목적적합한 정보를 제공하거나 충실한 표현을 제공하는 상황에서는 그러한 수익과 비용을 기타포괄손익에 포함할 수도 있다.

4 통 합 CF7:20-22

통합(aggregation)은 특성을 공유하고 동일한 분류에 속하는 재무제표 항목을 합하는 것이다. 통합은 많은 양의 세부사항을 요약함으로써 정보를 더욱 유용하게 만든다. 그러나 통합은 그러한 세부사항 중 일부를 숨기기도 한다. 따라서 목적적합한 정보가 많은 양의 사소한 세부사항과 섞이거나 과도한 통합으로 가려져서 불분명해지지 않도록 균형을 추구해야 한다.

재무제표의 부분에 따라 다른 수준의 통합이 필요할 수 있다. 예를 들면, 일반적으로 재무상태표와 손익계산서는 요약된 정보를 제공하고 자세한 정보는 주석에서 제공할 수 있다.

19) 개념체계는 손익계산서가 단일보고서여야 하는지 두 개의 보고서여야 하는지에 대해 규정하지 않는다. 개념체계에서 손익계산서라는 용어는 별도의 보고서나 통합 손익계산서 내의 별도의 부분을 의미할 수도 있다.

보론 2A 원칙중심 회계기준의 적용

1 원칙중심 회계기준

원칙중심 회계기준에 대한 논의는 미국의 재무회계기준위원회(FASB)와 국제회계기준위원회(IASB)가 회계기준의 통합을 추구하면서 촉발되었다. 특히 21세기 초에 미국에서 다양한 회계분식 문제가 불거지자 원칙중심 회계기준의 장점을 도입하는 방안을 고려하기 시작했다. 당시의 미국의 회계기준은 규칙중심 회계기준에 가까웠다. 이러한 규칙중심 회계기준에 대한 문제점이 제기되었는데, 이는 다음과 같다.

① 모든 경우의 사례에 대해 규칙을 정하다 보니 회계기준(예외, 해석 등을 포함)의 분량이 너무 많아지므로 복잡성이 증대되어 실무에서 적용하는 데 있어서 어려움이 많았다.

② 경영자들은 원하는 목표 값을 얻어내기 위하여 회계기준을 우회하도록 거래를 구조화(이를 financial engineering이라고 부름)하였다. 이로써 기업은 그들에게 실제로 도움이 되는 합리적인 거래나 의사결정을 하지 못하게 되었다.

③ 새로운 금융상품의 출현과 발전해 나가는 거래의 형태에 회계기준이 적응해야 하는데, 세부적인 회계기준을 제시하려다 보니 적시에 제공하지 못하는 상황이 발생했다.

④ 유사한 거래이더라도 상황과 경제적 실질에 따라 다를 수 있는데, 이를 동일하게 회계처리함으로써 비교가능성이 떨어지는 현상이 나타나기도 하였다.

원칙중심 회계기준은 여러 가지 장점을 지니고 있다. 첫째, 원칙중심 회계기준은 좀더 유연성을 가진다. 원칙을 따르게 되면 유사한 사건이나 거래라고 하더라도 상황에 맞게 회계처리하도록 유도함으로써 회계정보가 경제적 실질을 보다 잘 표현하도록 한다.

둘째, 원칙중심 회계기준에서는 건전한 전문가적 판단을 권장하고 그들이 책임을 지도록 한다. 회계담당자에게 거래의 본질을 더 깊이 탐구하도록 권장하게 된다.

셋째, 원칙중심 회계기준에서는 회계기준제정기구들이 회계기준을 정하는 작업이 간단해진다. 회계전문가들이 준수해야 할 일반원칙과 방향만을 제시하면 된다.

한편, 원칙중심 회계기준은 다음과 같은 한계점을 지니고 있다. 첫째, 상세한 규칙 대신에 원칙만을 사용하도록 하면, 원칙이 상대적으로 분명하지 않기 때문에 회계정보의 비교가능성이 감소하게 된다. 두 회계담당자가 동일한 자료를 보지만 그 자료가 무엇을 의미하는지에 대해 전혀 다른 결론에 도달할 수 있다.

둘째, 원칙중심 회계기준은 이를 준수하는 것이 더 복잡해지고, 비용과 시간도 많이 소요될 것이다. 만일 기업들이 원칙을 일관성 있게 해석해야만 한다면, 그들은 상당한 경험을 지닌 회계인력과 회계개념을 이해하는 전문가를 필요로 할 것이다.

셋째, 회계원칙에 대해서는 다양한 관점이 존재하기 때문에 원칙의 준수를 감독하는 것이 더 어렵게 된다. 또한 기업이나 회계법인들이 재무제표를 잘못 작성했다고 계속 도전을 받게 되지만 회계원칙을 근거로 감독하는 것은 더욱 어려울 것이다.

특히 원칙중심 회계기준은 원칙에 근거한 전문가의 판단을 중시하기 때문에 회계전문가가 충분히 발달되어 있지 않거나 성문법적 체제하에서 주어진 법률에 근거하여 의사결정을 주도해왔던 국가의 경우에는 이에 적응하기가 쉽지 않을 것이다.

따라서 원칙중심 회계기준은 논리 정연한 재무회계 개념체계에서 도출되어야 한다. 특별히 명확하고 일관성이 있는 개념체계의 중요성이 부각되고 있다.

2 개념체계기반 재무보고 의사결정

원칙중심 회계기준을 재무보고에 활용하기 위해서는 개념체계에 근거한 전문가적 판단이 요구된다. 개념체계에 근거한 재무보고 의사결정과정은 [그림 2A-1]처럼 총 4그룹 8단계로 구성되어 있다.

▶ 그림 2A-1
개념체계기반 재무보고 의사결정과정

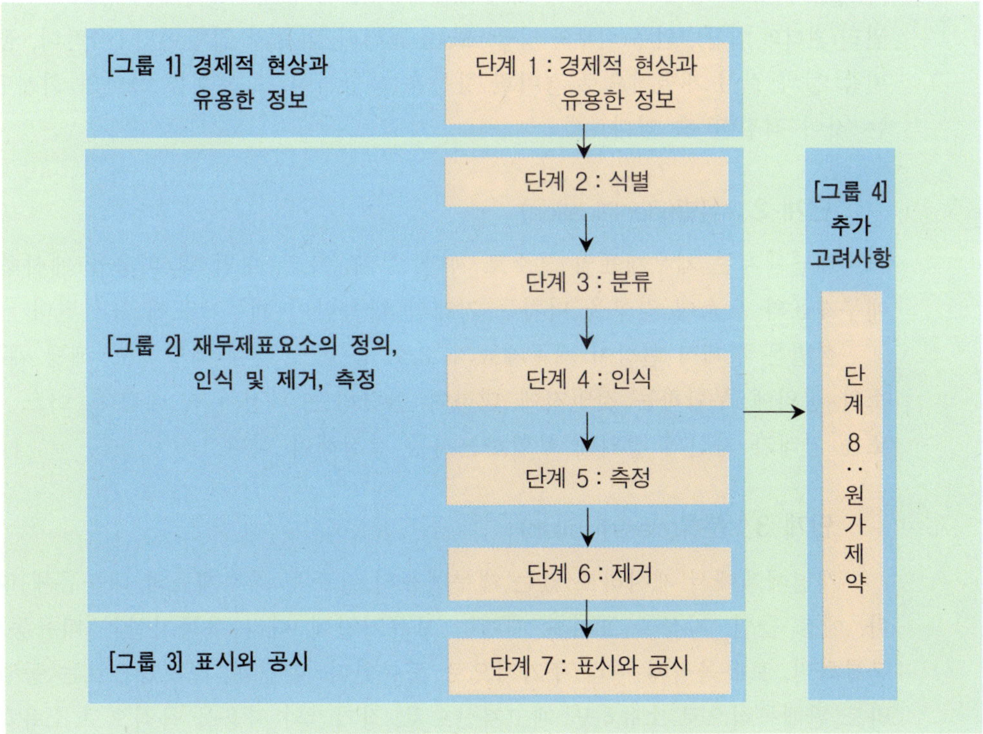

[그룹 1] 경제적 현상과 유용한 정보

정보이용자에게 유용한 보고기업 재무정보는 두 가지 회계이슈와 관련되어 있다. 하나는 '특정한 경제적 현상에 대한 유용한 정보가 무엇인가?'이고, 다른 하나는 '유용한 정보는 어떤 질적특성을 가져야 하는가?'이다.

단계 1 : 경제적 현상과 유용한 정보(economic phenomenon and useful information)

경제적 현상에 대한 정보란 보고기업의 경제적 자원, 보고기업에 대한 청구권 그리고 그 자원 및 청구권에 변동을 일으키는 거래와 그 밖의 사건 및 상황의 영향에 대한 정보를 말한다. 이러한 정보는 기업의 미래현금흐름에 대한 전망(금액, 시기 및 불확실성)을 평가하는 데 그리고 경영진의 수탁책임을 평가하는 데 유용해야 한다.

재무정보는 근본적 질적특성(목적적합성과 표현충실성)을 충족시켰을 때 유용하다고 보며, 보강적 질적특성(비교가능성, 검증가능성, 적시성, 이해가능성)을 가졌을 때 정보의 유용성이 더욱 증강된다고 본다.

[그룹 2] 재무제표요소의 정의, 인식 및 제거, 측정

보고기업이 그들의 경제적 현상에 유용한 정보를 재무제표에 포함하기 위해서는 ① 재무제표요소의 정의에 부합하고, ② 인식기준을 충족하며, ③ 목적적합하고 표현충실한 정보를 산출할 수 있어야 한다.

인식 및 측정과 관련하여 회계단위를 식별해야 한다. 회계단위(unit of account)는 권리(권리의 집합), 의무(의무의 집합) 또는 권리와 의무의 집합이다. 예컨대, 공구, 소액비품 등과 같이 개별적으로 경미한 항목은 통합하여 그 전체를 하나의 회계단위로 보는 것이 적절할 수 있다.

단계 2 : 식별(identification)

개념체계는 재무제표의 요소로 자산, 부채, 자본, 수익 및 비용을 제시하고 있다. 재무제표의 요소에 영향을 미치는 거래와 항목만이 재무제표에 표시된다.

식별은 경제적 현상이 재무제표의 요소 중 어느 것에 해당하고, 해당 재무제표요소의 정의에 부합하는 것인지에 대하여 판단하는 과정이다. 예컨대, 어느 경제현상 또는 거래가 자산의 정의에 부합하는지를 결정해야 한다.

단계 3 : 분류(classification)

개념체계에서 제시하고 있는 재무제표의 요소는 재무제표의 대분류에 따른 것이다. 예를 들면, 자산을 표시할 때에는 보유기간에 따라 유동자산과 비유동자산으로 분류하며, 보유목적에 따라 추가적으로 분류한다. 예컨대, 겉모습으로는 동일한 토지라도 판매목적으로 소유하면 재고자산으로, 장기간의 사용을 목적으로 소유하면 유형자산으로, 시세차익을 목적으로 소유하면 투자부동산으로 분류한다. 또한 성격에 따라 자산은 유형자산, 무형자산, 생물자산 등으로 분류한다.

분류는 해당 항목에 적용해야 할 기준서의 결정과 관련되어 있다. 재고자산이면 K-IFRS 제1002호, 유형자산이면 제1016호, 투자부동산이면 제1040호를 적용한다.

단계 4 : 인식(recognition)

인식은 재무제표요소(예를 들면, 자산)의 정의에 충족하는 항목을 재무상태표나 손익계산서에 포함하기 위하여 포착하는 과정을 말한다. 이 과정은 해당 항목을 서술하는 계정명칭과 화폐금액으로 기술하고 그 금액을 재무상태표 또는 손익계산서에 산입하는 것을 포함한다. 특정 항목이 항목의 정의에 부합(단계 1)하고 인식기준(목적적합하고 표현충실한 정보를 산출)을 충족(단계 2)한다면 재무제표에 인식해야 한다.

단계 5 : 측정(measurement)

측정은 재무제표요소를 화폐단위로 수량화하는 과정이다. 재무제표요소로 측정할 때에는 정보의 유용성을 제고시키는 적절한 측정기준을 사용해야 한다. 대표적인 측정기준으로는 역사적원가, 현행가치(공정가치, 자산의 사용가치 및 부채의 이행원가, 현행원가)가 있다.

대부분의 경우 어떤 측정기준을 선택해야 하는지를 결정하는 단일의 요인은 없다. 각 요인의 상대적 중요성은 사실과 상황에 따라 달라질 것이다. 단지 측정기준에 의해 제공되는 정보는 목적적합해야 하고 나타내고자 하는 바를 충실하게 표현해야 한다. 또한, 제공되는 정보는 가능한 한 비교가능하고 검증가능하며 적시성이 있고 이해할 수 있어야 한다.

단계 6 : 제거(derecognition)

제거는 기업의 재무상태표에서 인식된 자산이나 부채의 전부 또는 일부를 삭제하는 것이다. 제거는 일반적으로 해당 항목이 더 이상 자산 또는 부채의 정의를 충족하지 못할 때 발생한다. 일반적으로 자산은 기업이 인식한 자산에 대한 통제를 상실하였을 때 제거하고, 부채는 기업이 인식한 부채에 대한 현재의무를 더 이상 부담하지 않을 때 제거한다.

[그룹 3] 표시와 공시

재무제표의 정보가 효과적으로 소통되면, 그 정보를 보다 목적적합하게 하고 기업의 자산, 부채, 자본, 수익 및 비용을 충실하게 표현하는 데 기여하고, 재무제표의 정보에 대한 이해가능성과 비교가능성을 향상시킨다.

단계 7 : 표시와 공시(presentation and disclosure)

재무제표의 정보가 쉽고 효과적으로 소통되기 위해 회계기준의 표시와 공시 요구사항을 제정할 때 다음 사이의 균형이 필요하다.

① 기업의 자산, 부채, 자본, 수익 및 비용을 충실히 표현하는 목적적합한 정보를 제공할 수 있도록 기업에 융통성을 부여한다.
② 한 보고기업의 기간간 그리고 같은 보고기간의 기업간 비교가능한 정보를 요구한다.

표시와 관련된 기준은 주로 재무제표항목의 분류 및 장부금액의 표시에 관한 것이고, 공시와 관련된 기준은 구체적인 회계정책, 추정에 대한 가정과 불확실성에 대한 정보, 재무제표에 인식되는 금액에 유의적인 영향을 미친 경영진의 판단, 재무제표에 별도로 표시되지 않는 정보 등에 관한 것이다.

[그룹 4] 추가 고려사항

단계 8 : 원가제약(cost constraint)

재무보고의 원가제약은 정보에 대한 포괄적 제약요인이다. 재무보고에 대한 원가제약을 고려함에 있어서는 보고기업이 부담하는 원가만을 고려할 것이 아니라 다양한 이해관계자가 재무정보로부터 얻게 되는 효익을 고려하는 거시적 판단이 필요하다.

원가제약은 단계 1부터 단계 7까지의 전 단계에서 고려해야 한다. 그러나 원가제약이 많이 적용되는 단계는 측정(단계 5)이다. K-IFRS에서는 원가제약을 고려하여 특히 최초인식 후의 측정에 있어서 각 분류의 자산에 대해 다른 측정방식을 제시한다. 주요 자산의 후속측정에 사용하는 측정기준의 예를 들면 다음과 같다.

- 금융자산 : 공정가치 또는 상각후원가
- 재고자산 : 취득원가와 순실현가능가치 중 낮은 금액
- 관계기업투자 : 지분법 측정 금액
- 무형자산과 유형자산 : 원가모형 또는 재평가모형
- 투자부동산 : 원가모형 또는 공정가치모형
- 생물자산 : 순공정가치

익힘문제

CHAPTER 2

1. 재무보고 개념체계가 필요한 이유를 열거하라.

2. 일반목적재무보고 개념체계에서는 재무제표를 누가 이용하고 있으며, 그들은 각각 주로 어떤 목적으로 재무정보를 활용한다고 보고 있는가?

3. 일반목적재무보고란 무엇인가? 또한 일반목적재무보고의 목적은 무엇인가?

4. 재무보고 개념체계의 구성에 대하여 설명하라.

5. 발생기준회계가 타당한 근거를 제시하라.

6. 일반목적재무보고의 유용성 및 한계점에 대해 간단히 설명하라.

7. 다음에 열거된 재무제표정보의 질적특성에 관련된 다음 항목에 대하여 간단히 설명하라.

   〈근본적 질적특성〉

   1) 목적적합성 2) 예측가치와 확인가치 3) 중요성 4) 표현충실성
   5) 완전성 6) 중립성 7) 신중성 8) 무오류

   〈보강적 질적특성〉

   1) 비교가능성 2) 검증가능성 3) 적시성 4) 이해가능성

8. 정보원가를 재무보고의 포괄적 제약요인으로 보고 있는데, 이는 무엇을 의미하는가?

9. 근본적 질적특성을 갖는 정보를 확보하기 위해서는 어떤 절차를 거쳐야 하는가?

10. 보강적 질적특성의 역할은 무엇인가?

11. 재무제표의 목적과 범위를 제시하라.

12. 계속기업의 가정이란 무엇인지 설명하고, 이 가정이 필요한 이유를 제시하라.

13. 보고기업이란 무엇인가? 보고기업에 따라 작성되는 재무제표의 유형을 제시하라.

14. 자산의 정의와 관련 ① 권리, ② 경제적 효익을 창출할 잠재력 및 ③ 통제에 대해 구체적으로 설명하라.

15. 부채의 정의와 관련 ① 의무, ② 경제적 자원의 이전 및 ③ 과거의 사건으로 생긴 의무에 대해 구체적으로 설명하라.

16. 자본은 어떻게 정의되고 있는지 설명하라.

17. 수익과 비용은 어떻게 정의되고 있는지 설명하라.

18. 재무상태표와 손익계산서에서 재무제표요소들이 연계되는 방법을 설명하라.

19. 회계단위를 결정하는 것이 왜 필요한가? 또한 이는 어떻게 결정되어야 하는가?

20. 미이행계약이란 무엇이며, 이의 회계단위는 어떻게 결정되어야 하는가?

21. 인식이란 무엇인지, 그리고 개념체계에서는 어떠한 인식기준을 제시하고 있는지를 설명하라.

연습문제

CHAPTER 2

1. 재무보고 개념체계의 목적과 구성

국제회계기준위원회(IASB)는 재무보고의 개념체계를 제정하였다. 개념체계에서는 재무회계 및 재무보고의 기초가 되는 재무보고의 목적과 기본개념을 정하고 있다.

요구사항

1. 재무보고의 개념체계가 추구하는 목적이 무엇인지 설명하라.
2. 재무보고 개념체계의 구성에 대해 간략하게 설명하라
3. 일반목적재무보고를 왜(why) 하고, 무엇(what)을 보고하며, 어떻게(how) 보고할 것인가에 대한 설명을 하라.

2. 재무보고의 목적

재무보고 개념체계에서는 개념체계의 출발점 또는 근간이 되는 재무보고의 목적을 제1장에서 밝히고 있다.

요구사항

1. 재무보고의 개념체계에서 정하고 있는 재무보고의 기본목적에 대해 설명하라.
2. 재무보고의 한계에 대해 설명하라.

3. 재무상태와 그 변동에 관한 정보

일반목적재무보고는 보고기업의 재무상태(경제적 자원 및 청구권)와 재무상태의 변동에 대한 정보를 제공한다. 이러한 정보는 투자자와 채권자뿐만 아니라 일반정보이용자의 경제적 의사결정에 유용하다.

요구사항

1. 기업의 재무보고서에 표시되는 경제적 자원에 대하여 설명하고, 어떤 재무보고서에 경제적 자원이 체계적으로 표시되는지 밝혀라.
2. 경제적 자원과 청구권의 변동은 무엇을 의미하는가? 이러한 변동은 어떤 재무보고서에 보고되는가?

4. 미래현금흐름에 대한 정보

재무보고의 목적은 투자자와 채권자 등이 기업실체로부터 받게 될 미래현금흐름의 크기, 시기 및 불확실성을 평가하는 데 유용한 정보를 제공해야 한다고 되어 있다.

요구사항

1. 여기에서 말하는 미래현금흐름의 의미를 설명해 보라.
2. 미래현금흐름에 대한 평가는 어떤 수단을 통하여 가장 잘 전달될 수 있다고 보는가?

5. 정보유용성, 재무보고의 목적 및 질적특성

재무보고의 개념체계에 대한 다음 서술이 참인지 거짓인지 판단하라. 거짓이면 왜 거짓이라고 보는지 당신의 견해를 말하라.

(1) 재무정보를 유용하게 만드는 근본적 질적특성은 목적적합성과 검증가능성이다.
(2) 목적적합한 정보는 예측가치, 확인가치 또는 양자를 모두 가지고 있다.
(3) 충실하게 표현된 정보는 예측가치와 확인가치를 가지고 있다.
(4) 비교가능성은 서로 다른 회사가 유사한 방식으로 정보를 보고하는 것을 의미한다.
(5) 검증가능성은 충실한 표현을 제고하기 위하여 필요한 유일한 보강적 질적특성이다.
(6) 기업은 재무정보이용자들이 사업과 경제활동에 대한 합리적인 지식을 가지고 있다는 가정하에 재무제표를 작성한다.

6. 질적특성 (I)

회계정보가 유용하기 위한 질적특성에 대한 아래의 물음에 답하라.

요구사항

1. 회계정보가 의사결정에 유용하도록 하는 근본적 질적특성 두 가지는 어떤 것인가?
2. 정보이용자의 기대를 수정하거나 확정하도록 하는 정보의 특성은 무엇인가?
3. 회계정보의 제공에 있어서 포괄적 제약요인과 기업고유 제약요인이란 각각 무엇을 의미하는가?
4. "만약 회계원칙이 경제적 측정 이외의 다른 목적을 달성하기 위해 제정되거나 개정된다면 재무정보의 신뢰도가 훼손되는 심각한 위험에 처하게 된다." 회계정보의 질적특성 중 어떤 속성과 관련된 것인가?
5. 강옥(주)는 두 회계연도 동안 재고자산평가방법을 선입선출법에서 평균원가법으로 다시 선입선출법으로 전환하였다. 어떤 질적특성이 침해되었는가?
6. 광진(주)는 2/4분기 보고서가 제출된 후에도 1/4분기 보고서를 제출하지 않았다. 질적특성 중 어떤 것이 위반되었는가?
7. 예측가치는 회계정보의 근본적 질적특성 중 어느 것에 속하는가?
8. 영명(주)는 동일산업 가운데 정액법으로 유형자산을 감가상각하는 유일한 회사이다. 어떤 질적특성이 결여되는가?
9. 한남(주)는 재고자산의 현행원가를 결정하려 한다. 3명의 감정사의 감정가치가 매우 다르다. 이에 사장은 이들 중 중간치를 외부보고 목적에 이용하려 한다. 이 경우 어떤 질적특성이 결여되는가?
10. 감독당국은 증권회사들이 투자자들에게 제공한 신용대출금이 최근 증권시장의 침체로 인하여 일부 대손처리해야 할 처지에 놓이자 이것이 증권업계에 미치는 경제적 영향을 고려하여 대손상각비의 이연처리를 허용했다. 어떤 질적특성이 침해를 받았는가?

7. 질적특성 (II)

회계정보가 의사결정목적에 유용하기 위하여 필요한 질적특성으로서 다음 항목들을 들 수 있다.

목적적합성	적시성	표현충실성	확인가치
비교가능성	예측가치	중립성	정보원가제약
질적특성간의 균형	보강적 질적특성		

요구사항

아래 주어진 정보들에 적절한 질적특성을 연관시켜라.

(1) 동일한 산업에 속하는 기업들간에는 동일한 회계원칙을 사용하는 것이 바람직하다.

(2) 재무정보가 제공하는 효익이 비용보다 커야만 정보로서 가치가 있다.
(3) 정보이용자가 갖고 있는 사전 기대치를 확인하거나 수정하는 데 도움이 되어야 한다.
(4) 한 기업의 기간간 정보는 서로 대조할 수 있도록 작성되어야 한다.
(5) 어떤 측정대상을 측정할 때 서로 다른 측정자의 측정치들이 동일하게 나오는 것이 바람직하다.
(6) 재무정보는 정보이용자가 당해 정보를 이용하여 의사결정을 할 때 정보가 없을 때에 비하여 유리한 차이를 가져다줄 수 있어야 한다.
(7) 목적적합성과 표현충실성을 동시에 증진시키기 위하여 필요한 질적특성은 무엇인가?
(8) 중립성은 어떤 질적특성의 요소인가?
(9) 중간보고서는 어떤 질적특성을 증진시키기 위함인가?

8. 질적특성, 기본가정 및 제약요인 (I)

다음에 설명된 것들은 오랜 기간 동안 발전되어 온 회계실무 혹은 회계처리지침들이다. 이러한 실무나 지침을 정당화하는 회계의 질적특성, 기본가정 또는 원칙은 무엇인지 설명하라.

(1) 재무보고는 정보이용자가 정보를 쉽게 이해할 수 있도록 제공해야 한다.
(2) 의사결정을 함에 있어서 정보가 없는 경우와 비교하여 보다 유리한 차이를 가져다줄 수 있다.
(3) 중요한 정보가 누락되어 현명한 투자자가 오도되지 않도록 한다.
(4) 재무제표상에 별도로 인식하기 위해서는 일정한 금액보다 크거나 판단에 영향을 미칠 수 있어야 한다.
(5) 측정대상의 속성과 측정치 간의 일치도가 높아야 한다.
(6) 미리 의도된 결과를 유도할 목적으로 재무보고가 되어서는 안 된다.
(7) 회계기준은 매기 동일하게 적용해야 한다.
(8) 발생기준회계의 주장근거를 제시한다.
(9) 정보는 필요할 때 이용가능해야 한다.
(10) 정보가 제공하는 특성간의 상대적 중요도가 고려되어야 한다.

9. 질적특성, 기본가정 및 제약요인 (Ⅱ)

다음 문항들을 재무회계의 질적특성, 기본가정 및 제약요인 중의 하나와 연관시켜라.

(1) 회계정보는 완전하고, 중립적이며 오류가 없도록 제공되어야 한다.
(2) 반증이 없는 한 영업활동이 오래 지속될 것이라고 전제하고 회계처리를 한다.
(3) 회계정보는 이해가능한 형태로 제공되어야 하며, 정보이용자는 적절한 지식을 갖추고 정보를 이해하고자 하는 노력을 경주해야 한다.
(4) 재무제표상에 생략되거나 잘못 기재되어 그 재무제표를 기초로 한 경제적 의사결정에 영향을 미친다면 이를 재무정보로 제공해야 한다.
(5) 회계정보는 의사결정에 필요한 시점에 이용가능해야 한다.
(6) 회계정보는 미리 의도된 결과를 유도할 목적으로 작성되어서는 안 된다.
(7) 회계정보를 제공하는 데 소요되는 비용이 회계정보의 이용에서 얻는 효익을 초과해서는 안 된다.

10. 질적특성 및 제약요인

재무보고 개념체계는 재무정보를 유용하게 만드는 질적특성을 식별하고 있다. 다음은 재무정보의 질적특성과 제약요인에 관한 기술이다.

(1) 재무정보이용자가 과거 예측을 확인하거나 수정하는 능력을 갖는 정보의 질적특성은 무엇인가?
(2) 재무정보의 제공과 관련된 포괄적 제약요인과 인식을 위한 기업특유의 제약요인은 무엇인가?
(3) "경제적 실질의 측정이 아닌 다른 목적을 달성하기 위해 회계기준을 결정하거나 개정하는 것이 받아들여진다면 우리는 재무정보시스템의 신뢰성에 자신감이 저해되는 심각한 처지에 처할 수 있다." 이러한 일이 일어난다면 어느 질적특성이 위배된다고 보는가?
(4) 한 회사가 재고자산평가방법을 선입선출법에서 평균원가법으로 바꾼 지 2년도 채 안 되어 다시 선입선출법으로 변경하였다. 어느 질적특성이 심각하게 훼손되었다고 보는가?
(5) 규제기관이 저축은행이 가지고 있는 대출금에서 발생한 대규모 손상차손을 인식하면 저축은행산업에 불리한 경제적 영향을 미칠 것을 우려하여 손상차손의 인식을 유예하는 것을 허용하였다. 어느 질적특성이 훼손되었는가?
(6) 한 상장회사가 제2분기 성과가 내부적으로 알려지기 전까지 제1분기 재무보고를 하지 않았다면 어느 질적특성이 훼손되었는가?
(7) 예측가치는 재무정보의 어떤 질적특성의 요소에 해당하는가?
(8) 한 회사는 그 회사가 소속된 산업 중에서 유일하게 유형자산의 감가상각법으로 정률법을 사용하는 회사이다. 어느 질적특성이 저해되었는가?
(9) 유형자산의 재평가를 위해서 고용한 세 독립적인 감정인들이 서로 다른 감정가를 제시하였다. 이에 회사는 중간감정가를 유형자산의 재평가액으로 보고하였다. 어느 질적특성이 훼손되었는가?

11. 질적특성간의 상충

경영자는 정보의 질적특성 간에 균형을 이루는지 검토해야 한다. 만일 질적특성간에 상충관계가 있다면 상대적 중요성을 고려해서 의사결정해야 한다.

요구사항

다음의 각 경우에 상충되는 질적특성을 서술하라.
1. 중간재무보고(반기, 분기 등의 재무보고)
2. 회사의 회계처리방법을 동종산업에서 일반적으로 이용하는 회계처리방법으로 변경
3. 미래 영업성과나 현금흐름에 대한 예측정보
4. 취득원가
5. 물가변동을 반영하기 위한 일반물가수준회계의 적용
6. 자산재평가

12. 재무제표요소 (I)

다음 항목들은 재무제표요소 중 무엇과 관련이 있는가?

(1) 과거 거래의 결과 자원을 이전해야 할 의무
(2) 소유주지분을 증대시키는 주된 영업활동
(3) 미래경제적 효익이 있는 자원
(4) 자산의 증감에서 부채의 증감을 차감한 후 소유주의 투자를 차감하고 소유주에 대한 분배를 가산하여 계산됨
(5) 자산에서 부채를 차감한 잔여지분
(6) 주된 영업활동을 하는 데 수반되는 소유주지분의 감소

13. 재무제표요소(Ⅱ)

아래의 각 항목들은 용봉(주)의 사장이 내린 결정들인데 이에 대하여 회계전문가인 귀하의 동의를 얻고자 한다. 이러한 결정에 당신은 동의하는지 또는 그렇지 않은지를 밝히고, 그 이유를 설명하라.

(1) 내년에 출품할 예정인 신제품 광고를 위하여 많은 광고비를 지출했는데 이 금액을 선급비용(자산)계정으로 처리하고자 한다.
(2) 원가가 ₩50,000인 원재료가 진부화로 못쓰게 되었지만 사용하지 않아서 비용으로 인식하지 않았다. 따라서 ₩50,000의 원재료가 재고자산에 그대로 기록되어 있다.
(3) 금년도의 이익이 아주 적기 때문에 유형자산의 감가상각을 생략하고자 한다.
(4) 매년 임차료를 지급하는 조건으로 장기임차하여 사용하는 건물을 가지고 있다. 이 중 사용하지 않는 사무실 일부를 제3자에게 재임대하였다. 회사에서는 임차비용과 임대수익을 상계하여 순임차비용으로 기록하고자 한다.

14. 재무제표요소(Ⅲ)

다음 항목들은 재무제표요소에 해당한다.

자산	부채	자본
수익	비용	의제의무
소유주에 의한 투자	소유주에 대한 분배	

요구사항

아래 주어진 간략한 표현 또는 서술들을 위에 열거된 재무제표요소와 연관시켜라.

(1) 순자산
(2) 수익을 창출하기 위한 자원의 유출
(3) 현금배당
(4) 보고기업의 경제적 자원에 대한 채권자청구권
(5) 지분증권 발행에 대한 대가로 받은 경제적 자원의 유입
(6) 실무관행 또는 공개된 경영방침에 따라 부담할 것으로 예상되는 부채

15. 자산의 개념

다음은 재무제표의 작성과 표시를 위한 개념체계상의 자산과 관련된 설명이다. 옳지 않은 것이 있다면, 그 이유를 설명하라.

(1) 수취채권과 부동산을 포함한 많은 종류의 자산은 소유권 등 법률적 권리와 관련되어 있다. 그런데 자산을 인식함에 있어서 소유권을 가지고 있는가의 여부가 필수적인 것은 아니다.
(2) 기업이 개발활동에서 습득한 핵심지식을 독점적으로 보유하고 그로부터 미래에 유입될 것으로 기대되는 효익을 통제한다면 자산의 정의를 충족할 수 있다.
(3) 일반적으로 지출의 발생과 자산의 취득은 밀접하게 관련되어 있다. 따라서 무상으로 증여받은 자산은 자산의 정의를 충족할 수 없다.
(4) 자산은 과거의 거래나 그 밖의 사건에서 창출된다. 미래에 발생할 것으로 예상되는 거래나 사건 자체만으로는 자산이 창출되지 않는다.
(5) 자산이 가진 미래경제적 효익이란 미래 현금 및 현금성자산이 기업에 유입되도록 기여하게 될 잠재력을 말한다. 기업의 현금유출을 감소시키는 능력, 예를 들어 대체적인 제조과정의 도입으로 생산원가가 절감되는 경우도 이 잠재력에 포함될 수 있다.

16. 개념체계 종합

다음은 개념체계에서 사용된 개념들이다.

예측가치	목적적합성	적시성
소유주에 의한 투자	확인가치	이해가능성
표현충실성	중요성	비교가능성
중립성	인식	일관성
자산	자본	제거
원가제약요인	측정기준	검증가능성
회계단위	소유주에 대한 분배	

요구사항

위에 주어진 개념들을 아래 각각에 주어진 서술들과 연관시켜라.

(1) 소유주와의 거래에서 발생한 자본의 감소
(2) 재무정보가 제공하는 효익이 정보의 생산 및 전달에서 발생하는 원가를 초과해야 함
(3) 회사간 재무정보의 비교에 중요함
(4) 매 기간 동일한 회계처리방침을 적용함
(5) 정보이용자가 재무제표를 해독할 수 있는 회계지식을 갖고 있음
(6) 측정치가 측정할 대상을 충실하게 서술하고 있음
(7) 재무정보가 의사결정이 이루어지기 전에 이용가능함
(8) 회계정보를 투자의사결정에 적절하게 사용할 수 있음
(9) 여러 측정자들이 측정치에 대해 의견일치를 이룸
(10) 회계정보를 이용하여 이전의 기대치가 옳았는지 틀렸는지를 판가름할 수 있음
(11) 비소유주거래에서 당기중 증가한 총자본 금액
(12) 재무제표의 항목으로 공식적으로 포함하는 과정
(13) 회계정보의 제공에 의도적 왜곡이나 치우침이 없어야 함
(14) 회계정보를 이용하여 미래의 현금흐름 또는 이익을 예측할 수 있음
(15) 기업의 크기에 따라 구분된 회계단위로 인식하는 방식이 달라질 수 있음
(16) 기업이 미래경제적 효익을 창출할 수 있는 배타적 권리를 가짐
(17) 역사적원가와 현행가치
(18) 잔여지분
(19) 인식된 자산이나 부채의 전부 또는 일부를 삭제
(20) 인식기준과 측정개념이 적용되는 권리, 의무 또는 권리와 의무의 집합

CHAPTER

3 재무제표

재무제표는 재무보고의 중심수단이다. 기본재무제표에는 재무상태표, 포괄손익계산서, 자본변동표 및 현금흐름표가 있다. 본장에서는 재무상태를 보고하는 재무상태표와 기업의 재무성과를 측정하는 포괄손익계산서를 중점적으로 살펴본다.

제 1 절 재무제표의 의의

1 재무제표의 구성

재무보고(financial reporting)는 현재 및 잠재 투자자와 대여자 및 기타채권자 등의 이해관계자가 기업에 관련하여 합리적인 의사결정을 하는 데 유용한 정보를 제공하는 것을 목적으로 한다. 의사결정을 하는 데 유용한 정보란 기업의 미래현금흐름의 금액(amount), 시기(timing) 및 불확실성(uncertainty)을 예측하는 데 도움을 주는 정보를 말하는데, 자세한 내용은 제2장 재무보고 개념체계를 참고한다.

재무제표(financial statements)는 재무보고의 핵심적인 수단으로서 기업에 관한 재무정보를 이해관계자에게 전달하는 역할을 한다. 재무제표는 기업의 재무상태를 보여주기 위한 재무상태표, 재무성과를 보여주기 위한 포괄손익계산서, 자본변동을 보여주기 위한 자본변동표, 현금흐름에 대한 정보를 제공하기 위한 현금흐름표로 구성된다. 또한 재무제표에 대한 주석도 그 구성요소로 본다([그림 3-1]을 참조).

▶ 그림 3-1
재무제표의 구성요소

[전체 재무제표]*

- 재무상태표
- 포괄손익계산서
- 자본변동표
- 현금흐름표
- 주석(주요 회계정책의 요약 및 기타 설명)

* 각각의 재무제표는 전체 재무제표에서 동등한 비중으로 표시한다.

[재무제표 이외에 작성가능한 보고서]

- 경영진의 재무검토보고서
- 지속가능경영보고서(환경보고서)
- 부가가치보고서

재무제표는 각각 역할이 다르지만 상호간에 일정한 논리적 연계관계를 갖고 있다. 재무제표간의 상호연관성을 그림으로 살펴보면 [그림 3-2]와 같다. 자본의 구성요소인 이익잉여금과 기타포괄손익누계액은 포괄손익계산서와 재무상태표를 연결시키는 역할을 한다. 즉 포괄손익계산서의 당기순손익은 마감과정을 통하여 이익잉여금계정으로 대체된다. 이익잉여금에 영향을 미치는 요소들은 당기순손익, 배당금의 지급, 이익잉여금의 자본전입 등이 있다. 또한 포괄손익계산서의 당기순이익 다음에

▶ 그림 3-2
재무제표간의 상호연관성

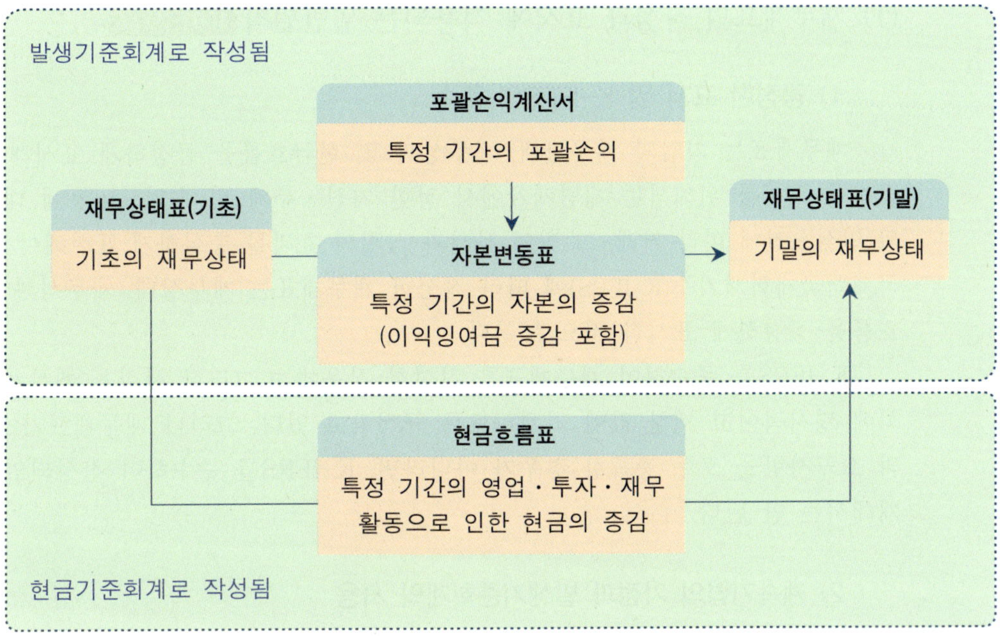

나타나는 기타포괄손익도 마감과정을 통하여 재무상태표의 기타포괄손익누계액에 반영된다(이에 대한 구체적인 설명은 제14장을 참조). 자본변동표는 이익잉여금 및 기타포괄손익누계액의 변동을 포함한 자본의 변동사항에 대해 상세한 정보를 제공한다.

포괄손익계산서와 자본변동표는 모두 자본에 미치는 영향만을 나타내고 재무상태 전반에 영향을 미치는 포괄적인 정보를 제공하지 못한다. 따라서 현금기준에 의하여 영업활동뿐만 아니라 투자와 재무 활동에 미치는 영향을 나타내기 위하여 현금흐름표를 작성한다. 현금흐름표는 현금기준으로 영업활동에 관한 사항이 보고되는 반면, 기타 재무제표는 발생기준으로 수익과 비용 그리고 관련된 자산과 부채를 기록하는 발생기준회계를 택하고 있다.

2 재무제표의 작성과 표시

재무제표의 작성 및 보고 책임은 경영자에게 있다. 경영자는 주인(principal)인 주주로부터 자원을 위탁받은 대리인(agent)이다. 따라서 주주로부터 위탁받은 자원을 효율적으로 활용하여 주주의 이해관계를 극대화할 뿐만 아니라 그 위탁받은 자산의 운용에 따른 성과와 재무상태를 주인인 위탁자에게 정기적으로 보고할 수탁책임(stewardship)을 진다. 또한 대리인으로서의 경영자는 주인에 대한 보고의무로서 재무제표를 작성하여 보고할 회계책임(accountability)을 진다.

(1) 재무제표의 작성과 표시에 적용되는 일반원칙 1001:15-46

1) 공정한 표시 및 K-IFRS의 준수

재무제표는 기업의 재무상태, 재무성과 및 현금흐름을 공정하게 표시해야 한다. 공정한 표시를 위해서는 개념체계에서 정한 자산·부채 및 수익·비용에 대한 정의와 인식요건에 따라 거래, 그 밖의 사건과 상황의 효과를 충실하게 표현해야 한다. 한국채택국제회계기준(K-IFRS)에 따라 작성한 재무제표는 재무상태, 재무성과 및 현금흐름을 공정하게 표시한 것으로 본다.

K-IFRS를 준수하여 재무제표를 작성한 경우에는 그러한 사실을 재무제표의 주석에 명시적이고 제한 없이 기재하도록 규정하고 있다. 그러나 재무제표가 K-IFRS의 요구사항을 모두 충족한 경우가 아니라면, K-IFRS를 준수하여 작성되었다고 기재해서는 안 된다.

2) 계속기업의 가정과 발생기준회계의 사용

경영자는 재무제표를 작성할 때 계속기업으로서의 존속가능성을 평가해야 한다. 경영자는 기업을 청산 또는 경영활동을 중단할 의도가 있거나, 경영활동을 계속할 수 없는 상황에 처한 경우를 제외하고는 계속기업(going concern)을 가정하여 재무제표를 작성해야 한다. 경영자는 계속기업의 가정이 타당한지 판단하기 위해 수익성, 부채상환계획, 대체적 재무자원의 조달계획 등의 정보를 이용해야 한다. 경영자가 계속기업의 가정에 대해 중대한 의문을 가지게 된 경우에는 그 내용을 주석으로 기재해야 한다.

기업은 현금흐름표를 제외한 재무제표는 발생기준(accrual basis)에 의해서 작성해야 한다.

3) 중요성과 통합표시

어떠한 항목이 개별적으로나 집합적으로 재무제표에 기초한 이용자의 경제적 의사결정에 영향을 미치는 경우 그 항목의 누락이나 왜곡표시는 중요한 결과를 초래한다. 따라서 재무제표에 보고할 항목은 중요성을 고려하여 결정해야 한다. 중요성(materiality)이란 인식을 위한 제약요인이라고 할 수 있는데, 관련 사항을 고려하여 누락이나 왜곡표시의 크기와 성격에 따라 판단한다.

유사한 항목은 혼동되지 않도록 각 주요 종류별로 구분하여 표시하고, 상이한 성격이나 기능을 가진 항목은 구분하여 표시하되 중요하지 않은 항목은 통합(aggregation)하여 표시할 수 있다. 예컨대 일정금액 미만의 비품성격의 항목을 소모품비용에 포함하여 회계처리하는 것은 금액이 중요하지 않거나 항목의 성격이 중요하지 않기 때문에 인정된다. 또한 재무제표상의 본문과 주석에 적용하는 중요성에 대한 판단기준은 서로 다를 수 있다. 예컨대 재무제표 본문에 통합하여 표시한 항목이라도 주석에는 구분하여 표시할 만큼 중요한 항목일 수 있다.

4) 상 계

K-IFRS에서 요구하거나 허용하지 않는 한 자산과 부채 그리고 수익과 비용은 상계(offsetting)하지 않는다. 포괄손익계산서 및 재무상태표에서의 상계표시는 거래의 실질을 이해하고 기업의 미래현금흐름을 분석할 수 있는 재무제표이용자의 능력을 저해한다고 본다. 그러나 재고자산에 대한 재고자산평가충당금, 매출채권에 대한 대손충당금 등과 같은 평가계정을 차감하여 관련 자산을 순액으로 측정하는 것은 상계표시에 해당하지 아니한다고 본다.[1)]

기업은 정상적인 영업활동과정에서 주요 수익창출활동에 부수적인 거래를 할 수 있다. 동일 거래에서 발생하는 수익과 관련 비용의 상계표시가 거래의 실질을 반영한다면, 그러한 거래의 결과는 상계하여 표시할 수 있다. 또한 외환손익 또는 단기매매를 목적으로 보유하는 금융상품에서 발생하는 손익과 같이 유사한 거래의 집합에서 발생하는 차익과 차손은 순액으로 표시한다. 그러나 그러한 차익과 차손이 중요한 경우에는 구분하여 표시한다.

5) 보고빈도

전체 재무제표(비교정보를 포함)는 적어도 1년마다 작성한다. 보고기간 종료일을 변경하여 재무제표의 보고기간이 1년이 아닌 경우 다음 사항을 추가로 공시한다.

① 보고기간이 1년을 초과하거나 미달하게 된 이유
② 재무제표에 표시된 금액이 완전하게 비교가능하지는 않다는 사실

6) 비교정보

재무제표의 기간별 비교가능성을 제고하기 위하여 전기와 당기를 비교하는 형식으로 보고해야 한다. 이와 같이 두 기간을 함께 보고하는 재무제표를 비교재무제표(comparative financial statements)라고 한다.[2)]

당기 재무제표를 이해하는 데 더 목적적합하다면 서술형 정보의 경우에도 비교정보를 포함한다. 예컨대 전기 재무상태표일 현재 미해결상태였던 소송사건이 당기 재무제표가 사실상 확정된 날까지 해결되지 않은 경우에는 전기 재무상태표일에 불확실성이 존재했다는 사실과 내용, 당기에 취해진 조치 및 결과 등에 대한 정보를 주석으로 기재해야 한다.

---

1) 이와 유사하게 관련된 자산과 부채를 한 곳에 모아서 관련시켜 표시하는 방법도 있는데, 이를 "관련 표시(linked presentation)"라고 한다. 예를 들면, 퇴직급여제도에서 확정급여채무와 사외적립자산은 한 곳에 모아서 차감하는 형식으로 나타내고 그 잔액에 따라 자산이나 부채로 표시한다.

2) 비교정보를 공시하는 기업은 적어도 두 개의 재무상태표와 두 개씩의 그 밖의 재무제표 및 관련 주석을 표시해야 한다. 회계정책을 소급하여 적용하거나 재무제표의 항목을 소급하여 재작성 또는 재분류하는 경우에는 적어도 세 개의 재무상태표, 두 개씩의 그 밖의 재무제표 및 관련 주석을 표시해야 한다. 재무상태표는 (1) 당기말, (2) 전기말(당기초와 동일) 및 (3) 가장 이른 비교기간의 기초를 기준으로 표시한다.

7) 표시와 분류의 계속성

재무제표의 기간별 비교가능성을 제고하기 위해서는 재무제표 항목의 표시와 분류는 매기 동일해야 한다. K-IFRS에서도 다음 경우를 제외하고는 표시와 분류의 계속성(consistency)을 유지하도록 요구하고 있다.

① 사업내용의 중요한 변화나 재무제표를 검토한 결과 다른 표시나 분류방법이 더 적절한 것이 명백한 경우
② K-IFRS에서 표시와 분류방법의 변경을 요구하는 경우

중요한 인수나 매각, 또는 재무제표의 표시에 대해 검토한 결과 재무제표를 다른 방법으로 표시하는 것이 더욱 바람직할 수 있다. 기업은 변경된 표시방법이 재무제표 이용자에게 더욱 목적적합하고 표현충실성이 높은 정보를 제공하며, 변경된 구조가 지속적으로 유지될 가능성이 높아 기간별 비교가능성을 저해하지 않을 것으로 판단할 때에만 재무제표의 표시방법을 변경할 수 있다. 표시방법을 변경할 때에는 비교정보도 재분류한다.

(2) 재무제표의 식별 1001:49-53

재무제표는 동일한 보고서에 함께 공표되는 그 밖의 정보와 명확하게 구분되고 식별되어야 한다. K-IFRS는 오직 재무제표에만 적용하며 그 밖의 정보에 반드시 적용해야 하는 것은 아니다. 따라서 K-IFRS를 준수하여 작성된 정보와 K-IFRS에서 요구하지 않지만 유용한 그 밖의 정보를 재무제표이용자가 구분하는 것이 중요하다.

각 재무제표와 주석은 명확하게 식별되어야 한다. 또한 다음 정보가 분명하게 드러나야 하며, 정보의 이해를 위해서 필요할 때에는 반복 표시해야 한다.

① 보고기업의 명칭
② 재무제표가 개별 기업에 대한 것인지 연결실체에 대한 것인지의 여부
③ 재무제표나 주석의 작성대상이 되는 보고기간 종료일 또는 보고기간
④ 표시통화
⑤ 재무제표의 금액표시를 위해 사용한 금액단위

제2절 재무상태표

1 재무상태표의 기능

재무상태표(statement of financial position)는 대차대조표(balance sheet)라고 불리기도 하는데, 일정시점(at a specific point in time)에서 기업의 재무상태에 관한 정보를 제공해주는 정태보고서로서, 특정 시점에 찍은 '기업의 스냅사진'이라고 할 수 있다. 재무상태표는 기업의 자산, 부채 및 자본의 금액과 그 구성요소를 표시하는 재무보고서로서, 기업의 경제적 자원, 재무구조, 유동성과 재무건전성 및 기업환경변화에 적응할 수 있는 능력 등 재무상태를 파악하는 데 유용한 정보를 제공하는 기능을 하고 있다.

재무상태표의 대변(오른쪽)은 기업이 어떻게 자본을 조달했는지, 즉 자본구조를 보여주고 있으며, 차변(왼쪽)인 자산은 기업이 조달한 자본을 어떻게 활용 또는 투자하고 있는지를 보여준다. 자본구조와 자산구조(조달한 자본의 활용)를 한마디로 재무상태라고 한다. 재무상태표의 구조 및 기능을 그림으로 살펴보면 [그림 3-3]과 같다.

재무상태표의 주요 구성요소에 대해서는 여러 가지 용어가 동의어로 사용되고 있다. 우선 자원과 자산을 구분해야 한다. 자원(resources)은 보다 광범위한 의미로서 회사의 인적·물적자원을 포괄하는 개념이다. 따라서 자원은 재무상태표에 인식되는 자산(assets)뿐만 아니라 재무상태표상에 인식되지 않는 인적자원 또는 내부적으로 창출된 영업권 등을 포함한다.

▶ **그림 3-3**
재무상태표의 구조 및 기능

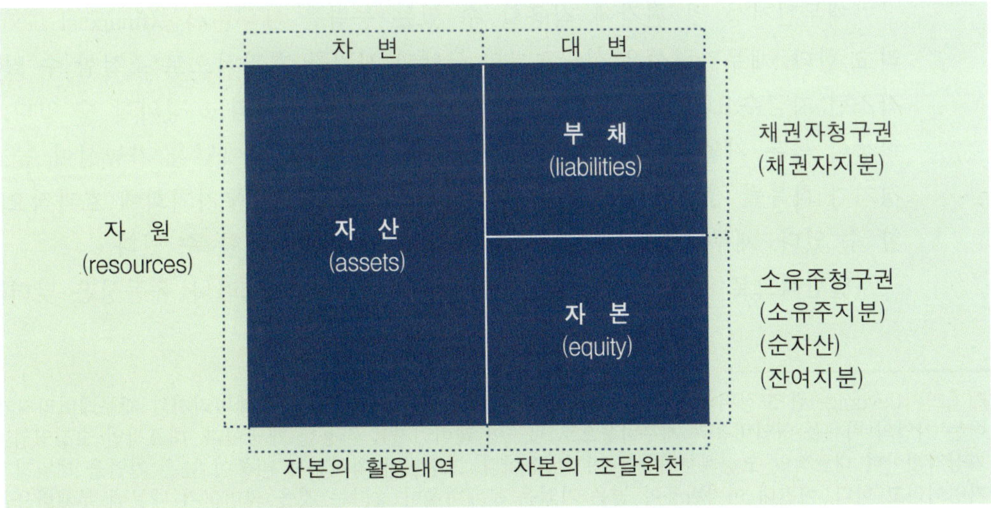

부채(liabilities)와 자본은 자산에 대한 청구권(지분)을 가지고 있다고 보아서 부채는 채권자청구권(지분)으로, 자본은 소유주청구권(지분)으로 표현하기도 한다. 또한 부채와 자본은 때로는 자본이라는 용어를 공통적으로 사용하여 전자를 타인자본, 후자를 자기자본으로 표현하기도 한다. 한편, 자본(equity)은 소유주지분(owners' equity), 순자산(net assets), 잔여지분(residual interests)과 동의어로 사용된다.

2 재무상태표의 유용성과 한계

재무상태표는 기업의 자본구조와 기업이 조달한 경제적 자원의 활용에 관한 정보를 제공한다. 먼저 재무상태표는 기업이 필요한 자본을 어떻게 조달했는가를 보여준다. 즉 재무상태표에 나타나는 자본구조는 부채와 자본 간의 상대적 비율을 나타내는 부채-자본비율과 이로 인한 재무레버리지에 대한 정보를 제공한다.[3]

또한 재무상태표의 자산부분은 기업이 조달한 자본을 어떻게 활용하고 있는가를 보여준다. 예컨대 어떤 기업은 조달한 자본을 유동자산에 많이 투자하고 있는가 하면 어떤 기업은 유형자산에 많이 투자할 수 있다. 자원의 활용에 관한 정보로는 자본집약도, 영업레버리지 등에 대한 평가를 할 수 있게 된다.

특히 재무상태표는 유동성과 재무건전성 및 환경변화에 적응할 수 있는 능력에 대한 정보를 제공한다. 유동성(liquidity)이란 현금근접성(nearness to cash)을 말하는데, 자산의 경우에는 현금으로 전환하는 데 걸리는 시간을 의미하고, 부채의 경우에는 부채의 결제까지의 시간으로 정의할 수 있다. 회사에 대한 채권자, 특히 단기채권자들은 기업의 단기부채 지급능력을 평가하기 위해 현금이나 매출채권 등과 같은 유동자산에 관심을 갖게 된다.

재무건전성 및 환경에 적응할 수 있는 능력을 재무탄력성(financial flexibility)이라고 한다. 재무탄력성은 현금흐름의 금액과 시기를 효과적으로 조절할 수 있어서 갑작스런 자금수요 및 투자기회에 대처할 수 있는 능력이라고 정의할 수 있다. 재무탄력성이 높은 기업은 경제상황이 좋지 않은 경우에도 살아남을 가능성이 높고, 다시 경기가 회복될 경우 쉽게 호전될 수 있으며, 갑작스러운 투자기회에 효과적으로 대처할 수 있다. 재무탄력성이 높을수록 기업위험은 낮다고 할 수 있다.

일반적으로 유동성이 높으면 재무탄력성도 높다. 그러나 유동성은 낮더라도 재

---

3) 레버리지(leverage)란 고정비의 손익확대효과를 의미한다. 레버리지에는 영업레버리지와 재무레버리지가 있는데, 이는 기업의 비용을 영업비용과 재무비용으로 나누어 레버리지를 적용한 개념이다. 대표적인 고정영업비용은 감가상각비이며 대표적인 고정재무비용은 이자비용이다. 고정비가 차지하는 비중이 높은 기업을 레버리지가 높은 기업이라고 한다. 예컨대 이자비용이 높은 기업은 부채비율이 높다는 것을 의미하기 때문에 부채비율을 단순히 레버리지비율이라고도 한다. 레버리지비율이 높은 기업, 즉 고정비용이 높은 기업은 수익의 증감률보다 당기순이익의 증감률이 훨씬 크다.

무탄력성이 높은 경우가 있으며, 유동성은 높으나 재무탄력성이 낮은 경우도 있다. 예를 들어 범용성이 높은 중장비와 같은 유형자산은 유동성이 낮지만 불시의 자금수요에 대처하기 위하여 쉽게 매각하여 현금화할 수 있기 때문에 재무탄력성이 높다. 한편, 불량채권이나 적체된 재고자산은 유동자산이지만 불시의 자금수요에 대처하기 위해 현금으로 전환하는 것이 어렵기 때문에 재무탄력성이 낮은 자산이다.

재무상태표는 몇 가지 한계점을 갖는다. 첫째, 많은 자산과 부채를 역사적원가(historical costs)로 평가하기 때문에 공정가치를 반영하지 못한다는 것이다. 이러한 문제점을 극복하기 위해 최근 들어 공정가치회계를 강조하고 있으며, 특히 K-IFRS의 도입으로 인해 공정가치가 자산 및 부채의 평가에 확산되고 있는 추세이다. 수취채권의 경우 대손충당금을 차감한 순실현가능가치로 평가하는 것, 금융자산 및 금융부채를 공정가치로 평가하는 것, 재고자산을 저가주의로 평가하는 것, 유형자산과 무형자산, 생물자산, 그리고 투자부동산 등을 공정가치로 평가할 수 있는 것 등을 예로 들 수 있다.

둘째, 재무상태표의 측정치 중 상당부분이 주관적인 추정치에 근거하여 평가된다는 점이다. 예를 들어 수취채권의 대손율, 재고자산의 감모율 및 판매가능성, 유형자산의 내용연수와 잔존가치, 무형자산의 내용연수 등이 모두 추정 또는 일반적 관습에 의해 측정되고 있다.

셋째, 회사에 상당한 가치가 있는 자원이라도 이를 합리적으로 측정할 수 없기 때문에 자산에 포함하지 못한다는 점이다. 예를 들면 회사의 인적자원은 아주 중요한 경제적 자원이지만 표현충실하게 측정하기가 어려워 재무상태표에 자산으로 포함시키지 못하고 있다. 또한 회사 내부적으로 창출된 영업권도 아주 중요한 자원이지만 마찬가지 이유로 자산으로 포함시키지 않고 있다.

마지막으로, 부채 성격을 갖지만 재무상태표에 보고되지 않는 부외금융(off-balance sheet financing)[4] 항목이 있을 수 있다. 회사가 이와 같은 항목을 의도적으로 보고하지 않는 경우가 있어 문제가 더 심각하다. 예를 들면, 상환청구권부 매출채권의 양도, 제품금융(product financing) 등이 있다.

3 재무상태표의 구성

(1) 구성요소 1001:54-59

재무상태표의 구성요소는 크게 자산 및 부채와 자본으로 구성된다. K-IFRS에서는 재무상태표에 표시해야 할 최소한의 항목을 제시하고 있다([그림 3-4]를 참조).

4) 부외금융에 관해서는 제13장에서 보다 상세히 설명하고 있다.

▶ 그림 3-4
재무상태표에 표시해야 할 최소한의 내용

자 산	부채 및 자본
· 유형자산	· 금융부채
· 투자부동산	· 매입채무 및 기타 채무
· 무형자산	· 충당부채
· 금융자산	· 당기법인세 관련 부채
· 관계회사투자주식	· 이연법인세부채
· 생물자산	· 매각예정자산집단에 포함된 부채
· 재고자산	· 지배기업소유주 귀속 자본
· 매출채권 및 기타 채권	· (자본에 표시된) 비지배지분
· 현금및현금성자산	
· 당기법인세 관련 자산	
· 이연법인세자산	
· 매각예정비유동자산	

K-IFRS는 표시되어야 할 항목의 순서나 형식을 규정하지 않는다. 위에 제시된 항목은 단순히 재무상태표에 구분표시하기 위해 성격이나 기능면에서 명확하게 상이한 항목을 제시하고 있을 뿐이다. 한 항목 또는 통합된 유사항목의 크기, 성격 또는 기능상 기업의 재무상태를 이해하기 위해 구분표시가 필요한 경우 그러한 항목을 추가로 재무상태표에 포함한다. 추가항목으로 구분하여 표시할지 여부는 ① 자산의 성격 및 유동성, ② 기업 내에서의 자산의 기능과 ③ 부채의 금액, 성격 및 시기를 고려하여 판단한다.

목적적합한 정보를 제공하기 위해 기업과 거래의 성격에 따라 사용된 용어와 항목의 순서, 또는 유사항목의 통합방법을 변경할 수 있다. 예를 들어, 금융회사는 금융회사의 영업목적에 적합한 정보를 제공하기 위해 용어를 변경할 수 있다. 또한 재무상태를 이해하는 데 목적적합한 경우 재무상태표에 항목, 제목 및 중간합계를 추가하여 표시한다.

과거에 영업활동을 위하여 사용해 오던 유형자산을 더 이상 영업활동에 사용하지 않고 있는 경우에는 이를 매각예정비유동자산으로 분류변경하여 재무상태표에 보고해야 한다. 매각예정비유동자산은 분류변경시점의 순공정가치로 보고하고, 순공정가치가 장부금액에 미달하는 경우에는 그 차액을 손상차손으로 인식해야 한다. 만약 매각예정비유동자산과 관련된 부채가 있다면, 이를 별도항목으로 구분표시해야 한다.

(2) 유동과 비유동의 구분 1001:60-76

기업이 명확히 식별가능한 영업주기 내에서 재화나 용역을 제공하는 경우, 재무상태표에 자산은 유동자산과 비유동자산으로, 부채는 유동부채와 비유동부채로 구분하여 표시한다. 이는 계속 순환되는 운전자본(유동자산에서 유동부채를 차감한 금액)과 장기

영업활동에서 사용하는 자산을 구분하는 것이 유용한 정보를 제공하기 때문이다. 이는 또한 정상영업주기 내에 실현될 것으로 예상되는 자산과 동 기간 내에 결제기일이 도래하는 부채를 구분하여 보여준다.[5)]

1) 유동자산

자산은 다음의 경우에 유동자산으로 분류한다.

① 기업의 정상영업주기 내에 실현될 것으로 예상하거나, 정상영업주기 내에 판매하거나 소비할 의도가 있다.
② 주로 단기매매 목적으로 보유하고 있다.
③ 보고기간 후 12개월 이내에 실현될 것으로 예상한다.
④ 현금이나 현금성자산으로서, 교환이나 부채상환 목적으로의 사용에 대한 제한기간이 보고기간 후 12개월 이내이다.

영업주기(operating cycle)란 영업활동을 위한 자산의 취득시점부터 그 자산이 현금이나 현금성자산으로 실현되는 시점까지 소요되는 기간이다. 정상영업주기를 명확히 식별할 수 없는 경우에는 그 기간이 12개월인 것으로 가정한다. 보고기간 후 12개월 이내에 실현될 것으로 예상되지 않더라도 재고자산 및 매출채권 등과 같은 자산은 정상영업주기 이내에 판매, 소비 또는 실현되므로 이를 유동자산으로 분류한다.

2) 유동부채

부채는 다음의 경우에 유동부채로 분류한다.

① 정상영업주기 내에 결제될 것으로 예상하고 있다.
② 주로 단기매매 목적으로 보유하고 있다.[6)]
③ 보고기간 후 12개월 이내에 결제하기로 되어 있다.
④ 보고기간 후 12개월 이상 부채의 결제를 연기할 수 있는 무조건의 권리가 없다.

매입채무, 미지급급여 및 기타 미지급비용과 같은 유동부채는 기업의 정상영업주기 내에 소멸된다. 이러한 항목은 보고기간 후 12개월 후에 결제일이 도래하더라도 유동부채로 분류한다.

동일한 정상영업주기가 기업의 자산과 부채의 분류에 적용된다. 기업의 정상영업주기가 명확하게 식별되지 않는 경우 그 주기는 12개월인 것으로 가정한다. 금융부채의 경우 원래의 결제기간이 12개월을 초과하더라도 보고기간 후 12개월 이내에 결

5) 금융회사와 같은 일부 기업은 자산과 부채를 유동·비유동으로 구분하기보다 유동성 순서에 따라서 오름차순이나 내림차순으로 표시하는 것이 더욱 목적적합하고 표현충실한 정보를 제공할 수 있어서 유동성 순서에 따라서 순서대로 표시한다(유동성배열법). 이러한 기업은 재화나 서비스를 명확히 식별가능한 영업주기 내에 제공하지 않기 때문이다.
6) K-IFRS 제1001호 문단69에서 이렇게 표현되어 있으나 '주로 단기거래 목적으로 부담하고 있다'고 해석하면 된다.

제일이 도래한다면, 이를 유동부채로 분류한다.

기업이 기존의 대출계약조건에 따라 보고기간 후 적어도 12개월 이상 금융부채를 차환하거나 연장할 것으로 기대하고 있고, 그런 재량권이 있다면, 보고기간 후 12개월 이내에 만기가 도래한다 하더라도 비유동부채로 분류한다. 그러나 기업에 금융부채의 차환이나 연장의 재량권이 없다면, 차환가능성을 고려하지 않고 유동부채로 분류한다. 한편, 기존의 대출계약조건에 따라 보고기간 후 12개월 이내에 결제일이 도래한다면, '보고기간 후 재무제표 발행승인일 전에 장기로 차환하는 계약 또는 지급기일을 장기로 재조정하는 계약이 체결된 경우'라도 유동부채로 분류한다.

(3) 자본의 분류

K-IFRS에서는 자본의 분류에 대해서는 구체적인 언급이 없다. 이는 각 나라마다 독특한 제도가 있어 자본의 분류가 상이할 수 있음을 감안한 결과로 보인다. K-IFRS에 따르면 자본은 납입자본, 이익잉여금 및 기타자본요소로 분류할 수 있다.

납입자본(paid-in capital)은 주주가 회사에 납입한 자본으로서 액면금액을 보고한 자본금과 액면금액을 초과한 부분인 주식발행초과금(additional paid-in capital)을 합한 금액을 의미한다. 액면금액이 없는 주식의 경우에는 자본금과 주식발행초과금을 구분하지 않고 납입자본이라는 계정만 사용할 수 있다.[7] 자본금은 법정자본금으로서 주당 액면금액에 발행주식수를 곱한 금액이다. 한편, 주식발행초과금뿐만 아니라 주주와의 자본거래에서 발생한 자본의 증가에는 자기주식처분이익 및 감자차익 등이 있는데, 이들을 통칭하여 자본잉여금이라고 부르기도 한다.

이익잉여금(결손금)(retained earnings)은 손익계산서에서 보고된 손익누계액과 다른 자본항목에서 이입된 금액의 합계액에서 주주에 대한 배당, 자본금으로의 자본전입 및 자본조정 항목의 상각 등으로 처분된 누계액을 차감한 잔액이다.

기타자본요소로는 자본조정 및 기타포괄손익누계액 등이 있다. 자본조정(capital adjustments)은 당해 항목의 성격상 자본거래에 해당하나 최종 납입된 자본으로 볼 수 없거나 자본의 차감 성격으로 자본금이나 자본잉여금으로 분류할 수 없는 항목이다. 예컨대 주식할인발행차금, 자기주식, 주식매수선택권, 감자차손 등이 포함된다.

기타포괄손익누계액(accumulated other comprehensive income)은 재무상태표일 현재의 기타포괄손익 잔액이다. 기타포괄손익누계액은 재분류가능한 부분과 재분류불가능한 부분으로 나누어진다.

7) 우리나라는 상법개정으로 2012년 5월부터 액면주식 또는 무액면주식의 발행이 가능하다. 상법에서는 무액면주식을 발행할 경우 이사회에서 주식발행금액 2분의 1 이상의 금액으로 자본금을 계상하고 그 초과액은 주식발행초과금으로 계상하도록 규정하고 있다.

(4) 재무상태표의 예시

K-IFRS에 따른 재무상태표를 예시하면 〈표 3-1〉과 같다. 여기에 예시된 재무상태표는 실무에서 주로 사용하고 있는 소위 유동성·비유동성법에 따라 자산과 부채를 배열하였다. 한편, 유럽의 기업들은 비유동항목을 먼저 표시하고 유동항목을 나중에 표시하는 방법으로 재무상태표를 작성하기도 한다.

▶ **표 3-1**
재무상태표의 예시

재무상태표

ABC그룹 12월 31일 현재 (단위 : 천원)

〈자산〉	20×2년	20×1년
유동자산		
현금및현금성자산	₩62,480	₩64,580
매 출 채 권	18,320	22,160
재 고 자 산	27,046	26,500
기타유동자산	5,130	2,508
비유동자산		
관계회사투자주식	20,030	22,154
FVOCI금융자산	28,500	31,200
유 형 자 산	67,940	70,154
영 업 권	16,160	18,240
기타무형자산	45,494	45,494
매각예정비유동자산	2,200	1,850
자산총계	₩293,300	₩304,840
〈부채 및 자본〉		
유동부채		
매 입 채 무	₩23,020	₩37,524
미지급법인세	7,000	8,400
단기차입금	30,000	40,000
유동성장기부채	2,000	4,000
단기충당부채	1,000	960
비유동부채		
장기차입금	24,000	32,000
이연법인세부채	5,760	5,208
장기충당부채	5,770	10,448
부채총계	₩98,550	₩138,540
지배기업소유주지분*		
자 본 금	₩130,000	₩120,000
이익잉여금	48,700	32,340
기타포괄손익누계액	2,040	4,240
비지배주주지분*	14,010	9,720
자본총계	₩194,750	₩166,300
부채 및 자본 총계	₩293,300	₩304,840

* '지배기업소유주지분'과 '비지배주주지분'은 연결재무상태표에 표시되는 항목이며 이들은 고급회계에서 다룰 내용이다. 본 교재에서는 예시를 위해서 재무상태표에 표시했다.

(5) 재무상태표 또는 주석에 표시되는 정보

기업은 재무제표에 표시된 개별항목을 기업의 활동을 나타내기에 적절한 방법으로 세분류하고, 그 추가적인 분류내용을 재무상태표 또는 주석에 공시한다. 세분류상의 세부내용은 K-IFRS의 요구사항, 당해 금액의 크기, 성격 및 기능에 따라 달라진다.[8)]

제 3 절 포괄손익계산서

1 포괄손익계산서의 기능

포괄손익계산서(statement of comprehensive income)는 재무상태표와 함께 가장 기본적인 재무제표로서 기업의 일정기간 동안의 재무성과를 나타내는 보고서이다. 손익계산서는 당해 회계기간의 재무성과를 나타낼 뿐만 아니라 기업의 미래현금과 수익창출능력 등의 예측에 유용한 정보를 제공한다. 일정기간 동안(for a period of time) 또는 회계기간이라 함은 1년, 반년, 한 분기 또는 한 달 등과 같이 기업체의 영업활동기간을 임의의 체계적인 단위로 나누어 그 기간 동안의 영업성과를 보고하기 위한 기간이다. 기업의 이해관계자들이 적시성 있는 의사결정에 도움을 주도록 기업의 영업활동기간을 체계적인 단위로 분할하여 각 기간의 재무성과를 측정하여 보고할 필요가 있다.

각 기간의 재무성과를 구성하는 항목은 그 기업의 주된 영업활동을 구성하는 수익창출과 수익창출을 위해 필요한 비용의 발생이다. 이러한 항목들이 체계적인 측정원칙에 따라 정리되어 일정기간 동안 순자산의 변동원인(소유주의 투자나 소유주에 대한 분배는 제외)을 보여준다. 따라서 재무상태표가 일정시점의 재무상태를 보여주는 정태보고서(static statement)라면 포괄손익계산서는 일정기간 동안의 영업활동의 결과를 보여주는 동태보고서(dynamic statement)이다.

---

8) 재무상태표, 자본변동표 또는 주석에 주식의 종류별로 ① 수권주식수, ② 발행되어 납입 완료된 주식수와 발행되었으나 부분 납입된 주식수, ③ 주당 액면금액 또는 무액면주식이라는 사실, ④ 기초와 기말 현재의 유통주식수의 조정내역, ⑤ 배당의 지급 및 자본의 환급에 대한 제한을 포함하여 각 종류별 주식에 부여된 권리, 우선권 및 제한사항, ⑥ 발행주식 중 당해 기업, 종속기업 또는 관계기업이 소유하고 있는 주식, ⑦ 옵션과 주식 매도계약에 따라 발행 예정된 주식(조건과 금액 포함)을 공시한다. 또한 자본을 구성하는 각 적립금의 성격과 목적에 대한 설명도 공시한다.

포괄손익계산서에서 산출되는 당기순이익(또는 포괄손익), 그리고 이에 기초한 주당순이익은 회계정보시스템이 제공하는 정보 중 가장 유용하게 이용되는 정보이다.

2 포괄손익계산서의 유용성과 한계

포괄손익계산서가 중요하게 인식되는 이유를 구체적으로 살펴보자. 첫째, 포괄손익계산서는 미래현금흐름의 금액, 시기 및 불확실성의 정도 등에 관한 예측을 가능하게 한다. 미래현금흐름을 예측함으로써 투자자는 기업의 가치를 보다 잘 측정할 수 있으며, 채권자는 그 기업에 대해 갖고 있는 채권의 회수가능성을 예측할 수 있다. 이익정보가 시계열추이를 갖는 경우 과거의 이익정보를 이용하여 미래 이익의 예측이 가능해진다.

둘째, 포괄손익계산서는 경영성과를 평가하는 데 유용한 정보를 제공한다. 경영성과평가는 투자자와 채권자뿐만 아니라 경영진에게도 유용한 정보를 제공한다. 경영진에 대한 보수의 일부가 경영실적과 관련하여 결정되는 성과급인 경우가 많고 또한 경영진으로서 계속 회사에 남게 될 것인가의 여부도 경영성과와 관련되는 경우가 많다. 따라서 경영자는 재무성과에 지대한 관심을 갖는다.

셋째, 포괄손익계산서의 회계이익정보는 과세소득의 기초자료로 이용된다. 회계이익과 과세소득은 동일한 것은 아니나 회계이익에서 출발하여 일부 조정을 거쳐 과세소득을 산출하고, 이에 근거하여 법인세를 결정한다.

이 외에도 포괄손익계산서는 노동조합의 임금협상에 필요한 정보의 제공, 소비자의 상품 또는 용역 구입에 대한 의사결정에 유용한 정보의 제공, 정부의 조세 및 경제정책의 기초자료 제공 등의 역할을 한다.

포괄손익계산서는 의사결정에 유용한 이익정보를 제공해 주는 보고서지만 다음과 같은 한계점도 있다. 첫째, 포괄손익계산서가 보고하는 회계이익이 진실한 이익(true income)인가의 문제이다. 회계이익은 회계기준에 따라 측정된 인위적인 화폐이익으로서, 비화폐적 요소(예를 들면, 고객만족도의 증가) 등 측정이 어려운 항목은 포함하지 않는다. 무엇보다도 경제적 이익과 회계이익 간에 상당한 괴리가 존재한다는 점이다. 경제적 이익은 한 소비주체가 기말에도 기초와 동일한 유족상태(well-offness)를 누리면서 기중에 소비할 수 있는 최대금액으로 정의된다. 즉 경제적 이익은 만족감의 증대라는 질적인 측면에서 정의되고 있으므로 화폐적 이익뿐만 아니라 심리적 이익도 포함하고 있는 데 반하여, 회계이익은 화폐로써 신뢰성 있게 측정가능한 이익만을 반영한다. 예를 들어 당신이 대학생으로서 지난 한 해 동안 아르바이트로 500만원을 벌고 학비와 생활비로 800만원을 지출했다면 당신의 손익계산서는 300만원의 손실을 나타낼 것이다. 그러나 지난 한 해 당신의 활동결과가 손실이라고 보아야 할 것인가? 경제학자인 Hicks의 정의에 따르면 이익은 화폐적 이익뿐만 아니라 교육으로부터 얻은 무형이익까지도 포함하여 지난 한 해 동안의 이익을 측정해야 한다. 물론 회계에서도 교육에서 얻은 무형이익이 중요하다는 것을 인정한다. 다만, 이와 같은 무형이익은 측정문제가 해결되지 않아서 회계이익에 포함시키지 못하고 있다.

둘째, 회계이익은 회계처리방법에 따라 달라질 수 있다. 예를 들어 유형자산의 감가상각에 어떤 회사는 정액법을 사용하고 다른 회사는 정률법을 사용한다고 하자. 두 회사는 감가상각을 제외하고 모든 면에서 동일하다면 감가상각방법에 따라 이익이 다르게 나타날 것이다. 여기에서 이익의 질(quality of earnings)이라는 문제가 대두된다. 상대적으로 이익을 높게 보고하는 회계처리방법을 사용하는 회사의 이익은 높게는 나타나지만 이러한 이익의 질은 낮다고 볼 수 있다. 어떤 회사의 이익은 비경상적 또는 비반복적 항목의 비중이 높아서 지속적인 이익의 실현이 불가능한 경우가 있다. 이러한 이익의 질도 낮다. 또한 이익에 상응하는 현금흐름을 수반하지 못하는 경우에도 이익의 질이 낮다고 볼 수 있다.

3 포괄손익계산서의 구성

(1) 구성요소 1001:81-105

해당 기간의 모든 수익과 비용 항목은 다음 중 한 가지 방법으로 표시할 수 있다. 단, 두 개의 보고서를 표시하는 경우 손익계산서는 포괄손익계산서 바로 앞에 표시한다.

방법 ① 단일 포괄손익계산서 : 당기순이익과 기타포괄손익을 함께 보여주는 보고서를 작성. 즉 당기순이익 구성요소를 단일 포괄손익계산서의 일부로 표시함

방법 ② 두 개의 보고서 : 당기순이익의 구성요소를 배열하는 보고서(별도의 손익계산서)와 당기순손익에서 시작하여 기타포괄손익의 구성요소를 배열하는 보고서(포괄손익계산서)로 구성되는 두 개의 보고서를 작성

어느 방법을 사용하든지 간에 포괄손익계산서에는 적어도 당해 기간의 [그림 3-5]의 금액을 표시하는 항목을 포함해야 한다. 이를 하나씩 살펴보자.

1) 수 익

수익은 기업의 주된 영업활동에서 창출된 자산의 유입 또는 부채의 결제(또는 양자의 결합)를 의미한다. 수익은 영업활동의 성격에 따라 매출수익, 용역수익, 임대수익, 이자수익, 로열티수익 등의 다양한 명칭으로 불린다.

▶ **그림 3-5**

포괄손익계산서의 내용 및 양식

〈선택권〉

하나의 보고서 작성		두 개의 보고서 작성
포괄손익계산서	· 수익 · 영업이익* · 금융원가 · 지분법손익** · 법인세비용 · 중단영업손익(세후) · 당기순손익*** · 기타포괄손익# - 당기손익으로 재분류가능 FVOCI금융자산평가손익 해외사업외화환산손익 현금흐름위험회피파생상품평가손익 - 당기손익으로 재분류불가능 자산재평가손익 확정급여제도 재측정요소 · 총포괄손익***	
	손익계산서	· 수익 · 영업이익* · 금융원가 · 지분법손익** · 법인세비용 · 중단영업손익(세후) · 당기순손익***
	포괄손익계산서	· 당기순손익 · 기타포괄손익# - 당기손익으로 재분류가능 FVOCI금융자산평가손익 해외사업외화환산손익 현금흐름위험회피파생상품평가손익 - 당기손익으로 재분류불가능 자산재평가손익 확정급여제도 재측정요소 · 총포괄손익***

* 수익에서 매출원가와 판매·관리비를 차감한 금액(한국회계기준원이 2012년에 추가함)
** 관계회사와 공동지배회사(조인트벤처)의 당기순손익에 대한 지분
*** 지배기업소유주지분과 비지배지분에 귀속되는 손익은 별도로 표시한다.
# 관련 법인세는 각 항목별로 차감하거나 기타포괄손익 전체에 해당하는 금액을 총액으로 표시할 수 있다.
(주) 기타포괄손익의 회계처리 및 표시방법은 제14장 자본에 상세히 설명되어 있다.

2) 영업이익

영업이익(operating income)은 수익에서 매출원가와 판매·관리비를 차감한 금액이다. 여기서 매출원가는 판매된 제품이나 상품의 제조원가 또는 매입원가이다. 그리고 판매·관리비는 판매활동과 기업의 관리활동에서 발생하는 비용으로서 매출원가에 속하지 않는 비용이다. 영업이익 산출에 포함된 주요 항목과 그 금액은 포괄손익계산서의 본문에 포함하거나 주석으로 공시한다.

영업이익에 포함되지 않은 항목 중 기업의 영업성과를 반영하는 데 필요한 기타 수익 또는 비용 항목이 있다면 이러한 항목을 추가하여 조정영업이익 등의 명칭을 사용하여 주석으로 공시할 수 있다. 주석에는 추가한 주요 항목과 그 금액, 그리고 조정영업손익은 기업이 자체 분류한 영업손익이라는 사실을 표시한다.

본래 IFRS에서는 영업이익 공시의무가 없었으나 2024년 IFRS 18 "Presentation and Disclosure in Financial Statement"의 제정을 통하여 새로이 공시하도록 요구하

고 있다. 반면 한국회계기준원은 2012년 10월에 포괄손익계산서에 영업이익을 의무적으로 공시하도록 K-IFRS를 개정했다. 그리고 2027년 이후부터 K-IFRS 제1118호 "재무제표의 표시와 공시"에 따라 새로운 영업이익을 공시할 계획이다. IFRS 18에 대해서는 〈보론 3A〉에서 보다 자세히 소개한다.

3) 금융원가

금융원가는 이자비용, 차입원가 등으로 부르는데, 당기에 발생한 금융비용 중에 유형자산의 원가 등에 자본화한 차입원가를 제외하고 비용처리한 부분을 말한다.

4) 지분법손익

피투자회사에 대하여 중대한 영향력을 미칠 수 있는 경우(예를 들어, 의결권 있는 주식을 20% 이상 소유) 관계회사투자주식을 지분법(equity method)으로 회계처리하도록 되어 있다. 지분법 회계에 따르면 관계회사가 당기손익을 보고하면 발생주의 개념에 따라 배당여부에 관계없이 투자회사가 소유하고 있는 지분에 비례하여 지분법손익을 인식하도록 되어 있다.

5) 법인세비용

회사가 부담하는 법인세비용은 국가의 주요 재정수입원이 된다는 점에서 성격상 중요할 뿐만 아니라 일반적으로 금액도 크기 때문에 이를 별도의 항목으로 보고하도록 요구하고 있다.

6) 중단영업손익(세후)

당기중에 중요한 영업부문의 활동을 중단 또는 처분한 경우에는 중단영업과 관련된 두 가지 손익이 발생한다. 그 하나는 당해 연도 기초부터 중단 또는 처분한 시점까지의 영업손익이고, 다른 하나는 중단 또는 처분한 영업부문 자산의 손상차손 또는 처분손익이다. 중단된 영업부분의 영업손익과 처분손익(또는 손상차손)은 세후손익으로 측정하여 손익계산서에 별도의 항목으로 보고한다. 한편, 중단영업손익과 처분손익은 이를 합하여 보고할 수도 있고, 구분하여 보고할 수도 있다.

7) 당기순손익

한 기간에 인식되는 모든 수익과 비용 항목은 K-IFRS에서 달리 정하지 않는 한 당기손익으로 인식한다. 그러나 일부 항목은 당기손익 이외의 항목으로 인식한다. 기타포괄손익이 그 예이다. 또한 오류의 수정과 회계정책의 변경효과가 당기손익에서 제외되고 있다.

8) 기타포괄손익

기타포괄손익은 그 성격상 관련 자산과 부채의 미실현평가손익을 당기손익에 반영하지 않고 자본에 별도의 항목으로 잠정적으로 분류한 항목이다. 기타포괄손익은 나중에 관련된 자산 또는 부채가 처분되었을 때 당기손익으로 재분류가 가능한 기타포괄손익과 재분류가 불가능한 기타포괄손익으로 구분하여 보고한다. 재분류불가능 기타포괄손익은 관련된 자산 또는 부채가 처분되었을 때 당기손익에 반영하지 않고 그대로 두거나 이익잉여금으로 대체할 수 있다.

당기손익으로 재분류되는 기타포괄손익에는 기타포괄손익-공정가치측정(FVOCI)금융자산평가손익, 현금흐름위험회피파생상품평가손익, 해외사업장외화환산손익 등이 있다. 재분류조정(reclassification adjustments)[9]은 실현되었을 때, 즉 채무상품 FVOCI금융자산이나 해외사업장을 매각할 때 또는 위험회피거래가 당기손익에 영향을 미칠 때 당기손익에 반영하는 것이다. 재분류되는 기타포괄손익이 포괄손익에 이중으로 포함되지 않도록 미실현손익이 실현되어 당기손익으로 재분류되는 기간의 기타포괄손익에서 차감해야 한다.

당기손익으로 재분류되지 않고 직접 이익잉여금에 반영되는 기타포괄손익에는 자산재평가이익과 확정급여제도의 재측정요소가 있다. 자산재평가이익의 누적액인 재평가잉여금은 자산이 사용되는 후속기간 또는 자산이 제거될 때 이익잉여금으로 대체될 수 있으며, 확정급여제도의 재측정요소는 기타포괄손익으로 인식된 기간에 즉시 이익잉여금에 반영할 수 있다. 그리고 지분상품 FVOCI금융자산평가손익도 재분류조정하지 않는다.

기타포괄손익 및 재분류조정과 관련한 법인세비용은 포괄손익계산서나 주석에 공시한다. 기타포괄손익의 구성요소는 각 항목마다 관련 법인세 효과를 차감한 순액으로 표시하거나 기타포괄손익의 구성요소는 관련된 법인세 효과 반영 전 금액으로 표시하고 각 항목들에 관련된 법인세 효과는 단일 금액으로 합산하여 표시할 수 있다.

(2) 포괄손익계산서에 표시되는 비용의 분류방법 1001:97-105

K-IFRS에서는 기업은 비용의 성격별 또는 기능별 분류방법 중에서 더욱 목적적합하고 표현충실한 정보를 제공할 수 있는 방법을 적용하여 당기손익에 인식한 비용의 내용을 표시하도록 규정하고 있다.

성격별비용법(nature of expense method)에서는 당기손익에 포함된 비용은 그 성격별(예 : 감가상각비, 원재료사용액, 운송비, 종업원급여 등)로 통합하며, 기능별로 재배분하지 않는다. 비용을 기능별 분류로 배분할 필요가 없기 때문에 적용이 간단할 수 있다.

기능별비용법(function of expense method)은 매출원가법(cost of sales method)으로 불리기도 하는데, 비용을 생산 및 매입 기능과 관련된 매출원가, 물류활동과 관련된 물류비용, 관리활동과 관련된 관리비용 등과 같이 기능별로 분류한다. 이 방법에서는 적어도 매출원가를 다른 비용과 분리하여 공시한다. 이 방법은 성격별 분류보다 재무제표이

9) 재순환조정(recycling adjustments)이라고 부르기도 한다.

용자에게 더욱 목적적합한 정보를 제공할 수 있지만, 비용을 기능별로 배분하는 데 자의적인 배분과 상당한 정도의 판단이 개입될 수 있다. 예를 들면, 감가상각비 중에서 생산활동에 관련된 것은 매출원가로, 관리활동에 관련된 것은 관리비용으로 구분하게 되는데, 이 과정에서 경영자의 자의성이 개입될 여지가 있다.

〈표 3-2〉는 성격별비용법을 이용한 손익계산서인데, 당기순손익 부분까지만 보고한 예시를 제시한다. 성격별비용법과 기능별비용법은 당기순손익을 보고하는 데에만 영향을 미치고, 기타포괄손익을 보고하는 데에는 영향을 미치지 않는다.

표 3-2
포괄손익계산서의 예시 : 성격별비용법을 이용한 단일보고서

포괄손익계산서

ABC그룹		(단위 : 천원)
	20×2년	20×1년
수 익	₩78,000	₩71,000
기 타 수 익	4,136	2,260
제품과 재공품의 변동	(19,820)	(18,580)
원재료와 소모품의 사용액	(19,200)	(18,400)
종업원급여비용	(9,000)	(8,600)
감가상각비와 기타상각비	(3,800)	(3,400)
유형자산손상차손	(800)	–
기 타 비 용	(2,600)	(3,200)
금 융 원 가	(1,600)	(1,500)
지분법손익	7,020	6,020
법인세비용차감전순이익	₩32,336	₩25,600
법인세비용	(8,086)	(6,400)
계속영업이익	₩24,250	₩19,200
중단영업손실	–	(6,100)
당기순이익	₩24,250	₩13,100

(주) 성격별비용법을 사용할 경우 영업이익을 적절히 표시하기 어려울 수 있다.

성격별비용법 또는 기능별비용법에 대한 선택은 역사적, 산업적 요인과 기업의 성격에 따라 다르다. 각 방법이 상이한 유형의 기업별로 장점이 있기 때문에 보다 목적적합하고 표현충실한 표시방법을 경영진이 선택할 수 있다. 그러나 비용의 성격에 대한 정보가 미래현금흐름을 예측하는 데 유용하기 때문에, 비용을 기능별로 분류하는 경우에는 성격별비용법에 의한 추가공시를 하도록 요구하고 있다.

요약하면, 포괄손익계산서는 비용의 구분에 따른 구분(성격별 또는 기능별)과 보고서의 통합여부에 따른 구분(한 개의 보고서 또는 두 개의 보고서)의 결합이 가능하다.

〈표 3-3〉은 포괄손익을 단일보고서에 표시하고, 기능별비용법을 이용한 예시이다. 우리나라에서는 포괄손익계산서를 대부분 기능별비용법으로 작성하고 있다.

▶ **표 3-3**

포괄손익계산서의 예시 : 기능별비용법을 이용한 단일보고서

포괄손익계산서

ABC그룹 (단위 : 천원)

	20×2년	20×1년
수 익	₩78,000	₩71,000
매 출 원 가	(49,000)	(46,000)
매출총이익	₩29,000	₩25,000
판 매 비(물류비용 포함)	(1,800)	(1,740)
관 리 비	(3,620)	(4,440)
영 업 이 익	₩23,580	₩18,820
기 타 수 익	4,136	2,260
손 상 차 손	(800)	—
금 융 원 가	(1,600)	(1,500)
지분법손익	7,020	6,020
법인세비용차감전순이익	₩32,336	₩25,600
법인세비용	(8,086)	(6,400)
계속영업이익	₩24,250	₩19,200
중단영업손실	—	(6,100)
당기순손익	₩24,250	₩13,100
기타포괄손익(세후순액)		
당기손익으로 재분류가능 :		
해외사업외화환산차이	₩2,006	₩262
FVOCI금융자산평가손익	(4,800)	5,336
현금흐름위험회피파생상품평가손익	(56)	(940)
당기손익으로 재분류불가능 :		
자산재평가이익	186	676
확정급여제도 재측정요소	(136)	266
기타포괄손익	(₩2,800)	₩5,600
총포괄이익	₩21,450	₩18,700
당기순이익의 귀속 : 지배기업소유주지분*	₩19,400	₩10,480
비지배지분*	4,850	2,620
총포괄이익의 귀속 : 지배기업소유주지분*	₩17,160	₩14,960
비지배지분*	4,290	3,740
기본 및 희석주당이익	₩0.46	₩0.30

* 당기순이익과 총포괄이익을 '지배기업소유주지분' 부분과 '비지배지분'으로 분리하는 것은 연결포괄손익계산서에서 나올 항목으로 고급회계에서 다룰 내용이다. 이곳에서는 포괄손익계산서에 예시로 추가한다.

(주) 기타포괄손익 관련 법인세는 항목별로 순액으로 보고할 수도 있고 단일금액으로 합산하여 보고할 수도 있다.

제 4 절 기타 재무보고

1 자본변동표와 현금흐름표 1001:106-111

자본변동표(제14장에서 상세히 설명함)는 한 회계기간 동안 발생한 소유주지분의 변동을 표시하는 재무보고서로서, 자본을 구성하고 있는 납입자본, 자본조정, 기타포괄손익누계액, 이익잉여금, 비지배지분의 변동에 대한 포괄적인 정보를 제공한다. 자본변동표에는 자본의 각 구성요소별로 기초잔액, 변동사항 및 기말잔액을 표시하도록 되어 있다.

현금흐름표(제22장에서 상세히 설명함)는 한 기간 동안의 현금이 어떻게 변화했는가를 보여주는 보고서로서 현금의 원천과 사용을 영업활동, 투자활동 및 재무활동으로 세분하여 나타낸다. 재무상태표는 특정 시점의 재무상태를 나타내지만 회계기간 동안의 재무상태의 변화는 보여주지 못한다. 재무상태 변화의 일부는 재무성과를 나타내는 당기손익에 의하여 설명될 수 있지만, 당기손익은 발생기준개념에 근거하여 측정한 것으로 현금흐름의 변화를 나타내지 못한다. 이러한 발생주의 당기순손익의 한계점을 보완하기 위하여 현금주의 성과측정치인 영업활동 현금흐름을 보고하고, 또 투자활동과 재무활동에 따른 현금흐름에 대한 정보를 알려주는 현금흐름표를 제공한다.

2 재무정보 공시수단 1001:112-138

재무정보를 공시하는 수단도 재무제표의 본체에 보고하는 방안, 주석으로 공시하는 방안, 부속명세서나 기타 보조정보로 제시하는 방안 등이 있다([그림 3-6] 참조).

재무제표(financial statements)는 재무보고의 중추로서 재무정보를 외부에 전달하는 주된 정보전달수단이다. 재무제표의 본체에 보고하기 위해서는 재무제표요소의 정의에 합당해야 하고, 인식 및 측정기준을 충족시켜야 한다.

주기(parenthetical notes)는 재무제표상의 해당 과목 바로 다음에 그 회계사실의 내용을 간단한 자구 또는 숫자로 괄호 속에 표시하는 방법이다. 주석(footnotes)은 재무제표를 이해하는 데 필요한 추가적인 정보로서 재무제표의 본문에 표시되지 않는 사항에 해당한다. 주석으로 공시하는 항목은 꼭 수치로 보고할 필요성이 있는 것이 아니고 기술적인 내용이라도 상관없으며, 재무제표의 요소에 국한할 필요도 없다.

주석이 일정한 양식을 갖추어야 하는 것은 아니지만 재무제표의 본문에 표시된 개별 항목을 주석으로 표시할 때에는 관련된 주석과 상호연결시키는 기호 등을 재무

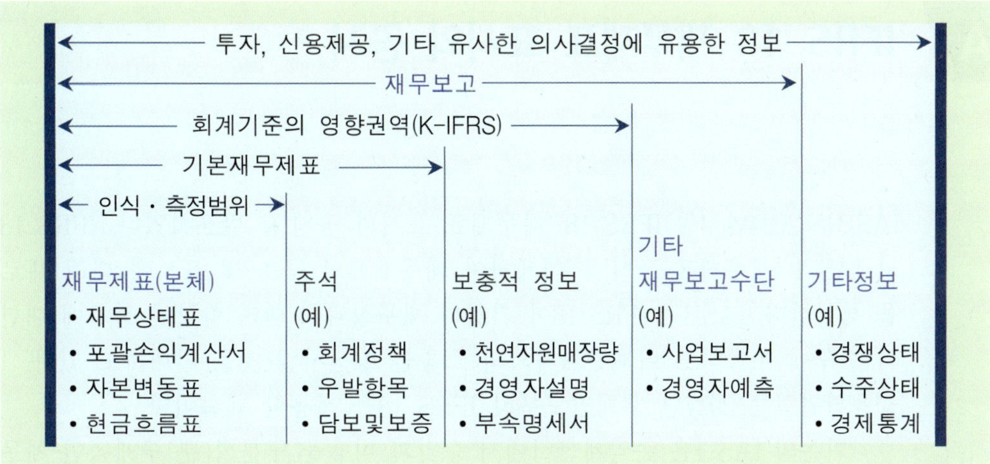

▶ **그림 3-6**
기업에 관한 정보의 종류와 전달수단

제표의 본문과 주석에 표시해야 한다. 이 경우 본문에 표시되는 항목에 관한 설명이나 금액의 세부내역뿐만 아니라 우발상황 또는 약정사항과 같이 재무제표에 인식되지 않는 항목에 대한 추가적인 정보도 포함한다.

주석은 재무제표이용자가 재무제표를 이해하고 다른 기업의 재무제표와 비교하는 데 도움을 줄 수 있도록 일반적으로 다음 순서로 표시한다.

① 한국채택국제회계기준을 준수하였다는 사실
② 재무제표에 적용한 중요한 회계정책의 요약
③ 재무상태표, 별개의 손익계산서(표시하는 경우), 포괄손익계산서, 자본변동표 및 현금흐름표에 표시된 항목에 대한 보충정보. 이는 재무제표의 배열 및 각 재무제표에 표시된 개별 항목의 순서에 따라 표시한다.
④ 기타 공시로 우발부채, 재무제표에서 인식하지 아니한 계약상 약정사항, 비재무적 공시항목(예 : 기업의 재무위험관리목적과 정책) 등이 있다.

기업의 개황, 주요 영업내용 및 최근의 경영환경변화, 특수관계자거래, 담보 및 보증, 차입약정의 중대한 위반사항, 보고기간 후 사건, 중요한 측정상의 가정, 이익잉여금처분계산서 등도 주석으로 공시한다.

일부 정보는 보충적 정보(supplementary information)로 제시될 수 있다. 보충적 정보는 재무제표와 다른 방법으로 회계처리를 했더라면 어떻게 달라졌을 것인가를 보여주는 정보이기도 하고, 목적적합성은 높지만 표현충실성은 낮은 재무정보도 될 수 있다. 예를 들면 천연자원의 매장량, 재무정보에 대한 경영자설명, 물가변동회계정보, 주요 투자 및 재무 활동에 관한 설명 등의 정보가 특별한 양식 없이 보충적 정보로 제공될 수 있다. 재무제표 항목의 내역을 상세히 보여주는 제조원가명세서와 같은 부속명세서(supporting schedules)도 중요한 보충적 정보가 된다.

보론 3A IFRS 18 재무제표 표시와 공시

IASB는 2024년 4월 IFRS 18 '재무제표 표시와 공시'를 발표하였다. IFRS 18은 기존의 IAS 1 '재무제표 표시'를 대체하여 재무제표의 구조 및 표시에 대해 새로운 기준을 제시한다. IASB는 IFRS 18이 기업의 재무성과에 대해 향상된 정보에 대한 투자자의 요구에 부응하고 이해관계자와의 소통을 향상시킬 것을 기대하고 있다. 우리나라 금융위원회는 2027년 회계연도부터 IFRS 18을 적용할 계획이다.

기존의 IAS 1은 손익계산서에서 수익과 비용을 구분할 뿐 구체적인 재무제표 구조에 대해서는 밝히지 않았다. 일례로 IAS 1은 영업이익에 대해 정의하지 않고 있다. 하지만 산업에서는 영업이익에 대한 정보 요구가 지속적으로 있었으며 기업들도 관행적으로 손익계산서에 영업이익을 공시하고 있다. 그러나 영업이익에 대한 구체적인 정의와 지침이 없으므로 기업마다 다른 영업이익 분류 기준을 가지고 있었으며, 이에 따라 영업이익의 비교가능성이 저하되었다는 비판이 많았다.

반면 우리나라는 IFRS를 도입한 직후 기업들이 공시하는 손익계산서의 구조와 영업이익에 대한 다양한 정의로 인하여 손익계산서의 비교가능성이 저하되자 2012년 K-IFRS 제1001호 한138.2항~4항을 통하여 손익계산서에 추가적으로 영업이익에 대한 공시를 요구하였다. 이에 따라 영업이익의 비교가능성 문제는 상대적으로 적었다. IASB가 늦었지만 기준서의 개정을 통하여 영업이익에 대한 정의와 공시를 요구한 것은 환영할 만하다.

IFRS 18은 기존의 IAS 1에서 요구하는 재무제표 표시방법을 상당 부분 계승하지만 몇 가지 부분에서 차이가 있으므로 주의를 요한다. 아래에서 IFRS 18과 IAS 1의 주요한 차이점을 중심으로 설명한다.

1 손익계산서 구조

IFRS 18로 인하여 가장 큰 변화는 손익계산서 구조의 변화이다. [그림 3A-1]은 IFRS 18로 인한 손익계산서의 변화를 잘 요약하고 있다.

▶ **그림 3A-1**
IFRS 18과 IAS 1의 손익계산서 비교

IAS 1

구분	매출	×××
영업손익	매출원가	(×××)
	매출총이익	×××
	판매 및 일반관리비	(×××)
	영업손익	×××
영업외손익	지분법손익	×××
	배당수익	×××
	차입금 및 리스부채 이자비용	(×××)
	유·무형자산손상차손	(×××)
	유·무형자산처분손익	(×××)
	외화환산손익	×××
	법인세차감전손익	×××
	법인세비용	(×××)
	계속영업이익	×××
	중단사업손익	(×××)
	당기순이익	×××

IFRS 18

구분	매출	×××
영업손익	매출원가	(×××)
	매출총이익	×××
	매출총이익	×××
	판매 및 일반관리비	(×××)
	유·무형자산손상차손	(×××)
	유·무형자산처분손익	(×××)
	외화환산손익(영업)	×××
	영업손익	×××
투자손익	지분법손익	×××
	배당수익	×××
	외화환산손익(투자)	×××
	재무손익및법인세차감전손익	×××
재무손익	차입금 및 리스부채 이자비용	(×××)
	퇴직연금부채 이자비용	(×××)
	외화환산손익(재무)	×××
	법인세차감전손익	×××
	계속영업이익	×××
	중단사업손익	(×××)
	당기순이익	×××

2 손익 범주

IFRS 18의 가장 큰 특징은 손익계산서를 세 가지 범주인 영업범주, 투자범주, 재무범주로 구분한 점이다. IAS 1은 손익계산서에 수익과 비용만 구분하였으며 중단사업손익과 법인세비용을 포함하여 반드시 표시해야 하는 계정만 제시할 뿐 구체적인 구조는 제시하지 않았다.

IFRS 18은 손익계산서에 수익과 비용을 ① 영업범주, ② 투자범주, ③ 재무범주, ④ 법인세 범주, ⑤ 중단영업 범주로 구분하여 표시할 것을 요구하고 있다. 법인세 범주와 중단영업 범주는 IAS 1의 요구와 일관적이므로 IFRS 18로 인하여 기업은 기존의 손익을 영업범주, 투자범주, 재무범주로 구분해야 한다. 각 범주는 다음과 같이 정의한다.

① 영업범주 : 주된 사업에서 발생한 손익을 포함하여 다른 범주에 속하지 않는 손익
② 투자범주 : 관계기업, 공동기업 및 비연결종속기업에 대한 투자, 현금및현금성자산, 개별적이고 기업의 다른 자원과 독립적으로 수익을 창출하는 자산으로부터 발생하는 손익
③ 재무범주 : 자금조달에만 관련된 거래에서 발생하는 부채 및 퇴직연금부채에서 발생하는 손익

이와 같은 범주의 구분은 다소 복잡해 보이지만 현금흐름표의 구조를 생각하면 이해가 쉽다. 현금흐름표는 기업의 활동을 '영업활동,' '투자활동,' '재무활동'으로 구분할 것을 요구하고 있다. IFRS 18은 손익계산서도 이러한 구조에 맞추어 손익을 영업, 투자, 재무 범주로 구분하여 기존의 법인세와 중단사업을 함께 공시할 것을 요구하고 있다. IASB는 손익계산서의 구조를 현금흐름표와 일관적으로 가져가 두 재무제표의 정보유용성이 향상될 것을 기대하고 있다.

IFRS 18의 손익계산서의 범주의 요구로 인하여 우리나라 기업들의 손익계산서에 미치는 영향을 살펴보면, 기존의 '영업이익'을 영업범주로, '영업외손익'에 보고된 항목을 '투자범주'와 '재무범주'로 구분하는 것이라고 요약할 수 있다. 우리나라는 기존에 한138.2항을 통하여 영업손익을 요구하였으므로 IFRS 18의 범주 구분에 의한 영업손익의 변화는 크지 않을 것으로 예상된다. 다만, 기존의 재무제표 보고 항목 중 영업외손익이 '투자손익,' '재무손익'으로 재분류된다고 이해하면 된다.

하지만 아래에서 설명하듯이 IFRS 18의 영업범주는 한138.2항에서 요구하는 영업이익과는 다른 개념이므로 주의해야 한다.

3 영업이익의 정의

IFRS 18은 영업범주를 투자범주와 재무범주에 해당하지 않는 나머지 손익으로 정의하고 있다. 일반적으로 '영업이익'은 기업의 주된 영업활동에서 발생하는 손익으로 정의된다. K-IFRS 제1001호의 한138.2항도 이와 같은 관점에서 기업의 영업손익을 제시할 것을 요구하고 있다. 하지만 IFRS 18은 투자범주와 재무범주에 속하지 않는 나머지 손익은 모두 영업범주로 정의하는 잔여범주 관점에서 접근하고 있다.

IASB는 영업범주를 잔여범주로 접근하는 이유에 대해 기업의 주된 영업활동이 무엇인지 정의가 어렵다는 점을 들고 있다. 즉, 기업의 사업모형이 점차 복잡해지면서 회사의 주된 사업을 정의하는 것은 기업과 국가마다 다를 수 있다. 이런 상황에서 개별 기업에게 주된 사업의 구분을 결정하도록 한다면 각 기업마다 다르게 영업범주를 정의하고 이는 결국 손익계산서의 비교가능성이 저하되는 문제가 발생하게 된다고 우려하였다.

영업범주의 이러한 정의에 따라 기존에 영업외손익으로 구분되었던 항목이 '영업범주'로 이동하게 된다. 이러한 항목의 대표적인 예가 '유・무형자산손상차손,' '유・무형자산처분손익,' 기업의 영업활동과 관련 있는 '외화환산손익'이다. 이들 계정은 기업의 영업활동과는 관련성이 있지만 반복적이고 일반적으로 발생하지 않는 비경상적 거래이므로 일반적으로 영업외손익으로 구분하였다. 하지만 IFRS 18은 이들 항목이 재무범주와 투자범주에 포함되지 않기 때문에 영업범주로 구분한다.

IFRS 18의 영업범주의 정의로 인하여 새로운 '영업손익'은 기존에 비경상적으로 발생하는 항목을 포함하므로 기존의 영업이익에 비해 변동성이 커질 것으로 예상된다. 모든 기업과 산업에 적용할 수 있는 영업손익을 정의하는 것이 어렵다는 현실적인 문제점은 인정하지만, 영업범주를 정의하기보다는 잔여범주로 정의한 것은 다소 아쉬운 결정이다. 특히, 손익계산서의 목적이 기업의 (주된) 영업활동의 성과에 대한 정보를 제공하는 것인 만큼 영업범주에 대한 명확한 정의는 필요하다고 생각한다.

우리나라 금융위원회는 IFRS 18의 이러한 영업범주의 정의에 따라 기존의 K-IFRS 영업이익과의 혼란을 우려하였다. 이러한 문제점을 완화하기 위한 대안으로 K-IFRS의 영업이익과 일관적인 중간합계를 포함하여 표시할 것을 고려하고 있다. 이러한 중간합계 계정은 '핵심이익' 또는 '경상이익' 등 IFRS 18의 영업손익과 구분되는 계정을 사용하여 혼란을 방지할 계획이다.

4 투자범주의 정의

IFRS 18의 또 다른 특징 중 하나는 관계기업, 공동기업 및 비연결종속기업에 대한 자산으로부터 발생하는 손익을 투자범주로 구분하였다. 이에 따라 해당 투자자산에 대해 지분법으로 회계처리하는 경우 투자범주로 구분한다. 만약 해당 자산에 대해 지분법을 적용하여 회계처리하지 않는 경우 영업범주로 구분한다. 18:55

이와 같은 투자범주의 정의에 의해 기업이 기존에 지분법손익을 영업손익으로 구분하였다면 IFRS 18 적용 이후에는 투자손익으로 재분류해야 한다. 산업 관행상 많은 기업이 지분법손익을 '영업외손익'으로 분류하기 때문에 투자범주의 정의에 따른 영향은 크지 않을 것으로 예상한다.

다만, 금융회사나 지주회사와 같이 지분투자를 주된 사업활동으로 하는 기업들이 기존의 지분법손익을 영업손익으로 분류한 경우 IFRS 18로 인하여 영업손익에 변동이 있을 수 있다. 물론 IFRS 18은 지분투자를 주된 사업으로 영위하는 경우 해당 손익을 영업범주로 구분할 수 있는 조건을 제시하였다. 구체적인 조건과 내용은 본 교과서의 범위를 벗어나므로, IFRS 18의 56항을 참조하기 바란다.

5 중간합계의 표시

IFRS 18은 손익을 영업범주, 투자범주, 재무범주로 구분함에 따라 '영업손익,' '재무및법인세차감전손익'과 같은 중간합계를 보고할 것을 요구하고 있다. 이러한 요구는 IAS 1에서는 요구되지 않았던 내용이므로 IFRS 18의 주요한 변화 중 하나이다.

하지만 우리나라는 한138.2항을 통하여 영업손익과 공시할 것을 요구하고 있었고, 기업들이 영업손익과 영업외손익을 구분하여 공시하는 관행이 있었으므로, 해당 변화로 인한 영향은 크지 않을 것으로 보인다. 다만, 영업범주와 투자범주의 변화로 인하여 몇몇 항목이 영업외손익에서 영업손익으로, 영업손익에서 투자손익으로 변동이 있을 수 있다는 점은 주의해야 한다. 이러한 항목에 대해서는 앞에서 이미 설명하였다.

6 경영진이 정의한 성과측정치

'경영진이 정의한 성과측정치'는 영업손익, 재무손익 및 법인세차감전손익 등 재무제표에 표시되는 중간합계를 제외하고, ① 경영진이 재무제표에 있지 않는 성과측정치를 투자자를 포함한 이해관계자와의 공개적인 커뮤니케이션에서 사용하고, ② 재무성과에 대한 경영진의 관점을 전달하는 데 사용되는 성과측정치로 정의된다. 즉, 경영진이 재무제표에 나타나는 중간합계 정보 이외에 다른 성과측정치(non-GAAP performance measures)를 회사측정치로 사용하는 경우를 포함한다.

IFRS 18은 경영진이 이러한 성과측정치를 사용하는 경우 해당 측정치에 대해서 정의, 계산방식, 조정내용, 기존의 경영진 성과측정치와의 변화 등을 주석으로 공시할 것을 요구하고 있다. 이를 통하여 경영진이 임의로 성과측정치를 제시하여 정보이용자에게 기업의 성과에 대한 잘못된 정보를 제공하는 것을 막고자 하는 의도이다.

미국을 포함한 서양의 많은 기업들은 재무제표에는 표시되지 않은 재무성과 측정치를 사용하여 투자자와 의사소통하는 경우가 많다. 반면 우리나라는 경영진이 성과측정치를 따로 제시하는 경우가 드물다. 따라서 해당 규정이 우리나라 기업에게 미치는 영향은 크지 않을 것으로 예상된다.

7 성격별 영업비용의 공시

IFRS 18은 영업비용은 성격과 기능의 특성을 고려하여 손익계산서에 ① 기능별 비용과 ② 성격별 비용 중 하나를 선택하여 표시하되 혼합 표시도 허용하고 있다. 기능별 비용과 성격별 비용은 기존의 손익계산서의 기능별 분류와 성격별 분류라고 이해하면 쉽다.

다만, IFRS 18은 영업비용을 기능별로 표시하는 경우 기능별 비용에 포함된 특정 성격별 비용의 정보를 공시할 것을 요구하고 있다. 이에 따라 감가상각비, 무형자산상각비, 종업원급여, 손상차손(환입액), 재고자산평가손실(환입액) 등과 같은 성격별

비용에 대한 공시가 요구된다.

우리나라의 많은 기업들이 기능별로 손익계산서를 작성하고 있으므로 IFRS 18을 적용하더라도 기능별 손익계산서를 공시할 것으로 예상된다. 다만, 기능별 손익계산서를 작성하더라도 비용에 대한 성격별 공시도 요구된다는 점에 주의할 필요가 있다.

종합예제

CHAPTER 3

다음 시산표를 이용하여 재무상태표와 포괄손익계산서(기능별비용법)를 작성하라.

시 산 표

부춘(주) 20×1. 12. 31 현재

계 정	차 변	대 변	계 정	차 변	대 변
매 입 할 인		₩10,000	자 본 금		₩300,000
현금및현금성자산	₩210,100		법인세비용	₩38,500	
외상매출금	105,000		현 금 배 당	60,000	
임 대 수 익		18,000	대손충당금		5,000
이익잉여금		260,000	소 모 품	14,000	
미지급급여		18,000	매 입 운 임	20,000	
매 출		1,000,000	토 지	140,000	
받 을 어 음	110,000		비 품	70,000	
외상매입금		49,000	사 채		100,000
감가상각누계액-비품		28,000	토지처분이익		30,000
매 출 할 인	14,500		감가상각누계액-건물		19,600
매 출 환 입	17,500		재 고 자 산-상품	89,000	
지 급 어 음		70,000	건 물	98,000	
판매비와관리비	300,000		매 입	590,000	
이 자 비 용	31,000				

기말상품재고는 실사 결과 ₩124,000으로 조사되었다.

해 답

포괄손익계산서

부춘(주) 20×1. 1. 1~20×1. 12. 31

과 목	금 액
매 출 액	₩968,000
매 출 원 가	(565,000)
매출총이익	403,000
판매비와관리비	300,000
영 업 이 익	103,000
임 대 수 익	18,000
토지처분이익	30,000
이 자 비 용	(31,000)
법인세비용차감전손익	120,000
법인세비용	(38,500)
당기순이익	₩81,500

* 특기사항 :

(1) 매출액 : 매출(₩1,000,000) − 매출환입(₩17,500) − 매출할인(₩14,500) = ₩968,000

(2) 당기상품순매입액 : 매입(₩590,000) + 매입운임(₩20,000) − 매입할인(₩10,000) = ₩600,000

(3) 매출원가 : 기초상품재고액(₩89,000) + 당기상품순매입액(₩600,000) − 기말상품재고액(₩124,000) = ₩565,000

재무상태표

부춘(주) 20×1. 12. 31 현재

과 목	금 액		과 목	금 액	
유 동 자 산			유 동 부 채		
현금및현금성자산		₩210,100	매 입 채 무		₩119,000
매 출 채 권	₩215,000		미지급급여		18,000
대손충당금	(5,000)	210,000	비유동부채		
재 고 자 산			사 채		100,000
상 품	124,000		부채총계		₩237,000
소 모 품	14,000	138,000			
비유동자산			자 본 금		₩300,000
토 지		140,000	이익잉여금		
건 물	98,000		전기이월이익잉여금	₩260,000	
감가상각누계액	(19,600)	78,400	당기순이익	81,500	
비 품	70,000		현 금 배 당	(60,000)	281,500
감가상각누계액	(28,000)	42,000	자본총계		₩581,500
자산총계		₩818,500	부채와 자본총계		₩818,500

* 특기사항 :
  (1) 재고자산은 상품과 소모품으로 구성됨
  (2) 외상매출금과 받을어음은 통합계정인 매출채권으로 보고
  (3) 외상매입금과 지급어음은 통합계정인 매입채무로 보고
  (4) 현금배당은 이익잉여금의 처분이므로 이익잉여금에서 차감

익힘문제

CHAPTER 3

1. 재무제표에는 어떤 것들이 있는가?

2. 재무상태표의 기능, 유용성과 한계점은 무엇인가?

3. 자산과 부채의 구분기준과 자본의 구분기준을 설명하라.

4. 재무상태표에 보고되어야 할 최소한의 항목들에는 어떤 것들이 있는가?

5. 재무상태표상에 표시되는 다음 항목들의 가치는 어떻게 평가되어야 하는가?
   1) 매출채권　2) 토지　3) 재고자산
   4) 선급비용　5) 당기손익-공정가치측정금융자산

6. 아래의 항목들은 재무상태표의 어느 부분에 나타나는가?
   1) 자기주식　2) 당좌예금　3) 토지(투자목적)
   4) 퇴직보험예치금(사외적립자산)　5) 사채할인발행차금　6) 개발비
   7) FVOCI금융자산평가손실　8) 주식발행초과금　9) 장기투자자산

7. 자산과 부채의 표시방법 중에서 유동성항목과 비유동성항목을 구분표시하는 방법과 유동성 순서에 따라서 표시하는 방법에 대해 설명하라.

8. 포괄손익계산서의 기능, 유용성과 주요 한계점은 무엇인가?

9. 포괄손익계산서에 보고되어야 할 최소한의 항목에는 어떤 것들이 있는가?

10. 지분법손익이란 무엇인가?

11. 기타포괄손익이란 무엇이며 대표적인 예로서 어떤 것들이 있는가?

12. 재분류조정(재순환조정)이란 무엇을 의미하는가?

13. 재분류조정(재순환조정)을 발생시키는 기타포괄손익과 그렇지 않은 기타포괄손익의 예를 하나씩 들어보라.

14. 포괄손익을 보고하는 두 가지 손익계산서 작성방식을 간단하게 설명하라.

15. 기능별비용법과 성격별비용법에 대하여 간단하게 설명하라.

16. 포괄손익계산서에서 당기순이익과 총포괄이익을 지배기업소유주지분과 비지배지분으로 구분하여 보고해야 하는 이유는 무엇인가?

17. 평가계정의 예를 들고, 이들을 관련계정에 가감하여 순액으로 보고하는 것과 상계의 차이를 설명하라.

18. 재무상태표와 포괄손익계산서는 어떠한 관계를 가지는가?

연습문제

CHAPTER 3

1. 포괄손익계산서의 작성 (I)

한남체인(주)의 회계담당자는 회계장부로부터 20×1. 12. 31로 만료되는 1년간의 포괄손익계산서를 작성하기 위하여 다음과 같은 자료를 수집하였다.

임대수익	₩31,000	금융원가(이자비용)	₩22,000
상품매입	410,000	인수운임	37,000
종업원급여	251,000	소모품비	18,200
매입에누리와 환출	12,000	기타관리비	52,800
감가상각비	65,000	순매출액	980,000
기초재고, 20×1. 1. 1	92,000	기말재고, 20×1. 12. 31	81,000
배당선언액	22,000	FVOCI금융자산평가이익	18,000
법인세율	30%	발행주식수(변화 없었음)	10,000주

요구사항

1. 기능별비용법에 따른 포괄손익계산서를 작성하라.
2. 성격별비용법에 따른 포괄손익계산서를 작성하라.

2. 재무상태표 계정구분

서천(주)는 재무상태표를 다음과 같은 항목들로 구분하여 표시하고 있다.

(1) 유동자산 (2) 투자자산 (3) 유형자산 (4) 무형자산
(5) 유동부채 (6) 비유동부채 (7) 자 본 금 (8) 자본잉여금
(9) 이익잉여금 (10) 자본조정 (11) 기타포괄손익누계액

요구사항

아래의 항목들은 위의 어느 것에 속하는지 그 번호를 표시하라(주석은 “주” 관계없으면 “×”표를 한다).

1. 선 급 금
2. 선수임대수익
3. 자 기 주 식
4. 선급보험료
5. 관계회사주식
6. 우선주발행초과금
7. 저 작 권
8. 소 액 현 금
9. 매출채권 미수이자
10. 다음 해에 만기가 되는 사채
11. 처분하기 위한 운휴기계
12. 감가상각이 완료된 사용중인 기계
13. 영 업 권
14. 예산서에 반영된 내년도 임금
15. 예상소송손실(패소가능성 있음)
16. 사채할인발행차금
17. 미지급사채이자
18. 감가상각누계액
19. 회계연도말 이후에 발행된 주식
20. 개 발 비(자산성 있음)

3. 포괄이익의 계산

다음은 20×2년의 포괄손익계산서 작성과 관련된 자료이다.

총 매 출	₩400,000	매 입 운 임	₩30,000
무형자산손상차손	20,000	기말상품재고원가	40,000
감가상각비	20,000	대손상각비	10,000
총 매 입	150,000	기초상품재고원가	30,000
매 출 할 인	10,000	생물자산평가이익	20,000
매입에누리와 환출	30,000	판매비와 관리비	40,000
해외사업외화환산이익	40,000	유형자산손상차손	30,000
영 업 비	70,000	법인세비용	20,000

당기순손익, 기타포괄손익 및 포괄이익을 계산하라.

4. 매출원가, 당기순이익 및 배당선언액

아래 계정들은 자영(주)의 총계정원장에서 발췌한 계정들이다.

기 초 재 고	₩45,300	기 말 재 고	₩48,000	매 입	₩190,000
매 입 운 임	10,100	매 입 할 인	17,300	매입에누리	10,500
매 출	390,000	매 출 환 입	5,800	매 출 할 인	21,300
판 매 비	99,400	관 리 비	82,500	배당금수익	71,000
임 대 수 익	6,500	이 자 비 용	12,700	법인세비용	31,000
기초이익잉여금	114,400	기말이익잉여금	134,000		

위 자료를 이용하여 자영(주)의 (1) 매출원가, (2) 당기순이익, (3) 당기중 배당금선언액을 계산하라.

5. 손익계산서의 작성

다음은 도매업을 운영하고 있는 선자(주)의 20×1년 손익계산서와 관련된 자료이다.

매 출	₩930,000	매 출 환 입	₩5,000
기 초 재 고	120,000	매 입	600,000
매 입 운 임	14,000	매 입 환 출	3,000
감가상각비	46,500	소 모 품 비	18,500
매 입 할 인	10,000	종업원급여	110,000
배당금수익	17,000	이 자 비 용	8,000
화 재 손 실	54,000	기 말 재 고	137,000
법 인 세 율	30%	유통보통주식수	600주

위 자료를 이용하여 (1) 성격별비용법에 따른 손익계산서와 (2) 기능별비용법에 따른 손익계산서를 작성하라.

6. 재무상태표의 작성(Ⅰ)

대식(주)는 사업을 확장하기 위하여 추가적인 자금을 조달하기로 하였다. 회계담당자는 차입금 신청을 위하여 다음과 같이 재무상태표를 작성하였다.

재무상태표

대식(주) 20×1. 12. 31 현재 (단위 : 원)

	금 액		금 액
유동자산		유동부채	
현금(당좌차월 ₩30,000 차감후)	200,000	외상매입금	105,000
외상매출금	350,000	어 음 채 무	125,000
재고자산(순액)	385,000	퇴직급여충당부채	82,000
당기손익-공정가치측정(FVPL)금융자산 (원가 ₩120,000)	140,000	미지급임차료	55,000
		사채할증발행차금	53,000
유형자산		대손충당금	10,000
건 물	710,000	비유동부채	
비 품	255,000	사 채	500,000
토 지	175,000	시설확장적립금	92,000
무형자산		감가상각누계액-건물	140,000
영 업 권	80,000	감가상각누계액-비품	95,000
특 허 권	90,000	부채총계	1,257,000
선 급 비 용	5,000	자본금(액면 ₩1,000 ; 주식수 500)	500,000
		주식발행초과금	160,000
		이익잉여금	473,000
		자본총계	1,133,000
자산총계	2,390,000	부채와 자본총계	2,390,000

위 자료를 이용하여 정확한 재무상태표를 작성하라.

7. 재무상태표의 작성(Ⅱ)

다음은 대한(주)의 20×4년 요약 재무상태표이다.

재무상태표

대한(주) 20×4. 12. 31 현재

유동자산	₩490,000	유동부채	₩430,000
투자자산	635,000	비유동부채	1,050,000
유형자산	1,830,000	자 본	1,826,000
기타자산	351,000		
	₩3,306,000		₩3,306,000

(1) 유동자산 내역 : 현금 ₩104,000 ; 매출채권 ₩215,000 ; 대손충당금(₩15,000) ; 재고자산 ₩195,000 ; 선수수익(₩9,000) ; 현금은 ₩116,000에서 당좌차월을 차감한 금액

(2) 투자자산 내역 : 관계기업주식 ₩45,000 ; FVPL금융자산 ₩95,000 ; FVOCI금융자산 ₩155,000 ; 상각후원가측정(AC)금융자산 ₩160,000 ; 개발비 ₩180,000

(3) 유형자산 내역 : 건물 ₩960,000(감가상각누계액 ₩440,000) ; 기계장치 ₩630,000(감가상각누계액 ₩170,000) ; 토지 ₩600,000 ; 장래 사용목적 토지 ₩250,000

(4) 기타자산 내역 : 특허권 ₩176,000 ; 영업권 ₩125,000 ; 사채할인발행차금 ₩50,000

(5) 유동부채 내역 : 매입채무 ₩110,000 ; 단기차입금 ₩105,000 ; 장기성매입채무 ₩90,000 ; 미지급법인세

₩65,000 ; 우발손실적립금 ₩60,000

(6) 비유동부채는 전액 사채임(10%, 20×8년 만기)

(7) 자본 내역 : 우선주(수권주식수 200,000, 발행주식수 70,000, 액면금액 ₩5) ₩420,000 ; 보통주(수권주식수 400,000, 발행주식수 60,000, 액면금액 ₩5) ₩1,000,000 ; 당기말 미처분이익잉여금 ₩406,000

상기 자료를 이용하여 올바른 재무상태표를 작성하라.

8. 정보의 공시

아래의 사실들은 한 전자제품 생산업체와 관련한 것들이다. 그런데 이러한 사항들은 재무제표나 주석사항으로 표시되지 않은 사실이라 하자. 당신이 이 회사의 회계감사인이라 하고 아래의 사실들에 대한 적절한 회계처리와 이의 공시에 관하여 설명하라.

(1) 금년에 이 회사의 재무팀장이 ₩8,000을 횡령하고 잠적하였다. 이 회사의 당기순이익은 ₩5,400,000이었으며, 잠적한 재무팀장과 돈은 찾지 못하였다.

(2) 석유파동으로 인하여 이 회사는 유사업체 및 타업종에 속하는 다른 업체들과 마찬가지로 멀지 않은 장래에 조업을 축소해야 하는 심각한 위기에 처할지도 모른다.

(3) 이 회사는 재무제표상에 기말재고자산으로 ₩850,000을 보고하였다. 기타 재고자산과 관련한 다른 어떠한 정보도 재무제표나 주석사항으로 보고되지 않았다.

(4) 이 회사는 유형자산의 감가상각방법을 정률법에서 정액법으로 전환하였다. 재무제표상에 이러한 변경에 관한 정보가 표시되어 있지 않다.

(5) 이 회사는 편의상 손익계산서에 세부항목들은 생략하고 당기순이익만을 보고하기로 결정하였다.

(6) 원가가 ₩20,000인 유형자산을 구입할 때 대금 중 ₩15,000은 지급어음을 발행하여 지급하였다. 이 회사는 이 유형자산을 어음채무와 상계하고 유형자산으로 ₩5,000을 보고하였다.

(7) 현재 이 회사는 특허권 위반혐의로 피소되어 있다. 당신은 이 회사의 법률고문으로부터 패소할 가능성이 극히 적다는 것을 확인하였다.

9. 당기순손익과 기타포괄손익

다음은 당기 발생한 거래의 내역들이다.

기초재고	₩360,000	토지처분이익	₩250,000
매입	2,520,000	전환사채	1,000,000
매입환출	150,000	사채상환손실	(50,000)
매입할인	30,000	감가상각비	(40,000)
기말재고	1,000,000	FVOCI금융자산평가손실	(185,000)
기초매출채권	500,000	해외사업외화환산손실	(200,500)
기말매출채권	300,000	자기주식처분이익	130,000
매출채권회수액	3,500,000	급여	(500,000)
현금흐름위험회피파생상품평가손실	(800,000)	자산재평가이익	170,000

보통주발행(액면 ₩500, 발행당시시가 ₩1,200인 주식 100주 발행)

위의 자료를 통해서 포괄손익계산서에 표시될 매출, 매출원가, 영업이익, 당기순손익 및 기타포괄손익을 계산하라(단, 법인세는 '₩0'이라고 가정한다).

10. 포괄손익계산서의 작성 (Ⅱ)

강북(주)의 20×1년 포괄손익계산서와 관련된 자료이다.

매 출	₩930,000	매 출 환 입	₩3,000
기 초 재 고	100,000	매 입	700,000
매 입 운 임	15,000	매 입 환 출	5,000
감가상각비 – 판관비	46,500	소모품비 – 판관비	18,000
매 입 할 인	5,000	종업원급여 – 판관비	110,000
배당금수익	15,000	이 자 비 용	9,000
화 재 손 실	54,000	기 말 재 고	137,000
법 인 세 율	20%	유통보통주식수	600주

〈비용의 기능별 분류〉

구 분	물류비	일반관리비	마케팅비	기타비용	계
임금과급여	₩30,000	₩40,000	₩20,000	₩20,000	₩110,000
감가상각비	6,500	10,000	10,000	20,000	46,500
소 모 품 비	8,000	5,000	2,000	3,000	18,000
화 재 손 실	4,000	20,000	10,000	20,000	54,000
계	₩48,500	₩75,000	₩42,000	₩63,000	₩228,500

요구사항

위 자료를 이용하여 다음을 작성하라.
1. 성격별비용법에 따른 포괄손익계산서
2. 기능별비용법에 따른 포괄손익계산서

11. 잘못된 손익계산서의 수정

청해진(주)는 20×1. 1. 1자로 영업을 개시한 회사로 추가적인 운전자본을 차입하기 위하여 은행에 융자신청을 하였다. 은행에서는 감사받은 손익계산서를 제출할 것을 요구하고 있다. 이에 따라 청해진(주)의 경리담당자는 은행제출용으로 아래와 같은 손익계산서를 가져왔다.

손익계산서

매 출		₩802,000
배 당 수 익		32,300
수 증 이 익(세후순액)		38,500
총 수 익		₩872,800
차감 :		
판 매 비	₩101,100	
매 출 원 가	532,200	
광 고 비	13,700	
재고자산감모손실(원가성 있는 정상감모)	34,000	
유형자산처분손실	48,600	
법인세비용	25,000	
관 리 비	73,400	828,000
당기순이익		₩44,800

상기 손익계산서의 미비점을 설명하고, 기능별비용법을 이용한 손익계산서를 작성하라.

12. 잘못된 포괄손익계산서 – 성격별비용법

해남(주)의 회계담당직원이 최근 아래와 같은 보고서를 작성하였다.

포괄손익계산서

해남(주)	20×2. 1. 1~20×2. 12. 31
수 익	
총 매 출(부가세 포함)	₩987,900
매출에누리와 환입	(29,800)
순 매 출	₩958,100
배당금수익, 이자수익	44,100
총 수 익	₩1,002,200
원가 및 비용	
제품 및 재공품 재고 변동	₩183,900
원재료와 소모품 사용(부가세 포함)	209,000
종업원급여	60,500
감가상각비	23,000
임 차 료	19,100
물 류 비 용	3,400
대손상각비	24,000
재고자산평가손실	3,800
FVOCI금융자산평가손실	39,050
창고매각손실	86,350
당기순이익	₩350,100

〈추가정보〉

① 부가가치세율은 10%이고 법인세율은 20%이다.
② 배당금수익과 이자수익이 ₩5,600과 ₩38,500이다.
③ FVOCI금융자산평가손실 ₩39,050이 발생하였다.
④ 창고처분손실 ₩86,350이 발생하였다.

상기 포괄손익계산서의 항목분류 및 공시상의 잘못을 지적하고, 그 이유를 설명하라. 또한 성격별비용법에 의거하여 포괄손익계산서를 올바르게 작성하라. 단, K-IFRS의 규정과 관계없이 수익을 먼저 표시하고 비용을 표시한다.

13. 잘못 작성된 재무제표

다음은 연쇄점을 경영하는 한국(주)의 연말 재무제표이다.

재무상태표

한국(주)	20×1. 6. 30 현재	
유동자산		
현 금	₩150,000	
매 출 채 권(대손충당금차감 순액)	125,000	
재 고 자 산	395,500	
선 급 비 용	16,405	
FVOCI금융자산	100,000	₩786,905
비유동자산		
토 지[1)]	₩180,000	
건 물(감가상각누계액 ₩350,000 차감 순액)	500,000	
기 계 장 치(감가상각누계액 ₩180,000 차감 순액)	400,000	1,080,000
무 형 자 산		450,000
자산총계		₩2,316,905

유동부채			
매 입 채 무		₩60,500	
미지급법인세		160,000	
할인어음우발부채		50,000	₩270,500
비유동부채			
5%, 연속상환(매년말 ₩50,000 상환)		₩865,000	
사채할인발행차금		(35,000)	830,000
부채총계			₩1,100,500
자 본			
자 본 금-보통주(액면가 ₩5 ; 150,000주 발행)		₩750,000	
이익잉여금			
처분이익잉여금[2]	₩120,000		
미처분이익잉여금	346,405	466,405	
자본총계			₩1,216,405
부채와 자본총계			₩2,316,905

포괄손익계산서

한국(주) 20×1. 6. 30 현재

매 출		₩2,500,000
이 자 수 익		6,000
총 수 익		₩2,506,000
매 출 원 가		(1,780,000)
총 이 익		₩726,000
판매비와관리비		
급여 및 상여	₩179,000	
광 고 비	85,000	
매출에누리와 환입	50,000	
조 세 공 과	38,000	
감가상각비	86,000	
임 차 료[3]	75,000	
사채이자비용	48,000	(561,000)
법인세비용차감전순손익		₩165,000
법인세비용		(80,000)
당기순이익		₩85,000

〈주석사항〉

1) 미래에 상점을 확장하기 위하여 금년에 구입한 토지의 원가 ₩90,000을 포함함.
2) 이익잉여금 중 ₩120,000을 시설확장적립금으로 적립함.
3) 당회계연도에 장기리스로 새로운 기계설비를 도입함.

용어, 공시, 분류 등의 문제와 관련하여 위 재무제표가 갖는 문제점을 지적하고 올바른 보고방식을 밝혀라. 단, 재무제표를 재작성할 필요는 없다.

CHAPTER

4 재무제표요소의 측정

재무회계에서 가장 기본이 되는 개념 중의 하나가 자산 · 부채 그리고 수익 · 비용의 측정이다. 측정과 밀접하게 관련된 개념은 자본유지개념, 측정기준 및 공정가치와 현재가치 개념이다. 본장에서는 이들 개념에 대한 전반적인 의미와 함께 적절한 측정기준의 선택방법을 살펴본다.

제 1 절 자산평가와 이익측정

본장에서는 자본유지개념 및 재무제표요소의 측정과 관련한 이론을 논의한다. 이러한 주제는 회계를 이해하는 데 중요한 개념이기는 하지만 회계를 처음 공부하는 독자에게는 다소 어려운 주제일 수 있다. 본장에서 논의되는 내용은 본 교재 제5장 이후의 구체적인 회계처리과정에서 논의된다. 만약 본장에서 논의하는 주제에 익숙하지 않은 독자가 있다면 제5장 이후를 먼저 학습하고 이후에 본장을 학습하는 것이 효과적일 수 있다.

1 자산 · 부채의 평가와 이익측정의 관련성

[그림 2-3]에서 보았듯이 재무제표는 서로 연계관계를 갖는다. 특히 재무상태표와 손익계산서는 모두 발생기준회계를 이용하여 인식된 항목들로 구성되어 있기 때문에 두 가지 재무제표는 "순자산의 증감=손익±자본거래"라는 등식으로 표현하는 연계관계(articulation)를 갖는다. 즉 자산평가액에서 부채평가액을 차감하면 순자산이 산출되고, 이러한 순자산의 증감으로부터 손익을 측정할 수 있다. 단, 회계기간중에 발생한 소유주[1]에 의한 투자 및 소유주에 대한 분배로 구성된 자본거래(capital transactions)로 인해 순자산이 증감된 부분이 있으면 이를 조정하여 이익을 측정한다. 이러한 이익을 포괄이익(comprehensive income)이라 하는데, 이는 다시 당기손익과 기타포괄손익으로 나누어진다. 자산 및 부채의 평가와 이익측정의 관계를 정리하면 아래와 같이 표현할 수 있다.

▶ 그림 4-1
자산 및 부채의 평가와 이익측정의 관계

포괄이익=[자산변동−부채변동]−[소유주에 의한 투자−소유주에 대한 분배]
=[기말순자산−기초순자산]±자본거래
=순자산의 증감±자본거래
=당기순손익+기타포괄손익

기타포괄손익에는 자산재평가이익, 금융자산평가손익 등이 포함되는데, 이들은

1) 개념체계에서는 소유주 대신 자본청구권보유자라는 표현을 사용하고 있다. 본서의 제2장에서는 개념체계에 따라 자본청구권보유자를 그대로 사용하고, 본장에서는 간편한 용어인 소유주라는 표현을 주로 사용하되 필요한 경우에는 자본청구권보유자라는 표현을 사용하기로 한다.

보유기간중 가격변화에 기인한 미실현보유손익(unrealized holding income and expenses)이다. 따라서 기타포괄손익은 일반적으로 배당가능이익으로 보지 않는다.

2 손익측정방법

이익(포괄이익 또는 당기순이익)을 측정하는 방법에는 자본유지접근법과 거래접근법의 두 가지가 있다.

(1) 자본유지접근법

자본유지접근법(capital maintenance approach)은 기말의 자본(순자산)이 기초의 자본(순자산)을 초과한 경우에는 순이익이 발생하고 미달하는 경우에는 순손실이 발생한 것으로 보는 방법이다. 즉 순이익은 결국 순자산의 변동액을 의미한다. 기중에 자본거래가 있을 경우에는 이를 순자산의 변동액에 가감하여 순이익을 구한다.[2)]

자본유지접근법으로 순이익을 측정하기 위해서는 우선 기초와 기말에 있어서의 순자산의 측정치를 필요로 하는데, 이를 위한 측정기준으로는 역사적원가, 공정가치, 사용가치(또는 이행가치), 현행원가 등이 있다.

어떤 회사의 기초순자산이 ₩10,000이고 기말순자산이 ₩15,000으로 증가했는데 기중에 소유주에 대한 배당 ₩1,000과 소유주에 의한 투자 ₩3,000이 있었다고 하자. 자본유지접근법에 따른 순이익은 다음과 같이 계산된다.

기말순자산(20×1. 12. 31)	₩15,000
차감 : 기초순자산(20×1. 1. 1)	(10,000)
기중순자산변동액	5,000
가산 : 배당	1,000
차감 : 소유주에 의한 투자	(3,000)
순이익	₩3,000

자본유지접근법은 이처럼 두 시점의 순자산을 비교하여 그 증감액으로 순이익을 측정하는 방법이다. 자본유지접근법은 자산과 부채의 적절한 평가를 중요시하는 방법이다. 이 방법에서는 손익거래가 없더라도 자산과 부채의 가치가 변화하면 이를 당기손익이나 기타포괄손익으로 인식한다는 점에서 오늘날 주요 인식기준으로 받아들여지고 있다. 하지만 순자산의 증감을 가져오는 수익과 비용의 원천 및 내용을 구체적으로 파악할 수 없다는 한계가 있다.

2) 자본유지접근법은 경제학자인 J. R. Hicks가 정의한 이익과 유사하다. 그는 이익을 '기말에도 기초와 동일한 만족상태(well-offness)를 유지하면서 해당 기간 동안 소비할 수 있는 최대의 금액'으로 정의했다.

(2) 거래접근법

거래접근법은 한 기간 동안에 발생한 거래가 손익에 미치는 영향을 측정하여 기간손익을 결정하는 방법으로서 손익법이라고도 한다. 이 방법은 회계에서 널리 채택되어 왔으며 대응의 원칙(matching principle)에 따라 순이익을 측정한다. 즉 일정기간 동안 창출한 수익과 그 수익을 창출하는 과정에서 소모되었거나 사용된 비용을 대응시켜서 순이익을 결정한다.

이 방법에서는 한 기간 동안의 손익거래를 크게 수익과 비용 항목으로 구분하고 이들을 수익 및 비용의 인식기준에 따라 측정하여 순이익을 결정한다. 거래접근법을 이용할 때에는 수익과 비용의 인식시기, 즉 기간귀속의 문제가 발생한다. 이러한 손익거래들은 당기에 발생한 항목들만 당기의 순이익에 포함시켜야 한다.

거래접근법과 자본유지접근법이 서로 배타적인 방법은 아니다. 거래접근법은 손익거래에 대한 내역을 체계적으로 보여주는 방법이지만, 손익거래가 아닌 자산과 부채의 가치변화 등에서 발생한 손익도 그 내역을 보여주는 방식으로 손익측정에 반영할 수 있기 때문이다. 따라서 오늘날 우리가 대하는 포괄손익계산서는 거래접근법의 개념에 따라 수익과 비용의 내역을 체계적으로 보여주면서도, 자본유지접근법의 개념을 보완적으로 수용하여 작성된 것으로도 볼 수 있다.

3 재무제표본질론

발생기준회계를 적용하여 인식한 재무제표 항목은 재무상태표 또는 손익계산서 중의 하나에 보고된다. 따라서 손익계산서에 수익 또는 비용을 인식하기 위해 기록한 거래는 반드시 재무상태표의 자산과 부채에 영향을 미치며, 또한 재무상태표에 인식하기 위해 기록한 거래는 자본거래, 투자거래, 차입거래 등을 제외하고는 대부분 손익계산서에 영향을 미치게 된다.

재무상태표와 손익계산서는 모두 중요한 재무제표이지만 두 재무제표 중 어느 것을 상대적으로 중요하다고 보느냐에 따라 그중 하나가 보다 유용한 정보를 제공하고 다른 하나의 유용성이 저해되는 상충관계(trade-off)가 존재한다. 역사적으로 볼 때 손익계산서가 중시되는 시기가 있었는가 하면 재무상태표가 중시되는 시기가 있었다. 이는 재무제표의 본질에 관한 이론 중 어느 것을 선택하느냐에 따라 달라진다.

① 재무상태표접근법 : 이 접근법에서는 자산이나 부채가 그 정의를 충족시키지 못하면 즉시 수익이나 비용으로 처리해야 한다. 여기에서 가장 중요한 회계문제는 자산과 부채의 적절한 평가문제이다. 따라서 이를 자산-부채법이라고 한다.

자산-부채법에서는 자산이나 부채의 가치가 변화하면 이를 즉시 조정하는 것이 원칙이기 때문에 자산과 부채를 현행가치로 측정해야 한다. 자산-부채법과 일관성이 있는 손익측정방법은 '당기순이익=기말순자산-기초순자산±자본거래'로 측정하는 자본유지접근법이다.

② 손익계산서접근법 : 여기에서 주요 회계문제는 손익의 적절한 측정문제이기에 손익계산서가 주연이 되며 재무상태표는 조연에 불과하다. 따라서 손익계산서접근법을 수익-비용법이라고 할 수 있으며, 이 접근법과 일관성이 있는 손익측정방법은 거래접근법이다.

수익-비용법에서는 재무상태표를 발생원가 중 당기에 소멸되지 않은 원가를 차기로 이월시키는 도구로 본다. 따라서 경제적 자원뿐만 아니라 모든 미소멸원가 또는 차기 이후의 기간에 비용처리하기 위하여 이연시키기 위한 것이면, 모두 자산에 포함한다. 즉 이연비용(이연자산이라고 부름)도 자산성은 없지만 차기 이후의 기간에 비용처리하기 위해 자산으로 취급한다. 마찬가지로 경제적 채무가 아님에도 불구하고 장래의 수익으로 인식하는 것이 합리적으로 판단되는 항목은 이연부채로 기록할 수 있다. 따라서 이연자산과 이연부채는 수익-비용법에서만 합리화되는 자산과 부채이다.

오늘날의 회계기준은 재무상태표접근법에 비중을 높게 두고 있는데, 미국회계기준위원회가 출범하고 난 1973년 이후부터 손익계산서접근법에서 재무상태표접근법으로 기조가 바뀌었다고 볼 수 있다. 예컨대 연구개발 지출이 미래경제적 효익이 있다는 보장이 없기 때문에 자산으로 볼 수 없어서 발생한 시기의 비용으로 처리한다거나, 교육훈련으로 종업원의 생산성이 높아졌다고 하더라도 종업원의 이직을 막지 못한다는 점에서 회사가 통제할 수 없어서 교육훈련비를 자산으로 회계처리할 수 없는 등의 사례는 재무상태표접근법에 근거한 회계처리기준이다.

제2절 자본 및 자본유지개념

1 자본의 개념 CF8:1-2

자본은 개념상 재무자본이나 실물자본을 기준으로 정의할 수 있다. 재무자본(financial capital)이란 자본을 투자된 화폐액 또는 투자된 구매력으로 보는 것이다. 여기에서 자본은 기업의 순자산이나 지분과 동의어로 사용된다. 실물자본(physical capital)이란 자본을 조업능력으로 보는 개념으로서 자본은 기업의 생산능력(예를 들어, 하루 생산수량)으로 간주된다.

기업은 재무제표이용자들의 정보요구에 기초하여 적절한 자본개념을 선택해야 한다. 따라서 이용자들이 주로 명목상의 투하자본이나 투하자본의 구매력 유지에 관심이 있다면 재무자본개념을 채택해야 한다. 그러나 이용자들의 주된 관심이 기업의 조업능력 유지에 있다면 실물자본개념을 사용해야 한다. 선택된 자본개념에 따라 이익결정의 목표가 무엇인지 알 수 있게 된다.

현대의 회계는 재무자본유지개념이 적절하다고 보고, 대부분 이 개념에 기초하여 재무제표를 작성하고 있다.

2 자본유지개념과 이익의 결정 및 자본유지조정 CF8:3-10

재무상태표와 손익계산서는 밀접한 상호연관성을 갖는다. 상호연관성(articulation)이라 함은 특정 항목이 한 구성요소의 정의 및 인식기준을 충족하여 재무제표에 인식되는 경우 자동적으로 다른 구성요소의 인식을 수반하는 것을 말한다. 특히 손익계산서의 당기이익(또는 포괄손익) 측정에 반영된 항목은 연말 결산과정을 통하여 최종적으로 자본의 증감을 일으킨다. 재무상태표와 손익계산서의 관계를 명백히 이해하기 위해 자본유지개념을 살펴볼 필요가 있다.

자본유지개념(concept of capital maintenance)은 기업이 유지하려고 하는 자본을 어떻게 정의하는지와 관련된다. 자본유지개념은 이익이 측정되는 준거기준을 제공함으로써 자본개념과 이익개념 사이의 연결고리를 제공한다. 자본유지개념은 자본에 대한 투자수익(return on investment)과 투자회수(return of investment)를 구분하기 위해 꼭 필요한 개념이다. 자본유지를 위해 필요한 금액을 초과하는 자산의 유입액만이 이익으로 간주될 수 있고, 이는 결과적으로 자본의 투자수익이 된다.

이익은 수익에서 비용(필요한 경우 자본유지조정액을 포함)을 차감한 후의 잔여액이다. 만일 비용이 수익을 초과한다면 그 초과액은 손실이다. 때로는 자산과 부채에 대한 재평가는 자본의 증가나 감소를 초래한다. 이와 같은 자본의 증가 또는 감소는 수익과 비용의 정의에는 부합하지만, 이 항목들은 특정 자본유지개념에서는 손익계산서에는 포함되지 않고 그 대신 자본유지조정(capital maintenance adjustments) 또는 재평가적립금(revaluation reserves)으로 하여 직접 자본으로 분류한다.

자본개념에 따라 자본유지개념은 재무자본유지와 실물자본유지라는 개념이 도출된다(〈표 4-1〉을 참조).

▶ 표 4-1
재무자본유지개념과 실물자본유지개념

	재무자본유지개념	실물자본유지개념
자본의 측정	재무자본(화폐금액)	실물자본(실물생산능력)
이익의 측정	기말순자산의 재무적 가치가 기초 대비 증가한 경우	기말순자산의 실물생산능력이 기초 대비 증가한 경우
측정기준	역사적원가(명목재무자본) 또는 일반물가조정원가(불변구매력자본유지)	현행원가(개별물가)*
자산/부채의 가격변동	• 명목재무자본 : 기말명목자본이 기초보다 증가한 경우 그 차액을 당기손익에 반영 • 불변구매력재무자본 : 자본을 구매력으로 측정하고 기말에 기초보다 증가한 차액 중 일반물가수준변동까지는 자본유지조정(자본항목)으로 취급하고, 그 이상은 당기손익으로 반영	현행원가의 변동은 모두 자본유지조정(자본항목)으로 취급하기 때문에 처분되기 전에는 이를 보유손익(당기손익)으로 반영하지 않음

* 실물생산능력을 현행원가로 추정한 경우임

(1) 재무자본유지

재무자본유지(financial capital maintenance)란 화폐자본유지라고도 하며, 화폐단위로 측정한 자본을 유지해야 한다는 개념이다. 이 개념하에서 이익은 해당 기간 동안 소유주에게 배분하거나 소유주가 출연한 부분을 제외하고 기말순자산의 재무적 측정금액(화폐금액)이 기초 대비 증가한 경우에 발생한다.

재무자본유지는 명목화폐단위 또는 불변구매력단위를 이용하여 측정할 수 있다.

① 명목재무자본유지(maintenance of nominal financial capital) : 이익은 해당 기간 중 명목재무자본의 증가를 의미한다. 기말 명목재무자본이 기초 대비 증가하면 자본유지가 달성되었다고 보고, 증가액을 당기의 이익으로 보는 개념이다.

역사적원가회계는 명목재무자본유지개념에 근거하고 있다. 따라서 해당 기간중 자산가격의 변화 부분(보유손익)은 가격변동시점에 인식하지 않고 실현주의 개념에 근거하여 자산이 교환거래에 따라 처분되었을 때 인식된다. 즉 가격변동을 별도로 구분하지 않고 실현되었을 때 영업이익에 포함한다.

② 불변구매력자본유지(maintenance of general purchasing power capital) : 당기에 이익을 인식하기 위해서는 기말 순자산가액이 기초 순자산가액의 불변구매력 등가액보다 커야 한다고 본다. 따라서 일반물가수준[3]에 따른 가격상승을 초과하는 자본의 증가만 이익으로 간주되며, 일반물가수준의 증가에 기인한 부분은 자본의 일부인 자본유지조정으로 처리된다. 이 개념에서는 역사적원가로 측정한 재무제표에 일반물가변동을 반영하여 수정한 자본이 유지되었을 때 불변구매력자본이 유지되었다고 본다.

예를 들면 기초순자산이 ₩300이었고 당기에 일반물가수준이 10% 상승했

3) 일반물가수준(general price level)과 불변구매력(general purchasing power)은 동전의 앞뒷면과 같은 개념이다. 즉 일반물가가 상승하면 화폐의 불변구매력은 하락하기 때문에 물가수준의 관점에서는 일반물가라는 용어를 사용하고 구매력의 관점에서는 불변구매력이라는 용어를 사용한다.

다면 기말순자산이 ₩330(=₩300×110%)을 초과해야 이익이 발생한다.

재무자본유지개념은 특정한 측정기준의 적용을 요구하지 아니한다. 재무자본유지 개념하에서 측정기준의 선택은 기업이 유지하려는 재무자본의 유형과 관련이 있다.[4]

(2) 실물자본유지

실물자본유지(physical capital maintenance)개념에 따르면 기초의 생산능력을 나타내는 실물자본이 유지된 후에만 이익을 인식할 수 있다고 본다. 즉 기말 실물생산능력이 기초 대비 증가했을 때 이익이 발생했다고 본다.[5]

실물자본유지개념에서 이익은 해당 기간중 생산능력의 증가를 의미한다. 그런데 자산의 생산능력은 화폐액으로 측정하기 어렵다. 하지만 회계정보는 화폐단위로 측정하는 재무정보이기 때문에 자산의 현행원가를 생산능력을 측정하는 대용치로 사용하기도 한다. 왜냐하면 자산의 현행원가는 현재 시점에서 해당 자산을 실물로 대체할 수 있는 원가이기 때문이다. 실물자본을 현행원가로 측정하면, 현행원가의 변동은 생산능력의 변동으로 간주되어 이익이 아니라 자본유지조정(자본항목)으로 처리된다.

예를 들면, 기초순자산의 현행원가가 ₩300이었고 당해 순자산의 기말 현행원가가 ₩450이 되었을 때, 기말에 ₩450에 해당하는 순자산을 가지고 있어야 기초와 동일한 수준의 실물자본이 유지된다고 본다. 따라서 순자산의 현행원가가 ₩450을 초과하면 이익을 인식하고 부족하면 손실을 인식한다.

예제 4-1 자본유지개념

선명(주)는 20×1년초 현금 ₩300을 투자하여 사업을 시작하고, 상품 2개를 개당 ₩100에 구입하였다. 20×1년중 일반물가는 10% 상승하였고, 선명(주)가 취급하는 상품가격은 개당 ₩100에서 ₩150으로 상승하였다. 구입했던 상품 2개를 개당 ₩180에 처분하여 기말 현재 현금이 ₩460이 되었다. 이 경우 1) 재무자본유지(명목재무자본유지와 불변구매력자본유지)와 2) 실물자본유지 각각의 개념하에서 선명(주)의 당기순이익을 산출하라.

해답

1) 재무자본유지

① 명목재무자본유지 : 기말순자산은 ₩460으로 기초순자산 대비 ₩160 증가했으므로 이를 당기순이익으로 인식한다.

---

4) 일반적으로 현대 회계에서는 거의 모든 나라가 재무자본을 명목재무자본으로 보고 회계처리한다. 예외적으로 물가상승이 매우 높은 나라의 경우에는 불변구매력자본유지개념을 이용하여 회계처리할 수도 있다.

5) 생산능력은 ① 보유하고 있는 물리적 자산과 동일한 자산, ② 동일한 양의 재화나 용역을 생산할 수 있는 능력, ③ 동일한 가치의 재화나 용역을 생산할 수 있는 능력 등과 같이 다양하게 정의할 수 있다.

기말순자산-명목재무자본 기초순자산-명목재무자본	₩460 (300)
당기순이익	₩160

② **불변구매력자본유지** : 기말순자산은 ₩460으로 기초순자산의 불변구매력등가액 ₩330(=₩300×110%)보다 ₩130만큼 많아서 이를 당기순이익으로 인식하고, 불변구매력조정액 ₩30은 자본유지조정으로 본다.

기말순자산-불변구매력 기초순자산-불변구매력	₩460 (330)
당기순이익	₩130

2) **실물자본유지** : 기초에 현금 ₩300은 실물자본인 상품으로 측정할 경우 3개에 해당하므로 기말에도 상품 3개에 해당하는 당시의 실물자본(현행원가) ₩450이 있어야 한다. 이 금액과 기말 현재 순자산 ₩460의 차이를 당기순이익으로 인식하고, 현행원가 증가부분 ₩150(=₩450－₩300)은 자본유지조정으로 본다.

기말순자산-실물자본 기초순자산-실물자본	₩460 (450)
당기순이익	₩10

물가가 변동하지 않을 때에는 위의 세 가지 개념이 동일한 이익을 계산한다. 그러나 물가가 상승하면 불변구매력자본유지나 실물자본유지 개념하의 당기순이익이 명목재무자본유지개념하의 당기순이익보다 작다. 한편, 일반물가상승률과 현행원가상승률이 일치하는 경우에만 불변구매력자본유지개념에 따른 당기순이익이 실물자본유지개념에 따른 당기순이익과 같아진다.

측정기준과 자본유지개념의 선택에 따라 재무제표의 작성에 있어 사용되는 회계모형이 결정된다(〈표 4-2〉를 참조). 여기에서 실물자본은 현행원가로 측정한다고 가정한다.

▶ **표 4-2** 물가변동과 측정기준

자본유지개념 / 측정기준	재무자본유지	실물자본유지
역사적원가	역사적원가회계(명목재무자본)	
역사적원가-일반물가지수조정	일반물가수준회계(불변구매력자본)	
현행원가		현행원가회계

역사적원가회계는 전통적 회계제도에서 채택하고 있는 회계모형이다. 일반물가수준회계는 취득원가에 일반물가지수(general price index)를 반영하여 측정치를 구한다는 점에서 취득원가주의에 근거하고 있다. 그러나 현행원가회계는 취득원가에 근거하지 않고 현행원가를 사용하여 실물자본을 측정한다는 점에서 측정기준 자체가 전통적 회계모형 및 일반물가수준회계와 다르다. 그리고 현행원가회계도 물가의 변동을 반영하지만 일반물가변동이 아닌 개별물가변동에 근거하고 있다는 점에서 일반

물가수준회계와 다르다.

각각의 회계모형은 상이한 목적적합성과 표현충실성을 나타내며, 경영진은 다른 경우와 마찬가지로 이를 고려하여 적절한 회계모형을 선택해야 할 것이다. 현행 개념체계는 자산에 따라서 다양한 회계모형의 선택이 가능하며, 선택된 모형하에서 재무제표의 작성과 표시에 대한 지침을 제공한다. 한편 현행 K-IFRS에서는 초인플레이션하에 있는 통화로 보고해야 하는 기업의 경우(일반물가수준회계를 적용)와 같은 예외적 상황을 제외하고는 특정한 모형의 사용을 규정하지 않고 있다.

제 3 절 측 정

재무제표요소를 인식하여 재무제표에 화폐금액으로 나타내는 과정을 측정(measurement)이라고 하며, 측정을 위해서는 기준을 선택해야 한다. 측정기준(measurement bases, 또는 측정속성(measurement attributes))은 측정대상 항목에 대해 식별된 속성(화폐로 측정된 가치(value)라는 속성)으로서 역사적원가와 현행가치(공정가치, 사용가치와 이행가치, 현행원가)가 있다.

1 측정기준

(1) 역사적원가 CF6:4-9

역사적원가(historical cost)는 취득원가(acquisition cost)라고도 하는데, 자산, 부채 및 관련 수익과 비용을 발생시키는 거래나 그 밖의 사건의 가격에서 도출된 정보를 이용하여 정해진 재무제표요소의 화폐금액이다. 역사적원가회계에서는 자산의 손상이나 손실부담에 따른 부채와 관련되는 변동을 제외하고는 가치의 변동을 반영하지 않는다.

자산의 역사적원가는 자산의 취득에 발생한 원가의 가치로서, 자산을 취득하기 위하여 지급한 대가에 거래원가(transaction costs)를 가산한 금액이다. 부채의 역사적원가는 수취한 대가에서 거래원가를 차감한 금액으로 측정한다. 시장조건에 따른 거래가 아닌 사건의 결과로 자산 또는 부채가 발생할 때가 있다. 예컨대, 회사가 고객으로부터 소송이 발생한 경우, 소송의 의무에 대한 원가를 식별할 수 없거나 그 원가가

자산이나 부채에 관한 목적적합한 정보를 제공하지 못할 수 있다. 이 경우 자산이나 부채의 현행가치를 최초인식시점의 역사적원가로 본다. 자산과 부채의 역사적원가는 필요하다면(예, 일부나 전부의 소비/소멸), 시간의 경과에 따라 업데이트해야 한다.[6]

금융자산과 금융부채에 적용되는 상각후원가(amortized cost)도 역사적원가에 기반을 둔 금액이다. 상각후원가는 최초인식시점에 결정된 이자율(변동금리상품이라면, 변동금리의 변동을 반영한 이자율)로 할인한 미래현금흐름 추정치이다. 상각후원가도 이자의 발생, 금융자산의 손상 및 수취 또는 지급과 같은 후속변동을 반영하기 위해 시간의 경과에 따라 업데이트해야 한다.

(2) 현행가치 CF6:10-22

현행가치(current value)는 측정일의 조건을 반영하기 위해 업데이트된 정보를 이용하여 산출한 자산, 부채 및 관련 수익과 비용의 측정치이다. 따라서 자산과 부채의 현행가치는 이전 측정일 이후의 현행가치의 변동을 반영하여 조정된 측정치이다.

역사적원가와는 달리 현행가치는 해당 자산이나 부채를 발생시킨 거래나 그 밖의 사건의 가격으로부터 도출되지 않고, 측정일에 현행가치 측정기준을 이용하여 재측정한 금액을 나타낸다. 현행가치 측정기준에는 ① 공정가치, ② 자산의 사용가치 및 부채의 이행가치, ③ 현행원가가 있다.

1) 공정가치

공정가치(fair value)는 측정일에 시장참여자 사이의 정상거래에서 자산을 매도할 때 받거나 부채를 이전할 때 지급하게 될 가격이다. 공정가치는 시장참여자의 관점을 반영한다. 시장참여자가 경제적으로 보아 최선으로 자산이나 부채의 가격을 결정할 때 사용할 가정과 동일한 가정을 사용하여 그 자산이나 부채를 측정한다.

활성시장이 있는 경우 공정가치는 관측되는 가격으로 직접 결정할 수 있다. 그렇지 못하면, 측정기법(예, 현금흐름기준측정기법. 본장 제3절을 참조)을 사용하여 간접적으로 결정해야 한다.

공정가치는 자산이나 부채를 발생시킨 거래나 그 밖의 사건의 가격으로부터 도출되지 않기 때문에, 자산을 취득할 때 발생한 거래원가로 인해 증가하지 않으며 부채를 발생시킬 때 발생한 거래원가로 인해 감소하지도 않는다. 또한 공정가치에는 자산의 궁극적인 처분이나 부채의 이행에서 발생할 거래원가를 반영하지 않는다.

6) 자산과 부채의 역사적원가 업데이트에는 다음 사항을 반영해야 한다.

자산의 경우	부채의 경우
• 자산의 소비(감가상각 또는 상각) • 자산을 처분하면서 받은 대금 • 자산손상의 영향 • 자산의 금융요소를 반영하는 이자의 발생	• 부채의 상환 또는 의무의 이행 • 부채의 손실부담을 증가시키는 사건의 영향 • 부채의 금융요소를 반영하는 이자의 발생

공정가치의 개념 및 측정방법에 대해서는 본장 제4절에서 상세히 설명하고 있다.

2) 사용가치와 이행가치

사용가치(value in use)는 기업이 자산의 사용과 궁극적인 처분으로 얻을 것으로 기대하는 현금흐름 또는 그 밖의 경제적 효익의 현재가치이다. 이행가치(fulfillment value)는 기업이 부채를 상환할 때 이전해야 하는 현금이나 그 밖의 경제적 자원의 현재가치이다. 여기에는 거래상대방에게 이전되는 금액뿐만 아니라 기업이 당해 부채를 상환하기 위해 다른 당사자에게 이전해야 할 것으로 예상하는 금액도 포함한다. 사용가치와 이행가치는 기업특유(entity-specific)의 관점을 반영한다. 많은 경우 기업특유의 관점은 공정가치의 시장참여자 관점과 차이가 있을 것이다.

사용가치와 이행가치는 미래현금흐름에 기초하기 때문에 자산을 취득하거나 부채를 발생시킬 때 발생하는 거래원가는 포함하지 않는다. 그러나 궁극적으로 자산처분이나 부채이행에서 발생할 것으로 예상되는 거래원가의 현재가치를 포함한다.

사용가치와 이행가치는 직접 관측될 수 없으므로 현금흐름기준측정기법으로 측정한다. 이때 공정가치를 현금흐름기준측정기법으로 측정할 때와 동일한 요소들을 고려하지만 시장참여자의 관점이 아니라 기업특유의 관점을 반영한다.

3) 현행원가

자산의 현행원가(current cost)는 측정일에 동등한 자산을 취득한다면 지급해야 할 대가에 거래원가를 가산하여 결정한다. 부채의 현행원가는 측정일에 동등한 부채를 발생시킬 때 수취할 수 있는 대가에서 거래원가를 차감하여 결정한다.

활성시장의 가격으로 현행원가를 직접 결정할 수 없다면, 다른 방법을 통해 간접적으로 결정해야 한다. 예를 들면, 신형 자산에 대한 가격만을 이용할 수 있다면, 기업이 보유하여 사용하고 있는 구형 자산의 현행원가는 신형 자산의 현재가격에 구형 자산의 당시 연령과 상태를 반영하여 추정할 수도 있다.

자산소비에 대한 현행원가(또는 부채이행에 따른 현재수익)를 보고하기 위해, 보고기간의 장부금액 변동을 자산소비에 대한 현행원가(또는 부채이행에 따른 현재수익)와 가격변동효과로 나누어야 한다. 가격변동효과를 보유손익(holding gain)이라고 부른다.

예제 4-2 자산평가와 이익측정

슬기(주)는 계속기록법을 사용하여 재고자산을 평가하고 있으며, 20×1년도의 거래와 관련된 정보가 다음과 같다. 회계연도는 12월 31일에 종료된다.

1월 1일 상품구입(현금구입) : 200개 @₩60
7월 1일 상품판매(현금판매) : 100개 @₩75 잔여재고 : 100개

현행원가 : 1월 1일 ₩60, 7월 1일 ₩65, 12월 31일 ₩68

판매가격(공정가치) : 7월 1일 ₩75, 12월 31일 ₩80

요구사항

1) 역사적원가/현행원가/공정가치 측정기준에 따라 20×1년 1월 1일, 7월 1일 및 12월 31일의 분개를 하라.
2) 취득원가/현행원가/공정가치에 따른다면 20×1년도 당기순이익은 각각 얼마인가?

해답

1) 분 개

일 자	취득원가	현행원가	공정가치
1. 1 (매입)	재고자산 12,000 현 금 12,000	재고자산 12,000 현 금 12,000	재고자산 12,000 현 금 12,000
7. 1 (판매)	현 금 7,500 매 출 7,500 매출원가 6,000 재고자산 6,000	재고자산 1,000 보유이익 1,000* 현 금 7,500 매 출 7,500 매출원가 6,500 재고자산 6,500	재고자산 3,000 보유이익 3,000** 현 금 7,500 매 출 7,500 매출원가 7,500 재고자산 7,500
12. 31	-분개 없음-	재고자산 300 보유이익 300	재고자산 500 보유이익 500

* 200개×(₩65－₩60)=₩1,000
** 200개×(₩75－₩60)=₩3,000

2) 20×1년도 당기순이익
역사적원가를 측정기준으로 선택한 손익계산서에는 매출액이 ₩7,500이고 매출원가가 ₩6,000이어서 매출총이익이 ₩1,500이다. 현행원가 기준으로 측정하면 취득원가를 측정기준으로 산출한 매출총이익 이외에 보유이익 ₩1,300이 추가로 계산된다. 보유이익 ₩1,300 중에는 매출한 재고자산에 포함된 ₩500(=판매수량 100개×(₩65－₩60))과 기말재고자산에 포함된 ₩800(=재고수량 100개×(₩68－₩60))이 포함되어 있다. 판매된 재고자산에 포함된 보유이익 ₩500은 실현된 이익이고, 기말재고자산에 포함된 보유이익 ₩800은 미실현된 상태이다. 공정가치 기준은 판매가격 기준으로 측정한다. 만약, 판매 전에 재고자산의 평가이익을 반영한다면 판매가격과 매출원가는 동일하므로 매출총이익은 ₩0이 되고 평가이익 ₩3,500(=판매수량 200개×₩15+재고수량 100개×₩5)이 발생한다. 평가이익 ₩3,500 중에는 매출한 재고자산에 포함된 ₩1,500(=판매수량 100개×(₩75－₩60))과 기말재고자산에 포함된 ₩2,000(=재고수량 100개×(₩80－₩60))이 포함되어 있다.

현행원가는 역사적원가와 마찬가지로 유입가치(entry value)이다. 현행원가는 기업이 자산을 취득하거나 부채를 발생시킬 시장에서의 가격을 반영한다. 그러나 현행원가는 역사적원가와 달리 측정일의 조건을 반영한다. 예를 들어 보자. 특정 상품을 과거에 ₩1,000에 취득했으며, 이를 현재시점에 시장에서 재취득한다면 ₩1,200을 지급해야 한다. 이 경우 ₩1,000은 이 상품의 역사적원가이며 ₩1,200은 현행원가이다.

이 두 기준은 회사가 취득시장(유입시장)에서 상품을 취득할 때 지출해야 하는 유입가치이다.

건물의 경우에는 역사적원가나 현행원가로 평가할 수도 있지만, 이를 공정가치나 사용가치(예를 들면, 임대하여 미래에 받게 될 임대수익과 처분시점에 수취할 금액(미래현금흐름)의 현재가치)로 평가할 수도 있다. 공정가치나 사용가치(또는 부채의 이행가치)는 유출가치(exit value)이다.

2 측정기준의 선택 CF6:43-76

측정기준을 선택할 때 측정기준이 재무상태표와 손익계산서에서 만들어 낼 정보의 성격을 고려하는 것이 중요하다. 각 측정기준에 의해 제공되는 정보(보론 〈표 4A-1〉을 참조)와 측정기준을 선택할 때 고려할 요인을 살펴보기로 한다.

측정기준을 선택할 때 그 측정기준으로 산출할 정보의 성격과 기타 요인을 고려한다. 많은 경우 측정기준의 선택은 단일 요인이 아니라 몇 가지 요인의 상대적 중요성을 고려하여 결정한다.

측정기준에 의해 제공되는 재무정보는 이용자들에게 유용해야 한다. 유용한 정보는 목적적합하고 표현충실해야 한다.

(1) 목적적합성

정보의 목적적합성은 ① 자산 또는 부채의 특성과 ② 자산 또는 부채가 미래현금흐름에 기여하는 방법의 영향을 받는다.

1) 자산, 부채의 특성

정보의 목적적합성은 자산 또는 부채의 특성에 따라 달라진다. 예를 들면, 자산 또는 부채의 가치가 시장요인이나 기타 위험에 민감하다면, 그 자산이나 부채의 역사적원가(또는 상각후원가)는 현행가치와 다를 수 있고 이 경우 역사적원가는 목적적합한 정보를 제공하지 못할 수 있다.

역사적원가로 측정하면 가치변동 효과는 가치가 변동할 때가 아니라 처분, 손상 또는 이행과 같은 사건이 발생할 때 보고된다. 따라서 자산과 부채의 가치변동에 관한 정보가 적시에 제공되지 않기 때문에 기업의 손익정보는 보고기간에 자산이나 부채의 보유손익을 완전하게 설명하지 못하여 예측가치와 확인가치가 결여될 수 있다. 또한 모든 수익과 비용이 자산이나 부채의 보유기간이 아닌 처분 등의 사건이 발생할 때 인식된다는 것을 의미하는 것으로 오해될 수 있다.

자산이나 부채의 공정가치변동은 시장참여자의 기대 및 위험선호도의 변화를 반영한다. 그러나 가치변동을 반영한 정보가 재무제표이용자들에게 예측가치나 확인가치를 항상 제공하는 것은 아니다. 예를 들면, 유형자산의 공정가치가 하락하였더라도 기업이 해당 자산을 영업목적으로 사용할 계획이라면 이러한 공정가치의 변동은 해당 유형자산의 사용으로 인한 현금흐름 회수에 영향을 주지 못할 수 있다.

2) 미래현금흐름에 기여하는 방법

경제적 자원은 직접적으로 현금흐름을 창출하기도 하며, 간접적으로 다른 경제적 자원과 결합하여 현금흐름을 창출하기도 한다. 사업활동이 고객에게 재화나 용역을 생산하고 판매하기 위해 경제적 자원을 결합하여 현금흐름을 창출하는 것이라면, 역사적원가나 현행원가는 미래현금흐름에 대한 목적적합한 정보를 제공한다. 예를 들어, 유형자산과 재고자산은 다른 경제적 자원을 사용(예를 들면, 생산 및 마케팅 활동)하지 않는다면 경제적 효익을 발생시킬 수 없다. 역사적원가나 현행원가는 해당 자산으로부터 기대되는 최소한의 회수가능한 금액에 대한 정보를 제공한다.

사업활동이 계약상 현금흐름을 수취하기 위해 금융자산을 관리하는 것이라면, 금융자산의 상각후원가는 그 자산에서 발생한 이자수익에 대한 목적적합한 정보를 제공할 수 있다. 그러나 상각후원가는 시세 상승을 목적으로 한 투자에는 목적적합한 정보를 제공하지 못할 것이다. 그리고 직접 현금흐름을 창출하는 자산의 경우, 가장 목적적합한 정보를 제공하는 측정기준은 미래현금흐름의 금액, 시기와 불확실성의 현재 추정치를 반영한 현행가치일 것이다.

(2) 표현충실성

상호 관련된 자산과 부채에 서로 다른 측정기준을 사용하면 측정불일치(회계불일치)가 발생할 수 있다. 측정불일치가 포함된 재무제표는 기업의 재무상태와 재무성과를 충실하게 표현하지 못할 수 있다. 특히 특정 자산이나 부채의 현금흐름이 다른 자산이나 부채의 현금흐름에 직접 관련되어 있으면 표현충실성이 결여될 수 있다.

충실한 표현에는 오류가 없어야 하지만, 모든 측면에서 측정이 완벽하게 정확해야 한다는 것을 의미하지는 않는다. 추정에 근거한 측정은 측정불확실성(measurement uncertainty)이 발생한다.[7] 측정불확실성 수준이 높다고 해서 목적적합한 정보를 제공하는 측정기준을 사용하지 못하는 것은 아니다. 그러나 측정불확실성 수준이 너무 높으면 정보의 표현충실성을 저해할 수 있다. 이 경우에는 다른 측정기준을 선택하는 것을 고려해야 한다.

---

7) 측정불확실성은 결과불확실성이나 존재불확실성과는 다르다.
① 결과불확실성(outcome uncertainty)은 자산이나 부채에서 발생할 경제적 효익의 유입이나 유출의 금액 또는 시기에 대한 불확실성이 있을 때 발생한다.
② 존재불확실성(existence uncertainty)은 자산이나 부채의 존재 여부가 불확실할 때 발생한다.

(3) 보강적 질적특성과 원가제약

보강적 질적특성(단, 적시성은 제외함)과 원가제약도 측정기준의 선택에 영향을 미친다. 측정기준을 선택할 때 재무제표이용자들에게 제공되는 정보의 효익이 그 정보를 제공하고 사용하는 데 발생한 원가를 초과하도록 해야 한다.

한 보고기업 내에서 기간간 또는 같은 기간 동안에 기업간에 동일 항목에 대해 동일한 측정기준을 일관되게 사용하면 비교가능성이 제고된다. 측정기준이 변경되면 재무제표의 이해가능성이 감소할 수 있지만, 다른 질적특성이 더 중요하게 증강된다면 변경이 정당화될 수 있다.

재무제표에 많은 측정기준을 사용할수록 정보는 더 복잡해져서 이해가능성이 저하된다. 그러나 유용한 정보 제공을 위해 필요하다면 다양한 측정기준을 사용하는 것이 적절할 수도 있다.

검증가능성은 직접 관측 또는 모형의 투입요소를 확인할 수 있는 측정기준을 사용함으로써 향상된다. 검증이 불가능한 경우 그 측정이 어떻게 결정되었는지 이해하기 위한 설명이 필요하다. 때로는 다른 측정기준을 사용하는 것이 필요할 수도 있다.

보강적 질적특성과 원가제약이 각 측정기준에 미치는 의미를 살펴본다.

〈역사적원가〉 대부분 역사적원가 측정은 단순하고, 비용도 적게 들며, 일반적으로 이해가능성과 검증가능성이 높다. 역사적원가를 사용하면 동일한 자산이나 부채더라도 취득하거나 발생한 시점에 따라 보고금액이 달라질 수 있다. 이것은 보고기업의 기간간 또는 같은 기간의 기업간 비교가능성을 저하시킬 수 있다.

〈공정가치〉 공정가치는 시장참여자의 관점에서 결정되고 자산이 취득되거나 부채가 발생하는 시점과는 독립적이다. 따라서 공정가치로 측정하면, 동일한 자산이나 부채는 원칙적으로 동일한 시장에 접근할 수 있는 기업에 의해 동일한 금액으로 측정된다. 이는 한 기업의 기간간 또는 한 기간의 기업간 비교가능성을 높일 수 있다.

공정가치를 활성시장의 시장가격으로 결정할 수 있다면, 공정가치 측정과정은 비용이 적게 들고, 단순하며, 이해하기 쉽다. 또한 공정가치는 직접 관측을 통해 검증될 수 있다. 그러나 활성시장에서 직접 관측할 수 없는 공정가치를 측정하기 위해 또는 사용가치나 이행가치를 결정할 때 현금흐름기준측정기법(cash-flow-based measurement techniques)이 필요하다.

〈사용가치와 이행가치〉 사용가치와 이행가치는 개별 기업의 관점을 반영하기 때문에 동일한 자산이나 부채를 다른 기업이 보유할 경우 다르게 측정될 수 있다. 이러한 차이는 자산이나 부채가 유사한 방식으로 현금흐름에 기여하는 경우 비교가능성을 저하시킬 수 있다.

개별 자산의 사용가치는 다른 자산과 함께 사용되는 경우 결정하기가 어렵다. 이 경우 자산집합의 사용가치를 개별 자산에 배분해야 하는데, 배분과정이 주관적이고

자의적일 수 있다. 또한, 사용가치의 추정에는 자산집합 내의 다른 자산과의 시너지 효과가 반영될 수 있다. 따라서 시너지효과를 결정하는 것은 비용이 많이 소요되는 과정이 될 수 있으며, 검증가능성이 저하된다.

〈**현행원가**〉 현행원가를 사용하면 다른 시점에 취득하거나 발생한 동일한 자산이나 부채를 재무제표에 현재시점을 기준으로 한 측정금액으로 보고한다. 이는 한 기업의 기간간 그리고 한 기간의 기업간 비교가능성을 향상시킬 수 있다.

한편, 현행원가를 결정하는 것은 복잡하고 주관적이며 비용이 많이 들 수 있다. 또한 현행원가 장부금액의 변동을 소비한 현행원가와 가격변동 효과로 나누는 것은 복잡하고 자의적인 가정이 필요할 수 있다. 이러한 어려움 때문에 현행원가 측정치는 검증가능성과 이해가능성이 결여될 수 있다.

3 현금흐름기준측정기법 CF6:91-95

측정치를 직접 관측할 수 없는 경우 측정치를 추정하는 대표적 방법 중의 하나가 현금흐름기준측정기법이다. 이는 측정기준이 아니고, 측정기준의 적용기법이다. 따라서 이러한 기법을 사용할 때 어떤 측정기준이 사용되는지 그리고 그 기법이 그 측정기준에 적용가능한 요인을 어느 정도 반영하는지 확인하는 것이 필요하다. 예를 들면, 측정기준이 공정가치인 경우에 적용가능한 요인은 아래와 같다.

[요인1] 미래현금흐름 추정치
[요인2] 측정 대상에 대한 미래현금흐름의 추정 금액이나 시기가 그 현금흐름에 내재된 불확실성으로 인한 변동가능성
[요인3] 화폐의 시간가치
[요인4] 현금흐름에 내재된 불확실성에 대한 대가(위험할증/위험할인)[8]
[요인5] 기타 요소

[요인2]와 [요인4]에는 상대방의 신용위험과 자신의 신용위험이 포함된다.

결과불확실성(outcome uncertainty)은 미래현금흐름의 금액이나 시기에 대한 불확실성에서 발생한다. 불확실한 미래현금흐름의 추정치로 자산이나 부채를 측정할 때 고려해야 할 한 가지 요인은 현금흐름의 추정치 또는 시기의 변동가능성(위의 [요인2])이다. 이러한 변동은 가능한 현금흐름 범위 내에서 단일추정치를 선택할 때 고려된다. 목적적합한 정보를 제공하는 금액은 일반적으로 중앙추정치(central estimate)이다. 일반적으로 활용되는 중앙추정치도 몇 가지가 있는데 예를 들어 다음과 같다.

8) 불확실성 대가는 그 불확실성의 정도에 따라 다르다. 불확실성 대가는 투자자들이 일반적으로 현금흐름이 확실한 투자대상보다 현금흐름이 불확실한 투자대상에 더 많은 위험대가를 요구한다는 사실을 반영한다.

① **기대치**(확률가중평균, 통계적 평균) : 기대치는 각 가능한 결과에 해당 확률을 곱하여 그 적수를 더한 값을 나타낸다. 예컨대 어느 프로젝트의 예상되는 결과가 100, 50, −40이고 각각의 확률이 30%, 40%, 30%라면 기대치는 '100×0.3+50×0.4+(40)×0.3=38'이 된다. 기대치는 그 자산이나 부채에서 발생하는 경제적 효익의 궁극적인 유입이나 유출을 예측하기 위한 것이 아니다.

② **중위수**

③ **최고확률금액**(통계적 최빈치) : 자산이나 부채에서 발생할 가능성이 가장 높은 단일의 궁극적인 유입 또는 유출이다. 상기 ①의 사례에서 확률이 가장 높은 경우가 40%이기 때문에 최고확률금액은 50이 된다.

제4절 공정가치

1 공정가치의 의의와 측정

K-IFRS에서는 다양한 자산과 부채를 공정가치로 평가하는 것을 의무화하거나 선택할 수 있도록 함으로써 공정가치에 근거한 정보의 제공을 강조하고 있다. 여기에서는 K-IFRS 제1113호(공정가치 측정)를 중심으로 설명하기로 한다.

(1) 공정가치의 의의

공정가치(fair value)는 측정일에 시장참여자 사이의 정상거래에서 자산을 매도할 때 받거나 부채를 이전할 때 지급하게 될 가격을 의미한다. 이 정의에 따르면 공정가치는 다음의 특성을 지닌다.

첫째, 공정가치는 유출가치 개념을 채택하고 있다. 유출가치(exit value)는 자산을 매도하면서 수취하거나 부채를 이전하면서 지급하게 될 가격을 말한다.

둘째, 공정가치는 시장참여자의 관점을 반영한다. 시장참여자란 시장에서의 매도자와 매입자로서 서로 독립적이고, 합리적 판단력이 있으며, 거래를 체결할 능력과 의사를 가진 자를 말한다. 주된 시장이 있는 경우에는 우선적으로 주된 시장에서 입수가능한 공정가치를 사용하고, 주된 시장이 없는 경우에는 가장 유리한 시장을 이용하여 공정가치를 측정할 수 있다. 여기에서 주된 시장(principal market)이란 거래의 규모와 빈도가 가장 큰 시장을 의미하며, 가장 유리한 시장(most advantageous market)은 자산 매도로 인한 수취금액을 최대화하거나 부채 이전으로 인한 지급액을 최소화하는 시장을 말한다.

셋째, 공정가치는 정상거래에서 발생한 것이다. 정상거래(orderly transactions)란 강제된 거래(청산이나 재무적 어려움에 따른 매각 등)가 아닌 거래로서, 통상적이고 관습적인 거래를 할 수 있는 시장에서의 거래를 말한다.

(2) 가치평가기법에 의한 공정가치의 측정

활성시장에서 관측가능한 거래가격이 없는 경우 가치평가기법을 사용하여 공정가치를 측정해야 할 수도 있다. 가치평가기법을 이용할 때에는 관측가능 투입변수(observable inputs)를 최대한 사용하고 관측불능 투입변수(unobservable inputs)는 사용을 최소화함으로써 측정오류를 줄여야 한다. 투입변수란 공정가치 측정에 사용할 측정금액을 의미한다. 예를 들면 주식가격은 거래소시장의 주가가 투입변수이고 부동산은 최근의 실거래가가 투입변수가 된다. 일반적으로 많이 이용되는 가치평가기법에는 시장접근법, 이익접근법 및 원가접근법이 있다.

시장접근법(market approach)은 동일하거나 유사한 항목에 대해 시장에서 형성된 가격 또는 기타 관련 정보를 사용하는 방법이다. 따라서 시장에서 관측가능한 정보를 이용하기 때문에 공정가치의 추정을 위해서 가장 권장되는 방법이다.

이익접근법(income approach)은 미래현금흐름, 미래이익 등의 금액을 현재가치로 전환하는 평가법으로서 현재가치법이라고도 불린다.

원가접근법(cost approach)은 자산의 사용능력을 대체하는 데 필요한 금액을 반영하는 평가법으로서, 일반적으로 현행원가법이라고 부른다.

공정가치는 원칙적으로 유출가치로 측정하지만, 유출가치가 이용가능하지 않은 경우에는 유입가치인 현행원가를 사용할 수 있다.

예제 4-3 가치평가기법을 사용한 공정가치 측정방법

(주)ABC는 생산설비와 소프트웨어를 함께 구입하였고 ₩1,900을 지급하였다. 소프트웨어에 대해 무형자산으로 회계처리하기로 하였지만 소프트웨어의 구매가격은 계약서에 구체적으로 명시되어 있지 않다. 공급업체는 소프트웨어 원가가 ₩100이라고 밝히고 있으며, 일반적으로 원가보다 40% 높은 가격을 정하는 정책을 가지고 있다. 유사한 소프트웨어는 시장에서 ₩150에 거래되고 있다. (주)ABC는 해당 소프트웨어를 약 3년간 사용할 예정이며, 각 연도별로 ₩50의 경제적 이익을 가져올 것으로 기대하고 있다. (주)ABC의 일반적인 기대수익률은 10%이다.

➡계속

요구사항

시장접근법, 이익접근법, 원가접근법을 사용하여 제공한 서비스의 공정가치를 측정하라.

해답

1) 시장접근법

유사한 소프트웨어를 판매하는 다른 기업의 소프트웨어 가격에 기반하여 판단하므로 ₩150으로 측정한다.

2) 이익접근법

향후 3년에 걸쳐 예상이익 ₩50을 할인율 10%로 현재가치를 계산한 ₩124(=₩50×2.4869)으로 측정한다.

3) 원가접근법

소프트웨어 원가 ₩100에 이윤 ₩40(원가의 40%)을 합한 ₩140으로 측정한다.

(3) 공정가치의 서열체계

공정가치 서열체계(fair value hierarchy)란 가치평가기법의 사용에서 투입변수의 우선순위를 부여하기 위한 개념이다. 공정가치 서열체계는 투입변수를 세 가지 수준으로 구분한다.

수준1 투입변수(level 1 inputs): 활성시장의 공시가격(quoted prices)을 조정하지 않고 그대로 사용할 수 있는 투입변수를 말한다. 수준1 투입변수는 가치평가기법의 가장 바람직한 투입변수이다. 예를 들어 투입변수가 관측가능한 시장으로는 거래소시장, 딜러시장, 중개시장, 직거래시장 등이 있다. 거래소시장(exchange markets)은 한국거래소, 뉴욕증권거래소 등과 같이 상품이 빈번하게 거래되고 가격이 항상 공시되어 이용가능하며 일반적으로 공정가치를 대표한다고 볼 수 있는 시장을 말한다. 딜러시장(dealer markets)은 딜러가 시장을 조성할 목적으로 재고를 보유하여 유동성을 공급하는 시장으로서, 장외시장(over-the-counter markets), 중고차시장 등이 딜러시장의 대표적인 예이다. 중개시장(brokered markets)은 부동산시장처럼 중개인이 시장조성자로 활약하는 시장을 말하고, 직거래시장(principal-to-principal markets)은 거래당사자가 직접 거래상대방을 찾아서 거래가 이루어지는 시장을 말한다.

수준2 투입변수(level 2 inputs): 평가대상의 공시가격이 이용가능하지 않을 때 사용할 수 있는 시장변수로서 직접적 또는 간접적으로 관측가능 투입변수이다. 수준2에 해당하는 투입변수는 유사한 항목의 활성시장의 공시가격, 동일 또는 유사한 항목의 비활성시장의 공시가격, 이자율 등을 들 수 있다.

수준3 투입변수(level 3 inputs): 평가대상에 대한 관측불능 투입변수를 말한다. 수준3 투입변수는 서열체계에서 가장 하위에 있는 변수로서 측정오류를 줄이기 위해서는 그 사용이 최소화되는 것이 바람직한 변수이다. 예컨대, 특정한 금융상품에 대한 시장정보가 이용불가능한 경우 가치평가를 위해 기업 자체의 자료를 이용하여 개발된 재무예측을 사용하는 것은 수준3 투입변수에 해당한다.

(4) 공정가치의 측정

1) 금융상품의 공정가치 측정

금융상품(채무증권, 지분증권)에 대한 공정가치는 측정일에 금융상품이 매각되는 것을 가정하여 측정한다. 만일 활성시장의 공시가격이 이용가능하지 않다면 시장접근법 또는 이익접근법 등의 가치평가기법을 사용한다. 금융상품의 공정가치를 평가할 때에는 불이행위험, 시장위험, 신용위험 등을 고려해야 한다. 또한 금융상품은 위험회피를 위하여 순매입포지션(자산) 또는 순매도포지션(부채)으로 관리되는 경우에는 금융자산과 금융부채 집합의 순액에 대하여 공정가치를 측정할 수 있다.

2) 비금융자산의 공정가치 측정

비금융자산의 공정가치는 시장참여자가 경제적 효익을 창출하기 위해서 그 자산을 가장 효율적으로 사용할 것이라는 가정에 근거하여 측정한다. 이러한 가정을 최고최선의 사용(highest and best use)이라고 부른다. 최고최선의 사용 개념은 교환가치보다는 사용가치에 근거하고 있다. 교환가치(value in exchange)는 유입시장에서 측정했을 때 현행원가가 되며, 유출시장에서 측정했을 때 유출가격이 된다. 사용가치(value in use)란 특정 기업이 관련 자산을 사용함으로써 창출할 수 있는 기업특유가치를 말하는데, 당해 자산을 사용해서 창출하는 미래현금흐름의 현재가치가 사용가치의 대표적인 측정치로 간주된다.

비금융자산의 최고최선의 사용을 고려할 때에는 물리적 사용가능성(예, 자산의 위치 또는 크기), 법적 허용가능성(예, 부동산 용도 제한 규정), 재무적 실행가능성(예, 현금흐름) 등을 감안해야 한다. 또한 비금융자산은 독립적으로 사용될 수 있고, 다른 자산과 함께 집합적으로 사용되거나(예, 설비의 일부), 다른 자산 및 부채와 함께 사업단위의 일부로 사용될 수도 있다. 사용형태에 관계없이 비금융자산은 최고최선의 사용을 전제로 측정한다.

2 공정가치의 유용성

공정가치는 재무정보이용자들이 합리적인 투자와 신용판단 등의 의사결정을 하는 데 적합한 정보라고 본다. 일부 자산에 대해서는 공정가치가 의사결정에 유용하다고 보는 주된 이유를 살펴보자.

첫째, 기업은 유휴자금을 일시적으로 운용하기 위하여 현금화가 용이한 금융상품에 투자한다. 이 경우 공정가치는 해당 금융상품의 현금창출능력을 측정하는 데 적합한 정보이다.

둘째, 금융상품의 공정가치는 경영성과를 잘 반영할 수 있다. 예를 들면, 기업이 고정이자부 금융상품에 투자했는데 이후에 시장이자율이 하락하면 당해 금융상품의 가치가 상승하고 평가이익이 발생한다. 이 경우 공정가치 변화는 경영자가 적절하게 투자했는지를 평가할 수 있는 기초자료를 제공한다. 공정가치는 성과에 영향을 미치는 사건(예, 이자율의 변동)이 발생한 기간에 즉시 반영한다.

셋째, 공정가치평가는 이익거래(gains trading)[9]를 예방한다. 이익거래란 미실현보유이익이 발생한 금융상품은 처분하여 이익을 조기 인식하고, 미실현보유손실이 발생한 금융상품은 보유함으로써 손실을 이연하여 당기순이익을 높이는 것을 말한다. 예컨대 상각후원가측정금융자산의 공정가치가 변동하면 이익거래를 할 수 있다. 그러나 모든 금융상품을 공정가치로 평가하면, 이익거래의 기회가 소멸한다.

마지막으로 공정가치의 가변성과 평가기법에 의한 공정가치 측정은 표현충실성을 저해할 가능성이 있기 때문에 공정가치의 전면적인 채택에 부정적인 입장을 취하기도 한다. 그러나 목적적합하지 못한 정보를 제공하는 것보다는 다소 표현충실성이 떨어지더라도 목적적합한 정보를 제공하는 것이 합리적이라고 보기 때문에 공정가치평가가 지지를 받고 있는 추세이다.

3 공정가치평가손익의 처리

공정가치평가에서 발생하는 미실현보유손익, 즉 평가손익은 관련 자산의 분류에 따라 상이하게 처리한다. 하지만 공정가치의 평가손익에 대해서는 크게 당기손익 또는 기타포괄손익에 반영하는 회계처리로 요약된다.

첫째, 평가손익을 당기손익에 포함하는 경우이다. 당기손익-공정가치측정금융자산(FVPL금융자산)에 대한 평가손익이 대표적인 예이다. 유형자산에 대해 재평가모형을 적용하는 경우 평가손실이 발생하는 경우도 당기손익에 반영한다. 평가손익을 당기손익에 반영하는 이유는 이러한 자산의 취득성과인 평가손익을 당기순이익에 반영함으로써 보다 유용한 회계정보를 제공할 수 있기 때문이다.

둘째, 기타포괄손익으로 인식하는 경우이다. 기타포괄손익-공정가치측정금융자산(FVOCI금융자산)에 대한 평가손익이 대표적인 예이다. 유형자산에 대한 재평가모형을 사용하는 경우, 재평가이익에 대해서도 기타포괄손익에 반영한다. 미실현평가손익을 당기손익에 직접 반영하면, 순이익이 해당 자산이나 부채의 공정가치 변동에 의해 큰

9) 이를 cherry picking이라고도 함.

영향을 받기 때문에 기업의 영업성과를 왜곡할 수 있다. 특히 비교적 장기간 보유하는 금융상품의 경우에는 미실현평가손익이 그대로 실현될 가능성이 높지 않은데도 이를 당기손익에 반영한다면, 보유기간 동안 각 연도의 손익에 미치는 영향이 지나치게 커지게 된다는 우려가 있다. 그러나 이 방법을 택하더라도 기타포괄손익누계액이 자본에 반영되기 때문에 자본의 변동성을 방지할 수는 없다.

4 공정가치의 적용

전통적으로 자산은 취득원가로 측정해왔다. 그러나 K-IFRS에서는 공정가치평가를 여러 자산의 평가에 적용하고 있다. 대표적으로 금융자산은 상각후원가측정금융자산(AC금융자산) 이외에는 모두 공정가치로 평가하고 있다. 공정가치평가가 적용되는 분야를 살펴보면 다음과 같다.

① 공정가치가 적용되는 대표적인 자산과 부채는 금융상품이다. 금융자산의 성격에 따라 공정가치변동에 따른 평가손익을 당기순손익에 반영시키기도 하고 기타포괄손익에 반영시키기도 한다.

② 유형자산 및 무형자산 등의 자산에도 재평가모형을 사용할 수 있도록 허용하고 있는데, 이것도 공정가치개념에 근거한 것이다.

③ 투자부동산, 생물자산에도 공정가치회계를 적용할 수 있다.

④ 각종 자산에 대해서 손상차손회계를 의무화하고 있는데, 이것은 공정가치의 하향변동의 경우에만 적용하는 공정가치개념에 근거하고 있다.

⑤ 재고자산의 저가기준에도 부분적으로 공정가치평가의 개념이 적용되고 있다.

보론 4A 재무제표요소의 측정기준에 의해 제공되는 정보

〈표 4A-1〉은 개념체계에서 기술하고 있는 측정기준(역사적원가, 공정가치, 사용가치, 현행원가)이 재무제표요소에 구체적으로 적용되었을 경우에 제공되는 정보를 보여주고 있다.

▶ 표 4A-1
재무제표요소의 측정기준에 의해 제공되는 정보

자 산

(1) 재무상태표

	역사적원가	공정가치 (시장가치)	사용가치 (기업특유가치)[1]	현행원가
장부금액	역사적원가 (거래원가와 발생이자 포함)	매도 예상가격 (처분거래원가 차감 전)	미래현금흐름 현재가치 (처분거래원가의 현재가치 차감)	현행원가 (거래원가 포함)

(2) 손익계산서

사건	역사적원가	공정가치 (시장가치)	사용가치 (기업특유가치)	현행원가
최초인식[2]	NA	취득대가와 공정가치의 차이[3] 취득거래원가비용처리	취득대가와 사용가치의 차이 취득거래원가비용처리	NA
자산처분/소비[4)5)]	처분대가에서 역사적원가를 차감한 금액 (총액/순액 표시가능) 처분거래원가비용처리	처분대가에서 공정가치를 차감한 금액 (총액/순액 표시가능) 처분거래원가비용처리	처분대가에서 사용가치를 차감한 금액 (총액/순액 표시가능)	처분대가에서 현행원가를 차감한 금액 (총액/순액 표시가능) 처분거래원가비용처리
이자수익	역사적이자율(변동금리인 경우 업데이트된 역사적이자율)에 따라 산정된 이자수익	가치변동손익(별도로 식별할 수 있음)	가치변동손익(별도로 식별할 수 있음)	현행이자율에 따라 산정된 이자수익
손상	역사적원가의 회수불능손실	가치변동손실	가치변동손실	현행원가의 회수불능손실
가치변동	불인식(손상은 제외)	보유손익	보유손익	보유손익

1) 이 열은 사용가치가 측정기준으로 사용되는 경우에 제공되는 정보를 요약한다. 그러나 사용가치는 정기적으로 재측정하기 위한 실무적인 측정기준이 아닐 수 있다.
2) 시장거래에서 취득하지 않은 자산의 경우 취득손익이 발생할 수 있다.
3) 자산을 취득한 시장이 공정가치 측정에 사용된 시장과 다를 경우 취득손익이 발생할 수 있다.
4) 자산의 소비는 일반적으로 매출원가, 감가상각 또는 상각으로 보고된다.
5) 수취한 수익은 종종 수취한 대가와 동일하지만, 관련 부채에 사용된 측정기준에 따라 달라진다.

부 채

(1) 재무상태표

	역사적원가	공정가치 (시장가치)	이행가치 (기업특유가치)	현행원가
장부금액	부채인수대가(거래원가 차감순액) 추정 현금유출액이 그 대가를 초과할 때 증가(발생이자 포함)	부채에 대해 지급될 가격(이전시 발생할 거래원가는 제외)	부채에 대해 발생될 미래현금흐름의 현재가치(이행시 발생할 거래원가의 현재가치 포함)	부채를 인수하기 위해 현재 수취하게 될 대가(거래원가 차감순액) 추정 현금유출액이 그 대가를 초과할 때 증가

(2) 손익계산서

사건	역사적원가	공정가치 (시장참여자 가정)	이행가치 (기업특유 가정)	현행원가
최초인식[1]	NA	수취대가와 공정가치의 차이[2] 거래원가의 비용처리	수취대가와 이행가치의 차이 거래원가의 비용처리	NA
부채이행	이행된 부채의 역사적 대가에서 부채이행대가를 차감한 금액 (총액/순액 표시가능)	이행된 부채의 공정가치에서 부채이행대가를 차감한 금액 (총액/순액 표시가능)	이행된 부채의 이행가치에서 부채이행대가를 차감한 금액 (총액/순액 표시가능)	이행된 부채의 현행대가에서 부채이행대가를 차감한 금액 (총액/순액 표시가능)
부채이전	이전된 부채의 역사적 대가에서 이전대가를 차감한 금액 (총액/순액 표시가능)	이전된 부채의 공정가치에서 이전대가를 차감한 금액 (총액/순액 표시가능)	이전된 부채의 이행가치에서 이전대가를 차감한 금액 (총액/순액 표시가능)	이전된 부채의 현행대가에서 이전대가를 차감한 금액 (총액/순액 표시가능)
이자비용	역사적이자율(변동금리부채는 업데이트된 역사적이자율)로 산정된 이자비용	가치변동손익 (별도 식별가능)	가치변동손익 (별도 식별가능)	현행이자율로 산정된 이자비용
손실부담초래사건의 영향	부채의 역사적원가를 초과하는 추정현금유출액 또는 그 초과액의 후속변동액	가치변동손익 (별도 식별가능)	가치변동손익 (별도 식별가능)	부채의 현행원가를 초과하는 추정현금유출액 또는 그 초과액의 후속변동액
가치변동	불인식(손실부담은 제외) 금융부채의 추정현금흐름의 변동손익	가치변동손익	가치변동손익	가치변동손익(보유손익)

1) 시장조건에서 발생하지 않은 부채를 최초인식할 때 손익이 발생할 수 있다.
2) 부채를 발생시킨 시장이 공정가치를 측정할 때 사용되는 시장과 다를 경우 손익이 발생할 수 있다.

보론 4B 현재가치와 미래가치

1 현재가치

자산은 미래의 경제적 효익을 나타낸다. 이 의미는 그 자산이 미래에 창출할 순현금흐름을 현재시점의 가치로 평가한 것이라고 볼 수 있다. 이는 자산이 가져다줄 미래효익을 현재의 시점에서 평가하는 것이므로 미래가격으로 측정한 유출가치에 해당하는 개념이다. 이는 또한 자산의 사용가치 또는 기업특유가치를 나타낸다.

현재가치개념을 이해하기 위해서는 화폐의 시간가치 개념을 먼저 이해해야 한다. 여기에서는 화폐의 시간가치를 알아보고 그 구성요소인 미래가치와 현재가치의 의미를 살펴보고자 한다.

(1) 화폐의 시간가치

우리는 일상생활에서 돈에 관한 흥미 있는 얘기를 할 때가 있다. 예를 들어 모재벌 회장의 개인 재산이 ₩4조에 이른다고 했을 때 사람들은 이 돈이 얼마만큼 큰 액수인지 감이 잘 잡히지 않는다고 한다. 만원권을 줄지어 늘어 놓을 경우 몇 킬로미터나 될까, 또는 연 1.8% 이자로 환산할 경우 1년간 또는 하루의 이자소득이 얼마나 될까 등에 대해 얘기를 하곤 한다.

여기에서 마지막 질문에 해당하는 것이 화폐의 시간가치(time value of money)에 관한 질문이다. 현재가치로 ₩4조라는 돈을 은행에 1.8% 이자로 예금할 경우 매일 이자로 영구히 받을 수 있는 금액이 얼마인가를 계산할 수 있다. 참고로 이를 계산해 보면 다음과 같다.

$$₩4조 \times 1.8\%/360일 = ₩2억/일$$

₩4조는 1.8% 이자율을 적용할 경우 매일 ₩2억의 이자수입이 발생한다. 이를 다르게 표현하면 이자율이 1.8%일 때 매일 ₩2억의 이자를 무한히 받거나 지급할 현금흐름의 현재가치는 ₩4조이다.

금융자산과 금융부채는 그 수취시기 또는 지급시기에 따라 가치가 달라진다. 예를 들어 현재 수중에 있는 현금 ₩10,000과 1년 후에 받게 될 예금 ₩10,000의 현재가치는 다르다. 수중에 있는 현금 ₩10,000이 1년 후에 받게 될 예금 ₩10,000에 비해 가치가 높다는 것은 쉽게 알 수 있다. 그렇다면 이 두 자산의 가치는 어느 정도 다른가?

화폐의 시간가치를 결정하는 요소는 기간과 할인율의 두 가지이다. 예를 들어 적절한 할인율이 10%라고 가정하자. 지금 ₩10,000의 현금을 1년간 10%의 이자를 지급하는 조건으로 정기예금을 한다면 ₩10,000의 미래가치는 (1+0.1)에 ₩10,000을 곱한 ₩11,000이 된다. 반대로 1년 후에 받을 예금 ₩11,000의 현재가치는 ₩11,000을 (1+0.1)로 나눈 ₩10,000이 된다. 이와 같이 현재가치(present value)와 미래가치(future value)는 동전의 앞뒷면 관계에 있다.

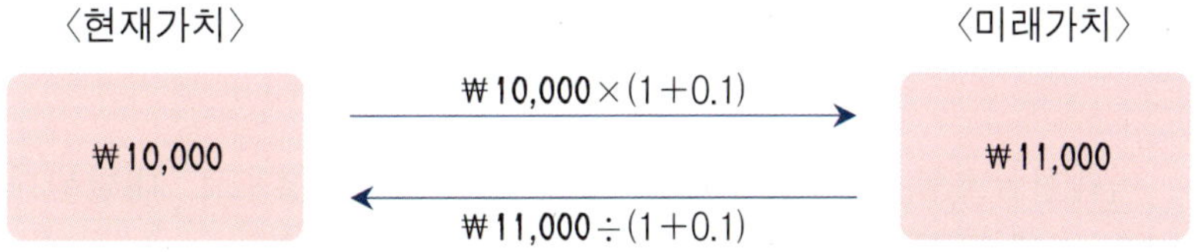

미래가치는 원금이 미래의 특정 시점까지 또는 특정 기간 동안 얼마의 이자를 획득하여 그 결과 원금과 이자의 합계가 얼마가 되는지를 의미한다. 반면 현재가치는 미래 특정 시점 또는 기간에 걸쳐 수취하기로 되어 있는 현금(원금과 이자)이 현재의 현금등가액으로 계산하면 얼마가 될 것인가를 의미한다.

본 교재의 부록에 제시된 《표 A-1》부터 《표 A-5》까지의 표들은 미래가치와 현재가치의 계산에 필수적인 요소들인 기간 혹은 시점(t)과 할인율(i)을 복잡한 산술적인 계산을 생략할 수 있도록 정리해 놓은 것들이다. 이 표들은 금액이 ₩1인 경우의 현재가치와 미래가치를 보여주고 있다.

(2) 이자율과 현금흐름

현재가치를 계산하기 위해서는 이자율(할인율)과 미래현금흐름(금액과 기간 또는 시점)이 필요하다. 이제 현재가치 계산에 필요한 요소들을 하나씩 살펴보기로 하자.

이자율에는 단순이자율과 복리이자율이 있다. 단순이자(simple interest)란 원금에 대해서만 계산되는 이자를 의미한다. 복리이자(compound interest)란 원금뿐만 아니라 아직 지급 또는 수취하지 않은 이자가 있을 경우 그 이자에 대해서도 이자가 계산되는 것을 말한다. 현재가치의 계산에는 복리이자율을 사용하며 부록에 제시한 현재가치표와 미래가치표도 모두 복리이자율을 사용한 것이다.

예를 들어 10년간 2%의 이자율로 ₩10,000을 예금했다면 단순이자와 복리이자가 다음과 같이 비교된다.

단순이자 = 원금×이자율×기간 = ₩10,000×0.1×3년 = ₩3,000

복리이자 = 원금×[(1+이자율)^{기간}−1] = ₩10,000×[1.1^3−1] = ₩3,310

이 두 가지 이자율 개념의 차이를 보다 명확하게 이해하기 위하여 이를 표로 제시하면 〈표 4B-1〉과 같다.

▶ 표 4B-1
단순이자와 복리이자

단순이자				복리이자		
이자계산	단순이자	누적원리금		이자계산	복리이자	누적원리금
₩10,000×0.1	₩1,000	₩11,000		₩10,000×0.1	₩1,000	₩11,000
₩10,000×0.1	1,000	₩12,000		₩11,000×0.1	1,100	₩12,100
₩10,000×0.1	1,000	₩13,000		₩12,100×0.1	1,210	₩13,310
	₩3,000	⟶	₩310 차이	⟵	₩3,310	

미래현금흐름은 단일금액의 경우와 연금의 경우로 대별된다. 단일금액(single sum)은 미래에 한 차례 발생할 현금흐름을 의미한다. 연금(annuity)은 동일한 금액이 일정기간 동안 계속하여 발생하는 현금흐름을 말한다. 한편 현금흐름은 기말에 발생할 수도 있고 기초에 발생할 수도 있다. 기말에 발생하는 연금을 특히 정상연금(ordinary annuity) 또는 기말연금이라고 하고 기초에 발생하는 현금흐름을 선불연금(prepaid annuity or annuity due) 또는 기초연금이라고 한다.

2 현재가치와 미래가치의 계산

(1) 단일금액의 미래가치와 현재가치

1) 단일금액의 미래가치

전술한 것처럼 현재가치와 미래가치는 동전의 앞뒷면 관계를 갖는다. 예를 들어 할인율이 10%일 때 지금 ₩10,000을 예금할 경우 1년 후에 얼마를 받게 될까? 즉 ₩10,000의 1년 후의 미래가치는 얼마일까? 미래가치는 ₩10,000에 $(1+i)$인 1.1을 곱한 ₩11,000이 된다. 1년 후에 받을 ₩11,000과 현재의 현금 ₩10,000은 상호교환이 가능한 금액, 즉 동일한 가치를 갖는 금액이다. 마찬가지 방법으로 지금 ₩10,000을 예금하여 2년 후에 받게 될 금액은 ₩10,000에 ₩1의 미래가치요소인 1.1^2을 곱한 금액인 ₩12,100이 됨을 알 수 있다.

이자율이 i일 때 t기 후의 ₩1의 미래가치는 다음의 공식을 이용하여 구한다.

$$\text{미래가치} : FV_{(t,i)} = (1+i)^t$$

t=기간
i=이자율

이와 같이 계산하여 구한 단일금액의 미래가치표는 부록의 《표 A-1》에 나타나 있다. 부록의 《표 A-1》에서 $t=10$과 $i=10\%$가 만나는 숫자를 읽으면 ₩1의 미래가치요소는 2.5937이므로 여기에 ₩10,000을 곱하여 현재가치 ₩25,937을 구할 수 있다. 여기에서 ₩10,000과 미래가치 ₩25,937의 차액인 ₩15,937은 화폐의 시간가치에서 발생한 이자에 해당한다.

2) 단일금액의 현재가치

1회 지급하거나 수취하는 단일금액에 대한 현재가치는 미래 특정일에 받을 현금의 현재가치를 말한다. 예를 들어 할인율이 10%일 때 1년 후에 받을 ₩10,000의 현재가치는 얼마인가? 1년 후에 받을 ₩1의 현재가치는 $(1+i)$인 1.1의 역수인 ₩0.9091이 된다. 1년 후에 받을 ₩10,000과 현재의 현금 ₩9,091은 상호교환이 가능한 금액, 즉 등가액이다. 마찬가지 방법으로 2년 후에 받을 ₩10,000의 현재가치는 ₩10,000에 ₩1의 현재가치요소인 1.1^2의 역수인 0.8264를 곱한 금액인 ₩8,264이 됨을 알 수 있다.

이자율이 i일 때 t기 후의 ₩1의 현재가치는 다음의 공식을 이용하여 구한다.

$$\text{현재가치 : } PV_{(t,i)} = 1/(1+i)^t = (1+i)^{-t}$$

t=기간
i=이자율

할인율이 10%일 때 10년 후에 받을 ₩10,000의 현재가치는 얼마일까? 부록의 《표 A-2》에서 t=10과 i=10%가 만나는 숫자를 읽으면 ₩1의 현재가치요소는 0.3855이므로 여기에 ₩10,000을 곱하여 현재가치 ₩3,855을 구할 수 있다. 여기에서 ₩10,000과 현재가치 ₩3,855의 차액인 ₩6,145은 화폐의 시간가치에서 발생한 이자에 해당한다.

예제 4B-1 단일금액의 현재가치와 미래가치

[사례 1] 단일금액의 현재가치
세기(주)는 가공기계를 판매하고 그 대가로 5년만기 무이자부 ₩100,000권 약속어음을 받았다. 유효이자율(할인율)이 12%라면 세기(주)가 기록해야 할 매출액은 얼마인가? 세기(주)는 판매시점 수익인식기준을 사용한다. 판매시점에서의 분개를 하라.

해답

- 어음의 현재가치 : ₩100,000 × $(1.12)^{-5}$ = ₩100,000 × 0.5674 《표 A-2》 = ₩56,740
- 현재가치할인액 : ₩100,000 − ₩56,740 = ₩43,260

〈분개〉	(차) 장기성매출채권	100,000	(대) 현재가치할인차금	43,260
			매 출	56,740

[사례 2] 단일금액의 미래가치
세기(주)는 유휴현금을 활용하기 위하여 ₩100,000을 3년만기 정기예금에 적립하였다. 정기예금이자율이 8%라면 정기예금의 만기금액은 얼마인가?

해답

₩100,000 × $(1.08)^3$ = ₩100,000 × 1.2597 《표 A-1》 = ₩125,970

[사례 1]의 받을어음은 장기성채권이므로 현재가치로 평가해야 한다. 물론 이와 함께 매출액도 현재가치로 기록해야 한다. 받을어음을 현재가치로 평가한다는 말은 받을어음을 직접 그 현재가치인 ₩56,740으로 차변기입한다는 말이 아니고, 받을어음은 액면금액(₩100,000)으로 차변기입하여 미래에 수취할 금액이 얼마인지 표시하고, 이에 대한 차감계정인 현재가치할인차금(₩43,260)을 대변기입함으로써 실제로는 현재가치로 기록하는 것과 같은 결과를 가져온다는 것이다.

(2) 연금의 현재가치와 미래가치

정상연금(기말연금)과 선불연금(기초연금)을 이해하기 위하여 $t=3$이고 $i=10\%$인 경우를 그림으로 표시하면 [그림 4B-1]과 같다.

▶ **그림 4B-1**
정상연금과 선불연금의 비교

정상연금

기 간 / 현금흐름

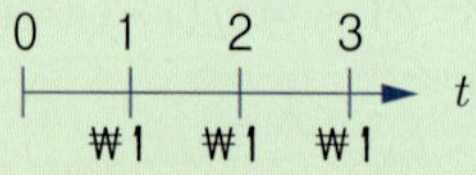

1기 연금의 미래가치	₩1.210	1기 연금의 현재가치	₩0.9091
2기 연금의 미래가치	1.100	2기 연금의 현재가치	0.8264
3기 연금의 미래가치	1.000	3기 연금의 현재가치	0.7513
정상연금의 미래가치	₩3.310	정상연금의 현재가치	₩2.4868

선불연금

기 간 / 현금흐름

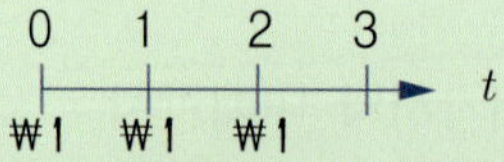

1기 연금의 미래가치	₩1.331	1기 연금의 현재가치	₩1.0000
2기 연금의 미래가치	1.210	2기 연금의 현재가치	0.9091
3기 연금의 미래가치	1.100	3기 연금의 현재가치	0.8264
선불연금의 미래가치	₩3.641	선불연금의 현재가치	₩2.7355

1) 정상연금의 미래가치

연금의 미래가치는 각 단일금액의 미래가치의 합계에 해당한다. 예를 들어 향후 3년 동안 매년말 ₩10,000씩을 10%의 이자율로 예치했다고 하자. 3년 후에 받을 연금의 미래가치는 얼마이겠는가? 만기 시점에서 보았을 때 처음 예치한 ₩10,000은 2년간 이자수입을 발생시키므로 원금과 이자 ₩2,100을 합하여 ₩12,100($=1.1^2\times$ ₩10,000)이 되고, 두 번째 예치한 ₩10,000은 1년간 이자수입을 합하여 ₩11,000이 되고, 세 번째 예치한 ₩10,000은 예치와 동시에 만기가 되어 이자가 발생하지 않으므로 원금인 ₩10,000이 된다. 따라서 세 차례 현금흐름의 미래가치는 이들의 합계인 ₩33,100이 된다. 부록의 《표 A-3》은 이와 같은 정상연금의 미래가치를 보여주고 있다. 위의 예제의 경우 《표 A-3》으로부터 $t=3$과 $i=10\%$가 만나는 연금의 미래가치요소인 3.31에 ₩10,000을 곱하여 미래가치 ₩33,100을 쉽게 구할 수 있다.

정상연금의 미래가치표인 《표 A-3》은 단일금액의 미래가치표인 《표 A-1》로부터 만들 수 있다. 정상연금이란 기말에 받는 금액을 의미하므로 맨 마지막 기말에 받은 금액은 이자가 붙지 않는다. 따라서 이자율이 10%이고 연금을 받는 기간이 3년이라면 《표 A-3》에서 $t=3$이고 $i=10\%$인 정상연금 ₩1의 미래가치는 ₩3.31이 되는데 이는 《표 A-1》에서 $t-1$기까지의 미래가치를 합산해야 하므로 $t=0$에 해당하는 1.0000에 $t=1$의 미래가치와 $t=2$의 미래가치를 합계한 금액(₩1.00+₩1.10+₩1.21=₩3.31)이 됨을 알 수 있다.

단일금액의 미래가치와 연금의 미래가치의 관계 (할인율=10%)

기 간	《표 A-1》 단일금액 미래가치	계산과정	《표 A-3》 정상연금 미래가치
0	1.0000		
1	1.1000	1.00	1.0000
2	1.2100	1.00+1.10	2.1000
3	1.3310	1.00+1.10+1.21	3.3100

이자율이 i 이고 매기 ₩1의 정상연금을 t기에 걸쳐 받을 때 정상연금의 미래가치를 구하는 공식은 아래와 같다.

$$\text{정상연금의 미래가치 : } FVa_{(t,i)} = \sum_{t_0=1}^{t} [(1+i)^{t-1}] = [(1+i)^t - 1]/i$$

t=기간
i=이자율

2) 정상연금의 현재가치

예를 들어 할인율이 10%일 때 향후 3년에 걸쳐 ₩10,000씩을 받는다면 이 연금의 현재가치는 얼마인가? 이해를 돕기 위해 다음과 같이 표를 마련해 보자.

기 간	연 금	₩1의 현재가치	연금의 현재가치
1년 후	₩10,000	$1/(1.10)^1=0.9091$	₩9,091
2년 후	₩10,000	$1/(1.10)^2=0.8264$	₩8,264
3년 후	₩10,000	$1/(1.10)^3=0.7513$	₩7,513
		현재가치합계	₩24,868

위 표에서 알 수 있듯이 ₩10,000씩 3년간 받을 연금의 합계액은 ₩30,000이나 그 현재가치는 ₩24,868이 된다.

연금의 현재가치는 《표 A-2》를 기초로 하여 구할 수 있다. 예를 들어 이자율이 10%이고 연금을 받는 기간이 3년이라면 《표 A-4》에서 $t=3$이고 $i=10\%$인 연금 ₩1의 현재가치는 ₩2.4868이 되는데 이는 《표 A-2》의 $t=1$의 현재가치, $t=2$의 현재가치, $t=3$의 현재가치를 합계한 금액(₩0.9091 + ₩0.8264 + ₩0.7513 = ₩2.4868)이 됨을 알 수 있다. 즉 다음의 표와 같이 단일금액의 현재가치를 보여주는 《표 A-2》에서 연금의 현재가치인 《표 A-4》를 구할 수 있다.

단일금액의 현재가치와 연금의 현재가치의 관계 (할인율=10%)

기 간	《표 A-2》 단일금액 현재가치	계산과정	《표 A-4》 정상연금 현재가치
1	0.9091	0.9091	0.9091
2	0.8264	0.9091+0.8264	1.7355
3	0.7513	0.9091+0.8264+0.7513	2.4868

이자율이 i이고 매기 ₩1의 정상연금을 t기에 걸쳐 받을 때 정상연금의 현재가치를 구하는 공식은 아래와 같다.

정상연금의 현재가치 : $PVa_{(t,i)} = \sum_{t_0=1}^{t}[(1+i)^{-t}] = [1-(1+i)^{-t}]/i$

t=기간
i=이자율

예제 4B-2 정상연금의 현재가치와 미래가치

[사례 1] 정상연금의 현재가치

세기(주)는 기계를 판매한 대가를 매년 ₩60,000씩 판매시점부터 시작하여 5년에 걸쳐 분할회수하기로 약정하였다. 할인율이 12%라면 세기(주)가 기록해야 할 매출액은 얼마인가? 세기(주)는 판매시점 수익인식기준을 사용하고 있다.

해답

현재가치 : ₩60,000 × 3.6048 《표 A-4》 = ₩216,288

[사례 2] 정상연금의 미래가치

세기(주)는 6년 후에 만기가 도래하는 사채를 상환하기 위하여 금년말부터 매년 ₩20,000씩을 감채기금으로 적립하기로 하였다. 감채기금은 적립형저축으로 예치하여 놓았는데 이자율이 8%라면 6년 후 감채기금 잔액은 얼마가 되겠는가?

해답

미래가치 : ₩20,000 × 7.3359 《표 A-3》 = ₩146,718

예제 4B-3 단일금액과 연금의 결합 – 현재가치

세기(주)는 이자율 8%, 5년만기, 액면가 ₩1,000,000인 회사채를 1월 1일에 발행하였다. 이자는 매년말에 지급하는 조건이다. 세기(주)와 유사한 신용도를 갖는 회사는 현재 12%의 수익률로 회사채를 발행하고 있다. 세기(주)가 동 사채의 발행으로 받게 될 현금은 얼마인가?

해답

사채의 현재가치 = 액면금액(단일금액)의 현재가치 + 이자(연금)의 현재가치
= ₩1,000,000 × 0.5674 《표 A-2》 + ₩80,000 × 3.6048 《표 A-4》
= ₩567,400 + ₩288,384 = ₩855,784

3) 선불연금의 미래가치

선불연금은 정상연금과 달리 매 기간초에 연금을 수수한다. 선불연금의 미래가치는 정상연금의 미래가치표에서 구할 수 있다. 즉 선불연금은 현재시점부터 시작하여 연금을 수수하는 경우이므로 정상연금에 비하여 한 기간의 이자가 더 발생하는 것을 알 수 있다. 따라서 $t+1$기의 정상연금의 미래가치에서 1을 차감하여 선불연금의 미래가치를 구할 수 있다. 이와 같은 특성 때문에 선불연금의 미래가치표는 제공하지 않았다. 즉 정상연금의 미래가치표인 《표 A-3》을 이용하여 $t+1$기의 미래가치를 읽어서 여기에서 1을 차감하여 구하면 된다.

이자율이 i이고 매기 ₩1의 선불연금을 t기에 걸쳐 받을 때 선불연금의 미래가치를 구하는 공식은 아래와 같다.

선불연금의 미래가치 : $FVad_{(t,i)} = [\sum_{t_0=1}^{t+1}(1+i)^{t-1} - 1] = [(1+i)^t - 1/i] \times (1+i)$

t = 기간
i = 이자율

4) 선불연금의 현재가치

선불연금은 현재시점(기초)부터 시작하여 받거나 지급하는 연금을 말한다. 첫 번째 수수되는 연금은 그 자체가 현재가치를 나타내므로 현재가치요소가 1이다. 따라서 선불연금의 현재가치는 정상연금의 $t-1$기의 현재가치에 1을 더함으로써 구할 수 있다. 이해를 돕기 위해 t=3이고 i=10%인 경우를 예로 들어 표로 표시하면 정상연금의 현재가치와 선불연금의 현재가치는 다음과 같은 관계를 갖는다.

정상연금 현재가치와 선불연금 현재가치의 관계 (할인율=10%)

기 간	《표 A-4》 정상연금 현재가치	계산과정	《표 A-5》 선불연금 현재가치
1	0.9091	1+0.0000	1.0000
2	1.7355	→ 1+0.9091	1.9091
3	2.4868	→ 1+1.7355	2.7355

이자율이 i이고 매기 ₩1의 선불연금을 t기에 걸쳐 받을 때 선불연금의 현재가치를 구하는 공식은 아래와 같다.

$$\text{선불연금의 현재가치 : } PVad_{(t,i)} = \sum_{t_0=1}^{t} [1/(1+i)^{t-1}] = 1 + [1-(1+i)^{-(t-1)}]/i$$

t=기간
i=이자율

예제 4B-4 선불연금의 현재가치와 미래가치

[사례 1] 선불연금의 현재가치
세기(주)는 기계를 취득하였는데 구매대금을 매년 ₩100,000씩 지급하기로 했다. 세기(주)가 자산으로 기록해야 할 금액은 얼마인가? 적절한 할인율이 12%이고, 최초의 리스료는 리스기간개시일에 지급하기로 하였다.

해답

현재가치 : ₩100,000 × 4.0374 《표 A-5》 = ₩403,740
리스기간개시일에 기록하게 될 리스자산의 장부금액 : ₩403,740

[사례 2] 선불연금의 미래가치
세기(주)는 금년부터 시작하여 매년 회사 창립기념일에 ₩100,000씩 10년 동안 적립하여 종업원후생복지기금으로 사용하고자 한다. 이 기금은 12% 이자를 지급하는 적금으로 매년초에 적립하기로 하였다. 10년 후 세기(주)의 후생복지기금이 얼마가 될까?

해답

미래가치 : ₩100,000 × (20.655 − 1) = ₩1,965,500
(↑ 《표 A-3》의 11년째 수치)

3 현재가치의 적용

화폐의 시간가치개념이 회계의 여러 분야에서 폭넓게 이용되고 있다. 따라서 회계를 이해하기 위해서는 화폐의 시간가치개념을 확실히 이해하는 것이 필요하다. 재무회계에서 화폐의 시간가치개념이 주로 이용되는 대표적인 분야는 다음과 같다.

① 어음 : 무이자부 약속어음, 시장이자율과 액면이자율이 상이한 어음 등의 평가에 있어서는 현재가치를 이용하여 평가한다.

② 리스 : 리스자산의 취득원가계산, 리스료의 산정, 이자계산 등에 현재가치개념을 적용한다.

③ **사채** : 사채의 할증·할인발행차금의 상각과 사채의 평가, 사채감채기금 등에 현재가치개념을 적용한다.

④ **투자자산** : 채무증권 등과 같은 투자자산의 평가에 현재가치 개념을 적용한다.

⑤ **연불지급조건 자산** : 연불지급조건으로 자산을 취득하면 현금흐름에 적정이윤과 이자가 포함되므로 현재가치로 자산을 평가한다.

⑥ **퇴직급여부채** : 퇴직급여부채는 종업원이 퇴직 후에 받게 될 일시퇴직금 또는 연금이기 때문에 현재가치로 측정한다.

이러한 화폐의 시간가치개념을 적용할 때 발생할 수 있는 몇 가지 문제를 예제를 통하여 살펴보기로 하자.

1) 보간법

이자율이 12.5%라거나 12.56%인 경우에는 표에서 읽을 수 없다. 이런 경우에는 보간법(interpolation)을 이용하여 현재가치나 미래가치를 계산할 수 있다.

예제 4B-5 보간법을 사용한 현재가치의 계산

현대생명의 보험상품 중의 하나는 ₩200,000을 맡길 경우 10년 후에 ₩580,000을 지급하는 상품이다. 이 상품이 제공하는 이자율은 얼마인가?

해답

10년 후에 받을 ₩580,000의 현재가치 ₩200,000에서 복리현가율을 구한다.

복리현가율 : ₩200,000 ÷ ₩580,000 = 0.3448

다음으로 《표 A-2》로부터 $t=10$인 행을 살펴보면 복리현가율 0.344828은 이자율 11%의 0.3522와 이자율 12%의 0.3220 사이에 들어간다는 것을 알 수 있다.
마지막으로 다음과 같이 보간법을 이용하여 이자율을 계산한다.

$$0.01\left[\;d\left[\begin{array}{l}0.11=0.3522\\ \\ i=0.3448\end{array}\right]0.0074\;\;\begin{array}{l}\\ \\ \\ 0.12=0.3220\end{array}\right]0.0302$$

$$d/0.01=0.0074/0.0302=0.245 \;\Rightarrow\; d=0.245\times0.01=0.00245$$

따라서 i(이자율)$=0.11+0.00245=0.11245$가 된다. 위와 같은 계산의 결과 현대생명의 보험상품은 11.245% 정도의 수익률을 보장하는 상품이라는 것을 알 수 있다.

2) 기대현금흐름의 공정가치

미래현금흐름이 하나의 금액으로 측정되지 않고 여러 개의 가능한 현금흐름과 그 각각의 현금흐름에 대한 확률로 추정되는 경우가 있다. 이런 경우에는 확실성등가법 또는 기대수익률법을 이용하여 현재가치를 계산해야 한다.

예제 4B-6 기대현금흐름의 계산과 공정가치(현재가치)의 측정

사매(주)는 다른 회사의 채권에 1년간 투자할 것인지, 무위험국채에 투자할 것인지를 고려하고 있다. 무위험국채수익률은 5%이며, 채권에 투자할 경우 위험프리미엄으로 3%를 원한다. 이 채권에 대한 투자로부터 기대되는 가능한 현금흐름과 확률은 다음과 같다. 사매(주)가 채권 투자로부터 얻을 수 있는 기대현금흐름의 공정가치는 얼마인가?

가능한 현금흐름	확 률
₩500	20%
800	60%
900	20%

해답

기대현금흐름은 확률가중현금흐름으로 다음과 같이 구한다.

가능한 현금흐름	확 률	확률가중현금흐름
₩500	20%	₩100
800	60%	480
900	20%	180
기대현금흐름		₩760

공정가치를 구하는 방법은 확실성등가법(무위험이자율법)을 이용하는 방법과 기대수익률을 이용하는 방법의 두 가지가 있다.

1. 확실성등가법 : 확실성등가법을 적용하는 절차는 다음과 같다.
   ① 무위험수익률과 위험자산수익률의 상대적 비율에 기대현금흐름을 곱하여 확실성등가(certainty equivalents)를 구한다. 기대현금흐름에서 확실성등가액을 차감한 금액 ₩21 (=₩760－₩739)이 위험프리미엄에 해당한다.
   ② 확실성등가액을 무위험수익률로 할인하여 현재가치를 구한다.
   확실성등가액＝기대현금흐름×무위험수익률/위험자산수익률
   ＝₩760×(1.05/1.08)＝₩739
   확실성등가액의 현재가치(공정가치)＝₩739/1.05＝₩704

2. 기대수익률법
   기대수익률법을 이용한 현재가치(공정가치)＝₩760/1.08＝₩704

위에서 보듯이 어느 방법을 사용하든지 관계없이 현재가치(공정가치)는 동일하게 측정된다.

종합예제

CHAPTER 4

1. 측정기준

안건(주)는 다음과 같이 상품을 매입하여 매출하였다.

날 짜	적 요	수 량	취득원가	현행원가	판매가격
20×1. 9. 10	매입	50개	₩300	₩300	
20×1. 10. 10	매출	(10개)	–	315	₩320
20×1. 11. 10	매출	(20개)	–	319	325
20×1. 12. 31	–	–	–	330	

요구사항

1. 현행원가에 의한 20×1년도 (1) 영업손익, (2) 실현보유손익, (3) 미실현보유손익을 계산하라.
2. 역사적원가주의에 의한 20×1년도 손익을 계산하라.

해 답

1. 현행원가
   (1) 영업손익 : (₩320×10개+₩325×20개)−(₩315×10개+₩319×20개)=₩170
   (2) 실현보유손익 : (₩315−₩300)×10개+(₩319−₩300)×20개=₩530
   (3) 미실현보유손익 : (₩330−₩300)×20개=₩600
2. 역사적원가이익 : (₩320×10개+₩325×20개)−₩300×30개=₩700
   =현행원가영업이익(₩170)+실현보유손익(₩530)

2. 현재가치

주만지 옹은 생명보험에 가입했는데 보험의 수익자는 자기 부인인 이어라 여사로 되어 있다. 보험계약조건을 보면 이어라 여사는 아래와 같은 네 가지 선택권 중에 하나를 선택할 수 있도록 되어 있다.

1) 현금 ₩50,000 즉시 수령
2) 매분기마다 ₩3,700씩을 분기말에 5년간 수령
3) 현금 ₩20,000은 즉시 수령하고, 향후 10년간 매분기초에 ₩1,500씩 수령
4) 처음 3년간은 매분기말에 ₩3,500씩 수령하고 3차년도말에 ₩30,000 수령
5) 처음 3년간은 매분기말에 ₩4,000씩 수령하고, 그 후 25분기 동안 매분기말에 ₩1,200씩 수령

요구사항

매분기 복리이자율이 3%라고 하면 어느 선택권을 이어라 여사가 선택하도록 권장해야 하겠는가?

해 답

현재가치 계산 : 현재가치 계산을 위하여 분기로 기간을 바꾸어야 한다.
1) ₩50,000(현재가치 계산 불필요)
2) ₩3,700×14.877(3%, 20기간 정상연금의 현재가치)=₩55,045
3) ₩20,000+₩1,500×23.8082(3%, 40기간 선불연금의 현재가치)=₩55,712
4) ₩3,500×9.954(3%, 12기간 정상연금의 현재가치)+₩30,000×0.7014(3%, 12기간 단일금액의 현재가치)
   =₩55,881

5) ₩4,000 × 9.954(3%, 12기간 정상연금의 현재가치) + ₩1,200 × 17.413(3%, 25기간 정상연금의 현재가치) × 0.7014*(3%, 12기간 단일금액의 현재가치) = ₩54,472

* 25분기 동안 현금흐름을 일단 12분기말의 현재가치로 계산한 후 다시 이를 현재시점의 현재가치로 환산해야 하기 때문에 3%, 12분기 단일금액의 현재가치를 곱해주어 5)안의 현재가치를 구해야 한다.

따라서 4)안이 가장 유리한 선택안이다.

익힘문제

CHAPTER 4

1. 자산 및 부채의 평가와 이익측정의 관계에 대하여 설명하라.
2. 손익측정방법으로서 자본유지접근법과 거래접근법의 차이를 기술하라.
3. 재무제표본질론으로서 자산-부채법과 수익-비용법을 비교 설명하라.
4. 재무자본유지개념(명목재무자본유지 및 불변구매력자본유지)과 실물자본유지개념을 비교 설명하라.
5. 측정기준으로서 역사적원가와 현행가치(공정가치, 사용가치와 이행가치, 현행원가)의 특징을 기술하라.
6. 각각의 측정기준이 제공하는 정보를 정보유용성 측면에서 평가하라.
7. 특정한 측정기준을 선택하는 기준을 제시하라. 정보의 적시성과 발생하는 원가도 측정기준의 선택에 영향을 미치는가?
8. 자본은 어떻게 측정하는가?
9. 측정대상인 자산 및 부채의 특성과 자산과 부채가 미래현금흐름에 기여하는 방법이 측정기준에 의해 제공되는 정보의 목적적합성에 어떤 영향을 미치는가?
10. 재무정보의 보강적 질적특성이 측정기준의 선택에 미치는 영향을 설명하라.
11. 하나의 자산이나 부채에 하나 이상의 측정기준을 적용하는 것이 타당한가? 만약 타당하다면 이를 적용하는 적절한 방법은 무엇인가?
12. 현금흐름기준측정기법을 간략히 기술하라. 특히 공정가치를 추정하기 위하여 이 기법을 사용할 때 적용할 수 있는 요인을 상세히 기술하라.
13. 공정가치 서열체계란 무엇인가?
14. 가치평가기법으로 일반적으로 이용되고 있는 시장접근법, 이익접근법 및 원가접근법을 비교 설명하라.
15. 공정가치평가손익을 반영하는 방법으로서 손익반영법과 기타포괄손익으로 반영하는 방법을 설명하라.
16. 공정가치의 타당성으로 어떤 것들을 들 수 있는가?

보-17. 화폐의 시간가치란 무엇을 의미하는가? 왜 회계학을 공부하는 사람들이 현재가치개념에 대하여 지식을 가져야 하는가?

보-18. 문성식은 ₩2,000,000을 연리가 10%인 3년만기 정기예금에 적립하였다. 3년 후 문성식이 은행으로부터 받게 될 돈은 얼마인가?

보-19. 유상철은 아버지가 들어놓은 적금 ₩10,000,000을 그가 대학을 졸업하는 해인 5년 후에 받도록 되어 있다.

할인율이 12%라면 이 적금의 현재가치는 얼마인가?

보-20. 연금이란 무엇인가? 정상연금과 선불연금을 구분하라.

보-21. 강상석은 김민석에게 ₩5,000을 갚아야 한다. 시장이자율이 12%이고 매년말에 원리금을 동일한 금액으로 4년간에 걸쳐서 할부로 갚기로 하였다면 매년말에 얼마씩 갚아나가야 하겠는가?

연습문제

CHAPTER 4

1. 측정기준(Ⅰ)

영준(주)의 양영준 사장은 기계공학을 전공한 사람으로서 영준(주)를 창업하여 이를 중견회사로 일구어 낸 사람이다. 그는 회계학에 대해서는 전문지식이 거의 없는 사람으로서 회계에 관한 의사결정은 회계담당자인 귀하에게 전적으로 의지하고 있다. 영준(주)는 이번에 사업확장 자금차입을 위하여 은행과 접촉중인데 은행에서는 재무제표를 제시할 것을 요구하고 있다. 은행에 제출할 재무제표를 보고 사장은 특히 다음과 같은 항목이 잘못 평가되어 있다고 생각하고 있다.

(1) 사장은 자기 회사가 소유하고 있는 토지, 건물, 기계장치 등의 유형자산은 현재 시장에서 형성되고 있는 자산가치보다 훨씬 낮게 평가되어 있다고 생각하고 있다.
(2) 영준(주)가 생산하여 보유하고 있는 재고자산도 판매가격의 1/2 수준으로 평가되어 있는 것이 못마땅하다. 영준(주)의 제품은 대단히 인기가 좋아서 제품을 현금이나 마찬가지로 볼 수 있다.

요구사항

1. 자산평가 및 이익측정의 기준이 되는 측정기준에 대해 사장에게 간단하게 설명하라.
2. 사장은 자산을 현재 공정가치로 평가하는 것이 가능한지에 대해서 알고 싶고 만약 안 된다면 왜 안 되는지를 알고 싶다.

2. 자산의 측정기준

(1) 20×1. 11. 15에 ₩2,000에 취득했던 상품이 20×1. 12. 31 현재 그 현행원가가 ₩2,400이 되었으며, 이 중 절반을 20×2. 1. 10에 ₩2,000에 판매했다.
(2) 20×1. 10. 15에 상품 ₩1,000을 취득했는데 이 상품의 정상적인 판매가격은 ₩2,000이며 판매수수료는 ₩200이다. 20×1. 12. 15에 동 상품의 판매가격이 ₩2,300으로 인상되었으며, 이를 20×1. 12. 30에 ₩2,300에 판매하였다.

요구사항

1. (1)과 관련하여 역사적원가와 현행원가에 따라 각각 1) 20×1. 12. 31과 2) 20×2. 1. 10에 필요한 분개를 하라.
2. (2)와 관련하여 순실현가능가치를 이용하여 이익을 측정한다고 가정하고 1) 20×1. 10. 15(취득시점), 2) 20×1. 12. 15(판매가격 변동시점), 3) 20×1. 12. 30(판매시점)에 필요한 분개를 하라. 단 이 회사는 계속기록법을 이용하여 재고자산 회계처리를 하고 있다.

3. 취득이익과 보유이익

서석(주)는 20×1년 1월에 건물신축용 토지 2,000평을 시가의 80% 정도인 ₩1,600,000에 취득하였다. 한편 토지의 취득 후 지가의 상승이 계속되어 현재는 토지를 ₩3,000,000에 구입하고 싶다는 원매자도 있다. 서석(주)의 사장 정기평 씨는 토지를 취득시점에는 ₩2,000,000에 기록하고 다시 이를 ₩3,000,000에 기록할 것을 요구하고 있다. 사장의 요구대로 회사의 회계담당자가 토지를 기록하였다.

요구사항

1. 서석(주)가 취득시와 가격상승시에 기록한 분개와 이의 타당성에 대해 설명하라.
2. 자산의 취득시점에 취득이익을 기록하는 것이 현행 회계제도에서 인정되는 경우가 있는가? 만약 있다면 서석(주)의 경우와 어떤 면이 유사하고 어떤 면이 다른가?

4. 자산의 평가와 이익의 측정 (Ⅰ)

지수(주)는 20×1년초에 재고자산을 ₩60,000에 구입하였다. 이 중 ₩36,000의 재고자산을 20×1년중에 ₩54,000에 판매하였다. 20×1년초와 20×1년말의 일반물가지수는 각각 100과 150이며, 20×1년의 평균물가지수는 120이다. 판매된 재고자산 현행원가는 ₩39,600이며, 20×1년말의 기말재고자산 현행원가는 ₩26,400이다. 이 회사는 재고자산의 기록시 계속기록법을 사용하고 있으며, 추가적인 매입이나 이 외의 다른 재고자산도 없다고 가정하라(단, 세금효과는 고려하지 않는다).

요구사항

1. 20×1년의 역사적원가 손익계산서를 작성하라.
2. 20×1년의 일반물가수준 손익계산서를 작성하라.
3. 20×1년의 현행원가기준 손익계산서를 작성하라. (단, 실현손익과 미실현손익을 분리하여 보고한다)

5. 자산의 평가와 이익의 측정 (Ⅱ)

회계연도가 1월 1일부터 12월 31일까지인 제조업체 삼일(주)의 토지의 거래에 관련된 정보이다.

20×1년 : 12월 31일에 ₩100,000을 지급하고 토지를 구입하였다. 12월 31일 현재 토지의 현행원가는 ₩100,000이다.

20×2년 : 20×1년에 구입한 토지를 계속하여 보유하고 있으며, 12월 31일 현재 현행원가는 ₩120,000이다.

20×3년 : 위의 토지를 10월 31일에 ₩156,000에 매각하였다. 10월 30일과 매각일 현재 토지의 현행원가는 ₩130,000이다.

일반물가지수는 다음과 같다.

20×1년말 : 100　　20×2년말 : 110　　20×3년 10월말 : 120

요구사항

1. 다음 각 회계모형에서 재무상태표에 표시될 토지의 장부금액은 얼마인가?

	역사적원가회계	일반물가수준회계	현행원가회계
20×1년말			
20×2년말			
20×3년 10월 30일			

2. 토지의 거래와 관련하여(보유손익 포함) 손익계산서에 포함될 순이익은 얼마인가? (단, 구매력손익은 제외한다)

	역사적원가회계	일반물가수준회계	현행원가회계
20×1년말			
20×2년말			
20×3년 10월 31일			

6. 측정기준(Ⅱ)

다음 계정항목들은 어떤 측정속성에 따라 측정하는 것이 합리적인가?

(1) 기계
(2) 외상매출금
(3) 단기투자자산
(4) 무상으로 수증받은 토지
(5) 건물 등의 감가상각대상자산
(6) 장기매출채권

7. 측정기준(Ⅲ)

다음은 측정기준에 관련된 개념들이다.

역사적원가	현행가치	공정가치	사용가치
이행가치	유입가치	유출가치	

요구사항

아래 주어진 정의 또는 서술들을 위에 열거된 측정기준 관련 개념들과 연관시켜라.

(1) 측정일에 시장참여자 사이의 정상거래에서 자산을 매도할 때 받거나 부채를 이전할 때 지급하게 될 가격
(2) 측정일의 조건을 반영하기 위해 업데이트된 정보를 이용하여 측정한 자산, 부채 및 관련 수익과 비용의 측정치
(3) 기업이 자산의 사용과 궁극적인 처분으로 얻을 것으로 기대하는 현금흐름 또는 기타 경제적 효익의 현재가치
(4) 기업이 부채를 이행할 때 이전해야 하는 현금이나 기타 경제적 자원의 현재가치
(5) 측정일에 동등한 자산을 취득한다면 지급할 대가에 거래원가를 가산하여 결정
(6) 역사적원가, 현행원가가 여기에 해당함
(7) 공정가치, 사용가치, 이행가치가 여기에 해당함

8. 인식 및 측정

다음은 숙향(주)의 20×1회계연도와 관련된 정보이다.

(1) 20×1년중에 숙향(주)는 보통주를 발행하여 기계장치를 취득하였다. 기계장치의 대가로 발행한 보통주의 액면금액은 ₩100,000이고 시가는 ₩300,000이다. 기계장치의 공정가치를 잘 알 수 없어서 다음과 같이 분개하였다.

(차) 기 계 장 치	100,000	(대) 자 본 금(보통주)	100,000

(2) 20×1년중에 기계장치를 ₩100,000에 처분하고 유형자산처분이익 ₩10,000이 발생하였다. 이 회사의 경리담당이사는 처분한 기계장치를 대체할 새 기계장치를 곧 구입할 예정이므로 유형자산처분이익을 이연시켜서 새로 구입할 기계장치의 내용연수에 걸쳐서 상각시킬 계획이다.
(3) 20×1년도의 건물에 대한 감가상각비는 ₩40,000이었다. 기중 부동산 가격의 상승으로 건물의 가치가 상승했기 때문에 경리담당이사는 감가상각비를 당기손익에 반영하지 않고 이익잉여금을 차감조정하기로 하고 다음과 같이 분개하였다.

(차) 이익잉여금	40,000	(대) 감가상각누계액-건물	40,000

(4) 20×1년초에 구입한 원재료의 취득원가가 ₩50,000인데 기말 현재의 현행원가는 ₩60,000이다. 따라서 다음과 같이 보유이익을 인식하는 분개를 하였다.

(차) 재 고 자 산	10,000	(대) 재고자산평가이익	10,000

숙향(주)의 회계처리가 적절한지에 대하여 설명하라.

보-9. 현재가치에 의한 의사결정

귤동(주)는 사업확장을 계획하고 있는데 신촌지역에 새로운 상점을 개설하고자 한다. 귤동(주)는 신설 상점을 매입할 것인지 리스할 것인지를 검토하고자 한다.

(1) 매 입

상점을 매입할 경우 원가는 ₩1,650,000으로 추정된다. 매입 착수금으로 ₩400,000을 지급하고 잔금은 이자를 포함하여 매년 ₩300,000씩 5년간 지급해야 한다. 상점의 내용연수는 12년으로 예상되며 12년후 잔존가치는 ₩400,000으로 추정된다. 상점의 운영에 필요한 경비는 매년 다음과 같이 추정된다.

재 산 세 (매년말 지급)	₩48,000
보 험 료 (매년초 지급)	27,000
수 리 비 등(매년말 지급)	16,000
계	₩91,000

(2) 리 스

신촌리스(주)는 귤동(주)에 대해 동 상점을 12년간 리스할 수 있다고 제의해 왔다. 신촌리스(주)는 상점의 개점시부터 시작하여 리스기간 동안 매년초에 리스료 ₩240,000을 지급할 것을 요구한다. 또한 신촌리스(주)는 리스료 외에 상점의 개점 초에 보증금 ₩100,000을 지급할 것을 요구하고 있으며 리스기간 만료일에 건물에 특별한 손상이 없다면 이를 전액 되돌려주겠다고 한다. 한편, 상점의 운영에 필요한 경비 중 수리비 등의 기타 경비(₩16,000)는 귤동(주)가 부담하고 재산세와 보험료는 신촌리스(주)가 부담하기로 하였다.

귤동(주)가 추가로 자금을 조달할 경우 금융비용 10%를 지급해야 한다.

요구사항

1. 귤동(주)가 위의 두 대안 중 하나를 선택할 때 왜 현재가치를 고려해야 하는가?
2. 현금흐름이 여러 시점에 걸쳐 발생하는데 현금흐름을 체계적으로 구분하면 몇 가지가 있는가?
3. 귤동(주)는 어느 대안을 선택하는 것이 바람직한가?

보-10. 기대현금흐름의 공정가치 측정

행단(주)는 다른 회사의 채권에 1년간 투자할 것인지, 무위험국채에 투자할 것인지를 고려하고 있다. 무위험국채수익률은 4%이며, 채권에 투자를 할 경우 위험프리미엄으로 2%를 추가적으로 받아야 한다고 생각하고 있다. 이 채권에 대한 투자로부터 기대되는 가능한 현금흐름과 확률은 다음과 같다.

가능한 현금흐름	확 률
₩500	30%
700	40%
900	30%

행단(주)가 채권투자로부터 얻을 수 있는 기대현금흐름의 공정가치는 얼마인가? 확실성등가법과 기대수익률법을 사용하여 공정가치를 구하라.

CHAPTER

5 수익의 인식

회계에서 인식(recognition)이란 특정 거래 또는 경제적 사건을 화폐액으로 측정하고 이를 자산, 부채, 자본, 수익, 비용 등으로 구분하여 재무제표에 기록하는 것을 말한다. 따라서 수익의 인식이란 수익을 공식적으로 회계장부에 기록하여 재무제표에 포함시키는 것이다. 본장에서는 수익이 언제 발생하고, 발생한 수익을 언제 인식하게 되는지를 살펴본다.

제 1 절 수익의 개념과 인식

1 수익의 정의

수익(revenue)은 자본청구권 보유자의 출자와 관련된 증가분을 제외한 자본의 증가를 수반하는 것으로서 회계기간 동안 기업실체의 주요 경영활동으로 인한 경제적 자원의 총유입으로 정의된다. 일반적으로 수익은 재화의 판매 또는 용역의 제공 등과 같은 기업의 영업활동의 결과로 발생하여 자산의 증가 또는 부채의 감소로 나타난다. 예를 들면 재화나 용역을 공급한 대가로서 현금 또는 매출채권이 증가하거나, 선수금 또는 선수수익이 감소한다.

차익(gains)은 주요 경영활동이 아닌 부수적인 거래, 사건 및 상황으로 발생되는 기타수익을 지칭한다. 이러한 기타수익은 다른 기업이나 경제실체와의 부수적인 거래인 유가증권의 처분, 중고설비자산의 처분, 채무의 변제 등으로 발생하기도 하고, 소송에서의 승소, 자산의 수증 등으로 발생하기도 한다.

K-IFRS 제1115호(고객과의 계약에서 생기는 수익)와 개념체계에서는 수익과 차익을 포괄하는 항목으로 총수익(income)이란 용어를 사용하고 있고 수익과 차익을 명확하게 구분하고 있지 않다. 하지만 실무에서는 관행으로 수익과 차익을 구분하여 사용하는 경우가 많다.[1)]

2 수익의 가득과정과 수익인식

기업은 재화나 용역을 생산하여 고객에게 제공하는 영업활동을 통하여 수익을 창출한다. 일반적인 제조기업의 영업주기에 따른 수익의 창출활동을 살펴보면 [그림 5-1]과 같다. 기업은 먼저 생산결정을 내리고 원자재 매입 및 생산을 위한 준비를 한 후 원자재 및 기타 생산요소를 투입하여 제품을 생산하고, 완성된 제품을 보관했다가 고객에게 판매한다. 만약 판매가 신용판매라면 매출채권이 발생하게 되고 이후에 현금을 회수하는 과정을 거치게 된다.

1) 수익과 차익을 구분하는 이유는 수익과 차익의 미래현금예측능력이 차이가 있고, 이 둘을 구분하여 공시하면 회계정보의 유용성이 증가할 수 있다고 보기 때문이다.

▶ **그림 5-1**

수익의 가득과정과 인식기준

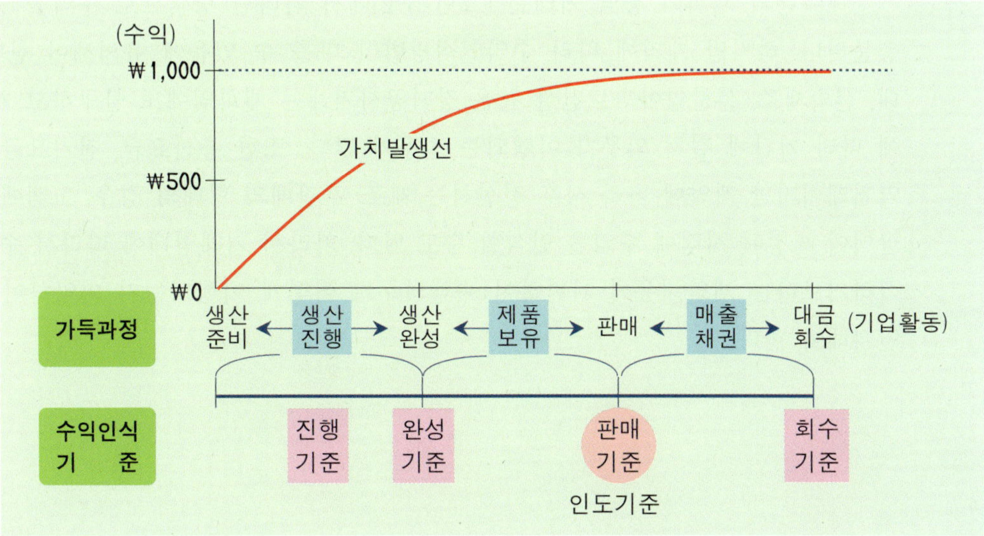

수익은 개념적으로 기업이 고객에게 제공한 재화 또는 용역의 가치라고 정의할 수 있다. 이러한 개념에서 본다면 기업은 영업활동을 진행하면서 고객에게 제공할 재화 또는 용역의 가치를 증가시킨다. 발생기준은 거래나 사건이 발생하는 기간에 당해 거래나 사건이 기업의 수익과 비용에 미치는 영향을 기록할 것을 요구하기 때문에 기업이 수익창출활동을 하는 각 단계에서 재화나 용역의 가치증가에 따라 수익을 인식해야 한다. 그러나 이러한 수익인식방법은 그 계산이 복잡할 뿐만 아니라 기업의 영업활동이 얼마나 수익창출활동에 기여했는지 객관적으로 측정하기도 어렵다.

K-IFRS 제1115호는 기업이 고객에게 수행하는 의무를 이행하는 방법에 따라 한 시점 또는 기간에 걸쳐 수익을 인식할 것을 요구하고 있다. [그림 5-2]는 일반적인 거래형식에 따른 수익인식을 제시하고 있다. 일반적으로 재화는 고객에게 재화를 이전하면서 의무가 이행되므로 완성, 판매, 인도 등 한 시점에 인식하는 경우가 많다. 반면 용역은 기간에 걸쳐 의무가 이행되는 경우가 많으므로 용역이 제공되는 기간에 걸쳐 수익을 인식한다.

▶ **그림 5-2**

거래형태별 수익인식 문제

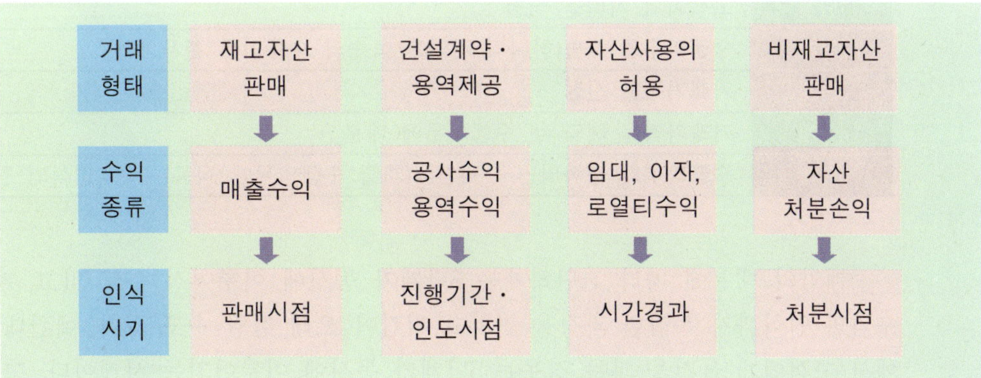

대부분의 재화와 용역 거래는 [그림 5-2]에서 나타난 방식으로 수익을 인식해도 충분하다. 하지만 계약에 따라 수익인식방법이 다를 수 있음에 유의해야 한다. 예컨대, 선박제조, 선분양아파트건설 같은 장기공사거래는 재화임에도 불구하고 계약내용에 따라 기간에 걸쳐 의무가 이행되는 경우가 많다. 또한 통신요금, 전기요금처럼 용역거래이지만 계약에 따라 사후 정산하는 제조-후판매의 형태의 경우, 고객에게 청구금액이 확정된 시점에 수익을 인식할 수도 있다. 따라서 거래형태에 따라서 수익을 인식하기보다는 계약내용에 기반하여 수행의무가 어떻게 이행되는지 파악하여 수익을 인식해야 한다.

제 2 절 K-IFRS의 수익인식

K-IFRS 제1115호(고객과의 계약에서 생기는 수익)는 고객과의 다양한 형태의 수익거래에 대해 적용할 수 있는 수익인식기준을 제시하고 있다. 이 핵심기준은 수익인식의 5단계에서 구체화되어 있다.

1 수익인식의 5단계 1115:IN7

수익은 〈표 5-1〉과 같은 5단계 과정을 거쳐 인식한다.

▶ 표 5-1 수익인식의 5단계

1단계	고객과의 계약을 식별
2단계	수행의무를 식별(하나의 계약에 복수의 수행의무 존재가능)
3단계	거래가격을 산정
4단계	거래가격을 계약 내 수행의무에 배분
5단계	수행의무가 충족되면 수익인식(개별 수행의무에 적용)–수익인식의 원칙

계약의 내용에 따라 간단하게는 5단계가 동시에 이루어질 수도 있고, 계약부터 수익의 인식까지 복잡한 과정을 거치고 기간이 오래 걸릴 수도 있다. 예컨대 소매점에서 고객에게 물건을 파는 경우는 5단계가 동시에 이루어지는 사례이다. 그러나 대

규모 건설계약(수주공사) 등과 같은 사례의 경우에는 계약에 다양한 성격과 가격구조를 가진 여러 개의 수행의무가 포함될 수도 있고, 각 개별 수행의무가 충족되기까지 오랜 기간이 걸릴 수도 있다.

우선 5단계가 동시에 이루어지는 가장 간단한 수익의 예제를 살펴보기로 하자.

예제 5-1 수익인식의 5단계

지명(주)는 원가가 ₩300,000인 스마트폰(3개월 확신형 보증 포함) 한 개를 고객에게 ₩500,000에 판매하고 현금을 받았다.
수익인식의 5단계를 적용하여 스마트폰 판매에 대한 회계처리를 하라.

해답

- 고객과의 계약을 식별 : 계약서와 판매영수증을 통하여 고객과의 계약이 확인됨
- 수행의무를 식별 : 스마트폰의 인도라는 하나의 수행의무가 있음. 확신형 보증은 스마트폰이 정상적으로 작동한다는 것을 보증하는 것으로서 스마트폰의 필수 구성요소로서 별도의 수행의무로 보지 아니함
- 거래가격을 산정 : ₩500,000
- 거래가격을 수행의무에 배분 : 거래가격을 모두 하나의 수행의무(스마트폰 인도)에 배분
- 수행의무가 충족되면 수익인식 : 스마트폰이 고객에게 인도되었으므로 판매시점에서 수익(매출)을 인식함

(차) 현 금	500,000	(대) 수 익	500,000

2 수익인식의 단계별 검토

(1) 고객과의 계약의 식별 1115:9-16

계약이란 둘 또는 그 이상의 계약당사자 사이에 집행가능한 권리와 의무가 생기게 하는 합의를 의미한다. 계약은 반드시 서면으로 된 약속만을 의미하지 않는다. 계약당사자 사이에 구두로 약속을 하였지만 오랜 사업관행에서 서로 구속되는 약속으로 받아들여져 왔다면 계약으로 인정된다.

고객과의 계약에는 수행의무와 거래의 대가(수익으로 인식할 금액)가 명시된다. 계약에 기반하여 판매자는 수행의무를 이행하였을 때 계약에 명시된 대가를 수취할 권리를 갖게 된다.2)

2) 다른 기준의 적용을 받는 계약은 K-IFRS 제1115호의 적용의 대상이 되는 고객과의 계약 그리고 같은 사업영역에 있는 기업 사이의 비화폐성 교환계약도 고객과의 계약에서 발생한 수익으로 보지 않는다. 제1017호(리스), 제1104

계약은 상업적 실질을 가져야 한다. 상업적 실질은 계약의 결과로 기업의 미래현금흐름의 위험, 시기, 금액이 변동되거나 또는 기업의 가치가 변동하는 경우를 의미한다. 예컨대 회사가 재화를 외상판매하였을 때, 판매거래로 인하여 현금흐름에 변동이 발생하였고 이로 인하여 기업가치도 변동한다. 반면, 회사가 재화를 구매자에게 판매하였으나 추후에 동일한 재화를 고가로 매입하는 판매후 재매입계약을 한 경우, 해당 재화가 구매자에게 실질적으로 판매된 것으로 볼 수 없다. 이 경우 판매거래는 상업적 실질이 없다고 보고 수익을 인식하지 않는다. 상업적 실질이 없는 거래를 허용하지 않는 이유는 이러한 계약을 통해 인위적으로 수익을 부풀릴 수 있기 때문이다.

(2) 수행의무의 식별 1115:22-30

수행의무(performance obligation)란 계약에 명시된 판매자가 고객에게 제공하기로 약속한 대상이 되는 의무를 의미한다. 일반적으로 고객에게 재화 또는 용역을 제공하는 것이 수행의무가 된다. 예제 5-1에서는 스마트폰의 제공이 수행의무가 된다.

수행의무의 식별에서 중요한 과정은 수행의무가 단일 또는 복수인지 파악하는 것이다. 하나의 계약에 하나의 수행의무만 존재하는 단일의 수행의무는 파악하기 쉽다. 하지만 하나의 계약에 여러 가지의 재화와 용역을 제공하는 내용을 포함할 수 있다. 예컨대, 항공권에는 마일리지가 포함된 경우가 많으며, 휴대폰은 기기와 함께 통신서비스, 기타 부가서비스를 함께 판매하는 경우가 많다.

하나의 계약에 여러 가지 수행의무가 존재한다면, 이러한 여러 가지 재화와 용역 묶음이 하나의 상품을 구성하는지(단일의 수행의무) 또는 여러 개의 개별적인 상품(복수의 수행의무)을 구성하는지를 판단해야 한다. 다음의 두 조건이 모두 충족되었을 때 수행의무는 별도로 존재하는 것으로 본다. 1115:27

① 제공하기로 한 재화 또는 용역이 뚜렷하다(distinct).
② 제공하기로 한 재화 또는 용역이 계약 내의 다른 재화 또는 용역으로부터 구분가능(separately identifiable)하다.

위의 ①조건은 고객에게 제공하는 대상이 여러 재화 또는 용역으로 구성되어 있는 경우 이들을 뚜렷하게 구별할 수 있어야 한다는 조건이다. 예컨대 휴대폰 계약에서 단말기와 통신 서비스는 재화와 용역으로 명확히 구분된다. ②조건은 계약 내에서 이들을 구분할 수 있다는 점을 명시하고 있다.

복수의 수행의무가 있는 경우 계약에서 수행의무를 구분하고 가격을 책정하고 있는 경우가 많다. 예컨대 온라인 구매에서 배송서비스를 구분하고 명세서에 가격이 구분되어 기재되어 있는 경우가 많다. 비록 배송서비스가 무료이더라도 가격명세서

호(보험계약), 제1109호(금융상품), 제1110호(연결재무제표), 제1111호(공동약정), 제1027호(별도재무제표), 제1028호(관계기업과 공동기업에 대한 투자)의 적용을 받는 계약은 고객과의 계약에 따른 수익의 범주에서 제외한다.

에 ₩0을 기재하고 있다.

그러나 때로는 단일 또는 복수의 수행의무를 구분하기 어려운 경우도 존재한다. 예컨대 컴퓨터를 판매하면서 일정기간 동안 제품의 보증을 제공하는 조건의 계약을 생각해 보자. 컴퓨터라는 재화와 보증수리라는 용역은 뚜렷이 구분되므로 ①조건을 충족한다. 하지만 계약 내에서 보증 용역에 대해 구분하여 가격을 책정하지 않는 경우가 많다.

이러한 경우, 계약상 그 약속의 성격이 각 재화나 용역을 개별적으로 판매하는 것인지, 아니면 약속된 재화나 용역을 하나의 결합산출물로 판매하는 것인지를 판단해야 한다. 이에 대해 K-IFRS는 다음과 같은 경우 고객에게 재화나 용역을 이전하기로 하는 둘 이상의 약속을 별도로 식별해낼 수 없고 단일의 수행의무로 본다. 1115:29

① 여러 가지 재화나 용역을 통합한 결합산출물을 고객에게 제공한다. 즉, 기업은 고객이 특정한 결합산출물(들)을 생산하거나 인도하기 위한 투입물로서 그 재화나 용역을 결합하여 사용하고 있다.
② 제공하는 재화와 용역이 고객에게 맞추어 변형 또는 맞춤화되어 있다.
③ 해당 재화나 용역은 상호의존도나 상호관련성이 매우 높다.

요약하면 고객에게 제공하는 재화와 용역이 개별적으로 존재할 수 있는지 여부에 따라 단일의 수행의무가 결정된다. 예컨대, 재화와 용역이 고객 맞춤화되어 있다면 해당 재화와 용역은 계약당사자인 고객 이외의 다른 고객에게는 가치가 없고 또한 판매될 수도 없을 것이다. 또한 특정 기계에 포함된 소프트웨어가 범용 소프트웨어가 아니라면, 해당 소프트웨어 없이 기계의 운용이 불가능하므로 상호의존도가 매우 높다. 따라서 이들 재화와 용역은 묶음으로 하나의 결합산출물을 이룬다.

보증수리 용역은 컴퓨터의 성능에 대한 보증으로 통상적으로 제공되는 판촉수단인 경우가 많다. 또한, 컴퓨터 없는 보증수리는 불가능하므로 보증수리 용역 자체만으로는 경제적 실질이 없다. 따라서 컴퓨터와 보증은 하나의 수행의무로 본다. 비슷한 예로 건설계약도 건물이라는 재화와 하자보수라는 용역을 포함하는 계약이 일반적이지만 건물 없는 하자보수는 의미가 없으므로 단일의 수행의무로 본다.

하지만 모든 보증에 대해 별도의 수행의무로 보는 것이 아님에 주의해야 한다. 일반적으로 전자제품, 자동차 등의 판매에는 성능을 보장하는 단기(예컨대 1년) 품질보증 또는 확신형 보증(assurance-type warranty)은 제품의 판매와 구분된다고 볼 수 없어서 별도의 수행의무로 보지 않는다. 그러나 회사가 제품에 대한 보증을 별도로 판매하거나, 또는 일반적인 관행보다 더 긴 기간의 보증(예컨대 5년)을 제공하는 경우가 있다. 이러한 거래에서는 계약에서 용역에 대한 판매가격을 별도로 정하게 되는데, 이러한 보증은 용역형 보증(service-type warranty)으로 구분해야 한다. 환언하면 용역형 보증은 고객에게 선택권을 부여한다는 점에서 계약상에 구분하여 표기하며 별도의 수행의무이다.

예제 5-2 수행의무의 식별

명주테크(주)는 인터넷기반 게임을 할 수 있는 기계인 MJ-Box와 일정기간 동안 인터넷에서 게임을 할 수 있는 사용권을 고객들에게 1년 단위로 판매한다. MJ-Box와 1년간 게임사용권은 개별적으로 판매할 경우 각각 ₩24,000과 ₩6,000에 판매한다. 명주테크(주)는 최초의 고객에게는 기계와 1년간 게임사용권을 패키지로 ₩27,000씩에 판매하며, 1년 이상의 고객은 사용권을 매년 ₩6,000에 갱신할 수 있다. 이 패키지 거래에는 몇 개의 수행의무가 있는가?

해답

기계와 사용권은 뚜렷하게 별도로 구분가능하기 때문에 패키지 거래에는 ① MJ-Box의 판매와 ② 사용권의 판매라는 두 개의 수행의무가 존재한다.

(3) 거래가격의 결정 1115:47-59

거래가격은 계약상에 명시된 금액으로서 재화 또는 용역 제공에 대한 대가로 고객으로부터 받았거나 받을 권리를 가질 것으로 기대되는 금액이다. 거래계약은 확정금액(fixed price)과 변동대가(variable consideration)로 나눌 수 있다. 확정금액은 판매자가 재화와 용역을 제공한 대가로 받을 금액이 고정적으로 명시된 금액이다. 반면 조건에 따라 대가가 변동될 수 있다. 예컨대, 일정한 목표를 달성하는 경우 추가로 보너스를 지급하거나 일정기간 내에 대가를 지급하면 추가적인 할인을 제공하는 계약이 있을 수 있다. 이와 같이 가변적인 대가를 변동대가라고 한다.[3]

변동대가가 포함되는 경우에는 하나의 거래가격을 추정해야 한다. 이때 기대가치법과 최고확률금액법이 많이 사용된다. 기대가치법(expected value approach)은 변동대가와 관련하여 발생할 가능성이 있는 미래 시나리오를 상정하고, 각 시나리오별로 예상되는 대가에 확률을 곱하여 구한 기댓값으로 측정하는 방법이다. 최고확률금액법(most likely amount approach)은 발생가능한 미래 시나리오 중 가장 발생가능성이 높은 시나리오에서 예상되는 대가로 측정하는 방법이다.

변동대가를 포함하는 거래가격은 미래의 현금흐름에 대한 가정을 포함하고 있으므로, 상황의 변동에 따라 추정치가 달라질 수 있다. 이 경우 가장 최근의 정보를 이용하여 변동대가를 추정하여 거래가격을 수정한다. 거래가격이 변동되었을 때에는 과거의 거래를 수정하지 않고 새로운 거래가격을 이용하여 전진적으로 적용한다.

변동대가를 계산할 때에는 지나친 낙관적인 가정으로 높은 거래가격을 추정할 수 있다. 거래대가를 낙관적으로 추정하면 추후에 거래가격을 수정해야 하며 심하면 이미 인식한 수익금액을 감액시켜야 하는 상황이 발생할 수도 있다. 따라서 변동대가를 추정할 때 이러한 상황이 발생하지 않도록 해야 한다. 이는 수익을 낙관적으로 측

3) 대가는 거래할인, 리베이트, 환불, 공제(credits), 장려금(incentives), 성과보너스, 위약금 등의 이유로 변할 수 있다.

정해서는 안 된다는 신중성의 개념에 근거한 제약조건이다.

변동대가에 대해 지나치게 낙관적인 추정의 가능성이 높아서 변동대가를 인식할 수 없는 상황을 나타내는 지표로서 ① 추정치의 근거에 대한 미약한 증거, ② 기업이 통제할 수 없는 요소들에 근거한 추정, ③ 과거 유사한 계약에서 변동대가에 대한 추정 변경의 존재, ④ 다양한 결과의 가능성, ⑤ 불확실성의 장기간 지속 등을 들 수 있다.

예제 5-3 변동대가 – 기대가치법과 최고확률금액법

명주테크(주)는 20×1. 10. 1에 프로게임(주)와 계약을 맺고 프로게임(주)의 고객들이 인터넷게임을 할 수 있는 네트워크서비스를 제공하기로 하였다. 계약조건에 따르면 프로게임(주)는 명주테크(주)의 네트워크 시설을 1년간 이용하는 확정대가로 ₩300,000을 선급하되, 프로게임(주)의 고객들의 총사용시간이 50,000시간을 초과할 경우 ₩120,000을 계약종료시에 추가로 명주테크(주)에 보너스를 후급하기로 하였다. 명주테크(주)는 고객들의 총사용시간이 50,000시간을 초과할 확률을 60%로 보고 있다.

명주테크(주)는 정액법을 적용하여 네트워크 제공에 따른 수익을 인식하고, 분기재무제표와 연차재무제표를 작성하고 있다.

요구사항

1) 20×1. 10. 1과 20×1. 12. 31에 기대가치법과 최고확률금액법을 각각 적용하여 필요한 회계처리를 하라.
2) 20×2. 3. 31에 프로게임(주)의 고객들의 총사용시간이 50,000시간을 초과하였다. 기대가치법과 최고확률금액법을 각각 적용할 경우 20×2. 3. 31에 필요한 회계처리를 하라.
3) 20×2. 3. 31에 프로게임(주)의 고객들의 총사용시간이 50,000시간을 초과할 가능성이 없는 것으로 판단하였다. 기대가치법과 최고확률금액법을 각각 적용할 경우 20×2. 3. 31에 필요한 회계처리를 하라.

해답

1) 기대가치법과 최고확률금액법에 따른 분개
- 3개월 확정금액 수익 = ₩300,000 × 3/12 = ₩75,000
- 기대가치법 3개월 변동대가 수익 = (₩120,000 × 0.6 + ₩0 × 0.4) × 3/12 = ₩18,000
- 최고확률금액법 3개월 변동대가 수익 = ₩120,000 × 3/12 = ₩30,000

일 자	기대가치법		최고확률금액법	
20×1. 10. 1	(차) 현 금	300,000	(차) 현 금	300,000
	(대) 선 수 수 익	300,000	(대) 선 수 수 익	300,000
20×1. 12. 31	(차) 선 수 수 익	75,000	(차) 선 수 수 익	75,000
	보너스매출채권	18,000	보너스매출채권	30,000
	(대) 용 역 수 익	93,000	(대) 용 역 수 익	105,000

➥계속

2) 보너스수익이 있는 것으로 확정된 경우

- 20×2년 첫 3개월 확정금액 수익=₩300,000×3/12= ₩75,000
  기대가치법 6개월 변동대가 수익=₩120,000×6/12= 60,000
  차감 : 이미 인식한 금액=₩72,000×3/12= (18,000)
  기대가치법 3개월 변동대가 수익 ₩42,000
- 최고확률금액법 3개월 변동대가 수익=₩120,000×3/12=₩30,000

일 자	기대가치법	최고확률금액법
20×2. 3. 31	(차) 선수수익 75,000 보너스매출채권 42,000 (대) 용역수익 117,000	(차) 선수수익 75,000 보너스매출채권 30,000 (대) 용역수익 105,000

3) 보너스수익이 없는 것으로 확정된 경우

- 20×2년 첫 3개월 확정금액 수익=₩300,000×3/12= ₩75,000
- 기대가치법 변동대가 수익= ₩0
  차감 : 이미 인식한 변동대가=₩72,000×3/12= (18,000)
  기대가치법 환원해야 할 변동대가 수익 (₩18,000)
- 최고확률금액법 변동대가 수익= ₩0
  차감 : 이미 인식한 변동대가=₩120,000×3/12= (30,000)
  최고확률금액법 환원해야 할 변동대가 수익 (₩30,000)

일 자	기대가치법	최고확률금액법
20×2. 3. 31	(차) 선수수익 75,000 (대) 용역수익 57,000 보너스매출채권 18,000	(차) 선수수익 75,000 (대) 용역수익 45,000 보너스매출채권 30,000

(4) 거래가격의 배분 1115:73-90

1) 상대적 개별판매가격법

거래가격의 배분은 수행의무와 대가를 대응시키는 것이다. 수행의무가 하나인 경우에는 거래가격의 분배문제가 발생하지 않는다. 그러나 복수의 수행의무가 포함된 계약이지만 일괄 계약으로 하나의 거래가격만 명시될 수 있다. 이런 경우 거래가격을 각각의 수행의무에 배분하여 각 수행의무별로 거래가격을 파악해야 한다.

거래가격의 배분원칙은 상대적 개별판매가격법이다. 개별판매가격(stand-alone selling price)은 해당 제품 또는 용역을 별도로 판매하였을 때 받게 될 금액을 의미한다. 즉, 각각의 재화와 용역이 개별적으로 거래될 때의 공정가치를 의미하며, 개별판매가격이 전체 거래가격에서 차지하는 비중에 따라 전체 거래가격을 배분한다.

예제 5-4 거래가격의 배분 – 상대적 개별판매가격법

명주테크(주)는 인터넷기반 게임을 할 수 있는 기계인 MJ-Box와 일정기간 동안 인터넷에서 게임을 할 수 있는 사용권을 고객들에게 1년 단위로 판매한다. MJ-Box와 1년간 게임사용권은 개별적으로 판매할 경우 각각 ₩24,000과 ₩6,000에 판매한다. 20×1. 10. 1에 명주테크(주)는 100명 고객에게 기계와 1년간 게임사용권을 패키지로 ₩27,000씩에 판매하였다. 명주테크(주)는 패키지 거래에 MJ-Box 판매와 게임사용권의 판매라는 두 개의 수행의무가 있다고 본다. 명주테크(주)가 20×1. 10. 1에 판매한 거래가격 ₩2,700,000을 MJ-Box와 게임사용권에 배분하라.

해답

MJ-Box : ₩2,700,000 × ₩24,000/₩30,000* = ₩2,160,000
게임사용권 : ₩2,700,000 × ₩6,000/₩30,000* = ₩540,000
* 개별판매가격의 합계 = ₩24,000 + ₩6,000 = ₩30,000

2) 수행의무의 개별판매가격이 알려지지 않은 경우

하나의 거래가격에 복수의 수행의무가 포함된 계약에서 일부 수행의무의 개별판매가격이 알려지지 않을 수 있다. 이 경우 개별판매가격을 추정해야 하는데, 다음과 같은 세 가지의 대안을 이용할 수 있다.

① 시장평가조정접근법(adjusted market assessment approach) : 유사한 재화 또는 용역의 시장가격을 이용하여 해당 수행의무의 판매가격을 추정하는 방법
② 예상원가이윤가산접근법(estimated cost plus margin approach) : 수행의무의 원가에 정상이익 마진을 더하여 판매가격을 추정하는 방법으로, 해당 수행의무는 물론 유사한 수행의무의 판매가격에 대한 정보가 없고 오직 원가정보만 있는 경우에 사용하는 방법
③ 잔여접근법(residual approach) 또는 차감법 : 거래가격에서 판매가격이 알려진 수행의무의 판매가격을 차감한 나머지 금액을 판매가격이 알려지지 않은 수행의무에 배분하는 방법

시장평가조정접근법은 개별수행의무에 대해 시장에서 관찰가능한 공정가치 정보를 이용하여 추정하는 방법으로 볼 수 있다. 예상원가이윤가산접근법은 수행의무에 대해 공정가치를 추정하기 어려운 경우, 원가정보를 이용하는 방법이다. 마지막으로 잔여접근법은 수행의무의 공정가치에 불확실성이 커서 개별시장가격을 추정하기 어려울 때 사용한다. 구체적으로, ① 해당 수행의무가 제공될 때 고객에 따라 다른 가격으로 판매하여 판매가격의 폭이 아주 크거나 ② 수행의무의 가격을 정하지 않았고 과거에도 판매경험이 없어 판매가격이 불확실한 경우에만 제한적으로 사용할 수 있다.

예제 5-5 개별판매가격의 추정

명주테크(주)는 인터넷기반 게임을 할 수 있는 기계인 MJ-Box와 일정기간 동안 인터넷에서 게임을 할 수 있는 사용권을 고객들에게 1년 단위로 판매한다. MJ-Box를 개별적으로 판매할 경우 ₩24,000에 판매한다. 20×1. 10. 1에 명주테크(주)는 100명의 고객에게 기계와 1년간 게임사용권을 패키지로 ₩27,000씩에 판매하였다. 명주테크(주)는 패키지 거래에 MJ-Box 판매와 게임사용권의 판매라는 두 개의 수행의무가 있다고 본다. 다음 질문에 답하라. 단, 각각의 질문은 독립적이다.

요구사항

1) 게임사용권은 명주테크(주)의 경험부족으로 개별판매가격을 알지 못하지만 경쟁사의 유사한 게임의 1년간 사용권은 개당 ₩8,000이다. 시장평가조정접근법으로 거래가격을 배분하라.
2) 게임사용권의 예상원가는 개당 ₩5,000이며, 명주테크(주)는 원가의 20%를 마진으로 설정하고 있다. 예상원가이윤가산접근법으로 거래가격을 배분하라.
3) 게임사용권은 경험부족 및 유사한 제품의 판매가격에 대한 시장정보 부족으로 아직 개별판매가격을 알지 못하며, 원가정보도 없는 실정이다. 잔여접근법으로 거래가격을 배분하라.

해답

1) 시장평가조정접근법

MJ-Box : ₩2,700,000 × ₩24,000/₩32,000* = ₩2,025,000
게임사용권 : ₩2,700,000 × ₩8,000/₩32,000* = ₩675,000

* 개별판매가격의 합계 = ₩24,000 + ₩8,000# = ₩32,000
\# 경쟁사에 유리한 가격

2) 예상원가이윤가산접근법

MJ-Box : ₩2,700,000 × ₩24,000/₩30,000* = ₩2,160,000
게임사용권 : ₩2,700,000 × ₩6,000/₩30,000* = ₩540,000

* 개별판매가격의 합계 = ₩24,000 + ₩6,000# = ₩30,000
\# 예상원가이윤가산접근법에서의 추정가격 = ₩5,000 + ₩5,000 × 20% = ₩6,000

3) 잔여접근법

게임사용권에 배분된 거래가격 = 거래가격 − MJ-Box의 개별판매가격
= ₩2,700,000 − ₩2,400,000
= ₩300,000

3) 패키지할인이 일부 수행의무에만 적용되는 경우

하나의 계약에 여러 개의 수행의무가 있는 패키지판매의 경우, 특정 할인이 일부 수행의무에만 적용될 수 있다. 이러한 경우에는 해당되는 수행의무에만 거래가격 할인을 적용하도록 거래가격을 각 수행의무에 배분해야 한다.

예제 5-6 패키지할인의 선별적용

평창스키(주)는 20×1. 1. 1에 다음과 같은 수행의무로 구성된 패키지를 ₩1,375,000에 판매하였다. 이 패키지판매는 스키장사용권과 스키장비렌탈에만 패키지할인이 적용된다.

수행의무	개별판매가격	패키지판매가격
스키레슨	₩100,000	₩100,000
스키장사용권	1,000,000	850,000
스키장비렌탈	500,000	425,000
합 계	₩1,600,000	₩1,375,000

평창스키(주)의 패키지판매가격을 각각의 수행의무에 배분하라.

해답

스키레슨 : ₩100,000(개별판매가격)

스키장사용권 : (₩1,375,000 − ₩100,000) × ₩1,000,000/(₩1,000,000 + ₩500,000) = ₩850,000

스키장비렌탈 : (₩1,375,000 − ₩100,000) × ₩500,000/(₩1,000,000 + ₩500,000) = ₩425,000

(주) 패키지할인이 스키장사용권과 스키장비렌탈에만 적용된다.

(5) 수행의무의 충족에 따른 수익의 인식 1115:31-40

기업은 고객에게 약속한 수행의무를 이행하였을 때 수익을 인식할 수 있다. 따라서 수행의무가 이행되었는지 여부에 대한 판단은 수익인식에 매우 중요한 판단과정이다. [그림 5-2]에서 보듯이 재화는 완성 또는 인도 시점과 같이 한 시점에 수행의무가 이행되는 경우가 많고, 용역은 기간에 걸쳐 수행의무가 이행되는 경우가 많다. 대부분의 수행의무 이행 여부는 이처럼 쉽게 판단할 수 있지만 그렇지 않은 경우도 많기 때문에 주의가 필요하다.

수행의무 이행 여부에 있어 재화와 용역에 대한 통제가 고객에게 이전되었는지에 대한 판단이 중요하다. 통제란 경제적 자원의 사용을 지시하고 그로부터 유입될 수 있는 경제적 효익을 얻을 수 있는 현재의 능력을 의미한다. 즉, 고객이 해당 자원을 실질적으로 사용하여 발생하는 경제적 효익을 배타적으로 누릴 수 있는지 여부에 대한 판단이다.

일반적으로 통제는 재화와 용역에 대한 법률적 소유권이 이전되면서 고객에게 이전된다. 하지만 통제는 법률적 소유권만을 의미하지 않으며, 자산에 대한 실질적인 권리가 이전되는 경우도 많기 때문에 주의해야 한다. 고객이 자산을 통제하는지를 판단할 때에는 다음 지표를 참고한다.

① 기업의 대가지급청구권(고객의 대가지급의무)

② 자산의 법적 소유권 이전

③ 자산의 물리적 점유 이전
④ 자산의 소유에 따른 위험과 보상의 이전
⑤ 고객의 자산 인수

통제가 어느 시점에 이전되는지에 대한 판단도 중요하다. 통제가 한 시점(a point in time)에 이전될 수도 있고 일정기간(over a period)에 걸쳐 이전될 수도 있다. 즉, 수행의무가 한 시점에 충족되면 수행의무를 충족한 시점에 수익을 인식하고, 일정기간에 걸쳐 충족되면 일정기간에 걸쳐 수익을 인식한다(본장의 〈보론 5A〉를 참조).

수행의무를 일정기간에 걸쳐 인식하기 위해서는 다음 중 하나를 충족해야 하며, 그렇지 않으면 한 시점에 인식해야 한다. 1115:35

① 기업이 업무를 수행하는 대로 고객이 효익을 동시에 얻고 소비하는 경우(예 : 청소 용역, 케이블TV 용역, 임대수익, 이자수익, 접근권라이선스수익 등)
② 기업이 만들거나 가치를 높이는 대로 그 자산을 고객이 통제하는 경우(예 : 고객의 소유지에서 제작하는 자산)
③ 기업이 업무를 수행하여 만든 자산은 그 기업 자체에는 대체용도가 없고, 지금까지 업무수행을 완료한 부분에 대해서는 집행가능한 대금 지급청구권이 있는 경우(예 : 주문제작 자산)

일반적인 청소, 인터넷 서비스와 같은 용역거래는 기간에 걸쳐 용역이 고객에게 이전되고 경제적 효익이 즉시 발생하여 소비되는 경우가 많으므로 ①의 조건과 일치하는 경우가 많다. ②는 재화의 생산과 동시에 고객에게 소유권을 이전하는 거래를 의미한다.

③의 조건은 주문제작 장기건설계약을 예로 들 수 있다(본장의 〈보론 5A〉를 참조). 장기건설계약은 재화가 완성될 때까지 소유권이 구매자에게 이전되지 않는 경우가 일반적이다. 하지만 판매자는 구매자 외의 다른 고객에 해당 재화를 판매할 수 없고(대체용도 없음), 또한 이미 제작한 재화에 대해서는 대가를 회수할 능력이 있으므로(지급청구권을 가짐), 제작한 부분만큼 실질적인 통제가 이전되었다고 볼 수 있다. 이러한 경우 기간에 걸쳐 판매자의 수익창출활동의 정도(진행률)에 따라 수익을 인식하도록 허용하는 기준이다.

한 계약에 두 개 이상의 수행의무가 포함된 경우에는 각각의 수행의무가 충족되었을 때 해당 수익을 인식해야 한다. 따라서 각각의 수행의무의 충족여부에 따라 서로 다른 시점 또는 기간에 수익으로 인식될 수 있다.

예제 5-7 수행의무 충족에 따른 수익인식

명주테크(주)는 인터넷기반 게임을 할 수 있는 기계인 MJ-Box와 일정기간(1년 단위) 동안 인터넷에서 게임을 할 수 있는 사용권을 고객들에게 판매한다. MJ-Box와 1년간 게임사용권은 개별적으로 판매할 경우 각각 ₩24,000과 ₩6,000에 판매한다. 20×1. 10. 1에 명주테크(주)는 100명의 고객에게 기계와 1년간 게임사용권을 패키지로 ₩27,000씩에 판매하였다. 명주테크(주)는 패키지거래에 MJ-Box 판매와 게임사용권 판매라는 두 개의 수행의무가 있다고 본다. 명주테크(주)가 20×1. 10. 1의 판매와 회계기말인 20×1. 12. 31에 기록할 거래를 회계처리하라.

해답

1) 20×1. 10. 1의 판매에 대한 회계처리

(차) 현　　금	2,700,000	(대) 매 출 수 익	2,160,000*
		선 수 수 익	540,000**

* MJ-Box에 배분된 거래가격=100개×₩27,000×(₩24,000/(₩24,000+₩6,000))=₩2,160,000

** 게임사용권에 배분된 거래가격=100개×₩27,000×(₩6,000/(₩24,000+₩6,000))=₩540,000
(MJ-Box는 인도시점에 수행의무가 충족되었기 때문에 20×1. 10. 1에 매출수익을 인식하고, 게임사용권은 향후 12개월에 걸쳐서 게임수익으로 인식한다)

2) 20×1. 12. 31 게임사용권의 기간수익인식

(차) 선 수 수 익	135,000	(대) 게 임 수 익	135,000*

* ₩540,000×3/12=₩135,000

3 거래형태에 따른 수익인식

(1) 계약자산과 계약부채 1115:105-118

계약자산(contractual assets)이란 고객에게 이전한 재화·용역에 대해 그 대가를 받을 권리로서, 그 권리에 시간의 경과 외의 조건이 있는 자산을 의미한다. 수취채권은 일정기간 내 기업이 대가를 받을 수 있는 무조건적인 권리를 나타내는 자산인 반면 계약자산은 무조건적인 권리가 아닌 추가적인 조건이 있다는 점에서 차이가 있다.

예컨대 예제 5-8 처럼 두 개의 제품이 모두 고객에게 이전되어야 이행되는 계약의 경우, 하나의 제품만 이전될 때에는 대가를 회수할 수 있는 무조건적인 권리가 발생하지 않고 나머지 다른 하나의 제품이 이전되어야 대금을 회수할 수 있다. 이러한 경우 수취채권 대신 계약자산을 인식하며, 나머지 수행의무가 이행될 때 수취채권으로 전환된다.

계약자산과 수취채권 모두 신용위험에 노출되지만, 계약자산은 업무수행위험과 같은 다른 위험에도 노출되기 때문에 따로 구분하여 표시한다.

예제 5-8 계약자산과 수취채권

잰더(주)는 고객에게 별도의 수행의무인 제품 A와 제품 B를 이전하고 그 대가로 ₩1,000을 받기로 하는 계약을 체결하였다. 계약에 따르면, 잰더(주)는 고객에게 제품 A를 먼저 인도하고, 제품 A의 대가는 제품 B를 인도해야만 받을 수 있다. 잰더(주)는 거래가격 ₩1,000을 제품의 상대적 개별판매가격에 기초하여 제품 A와 제품 B에 각각 ₩600과 ₩400을 배분하였다. 잰더(주)가 제품 A와 제품 B를 이전하는 수행의무를 이행할 때 필요한 회계처리를 하라.

해답

〈제품 A의 인도시점〉

(차) 계 약 자 산	600	(대) 매 출 수 익	600

(주) 잰더(주)는 제품 A와 제품 B 모두를 고객에게 이전할 때까지 대가를 받을 무조건적인 권리인 수취채권을 인식할 수 없으므로 계약자산으로 기록한다.

〈제품 B의 인도시점〉

(차) 수 취 채 권	1,000	(대) 계 약 자 산	600
		매 출 수 익	400

계약부채(contractual liabilities)는 기업이 고객에게서 받은 대가에 상응하여 고객에게 재화나 용역을 이전해야 하는 의무를 의미한다. 예컨대 기업이 인터넷 서비스를 제공하기로 약속하고 대가를 미리 받은 경우, 기업은 미래에 인터넷 서비스를 제공해야 하는 의무가 발생한다. 과거에는 이러한 의무에 대해 선수금 또는 선수수익을 기록하였지만 K-IFRS 제1115호에서는 계약부채라는 용어를 사용하고 있다. 관행적으로 선수금 또는 선수수익 계정과목을 사용하여도 무방하다. 기업이 수행의무를 이행할 때 선수금(계약부채)을 제거하고 수익을 인식한다.4)

(2) 자산사용의 허용 1115:26(9),58,B52-B63B

자산을 타인에게 사용하게 함으로써 발생하는 이자수익, 임대수익, 로열티수익 등은 경제적 효익의 유입가능성이 높고, 수익금액을 합리적으로 측정가능한 경우에 인식한다. 이러한 거래에서 발생하는 수익은 시간의 경과에 따라 또는 자산의 사용에 따라 가득된다.

이자수익은 계약에 따라 받게 될 금액이 사전에 결정되며 시간의 경과에 따라 유효이자율에 기반하여 수익을 인식한다. 임대수익은 통상적으로 기간에 따라 발생하는 것으로 보아 발생주의 개념에 근거하여 매 기간마다 일정한 금액을 수익으로 인식한다.

라이선스계약에 따른 고객의 권리는 사용권과 접근권으로 구분되는데, 회계처리

4) 계약자산과 계약부채가 건설계약에서도 발생하는데, 이에 대해서는 〈보론 5A〉에서 별도로 설명한다.

가 다르다. 사용권(right of use)라이선스는 판매기준로열티라고 부르기도 하는데, 라이선스를 이전한 시점에 수익을 인식한다. 사용권라이선스는 ① 라이선스를 부여한 시점(판매시점)에 현 상태의 지적재산권을 구매자에게 양도하고, ② 라이선스가 독자적으로 기능성을 갖고 있어서 기능 또는 과업의 수행이나 방송 또는 공연 등이 가능하며, ③ 라이선스판매자가 구매자에게 라이선스가 제공하는 효익의 추가적인 개선활동을 하지 않는 경우이다. 즉, 사용권라이선스는 재화의 판매처럼 라이선스 제공 이후 판매자에게 추가적인 의무나 비용이 발생하지 않고 라이선스의 사용이 전적으로 고객의 재량에 달린 경우이다. 제작이 완료되고 추가적인 업그레이드가 필요하지 않은 영화, 드라마, 음악 등의 상영 및 방영권, 농업기술사용권 등을 예로 들 수 있다.

접근권(right of access)라이선스는 사용기준로열티라고 부르기도 하는데, 라이선스 기간 또는 고객이 해당 라이선스의 사용에 따라 수익을 인식한다. 접근권라이선스는 ① 라이선스 기간 전체에 걸쳐 라이선스판매자가 계속하여 라이선스서비스의 업데이트 활동을 하고, ② 구매자가 라이선스로부터 얻는 효익이 라이선스판매자의 지속적 개선활동을 필요로 하며, ③ 라이선스의 기간에 걸쳐 라이선스 판매수익을 인식하는 것이 타당한 라이선스를 말한다. 즉, 판매자가 지속적으로 해당 라이선스의 활용과 관련하여 지속적인 관여를 하는 경우이다. 프랜차이즈, 업데이트가 필요한 소프트웨어 라이선스 등이 접근권라이선스의 사례에 해당한다.

예제 5-9 사용권과 접근권의 판매

세기음악(주)는 두 가지 형식의 음원판매를 한다. 첫째 방식은 일정 수의 음악을 수록한 DVD 형식의 판매로서 DVD당 ₩20,000에 판매하는 방식이고, 둘째 방식은 고객들로 하여금 회사의 웹사이트에 접속하여 2년 기간 동안 회사가 추가로 제공하는 음악을 다운로드하여 사용하는 권리를 ₩120,000에 판매하는 방식이다. 이 두 가지 음원의 판매는 모두 현금 판매이다.
세기음악(주)는 20×1년 1월중에 DVD 100개를 판매하였으며, 다운로드 방식 권리 10개를 판매하였다. 이 두 가지 판매에 대하여 세기음악(주)가 20×1년 1월중에 필요한 회계처리를 하라. 단, 편의상 다운로드 방식 권리는 모두 20×1. 1. 1에 판매되었다고 가정한다.

해답

(주) DVD 형식 음원판매는 사용권의 판매이므로 부여시점에 수익을 인식하는 한편, 다운로드 형식 음원판매는 접근권의 판매이므로 기간에 걸쳐 수익을 인식한다. 따라서 다음과 같이 회계처리한다.

1) 20×1년 1월 DVD 음원판매에 대한 회계처리

(차) 현　　금	2,000,000	(대) 음원판매수익	2,000,000

2) 20×1. 1. 1 다운로드 음원판매에 대한 회계처리

(차) 현　　금	1,200,000	(대) 선수수익-접근권	1,200,000

➥ 계속

3) 20×1. 1. 31 다운로드 음원판매의 기간수익인식

(차) 선수수익-접근권 50,000 (대) 음원판매수익 50,000*

* ₩1,200,000×1/24=₩50,000

(3) 금융요소가 중요한 판매거래의 수익인식 1115:60-65

매출채권의 회수에 장기가 걸리는 계약은 금융요소인 현재가치차금이 중요한 비중을 차지할 수 있다. 예를 들면, 할부판매(installment sales)는 판매거래와 금융거래가 결합된 복합거래로 볼 수 있다. 따라서 판매시점에 수익을 인식하되, 총판매대가를 재화에 대한 판매대가와 금융거래에 따른 이자수익으로 구분하여 회계처리한다.

일반적으로 상품인도일에 미래에 수취할 채권의 현재가치로 수익을 측정한다. 이로 인하여 계상되는 현재가치차금(이자상당액)은 매출채권의 차감계정에 해당한다. 현재가치차금은 기간의 경과에 따라 유효이자율법을 이용하여 상각을 통해 이자수익으로 인식한다.

예제 5-10 금융요소가 중요한 복합거래의 수익인식

윤상(주)는 20×1. 1. 1에 전자장치를 ₩4,000,000에 판매하였다. 전자장치의 원가는 ₩2,800,000이다. 판매시점에 ₩1,000,000을 받고 잔액은 2년에 걸쳐 연도말에 ₩1,500,000씩을 받기로 하였다. 판매와 할부금의 회수에 따른 회계처리를 하라. 단, 적용되는 이자율은 6%이다.

해답

일 자	할부판매에 따른 매출수익과 이자수익의 인식
20×1. 1. 1	(차) 현 금 1,000,000 (대) 매 출 수 익 3,750,100* 장기매출채권 3,000,000 현재가치할인차금 249,900** * ₩1,000,000+₩1,500,000×1.8334(연금현가, 6%, 2년)=₩3,750,100 ** 판매가격－매출수익 현재가치=₩4,000,000－₩3,750,100=₩249,900
20×1. 12. 31	(차) 현 금 1,500,000 (대) 장기매출채권 1,500,000 (차) 현재가치할인차금 165,006* (대) 이 자 수 익 165,006 * (₩3,000,000－₩249,900)×0.06=₩165,006
20×2. 12. 31	(차) 현 금 1,500,000 (대) 장기매출채권 1,500,000 (차) 현재가치할인차금 84,894* (대) 이 자 수 익 84,894 * ₩249,900－₩165,006=₩84,894

(4) 상품권 1115:106,B44-B47

상품권을 판매하면 미래에 인도할 상품에 대해 현금을 선수하였다는 것을 의미한다. 따라서 판매자는 아직 수행의무를 이행하지 않았기 때문에 수익을 인식해서는 안 되고 이를 선수금(계약부채)이라는 부채로 기록해야 한다. 이후에 고객이 상품권을 사용하여 상품을 고객에게 인도하였을 때 수익을 인식하고 선수금을 제거한다.

예제 5-11 상품권

잰더(주)는 20×1. 12. 1에 ₩500,000의 상품권을 발매하였고, 20×1. 12. 24에 동 상품권과 현금 ₩100,000을 받고 상품을 판매하였다. 상품권발매일과 상품판매일에 필요한 회계처리를 하라.

해답

20×1. 12. 1(상품권발매)	(차) 현 금	500,000	(대) 선 수 금	500,000
20×1. 12. 24(상품판매)	(차) 선 수 금 현 금	500,000 100,000	(대) 매 출 수 익	600,000

(5) 대리판매 1115:119(3),B71-B78

판매자가 주인(principal) 자격이 아니라 대리인(agent) 자격으로 재화를 판매하는 경우가 있는데, 위탁판매가 대표적인 예이다. 위탁판매(consignment sales)란 위탁자(주인)가 자기의 상품을 수탁자(대리인)에게 위탁하여 판매하고 수탁자에게 일정액의 수수료를 지급하는 판매형태이다.

위탁판매에서는 위탁자가 수탁자에게 상품을 인도한 시점과 수탁자가 수탁상품을 소비자에게 판매한 시점이 다르다. 상품이 판매되기 전까지 재고자산의 소유권을 위탁자가 가지고 있고, 수탁자는 단지 판매활동을 대행할 뿐이다. 따라서 위탁자가 수탁자에게 재고자산을 발송할 때에는 재고자산을 적송품으로 대체한다. 또한 위탁에 직접 관련된 부대비용, 예를 들면 위탁상품발송비 등을 적송품에 가산한다. 수익은 수탁자가 위탁품을 제3자에게 판매한 날에 인식한다.

수탁자는 위탁상품을 수탁자의 재고자산으로 기록해서는 안 된다. 그리고 위탁상품을 판매하였을 때 판매가액 총액을 수익으로 계상할 수 없다. 왜냐하면 판매 대행이 수행의무이기 때문에 판매수수료가 수익인식 대상이 된다.

예제 5-12 위탁판매

양주(주)는 세탁기를 위탁판매방식으로 판매하고 있다. 20×1. 7. 1에 세탁기 10대를 1대당 ₩500,000(취득원가 ₩350,000)에 판매하도록 장흥(주)에 발송하였다. 발송비 ₩120,000은 현금으로 지급하였다. 수탁판매료는 1대당 ₩50,000이다. 장흥(주)는 20×1. 9. 30까지 8대의 세탁기를 판매하고, 양주(주)에 계속하여 판매현황을 보고하였다. 또한, 20×1. 10. 15에 수수료를 차감한 금액을 양주(주)에 송부하였다. 양주(주)와 장흥(주)가 위탁품과 관련하여 필요한 분개를 하라.

해답

일 자	양주(주) - 위탁자			장흥(주) - 수탁자		
20×1. 7. 1 (적송)	적 송 품	3,620,000		- 분개 없음(비망기록) -		
	재 고 자 산		3,500,000			
	현 금		120,000			
20×1. 7. 1 ~ 9. 30 (매출)	매 출 채 권	3,600,000		현 금	4,000,000	
	위탁수수료	400,000		수 탁 채 무		3,600,000
	위 탁 매 출		4,000,000	수수료수익		400,000
	매 출 원 가	3,620,000				
	적 송 품		3,620,000			
20×1. 10. 15 (대금정산)	현 금	3,600,000		수 탁 채 무	3,600,000	
	매 출 채 권		3,600,000	현 금		3,600,000

위탁판매와 비슷하게 대리인 자격으로 재화를 판매한 예는 다음과 같다.

① 백화점의 임대매장에서 발생하는 매출 : 백화점의 매출이 아니므로 임차인으로부터 수취하는 임대료 또는 수수료만을 수익으로 인식해야 한다.

② 위탁자를 대신하여 수탁인이 고객에게 재화를 판매하거나 수출업무를 대행 : 판매를 위탁하는 회사를 대신하여 재화를 판매하는 것이므로 판매수수료만을 수익으로 계상해야 한다.

③ 제품공급자를 대신하여 제품을 인터넷상에서 중개판매하고 수수료만을 수취하는 인터넷쇼핑몰 : 관련 수수료만을 수익으로 인식해야 한다.

실무적으로는 회사가 주인 자격 또는 대리인 자격으로 거래의 당사자로서 역할을 수행하고 있는지 판단하기 어려운 경우가 많다. 이는 거래와 관련된 여러 요인과 상황을 고려하여 판단해야 하는데, 〈표 5-2〉는 주인 자격에 대한 지표이다.

▶ **표 5-2**
주인 또는 대리인 판단에 대한 주요 지표

① 거래당사자로서 재화나 용역의 제공에 대한 주된 책임을 부담. 즉 판매계약 이행에 대한 책임을 부담
② 고객이 주문하기 전후나 인도 중에 또는 반환시점에 기업이 재고위험을 부담
③ 직접적으로나 간접적으로 제품의 가격결정 권한
④ 고객으로부터 수취할 금액에 대하여 신용위험을 부담

만약, 인터넷쇼핑몰과 같이 수탁자가 판매자를 대신하여 고객에게 제품을 판매하면 판매회사가 직접 상품을 고객에게 배송하는 경우에는 적송품계정을 이용할 필요가 없다. 이때에는 판매자가 판매시점에 매출수익을 인식하고 배송비를 판매비로 회계처리한다. 또한 인터넷쇼핑몰은 이 시점에 수수료수익을 인식하면 된다.

예제 5-13 인터넷 대행 판매

양주(주)는 세탁기를 인터넷쇼핑몰을 이용하여 위탁판매하고 있다. 20×1. 7. 1에 인터넷쇼핑몰을 통하여 세탁기 8대를 1대당 ₩500,000에 판매하였다. 계약에 따라 판매대금의 회수는 양주(주)의 책임이며 판매금액의 10%를 판매수수료로 인터넷쇼핑몰에 지급하도록 되어 있다. 한편, 택배회사와 계약하여 판매일에 즉시 상품을 배송하는 조건으로 세탁기 1대당 배송비 ₩12,000을 지급한다. 양주(주)는 매월 말일에 인터넷쇼핑몰에 각각 판매수수료를 지급한다. 양주(주)와 인터넷쇼핑몰이 제품의 판매와 관련하여 필요한 분개를 하라.

해답

일 자	양주(주)			인터넷쇼핑몰		
20×1. 7. 1 (매출)	매 출 채 권	4,000,000				
	매 출 수 익		4,000,000			
	판매수수료	400,000		수수료채권(미수수익)	400,000	
	수수료채무(미지급비용)		400,000	수수료수익		400,000
	배 송 비	96,000				
	현 금		96,000			
20×1. 7. 31 (대금정산)	수수료채무(미지급비용)	400,000		현 금	400,000	
	현 금		400,000	수수료채권(미수수익)		400,000

(6) 프랜차이즈 수익

프랜차이즈(franchise) 거래는 특정 상품이나 용역 등을 일정한 지리적 관할권 내에서 독점적으로 사용하여 영업을 하는 것을 조건으로 프랜차이즈 본사와 가맹점 간에 계약을 체결하여 영업을 하는 것을 말한다. 맥도날드, 피자헛, 롯데리아, BBQ치킨 등이 대표적인 프랜차이즈 업체이다.

프랜차이즈 거래는 하나의 계약에 여러 가지 재화와 용역 거래를 포함하는 복수의 수행의무를 갖는 계약의 대표적인 예이다. 특히, 프랜차이즈 거래는 계약 내에 다양한 형태와 복잡한 다수의 거래를 포함하는 경우가 많은데, 프랜차이즈 본사가 가맹점에 제공하는 창업지원용역, 운영지원용역, 기타 용역의 종류(가맹점 위치선정, 유형자산의 취득, 광고, 직원교육, 품질관리, 회계처리 등) 등으로 구성되어 있다. 프랜차이즈 계약에 포함되어 있는 대표적인 의무에 따른 수익인식방법을 살펴보면 다음과 같다.

① **설비와 기타 유형자산의 제공**: 해당 자산을 인도하거나 소유권을 이전하는 시점에 제공된 자산의 공정가치를 기초로 산정한 금액을 수익으로 인식한다.

② 창업지원용역 : 고객 서비스 교육, 장비 사용법, 요리법 등 가맹점의 창업을 지원하기 위하여 본사가 교육 및 기타 서비스를 제공하는 경우가 있다. 이러한 창업지원용역은 용역이 제공되는 기간에 걸쳐 인식한다. 가맹점의 창업과 동시에 용역 제공이 완결되는 경우가 많기 때문에 가맹점의 창업과 동시에 모든 창업지원용역 수익의 인식이 완결되는 경우가 많다.

③ 운영지원용역 : 홍보, 인력지원 등 가맹점의 운영을 지원하기 위하여 본사가 용역을 제공할 수 있다. 이러한 용역수익은 제공되는 기간에 걸쳐 인식한다.

④ 기타수수료수익 : 계약에 의한 권리의 계속적인 사용에 부과되는 수수료나 계약기간 동안 제공하는 기타 용역에 대한 수수료는 권리를 사용하는 시점이나 용역을 제공하는 시점에 수익으로 인식한다.

⑤ 로열티수익 : 프랜차이즈계약에 미래 프랜차이즈 가맹점의 매출액 등의 성과에 따라 로열티를 지급받는 조건이 포함될 수 있다. 이 경우에는 프랜차이즈 가맹점이 매출액을 보고한 시점에 비례적으로 로열티수익을 인식한다.

예제 5-14 프랜차이즈 수익인식

프랜차이즈 업체인 참맛치킨(주)는 20×1. 7. 1에 동탄가맹점과 프랜차이즈계약을 체결하였다. 동 계약에 따르면 참맛치킨(주)는 다음과 같은 세 가지 수행의무를 제공하기로 하고 계약일에 계약대금 전체인 ₩600,000을 현금으로 받았다.

(1) 동탄가맹점은 영업개시일부터 5년 동안 참맛치킨(주)의 브랜드를 가지고 동탄지역에서 영업을 할 권리를 갖는다. 이 권리에 대한 개별판매가격은 ₩195,000이다.

(2) 참맛치킨(주)는 창업지원용역으로 가맹점의 종업원에게 조리 및 운영훈련을 제공하고 참맛치킨(주)의 사내조리사자격증을 부여한다. 종업원훈련과 사내조리사자격증에 대한 개별판매가격은 ₩65,000이다. 종업원훈련과 사내조리사자격증 부여는 20×1. 9. 1에 완료하였다.

(3) 동탄가맹점은 참맛치킨(주)로부터 건물장식품을 구매해야 한다. 건물장식품에 대한 개별판매가격은 ₩390,000이다. 비품의 인도는 20×1. 9. 1에 완료하였고 동일에 가맹점은 영업을 개시하였다.

요구사항

1) 20×1. 7. 1(계약일)에 참맛치킨(주)가 동탄가맹점과 맺는 프랜차이즈계약에 대한 회계처리를 하라.

2) 각 수행의무에 거래가격을 배분하라.

3) 20×1. 9. 1에 참맛치킨(주)가 동탄가맹점에 종업원훈련과 사내조리사자격증 서비스를 완료하고, 비품을 인도한 것에 대한 회계처리를 하라.

4) 20×1년중에 참맛치킨(주)가 동탄가맹점과의 프랜차이즈계약으로부터 인식한 수익금액은 얼마인가?

해답

1) 20×1. 7. 1(계약일)의 분개

(차) 현 금	600,000	(대) 이연프랜차이즈수익	600,000

(주) 계약일 현재 프랜차이즈계약에서 받은 금액은 아직 수행의무를 충족하지 못한 상태이기 때문에 이연프랜차이즈수익(부채)으로 기록한다.

2) 상대적 개별거래가격법을 이용하여 거래가격을 세 가지 수행의무에 분배

- 5년간 영업할 권리 : ₩600,000 × (₩195,000/₩650,000*) = ₩180,000
- 훈련/조리사자격증 부여 : ₩600,000 × (₩65,000/₩650,000*) = ₩60,000
- 건물장식 및 비품 : ₩600,000 × (₩390,000/₩650,000*) = ₩360,000

* ₩195,000 + ₩65,000 + ₩390,000 = ₩650,000

3) 20×1. 9. 1의 분개(두 가지 수행의무의 충족에 따른 수익인식)

(차) 이연프랜차이즈수익	420,000	(대) 매출(비품판매수익)	360,000
		프랜차이즈용역제공수익	60,000

4) 20×1년중 동탄가맹점과의 프랜차이즈계약으로 인식할 총수익

(₩360,000 + ₩60,000) + (₩180,000/5년 × 4/12개월) = ₩432,000

(7) 고객충성제도 1115:B39-B43

고객충성제도(customer loyalty program)란 고객이 재화나 용역을 구매하면, 기업이 보상점수('포인트'라고도 함)를 부여하는 것이다. 고객은 보상점수를 사용하여 재화나 용역을 무상 또는 할인 구매하는 방법으로 보상을 받는다. 이 제도는 재화나 용역을 구매하는 고객에게 인센티브를 제공하기 위하여 소매점, 항공사, 통신사업자, 호텔, 신용카드사업자 등이 널리 사용하고 있다.

고객충성제도가 재화나 용역과 함께 패키지로 판매되고 별도의 수행의무로 판단되면, 매출시점에는 보상점수에 배분된 만큼 부채계정인 이연고객충성제도수익(또는 계약부채)을 기록한다. 추후 보상점수가 회수되고 보상의무를 이행한 시점에 이연고객충성제도수익이 실현되었다고 보고 해당 금액을 수익으로 인식한다.

예제 5-15 고객충성제도수익

수원쇼핑(주)는 회원이 일정한 금액의 상품을 구입하면 보상포인트를 부여하는 고객충성제도를 운영하고 있다. 회원은 보상포인트를 사용하여 상품을 구입할 수 있다. 포인트의 유효기한은 1년이다. 20×1년에 수원쇼핑(주)가 ₩100,000의 매출을 달성하면서 10,000포인트를 회원에게 보상포인트로 부여하였다. 수원쇼핑(주)는 각 보상포인트의 공정가치를 ₩0.5으로 추정하고, 회수율은 80%일 것으로 추정하고 있다. 한편, 20×1년에 고객들이 이용한 보상점수는 7,000포인트이다. 20×1년에 수원쇼핑(주)가 고객충성제도에 따라 기록할 회계처리를 하라.

➡계속

해답

부여된 이연고객충성제도수익 : 10,000포인트×80%×₩0.5=₩4,000
실현된 고객충성제도수익 : 7,000포인트×₩0.5=₩3,500

〈분개〉

매출시점	(차) 현 금	100,000	(대) 매 출 수 익	96,000
			이연고객충성제도수익	4,000
회수시점	(차) 이연고객충성제도수익	3,500	(대) 매 출 수 익	3,500

(8) 지분법손익 1028:5-19

한 회사가 다른 회사에 대해 중대한 영향력을 발휘할 수 있는 정도(통상 20~50%의 범위)의 의결권 있는 주식(보통주)을 소유하는 경우 지분법을 적용하여 관계회사가 당기손익을 보고할 때 지분법손익을 인식한다. 지분법회계는 지분투자에 따른 수익의 인식을 현금으로 배당받을 때까지 기다리지 않는다는 점에서 현금기준이 아니라 발생기준 개념에 근거하여 수익을 인식하는 방법이다. 지분법회계는 독특한 측정속성에 근거한다고 볼 수 있다. 지분법회계는 다음과 같이 수행한다.

- 최초투자시점에는 투자원가로 투자주식을 기록한다.
- 관계회사가 당기손익을 보고하면 지분에 비례하여 지분법손익을 인식하고 투자주식을 증감시킨다.
- 관계회사로부터 배당을 받으면 투자주식을 감소시키는 회계처리를 한다.

K-IFRS에서는 손익계산서상에 지분법손익을 별도로 보고하도록 요구하고 있다.

예제 5-16 지분법이익

서울(주)는 20×1. 1. 1에 강남(주)의 보통주 30%를 ₩300,000에 취득하였다. 강남(주)는 20×1. 12. 31에 ₩120,000의 당기순이익을 보고하였으며, 20×2. 3. 31에는 총 ₩50,000의 배당을 지급하였다. 서울(주)는 강남(주)의 투자에 대하여 지분법을 적용한다. 지분법투자와 관련하여 주어진 정보에 근거하여 서울(주)가 필요한 회계처리를 하라.

해답

1) 20×1. 1. 1(지분법적용 투자자산의 취득)

(차) 투 자 자 산	300,000	(대) 현 금	300,000

2) 20×1. 12. 31(피투자회사에서 이익발생)

(차) 투 자 자 산	36,000	(대) 지분법이익	36,000*

* ₩120,000×30%=₩36,000

3) 20×2. 3. 31(배당금 수령)

(차) 현 금	15,000	(대) 투자자산	15,000*

* ₩50,000×30%=₩15,000

4 수익인식의 기타문제

(1) 수익인식에서 발생하는 환불부채

고객이 구매한 상품에 불만족하거나 결함이 있는 경우 반품을 허용하는 조건으로 판매를 하는 경우가 많다. 판매자가 수익으로 인식한 제품을 구매자가 반품을 한 경우, 판매자는 수익을 과대계상한 결과가 된다. 따라서 반품이 허용되는 판매에 대해 경제적 실질이 있는 판매인지 여부에 대한 판단이 중요하다.

실질적인 판매인지 여부에 있어 환불가능성에 대한 판단이 필요하다. 만약 환불될 가능성이 높다면, 이는 대가를 회수할 가능성이 낮고 실질적으로 재화를 판매한 것이 아니므로 수익을 인식하지 않는다. 만약 환불가능성이 높지 않다면 판매시점에 수익을 인식하되 예상되는 반품액에 대해 매출환입과 환불부채(계약부채)를 인식하는 회계처리를 한다. 이 경우 인식하는 환불부채는 수익인식의 3단계인 판매가격의 결정에 영향을 미치지 않으며, 반품된 금액에 해당하는 매출환입을 인식하는 만큼을 환불부채로 인식한다.

예제 5-17 반품허용 판매에서 발생하는 환불부채

유노(주)는 상품을 개당 ₩100에 100개를 현금 판매하기로 20×1. 1. 1에 고객과 계약을 체결하였다. 계약조건에 따르면 고객은 상품의 수령일로부터 30일 이내에 상품에 결함이 있거나 불만족스러울 경우 반품이 가능하며, 반품을 제외한 대가를 상품의 수령일로부터 30일 이내에 지급하도록 되어 있다. 유노(주)는 동 상품에 대한 과거 경험으로부터 판매한 물량의 5%가 반품될 것으로 추정하고 있다.
유노(주)가 상품 100개를 고객에게 처음 인도하였을 때 필요한 회계처리를 하라.

해답

(차) 수취채권	10,000	(대) 매출수익	10,000
(차) 매출환입	500	(대) 환불부채	500

(주) 유노(주)는 순매출수익으로 ₩9,500(=₩10,000−₩500)을 인식한다.

환불부채의 또 다른 예로서 고객에 대한 판매가 일정수준을 초과할 경우 미래에 가격을 인하하되 그 인하효과가 소급적용되는 경우를 들 수 있다. 이 경우는 위에서 언급한 반품에 대한 환불부채와는 달리 수익인식의 3단계인 판매가격을 사후적으로 조정하는 조건을 포함한 거래이기 때문에 판매가격에 변동대가가 포함된 거래이다. 따라서 판매가격의 조정에 해당하는 부분만큼을 환불부채로 인식한다.

예제 5-18 판매가격의 조정에서 발생하는 환불부채

유노(주)는 제품을 개당 ₩100에 이전하기로 20×1. 1. 1에 고객과 계약을 체결하였다. 계약조건에 따르면 고객이 1년 이내에 제품을 1,000개 이상 구매할 경우에는 계약에 따라 개당 가격을 소급하여 ₩90으로 낮추도록 되어 있다. 유노(주)는 제품에 대한 통제를 고객에게 이전할 때에 대가를 지급받을 권리가 생기며, 제품 1,000개를 인도한 후 가격인하를 소급적용하기 전까지는 개당 ₩100의 대가를 받을 무조건적 권리인 수취채권을 확보한다.
유노(주)가 제품 100개를 고객에게 처음 인도하였을 때 필요한 회계처리를 하라. 단, 유노(주)는 판매시점에 고객에게 제품 1,000개 이상을 인도할 가능성이 거의 확실하다고 추정하며 변동대가에 대해 최고확률법을 사용한다.

해답

(차) 수 취 채 권	10,000	(대) 매 출 수 익	9,000
		환불부채(계약부채)	1,000*

* 환불부채(계약부채)=(₩100−₩90)×100개

(2) 미인도청구약정 1115:B79-B82

구매자에게 소유권은 이전되었으나 재화의 인도는 구매자의 요청에 의해 지연되는 경우가 있다. 이러한 미인도청구약정('bill and hold' sale)은 다음 조건이 모두 충족되면 구매자에게 소유권이 이전되는 시점에 수익을 인식하고, 그렇지 못하면 인도시점에 가서 수익을 인식한다.

① 재화가 인도될 가능성이 높다.
② 판매를 인식하는 시점에 판매자가 해당 재화를 보유하고 있고, 재화가 식별되며, 구매자에게 인도할 준비가 되어 있다.
③ 재화의 인도 연기에 대하여 구매자의 구체적인 확인이 있다.
④ 통상적인 대금지급조건을 적용한다.

(3) 재화 인도 후 최종판매와 관련된 조건이 있는 판매 1115:30

설치 · 검사 조건부로 판매한 경우와 같이 재화의 인도 후에 최종판매와 관련된 조건이 붙어 있는 판매가 있다. 이 경우 재화의 인도와 설치·검사 등의 용역이 별도의 수행의무인지 또는 단일의 수행의무인지 판단해야 한다. 일반적으로 ① 설치과정이 성격상 단순하거나 ② 이미 결정된 계약가액을 최종적으로 확정하기 위한 목적으로 검사가 수행되는 경우에는 단일의 수행의무로 보고 구매자에게 재화를 인도한 즉시 수익을 인식한다. 예를 들면, 공장에서 이미 검사가 완료된 텔레비전 수상기의 설치와 같이 포장개봉과 전원의 연결만이 필요한 경우 또는 무연탄이나 곡물 등을 인도하는 경우가 이에 해당한다. 만약 별도의 수행의무인 경우 재화의 인도와 설치 및 검사 용역이 제공될 때 각각 수익을 인식한다.

(4) 판매자가 구매자로부터 재화 및 용역을 구매하는 경우 1115:70-72

때때로 판매자가 고객에게 재화와 용역을 제공하는 동시에 고객으로부터 재화 및 용역을 구매하는 경우가 있다. 예컨대 삼성전자(주)가 이마트(주)에 전자제품을 판매하면서 제품 진열공간 또는 판촉공간을 유리하게 확보하기 위하여 이마트(주)에 공간사용료를 지급한다고 하자. 이때 삼성전자(주)가 이마트(주)로부터 공간을 임대했다고 볼 것인가 또는 삼성전자(주)가 이마트(주)에 지급한 금액만큼을 전자제품 판매에 대한 리베이트 또는 할인으로 보아야 할 것인가라는 회계문제가 대두된다.

이 경우 거래의 실질에 따라 회계처리가 달라질 것이다. 만약 전용공간의 확보가 공정가치로 이루어진다면, 구매로 회계처리하면 된다. 그러나 구매가 공정가치 이상으로 이루어진 경우에는 공정가치를 초과하는 금액을 삼성전자(주)의 전자제품 판매가격의 할인으로 보아야 하며, 거래가격을 조정하여 수익을 인식해야 한다.

예제 5-19 판매자가 구매자로부터 구매

삼성전자(주)가 전자제품을 판매하는데 통상 판매망에서 전용공간의 확보를 위한 별도의 사용료를 지급하지 않는다. 이마트(주)와 협의하여 당사 전자제품 전용공간을 유리하게 확보해 준다는 조건하에 본래는 지급하지 않는 공간사용료를 이마트(주)에 매월 ₩1,000,000씩 지급하고 있다. 삼성전자(주)가 20×1년 1월에 이마트(주)에 신용매출한 전자제품이 ₩30,000,000이라면 삼성전자(주)가 이마트(주)에 대한 매출액으로 인식할 금액은 얼마인가?

해답

매출액 : ₩30,000,000 − ₩1,000,000 = ₩29,000,000

(5) 재매입약정 1115:B64-B76

재매입약정(repurchase agreement)은 자산을 판매하고, (같은 계약이나 다른 계약에서) 그 자산을 다시 매입하기로 약속하거나 다시 매입할 수 있는 선택권을 갖는 계약이다.

재매입약정은 일반적으로 ① 자산을 다시 사야 하는 기업의 의무(선도), ② 자산을 다시 살 수 있는 기업의 권리(콜옵션), ③ 고객이 요청하면 자산을 다시 사야 하는 기업의 의무(풋옵션) 등 세 가지 형태로 나타난다.

1) 선도 또는 콜옵션

기업이 재화를 판매하고 미래에 고객으로부터 해당 자산을 재매입하는 계약(선도)이나 판매한 자산을 재매입할 수 있는 권리를 가지는 계약(콜옵션)에서는 고객은 일정기간 후 자산을 판매자에게 반환해야 하거나(선도) 또는 반환해야 하는 상황을 맞이할 수 있다(콜옵션). 따라서 고객은 해당 자산에 대하여 제한된 통제를 가지므로 일반 매매 거래와는 다르다. 이러한 거래에 대해서는 경제적 실질을 판단해야 한다.

만약 기업이 최초에 고객에게 판매했던 가격보다 낮은 가격으로 자산을 재매입하는 약정을 맺는다면, 이는 기업이 자산을 일정기간 고객에게 대여한 후 반환받는 리스거래와 유사하다. 이 경우 해당 거래에 대해서는 리스거래로 처리한다.

또는 기업이 해당 자산을 고객에게 매도하였지만 고객으로부터 해당 자산을 대여받아 계속 사용하는 계약을 체결할 수 있다. 이는 판매후리스계약과 동일하고 기업은 해당 자산을 계속 인식하고 고객에게서 받은 대가는 금융부채로 인식하는 '판매후리스계약'에 기반하여 회계처리한다(리스와 관련한 회계처리는 제19장을 참고).

반면, 재매입가격이 원래 판매가격보다 높은 가격인 경우 해당 약정은 사실상 해당 자산을 담보로 차입한 금융약정(차입거래)과 경제적 실질이 유사하다. 기업은 해당 자산을 계속 인식하고 고객에게서 받은 대가는 금융부채로, 재매입가격과 원래 판매가격의 차이를 이자비용으로 계약기간 동안 기간경과에 따라 비용으로 인식한다.

만약 기업이 콜옵션을 행사하지 않고 소멸된다면, 해당 시점에서 재화나 용역이 고객에게 실질적으로 매도되었다고 보고, 관련한 부채를 제거하고 수익을 인식한다. 이를 요약하면 〈표 5-3〉과 같다.

▶ **표 5-3** 선도 또는 콜옵션이 있는 재매입약정 회계처리

옵션조건	회계처리	
재매입가격<원래 판매가격	판매후리스계약의 일부가 아닌 경우	리스계약
	판매후리스계약의 일부분	금융부채
재매입가격≥원래 판매가격	금융약정으로 회계처리	

2) 풋옵션

풋옵션계약은 콜옵션과 달리 고객이 매입한 자산을 판매자에게 재판매할 수 있는 권리를 가진다. 풋옵션은 고객이 매입한 재화나 용역을 기업에게 반환한다는 측면에서 반환권과 경제적 실질이 유효하다. 고객이 풋옵션을 행사할 가능성에 따라 해당 거래가 실질적인 매매 거래인지 또는 다른 형태의 거래인지가 결정된다.

풋옵션의 행사가능성은 계약 개시시점에 고객이 자신의 권리를 행사할 경제적

유인이 유의적으로 존재하는지 판단해야 하며 재매입일의 자산의 재매입가격과 예상 시장가치의 관계 등 다양한 요소들을 고려한다.

① 재매입가격<원래 판매가격 : 재매입가격이 원래 판매가격보다 낮은 경우 고객은 풋옵션을 행사하는 경우 매입가격보다 낮은 대가를 받으므로 풋옵션을 행사할 유인이 작다. 하지만 가격적 측면 이외에 다른 이유로 고객이 풋옵션을 행사할 유인이 있을 수 있다. 예를 들면, 고객은 일정기간 후 새로운 기술을 적용한 자산으로 해당 자산을 교체하려는 의도가 있을 수 있다. 따라서 재매입가격이 원래 판매가격보다 낮더라도 고객이 풋옵션을 행사할 경제적 유인이 유의적인지 판단해야 한다.

고객이 풋옵션을 행사할 경제적 유인이 높은 경우 해당 거래는 고객이 일정기간 특정 자산을 사용하고 자산을 반환하는 리스 거래와 유사하다. 따라서 해당 약정이 '판매후리스계약'의 일부분이라면 기업은 해당 자산을 계속 인식하고 고객에게 받은 대가는 금융부채로 인식한다. 만약 해당 약정이 판매후리스가 아니라면 일반적인 리스계약으로 회계처리한다.

반면, 고객이 풋옵션을 행사할 경제적 유인이 낮은 경우, 해당 풋옵션은 반품권과 유사하고, 해당 거래를 반품권이 있는 판매로 회계처리한다. 1115:B70

② 재매입가격≥원래 판매가격 : 자산의 재매입가격이 원래 판매가격과 같거나 높은 경우에 고객의 풋옵션 행사 여부는 해당 자산의 예상 시장가치에 달려 있다. 만약 예상 시장가치가 재매입가격보다 높은 경우 고객은 해당 자산을 지속적으로 보유하는 게 이득이므로 고객은 풋옵션을 행사할 유인이 작다. 이 경우, 풋옵션은 반품권과 유사하므로 해당 거래는 반품권이 있는 제품의 판매처럼 회계처리한다.

만약 재매입가격이 예상시장가치보다 낮은 경우 고객은 풋옵션을 행사하는 것이 경제적 이득이 크므로 풋옵션을 행사할 가능성이 높다. 이 경우 기업은 일정기간 후 높은 가격으로 자산을 재매입해야 하므로 해당 약정은 사실상 해당 자산을 담보로 자금을 차입한 거래이다. 따라서 해당 거래는 금융약정(차입거래)으로 회계처리한다. 1115:B69

이와 같은 내용을 정리하면 〈표 5-4〉와 같다.

▶ **표 5-4** 풋옵션이 있는 재매입약정 회계처리

<table>
<tr><th>옵션조건</th><th>판단기준</th><th colspan="2">회계처리</th></tr>
<tr><td rowspan="3">재매입가격<원래 판매가격</td><td rowspan="2">권리행사의 경제적 유인이 유의적임</td><td>판매후리스계약의 일부가 아닌 경우</td><td>리스계약</td></tr>
<tr><td>판매후리스계약의 일부분</td><td>금융부채</td></tr>
<tr><td>권리행사의 경제적 유인이 유의적이지 않음</td><td colspan="2">반품권이 있는 판매로 회계처리</td></tr>
<tr><td rowspan="2">재매입가격≥원래 판매가격</td><td>재매입가격>예상시장가치</td><td colspan="2">금융약정으로 회계처리</td></tr>
<tr><td>재매입가격≤예상시장가치</td><td colspan="2">반품권이 있는 판매로 회계처리</td></tr>
</table>

예제 5-20 재매입약정 – 기업이 콜옵션을 보유

(주)경인은 20×1. 12. 1에 고객에게 원가 ₩40,000의 재고자산을 ₩60,000에 현금판매하였다. (주)경인은 20×2. 3. 31에 당해 재고자산을 ₩65,000에 재매입할 수 있는 콜옵션을 보유하고 있다. 경인(주)는 20×2. 3. 31에 콜옵션을 행사하였다. 회계기간은 1. 1부터 12. 31이다.

요구사항

1) (주)경인이 각 일자별로 해야 할 회계처리를 하라.
2) 만약 (주)경인이 20×2. 3. 31에 콜옵션을 행사하지 않았다면 (주)경인이 각 일자별로 해야 할 회계처리를 하라.

해답

1) 재고자산의 재매입가격이 원래 판매가격보다 크므로 금융약정으로 회계처리한다.

〈20×1. 12. 1〉

(차)	현 금	60,000	(대) 단기차입금	60,000

〈20×1. 12. 31〉

(차)	이 자 비 용	1,250*	(대) 미지급이자	1,250

* (₩65,000 − ₩60,000) × 1/4 = ₩1,250

〈20×2. 3. 31〉

(차)	이 자 비 용	3,750*	(대) 미지급이자	3,750
(차)	단기차입금	60,000	(대) 현 금	65,000
	미지급이자	5,000		

* (₩65,000 − ₩60,000) × 3/4 = ₩3,750

2) 〈20×1. 12. 1〉

(차)	현 금	60,000	(대) 단기차입금	60,000

〈20×1. 12. 31〉

(차)	이 자 비 용	1,250*	(대) 미지급이자	1,250

* (₩65,000 − ₩60,000) × 1/4 = ₩1,250

〈20×2. 3. 31〉

(차)	이 자 비 용	3,750*	(대) 미지급이자	3,750
(차)	단기차입금	60,000	(대) 매 출	65,000
	미지급이자	5,000		
(차)	매 출 원 가	40,000	(대) 재 고 자 산	40,000

* (₩65,000 − ₩60,000) × 3/4 = ₩3,750

예제 5-21 재매입약정 – 고객이 풋옵션을 보유

(주)경인은 20×1. 12. 1에 고객에게 장부금액 ₩40,000의 유형자산을 ₩60,000에 현금판매하였다. 고객은 20×2. 3. 31에 당해 유형자산을 ₩65,000에 재판매할 수 있는 풋옵션을 보유하고 있으며, 재매입시점의 당해 유형자산의 예상시장가치는 ₩62,000이다. 회계기간은 1. 1부터 12. 31이다.

요구사항

1) 20×2. 3. 31 재매입시점의 유형자산의 시장가치는 계약 개시시점에서 예상한 바와 같이 ₩62,000이다. (주)경인이 각 일자별로 해야 할 회계처리를 하라.
2) 만약 고객은 사용중인 해당 유형자산을 20×2. 3. 31에 ₩56,000에 재판매할 수 있는 풋옵션을 보유하고 있고, 재매입시점의 당해 유형자산의 예상시장가치는 ₩54,000이며, (주)경인은 재매입일의 재매입가격이 해당 자산의 예상시장가치를 초과하기 때문에 고객이 풋옵션을 행사할 경제적 유인이 유의적이라고 판단하였고 실제로 고객이 20×2. 3. 31에 풋옵션을 행사하였다면 (주)경인이 각 일자별로 해야 할 회계처리를 하라.

해답

1) 유형자산의 재매입가격이 원래 판매가격과 재매입시점의 해당 자산의 예상시장가치를 모두 초과하므로 금융약정으로 회계처리한다.

〈20×1. 12. 1〉

(차) 현 금	60,000	(대) 단기차입금	60,000

〈20×1. 12. 31〉

(차) 이자비용	1,250*	(대) 미지급이자	1,250

* (₩65,000 − ₩60,000) × 1/4 = ₩1,250

〈20×2. 3. 31〉

(차) 이자비용	3,750*	(대) 미지급이자	3,750
(차) 단기차입금	60,000	(대) 현 금	65,000
미지급이자	5,000		

* (₩65,000 − ₩60,000) × 3/4 = ₩3,750

2) 1)에서 언급된 내용 이외에 유형자산의 재매입가격이 원래 판매가격보다 작으므로 리스계약으로 회계처리한다.

〈20×1. 12. 1〉

(차) 현 금	60,000	(대) 리스보증금	56,000
		선수리스료	4,000

〈20×1. 12. 31〉

(차) 선수리스료	1,000*	(대) 리스료수익	1,000

* (₩60,000 − ₩56,000) × 1/4 = ₩1,000

〈20×2. 3. 31〉

(차) 선수리스료	3,000*	(대) 리스료수익	3,000
(차) 리스보증금	56,000	(대) 현 금	56,000

* (₩60,000 − ₩56,000) × 3/4 = ₩3,000

제3절 비용과 차손의 인식

1 비용과 차손

비용(expenses)은 특정 회계기간중에 발생한 경제적 자원의 소비나 소멸을 인식하는 것이다. 비용은 경제적 자원이 유출·소비됨으로써 자산이 감소하거나 부채가 증가하고 그 금액을 신뢰성 있게 측정할 수 있을 때 인식한다. 이에 따라 비용은 기업실체가 경영활동을 영위하는 과정에서 경제적 자원이 소비되거나 소멸되었다고 판단되는 시점에서 인식된다.

한 회계기간중에 발생한 경제적 자원의 소비는 발생시점에서 즉시 비용으로 인식되거나 그 소비의 결과로서 발생하는 수익이 인식되는 시점에서 비용으로 인식된다. 한편, 자산의 경제적 자원의 감소·소멸이 명백하거나 경제적 자원을 수반하지 않는 부채가 발생·증가된 것이 명백한 경우 비용을 인식한다.

K-IFRS에서는 정의하고 있지 않으나 손실, 차손, 원가라는 용어가 비용과 비슷하게 사용되고 있다. 관행적으로 비용은 한 경제실체의 주된 경영활동인 재화의 인도·생산, 용역의 제공, 또는 이와 유사한 활동을 수행하기 위해서 발생하는 자산의 유출 혹은 기타 소모나 부채가 발생(혹은 양자의 결합)할 때 사용된다. 손실(losses) 또는 차손은 한 경제실체의 부수적인 거래로부터 발생한 순자산의 감소를 의미한다.

원가(costs)와 비용은 동일어로 사용되기도 하나 엄격한 의미에서는 구분되는 개념으로서 재화나 용역을 취득한 대가로 지급한 금액이라고 할 수 있다. 이것이 소비 혹은 사용되거나 그 가치가 상실된 경우에는 소멸원가(expired costs)로서 비용 혹은 손실이 되지만, 소비 혹은 사용되지 않은 상태로 남아 있게 되면 미소멸원가(unexpired costs)로서 자산이 된다. 즉 비용은 수익창출과정에서 소멸된 원가이고, 원가란 재화나 용역을 구입하는 데 소요된 금액이다. 따라서 비용의 측정은 재화나 용역의 구입에 소요된 원가의 측정과 연관된다. 구입된 재화나 용역은 바로 자산을 의미하므로 원가의 측정은 자산의 측정방법에 따라서 결정된다.

원가는 크게 두 가지로 구분할 수 있는데, 하나는 제품원가이고 다른 하나는 기간원가이다. 제품원가(product costs)란 제품 및 용역의 산출에 직접 소요된 원가로서 원재료비, 인건비 및 제조간접비로 구성된다. 이는 제품 또는 용역의 제조원가로 기록하여 그 제품이 판매되거나 용역이 제공된 기간에 매출원가로 인식되므로 이들이 발생한 기간에 비용으로 인식될 수도 있고(발생한 기간에 관련 제품이 판매된 경우) 자산으로 기록한 후에 차후 기간에 비용으로 인식될 수도 있다(발생한 이후의 기간에 관련 제품이 판매된 경우). 기간원가(period costs)는 원가와 수익 간에 직접적인 관련을 지을 수가 없기 때문에 발생한 기간에 비용으로 바로 인식하는 원가이다.

2 비용과 차손의 인식

K-IFRS에서는 앞서 설명한 바와 같이 비용은 경제적 효익이 유출되어 순자산이 감소됐을 때 인식한다. 반면, 전통적인 회계학에서는 비용을 수익·비용 대응의 원칙(matching principle)에 따라 해당 비용이 관련되는 수익을 창출하는 데 기여했다고 인정되는 기간에 대응시켜 인식한다. 비용이 관련된 수익이 인식되는 회계기간에 인식되어야 수익에서 이와 관련된 비용을 차감하여 기간의 경영성과를 반영하는 적절한 당기손익을 계산할 수 있다.

1) 직접대응

수익과 비용의 대응은 노력(비용)을 결과(수익)에 대응시키는 논리이므로 가능하다면 직접대응(direct matching)시키는 것이 합리적이다. 직접대응의 예로는 매출원가라는 비용을 매출액이라는 수익의 인식기간과 동일한 기간에 대응시켜 인식하는 것이다. 손익계산서에서 매출액에 직접대응되는 비용인 매출원가를 차감하여 매출총이익을 표시한다.

2) 간접(기간)대응

어떤 지출이 수익창출에 기여할 것은 확실하나 특정한 수익과 관련짓기가 어렵거나 혹은 수익창출을 기대하기 어려울 것으로 판단되면 발생시점에 비용으로 인식한다. 이를 간접대응(indirect matching, 혹은 기간대응(period matching))이라고 하며 임원급여, 광고비, 판매촉진비 등의 판매비와 관리비가 여기에 해당한다. 판매비와 관리비에 관련된 재화나 용역은 일반적으로 취득과 동시에 혹은 취득 직후에 소비되므로 취득시점, 즉 발생시점에 비용을 인식한다.

3) 원가의 체계적 배분

때로는 체계적이고 합리적인 방법으로 원가를 배분하여 비용으로 인식하고 이를 수익에 대응시키는 방안을 강구해야 한다. 대표적인 예로 유형자산의 원가는 해당 자산이 수익창출에 기여하리라고 기대되는 기간에 걸쳐 체계적인 방법으로 배분되어야 한다. 유형자산에 대한 지출은 궁극적으로 모두 비용이 될 것이나 우선 원가를 자산으로 기록한 후에 이 자산이 수익을 창출하는 데 기여한 기간에 걸쳐 체계적인 방법으로 감가상각을 통하여 비용화시킨다.

상응하는 경제적 자원의 증가 없이 자산의 미래경제적 효익이 감소 혹은 소멸되었거나 부채가 발생 혹은 증가한 것이 명백해진 경우에는 이를 차손(손실)으로 인식해야 한다. 예를 들면, 금융자산의 평가손실은 가격이 하락한 시점에 인식한다거나 유형자산 화재손실을 화재가 발생한 기간에 인식한다거나 하는 것 등이다. 이러한 항목들은 수익창출에 기여하지 못하고 자산성을 상실하게 되어 즉시 손실로 인식한다. 이들은 크게는 기간대응의 개념에 속하지만 수익이 발생함에 따라 대응시켜 인식하는 비용과는 성격이 다르다.

보론 5A 진행기준 수익인식

1 진행기준의 개요

(1) 진행기준의 의의 및 적용대상

진행기준(percentage-of-completion method)이란 수행의무의 이행 정도에 비례하여 계약기간중에 수익을 인식하는 방법이다. 즉, 진행기준은 기간에 걸쳐 수익을 인식하는 방법 중의 하나인데, 특히 건물, 교량, 도로, 터널, 조선, 장기성 용역계약 등과 같이 자산을 고객에게 이전하기까지 장기간이 소요되는 건설계약에 대한 기간에 걸친 수익인식방법을 진행기준이라고 지칭하는 경우가 많다.

장기간이 소요되는 건설계약에 대해 일반적인 재화와 같이 완성 또는 인도 시점에 수익을 인식하게 되면 판매자는 건설기간 동안에 수익을 인식하지 못하고 완성 또는 인도 시점에 수익을 인식한다. 이러한 수익인식은 수익창출활동이 수행되는 기간에 수익이 인식되지 못하고 완성된 한 시점에 큰 금액의 수익을 일시에 인식하게 만듦으로써 수익의 변동성을 크게 만들고, 당기손익이 경영성과를 제대로 반영하지 못하게 만든다.

장기건설계약에 대해 진행기준을 적용하면 특정 회계기간 동안 의무이행 정도에 따라 수익을 인식하므로 발생기준회계에 충실하다. 또한 의무이행활동이 진행됨에 따라 창출한 수익과 발생한 비용을 인식함으로써 기업활동의 성과를 잘 반영할 수 있고 목적적합한 정보를 제공하는 장점이 있다. 다만, 진행률 추정을 통하여 경영자가 보고하는 수익금액이 변동하기 때문에 진행률 추정에 주의를 기울여야 한다. 또한 장기건설계약에 대해 진행기준을 적용하기 위해서는 생산하는 재화의 대체용도가 없어야 하며 생산중인 재화에 대한 지급청구권이 있어야 한다(198쪽 참고).

본 보론에서는 건설계약을 중심으로 진행기준을 살펴본다. 건설계약에서 진행기준을 적용하는 계약은 〈표 5A-1〉에서 나타나듯이 다소 특수한 계정 명칭을 사용한다. 이하에서는 설명의 편의상 건설공사계약에 해당하는 용어들을 주로 사용하여 설명한다.

▶ 표 5A-1
진행기준 관련계정의 용어비교

관련계정	건설공사	용역제공
수 익	계약수익	용역수익
원 가	계약원가	용역원가
재 공 품	미성공사	미성용역
계약대금의 청구	진행청구액	진행청구액
계약대금 미수액	공사미수금	용역미수금

(2) 계약수익

건설계약의 계약수익(contract revenue)은 거래대가를 의미하며 다음 항목으로 구성된다.

① 최초에 합의한 계약금액[5]
② 공사변경, 보상금 및 장려금에 따라 추가되는 금액으로서 수익으로 귀결될 가능성이 높고 신뢰성 있게 측정할 수 있는 금액

공사변경은 발주자에 의한 설계변경 등으로 인하여 공사범위에 변화가 이루어진 것을 의미한다. 이에 따라 계약수익이 증가하거나 감소할 수 있다. 보상금은 건설사업자가 발주자나 다른 당사자에게서 공사지체, 설계오류 등으로 보상받는 금액이다. 장려금은 조기완성 및 탁월한 공사수행 등에 대하여 계약금액에 추가하여 받은 금액을 말한다. 보상금과 장려금은 일종의 변동대가로 볼 수 있다.

계약수익은 수취했거나 수취할 대가의 공정가치로 측정한다. 이러한 계약수익의 측정치는 미래 사건의 발생이나 불확실성의 해소 등에 의해 영향을 받는다. 따라서 계약수익의 측정치는 불확실성을 증가시키는 사건이 발생하거나 불확실성이 해소되면 수정되어야 한다.

계약수익은 건설사업자가 발주자로부터 지급받을 계약금액 총액을 기준으로 하여 계상함을 원칙으로 한다. 다만, 건설사업자가 실질적으로는 단순한 관리자로서 용역보수 또는 수수료만을 받는 경우에는 거래의 실질을 반영하여 계약금액 중 건설사업자에게 실제로 귀속될 금액만을 계약수익으로 계상해야 한다.[6]

(3) 계약원가

계약원가는 건설과 관련한 원가로, 인건비, 원자재비, 운송비, 생산설비 및 장비의 원가 등을 포함한다. 계약원가는 계약체결일로부터 계약의 최종완료일까지의 기간에 발생한 원가이다. 그러나 건설계약체결 전에 발생한 원가이더라도 계약에 직접 관련되고, 개별적으로 식별이 가능하며, 신뢰성 있게 측정할 수 있고, 계약의 체결가능성이 높은 경우에는 계약원가의 일부로 포함한다. 한편, 계약을 체결하는 과정에서 발생한 원가를 발생한 기간의 비용으로 인식한 경우에는 건설계약이 후속기간에 체결되더라도 계약원가에 포함하지 않는다.

---

5) 건설계약금액이란 확정된 계약조건에 따라 건설사업자가 수행한 도급공사에 대하여 발주자 또는 원도급자 등이 지급하기로 한 대가의 총액을 말한다.

6) 수주공사를 전매(하도급)하고 중간수수료를 획득하는 경우 회사가 본인 또는 대리인으로 계약을 체결했는지에 대한 판단이 필요하다. 만약 회사가 대리인으로서 중계인의 수행의무만 가진다면 수주공사에 대해 총액으로 수익을 인식하면 공사수익을 과대계상하게 된다. 이 경우 하도급에 따른 중간수수료(순액)를 수익으로 인식하고 관련 사항을 적절하게 공시하는 것이 필요하다.

2 건설계약의 회계처리

진행기준은 건설계약 의무의 수행 정도에 따라 수익을 인식한다. 의무의 이행 정도를 일반적으로 진행률(production progress)이라고 하는데, 진행기준을 적용하기 위해서는 진행률을 신뢰성 있게 측정할 수 있어야 한다.

건설계약의 초기단계에는 계약의 결과를 신뢰성 있게 추정할 수 없는 경우가 많다. 예를 들면, 유사한 계약에 대한 경험이 충분히 축적되지 않아 진행률 측정을 위한 공사에 필요한 기간, 총계약원가 추정 등이 어렵거나 불확실성이 높을 수 있다. 또는 전쟁과 같이 예측하지 못한 상황이 발생하여 해당 공사의 미래상황을 합리적으로 예측하기 어려워 진행률을 신뢰성 있게 측정하지 못할 수 있다. 이처럼 진행률을 신뢰성 있게 측정하지 못한다면 진행기준을 적용할 수 없다.

계약의 초기단계에 계약의 결과를 신뢰성 있게 추정할 수 있다고 판단하여 진행기준을 적용하고 있더라도 공사기간중에 진행률을 신뢰성 있게 측정하지 못하게 되는 상황이 발생하면 진행기준 적용을 중단한다. 이후 계약의 결과를 신뢰성 있게 추정할 수 없게 한 불확실성이 해소되면 그때부터 진행기준을 전진적으로 적용한다.

예제 5A-1 건설계약에 진행기준을 적용할 수 없는 경우

금비(주)는 플랜트 공사 경험이 많으며 새 계약을 체결하고자 한다. 새 계약은 기존 계약보다 규모가 크고 플랜트 구조가 복잡하다. 금비(주)는 계약체결 후 곧바로 작업을 시작하였으나, 상세설계가 완성되지 않아 필요한 공사기간이나 소요되는 원가를 아직 측정할 수 없다. 금비(주)는 총추정계약원가 대비 투입된 원가비율로 진행률을 추정한다. 금비(주)는 새 플랜트 공사 입찰에 참여할 때 개략적 원가를 산정하였지만, 계약을 완료하는 데 필요한 총계약원가의 신뢰성 있는 추정금액은 아니라고 보고 있다. 다만, 금비(주)는 추정총계약원가가 계약수익을 초과하지는 않을 것이며, 발생한 원가는 회수할 가능성이 높다고 판단한다. 금비(주)는 진행기준을 적용하여 수익을 인식할 수 있는가?

해답

금비(주)가 진행기준을 사용하기 위해서는 진행률을 신뢰성 있게 측정할 수 있어야 한다. 금비(주)는 총계약원가를 신뢰성 있게 측정할 수 없어서 진행기준을 적용할 수 없다. 따라서 계약의 결과를 신뢰성 있게 추정할 수 있기 전까지는 수익을 인식할 수 없다.

(1) 진행률의 결정 1115:41-45,B14-B19

진행률은 다양한 방식으로 결정될 수 있지만 일반적으로 〈표 5A-2〉에서와 같이 투입법이나 산출법으로 구분할 수 있다.

▶ 표 5A-2
진행률 계산방법

방 법		진행률의 산정공식
투입법	원 가 법	누적발생계약원가÷추정총계약원가
	투하노력법	실제투하노력량÷추정총투하노력량
산출법	완성단위법	실제완성작업량÷추정총계약작업량
	완성가치법	실제완성작업가치÷추정총계약작업가치

투입법은 계약에 따른 의무의 이행에 예상되는 총투입물 대비 해당 의무를 이행하기 위한 기업의 노력이나 투입물에 기초하여 수익을 인식하는 방법이다. 원가법(cost-to-cost method)과 투하노력법(efforts expended method)이 많이 사용된다. 생산에 투입한 자원, 노동시간, 발생원가, 경과한 시간, 사용한 기계시간 등을 기준으로 투입 정도를 측정한다.

산출법은 지금까지 생산하거나 이전한 재화나 용역이 고객에게 주는 가치를 직접 측정하여 수익을 인식하는 방법이다. 산출법은 완성단위법(units of works performed method)과 완성가치법(value-added method)이 많이 사용된다. 지금까지 완료한 생산 정도, 도달한 단계, 경과한 시간, 생산한 단위나 인도한 단위 등을 기준으로 진행률을 측정할 수 있다.

예제 5A-2 공사진행률의 측정방법

은비(주)는 발주업체의 사옥 건설계약을 체결하였다. 계약액은 ₩10,000,000이며, 추정총계약원가가 계약수익을 초과하지는 않을 것으로 예상하고 있다. 은비(주)는 발주업체와의 계약에 따라 외부 감리기관에서 건설계약의 진행 정도를 정기적으로 확인하고 있다. 본 계약은 진행기준 적용요건을 모두 충족한다고 가정한다. 은비(주)가 신뢰성 있게 공사진행률을 측정할 수 있는 방법을 설명하라.

해답

은비(주)는 진행률 측정에 다음 두 가지 방법을 사용할 수 있을 것이다.

- 원가법(추정총계약원가 대비 누적발생계약원가의 비율)
- 외부 감리기관이 보고기간말에 확인한 공사의 진행률

진행률을 선택할 때에는 수행한 공사를 신뢰성 있게 측정할 수 있어야 한다. 예를 들면, 공사에 소요되는 원자재 가격이 최근에 등락이 심하여 누적발생계약원가와 공사의 진행률 사이에 관련성이 약하다면 원가법의 적용이 적절하지 않을 수 있다. 반면, 외부 감리기관이 제공한 진행률이 신뢰성이 높다면 그 진행률을 이용하는 것이 좋을 것이다.

개념적으로 공사의 수행 정도를 가장 충실하게 나타내는 방법은 산출법이지만, 산출물을 직접 관측할 수 없거나 진행률 산정에 많은 원가가 들 수 있어서, 실무에서는 투입법 중에서 원가법, 특히 계약원가를 중심으로 하는 진행률을 사용하기도 한다.

원가법에 의한 당기까지의 누적진행률은 다음과 같이 당기까지 누적된 계약원가 발생액을 가장 최근에 추정한 총계약원가로 나누어 계산한다. 본 교재에서는 원가법을 중심으로 설명하지만, 투입법을 사용하더라도 진행률 측정을 위한 변수만 다를 뿐 회계처리를 위한 논리적 과정은 동일하다.

$$누적진행률 = \frac{(당기까지\ 누적된)\ 실제계약원가\ 발생액}{(가장\ 최근에\ 추정한)\ 추정총계약원가}$$

추정총계약원가는 재무보고일 현재 이미 발생한 계약원가와 향후 건설계약을 완료하기 위해 추가적으로 소요될 계약원가를 합한 금액을 말한다. 추정총계약원가는 미래에 발생하는 원가를 포함하기 때문에 추정을 해야 하며, 이를 계산할 때 건설계약 수행과정에서 얻을 수 있는 새로운 정보를 계속 반영해야 한다. 만약 추정총계약원가의 금액이 수정될 경우에는 진행률이 수정되며, 이는 회계추정의 변경으로 보아 당기부터 전진적으로 적용한다.

계약수익과 계약이익은 보고기간말 현재 계약활동의 진행률을 기준으로 인식한다. 당기 계약수익과 계약이익을 구하는 산식은 다음과 같다.

당기계약수익 = 총계약수익 × 누적진행률 − 전기말까지 인식한 계약수익
당기계약이익 = 당기계약수익 − 당기계약원가

(2) 회계처리

건설계약을 진행기준으로 회계처리하는 방법은 〈표 5A-3〉과 같다. 건설계약의 진행과정에서 발생한 재료원가, 노무원가, 제조간접원가 등의 계약원가는 미성공사(construction in progress)계정에 기록한다. 미성공사계정(또는 미완성공사계정)은 제조업의 재공품계정과 같은 성격을 갖는다. 이 계정에는 건설계약이 완성되어 발주자에게 인도되기 전까지 발생한 모든 원가를 누적시킨다. 그리고 최종적으로 건설계약이 완료되어 발주자에게 자산이 인도될 때 장부에서 제거된다.

계약대금을 청구할 때에는 차변에 매출채권(공사미수금)을 인식하고, 대변에 진행청구액이라는 계정을 기록한다. 물론 계약대금을 회수하면 매출채권을 그만큼 감소시키는 회계처리를 한다.

회계기말에는 진행기준에 따라서 계약수익과 계약원가를 인식한다. 계약수익과 계약원가의 차이는 매출총손익(계약손익)을 나타낸다. 건설계약의 회계처리에서는 계약손익을 미성공사계정에 가산한다. 이는 사실상 아직 실현되지 않은 계약이익을 재고자산에 포함시켜 재고자산을 평가하는 것이다. 이에 따라 재고자산계정인 미성공사는 누적계약원가에 누적계약이익을 합한 금액으로 평가된다. 따라서 진행기준을 적용

▶ 표 5A-3
진행기준에 의한 회계처리

내 용	분 개			
〈회계기간 중간〉				
① 계약원가의 기록	(차) 미 성 공 사 (재고자산)	×××	(대) 재 료 비 노 무 비 경 비	××× ××× ×××
② 계약대금의 청구	(차) 매출채권(공사미수금)	×××	(대) 진행청구액	×××
③ 계약대금의 회수	(차) 현 금	×××	(대) 매출채권(공사미수금)	×××
〈회계기간말〉				
계약수익/계약원가와 계약이익의 인식 [산출된 진행률에 근거]	(차) 계 약 원 가 미 성 공 사* * 미성공사는 계약수익과 계약원가의 차액으로서 계약이익(매출총이익)이면 차변에 나타나고, 계약손실(매출총손실)이면 대변에 나타난다.	××× ×××	(대) 계 약 수 익	×××
〈계약완료시점〉	(차) 진행청구액	×××	(대) 미 성 공 사	×××

할 경우 누적계약수익과 누적미성공사는 구조적으로 항상 동일한 금액으로 측정된다.

계약완료시점에는 장부상에 계약금액과 동일한 미성공사계정과 진행청구액계정의 잔액이 남아 있게 된다. 이를 제거하기 위해서 다음과 같은 분개를 한다.

(차) 진행청구액 ××× (대) 미 성 공 사 ×××

진행기준 회계처리에서는 발생한 자산과 부채를 재무상태표에 표시하는 방법도 다소 특이하다. 발생한 계약원가와 계약손익은 미성공사라는 자산계정에 누적시키고, 또 계약대금을 청구했을 때에 매출채권(공사미수금)계정의 차변에 기입하고 진행청구액계정의 대변에 기입한다. 그 결과 매출채권과 미성공사가 동시에 자산으로 기록된다. 따라서 재무상태표에서 자산의 이중계상을 방지하기 위하여 진행청구액계정과 미성공사계정을 상호 차감하여 표시한다.

미성공사와 진행청구액은 상호 차감하는 계정이기 때문에 어느 금액이 더 많은지에 따라 두 계정잔액의 순액이 계약자산으로 보고될 수도 있고 계약부채로 보고될 수도 있다. 미성공사가 진행청구액을 초과하면 차액을 계약자산(미청구공사)으로 보고하고, 반대로 진행청구액이 미성공사를 초과하면 그 차액을 계약부채(초과청구공사)로 보고한다. 그 결과 미청구공사는 계약자산(유동자산)으로 보고하고, 초과청구공사는 계약부채(유동부채)로 보고한다.[7] 즉 다음과 같이 자산이나 부채를 재무상태표에 표시한다.

계약자산 (유동자산)			계약부채 (유동부채)		
미 성 공 사	×××		진행청구액	×××	
진행청구액	(×××)	×××	미 성 공 사	(×××)	×××

(주) 미성공사=누적계약원가+누적계약이익

7) 미청구공사나 초과청구공사를 대부분 유동자산과 유동부채로 표시하는 이유는 건설공사를 수행하는 기업의 영업주기(operating cycle)가 길기 때문이다.

그러나 독립된 별도의 공사계약에서 발생한 계약자산 또는 계약부채는 서로 상계하여서는 안 된다.

예제 5A-3 진행기준의 회계처리

희망건설(주)는 20×1. 1. 1에 총계약금액이 ₩45,000인 교량건설공사를 수주하였다. 계약당시 이 교량공사는 20×3년말에 완공될 예정이었으며, 계약원가는 ₩40,000으로 추정되었다. 그러나 실제로 발생한 총계약원가는 ₩40,500으로 증가하였으며, 이러한 공사비 증가는 20×2년에 추정되었다. 교량공사와 관련된 정보는 다음과 같다.

	20×1년	20×2년	20×3년
발생 누적계약원가	₩10,000	₩29,160	₩40,500
추정총계약원가	40,000	40,500	40,500
계약대금의 청구	9,000	24,000	12,000
계약대금의 회수	7,500	17,500	20,000

진행기준에 따라 회계처리를 하고, 관련 계정을 나타내는 재무상태표와 손익계산서를 작성하라.

해답

원가법으로 산출한 매기 누적진행률과 그에 따른 계약수익 및 계약원가는 다음과 같다.

항 목	20×1년	20×2년	20×3년
누적 진행률	25% (=₩10,000÷₩40,000)	72% (=₩29,160÷₩40,500)	100% (=₩40,500÷₩40,500)
계약수익	₩11,250 (=₩45,000×25%)	₩21,150 (=₩45,000×72%−₩11,250)	₩12,600 (=₩45,000−(₩11,250+₩21,150))
계약원가	₩10,000	₩19,160 (=₩29,160−₩10,000)	₩11,340 (=₩40,500−(₩10,000+₩19,160))

[회계처리]

항 목		계정과목	20×1년	20×2년	20×3년
공사기간 중	① (발생한) 계약원가의 기록	미 성 공 사(원가) 재료비, 노무비 등	10,000 10,000	19,160 19,160	11,340 11,340
	② 계약대금청구의 기록	매 출 채 권(공사미수금) 진행청구액	9,000 9,000	24,000 24,000	12,000 12,000
	③ 계약대금회수의 기록	현 금 매 출 채 권(공사미수금)	7,500 7,500	17,500 17,500	20,000 20,000
기말	④ 계약수익/계약원가와 계약이익의 인식 [산출된 진행률에 근거]	계 약 원 가 미 성 공 사(계약이익) 계 약 수 익	10,000 1,250 11,250	19,160 1,990 21,150	11,340 1,260 12,600
공사완료	⑤ 건설계약의 완료	진행청구액 미 성 공 사	− −	− −	45,000 45,000

➥계속

[부분재무상태표와 부분손익계산서]

부분재무상태표

희망건설(주) 20×1. 12. 31 현재

		20×1년		20×2년		20×3년
〈유동자산〉	매출채권(공사미수금)		₩1,500		₩8,000	–
	미청구공사 :					
	미 성 공 사	11,250				
	진행청구액	(9,000)	2,250			
〈유동부채〉	초과청구공사 :					
	미 성 공 사			32,400		
	진행청구액			(33,000)	600	

(주) 20×1년에는 미성공사 ₩11,250이 진행청구액 ₩9,000보다 많기 때문에 ₩2,250을 유동자산인 미청구공사로 보고하고, 20×2년에는 미성공사누적액 ₩32,400보다 진행청구누적액 ₩33,000이 많기 때문에 ₩600을 유동부채인 초과청구공사로 인식한다.

부분손익계산서

희망건설(주) 20×1. 1. 1~12. 31

	20×1년	20×2년	20×3년
계약수익	₩11,250	₩21,150	₩12,600
계약원가	(10,000)	(19,160)	(11,340)
계약이익	₩1,250	₩1,990	₩1,260

(3) 완성기준법

건설계약의 결과를 신뢰성 있게 추정하기 위한 요건을 충족시키지 못하면 진행기준을 적용할 수 없다. 이 경우에는 공사가 완성되어 인도될 때까지 기다렸다가 한꺼번에 계약수익과 계약원가, 계약이익을 인식해야 한다. 이를 완성기준법(completed-contract method)이라고 하는데, 이는 한 시점에 수익을 인식하는 방법에 해당한다.

예제 5A-4 완성기준법

희망건설(주)는 20×1. 1. 1에 계약금액 ₩45,000인 교량건설공사를 수주하였다. 계약당시 이 교량공사는 20×3년말에 완공될 예정이다. 그러나 재료비와 인건비 등이 매우 불안정하여 계약원가가 어느 정도 소요되고 진행률이 어느 정도인지를 합리적으로 추정하기 어려운 상태에 있다. 실제 계약원가의 발생 및 계약대금의 회수에 대한 정보가 다음과 같다.

	20×1년	20×2년	20×3년
누적계약원가	₩10,000	₩29,160	₩40,500
계약대금청구	9,000	24,000	12,000
계약대금회수	7,500	17,500	20,000

위의 거래에 대한 연도별 계약수익과 계약비용을 산출하라.

해답

(주) 계약원가 또는 진행률 등을 합리적으로 측정할 수 없고, 발생한 원가를 회수할 가능성이 높다는 증거가 없으므로 진행기준을 적용할 수 없고 완성기준을 적용해야 한다.

[회계처리]

예제 5A-3 의 경우와 대부분 동일하고 단지 다음 분개④에 차이(계약공사가 완성된 기간에 전체 계약이익 ₩4,500을 인식함)가 있다.

항 목	계정과목	20×1년	20×2년	20×3년
④ 계약수익/계약원가와 계약손익의 인식 [산출된 진행률에 근거]	계 약 원 가 미 성 공 사(계약이익) 계 약 수 익	– – –	– – –	40,500 4,500 45,000

이에 따라 연도별 손익도 다음과 같이 산출된다.

부분손익계산서

희망건설(주) 20×1. 1. 1~12. 31

	20×1년	20×2년	20×3년
계약수익	₩0	₩0	₩45,000
계약원가	(0)	(0)	(40,500)
계약이익	₩0	₩0	₩4,500

(4) 계약수익으로 인식한 금액의 회수가능성이 낮아진 경우

진행률에 따라 이미 인식한 계약수익 중 일부가 회수불가능해지거나 또는 회수가능성이 높다고 볼 수 없게 되었다면, 그 금액에 대해서는 계약수익을 조정하지 않고 손상차손으로 인식한다. 현재까지 채무불이행이 발생하지 않았더라도 다음과 같은 사건을 관측할 수 있는 경우에는 매출채권(공사미수금)과 미청구공사의 회수가능성을 평가해야 한다. 손상과 관련한 회계처리는 제12장에서 자세히 설명한다.

- 대금지급의 지연과 같은 계약 위반
- 발주자의 파산이나 그 밖에 재무구조조정의 가능성이 높은 상태가 됨
- 발주자의 재무적 어려움에 관련된 경제적·법률적 이유로 지급조건의 불가피한 완화
- 그 밖의 발주자의 유의적인 재무적 어려움

만약 공사가 완료된 후에 계약금액의 대부분을 지급하는 방식으로 계약이 체결된다면, 진행기준을 적절히 적용하여 수익과 자산을 인식하고 그 자산의 회수가능성을 평가한 후에도 미청구공사 잔액이 계속 증가할 수 있다. 이러한 정보는 이용자에게 매우 중요한 것이므로 적절한 공시를 필요로 한다.

예제 5A-5 계약수익으로 이미 인식한 금액의 회수가능성이 낮아진 경우

철비(주)는 20×1년에 발주업체의 사옥 건설계약을 체결하고 공사를 진행하여 곧 완공될 예정이다. 계약금액은 총 ₩10,000,000이며, 발생한 누적원가는 ₩8,000,000이다. 철비(주)는 원가법으로 진행률을 산정하여 수익을 인식한다. 추정총계약원가는 ₩8,080,000이며, 기말 현재 진행률은 99%(=₩8,000,000/₩8,080,000)이다. 발주업체는 계약금액 중 ₩1,000,000을 계약시점에 지급하였고, 잔금인 ₩9,000,000은 완공시점에 지급하기로 하였다. 철비(주)는 누적적으로 ₩9,900,000의 수익을 인식하고, 이미 회수한 ₩1,000,000을 제외한 ₩8,900,000을 미청구공사로 자산에 반영한 상황이다. 그러나 최근 발주업체의 신사업 실패로 발주업체의 재무상태가 급격히 악화되었다. 철비(주)는 발주업체의 지급능력을 평가한 결과 남은 ₩9,000,000 중 ₩8,000,000 정도만 회수할 수 있을 것으로 예상하고 있다. 철비(주)가 발주업체의 재무상태 악화와 관련하여 어떤 회계처리가 필요한지 설명하라.

해답

계약수익으로 인식한 금액의 회수가능성에 불확실성이 발생한 경우에는 회수불능금액은 손상차손(당기비용)을 인식해야 한다. 철비(주)는 인식한 수익 ₩9,900,000 중 ₩8,900,000을 아직 회수하지 못하였는데 이 중 회수불능금액으로 판단된 ₩900,000은 당기에 손상차손(대손상각비)으로 인식해야 한다. 한편, 아직 공사가 완료되지 않았으므로 추가로 예상되는 원가는 즉시 비용으로 인식하고, 관련된 수익은 유입될 가능성이 낮으므로 더 인식하지 않는다.

(5) 건설계약의 손실인식

건설계약을 실행하는 도중에 원재료비, 인건비 등의 상승으로 인하여 추정총계약원가[8]가 상승할 수 있다. 이 경우 다음과 같은 상황에 따라 회계처리가 달라진다.

첫째, 추정총계약원가가 상승하여 특정 연도에 손실이 발생할 수 있지만 계약에서는 이익이 예상되는 상황이다. 이 경우에는 수정된 진행률에 기반하여 수익과 비용을 인식한다. 만약 증가된 추정총계약원가로 인하여 사업연도에 계약손실이 발생하더라도 별다른 추가적인 회계처리 없이 당기 계약손실을 보고한다.

예제 5A-6 진행기준 – 공사진행중 일부 사업연도에 손실이 예상되는 경우

희망건설(주)는 20×1. 1. 1에 계약금액이 ₩45,000인 교량건설공사를 수주하였다. 계약당시 이 교량공사는 20×3년말에 완공될 예정이며, 계약원가는 20×1년에는 ₩40,000으로 추정되었으나 20×2년말 원자재 가격의 상승으로 ₩43,850으로 추정을 변경하였으며, 실제로 그 원가에 공사가 마무리되었다.

8) 추정총계약원가의 추정은 예상되는 위약금이나 보상금, 원가보상계약에 있어서 청구불능지출, 계약내용 또는 건설계약금액의 변경가능성 등을 고려한다.

	20×1년	20×2년	20×3년
누적계약원가	₩10,000	₩29,160	₩43,850
추정총계약원가	40,000	43,850	43,850
계약대금청구	9,000	24,000	12,000
계약대금회수	7,500	17,500	20,000

진행기준에 따라 회계처리를 하라.

해답

1) 연도별 계약수익과 계약비용의 산출

누적진행률	20×1년 25%*	20×2년 66.5%#	20×3년 100%	합 계
계약수익	₩11,250**	₩18,675	₩15,075	₩45,000
계약원가	(10,000)	(19,160)	(14,690)	(43,850)
계약손익	₩1,250	(₩485)	₩385	₩1,150

* ₩10,000÷₩40,000=25%　　　** ₩45,000×0.25=₩11,250

\# 20×2년의 누적진행률=66.5%(=₩29,160÷₩43,850)

⇒ 계약수익 : ₩18,675(=₩45,000×66.5%−₩11,250)

계약원가(발생액) : ₩29,160−₩10,000=₩19,160

∵ 20×2년에는 ₩485(=₩19,160−₩18,675)만큼의 계약손실이 발생한다.

(주) 계약손실 ₩485에는 전년도인 20×1년에 과대인식한 계약이익에 대한 누적조정액이 반영되어 있다. 왜냐하면 20×2년의 계약수익과 계약비용을 결정할 때 각각의 누적발생액에서 20×1년도의 계약수익과 계약비용을 차감했기 때문이다.

2) 회계처리

항 목	계정과목	20×1년	20×2년	20×3년
① 계약원가의 기록 (발생시 누적시킴)	미 성 공 사(원가) 재료비, 노무비 등	10,000 10,000	19,160 19,160	14,690 14,690
② 계약대금 청구	매 출 채 권(공사미수금) 진행청구액	9,000 9,000	24,000 24,000	12,000 12,000
③ 계약대금 회수	현 금 매 출 채 권(공사미수금)	7,500 7,500	17,500 17,500	20,000 20,000
④ 계약수익/계약원가와 계약손익의 인식 [산출된 진행률에 근거]	계 약 원 가 미 성 공 사(이익) 계 약 수 익 미 성 공 사(손실)	10,000 1,250 11,250 −	19,160 − 18,675 485	14,690 385 15,075 −

둘째, 추정총계약원가가 총계약수익을 초과하여 전체 계약에서 손실이 예상되는 경우이다. 이 경우 총계약수익을 초과하는 추정총계약원가의 예상초과액을 전액 당기의 비용으로 인식하고 계약원가에 포함하여 보고한다. 즉, 미래에 발생하는 손실을 당기에 보고해야 하고, 이로써 계약손실이 처음 예상되는 기간에만 손실이 발생하며, 그 이후의 기간에는 추가적인 원가의 변화가 없는 한 계약손익은 ₩0이 된다.

예제 5A-7 진행기준 – 공사 전체에 손실이 예상되는 경우

희망건설(주)는 20×1. 1. 1에 계약금액이 ₩45,000인 교량건설공사를 수주하였다. 계약당시 이 교량공사는 20×3년말에 완공될 예정이며 계약원가는 20×1년에는 ₩40,000으로 추정되었다. 그러나 20×2년말 원자재 가격의 상승으로 ₩48,600으로 추정을 변경하였으며, 실제로 총공사원가가 ₩48,600에 마무리되었다.

	20×1년	20×2년	20×3년
누적계약원가	₩10,000	₩29,160	₩48,600
추정총계약원가	40,000	48,600	48,600

진행기준에 따라 계약수익과 계약손익을 인식하는 회계처리를 하라.

해답

1) 연도별 계약수익과 계약비용의 산출

	20×1년	20×2년	20×3년	합 계
누적진행률	25%*	60%#	100%	
계약수익	₩11,250**	₩15,750	₩18,000	₩45,000
계약원가	(10,000)	(19,160)	(18,000)	(48,600)
20×3년 손실		(1,440)		
계약손익	₩1,250	(₩4,850)	₩0	(₩3,600)

* ₩10,000÷₩40,000=25%

** ₩45,000×0.25=₩11,250

\# 20×2년의 누적진행률 : ₩29,160÷₩48,600=0.6(60%)

⇒ 계약수익 : ₩15,750(=₩45,000×60%−₩11,250)

계약원가(발생액) : ₩19,160

∵ 총계약손실은 ₩3,600(=₩45,000−₩48,600)으로 예상되고 있다. 20×3년 귀속분 계약손실 ₩1,440(=₩3,600×0.4(잔여진행률))도 이연시켜서는 안 되고, 손실을 예상한 연도인 20×2년에 즉시 반영해야 한다. 따라서 20×2년도에 인식할 계약손익은 20×2년 귀속손실 ₩3,410(=₩15,750−₩19,160)과 20×3년 귀속손실(₩1,440)을 합하여 총 ₩4,850의 손실로 계산된다.

2) 일부 회계처리

항 목	계정과목	20×1년		20×2년		20×3년	
① 계약원가의 기록 (발생시 누적시킴)	미 성 공 사(원가)	10,000		19,160		19,440	
	재료비, 노무비 등		10,000		19,160		19,440
② 계약수익/계약원가와 계약손익의 인식 [산출된 진행률에 근거]	계 약 원 가	10,000		20,600		18,000	
	미 성 공 사(계약이익)	1,250		–		–	
	계 약 수 익		11,250		15,750		18,000
	미 성 공 사(손실)		–		4,850		–

만약, 계약은 체결했으나 공사를 아직 착수하지 않은 경우라도 손실이 예상되는 경우(손실부담계약)에는 동일하게 미래 손실을 즉시 인식해야 한다.

(6) 공사계약에 대한 공시

진행기준은 회계기간마다 누적기준으로 총계약수익과 총계약원가의 현행 추정치에 적용하므로, 각 추정치의 변경 효과를 회계추정의 변경으로 처리한다. 따라서 진행기준을 적용하는 건설계약에 대해서도 당기에 영향을 미치거나 미래 기간에 영향을 미칠 것으로 예상되는 회계추정의 변경에 대하여 변경 내용과 변경 효과의 금액을 공시해야 한다. 예를 들어 추정총계약원가와 같이 공사수익, 미청구공사 등에 영향을 주는 추정치가 달라졌다면 이 변경의 내용과 손익, 관련 자산·부채에 미치는 변경의 효과를 공시해야 한다.

진행기준을 적용하는 건설계약에서 총계약수익과 총계약원가의 추정에 불확실성이 유의적[9]이라면, 보고기간말의 추정 불확실성에 대한 기타 주요 원천에 대한 정보를 공시해야 할 수도 있다. 예를 들어 추정 불확실성의 성격, 추정에 따른 장부금액의 민감도와 그 이유, 불확실성에 영향을 받는 금액과 관련하여 다음 회계연도에 예상되는 불확실성의 해소 방안과 가능성이 어느 정도 있는 결과의 범위를 공시할 수 있다.

9) 추정 불확실성의 원천에 대한 공시범위를 '다음 회계연도에 자산과 부채의 장부금액에 대한 중요한 조정을 유발할 수 있는 유의적인 위험을 내포하고 있는 항목'으로 제한하고 있다.

종합예제

CHAPTER 5

1. 진행기준과 완성기준

20×1. 1. 1에 도암(주)는 지선도와 임자도를 연결하는 연도교공사를 ₩30,000의 정액도급계약조건으로 수주하였다. 건설계약시 계약원가가 ₩24,000이 될 것으로 예상하였다. 실제 계약원가의 지출과 계약대금의 회수는 다음의 표와 같다.

연 도	계약원가의 지출	계약대금의 회수
20×1	₩14,400	₩15,000
20×2	9,600	15,000
합 계	₩24,000	₩30,000

이 연도교공사는 20×2년말에 완공되었으며 개통식과 동시에 인도되었다.

요구사항

진행기준과 완성기준에 따라 각 연도의 손익계산서에 인식해야 할 계약수익과 계약비용을 제시하고 계약이익을 계산하라. 단 계약대금은 약정된 대로 회수되었다.

해 답

1. 진행기준

누적진행률＝누적계약원가÷추정총계약원가

20×1년＝₩14,400/₩24,000＝60%; 20×2년＝₩24,000/₩24,000＝100%

연 도	20×1	20×2
계약수익	₩18,000 (＝₩30,000×60%)	₩12,000 (＝₩30,000－₩18,000)
계약비용	14,400	9,600
계약이익	₩3,600	₩2,400

2. 완성기준

연 도	20×1	20×2
계약수익	₩0	₩30,000
계약비용	0	24,000
계약이익	₩0	₩6,000

2. 건설계약의 진행기준 － 공사진행중 건설계약 전체에 손실이 예상되는 경우

희망건설(주)는 20×1. 1. 1에 도급금액이 ₩45,000인 교량건설공사를 수주하였다. 계약당시 이 공사는 20×3년에 완공될 예정이었으며 계약원가는 ₩36,000으로 추정되었다. 실제 계약원가는 20×1년도와 20×2년도에 각각 ₩9,000씩 발생하였다.

20×3년도에 건축자재가 품귀하여 가격이 상승했으며 노임 등이 또한 큰 폭 상승하였다. 20×3년도말에 추정한 바에 따르면 공사는 20×4년에 가서야 완성될 것으로 예상되며, 계약원가도 20×3년도에는 ₩13,500, 20×4년도에는 ₩18,900이 발생할 것으로 예상된다. 실제로 발생한 원가는 예상했던 원가와 일치하였다. 매년도 계약대금청구액과 회수액은 다음과 같다.

	20×1년	20×2년	20×3년	20×4년
계약대금청구	₩9,000	₩9,000	₩15,000	₩12,000
계약대금회수	8,000	7,000	14,000	16,000

진행기준에 의거 매년도에 행할 회계처리를 하라.

해 답

1) 연도별 계약수익과 계약비용의 산출

누적진행률	20×1년 25%	20×2년 50%	20×3년 62.5%*	20×4년 100%	합 계
계약수익	₩11,250	₩11,250	₩5,625	₩16,875	₩45,000
계약비용 : 진행기준 인식액	(9,000)	(9,000)	(15,525)	(16,875)**	(50,400)
계약손익	₩2,250	₩2,250	(₩9,900)	₩0	(₩5,400)

* 총 ₩50,400의 계약원가가 발생하여 ₩5,400(=₩50,400−₩45,000)의 계약손실이 발생할 것으로 예상된다.
20×3년도까지의 누적진행률 : (₩9,000+₩9,000+₩13,500)/₩50,400=0.625
(주) 〈20×3년도 계약수익〉

20×3년 수정전 누적계약수익(=₩45,000×62.5%)	₩28,125	
20×1년과 20×2년의 계약수익(=₩11,250+₩11,250)	(22,500)	₩5,625

〈20×3년도 계약비용〉

20×3년도의 계약수익	₩5,625	
20×1년과 20×2년도에 인식한 계약이익(=₩2,250+₩2,250)	4,500	
건설계약의 총예상손실 반영(=₩45,000−₩50,400)	5,400	₩15,525

한편, 20×3년도 계약비용은 다음과 같이 계산할 수도 있다.
20×3년도의 계약비용 발생액은 ₩13,500이므로 당기손실은 ₩7,875(=수익 ₩5,625−비용 ₩13,500)이다. 이로써 20×1년부터 20×3년까지의 누적손실은 ₩3,375(=₩2,250+₩2,250−₩7,875)이 되는데, 건설계약 전체 손실액은 ₩5,400(=₩50,400−₩45,000)이므로 당기에 계상되지 않은 손실(앞으로 계상될 손실)은 ₩2,025이다.
건설계약 전체에 손실이 발생할 것으로 예상되면, 당해 회계연도에 이를 전부 반영해야 한다. 따라서 20×3년도의 계약비용은 ₩13,500(당기발생)+₩2,025(부족액)=₩15,525으로 기록한다.

** 20×4년도의 추가손실분 ₩2,025이 20×3년도의 계약비용에 반영되었다. 이로써 20×4년도의 계약비용은 실제 발생 계약비용 ₩18,900에서 20×3년도에 반영한 계약비용 ₩2,025을 차감한 금액(₩16,875)이 된다.

2) 회계처리

항 목	계정과목	20×1년	20×2년	20×3년	20×4년
① 계약원가 기록	미 성 공 사	9,000	9,000	13,500	18,900
	재료비, 노무비 등	9,000	9,000	13,500	18,900
② 계약대금 청구	매출채권(공사미수금)	9,000	9,000	15,000	12,000
	진행청구액	9,000	9,000	15,000	12,000
③ 계약대금 회수	현 금	8,000	7,000	14,000	16,000
	매출채권(공사미수금)	8,000	7,000	14,000	16,000
④ 계약수익과 계약비용의 인식	미 성 공 사	2,250	2,250	−	−
	계 약 비 용	9,000	9,000	15,525	16,875
	미 성 공 사	−	−	9,900	−
	계 약 수 익	11,250	11,250	5,625	16,875
⑤ 미성공사와 진행청구액 제거	진행청구액				45,000
	미 성 공 사				45,000

익힘문제

CHAPTER 5

1. 수익은 무엇을 의미하는가?
2. 차익은 수익과 어떻게 다르며 무엇을 의미하는가?
3. 수익가득과정과 수익인식 대안의 관계를 간략하게 설명하라.
4. 통상적인 판매형태에 따른 수익인식의 종류 및 인식시기를 설명하라.
5. 수익인식의 5단계를 간략하게 설명하라.
6. 고객과의 계약의 존재를 식별하는 조건에 대해 약술하라.
7. 수행의무의 식별을 위한 두 가지 조건에 대해 약술하라.
8. 확신형 보증과 용역형 보증에 대해 약술하라.
9. 거래가격의 구성요소로서 확정금액과 변동대가에 대해 약술하라.
10. 변동대가를 추정하는 방법으로서의 대안 두 가지에 대해 약술하라.
11. 개별판매가격을 추정하는 방법 세 가지에 대해 약술하라.
12. 개별판매가격의 추정방법 중 잔여접근법의 사용제약 조건에 대해 약술하라.
13. 거래가격의 배분에 대해 약술하라.
14. 패키지할인이 일부에만 적용되는 경우 거래가격의 배분에 대해 약술하라.
15. 수행의무의 충족기준은 개별수행의무별로 적용하는가 계약전체에 적용하는가? 그 이유는 무엇인가?
16. 계약자산과 계약부채에 대해 약술하라. 공사계약과 관련된 계약자산과 계약부채의 보고방식에 대해 약술하라.
17. 사용권라이선스 판매와 접근권라이선스 판매에 대해 비교 약술하라.
18. 지분법이익과 회계처리에 대해 약술하라.
19. 판매자 겸 구매자로서의 판매시 회계처리 문제에 대해 약술하라.
20. 판매시점 이후에 수익을 인식하는 것이 일반적으로 합당하지 않다고 보는 주된 이유는 무엇인가?
21. 한 계약에 여러 개의 거래가 포함된 복합판매거래의 경우 수익인식에 대해 설명하라.

22. 금융요소가 중요한 복합거래의 경우 판매거래와 금융거래에 대한 회계처리에 대해 설명하라.

23. 진행기준은 어떤 경우에 적용하고 어떤 장점을 갖고 있는가?

24. 진행기준을 적용할 수 없는 경우에는 어느 방법을 사용해서 용역수익을 인식해야 하는가?

25. 타인에게 자산의 사용을 허용함으로써 발생하는 수익에는 어떤 것들이 있으며 이들을 통상적으로 어떻게 인식하는가?

26. 상품권을 판매한 경우에 적절한 회계처리는 무엇이며, 언제 관련된 수익을 인식해야 하는가?

27. 대리인에 의한 재화의 판매시에 대리인이 기록하는 수익은 무엇인가?

28. 프랜차이즈계약에서 프랜차이즈 본사가 가맹점에 제공하는 용역들은 대체적으로 어떤 것이 있으며 언제 수익을 인식하는가?

29. 고객충성제도수익이란 무엇이며, 별도의 수행의무로 판단되면 어떻게 회계처리해야 하는가?

30. 수익인식에서 발생하는 환불부채의 종류와 성격에 대해 설명하라.

31. 미인도청구약정의 경우에는 언제 수익을 인식해야 하는가?

32. 재매입약정의 형태와 각각의 회계처리에 대해 설명하라.

33. 재화의 인도 후 설치 또는 검사완료 등의 조건이 붙어 있는 판매는 언제 수익을 인식해야 하는가?

34. 비용의 인식에서 직접대응과 간접대응에 대하여 설명하라.

보-35. 건설계약이란 무엇을 의미하는가? 구체적인 예를 들어 설명하라.

보-36. 건설계약전원가는 어떻게 회계처리하는가?

보-37. K-IFRS에서 제시하고 있는 진행률 결정방법에 대하여 설명하라.

보-38. 미성공사계정의 성격에 대해서 설명하라. 이를 재공품(재고자산)계정과 동일하다고 볼 수 있는가?

보-39. 진행기준으로 수익을 인식할 경우 재무상태표에 나타나는 미청구공사와 초과청구공사가 어떻게 발생하고 어떻게 표시하는지를 기술하라.

보-40. 진행기준을 적용할 수 없는 경우에는 어떤 방법으로 공사수익과 이익을 인식해야 하는가를 약술하라.

보-41. 건설계약의 완료시점에 차변에 진행청구액을 기록하고, 대변에 미성공사를 기록하는 이유를 설명하라.

보-42. 진행기준에서 손실이 예상되는 경우의 회계처리를 설명하라.

보-43. 진행기준과 관련하여 재무제표 표시방법과 공시사항을 설명하라.

연습문제

CHAPTER 5

1. 수익인식의 5단계

마고(주)는 20×1. 3. 1에 채송(주)에 ₩100,000의 제품을 20×1. 5. 1에 인도하기로 하고 채송(주)는 거래대가 전체를 20×1. 5. 31에 지급하기로 하는 계약을 체결하였다. 제품의 원가는 ₩70,000이며, 마고(주)는 계속기록법으로 재고자산을 기록하고 있다.
수익인식의 5단계를 적용하여 마고(주)가 이 계약과 관련하여 필요한 회계처리를 하라.

2. 수행의무의 식별

이든테크(주)는 고가의 첨단 영상장비를 제조하여 고객에게 직접 ₩5,000,000에 판매한다. 판매방식은 제품보증에 따라 두 가지 방식을 사용하고 있다. 첫째는 영상장비에 대한 1년 무상수리를 제공하는 조건으로 단위당 ₩5,000,000에 판매하는 방식이다. 무상수리기간이 지나면 평균수명 5년 동안 1회 정도의 수리요구가 발생하는데, 이때 이든테크(주)는 고객으로부터 원재료, 인건비 및 마진을 포함하여 평균 ₩200,000의 수리비를 받고 수리해준다. 둘째는 고객의 선택에 의하여 5년 보장 제품보증에 ₩120,000을 추가로 받고 영상장비를 판매한다.
이든테크(주)의 각 판매방식에는 몇 개의 수행의무가 있는가?

3. 수행의무, 거래가격의 배분

우미(주)는 20×1. 3. 1에 신축중인 아파트 시공업체에 오븐 100개를 인도하기로 하는 계약을 체결하고 ₩1,470,000을 수취하였다. 계약에 따르면 우미(주)는 오븐을 인도하면 소유권이 이전된다. 한편, 오븐에 대한 통상적인 무상 제품보증은 6개월이지만 고객과의 계약에 따라 2년간 장기제품보증을 제공하도록 되어 있다. 오븐의 개별판매가격은 대당 ₩14,400이며, 장기제품보증은 대당 ₩600이다.
우미(주)는 20×1. 4. 1에 계약상품인 오븐 100개를 고객에게 인도하였다. 장기제품보증은 20×1. 4. 1부터 유효하다.

요구사항

1. 이 계약에는 몇 개의 수행의무가 있는가?
2. 우미(주)가 20×1. 3. 1, 20×1. 4. 1 및 회계기말인 20×1. 12. 31에 필요한 분개를 하라.

4. 고객선택권

아지오(주)는 구두 제조 및 판매업체이다. 20×1년 12월중에 새 부츠 출시 기념 판촉행사의 일환으로 한 켤레당 ₩70,000인 부츠를 사는 고객에 한하여 6개월 이내에 행사할 수 있는 30% 할인쿠폰을 제공하였다. 이 할인쿠폰은 동 판촉행사 기간 중의 고객에게만 제공되었으며, 아지오(주)의 제품의 구매에 사용될 수 있다. 아지오(주) 제품의 통상 판매가격은 평균 ₩100,000이며, 고객의 20% 정도가 이 쿠폰을 6개월 이내에 사용할 것으로 추정하고 있다.

요구사항

1. 이 계약에는 몇 개의 수행의무가 있는가?
2. 아지오(주)가 20×1년 12월에 판촉행사를 통하여 새로 출시한 부츠를 총 1,000켤레 판매하였다. 20×1년 12월 부츠판매에 대하여 필요한 분개를 하라.

3. 20×2년 1월중 행사된 할인쿠폰이 50개이고 이의 행사로 판매된 제품의 평균판매가격이 ₩100,000이었다. 할인쿠폰의 행사에 대한 분개를 하라.

5. 변동대가

홍규(주)는 20×1. 4. 1에 환규(주)의 갑작스런 물량 증가로 제품보관 창고를 2개월 내에 짓는 공사계약을 ₩5,000,000에 체결하였다. 계약상 지정된 사양대로 창고건설을 완공하되 2주를 단축하면 공사계약금의 30%의 보너스를 받고, 1주를 단축하면 10%의 보너스를 받는 조건이다. 홍규(주)는 완공기간의 2주 단축 확률은 20%이고, 1주 단축확률은 30%이며, 계약기간까지 완공할 확률은 50%로 보고 있다.

요구사항

다음 각 방법을 사용할 경우의 예상거래가격은 얼마인가?
1. 기대가치법
2. 최고확률금액법

6. 변동대가의 수익인식

산수(주)는 20×1. 1. 1에 한 임차인과 상가를 1년 단위로 ₩120,000에 임대하되 1년간 상가매출액이 ₩10,000,000을 초과(60%의 확률)하는 경우 ₩30,000의 보너스를 받고 상가매출액이 ₩20,000,000을 초과(10%의 확률)하는 경우 ₩60,000의 보너스를 받기로 하는 계약을 체결하였다. 한편, 고정임대료 ₩120,000은 계약시에 선취하였다.

요구사항

산수(주)가 매월말에 재무제표를 작성한다고 가정하고 다음 각각의 독립적인 경우에 필요한 회계처리를 하라.
1. 고정임대료 선취에 대한 회계처리
2. 변동대가에 대해 기대가치법을 적용하는 경우 20×1. 1. 31의 회계처리
3. 변동대가에 대해 최고확률금액법을 적용하는 경우 20×1. 1. 31의 회계처리
4. 첫 6개월 동안은 변동대가를 받을 확률을 신뢰성 있게 추정할 수 없었으나 6개월 동안 상가매출액을 점검한 결과 상가매출액이 ₩10,000,000을 달성할 가능성이 가장 높다고 판단되었으며, 따라서 20×1. 6. 30에 최고확률금액법을 적용하여 보너스임대수익을 인식하기로 하였을 경우 20×1. 6. 30의 회계처리

7. 변동대가의 추정 및 제약요인

제주컨설팅(주)는 20×1. 1. 1에 탐라건설(주)에 원가절약프로그램 용역을 1년에 걸쳐 제공하기로 계약하였다. 컨설팅계약에 따르면 확정계약액 ₩5,000,000을 받고, 용역에서 제안한 원가절약프로그램이 5% 이상의 절약효과가 있는 경우 ₩2,000,000을 성과급으로 지급받기로 하였다. 한편, 용역대가는 20×1. 6. 30과 20×1. 12. 31에 각각 ₩2,500,000씩 받고, 변동대가는 원가절약프로그램을 20×2. 1. 1부터 3개월 적용해보고 20×2. 3. 31에 정산하기로 하였다. 제주컨설팅(주)는 5% 이상의 원가절약을 달성할 확률을 60%로 보고 있다.

요구사항

1. 제주컨설팅(주)가 기대가치법을 이용한다고 가정하고 20×1. 3. 31에 3개월분 컨설팅수익을 인식하는 분개를 하라.
2. 제주컨설팅(주)가 최고확률금액법을 이용한다고 가정하고 20×1. 3. 31에 3개월분 컨설팅수익을 인식하는 분개를 하라.
3. 제주컨설팅(주)는 기대가치법을 이용하지만 건설업 컨설팅에 대한 경험부족으로 5% 이상의 원가절약의 달성확률을 추정하기가 어렵다고 가정하고, 20×1. 3. 31에 3개월분 컨설팅수익을 인식하는 분개를 하라.

8. 거래가격의 배분 – 상대적 개별판매가격법

정수기 판매회사인 현성(주)는 정수기를 제품보증이 없이 판매하기도 하며, 제품보증과 함께 판매하기도 한다. 현성(주)는 20×1. 1. 1에 정수기와 제품보증계약을 패키지로 하여 패키지당 ₩100,000씩에 10개의 패키지를 현금 판매하였다. 정수기의 개별판매가격은 대당 ₩97,850이며, 2년간 제품보증의 개별판매가격은 ₩5,150이다. 20×1년에 제품보증수익 ₩25,000과 ₩19,000의 제품보증비가 발생했다.
20×1년에 제품보증활동과 관련된 회계처리를 제시하라. 단, 현재가치계산은 무시한다.

9. 거래가격의 배분, 고객선택권

시사(주)는 시사일보라는 신문과 월간시사라는 월간지를 발행한다. 두 개는 별도 구독이 원칙이고, 신문과 월간지의 일 년간 구독료는 각각 ₩100,000과 ₩50,000이며, 구독자는 구독료를 선급하도록 되어 있다. 시사(주)는 20×1년 1월에 판촉행사의 일환으로 신규 시사일보 구독자에 한하여 향후 3개월 이내에 월간지를 50% 할인구독할 수 있는 쿠폰을 발행하였으며, 신규구독 1,000건을 달성하였다. 시사(주)는 월간지 구독 할인쿠폰의 30%가 행사될 것으로 추정하고 있다.

요구사항

1. 20×1년 1월의 신규구독수익에 대하여 필요한 분개를 하라.
2. 20×1. 4. 30에 일시에 할인쿠폰 300매가 모두 행사되었다고 가정하고 할인쿠폰의 행사에 따른 월간지 구독수익에 대한 분개를 하라.
3. 20×1. 5. 31에 위 거래에 따라 필요한 월말 수정분개를 하라.

10. 개별판매가격의 추정 – 잔여접근법

스윙테크(주)는 두 개의 독자적인 수행의무가 있는 상품을 패키지로 ₩600,000씩에 판매한다. 패키지는 굿샷골프채와 레슨이용권으로 구성되어 있다. 굿샷골프채는 세트당 ₩500,000에 판매하지만, 레슨이용권은 소비자가 회사가 운영하는 레슨장소에서 구입시점으로부터 1년 내에 12회의 레슨을 받을 수 있는 권리인데 아직 경험이 부족하여 개별판매가격을 정하지 못하고 있는 상태이다. 따라서 스윙테크(주)는 잔여접근법을 이용하여 패키지 상품을 두 개의 수행의무에 배분하기로 하였다. 스윙테크(주)는 20×1. 3. 1에 20개의 패키지를 판매하였다.
스윙테크(주)의 20×1. 3. 1의 20개의 패키지판매에 대하여 잔여접근법을 이용하여 거래가격을 배분하고 필요한 회계처리를 하라.

11. 개별판매가격 추정법

도취어쿠스틱(주)는 사운드시스템을 판매하는데 사운드시스템의 개별판매가격은 ₩1,850,000이다. 한편, 새로운 기술자의 채용으로 전문설치서비스를 제공하기 시작했으며, 사운드시스템과 설치비를 패키지로 판매하는 경우 ₩2,000,000을 받기로 하였다. 전문설치서비스의 개별판매가격은 경험부족으로 아직 책정하지 못하였다. 전문기술자가 사운드시스템을 설치하는 데 인건비와 부품비로 ₩120,000이 소요되며, 도취어쿠스틱(주)의 정상적인 이윤은 40%이다. 한편, 도취어쿠스틱(주)의 경쟁사들은 유사한 시스템의 설치비로 ₩180,000을 받는다.

요구사항

다음 각 방법을 이용하여 사운드시스템설치비를 추정하라.
1. 시장조정평가접근법
2. 예상원가이윤가산접근법
3. 잔여접근법

12. 패키지할인의 선별적용

스카이마리나(주)는 이용객들이 1년간 사용할 수 있는 세 가지로 구성된 패키지를 20×1. 1. 1에 ₩3,700,000에 판매하였다.

항 목	개별판매가격	패키지판매가격
연간요트레슨권	₩300,000	₩300,000
요트연간사용권	3,200,000	2,700,000
제트스키렌트할인권	800,000	700,000
합 계	₩4,300,000	₩3,700,000

스카이마리나(주)의 패키지판매가격을 각각의 수행의무에 배분하라.

13. 기간인식수익

알파인리조트(주)는 매년 12월 1일에 시즌이 개막되어 다음 해 3월에 시즌이 종료되는 시즌스키이용권을 ₩100,000에 판매한다. 알파인리조트(주)는 20×1~20×2시즌스키이용권 1,000매를 20×1. 12. 1에 온라인입금을 통하여 현금 판매하였다. 알파인리조트(주)는 스키시즌 동안 이용객이 비교적 균등하게 내방한다고 가정하고 정액법을 이용하여 스키수익을 인식한다.
알파인리조트(주)가 20×1. 12. 1과 20×1. 12. 31에 시즌스키이용권의 판매와 관련하여 필요한 회계처리를 하라.

14. 기간인식수익과 선수수익

세라도예(주)는 6개월 단위로 수료되는 세라믹교실을 운영한다. 세라도예(주)는 20×1. 3. 1에 수강료가 ₩600,000인 세라믹교실 수강생 20명을 대상으로 6개월 과정을 시작하였다.

요구사항

1. 세라도예(주)가 20×1. 3. 1에 필요한 분개를 하라.
2. 20×1. 6. 30에 작성한 반기 재무제표에 보고할 수강료수익과 선수수익(부채)의 금액이 얼마인지를 계산하라.

15. 계약자산과 수취채권

덕선(주)는 고객에게 별도의 수행의무인 제품 A와 용역 B를 제공하고 그 대가로 ₩3,000을 받기로 20×1. 1. 1에 계약을 체결하였다. 계약에 따르면 덕선(주)는 고객에게 제품 A를 먼저 인도하고, 제품 A의 인도대가는 용역 B의 제공을 조건으로 하도록 되어 있다. 대가 ₩3,000은 덕선(주)가 고객에게 제품 A와 용역 B 모두를 제공한 다음에만 받을 권리가 생긴다. 따라서 덕선(주)는 제품 A와 용역 B 모두를 고객에게 제공할 때까지 대가를 받을 무조건적인 권리인 수취채권을 인식할 수 없다.
덕선(주)는 거래가격 ₩3,000을 제품 A와 용역 B의 상대적 개별판매가격에 기초하여 제품 A와 용역 B에 각각 ₩2,000과 ₩1,000을 배분하였다.
덕선(주)가 제품 A와 용역 B를 제공하는 수행의무를 이행할 때 필요한 회계처리를 하라.

16. 환불부채

다음 두 독립적인 환불부채의 회계처리에 대해 답하라.

[사례 1] 반품허용 판매에서 발생하는 환불부채 : 머콤(주)는 상품을 개당 ₩1,000에 100개를 현금 판매하기로 20×1. 1. 1에 고객과 계약을 체결하였다. 계약조건에 따르면 고객은 상품의 수령일로부터 60일 이내에 상

품에 결함이 있거나 불만족스러울 경우 반품이 가능하며, 반품을 제외한 대가를 상품의 수령일로부터 60일 이내에 지급하도록 되어 있다. 머콤(주)는 동 상품에 대한 과거 경험으로부터 판매한 물량의 3%가 반품될 것으로 추정하고 있다.
머콤(주)가 상품 100개를 고객에게 처음 인도하였을 때 필요한 회계처리를 하라.

[사례 2] 판매가격 조정에서 발생하는 환불부채 : 덕수(주)는 제품을 개당 ₩200에 이전하기로 20×1. 1. 1에 고객과 계약을 체결하였다. 계약조건에 따르면 고객이 1년 이내에 제품을 1,000개 이상 구매할 경우에는 계약에 따라 개당 가격을 소급하여 ₩190으로 낮추도록 되어 있다. 덕수(주)는 제품에 대한 통제를 고객에게 이전할 때에 대가를 지급받을 권리가 생기며, 제품 1,000개를 인도한 후 가격인하를 소급적용하기 전까지는 개당 ₩200의 대가를 받을 무조건적 권리인 수취채권을 확보한다.
덕수(주)는 계약시점에 거래가격을 산정할 때에 고객에게 제품 1,000개 이상을 인도할 가능성이 거의 확실해서 거래가격이 개당 ₩190이 될 것으로 추정하였다.
덕수(주)가 제품 100개를 고객에게 처음 인도하였을 때 필요한 회계처리를 하라.

17. 계약자산, 계약부채, 매출채권

한수(주)는 한 고객에게 상품 판매계약을 체결하고 계약금 ₩2,000을 받았으며, 상품의 인도시점에 잔금 ₩3,000을 받기로 하였다. 계약체결시점에 한수(주)가 기록해야 할 계약자산, 계약부채 또는 매출채권은 각각 얼마인가?

18. 사용권과 접근권의 판매

김&박은 세무회계법인으로서 고객들에게 세무보고 소프트웨어를 판매한다. 첫째 소프트웨어는 ₩150,000에 판매하는데 기초세무 지식의 획득에 대한 교육용 프로그램이다. 둘째 소프트웨어는 각종 세무법규, 판례 및 해설서로서 세무조정에 직접 사용될 수 있는 프로그램으로 법규의 변경 등이 있을 경우 업데이트를 해주며 회사의 웹사이트에 접속하여 이를 다운로드하여 5년간 사용하도록 되어 있으며, 판매가격은 ₩2,000,000이다.
위 두 개의 소프트웨어의 판매에 대한 성격을 파악하고, 이의 회계처리에 대해 설명하라.

19. 사용권라이선스

자룡(주)는 비닐하우스 내에서 작물에 대한 습도를 최적으로 맞춰주는 농업용관개시스템 제어 소프트웨어를 개발하였다. 자룡(주)는 그린농장에 동 소프트웨어를 무기한 사용할 수 있는 권리를 ₩1,000,000에 판매하였는데 기능에 대한 보증은 하지만 추가적인 소프트웨어 개선은 제공하지 않는다는 조건이다. 한편 동 소프트웨어를 효과적으로 사용할 수 있는 내용연수는 5년 정도일 것으로 예상한다.
자룡(주)가 동 소프트웨어의 사용권의 판매로 라이선스 첫해에 인식할 라이선스 판매수익은 얼마인가?

20. 금융요소가 중요한 복합거래의 수익인식

대구산업(주)는 산업설비를 제조판매하는 회사인데 제품이 고가이기 때문에 장기할부판매를 실시하는 것이 일반적이다. 대구산업(주)는 20×1. 7. 1에 판매가격이 ₩7,000,000인 제품을 계약금 ₩1,000,000에 잔금은 5년간에 걸쳐 ₩1,200,000씩 매년 6. 30에 받는 조건으로 판매하였다. 단, 잔금의 회수가능성은 높을 것으로 예상된다. 대구산업(주)가 현재가치계산에 사용하는 할인율은 10%이다.

요구사항

1. 대구산업(주)의 판매시 회계처리를 제시하라.
2. 대구산업(주)의 회계기말 회계처리를 제시하라. 단, 현재가치차금은 유효이자율법을 사용하여 상각한다.

21. 상품권 판매

잰더(주)는 20×1. 10. 1에 상품권 ₩600,000어치를 발매하였으며, 20×1. 12. 22에 동 상품권을 회수하고 상품 ₩590,000을 판매하였다. 잔액은 현금으로 돌려주었다.
상품권발매일과 상품판매일에 필요한 회계처리를 하라.

22. 위탁판매

완도(주)는 보길도(주)와 위탁판매계약을 체결하였다.

(1) 완도(주)의 기초상품재고액은 ₩2,000(200개, @₩10)이다.
(2) 완도(주)는 5월 4일에 상품 1,200개를 개당 ₩10에 현금매입하였다.
(3) 완도(주)는 9월 10일에 위탁판매하기 위하여 매입원가가 ₩10,000(1,000개, @₩10)인 상품을 적송하고 적송비용 ₩500은 현금으로 지급하였다.
(4) 완도(주)의 기말상품창고재고액은 ₩4,000(400개, @₩10)이다.
(5) 완도(주)는 12월 31일에 보길도(주)로부터 다음과 같은 판매보고서와 함께 현금을 받았다.

판매보고서

판 매 액(800개)		₩12,000
판 매 운 임	₩200	
판매수수료	1,800	(2,000)
송 금 액		₩10,000

위탁자와 수탁자가 행할 회계처리를 제시하라. 단, 위탁자와 수탁자는 계속기록법을 이용하고 있다.

23. 인터넷 대행 판매

옥반양파(주)는 양파즙을 링인터넷몰을 이용하여 대행판매하고 있다. 20×1. 5. 1에 인터넷쇼핑몰을 통하여 양파즙 1,000박스를 박스당 ₩5,000씩에 판매하였다. 계약에 따라 판매대금의 회수는 옥반양파(주)의 책임이며 판매금액의 10%를 판매수수료로 링인터넷몰에 지급하도록 되어 있다. 한편, 택배회사와 계약하여 판매일에 즉시 상품을 배송하는 조건으로 박스당 배송비 ₩200을 지급한다. 양파즙의 원가는 박스당 ₩3,000이다. 옥반양파(주)는 매월 말일에 링인터넷몰과 택배회사에 각각 판매수수료와 배송비를 지급한다.
옥반양파(주)와 링인터넷몰이 제품의 판매와 관련하여 필요한 분개를 하라.

24. 대리인의 수익인식

정우통계서비스(주)는 전문통계분석가와 통계분석서비스 수요를 연결시켜주는 웹사이트를 운영하고 있다. 전문통계분석가들은 웹사이트상에 자기의 전문분석분야, 주요 업적, 서비스료를 게시하고, 정우통계서비스(주)가 통계분석을 원하는 고객을 전문통계분석가에게 연결시켜서 계약이 성사되면 계약대가의 20%를 중개수수료로 받는다.
20×1. 4. 1에 정우통계서비스(주)는 바이오메드사의 통계분석수요에 대한 계약을 한 전문통계분석가에게 ₩4,500,000에 성사시켜주었다. 이 계약의 성사로부터 정우통계서비스(주)가 인식할 수익은 얼마인가?

25. 프랜차이즈 수익인식

소통잉글리쉬(주)는 20×1. 1. 1에 한 프랜차이즈 가맹업자와 창업지원프랜차이즈용역을 제공하는 조건으로 창업지원수수료 ₩100,000을 받기로 계약했다. 창업지원수수료 중 ₩20,000은 계약시점인 20×1. 1. 1에 회수하고 나머지 ₩80,000은 20×2. 12. 31에 만기가 되는 약속어음을 받았으며, 약속어음 이자율은 프랜차이즈계약 당시의 시장이자율과 동일한 6%를 매년말에 지급받기로 하였다. 창업지원용역의 내용은 계약자에게 영어학원 장소물색, 종업원훈련 및 기타 창업관련지원용역을 제공하는 것이다. 계약자는 소통잉글리쉬(주)의 창업지원용역을 받아 20×1. 7. 1에 영어학원 사업을 개시하였다.
또한 창업지원계약과는 별도의 운영지원계약을 통하여 계약자에게 매년말에 ₩8,000의 대가를 받고 영어학원의 운영전반에 대한 운영지원용역을 제공하기로 했다.
소통잉글리쉬(주)가 20×1년과 20×2년에 프랜차이즈거래와 관련하여 필요한 분개를 제시하라.

26. 고객충성제도

장건화장품(주)는 ₩100의 상품을 구매하면 1점의 보상포인트를 부여하는 고객충성제도를 운용하고 있으며, 충성제도의 회원은 부여된 보상포인트를 사용하여 화장품을 더 구입할 수 있다. 보상포인트의 유효기간은 1년이며, 포인트 1점당 공정가치는 ₩1으로 추정된다. 20×1년에 장건화장품(주)는 제도 회원에게 ₩500,000을 매출하였으며, 보상포인트의 70%가 유효기간 내에 회수될 것으로 예상한다. 20×1년말까지 회수된 보상포인트는 3,000포인트이다.
20×1년도에 장건화장품(주)가 고객충성제도와 관련하여 필요한 회계처리를 하라.

27. 시점인식 용역수익과 기간인식 용역수익

(주)서울은 20×1. 1. 1 (주)부산에 컴퓨터보안프로그램(이하 '프로그램')을 판매하고, 그 프로그램의 운용과 관련된 용역(이하 '운용용역')도 향후 3년 동안 함께 제공하기로 약정하였다. 프로그램과 그 운용용역의 판매대금 및 관련원가 등은 다음과 같으며, 수익인식조건들은 모두 충족되는 것으로 가정한다.

구 분	판매대금 및 수령방법	원 가
프로그램	₩3,000,000 (20×1년부터 20×3년까지 매년말 ₩1,000,000씩 수령)	₩1,800,000
운용용역	₩2,700,000 (20×1년부터 20×3년까지 매년말 ₩900,000씩 수령)	₩2,400,000 (3년간 매년 ₩800,000씩 발생 예상)

요구사항

프로그램의 판매와 그 운용용역의 제공과 관련된 판매대금의 수령 및 원가발생은 실제로 자료와 같았다. (주)서울이 프로그램 판매 및 운용용역 제공과 관련하여 20×1년과 20×2년의 손익계산서에 인식할 ①부터 ⑥까지의 금액을 계산하라. 단, 20×1년초 현재 시장이자율은 연 8%이며(3년 정상연금 ₩1의 현가계수 2.577), 모든 판매가격의 명목금액과 현재가치의 차이인 금융요소는 중요하다. 소수점 이하 금액은 반올림한다.

포괄손익계산서 과목	20×1년	20×2년
매출(용역수익 포함)	①	④
매출원가(용역원가 포함)	②	⑤
이자수익	③	⑥

28. 지분법이익

마마(주)는 20×1. 1. 1에 베베(주)의 보통주 40%를 ₩400,000에 취득하였다. 베베(주)는 20×1. 12. 31에 ₩50,000의 당기순이익을 보고하였으며, 20×2. 2. 28에는 총 ₩40,000의 배당을 지급하였다. 마마(주)는 베베(주)의 투자에 대하여 지분법을 적용한다.
지분법투자와 관련하여 주어진 정보에 근거하여 마마(주)가 필요한 회계처리를 하라.

29. 판매자 겸 구매자로서의 판매

전주(주)는 나주(주)에 제품 ₩100,000을 판매하였으며, 동시에 나주(주)로부터 공정가치가 ₩8,000인 소모품을 ₩10,000에 구매하였다. 전주(주)가 나주(주)에 대한 제품의 매출액을 얼마로 인식해야 하는가?

보-30. 진행기준에 의한 공사수익과 공사이익

12월말 결산법인인 (주)대한건설은 완공하는 데 3년이 소요되는 공사를 20×1년 1월초에 수주하였다. 공사계약금액(도급금액)은 ₩10,000이며 각 회계연도에 발생된 계약원가와 각 회계연도말에 앞으로 발생할 계약원가로 추정한 결과는 다음과 같다.

구 분	연중 실제발생 계약원가	완공까지 추가로 소요될 계약원가추정액
20×1년	₩2,200	₩3,300
20×2년	2,800	1,250
20×3년	1,250	–

진행기준에 의해 수익을 인식하는 경우, 20×1년도와 20×2년도에 인식해야 할 공사수익과 공사손익은 각각 얼마인가?

보-31. 진행기준과 완성기준(Ⅰ)

20×1. 1. 1에 강진테크(주)는 대덕병원(주)와 환자기록전산화 용역계약을 체결하였다. 총계약금액은 ₩4,000,000이다. 용역계약이 완료된 20×3년말까지 용역제공활동과 관련된 자료는 다음과 같다.

	20×1년	20×2년	20×3년
누 적 원 가(기말)	₩800,000	₩1,980,000	₩3,500,000
추가소요원가	2,400,000	1,320,000	0
총예정원가	3,200,000	3,300,000	3,500,000
당기대금청구	750,000	1,773,000	1,477,000
당기대금회수	660,000	1,448,000	1,892,000

요구사항

1. 진행기준을 적용하여 20×1년, 20×2년, 20×3년의 회계처리를 제시하라.
2. 20×1년과 20×2년에는 대덕병원(주)의 재무상태가 불안정하여 대금회수에 대한 불확실성이 높아서 진행기준을 적용할 수 없다고 본다. 따라서 강진테크(주)는 완성기준을 적용하여 위 용역거래에 대해 회계처리하기로 하였다. 20×1년과 20×2년에 강진테크(주)가 필요한 회계처리를 하라.

보-32. 진행기준과 완성기준(Ⅱ)

희망(주)는 20×1. 7. 1에 계약금액이 ₩45,000인 용역계약을 수주하였다. 당해 용역은 20×3년 10월까지 전부 제공될 예정이며 원가는 ₩40,000으로 추정되고, 추정대로 용역이 수행되었다. 당해 용역에 실제로 발생한 누적원가는 다음과 같다.

항 목	20×1년	20×2년	20×3년
누적원가	₩10,000	₩28,800	₩40,000

요구사항

다음 각 방법에 따라 매기별 인식할 수익 및 용역손익을 계산하라.

1. 진행기준
2. 완성기준

보-33. 손실이 나는 경우의 진행기준과 완성기준

천지(주)는 20×0년에 교량건설공사를 수주하고, 이에 대한 건설계약을 ₩4,000,000에 체결하였다. 총계약원가는 ₩3,200,000으로 추정되었고, 20×0년에는 ₩800,000의 계약원가가 발생하였다. 그러나 20×1년에는 노임이 급격히 상승하여 총계약원가는 ₩4,050,000으로 다시 추정되었다. 20×1년과 20×2년에 실제로 발생한 계약원가는 각각 ₩2,278,000과 ₩972,000이었다. 계약대금은 20×0년에 ₩660,000, 20×1년에 ₩1,773,000 그리고 20×2년에 ₩1,567,000을 청구하였고, 20×0년에 ₩60,000, 20×1년에 ₩1,800,000 그리고 20×2년에 나머지 금액을 회수하였다.

요구사항

1. 진행기준과 완성기준에 의거 매년도에 인식할 수익과 비용을 구하고 각 연도별로 회계처리하라.
2. 20×1년말 현재의 초과청구공사 또는 미청구공사의 잔액을 산출하라.

보-34. 도중에 손실로 바뀐 공사에 적용한 진행기준

성민(주)는 수익인식기준으로 진행기준을 사용하고 있다. 20×1년 성민(주)는 ₩162,000에 건설공사계약을 체결하였다. 동 공사는 20×3년말에 완공될 예정이며 추정총계약원가는 ₩137,700으로 ₩24,300의 계약이익이 예상된다. 20×1년에 실제발생계약원가는 ₩51,000이었으며, 공사를 완료하는 데 향후 예상되는 추가계약원가는 ₩86,700으로 추정되었다. 20×1. 12. 31 ₩50,000이 중도금으로 청구되었고 ₩49,000을 회수하였다. 20×2년중 회사는 심한 폭우 때문에 공사진행에 상당한 차질이 발생했으며 이에 따라서 이 공사로부터 총 ₩6,000의 손실이 예상된다. 20×3년중 예상되는 추가계약원가가 ₩13,440으로 추정된다고 가정한다. 20×2년 12월말 현재 ₩100,000의 중도금이 청구되었는데 이 중에서 ₩90,000이 회수되었다.
20×3년에는 예상대로 공사를 완성하기 위해 추가계약원가 ₩13,440이 지출되었다. 계약대금은 모두 청구하였고 전액 회수하였다.
20×1년, 20×2년, 20×3년의 손익계산서에 인식할 계약수익과 계약비용, 그리고 재무상태표에 인식할 미성공사 계정잔액을 계산하라.

보-35. 진행기준 공사수익과 계약자산 및 계약부채의 보고

아주건영(주)는 선인개발(주)의 20×1. 7. 1 사옥건설 공사계약을 체결하였으며, 공사는 20×2. 4. 30에 완공되었다. 아주건영(주)는 진행기준으로 공사수익을 인식한다. 동 공사계약과 관련된 자료는 다음과 같다.

계약금액 :	₩3,000,000	
공사원가 :	20×1년 ₩1,200,000	20×2년 ₩600,000
공사진행률 :	20×1년 65%	20×2년 100%
진행청구액 :	20×1년 ₩1,800,000	20×2년 ₩1,200,000
공사매출채권회수액 :	20×1년 ₩1,500,000	20×2년 ₩1,500,000

요구사항

1. 아주건영(주)가 회계기말인 20×1. 12. 31에 공사수익 인식을 위하여 필요한 분개를 하라.
2. 아주건영(주)의 회계기말인 20×1. 12. 31에 보고할 공사매출채권, 계약자산 및 계약부채를 보고하는 부분 재무상태표를 작성하라.

공인회계사 기출문제 응용(2020년 이후)

1. 고객충성제도가 있는 경우의 수익인식 (2020년 CPA 1차)

(주)대한은 고객과의 계약에 따라 구매금액 ₩10당 고객충성포인트 1점을 고객에게 보상하는 고객충성제도를 운영한다. 각 포인트는 고객이 (주)대한의 제품을 미래에 구매할 때 ₩1의 할인과 교환될 수 있다. 20×1년중 고객은 제품을 ₩200,000에 구매하고 미래 구매시 교환할 수 있는 20,000포인트를 얻었다. 대가는 고정금액이고 구매한 제품의 개별판매가격은 ₩200,000이다. 고객은 제품구매시점에 제품을 통제한다. (주)대한은 18,000포인트가 교환될 것으로 예상하며, 동 예상은 20×1년말까지 지속된다. (주)대한은 포인트가 교환될 가능성에 기초하여 포인트당 개별판매가격을 ₩0.9(합계 ₩18,000)으로 추정한다. 20×1년중에 교환된 포인트는 없다. 20×2년중 10,000포인트가 교환되었고, 전체적으로 18,000포인트가 교환될 것이라고 20×2년말까지 계속 예상하고 있다. (주)대한은 고객에게 포인트를 제공하는 약속을 수행의무라고 판단한다. 상기 외 다른 거래가 없을 때, 20×1년과 20×2년에 (주)대한이 인식할 수익은 각각 얼마인가? 단, 단수차이로 인해 오차가 있다면 가장 근사치를 선택한다.

2. 반품권, 재매입약정이 있는 경우의 수익인식 (2021년 CPA 2차)

(주)대한은 다음의 제품들을 생산하여 고객에게 판매한다. (주)대한은 재고자산에 대해 계속기록법을 적용하여 회계처리하고 있으며, 20×1년 각 제품과 관련된 고객과의 거래는 다음과 같다.

(1) 제품 A
- (주)대한은 20×1. 12. 31에 제품 A를 1개월 이내에 반품을 허용하는 조건으로 ₩150,000(매출원가율 70%)에 판매하였다.
- (주)대한은 과거 경험에 따라 이 중 5%가 반품될 것으로 예상하며, 이러한 변동대가의 추정치와 관련된 불확실성이 해소될 때(즉, 반품기한이 종료될 때) 이미 인식한 누적수익금액 중 유의적인 부분을 되돌리지 않을 가능성이 높다고 판단하였다.
- 반품된 제품 A는 일부 수선만 하면 다시 판매하여 이익을 남길 수 있다. (주)대한은 제품 A가 반품될 경우 회수 및 수선을 위해 총 ₩200이 지출될 것으로 예상하였다.
- 20×1. 12. 31 매출 중 20×2년 1월말까지 실제 반품된 제품 A의 판매가격 합계는 ₩8,000이며, 반품된 제품 A의 회수 및 수선을 위해 총 ₩250이 지출되었다.

(2) 제품 B
- (주)대한은 20×1. 11. 1 (주)독도에 제품 B를 ₩50,000(원가 ₩48,000)에 현금판매하였다.
- 계약에 따르면 (주)대한이 (주)독도의 요구에 따라 20×2. 4. 30에 제품 B를 ₩54,800에 다시 매입해야 하는 풋옵션이 포함되어 있다.
- 20×1. 11. 1에 추정한 20×2. 4. 30의 제품 B에 대한 예상시장가격은 ₩52,000이며, 이러한 추정에 변동은 없다.
- 20×2. 4. 30 현재 제품 B의 실제시장가격은 예상과 달리 ₩60,000으로 형성되어 있으며, 따라서 해당 풋옵션은 만기에 행사되지 않고 소멸되었다.

(3) 제품 C
- (주)대한은 통신장비인 제품 C의 판매와 통신서비스를 모두 제공하고 있다. (주)대한은 통상적으로 제품 C를 한 대당 ₩300,000에 현금판매하고, 통신서비스는 월 ₩2,500씩 24개월에 총 ₩60,000의 약정으로 제공하고 있다.
- (주)대한은 신규고객 유치를 위한 특별행사로 20×1. 9. 1부터 20×1. 12. 31까지 제품 C와 통신서비스를 결합하여 이용하는 고객에게는 현금보조금 ₩43,200을 계약체결일에 지급하고 있다.
- 이 결합상품은 20×1. 10. 1과 12. 1에 각각 10명과 20명의 고객에게 1인당 1개씩 판매되었다.

요구사항

1. (주)대한이 20×1년에 고객에게 판매한 제품 A와 제품 B에 관련된 회계처리가 (주)대한의 20×1년도와 20×2년도 포괄손익계산서상 당기순이익에 미치는 영향을 각각 계산하라. 단, 당기순이익이 감소하는 경우에는 금액 앞에 (−)를 표시한다.
2. (주)대한이 20×1년에 특별행사로 판매한 제품 C와 통신서비스의 결합상품 판매로 인해 20×1년도와 20×2년도에 수익으로 인식할 금액을 각각 계산하라.

3. 수익인식기준 – 수행의무의 식별 및 가격배분과 수익인식 (2020년 CPA 2차)

다음의 자료를 이용하여 요구사항에 답하라.

(1) (주)대한은 20×1. 4. 1에 만성질환을 치료하는 A약에 대한 특허권을 고객에게 20×1. 9. 1부터 1년 동안 라이선스하고 약의 제조도 약속하는 계약을 체결한 후 ₩800,000을 받았다. 고객에게 제공하는 A약의 제조과정이 유일하거나 특수하지 않고 몇몇 다른 기업도 고객을 위해 약을 제조할 수 있다. 특허권을 라이선스하는 약속과 제조용역을 제공하기로 하는 약속은 계약상 구별된다. 유의적인 금융요소에 대해서는 고려하지 않는다.

(2) A약은 성숙기 제품으로 성숙기 제품의 경우에 기업의 사업관행은 약에 대한 어떠한 지원활동도 하지 않는다. A약은 유의적인 개별 기능성이 있으며, 고객은 기업의 계속적인 활동이 아닌 기능성에서 약품 효익의 상당부분을 얻는다.

(3) (주)대한이 특허권라이선스와 제조용역을 별도로 판매하는 경우, 특허권라이선스와 제조용역의 개별 판매가격은 각각 ₩550,000과 ₩450,000이다. 한편, 특허권라이선스와 제조용역 제공과 관련하여 총 ₩500,000의 원가가 발생할 것으로 예상하였으며, 실제 발생원가는 다음과 같다. 제조용역은 기간에 걸쳐서 이행하는 수행의무이며 투입된 원가에 기초하여 진행률을 측정한다.

구 분	총예상원가	실제 발생원가	
		20×1년	20×2년
특허권라이선스	₩300,000	₩300,000	−
제조용역	200,000	60,000	₩140,000
합 계	₩500,000	₩360,000	₩140,000

요구사항

1. (주)대한이 20×1년과 20×2년 인식할 수익을 계산하라.
2. 고객에게 제공하는 A약의 제조과정이 매우 특수하기 때문에 A약을 제조할 수 있는 다른 기업이 없다고 가정하는 경우, (주)대한이 20×1년과 20×2년 인식할 수익을 계산하라. 단, (주)대한이 고객에게 제공하는 재화와 용역은 고객에게 특정된 사실 및 상황에 관련되기 때문에 다른 고객에게 쉽게 이전할 수 없다.

4. 수익인식기준 – 수행의무의 식별 및 가격배분과 수익인식 (2020년 CPA 2차)

(주)민국은 다음의 제품들을 생산하여 고객에게 판매한다. 20×1년 각 제품과 관련된 거래는 다음과 같다.

(1) 제품 A
- (주)민국은 20×1. 12. 1 제품 A를 ₩500,000에 고객에게 판매하기로 계약을 체결하였다.
- 이 계약의 일부로 (주)민국은 제품 A에 대한 통제권 이전 후 30일 이내에 ₩500,000 한도의 구매에 대해 62.5%의 할인권을 고객에게 주었다.
- (주)민국은 고객이 추가제품을 평균 ₩250,000에 구매하고 할인권의 행사가능성을 80%로 추정한다. 할인권은 고객에게 중요한 권리를 제공한다.
- 20×1. 12. 31 제품 A에 대한 통제권을 고객에게 이전하고 현금을 수령하였다.

(2) 제품 B

- (주)민국은 20×1. 7. 1 제품 B를 ₩700,000에 판매하고 고객에게 청소용역을 3개월간 제공받는 계약을 체결하였다.
- (주)민국은 청소용역에 대한 대가로 ₩300,000을 지급하기로 하였다. 청소용역의 공정가치는 ₩200,000이다.
- (주)민국은 20×1. 8. 1 제품 B를 인도하고 현금 ₩700,000을 받았으며, 고객으로부터 20×1. 8. 1부터 20×1. 10. 31까지 청소용역을 제공받고 현금 ₩300,000을 지급하였다.

(3) 제품 C와 제품 D

- (주)민국은 20×1. 6. 1 제품 C와 제품 D를 이전하기로 약속하였다.
- 제품 C는 계약 개시시점에 고객에게 이전하고, 제품 D는 20×2. 2. 1에 이전한다.
- 고객이 약속한 대가는 고정대가 ₩300,000과 ₩50,000으로 추정되는 변동대가를 포함하며, 대금은 제품 D가 이전되는 시점에 받기로 하였다. 변동대가 추정액은 변동대가 추정치의 제약이 고려된 후의 금액이며, 변동대가는 제품 C와 제품 D에 모두 배분한다.
- (주)민국은 20×1. 12. 31 변동대가 추정치 및 추정치의 제약을 재검토한 결과 변동대가를 ₩60,000으로 추정하였다.
- 제품 C와 제품 D의 날짜별 개별판매가격은 다음과 같다.

	20×1. 6. 1	20×1. 12. 31
제품 C	₩300,000	₩280,000
제품 D	100,000	120,000

(주)민국이 각 제품의 판매로 20×1년 인식해야 할 수익을 계산하라.

윤리문제

CHAPTER 5

1. 산수(주)는 춘천근교에 스포츠센터를 운영하고 있으며, 1년 유효인 회원권을 판매하고 있다. 회원은 스포츠센터의 모든 시설을 이용할 수 있으나 테니스장은 사전에 예약을 해야 하고 사용할 때마다 일정금액의 사용료를 추가로 납부해야 한다. 산수(주)는 새로운 고객에 대한 인센티브로서 회원이 어떤 이유에서든지 서비스에 만족하지 않으면 남은 기간에 대한 회원권대금을 반환하겠다고 광고하였다. 회원은 회원기간 초에 회원권대금을 납부해야 한다. 그러나 15%의 이자를 지급하는 조건으로 회원권 기간 동안에는 대금납부를 연기할 수도 있다.

특정 고객이 회원권을 구입하지 않고 정기적으로 개최되는 에어로빅 강좌만을 참가할 수 있는지 문의하였다. 산수(주)는 이러한 고객의 수요를 충족하고자 올해 처음으로 에어로빅 강좌에 대해서만 쿠폰묶음을 판매하기 시작했다. 하나의 쿠폰묶음에는 발행일이 기재된 50개의 쿠폰이 포함되어 있는데, 당해 쿠폰은 발행일로부터 1년 이내의 기간에 사용할 수 있다. 발행일로부터 1년이 지나면 쿠폰은 무효가 된다.

20×1년중에 산수(주)는 운동기구를 제조하는 조그만 기업을 인수하여 사업을 확장하였다. 여기에서 제조되는 운동기구는 산수(주)가 운영하는 스포츠센터에도 사용되고 통신판매로 다른 고객들에게도 판매되고 있다. 운동기구를 구매하기 위해서 고객은 주문시점에 20%의 대금을 선납한다. 물건은 주문 후 40일~60일 이내에 배달된다. 제품에 대해서 2년간 보증을 해주고 있는데, 산수(주)는 제품보증비로 판매액의 4% 정도가 소요될 것으로 예상하고 있다.

20×5년 6월의 결산시점에 당해 연도의 영업실적을 우려하고 있는 재무담당부사장인 성내훈 씨는 경리부장인 김소영 씨가 작성한 재무제표를 사전에 검토하였다. 검토 후 성내훈 씨는 김소영 씨에게 재무제표에 다음 사항을 반영하라고 지시하였다.

- 회원권수입은 판매대금이 회수되었을 때 인식
- 쿠폰수입은 쿠폰묶음이 판매되었을 때 인식
- 운동기구 계약금 및 보증 관련 비용은 현금수수가 발생했을 때 인식

김소영 씨가 성내훈 씨의 지시사항이 회계기준에 맞지 않음을 지적했음에도 불구하고 성내훈 씨는 지시사항을 반영하도록 강요하고 있다. 김소영 씨는 이러한 지시는 성내훈 씨가 기업의 재무적 어려움을 은폐하고 연말에 보너스를 많이 받기 위한 방편이라고 보고 있다. 이 시점에서 김소영 씨는 어떻게 행동해야 할지 망설이고 있다.

요구사항

1. 1) 산수(주)는 회원권수입, 테니스장임대료 및 쿠폰수입을 언제 인식해야 하는가?
   2) 산수(주)는 운동기구 매매에 관련하여 수취한 계약금을 어떻게 회계처리해야 하는지 기술하라. 또한 관련 매출수익을 언제 인식해야 하는지에 대해서도 설명하라.
   3) 산수(주)가 판매된 운동기구에 관련된 제품보증비용을 언제 인식해야 하는가?
2. 성내훈 씨가 제안하여 주장하고 있는 변경사항들이 왜 윤리적이지 못한지에 대하여 토론하라. 이를 권한, 비밀성, 성실성, 객관성 등의 윤리적 행동규범 측면에서 접근하도록 하라.
3. 이러한 상황을 타개하기 위해서 김소영 씨는 어떤 행동을 취할 수 있겠는가?

2. 극심한 실적 부진에 시달리는 조선, 건설업체들이 미청구공사대금 탓에 골머리를 앓고 있다. 정부가 새해부터 미청구공사대금에 대한 회계처리기준을 엄격하게 적용하기로 하면서 적자 폭이 더욱 늘어날 거란 우려가 커졌기 때문이다.

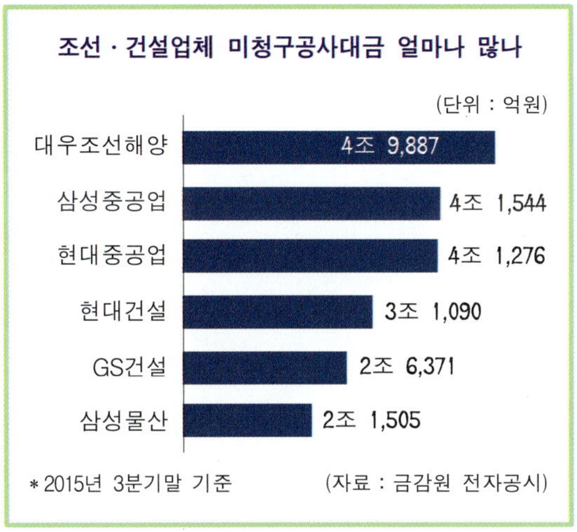

미청구공사대금이란 말 그대로 공사는 진행했지만 아직 발주처에 청구하지 못한 공사비를 말한다. 원자재 가격 상승이나 발주처 설계 변경에 따라 우발적으로 늘어난 공사비가 여기에 포함된다. 통상 건설사가 추정한 공사 진행률과 발주처가 인정한 진행률 차이 때문에 발생한다.

일례로 1조원 규모 프로젝트에서 첫해 공정률이 30%일 경우 건설사는 3,000억원을 매출로 잡는다. 하지만 발주처가 공정률 15%를 인정하면 1,500억원만 회계상 매출로 인정하고 나머지(1,500억원)는 미청구공사대금으로 분류한다. 만약 업체들이 미청구공사대금을 받지 못할 경우 자연스레 손실처리될 수밖에 없다. 〈중략〉

국내 대형 조선, 건설업체 미청구공사대금은 이미 수조원대로 불어난 상태다. 금융감독원 전자공시시스템에 따르면 2015년 3분기말 기준 미청구공사대금은 조선사 중 대우조선해양이 4조 9,887억원으로 가장 많다. 이어 삼성중공업(4조 1,544억원), 현대중공업(4조 1,276억원) 순이다. 건설사 미청구공사대금도 만만치 않다. 현대건설이 3조 1,090억원으로 건설사 중 유일하게 3조원을 넘었고, GS건설(2조 6,371억원)과 삼성물산(2조 1,505억원)도 미청구공사대금이 엄청나다. 삼성엔지니어링, 대림산업 등 상당수 업체가 1조원 넘는 미청구공사대금을 보유하고 있다. 〈중략〉

"미청구공사대금 모두가 부실로 이어지진 않겠지만 그중 일부분만 문제가 돼도 회사마다 수조원씩 대손충당금을 쌓아야 한다. 발주처 사정이 어려워지는 등 예상 못한 변수가 생기면 미청구공사대금이 단숨에 회사 존립을 위협하는 요인이 될 수 있다." 금융권 관계자들이 입을 모아 하는 얘기다. 〈후략〉

(매경이코노미 제1840호(2016.1) 김경민 기자)

요구사항

1. 건설계약의 누적진행률 계산에서 누적된 실제계약원가와 추정총계약원가 중에서 어느 것을 산정하기가 더 어려운가?
2. 경영자가 실적을 부풀리기 위하여 추정총계약원가를 과소계상하면 건설계약기간이 진행되는 동안 기업의 자산과 손익에는 어떠한 영향을 주는가?
3. 공정하고 정확한 손익을 산출하기 위해서 어떠한 노력을 기울여야 하는가?

PART II

자산회계

CHAPTER

6 재고자산

재고자산이 없는 서비스산업을 제외하고 재고자산이 총자산에서 차지하는 비중이 크기 때문에 재고자산 회계처리문제는 대부분의 기업들에게 중요한 의미가 있는 분야이다. 따라서 여기에서는 재고자산과 관련된 회계처리 문제를 광범위하고 심도 있게 다룰 예정이다.

사례 SK네트웍스(주) – 재고자산과 회계처리

SK네트웍스(주)의 재고자산은 아래 요약재무정보에서 보듯이 총자산의 6.4%를 차지하고 있다. 그리고 종합무역상사로서의 영업특성으로 인하여 재고자산 중에서 상품이 차지하는 비중이 87.4%에 달하고, 재고자산회전율(매출액/재고자산)은 15.6이다.

[요약연결재무정보] (단위 : 백만원)

구 분	2023. 12. 31로 종료되는 회계연도
[유동자산]	2,371,454
・재고자산	586,005
[비유동자산]	6,738,905
자산총계	9,110,359
매 출 액	9,133,867
당기순이익	5,459

재고자산의 구성	
상 품	512,035
제 품	16,700
반 제 품	4,857
재 공 품	37
원 재 료	27,813
미 착 품	24,046
저 장 품	517

[주 석]

당사는 재고자산을 취득원가와 순실현가능가치 중 낮은 금액으로 평가하고 있습니다. 당사는 재고자산을 총평균법(단, 렌터카, 글로벌 부문의 일부 상품 및 미착품은 개별법)에 의하여 산정된 취득원가로 평가하고 있습니다. 순실현가능가치는 정상적인 영업과정에서의 예상 판매가격에서 예상되는 추가 완성원가와 판매비용을 차감한 금액입니다.

7. 재고자산

(1) 당기말 및 전기말 현재 재고자산의 내역은 다음과 같습니다.

(단위 : 백만원)

구 분	당기말			전기말		
	원 가	평가충당금	장부금액	원 가	평가충당금	장부금액
상 품	450,623	−7,192	443,431	486,317	−9,351	476,966
원 재 료	2,349	0	2,349	4,256	0	4,256
미 착 품	20,405	0	20,405	18,503	0	18,503
합 계	473,377	−7,192	466,185	509,076	−9,351	499,725

(2) 당기 및 전기 중 재고자산과 관련하여 인식한 손익은 다음과 같습니다.

(단위 : 백만원)

구 분	당기말	전기말
재고자산평가손실환입	−2,128	−4,743

제 1 절 재고자산의 의의 및 분류

1 재고자산의 의의 및 분류

재고자산(inventories)은 기업의 주된 영업활동과정에서 판매를 위하여 보유하고 있는 자산(상품, 제품), 판매를 위하여 생산중인 자산(재공품), 그리고 생산 또는 용역제공에 사용될 자산(원재료, 소모품 등)이다. 영업활동이나 기타 목적으로 활용하기 위해서 보유하고 있는 유형자산이나 유가증권 등은 주된 영업활동에서 판매하기 위하여 보유하고 있는 자산이 아니라는 점에서 재고자산과 구분된다.

도·소매회사는 고객에게 재판매를 목적으로 상품(merchandise)을 구입한다. 따라서 도·소매회사의 재고자산은 일반적으로 하나의 재고자산계정인 상품계정으로 구성되어 있다. 반면, 제조회사는 제품을 생산하여 판매하므로 재고자산은 일반적으로 원재료(raw materials), 재공품(works in process) 및 제품(finished goods)의 세 가지로 구성된다. 아직 생산공정에 투입되지 않은 원재료는 원재료계정에 나타나며, 생산공정에 투입되었으나 아직 생산이 완료되지 않은 원재료는 직접노무원가 및 제조간접원가와 함께 재공품으로 보고한다. 생산과정이 완료된 제품으로서 기말 현재 아직 판매되지 않았으면 제품계정으로 보고한다.

이 세 가지 재고자산간의 관계와 생산공정에서의 원가흐름관계를 나타내면 [그림 6-1]과 같다.

▶ 그림 6-1
제조업과
도·소매업의
재고자산 관련계정

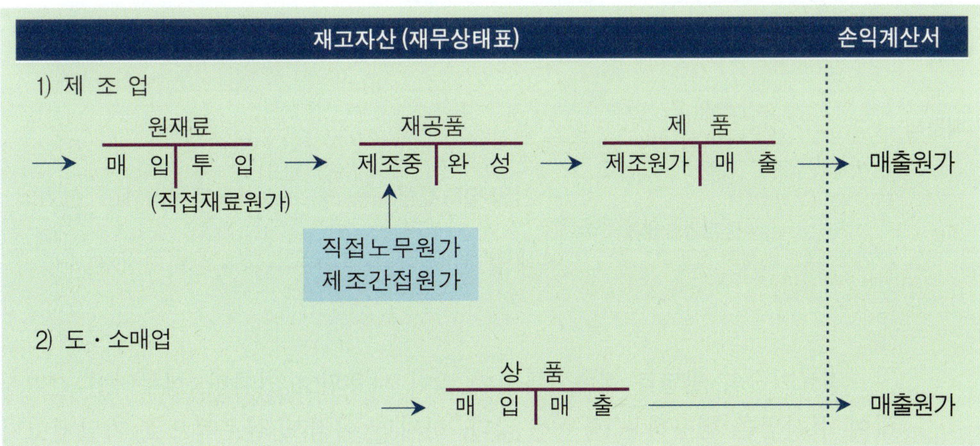

제조업이나 도·소매업의 경우 재고자산이 유동자산의 상당 부분을 차지하기 때문에 재고자산이 판매되지 못하고 누적된다면 기업의 자금회전에 큰 불편을 겪고 금

융비용이 증가한다. 반면 제품에 대한 수요가 높은데도 기업이 판매에 충분한 재고자산을 갖추지 않으면 매출액의 감소는 물론 소비자를 잃어버릴 수도 있다. 따라서 경영자에게 적정 재고자산의 관리는 중대한 관심사이다.

또한 재고자산은 원재료, 재공품 및 제품 등으로 재무상태표에 자산으로 보고되지만, 판매되는 시점에 손익계산서에 비용(매출원가)으로 인식된다. 재고자산의 판매금액인 매출액에서 이에 직접 대응하는 매출원가를 차감한 금액은 매출총이익이 되며, 이는 기업의 경영성과를 측정하는 중요한 지표 중의 하나이다. 이처럼 재고자산은 기업의 매출, 매출총이익과 밀접한 관련성을 갖고 있기 때문에 정확한 재고자산에 대한 정보는 중요하다.

2 재고자산 원가배분에 관한 기본문제

재고자산은 기업의 매출원가와 밀접하게 관련되어 있다. 매출원가는 기업이 판매한 재화나 용역과 관련한 원가를 나타내는데, 재화나 용역이 판매될 때마다 판매된 재화와 용역의 원가를 매출원가로 기록하는 방법이 가장 이상적이다(계속기록법).

하지만 매번 재고자산의 변동이 있을 때마다 재고자산의 원가와 매출원가를 기록하는 것은 매우 어려운 일이다. 이에 따라 실무적으로 [그림 6-2]에서 보듯이 '기초재고자산+당기매입(또는 당기제품제조원가)=판매가능원가=매출원가+기말재고자산'의 관계를 이용하여 매출원가를 측정하는 방법을 많이 사용하였다. 즉, 기업이 판매가능한 재고자산(판매가능원가)은 기업이 판매하였거나(매출원가) 또는 기말재고자산으로 존재하므로 일정기간마다 기말재고자산을 조사하여 기말재고자산 금액을 결정하고 매출원가를 자동으로 결정한다(실사법).

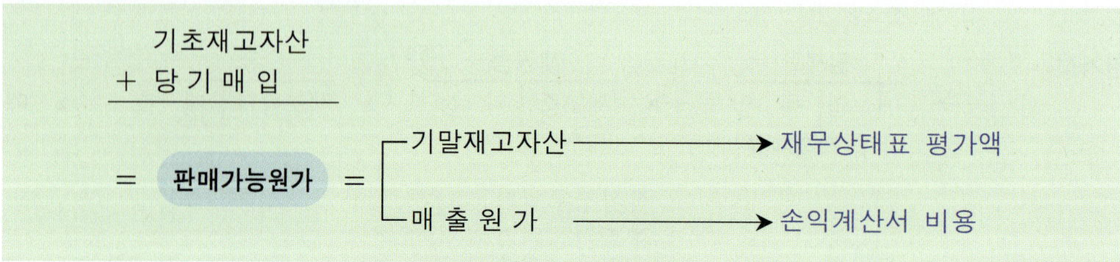

▶ 그림 6-2 재고자산 원가배분의 기본문제

정보기술의 발달로 계속기록법이 많이 사용되고 있지만, 실무적인 간편성으로 인하여 실사법을 병용하는 경우가 많다. 하지만 아직도 실무적으로 기말재고자산 금액의 결정은 중요한 과정 중의 하나이며, '재고자산금액=재고자산수량×재고자산가격'이라는 간단한 등식으로 알 수 있듯이 재고자산의 수량과 가격의 결정은 재고자산 관리에 있어 중요하다.

[재고자산의 수량결정] ① 재고자산에 포함될 항목
② 재고자산의 수량결정방법

[재고자산의 원가결정] ① 재고자산의 취득원가
② 재고자산의 원가흐름에 대한 가정

제 2 절 재고자산의 수량결정

1 재고자산에 포함될 항목

(1) 미착품과 적송품

재고자산은 일반적으로 기업의 보관장소 또는 생산장소에 존재한다. 하지만 때로는 그 외의 장소에 재고자산이 존재할 수 있는데 대표적인 예가 미착품과 적송품이다. 구매한 재화가 아직 운송중인 경우 미착품이라고 한다. 미착품은 회사의 창고에 존재하지 않으므로 실사를 통해 확인되지 않는다. 회계담당자는 회계기말에 미착품을 자기회사의 재고자산에 포함시킬 것인가, 거래상대방의 재고자산에 포함되는 것으로 보아야 할 것인가에 대한 분석을 해야 한다.

미착품에 대해서 재고자산으로 포함할지 여부는 통제의 이전 여부에 달려 있다. 재화와 용역의 판매는 구매자 입장에서는 매입에 해당하기 때문에 기업이 매입을 기록하는 시점은 재화와 용역에 대한 통제가 구매자에게 이전되는 시점이다. 많은 경우 판매자가 수익을 인식하는 시점이 구매자가 매입을 인식하는 시점이다.

미착품의 경우 소유권 이전 여부를 기준으로 통제의 이전을 판단하는 경우가 많다. 이는 매매계약이 선적지인도조건인지 또는 도착지인도조건인지에 따라 다르다. 선적지인도조건(F.O.B. shipping point)[1]으로 수송중인 상품은 선적지에서 운송수단에 상품을 선적함으로써 소유권이 매입자에게 이전되므로 미착품은 매입자의 재고자산에 포함한다. 운송원가를 구매자가 부담하는 경우 매입운임(transportation-in)은 매입

---

1) F.O.B.란 free on board의 약자로서 선적을 함으로써 상품에 대한 판매자의 권리와 책임이 구매자에게 이전된다는 뜻으로 이해하면 된다. 따라서 F.O.B. 선적지인도조건에서 판매자는 선적과 동시에 책임을 면하게 된다(free of responsibility)는 의미로 해석하면 된다.

상품의 원가에 포함시켜야 한다.

반면에 도착지인도조건(F.O.B. destination)[2]으로 수송중인 상품은 도착지에서 소유권이 판매자로부터 매입자에게 이전되는 것으로 간주되므로 판매자의 재고자산에 포함한다. 이 경우에는 판매자가 매출운임(transportation-out)을 부담하는 경우가 많은데, 판매자의 판매비용으로 분류한다.

위탁(수탁)거래란 위탁자(consignor)가 수탁자(consignee)에게 상품을 보내면 수탁자는 위탁자의 대리인자격으로 수탁상품을 소비자에게 판매하고 그 대가로 수수료를 지급받는 거래를 말한다. 위탁자는 위와 같은 상품을 적송품(또는 위탁품)이라고 한다. 적송품은 수탁자의 매장에 존재하는 경우가 많으므로 기말재고자산 실사에서 실물로 포함되지 않는 경우가 많다.

수탁자가 보관하고 있는 적송품은 위탁자의 재고자산에 포함되므로 수탁자는 해당 적송품을 재고자산에 포함해서는 안 된다. 그리고 위탁자는 해당 적송품을 재고자산으로 보고해야 하는데, 적송운임을 포함한 취득원가로 적송품을 기록한다. 일반적으로 위탁자는 적송품을 별도의 계정보다는 재고자산에 통합하여 보고하는 경우가 많고, 필요한 경우 주석으로 공시한다.

예제 6-1 적송품과 매출원가

이든(주)의 20×1년 회계자료에서 추출한 재고자산에 관한 자료가 다음과 같다.

적 요	상품(적송품 제외)	적송품
기초재고자산	₩130,000	₩14,000
당 기 매 입	475,000	70,000
매 입 운 임	10,000	–
적 송 운 임	–	5,000
판 매 운 임	30,000	8,000
기말재고자산	145,000	20,000

이든(주)의 20×1년 매출원가는 얼마인가?

해답

매출원가=기초재고자산+당기매입+매입운임+적송운임−기말재고자산
=(₩130,000+₩14,000)+(₩475,000+₩70,000)+₩10,000+₩5,000
−(₩145,000+₩20,000)=₩539,000

2) 무역실무에서는 F.O.B. destination 대신 원가에 보험료와 운송비를 합한 가격이라는 의미로 C.I.F.(costs, insurance and freight)라고 부른다.

(2) 특별판매계약

법적 소유권 이전이 통제의 이전 여부의 판단기준으로 많이 사용되지만 현실에서는 법적 소유권(형식적 소유권)의 이전과 경제적인 실질의 이전이 상이한 경우가 존재한다. 수익인식에서 경제적 실질을 요구하는 것과 동일하게 매입에 있어서도 경제적 실질이 요구된다.

1) 재구매조건부판매와 저당상품

재고자산을 활용하여 자금을 차입하는 방법들이 실무에서 이용될 수 있다. 이 경우 차입금과 재고자산이 모두 장부상에 나타나지 않도록 함으로써 소위 부외금융(off-balance-sheet financing) 효과를 노리게 되는데 대표적인 예가 제품차입(product financing)이다(제5장 제2절 4. (5) 재매입약정 참조). 제품차입은 제품을 판매하였지만 추후 해당 제품을 다시 구입하겠다는 조건을 명시적 또는 묵시적으로 약속한 거래를 말한다.[3]

예를 들어 갑회사는 을회사에 상품을 양도(판매)하고 미래 일정기간에 특정한 가격으로 동 상품을 재구매하겠다는 조건을 제시한다. 갑회사가 추후에 동 상품을 을회사로부터 미리 정해진 가격으로 재구입한다면 이와 같은 거래는 갑회사의 입장에서는 제품의 판매가 아니라 실질적으로는 자금의 차입이다.[4] 이러한 거래에서는 상품을 갑회사의 장부에서 제거시켜서는 안 되며 받은 현금을 차입금으로 기록해야 한다. 마찬가지로 을회사는 해당 자산을 매입(재고자산)으로 기록해서는 안 되고 자금의 대여(금융거래)로 기록해야 한다.

재고자산을 담보로 제공하고 자금을 차입하는 경우가 있다. 이런 경우 담보로 제공된 저당상품은 저당권이 실행되기 전까지는 담보제공자가 소유권을 갖는다. 따라서 저당권이 실행되어 소유권이 이전되기 전까지는 담보상품은 담보제공자의 재고자산에 속한다.

2) 반품가능판매 및 시용판매

출판업, 음반업, 의류업, 스포츠용품업 등에서는 상품을 판매하되 100% 반품을 허용하는 조건으로 판매하는 경우가 있다(제5장 제2절 4. (1) 수익인식에서 발생하는 환불부채 참조). 예를 들어 한 출판사가 서적을 판매할 경우 매진되지 않고 남은 서적에 대

---

3) 이러한 거래를 주차거래(parking transaction)라고도 부르는데, 그 이유는 상품을 다른 회사의 창고로 잠시 옮겨 놓았다가 다시 찾아오기 때문이다.

4) 이 거래의 요체는 상품의 법적 소유권이 갑회사로부터 을회사로 이전되었으나 갑회사는 동 상품에 관한 실질적인 권리와 의무를 가지며 동 상품을 이용하여 자금을 조달한다는 것이다. 갑회사가 이와 같은 거래로부터 얻게 되는 혜택은 장부상에 차입금을 기록하지 않으므로 부외금융이 가능하고, 형식적으로 판매시기를 조작함으로써 이익을 조작할 수 있으며, 때로는 해당 상품이 재산세 부과대상일 경우에 상품의 장소적 이전을 통하여 재산세를 회피할 수도 있다는 점이다. 을회사가 이 거래로부터 얻을 수 있는 혜택은 갑회사와의 관계에서 우호적인 거래관계를 유지함으로써 미래에 이를 유리하게 이용할 수 있다.

해서는 100% 반품을 허용하는 조건으로 판매할 수 있다.

제5장에서 반품이 예상되는 판매에서는 과거 경험 등에 의하여 반품액을 합리적으로 추정할 수 있는 경우에는 수익을 인식하고(재고자산을 제거하고) 동시에 추정 매출환입과 환불부채를 인식한다고 논의하였다(예제 5-17 참조). 만약 반품의 가능성이 매우 높거나 반품액의 합리적인 추정이 불가능한 경우에는 판매로 보지 않는다. 반품가능성이 높은 상품은 구매자가 상품의 인수를 수락하거나 반품기간이 종료된 시점까지는 판매자의 재고자산으로 보고해야 한다.

시용판매(sales on approval)는 고객이 상품을 사용해 본 후 이를 매입하겠다는 의사표시를 할 경우 판매로 인식하는 판매방법이다. 시용판매도 일종의 반품가능판매에 해당한다. 따라서 시용품에 대한 최종 구매의사로 이어질 확률이 합리적으로 예측가능하다면, 수익을 인식하고 재고자산을 제거한다. 만약 시용품에 대한 최종 구매의사를 합리적으로 예측하지 못하는 경우 고객으로부터 상품을 매입하겠다는 의사표시를 받기 전까지는 판매로 보지 않으며 판매자의 재고자산에 포함시켜야 한다.

구매자 입장에서 반품가능한 재화를 보유하고 있거나 제품을 시용하는 경우, 해당 재화를 최종적으로 매입하겠다는 의사결정을 내리기 전까지는 재고자산에 포함시켜서는 안 된다.

3) 할부판매

할부판매(installment sales)란 상품을 인도한 후 장기에 걸쳐 판매대금을 회수하는 것을 조건으로 판매하는 것을 말한다. 할부판매의 경우에는 다른 판매조건에 비하여 대금회수불능에 따른 손실의 위험이 크므로 할부판매대금이 완불될 때까지 소유권을 판매자가 보유한다는 조건을 요구하는 경우가 있다. 할부판매의 경우 형식적 소유권은 판매자가 갖더라도 양도된 상품에 관한 대부분의 권리와 의무(즉, 통제)는 구매자가 갖는다. 이와 같은 경우에는 실질적인 판매가 이루어진 것으로 간주하며 판매자는 판매시점에 수익을 인식하고 재고자산에서 제외한다.

4) 특별주문판매

구매자의 특별주문에 의해 생산된 제품은 일반적으로 생산이 완료된 시점에 소유권이 구매자에게 이전되는 것으로 간주된다. 그 이유는 생산완료시점은 구매자에게 인도가능한 시점이 되는데 이때는 일반적으로 구매자의 검수가 완료된 시점이므로 사실상 인도시점과 동일하기 때문이다. 따라서 특별주문품은 생산의 완료시점에 구매자에게 귀속되는 것으로 하여 구매자의 재고자산으로 처리하는 것이 일반적이다.

예제 6-2 재고자산에 포함할 항목

20×1. 12. 31 현재 (주)대한은 기초재고자산 ₩200,000, 당기매입 ₩600,000, 기말재고 실사액 ₩10,000을 보고하고 있다. 다음은 기말재고자산의 실사와 관련한 추가적인 정보이며, 별다른 언급이 없는 한 기말재고 실사액에 포함되어 있지 않다.

항 목	금 액 (취득원가기준)	비 고
미착상품	₩30,000	도착지인도조건으로 현재 운송중
판매 후 배송중인 상품	20,000	도착지인도조건으로 현재 운송중
적 송 품	200,000	30% 판매 완료
시 용 품	30,000	매입 여부에 대해서 합리적 추정 불가
재구매조건부판매	50,000	재구매일 : 20×2. 1. 10 재구매가격 : ₩65,000
저당상품	20,000	차입금에 대하여 담보로 제공되어 있고, 기말재고자산 실사액에 포함되어 있음
반품가능판매	35,000	과거 경험상 20%가 반품됨

요구사항

1) 위의 자료를 이용하여 (주)대한의 기말재고와 매출원가를 계산하면 얼마인가?
2) 만약 미착상품과 판매 후 배송중인 상품이 선적지인도조건이라면 (주)대한의 기말재고와 매출원가는 얼마인가?

해답

1) 도착지인도조건

기말재고＝₩10,000＋₩20,000＋(₩200,000×70%)＋₩30,000＋₩50,000＋(₩35,000×20%)
＝₩257,000

매출원가＝₩200,000＋₩600,000－₩257,000＝₩543,000

2) 선적지인도조건

기말재고＝₩10,000＋₩30,000＋(₩200,000×70%)＋₩30,000＋₩50,000＋(₩35,000×20%)
＝₩267,000

매출원가＝₩200,000＋₩600,000－₩267,000＝₩533,000

2 재고자산의 수량결정방법

재고자산의 수량을 결정하는 방법에는 계속기록법과 실지재고조사법 두 가지가 있다. 계속기록법(perpetual inventory system)은 상품을 매입할 때에는 재고자산(영구계정)에 가산하고 판매할 때에는 재고자산에서 차감하여(매출원가를 기록하여), 장부상으로 언제나 재고자산금액을 파악할 수 있는 방법이다. 상품의 구입과 판매(사용)가 재고자산계정에 직접 기입되므로 재고자산계정에 나타나는 잔액이 재고자산의 현재잔액(기말에는 기말재고잔액)이 된다.5) 계속기록법은 실지재고조사법에 비하여 재고자산에 대한 정확하고 적시성 있는 정보를 제공해 줄 수 있는 장점이 있다.

실지재고조사법(periodic inventory system)이란 회계기간 동안 상품의 매입은 매입계정(임시계정)에 기록하지만 매출시에는 재고자산의 감소를 기록하지 않고, 회계기말에 실제로 회사창고 등에 남아 있는 재고자산을 조사하여 재고자산의 금액을 결정하는 방법이다. 매출원가를 계산할 때에는 '매출원가=기초재고+당기순매입−기말재고'의 관계에 기반하여 계산한다. 실지재고조사법은 판매시마다 출고되는 재고자산금액(매출원가)을 파악하지 않기 때문에 상대적으로 간단한 방법이다.

〈표 6-1〉에는 계속기록법과 실지재고조사법의 회계처리가 요약되어 있다.

▶ 표 6-1
계속기록법과 실지재고조사법의 비교요약

인식시기	계속기록법			실지재고조사법		
매 입 시	재 고 자 산	×××		매 입	×××	
	매입채무(현금)		×××	매입채무(현금)		×××
매입운임	재 고 자 산	×××		매 입 운 임	×××	
	현 금		×××	현 금		×××
판 매 시	매출채권(현금)	×××		매출채권(현금)	×××	
	매 출		×××	매 출		×××
	매 출 원 가	×××				
	재 고 자 산		×××			
매입에누리와환출 및 매입할인	매 입 채 무	×××		매 입 채 무	×××	
	재 고 자 산		×××	매입에누리와환출		×××
				매 입 할 인		×××
기말의 수정분개*	재고자산감모손실	×××		-분개 없음-		
	재 고 자 산		×××			
재고자산계정의 마감분개(기말)	-분개 없음-			세 가지 방법 중 택일 (〈표 6-2〉 참조)		

* [(장부상 수량−실사수량)×취득원가]로 측정되는데, 따라서 실지재고수량이 장부상의 재고수량보다 부족할 경우에만 이러한 분개가 필요함.

계속기록법과 실지재고조사법의 주요 차이점을 요약하면 다음과 같다.

① 구매 : 계속기록법에서는 재고자산계정에 차변기입하여 재고자산의 장부금액을 증가시킨다. 실지재고조사법에서는 매입계정에 차변기입하여 매입액을 증가시킨다.

② 판매 : 계속기록법에서는 판매가 일어났을 때 수익인식과 재고자산의 감소 및 매출원가를 기록하는 두 가지 분개를 한다. 실지재고조사법에서는 수익을

5) 기술한 바와 같이 도·소매업의 재고자산계정은 상품계정 하나뿐이지만, 제조업의 재고자산계정은 원재료계정, 재공품계정 및 제품계정 등으로 세분된다.

인식하는 하나의 분개만을 하며 원가로 측정된 재고자산의 감소를 기록하지 않는다.

③ 기말재고의 결정 : 계속기록법에서는 재고자산의 변화를 계속적으로 기록하므로 재고자산계정 잔액이 별다른 조정 없이 재고자산 기말 장부금액이 된다. 실지재고조사법에서는 기말재고자산의 실사를 통하여 장부금액을 결정한다.

④ 매출원가의 결정 : 계속기록법에서는 판매시점에 매출원가를 인식하므로 판매가 일어나는 시점에 매출원가가 인식하여 누적된다. 실지재고조사법에서는 기말에 '기초재고+당기순매입−기말재고'의 관계로 매출원가를 계산한다. 즉, 실지재고조사법에서는 보고기간말에 매출원가를 산정하는 마감분개(또는 수정분개)를 해야 한다.

⑤ 매입에누리와환출 및 매입할인의 회계처리 : 계속기록법에서는 이들을 직접 재고자산의 차감계정으로 인식한다.[6] 그러나 실지재고조사법에서는 매입의 차감계정으로 인식하여 당기순매입을 산출한다.

계속기록법과 실지재고조사법의 차이를 이해하는 데 가장 중요한 점은 매출원가 계산을 위한 기말 수정분개의 성격을 이해하는 데 있다. 계속기록법에서는 매출원가가 판매가 일어나는 시점에 인식되므로 기말에 따로 계산할 필요가 없다. 그러나 실지재고조사법에서는 재고자산의 기말잔액과 매출원가를 반영하는 과정이 필요하다.

실지재고조사법에서 매출원가를 계상하는 방법은 〈표 6-2〉의 세 가지 중 어느

▶ 표 6-2
실지재고조사법에서의 세 가지 재고자산계정 수정 및 마감 분개방법

마감분개대상	〈제1방법〉 - 집합손익계정	〈제2방법〉 - 매입계정	〈제3방법〉 - 매출원가계정
① 기초재고 마감	집합손익 ××× 재고자산-기초 ×××	매입 ××× 재고자산-기초 ×××	매출원가 ××× 재고자산-기초 ×××
② 매입 마감	집합손익 ××× 매입 ×××	- 분개 없음 -	매출원가 ××× 매입 ×××
③ 매입에누리와 환출, 매입할인 및 매입운임 마감	매입에누리와환출 ××× 매입할인 ××× 매입운임 ××× 집합손익 ×××	매입에누리와환출 ××× 매입할인 ××× 매입운임 ××× 매입 ×××	매입에누리와환출 ××× 매입할인 ××× 매입운임 ××× 매출원가 ×××
④ 기말재고 설정	재고자산-기말 ××× 집합손익 ×××	재고자산-기말 ××× 매입 ×××	재고자산-기말 ××× 매출원가 ×××
⑤ 집합손익계정에 마감	- 분개 없음 -	집합손익 ××× 매입 ×××	집합손익 ××× 매출원가 ×××

(주) 여기에서는 매출원가계산을 위하여 필요한 임시계정을 마감하는 세 가지 방법만을 보여주고 있다. 다른 수익과 비용계정들도 모두 회계기말에 마감한다는 것을 명심할 필요가 있다.

6) 경영관리 목적상 매입에누리와환출 및 매입할인 계정을 별도로 설정한 경우 회계처리를 위해서 매 회계기말에 이들 계정을 재고자산계정에서 차감해야 한다.

것을 사용해도 좋다. 다만, 최근에는 매출원가를 계산하는 과정이 전산화되어 직접 수기로 매출원가를 계산하는 경우는 매우 드물며 기말재고와 매출원가를 계산하는 논리와 과정에 대한 이해가 중요하다.

〈제1방법〉은 차변(대변)잔액을 가진 손익계산서 항목은 모두 집합손익계정에 차변기입(대변기입)하고 해당 항목은 대변기입(차변기입)하는 방식으로 마감분개를 하는 방법이다. 〈제2방법〉은 '매출원가=기초재고+당기순매입−기말재고' 개념을 이용하여 기초재고는 매입에 더하고, 기말재고와 매입에누리와환출 및 매입할인은 매입에서 차감하면 조정후 매입이 계산되는데 이는 매출원가와 같아지므로 마지막으로 조정후 매입을 집합손익계정에 마감하는 방법이다. 〈제3방법〉도 제2방법과 마찬가지로 '매출원가=기초재고+당기순매입−기말재고' 개념을 이용한 방법인데, 매출원가라는 계정을 일시적으로 만든 후 다시 이를 집합손익계정에 마감하는 방법이다. 따라서 기초재고와 매입은 매출원가에 더하고 기말재고와 매입에누리와환출 및 매입할인은 매출원가에 차감하는 방식으로 일단 매출원가로 대체한 후 마지막으로 매출원가를 집합손익계정에 마감하는 방법이다. 제3방법의 매출원가계정은 마감을 위하여 일시적으로 회계기말에 설정했다가 다시 동일자로 마감하여 버린다는 점에서 번거로운 점이 있으나, 매출원가를 구분하여 나타낸다는 장점이 있다.

재고자산감모손실에 대한 회계처리에서 계속기록법과 실지재고조사법은 차이가 있을 수 있다. 계속기록법을 사용하는 경우 재고자산 기말금액의 기록상 금액과 실지재고에 차이가 있을 수 있다. 이 경우 재고자산감모손실을 기록해야 한다. 반면, 실지재고조사법에서는 실사결과 측정된 재고자산이 기말재고자산으로 기록되므로 재고자산감모손실을 별도로 파악할 수 없으며, 재고자산감모손실은 모두 매출원가에 포함된다.

예제 6-3 계속기록법과 실지재고조사법

이든(주)의 재고자산에 관한 다음 자료를 이용하여 계속기록법과 실지재고조사법에 따라 필요한 분개를 하라(매입 및 매출은 외상으로 처리할 것). 단, 재고자산계정은 집합손익계정을 통해서 마감한다.

적 요	수 량	단 가
기 초 재 고	120	₩300 (원 가)
당 기 매 입	240	300 (원 가)
매 입 환 출	20	300 (원 가)
당 기 매 출	210	500 (판매가)
기 말 재 고(실사에 의한 측정)	125*	

* 이는 5개의 재고자산이 부족함을 나타내 준다.

해답

	계속기록법			실지재고조사법		
매 입 :	재고자산	72,000		매 입	72,000	
	매입채무		72,000	매입채무		72,000
매입환출 :	매입채무	6,000		매입채무	6,000	
	재고자산		6,000	매입환출		6,000
판 매 :	매출채권	105,000		매출채권	105,000	
	매 출		105,000	매 출		105,000
	매출원가	63,000				
	재고자산		63,000			
회계기말 :	재고자산감모손실	1,500		- 분개 없음 -		
	재고자산		1,500			
기말마감 :						
재고자산관련계정 :	- 분개 없음 -			기말재고	37,500	
				매입환출	6,000	
				집합손익 (매출원가)	64,500	
				기초재고		36,000
				매 입		72,000
기타손익항목계정 :	매 출	105,000		매 출	105,000	
	매출원가		63,000	집합손익		105,000
	재고자산감모손실		1,500			
	집합손익		40,500			

계속기록법에서는 매출원가 ₩63,000과 재고자산감모손실 ₩1,500을 구분하여 기록한다. 한편, 실지재고조사법에서는 '매출원가=기초재고+당기순매입−기말재고', 즉 '₩64,500=₩36,000+(₩72,000−₩6,000)−₩37,500'으로 기록하므로 재고자산감모손실이 매출원가에 포함된다. 실지재고조사법에서의 마감분개는 위의 예처럼 관련 항목 전체를 하나의 집합손익계정으로 마감해도 무방하다.

일반적으로 고가품목을 취급하는 회사들은 재고자산관리의 목적상 주로 계속기록법을 사용하고 있으며, 저가품목을 대량으로 취급하는 슈퍼마켓, 약국 등은 장부관리상의 어려움 때문에 실지재고조사법을 주로 사용하였다. 그러나 정보기술의 발달로 인한 전산회계시스템의 도입으로 인하여 계속기록법을 사용하는 데 걸리는 시간과 노력이 대폭 줄어들어 계속기록법을 사용하는 회사들이 많이 늘었다.

재고자산감모손실을 구분하여 기록할 수 없는 것이 실지재고조사법의 중요한 결점이기 때문에 재고자산의 적절한 관리를 위해서는 계속기록법이 적절한 방법이라고 할 수 있다. 또한, 계속기록법을 사용하더라도 폐기물의 발생, 도난손실, 기장오류 등으로 인하여 장부상의 재고와 실지재고는 차이가 발생할 수밖에 없다. 이 때문에 정기적으로 재고자산의 실사를 통해 장부상의 재고를 실지재고와 비교해야 한다.

3 재고자산 계상오류

재고자산이 과대계상되거나 과소계상될 경우 재무제표에 오류가 발생한다. 보고기간 말에 기말재고자산의 오류는 재무상태표의 재고자산뿐만 아니라 매출원가에 영향을 주어 당기순이익을 정확하게 계산하지 못하게 한다. 만일 재고자산이 제대로 관리되지 않아서 과소계상된다면 총자산이 과소계상될 것이고, 매출원가는 과대계상되어 당기순이익이 과소계상된다. 재고자산오류가 발생하는 대표적인 경우 두 가지를 들어 보자.

(1) 기말재고자산의 과소계상

예를 들어 선적지인도조건으로 수송중인 미착품을 누락시켰을 경우 재무상태표상의 재고자산과 매입채무가 각각 과소계상되고, 손익계산서상의 매출원가를 구성하는 매입과 기말재고자산이 각각 과소계상된다. 그러나 이러한 경우에는 손익계산서상의 당기순이익은 영향을 받지 않는데, 이는 매출원가(=기초재고자산+매입−기말재고자산)를 구성하는 매입과 기말재고자산이 같은 금액만큼 과소계상되어 오류가 상쇄되기 때문이다. 한편, 운전자본(=유동자산−유동부채)은 유동자산인 재고자산과 유동부채인 매입채무가 같은 금액만큼 과소계상되므로 영향을 받지 않으나 유동비율(유동자산/유동부채)은 영향을 받을 수도 있다.

예를 들어 A사가 선적지인도조건으로 수송중인 상품 ₩400을 포함하기 이전에 유동자산 및 유동부채가 각각 ₩1,200과 ₩400이라고 하면 유동비율은 ₩1,200÷₩400=300%이다. A사가 미착상품 ₩400을 재고자산과 매입채무로 기록하면 유동자산은 ₩1,600이 되고 유동부채는 ₩800이 된다. 수정기입 후의 유동비율은 ₩1,600÷₩800=200%가 된다. 이 사례에서는 미착품 누락을 조정하기 전후의 유동비율은 다르지만 운전자본은 모두 ₩800으로 동일함을 알 수 있다.

(2) 기말재고자산의 과대계상

만약 기초재고자산과 당기매입액 그리고 매입채무를 정확하게 기록했으나 기말재고자산을 과대계상한 경우에는 유동비율, 운전자본, 당기순이익이 모두 과대계상된다. 먼저 기말재고자산이 과대계상되므로 유동비율과 운전자본이 과대계상된다. 또한 '매출원가=기초재고자산+순매입−기말재고자산'에서 기초재고자산과 당기순매입액은 정확하게 기록되었으나 기말재고자산이 과대계상되었다면 매출원가는 과소계상되고, 당기순이익은 과대계상된다. 따라서 기말재고자산의 오류방향이 당기순이익에 미치는 영향은 정(+)의 관계에 있다.

한편, 당기에 과대계상된 기말재고자산이 발견되지 못한 채 차기로 이월될 경우 차기의 기초재고자산이 과대계상되고 다른 오류가 없다면 차기의 판매가능재고자산과 매출원가가 과대계상되어 결과적으로 차기의 당기순이익이 과소계상된다. 이와 같이 당기의 기말재고자산오류는 차기에 정확히 상쇄되므로 이와 같은 오류를 자동상쇄오류(counter-balancing errors)[7]라고 부른다. 〈표 6-3〉의 예시를 보면 이를 보다 정확히 이해할 수 있다.

▶ 표 6-3

기말재고자산오류-자동상쇄오류

	오류가 없는 경우		오류가 있는 경우[1]	
	20×4	20×5	20×4	20×5
매 출	₩2,000	₩2,000	₩2,000	₩2,000
매 출 원 가 :				
기초재고자산	500	400	500	600
당 기 매 입	900	1,200	900	1,200
판매가능원가	1,400	1,600	1,400	1,800
차감 : 기말재고자산	400	800	600	800
	₩1,000	₩800	₩800	₩1,000
매출총이익	₩1,000	₩1,200	₩1,200	₩1,000
판매비와관리비	800	800	800	800
당기순이익[2]	₩200	₩400	₩400	₩200

(주) 1) 20×4년 실제 기말재고자산이 ₩400인데 ₩200만큼 과대계상되었다고 가정하였음.
2) 예제를 간단히 하기 위하여 법인세비용은 무시하였음.

재고자산은 총자산에서 차지하는 비중이 높고 이를 적절히 식별하고 평가하는 것이 쉽지 않은 반면, 재고자산의 과대 또는 과소 계상의 경우 그 금액 그대로가 당기순이익에 영향을 미치게 되기 때문에 회계분식의 수단으로 이용될 수 있다. 극단적으로 기업은 존재하지도 않는 재고자산을 보유하고 있다고 주장하는 경우도 있어 재고자산의 적절한 평가가 회계감사의 수행에서 주요 분야가 되고 있다.

예제 6-4 기말재고자산오류

(주)대한은 실지재고조사법에 따라 재고자산을 기록하고 있다. 20×1년 재고자산과 관련한 기록은 다음과 같다.

적 요	수 량	단 가
기 초 재 고	120	₩300 (원 가)
당 기 매 입	240	300 (원 가)
매 입 환 출	20	300 (원 가)
당 기 매 출	210	500 (판매가)
기 말 재 고	130	

➥계속

7) 회계오류에 대해서는 제21장(회계변경과 오류수정)에서 상세히 설명하고 있다.

요구사항

1) (주)대한의 기말재고는 장부상의 기록이며, 실지재고는 125개라고 가정한다면, 20×1년과 20×2년의 당기순이익에 미치는 영향은 얼마인가?
2) (주)대한의 매입환출은 20×1년 15개, 20×2년 5개인데 모두 20×1년에 반영되었다. 해당 오류가 (주)대한의 20×1년과 20×2년의 당기순이익에 미치는 영향은 얼마인가? 단, 기말재고 개수는 130개로 정확하다고 가정한다.

해답

1) 20×1년 기말재고가 5개 과대평가되어 있으므로, 기말재고 장부금액 ₩1,500이 과대평가되고 매출총이익이 ₩1,500 과소평가되어 있다. 20×2년에 기초재고 5개가 과대평가되어 있어 매출원가가 ₩1,500 과소평가되어 있으며 매출총이익은 ₩1,500 과대평가된다. 다만, 20×2년 기말재고자산 장부금액은 다른 오류가 없다면 정상적으로 기록된다.
2) 20×1년 매입환출이 5개 과대평가되어 있으므로 당기순매입 5개가 과소평가되어 있어, 매출원가 ₩1,500이 과대평가되고 매출총이익이 ₩1,500 과소평가되어 있다. 반면 20×2년 매입환출이 반영되어 있지 않으므로 당기순매입은 5개 과대평가되어 있어 매출원가 ₩1,500이 과소평가되고 매출총이익 ₩1,500이 과대평가된다.

제3절 재고자산의 원가결정

1 재고자산원가

재고자산회계와 관련하여 중요한 문제 중의 하나가 재고자산원가를 결정하는 것이다. 재고자산은 크게 나누어 외부에서 구입하여 재판매를 목적으로 보유하는 상품(merchandise)과 자체적으로 생산하여 판매를 목적으로 보유하고 있는 제품(products)으로 구분한다.

(1) 도 · 소매업의 재고자산원가

도 · 소매업에 종사하는 기업의 재고자산은 상품이다. 상품의 매입원가(purchase cost)는 매입가격뿐만 아니라 상품을 구매인의 영업장소까지 옮겨와서 이를 판매가능한 상태로 만들기까지 필요한 정상적인 부대원가를 포함한다. 즉, 상품의 경우에는 상품의 매입가격에 매입운임, 하역료, 수입관세(환급예정분은 제외), 보관원가(보관이 필요한 경우), 보험료 등의 취득과정 관련 직접원가를 가산하고 매입할인, 매입에누리와환출, 기타유사항목은 차감한 금액이다. 그러나 보관료는 추가 생산단계에 투입하기 전에 보관이 필요한 경우를 제외하고는 판매비로 회계처리되며 매입원가에 포함시키지 않는다([그림 6-3] 참조).

▶ 그림 6-3
재고자산의 원가

도소매업 : 매입가격 + 직접부대원가 +
−매입에누리와환출
−매입할인 등
· 운송원가 및 하역원가
· 수입관세
· 보관원가 등

제조업 : 직접재료원가+전환원가(직접노무원가+제조간접원가) +
· 변동제조간접원가
· 고정제조간접원가
+기타원가(본래 의도된 상태로 만들기 위해 필요한 원가)

차입원가의 자본화

(2) 제조업의 재고자산원가

제조기업의 재고자산원가는 직접재료원가와 제조과정에서 발생한 전환원가 및 기타원가로 구성된다. 직접재료원가는 기업이 구입한 원재료의 매입원가로서 상기업의 재고자산과 같이 원재료의 매입가격에 부대원가를 가산한 금액이다. 전환원가(conversion costs)는 직접노무원가 등 생산량과 직접 관련된 원가와 변동 및 고정 제조간접원가의 체계적인 배부액을 포함한다.

변동제조간접원가(variable manufacturing overhead costs)는 간접재료원가 또는 간접노무원가와 같이 생산량에 비례하거나 거의 비례적으로 발생하는 제조간접원가를 말한다. 변동제조간접원가는 생산량에 비례하여 발생하기 때문에 실제생산량에 기초한 합리적인 배부기준에 따라 각 생산단위에 배부한다.

고정제조간접원가(fixed manufacturing overhead costs)는 공장건물 또는 공장설비의 감가상각비나 공장관리비와 같이 생산량에 관계없이 거의 일정하게 발생하는 제조간접원가를 말한다. 고정제조간접원가는 생산설비의 정상조업도(normal rate of operation)[8]에 기초하여 제품에 배부한다. 그러나 실제생산수준이 정상조업도와 유사한 경우에는 실제조업도에 기초할 수 있다. 단위당 고정제조간접원가 배부액은 유휴설비나 비정상적으로 낮은 조업도로 인하여 증가해서는 안 된다. 즉 재고자산이 비정상적인 간접비의 배부로 인하여 과대계상되어서는 안 되며, 배부되지 않은 고정제조간접원가는 발생한 기간의 비용으로 인식한다. 그러나 비정상적으로 조업도가 높은

8) 정상조업도란 정상적인 상황에서 상당한 기간 동안 평균적으로 달성할 수 있을 것으로 기대되는 생산량을 의미하며, 계획된 유지활동에 따른 조업도손실을 고려한 것을 말한다.

경우에는 실제조업도에 기초하여 고정제조간접원가를 배부함으로써 단위당 고정제조간접원가를 감소시켜 재고자산이 실제원가를 반영하도록 해야 한다.

원유에서 다양한 제품(휘발유, 경유, 등유 등)이 생산되는 경우와 같이 하나의 생산과정을 통해 동시에 둘 이상의 제품이 생산될 수 있다. 이 경우 제품별 전환원가를 분리하여 식별할 수 없다면, 전환원가를 합리적이고 일관성 있는 방법으로 각 제품에 배부한다. 예컨대, 각 제품을 분리가능한 시점 또는 완성시점의 제품별 상대적 판매가치를 기준으로 배부할 수 있다. 한편, 대부분의 부산물은 중요하지 않기 때문에 흔히 순실현가능가치로 측정하고, 주산물의 원가에서 차감한다.

기타원가(other costs)는 재고자산을 본래 의도된 상태에 이르게 하는 데 발생한 범위 내에서만 원가에 포함된다. 예컨대, 특정한 고객을 위한 간접원가 또는 제품 디자인원가를 재고자산의 원가에 포함하는 것도 적절할 수 있다. 재고자산의 원가에 포함해서는 안 되고 발생한 기간의 비용으로 인식해야 하는 기간원가(period costs)는 다음과 같은 것이 있다.

① 재료원가 · 노무원가 및 기타제조원가 중 비정상적으로 낭비된 부분
② 후속 생산단계에 투입하기 전에 보관이 필요한 경우가 아닌 보관원가
③ 재고자산을 본래 의도된 상태로 이르게 하는 데 기여하지 않은 간접관리원가
④ 판매비용

예제 6-5 재고자산의 제조원가

스카이(주)는 제품을 제조하여 판매하는데, 20×1년의 관련 자료가 다음과 같다.

직접재료원가	₩200/개
직접노무원가	₩400/개
제조간접원가	₩800,000

정상조업도(8,000개)에서 단위당 제조간접원가 : ₩800,000/8,000개 = ₩100/개

20×1년도 스카이(주)의 실제조업도가 각각 다음과 같았다고 가정하고 제품의 단위당 제조원가와 기타비용으로 포함될 부분을 구하라.

1) 7,000개(비정상적으로 낮은 조업도)
2) 7,900개(정상조업도와 유사하여 실제조업도를 이용한 경우)
3) 9,000개

해답

1) 7,000개 생산 (정상조업도 이용)
① 단위당 제조원가 = ₩200 + ₩400 + ₩100 = ₩700/개
② 기타비용에 포함될 금액 = 제조간접원가 − 제조간접원가 배부액
= ₩800,000 − ₩100 × 7,000개 = ₩100,000

2) 7,900개 생산 (정상조업도와 유사하기 때문에 실제조업도를 이용함)
① 단위당 제조원가 = ₩200 + ₩400 + ₩800,000 / 7,900개 = ₩701.3/개
② 기타비용에 포함될 금액 : 없음

3) 9,000개 생산 (실제조업도 이용)
① 단위당 제조원가 = ₩200 + ₩400 + ₩800,000 / 9,000개 = ₩688.9/개
② 기타비용에 포함될 금액 : 없음

제조원가명세서를 이용하여 제조원가를 구성하는 항목들과 이의 계산방법의 예를 살펴보면 〈표 6-4〉와 같다. 〈표 6-4〉에서 알 수 있는 바와 같이 재료원가에 노무원가와 제조간접원가를 합하여 당기총제조원가를 구하며, 여기에 기초재공품원가를 더하고 기말재공품원가를 차감함으로써 당기제품제조원가를 구한다. 한편 제조원가 중 제품계정이 아닌 유형자산 등의 타계정에 대체한 금액이 있을 경우에는 이를 총제조원가에서 차감한 후 당기제품제조원가를 구한다.

▶ 표 6-4
제조원가명세서

과 목	금 액	
Ⅰ. 재 료 원 가		
1. 기초재료재고	₩14,000	
2. 당기재료매입	130,000	
계	₩144,000	
3. 기말재료재고	(17,000)	₩127,000
Ⅱ. 노 무 원 가		
1. 급 여	₩79,000	
2. 퇴 직 급 여	12,000	91,000
Ⅲ. 제조간접원가		
1. 공 공 요 금	₩18,000	
2. 운 임	3,000	
3. 감가상각비	34,000	
4. 소 모 품 비	15,000	
5. 세금과공과	1,000	
6. 임 차 료	12,000	
7. 기타간접원가	20,000	103,000
Ⅳ. 당기총제조원가		₩321,000
Ⅴ. 기초재공품원가		32,000
Ⅵ. 합 계		₩353,000
Ⅶ. 기말재공품원가		(35,000)
Ⅷ. 당기제품제조원가		₩318,000

기초제품재고원가에 당기제품제조원가를 더한 금액은 판매가능원가가 되며, 판매가능원가에서 기말제품재고원가를 차감하면 매출원가가 된다. 이것은 도・소매업의 '매출원가=기초상품재고원가+당기상품순매입원가−기말상품재고원가'의 공식을 이용하여 매출원가를 구하는 방법과 동일한 원칙이 적용된 것이다.

제조업의 원가계산은 제조간접원가를 어떻게 처리하느냐에 따라 두 가지의 방법이 있다. 직접재료원가와 직접노무원가는 당연히 제품의 원가에 포함되지만, 제조간접원가, 특히 고정적인 제조간접원가를 어떻게 처리하느냐에 따라 두 방법이 구분된다. 고정제조간접원가를 제품원가에 포함시키지 않는 방법을 직접원가계산(direct costing) 또는 변동원가계산(variable costing)이라고 하고, 고정제조간접원가도 제품원가에 포함시키는 방법을 흡수원가계산(absorption costing) 또는 전부원가계산(full costing)이라 한다.

변동원가계산을 택할 경우 먼저 모든 원가를 변동원가와 고정원가로 구분해야 한다. 그리고 변동원가인 직접재료원가, 직접노무원가 및 변동제조간접원가만을 제품원가에 포함시키고, 고정원가인 고정제조간접원가는 기간원가인 비용으로 회계처리한다. 한편, 전부원가계산에서는 변동원가와 고정원가에 관계없이 모든 제조원가를 제품원가에 포함시킨다.

변동원가계산은 원가관리, 원가결정 등과 같이 기업의 내부이용목적으로 유용하지만 원가를 변동원가와 고정원가로 구분하는 것이 어려워 계산에 객관성을 부여하기 어렵다. 따라서 재무보고용이나 세무목적상으로 허용되지 않는다. 즉, 외부보고용 재무제표 작성을 위해서는 전부원가계산을 사용해야 한다.

제품의 구입 또는 생산에 직접적으로 관련되지 않거나 합리적인 방법으로 배분하기 곤란한 원가는 재고자산에 포함하는 것보다는 발생한 기간의 기간비용(period expenses)으로 처리하는 것이 더 적절하다고 본다. 이러한 기간비용에는 판매비와 관리비가 있다. 일반적으로 제품원가 중 판매된 부분은 매출원가로 하여 매출액에 직접 대응시키고 기간비용은 간접대응 또는 기간대응시키는 입장을 취하고 있다. 따라서 매출액에서 직접대응되는 부분인 매출원가를 차감하여 매출총이익을 구하고, 여기에서 다시 간접대응되는 기간비용을 차감하여 영업이익을 구한다.

개념적인 측면에서 보았을 때 기간원가도 제품원가와 마찬가지로 주된 영업활동(수익창출활동)을 하는 데 직접적으로 발생한 원가이다. 하지만 기간비용 대부분은 판매비와 관리비를 제품(상품)의 구입 또는 생산과정에 직접 관련시키기가 어려워 이들을 재고자산에 배분한다는 것이 다분히 자의적이기 때문에 이를 기간비용으로 처리한다. 따라서 제품의 구매 또는 생산에 직접적 관련이 있는 원가는 이를 재고자산에 포함시키고, 그렇지 못한 원가는 기간대응시키도록 하고 있다. 예를 들어 관리비는 증가했으나 이에 상응하는 제품생산의 증가가 없는 경우에는 이러한 비용을 재고자산의 원가에 포함시킬 수 없으며 당기의 기간비용으로 처리하는 것이 보다 합리적이다.

(3) 매입할인 및 매입에누리와환출

현금할인은 판매자에게는 매출할인이 되며 구매자에게는 매입할인이 된다. 매입할인(purchase discounts)이란 일정한 현금할인기간 내에 구매자가 매입대금을 지급한 경우 송장가격에서 일정률을 할인해 주는 것을 말한다. 매입한 재고자산에 하자가 있는 경우 판매자에게 요구하여 매입가격을 하향조정(매입에누리)하거나 반품(매입환출)할 수 있는데, 이 둘을 통상 통합하여 매입에누리와환출로 취급한다. 매입할인 및 매입에누리와환출은 모두 매입(또는 재고자산)의 차감계정으로서 매입에서 차감하여 순매입을 산출한다.

매입할인은 외상거래에서만 발생하며, 예컨대 1/10, n/30(10일 내에 지급할 경우 1% 현금할인이 되며 현금할인기회를 활용하지 못할 경우 나머지 금액을 30일 내에 지급해야 한다는 내용)으로 간단하게 표기하기도 한다. 매입할인을 기록하는 방식에는 총액법과 순액법이 있다.

총액법(gross method)에서는 매입시에 송장가격(총액)으로 매입(또는 재고자산)과 외상매입금을 기록하고, 현금할인기간 내에 외상매입금을 지급한 경우 매입할인(또는 재고자산 감소)을 기록한다. 순액법(net method)에서는 매입시에 매입할인을 차감한 현금가격(순액)으로 매입(또는 재고자산)과 외상매입금을 기록하고, 현금할인기간 내에 외상매입금을 지급한 경우 순액으로 외상매입금을 감액시킨다.

그런데 매입할인기간 내에 외상매입금을 지급하지 못한 경우에는 송장금액(총액)을 지급해야 하므로 총액과 현금지급액의 차이를 할인기회상실(purchase discounts lost)로 인식해야 한다. 할인기회상실은 일반적으로 금액이 적기 때문에 중요성의 관점에서 실무에서는 금융비용처럼 취급하거나 재고자산 원가에 포함하여 매출원가에 반영되게 하는 회계처리가 사용되고 있다.

예제 6-6 매입할인

스카이(주)는 20×1. 10. 1에 상품 ₩800,000을 2/10, n/30 조건으로 구매하였다. 스카이(주)는 20×1. 10. 10에 상품대가의 70%를 지급하고, 나머지 30%는 20×1. 10. 30에 지급하였다.

요구사항

1) 스카이(주)는 실지재고조사법을 사용하고 있다고 가정하고, 위 거래들에 대해 총액법과 순액법을 각각 이용할 경우 필요한 회계처리를 비교하라.
2) 스카이(주)는 계속기록법을 사용하고 있다고 가정하고, 위 거래들에 대해 총액법과 순액법을 각각 이용할 경우 필요한 회계처리를 비교하라.

➥계속

해답

1) 실지재고조사법

일 자	총액법			순액법		
20×1. 10. 1	매 입	800,000		매 입	784,000	
	외상매입금		800,000	외상매입금		784,000
20×1. 10. 1	외상매입금	560,000		외상매입금	548,800	
	현 금		548,800	현 금		548,800
	매 입 할 인		11,200			
20×1. 10. 30	외상매입금	240,000		외상매입금	235,200	
	현 금		240,000	할인기회상실	4,800	
				현 금		240,000

2) 계속기록법

일 자	총액법			순액법		
20×1. 10. 1	재 고 자 산	800,000		재 고 자 산	784,000	
	외상매입금		800,000	외상매입금		784,000
20×1. 10. 1	외상매입금	560,000		외상매입금	548,800	
	현 금		548,800	현 금		548,800
	재 고 자 산		11,200			
20×1. 10. 30	외상매입금	240,000		외상매입금	235,200	
	현 금		240,000	할인기회상실	4,800	
				(또는 재고자산)		
				현 금		240,000

(4) 차입원가의 자본화

재고자산의 취득과 관련된 차입원가(이자)가 발생할 수 있다. 취득원가의 개념에서 본다면 재고자산의 취득에 직접 관련된 차입원가를 제품원가에 포함시켜야 한다고 볼 수 있다. K-IFRS(제1023호)에 따르면 적격자산(재고자산, 제조설비자산, 전력생산설비, 무형자산, 투자부동산 등으로서 의도된 용도로 사용하거나 판매가능한 상태로 이르게 하는 데 상당한 기간이 필요한 자산)의 취득, 건설 또는 제조와 직접 관련된 차입원가는 당해 자산의 원가의 일부로 자본화해야 한다. 따라서 적격 재고자산으로서 재고자산의 제조 등에 직접 관련된 차입원가는 재고자산원가에 포함시킨다.[9]

그러나 재고자산의 제조 등에 직접 관련이 없는 기타 차입원가는 발생기간에 비용으로 인식해야 한다. 요약하면, 적격자산 기준과 차입원가의 직접 관련성 기준 두 가지를 모두 충족하는 경우 재고자산원가에 포함하고, 그렇지 않으면 발생하는 기간에 비용처리한다. 차입원가의 자본화에 대해서는 제7장(유형자산)의 〈보론 7A〉에서 상세히 설명된다.

9) 그러나 단기간 내에 생산되는 재고자산은 적격자산에 해당되지 않는다. 또한 자산의 취득시점에 이미 기업이 의도한 용도로 사용할 수 있거나 판매가능한 자산도 적격자산에 해당되지 않는다.

(5) 농림어업의 생물자산 수확물의 원가

농림어업에 종사하는 기업이 생물자산에서 수확한 수확물로 구성된 재고자산은 순공정가치(공정가치에서 예상판매원가를 차감한 금액)로 측정하여 수확시점에 최초로 재고자산으로 인식한다. 즉, 수확시점의 생물자산 수확물의 순공정가치가 재고자산원가가 되는 것이다. 이에 대해서는 제7장(유형자산)의 〈보론 7B〉에서 상세히 설명된다.

(6) 용역업의 재고자산원가

용역제공기업이 재고자산을 가지고 있다면, 이를 제조원가로 측정한다. 이러한 원가는 용역제공에 직접 관련된 인력에 대한 노무원가 및 기타원가와 관련된 간접원가로 구성된다. 판매 및 관리 인력과 관련된 노무원가 및 기타원가는 재고자산원가에 포함시키지 않고 발생한 기간비용으로 인식한다. 일반적으로 용역제공기업이 가격을 산정할 때 고려하는 이윤이나 용역과 직접 관련이 없는 간접원가는 재고자산원가에 포함하지 않는다.

예제 6-7 재고자산의 매출원가

이든(주)의 20×1년 상품거래와 관련된 자료가 다음과 같다.

기 초 재 고	₩80,000	
당 기 매 입	600,000	
부 대 경 비	19,000	(매입운임 10,000 ; 보험료 3,000 ; 하역료 2,000 ; 관세 4,000)
보 관 료	1,000	(단, 생산단계 투입 전에 보관이 필요한 경우가 아님)
매 입 할 인	2,000	
매 입 환 출	15,000	
기 말 재 고	85,000	

위에 제시된 자료에 대하여 상품매입원가와 매출원가를 구하고 이들에 포함되지 않은 항목은 어떻게 회계처리해야 하는지를 밝혀라.

해답

- 상품매입원가=당기매입+부대경비−매입할인−매입환출
  =₩600,000+₩19,000−₩2,000−₩15,000=₩602,000
- 매 출 원 가=기초재고+상품매입원가−기말재고
  =₩80,000+₩602,000−₩85,000=₩597,000
- 보관료(₩1,000)는 판매비로 구분한다.

(7) 재고자산의 일괄구입

성격이 상이한 재고자산을 일괄(lump sum)하여 구입한 경우에는 총매입원가를 각 재고자산의 공정가치(fair value) 비율에 따라 배분하여 개별재고자산의 매입원가를 결정한다. 재고자산의 공정가치는 재고자산의 성격에 따라 다르다. 즉, 일괄구입한 재고자산이 원재료이면 유입가치인 현행원가를 공정가치로 보는 것이 합리적이고, 상품이면 유출가치인 순실현가능가치를 공정가치로 보는 것이 합리적이다. 따라서 일괄구매한 재고자산이 원재료이면 상대적 현행원가를 사용하여 개별재고자산의 매입원가를 결정하고, 상품이면 상대적 판매가격을 이용하여 재고자산의 매입원가를 결정하면 된다.

2 재고자산의 원가흐름

(1) 재고자산의 원가흐름 가정 1002:23-27

재고자산의 원가결정에는 재고자산의 원가흐름에 대한 가정이 필요하다. 다음의 이든(주) 예시자료를 이용하자. 여기에서는 회사가 단지 한 종류의 재고자산을 보유하고 있다고 가정한다.

이든(주)의 6월 한 달간의 재고자산거래에 대한 《자료》가 다음과 같다. 이든(주)는 6월에 영업을 시작하였다.

《자료》 이든(주)의 재고자산거래

일 자	매 입		판 매	잔 고
	수 량	단 가		
6월 1일	200개	₩40		200개
6월 10일	800	42		1,000
6월 20일			600개	400
6월 25일	400	43		800
6월 29일			300	500
	1,400개		900개	

판매가능원가＝기초재고자산＋당기매입원가
＝(200×₩40)＋(800×₩42＋400×₩43)＝₩58,800

재고자산은 그 성격상 구입 또는 제조를 통하여 빈번히 취득되는데, 취득원가 또는 제조원가는 구입 또는 제조시점에 따라 수시로 변할 가능성이 있다. 이 경우 재고자산의 단위원가(단가)를 어떤 방법으로 측정할 것이냐의 문제가 발생한다. 위의 사례에서 1,400개의 재고가 판매가능량이고 판매가능원가는 ₩58,800인데 900개가 판매되고 기말재고로 500개가 남아 있다. 문제는 상품의 매입단가가 매입시점마다 상이한데 어떤 단가를 적용하여 판매된 900개의 원가와 재고로 남아 있는 500개의 원가를 결정할 것이냐 하는 것이다.

1) 개별법

개별법(specific identification method)은 개별재고자산을 추적하여 어느 항목이 판매(사용)되고 어느 항목이 기말재고로 남아 있는가를 확인하여 원가를 측정하는 방법이다. 따라서 원가흐름이 물적흐름과 동일하게 된다. 개념적으로도 개별적으로 취득한 원가를 확인하여 개별재고자산이 판매되었을 때 그 취득원가를 매출원가로 계상하는 것이 가장 이상적이다.

그러나 원가를 개별적으로 추적하기가 실제로 매우 어려울 뿐만 아니라 거의 불가능한 경우도 있다. 따라서 이 방법은 개별재고자산의 식별이 가능한 경우에 사용할 수 있다. 이 방법은 귀금속, 모피코트, 자동차, 특별주문품 등과 같이 수량은 상대적으로 적으면서 단위당 원가가 고가이기 때문에 재고자산에 제품별로 원가를 식별하여 계산할 수 있는 경우에 적절하다.

예제 6-8 개별법

앞의 《자료》에 있는 이든(주)의 500개의 잔량이 6월 1일 매입분 100개, 6월 10일 매입분 100개, 그리고 6월 25일 매입분 300개로 구성되어 있다. 개별법을 적용하여 6월 30일 현재 기말재고와 6월의 매출원가를 계산하라.

해답

판매가능원가＝200개 × ₩40＋800개 × ₩42＋400개 × ₩43＝₩58,800

구입일자	수 량	단위원가	총원가
6월 1일	100개	₩40	₩4,000
6월 10일	100	42	4,200
6월 25일	300	43	12,900
기말재고	500개		₩21,100

매출원가＝판매가능원가－기말재고＝₩58,800－₩21,100＝₩37,700

개별법에는 기말재고자산원가와 매출원가 계산에서 경영자의 자의성이 개입될 여지가 존재한다는 문제가 있다. 예를 들어 동일한 종류의 상품을 상이한 가격으로 구입한 경우 당기순이익을 높이고 싶을 때에는 가장 낮은 원가로 구입한 상품을 판매하고, 당기순이익을 줄이고 싶을 때에는 가장 높은 원가로 구입한 상품을 판매하는 방식으로 당기순이익을 조작할 수 있다. 따라서 통상적으로 상호교환이 가능한 대량의 재고자산에는 개별법을 적용하는 것이 적절하지 않다. 개별법이 갖는 또 하나의 문제점은 매입운임, 하역비 등이 상이한 시점에 구입한 재고자산에 공통으로 관련되는 경우 이들을 정확하게 배분하기 힘들다는 점이다.

회계에서는 측정의 신뢰성을 유지하면서 비교적 쉽게 적용할 수 있도록 원가흐름에 대한 가정(cost flow assumptions)을 고안하여 이를 계속적으로 사용하도록 하고 있다. 이러한 원가흐름의 가정에는 평균원가법, 선입선출법, 후입선출법 등이 있다. 회사가 채택하는 원가흐름에 대한 가정은 재고자산의 물적흐름(physical flow of goods)과 일치할 필요는 없으나 한 번 선택한 원가흐름에 대한 가정을 계속적이고 체계적으로 적용해야 한다.

2) 평균원가법

평균원가법(average cost method)은 기초재고자산과 회계기간중에 매입 또는 생산된 재고자산의 원가를 가중평균하여 재고자산의 단위원가를 결정하는 방법이다. 평균원가법은 재고자산을 계속기록법으로 기록하는 경우에는 이동평균원가법(moving-average cost method)이 되고, 실지재고조사법으로 기록하는 경우에는 가중평균원가법(weighted-average cost method)이 된다.

가중평균원가법에서는 판매가능원가(cost of goods available for sale)를 판매가능수량으로 나누어 단위당 가중평균원가를 계산하여 이에 기말재고수량을 곱하여 기말재고를 구하고 판매수량을 곱하여 매출원가를 구한다. 또한 '판매가능원가=매출원가+기말재고'를 이용하여 판매가능원가에서 기말재고를 차감하여 매출원가를 구한다.

이동평균원가법에서는 재고자산을 새로 구입할 때마다 새로운 단위당 이동평균원가를 계산하여 이를 판매할 때마다 판매량에 곱하여 매출원가를 계산하고 잔량에 곱하여 매시점마다의 재고를 계산해 나가는 방법이다. 기초재고는 하나의 매입과 같이 계산하면 된다.

예제 6-9 평균원가법

이든(주)에 대한 앞의 《자료》를 이용하여 가중평균원가법과 이동평균원가법에 의한 기말재고와 매출원가를 계산하라.

해답

1) 가중평균원가법(실지재고조사법)

$$\text{단위당 가중평균원가} = \frac{\text{판매가능원가}}{\text{판매가능수량}} = \frac{₩58{,}800}{1{,}400\text{개}} = ₩42$$

기말재고=500개 × ₩42=₩21,000

매출원가=₩58,800－₩21,000=₩37,800 (또는) 900개 × ₩42=₩37,800

2) 이동평균원가법(계속기록법)

일자	매입 수량(개)	매입 단가(₩)	매입 총원가(₩)	판매 수량(개)	판매 단가(₩)	판매 총원가(₩)	잔액 수량(개)	잔액 단가(₩)	잔액 총원가(₩)
6. 1	200	40	8,000				200	40.0	8,000
6.10	800	42	33,600				1,000	41.6	41,600
6.20				600	41.6	24,960	400	41.6	16,640
6.25	400	43	17,200				800	42.3	33,840
6.29				300	42.3	12,690	500	42.3	21,150
합계	1,400		58,800	900		37,650			

기말재고 : ₩21,150 　　매출원가 : ₩37,650

예제 6-9 에서 세 차례의 매입이 있었으므로 이동평균단가가 ₩40.0, ₩41.6 및 ₩42.3으로 세 개가 존재한다. 판매시점에는 바로 직전의 매입시점에 계산된 이동평균단가를 판매수량에 곱하여 판매할 때마다 매출원가를 계산하여 이를 합산하면 기간 매출원가가 된다. 계속기록법에서는 항상 어느 특정 시점에 존재하는 재고수량이 파악되므로 여기에 단위당 이동평균원가를 곱하면 그 시점의 재고자산이 된다. 기말재고자산은 기말에 존재하는 재고수량에 그 시점의 단위당 이동평균원가를 곱하여 구한다.

평균원가법은 개념적인 측면보다는 실질적인 차원에서 장점이 있는 방법이다. 이 방법은 적용이 간단하고, 객관적이고, 이익조작의 가능성이 없다는 측면에서 선호되는 방법이다. 평균원가법(특히 가중평균원가법)은 기말재고의 평가와 매출원가의 계산이 같은 단위당 평균원가로 측정된다는 장점이 있다. 또한 평균원가법은 재고자산이 상대적으로 동질적인 항목들로 구성되어 있을 때 특히 적절한 방법이다. 이 경우 평균원가법은 제품과 관련된 원가를 비교적 충실히 반영하게 된다. 우리나라 기업들은 평균원가법을 가장 보편적으로 이용하고 있다.

3) 선입선출법

선입선출법(FIFO method, first-in first-out method)은 먼저 매입된(first-in) 재고자산이 먼저 판매된다(first-out)는 가정하에 재고자산을 평가하는 방법이다. 따라서 먼저 입고된 재고자산 순서로 매출원가를 계산하고 최근 입고된 재고자산이 기말재고로 보고된다. 판매가능원가는 항상 정해져 있으므로 기말재고를 최근 구입분으로부터 역으로 계산하여 구한 후 이를 판매가능원가에서 차감하여 매출원가를 구하는 것이 일반적이다. 그러나 매출원가를 먼저 구하고 판매가능원가에서 매출원가를 차감하여 기말재고를 계산해도 된다.

예제 6-10 선입선출법

이든(주)에 대한 앞의 《자료》를 이용하여 선입선출법에 따라 실지재고조사법과 계속기록법에서의 기말재고와 매출원가를 계산하라.

해답

1) 실지재고조사법 : 선입선출법

기말재고＝400×₩43＋100×₩42(입고의 역순)＝₩21,400

매출원가＝판매가능원가－기말재고＝₩58,800－₩21,400＝₩37,400

(또는)＝(200×₩40＋400×₩42)＋(300×₩42)(입고순)＝₩37,400

2) 계속기록법 : 선입선출법

일자	매입 수량(개)	매입 단가(₩)	매입 총원가(₩)	판매 수량(개)	판매 단가(₩)	판매 총원가(₩)	잔액 수량(개)	잔액 단가(₩)	잔액 총원가(₩)
6. 1	200	40	8,000				200	40	8,000
6.10	800	42	33,600				200	40	8,000
							800	42	33,600
6.20				200	40	8,000			
				400	42	16,800	400	42	16,800
6.25	400	43	17,200				400	42	16,800
							400	43	17,200
6.29				300	42	12,600	100	42	4,200
							400	43	17,200
합계	1,400		58,800	900		37,400			

기말재고＝100×₩42＋400×₩43＝₩21,400

매출원가＝₩37,400(＝₩8,000＋₩16,800＋₩12,600)

실지재고조사법을 사용할 경우 회계기말에 단 한 차례의 기말재고와 매출원가를 계산하면 된다. 계속기록법을 이용할 경우 입고 및 출고시에 항상 수량과 금액이 재고층(inventory layer)마다 기록되므로 기말재고와 매출원가의 계산을 위한 접근방법에는 실지재고조사법과 계속기록법에 있어서 차이가 있다. 그러나 예제 6-10 의 계산에서 보듯이 선입선출법의 경우 실지재고조사법이나 계속기록법의 결과는 동일하다. 그 이유는 선입선출법을 이용할 경우 항상 먼저 입고된 것이 먼저 출고된 것으로 가정하여 기록하므로 한 회계기말에 한 차례 기말재고와 매출원가를 계산하든(실지재고조사법), 입고 및 출고시마다 그 시점의 재고와 매출원가를 계산하든(계속기록법) 결과는 같을 수밖에 없다.

선입선출법의 장점은 원가흐름이 물적흐름을 충실하게 나타내며, 또한 뒤에 언급되는 후입선출청산을 방지함으로써 이익조작을 방지할 수 있다. 선입선출법을 이용하면 매출원가를 구성하는 항목의 단가와 기말재고를 구성하는 항목의 단가가 동일하지 않게 된다. 상대적으로 오래전에 구입한 재고자산의 단가는 매출원가에 포함되고 최근에 구입한 재고자산의 단가는 기말재고로 보고된다. 따라서 기말재고(특히 재고의 회전이 빠른 경우)는 현행원가의 근사치로 보고된다는 장점이 있으나 매출원가는 오래전 단가로 측정되어 현행판매가격으로 측정되는 매출액에 대응되므로 수익·비용의 대응이 적절치 못하다는 단점이 있다. 이와 같은 선입선출법의 장단점은 원가 인상 속도가 크면 클수록 그 효과가 극명하게 나타난다.

4) 후입선출법

후입선출법(LIFO method, last-in first-out method)은 나중에 매입된(last-in) 재고자산이 먼저 판매된다(first-out)는 가정하에 재고자산을 평가하는 방법이다. 따라서 시간적으로 가장 오래된 매입가격으로 기말재고를 평가하는 반면, 매출원가는 가장 최근에 구입된 가격을 반영한다.

후입선출법은 실지재고조사법을 이용하는 경우와 계속기록법을 이용하는 경우에 기말재고와 매출원가가 달라진다. 그 이유는 실지재고조사법을 이용할 경우 한 기간 동안의 총판매(사용)를 총구입에 대응시키는 방식으로 후입선출법을 적용하고, 계속기록법을 이용할 경우에는 판매 직전에 존재하는 구입에 판매를 대응시키는 방식으로 후입선출법을 적용하기 때문이다.

예제 6-11 후입선출법

이든(주)에 대한 앞의 《자료》를 이용하여 후입선출법에 따라 실지재고조사법과 계속기록법에서의 기말재고와 매출원가를 계산하라.

해답

1) 실지재고조사법 : 후입선출법

기말재고＝200×₩40＋300×₩42(입고순서대로 기말에 남음)＝₩20,600

매출원가＝판매가능원가－기말재고＝₩58,800－₩20,600＝₩38,200

(또는)＝(400×₩43＋200×₩42)[첫 번째 판매]＋300×₩42[두 번째 판매]＝₩38,200

2) 계속기록법 : 후입선출법

일자	매입 수량(개)	매입 단가(₩)	매입 총원가(₩)	판매 수량(개)	판매 단가(₩)	판매 총원가(₩)	잔액 수량(개)	잔액 단가(₩)	잔액 총원가(₩)
6. 1	200	40	8,000				200	40	8,000
6.10	800	42	33,600				200	40	8,000
							800	42	33,600
6.20				600	42	25,200	200	40	8,000
							200	42	8,400

➥계속

6.25	400	43	17,200				200	40	8,000
							200	42	8,400
							400	43	17,200
6.29				300	43	12,900	200	40	8,000
							200	42	8,400
							100	43	4,300
합계	1,400		58,800	900		38,100			

기말재고＝200×₩40＋200×₩42＋100×₩43＝₩20,700
매출원가＝₩38,100(＝₩25,200＋₩12,900)

위에서 보듯이 재고자산의 원가가 계속 상승하는 경우에는 '후입선출실지재고조사법'으로 재고자산을 평가하면 '후입선출계속기록법'으로 재고자산을 평가하는 것에 비하여 매출원가는 더 많이 계상되고(₩38,200 대 ₩38,100), 기말재고는 더 적게 계상된다(₩20,600 대 ₩20,700).

가격상승시에 기중에 판매된 재고자산이 기중에 구입한 재고자산을 초과하면 기초재고보다 기말재고가 줄어들게 되어 재고층이 엷어지게 된다. 이와 같은 경우에 후입선출법을 이용하면 기초재고의 일부가 매출원가에 포함되어 오히려 매출원가가 낮아지는 현상이 발생한다. 이와 같은 현상을 **후입선출청산**(LIFO liquidation)이라고 한다. 후입선출청산이 발생하면 매출원가가 낮아지기 때문에 다른 재고자산평가방법에 비하여 이익이 과도하게 계상될 수 있다. 이러한 이익을 **재고이익**(inventory profit) 또는 **장부상이익**(paper profit)이라고 한다.

5) 재고자산 원가결정방법의 비교

이상에서 여러 가지 재고자산 원가결정방법을 설명하였다. 기술한 바와 같이 원가흐름에 대한 가정을 달리함에 따라 재고자산 금액이 달라지고 그 결과 재무제표에 미치는 영향도 달라진다. 재고자산 원가결정방법이 재무제표에 미치는 영향을 검토하기 위해 실지재고조사법을 이용하는 회사의 자료가 다음과 같을 때 가중평균원가법과 선입선출법을 이용함에 따라 재무제표에 미치는 영향이 어떻게 다른가를 예제를 통하여 살펴보기로 하자.

예제 6-12 재고자산 원가결정방법의 비교

영아기계(주)의 20×1년도의 손익계산서 및 일부 재무상태표 항목과 관련된 자료가 아래와 같다. 영아기계(주)는 실지재고조사법을 이용한다.

자료			
기 초 현 금	₩70,000	기초이익잉여금	₩100,000
기 초 재 고(4,000개 × ₩30)	120,000	매 입(6,000개 × ₩40)	240,000
매 출(5,000개 × ₩120)	600,000	영 업 비	100,000
법 인 세 율 : 40%			

가중평균원가법, 선입선출법, 후입선출법을 이용하여 재고자산의 원가를 비교하되 기말재고, 영업이익, 당기순이익 및 현금흐름에 미치는 영향을 비교하라.

해답

가중평균원가법, 선입선출법, 후입선출법의 요약손익계산서 비교

	가중평균원가법	선입선출법	후입선출법
매 출 액	₩600,000	₩600,000	₩600,000
매 출 원 가	(180,000)	(160,000)	(200,000)
매출총이익	₩420,000	₩440,000	₩400,000
영 업 비	(100,000)	(100,000)	(100,000)
영 업 이 익	₩320,000	₩340,000	₩300,000
법인세비용	(128,000)	(136,000)	(120,000)
당기순이익	₩192,000	₩204,000	₩180,000

(주) 각 방법에서 매출원가의 계산
가중평균원가법 : {(4,000 × ₩30 + 6,000 × ₩40) ÷ 10,000개} × 5,000개 = ₩180,000
선입선출법 : 4,000 × ₩30 + 1,000 × ₩40 = ₩160,000
후입선출법 : 5,000 × ₩40 = ₩200,000

각 방법이 일부 재무제표 항목에 미치는 결과를 요약하면 다음과 같다.

일부 재무제표 항목의 잔액 및 보고액

재고자산평가방법	기말재고	영업이익	당기순이익	현 금
가중평균원가법	₩180,000	₩320,000	₩192,000	₩202,000
선입선출법	200,000	340,000	204,000	194,000
후입선출법	160,000	300,000	180,000	210,000

(주) ① 기말재고는 판매가능원가 ₩360,000에서 매출원가를 차감한 금액
② 영업이익과 당기순이익은 손익계산서 참조
③ 현금은 '기초현금 + 매출액 − 매입액 − 영업비 − 법인세비용 = 기말현금'으로 산출
(매출액, 매입액과 영업비는 모두 현금거래라고 가정)

예제 6-12 에서 본 바와 같이 후입선출법이 당기순이익은 가장 낮고 법인세가 있는 경우 현금흐름은 가장 높다. 이것은 본 예제에서 취득원가가 상승하는 경우를 가정하였기 때문이다. 즉 이와 같이 취득원가가 상승하면, 다음과 같은 관계가 성립된다.

기말재고 : 선입선출법 > 이동평균원가법 > 가중평균원가법 > 후입선출법
매출원가 : 선입선출법 < 이동평균원가법 < 가중평균원가법 < 후입선출법
당기순이익 : 선입선출법 > 이동평균원가법 > 가중평균원가법 > 후입선출법

현금흐름* : 선입선출법 < 이동평균원가법 < 가중평균원가법 < 후입선출법

* 법인세가 있는 경우를 나타낸다. 법인세효과를 고려하지 않는다면, 어느 방법을 선택하든지 현금흐름은 동일하다.

물론 취득원가가 하락하는 경우에는 이와 반대의 현상이 나타난다.

재고자산의 원가를 결정할 때 판매된 개별 재화의 원가를 기반으로 하는 개별법이 가장 정확한 측정치를 제공할 것이다. 하지만 통상적으로 상호교환 가능한 대량의 재고자산 항목에 개별법을 적용하는 것은 너무 많은 관리비용이 발생할 수 있어 적절하지 않다. 또한 개별법을 적용하더라도 기말재고로 남아 있는 항목을 선택하는 방식을 이용하여 재고자산의 장부금액을 자의적으로 조정할 수도 있다.

개별법이 적용되지 않는 재고자산의 단위원가는 선입선출법이나 평균원가법을 사용하여 결정한다. 성격과 용도 면에서 유사한 재고자산에는 동일한 재고자산 결정방법을 적용한다. 동일한 형태의 재고자산이지만 성격이나 용도 면에서 차이가 있는 경우 서로 다른 단위원가 결정방법을 적용할 수 있다. 예를 들어, 동일한 재고자산이 동일한 기업 내에서 영업부문에 따라 서로 다른 용도로 사용되는 경우, 다른 결정방법을 사용할 수 있다. 그러나 재고자산의 성격이나 용도의 차이가 아닌 단순히 지역별 위치나 과세방식이 다르다는 이유만으로 동일한 재고자산에 다른 단위원가 결정방법을 적용해서는 안 된다.

후입선출법은 통상적인 재고자산의 물적흐름과 역행되어 실제 원가흐름을 신뢰성 있게 반영하지 못하고 재무상태표에 표시되는 재고자산이 오래전에 취득한 원가를 반영함으로써 다른 방법에 비해 재무상태를 왜곡할 가능성이 크다. 또한 당기매입수량보다 당기판매수량이 많아 낮은 원가로 기록되어 있는 기초재고가 매출원가로 계상되는 후입선출청산이 발생하는 경우 이익이 급증하고 이에 따라 법인세도 증가하게 된다. 이를 방지하기 위해서 또는 고의적으로 이러한 현상을 유도하기 위해서 당기의 재고매입에 대한 불건전한 구매관습이 유발될 가능성도 있다. 따라서 K-IFRS에서는 후입선출법에 의한 재고자산평가를 허용하지 않고 있다.

(2) 기타 재고자산 원가결정방법

K-IFRS에서는 원가흐름가정에 근거하지 않지만 실무상 편의를 위해서 표준원가법, 순실현가능가치법/순공정가치법 및 소매재고법을 인정하고 있다.

1) 표준원가법 1002:21

표준원가(standard costs)는 정상적인 재료원가, 소모품원가, 노무원가, 효율성 및 생산능력의 활용정도를 반영하여 설정한 원가로서 관리목적으로 주로 이용된다. K-IFRS에 따르면 표준원가가 실제원가와 유사한 경우에는 이를 재무보고 목적으로 사용할 수 있다. 재무보고 목적으로 표준원가를 사용하기 위해서는 표준원가를 정기적으로 검토해야 하며, 필요한 경우 현재 상황에 맞게 조정해야 한다. 표준원가와 실

제원가의 차이가 크지 않은 경우 표준원가를 이용하여 재고자산을 평가하면 재무회계를 위한 재고자산의 평가와 재고 및 생산통제를 위한 관리회계의 연계성을 유지하여 비용 및 노력의 절감을 통해 효율을 높일 수 있다. 또한 정상적으로 발생하는 표준원가로 매출원가와 기말재고를 평가할 수 있어서 적절하게 손익을 측정하고 재고자산을 평가할 수 있다.

2) 순실현가능가치법, 순공정가치법

재고자산의 취득시에 취득원가를 결정하는 것이 어렵거나 비합리적인 경우가 있다. 예컨대, 광물자원, 광공업제품 등의 경우는 산업의 회계처리 관행에 따라 순실현가능가치로 측정하고, 순실현가능가치의 변화에 따른 효과는 변화가 발생한 시기의 당기순손익에 반영한다. 또한 천연자원 등의 일반상품 중개기업이 재고자산을 순공정가치(공정가치에서 판매원가를 차감한 금액)로 측정하는 경우에는 순공정가치의 변동분은 발생한 기간의 당기손익에 반영한다.

재고자산을 취득원가 대신 순실현가능가치 또는 순공정가치로 측정하는 것이 합리적인 경우란 자산이 동질적이어서 상호교환가능하고 시장이 잘 발달되어 있어서 가격이 쉽게 알려진 경우이다. 이러한 항목들은 취득원가의 결정이 불가능한 것은 아니지만 비합리적이거나 비경제적이다.

제4절 저가법 1002:28-33

원가로 측정한 재고자산을 판매하기 위하여 보유하고 있는 동안에 공정가치가 변동하거나 손상이 발생할 수 있다. 재고자산의 공정가치가 상승하는 경우에는 원가를 그대로 장부금액으로 유지하지만, 공정가치가 하락하는 경우와 손상이 발생하는 경우에는 이를 반영해야 한다.

1 저가법의 의의

재고자산을 판매하여 실현될 것으로 기대되는 금액이 재고자산의 장부금액보다 낮게 되는 경우가 있다. 이러한 재고자산의 가치 하락을 가져오는 사건으로 ① 재고자산의 물리적 손상, ② 진부화, ③ 판매가격 하락, ④ 원가상승 등이 있다. 이러한 경우 재고자산은 판매하는 동시에 손실이 발생한다. 즉, 현재 재고자산의 장부금액은 미래에 발생할 손실을 포함하고 있다.

회계에서는 자산의 장부금액이 해당 자산의 판매나 사용으로부터 실현될 것으로 기대되는 금액을 초과해서는 안 된다는 견해가 있는데, 자산의 장부금액이 과대평가되어 미실현손실이 존재하는 것을 방지하고자 하는 보수주의 또는 신중성 관점에서의 접근이다. 장부금액이 실현가능액을 초과하는 경우 장부금액을 실현가능액으로 감액하고, 초과금액을 당기비용으로 인식하는 회계처리가 요구된다.[10]

재고자산의 경우에는 미래에 실현될 것으로 기대되는 금액을 순실현가능가치로 측정한다. 재고자산의 장부금액이 순실현가능가치를 초과하는 경우 장부금액을 순실현가능가치로 감액시켜야 하는데, 이러한 회계처리를 저가법이라고 한다.

재고자산의 일부분은 미래 판매가격이 확정되어 있는 선도계약을 가질 수 있다. 이 경우 해당 재고자산은 순실현가능가치의 변동에 영향을 받지 않으므로 이러한 재고자산은 순실현가능가치가 아닌 계약가격에 기반하여 평가한다. 즉, 저가법은 순실현가능가치에 실질적으로 영향을 받는 재고자산에 대해서만 적용한다.

2 저가법의 적용

(1) 순실현가능가치의 측정

저가법을 적용하기 위해서는 재고자산의 순실현가능가치를 측정해야 한다. 순실현가능가치(net realizable value)는 예상판매가격에서 예상되는 추가완성원가와 판매원가를 차감한 금액을 의미한다.

> 순실현가능가치 = 예상판매가격 − 판매까지 추가적으로 소요되는 원가

완제품인 경우 시장에서 거래되는 가격이 존재하는 경우가 많기 때문에 판매가격(공정가치)을 관찰하기 쉽다. 하지만 아직 제작이 완성되지 않은 재공품은 시장가격이 존재하는 경우가 드물고, 설사 존재하더라도 완제품에 비하여 매우 낮은 시장가격을 가질 것이다. 이 경우 해당 재공품을 완성하여 판매하는 것이 순실현가능가치를 높일 수 있다. 따라서 순실현가능가치는 미래판매가격을 추정하여 측정한다. 다만, 해

10) 실현가능액은 유형자산의 경우 회수가능액, 금융자산의 경우 미래기대현금흐름으로 측정하며, 각각의 회계처리에 대해서는 각 장에서 설명한다.

당 재고자산을 판매하는 데 필요한 추가적인 제작 및 판매 원가도 추정하여 예상판매가격에서 차감하여 실현가능한 순액으로 측정한다.

원재료에 대해 저가법을 적용할 때 현 시점에서 동일한 원재료를 구매하거나 생산하는 데 필요한 현행대체원가(current replacement costs)를 순실현가능가치에 대한 최선의 추정치로 본다. 왜냐하면 해당 원재료를 이용하여 완제품을 생산하는 것보다 해당 원재료 자체를 판매하는 것이 순실현가능가치가 클 가능성이 높기 때문이다.

(2) 저가법의 적용

저가기준 재고자산에 대한 순실현가능가치 측정은 재고자산의 개별항목, 유사한 재고자산의 집단, 또는 전체 재고자산에 대해 적용할 수 있다. 첫째 경우를 종목별기준(individual item basis), 둘째 경우를 조별기준(major category basis), 그리고 셋째 경우를 총액기준(total inventory basis, aggregate basis)이라고 한다.

예제 6-13 재고자산평가 – 저가법

한결(주)의 재고자산에 관한 자료는 다음과 같다. (1) 종목별기준, (2) 조별기준 및 (3) 총액기준을 적용하여 저가주의로 재고자산을 평가하라.

재고자산	원 가	순실현가능가치
A조 aa 상품	₩20,000	₩26,000
ab 상품	37,500	32,500
B조 ba 상품	22,500	12,000
bb 상품	43,800	44,000

해답

재고자산	원 가	순실현가능가치	저 가		
			종목별기준	조별기준	총액기준
A aa	₩20,000	₩26,000	₩20,000		
ab	37,500	32,500	32,500		
A조합계	₩57,500	₩58,500		₩57,500	
B ba	22,500	12,000	12,000		
bb	43,800	44,000	43,800		
B조합계	₩66,300	₩56,000		56,000	
총 계	₩123,800	₩114,500	₩108,300	₩113,500	₩114,500

세 가지 적용기준이 재고자산평가에 미치는 영향을 비교해 보면 '종목별기준평가액 ≤ 조별기준평가액 ≤ 총액기준평가액'의 관계가 성립한다. 즉 종목별기준평가액이 다른 기준평가액보다 낮아진다. 그 이유는 조별기준이나 총액기준의 경우에는 일부

항목의 순실현가능가치가 하락하더라도 다른 항목의 순실현가능가치가 상승하면 순실현가능가치의 변화가 상쇄될 수 있기 때문이다. 따라서 종목별기준을 적용하면 재고자산이 가장 보수적으로(낮게) 평가된다.

K-IFRS에서는 종목별기준을 적용하는 것을 원칙으로 삼고 있다. 다만, 재고항목들이 서로 유사하거나 관련되어 있는 경우에는 조별기준을 선택할 수 있도록 허용하고 있다. 그러나 총액기준은 저가주의 정신에 다소 위배된다고 보아 배제되고 있다. 1002:28

재고자산의 순실현가능가치가 장부금액보다 낮으면 재고자산의 장부금액을 순실현가능가치로 조정하고 재고자산의 공정가치(순실현가능가치)가 원가 이하로 하락한 부분을 재고자산평가손실로 인식한다.

(3) 저가법의 후속적용

후속기간에 재고자산의 순실현가능가치를 재평가해야 한다. 순실현가능가치를 추정할 때에는 추정일 현재 사용가능한 증거에 기초해야 한다. 만약 후속적으로 순실현가능가치의 추정치에 변동이 있는 경우, 해당 정보를 반영하여 장부금액을 순실현가능가치로 조정한다.

만약 순실현가능가치가 회복된 경우, 장부금액을 순실현가능가치로 회복시키고 당기에 이익(예, 저가법평가손실환입)으로 보고한다. 단, 회복가능금액은 최초의 재고자산의 취득원가를 초과할 수 없다.

(4) 재고자산감모손실

재고자산의 장부상 수량과 실제수량에 차이가 존재할 수 있으며 이를 재고자산감모손실이라고 한다. 평가손실이 재고자산의 공정가치 변화로 인하여 발생하였다면 감모손실은 재고수량의 차이로 발생한다. K-IFRS에서는 재고자산을 순실현가능가치로 감액한 평가손실과 모든 감모손실은 발생한 기간에 비용으로 인식하도록 요구하고 있다. 1002:34

재고자산의 수량 감소는 정상적인 영업과정 중에 발생할 수 있다. 예컨대 곡물, 석탄, 가스 등은 운송과정에서 자연 건조, 발화, 누수 등으로 수량의 차이가 발생할 수 있다. 이러한 예측가능한 손실에 대해서는 감모손실을 매출원가에 포함시키는 회계처리가 일반적이다.

반면, 도난, 분실, 파손 등과 같이 비정상적으로 감모손실이 발생할 수 있다. 비정상적인 감모손실에 대해서는 영업외비용으로 인식하는 회계처리가 일반적이다.

예제 6-14 재고자산 평가손실과 감모손실

소영(주)의 20×1년 기초재고는 ₩3,900이었으며 당기매입은 ₩7,500이었다. 한편 취득원가로 평가한 경우의 기말재고는 ₩5,000이나 수량감소를 조정한 후 순실현가능가치로 평가한 재무상태표금액은 ₩4,200이다. 그런데 원가와 재무상태표금액의 차이 중 ₩500은 감모손실, ₩300은 평가손실에 기인한 것으로 밝혀졌다.
실지재고조사법과 계속기록법에 따라 재고자산과 관련된 적절한 기말 수정분개를 하라. 단, 실지재고조사법에서 재고자산관련계정의 마감은 매출원가계정을 이용한다.

해답

실지재고조사법			계속기록법		
재 고 자 산(기말)	4,200(1)		재고자산감모손실	500	
매 출 원 가	6,400(2)		재고자산평가손실	300	
재고자산감모손실	500(3)		재 고 자 산		800
재고자산평가손실	300(3)				
재 고 자 산(기초)		3,900			
당 기 매 입		7,500			

[계산 및 분개 설명]
(1) 재고자산(기말)=₩5,000(취득원가)−₩500(감모손실)−₩300(평가손실)=₩4,200
(2) 매출원가=₩11,400(판매가능원가)−₩5,000(기말재고원가)=₩6,400
(3) 재고자산감모손실 ₩500과 재고자산평가손실 ₩300은 모두 당기비용으로 처리한다.*

* 재고자산 감모손실과 평가손실은 매출원가와 관련성이 크면(경상적으로 발생) 매출원가에 모두 포함시킨다. 따라서 재고자산 감모손실과 평가손실을 매출원가에 산입하면 매출원가는 ₩7,200이 된다.

제 5 절 재고자산의 추정

1 재고자산의 원가추정

재고자산을 실사하는 목적은 장부상의 재고자산과 실제로 존재하는 재고자산이 일치하는지를 검증하거나(계속기록법의 경우), 기말재고를 평가하기 위해서이다(실지재고조사법의 경우). 그러나 때로는 비용과 시간이 많이 소요되는 실사를 하지 않고 추정에 의하여 재고자산을 평가하는 경우도 있다.

재고자산의 원가추정은 ① 분기 또는 반기 재무제표를 작성할 때 분기말 또는 반기말 재고자산금액의 결정, ② 화재, 자연재해, 도난 등으로 재고자산과 재고에 관한 장부가 손상되었을 때 그 손실의 추정, ③ 때로는 회사가 종사하고 있는 업종이나 취급하고 있는 재고자산의 특성상 다른 방법에 의해 평가하는 것보다 합리적이라고 인정되는 경우에 사용된다.

2 매출총이익법

매출총이익법(gross profit method)은 매출원가(또는 매출총이익)를 기반으로 기말재고를 추정하는 방법이다. 이 방법은 판매가능재고자산은 판매된 부분(매출원가)과 판매되지 않은 부분(기말재고자산)으로 구성되어 있는 관계를 이용한다. 매출총이익법은 다음과 같은 순서로 계산된다.

① 과거 경험에 기반하여 매출원가(또는 매출총이익)를 매출액으로 나누어 매출원가율(매출총이익률)을 계산하고,
② 당기 매출액에 매출원가율(또는 매출총이익률)을 곱하여 매출원가(또는 매출총이익)를 추정한 후,
③ 판매가능재고자산에서 매출원가를 차감하여 기말재고를 산출한다.

매출총이익법은 매출총이익률을 합리적으로 추정할 수 있고 안정적일 때 쉽게 기말재고를 추정할 수 있다는 장점이 있다. 하지만 매출총이익률의 변동성이 큰 경우 과거 자료로부터 구한 매출총이익률이 당기의 매출총이익률을 반영하지 못할 가능성이 높다. 또한 판매가능자산이 반드시 판매되거나 기말재고로 남아 있어야 한다는 가정에 근거하고 있기 때문에 파손, 도난 등과 같은 감모손실을 파악할 수 없다는 약점을 가진다.

예제 6-15 매출총이익법에 의한 재고자산의 원가추정

[사례 1]
미루백화점(주)의 20×1년 기초재고는 ₩1,500이고, 당기매입은 ₩5,000이다. 연간 매출액은 ₩7,000이며, 과거자료로부터 구한 매출총이익률은 30%인데 금년에도 이와 유사한 매출총이익률을 예상하고 있다. 매출총이익법을 이용하여 매출원가와 기말재고를 추정하라.

해답

기 초 재 고(원가)		₩1,500
당 기 매 입(원가)		5,000
판매가능재고(원가)		₩6,500
추정매출원가(원가) :		
매 출 액(판매가)	₩7,000	
차감 : 매출총이익(매출액×30%)	(2,100)	(4,900)
추정기말재고(원가)		₩1,600

[사례 2]
미루백화점(주)는 20×2. 4. 1에 상품창고에 소규모화재가 발생하여 보유상품 중 ₩40,000(취득원가)어치만 남고 소실되었다. 상품에 관한 자료가 다음과 같을 때 소실된 상품의 추정원가는 얼마인가?

기 초 재 고(20×2. 1. 1)	₩100,000
매 입(20×2. 1. 1~20×2. 3. 31)	₩500,000
매 출(20×2. 1. 1~20×2. 3. 31)	₩600,000

원가에 대한 이익률 25%

해답

$$\text{매출총이익률}=\frac{\text{원가에 대한 이익률}}{\text{원가}+\text{원가에 대한 이익률}}=\frac{25\%}{100\%+25\%}=20\%$$

기 초 재 고(원가)		₩100,000
당 기 매 입(원가)		500,000
판매가능재고(원가)		₩600,000
추정매출원가 :		
매 출 액(판매가)	₩600,000	
차감 : 매출총이익(매출액×20%)	(120,000)	(480,000)
추 정 재 고(원가, 20×2. 4. 1)		₩120,000
잔 존 상 품(원가)		(40,000)
소 실 상 품(원가)		₩80,000

3 소매재고법 1002:22

백화점, 체인스토어, 슈퍼마켓 등과 같이 다양하고 값싼 제품을 대량으로 취급하는 소매업의 경우에는 제품별로 제품원가의 측정, 수송비 등의 배분, 시가변동의 체크, 원가코드의 입력 등의 작업을 하는 것이 매우 어렵다. 반면 매장에 있는 재고에 대해 소매가로 측정하는 것은 상대적으로 수월하다. 이와 같이 다품종 상품을 취급하는 소매업에서 소매가를 기반으로 기말재고 및 원가를 측정하는 소매재고법을 이용한다.

소매재고법(retail inventory method)은 매출가격환원법이라고도 하는데, 다음과 같은 순서로 수행된다.

① 판매가능재고(기초재고와 당기매입)의 원가와 판매가격에 근거하여 원가율(cost ratio, 원가/판매가격)을 계산하고,

② 판매가격으로 측정된 판매가능재고에서 매출액을 차감하여 판매가격으로 측정된 기말재고를 계산하며,

③ 판매가격으로 측정된 기말재고에 원가율을 곱하여 원가로 측정된 기말재고를 산출한다.

소매재고법에서의 계산은 '판매가능재고(판매가격) − 매출액(판매가격) = 기말재고(판매가격)'의 관계를 이용하여 판매가격으로 측정된 기말재고를 구하고, 여기에 원가율을 곱하여 기말재고의 원가를 추정한다. 따라서 소매재고법은 실사를 하지 않고서도 매출액을 이용하여 재고자산을 추정할 수 있다는 장점을 갖고 있다. 또한 소매재고법을 이용할 경우 재고자산의 실사시 판매가격만 기록하고 원가는 기록할 필요가 없으므로 실사경비와 시간을 절약할 수 있다. 하지만 소매재고법도 기말재고를 추정하므로 재고자산의 평가에 오류가능성이 있다. 특히, 도난과 파손이 자주 발생하는 경우에는 기말재고가 과대평가될 수 있으므로 정기적인 재고실사가 필요하다.

소매재고법은 이익률이 유사한 동질적인 상품집단별로 적용할 수 있다. 이는 성격이 유사한 상품이라도 이익률[11]이 유사하지 않으면 회계처리목적상 동질적인 상품집단으로 볼 수 없다는 것을 의미한다.

예제 6-16 소매재고법에 의한 재고자산의 추정

미루백화점(주)의 재고자산에 관한 다음의 자료를 이용하여 소매재고법에 의한 기말재고를 결정하라.

	기초재고	당기매입	당기매출
원 가	₩6,300	₩28,350	−
소 매 가	9,000	40,500	₩38,250

11) 이익률은 최초판매가격 이하로 가격이 인하된 재고자산을 고려하여 계산하는데, 일반적으로 판매부분별 평균이익률을 이용한다.

해답

미루백화점(주)의 추정기말재고 : 소매재고법

	원 가	판매가격
기 초 재 고	₩6,300	₩9,000
당 기 매 입	28,350	40,500
판매가능액	₩34,650	₩49,500
당기매출액		(38,250)
기 말 재 고		₩11,250

⇒ 원가율 = 원가/소매가 = ₩34,650/₩49,500 = 0.7(70%)

⇒ 기말재고[원가] = ₩11,250 × 0.7 = ₩7,875

예제 6-16 에서는 판매가격의 변동이 없는 경우를 가정한 기본적인 소매재고법을 보여주고 있다. 그러나 판매가격은 최초판매가격(original selling price)으로 판매되기도 하지만, 가격을 인상(markup) 또는 인하(markdown)하기도 하며 인상취소(markup cancellations) 또는 인하취소(markdown cancellations)를 할 수도 있다. 이러한 가격변동이 있을 때 어떤 가격을 판매가격 또는 소매가로 사용할지 결정해야 하며, 여기에 원가흐름에 대한 가정(또는 재고결정방법)에 따라 평균원가소매재고법, 선입선출소매재고법, 저가기준소매재고법 등이 있다.

예제 6-17 판매가격의 변동

미루백화점(주)가 취급하는 특정 상품의 판매가격이 아래와 같이 변동하였다. 변동단계별로 판매가격변동의 성격을 분석하라.

취득원가(₩1,400) → 판매가격[₩2,000 → ₩2,200 → ₩1,600 → ₩2,100]

해답

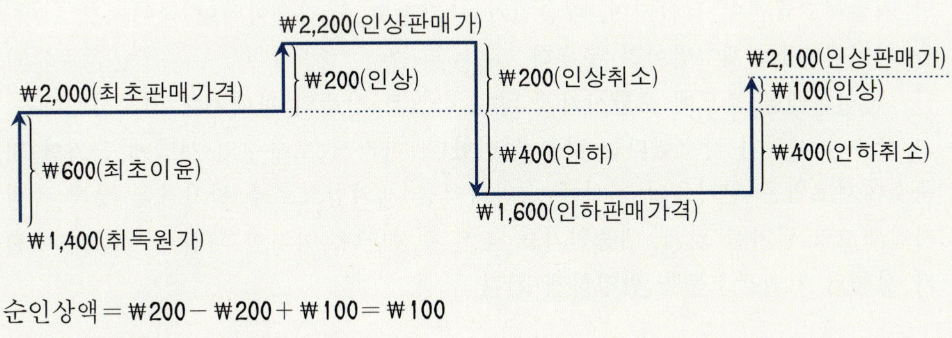

순인상액 = ₩200 − ₩200 + ₩100 = ₩100

순인하액 = ₩400 − ₩400 = ₩0

① 평균원가소매재고법

평균원가소매재고법(average cost retail inventory method)에서는 기초재고와 당기매입이 평균적으로 판매된다고 가정하고 판매가격의 변동이 판매가능재고(판매가격기준)에 미치는 영향도 평균적으로 동일하다고 가정한다. 원가율을 계산할 때 분모에서 기초재고, 당기매입, 순인상액과 순인하액 모두를 반영한다. 한편 순인상액과 순인하액은 판매가격의 변동에 따라 발생한 항목이므로 분모에서만 반영하고 분자에는 반영하지 않는다.

$$\text{평균원가소매재고법 원가율} = \frac{\text{기초재고(원가)} + \text{당기매입(원가)}}{\text{기초재고(판매가)} + \text{당기매입(판매가)} + \text{순인상액} - \text{순인하액}}$$

② 선입선출소매재고법

선입선출소매재고법(FIFO retail inventory method)에서는 기초재고가 먼저 판매되므로 기말재고에는 기초재고가 포함되지 않는다고(즉, 기말재고는 당기매입분으로만 구성됨) 가정한다. 따라서 판매가격의 변동은 당기매입에만 영향을 미친다고 보고 원가율의 계산에 기초재고를 제외하여 다음과 같이 원가율을 구한다.

$$\text{선입선출소매재고법 원가율} = \frac{\text{당기매입(원가)}}{\text{당기매입(판매가)} + \text{순인상액} - \text{순인하액}}$$

③ 저가기준소매재고법

저가기준소매재고법(LCM retail inventory method)은 원가율을 계산할 때 분모에서 순인하액을 차감하지 않는 방법으로서 전통적소매재고법(conventional retail inventory method)이라고도 부른다. 원가율 계산시 분모에서 순인하액을 차감하지 않으면 분모가 커지므로 원가율이 낮아진다. 낮아진 원가율을 이용하여 기말재고(원가)를 추정하면 기말재고금액이 작아지며, 매출원가는 커지고, 당기순이익이 작아지므로 이 방법을 저가기준소매재고법이라 부른다.

순인하액을 분모에 포함시키지 않는 근거로 상품의 판매가를 인하시킨다는 것은 그 상품의 가치가 감소했다는 것을 의미한다. 따라서 보수주의 개념에 근거한 저가기준소매재고법은 원가율의 계산에 순인하액을 제외함으로써 원가율을 낮게 측정하여 기말재고의 원가를 낮게, 매출원가를 높게 추정한다. 이러한 과정을 통하여 매출원가가 상품의 가치감소분을 반영하게 된다.

$$\text{저가기준소매재고법 원가율} = \frac{\text{기초재고(원가)} + \text{당기매입(원가)}}{\text{기초재고(판매가)} + \text{당기매입(판매가)} + \text{순인상액}}$$

예제 6-18 가격변동과 소매재고법

미루백화점(주)의 재고자산에 관한 자료가 다음과 같이 주어졌다.

	원 가	판매가
기 초 재 고	₩1,750	₩3,500
당 기 매 입(순액)	70,000	122,500
인 상 액		10,500
인상취소액		3,500
인 하 액		8,750
인하취소액		7,000
순 매 출 액		87,500

미루백화점(주)의 기말재고원가를 소매재고법에 따라 계산하되 다음의 원가흐름을 가정하라.

1) 평균원가소매재고법　　2) 선입선출소매재고법　　3) 저가기준소매재고법

해답

기말재고(판매가)

=판매가능재고(판매가)+순인상액−순인하액−순매출액

=(₩3,500+₩122,500)+(₩10,500−₩3,500)−(₩8,750−₩7,000)−₩87,500=₩43,750

1) 평균원가소매재고법

$$\text{평균원가소매재고법 원가율}=\frac{₩1,750+₩70,000}{₩3,500+₩122,500+(₩10,500-₩3,500)-(₩8,750-₩7,000)}=54.67\%$$

기말재고(원가)=₩43,750×54.67%=₩23,918

매출원가=(₩1,750+₩70,000)−₩23,918=₩47,832

2) 선입선출소매재고법

$$\text{선입선출소매재고법 원가율}=\frac{₩70,000}{₩122,500+(₩10,500-₩3,500)-(₩8,750-₩7,000)}=54.79\%$$

기말재고(원가)=₩43,750×54.79%=₩23,971

매출원가=(₩1,750+₩70,000)−₩23,971=₩47,779

3) 저가기준소매재고법

$$\text{저가기준소매재고법 원가율}=\frac{₩1,750+₩70,000}{₩3,500+₩122,500+(₩10,500-₩3,500)}=53.95\%$$

기말재고(원가)=₩43,750×53.95%=₩23,603

매출원가=(₩1,750+₩70,000)−₩23,603=₩48,147

예제 6-18 에서 살펴본 바와 같이 저가기준소매재고법에서는 다른 방법에 비하여 기말재고는 낮게 평가되고 매출원가는 높게 반영된다는 것을 알 수 있다.

④ 저가기준선입선출소매재고법

저가기준선입선출소매재고법은 선입선출법소매재고법과 저가기준소매재고법을 응용한 방법이다. 이 방법은 선입선출소매재고법에 기반하여 원가율을 계산할 때 기초재고를 반영하지 않으며, 저가기준소매재고법을 적용하여 순인하액을 분모에 적용하지 않는다.

$$\text{저가기준선입선출소매재고법 원가율} = \frac{\text{당기매입(원가)}}{\text{당기매입(판매가)} + \text{순인상액}}$$

⑤ 특수한 항목이 포함된 소매재고법

매입에누리와환출, 매출에누리와환입, 정상적·비정상적 파손 등 특수한 항목이 포함된 경우 원가율 산정시 원가 및 판매가에 각 해당 항목을 적절히 반영해야 한다. 아래 〈표 6-5〉는 특수한 항목이 판매가격으로 측정된 기말재고자산 또는 원가 대비 매가의 비율인 원가율 계산시 각 항목의 반영 여부를 요약하고 있다.

▶ 표 6-5 특수한 항목의 처리방법

특수한 항목	판매가격으로 표시된 기말재고자산 계산시 반영 여부	원가율 계산시 반영 여부	
		원가로 표시된 판매가능재고자산	판매가격으로 표시된 판매가능재고자산
매입에누리	○	○	
매입환출	○	○	○
매입할인	○	○	
매출에누리, 매출환입, 매출할인	○		
정상파손	○		
비정상파손	○	○	○
종업원할인	○		

소매재고법에서 판매가격으로 표시된 기말재고자산은 판매가격으로 표시된 판매가능재고자산(=기초재고자산+당기매입액(순액))에서 매출액(순액)을 차감하여 계산된다. 이때 매입에누리와환출, 매입할인은 당기매입액(총액)에서 차감되고, 매출에누리와환입, 매출할인은 매출액(총액)에서 차감된다. 추가적으로 정상파손, 비정상파손, 종업원할인도 차감된다.

그러나 원가율 산정시 매입환출과 비정상파손은 원가와 판매가격으로 표시된 판매가능재고자산 계산에서 모두 차감되나 매입에누리와 매입할인은 원가로 표시된 판매가능재고자산 계산에서만 차감되며, 매출에누리와환입, 매출할인, 정상파손, 종업원할인은 차감되지 않는다. 왜냐하면, 원가율은 정상적인 영업을 가정한 상태에서 추정되어야 하기에 정상적인 판매과정에서 발생하는 거래 또는 원가율에 영향을 미치지 않아야 하거나 관련이 없는 거래는 원가율 계산에 포함시키지 말아야 하기 때문이다. 그리고 매입운임은 당기매입원가에 가산한다.

예제 6-19 특수한 항목이 포함된 소매재고법

미루백화점(주)의 재고자산에 관한 자료가 다음과 같이 주어졌다.

	원 가	판매가
기 초 재 고	₩1,750	₩3,500
당 기 매 입(총액)	70,100	122,650
매 입 환 출	100	150
매 출 액(총액)		88,000
매 출 환 입	200	500
인 상 액		10,500
인상취소액		3,500
인 하 액		8,750
인하취소액		7,000
정 상 파 손		1,000
비정상파손	400	600
종업원할인		1,500

미루백화점(주)의 기말재고자산의 원가를 소매재고법에 따라 계산하되 다음의 원가흐름을 가정하라.

1) 평균원가소매재고법　　2) 선입선출소매재고법　　3) 저가기준소매재고법

해답

기말재고(판매가)

=기초재고+(당기매입액(총액)−매입환출)+순인상액−순인하액−정상파손
−비정상파손−종업원할인−(매출액(총액)−매출환입)

=₩3,500+(₩122,650−₩150)+(₩10,500−₩3,500)−(₩8,750−₩7,000)−₩1,000
−₩600−₩1,500−(₩88,000−₩500)=₩40,650

1) 평균원가소매재고법

평균원가소매재고법 원가율

$$=\frac{₩1,750+(₩70,100-₩100)-₩400}{₩3,500+(₩122,650-₩150)+(₩10,500-₩3,500)-(₩8,750-₩7,000)-₩600}=54.61\%$$

기말재고(원가)=₩40,650×54.61%=₩22,199

매출원가=₩1,750+(₩70,100−₩100)−₩400−₩22,199=₩49,151

2) 선입선출소매재고법

선입선출소매재고법 원가율

$$=\frac{(₩70,100-₩100)-₩400}{(₩122,650-₩150)+(₩10,500-₩3,500)-(₩8,750-₩7,000)-₩600}=54.74\%$$

기말재고(원가)=₩40,650×54.74%=₩22,252

매출원가=₩1,750+(₩70,100−₩100)−₩400−₩22,252=₩49,098

➥ 계속

3) 저가기준소매재고법

저가기준소매재고법 원가율

$$= \frac{₩1,750 + (₩70,100 - ₩100) - ₩400}{₩3,500 + (₩122,650 - ₩150) + (₩10,500 - ₩3,500) - ₩600} = 53.89\%$$

기말재고(원가) = ₩40,650 × 53.89% = ₩21,906

매출원가 = ₩1,750 + (₩70,100 − ₩100) − ₩400 − ₩21,906 = ₩49,444

종합예제

CHAPTER 6

다음은 미루(주)의 연중 상품거래를 나타낸다.

일 자	거래의 종류	수 량	판매가/원가
1. 1	기초재고자산	1,000개	₩120
2. 4	매 입	2,000	180
2. 28	판 매	2,500	300
6. 10	매 입	3,000	210
11. 5	판 매	2,000	330

요구사항

다음 각 방법에서 기말재고자산과 당기의 매출원가를 계산하라.
1. 선입선출계속기록법
2. 이동평균원가법
3. 가중평균원가법

해 답

판매가능원가 : 1,000개 × ₩120 + 2,000개 × ₩180 + 3,000개 × ₩210 = ₩1,110,000
판매가능수량 : 1,000개 + 2,000개 + 3,000개 = 6,000개
기말재고자산 : 6,000개 − 4,500개 = 1,500개

재고자산평가방법	기말재고자산과 매출원가 계산
1. 선입선출계속기록법	기말재고자산 = 1,500개 × ₩210 = ₩315,000 매출원가 = ₩1,110,000 − ₩315,000 = ₩795,000
2. 이동평균원가법*	기말재고자산 = ₩304,280 매출원가 = ₩805,720
3. 가중평균원가법	기말재고자산 = 1,500개 × (₩1,110,000/6,000개) = ₩277,500 매출원가 = 4,500개 × (₩1,110,000/6,000개) = ₩832,500

* 이동평균원가법

일 자	매 입			판 매			잔 액		
	수량(개)	단가(₩)	총원가(₩)	수량(개)	단가(₩)	총원가(₩)	수량(개)	평균원가(₩)	총원가(₩)
1. 1	1,000	120	120,000				1,000	120.00	120,000
2. 4	2,000	180	360,000				3,000	160.00	480,000
2. 28				2,500	160.00	400,000	500	160.00	80,000
6. 10	3,000	210	630,000				3,500	202.86	710,000
11. 5				2,000	202.86	405,720	1,500	202.86	304,280
합 계	6,000		1,110,000	4,500		805,720			

익힘문제

CHAPTER 6

1. 재고자산의 평가방법으로서 계속기록법과 실지재고조사법의 차이점은 무엇인가? 만약 어떤 회사가 계속기록법을 사용하고 있다고 할 때, 어느 한 시점에 있어서의 실지재고와 장부상의 재고는 그 금액이 같은가? 그 이유는 무엇인가?

2. 다음 중 재무상태표상 나타날 수 있는 항목은 어떤 것이며 재무상태표의 어디에 분류되어야 하는가?
   1) 시용품　　2) 미착품(도착지인도조건)　　3) 부동산회사의 판매용 보유토지
   4) 원재료　　5) 수탁상품　　6) 소모품

3. 유영(주)는 상품을 매입하고 그 대금을 즉시 지급하여 매입처로부터 현금할인을 받고 있는데 이는 어떻게 회계처리하는 것이 적절한가?

4. 인웅(주)는 재무상태표일 현재 ₩100,000의 미착품을 갖고 있다. 이 금액은 매입계정 및 기말재고자산에도 누락되어 있다. 이 금액의 누락은 당기순이익에 어떤 영향을 미치는가? 기업의 재무상태에는 어떤 영향을 미치는가?

5. 정숙(주)는 최근 연차보고서에서 ₩200,000 상당의 수탁상품을 갖고 있다고 보고하였다. 정숙(주)는 이 금액을 재무상태표상에 어떻게 보고해야 하는가?

6. 정희(주)는 송장가격 ₩100,000에 어떤 품목 1,000개를 구입하였다. 만약 이 상품이 선적지인도조건으로 선적되었고 운임 ₩10,000을 정희(주)가 부담한다면 단위당 원가는 얼마인가? 또한 만약 이들 상품을 2/10, n/30조건으로 매입했다고 할 때 구매대금과 운임을 10일 내에 지급했다면 단위당 원가는 얼마인가?

7. 물가상승시(인플레이션하에서) 재고자산의 원가결정방법 중 선입선출법과 가중평균원가법을 당기순이익의 측면에서 비교 설명하라. 또한 물가가 하락하는 시기에는 당기순이익에 어떤 결과를 가져오는가?

8. 저가법에 의한 재고자산평가손실 인식법을 설명하라. 또한 저가법의 적용은 신중성과 어떤 관계를 가지고 있는가?

9. 순실현가능가치가 재고자산의 평가에 어떻게 이용되고 있는가?

10. 표준원가에 의한 재고자산의 평가가 인정되는 경우에 대하여 설명하라.

11. 소매재고법의 기본개념 및 종류를 설명하라.

12. 매출총이익법의 기본개념 및 용도에 대해 설명하라.

연습문제

CHAPTER 6

1. 매출원가와 기말재고(Ⅰ)

다음은 종욱(주)의 3년간의 손익계산서 자료이다. ( ) 안에 알맞은 금액을 기입하라.

	20×1년	20×2년	20×3년
총 매 출 액	₩600,000	₩( )	₩840,000
매출환입액	22,000	26,000	( )
순 매 출 액	( )	694,000	( )
기 초 재 고	40,000	60,000	( )
기 말 재 고	( )	( )	( )
총 매 입 액	( )	520,000	596,000
매입환출액	10,000	16,000	20,000
매 입 운 임	16,000	18,000	24,000
매 출 원 가	466,000	( )	586,000
매출총이익	112,000	182,000	224,000

2. 매출원가와 기말재고(Ⅱ)

판교(주)가 금년도에 판매한 상품의 총송장가액은 ₩10,520이며 매입한 상품의 총송장가액은 ₩10,000이다. 매출 및 매입과 관련한 추가적인 정보는 아래와 같다.

매 출		매 입	
매출에누리와환입	₩200	매입에누리와환출	₩500
매출할인	120	매입할인	200
매출상품운임	100	매입상품운임	300

기초상품재고가 ₩2,500이고, 기말상품재고가 ₩3,300이라면 당기의 매출총이익은 얼마인가?

3. 재고자산 등의 구분

다음의 독립적인 상황에 대한 재고자산 회계처리에 답하라.

1. 과시(주)는 타이어의 도매 및 소매에 종사하고 있다. 타이어는 대부분 수입품이며 이들은 수송운임을 포함한 수입원가로 장부상에 기록되어 있다. 회계기말에는 수정분개로서 타이어 보관에 관련된 창고비용을 매출원가와 기말재고에 비례적으로 배분한다. 타이어의 보관에 관련된 창고비용은 제품원가로 처리해야 하는가, 기간원가(비용)로 처리해야 하는가?
2. 참봉(주)의 재고자산계정에는 진부화된 항목의 재고도 포함되어 있다. 진부화된 항목도 재고자산에 포함시켜야 하는가?
3. 수지(주)는 중기를 구입하여 판매하는 회사인데, 때로는 일부 중기가 팔리기 전에 이를 임대하여 수입을 얻기도 한다. 이와 같은 중기들을 재무제표에 어떻게 보고해야 하는가?

4. 재고자산에 포함할 항목 (Ⅰ)

다음은 결산일 전후 며칠 동안 발생한 백두(주)의 매입거래이다. 이 회사의 회계연도는 3월 31일에 종료되며 실지재고조사법으로 재고자산을 평가한다.

(1) 선적지인도조건의 송장 ₩68,000을 4월 1일에 수령하여 기록했다. 송장에는 상품이 3월 29일에 선적되었으나 상품인수대장에는 4월 3일에 인수된 것으로 기록되어 있다.
(2) 도착지인도조건으로 ₩54,000의 송장을 4월 2일에 수령하고 매입을 기록했다. 상품인수대장에는 3월 29일에 인수된 것으로 기록되어 있다.
(3) 선적지인도조건으로 ₩63,000의 송장을 3월 15일에 받았으나 기입하지는 않았다. 3월 18일자의 인수보고서가 송장에 첨부되었다. 인수보고서 하단에는 '주문한 상품과 질이 다름-3월 19일 반품'이라는 주석이 달려 있다.
(4) 선적지인도조건으로 ₩72,000의 송장을 3월 27일에 받고 기입했다. 송장에 첨부된 인수보고서에는 3월 27일 만족할 만한 상태로 입하된 것으로 기록되어 있다.
(5) 도착지인도조건으로 ₩98,000의 송장을 3월 28일에 받아 기록했다. 인수대장에는 상품이 4월 2일에 인수된 것으로 기록되어 있다.

당기 재무제표를 작성하기 전에 이들 거래를 재검토하여 수정분개가 필요한지, 실지재고조사를 통하여 계산된 재고 ₩155,000을 변경해야 하는지를 결정해야 한다.

요구사항

장부가 마감되지 않았다고 가정하고 위의 각 거래에 해당하는 다음 물음에 답하라. 그리고 3월 31일의 정확한 재고를 계산하라.

	거래 (1)	거래 (2)	거래 (3)	거래 (4)	거래 (5)
1. 매입 및 관련부채가 인식되어야 할 달은?	( )	( )	( )	( )	( )
2. 매입 및 관련부채가 인식된 달은?	( )	( )	( )	( )	( )
3. 필요한 수정분개는?	( )	( )	( )	( )	( )
4. 3월 기말재고에 포함되어야 할지의 여부	( )	( )	( )	( )	( )
5. 3월 기말재고에 포함되었는지의 여부	( )	( )	( )	( )	( )
6. 3월 기말재고에 필요한 수정액	( )	( )	( )	( )	( )

5. 재고자산에 포함할 항목 (Ⅱ)

다음은 20×1. 1. 1부터 12. 31까지 (주)서울의 재고자산과 관련된 자료를 요약한 것이다.

항 목	금 액 (취득원가기준)	비 고
기초재고자산	₩100,000	
당 기 매 입	500,000	
기말재고자산 실사액	50,000	창고 보유분
미 착 상 품	30,000	도착지인도조건으로 현재 운송중
적 송 품	100,000	60% 판매 완료
시 용 품	30,000	고객이 매입의사표시를 한 금액 : ₩10,000
재구매조건부판매	40,000	재구매일 : 20×2. 1. 10 재구매가격 : ₩45,000
저 당 상 품	20,000	차입금에 대하여 담보로 제공되어 있고, 기말재고자산 실사액에는 포함되어 있지 않음
반품가능판매	35,000	반품액의 합리적인 추정 불가

위의 자료를 이용하여 (주)서울의 매출원가를 계산하면 얼마인가?

6. 재고자산에 포함할 항목(Ⅲ)

다음의 독립적인 상황에 대한 재고자산 회계처리에 답하라.

1. 선적지인도조건으로 운송중인 미착상품을 자기회사의 재고자산에 포함할 수 있는가?
2. 선적지인도조건으로 구매한 상품에 대해 발생한 매입운임을 재고자산에 포함할 수 있는가?
3. 도착지인도조건으로 운송중인 미착상품을 자기회사의 재고자산에 포함할 수 있는가?
4. 도착지인도조건으로 구매한 상품에 대해 발생한 운임은 누구의 부담이며 어떻게 회계처리해야 하는가?
5. 적송품이란 무엇인가? 적송품은 장부상에 어떻게 분류해야 하는가?

7. 기말재고자산 오류의 영향

다음은 기말재고자산 회계처리의 오류로 잘못 계산된 순이익이 각 연도별로 나타나 있다.

연 도	순이익	기말재고계산의 오류
20×1	₩250,000	₩25,000 과대계상
20×2	260,000	35,000 과대계상
20×3	270,000	75,000 과소계상
20×4	280,000	정확히 계상
20×5	290,000	20,000 과소계상
20×6	300,000	50,000 과대계상

기말재고자산의 오류를 고려하여 6년간 매기의 순이익을 수정하기 위한 표를 작성하고 각 연도별 정확한 순이익을 계산하라.

8. 실지재고조사법과 계속기록법

경주(주)의 20×1년 5월의 재고자산거래와 관련된 자료는 다음과 같다.

(1) 상품 ₩500,000어치를 외상으로 구입하고, 매입운임 ₩3,000을 현금지급하였다.
(2) 판매상의 동의를 얻어 상품 ₩60,000을 판매상에게 반품하고 외상매입금을 차감하였다.
(3) 원가가 ₩280,000인 상품을 고객에게 ₩520,000에 외상판매하였다.

요구사항

1. 경주(주)가 실지재고조사법을 사용하는 경우 위 거래를 기록하는 분개를 하라.
2. 경주(주)가 계속기록법을 사용하는 경우 위 거래를 기록하는 분개를 하라.

9. 실지재고조사법 – 매출원가의 회계처리

신영(주)는 실지재고조사법을 이용하여 재고자산거래를 기록하고 있다. 20×1. 12. 31자로 작성된 시산표에 재고자산 관련 자료는 다음과 같다.

계정과목	차 변	대 변
재 고 자 산(20×1. 1. 1)	₩320,000	
매 출 액		₩3,800,000
매 출 환 입	120,000	
매 입	2,400,000	
매 입 할 인		60,000
매 입 환 출		100,000
매 입 운 임	170,000	

실지재고조사를 통하여 확인한 20×1. 12. 31 현재 기말재고자산은 ₩400,000이다.

요구사항

1. 20×1년도의 매출원가를 계산하라.
2. 매출원가를 기록하기 위한 분개를 하라.

10. 재고자산 평가손실과 감모손실

지숙(주)의 20×1년 기초재고는 ₩3,900이었으며 당기매입은 ₩7,500이었다. 한편 취득원가로 평가한 경우의 기말재고는 ₩4,920이었으며, 수량감소를 조정한 후 순실현가능가치로 평가한 재무상태표 금액은 ₩4,200이다. 그런데 원가와 재무상태표의 장부금액의 차이 중에서 ₩150은 정상감모손실, ₩270은 비정상감모손실, 나머지 ₩300은 평가손실에 기인하는 것으로 밝혀졌다.
회계기말에 실지재고조사법과 계속기록법에 따라 재고자산과 관련된 적절한 분개를 하라. 단, 실지재고조사법에서 재고자산관련 계정의 마감은 매출원가계정을 이용한다. 재고자산평가손실과 정상감모손실은 매출원가에 포함시키고, 비정상감모손실은 영업외비용으로 처리한다.

11. 매입할인 – 총액법

성남(주)는 20×1. 7. 15에 상품 100개를 개당 ₩5,000에 매입하였다. 매입조건은 2/10, n/30이다. 성남(주)는 실지재고조사법을 이용하며, 총액법을 이용하여 매입 회계처리를 한다.

요구사항

1. 20×1. 7. 15에 상품매입
2. 20×1. 7. 24에 상품매입대금 80%를 지급
3. 20×1. 8. 14에 상품매입대금 20%를 지급
4. 만약 성남(주)가 계속기록법을 이용한다면 **요구사항** 1.~3.의 거래에 대한 회계처리를 하라.

12. 매입할인 – 순액법

성남(주)는 20×1. 7. 15에 상품 100개를 개당 ₩5,000에 매입하였다. 매입조건은 2/10, n/30이다. 성남(주)는 실지재고조사법을 이용하며, 순액법을 이용하여 매입 회계처리를 한다.

요구사항

1. 20×1. 7. 15에 상품매입
2. 20×1. 7. 24에 상품매입대금 80%를 지급
3. 20×1. 8. 14에 상품매입대금 20%를 지급
4. 만약 성남(주)가 계속기록법을 이용한다면 **요구사항** 1.~3.의 거래에 대한 회계처리를 하라.

13. 재고자산의 원가결정 (I)

강릉(주)의 20×1년 재고자산 관련 자료가 다음과 같다.

기초재고	20×1. 1. 1	100개	@₩100
매 입	3. 1	200개	@₩120
	7. 1	300개	@₩130
	11. 1	200개	@₩140
매 출	20×1. 3. 30	150개	(80개 @₩100, 70개 @₩120)
	7. 31	300개	(100개 @₩120, 200개 @₩130)
	11. 30	200개	(100개 @₩130, 100개 @₩140)
기말재고	20×1. 12. 31	150개	

요구사항

1. 강릉(주)는 실지재고조사법을 사용한다고 가정하고, 다음 각 재고자산 원가결정방법을 적용하여 기말재고와 매출원가를 구하라.
   1) 개별법
   2) 선입선출법
   3) 평균원가법
   4) 후입선출법
2. 강릉(주)는 계속기록법을 사용한다고 가정하고, 다음 각 재고자산 원가결정방법을 적용하여 기말재고와 매출원가를 구하라.
   1) 개별법
   2) 선입선출법
   3) 평균원가법
   4) 후입선출법

14. 재고자산의 원가결정 (II)

영주(주)의 20×1년 8월의 재고자산 관련 자료가 다음과 같다.

기초재고	20×1. 8. 1	200개	@₩610
매 입	8. 8	1,000개	@₩550
	8. 18	600개	@₩500
매 출	20×1. 8. 14	800개	@₩1,200
	8. 25	300개	@₩1,100
기말재고	20×1. 8. 31	300개	

요구사항

1. 영주(주)는 실지재고조사법을 사용한다고 가정하고, 다음 각 재고자산 원가결정방법을 적용하여 기말재고와 매출원가를 구하라.
   1) 선입선출법
   2) 가중평균원가법
2. 영주(주)는 계속기록법을 사용한다고 가정하고, 다음 각 재고자산 원가결정방법을 적용하여 기말재고와 매출원가를 구하라.
   1) 선입선출법
   2) 이동평균원가법

15. 선입선출법

다음은 파천(주)의 상품매매와 관련된 자료이다. 파천(주)는 K-IFRS를 적용하지 않고 있으며 재고자산 원가흐름가정으로 선입선출법을 채택하고 있다. 또한 실지재고조사법에 의해 재고를 기록하고 있다.

〈20×1년〉

일 자	내 용	수 량	단 가	금 액
1월 1일	기초재고	200개	₩200	₩40,000
3월 1일	매입	600개	250	150,000
5월 1일	매출	100개		
7월 1일	매출	300개		
9월 1일	매입	100개	300	30,000

〈20×2년〉

일 자	내 용	수 량	단 가	금 액
1월 1일	기초재고	?	?	?
4월 1일	매출	300개		
8월 1일	매입	200개	₩350	₩70,000
9월 1일	매출	350개		

20×1년과 20×2년의 기말재고와 매출원가를 구하라.

16. 소매재고법(Ⅰ)

꽃샘(주)는 소매재고법을 적용하여 실지재고를 파악한다. 20×2년말의 기말재고소매가는 ₩80,000이다. 한편 20×2년도 재고자산과 관련된 자료는 다음과 같다.

	원 가	소매가
기초재고	₩53,900	₩77,000
매입	180,100	248,000
매출	–	238,000

당기의 추정재고손실은 얼마인가?

17. 소매재고법(Ⅱ)

다음은 환상백화점(주)의 20×1년 3월 한 달 동안의 상품거래와 관련된 자료이다.

	원 가	소매가
기초상품	₩84,000	₩120,000
매입액	488,100	800,000
매입운임	20,000	–
순인상액	–	35,000
순인하액	–	64,000
매출액	–	726,000

요구사항

다음 각 방법을 적용할 경우 재고자산평가액은 얼마인가?

1. 선입선출소매재고법
2. 평균원가소매재고법
3. 저가기준소매재고법

18. 재고자산의 추정 (매출총이익법)

다음은 가산(주)에 관한 당기의 자료이다.

기초재고	₩250,000	
매　　입	800,000	
총판매가능액		₩1,050,000
매　　출		1,250,000

매출총이익이 매출의 35%, 매출총이익이 원가의 25%, 매출총이익이 원가의 60%, 그리고 매출총이익이 매출의 40%일 경우를 가정하여 각각의 기말재고를 계산하라.

19. 저가법 (I)

성은(주)는 원재료 A와 B를 가공하여 하나의 제품을 만들어 판매한다. 기초에 전기말 재고자산 ₩1,000,000과 재고자산평가충당금이 ₩200,000 남아 있다. 당기총매입은 ₩20,000,000이고 매입과정에서 수입관세 ₩20,000(환급예정분 아님), 매입운임 ₩5,000, 하역료 ₩7,500, 보관료(생산단계 투입 후 보관이 필요해서 지출한 금액) ₩3,000이 있다. 다음은 기말 재고자산에 관한 자료이다. 단, 성은(주)는 재고자산평가손실과 재고자산평가손실환입을 매출원가에 반영한다.

	원 가	판매가액	현행원가	판매비용
원재료 A	₩500,000	₩500,000	₩350,000	₩40,000
원재료 B	750,000	800,000	700,000	10,000
반제품	600,000	650,000	500,000	100,000
재공품	350,000	400,000	500,000	10,000
제　품	1,000,000	1,200,000	800,000	100,000

요구사항

다음 금액을 산출하라.
1. 매입원가
2. 기말재고자산
3. 매출원가
4. 당기비용으로 계상해야 할 금액

20. 저가법 (II)

매인(주)는 네 가지 종류의 재고자산을 보유하고 있으며, 20×1. 12. 31 현재 재고자산에 대한 정보는 다음과 같다.

재고자산의 종류	원 가	대체원가	순실현가능가치
101	₩120,000	₩110,000	₩100,000
102	90,000	85,000	110,000
103	60,000	40,000	50,000
104	30,000	28,000	50,000

매인(주)의 정상매출총이익마진은 원가의 25%이며, 개별자산에 대해 저가기준을 적용하고 있다.

요구사항

1. 매인(주)의 20×1. 12. 31 현재 재고자산의 장부금액을 결정하라.
2. 재고자산평가손실충당금을 이용하여 필요한 기말 수정분개를 하라.

21. 재고자산평가손실과 재고자산감모손실

모자(주)는 다음과 같은 네 가지 제품을 제조 · 판매하는 회사로서 재고자산은 저가법으로 평가한다. 다음은 20×1. 12. 31의 자료이다.

제 품	기말재고수량	실사수량	단위당 취득원가	단위당 기대판매가격	단위당 추정판매비용
밀짚모자	80	75	₩175	₩250	₩50
베 레 모	50	50	450	500	60
중 절 모	100	90	350	450	80
학 사 모	120	120	600	650	100

요구사항

모자(주)의 재고자산감모손실과 재고자산평가손실을 계산하라.

공인회계사 기출문제 응용(2020년 이후)

1. 기말재고자산금액 결정

(2022년 CPA 1차)

(주)대한이 재고자산을 실사한 결과 20×1. 12. 31 현재 창고에 보관중인 상품의 실사금액은 ₩1,500,000인 것으로 확인되었다. 재고자산과 관련된 추가자료는 다음과 같다.

- (주)대한은 20×1. 9. 1에 (주)강원으로부터 원가 ₩100,000의 상품에 대해 판매를 수탁받았으며, 이 중 원가 ₩20,000의 상품을 20×1. 10. 1에 판매하였다. 나머지 상품은 20×1. 12. 31 현재 (주)대한의 창고에 보관중이며, 창고보관상품의 실사금액에 이미 포함되었다.
- (주)대한은 20×1. 11. 1 (주)경북에 원가 ₩400,000의 상품을 인도하고, 판매대금은 11월말부터 매월 말일에 3개월에 걸쳐 ₩150,000씩 할부로 수령하기로 하였다.
- (주)대한은 20×1. 11. 5에 (주)충남과 위탁판매계약을 체결하고 원가 ₩200,000의 상품을 적송하였으며, (주)충남은 20×1. 12. 31 현재까지 이 중 60%의 상품을 판매하였다.
- (주)대한이 20×1. 12. 23에 (주)민국으로부터 선적지인도조건으로 매입한 원가 ₩100,000의 상품이 20×1. 12. 31 현재 운송중에 있다. 이 상품은 20×2. 1. 10 도착예정이다.
- (주)대한은 20×1. 12. 24에 (주)충북에게 원가 ₩50,000의 상품을 ₩80,000에 판매 즉시 인도하고 2개월 후 ₩100,000에 재구매하기로 약정하였다.

위의 추가자료를 반영한 후 (주)대한의 20×1년말 재무상태표에 표시될 기말상품재고액은 얼마인가? 단, 재고자산감모손실 및 재고자산평가손실은 없다. (주)대한의 위탁(수탁)판매계약은 기업회계기준서 제1115호 '고객과의 계약에서 생기는 수익'의 위탁(수탁)약정에 해당한다.

2. 확정판매계약(취소불능계약)이 있는 경우 저가법

(2020년 CPA 1차)

유통업을 영위하고 있는 (주)대한은 확정판매계약(취소불능계약)에 따른 판매와 시장을 통한 일반 판매를 동시에 수행하고 있다. (주)대한이 20×1년말 보유하고 있는 상품재고 관련 자료는 다음과 같다.

• 기말재고 내역

항 목	수 량	단위당 취득원가	단위당 일반판매가격	단위당 확정판매 계약가격
상품 A	300개	₩500	₩600	–
상품 B	200개	300	350	₩280
상품 C	160개	200	250	180
상품 D	150개	250	300	–
상품 E	50개	300	350	290

• 재고자산 각 항목은 성격과 용도가 유사하지 않으며, (주)대한은 저가법을 사용하고 있고, 저가법 적용시 항목기준을 사용한다.
• 확정판매계약(취소불능계약)에 따른 판매시에는 단위당 추정판매비용이 발생하지 않을 것으로 예상되며, 일반 판매시에는 단위당 ₩20의 추정판매비용이 발생할 것으로 예상된다.
• 재고자산 중 상품 B, 상품 C, 상품 E는 모두 확정판매계약(취소불능계약) 이행을 위해 보유중이다.
• 모든 상품에 대해 재고자산 감모는 발생하지 않았으며, 기초의 재고자산평가충당금은 없다.

(주)대한의 재고자산 평가와 관련된 회계처리가 20×1년도 포괄손익계산서의 당기순이익에 미치는 영향은 얼마인가?

3. 원가흐름의 가정(이동평균법)과 저가법

(2022년 CPA 1차)

(주)대한은 재고자산을 관리하기 위하여 계속기록법과 평균법을 적용하고 있으며, 기말재고자산의 장부수량과 실지재고수량은 일치한다. 다음은 (주)대한의 20×1년 매입과 매출에 관한 자료이다.

일 자	적 요	수 량(개)	매입단가
1월 1일	기초재고	100	₩300
5월 1일	매입	200	400
6월 1일	매입	200	300
9월 1일	매입	100	200
12월 15일	매입	100	200

일 자	적 요	수 량(개)	매출단가
8월 1일	매출	200	₩600
10월 1일	매출	200	500

20×1년 기말재고자산의 단위당 순실현가능가치가 ₩200인 경우 (주)대한이 20×1년말에 인식할 재고자산평가손실액은 얼마인가? 단, 기초재고자산과 관련된 평가충당금은 없다.

4. 특수한 항목이 포함된 소매재고법과 저가법

(2022년 CPA 2차)

소매업을 영위하고 있는 (주)대한은 재고자산에 대해 소매재고법을 적용하고 있다. 다음의 자료를 이용하여 요구사항에 답하라.

(1) (주)대한의 당기 재고자산과 관련된 항목별 원가와 매가는 다음과 같다.

항 목	원 가	매 가
기초재고자산	?	₩40,000
당기매입액(총액)	?	210,000
매입환출	₩3,000	5,000
매입할인	1,000	
매출액(총액)		120,000
매출환입	2,000	16,000
매출에누리		4,000
가격인상액(순액)		22,000
가격인하액(순액)		15,000
정상파손	2,000	4,000
비정상파손	6,000	12,000
종업원할인		2,000

(2) (주)대한이 재고자산에 대해 원가기준으로 선입선출법과 가중평균법을 각각 적용하여 측정한 원가율은 다음과 같다.

적용방법	원가율
원가기준 선입선출법	55%
원가기준 가중평균법	50%

(3) 정상파손의 원가는 매출원가에 포함하며, 비정상파손의 원가는 영업외비용으로 처리한다.
(4) 원가율 계산시 소수점 이하는 반올림한다(예 : 61.6%는 62%로 계산).

요구사항

1. (주)대한의 재고자산 관련 자료를 이용하여 기초재고자산과 당기매입액(총액)의 원가를 계산하라.
2. (주)대한이 재고자산에 대해 저가기준으로 선입선출법을 적용하였을 경우와 가중평균법을 적용하였을 경우 매출원가를 각각 계산하라.

5. 확정판매계약(취소불능계약)이 있는 경우 저가법

(2022년 CPA 2차)

(주)대한은 재고자산에 대해 저가법을 적용하고 있으며, 기말재고자산에 대한 자료는 다음과 같다.

(1) 상품과 원재료에 대한 단위당 취득원가는 다음과 같다.

구 분	상 품	원재료
취득원가	₩600/개	₩20/g

(2) 기말 현재 보유중인 상품의 수량은 3,000개이며, 이 중 2,000개는 확정판매계약을 이행하기 위해 보유중이다. 상품의 판매가격은 다음과 같다.

구 분	일반판매	확정판매계약
판매가격	₩550/개	₩500/개

(3) 상품 판매시 확정판매계약 여부와 상관없이 개당 ₩10에 해당하는 판매비용이 발생할 것으로 예상된다.
(4) 기말 현재 보유중인 원재료는 400g이며, 제품을 생산하기 위해 사용된다. 제품의 원가는 순실현가능가치를 초과할 것으로 예상되며, 기말 현재 원재료의 현행대체원가는 ₩16/g이다.

자료를 이용하여 (주)대한이 상품과 원재료에 대해 인식할 재고자산평가손실 금액을 각각 계산하라.

윤리문제

CHAPTER 6

천지(주)는 가중평균원가법으로 재고자산을 평가하고 있다. 이 회사의 사장인 주지천 씨는 연말에 원재료를 필요 이상으로 대량 구매하도록 구매부서에 지시하였다. 구매하고자 하는 원재료의 가격은 연말에 거의 두 배로 폭등한 상태이며, 당해 원재료가 재고자산에서 차지하는 비중은 매우 높다.

요구사항

1. 주요 이해관계자를 식별하라. 만일 회계담당중역이 재고자산의 대량 취득을 추천한다면 이는 어떤 결과를 초래하는가?
2. 만일 천지(주)가 선입선출법으로 재고자산을 평가하고 있다고 해도 주지천 씨는 동일한 지시를 내렸겠는가? 답에 대한 이유를 제시하라.

CHAPTER

7 유형자산

유형자산의 회계처리문제는 취득, 보유기간중의 지출, 감가상각, 재평가와 자산손상 그리고 제거에 관한 회계처리로 나누어 볼 수 있다. 본장에서는 취득과 보유기간중의 지출을 다루고, 나머지 주제는 제8장과 제10장에서 살펴본다. 취득과 보유기간중의 지출은 유형자산의 원가를 결정하는 중요한 회계사건이다.

사례 삼성전자 – 유형자산

기업, 특히 제조기업의 경우에는 자산에서 유형자산이 차지하는 비중과 비용 중에서 감가상각비가 차지하는 비중이 크다. 예를 들면, 아래의 표에서 보듯이 2023년말 현재 삼성전자(주)의 유형자산(순액)은 187조원으로 총자산의 41.1%에 달한다. 또한 감가상각비는 매출액의 13.7%, 당기순이익의 229%를 점유하고 있다.

연 도	금액(십억원)					구성비(%)		
	유형자산	감가상각비	총자산	매출액	당기순이익	유형자산/총자산	감가상각비/매출액	감가상각비/당기순이익
2023년	187,256	35,532	455,905	258,935	15,487	41.1	13.7	229.4
2022년	168,045	35,952	448,424	302,231	55,654	37.5	11.9	64.6
2021년	149,928	31,285	426,621	199,745	30,971	35.1	15.7	101.0

앞의 제6장에서 언급한 재고자산과 본장에서 논의하는 유형자산은 총자산에서 차지하는 비중이 클 뿐만 아니라 이의 회계처리가 당기순이익에 미치는 영향 또한 결코 작지 않다. 그리고 재고자산과 유형자산의 경우 회계처리방법(재고자산의 평가방법, 감가상각방법, 내용연수 및 잔존가치, 나아가서는 재평가와 손상차손 인식 등)에서 경영자가 재량권을 발휘할 여지가 크다. 따라서 이를 유심히 관찰하고 분석하지 않으면 기업의 재무상태와 성과를 적절히 파악하기 어렵고 기업간의 비교도 어렵다.

삼성전자(주)의 유형자산과 관련된 주석공시는 다음과 같다.

[중요한 회계처리방침 : 유형자산]

연결회사는 제품의 생산 등 자산을 경영진이 의도한 목적으로 사용할 수 있게 되었다고 판단된 시점을 기준으로 감가상각을 개시하고 있습니다.

연결회사의 유형자산은 취득원가에서 잔존가액을 차감한 금액이 연결회사가 추정한 추정내용연수에 걸쳐 정액법으로 상각됩니다. 토지는 상각되지 않으며, 자본화차입금이자를 포함한 장기건설자산의 취득에 사용된 원가는 관련 자산의 추정내용연수 동안 상각됩니다.

자산별로 연결회사가 사용하고 있는 대표 추정내용연수는 다음과 같습니다.

	유형자산								
	건물 및 구축물			기계장치			기 타		
	범 위		범위 합계	범 위		범위 합계	범 위		범위 합계
	하위 범위	상위 범위		하위 범위	상위 범위		하위 범위	상위 범위	
추정내용연수	15년	30년				5년			5년
감가상각방법, 유형자산			정액법			정액법			정액법

제 1 절 유형자산의 의의

유형자산(property, plant and equipment)이란 재화의 생산, 용역의 제공, 타인에 대한 임대 또는 관리활동으로 사용할 목적으로 보유하는 물리적 형체가 있으면서 한 회계기간을 초과하여 사용할 것이 기대되는 자산이다. 유형자산은 설비자산(plant assets) 또는 고정자산(fixed assets)이라고도 부르는데, 유형자산의 주요 특징을 살펴보면 아래와 같다.

① 유형자산은 영업활동에 사용하기 위한 것이며, 판매목적으로 취득한 것은 제외된다. 따라서 정상적인 영업활동에 사용되는 자산만 유형자산으로 분류하고 영업용이 아닌 자산은 유형자산으로 분류해서는 안 된다. 예를 들어 시세차익이나 임대목적으로 보유하는 토지나 건물은 투자부동산으로 분류되고, 부동산업자 혹은 아파트건설업자가 판매용 혹은 아파트건축용으로 구입한 토지는 재고자산으로 분류된다.

② 유형자산은 장기성자산으로서 여러 해에 걸쳐서 기업의 수익창출에 기여하고, 토지를 제외한 모든 유형자산은 사용이나 기간경과에 따라 가치가 감소한다. 따라서 유형자산의 취득원가는 내용연수에 걸쳐 정기적으로 감가상각을 통하여 배분해야 한다.

③ 유형자산은 물리적 실체를 가지는 자산이다. 유형자산은 실물자산으로서 구체적인 형태를 가지고 있으며, 따라서 특허권, 영업권 등과 같은 무형자산과 구분된다.

유형자산과 관련한 회계처리문제는 [그림 7-1]에서 보는 바와 같이 크게 세 가지 문제로 나누어 생각할 수 있다.

▶ 그림 7-1
유형자산의 회계처리문제

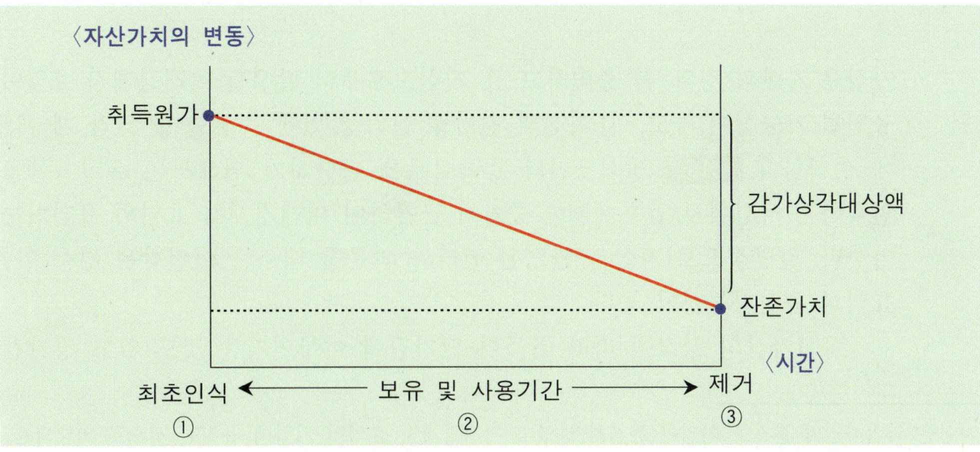

① 유형자산의 최초인식 : 자산을 분류하고, 취득원가를 결정한다.

② 최초인식 이후의 회계처리

A) 보유기간중의 지출 : 유형자산의 사용기간 동안에 그 유지 및 개선을 위하여 지출된 금액을 자산의 원가에 포함(자본적 지출)시키거나 당기의 비용(수익적 지출)으로 처리한다.

B) 유형자산의 감가상각 : 취득원가에서 잔존가치를 차감한 금액을 내용연수에 걸쳐 체계적이고 합리적인 방법으로 배분하여 비용으로 인식한다.

C) 유형자산의 재평가 : 자산을 취득한 이후의 평가방법으로 재평가모형을 선택하면 자산을 재평가하여 장부금액을 공정가치로 수정하는 회계처리를 해야 한다.

D) 유형자산의 손상 : 유형자산의 손상징후가 나타나면 손상검사를 하고 손상이 발생한 경우 이를 당기손익에 반영한다.

③ 유형자산의 제거 : 처분손익을 인식한다.

위에서 살펴본 회계처리문제 중에서 ① 유형자산의 최초인식과 ② A) 보유기간중의 지출은 본장에서 설명하고, 감가상각과 제거는 제8장에서 다루며, 다소 특수한 문제인 재평가와 자산손상은 제10장에서 설명하고자 한다.

제 2 절 유형자산의 최초인식

1 최초인식시점

자산은 자산의 정의[1]를 충족하고, ① 자산으로부터 발생할 미래경제적 효익이 기업에 유입될 가능성이 높고, ② 자산의 원가를 신뢰성 있게 측정할 수 있을 때 재무상태표에 인식한다. 1016:7 인식조건의 충족여부를 판단하기 위해서는 유형자산을 최초로 인식하는 시점에서 입수가능한 증거에 근거하여 미래경제적 효익의 유입가능성을 평가한다. 일반적으로 자산과 관련된 권리와 의무를 대부분 이전받은 경우 미래경제적 효익의 유입가능성이 높다.

유형자산의 성격에 따라 취득이 단기간에 이루어지는 것도 있고 장기간 소요되

1) 자산은 과거사건의 결과로 기업이 통제하고 있고 미래경제적 효익이 기업에 유입될 것으로 기대되는 자원이다.

는 것도 있다. 비품, 간단한 기계장치, 차량운반구 등의 유형자산은 즉시 취득하여 본래 의도한 대로 사용이 가능하다. 그러나 유형자산 중에는 취득부터 실제 사용하기까지 상당한 기간이 소요되는 것들도 있다. 예를 들어 본사 사옥을 증축한다든지, 공장을 새로 건설하는 경우에는 긴 시간이 걸릴 수 있다. 취득에 장기간이 소요되는 유형자산은 지출이 이루어지기 시작하면 이를 건설중인자산(construction in progress)으로 기록했다가 사용하기 시작한 시점에 해당 유형자산으로 대체한다.

취득시점을 결정하기가 항상 쉬운 것만은 아니다. 일부 유형자산의 경우 등기를 해야만 소유권이 이전되고, 또 어떤 경우에는 잔금청산이 이루어진 다음에 유형자산을 사용할 수 있는 경우도 있다. 대개 소유권이전등기나 잔금청산 중 먼저 이루어지는 시점에 해당 자산을 취득한 것으로 간주한다. 그러나 실무에서는 소유권이전등기와 잔금청산일이 유형자산의 실제사용일보다 늦을 경우에는 사실상 그 유형자산을 사용할 수 있는 날을 취득시점으로 본다. 따라서 취득시점은 다음과 같이 결정된다.

> 취득시점 = 빠른 날(소유권이전등기일, 잔금청산일, 실제사용일)

형태는 유형의 자산이지만 취득목적이 영업활동이 아닌 자산은 유형자산으로 분류해서는 안 된다. 예를 들어 투자목적으로 취득한 토지는 투자부동산으로 구분하며, 부동산회사가 판매목적으로 취득한 토지는 재고자산으로 구분해야 한다.

2 취득원가

(1) 취득원가의 구성 1016:15-22A,23

유형자산의 취득원가(acquisition costs)는 인식시점에서의 현금가격상당액(cash price equivalent)으로 측정하며, [그림 7-2]처럼 매입원가나 자가건설원가로 인식한다. 자산의 매입원가는 매입할인과 리베이트 등을 차감한 구입가격에 관세 및 환급 불가능한 세금을 가산하고, 경영진이 의도하는 방식으로 자산을 가동하는 데 필요한 장소와 상태에 이르게 하는 데 직접 관련된 원가를 가산하여 결정한다.

경영진이 의도하는 방식으로 유형자산을 가동하는 데 필요한 장소와 상태에 이르게 하는 데 직접 관련되는 원가의 예는 다음과 같다.[2]

2) 유형자산의 취득과 직접 관련이 없는 일반관리비나 경비 등은 취득원가에 포함하지 않는다. 시운전이나 본격적인 가동준비를 위한 지출이라도 유형자산을 사용가능한 상태로 만드는 과정과 직접 관련이 없다면 취득원가에 포함하지 않는다. 또한 기대되는 성능을 발휘하기 전에 발생한 유형자산의 조업손실은 당기비용으로 인식한다.

▶ **그림 7-2**
유형자산의 취득원가

취득원가 = 매입원가

- 구입가격
- 할인금액
- \+관세 및 환급불능 취득관련 세금
- \+자산취득 직접 관련 원가*

또는

자가건설원가

- 직접원가(재료비와 인건비)
- \+건설에 관련된 간접원가

\+

자본화된 차입원가(〈보론 7A〉 참조)

자산의 복구원가(필요한 경우)

* 경영진이 의도하는 방식으로 자산을 가동하는 데 필요한 장소와 상태에 이르게 하는 데 직접 관련된 원가

(주) 교환거래의 경우에는 ① 교환거래에 상업적 실질이 있고, ② 관련된 자산의 공정가치를 합리적으로 측정할 수 있다면 공정가치로 측정한다.

① 유형자산의 매입 또는 건설과 직접적으로 관련되어 발생한 종업원급여
② 설치장소 준비원가
③ 최초의 운송 및 취급 관련원가
④ 설치원가 및 조립원가
⑤ 유형자산이 정상 작동되는지를 시험하는 과정에서 발생하는 원가[3)]
⑥ 전문가에게 지급하는 수수료
⑦ 유형자산 취득과 직접 관련된 취득세, 등록세, 관세 등의 세금

유형자산을 자기회사가 직접 건설하는 경우에는 자가건설에 투입된 직접재료원가와 직접노무원가뿐만 아니라 건설에 관련된 간접원가를 합한 자가건설원가를 유형자산의 취득원가로 결정한다. 직접재료원가와 직접노무원가는 결정하기 쉬우나 간접원가는 유형자산의 취득원가에 포함시키기 어려운 경우도 있다. 일반적으로 자가건설자산의 건설과 관련해서 발생한 모든 간접원가를 원가에 산입한다.

때에 따라서는 유형자산을 구입할 당시 설정된 담보 등을 떠맡거나 미지급재산세를 부담하는 등의 조건으로 유형자산을 구입할 수 있다. 이와 같은 경우에 부담하는 금액은 유형자산의 원가에 포함시켜야 한다. 그 이유는 이와 같은 조건이 없었다면 유형자산의 구입원가가 더 높았을 것이며 유형자산 구입시점에 지급한 현금 혹은 현금성자산은 공정가치를 반영한다고 보기 때문이다. 예를 들어 유형자산의 구입시점에 지급한 현금이 3억원인데 미지급재산세 1천만원을 부담하기로 했다면 유형자산의 원가를 3억 1천만원으로 기록해야 한다.

유형자산의 취득원가에는 차입원가도 가산한다(〈보론 7A〉 참조). 차입원가란 유형자산의 취득이나 건설 또는 제조와 관련하여 차입한 자금에서 발생한 금융비용을 말한다. K-IFRS는 자산을 의도된 용도로 사용하거나 판매가능한 상태에 이르게 하는

3) 시험과정에서 생산된 재화의 순매각금액은 당해 원가에서 차감한다.

데 상당한 기간을 필요로 하는 자산의 취득과 건설 또는 생산과 관련된 차입원가는 당해 자산원가의 일부로 자본화하도록 규정하고 있다.

이 외에도 유형자산의 경제적 사용이 종료된 이후에 자산을 해체, 제거하거나 부지를 복원해야 하는 경우에는 이에 소요될 것으로 추정되는 복구원가의 현재가치도 자산의 취득원가에 포함시켜야 한다(본절 3. 참조).

유형자산이 경영진이 의도하는 방식으로 가동될 수 있는 장소와 상태에 이른 후에는 원가를 더 이상 인식하지 않는다. 따라서 유형자산을 사용하거나 이전하는 과정에서 발생하는 원가는 당해 유형자산의 장부금액에 포함하여 인식하지 아니한다.[4]

(2) 유형자산의 유형별 취득원가

유형자산의 취득원가를 결정하는 데 고려해야 할 요소들을 몇 가지 형태의 유형자산별로 살펴보기로 하자.

[토지와 구축물의 취득원가]

토지를 취득하여 사용가능한 상태로 만드는 데까지 소요된 모든 지출은 토지의 취득원가로 보아야 한다. 토지의 취득원가는 일반적으로 ① 구입가격, ② 소유권이전 등기비 등 각종 수수료와 법률비용, ③ 토지의 구획정리, 배수공사 등의 비용, ④ 구매인이 부담하기로 한 토지에 대한 담보설정 등으로 예상되는 경비, ⑤ 진입로 등과 같이 내용연수가 영구적인 시설에 필요한 경비 등을 포함한다.[5]

건물을 짓기 위하여 토지를 구입한 경우에는 건물기초작업을 위한 굴착 이전단계까지 발생한 모든 원가는 토지원가로 간주한다. 따라서 토지 위에 있는 구건물의 철거, 청소, 구획정리 등에 소요된 원가는 토지를 본래 사용의 목적에 적합하도록 하기 위하여 지출된 것이므로 토지원가에 포함한다. 한편 구건물의 처분이나 토지 위에 있는 입목의 처분 등으로 수입이 발생한 경우에는 수입금액만큼을 토지의 취득원가에서 차감한다.

토지를 구입한 후에는 진입로공사, 도로포장공사, 배수 및 하수공사, 울타리공사, 조경공사 등이 뒤따르는 경우가 많다. 이들의 내용연수가 영구적인 경우에는 토지의 원가로 기록한다. 진입로공사, 배수공사 및 하수공사, 조경공사 등이 영구적이거나 반영구적인 내용연수를 갖는다면 토지의 원가에 포함한다. 한편, 울타리공사, 주차장, 도로포장공사 등 내용연수가 영구적인 아닌 원가는 토지에서 분리하여 구축물(land improvements)계정으로 처리하고 내용연수에 걸쳐 감가상각을 한다.

---

4) 예를 들어 다음과 같은 원가는 유형자산의 장부금액에 포함하지 아니한다.
① 아직 사용되지는 않거나 가동수준이 완전조업도 수준에 미치지 못하는 경우에 발생하는 원가
② 유형자산과 관련된 산출물에 대한 수요가 형성되는 과정에서 발생하는 가동손실과 같은 초기 가동손실
③ 기업의 영업 전부 또는 일부를 재배치하거나 재편성하는 과정에서 발생하는 원가

5) 공업단지 내에 분양받은 공장용지의 조성에 필요한 부담금이나 토지의 보유중 개발이나 가치상승 등의 이유로 추가로 개발부담금을 부담한 경우에는 이를 토지의 원가로 산입한다.

내용연수를 결정할 때 실질을 반영한다. 예컨대 진입로 등을 처음 설치할 때에는 회사가 부담했으나 이를 보수·유지하는 것이 지방자치단체 등의 책임인 경우에는 내용연수가 영구적이 아니더라도 이와 관련된 지출이 더 이상 이루어지지 않을 것이기 때문에 영구적 성격의 지출로 보아 토지의 원가에 산입한다.

[건물의 취득원가]

건물을 취득하고 건설하는 데 직접적으로 관련된 지출은 모두 건물의 원가에 포함한다. 건물을 취득하는 방법은 ① 기존건물을 전 소유자로부터 구입하거나, ② 건설회사와의 계약에 의하여 신축하거나, ③ 자가건설하는 등의 방법이 있다. 어느 경우에나 그 건물을 의도한 목적에 사용가능한 상태로 만드는 데까지 소요된 모든 원가를 건물의 원가로 기록해야 한다. 예를 들어, 자가건설하는 경우 건물의 원가는 ① 건설공사에 사용·지출된 재료원가, 노무원가, 제조간접원가와 ② 설계비, 허가비, 등기비 등을 포함한다.

건물을 신축할 때 대지 위에 있는 구건물을 철거해야 하는 경우에 구건물 철거비용을 어떻게 회계처리할 것이냐의 문제가 발생한다. 구건물을 포함한 토지를 새로 취득하여 구건물을 철거한 후 신건물을 건설할 경우에는 앞에서 설명한 것처럼 구건물 철거비용(구건물 철거로 인하여 잡수익이 있을 경우에는 이를 차감한 순철거비용)을 토지의 원가로 포함한다. 왜냐하면 이 금액은 토지를 의도했던 대로 사용할 수 있는 상태에 이르기까지 부수적으로 발생한 취득부대비용으로 보아야 하기 때문이다.

지금껏 사용해 오던 건물을 철거하고 신건물로 대체하는 경우에 구건물의 미상각장부금액은 처분손실로 하여 당기에 비용으로 인식하고 철거비용도 전액 당기비용으로 처리한다. 이 경우 구건물의 철거비용을 토지의 원가나 신건물의 취득원가에 포함시키지 않는 이유는 구건물의 철거로 토지의 효용이 증가했다고 보기 어렵기 때문이다. 또한 철거되는 구건물은 더 이상 자체적으로 미래의 경제적 효익을 제공하지 못하므로 자산성이 없기 때문이다.

예제 7-1 토지와 건물의 취득원가

연우(주)는 20×1. 1. 1에 공장을 신축하고자 공장부지를 구입하였다. 기존 부지에는 구건물이 있어서 이를 철거하고 공장을 신축하였으며 건축공사는 20×1. 12. 31에 완료하였다. 토지의 구입 및 공장신축과 관련된 자료는 다음과 같다.

구건물이 있는 토지의 구입대금	₩60,000
구건물 철거비용	4,000
구건물 철거 부수입	2,000
토지소유권 이전등기비	2,000
신축건물 지정차입금의 차입원가(자본화하기로 함)	5,000
건축설계비	12,000

신축건물의 공사원가	500,000
당해 연도 토지분 재산세	3,000

연우(주)가 토지와 공장건물의 취득원가로 기록할 금액은 각각 얼마인가?

해답

토지의 원가=토지의 매입원가+(구건물 철거비용－구건물 철거 부수입)+토지이전등기비
= ₩60,000+(₩4,000－₩2,000)+₩2,000=₩64,000

건물의 취득원가=신축건물의 공사원가+건축설계비+자본화할 차입원가
=₩500,000+₩12,000+₩5,000=₩517,000

(주) 당해 연도 토지재산세는 당기비용으로 처리해야 함.

[기계장치, 비품 등의 취득원가]

차량운반구, 기계, 공장 및 사무실용 고정장치 및 비품 등의 유형자산도 구입가격, 운임 및 취급비, 운송보험료, 설치비, 시운전비 등 당해 유형자산을 의도한 용도에 사용할 수 있는 상태로 만드는 데까지 소요된 모든 원가를 취득원가로 기록해야 한다. 시운전에 사용된 재료원가, 노무원가, 제조간접원가 등을 해당 유형자산의 취득원가에 포함시킨다. 또한 중고품을 매입한 경우 일반적으로 수리비나 보수공사비가 발생하는데, 이와 같이 취득시에 발생한 수리비나 보수공사비는 취득원가에 포함한다.

예제 7-2 기계장치의 취득원가

성실제작(주)는 제조과정에 사용할 산업용 선반을 매입하였다. 선반의 매입원가는 ₩65,000이고, 선반을 공장으로 운송하기 위하여 매입운임 ₩1,000과 운송보험 ₩200이 발생하였다. 선반의 설치비로 ₩1,200을 지불하였으며 시운전비로 ₩500을 지출하였다.
선반의 취득원가는 얼마인가?

해답

정보에 제공된 지출은 모두 선반을 본래 의도된 목적대로 만들기 위해 필요한 지출이기 때문에 선반의 취득원가에 포함시켜야 한다.

선반의 취득원가=매입원가+매입운임+운송보험+설치비+시운전비
=₩65,000+₩1,000+₩200+₩1,200+₩500
=₩67,900

[자가건설유형자산의 취득원가]

유형자산을 자기회사가 직접 건설하는 경우에 취득원가를 결정하는 것은 쉽지 않다. 자가건설에 투입된 직접재료원가와 직접노무원가는 쉽게 결정할 수 있으나, 제

조간접원가는 모두 배분을 통하여 자가건설원가에 포함시켜야 하기 때문에 간접원가의 배분방법 여하에 따라 취득원가가 달라진다. 간접비는 전력비, 냉난방비, 조명비, 보험료, 재산세, 간접노무비, 감가상각비, 소모품비 등과 같이 다양한 종류로 발생하게 되는데, 이들을 자가건설유형자산에 배분하는 방법에는 대개 아래와 같은 두 가지의 방법이 있다.

① 고정간접비 무배분 : 유형자산의 자가건설로 인하여 추가로 발생하는 간접비만 자가건설유형자산의 취득원가로 계상하는 방법이다. 고정간접비는 생산량에 무관하게 고정적으로 발생하는 비용으로서, 유형자산을 자체 내에서 건설하더라도 고정비가 증가하지 않을 것이므로 간접비를 자가건설유형자산에 배분하지 않아야 한다는 입장이다. 만약, 고정간접비를 자가건설유형자산의 원가로 일부를 배분하면 그만큼 당기비용이 과소계상되고 당기순이익이 과대계상된다고 비판한다.

② 간접비의 배분 : 전부원가계산(full costing) 개념을 이용하는 방법으로서 모든 간접비를 제품뿐만 아니라 자가건설유형자산에도 배분하는 방법이다. 이 방법이 널리 이용되고 있는데, 그 이유는 수익・비용의 적절한 대응을 가능케 하기 때문이다. 만약 자가건설유형자산에 간접비를 배분하지 않을 경우 유형자산의 취득원가가 과소계상되며 따라서 내용연수에 걸쳐 감가상각비가 적절히 배분되지 않게 된다는 입장이다.

자가건설한 유형자산의 취득원가는 기업이 외부에서 구입한 유형자산에 적용하는 것과 같은 기준을 적용하여 결정함이 타당하다. 즉 정상적인 영업활동과정에서 판매할 목적으로 자가건설한 경우의 취득원가는 원칙적으로 판매를 목적으로 제작한 자산의 제조원가와 동일해야 한다. 따라서 계속기업의 가정, 수익・비용 대응의 원칙 등에 따라 모든 간접비를 자가건설유형자산에 배분하는 위의 두 번째 방법이 더욱 합리적이다.

다만, 자가건설에 따른 내부이익과 자가건설과정에서 원재료, 인력 및 기타 자원의 낭비로 인한 비정상적인 원가는 취득원가에 포함하지 않는다. 또한 자가건설유형자산의 취득원가가 외부로부터 구입한 것보다 더 높은 경우에는 그 초과분은 당기의 손실로 인식해야 한다. 즉 취득원가를 취득시점의 공정가치 이상으로 기록해서는 안된다.

(3) 취득원가의 측정관련 문제

자산의 취득원가는 취득시점의 공정가치로 측정한다. 취득대가로 지급한 현금이나 현금성자산이 취득한 자산의 공정가치를 가장 잘 대표한다.

1) 유형자산의 일괄취득

자산을 일괄구입(lump sum purchase)하여 개별자산의 취득원가를 알 수 없을 때에는 일괄구입 대가를 각 자산별로 배분해야 한다. 일반적으로 취득원가를 개별자산의 상대적 공정가치에 비례하여 배분한다. 만약, 개별 유형자산에 대한 활성시장이 존재하지 않아 공정가치를 관찰할 수 없는 경우 공정가치를 추정해야 한다.

예제 7-3 유형자산의 일괄취득

경은(주)는 다른 회사로부터 기존 공장 전체를 ₩2,000,000에 매입하였다. 일괄구매에 포함된 항목들은 토지, 건물, 기계장치, 특허권 및 재고자산이며 이들 각각의 공정가치정보와 그 비율은 다음과 같다.

항 목	공정가치	공정가치 비율
토 지	₩528,000	24%
건 물	352,000	16%
기계장치	660,000	30%
특허권	418,000	19%
재고자산	242,000	11%
총 계	₩2,200,000	100%

각 유형자산 항목의 취득원가를 결정하라.

해답

항 목	일괄구매원가	공정가치 비율	항목별 취득원가
토 지		24%	₩480,000
건 물		16%	320,000
기계장치		30%	600,000
특허권		19%	380,000
재고자산		11%	220,000
총 계	₩2,000,000	100%	₩2,000,000

2) 지급조건의 차이

① 현금할인조건에 의한 취득

유형자산을 현금할인조건으로 구입했을 때 현금할인을 어떻게 처리할지 결정해야 한다. 이에는 두 가지 방법이 있다. 첫째는 현금할인액을 취득원가에서 차감시키는 방법(순액법)이다. 이 방법에서는 현금할인기회를 활용하지 못하는 경우 이자비용 성격의 할인기간경과손실을 기록한다. 둘째는 총액으로 취득원가를 기록한 후 현금할인기회를 활용했을 때 이를 취득원가에서 차감시키는 방법(총액법)이다. K-IFRS(제1016호)에서는 매입할인이나 리베이트 등은 취득원가에 차감하도록 요구하고 있어 총액기준의 원칙에 충실한 방법이다.

예제 7-4 현금할인조건 유형자산의 취득원가

잰더(주)는 20×1. 3. 10에 송장가격 ₩500인 비품과 송장가격 ₩20,000인 기계를 취득하였다. 거래조건은 비품이 5/10, n/30이고 기계는 3/20, n/60이다. 잰더(주)는 20×1. 3. 30에 비품과 기계대금을 지급하였다.
위의 거래를 순액법과 총액법(K-IFRS)에 따라 각각 분개하라.

해답

일 자	순액법		총액법(K-IFRS)	
20×1. 3. 10	비 품	475*	비 품	500
	기 계	19,400**	기 계	20,000
	미 지 급 금	19,875	미 지 급 금	20,500
	* ₩500×0.95=₩475			
	** ₩20,000×0.97=₩19,400			
20×1. 3. 30	미 지 급 금	19,875	미 지 급 금	20,500
	할인기간경과손실	25	현 금	19,900*
	현 금	19,900*	기 계	600
	* ₩500+₩20,000×0.97=₩19,900			

② 이연지급계약에 의한 취득

유형자산을 장기후불조건으로 구입하거나, 대금지급기간이 일반적인 신용기간보다 긴 경우에는 취득원가를 취득시점의 현금가격상당액으로 기록한다. 그리고 현금가격상당액과 실제 총지급액의 차액은 해당 채무의 신용기간(유형자산의 내용연수가 아님)에 걸쳐 이자비용으로 인식한다.[6]

예제 7-5 이연지급계약에 의한 유형자산의 취득

잰더(주)는 생산공정에서 사용할 기계를 구입한 대가로 3년 만기, 무이자부, 액면금액 ₩30,000의 약속어음을 발행하여 지급하였다. 잰더(주)는 매년말 ₩10,000씩 균등상환하기로 하였다. 이 거래 당시 잰더(주)가 발행한 어음의 유효이자율은 10%였다. 잰더(주)가 기계취득시점과 1차년도말에 필요한 분개를 하라.

해답

〈현재가치 계산 및 상각〉

1) 현재가치 : ₩10,000×2.4869=₩24,869

2) 현재가치할인차금상각표 : 유효이자율법을 적용하여 상각

6) 당해 차입원가가 자본화대상이면 자산의 취득원가에 자본화해야 한다.

시 점	현재가치할인 차금상각액(a)	미상각현재가치 할인차금(b)	할부금지급전 장부금액(c)	할부금 지급(d)	할부금지급후 장부금액(e)
취득시		₩5,131	₩24,869		₩24,869
1차년도말	₩2,487	2,644	27,356	₩10,000	17,356
2차년도말	1,736	908	19,092	10,000	9,092
3차년도말	908	0	10,000	10,000	0
합 계	₩5,131				

(a)=전기(e)×10% ; (b)=전기(b)−(a) ; (c)=전기(e)+(a) ; (e)=(c)−(d)

〈분 개〉

1) 취득시점의 분개 :

(차) 기 계	24,869	(대) 장기미지급금	30,000
현재가치할인차금	5,131		

2) 1차년도말의 분개 :

(차) 장기미지급금	10,000	(대) 현 금	10,000
이 자 비 용	2,487	현재가치할인차금	2,487

3) 대금지급방법의 차이

자산의 취득시 취득원가는 현금가격상당액으로서 공정가치로 평가해야 한다. 자산을 취득하고 현금이나 현금성자산을 지급하는 경우에는 취득원가를 결정하기가 쉽다. 그러나 대금지급방법에 따라서는 취득원가를 쉽게 결정하기 어려운 경우가 있다. 여러 가지 예를 살펴보자.

① 현물출자에 의한 취득

유형자산과 교환으로 주식을 발행한 경우(현물출자의 경우) 자산의 취득원가는 주식의 액면금액을 기준으로 기록해서는 안 되며, 취득한 유형자산의 공정가치와 주식의 공정가치 중 보다 명확한 것을 기준으로 결정한다. 증권시장에서 거래가 활발한 주식은 주가가 그 당시 주식의 공정가치를 가장 잘 반영한다고 보므로 유형자산의 취득원가를 주식의 시가로 기록한다.

예제 7-6 현물출자 유형자산의 취득

지명(주)는 액면이 ₩500인 주식 5,000주와 교환으로 건물을 취득했다. 거래 당시 한 주당 시가가 ₩1,300이었다. 건물의 취득원가를 결정하고 필요한 분개를 하라.

해답

건물의 취득원가=5,000주×₩1,300=₩6,500,000

(차) 건 물	6,500,000	(대) 자 본 금	2,500,000
		주식발행초과금	4,000,000

② 증여나 무상에 의한 취득

증여(donation)나 무상(gift)으로 취득한 자산의 취득원가는 ₩0이므로 지급한 대가가 아닌 공정가치를 취득원가로 한다. 이때 공정가치로 기록한 자산에 상응하는 대변항목을 무엇으로 기록할 것이냐의 문제가 발생하는데, 다음과 같은 두 가지 대안이 있을 수 있다.

① 자산수증이익이라는 수익계정에 기입한다.
② 수증자본(donated capital)이라는 자본잉여금계정에 기입한다.

두 가지 방법 중에서는 수익으로 인식하는 방법(위의 방법 ①)이 일반적으로 인정된다. 이 방법은 자산수증이익이 손익계산서상의 당기순이익에 포함되어 재무상태표의 이익잉여금계정에 계상되는 방법이다. 반면, 수증자본으로 인식하는 방법(위의 방법 ②)은 손익계산서에는 반영되지 않는 우회법이다.

예제 7-7 수증에 의한 유형자산의 취득

순리(주)는 현재 본사가 위치한 지역의 비좁은 공간문제를 해소하고 지자체의 회사유치 전략을 활용하는 차원에서 본사를 이전하기로 했다. 이전하는 곳의 자치단체에서는 총 ₩200,000,000이 지출된 본사 사옥 건설원가의 20%를 부담하였다. 건물을 기록하기 위해 필요한 회계처리를 하라.

해답

(차) 건물	200,000,000	(대) 현금	160,000,000
		자산수증이익	40,000,000

4) 자산 교환 취득 1016:24-26

유형자산을 취득할 때 화폐성자산을 지급하지 않고 비화폐성자산과 교환할 때 해당 교환거래가 상업적 실질이 있는 거래인지 판단해야 한다. 상업적 실질이 있다는 것은 구매자와 판매자 간의 거래가 실질적인 교환거래임을 의미하는데, 교환거래로 인하여 현금흐름의 구성이나 기업특유의 가치가 변동하는 경우를 말한다. 구체적으로는 다음 ① 또는 ②에 해당하면 상업적 실질이 있다고 본다.

① "취득한 자산과 관련된 현금흐름의 구성(금액, 유출입 시기, 위험)"이 제공한 자산과 관련된 현금흐름의 구성과 다르다.
② "교환거래의 영향을 받는 영업부문의 기업특유가치"가 교환거래의 결과로 변동한다.

자산의 교환거래가 상업적 실질이 있다면 취득한 자산과 제공한 자산의 공정가치 중 더 명백한 공정가치를 기준으로 새로이 취득하는 유형자산의 취득원가를 결정한다. 만약 제공하는 자산의 장부금액과 취득하는 자산의 공정가치에 차이가 있다면 제거하는 자산의 처분손익을 인식한다.

자산의 교환거래가 상업적 실질이 결여된 경우에는 교환거래에서 제공하는 자산의 장부금액에 기초하여 새로 취득하는 유형자산의 취득원가를 측정한다. 이 경우, 제거되는 유형자산의 장부금액과 취득하는 자산의 장부금액은 같으므로 처분손익이 발생하지 않는다.

만약 취득한 자산과 제공한 자산 모두 공정가치를 합리적으로 측정할 수 없는 경우에는 상업적 실질이 결여된 자산의 교환거래와 동일하게 회계처리한다.

예제 7-8 비화폐성자산의 교환

유노(주)는 장부금액이 ₩63,000(취득원가 ₩96,000, 감가상각누계액 ₩33,000)인 기계와 현금 ₩26,000을 제공하고 토지를 취득하였다. 제공한 기계의 공정가치가 ₩74,000인 경우 이 거래를 기록하기 위한 분개를 하라.

해답

취득한 토지와 제공한 기계 및 현금은 서로 다른 현금흐름과 기업특유가치가 있으므로 상업적 실질이 있는 교환거래이다.

토지취득원가=기계공정가치+현금지급액=₩74,000+₩26,000=₩100,000

유형자산처분손익=기계공정가치−기계장부금액=₩74,000−₩63,000=₩11,000

〈분 개〉

(차)	토 지	100,000	(대)	기 계	96,000
	감가상각누계액-기계	33,000		현 금	26,000
				유형자산처분이익	11,000

예제 7-9 비화폐성자산의 교환과 상업적 실질

유노(주)는 오래된 컴퓨터를 신형으로 교체하였다. 구컴퓨터의 장부금액은 ₩20,000(취득원가 ₩30,000, 감가상각누계액 ₩10,000)이고, 공정가치는 ₩15,000이다. 유노(주)는 구컴퓨터와 함께 ₩17,000을 현금으로 지급하였다. 다음 두 가지 경우에 이 교환거래를 분개하라. 단, 관련된 자산의 공정가치는 합리적으로 측정할 수 있다고 본다.

1) 상업적 실질이 있는 경우
2) 상업적 실질이 없는 경우

해답

1) 상업적 실질이 있는 경우 : 교환손익을 인식한다.

신컴퓨터의 취득원가=구컴퓨터 공정가치+현금지급액=₩15,000+₩17,000=₩32,000

유형자산처분손익=구컴퓨터 공정가치−구컴퓨터 장부금액=₩15,000−₩20,000=(₩5,000)

➥계속

(차) 컴 퓨 터(신)	32,000	(대) 컴 퓨 터(구)	30,000
감가상각누계액	10,000	현 금	17,000
유형자산처분손실	5,000*		

* 제공한 자산의 공정가치(₩15,000)와 장부금액(₩20,000)의 차이로 산출한다.

2) 상업적 실질이 없는 경우 : 교환손익을 인식하지 않는다.

신컴퓨터의 취득원가=구컴퓨터 장부금액+현금지급액=₩20,000+₩17,000=₩37,000

(차) 컴 퓨 터(신)	37,000	(대) 컴 퓨 터(구)	30,000
감가상각누계액	10,000	현 금	17,000

예제 7-9 에서 보듯이 상업적 실질이 있으면 신자산의 취득원가는 공정가치인 ₩32,000(=구자산의 공정가치+현금지급액)으로 기록한다. 상업적 실질이 없으면 신자산은 구자산의 장부금액에 기초하여 ₩37,000(=구자산의 장부금액+현금지급액)으로 기록되어 상업적 실질이 있는 경우에 비하여 처분손실(₩5,000)만큼 높게 계상된다.

3 특수자산의 취득원가

(1) 안전 · 환경규제와 관련된 자산의 취득원가 1016:11

K-IFRS(제1016호)에서는 안전 또는 환경상의 이유로 취득하는 유형자산은 그 자체로는 직접적인 미래경제적 효익을 얻을 수 없지만, 다른 자산에서 미래경제적 효익을 얻기 위하여 필요하므로 자산으로 인식할 수 있도록 규정하고 있다. 즉 이러한 유형자산은 당해 유형자산을 취득하지 않았을 경우보다 관련 자산으로부터 미래경제적 효익을 더 많이 얻을 수 있게 해주기 때문에 자산으로 인식할 수 있는 것이다. 예를 들면, 화학제품 제조업체가 위험한 화학물질의 생산과 저장에 관한 환경규제요건을 충족하기 위하여 새로운 화학처리공정설비를 설치하는 경우가 있다. 이때 이러한 설비 없이는 화학제품을 제조 및 판매를 할 수 없기 때문에 관련 설치원가를 자산으로 인식한다.

다만, 이러한 자산을 포함한 관련 자산의 장부금액은 회수가능액을 초과할 수 없다. 예를 들면, 화공약품 제조업체가 환경규제요건을 충족하기 위하여 새로 설치한 화공약품 취급공정설비는 이 설비를 포함한 관련 자산의 회수가능액 범위 내에서 자산으로 인식할 수 있다(K-IFRS 제1036호(자산손상)를 준용).

(2) 복구원가의 취득원가 산입 1016:16(3)

유형자산의 사용이 종료된 후에 원상회복을 위하여 그 자산을 제거·해체하거나 또는 부지를 복원하는 데 원가가 발생할 수 있다. 예컨대, 원자력발전소, 해상구조물, 쓰레기매립장, 저유설비 등의 유형자산에 대해서는 사용이 종료된 후에 환경보전을 위하여 반드시 원상회복을 시켜야 한다. 이러한 원가는 유형자산의 취득, 설치, 또는 사용으로 인한 복구의무로부터 발생한다.

이러한 복구원가는 해당 자산을 경영진이 의도하는 방식으로 자산을 가동하는 데 필요한 장소와 상태에 이르게 하는 데 직접 관련된 원가의 일부이므로 자산의 원가에 산입해야 한다. 복구원가는 소요될 것으로 추정되는 지출의 현재가치를 자산의 취득원가에 포함한다. 복구원가의 회계처리는 다음 두 가지로 구성된다.[7]

① 복구원가의 현재가치를 추정하여 이를 복구충당부채로 계상하고 동시에 관련 유형자산의 취득원가에 가산

② 관련 유형자산을 감가상각하고, 복구충당부채전입액을 인식

복구충당부채는 최초인식시점에서 현재가치로 기록되지만 기간이 경과하면 보고기간말 현재의 현재가치로 조정한다. 이는 기초복구충당부채에 유효이자율을 곱한 금액을 매기의 비용(복구충당부채전입액)으로 인식하고 동시에 복구충당부채에 가산함으로써 달성된다. 이에 따라 내용연수 종료시점에는 실제로 지출하게 될 복구원가가 충당부채로서 적립된다.

예제 7-10 복구원가가 있는 유형자산의 취득

진정(주)는 20×1. 1. 1에 내용연수가 종료되면 원상복구를 해야 하는 구축물을 취득하였다. 구축물의 취득 및 복구원가와 관련된 정보는 다음과 같다.

① 취득한 자산에 관련된 정보

취득원가 : ₩500,000	잔존가치 : ₩10,000
내용연수 : 5년	감가상각방법 : 정액법

② 복구원가와 관련된 예상현금흐름은 ₩280,000으로 추정되고, 할인율 8%를 적용하여 측정한 현재가치는 ₩190,563(= ₩280,000 × $1/1.08^5$)이다.

위의 자료를 이용하여 진정(주)의 자산취득시점(20×1. 1. 1), 취득후 첫 결산시점(20×1. 12. 31)과 복구공사시점(20×6년)에 필요한 회계처리를 하라. 단, 실제 복구에 들어간 현금은 ₩300,000이었다.

➡계속

7) 유형자산을 특정 기간 동안 사용한 결과로서 발생하는 복구의무가 제품생산에 관련된 경우에는 제조원가로 처리한다.

해답

〈자산취득시점(20×1. 1. 1)의 분개〉

(차) 구 축 물	690,563	(대) 현 금	500,000
		복구충당부채	190,563

〈결산기말(20×1. 12. 31)의 분개〉

(차) 감가상각비	136,113*	(대) 감가상각누계액	136,113
복구충당부채전입액	15,245**	복구충당부채	15,245

* 감가상각비 : (₩690,563 − ₩10,000)/5년 = ₩136,113

** 복구충당부채전입액 : ₩190,563 × 8% = ₩15,245

유효이자율법으로 복구충당부채의 장부금액을 수정하는 표는 다음과 같다. 내용연수말에 추정되는 복구충당부채는 ₩280,000이다.

일 자	유효이자(8%)	복구충당부채전입액	장부금액
20×1. 1. 1			₩190,563
12. 31	₩15,245	₩15,245	205,808
20×2. 12. 31	16,465	16,465	222,273
20×3. 12. 31	17,782	17,782	240,055
20×4. 12. 31	19,204	19,204	259,259
20×5. 12. 31	20,741	20,741	280,000

〈복구시점(20×6년)의 분개〉

(차) 복구충당부채	280,000*	(대) 현 금	300,000
복구공사손실	20,000		

* 내용연수 종료시점의 복구충당부채 : ₩190,563 × $(1.08)^5$ = ₩280,000

(주) 실제 복구공사가 내용연수 종료시점의 복구충당부채 ₩280,000보다 적으면 그 차액만큼을 실제 복구가 이루어진 회계기간의 복구공사이익으로 인식하면 된다.

제3절 정부보조금 등의 지원에 의한 취득

K-IFRS 제1020호(정부보조금의 회계처리와 정부지원의 공시)에서는 정부보조금(government grants)을 기업의 영업활동과 관련하여 과거나 미래에 일정한 조건을 충족하였거나 충족할 경우 기업에게 자원을 이전하는 형식의 정부지원으로 정의하고 있다. 즉 정부보조금이란 기업이 영업활동과 관련하여 일정한 기준이나 조건을 충족한 경우에 국가나 지방자치단체가 산업정책적 목적에 따라서 시설자금이나 운영자금의 일부를 지

원하는 금액을 말한다. 1020:3

(1) 정부보조금의 최초인식

정부보조금(공정가치로 측정되는 비화폐성 보조금 포함)은 다음 모두에 대한 합리적인 확신이 있을 때 인식한다. 1020:7

① 정부보조금에 부수되는 조건의 준수
② 보조금의 수취

보조금의 수취 자체가 보조금에 부수되는 조건이 이행되었거나 이행될 것이라는 결정적인 증거를 제공하지는 않는다. 또한 보조금을 현금으로 수취하는지 또는 정부에 대한 부채를 감소시키는지에 관계없이 동일한 방법으로 회계처리한다.

정부보조금은 크게 수익관련보조금과 자산관련보조금으로 나눌 수 있다. 수익관련보조금(government grants related to income)은 자산의 취득과 관련한 보조금이 아닌 모든 정부보조금이다. 예를 들면, 태풍으로 인한 손상자산의 복구를 위한 정부의 지원금이 단순한 피해보상이라면 수익관련보조금에 해당한다. 1020:3,20

수익관련보조금은 받는 시점에 당기손익에 반영하는 회계처리를 한다. 이때 정부보조금을 표시하는 방법에는 두 가지가 있고 모두 인정된다. 1020:28

① 손익계산서에 별도계정이나 '기타수익'과 같은 일반계정으로 표시
② 관련비용에서 보조금을 차감하여 표시

자산관련보조금(government grants related to assets)은 정부지원의 요건을 충족하는 기업이 장기성 자산을 매입, 건설, 또는 기타 방법으로 취득해야 하는 조건이 있는 정부보조금이다.[8] 정부는 자산관련보조금을 지원하면서 부수조건으로 해당 자산의 유형이나 위치 또는 자산의 취득기간이나 보유기간을 제한할 수 있다.

자산관련보조금은 지급받은 시점에 재무상태표에 이연수익으로 표시(이연수익법)하거나 자산의 취득원가에서 차감하여 표시(원가차감법)한다. 1020:24

① 이연수익법 : 정부보조금을 받는 시점에 이연수익(부채)으로 인식하여 자산의 내용연수에 걸쳐서 수익으로 인식하는 방법이다. 유형자산의 감가상각은 감가상각대상금액을 내용연수 동안 상각하므로 정부보조금을 수익으로 인식하는 금액은 감가상각대상금액에서 인식하는 감가상각비에 비례하여 인식하면 수익・비용 대응의 원칙에 충실하다.

8) 공사부담금은 자산관련 국고보조금과 성격이 동일하다. 공사부담금이란 전기・가스 등의 공익사업에 대한 신규설비를 건설할 때, 당해 사업시설의 수요자 또는 편익을 받는 자가 당해 설비비의 전부 또는 일부를 사업시행자에게 제공하는 자금 또는 자재의 화폐환산액을 말한다. 따라서 자산취득에 충당할 공사부담금은 취득자산에서 차감하는 형식으로 기재하고 당해 자산의 내용연수에 걸쳐 감가상각비와 상계하며, 당해 자산을 처분하는 경우에는 그 잔액을 당해 자산의 처분손익에 가감해야 한다.

② 원가차감법 : 자산의 장부금액을 결정할 때 자산의 취득원가에서 정부보조금을 차감하는 방법이다. 정부보조금만큼 자산의 취득원가가 감액되므로 이후 감가상각액은 정부보조금이 없을 때와 비교하여 작아진다. 이러한 과정을 통하여 자연스럽게 정부보조금이 당기손익에 영향을 미친다.

(2) 정부보조금의 후속측정

수익관련보조금은 지급받는 시점에 모두 당기손익으로 회계처리하였으므로 반환 등의 사건이 발생하지 않는 이상 별다른 회계처리가 필요하지 않다. 하지만 자산관련보조금은 관련한 자산의 사용기간 동안 체계적 기준에 따라 정부보조금을 수익으로 인식하는 회계처리를 수행한다. 1020:12 즉, 정부보조금이 특정 자산의 취득과 관련되어 있으므로 해당 자산의 사용과 대응하여 정부보조금수익을 배분한다.

이연수익법과 원가차감법에 따라 회계처리는 조금 다르다. 하지만 두 방법 모두 해당 자산의 순장부금액과 정부보조금이 당기손익에 미치는 영향은 동일하다.

예제 7-11 정부보조금에 의한 유형자산의 취득

병일(주)는 방위산업에 종사하고 있는 회사로서 20×1년에 방위산업설비의 취득시에 설비자금의 일부를 정부에서 보조받았다. 유형자산의 취득 및 자산관련 정부보조금에 대한 정보는 다음과 같다.

- 유형자산 취득원가 : ₩2,000,000(취득일 : 20×1. 9. 30)
- 정부보조금 : ₩500,000(20×1. 9. 30에 보조금 전액 수령)
- 유형자산의 추정내용연수 : 5년
- 유형자산의 추정잔존가치 : ₩100,000
- 유형자산의 감가상각방법 : 정액법

1) 병일(주)가 20×1. 9. 30(취득시) 및 12. 31(회계기말)에 유형자산과 관련하여 필요한 분개를 하고, 20×1. 12. 31에 동 유형자산이 재무상태표에 어떻게 보고되어야 하는지를 보여라.
2) 병일(주)가 동 유형자산을 20×4. 10. 1(유형자산 취득후 만 3년)에 ₩800,000에 처분했다고 가정하고 필요한 분개를 하라.

해답

(1) 이연수익법

1) 유형자산의 취득, 정부보조금 수령 및 회계기말의 분개와 부분재무상태표

〈20×1. 9.30〉	(차) 유 형 자 산	2,000,000	(대) 현 금	2,000,000
	(차) 현 금	500,000	(대) 이연정부보조금수익	500,000
〈20×1.12.31〉	(차) 감가상각비	95,000*	(대) 감가상각누계액	95,000
	* (₩2,000,000 − ₩100,000)/5년×3개월/12개월 = ₩95,000			
	(차) 이연정부보조금수익	25,000*	(대) 정부보조금수익	25,000
	* ₩500,000/5년×3개월/12개월 = ₩25,000			

〈20×1.12.31 현재 부분재무상태표〉

부분재무상태표

병일(주) 20×1. 12. 31

유 형 자 산	2,000,000		이연정부보조금수익	475,000
차감 : 감가상각누계액	(95,000)	1,905,000		

2) 20×4. 10. 1(유형자산 취득후 만 3년) 유형자산 처분시의 분개

[9개월분의 유형자산 감가상각 및 정부보조금 수익인식]

(차) 감가상각비	285,000*	(대) 감가상각누계액	285,000

* (₩2,000,000 − ₩100,000)/5년 × 9개월/12개월 = ₩285,000

(차) 이연정부보조금수익	75,000*	(대) 정부보조금수익	75,000

* ₩500,000/5년 × 9개월/12개월 = ₩75,000

[처분시의 분개]

(차) 감가상각누계액	1,140,000	(대) 유 형 자 산	2,000,000
이연정부보조금수익	200,000	유형자산처분이익	140,000
현 금	800,000		

〈유형자산처분손익의 계산〉

유형자산처분금액		₩800,000
(−)유형자산처분시의 장부금액		
취득원가	₩2,000,000	
감가상각누계액	(1,140,000)	(860,000)
(+)정부보조금의 잔액		
정부보조금 수령액	500,000	
수익으로 인식액	(300,000)	200,000
유형자산처분이익		₩140,000

(2) 원가차감법

1) 유형자산 취득, 정부보조금 수령 및 회계기말의 분개와 부분재무상태표

〈20×1. 9.30〉	(차) 유 형 자 산	2,000,000	(대) 현 금	2,000,000
	현 금	500,000	정부보조금	500,000
	정부보조금	500,000	유 형 자 산	500,000
〈20×1.12.31〉	(차) 감가상각비	70,000*	(대) 감가상각누계액	70,000

* (₩1,500,000 − ₩100,000)/5년 × 3개월/12개월 = ₩70,000

〈20×1.12.31 현재 부분재무상태표〉

부분재무상태표

병일(주) 20×1. 12. 31

유 형 자 산	₩1,500,000	
차감 : 감가상각누계액	(70,000)	₩1,430,000

➡계속

2) 20×4. 10. 1(유형자산 취득후 만 3년) 유형자산 처분시의 분개

[9개월분의 감가상각비 분개]

(차) 감가상각비	210,000*	(대) 감가상각누계액	210,000

* (₩1,500,000 − ₩100,000)/5년 × 9개월/12개월 = ₩210,000

[처분시의 분개]

(차) 감가상각누계액	840,000	(대) 유 형 자 산	1,500,000
현　　금	800,000	유형자산처분이익	140,000

예제 7-11 에서 이연수익법과 원가차감법이 다르게 보이지만 재무상태표의 유형자산 순액과 손익계산서의 당기손익에 미치는 영향은 동일하다. 이연수익법에서 20×1년말 재무상태표의 차변에 표시되는 유형자산의 장부금액은 ₩1,905,000이고 대변에 표시되는 이연수익은 ₩475,000으로서 그 순액은 ₩1,430,000이다. 원가차감법에서는 유형자산의 원가에서 정부보조금이 직접 차감되어 20×1년말 재무상태표의 차변에 유형자산의 장부금액이 ₩1,430,000이다. 포괄손익계산서에 미치는 영향을 보면 이연수익법에서 20×1년에는 감가상각비로 ₩95,000을 인식하고 정부보조금 중에서 ₩25,000을 수익으로 인식하여 그 순액은 비용으로 ₩70,000이다. 반면, 원가차감법에서는 감가상각비 ₩70,000이 인식된다.

정부보조금이 감가상각대상자산이 아닌 토지와 같은 비상각자산을 대상으로 지원될 수도 있다. 이 경우에는 비상각자산과 관련된 정부보조금이 일정한 의무의 이행도 요구한다면 그 의무를 충족시키기 위한 원가를 부담하는 기간에 그 정부보조금을 수익으로 인식한다. 예를 들어 건물을 건설하는 조건으로 토지를 보조금으로 받은 경우 건물의 내용연수 동안 정부보조금수익을 인식한다.

(3) 정부보조금의 상환

정부보조금의 상환의무가 발생하게 된 경우에는 회계추정의 변경으로 회계처리한다. 1020:32 즉, 과거에 수행한 회계처리에 대한 수정은 하지 않고 새로운 사실에 기반하여 전진적으로 회계처리한다.

수익관련보조금을 상환하는 경우에는 보조금과 관련하여 설정된 미상각 이연계정이 있는 경우, 해당 계정을 먼저 상계한다. 보유한 이연계정을 초과한 상환금액은 즉시 비용으로 인식한다. 이연계정이 없는 경우에는 상환금액 전액을 즉시 비용으로 인식한다.

자산관련보조금을 상환하는 경우에는 상환금액만큼 이연수익에서 차감하거나 자산의 장부금액을 증가시킨다.[9] 또한 정부보조금이 없었더라면 현재까지 비용으로 인

9) 자산관련보조금의 상환의무가 발생하게 되는 경우 자산의 새로운 장부금액에 손상가능성이 있는지를 고려할 필요가 있다.

식했어야 하는 누적적인 추가 감가상각액을 즉시 비용으로 인식한다.

만약 정부보조금을 수령하였을 때 이행해야 하는 조건을 충족시키지 못하여 정부보조금은 상환하고 추가적인 범칙금이 존재하는 경우, 해당 범칙금은 즉시 당기 비용으로 인식한다.

제4절 유형자산 보유기간중의 지출

유형자산은 취득후 사용하는 과정에서 수리, 개선, 증설 등을 위한 지출이 발생한다. 이와 같이 유형자산의 취득 후에 발생하는 지출을 어떻게 회계처리할 것인가에 대하여 지출의 성격에 따라 두 가지의 방법이 있다. 첫째는 유형자산의 미래효익(용역잠재력)을 증가시키는 지출인 자본적 지출(capital expenditures)인데, 이러한 지출은 자본화하여 해당 유형자산의 원가에 가산한다. 둘째는 유형자산의 본래 용역잠재력을 유지시키는 데 그치는 지출인 수익적 지출(revenue expenditures)인데, 이러한 지출은 발생한 기간의 비용으로 인식한다.[10]

수익적 지출과 자본적 지출의 구분기준은 해당 자산의 미래효익의 증가여부이다. 유형자산의 취득 또는 완성 후의 지출이 가장 최근에 평가된 성능수준을 초과하여 미래경제적 효익을 증가시키는 경우에는 자본적 지출로 처리하고, 그렇지 않은 경우에는 발생한 기간의 비용으로 인식한다. 이때 다음 세 가지 중의 하나를 가져오는 경우에는 관련된 지출이 미래경제적 효익을 증가시켰다고 본다.

① 생산능력의 증대
② 내용연수의 연장
③ 상당한 원가절감이나 품질향상

보유중인 유형자산과 관련하여 발생하는 지출로는 수선·유지, 정기적인 종합검사, 증설, 대체, 이전 및 재배치 등이다.

10) 자본적 지출과 수익적 지출은 전통적으로 사용해 오고 있는 용어이며, 현대적인 의미는 자산적 지출과 비용적 지출로 이해하면 된다.

(1) 수선 · 유지

유형자산의 수선 · 유지를 위한 일반수선(ordinary repairs)은 해당 자산으로부터 당초 예상되었던 성능수준을 회복하거나 유지하기 위한 것이므로 일반적으로 발생한 기간의 비용으로 인식한다. 예를 들면, 잡다한 기계부품의 교환, 도색, 윤활유주입, 기계설비의 청소 등과 관련된 수선비는 유형자산의 생산성을 유지하기 위한 경우가 많고 당기의 비용으로 인식하는 것이 합리적이다.

(2) 정기적인 종합검사 1016:14

항공기와 같은 유형자산을 계속적으로 가동하기 위해서는 당해 유형자산의 일부가 대체되는지 여부와 관계없이 결함에 대한 정기적인 종합검사가 필요할 수 있다. 정기적인 종합검사과정에서 발생하는 원가가 유형자산의 인식기준(① 미래경제적 효익의 유입가능성이 높고, ② 원가를 신뢰성 있게 측정가능)을 충족하는 경우에는 유형자산의 일부가 대체되는 것으로 보아 대체되는 자산의 장부금액은 제거하고 새로운 자산을 해당 유형자산의 장부금액에 포함하여 인식한다.

정기적인 종합검사에서 발생한 원가가 자산의 인식기준을 충족하여 유형자산의 장부금액에 포함될 경우 자산의 내용연수와 잔존가치가 변할 수도 있다. 이러한 경우에는 회계추정의 변경으로 보아 감가상각비에 관한 회계처리를 수정한다.

(3) 증설, 대체, 이전 및 재배치

1) 증 설

증설(additions)은 일반적으로 자산의 미래효익을 증가시키는 지출이므로 자본적 지출로 처리한다. 예컨대 건물확장공사, 냉난방설비의 부착 등은 증설의 좋은 예이다.

증설과 관련하여 가끔 발생하는 회계상의 문제는 증설로 인하여 기존 시설을 일부 변경해야 할 경우 발생하는 비용에 대해서이다. 예를 들어 건물에 냉난방설비를 하기 위하여 벽을 허물고, 배관공사 및 보일러실을 새로 만드는 경우가 있다. 이러한 공사로 인하여 기존 자산의 용도 및 내용연수에 변경이 발생하였고 이러한 변경이 자본적 지출인지에 대한 의문이 존재할 수 있다.

차후에 건물에 냉난방설비를 부착하는 것이 건물축조 당시부터 계획된 것이라면 모든 지출은 자본적 지출로 처리한다. 그러나 냉난방설비의 부착이 건물축조 당시 계획된 것이 아니라면 비효율적 계획의 결과로 인하여 벽을 허무는 등의 비용이 추가적으로 발생했다고 볼 수 있으므로 비효율적이라고 생각하는 만큼은 당기의 비용(손실)으로 처리해야 한다.[11]

---

11) 공사로 인하여 벽이 더 이상 존재하지 않으므로 장부상에서 제각하는 것이 타당하지만 일반적으로 벽의 원가를 별도로 식별할 수 없기 때문에 장부상에 유지시키고 정상적인 감가상각을 한다.

2) 대 체 1016:13

일부 유형자산의 경우 주요 부품이나 구성요소의 정기적 교체가 필요할 수 있다. 예를 들면, 용광로의 경우 일정시간 사용 후에 내화벽돌의 교체가 필요할 수 있으며, 항공기의 경우에도 좌석과 취사실 등의 내부설비를 항공기 동체의 내용연수 동안 여러 번 교체할 필요가 있을 수 있다.

유형자산의 일부를 대체할 때 발생하는 원가가 유형자산의 인식기준을 충족하는 경우에는 이를 해당 유형자산의 장부금액에 포함하여 인식한다. 한편, 대체되어 제거되는 부분의 유형자산에 대해서는 제거와 관련한 회계처리를 한다.

3) 이전 및 재배치 1016:20

유형자산이 경영진이 의도하는 방식으로 가동될 수 있는 장소와 상태에 이른 후에는 원가를 더 이상 인식하지 않는다. 따라서 유형자산을 이전(reinstallation) 혹은 재배치(rearrangement)하는 과정에서 발생하는 원가는 유형자산의 장부금액에 포함하지 않고 비용으로 처리한다.

예제 7-12 유형자산의 교체

팔마(주)는 사옥의 냉방시설이 노후되어 이를 교체하였다. 교체된 냉방시설은 건물과 별도로 인식하여 감가상각을 해왔었다. 교체된 냉방시설의 취득원가는 ₩20,000,000이고 교체시까지 감가상각누계액은 ₩16,000,000이다. 새로운 냉방시설은 열효율과 성능이 많이 개선되었으며 취득원가는 ₩40,0000,000이다. 한편, 교체된 냉방시설의 고물처분을 통하여 ₩1,500,000을 받았다.

냉방시설의 교체에 대해 적절한 회계처리를 하라.

해답

(차) 현 금	1,500,000	(대) 냉 방 시 설	20,000,000
감가상각누계액	16,000,000		
자산처분손실	2,500,000*		
(차) 냉 방 시 설	40,000,000	(대) 현 금	40,000,000

* 처분손실 : ₩20,000,000 − ₩16,000,000 − ₩1,500,000 = ₩2,500,000

보론 7A 차입원가의 자본화

자산의 취득이나 건설과 관련하여 자금을 차입한 경우 차입금에서 발생한 차입원가를 어떻게 회계처리할 것인가에 대해서는 오랫동안 논란이 있었다. 자산의 취득과 관련하여 발생한 차입원가의 회계처리에 대해서는 세 가지의 접근방법이 있다.

① 비용처리 : 차입원가는 본질적으로 비용이고 원가가 아니므로 이를 자산의 취득원가에 포함시켜서는 안 된다는 것이다. 또한 건설자금을 차입금이 아닌 내부자금 또는 주식발행으로 조달했다면 차입원가가 발생하지 않을 것이므로 부채에 대한 차입원가만을 자산의 취득원가로 취급하는 것은 일관성이 없다고 본다.

이 방법이 갖는 한계점은 자산의 취득원가에는 재료원가, 노무원가, 제조간접원가 등의 원가뿐만 아니라 자본조달의 원천이 차입금이든 주식이든 자금조달과 관련하여 자본비용이 발생하는데, 이를 고려하지 않는다는 점이다.

② 자산의 취득과 관련된 모든 자본비용을 자산원가로 처리 : 이 방법은 건설에 소요된 자금의 조달원천에 관계없이 건설과 관련된 자본비용을 자산의 취득원가로 처리하는 방법이다. 즉 부채는 명시적이고 법적인 차입원가가 발생하지만, 주식을 통한 자본조달도 법적으로 강제되는 자본비용은 없으나 배당금이라는 실질자본비용이 발생하므로 사실상은 동일하다는 점이다. 따라서 실제 발생한 차입원가뿐만 아니라 건설에 관련되었다고 판단되는 모든 자금에 평균자본비용률을 곱하여 이를 자산의 취득원가에 포함시킨다.

이 방법은 자본비용의 계산과 배분이 주관적이고, 취득원가주의의 틀에서 벗어나는 한계점을 갖는다.

③ 실제로 발생한 차입원가를 자산원가로 처리 : 자산취득과 관련하여 실제로 발생한 차입원가만 자산의 취득원가로 기록하는 방법으로서 취득원가주의에 근거한 방법이다. 이 방법의 논거는 재료원가, 노무원가, 제조간접원가 등과 마찬가지로 차입원가(타인자본원가)도 자산을 취득하는 데 실제로 발생한 원가이므로 이를 자산의 취득원가에 포함시키는 것이 타당하다는 데 있다.

이 방법이 갖는 한계점은 부채를 통한 자금조달의 경우에는 자본비용이 자산의 원가로 기록되나, 자본금을 통한 자금조달의 경우에는 그렇지 않다는 것이다.

차입원가를 자본화하느냐 하지 않느냐에 따라서 유형자산의 원가와 감가상각비에 차이가 발생한다. 예를 들어, 건설업에 종사하는 A기업과 B기업이 동일한 규모의 사옥을 신축한다고 가정해 보자. A기업은 차입금을 이용하여 사옥을 건설하고, B기업은 내부자금으로 건설자금을 충당한다. 사옥건설에 2~3년의 기간이 소요된다면 차입원가의 자본화 때문에 A기업이 건설하는 사옥의 취득원가가 B기업의 사옥보다 차입원가만큼 높게 인식될 것이다. 그리고 이 사옥건물의 내용연수 동안 감가상각비 역시 차이가 발생할 것이다.

K-IFRS 제1023호(차입원가)는 세 가지 대안 중에서 ③의 방법을 따르고 있다. 즉 의도된 용도로 사용하거나 판매가능한 상태에 이르게 하는 데 상당한 기간을 필요로 하는 적격자산의 취득과 건설 또는 생산과 직접 관련된 차입원가는 당해 자산원가의 일부로 자본화할 것을 규정하고 있다. 적격자산, 자본화가능차입원가, 자본화기간, 자본화할 차입원가의 산정방식 등을 차례로 살펴보자(〈표 7A-1〉 참조).

▶ 표 7A-1 차입원가의 자본화에 대한 규정내용-요약

구 분		내 용
적격자산		의도된 용도로 사용하거나 판매가능한 상태에 이르게 하는 데 상당한 기간이 소요되는 재고자산, 제조설비자산, 무형자산, 투자부동산
자본화가능차입원가		① 적격자산의 취득과 관련하여 차입한 자금에 대한 이자 ② 금융리스 관련 금융비용 ③ 외화차입금과 관련되는 외환차이 중 이자원가의 조정으로 볼 수 있는 부분
자본화기간	개시시점	① 적격자산에 대한 지출의 발생 ② 차입원가의 발생 ③ 적격자산을 의도된 상태에 이르게 하는 데 필요한 활동의 수행
	중단기간	적격자산에 대한 적극적인 개발활동을 중단한 기간. 다만 제조 등에 필요한 일시적 중단이나 자산취득과정상 본질적으로 불가피하게 일어난 중단의 경우에는 차입원가의 자본화를 중단하지 않음.
	종료시점	자산취득이 완료되어 의도된 용도로 사용하거나 판매가능한 경우
자본화할 차입원가의 산정	특정 차입금	자본화기간 동안 특정차입금으로부터 발생한 차입원가에서 동 기간 동안 특정차입금의 일시적 운용에서 생긴 수익을 차감한 금액
	일반 차입금	'(평균지출액 − 특정차입금평균지출액) × 자본화이자율'로 산정 ① 평균지출액 : 차입원가가 발생되는 순지출액 ② 자본화이자율 : 당기 발생한 차입원가를 가중평균하여 산정

1 적격자산과 차입원가의 자본화

(1) 적격자산 1023:5

기업이 의도된 용도로 사용가능하거나 판매가능한 상태에 이르게 하는 데 상당한 기간이 필요한 자산을 적격자산(qualifying asset)이라고 정의한다. 기업이 보유하는 상당수의 자산, 예를 들면 재고자산, 제조설비자산, 전력생산설비, 무형자산, 투자부동산 등이 모두 적격자산에 포함될 수 있다. 그러나 금융자산과 단기간 내에 생산되는 재

고자산은 적격자산에 해당되지 않는다. 또한 자산의 취득시점에 이미 의도된 용도로 사용할 수 있거나 판매가능한 상태에 있는 자산도 적격자산에 해당되지 않는다. 사용 또는 판매가능한 상태에 있는 자산에 대한 차입원가에 대해서 자본화를 허용하면, 기업이 의도적으로 취득이나 생산의 지연을 통하여 이익을 조정할 수 있게 된다.

(2) 자본화가능차입원가 1023:6,10-15

차입원가는 자금의 차입과 관련하여 발생하는 이자비용과 기타 이와 유사한 비용을 말하는데, 다음과 같은 항목들을 포함한다.

① 적격자산의 취득과 관련하여 차입한 자금에서 발생한 이자
② 리스이용자가 부담하는 리스 관련 금융비용
③ 외화차입금과 관련되는 외환차이 중 이자원가의 조정으로 볼 수 있는 부분

자본화한 차입원가는 특정 적격자산을 취득하기 위한 목적으로 특정하여 자금을 차입하는 경우에 발생하는 차입원가와 일반 목적으로 자금을 차입하고 이를 적격자산의 취득에 사용한 경우에 발생하는 차입원가로 나누어 볼 수 있다. 자본화가능차입원가의 산정에 대해서는 뒤의 2.(자본화할 차입원가의 산정)에서 상세히 논의한다.

(3) 자본화기간 1023:17-25

차입원가의 자본화기간을 결정하기 위해서는 자본화개시시점, 자본화중단기간, 자본화종료시점을 고려해야 한다.

1) 자본화의 개시시점

차입원가는 자본화개시일부터 적격자산의 원가로 처리하는데, 자본화개시일은 최초로 다음 조건을 모두 충족시키는 날이다.

① 적격자산에 대하여 지출하고 있다.
② 차입원가가 발생하고 있다.
③ 적격자산을 의도된 상태에 이르게 하는 데 필요한 활동을 수행하고 있다.

적격자산에 대한 지출액은 현금의 지급, 다른 자산의 제공, 또는 이자부부채의 발생 등에 따른 지출액을 모두 포함한다. 회계기간 동안 적격자산의 평균장부금액(이미 당기 이전에 자본화된 차입원가 포함)은 일반적으로 자본화이자율을 적용하고자 하는 당해 기간 동안 지출액의 적절한 근사치가 된다.

적격자산을 의도된 상태에 이르게 하는 데 필요한 활동은 당해 자산의 물리적인 제작뿐만 아니라 그 이전단계에서 이루어진 기술 및 관리상의 활동도 포함한다. 예를 들어, 물리적인 제작 전에 각종 인허가를 얻기 위한 활동 등을 들 수 있다. 그러나 자

산의 상태에 변화를 가져오는 생산 또는 개발을 하지 않고 단지 당해 자산을 보유하는 것은 필요한 활동으로 보지 않는다. 예를 들어, 건설목적으로 취득한 토지를 별다른 개발활동 없이 보유하는 동안 발생한 차입원가는 자본화조건을 충족하지 못한다.

2) 자본화의 중단기간

적격자산에 대한 적극적인 개발활동을 중단한 기간에는 차입원가의 자본화를 중단한다. 개발활동이란 자산을 의도된 용도로 사용하거나 판매가능한 상태에 이르게 하는 활동을 의미하는데, 개발활동이 중단된 기간 동안 발생하는 차입원가는 당기비용으로 처리한다. 왜냐하면, 이러한 차입원가는 적격자산의 취득과 관련한 활동과 관련 없이 발생하는 비용으로서 자본화조건을 충족하지 못하기 때문이다.

반면, 건설 등의 활동은 수행하고 있지 않지만 중요한 기술 및 관리활동을 진행하고 있는 기간에는 개발활동이 진행중이라고 보고 차입원가의 자본화를 중단하지 않는다. 또한 자산을 의도된 상태에 이르기 위한 과정에 있어 일시적인 지연이 필수적인 경우에도 차입원가의 자본화를 중단하지 않는다. 예를 들어, 건설기간 동안 하천수위가 높아져서 교량건설이 지연되는 경우에는 차입원가의 자본화를 중단하지 않는다.

기업이 의도적으로 취득활동을 지연하거나 중단한 경우에 발생한 차입원가는 자산취득과정에서 발생된 것으로 볼 수 없으므로 기간비용으로 인식한다. 경영환경변화나 새로운 정책결정으로 인하여 취득활동을 중단한다면 이는 기업이 의도적으로 취득활동을 지연하거나 중단하는 경우에 해당한다. 예를 들면, 건설에 사용할 목적으로 토지(용지)를 취득했으나, 관련 개발활동이 중단된 상태에 있다면 이 기간 동안 자본화를 중단한다. 그러나 법규정 등의 개폐에 의해 취득활동이 지연되거나 일시적으로 중단된 경우라면 자본화를 중단하지 않는다.

3) 자본화의 종료시점

자본화종료시점은 적격자산을 의도된 상태에 이르게 하는 데 필요한 대부분의 활동이 완료된 시점이다. 적격자산이 물리적으로 완성된 경우라면 일상적인 건설 관련 후속 관리업무 등이 진행되고 있더라도 당해 자산이 의도된 상태에 있는 것으로 본다. 또한 구입자 또는 사용자의 요청에 따른 내장공사와 같은 경미한 작업만이 남아 있는 경우에도 대부분의 건설활동이 종료된 것으로 본다.

적격자산의 건설활동을 여러 부분으로 나누어 완성하고, 남아 있는 부분의 건설활동을 계속 진행하고 있더라도 이미 완성된 부분이 사용가능한 경우가 있다. 예를 들면, 각각의 건물별로 사용가능한 여러 동의 건물로 구성된 복합업무시설을 들 수 있다. 이 경우 완성된 자산 부분에 대해서는 차입원가의 자본화를 종료한다.

(4) 적격자산의 장부금액

차입원가의 자본화가 과도하게 된 경우에는 적격자산의 장부금액이 회수가능액을 초과할 수 있다. 회수가능액이 장부금액을 초과하는 경우 자산손상차손의 개념을 적용하여 장부금액을 회수가능액으로 감액시켜야 한다.

차입원가 자본화의 개념을 도식화하면 [그림 7A-1]과 같다.

▶ 그림 7A−1
차입원가 자본화의 개념도

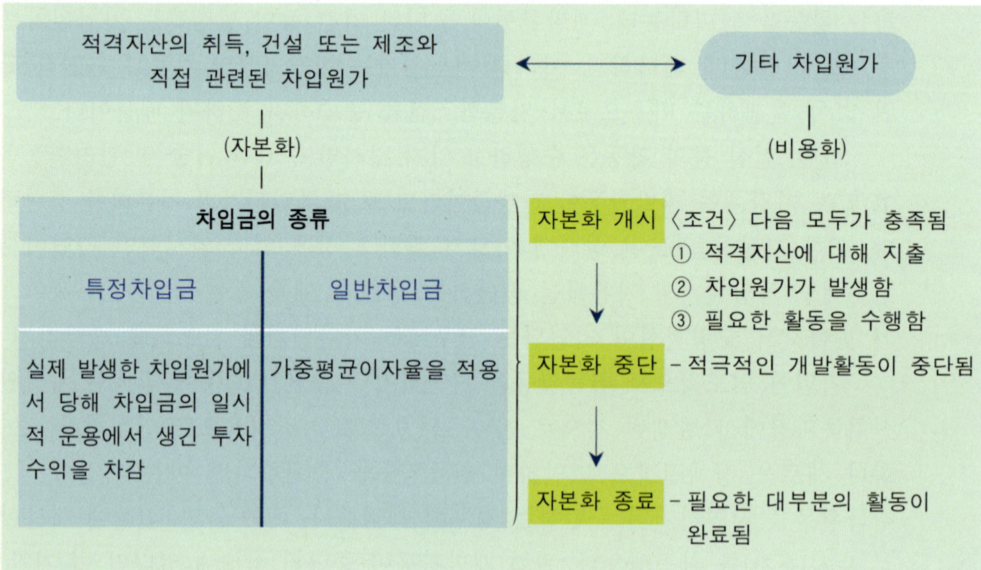

2 자본화할 차입원가의 산정

자본화할 차입원가는 적격자산 취득을 위해 특정된 차입금인 특정차입금으로부터 발생한 차입원가와 일반차입금 중 적격자산의 취득에 소요되었다고 볼 수 있는 자금으로부터 발생한 차입원가로 나눌 수 있다.

(1) 특정차입금의 자본화할 차입원가

특정차입금은 적격자산의 취득에만 사용하도록 사용이 제한된 차입금을 의미한다. 특정차입금으로부터 발생하는 원가 중 자본화할 수 있는 금액은 자본화기간 동안 특정차입금으로부터 발생한 차입원가에서 동 기간 동안 특정차입금의 일시적 운용에서 생긴 수익을 차감한 금액으로 한다. 즉 이는 다음과 같이 표현된다.

특정차입금 차입원가 = 특정차입금에서 발생한 비용(차입원가)
− 특정차입금의 일시적 운용에서 생긴 수익

(2) 일반차입금의 자본화할 차입원가

일반차입금이란 일반적인 목적으로 자금을 차입했지만 적격자산의 취득을 위해 사용한 것으로 볼 수 있는 차입금이다. 일반차입금의 차입원가 중 자본화할 수 있는 금액은 회계기간 동안의 적격자산에 대한 평균지출액 중 특정차입금을 사용한 평균지출액을 초과하는 부분에 대해 자본화이자율을 적용하여 산정한다.

일반차입금 차입원가 = (적격자산에 대한 평균지출액 − 특정차입금 평균지출액)
× 자본화이자율

일반차입금에 대해 자본화할 차입원가는 회계기간 동안 발생된 차입원가 중 자본화이자율 산정에 포함되지 않은 차입금 및 특정차입금에 대한 차입원가를 차감한 금액을 한도로 한다. 즉 회계기간 동안 자본화할 차입원가는 당해 회계기간 동안 실제 발생한 차입원가를 초과할 수 없다. 유의할 점은 특정차입금의 경우와는 달리 일반차입금의 일시적 운용에서 생긴 수익은 차감하지 않는다는 것이다.

일반차입금에 대한 자본화될 차입원가를 산출하기 위해서는 적격자산에 대한 평균지출액과 자본화이자율을 결정해야 한다.

① 적격자산에 대한 평균지출액 : 평균지출액은 차입원가를 부담하는 부채를 발생시키거나, 현금지급, 다른 자산을 제공하는 등에 따른 순지출액을 의미한다. 따라서 정부보조금 등의 보조금이 있거나 건설의 진행에 따라 금액을 회수하는 경우 이들을 평균지출액 계산에서 차감한다. 또한 이자비용을 수반하지 않는 미지급비용 등에 의한 원가부분은 제외한다.

K-IFRS는 건설중인자산에 대한 평균지출액의 계산과 관련한 구체적인 규정은 제공하고 있지 않다. 다만, 평균지출액 계산에 전기에 자본화한 차입원가를 포함한다. 1023:18 일반적으로 평균지출액은 가중평균지출액을 사용한다. 가중평균지출액 계산에 대해서는 예제 7A-1 을 참고한다.

② 자본화이자율 : 자본화이자율은 회계기간 동안 상환되었거나 미상환된 일반차입금들에 대하여 당기에 발생한 차입원가를 가중평균하여 산정한다.

예제 7A-1 차입원가의 자본화 – 건설계약

12월 결산법인인 금비(주)는 사옥을 건설하기 위하여 20×1. 1. 1에 창신건설(주)와 건설계약을 체결하였다. 당해 사옥건설은 20×2. 6. 30에 준공될 예정이고, 금비(주)는 사옥건설을 위해 다음과 같이 지출하였다.

	20×1. 1. 1	20×1. 7. 1	20×1 10. 1	20×2. 1. 1	20×2. 6. 30
지급금액	₩40,000	₩80,000	₩60,000	₩70,000	완공

금비(주)의 20×1 회계연도중 차입금은 다음과 같으며, 20×2년에 신규로 차입한 자금은 없다.

차입금	차입일	차입금액	상환일	이자율	이자지급조건
A	20×1. 1. 1	₩50,000	20×2. 6. 30	12%	매년말 지급
B	20×0. 1. 1	30,000	20×2. 12. 31	10%	매년말 지급
C	20×0. 1. 1	35,000	20×3. 12. 31	12%	매년말 지급

이들 차입금 중에서 차입금 A는 사옥건설을 위한 특정차입금이며, 이 중에서 ₩10,000은 20×1. 1. 1~6. 30 동안 연 9% 이자지급조건의 정기예금에 예치하여 ₩450의 이자수익이 발생하였다. 차입금 B와 C는 일반차입금이다.

건설중인 사옥에 대하여 20×1년과 20×2년에 자본화할 차입원가의 금액을 산출하고 필요한 분개를 하라.

해답

1. 20×1년에 자본화할 차입원가

(1) 특정차입금(A) 범위 내에서 자본화할 차입원가 :

당기중 발생한 차입원가	₩50,000×0.12	₩6,000
차감 : 일시운용수익	₩10,000×0.09×6/12	(450)
자본화할 특정차입금 차입원가		₩5,550

(2) 일반차입금 범위 내에서 자본화할 차입원가 :

〈적격자산에 대한 가중평균지출액〉

지출일	지출액	자본화대상기간	가중평균지출액
20×1. 1. 1	₩40,000	12/12	₩40,000
20×1. 7. 1	80,000	6/12	40,000
20×1. 10. 1	60,000	3/12	15,000
합 계	₩180,000		₩95,000

〈일반차입금에 대한 자본화이자율의 계산〉

차입금	연평균차입금액	차입원가
B	₩30,000	₩3,000
C	35,000	4,200
합 계	₩65,000	₩7,200

$$자본화이자율 = \frac{총차입원가}{평균차입금총액} = \frac{₩7,200}{₩65,000} = 11.08\%$$

① 자본화할 수 있는 일반차입금 차입원가 :

[₩95,000 − (₩40,000 × 12/12 + ₩10,000 × 6/12)*] × 11.08% = ₩5,540

* 특정차입금 중 ₩40,000은 20×1. 1. 1에 지출되고 ₩10,000은 20×1. 7. 1에 지출된 것으로 봄. 일반차입금의 경우 일시운용수익은 반영하지 않는다.

② 한도점검 : 자본화할 차입원가가 한도(₩7,200 : 자본화이자율 산정에 포함된 일반차입금에서 당기에 발생한 차입원가) 이내이므로 전액(₩5,540)을 자본화함.

(3) 당기에 자본화할 총차입원가 : ₩5,550(특정차입금) + ₩5,540(일반차입금) = ₩11,090

〈20×1년도 분개〉

(차) 건설중인자산	191,090*	(대) 현 금	193,200
이 자 비 용	2,110**		
(차) 현 금	450	(대) 이 자 수 익	450

* 건설대가지급액 ₩180,000 + 자본화차입원가 ₩11,090 = ₩191,090

** 총이자비용 − 자본화차입원가 = 특정차입금 이자비용 + 일반차입금 이자비용 − 자본화차입원가
= ₩6,000 + ₩7,200 − ₩11,090 = ₩2,110

2. 20×2년에 자본화할 차입원가

(1) 특정차입금(A) 범위 내에서 자본화할 차입원가 :

당기중 발생한 차입원가 : ₩50,000 × 0.12 × 6/12 = ₩3,000

자본화할 차입원가 : ₩3,000(일시운용수익이 없기 때문에 전액을 자본화)

(2) 일반차입금 범위 내에서 자본화할 차입원가 :

〈적격자산에 대한 평균지출액〉

구 분	금 액	자본화대상기간	가중평균지출액
전기지출액	₩180,000	6/12	₩90,000
전기자본화차입원가	11,090	6/12	5,545
20×2. 1. 1 지출액	70,000	6/12	35,000
합 계	₩261,090		₩130,545

〈일반차입금에 대한 자본화이자율의 계산〉

차입금	연평균차입금액	차입원가
B	₩30,000	₩3,000
C	35,000	4,200
합 계	₩65,000	₩7,200

$$자본화이자율 = \frac{총차입원가}{평균차입금총액} = \frac{₩7,200}{₩65,000} = 11.08\%$$

① 자본화할 수 있는 일반차입금 차입원가 :

[₩130,545 − (₩50,000 × 6/12)] × 11.08% = ₩11,694

➥ 계속

② 한도점검 : 자본화할 수 있는 차입원가 ₩11,694이 한도(₩7,200 : 자본화이자율 산정에 포함된 일반차입금에서 당기에 발생한 차입원가)를 초과하므로 한도금액(₩7,200)만을 자본화함.

(주) 공사기간은 6개월(6월말까지)이지만 한도는 20×2년 전체 기간에 발생한 차입원가이다.

(3) 당기에 자본화할 총차입원가 : ₩3,000(특정차입금)+₩7,200(일반차입금)=₩10,200

〈20×2년도 분개〉

(차) 건설중인자산	80,200*	(대) 현　　금	80,200
(차) 건　　물	271,290**	(대) 건설중인자산	271,290

* 건설대가지급액 ₩70,000+자본화차입원가 ₩10,200=₩80,200

** 20×1년말 건설중인자산 잔액+20×2년 건설중인자산=₩191,090+₩80,200=₩271,290

보론 7B 생물자산과 수확물

생물자산은 농림어업활동과 관련된 자산이다. 농림어업활동은 곡물이나 과수의 재배, 양어장의 운영, 목축, 조림 등의 활동이다. 생물자산(biological assets)은 살아 있는 식물이나 동물을 의미하며, 그 성격에 따라 유형자산 또는 재고자산이 될 수 있다. 예를 들어, 종우 및 종돈 등은 유형자산의 성격을 갖는 반면 판매할 예정으로 키우고 있는 소나 돼지는 재고자산의 성격을 갖는다.

생물자산은 일반적인 유형자산과 다른 특성을 갖고 있다. 유형자산은 취득시점이 분명하고, 원가를 알 수 있으며, 시간이 경과함에 따라서 감가상각 회계처리를 한다. 그러나 생물자산의 하나인 소나 돼지를 예로 들면, 가축을 취득하는 경우도 있지만 대부분 어미로부터 태어나고 시간이 감에 따라서 자연적인 성장을 한다. 곡물도 씨를 뿌려서 재배하고 시간이 감에 따라서 성장하기 때문에 일반 유형자산과는 그 성질이 다르다. 즉, 취득원가가 낮고 생물자산의 성장에 따라 가치의 변동이라는 특성을 갖는다. 이러한 이유로 K-IFRS(제1041호)는 농림어업활동과 관련된 생물자산과 그 수확물에 대하여 별도의 회계처리를 규정하고 있다.

1 생물자산의 회계처리 1041:10-29

생물자산의 가장 큰 특징은 최초인식시점과 매 보고기간말에 순공정가치로 측정하는 회계처리이다. 순공정가치는 공정가치에서 매각부대원가를 뺀 금액을 의미한다.

> 순공정가치 = 공정가치 − 매각부대원가

일반적으로 생물자산은 활성시장에서 거래가 되는 경우가 많아서 공정가치를 쉽게 파악할 수 있다. 생물자산은 최초인식시점에서 순공정가치로 평가하므로 취득과 동시에 평가손익이 발생할 수 있다. 예를 들어, 송아지와 같은 가축이 태어나는 경우 생물자산의 최초인식시점에 이익이 발생할 수도 있다. 이러한 이익은 당기손익에 반영한다. 반대로 사료의 가격이 너무 높아 추정된 매각부대원가가 공정가치보다 큰 경우 평가손실이 발생할 수도 있다.

생물자산을 최초로 인식한 시점 이후에는 매 보고기간말에 순공정가치로 평가한다. 이 경우에도 생물자산의 가치변동으로 평가손익이 발생하는데, 이 평가손익도 당기손익에 반영한다. 생물자산은 매 회계기간말에 순공정가치로 평가되므로 감가상각을 하지 않는다.

예제 7B-1 생물자산의 평가손익

한우농장은 20×1. 1. 1에 2년생 한우 100마리와 새로 난 송아지 30마리를 키우고 있다. 그런데 20×1년에 10마리의 송아지가 새로 태어났다. 20×1년 동안 죽은 소가 없고, 소 한 마리에 대한 순공정가치가 다음과 같을 때 손익계산서에 인식할 손익은 얼마인가?

	20×1. 1. 1	20×1. 12. 31
새로 난 송아지	₩100,000	₩105,000
1년생 한우	200,000	210,000
2년생 한우	300,000	320,000
3년생 한우	350,000	360,000

해답

한우농장의 가축에 대한 평가손익은 ₩10,350,000으로서 다음과 같이 계산한다(이와 같은 회계처리는 제5장에서 설명한 유출가치기준으로 자산을 평가하는 방법과 같음).

20×1년말 : (100× ₩360,000)+(30× ₩210,000)+(10× ₩105,000=	₩43,350,000
20×1년초 : (100× ₩300,000)+(30× ₩100,000)=	(33,000,000)
20×1년의 평가손익	₩10,350,000

20×1년의 평가손익 ₩10,350,000은 다음과 같이 환산할 수 있다.

• 연초 새로 난 송아지의 공정가치변동액[30×(₩105,000－₩100,000)]	₩150,000
• 새로 난 송아지 성장에 따른 공정가치변동액[30×(₩210,000－₩105,000)]	3,150,000
• 연초 2년생 한우의 공정가치변동액[100×(₩320,000－₩300,000)]	2,000,000
• 2년생 한우의 성장에 따른 공정가치변동액[100×(₩360,000－₩320,000)]	4,000,000
• 연말 새로 난 송아지의 공정가치[10×₩105,000]	1,050,000
20×1년의 평가손익	₩10,350,000

이러한 평가손익은 당기손익에 반영한다. 한편, 20×1년에 한우농장에서 가축의 사육에 소요된 지출은 모두 당기의 비용으로 인식한다.

특별한 경우로서 최초인식시에 생물자산의 시장가격을 구할 수 없고, 공정가치의 대체적인 추정치도 신뢰성이 없는 경우가 있다. 이러한 경우에는 생물자산에 대한 회계처리를 일반 유형자산과 동일(제10장 참조)하게 한다. 즉 생물자산을 취득원가로 측정하고, 원가에서 감가상각누계액과 손상차손누계액을 차감한 금액을 장부금액으로 기록한다. 그러나 이후에라도 생물자산을 공정가치로 신뢰성 있게 측정할 수 있게 되면, 순공정가치로 측정한다.

2 수확물 1041:5-5C

수확물(agricultural produce)이란 생물자산에서 수확한 생산물을 말한다. 예를 들면, 젖소로부터 우유를 얻고, 벼에서 쌀이 생산되며, 과수로부터 과일을 딸 수 있다. 농림어업활동에서 수확물은 정상적인 영업활동으로 판매가능한 자산이므로 재고자산으로 분류한다. 아래 표는 생물자산, 수확물, 그리고 수확후 가공품을 예시하고 있다.

▶ 표 7B-1
생물자산, 수확물, 수확후 가공품 예시

생물자산	수확물	수확후 가공품
벼	쌀	쌀 가공품
조림지의 나무	원목	목재
목화	면화	실, 의류
사탕수수	수확한 사탕수수	설탕
돼지	돈육	소시지, 햄
관목	잎	차, 담배
과수	수확한 과일	과일 가공품

생물자산에서 수확된 수확물은 수확시점에서 순공정가치로 측정한다. 1041:28 만약 최초인식시점에서 순공정가치에 의해 평가손익이 발생하면 발생한 기간의 당기손익으로 반영한다.

수확물에 대한 이러한 회계처리방법은 전통적으로 자산을 취득원가로 측정하는 취득원가주의나 재고자산을 저가법으로 평가하는 회계처리방법과 다르다. 또한 수확물의 순공정가치를 최초인식시점에서 당기손익에 반영하는 회계처리는 전통적인 수익인식기준과도 다른 방법이다. 전통적인 수익인식기준은 재고자산의 판매나 인도시점에서 수익을 인식하는데, 수확물의 경우에는 판매가 되기 전인 재화의 보유와 생산 시점에서 미리 수익을 인식한다.

한편, 수확시점 이후에는 수확물을 재고자산으로 보기 때문에 순공정가치로 평가하지 않고, K-IFRS(제1002호, 재고자산)에 따라 평가하고 회계처리해야 한다.

종합예제 CHAPTER 7

유형자산의 취득원가 계산과 회계처리 오류의 수정

재근(주)는 20×2. 1. 2 회사를 설립하였지만, 20×2. 7. 1까지 새로운 공장설비가 완성되지 않아서 제조활동을 할 수 없었다. 20×2. 12. 31 현재 토지와 건물로 자산처리한 계정에 관한 자료는 다음과 같다. 재근(주)는 유형자산을 원가모형에 의해서 회계처리한다.

20×2.	1. 31	토지와 건물	₩156,000
	2. 28	토지 위의 구건물철거비용	5,200
	5. 1	새 건물에 대한 계약금 지급	57,000
	5. 1	법률수속비	3,770
	6. 1	새 건물에 대한 중도금 지급	42,000
	6. 1	공장진입로 공사부담금	3,500
	6. 30	일반관리비	16,300
	7. 1	보험료	2,280
	7. 1	새 건물에 대한 잔금 지급	42,000
	12. 31	건물의 재평가에 따른 평가증	18,200
		토지와 건물(자산)	₩346,250
	12. 31	감가상각−20×2년 자산의 1%	₩3,463

〈추가정보〉

(1) 위에 제공된 회계처리 중 일부가 잘못되었다.

(2) 법률수속비는 다음과 같다.

창업비(무형자산으로 기록)	₩610
토지소유권 이전비	1,300
건축계약과 관련한 법적수속	1,860
	₩3,770

(3) 보험료는 건물과 관련하여 20×2. 7. 1부터 2년간의 요금이다.

(4) 진입로 공사부담금은 성질상 영구적인 도로개설과 관련된 것이다.

(5) 일반관리비(건물원가에 포함)는 20×2. 1. 2부터 20×2. 6. 30까지 지출한 다음 항목들이다.

사장의 급여	₩8,500
새 건물의 감독과 관련한 공장감독자급여	4,200
사무직원급여	3,600

(6) 공장건축의 계약이 체결된 후 건설원가가 상승하기 때문에 공장의 가치를 ₩18,200만큼 평가증시켰는데 이러한 평가증은 건물이 완성되는 시점의 건물의 공정가치가 반영되리라는 믿음 때문이다. 평가이익은 재평가잉여금계정의 대변에 기입하였다.

(7) 건물의 추정내용연수는 50년이고 잔존가치는 ₩0이다. 감가상각방법은 정액법을 이용한다.

요구사항

1. 토지와 건물로 인식할 금액을 결정하라.
2. 토지와 건물로 인식할 수 없는 항목에 대한 적절한 회계처리방법은 무엇인가?
3. 적절한 감가상각비 회계처리를 하라.

해 답

1. 토지와 건물은 별개의 자산으로 기록해야 하며, 금액은 다음과 같이 결정한다.

1) 토지의 취득원가 계산 :

토지원가 [₩76,000+(16,000주×₩5)]	₩156,000
구건물철거비	5,200
소유권이전비	1,300
진입로공사부담금	3,500
계	₩166,000

2) 건물의 취득원가 계산 :

법률수속비	₩1,860
건설공사비-계약금	57,000
건설공사비-중도금	42,000
건설공사비-잔금	42,000
건설공사감독급여	4,200
계	₩147,060

2. 토지와 건물로 기록할 수 없는 항목에 대한 회계처리

1) 무형자산으로 기록된 창업비는 자산으로 기록할 수 없다. 다음과 같은 정정분개가 필요하다.

(차) 창업비(비용)	610	(대) 창업비(무형자산)	610

2) 보험료는 건물의 원가에 포함할 수 없으며 기간이 경과한 부분은 비용처리하고 기간이 경과하지 않은 부분은 선급보험료로 기록해야 한다.

(차) 보 험 료(6개월×₩95)	570	(대) 건 물	2,280
선급보험료(18개월×₩95)	1,710		

3) 사장의 급여와 사무직급여는 자산으로 기록할 수 없다. 다음과 같은 정정분개가 필요하다.

(차) 일반관리비(₩8,500+₩3,600)	12,100	(대) 건 물	12,100

4) 유형자산에 원가모형을 적용하므로 평가증된 금액을 환원시켜야 한다.

(차) 재평가잉여금	18,200	(대) 건 물	18,200

3. 토지는 감가상각대상이 아니며, 건물은 감가상각대상금액을 내용연수에 걸쳐 상각해야 한다. 건물의 내용연수가 50년이므로 정액법 상각률은 1%가 아니라 2%를 적용한다. 따라서 잘못 계산된 감가상각비를 수정할 필요가 있다. 또한, 모든 자산에 대해 기록한 감가상각누계액을 제거하고, 건물에 대한 감가상각누계액을 인식하는 분개가 필요하다.

(차) 감가상각누계액(기존)	3,463	(대) 감가상각비	522
		감가상각누계액-건물	2,941

건물의 감가상각누계액 계산 :

감가상각누계액(모든 자산에 대해 기록된 부분)	₩3,463
건물 감가상각누계액(기록되어야 할 부분)(2%×₩147,060)	(2,941)
감가상각비 조정액	₩522

익힘문제

CHAPTER 7

1. 다음 항목은 재무상태표의 어떤 계정에 포함시켜야 하는가?

1) 건물을 건설하는 동안 현장관리사무소용 가건물의 건축비
2) 건물을 건설하는 동안에 발생한 사채이자비용
3) 시에서 관리하는 회사 앞 인도의 건설공사에 대한 회사부담금
4) 토지구입시 부속건물이 있을 경우 이 건물의 철거비용
5) 토지구입시 그 토지에 설정된 담보해제비
6) 조경비
7) 토지구입과 관련한 중개인 수수료와 등록세
8) 기계건설과 관련한 변동제조간접원가
9) 종업원을 위한 주차장설치비

2. 다음 항목은 유형자산의 회계처리에서 어떤 방법으로 처리해야 하는가?

1) 증설 2) 대규모 정기수선 3) 대체

3. 영신(주)의 건물계정에는 감가상각대상금액을 결정하기 위한 건물의 원가에 다음과 같은 항목이 포함되어 있다. 이와 같은 회계처리에 찬성하는가? 찬성하지 않는다면 귀하는 회사의 장부와 재무제표에 이 항목들을 각각 어떻게 처리하겠는가?

1) 창업비와 개업비
2) 건축설계비
3) 건설중에 발생한 이자비용과 제세공과금
4) 주식판매와 관련한 수수료
5) 사채할인발행차금과 사채발행비

4. 적격자산의 취득과 직접 관련된 차입금의 금융비용은 자본화해야 하는가? 특정차입금과 일반차입금의 차입원가를 자본화할 때 차이점은 무엇인가?

5. 자산취득 후의 지출은 일반적으로 (1) 자본적 지출과 (2) 수익적 지출의 두 가지 범주로 나눌 수 있다.

1) 두 범주의 차이점과 회계처리방법의 상이점을 나열하라.
2) 자본적·수익적 지출을 잘못 분류함으로 인하여 현재 및 미래의 재무상태표와 손익계산서에 미치게 되는 영향을 설명하라.
3) 위와 같이 두 가지 일반적 범주로 지출을 구분하는 지침을 마련하기 위하여 어떤 기준이 사용되는가?

6. 정부보조금을 지원받아 유형자산을 취득한 경우 정부보조금은 어떻게 보고하는가? 이 경우 유형자산의 장부금액은 어떻게 계산하고 처분손익은 어떻게 계상하는가?

7. 다음 항목이 유형자산의 원가로 포함되어야 한다고 생각하는가? 그 이유를 설명하라.

1) 기계를 새로운 위치로 운반하기 위한 비용
2) 사무실 재배치를 위한 합판 칸막이 비용
3) 건물의 일부분에 대한 미장공사비
4) 한 대의 트럭에 대한 새 모터의 구입비용
5) 자가건설의 경우 제조간접원가

6) 새로운 모델의 기계를 건설하기 위한 비용
7) 장비구입시 현금할인액
8) 건설기간중 지급한 이자비용
9) 기계 안전장치의 설치비용

8. 복구원가의 자산화에 대하여 설명하라.

9. 안전 및 환경규제관련 유형자산의 회계처리방법에 대하여 설명하라.

10. 유형자산의 취득시 불가피하게 취득한 국・공채의 현재가치할인차금은 어떻게 회계처리하는가?

11. 무상 또는 현물출자로 취득한 유형자산의 취득원가는 어떻게 결정하는가?

보-12. 생물자산의 측정과 평가에 관한 회계처리를 설명하라.

보-13. 생물자산으로부터의 수확물은 재고자산으로 분류한다. 수확물의 평가에 대해 설명하라.

연습문제

CHAPTER 7

1. 토지, 건물, 기계장치의 취득원가

새로 설립된 성철(주)는 토지, 건물, 기계장치 등의 유형자산과 관련하여 다음과 같은 지출을 하였다.

건축사 설계비		₩3,100
구건물이 있는 토지의 구입대금		95,000
구건물 철거비용	₩15,000	
구건물 철거 부수입	(4,300)	10,700
건설용 측량비		370
건설중 단기차입금의 이자비용(자본화하기로 함)		7,400
기계구입대금		56,000
구입기계의 운송료		1,340
기계보관료(기계인수시점에서 건물의 미완성으로 인해 발생)		2,180
건물의 신축(토지의 구입일로부터 1.5년 후 완공)		500,000
하수도공사비		1,600
창고로부터 새건물로의 기계의 운반요금		620
건물 완성 후의 조경 및 정지비용(성질상 영구적임)		6,300
기계설치비용		1,800

토지, 건물, 기계장치 등의 유형자산계정에 차기할 금액을 결정하라.

2. 유형자산의 취득

정성(주)는 사옥을 짓기 위하여 토지를 구입하였다. 구입 당시 토지 위에 있던 소규모 공장건물을 해체한 후 사옥공사를 시작하였다. 건물의 기초공사를 시작하기 전에 많은 양의 암반폭파 및 제거작업을 하였다. 또한, 건물이 도로에서 상당히 떨어진 곳에 들어서야 하는 관계로 공유도로로부터 회사의 주차장에 이르는 사유도로를 닦아서 포장을 하였다. 사옥공사가 완공되어 입주한 지 3년이 지난 후에 사옥 위에 4층을 더 올리는 증축공사를 하였다. 증축한 4개층은 본래 건물의 잔여내용연수보다 5년간 더 사용할 수 있는 것으로 추정된다. 정성(주)가 지출한 것 중 어느 것을 자본적 지출로 하여 자산으로 기록해야 하는가? 각 자본적 지출은 어떠한 방법을 통해 비용으로 배분해야 하는가?

3. 유형자산의 일괄취득

은하(주)는 다른 회사로부터 기존 공장 전체를 ₩3,200,000에 매입하였다. 일괄구매에 포함된 항목들은 토지, 건물, 기계장치 및 재고자산이며 이들 각각의 공정가치정보와 그 비율은 다음과 같다.

항 목	공정가치	공정가치 비율
토 지	₩1,260,000	35%
구 축 물	180,000	5%
건 물	720,000	20%
기 계 장 치	1,080,000	30%
재 고 자 산	360,000	10%
총 계	₩3,600,000	100%

각 유형자산 항목의 취득원가를 결정하라.

4. 현금할인조건 유형자산의 취득원가

제다이(주)는 20×1. 1. 1에 구입가격 ₩5,000인 비품을 취득하였다. 거래조건은 2/20, n/60이다. 제다이(주)는 20×1. 1. 20에 비품대금을 지급하였다. 이 거래를 순액법과 총액법(K-IFRS)에 따라 각각 분개하라.

5. 이연지급계약에 의한 유형자산의 취득

석만(주)는 자금사정의 악화로 기계설비를 취득하면서 액면금액 ₩8,000,000, 3년 만기, 이자율 10%인 어음을 발행하여 지급하였다. 이자지급조건은 매년말 후급이다. 이 거래시점에 기계의 공정가치는 알려지지 않고 있으며 석만(주)의 어음은 시장에서 15%의 유통수익률(시장수익률)에 거래되고 있다.
석만(주)가 기계의 취득원가로 기록할 금액은 얼마인가? 취득시 분개를 하라.

6. 현물출자에 의한 유형자산의 취득

천지(주)는 액면이 ₩1,000인 천지(주)의 보통주 5,000주와 교환으로 토지를 취득했다. 거래 당시 토지의 시가는 알려지지 않았으나 천지(주)의 보통주의 한 주당 시가가 ₩1,800이었다. 토지의 취득원가를 결정하고 필요한 분개를 하라.

7. 수증에 의한 유형자산의 취득

진리(주)는 증가하는 수요에 대처하기 위해 공장증설을 고려하고 있던 차에 일부 지방자치단체의 적극적인 공장유치 전략을 활용하는 차원에서 한 지역에 공장을 신설하기로 하였다. 신규공장을 짓는 곳의 자치단체에서는 ₩100,000,000의 공정가치를 갖는 토지를 공장을 짓는다는 전제하에 무상으로 제공하였다. 무상취득 토지를 기록하기 위해 필요한 회계처리를 하라.

8. 다양한 방식의 유형자산의 취득

성미(주)는 20×1년 1월에 영업을 개시하면서 다음과 같은 일련의 자산을 취득하였다.

(1) 1월 1일에 창고와 토지를 ₩100,000,000에 일괄 취득하였다. 취득시점에 토지의 공정가치는 ₩75,000,000이고 창고의 공정가치는 ₩45,000,000이었다.
(2) 2월 1일에 1년 만기 무이자부 액면 ₩42,000,000인 어음을 발행하고 기계장치를 구입하였다. 성미(주)는 은행에서 차입할 경우 연 5%의 이자를 지급해야 한다.
(3) 3월 1일에 공정가치가 ₩5,000,000인 비품을 취득하였는데 현금 대신 회사의 액면가 ₩1,000인 주식 200주를 발행하였다.

위에서 취득한 유형자산에 대한 회계처리를 하라.

9. 비화폐성자산의 교환 (I)

아래의 거래들은 상아(주)의 당년도 유형자산의 취득과 관련한 독립된 거래들이다.

(1) 상아(주)는 5월 1일에 표시가격이 ₩200,000인 기계를 취득하였으며, 이 기계를 취득하기 위하여 액면금액이 ₩5인 보통주 6,000주와 현금 ₩50,000을 제공하였다. 상아(주) 주식은 5월 1일 주당 ₩20에 거래되었다.
(2) 장부금액은 ₩17,000이며 취득원가가 ₩20,000인 중고트럭을 공정가치가 ₩18,000인 새트럭과 교환하고 추가로 현금 ₩2,000을 지급하였다. 중고트럭의 공정가치는 알 수 없다.

(3) 공정가치가 ₩14,000인 기계장치와 현금 ₩6,000을 수취하고 장부금액이 ₩12,000(취득원가 ₩13,500, 감가상각누계액 ₩1,500)인 기계장치를 제공하였다.
(4) 상아(주) 토지와 건물을 포함한 유형자산을 ₩116,000에 구입하고 현금 ₩50,000을 지급하고 나머지 ₩66,000은 이자율 6%인 어음을 발행하여 지급하였다(원금과 이자는 6개월 후에 상환하기로 함). 공정가치는 토지가 ₩30,000이고 건물이 ₩90,000이다. 토지와 건물에 대한 원가배분은 상대적 공정가치법을 이용한다.

자산의 교환에 필요한 분개를 하라.

10. 비화폐성자산의 교환(Ⅱ)

백록(주)는 인접지역에 있는 토지와 토지를 물물교환하였다. 구토지의 장부금액은 ₩2,500,000이고 공정가치는 ₩4,500,000이다. 백록(주)는 토지를 교환하면서 상대방에게 ₩5,000,000을 추가로 지급하였다.

요구사항

1. 토지의 교환에 상업적 실질이 결여되었다고 가정하고 필요한 회계처리를 하라.
2. 토지의 교환에 상업적 실질이 있다고 가정하고 필요한 회계처리를 하라.

11. 복구충당부채(Ⅰ)

복구(주)는 20×1. 1. 1에 저유설비를 ₩1,000,000에 취득하였다. 이 저유설비는 내용연수가 3년이고 잔존가치는 ₩100,000이며 정액법으로 감가상각한다. (주)복구는 저유설비의 허가를 받으면서 저유설비의 내용연수 종료시에 저유설비와 관련된 환경복구공사를 할 것을 약속하였다. 복구원가는 현재 시점에서 저유설비 취득원가의 60%에 달할 것으로 추정하였고 20×3년말 실제 복구원가는 ₩700,000이었다. 20×3년에 이 저유설비와 관련한 회계처리를 하라. 복구원가를 현재가치로 할인하기 위하여 적용되는 이자율은 연 10%이다. 그리고 할인율 10%인 3년후 ₩1의 현재가치는 0.75131이고 3년간 정상연금 ₩1의 현재가치는 2.48685이다.

12. 복구충당부채(Ⅱ)

공인회계사 조상현은 20×3년 (주)형석의 재무제표에 대한 회계감사를 수임하였다. (주)형석은 해양여객운송을 주된 사업목적으로 하며 이를 위한 해양구조물도 설치 운영하고 있다. (주)형석은 20×2년초 선박구입 및 해양구조물 설치를 완료한 후 다음 자료에 의하여 회계처리하고 있다.

(1) 선박의 취득원가 : ₩600,000
(2) 해양구조물의 취득원가 : ₩200,000
(3) 선박의 감가상각방법 : 내용연수 20년, 잔존가치 없음, 정액법 적용
(4) 해양구조물의 감가상각방법 : 내용연수 10년, 잔존가치 없음, 정액법 적용
(5) 선박의 엔진에 대해서는 그 경제적 효익을 유지하기 위해 주기적인 종합검사를 필요로 하고 있으며, 종합검사와 관련된 지출은 20×2년말과 20×3년말에 각각 ₩10,000씩으로서 회사는 수선비로 비용처리할 종합검사와 관련된 지출은 자산의 인식기준에 부합함.

요구사항

1. 공인회계사 조상현은 (주)형석의 유형자산에 대한 감사과정 중 해양구조물은 수질오염을 유발할 가능성이 있음을 발견하였다. 이 구조물의 경제적 사용이 종료된 후 지출될 원상회복원가를 할인율 6%로 취득시점의 현재가치로 환산하면 ₩50,000이다. 공인회계사 조상현은 이러한 사실을 반영하여 (주)형석에 재무제표 수정을 요청하였다. (주)형석은 회계변경에 대해 소급법을 적용하려고 한다. 위 자료와 관련한 모든 수정분개를 하라. 단, 법인세효과는 고려하지 않는다.

2. 자산의 용역잠재력을 증가시키는 정기적인 종합검사에 대한 회계처리와 복구원가에 대한 회계처리를 설명하라.
3. 20×3년말 선박의 사용 정도 및 방법상의 현저한 변화로 심각한 물리적 변형이 초래되어 (주)형석은 손상차손의 인식여부를 검토할 필요성이 발생하였다. 따라서 선박으로부터 기대되는 미래현금흐름총액이 ₩560,000으로 추정되었으며 동 현금흐름의 현재가치인 회수가능액은 ₩350,000이다. (주)형석이 선박에 대해 손상차손을 계상해야 하는지 여부를 설명하고, 계상한다면 그 금액은 얼마인가?

13. 정부보조금 (Ⅰ)

병일(주)는 방위산업에 종사하고 있는 회사로서 20×1년에 방위산업설비의 취득시에 설비자금의 일부를 정부에서 보조받았다. 유형자산의 취득 및 정부보조금에 대한 정보는 다음과 같다.

유형자산의 취득원가 : ₩4,000,000
유형자산의 취득일 : 20×1. 9. 30
정부보조금 : ₩1,000,000(20×1. 9. 30에 보조금 전액 수령)
유형자산의 추정내용연수 : 5년
유형자산의 추정잔존가치 : ₩200,000
감가상각방법 : 정액법

병일(주)는 동 유형자산을 20×4. 10. 1에 ₩1,600,000에 처분하였다. 정부보조금을 원가차감법으로 회계처리할 때, 자산처분시의 유형자산처분이익을 계산하라.

14. 정부보조금 (Ⅱ)

12월말 결산법인인 (주)대한은 20×7. 7. 1에 기계장치를 ₩100,000,000에 구입하면서 국가로부터 ₩60,000,000을 보조받았다. 동 정부보조금은 국가에 상환할 의무가 없다. 취득한 기계장치의 내용연수는 10년이고 잔존가치는 ₩10,000,000이며, 감가상각은 정액법으로 월할상각한다. (주)대한이 20×9. 12. 31에 이 기계장치를 ₩40,000,000에 처분한 경우, 기계장치와 관련하여 발생한 손익이 (주)대한의 20×9년도 당기순이익에 미친 영향은 모두 얼마인가?

15. 유형자산의 교체

팔마(주)는 아파트 임대사업을 하고 있는데 한 임대아파트의 상하수도 배관이 노후되어 이를 교체하였다. 교체된 상하수도 배관시설은 건물과 별도로 인식하여 감가상각을 해왔었다. 교체된 배관시설의 취득원가는 ₩30,000,000이고 교체시까지 감가상각누계액은 ₩25,000,000이다. 새로운 배관시설의 교체로 성능이 많이 개선되었으며 취득원가는 ₩50,000,000이다. 한편, 교체된 배관시설의 고물처분을 통하여 ₩1,000,000을 받았다.
배관시설의 교체에 대해 적절한 회계처리를 하라.

보-16. 차입원가의 자본화(Ⅰ)

(주)한국은 사옥건설을 위하여 20×1. 1. 1에 (주)동산건설과 건설기간 3년의 계약을 체결하였다. (주)한국은 동 사옥건설과 관련하여 20×1. 1. 1에 ₩950,000을 지출했다. 한편, (주)한국은 20×1. 1. 1 사옥건설을 위하여 은행으로부터 개별적으로 ₩600,000(특정차입금)을 차입했으며, 동 차입금에 대한 20×1년도의 차입원가는 ₩60,000이다. (주)한국은 사옥건설과 관련하여 20×1년도 차입원가로 ₩102,000을 자본화했다. 20×1년도 일반목적으로 차입한 자금(일반차입금)에 대한 자본화할 차입원가를 계산하기 위하여 적용한 자본화이자율(%)은 얼마인가? (단, (주)한국의 20×1년 일반목적으로 차입한 자금에서 실제로 발생한 차입원가는 ₩54,000이다)

보-17. 차입원가의 자본화(Ⅱ)

영천(주)는 건설원가가 ₩4,000,000인 창고를 건축하였다. 이 건물은 20×2. 1. 1에 착공하여 20×2. 9. 30 완성하였다. 건설공사와 관련하여 20×2년중에 지출한 월별 건설공사원가는 다음과 같다.

1월 1일 : ₩1,200,000	4월 1일 : ₩1,200,000
7월 1일 : ₩800,000	9월 30일 : ₩800,000

회사의 건설기간 동안 채무는 다음과 같다.

- 특정차입금 ₩1,600,000 (20×2. 1. 1 차입, 15%, 20×2. 10. 31 원리금일시상환)
- 단기차입금 ₩800,000 (20×2. 1. 1 차입, 20%, 20×2. 12. 31 원리금일시상환)
- 장기차입금 ₩1,000,000 (20×1. 1. 1 차입, 10%, 매년초 이자지급, 20×4. 1. 1 원금상환)

창고의 건설원가에 포함될 자본화대상 차입원가를 구하고, 필요한 분개를 하라.

보-18. 차입원가의 조정으로 볼 수 있는 환율조정차이

현주(주)는 20×1. 1. 1에 $1,000의 외화자금을 차입하였는데 차입시 환율은 ₩1,000/$였다. 이자율은 5%이고, 이자는 매년말에 지급한다. 유사한 조건의 원화차입금 이자율은 10%이다. 결산일인 20×1. 12. 31의 환율이 ₩1,200/$였다.
환율변동손실 중 차입원가의 조정으로 볼 수 있는 부분은 얼마인가?

보-19. 가중평균자본화이자율 – 외화차입금과 원화차입금의 공존

은혜(주)는 공장건설기간중에 일반차입금으로서 외화차입금과 원화차입금이 4 : 6의 비율로 공존하고 있다. 외화이자율, 환율변동손익 및 유사조건의 원화이자율에 대한 정보가 각각 다음 표와 같다고 가정하고 각 경우에 대하여 필요한 자본화이자율을 구하라.

	외화이자율	환율변동손익	유사차입금의 원화이자율
(1)	5%	이익 1%	8%
(2)	5%	–	8%
(3)	5%	손실 2%	8%
(4)	5%	손실 5%	8%
(5)	10%	이익 3%	8%
(6)	10%	이익 1%	8%
(7)	10%	–	8%
(8)	10%	손실 2%	8%

보-20. 생물자산의 평가손익

금마양돈(주)는 20×1. 1. 1에 1년생 돼지 100마리와 0.5년생 미만 돼지 50마리를 키우고 있다. 그런데 20×1 초반과 후반에 각각 30마리의 새끼 돼지가 새로 태어났다. 20×1년중에 돼지가 한 마리도 죽지 않았으며 처분도 없었다. 20×1년 현재 돼지 한 마리에 대한 순공정가치가 다음과 같을 때 손익계산서에 인식할 손익은 얼마인가?

	20×1. 1. 1	20×1. 12. 31
0.5년생 미만 돼지	₩10,000	₩10,500
0.5~1.0년생 돼지	15,000	16,000
1.1~1.5년생 돼지	20,000	22,000
1.6~2.0년생 돼지	30,000	33,000

공인회계사 기출문제 응용(2020년 이후)

1. 자산의 취득

(2021년 CPA 2차)

(주)대한의 20×1. 12. 31 토지 ₩950,000(취득원가 ₩1,100,000, 손상차손누계액 ₩150,000)을 보고하고 있다. 20×2. 3. 1 해당 토지의 공정가치는 ₩1,150,000이며, (주)대한은 해당 토지를 (주)민국의 토지와 교환하면서 현금 ₩100,000을 지급하였다. (주)민국의 토지 장부금액은 ₩800,000이며 공정가치는 ₩1,200,000이다. 해당 교환은 상업적 실질이 있으며, (주)대한의 토지 공정가치가 (주)민국의 토지 공정가치보다 더 명백하다.
해당 교환거래를 기록하라.

2. 취득원가

(2022년 CPA 1차)

(주)대한은 20×1. 1. 1 정부로부터 자금을 전액 차입하여 기계장치를 ₩400,000에 구입하였다. 정부로부터 수령한 차입금은 20×4. 12. 31에 일시상환해야 하며, 매년말 차입금의 연 3% 이자를 지급하는 조건이다. (주)대한은 구입한 기계장치에 대해서 원가모형을 적용하며, 추정내용연수 4년, 잔존가치 ₩0, 정액법으로 감가상각한다. 20×1. 1. 1 차입시 (주)대한에 적용되는 시장이자율은 연 8%이다.
정부로부터 수령한 차입금과 관련하여 (주)대한이 인식해야 하는 20×1. 1. 1 해당 자산의 취득과 관련한 회계처리를 제시하라.

3. 취득원가

(2022년 CPA 1차)

[사례 1] (주)대한은 기계장치(장부금액 ₩800,000, 공정가치 ₩1,000,000)를 (주)민국의 기계장치와 교환하면서 현금 ₩1,800,000을 추가로 지급하였다. (주)대한과 (주)민국 간의 기계장치 교환은 상업적 실질이 있는 거래이다.
교환거래에 대한 회계처리를 제시하라.

[사례 2] (주)대한은 기계장치를 (주)민국의 기계장치와 교환하였다. (주)대한과 (주)민국의 기계장치에 대한 취득원가 및 감가상각누계액은 각각 다음과 같다.

	(주)대한	(주)민국
취득원가	₩2,000,000	₩2,400,000
감가상각누계액	1,200,000	1,500,000

(주)대한과 (주)민국 간의 기계장치 교환은 상업적 실질이 결여된 거래이다.
교환거래에 대한 회계처리를 제시하라.

4. 차입원가

(2022년 CPA 2차)

20×1. 4. 1 (주)대한은 (주)민국과 건설계약을 체결하였고 공사는 20×3. 3. 31에 완공되었다. (주)대한의 공장건물은 차입원가 자본화 적격자산에 해당하며 관련된 공사비 지출내역은 다음과 같다.

	20×1. 4. 1	20×1. 9. 1	20×2. 4. 1	20×2. 12. 1
공사비 지출액	₩120,000	₩1,500,000	₩3,000,000	₩1,500,000

(주)대한의 차입금 내역은 다음과 같으며, 모든 차입금은 매년말 이자지급조건이다.

차입금	차입금액	차입일	상환일	연이자율
특정차입금 A	₩900,000	20×1. 4. 1	20×2. 8. 31	6%
특정차입금 B	1,800,000	20×2. 11. 1	20×3. 3. 31	7%
일반차입금 C	1,000,000	20×1. 1. 1	20×3. 9. 30	8%
일반차입금 D	500,000	20×1. 7. 1	20×4. 6. 30	10%

〈추가정보〉

- 20×1. 8. 1 지출내역 중 ₩120,000은 물리적인 건설공사 착공 전 각종 인허가를 얻기 위한 활동에서 발생하였다.
- (주)대한이 20×2. 12. 1에 ₩300,000의 정부보조금을 수령하여 즉시 동 공장건물을 건설하는 데 모두 사용하였다.
- (주)대한은 전기 이전에 자본화한 차입원가는 연평균 지출액 계산에 포함하지 않는다.

(주)대한이 20×1년, 20×2년, 20×3년에 인식해야 하는 차입원가는 얼마인가?

윤리문제

CHAPTER 7

부일(주)는 신흥 외곽지역 상가에 창고와 부지를 일괄취득하였는데 이곳은 물류거점으로서 유리하여 앞으로 지가가 상승할 것으로 예상하고 있다. 회사의 재무담당이사는 일괄취득한 자산을 토지와 건물에 배분하고자 하는데 그의 상사인 부사장과 의견이 일치하지 않고 있다. 재무담당이사는 감가상각대상자산인 창고에 가능한 한 많은 원가를 배분하여 감가상각을 비용으로 인정받아 세무상의 혜택을 받기를 희망하고 있다. 그러나 부사장은 토지에 많은 원가를 배분하기를 원하고 있는데 그 주된 이유는 지가상승을 적절히 반영하고 또 감가상각비를 줄여서 당기순이익을 높임으로써 주가에 긍정적인 영향을 미치는 것이 좋다고 보고 있다.

요구사항

1. 여기에는 어떤 윤리적인 문제가 개입되어 있는가?
2. 원가를 어떻게 배분해야 한다고 보는가?

CHAPTER

8 감가상각 및 제거

대부분의 유형자산은 시간이 지남에 따라 가치 혹은 용역잠재력이 감소하게 된다. 따라서 가치 혹은 용역잠재력의 감소를 반영하기 위하여 장부금액을 점차 감소시켜 나가야 한다. 감가상각 혹은 상각이라는 용어는 광의의 의미에서 가치감소분의 인식을 포괄하는 용어로 쓰이고 있다. 그러나 이를 세분하면 유형자산의 용역잠재력 감소를 인식하는 감가상각(depreciation), 천연자원의 사용 혹은 채취에 따른 가치감소를 인식하는 감모상각(depletion), 그리고 무형자산의 보호기간의 감소 혹은 가치감소를 인식하는 상각(amortization)으로 구분된다.

사례 (주)포스코 – 유형자산, 감가상각 및 제거

(주)포스코의 2023회계연도 주요 재무제표 항목

주요 재무제표 항목	금액(십억원)	비 율
총 자 산	100,945	
유 형 자 산	35,206	총자산의 34.9%
감가상각비	3,310	
매 출 액	77,127	
당기순손익	1,845	

(주)포스코는 고도의 장치산업에 속하는 회사이다. 2023년말 현재 유형자산은 무려 약 35조원으로 총자산에서 차지하는 비중이 34.9%이다. 감가상각비는 3,310십억원으로 (주)포스코에서 아주 중요한 의미를 갖는 비용계정이다. 유형자산은 토지 3,290십억원, 건물 4,428십억원, 구축물 3,082십억원, 기계장치 16,539십억원, 차량운반구 80십억원, 공구와 기구 129십억원, 비품 189십억원, 리스자산 998십억원, 생산용식물 137십억원, 건설중인자산 6,334십억원으로 구성되어 있다.

(주)포스코의 유형자산 및 감가상각에 대한 주요 공시사항은 다음과 같다.

유형자산은 최초에 원가로 측정하여 인식하고 있습니다. 유형자산의 원가에는 경영진이 의도하는 방식으로 자산을 가동하는 데 필요한 장소와 상태에 이르게 하는 데 직접 관련되는 원가 및 자산을 해체, 제거하거나 부지를 복구하는 데 소요될 것으로 추정되는 원가가 포함됩니다.

유형자산의 일부를 대체할 때 발생하는 원가는 해당 자산으로부터 발생하는 미래경제적 효익이 연결실체에 유입될 가능성이 높으며 그 원가를 신뢰성 있게 측정할 수 있는 경우에 자산의 장부금액에 포함하거나 적절한 경우 별도의 자산으로 인식하고 있습니다. 이때 대체된 부분의 장부금액은 제거하고 있습니다. 그 외의 일상적인 수선·유지와 관련하여 발생하는 원가는 발생시점에 당기손익으로 인식하고 있습니다.

유형자산 중 토지는 감가상각을 하지 않으며, 그 외 유형자산은 자산의 취득원가에서 잔존가치를 차감한 금액에 대하여 아래에 제시된 경제적 내용연수에 걸쳐 해당 자산에 내재되어 있는 미래경제적 효익의 예상 소비 형태를 가장 잘 반영한 정액법으로 상각하고 있습니다.

연결실체는 유형자산의 감가상각에 아래의 내용연수 동안 정액법을 적용하고 있습니다.

구 분	추정내용연수	구 분	추정내용연수
건 물	5~50년	공구와 기구	3~10년
구 축 물	4~50년	비 품	3~20년
기 계 장 치	4~25년	리 스 자 산	2~30년
차량운반구	3~20년	생산용식물	20년

제 1 절 감가상각

1 감가상각의 의의

감가상각(depreciation)은 수익과 비용의 적절한 대응을 위해 자산의 원가를 그 자산의 내용연수에 걸쳐 체계적으로 배분하는 과정(a process of allocating costs in a systematic manner)이다. 감가상각은 보는 관점에 따라서 다른 의미를 갖는다. 예를 들어 경제학자는 감가상각을 경제적 가치의 감소로 바라보고, 기술자는 감가상각을 유형자산의 생산능력이나 효율성 등의 감소로 바라본다. 그러나 회계에서는 감가상각은 가치에 대한 평가가 아니라 원가배분(allocation of costs) 개념이다.

감가상각은 이익이나 장부금액을 조작하기 위한 수단으로 사용되었던 전례가 있다. 특히 19세기말에는 많은 기업들이 영업성적이 좋으면 감가상각을 많이 하고 영업성적이 부진하면 감가상각을 아예 실시하지 않는 등 비체계적인 관행을 보였다. 감가상각에 평가 개념을 적용하여 자의적 평가에 따라 감가상각금액을 결정하도록 하면 이와 같은 비체계적인 관행을 부추길 가능성이 크다.

오늘날 회계학에서는 평가의 개념이 아니라 체계적인 원가배분의 과정으로서 감가상각을 정착시키게 되었다. 그 근거는 첫째, 유형자산을 취득하여 처분할 때까지 자산의 가치가 등락하지만 가치변화를 객관적으로 측정한다는 것은 대단히 어렵다. 둘째, 수익·비용 대응의 원칙에 따라 자산의 사용으로 수익을 창출하는 기간 동안 해당 자산의 원가를 배분하는 과정으로 보는 것이 타당하다.

감가상각비가 다른 자산의 제조와 관련된 경우에는 관련 자산의 제조원가로, 그 밖의 경우에는 관리비로 계상한다. 또한 유형자산에 내재된 경제적 효익이 비용화되지 않고 다른 자산을 생산하는 데 사용될 수 있다. 이 경우 유형자산의 감가상각비는 해당 자산의 취득원가의 일부가 된다. 예를 들면 제조설비의 감가상각비는 재고자산의 가공비로서 제조원가를 구성하고, 연구개발활동에 사용되는 유형자산의 감가상각비는 무형자산의 인식조건을 충족하는 자산이 창출되는 경우 해당 무형자산의 취득원가에 포함된다. 한 회계기간 동안 계상된 전체 감가상각비는 현금흐름표의 간접법으로 영업현금흐름을 산출하는 과정에서 가산항목 중의 하나인 감가상각비로 확인할 수 있을 것이다.

토지와 건설중인 자산을 제외한 유형자산은 감가상각대상자산이다. 채석장이나 매립지 등을 제외하고 토지는 일반적으로 내용연수가 무한하므로 감가상각대상이 아니다. 그러나 토지의 원가에 해체, 제거 및 복구원가가 포함된 경우에는 그러한 원가는 관련 경제적 효익이 유입되는 기간에 감가상각한다. 예를 들어, 폐기물처리회사가 토지를 취득할 때 환경보전을 위한 복구의무를 부담해서 복구충당부채를 인식해야 하면 그 금액만큼 토지의 원가가 증가하고 그 복구원가를 관련 경제적 효익이 유입되는 기간 동안 해당 금액을 감가상각해야 한다.

토지와 건물을 동시에 취득하는 경우에는 토지와 건물을 별개의 자산으로 취급하기 때문에 건물만 감가상각의 대상이 된다. 건물이 위치한 토지의 가치가 증가해도 건물의 감가상각대상금액에는 영향을 미치지 않는다.

유형자산을 최초인식한 이후에 재평가법을 적용(제10장 참조)하는 경우에는 재평가시점의 장부금액을 기준으로 감가상각해야 한다. 건물과 같은 부동산은 일반적으로 시간이 감에 따라서 가치가 증가한다. 만약 가치증가를 무시하고 취득원가에 근거하여 감가상각한다면 감가상각비를 과소계상하여 당기손익을 과대계상하는 결과를 초래할 수 있다. 과대계상되는 당기손익은 이후 기업의 법인세와 배당금을 증가시켜서 재무구조를 악화시킬 가능성도 있다. 그러므로 자산재평가는 경제적 실질에 맞게 자산의 가치를 재무제표에 공시할 뿐만 아니라 자금의 사외유출을 감소시켜서 기업의 재무구조가 악화되는 것을 미연에 방지하는 장점이 있다.

2 감가상각의 결정요소

감가상각을 계산하기 위해서는 내용연수, 감가상각대상금액, 감가상각 측정단위 및 감가상각방법을 결정해야 한다. 감가상각방법은 제2절에서 상세히 언급되므로 여기에서는 내용연수, 감가상각대상금액, 그리고 감가상각 측정단위만을 살펴보기로 하자.

(1) 내용연수

내용연수(useful life)는 경제적 내용연수와 기업특유의 내용연수로 구분할 수 있다. 경제적 내용연수(economic useful life)는 유형자산을 이용할 수 있는 기간으로 이용주체가 특정되어 있지 않다. 기업특유의 내용연수(useful life for the firm)는 특정 기업이 자산을 사용할 수 있을 것으로 예상하는 기간(또는 자산에서 얻을 것으로 예상하는 생산량이나 이와 비슷한 단위수량)을 말한다. 따라서 일반적으로 기업특유의 내용연수는 경제적 내용연수보다 짧으며, 회계학에서 말하는 내용연수는 기업특유의 내용연수를 의미한다.

기업은 자산으로부터 기대되는 효용에 기반하여 내용연수를 결정한다. 기업은 자산관리정책에 따라 특정 기간이 경과되거나 자산에 내재하는 미래경제적 효익의 특정 부분이 소모되면 처분할 수 있다. 이 경우 기업특유의 내용연수는 일반적 상황에서의 경제적 내용연수보다 짧을 수 있다.

유형자산의 미래경제적 효익은 사용함으로써 소비하는 것이 일반적이다. 그러나 자산을 사용하지 않더라도 기술적 또는 상업적 진부화 및 마모나 손상 등의 요인으로 인하여 자산으로부터 기대했던 경제적 효익이 감소될 수 있다. 따라서 자산의 내용연수를 결정할 때에는 다음의 요소를 모두 고려해야 한다.

① 자산의 예상생산능력이나 물리적 생산량을 토대로 한 예상사용수준
② 자산을 교대로 사용하는 빈도, 수선·유지계획과 운휴중 유지보수 등과 같은 가동요소를 고려한 자산의 예상 물리적 마모나 손상
③ 생산방법의 변화, 개선 또는 해당 자산에서 생산되는 제품 및 용역에 대한 시장수요의 변화로 인한 기술적 또는 상업적 진부화
④ 리스계약의 만료일 등 자산의 사용에 대한 법적 또는 이와 유사한 제한

(2) 감가상각대상금액

감가상각대상금액(depreciable amount)은 유형자산의 원가(또는 원가를 대체하는 다른 금액, 예를 들면 재평가금액)에서 잔존가치를 차감한 금액을 말한다.[1] 잔존가치(residual value)란 당해 유형자산의 내용연수 종료시점에 자산의 처분으로부터 현재 획득할 금액에서 추정 처분부대원가를 차감한 금액의 추정치를 말한다. 잔존가치는 자산의 성격과 업종 등을 고려하여 객관적이고 합리적으로 추정해야 한다. 유형자산의 상각후 장부금액이 잔존가치와 같아지면 추가적인 감가상각을 하지 않는다.

실무에서는 계산상의 편의와 세법의 영향 등으로 잔존가치를 취득원가의 5% 혹은 ₩0으로 보는 경우가 많다. 그러나 실제로는 내용연수가 만료된 시점에서 잔존가치가 상당히 큰 경우가 많다.

(3) 감가상각의 측정단위

유형자산은 여러 개의 구성요소가 결합되어 하나의 자산을 형성할 수 있다. 만일 유형자산을 구성하는 일부의 원가가 당해 유형자산 전체원가에 비교하여 유의적이라면 해당 유형자산을 감가상각할 때 그 부분은 별도로 구분하여 상각한다. 예를 들면, 항공기의 동체와 엔진의 내용연수가 서로 다르고 경제적 효익이 소비되는 형태가 다르다면 이를 별개로 구분하여 감가상각하는 것이 합리적이다. 그러나 유형자산을 구성하고 있는 여러 구성요소에 동일한 내용연수 및 감가상각방법을 적용할 수가 있다면 이를 하나의 집단으로 통합하여 감가상각금액을 결정할 수 있다.

1) 만일 자산취득 후에 재평가를 실시한 경우에는 재평가시점의 순장부금액(공정가치에서 감가상각누계액을 차감한 금액)에서 잔존가치를 차감한 잔액이 감가상각대상금액이 된다(제10장의 [종합예제] 1 참조).

예제 8-1 주요 부품의 구분 감가상각

강원(주)는 특장트럭을 이용한 운송사업을 하고 있다. 특장트럭의 취득원가는 ₩62,000,000이고, 내용연수는 6년으로 예상되며, 6년 후의 잔존가치가 ₩11,000,000일 것으로 추정하고 있다. 그런데 3년마다 특장트럭의 대형 타이어를 ₩3,000,000(취득시에는 트럭 원가에 포함, 잔존가치는 없음)에 교체해야 한다고 추정하고 있다. 특장트럭과 대형 타이어를 분리하는 연간 감가상각비를 구하라.

해답

대형 타이어의 감가상각비＝₩3,000,000/3년＝₩1,000,000
트럭의 나머지 감가상각비＝(₩62,000,000－₩3,000,000－₩11,000,000)/6년＝₩8,000,000
특장트럭의 감가상각비＝₩1,000,000＋₩8,000,000＝₩9,000,000

3 감가상각의 개시와 중단

유형자산의 감가상각은 자산이 사용가능한 때부터 시작한다. 즉, 경영진이 의도하는 방식으로 유형자산을 가동하는 데 필요한 장소와 상태에 이르면 감가상각을 시작한다.

감가상각은 K-IFRS에 따라 자산이 매각예정자산으로 분류되는(또는 매각예정으로 분류되는 처분자산집단에 포함되는) 날과 자산이 제거되는 날 중 이른 날에 중단한다. 따라서 유형자산이 운휴중이거나 적극적인 가동상태가 아니어도, 감가상각이 완전히 이루어지기 전까지는 감가상각을 중단하지 않는다. 다만 유형자산의 사용정도에 따라 감가상각을 하는 경우(생산량비례법)에는 생산활동이 이루어지지 않을 때 감가상각액을 인식하지 않을 수 있다.

4 감가상각의 보고방법

감가상각을 보고하는 방법에는 직접법과 간접법의 두 가지가 있다. 직접법은 감가상각비계정에 차변기입하고 동액을 유형자산계정에 대변기입하여 유형자산의 장부금액을 감가상각누계액을 차감한 순액으로 보고하는 방법을 말한다. 예컨대 건물에 대하여 회계기말에 감가상각을 하는 경우에 아래와 같이 분개하면 된다.

(차) 감가상각비	×××	(대) 건　　물	×××

간접법은 평가계정설정법이라고도 하는데 총액기준의 원칙에 입각한 방법으로서 감가상각비계정에 차변기입하고 동액을 감가상각누계액계정에 대변기입하는 방법이다. 감가상각누계액은 해당 자산에 대한 차감계정으로 유형자산 총액 금액과 함께 공시한다. 예컨대 건물에 대해 감가상각을 하는 경우에 다음과 같이 분개한다.

(차) 감가상각비 ××× (대) 감가상각누계액-건물 ×××

간접법은 유형자산의 취득원가와 현재까지의 감가상각누계액에 대한 정보를 모두 제공함으로써 현시점에서의 장부금액을 보여줄 수 있다는 장점이 있다. 회계실무에서는 간접법을 많이 사용하고 있다.

제 2 절 감가상각방법

1 감가상각방법의 종류

감가상각대상금액은 내용연수에 걸쳐서 체계적(systematic) 방법에 따라 일관성 있게 배분해야 한다. 또한, 감가상각대상금액은 자산의 경제적 효익이 소멸되는 형태를 반영하고 수익과 비용을 적절히 대응시킬 수 있는 합리적(rational) 방법에 따라 배분해야 한다. 감가상각방법을 분류하면 다음과 같다.

1) 균등상각법
   ① 정액법(직선법)(straight-line method)
   ② 생산량(사용시간)비례법(activity method)
2) 체감잔액법
   ① 정률법(fixed percentage method)과 이중체감잔액법(double-declining balance method)
   ② 연수합계법(sum-of-the-years' digits method)
3) 기타상각법
   ① 체증상각법
   ② 특수상각법 : 재고법, 폐기법과 교체법, 조별법과 종합법

감가상각방법을 비교하기 위하여 다음의 예시를 이용하기로 하자.

〈감가상각방법 비교를 위한 예시자료〉

취득원가	₩246,000	추정내용연수	4년
추정총생산량	5,000단위	추정총사용시간	30,000시간
추정잔존가치	₩6,000		

(1) 균등상각법

균등상각법에는 정액법과 생산량비례법이 있다. 정액법에서는 매기간당 동일한 감가상각비가 인식되며, 생산량비례법에서는 매생산단위당 또는 사용시간 단위당 균등한 금액의 감가상각비가 반영된다. 이 방법들은 뒤에서 설명될 정률법과 함께 실무에서 가장 많이 사용되는 방법이기도 하다.

1) 정액법

정액법에서는 감가상각을 시간의 함수라고 본다. 그리고 유형자산의 잔존가치가 변동하지 않는다고 가정할 때 자산의 내용연수 동안 매기간 일정액의 감가상각비를 계상한다. 정액법은 계산이 간단하기 때문에 실무에서 가장 폭넓게 사용되고 있다.

예시자료를 이용하여 매년의 감가상각비를 정액법으로 계산하면 다음과 같다.

$$\text{감가상각비} = \frac{(\text{취득원가} - \text{추정잔존가치})}{\text{추정내용연수}} = \frac{(₩246,000 - ₩6,000)}{4} = ₩60,000$$

▶ 표 8-1
정액법 – 감가상각표

연 도	기초장부금액	감가상각대상금액	상각률	감가상각비	기말감가상각누계액
1	₩246,000	₩240,000	1/4	₩60,000*	₩60,000
2	186,000	240,000	1/4	60,000	120,000
3	126,000	240,000	1/4	60,000	180,000
4	66,000	240,000	1/4	60,000	240,000
합 계				₩240,000	

* (₩246,000 − ₩6,000) × $\frac{1}{4}$ = ₩60,000

정액법은 비현실적인 두 가지의 가정에 기초하고 있다는 한계점이 있다. 첫째는 자산의 경제적 유용성이 내용연수 동안 매년 항상 동일하다고 가정하는데, 이는 자산의 생산성이 일반적으로 초기에는 높고 후기에는 낮아지는 현실과 다소 거리가 있다. 둘째는 자산을 유지하기 위한 수선유지비가 매기간 동일하여 총비용(감가상각비+수선유지비)이 매기 동일하다고 가정하는데, 이 가정은 일반적으로 내용연수의 후기로 갈수록 수선유지비가 증가하는 현실과는 맞지 않다(뒤에 제시되고 있는 [그림 8-1] 참조).

2) 생산량(사용시간)비례법

생산량비례법에서는 감가상각을 생산량의 함수, 사용시간비례법에서는 사용시간의 함수로 본다. 따라서 이 방법에서는 자산의 내용연수를 총생산량 혹은 총사용시간으로 본다.

유형자산이 생산하는 제품이 동일하거나 혹은 동일한 측정단위로 생산량을 측정할 수 있는 경우에는 생산량(output)에 비례하여 감가상각을 실시하는 것이 합리적이다. 그러나 한 유형자산이 동질적이 아닌 다양한 제품을 생산하거나 동일한 측정단위로 생산량을 측정할 수 없는 경우에는 투입량으로 볼 수 있는 사용시간(work hours)에 비례하여 감가상각을 하는 것이 합리적이다.

생산량(사용시간)비례법에서 감가상각비의 계산은 두 단계로 이루어진다. 첫 단계에서는 단위당 감가상각비를 계산하고, 둘째 단계에서는 당해 연도의 생산량(사용시간)에 단위당 감가상각비를 곱하여 당해 연도의 감가상각비를 계산한다.

예시에서 유형자산 취득 첫해의 사용시간이 4,000시간이었다고 하면 사용시간비례법에 의한 첫해의 감가상각비는 아래와 같이 계산한다.

① 단위당 감가상각비의 계산 :

$$\text{단위당 감가상각비} = \frac{\text{감가상각대상금액}}{\text{추정총사용시간}} = \frac{(₩246{,}000 - ₩6{,}000)}{30{,}000\text{시간}} = ₩8/\text{시간}$$

② 당해 연도의 감가상각비 = 단위당 감가상각비 × 당해 연도 사용시간
= ₩8/시간 × 4,000시간 = ₩32,000

또한 예시에서 첫해의 생산량이 1,200단위였다고 하면 생산량비례법에 의한 첫해의 감가상각비는 다음과 같다.

① 단위당 감가상각비의 계산 :

$$\text{단위당 감가상각비} = \frac{\text{감가상각대상금액}}{\text{추정총생산량}} = \frac{(₩246{,}000 - ₩6{,}000)}{5{,}000\text{단위}} = ₩48/\text{단위}$$

② 당해 연도의 감가상각비 = ₩48/단위 × 1,200단위 = ₩57,600

총생산량 또는 사용시간이 신뢰성 있게 예측가능하다면, 생산량이나 조업도가 매기 변동하는 경우에도 생산량에 비례하여 감가상각비를 배분함으로써 수익과 비용의 적절한 대응이 이루어진다는 장점이 있다.

그러나 생산량(사용시간)비례법은 유형자산을 사용함에 따라 가치의 감소가 일어난다고 보는 경우에는 적합하지만, 사용과는 관계없이 가치가 변화하는 경우에는 적합하지 않다. 예컨대 건물의 경우에는 사용보다는 시간의 경과에 따라 서서히 가치가 감소한다고 볼 수 있기 때문에 생산량비례법은 적절하지 못한 방법이다. 또한 생산량비례법을 사용하기 위해서는 해당 유형자산이 제공할 것으로 예상하는 총생산량 혹은 사용시간을 예측해야 하는데 이러한 예측이 어렵다는 문제점도 있다.

(2) 체감잔액법

체감잔액법에서는 감가상각비가 내용연수 초기에 많이 발생하고 기간이 지날수록 감소하게 되는데, 이에 속하는 감가상각방법에는 정률법, 연수합계법, 이중체감잔액법 등이 있다.

체감잔액법은 앞에서 언급한 정액법이 기초하고 있는 가정의 한계성을 완화시키는 장점이 있다. 일반적으로 유형자산은 내용연수 초기에 수선유지비가 낮고 후기로 갈수록 수선유지비가 증가하는 경향이 있다. 체감잔액법은 감가상각 초기에 감가상각비는 높지만 수선유지비는 낮게 계상되며 후기로 갈수록 감가상각비는 낮지만 수선유지비는 높게 계상된다. 결과적으로 체감잔액법은 내용연수 전 기간에 걸쳐서는 유형자산에 관련된 총비용이 비교적 균등하게 발생한다. 이에 반하여 정액법에서는 감가상각비는 매기 일정하지만 수선유지비가 시간이 지남에 따라 증가하여 총비용은 시간이 경과함에 따라 증가하게 된다.

정액법과 체감잔액상각법에서의 비용을 그림으로 나타내면 [그림 8-1]과 같다.

▶ 그림 8-1
정액법과 체감잔액법의 총비용(수리비+감가상각비)의 비교

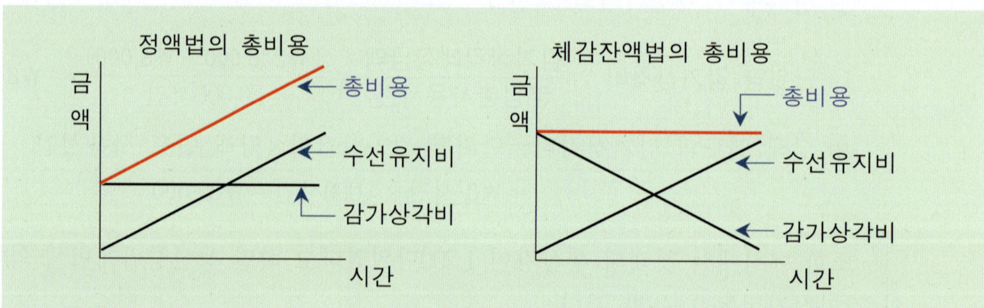

1) 정률법

정률법은 매년 체감하는 기초장부금액에 일정한 상각률을 곱하여 감가상각비를 계산하는 방법이다. 상각률은 일정하지만 감가상각누계액을 반영한 장부금액이 매기 감소하기 때문에 유형자산의 사용초기에는 감가상각비를 비교적 많이 배분하고 후기에는 적게 배분하게 된다. 정률법에서는 상각대상금액에 상각률을 곱하는 것이 아니라 기초의 장부금액(원가−감가상각누계액)에 상각률을 곱하여 당기의 감가상각비를 계상한다.

정률법에서의 연간 감가상각비와 상각률은 다음의 공식에 의하여 계산한다.[2)]

정률법 연간 감가상각비 = 기초장부금액 × 정률법상각률*

* 정률법상각률 $= 1-(\text{잔존가치}/\text{취득원가})^{1/n}$

2) 잔존가치가 ₩0이라면 상각률이 100%가 되어 취득연도에 취득원가를 모두 상각해야 한다는 모순이 생긴다. 따라서 이 경우에는 잔존가치를 취득원가의 5%로 보고 상각률을 결정한다.

여기에서 잔존가치율은 잔존가치를 취득원가로 나눈 비율을 의미하고, n은 내용연수를 나타낸다.

내용연수의 맨 마지막 기간의 감가상각비는 감가상각 후의 장부금액이 잔존가치와 같아지도록 감가상각비를 계산함에 유의해야 한다. 정률법에서 마지막 연도의 감가상각비를 이와 같이 계상하는 이유는 기초장부금액에 일정한 상각률을 곱하여 감가상각비를 결정하면 그 금액이 무한대로 계속되기 때문이다.

정률법에 의한 각 연도별 감가상각비는 다음과 같다.

▶ **표 8-2**
정률법 - 감가상각표

연 도	기초장부금액	상각률*	감가상각비	기말감가상각누계액
1	₩246,000	0.605	₩148,830	₩148,830
2	97,170	0.605	58,790	207,620
3	38,380	0.605	23,220	230,840
4	15,160	**	9,160	240,000
합 계			₩240,000	

* 상각률 $= 1 - (₩6,000/₩246,000)^{\frac{1}{4}} = 0.605$
단, 잔존가치가 ₩0인 경우에는 잔존가치를 취득원가의 5%로 보고 상각률을 추정한다.
** 상각종료연도에는 기초장부금액 ₩15,160에서 잔존가치 ₩6,000을 차감한 금액을 상각한다.

2) 이중체감잔액법

이중체감잔액법은 정률법과 기본적으로 동일하지만 단지 상각률을 정액법에서 사용하는 상각률에 일정한 배수를 곱하여 구하는 방법이다. 예를 들어 내용연수가 4년인 경우의 정액법상각률은 1/4로서 25%이고 이중체감잔액법의 상각률은 이의 두 배인 50%가 된다.

이중체감잔액법을 예시에 적용하면 매년의 감가상각액은 다음과 같다. 정률법과 마찬가지로 내용연수의 맨 마지막 기간의 감가상각비는 감가상각 후의 장부금액이 잔존가치와 같아지도록 감가상각비를 계산함에 유의해야 한다.

▶ **표 8-3**
이중체감잔액법 - 감가상각표

연 도	기초장부금액	상각률	감가상각비	기말감가상각누계액
1	₩246,000	0.5	₩123,000	₩123,000
2	123,000	0.5	61,500	184,500
3	61,500	0.5	30,750	215,250
4	30,750	*	24,750	240,000
합 계			₩240,000	

* 상각종료연도에는 기초장부금액 ₩30,750에서 잔존가치 ₩6,000을 차감한 금액을 상각한다.

3) 연수합계법

연수합계법은 상각률을 다음과 같이 잔여내용연수를 연수합계로 나눈 값으로 구하여 적용하는 방법이다.

$$\text{상각률} = \frac{\text{당해 연도초의 잔여내용연수}}{\text{연수합계}}$$

내용연수가 4년이므로 연수합계(SYD, sum-of-the-years' digits)는 10(=1+2+3+4)이고 연도별 상각률은 각각 4/10, 3/10, 2/10, 1/10이 된다. 따라서 4년 동안의 감가상각비는 다음과 같이 계산된다.

▶ 표 8-4
연수합계법 - 감가상각표

연 도	기초장부금액	상각대상금액	잔여내용연수	상각률	감가상각비	기말감가상각누계액
1	₩246,000	₩240,000	4	4/10	₩96,000	₩96,000
2	150,000	240,000	3	3/10	72,000	168,000
3	78,000	240,000	2	2/10	48,000	216,000
4	30,000	240,000	1	1/10	24,000	240,000
합 계					₩240,000	

연수합계법에서는 상각률의 분자가 매년 감소하므로 초기에는 상각률이 높고 후기에는 상각률이 낮아진다.

연수합계법과 정률법은 모두 가속상각법 혹은 체감잔액법이라는 측면에서 유사하나 연수합계법에서는 상각률이 처음에는 높고 나중에는 낮아지며 상각기준액은 동일한 반면, 정률법에서는 상각률은 일정하나 기초장부금액이 매년 감소하는 형태를 취한다는 차이가 있다.

(3) 체증상각법과 특수상각법

체증상각법은 내용연수 초기에는 감가상각을 적게 계상하고 후기에는 감가상각을 많이 계상하는 방법이다. 정액법이나 체감잔액법(정률법, 연수합계법, 이중체감잔액법 등)에서는 감가상각으로 인해 장부금액은 점차 감소해 가는 반면 당기손익은 거의 일정하기 때문에 투자수익률(return on assets)은 점차 증대된다. 체증상각법은 이러한 문제점을 극복하기 위하여 고안된 방법으로서 일정한 투자수익률을 확보하는 감가상각법이다. 이 방법은 이론적으로 매우 우수한 방법이지만 초기에 감가상각하는 금액이 적어 기업에서 거의 채택하고 있지 않다.

업종에 따라서는 재고법, 폐기법과 교체법이 사용되기도 하고, 유사한 항목을 하나의 감가상각대상으로 취급하는 조별법과 종합법 등이 사용되기도 한다. 이들은 특수상황에서 인정되고 일반적으로 사용되는 방법이 아니기 때문에 본 교재에서는 이에 대한 상세한 설명은 생략한다.

2 감가상각방법의 선정과 변경

여러 가지 감가상각방법 중 해당 자산에 내재되어 있는 미래경제적 효익의 예상 소비형태를 가장 잘 반영하는 방법을 선택하고, 예상 소비형태가 변하지 않는 한 매 회계기간에 일관성 있게 적용해야 한다. 이러한 방법은 수익과 비용을 적절하게 대응시킬 수 있는 합리적 방법이다. 예를 들면 해당 유형자산의 사용으로 창출되는 수익이 매기 일정할 경우에는 정액법을 사용하는 것이 적절할 것이고, 내용연수의 초기에 많은(적은) 수익이 창출되고 점차 감소(증가)될 경우 체감(체증)상각법을 사용하는 것이 적절하다.

매 회계기간말에 유형자산의 감가상각방법을 재검토한다. 검토 결과 자산에 내재된 미래경제적 효익의 예상되는 소비형태에 중요한 변동이 있다면, 변동된 소비형태를 반영하기 위하여 감가상각방법을 변경한다. 감가상각방법뿐만 아니라 유형자산의 내용연수나 잔존가치도 변동될 수 있다. 왜냐하면 이들은 추정치에 의해서 결정된 것이기 때문이다.

K-IFRS는 감가상각방법의 변경과 내용연수 그리고 잔존가치의 변경을 모두 회계추정의 변경(changes in accounting estimates)으로 보고 있다. 즉 유형자산의 감가상각방법은 유형자산의 예상되는 소비형태나 수익창출 형태에 맞게 추정된 것으로 보고, 내용연수와 잔존가치도 회계추정의 변경이 생긴 것으로 해석하고 있다. 회계추정의 변경은 전진적 조정(prospective adjustment)으로 회계처리하여, 이미 보고된 과거의 결과는 조정하지 않고 미래의 기간에 걸쳐 조정해야 한다. 회계정책의 변경과 회계추정의 변경에 대해서는 제21장(회계변경과 오류수정)에서 상세하게 설명한다.

신규 취득한 유형자산에 대한 감가상각방법은 기존 유형자산에 대한 감가상각방법과 일치시켜야 한다. 그러나 신규사업의 착수, 다른 사업부문의 인수 등의 결과로 새로운 사업부문이 창설되어 기존의 감가상각방법으로는 당해 업종의 특성을 반영할 수 없는 경우에는 기존의 방법과 다른 감가상각방법을 사용할 수 있으며, 이 경우에는 회계변경으로 보지 아니한다.

예제 8-2 내용연수와 감가상각방법의 변경

형삼(주)는 취득원가가 ₩130,000이고 잔존가치가 ₩10,000으로 예상되는 유형자산의 내용연수가 처음에는 10년인 것으로 추정되어서 이를 정액법을 이용하여 과거 6년 동안 매년 ₩12,000씩 상각하였다.
다음의 각 경우(각각 독립적이라고 가정한다)에 7차년도의 감가상각비를 계산하라.

[사례 1] 7년째 되던 해에 동 유형자산을 9년 동안 더 사용할 수 있는 것으로 재추정하였다. 그 결과 유형자산의 총내용연수는 15년이 되었고, 잔존가치도 ₩4,000으로 재추정되었다.

➡계속

[사례 2] 해당 자산의 감가상각방법을 정액법에서 연수합계법으로 변경하였다. 추정내용연수와 잔존가치는 변함이 없다.

해답

과거 6년간 감가상각누계액은 ₩72,000(=₩12,000×6년)이다. 이에 따라 7차년도초 현재의 장부금액은 ₩58,000(=₩130,000−₩72,000)이다.

[사례 1] 7차년도초 현재의 장부금액(₩58,000)에서 잔존가치(₩4,000)를 차감한 금액을 9년(잔존내용연수)에 걸쳐서 상각하면 된다.

7차년도 감가상각비=(₩58,000−₩4,000)/9년=₩6,000

[사례 2] 7차년도초 현재의 장부금액 ₩58,000에서 잔존가치 ₩10,000을 차감한 금액에 연수합계법(잔여내용연수 4년, 따라서 연수합계는 1+2+3+4=10임)을 적용하면 된다.

7차년도 감가상각비

$$=(\text{7차년도초 장부금액}-\text{잔존가치})\times\frac{\text{당해 연도초의 잔여내용연수}}{\text{연수합계}}$$

=(₩58,000−₩10,000)×4/10=₩19,200

3 기중취득 유형자산의 감가상각

지금까지는 유형자산을 기초에 취득하고 기말에 처분하는 거래를 가정했으나, 기중에 취득하고 처분하는 거래가 더욱 현실적이다. 예를 들어 내용연수가 5년인 유형자산을 20×4년 6월 16일에 취득했는데 회계기말은 12월 31일이라고 가정하자. 정액법을 사용한다면 감가상각대상액(취득원가−잔존가치)을 내용연수로 나누어 구한 1년간의 감가상각비에 사용기간을 곱하여 첫해의 감가상각비를 계상하면 된다. 따라서 만약 취득원가가 ₩100,000이고 잔존가치가 없는 것으로 추정되는 경우에는 1년간 감가상각비는 ₩20,000(=₩100,000÷5년)이 되고, 일단위로 감가상각비를 산출하는 경우 20×4년의 감가상각비는 ₩10,904(=₩20,000×199일/365일)이 된다. 그리고 20×5년의 감가상각비는 ₩20,000이 된다.

만약 연수합계법을 사용한다면 처음 3년간의 감가상각비는 다음과 같다.

1차년도 : ₩100,000×5/15=₩33,333
2차년도 : ₩100,000×4/15=₩26,667
3차년도 : ₩100,000×3/15=₩20,000

이로부터 20×4년과 20×5년 회계연도의 감가상각비는 다음과 같이 산출된다.

20×4년 : ₩33,333×199/365=₩18,173

20×5년 : ₩33,333×166/365+₩26,667×199/365=₩29,699

이와 같이 유형자산 취득일을 기준으로 각 해의 1년간 감가상각비를 구한 다음 이를 관련된 두 연도에서 차지하는 회계연도의 비중에 비례하여 할당하는 방식으로 한 회계연도의 감가상각비를 계상한다. 한편, 이와 같은 과정은 유형자산의 내용연수에 걸쳐 계속적으로 실시해야 한다.

모든 자산에 대하여 이와 같은 방식을 적용하기란 쉽지가 않다. 따라서 기중에 취득한 유형자산의 감가상각에 대한 회계처리로 다음 몇 가지 방법이 인정되고 있다.

① 일단위
② 월단위(주단위도 가능)
③ 반년단위(회계연도 중 감가상각기간이 6개월 이하이면 6개월, 6개월 초과이면 1년)
④ 1년단위(회계연도 중에 취득하였다면 1년)

위 방법들을 이용하여 위에서 든 예시에 대한 기중취득 유형자산의 감가상각비를 정액법을 이용하여 계산하면 다음 표와 같다.

▶ 표 8-5
기중취득 유형자산의 감가상각비 비교 -간편법 이용시

방 법	20×4	20×5	20×6	20×7	20×8	20×9	합 계
일단위	₩10,904*	₩20,000	₩20,000	₩20,000	₩20,000	₩9,096	₩100,000
월단위	11,667**	20,000	20,000	20,000	20,000	8,333	100,000
반년단위	20,000#	20,000	20,000	20,000	20,000	0	100,000
1년단위	20,000	20,000	20,000	20,000	20,000	0	100,000

* ₩20,000×199/365=₩10,904
** ₩20,000×7/12=₩11,667
# 6개월을 초과하였으므로 1년분 감가상각을 한다.

예제 8-3 기중취득 유형자산의 감가상각

승호(주)는 20×4. 4. 1에 내용연수가 4년, 잔존가치가 ₩30,000으로 추정되는 기계장치를 ₩100,000에 취득하였다. 승호(주)는 기중취득 유형자산의 감가상각비는 월할계산하는 방식을 택하고 있다. 이 경우 (1) 정액법, (2) 정률법, (3) 이중체감잔액법 및 (4) 연수합계법에 따라 20×4년과 20×5년의 감가상각비를 산출하라.

해답

(1) 정액법

20×4년 : (₩100,000−₩30,000)×1/4×9/12=₩13,125

20×5년 : (₩100,000−₩30,000)×1/4=₩17,500

➥계속

(2) 정률법

• 상각률 = 1 − (₩30,000/₩100,000)$^{1/4}$ = 0.26

20×4년 :	₩100,000 × 0.26 × 9/12 =	₩19,500
20×5년 :	₩100,000 × 0.26 × 3/12 =	₩6,500
	(₩100,000 − ₩26,000) × 0.26 × 9/12 =	14,430
		₩20,930*

* (₩100,000 − ₩19,500) × 0.26 = ₩20,930

(3) 이중체감잔액법

• 상각률 = 1/4 × 2 = 0.5

20×4년 :	₩100,000 × 0.5 × 9/12 =	₩37,500
20×5년 :	₩100,000 × 0.5 × 3/12 =	₩12,500
	(₩100,000 − ₩50,000) × 0.5 × 9/12 =	18,750
		₩31,250*

* (₩100,000 − ₩37,500) × 0.5 = ₩31,250

(4) 연수합계법

20×4년 :	(₩100,000 − ₩30,000) × 4/10 × 9/12 =	₩21,000
20×5년 :	(₩100,000 − ₩30,000) × 4/10 × 3/12 =	₩7,000
	(₩100,000 − ₩30,000) × 3/10 × 9/12 =	15,750
		₩22,750

제3절 유형자산의 제거

유형자산은 매각, 교환, 도난, 파손, 교체 등을 통하여 제거된다. 유형자산을 제거할 때에는 제거시점까지의 감가상각비와 감가상각누계액을 계산해야 하며, 제거되는 자산과 관련된 감가상각누계액을 장부에서 함께 제거한다.

1) 유형자산의 매각

유형자산을 매각하는 회계처리는 비교적 간단하다. 유형자산 취득일로부터 매각일까지의 감가상각비를 계상한 후, 장부금액(취득원가에서 감가상각누계액을 차감한 금액)과 판매로부터 수취한 대가의 차액을 유형자산처분손익으로 인식한다. 유형자산처분손익은 당기손익으로 인식한다.

예제 8-4 유형자산의 처분

취득원가가 ₩45,000인 기계를 과거 9년간 매년 ₩4,000씩 정액법으로 감가상각을 해왔다. 동 기계를 10차년도 6개월이 지난 시점에 현금 ₩5,000을 받고 처분했을 경우에 필요한 회계처리를 하라.

해답

1) 6개월 동안의 감가상각비 인식

(차) 감가상각비	2,000	(대) 감가상각누계액	2,000

2) 매각분개

(차) 현　　금	5,000	(대) 기　　계	45,000
감가상각누계액	38,000*		
유형자산처분손실	2,000		

* ₩4,000×9년+₩2,000=₩38,000

(주) 매각시 기계의 장부금액은 ₩7,000(=₩45,000−₩38,000)이고 판매대가로 받은 현금은 ₩5,000이므로 유형자산처분손실은 ₩2,000이 된다.

2) 유형자산의 비자발적인 제거 및 폐기

화재, 홍수, 도난, 수용 등과 같은 이유로 회사의 의도와는 달리 유형자산을 비의도적으로 제거해야 하는 상황이 발생할 수 있다. 비자발적 제거도 처분손익을 계산하는 기본방법은 자발적 제거와 동일하다. 즉, 제거시점까지 감가상각비와 감가상각누계액을 계산하고, 제거로 인하여 받는 대가와 순장부금액의 차액을 유형자산처분손익으로 인식한다.

유형자산의 처분에 대한 대가(현금)를 받지 못하고 폐기할 경우에는 유형자산의 장부금액이 그대로 유형자산처분손실이 될 것이다. 만약 일부라도 대가를 받게 되면 장부금액에서 대가를 차감한 만큼의 처분손실이 발생하게 된다.

유형자산의 장부금액이 영업을 통한 수익창출이 아닌 매각을 통하여 회수될 것으로 예상되면, 당해 유형자산을 매각예정비유동자산으로 재분류하게 된다. 이에 대한 회계처리는 〈보론 8A〉에서 상세히 설명한다. 또한 특정 부동산을 투자목적으로 취득하는 경우에는 이를 별도로 투자부동산으로 분리하는데, 이에 대한 회계처리는 〈보론 8B〉에서 상세히 설명한다.

제4절 유형자산의 공시

유형자산의 일반적인 분류에 대해서는 제7장 제1절에서 언급한 바 있다. 그러나 업종의 특성 등을 반영하여 유형자산의 세부과목을 신설하거나 통합할 수 있다. 당해 기업이 속한 업종의 특성상 특정 유형자산의 비중이 중요한 경우에는 별도의 과목을 신설하고, 중요하지 않다면 통합하여 적절한 과목으로 표시할 수 있다. 예를 들면, 항공회사의 경우에는 항공기를, 해운회사의 경우는 선박을 별도의 과목으로 표시할 수 있다. 반면에 기계장치의 비중이 크지 않은 서비스 업종 등의 경우에는 기계장치를 기타의 유형자산으로 분류할 수 있다.

K-IFRS는 유형자산의 각 분류별로 총장부금액을 결정하는 데 사용한 측정기준, 감가상각방법, 내용연수 또는 감가상각률, 기초와 기말의 총장부금액과 감가상각누계액(손상차손누계액을 합한 금액), 기초장부금액에 변동내용을 가감하여 기말장부금액으로 조정한 내용 등을 공시하도록 요구하고 있다.

감가상각방법의 선택이나 내용연수의 추정은 경영자의 판단을 요구하는 문제이다. 그러므로 적용하고 있는 감가상각방법과 추정내용연수 또는 감가상각률을 공시하면 경영진이 선택한 회계정책에 대해 재무제표이용자들이 검토할 수 있게 되고 기업간의 비교도 가능하게 될 것이다.

회계추정을 변경하는 경우에는 회계추정의 성격과 당해 회계연도에 미치는 영향이나 후속 회계연도에 미치는 영향을 공시해야 한다. 유형자산 회계추정의 변경은 유형자산의 잔존가치, 내용연수, 감가상각방법 등의 변경을 말한다.

유형자산이 재평가금액으로 기재된 경우에는 다음과 같은 사항을 공시한다.

① 재평가기준일
② 독립적인 평가인이 평가에 참여했는지 여부
③ 재평가된 유형자산의 분류별로 원가모형으로 평가되었을 경우 장부금액
④ 재평가잉여금의 변동과 재평가잉여금에 대한 주주배당제한

유형자산에 대하여 손상차손을 인식한 경우에는 손상을 초래한 상황의 변화나 내용을 기술하고, 손상차손의 평가에 사용된 회수가능액의 산정방법과 그 금액을 공시하도록 요구하고 있다.

일시 운휴중인 유형자산의 장부금액, 감가상각이 완료되었으나 아직 사용중인 유형자산의 총장부금액, 사용이 중지되었지만 매각예정으로 분류되지 않은 유형자산의 장부금액, 원가모형을 사용한 경우 유형자산의 공정가치가 장부금액과 중요한 차이가 있을 때 그 공정가치 등도 주석사항으로 공시할 것을 권장한다.

보론 8A 매각예정비유동자산과 중단영업

1 매각예정비유동자산

(1) 매각예정비유동자산으로 분류 1105:6-14

유형자산을 포함한 비유동자산의 장부금액이 매각거래를 통하여 회수될 수도 있다. 매각을 앞둔 비유동자산은 기업의 정상적인 영업활동에 사용되는 자산과는 성격이 다르기 때문에 매각예정비유동자산(non-current assets held for sale)으로 분류한다.

비유동자산(또는 처분자산집단)을 매각예정으로 분류하기 위해서는 해당 자산의 장부금액이 계속사용이 아닌 매각거래를 통해서 회수되어야 한다. 이를 위해서는 해당 자산이 ① 통상적이고 관습적인 거래조건만으로 즉시 매각가능해야 하며, ② 매각될 가능성이 매우 높아야 한다. 다음 예제는 통상적이고 관습적인 거래조건에 즉시 매각가능한 경우를 보여주고 있다.

예제 8A-1 즉시 매각가능 상태

① 기업이 본사 건물 매각계획을 확약하고 매수자를 물색하기 시작했다. 기업은 건물을 먼저 비우고 매수자에게 양도하려고 한다. 건물을 비우는 데 필요한 시간은 자산을 판매하는 데 통상적이고 관습적으로 소요되는 정도이다.

② 기업이 제조설비 매각계획을 확정하고 매수자를 물색하기 시작했다. 계획확정일 현재 제조설비를 이용한 생산물의 미완성 주문 잔량이 남아 있다. 그러나 A사는 주문잔량과 함께 제조설비를 매각하고자 하며, 매각일 현재의 미완성 주문 잔량도 매수자에게 모두 양도할 것이다. 미완성 주문잔량의 양도는 제조설비의 매각시기에 영향을 미치지 아니한다.

즉, 매각예정비유동자산으로 분류할 수 있기 위해서는 해당 자산이 매각을 통하여 회수될 것이 거의 확실한 상황이어야 한다. 다음 조건을 모두 충족시키면 매각될 가능성이 매우 높음이라는 조건을 충족시키는 것으로 본다.

① 적절한 지위의 경영진이 자산 매각계획을 확실하게 약속하였다.
② 매수자를 물색하며 매각계획을 이행하기 위한 적극적인 업무진행을 이미 시작했다.
③ 당해 자산의 현행 공정가치에 비추어 볼 때 합리적인 가격수준으로 적극적으

로 매각을 추진하고 있어야 한다.

④ 매각예정으로의 분류시점에서 1년 이내에 매각이 완료될 수 있어야 한다.

⑤ 매각계획을 이행하기 위하여 필요한 조치로 보아 그 계획이 중요하게 변경되거나 철회될 가능성이 낮아야 한다.

매각예정 분류기준을 충족시키는 비유동자산은 비유동자산으로 분류하지 않고 다른 재무상태표 자산과 구분하여 표시한다. 1105:3 이와 함께 매각예정비유동자산과 직접 관련된 부채도 재무상태표에 별도로 표시한다.

매각예정비유동자산은 감가상각(또는 상각)하지 않는다. 왜냐하면 해당 비유동자산은 영업활동을 위해 사용되는 것이 아니라 매각할 목적이므로 더 이상 취득원가를 배분할 이유가 없다. 그러나 매각예정으로 분류된 부채와 관련된 이자와 기타비용은 계속하여 인식한다.

폐기될 비유동자산은 매각예정으로 분류할 수 없다. 왜냐하면 폐기될 비유동자산은 원칙적으로 계속 사용함으로써 회수되기 때문이다. 또한 일시적으로 사용을 중단한 비유동자산은 폐기될 자산이나 매각예정비유동자산으로 회계처리하지 않는다.

(2) 매각예정비유동자산의 측정

K-IFRS에서는 매각예정비유동자산을 다음 중 작은 금액으로 측정하도록 요구하고 있다.

① 순공정가치

② 장부금액

이와 같은 회계처리는 재고자산의 저가법 회계처리와 유사한데, 매각예정비유동자산의 과대평가를 방지하기 위함이다.

매각예정비유동자산은 최초인식시점 또는 후속적으로 순공정가치의 하락이 있는 경우 평가손실(또는 손상차손)을 인식해야 한다(이에 대한 상세한 회계처리는 제10장 참조). 매각예정비유동자산은 매각을 예정하고 있으므로 예상매각금액을 기반으로 공정가치를 측정하고 예상판매원가를 차감하여 순공정가치를 구한다. 만약 순공정가치가 장부금액보다 작은 경우 그 차액을 손상차손으로 인식한다.

평가손실이 발생한 매각예정비유동자산의 순공정가치가 회복되면 순공정가치 증가가 발생한 시점에 평가이익(또는 손상환입)을 인식한다. 그러나 그 금액은 과거에 인식하였던 손상차손누계액을 초과할 수 없다.

예제 8A-2 매각예정자산의 분류와 손상차손 인식

청담(주)는 자산집단을 매각예정자산집단으로 분류하고 처분하고자 한다. 처분할 자산집단에 속한 자산은 다음과 같다.

	매각예정으로 분류하기 전 보고기말의 장부금액	매각예정으로 분류 직전에 재측정한 장부금액
영 업 권	₩1,500	₩1,500
유 형 자 산 A(재평가액으로 표시)	5,300	4,300
유 형 자 산 B(원가로 표시)	5,700	5,700
재 고 자 산	2,600	2,200
금 융 자 산(공정가치측정)	1,900	1,300
합 계	₩17,000	₩15,000

청담(주)는 먼저 처분할 자산집단을 매각예정으로 분류하기 전에 개별자산에 대해서 총 ₩2,000(=₩17,000-₩15,000)의 손상을 인식한다.

또한, 처분할 자산집단의 순공정가치가 ₩12,000으로 추정된다면, 매각예정으로 분류한 처분자산집단은 순공정가치와 장부금액 중 작은 금액으로 측정해야 한다. 이에 따라 청담(주)는 자산집단을 매각예정비유동자산으로 최초로 분류할 때 추가적으로 ₩3,000(=₩15,000-₩12,000)의 손상차손을 인식한다.

개별자산의 장부금액을 결정하기 위해서는 손상차손을 비유동자산에 배분해야 한다. K-IFRS (제1036호, 자산손상)에 의하면 재고자산과 공정가치로 측정되는 금융자산은 손상차손의 대상이 아니다. 손상차손은 먼저 영업권에 배분하고 다른 자산의 장부금액에 비례하여 배분한다. 자산손상과 손상차손의 배분은 제10장에서 다시 상세하게 설명한다. 배분의 예는 다음과 같다.

	매각예정으로 분류 직전에 재측정한 장부금액	손상차손의 배분	배분 후 장부금액
영 업 권	₩1,500	(₩1,500)	—
유 형 자 산(재평가액으로 표시)	4,300	(645)*	₩3,655
유 형 자 산(원가로 표시)	5,700	(855)	4,845
재 고 자 산	2,200	—	2,200
금 융 자 산(공정가치측정)	1,300	—	1,300
합 계	₩15,000	(₩3,000)	₩12,000

* (₩3,000-₩1,500)×₩4,300/(₩4,300+₩5,700)=₩645

(3) 매각계획의 변경

매각예정으로 분류되던 자산이 앞서 설명한 매각예정비유동자산으로서 분류기준을 더 이상 충족할 수 없는 경우에는 그 자산은 매각예정으로 분류할 수 없다. 이 경우 해당 비유동자산은 다음 중에서 작은 금액으로 측정하여 매각예정으로 분류되기 전의 자산으로 재분류해야 한다.

① 당해 자산(또는 처분자산집단)을 매각예정으로 분류하기 전 장부금액에 감가상각, 상각, 또는 재평가 등 매각예정으로 분류하지 않았더라면 인식하였을 조정사항을 반영한 금액
② 매각하지 않기로 결정한 날의 회수가능액

이와 같은 회계처리는 매각예정비유동자산을 기존의 비유동자산으로 환원시키는 것이다. ①의 금액은 해당 자산이 기존의 비유동자산으로 계속 분류되었다면 가졌을 장부금액으로 조정함을 의미한다. ②의 조건은 해당 비유동자산에 대한 손상평가를 수행해야 함을 의미한다. 손상평가에 대해서는 제10장에서 자세히 설명한다.

(4) 매각예정비유동자산의 공시

매각예정으로 분류된 비유동자산은 다른 자산과 별도로 재무상태표에 표시한다. 또한 매각예정으로 분류된 처분자산집단에 포함되는 자산이나 부채는 다른 자산이나 부채와 구분하여 별도로 재무상태표에 표시한다. 이때 해당 자산과 부채를 상계해서는 안 된다.

과거 재무상태표에 매각예정으로 분류된 비유동자산 또는 처분자산집단에 포함된 자산과 부채의 금액은 최근에 분류가 변경되었더라도 이를 반영하기 위하여 재분류하거나 재작성하지 아니한다.

2 중단영업의 표시

중단영업이란 이미 처분되었거나 매각예정으로 분류되고 다음 중 하나에 해당하는 기업의 구분단위이다.[3)]

① 별도의 주요 사업계열이나 영업지역이다.
② 별도의 주요 사업계열이나 영업지역을 처분하려는 단일 계획의 일부이다.
③ 매각만을 목적으로 취득한 종속기업이다.

중단영업에 대해서는 다음의 합계를 포괄손익계산서에 구분되는 금액으로 표시한다.

---

3) 기업의 구분단위는 재무보고 목적뿐만 아니라 영업상으로도 기업의 나머지 부분과 영업 및 현금흐름이 명확히 구별된다. 즉 기업의 구분단위는 계속사용을 목적으로 보유중인 경우 하나의 현금창출단위 또는 현금창출단위집단이 될 것이다.

① 세후 중단영업손익

② 중단영업에 포함된 자산을 순공정가치로 측정하거나 처분함에 따른 세후 손익

위 각각에 대해서 세전 금액과 관련된 법인세비용을 주석이나 포괄손익계산서에 공시한다. 이를 포괄손익계산서에 공시하는 경우에는 계속영업과 구분되도록 별도의 중단영업항목으로 표시한다.

표시된 최종기간의 보고기간말까지 모든 중단영업과 관련된 공시사항이 표시될 수 있도록 과거재무제표를 재작성한다. 한편, 기업의 구분단위를 매각예정으로 더 이상 분류할 수 없는 경우 중단영업으로 표시하였던 당해 구분단위의 영업성과를 비교표시되는 모든 회계기간에 재분류하여 계속영업손익에 포함하고 과거기간에 해당하는 금액이 재분류되었음을 주석으로 기재한다.

매각예정으로 분류하였으나 중단영업의 정의를 충족하지 않는 비유동자산(또는 처분자산집단)을 재측정하여 인식하는 평가손익은 계속영업손익에 포함한다.

보론 8B 투자부동산

(1) 투자부동산의 의의와 범위 1040:5-15

투자부동산(investment property)이란 임대수익(rental revenue)이나 시세차익(capital appreciation) 또는 두 가지 모두를 얻기 위해서 소유자 또는 금융리스이용자가 보유하는 건물이나 토지와 같은 부동산을 말한다. 이러한 투자부동산은 회사가 보유하고 있는 다른 자산과 독립적으로 현금흐름을 창출하는데, 그 예는 다음과 같다.[4)]

① 장기 시세차익을 얻기 위하여 보유하고 있는 토지
② 장래 사용목적을 결정하지 못한 채로 보유하고 있는 토지(만약 토지를 자가사용할지 또는 정상적인 영업과정에서 단기간에 판매할지를 결정하지 못한 경우 당해 토지는 시세차익을 얻기 위하여 보유하고 있는 것으로 봄)
③ 직접 소유(또는 금융리스를 통해 보유)하고 운용리스로 제공하고 있는 건물
④ 운용리스로 제공하기 위하여 보유하고 있는 미사용 건물
⑤ 미래에 투자부동산으로 사용하기 위하여 건설 또는 개발중인 부동산

여러 목적으로 부동산을 보유하고 있는 경우에는 사용목적에 따라 부동산을 부분별로 목적에 맞게 유형자산 또는 투자부동산으로 분류한다. 부분별로 분리할 수 없다면, 자가사용 부분이 경미한 경우에만 당해 부동산을 투자부동산으로 분류한다.

(2) 투자부동산의 회계처리 1040:20-56

다른 자산과 마찬가지로 투자부동산도 최초인식시점에는 취득원가로 측정한다. 따라서 구입한 투자부동산의 원가는 구입금액에 구입과 직접 관련이 있는 부대원가(거래원가)를 합하여 결정하고, 자가건설한 투자부동산의 원가는 건설 또는 개발이 완료된 시점까지의 투입원가로 측정한다.

최초인식시점 이후에는 공정가치모형이나 원가모형을 선택하여 모든 투자부동산에 일관성 있게 적용한다.

---

4) 그러나 다음의 경우는 투자부동산으로 분류하지 않는다.
① 정상적인 영업과정에서 판매하기 위한 부동산이나 이를 위하여 건설 또는 개발중인 부동산(이는 재고자산으로 봄)
② 제3자를 위하여 건설 또는 개발중인 부동산(이는 건설계약으로 봄)
③ 자가사용부동산(이는 유형자산으로 봄)
④ 금융리스로 제공한 부동산(리스회사의 자산으로 보지 않음)

1) 공정가치모형

기업이 공정가치모형을 선택한 경우에는 최초인식 후 모든 투자부동산을 공정가치로 측정하고, 공정가치의 변동으로 발생하는 손익은 발생한 기간의 당기손익에 반영한다.[5] 투자부동산을 공정가치로 평가할 경우에는 감가상각을 할 의미가 없기 때문에 보고기말에 평가손익만 당기손익으로 인식한다.

기업이 투자부동산을 공정가치로 측정해 왔다면, 비교할 만한 시장의 거래가 줄어들거나 시장가격 정보를 쉽게 얻을 수 없게 되더라도 계속하여 공정가치로 측정해야 한다. 즉, 투자부동산을 공정가치로 측정하기 위해서는 해당 투자부동산의 공정가치를 계속하여 신뢰성 있게 결정할 수 있어야 한다.

그러나 예외적으로 취득(또는 사용목적 변경으로 처음으로 투자부동산으로 분류)한 투자부동산의 공정가치를 계속해서 신뢰성 있게 결정하기 어려울 것이라는 명백한 증거가 있을 수 있다. 즉 비교할 만한 시장거래의 발생빈도가 낮고 신뢰성 있는 공정가치의 대체적 추정방법(예를 들면, 미래현금흐름을 할인하는 방법)이 가능하지 않을 수 있다.[6] 이 경우에는 원가모형을 적용한다.

2) 원가모형

투자부동산의 평가방법으로 원가모형을 선택한 경우에는 모든 투자부동산에 대해서 원가모형으로 측정한다. 해당 자산에 대하여 감가상각누계액이나 손상차손누계액이 있는 경우에는 원가에서 이를 차감하여 장부금액을 결정한다.[7]

원가모형을 채택한 경우에는 투자부동산의 공정가치를 주석으로 공시해야 한다.

예제 8B-1 투자부동산의 회계처리

대구산업은 20×0. 1. 1에 신축건물을 취득하여 임대목적으로 사용하고자 한다. 이 건물의 취득원가는 ₩1,000,000이고 내용연수는 10년이며 잔존가치는 없다. 감가상각방법은 정액법을 사용한다. 1년후 20×0. 12. 31의 이 건물의 공정가치는 ₩1,050,000이다. 원가모형과 공정가치모형에 의한 회계처리를 하라.

➥계속

---

5) 유형자산의 재평가모형과는 달리 공정가치변동에서 발생하는 손익을 기타포괄손익이 아닌 당기손익에 반영함에 유의해야 한다.

6) 건설중인 투자부동산의 공정가치를 신뢰성 있게 결정할 수 없지만, 건설이 완료된 시점에서는 공정가치를 신뢰성 있게 결정할 수 있다고 기대하는 경우(이는 최초인식시점에서만 결정할 수 있음) 공정가치를 신뢰성 있게 결정할 수 있는 시점과 건설이 완료되는 시점 중 빠른 시점까지는 건설중인 투자부동산을 원가로 측정한다. 일단 부동산의 건설이 완료되면, 공정가치는 신뢰성 있게 측정할 수 있다고 가정한다.

7) 투자부동산이 매각예정비유동자산으로 분류되는 기준을 충족하는 경우 또는 매각예정으로 분류되는 처분자산집단에 포함되는 경우에는 투자부동산에서 제외하고, 순공정가치와 장부금액 중에서 작은 금액으로 측정한다.

해답

〈원가모형의 적용〉

20×0. 1. 1

(차) 투자부동산	1,000,000	(대) 현　　금	1,000,000

20×0. 12. 31

(차) 감가상각비	100,000	(대) 감가상각누계액	100,000*

* ₩1,000,000÷10년=₩100,000/년

〈공정가치모형의 적용〉

20×0. 1. 1

(차) 투자부동산	1,000,000	(대) 현　　금	1,000,000

20×0. 12. 31

(차) 투자부동산	50,000	(대) 투자부동산평가이익 (당기손익)	50,000*

* ₩1,050,000－₩1,000,000=₩50,000

(주) 투자부동산을 공정가치로 평가할 경우에는 감가상각은 하지 않는다.

(3) 투자부동산과 다른 계정 간의 대체 1040:57-65

투자부동산으로 분류된 자산의 사용목적이 변경되어 다른 자산으로 계정대체가 발생하거나 기존 유형자산이나 재고자산의 사용목적이나 보유목적이 변경되어 투자부동산으로 재분류될 수 있다.

1) 투자부동산에서 다른 자산으로 대체

투자부동산의 사용목적 변경이 다음과 같은 사실로 입증되는 경우에만 다른 부동산으로 계정대체를 허용하고 있다.

① 자가사용을 개시 : 투자부동산을 자가사용부동산(유형자산)으로 대체

② 정상적인 영업과정에서 판매하기 위한 개발을 시작 : 투자부동산을 재고자산으로 대체

투자부동산을 유형자산으로 대체하는 경우, 투자부동산과 유형자산의 회계정책에 따라 네 가지 상황을 가정할 수 있다. 각각의 경우에 대한 회계처리는 다음과 같다.

① 투자부동산에 원가모형, 유형자산에 원가모형 적용 : 대체시점까지 투자부동산의 감가상각비와 감가상각누계액을 계상하고, 해당 장부금액을 유형자산의 새로운 장부금액으로 대체한다. 이후, 유형자산은 원가모형에 맞추어 후속측정을 수행한다.

② 투자부동산에 원가모형, 유형자산에 재평가모형 적용 : 대체시점까지 투자부

동산의 감가상각비와 감가상각누계액을 계상하고, 해당 장부금액을 유형자산의 새로운 장부금액으로 대체한다. 이후, 유형자산의 재평가모형에 맞추어 측정한다. 만약 유형자산의 회수가능액이 장부금액보다 큰 경우 자산재평가이익(기타포괄손익)을 인식하고, 회수가능액이 장부금액보다 작은 경우 자산재평가손실(당기손실)을 인식하게 된다. 재평가모형에 대해서는 제10장에서 자세히 설명한다.

③ **투자부동산에 공정가치모형, 유형자산에 원가모형 적용 :** 대체시점까지 투자부동산의 공정가치를 측정하고 당기손익에 반영한다. 공정가치가 반영된 장부금액을 유형자산의 새로운 장부금액으로 대체하고, 이후 유형자산의 원가모형에 맞추어 후속측정한다.

④ **투자부동산에 공정가치모형, 유형자산에 재평가모형 적용 :** 대체시점까지 투자부동산의 공정가치를 측정하고 당기손익에 반영한다. 공정가치가 반영된 장부금액을 유형자산의 장부금액으로 대체하고, 이후 유형자산의 재평가모형에 맞추어 후속측정한다.

위의 네 가지 상황을 가정하였지만, 간단히 요약하면 대체시점에 필요한 투자부동산의 후속측정을 수행하고, 결정된 장부금액을 새로운 자산의 장부금액으로 대체한다. 만약, 투자부동산을 유형자산이 아닌 다른 자산으로 대체하는 경우에도 위와 유사하게 회계처리를 수행한다. 예컨대, 투자부동산을 재고자산으로 대체하는 경우 대체 후 저가법을 적용한다.

예제 8B-2 투자부동산을 자가사용부동산으로 대체

대구산업은 20×0. 12. 31에 공정가치로 평가한 투자부동산인 건물(공정가치가 ₩900,000)을 자가사용하기로 결정하고 생산활동에 사용될 공장건물로 재분류했다. 대체 이후에는 공장건물은 원가모형을 사용하며, 20×0. 12. 31 현재 잔존가치는 없고, 잔존내용연수가 9년이고, 정액법으로 상각한다고 가정한다. 20×1. 12. 31 이 건물의 공정가치는 ₩850,000이다. 재분류시점과 20×1. 12. 31에 필요한 분개를 하라.

해답

〈20×0. 12. 31의 재분류〉

(차) 공 장 건 물	900,000	(대) 투자부동산	900,000

(주) 공정가치모형이 적용된 투자부동산에서 자가사용부동산으로 대체될 경우에는 사용목적 변경시점의 공정가치가 자가사용자산의 간주원가가 된다.

〈20×1. 12. 31〉

(차) 감가상각비	100,000	(대) 감가상각누계액	100,000*

* ₩900,000÷9년=₩100,000/년

(주) 공장건물은 원가모형을 적용하고 있으므로 공정가치의 변동을 반영하지 않고 감가상각한다.

2) 다른 자산에서 투자부동산으로 대체

자가사용부동산의 자가사용이 종료되거나 재고자산을 제3자에게 운용리스로 제공한 경우 당해 자가사용부동산이나 재고자산을 투자부동산으로 대체한다. 기존의 자산의 회계정책과 투자부동산의 회계정책에 따라 다음과 같은 상황과 회계처리가 있을 수 있다.

① **유형자산에 원가모형, 투자부동산에 원가모형 적용**: 대체시점까지 유형자산의 감가상각과 손상차손을 반영하고, 해당 장부금액을 투자부동산의 새로운 장부금액으로 대체한다. 이후, 투자부동산의 원가모형에 맞추어 후속측정을 수행한다.

② **유형자산에 원가모형, 투자부동산에 공정가치모형 적용**: 대체시점까지 유형자산의 감가상각과 손상차손을 반영하고, 해당 장부금액을 투자부동산의 새로운 장부금액으로 대체한다. 만약 대체된 장부금액과 공정가치에 차이가 있는 경우, 유형자산의 재평가모형과 동일한 회계처리를 수행한다. 즉, 장부금액과 공정가치의 차이를 기타포괄손익으로 인식한다. 이후, 투자부동산의 공정가치모형에 맞추어 후속측정을 수행한다.

③ **유형자산에 재평가모형, 투자부동산에 원가모형 적용**: 대체시점까지 유형자산의 회수가능액을 평가하여 장부금액에 공정가치를 반영한다. 공정가치가 반영된 장부금액을 투자부동산의 장부금액으로 대체하고, 이후 투자부동산의 원가모형에 맞추어 후속측정을 수행한다.

④ **유형자산에 재평가모형, 투자부동산에 공정가치모형 적용**: 대체시점까지 유형자산의 회수가능액을 평가하여 장부금액에 공정가치를 반영한다. 공정가치가 반영된 장부금액을 투자부동산의 장부금액으로 대체하고, 이후 투자부동산의 공정가치모형에 맞추어 후속측정을 수행한다. 대체시점에 해당 자산의 공정가치가 반영되었으므로 투자부동산의 평가손익이 발생하지 않을 것이다.

다른 자산과의 대체 회계처리는 대체시점까지 기존 자산의 회계처리에 따라 감가상각, 공정가치, 손상 등을 장부금액에 반영하고, 이러한 회계처리가 반영된 장부금액을 대체되는 자산의 장부금액(취득원가, 간주원가)으로 회계처리하며, 이후 해당 자산의 후속회계처리를 수행하는 순서를 따른다면 어려움 없이 회계처리가 가능하다.

단, 이러한 원가모형을 적용하는 유형자산을 공정가치로 측정하는 투자부동산으로 대체하는 경우는 당기손익이 아닌 기타포괄손익으로 인식하는 예외라는 점에 유의한다. 만약 이러한 대체 후 투자부동산의 당기손익의 인식을 허용하는 경우, 경영자는 원가모형을 적용하는 유형자산을 투자부동산으로 대체하여 당기이익을 증가시킬 수 있다. 이러한 유인을 방지하기 위하여, 당기손익이 아닌 유형자산의 재평가에 준하는 기타포괄손익으로 인식하도록 한다. 1040:62

예제 8B-3 자가사용부동산을 투자부동산으로 대체

대구산업은 20×0. 1. 1에 자가사용목적으로 건물을 ₩1,000,000에 취득하였다. 이 건물의 내용연수는 10년이며, 잔존가치는 없고, 정액법으로 감가상각한다. 당해 건물을 원가모형으로 회계처리하였다. 20×1. 7. 1 이 건물을 임대목적으로 사용하기로 사용목적을 변경하고 투자부동산으로 대체하기로 결정했다. 투자부동산은 공정가치모형으로 회계처리한다. 대체시점 건물의 공정가치는 ₩930,000이다. 취득연도말부터 대체시점까지 필요한 회계처리를 하라.

해답

〈20×0. 12. 31〉 취득연도말

(차) 감가상각비	100,000	(대) 감가상각누계액	100,000

〈20×1. 7. 1〉 대체시점

(차) 감가상각비	50,000	(대) 감가상각누계액	50,000
(차) 투자부동산	930,000	(대) 건　　　물	1,000,000
감가상각누계액	150,000	자산재평가이익 (기타포괄손익)	80,000*

* 건물의 공정가치 ₩930,000 − 장부금액 ₩850,000 = ₩80,000

(4) 리스중인 부동산에 대한 권리

리스이용자는 "리스중인 부동산에 대한 권리"를 투자부동산으로 분류하고 회계처리할 수 있는데, 이는 다음 조건을 모두 충족하는 경우에 한해서이다.

- 해당 부동산이 투자부동산의 정의를 충족하고,
- 해당 부동산을 공정가치모형으로 평가하는 경우

이때 투자부동산으로 회계처리할 리스자산에 대해서는 사용권자산을 최초 적용일에 공정가치로 측정한다.

해당 리스 부동산에 대한 권리를 투자부동산으로 인식할 것인지는 각 부동산별로 결정할 수 있다. 만약 그러한 부동산에 대한 권리 중 어느 하나라도 투자부동산으로 인식한다면, 투자부동산으로 분류된 모든 부동산에 대해 공정가치모형을 적용해야 한다. 즉 원가모형을 선택할 수 없다.

(5) 투자부동산의 제거 1040:66-73

투자부동산을 처분하거나, 투자부동산의 사용을 영구히 중지하고 처분으로 더 이상 경제적 효익을 기대할 수 없는 경우에는 제거(재무상태표에서 삭제)한다.

부동산의 폐기나 처분으로 발생하는 손익은 순처분금액에서 장부금액을 차감한 금액으로 결정된다. 이 손익은 폐기나 처분이 발생한 기간에 당기손익으로 인식한다. 한편 부동산의 손상, 멸실 또는 포기로 제3자에게서 받는 보상은 받을 수 있게 되는 시점에 당기손익으로 인식한다.

(6) 투자부동산 관련 공시 1040:74-79

투자부동산에 대하여 다음 사항을 주석으로 공시한다.

① 공정가치모형 또는 원가모형의 적용 여부
② 공정가치모형을 적용하는 경우, 운용리스 부동산에 대한 권리를 투자부동산으로 분류하여 회계처리하였는지 여부와 그 이유
③ 분류가 어려운 경우 투자부동산을 자가사용부동산 및 정상적인 영업과정에서 판매하기 위한 부동산과 구별하기 위하여 사용한 분류기준
④ 재무제표에 인식되었거나 주석으로 공시된 투자부동산의 공정가치가 독립된 평가인의 가치평가에 근거한 정도 등

종합예제

CHAPTER 8

1. 감가상각방법

태백(주)는 아래와 같이 기계장치를 취득하였다.

취 득 일 : 20×4. 1. 1　　취득원가 : ₩5,000,000
추정내용연수 : 4년　　추정잔존가치 : ₩1,500,000
회계연도말 : 12월 31일

요구사항

1. 이중체감잔액법을 이용할 경우 20×5. 12. 31 현재 당해 기계장치에 대한 감가상각누계액 잔액은 얼마이겠는가?
2. 정률법에 따라 상각을 한다면 20×5년도 상각액은 얼마인가?

해 답

1. 이중체감잔액법상각률＝2×(1/4)＝0.5
   20×4년 감가상각비＝₩5,000,000×0.5＝₩2,500,000
   20×5년 감가상각비＝(₩5,000,000－₩2,500,000)×0.5＝₩1,250,000
   20×5년말의 감가상각누계액＝₩2,500,000＋₩1,250,000＝₩3,750,000

2. 정률법상각률＝1－(₩1,500,000/₩5,000,000)$^{1/4}$＝0.26
   20×4년 감가상각비＝₩5,000,000×0.26＝₩1,300,000
   20×5년 감가상각비＝(₩5,000,000－₩1,300,000)×0.26＝₩962,000

2. 감가상각방법 및 추정의 변경

12월말 결산법인인 정선(주)는 20×1. 1. 1에 ₩400,000에 취득한 기계장치를 2년간 사용해오다가 20×3. 1. 1에 감가상각정책을 검토하고, 감가상각방법, 내용연수, 잔존가치를 변경하였다. 다음은 20×1. 1. 1부터 2년간 실시한 감가상각 내용과 20×3. 1. 1부터 변경한 감가상각 내용이다.

	변경 전	변경 후
감가상각방법	연수합계법	정액법
내용연수	4년 (20×4년말까지 사용)	6년 (20×6년말까지 사용)
잔존가치	₩40,000	₩10,000

요구사항

이러한 회계변경으로 인해 정선(주)가 20×3년도에 계상할 감가상각비는 얼마인가?

해 답

감가상각방법의 변경과 내용연수 그리고 잔존가치의 변경은 모두 회계추정의 변경이다. 유형자산의 감가상각방법은 유형자산의 예상되는 소비형태나 수익창출 형태에 맞게 추정된 것이고, 내용연수와 잔존가치도 중요한 회계추정이다. 회계추정의 변경은 전진적 조정으로 회계처리하여, 이미 보고된 과거의 결과는 조정하지 않고 미래의 기간에 걸쳐 조정해야 한다.

1) 20×1. 12. 31 감가상각비의 계상

(차) 감가상각비	144,000*	(대) 감가상각누계액	144,000

* 감가상각비 = (₩400,000 − ₩40,000) × 4년/10년 = ₩144,000

2) 20×2. 12. 31 감가상각비의 계상

(차) 감가상각비	108,000*	(대) 감가상각누계액	108,000

* 감가상각비 = (₩400,000 − ₩40,000) × 3년/10년 = ₩108,000

3) 20×3. 12. 31 감가상각비의 계상

(차) 감가상각비	34,500*	(대) 감가상각누계액	34,500

* 감가상각비 = (취득원가 − 감가상각누계액 − 잔존가치) ÷ 4년
= (₩400,000 − ₩144,000 − ₩108,000 − ₩10,000) ÷ 4년 = ₩34,500

익힘문제

CHAPTER 8

1. 회계에서는 감가상각을 원가의 배분으로 보고 있다. 이에 대해 설명하고 또한 그 근거를 제시하라.

2. 경제적 내용연수와 기업 특유의 내용연수를 비교하여 설명하라.

3. 감가상각 측정단위에 대하여 설명하라.

4. 감가상각비를 계산하기 위한 기본적인 요소들은 무엇인가?

5. 감가상각금액은 언제 개시하고 언제 중단하는가? 자산이 운휴중이면 감가상각을 중지해야 하는가?

6. 감가상각방법 중에서 정액법의 장점과 단점은 무엇인가?

7. 체감잔액법의 종류를 들고 공통점과 차이점을 비교하라.

8. 기업은 여러 가지 감가상각방법 중에서 하나의 방법을 선택해야 한다. 감가상각방법의 선택기준은 무엇인가?

9. 감가상각방법과 내용연수 및 잔존가치를 변경했을 때 어떻게 회계처리하는가?

10. 유형자산이 여러 개의 구성요소로 이루어져 있고 개별 구성요소의 내용연수와 미래 현금창출능력 형태가 다르다. 이 경우 감가상각방법을 설명하라.

11. 감가상각이 자산교체자금을 마련하는 방안인가?

12. 기중취득 유형자산의 감가상각 대안에 대해 설명하라.

13. 유형자산은 언제 장부에서 제거하는가? 제거시점의 회계처리를 기술하라.

보-14. 매각예정비유동자산으로 분류하기 위한 조건을 제시하라.

보-15. 매각예정비유동자산은 어떻게 측정하는가? 그 이유를 제시하라.

보-16. 투자부동산이란 무엇을 의미하는가? 투자부동산으로 분류되는 경우의 측정방법을 기술하라.

보-17. 투자부동산으로 분류된 자산이 다른 자산으로 계정대체가 되는 경우의 회계처리를 설명하라.

연습문제

CHAPTER 8

1. 감가상각 개념 및 감가상각방법의 선택

독립적인 다음의 사례를 읽고 물음에 답하라.

[사례 1] 옥과(주)는 최근에 노동조합의 파업으로 두 개의 공장이 크게 타격을 입었다. 이 회사의 사장은 파업기간 동안 생산시설을 사용하지 않았기 때문에 마모 및 사용에 의하여서만 가치가 감소하는 생산시설의 가치감소가 없었으므로 파업기간에 대하여 감가상각을 계산하지 않는 것이 타당하다고 보고 있다. 또한 파업기간 동안 매출이 없었기 때문에 감가상각을 실시하지 않는 것이 수익과 비용의 적절한 대응의 차원에서도 바람직하다고 보고 있다.
옥과(주) 사장의 의견이 적절한지에 대하여 설명하라.

[사례 2] 영광(주)는 가정용 전기용품을 생산하는 업체이다. 영광(주)는 최근에 새로운 믹서기를 개발했는데 이는 몇 가지 부착장치를 이용함으로써 기존 제품에 비하여 훨씬 다양한 종류의 조리가 가능한 제품이다. 회사로서는 새 믹서기에 대한 수요를 비교적 잘 예측할 수 있다고 보고 있다. 새 믹서기의 상업생산을 위해서는 특수한 제조설비를 제작해야 하는데 적당한 제작회사를 찾기 어려워 영광(주)가 이를 자체제작하기로 하였다.
새 믹서기의 수요가 각각 증가, 감소 혹은 현 수준 유지라고 가정하고 각 경우에 대하여 적절한 감가상각방법을 설명하라.

2. 감가상각(Ⅰ)

나라(주)는 20×2. 5. 1 기계장치를 **₩235,000**에 취득하였다. 이 기계는 내용연수가 10년이고 잔존가치는 **₩15,000**, 생산량은 275,000단위, 작업시간은 25,000시간으로 추정된다. 20×3년중 나라(주)는 이 기계를 2,650시간 사용하여 25,000단위를 생산하였다.

요구사항

위 기계를 아래의 방법으로 상각한다고 보고 20×3년 감가상각비를 계산하라.

1. 정액법
2. 연수합계법
3. 생산량비례법
4. 이중체감잔액법
5. 작업시간비례법

3. 감가상각(Ⅱ)

20×2. 4. 1 성호(주)가 구입한 기계의 원가는 **₩87,000**이다. 이 기계의 잔존가치는 **₩3,000**이고 내용연수는 7년으로 추정되었다. 또한 총작업시간은 42,000시간이고 총생산량은 5,600단위로 추정된다. 이 기계는 20×2년에 5,000시간 가동하여 600단위를 생산하였다. 20×3년에는 5,500시간 가동에 680단위를 생산하였다.

요구사항

20×2. 12. 31과 20×3. 12. 31의 기계에 대한 감가상각비를 다음 각각의 방법에 대하여 계산하라.

1. 정액법
2. 연수합계법
3. 생산량비례법
4. 이중체감잔액법
5. 작업시간비례법

4. 기중취득 유형자산의 감가상각

서영(주)는 20×1. 5. 1에 내용연수가 5년, 잔존가치가 ₩10,000으로 추정되는 기계장치를 ₩100,000에 취득하였다. 서영(주)는 기중취득 유형자산의 감가상각비는 월할계산하는 방식을 택하고 있다. 이 경우 (1) 정액법, (2) 정률법, (3) 이중체감잔액법 및 (4) 연수합계법에 따라 20×1년과 20×2년의 감가상각비를 산출하라.

5. 주요 부품의 구분 감가상각

삼광광업(주)는 광산에 석탄운송 컨베이어시설을 설치하여 운영하고 있다. 컨베이어의 취득원가는 ₩110,000,000이고, 내용연수는 20년으로 예상되며, 20년 후의 잔존가치는 없는 것으로 추정하고 있다. 그런데 5년마다 컨베이어시설의 벨트를 ₩10,000,000(취득시에는 컨베이어시설의 원가에 포함)에 교체해야 한다고 추정하고 있다. 삼광광업(주)는 벨트를 컨베이어의 나머지 시설과 구분하여 감가상각을 실시하고 있다. 컨베이어시설의 연간 감가상각비를 구하라.

6. 유형자산의 처분(Ⅰ)

(주)한국은 20×1. 1. 1에 기계장치를 ₩5,000,000에 취득(내용연수 5년, 잔존가치 ₩500,000)하고 연수합계법으로 감가상각한다. (주)한국은 동 기계장치를 취득하면서 정부로부터 ₩900,000을 보조받아 기계장치 취득에 전액 사용하였으며, 이에 대한 상환의무는 없다. (주)한국이 20×3. 12. 31 동 기계장치를 ₩1,000,000에 처분하였다면, 유형자산처분손익은 얼마인가? 단, 원가모형을 적용하며, 기계장치의 장부금액을 결정할 때 취득원가에서 정부보조금을 차감하는 원가차감법을 사용한다.

7. 유형자산의 처분(Ⅱ)

미리(주)는 20×1. 1. 1에 기계장치를 ₩250,000에 취득(내용연수 5년, 잔존가치 ₩40,000)하고 정액법으로 상각해 왔다. 3년 후인 20×3. 12. 31에 동 기계장치를 ₩140,000에 처분하였다.
기계장치의 처분에 필요한 회계처리를 하라.

8. 추정내용연수의 변경

윤영(주)가 ₩50,000을 주고 구입한 기계장치는 내용연수가 7년이고 잔존가치가 ₩8,000인 것으로 추정되었다. 이 기준에 의하여 5년간 감가상각을 하였다. 20×3년에 이 기계는 잔존가치가 ₩3,500이며 총내용연수가 10년인 것으로 추정되었다. 감가상각방법은 정액법을 이용한다.

요구사항

1. 필요하다면 전년도의 감가상각에 대한 정정분개를 하라.
2. 20×3년도의 감가상각을 기록하기 위한 분개를 하라.

9. 감가상각방법의 변경

회계연도말이 12월 31일인 호건(주)는 20×1. 1. 1에 기계장치(추정내용연수 5년, 추정잔존가치 ₩30,000)를 ₩250,000에 취득하고 이중체감잔액법으로 상각해 왔다. 호건(주)는 20×3년에 동 기계장치에 대한 감가상각방법을 정액법으로 변경하였다.
20×3. 12. 31에 호건(주)의 감가상각방법의 변경에 따른 적절한 회계처리를 하라.

10. 감가상각비의 계산과 회계변경

하나(주)는 아래와 같이 기계장치를 취득하였다.

취득일 : 20×0. 1. 1	취득원가 : ₩10,000,000
추정내용연수 : 5년	추정잔존가치 : ₩1,200,000
회계연도말 : 12월 31일	

요구사항

다음 물음은 모두 독립적이다.

1. 이중체감잔액법을 이용할 경우 20×1. 12. 31 현재 당해 기계장치에 대한 감가상각누계액은 얼마인가?
2. 연수합계법에 따라 상각을 한다면 20×2년도 감가상각비는 얼마인가?
3. 위 기계장치를 이중체감잔액법으로 상각하여 오다가 20×2. 1. 1에 정액법으로 변경하였다. 20×2년말 감가상각비 인식에 대한 분개를 하라.

11. 회계변경의 효과

12월말 결산법인인 (주)미진은 20×1. 1. 1에 ₩600,000에 취득한 사무용 복사기에 대하여 20×3. 1. 1을 기준으로 회계변경을 했다.

	변경 전	변경 후
감가상각방법	연수합계법	정액법
내용연수	4년(20×4년말까지 사용)	6년(20×6년말까지 사용)
잔존가치	₩60,000	₩20,000

(주)미진의 법인세율은 20%이며 법인세법상 유형자산의 감가상각은 정액법을 사용한다. 이러한 회계변경으로 인해 (주)미진이 20×3년도에 계상할 감가상각비는 얼마인가?

12. 감가상각 – 종합("원칙중심 K-IFRS 교육(한국회계기준원 발간)"의 사례45를 인용)

우버(주)는 제주도 해저여행을 제공하기 위해 잠수함 제작을 의뢰(10억원)하였으며, 20×0. 12. 21에 제작사로부터 잠수함 건조가 완료되었다는 연락을 받았다. 다음은 잠수함과 관련된 사항이다.

- 20×1. 1. 7에 잠수함이 도착하였다.
- 2월에 고급여행을 제공하기 위해 좀더 낮은 해저까지 잠수할 수 있도록 잠수함 일부 내부장치를 수정(추가원가 : 1억원)하였다.
- 3월에 잠수함 검사(발생원가 : 5천만원)를 받았으며, 3월 31일에 진수식을 치르고 해저여행을 제공할 준비가 되었다.
- 잠수함이 일정 해저에 닿으면 여행객의 볼거리를 위해 잠수부가 물고기를 유인해 일정규모의 쇼를 보여주는 프로그램이 있으나, 이런 숙련된 잠수부를 찾기 어려워 4월에 일반 잠수부를 고용해 훈련(발생원가 : 5백만원)하도록 하였으며 이 기간에는 잠수함 운항을 할 수 없었다.
- 휴가시즌 전인 5월~6월은 관광객이 적어 수익성이 낮은 수준에서 운항된다.
- 우버(주)의 경영진은 잠수함의 용역 잠재력이 약 10년에 걸쳐 소비될 것으로 예상하고 있으며, 경영진은 미래가격 변동을 상당히 낙관적으로 기대하여 10년 후 처분시 1억원을 받을 수 있을 것으로 예상한다.
- 잠수함은 3년에 한 번 검사를 받아야 하며, 우버(주)는 20×4년 3월말에 2차 검사를 받고 5천만원을 지급하였다. 또한 검사 때마다 잠수함의 내부 의자 등을 교체(교체원가 : 30만원)하기로 하였다.
- 20×4년 6월 심각한 경기불황과 대형 선박사고로 해상 관광객이 급감하여 잠수함 운항을 중단하였다. 그러나 우버(주)의 경영진은 경제상황이 개선되어 관광객이 증가할 것으로 예상하고 있으며 잠수함은 작동가능한 상태로 유지하고 있다.

- 20×5년 2월에 우버(주)는 다시 운항하기 시작하였다.
- 20×5. 12. 31에 우버(주)는 경쟁 여행사인 소깍(주)로부터 잠수함을 매입하겠다는 제안을 받아들여 즉시 매각하였다.

요구사항

1. 우버(주)는 언제 잠수함의 감가상각을 시작해야 하는가?
2. 4월에 잠수부를 훈련하면서 발생한 원가의 회계처리는 어떻게 하는가?
3. 잠수함의 여러 구성요소(취득원가, 추가원가, 검사원가, 내부 비품 교체원가)를 단일 기준으로 감가상각해야 하는가? 별도로 감가상각해야 하는가?
4. 잠수함의 잔존가치는 얼마인가?
5. 우버(주)는 잠수함 운행을 일시 중단한 기간 동안 잠수함의 감가상각을 중지해야 하는가?
6. 우버(주)는 언제 잠수함의 감가상각을 중단해야 하는가?

보-13. 매각예정비유동자산(Ⅰ)

매각예정비유동자산으로 분류하기 위해서는 분류시점에서 1년 이내에 매각완료요건이 충족될 것으로 예상되며, 매각계획이 유의적으로 변경되거나 철회될 가능성이 낮아야 한다. 하지만 사건이나 상황에 따라서는 매각을 완료하는 데 소요되는 기간이 연장되어 1년을 초과할 수도 있다.

요구사항

독립적인 다음 사례를 읽고 매각예정비유동자산으로 분류할 수 있는지 답하라.

[사례 1] 전주(주)는 현재의 상태로 제조설비의 매각계획을 확약하고 동 일자에 제조설비를 매각예정으로 분류하였다. 확정구매계약이 체결된 후 매수자가 해당 자산을 조사하는 과정에서 이전에 알지 못했던 환경적 피해가 있음을 확인하였다. 매수자는 피해복구를 요청하였으며, 그로 인하여 매각을 완료하는 데 필요한 기간이 1년을 초과하게 되었다. 그러나 피해복구활동에 착수한 결과 만족스러운 피해복구가 이루어질 가능성이 매우 높았다.

[사례 2] 유미(주)는 비유동자산의 매각계획을 확약하고 해당 자산을 동 일자로 매각예정으로 분류하였다.

① 최초 매각예정으로 분류한 시점부터 1년의 기간 동안 시장상황이 악화되었으며, 결국 그 기간의 종료시점까지 자산이 매각되지 않았다. 그 기간 동안 적극적인 매각활동을 하였으나 합리적인 구매제안을 받지 못했고 결국 가격을 낮추었다. 자산에 대하여 시장상황의 변화에 따라 합리적인 가격수준에서 적극적으로 매각을 계속 추진하고 있다.

② 다음 1년의 기간 동안 시장상황은 더욱 악화되어 2차년도말에도 자산을 매각하지 못하였다. 해당 기업은 시장상황이 개선될 것으로 생각하고 가격을 추가적으로 낮추지는 않았다. 해당 자산을 계속해서 매각예정으로 분류하고 있으나 현재의 공정가치를 초과하는 가격이다.

보-14. 매각예정비유동자산(Ⅱ)

정숙(주)는 일산 100톤 규모의 제지공장을 가지고 있다. 정숙(주)는 종이의 생산능력을 일산 200톤으로 증가시키기 위해 구형 일산 20톤 규모의 기계 5대를 일산 100톤 규모의 두 대의 기계로 교체하였다. 교체된 기계에 대한 유형자산 대장을 검토해 보니 교체시점까지 충분한 감가상각이 이루어지지 못하여 상당한 장부상의 유형자산처분손실이 예상된다.
현 상태에서 교체대상기계에 대한 적절한 회계처리방안을 설명하라.

보-15. 매각예정비유동자산의 손상

(주)사직은 12월말에 특정자산집단을 매각방식으로 처분하기로 하였고 이는 매각예정의 분류기준을 충족한다. 처분자산집단에 속한 자산은 다음과 같이 측정한다.

구 분	매각예정으로 분류하기 전 12월말의 장부금액	매각예정으로 분류하기 직전에 재측정한 장부금액
영업권	₩3,000	₩3,000
유형자산(재평가액으로 표시)	18,000	17,000
재고자산	5,000	4,000
기타포괄손익-공정가치측정금융자산	3,000	2,000
합 계	₩29,000	₩26,000

한편, (주)사직은 매각예정으로 분류하는 시점에서 처분자산집단의 순공정가치를 ₩20,000으로 추정하였으며, 따라서 처분자산집단에 대한 손상차손을 인식하고자 한다. 손상차손 배분 후 유형자산과 재고자산의 장부금액은 각각 얼마인가?

보-16. 투자부동산

풍수건설(주)는 주택(아파트 포함)의 신축 및 판매를 주된 영업으로 하는 종합건설회사이다. 풍수건설(주)는 본사가 위치한 경기도 지역이 직원들의 출퇴근에 애로사항이 있어 직원들의 복리후생을 증진하기 위한 사택으로 사용할 목적으로 '나홀로 아파트' 한 동(80호)을 모두 매입하였다. 그러나 실제로 사원을 위해 필요한 아파트는 30호이며, 나머지 50호는 모두 판매하고자 하였으나 40호만 판매되고 10호는 판로에 어려움이 있어 2년간 임대하고 있다.
풍수건설(주)는 '나홀로 아파트'를 어떻게 분류해야 하는가?

보-17. 투자부동산으로의 계정대체

(주)성균은 20×8년초에 건물(영업사용목적)을 ₩200,000(내용연수 10년, 잔존가치 ₩0, 정액법상각)에 취득하여 재평가모형으로 평가하고 있다. 20×8년말 유형자산의 공정가치는 ₩162,000이고 20×9년말 공정가치는 ₩240,000이었으며 20×8년말에 상기 건물을 투자부동산으로 대체하고자 한다. (주)성균은 투자부동산을 공정가치모형으로 평가한다. 20×9년말에 동 자산을 ₩220,000에 처분한다고 가정할 때 동 투자부동산처분과 관련하여 20×9년 포괄손익계산서의 당기손익에 미치는 영향을 구하라.

공인회계사 기출문제 응용(2020년 이후)

1. 생물자산

(2021년 CPA 1차)

낙농업을 영위하는 (주)대한목장은 20×1. 1. 1에 우유 생산이 가능한 젖소 10마리를 보유하고 있다. (주)대한목장은 우유의 생산 확대를 위하여 20×1. 6. 1에 젖소 10마리를 1마리당 ₩100,000에 추가로 취득하였으며, 취득시점의 1마리당 순공정가치는 ₩95,000이다. 한편 (주)대한목장은 20×1년에 100리터(ℓ)의 우유를 생산하였으며, 생산시점(착유시점) 우유의 1리터(ℓ)당 순공정가치는 ₩3,000이다. (주)대한목장은 생산된 우유 전부를 20×1년에 거래처인 (주)민국유업에 1리터(ℓ)당 ₩5,000에 판매하였다. 20×1년말 현재 (주)대한목장이 보유중인 젖소 1마리당 순공정가치는 ₩100,000이다.
위 거래로 인한 (주)대한목장의 20×1년 포괄손익계산서상 당기순이익의 증가액은 얼마인가? 단, 20×0년말 젖소의 1마리당 순공정가치는 ₩105,000이다.

2. 종합문제

(2022년 CPA 2차)

(주)대한은 20×3. 12. 31 기계장치 ₩700,000(취득원가 ₩2,000,000, 감가상각누계액 ₩1,200,000(취득시점 20×1. 1. 1, 내용연수 5년, 잔존가치 ₩0), 손상차손누계액 ₩100,000(발생시점 20×3년))을 보고하고 있다. (주)대한은 20×4. 1. 1 해당 기계장치의 내용연수를 7년(남은 기간 4년)으로 연장하였고, 잔존가치도 ₩200,000으로 수정하였다.

요구사항

1. (주)대한이 20×4. 12. 31 보고해야 하는 감가상각비는 얼마인가?
2. 만약 해당 기계장치의 20×4. 12. 31 사용가치는 ₩670,000, 순공정가치는 ₩700,000이라고 가정한다면, 20×4. 12. 31에 해당 거래에 대한 회계처리를 제시하라(단, 자산의 손상 및 손상환입과 관련해서는 제10장 참조).

윤리문제

CHAPTER 8

이상한 부장은 변칙(주)의 회계담당책임자인데 금년도 회사의 영업실적이 저조하여 그대로 회계처리를 할 경우 당기순이익이 낮아질 것을 우려하고 있다. 당기순이익이 저조한 것을 문책하여 사장이 자신을 포함한 일부 직원의 해고 가능성도 있다고 걱정하고 있는 상태다.
이상한 부장은 감가상각비가 회사의 주요 비용 중의 하나라는 것을 알고 있다. 현재 변칙(주)가 재무목적과 세무목적으로 사용하고 있는 감가상각방법은 정률법인데 이를 정액법으로 변경하는 것을 고려해 보았다. 그러나 이러한 감가상각방법의 변경은 매우 중요해서 정보이용자들의 이목을 집중시키기 때문에 적절하지 않다고 생각하고 있다. 대신 일부 덩치가 큰 유형자산들의 내용연수와 잔존가치의 추정을 변경하면 감가상각비를 줄일 수 있으면서도 별도로 공시하지 않아도 되고, 사장으로부터 문책을 받지도 않을 것이라고 생각하고 있다.

요구사항

1. 이 경우 이해관계자는 누구인가?
2. 어떤 윤리적인 문제가 개입되었는가?
3. 이상한 부장은 어떻게 해야 한다고 보는가?

CHAPTER

9 무형자산

무형자산은 물리적 실체가 없고 미래경제적 효익에 대한 불확실성이 상대적으로 높다는 특성을 갖는다. 따라서 무형자산은 자산성에 대한 판단과 측정치에 대한 논란이 쉽게 일어날 수 있는 자산이다. 본장에서는 무형자산의 개념, 평가, 종류, 상각 등에 대하여 살펴보고, 추가로 〈보론〉에서는 탐사와 평가에 관련된 자산의 회계처리를 살펴보기로 한다.

사례 NCSOFT – 무형자산

무형자산은 기업이 가지고 있는 지적자산, 인적자산, 고객자산 등 물리적 실체는 없지만 장래에 기업에 경제적 효익을 제공하는 모든 자산을 의미한다. 첨단 정보기술산업에서는 계량화하기 어려운 무형자산의 가치가 매우 크다. 예를 들어, 미국의 Microsoft와 같은 소프트웨어 중심의 회사나 Amazon과 같이 급성장하는 On-line 판매회사들의 기업가치는 무형의 기술력과 성장가능성에 의해서 높이 평가받고 있다. 그러나 회계에서는 이러한 무형의 자산들을 재무제표에 제대로 인식하지 못하고 있다.

우리나라의 NCSOFT를 예로 들어보자. 아래 표에서 보듯이 2023년말의 총시장가치는 3,690십억원이었다. 그러나 2023년말 기업의 순자산(=총자산−총부채)은 3,253십억원이었다. 주가수익비율(PER, 시가총액/당기순이익)은 2022년에는 9.20배이고, 2023년말에는 17.32배에 달한다. 이는 투자자들이 2023년말에는 주당이익의 17.32배의 값을 지불하고 주식을 사고 있다는 것을 의미한다.

(단위 : 십억원)	2023년	2022년
영 업 수 익	1,779	2,571
당기순이익	213	435
총 자 산	4,393	4,437
총 부 채	1,140	1,239
자기자본(순자산)	3,253	3,198
시가총액(발행주식수×주가)	3,690	4,004
주가수익비율(PER)	17.32	9.20

넓은 의미의 무형자산은 기업가치(시가총액)에서 순자산의 공정가치를 차감한 것으로 볼 수 있다. NCSOFT의 경우 2022년과 2023년 PBR(price to book value ratio : 시가총액÷자기자본)은 각각 1.25배와 1.13배이다. 2023년 기준으로 자기자본과 시가총액의 차이는 437억원인 반면 무형자산의 장부금액은 총 96십억원에 불과하여 차이를 충분히 설명하고 있지 못하다.

(단위 : 십억원)	2023년	2022년
무형자산 :	96	43
영 업 권	93	21
기타무형자산	3	22

기업의 창업시점에는 순자산의 장부금액과 공정가치의 차이가 크지 않다. 그러나 회사가 성장해감에 따라 순자산의 공정가치와 시가총액의 격차가 커지게 되는데, 그 차이를 넓은 의미의 무형자산으로 볼 수 있다. 특히 기술, 정보 및 지식이 중요한 역할을 하고 있는 현대 기업들의 특징 중 하나는 기업가치에서 무형자산이 차지하는 비중이 크며 또한 커져가고 있다는 점이다.

제1절 무형자산의 정의와 분류

K-IFRS 제1038호(무형자산)에서는 무형자산(intangible assets)을 물리적 실체는 없지만 식별가능한 비화폐성자산으로 정의한다. 무형자산은 물리적 형태가 없기 때문에 식별가능성이 중요하다. 또한 무형자산은 기업 내부적으로 창출했는지 또는 외부에서 취득했는지 여부에 따라 회계처리가 달라진다.

기업 내부적으로 창출한 무형자산(이하에서는 '내부창출 무형자산'이라 함)은 원칙적으로 자산으로 인식하지 않는다. 그 이유는 내부창출 무형자산에 소요된 원가를 신뢰성 있게 측정하기 어렵고 또한 내부창출 무형자산과 미래경제적 효익의 대응이 어렵기 때문이다. 다만, 예외적으로 개발비와 같이 미래에 기대되는 경제적 효익과 관련한 원가를 신뢰성 있게 측정할 수 있을 때에는 무형자산으로 인식할 수 있다.

외부에서 취득한 무형자산(이하에서는 '외부취득 무형자산'이라 함)에 대해서는 개별적으로 식별가능하고 취득하는 데 소요된 원가를 신뢰성 있게 측정가능하기 때문에 무형자산으로 인식한다. 여기에는 사업결합과정에서 취득한 영업권(goodwill)도 포함된다. 즉, 내부창출 영업권은 무형자산으로 인정되지 않으나 사업결합과정에서 취득한 영업권은 무형자산으로 인식한다.

〈표 9-1〉은 무형자산의 유형에 따른 회계처리를 요약하고 있다.

▶ 표 9-1 무형자산의 회계상 분류

구 분	세부분류	사 례	회계처리
식별가능 무형자산	내부창출 무형자산	연구비, 경상개발비, 광고비, 교육훈련비 등	원칙적으로 비용처리 (자산성 있는 개발비 제외)
	외부취득 무형자산	산업재산권, 라이선스, 프랜차이즈, 저작권 등	자산처리
영업권	내부창출 영업권	경영능력, 고객충성도, 시장점유율 등	자산 불인식
	사업결합 영업권	영업권	자산처리

제 2 절 식별가능 무형자산

1 정의 및 특성

K-IFRS 제1038호(무형자산)에서는 무형자산을 물리적 실체는 없지만 식별가능한 비화폐성자산으로 정의하고 다음과 같은 세 가지 속성을 가질 것을 요구하고 있다.

① 식별가능해야 한다.
② 당해 자산으로부터 미래경제적 효익이 창출되어야 한다.
③ 기업이 통제하고 있어야 한다.

(1) 식별가능성 1038:11-12

식별가능성(identifiability)은 특정 자산이 다른 자산과 분리되어 처분될 수 있음을 의미한다. 대표적인 식별가능 무형자산으로는 특허권, 라이선스, 프랜차이즈, 저작권, 개발비 등이 있다. 구체적으로 자산이 다음 두 가지 요건 중 하나에 해당하면 식별가능하다고 본다.

① **분리가능성** : 기업의 의도와 무관하게 기업에서 분리할 수 있고, 개별적으로 또는 다른 식별가능한 자산이나 부채와 함께 매각, 이전, 라이선스, 임대, 교환할 수 있다.
② **계약상 권리 또는 기타 법적 권리** : 자산이 계약 또는 기타 법적 권리로부터 발생한다. 이 경우 그러한 권리가 이전가능한지의 여부 또는 기업이나 기타 권리와 의무에서 분리가능한지의 여부는 고려하지 않는다.

영업권은 사업결합과정에서 획득하여 미래경제적 효익을 가져다줄 것으로 기대되지만 별도로 식별하여 인식하는 것이 불가능한 자산이다. 예컨대, 영업권은 사업결합을 통해 취득하는 다른 자산과 결합하여 시너지효과와 같은 경제적 효익을 가져다준다. 이와 같은 시너지효과는 개별적으로 식별하기는 어려우며 사업결합과정에서 식별가능하다.

(2) 미래경제적 효익 1038:17

무형자산으로 인식되기 위해서는 미래경제적 효익을 신뢰성 있게 예측할 수 있어야 한다. 기대되는 미래경제적 효익은 제품의 매출, 용역수익, 원가절감 또는 자산의 사용에 따른 기타 효익 등 다양한 형태로 나타날 수 있다. 예를 들면, 제조과정에서 지적재산을 사용하여 미래 제조원가를 감소시킬 수 있다.

(3) 자원에 대한 통제 1038:13-16

무형자산으로 인정되려면 특정 기업이 자산을 통제하고 있어야 한다. 자산을 통제(control)하고 있다는 것은 해당 자산에서 유입되는 미래경제적 효익을 확보할 수 있고, 그 효익에 대한 제3자의 접근을 제한할 수 있음을 의미한다.

무형자산의 미래경제적 효익에 대한 통제능력은 일반적으로 법적 권리로부터 나온다. 그러나 다른 방법으로도 미래경제적 효익을 통제할 수 있기 때문에 권리의 법적 집행가능성이 통제에 반드시 필요한 조건은 아니다.

미래경제적 효익의 통제에 대해 판단이 필요할 수 있다. 예컨대, 시장에 대한 지식 및 기술적 지식으로부터 미래경제적 효익이 발생할 수 있다. 이러한 지식이 저작권, 계약상의 법적 권리에 의해 보호된다면, 기업은 그러한 지식으로부터 얻을 수 있는 미래경제적 효익을 통제하고 있는 것이다.

숙련된 종업원이나 훈련을 통해 습득된 종업원의 기술도 미래경제적 효익을 가져다줄 수 있으며, 기업은 이와 같은 효익이 미래에도 계속될 것으로 기대할 수 있다. 그러나 숙련된 종업원이나 그들의 기술로부터 창출될 미래경제적 효익은 기업이 충분히 통제하기가 어렵기 때문에 무형자산의 정의를 충족하지 못한다고 본다.

기업은 고객관계와 고객충성도를 잘 유지함으로써 고정고객과 시장점유율을 확보할 수 있다. 그러나 고객관계나 고객충성도를 지속시킬 수 있는 법적 권리나 그것을 통제할 기타의 방법이 존재하지 않는다면, 기업이 고객관계로부터 창출될 미래경제적 효익을 충분히 통제하고 있다고 보기 어렵다. 따라서 고정고객, 시장점유율, 고객관계, 고객충성도 등은 일반적으로 무형자산의 정의를 충족하지 못한다.[1)]

예제 9-1 인적자원의 통제

성수(주)는 20×1년중에 한 제약회사를 인수하였는데, 취득의 주된 이유는 동 회사에 근무하는 연구팀의 기술수준이 탁월하기 때문이다. 이 취득에 대해 인적자원에 대한 통제요건의 충족여부를 판단하고 무형자산으로 인식하는 것이 적절한지를 판단하라.

해답

연구팀원의 일부 또는 전부가 이직을 하더라도 이를 막을 수 있는 구속력이 없기 때문에 인적자원을 식별가능한 무형자산으로 인식할 수 없다.

---

1) 그러나 비계약적 고객관계를 보호할 법적 권리가 없는 경우에도, 고객명단의 구매 등과 같은 거래는 고객관계로부터 기대되는 미래경제적 효익을 통제할 수 있다는 증거를 제공한다. 따라서 구매한 고객명단은 고객관계가 분리가능하다는 증거를 제공하므로 무형자산의 정의를 충족시킨다.

2 종류 및 인식

(1) 식별가능 무형자산의 종류

식별가능 무형자산의 예는 ① 산업재산권(특허권, 실용신안권, 디자인권, 상표권 및 상호권), ② 라이선스와 프랜차이즈, ③ 저작권, ④ 탄소배출권 또는 시설이용권, ⑤ 컴퓨터소프트웨어, ⑥ 개발비(제조비법, 공식, 모델, 디자인 및 시작품 등의 개발), ⑦ 임차권리금 등이 있다.

특허권(patents)은 일정기간 동안 특정 제품이나 공정을 사용하여 제품을 제조 및 판매할 수 있는 독점적 권리를 의미한다. 실용신안권은 특정 고안(device), 디자인권은 특정 의장(design)이나 로고(logo) 등을 일정기간 동안 독점적으로 사용할 수 있는 권리이다. 상표권, 상호권 및 상품명(trademarks, company names, trade names), 인터넷도메인명(internet domain names)은 특정 회사나 그 제품을 구별하거나 식별할 수 있는 작업(work), 문구(phrase) 또는 상징물(symbol)을 의미하며 일반적으로 무한정한 기간 동안 사용권이 보장된다.

라이선스(license)는 특정 기술이나 지식을 일정기간 동안 이용하기로 한 것을 말하며 보통 기계장치 등의 구입에 부수하여 구입하는 것이 일반적이다. 프랜차이즈(franchise)는 특정 상품이나 용역 등을 일정한 지리적 관할권 내에서 독점적으로 사용하여 영업을 할 수 있는 권리를 의미한다. 맥도날드, 버거킹, 피자헛, KFC 등이 대표적인 프랜차이즈업체이다. 저작권(copyrights)은 특정 저작(영화, 음반, 소프트웨어, 서적 등)을 일정기간 동안 독점적으로 사용할 수 있는 권리를 의미한다.

탄소배출권(또는 공해배출권)은 정부기관 또는 공공기관으로부터 탄소 등 공해물질을 일정수준까지 배출할 수 있는 권리를 부여받은 것을 의미하며, 다른 사업자로부터 탄소배출권을 취득할 수도 있다. 시설이용권은 정부 또는 타인으로부터 시설을 사용할 수 있는 권리를 유상으로 취득한 것을 의미한다. 일반적인 시설이용권의 형태는 시설사업자가 정부소유 토지에 공공시설을 설치하여 정부에 기부하면 정부가 기부를 받아들이는 대가로 시설사업자에게 무상사용권을 일정기간 부여하게 된다. 이런 종류의 시설이용권을 사용수익기부자산이라고 한다. 다른 종류의 시설이용권으로서 전파이용권, 공유수면이용권, 어업권, 광업권, 골프회원권 등이 있다.

컴퓨터소프트웨어, 웹사이트 개발비 등은 저작권의 범주에 들어갈 수 있다. 그러나 컴퓨터소프트웨어는 제품수명주기가 다른 저작권에 비하여 짧으며 또 제품수명주기 특성상 법적 보호를 받지 못하는 경우가 있기 때문에 별도로 취급하여 회계처리하는 것이 합리적이라고 보고 있다.

개발비는 '제3절 2. 연구와 개발'에서 상세히 설명하고 있다.

임차권리금은 전세권을 취득하면서 기존 전세권자가 누려오던 초과수익력에 대한 대가로 지급한 금액을 의미한다.

무형자산은 성격에 따라 다음과 같이 구분하기도 한다.

- 마케팅관련 무형자산 : 상표권, 상표명, 인터넷도메인명 등
- 고객관련 무형자산 : 고객명단, 주문목록 등
- 창작관련 무형자산 : 저작권(영화, 음악, 저서, 문학작품, 사진, 드라마 등)
- 계약관련 무형자산 : 프랜차이즈, 로열티, 라이선스, 시설이용권 등
- 기술관련 무형자산 : 특허권, 소프트웨어 등
- 식별불능 무형자산 : 영업권

예제 9-2 무형자산의 식별

20×1. 12. 31 현재 산동(주)의 총계정원장에 다음과 같은 항목들이 있다.

저 작 권	₩20,000
기업이미지 제고용 광고비	13,500
사채할인발행차금	33,750
상 표 권	45,000
프랜차이즈 계약	10,000
특허권등록비	20,000
마케팅 담당 종업원 교육비	30,000
사업결합시 사업결합원가가 피취득자의 식별가능순자산 공정가치 중 취득자의 지분을 초과하는 금액	245,000

산동(주)가 20×1. 12. 31에 재무상태표에 무형자산으로 기록해야 할 금액은 얼마인가?

해답

광고비나 종업원 교육비는 무형자산으로 기록할 수 없으며, 사채할인발행차금은 사채의 차감계정이며 무형자산과 무관하다. 따라서 저작권, 상표권, 프랜차이즈 계약, 사업결합원가가 식별가능순자산의 공정가치를 초과하는 금액(영업권)은 무형자산으로 기록한다. 특허권등록비도 특허권(무형자산)으로 기록한다.

무형자산 : ₩20,000 + ₩45,000 + ₩10,000 + ₩20,000 + ₩245,000 = ₩340,000

특허권이 내부에서 창출되었다면, 이를 창출하기 위해 외부로 지출한 금액, 예를 들면 특허권등록비를 무형자산으로 기록한다. 반면 특허권을 외부에서 취득하였다면, 구입대가 및 이에 부대하여 발생한 지출을 무형자산으로 기록한다.

(2) 인 식

어떤 항목을 식별가능 무형자산으로 인식하기 위해서는 그 항목이 무형자산의 정의를 충족하고 추가로 다음 조건(자산의 인식조건과 동일함)을 모두 충족해야 한다([그림

9-1] 참조).

① 자산에서 발생하는 미래경제적 효익이 기업에 유입될 가능성이 높고(probable)
② 자산의 원가를 신뢰성 있게 측정할 수 있다.

미래경제적 효익이 기업에 유입될 가능성은 무형자산의 내용연수 동안의 경제적 상황에 대한 합리적이고 객관적인 가정에 근거하여 평가해야 한다. 이러한 평가는 기업이 무형자산을 최초로 인식하는 시점에서 이용가능한 증거에 근거하며, 외부증거에 더 큰 비중을 두어야 한다. 무형자산의 특징 때문에 모호한 증거에 근거하여 인식해서는 안 되며 보다 확실한 외부증거를 확보해야 한다.

기업에서 지출한 일부 항목들은 엄격한 무형자산의 정의와 자산의 인식조건을 모두 충족시키기 어렵기 때문에 무형자산으로 인식하지 못한다. 예를 들면, 교육훈련비, 마케팅비용 등은 신뢰성 있게 측정할 수 있고 미래경제적 효익의 유입은 기대되지만 특정 기업에 의한 통제가 약해서 무형자산의 인식조건을 충족하지 못하기 때문에 발생한 기간의 비용으로 인식한다.

연구비의 경우에는 지출이 있었기 때문에 원가를 신뢰성 있게 측정할 수 있지만 미래경제적 효익의 유입가능성이 높지 않거나 또는 경제적 효익의 발생시점이 불확실하여 무형자산의 인식조건을 충족시키지 못하므로 무형자산으로 인식하지 않고 발생한 기간의 비용으로 처리한다. 반면, 연구단계를 거친 후의 개발단계에서의 지출은 특정 상품의 개발과 관련이 있으므로 미래경제적 효익의 유입가능성이 있고 원가에 대해서 신뢰성 있게 측정이 가능하다면 개발비라는 무형자산으로 인식한다.

▶ **그림 9-1** 식별가능 무형자산의 인식개념

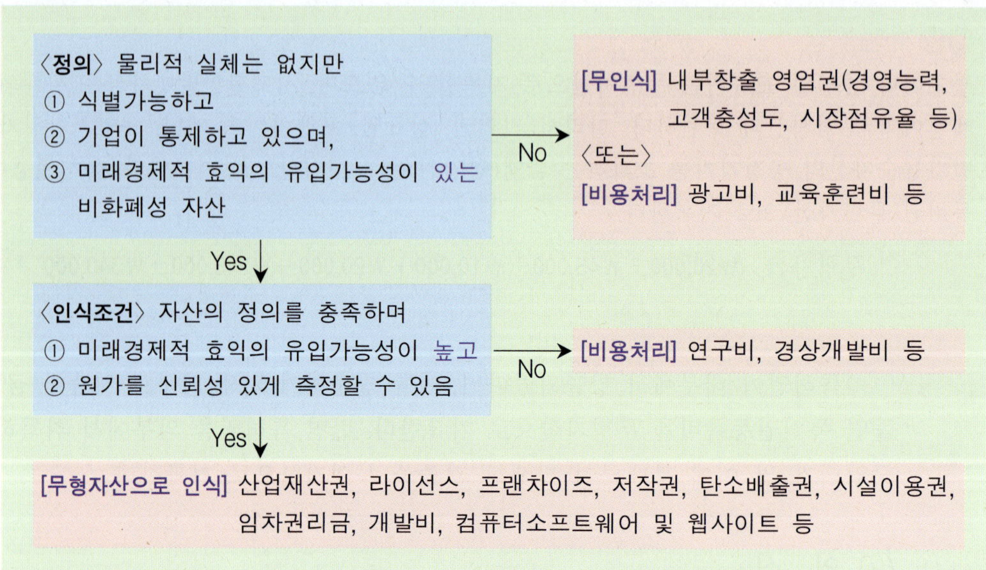

3 취득원가의 결정

무형자산을 최초로 인식할 때에는 취득원가로 측정한다. 식별가능 무형자산을 개별적으로 취득한 경우와 사업결합으로 취득한 경우로 나누어 살펴보기로 하자.[2)]

(1) 개별취득

일반적으로 무형자산을 개별적으로 취득할 때 지급하는 가격은 그 자산이 갖는 미래경제적 효익이 기업에 유입될 확률에 대한 기대를 반영한 금액이다. 따라서 개별 취득하는 무형자산은 미래경제적 효익의 유입가능성이 높다는 조건을 충족하는 것으로 본다.

개별적으로 취득하는 무형자산의 취득원가는 ① 구입가격에 ② 자산을 의도한 목적에 사용할 수 있도록 준비하는 데 직접 관련되는 원가를 가산하여 결정한다. 무형자산의 송장가격에 자산을 의도한 목적에 사용할 수 있도록 하기 위하여 지출한 세금, 전문가 수수료, 등록비 등이 취득에 직접 관련된 원가이다.

무형자산 취득원가의 인식은 그 자산이 경영자가 의도하는 목적대로 사용될 수 있는 상태에 이르면 중지해야 한다. 따라서 무형자산을 취득한 후에 이를 사용하거나 재배치하는 데 발생하는 원가는 자산의 취득원가에 포함하지 않는다. 예를 들면, 경영자가 의도하는 목적대로 사용가능하지만 사용하고 있지 않은 기간에 발생한 원가와 그 자산의 초기 사용에 따른 손실은 자산의 취득원가에 포함하지 아니한다.

예제 9-3 탄소배출권

> 정부는 대기오염을 방지하기 위한 국제적 협약에 따라 탄소배출 업체들이 일정기간 동안 배출할 수 있는 기준을 설정하여 탄소배출을 규제하고 있다. 규제방식에 따르면 허가기간 동안 탄소배출 총량을 파악하여 부여된 배출권 이내로 탄소를 배출하는 업체는 잔여 "탄소배출권"을 타 업체에 판매할 수 있으며, 기준을 초과하는 경우에는 벌금을 지급하거나 다른 업체로부터 탄소배출권을 사서 부족한 부분을 보완해야 한다.

남해유화(주)는 노후된 생산시설로 인하여 상당량의 탄소를 배출하고 있다. 장기적으로는 탄소를 기준 이하로 획기적으로 내리기 위하여 20×5년에 시설을 교체할 계획이다. 그러나 20×1년부터 20×4년까지의 기간에 탄소배출기준을 초과하리라고 예상되는 부분을 보완하기 위하여 20×1. 1. 1에 탄소배출권을 ₩400,000에 구입하였으며 동 탄소배출권의 잔여 유효기간은 4년이다. 남해유화(주)가 취득한 탄소배출권에 대하여 취득 회계처리를 하라. ➡계속

2) 사업결합이란 별개의 기업들 또는 사업들을 하나의 보고기업으로 통합하는 것을 의미한다.

해답

20×1. 1. 1(탄소배출권 취득시점)

(차) 탄소배출권	400,000	(대) 현 금	400,000

무형자산의 취득원가 결정은 유형자산의 취득원가 결정과 유사하다. 예컨대, 무형자산과 기타의 자산을 일괄 취득한 경우에는, 총취득원가를 무형자산과 기타 자산의 공정가치에 비례하여 배분함으로써 각각의 취득원가를 결정한다. 정부보조금에 의해 무형자산을 무상 또는 공정가치보다 낮은 대가로 취득한 경우에는 취득원가를 공정가치로 할 수 있다. 무형자산을 하나 이상의 비화폐성자산 또는 화폐성자산과 비화폐성자산이 결합된 대가와 교환하여 취득하는 경우에는, 교환거래에 상업적 실질이 결여된 경우[3] 또는 취득한 자산과 제공한 자산의 공정가치를 둘 다 신뢰성 있게 측정할 수 없는 경우와 같은 예외적인 경우를 제외하고는 공정가치로 측정한다.[4]

예제 9-4 자산의 교환에 의한 무형자산의 취득

고성(주)는 20×6. 1. 1에 보유하고 있는 토지와 교환으로 맹호(주)로부터 특허권을 취득하였다. 토지의 취득원가는 ₩100,000이며, 20×6. 1. 1에 공정가치는 ₩150,000이다. 맹호(주)는 동 특허권을 장부금액 ₩160,000에 기록하고 있었다. 고성(주)가 20×6. 1. 1에 동 특허권의 취득을 위하여 필요한 회계처리를 하라.

해답

취득한 특허권의 공정가치는 알려지지 않았지만 제공한 토지의 공정가치를 알고 있으므로 토지의 공정가치(₩150,000)를 이용하여 특허권의 취득원가를 측정한다. 또 토지의 처분손익을 기록한다.

(차) 특 허 권	150,000	(대) 토 지	100,000
		토지처분이익	50,000

(2) 사업결합으로 취득 1038:33-37

사업결합(business combination)[5]으로 취득한 식별가능 무형자산의 취득원가는 취득일의 공정가치로 평가한다. 이때 사업결합 전에 피취득자가 재무제표에 보고하지 않았

3) "상업적 실질"의 의미에 대해서는 본 교재의 제7장(유형자산)의 제2절 2. 취득원가를 참조하기 바란다.
4) 취득한 자산이나 제공한 자산의 공정가치를 신뢰성 있게 결정할 수 있는 경우에는, 취득한 자산의 공정가치가 더 명백한 경우를 제외하고는 자산의 취득원가는 제공한 자산의 공정가치로 측정한다.
5) 사업결합은 취득자가 하나 이상의 사업(기업)에 대한 지배력을 획득하는 거래나 사건을 의미한다.

던 항목을 사업결합 후에 취득자의 무형자산으로 인식할 수 있다. 예를 들면, 피취득자가 연구개발에 관한 지출을 비용으로 인식하고 있지만 사업결합시 취득자가 해당 연구개발에 대한 대가를 지급하였다면 취득자는 해당 연구개발을 외부취득 무형자산으로 인식할 수 있다. 비슷하게 내부적으로 창출되어 자산인식요건을 충족하지 못했던 상표권, 특허권, 고객관계 등이 사업결합시점에 식별이 가능하면 취득자는 별도의 무형자산으로 인식한다.

무형자산의 공정가치로는 활성시장[6]에서의 거래가격을 가장 신뢰할 수 있다. 하지만 무형자산은 활성시장이 없는 경우가 많다. 활성시장이 존재하지 않는 경우 그 무형자산의 공정가치는 취득일에 최선의 정보에 근거하여 합리적인 판단력과 거래의사가 있는 독립된 당사자 사이의 거래에서 지급하였을 금액을 추정하여 결정한다. 또한 무형자산의 공정가치를 자산으로부터 미래순현금흐름을 할인하는 방법이나 자산의 수익성 지표(예를 들면, 수익, 시장점유율, 영업이익 등)에 현행 시장상황을 반영하는 배수를 적용하는 방법 등을 이용하여 간접적으로 추정할 수도 있다.

예제 9-5 사업결합으로 취득한 무형자산

우리(주)는 20×1. 12. 31에 사업결합으로 나라(주)를 인수합병하였다. 나라(주)는 A고객에게 제품을 5년간 공급하기로 하는 계약을 가지고 있다. 우리(주)와 나라(주) 모두 현재 계약이 종료되면 A고객이 당해 계약을 갱신할 확률이 높다. 공급권은 향후 10년 동안 안정적으로 유지될 것으로 예상되며 공정가치는 ₩500,000으로 신뢰성 있게 추정된다. 사업결합으로 취득한 무형자산의 평가와 이의 회계처리를 설명하라.

해답

공급계약은 취소가능 여부에 상관없이 무형자산으로 식별하기 위한 계약적·법적 조건을 충족한다. 그러므로 영업권과 분리하여 공급계약을 별도의 무형자산으로 인식한다.

(차) 제자산(공정가치)	×××	(대) 제부채(공정가치)	×××
공급권(식별가능 무형자산)	500,000	현금, 자본금 등	×××
영 업 권	×××		

무형자산으로 기록한 원가는 공급계약의 존속기간에 결쳐서 상각회계를 적용하며, 손상이 발생한 경우에는 손상차손을 인식한다. 만약, 공급계약이 무형자산의 인식요건을 충족하지 못한다면, ₩500,000만큼 영업권(무형자산)이 증가하게 된다.

6) 활성시장이란 ① 거래되는 항목(자산)들이 동질적이고 ② 일반적으로 거래의사가 있는 구매자들과 판매자들을 언제든지 찾을 수 있고 ③ 가격이 공개되어 이용가능한 시장이다.

4 인식 후의 측정 1038:72-87

무형자산의 인식 후의 측정에 대한 회계정책으로 원가모형이나 재평가모형을 선택할 수 있다.

- 원가모형 : 취득원가에서 상각누계액과 손상차손누계액을 차감한 금액을 장부금액으로 한다.
- 재평가모형 : 주기적인 재평가로 공정가치를 측정한다. 공정가치는 활성시장을 기초로 하여 측정한다. 보고기간말에 자산의 장부금액이 공정가치와 중요하게 차이가 나지 않도록 주기적으로 재평가를 실시한다.

무형자산은 활성시장이 없는 경우가 일반적이므로 원가모형을 사용하는 경우가 많다. 하지만 무형자산에 대해 공정가치로 평가하는 재평가모형도 원칙적으로는 허용되고 있다. 재평가모형을 적용하는 경우, 같은 분류의 무형자산에 대해 동일한 방법을 적용하여 회계처리한다. 또한 자산을 선택적으로 재평가하거나 재무제표에서 서로 다른 기준일의 원가와 공정가치가 혼재된 금액을 보고하는 것을 방지하기 위하여 같은 분류 내의 무형자산 항목들은 동시에 재평가한다.

만약 무형자산에 대해 재평가모형을 회계정책으로 하고 있으나 취득한 무형자산에 대해 활성시장이 없어서 재평가할 수 없는 경우에는 해당 무형자산은 취득원가에서 상각누계액과 손상차손누계액을 차감한 금액으로 표시한다. 재평가한 무형자산의 공정가치를 더 이상 활성시장을 기초로 하여 측정할 수 없는 경우에도 자산의 장부금액은 활성시장을 기초로 한 최종 재평가일의 재평가금액에서 이후의 상각누계액과 손상차손누계액을 차감한 금액으로 한다. 이러한 재평가모형 회계처리는 유형자산 재평가모형과 유사하므로 제10장에서 상세히 언급된다.

무형자산은 내용연수의 한정 또는 비한정 여부에 따라 회계처리가 달라진다. 내용연수가 유한한 무형자산은 상각회계(amortization accounting)를 적용하고, 내용연수가 비한정적인(indefinite) 무형자산은 상각회계 대신 손상회계(impairment accounting)를 적용한다.

무형자산은 장기에 걸쳐 회사의 수익창출에 기여할 것으로 예상되는 자산이다. 따라서 무형자산도 일반적으로 유형자산과 마찬가지로 원칙적으로 내용연수 동안 체계적인 방법으로 그 취득원가를 일정한 내용연수에 걸쳐 배분, 즉 상각(amortization)해야 한다. 그러나 일부 무형자산의 경우에는 내용연수를 한정하지 못할 수도 있다. 예를 들어 상표권은 무한정 갱신이 가능하기 때문에 비한정내용연수를 갖는 것으로 본다. 이러한 상표권에 대해서는 감가상각을 하지 않으며 손상회계를 적용한다.

무형자산의 내용연수는 계약상 권리 또는 기타 법적 권리로부터 발생하는 권리기간 또는 해당 무형자산의 예상사용기간 중 짧은 기간으로 결정한다. 예컨대 특정 특허권의 기간은 10년이지만 회사가 5년 동안 경제적 효익을 누릴 것으로 예상하는 경우, 해당 특허권의 내용연수는 5년이다.

예제 9-6 무형자산의 내용연수

다음 각 경우의 방송 라이선스의 내용연수를 결정하라.

(1) 방송 라이선스는 기업이 통상적인 수준의 서비스를 고객에게 제공하고 관련 법적 규정을 준수한다면 매 10년마다 갱신이 가능하다. 회사는 거의 비용부담 없이 방송 라이선스를 비한정으로 갱신할 의도와 능력을 갖고 있으며, 과거에 두 번 어려움 없이 라이선스를 갱신하였다. 또한 방송 관련기술은 예측가능한 미래에 다른 기술에 의해 대체될 것으로 예상되지 않는다. 따라서 라이선스는 비한정으로 기업의 순현금유입에 기여할 것으로 기대된다.

(2) 라이선스 발급기관이 당해 방송 라이선스를 더 이상 갱신해 주지 않고 이를 경매에 부치기로 결정하였다. 이러한 결정이 이루어진 시점에 당해 방송 라이선스는 그 만료시점까지 3년이 남아 있다. 기업은 만료시점까지 라이선스가 순현금유입에 기여할 것으로 예상한다.

해답

(1) 당해 방송 라이선스는 비한정으로 기업의 순현금유입에 기여할 것으로 기대되므로 내용연수가 비한정인 것으로 회계처리한다. 따라서 방송 라이선스는 상각대상 자산이 되지 않고 손상의 대상이 된다.

(2) 방송 라이선스를 더 이상 갱신할 수 없으므로 방송 라이선스의 내용연수는 더 이상 비한정이지 않다. 잔여내용연수를 3년으로 보고 상각회계처리한다.

(1) 무형자산의 상각회계 1038:97-106

내용연수가 유한한 무형자산의 상각대상금액은 내용연수 동안 체계적인 방법으로 배분해야 한다. 상각대상금액은 취득원가에서 잔존가치를 차감한 금액이다. 상각은 자산을 사용할 수 있을 때부터 시작한다. 즉 자산이 경영자가 의도하는 방식으로 운영될 수 있는 장소와 상태에 이르렀을 때부터 시작한다. 상각은 자산을 매각 또는 폐기하기로 하여 그 자산이 매각예정비유동자산으로 분류되는 날과 자산이 재무상태표에서 제거되는 날 중 이른 날에 중지한다.

무형자산의 상각방법은 자산의 미래경제적 효익이 소비될 것으로 예상되는 형태를 반영하는 방법이어야 한다.[7] 이 방법들로는 정액법, 생산량비례법 또는 체감잔액

7) 무형자산의 사용에서 창출되는 수익에 기초한 상각방법은 무형자산에 내재된 경제적 효익의 소비와 직접 연관된다고 반증할 수 없는 한 적절하지 않다. 수익은 무형자산뿐만 아니라 다른 투입요소, 판매활동, 판매 수량 및 가격 변동에 영향을 받을 수 있기 때문이다. 그러나 다음 중 어느 하나에 해당하는 제한된 상황에서는 수익에 기초한 상각방법이 적절할 수 있다.
① 무형자산이 수익의 측정치로 표현되는 경우(예컨대 누적통행료 수익이 100억원에 이를 때까지 유료도로운영권이 허용된다면 유료도로운영권은 예상총수익금액에 비례하여 상각할 수 있다)
② 수익과 무형자산의 경제적 효익 소비 간에 밀접한 상관관계가 있음을 제시할 수 있는 경우

법이 사용될 수 있는데, 소비되는 형태를 신뢰성 있게 결정할 수 없는 경우에는 정액법을 사용한다. 그리고 미래경제적 효익의 예상되는 소비형태가 달라지지 않는다면 매 회계기간에 일관성 있게 적용한다.

유한내용연수를 가진 무형자산은 원칙적으로 잔존가치가 없는 것으로 본다. 그러나 경제적 내용연수보다 짧은 상각기간을 정한 경우에는 내용연수 종료시점에 제3자가 자산을 구입하는 약정이 있거나, 당해 무형자산에 대한 활성시장이 존재하여 잔존가치를 그 활성시장에 기초하여 결정할 수 있고, 그러한 활성시장이 내용연수 종료시점에 존재할 가능성이 높다면 잔존가치를 인식할 수 있다.[8)]

유형자산의 감가상각은 감가상각누계액계정을 설정하여 상각하는 간접법을 이용하는 것이 일반적이지만, 무형자산의 상각은 무형자산에서 직접 차감하는 직접법을 이용하는 것이 일반적이다. 직접법을 사용하는 경우에 완전공시의 원칙을 존중하여 상각누계액을 공시할 것을 요구하고 있다. 어느 방법에 의하든 재무제표 주석에는 무형자산의 내용연수와 상각방법, 기초와 기말의 장부금액, 상각누계액을 공시해야 한다.

상각기간과 상각방법은 적어도 매 회계연도말에 검토한다. 자산의 예상 내용연수가 과거의 추정치와 다르다면, 상각기간을 이에 따라 변경한다. 또한 자산이 갖는 미래경제적 효익의 예상소비형태가 변동된다면, 변동된 소비형태를 반영하기 위하여 상각방법을 변경한다. 그러한 변경은 회계추정의 변경(제21장 참조)으로 처리한다.

예제 9-7 정액법에 의한 무형자산의 상각

서울월드(주)는 서울특별시와 계약에 의하여 서울특별시가 소유하고 있는 토지에 ₩2,000,000을 투자하여 놀이공원을 설치하였다. 놀이공원의 설치공사는 20×1. 1. 1에 시작하여 2년이 지난 20×2. 12. 31에 완료되었다. 놀이공원시설은 20×3. 1. 1에 서울특별시에 기부채납하고 20년간 무상사용하는 권리를 받았다. 이에 따라 서울월드(주)는 20×3. 1. 1부터 놀이공원사업을 시작하였다. 서울월드(주)는 공사기간중에 발생한 시설공사원가 전액을 '건설중인자산'계정에 기록하였다.

서울월드(주)가 20×3. 1. 1에 놀이공원시설을 기부채납하고 시설이용권(사용자수익기부자산계정으로 인식함)을 획득한 것에 대한 회계처리와 20×3. 12. 31에 필요한 상각에 대한 회계처리를 하라.

해답

기부채납시점에 '건설중인자산'계정을 '사용수익기부자산'계정으로 대체하고, 사용수익기부자산은 무상사용기간에 걸쳐 "다른 방법이 적절하다고 볼 수 없는 한" 정액법으로 상각한다.

---

8) 예를 들면, 잔존내용연수 10년의 저작권을 취득하였는데, 당해 기업은 이를 5년만 이용하고 처분하려는 경우에는 내용연수를 5년으로 하고 예상되는 처분시점의 처분가액을 잔존가액으로 인식할 수 있다.

〈20×3. 1. 1〉

(차) 사용수익기부자산 2,000,000 (대) 건설중인자산 2,000,000

〈20×3. 12. 31〉

(차) 사용수익기부자산상각비 100,000* (대) 사용수익기부자산 100,000

* ₩2,000,000/20년 = ₩100,000

(2) 무형자산의 손상회계 1038:107-111

무형자산이 한정할 수 없는 기간 동안 현금흐름을 창출할 수 있을 것으로 기대된다면 그 무형자산은 비한정내용연수를 가지는 무형자산이 된다. 상표권, 인터넷도메인명, 골프회원권 등의 식별가능 무형자산과, 식별불가능 무형자산인 영업권은 일반적으로 비한정내용연수를 갖는 무형자산으로 본다. 그 외에도 계약에 의하여 내용연수의 제한이 없거나 쉽게 계약기간을 연장할 수 있는 경우에는 비한정내용연수를 갖는 것으로 볼 수 있다. 예컨대, 라이선스나 대리점계약 등이 쉽게 갱신이 될 수 있다면, 비한정내용연수를 가지는 무형자산으로 회계처리할 수 있다.

비한정내용연수를 가진 무형자산은 상각하지 아니한다. 대신에 매년 또는 무형자산의 손상을 시사하는 징후가 있을 때 자산손상검사를 수행해야 한다. 손상차손에 대한 회계는 제10장에서 상술한다.

내용연수를 한정할 수 없다는 추정이 적절한지는 매 회계기간마다 검토한다. 만약 검토결과 한정할 수 없다는 추정이 적절하지 않다면, 비한정내용연수를 유한내용연수로 변경하며 상각을 시작한다. 이러한 회계처리는 회계추정의 변경으로 처리한다. 회계추정의 변경에 대한 회계처리는 제21장에서 상술한다.

예제 9-8 상표권에 손상회계 적용

회사는 상표권으로 ₩5,000,000을 보고하고 있다. 해당 상표권은 비한정으로 순현금유입을 창출할 것으로 예상하여 비한정인 내용연수를 가진다. 최근에 예상하지 못한 경쟁자의 진입으로 인하여 당해 상표 제품의 매출이 20% 감소될 것으로 예상하고 있다. 매출 감소분의 공정가치는 ₩500,000으로 산출되지만, 상표권의 내용연수는 여전히 비한정적일 것으로 기대된다.
이 상표권에 대한 적절한 회계처리를 설명하라.

해답

추정된 미래 순현금유입 감소의 결과로 기업은 상표권의 추정 회수가능액이 장부금액에 미달하는 것으로 결정하고, 그 감소부분을 손상차손으로 다음과 같이 인식한다.

(차) 손 상 차 손 500,000 (대) 상 표 권 500,000

손상되지 않은 ₩4,500,000은 새로운 장부금액이 되며, 차후에 계속 손상차손회계를 적용한다. 내용연수는 여전히 비한정적이므로 상각대상 무형자산으로 처리하지 않는다.

5 무형자산에 대한 후속지출

무형자산에 대한 후속지출은 무형자산의 미래경제적 효익을 유지시키는 데 국한되며 증가시키기는 어려운 경우가 대부분이다. 설사 후속지출로 인하여 미래경제적 효익의 개선효과가 있더라도 이는 회사 전체의 경제적 효익의 개선에 기여한다고 보아야 하며 특정 무형자산의 경제적 효익이 개선되었다고 보기 어렵다고 본다. 따라서 무형자산에 대한 후속지출은 비용처리하는 것이 일반적이다.

그러나 특정 무형자산에 대한 후속지출로 해당 무형자산의 경제적 효익이 개선되었다고 볼 수 있는 충분한 근거가 있으면 후속지출을 자산으로 인식할 수 있다. 1038:20 예를 들어 특허권의 성공적인 방어를 위해 법률비용이 발생했는데 그 결과 특허권의 경제적 효익의 유지에 그쳤다면 법률비용은 발생시점에 비용으로 처리하고, 경제적 효익의 개선(내용연수 증가 등)이 있다고 판단되면 이를 특허권의 원가에 가산한다.

예제 9-9 특허권 방어를 위한 후속지출

강서(주)는 20×1. 1. 1에 특허권을 ₩100,000에 취득하였다. 강서(주)는 이 특허권의 내용연수가 10년이라고 추정하고 정액법으로 상각하여 왔다. 20×6. 1. 1에 이 특허권의 성공적인 보호를 위하여 법률비용 ₩50,000을 지출하였다.

1. 특허권의 성공적인 방어는 했지만 특허권의 경제적 효익에 변화가 없다고 가정하고, 강서(주)가 특허권 방어를 위해 지출한 법률비용에 대한 적절한 회계처리와 20×6년 특허권 상각비를 계산하라.
2. 특허권의 성공적인 방어로 내용연수가 3년 증가되었다고 가정하고, 강서(주)가 특허권 방어를 위해 지출한 법률비용에 대한 적절한 회계처리와 20×6년 특허권 상각비를 계산하라.

해답

1. 경제적 효익의 유지의 경우에는 법률비용을 당기에 비용처리한다.

(차) 소 송 비 용	50,000	(대) 현 금	50,000
(차) 특허권상각비	10,000	(대) 특 허 권	10,000

20×6년 특허권 상각비 = ₩100,000 ÷ 10년 = ₩10,000

2. 내용연수가 증가한 경우에는 장부금액을 증가시키고, 전진법을 적용하여 잔여내용연수에 걸쳐 증가된 장부금액을 상각한다.

(차) 특 허 권	50,000	(대) 현 금	50,000
(차) 특허권상각비	12,500	(대) 특 허 권	12,500

20×6년 특허권 상각비 = (₩50,000* + ₩50,000) ÷ 8년(잔여내용연수) = ₩12,500

* ₩100,000 − (₩100,000 ÷ 10년) × 5년 = ₩50,000

6 폐기와 처분 1038:112-117

식별가능 무형자산은 당해 무형자산을 처분하는 때 또는 사용이나 처분으로부터 미래경제적 효익이 기대되지 않을 때 재무상태표에서 제거한다. 무형자산의 제거로 인하여 발생하는 손익은 순매각금액과 장부금액의 차이로 결정하고, 그 손익은 당기의 기타손익으로 인식한다.

내용연수가 유한한 무형자산은 그 자산을 더 이상 사용하지 않을 때에도 상각을 중지하지 아니한다. 다만, 완전히 상각되거나 매각예정자산으로 분류되는 경우 및 재무제표에서 제거되는 때에는 상각을 중지한다.

제3절 내부창출 무형자산

1 내부창출 무형자산 1038:51-64

기업의 내부적인 활동으로 인하여 경쟁력이 향상되고 미래경제적 효익이 기대되는 경우가 있는데, 교육, 연구 및 개발 활동이 대표적인 예이다. 이러한 활동에 의해 기대되는 경제적 효익을 일반적으로 내부창출 무형자산(internally generated intangible assets)이라고 한다.

하지만 이러한 기업활동이 자산의 인식기준을 충족하는지에 대한 논란이 있다. 왜냐하면 미래경제적 효익을 창출할 자산의 존재여부와 인식시점을 식별하기 어렵고(수익-비용 대응의 어려움), 그러한 자산의 원가를 신뢰성 있게 측정하기 어렵기 때문이다. 또한 어떤 경우에는 내부창출 무형자산의 원가를 내부창출 영업권을 유지 또는 향상시키는 비용이나 일상적인 경영관리활동에서 발생하는 비용과 구별할 수 없다. 이에 따라 내부적으로 창출된 브랜드, 고객관련자산 및 이와 유사한 항목에 대한 지출은 무형자산으로 인식하지 않는다.

다만, K-IFRS 제1038호(무형자산)에서는 연구개발활동으로 인한 내부창출 무형자산을 '연구단계'와 '개발단계'로 구분하여 개발단계에서의 내부창출 무형자산에 대해서는 무형자산으로 인식할 수 있도록 하고 있다([그림 9-2] 참조). 만약, 연구개발활동을 연구단계와 개발단계로 구분할 수 없는 연구개발지출은 모두 연구단계에서 발

▶ **그림 9-2**
내부창출 무형자산의 인식

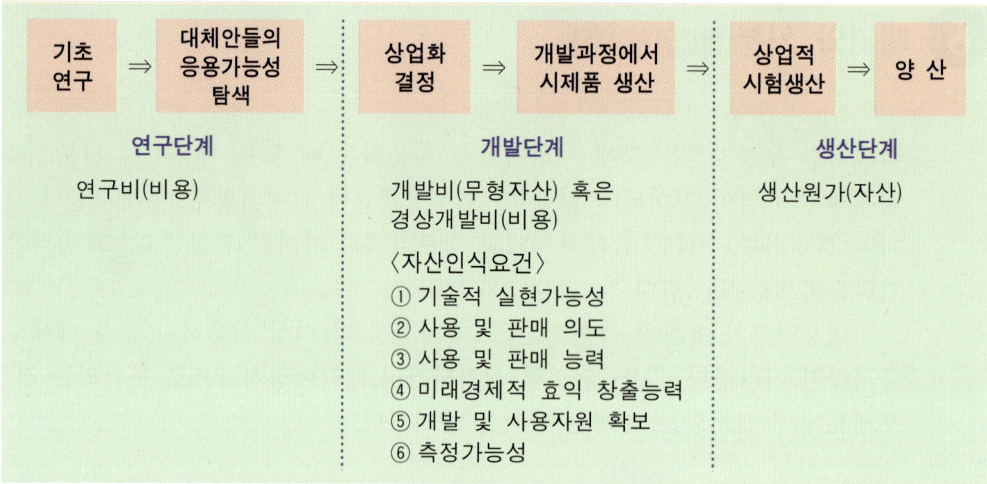

생한 것으로 본다.

다른 회사와 계약을 맺고 다른 회사를 위해 연구개발활동을 수행해 주는 경우도 있다. 이때에는 연구개발활동 자체가 수익창출에 해당한다. 따라서 다른 회사를 위한 연구개발활동에서 발생한 연구개발원가는 비용처리하지 않고 연구개발 수행의무의 성격에 따라 진행기준 또는 완성기준을 적용하여 관련 수익을 인식한다. 발생한 원가는 필요한 경우 재고자산으로 기록하고 수익의 인식시점에 용역원가로 인식한다.

2 연구와 개발

연구(research)란 새로운 과학적, 기술적 지식이나 이해를 얻기 위해 수행하는 독창적이고 계획적인 탐구활동을 의미한다. 연구단계에서는 미래경제적 효익을 창출할 무형자산이 존재한다는 것을 입증할 수 없기 때문에 연구단계에서 발생한 지출은 무형자산으로 인식할 수 없고 발생한 기간의 비용으로 인식한다. 연구단계에 속하는 활동의 일반적인 예는 다음과 같다.

① 새로운 지식을 얻고자 하는 활동
② 연구결과 또는 기타 지식을 탐색, 평가, 최종선택 및 응용하는 활동
③ 재료, 장치, 제품, 공정, 시스템, 용역 등에 대한 여러 대체안을 탐색하는 활동
④ 새롭거나 개선된 재료, 장치, 제품, 공정, 시스템, 용역 등에 대한 여러 가지 대체안을 제안, 설계, 평가 및 최종선택하는 활동

연구비와 함께 광고비는 비교적 장기에 걸쳐 회사의 수익창출에 기여하는 자산성을 갖는 경우가 많다고 볼 수 있다. 그러나 기본적으로 이들 지출이 수익창출에 공헌하는 정도에서 불확실성이 크고 또한 객관성이 부족하기 때문에 이들은 지출한 시

기의 비용으로 처리하는 것이 건전한 회계관행으로 간주된다.[9)]

개발(development)이란 상업적인 생산이나 사용 전에 연구결과나 관련 지식을 새롭거나 현저히 개량된 재료, 장치, 제품, 공정, 시스템이나 용역의 생산을 위한 계획이나 설계에 적용하는 활동을 의미한다. 개발단계에 속하는 활동의 일반적인 예는 다음과 같다.

① 생산 또는 사용 전에 시제품과 모형을 설계, 제작 및 시험하는 활동
② 새로운 기술과 관련된 공구, 금형, 주형 등을 설계하는 활동
③ 상업적 생산목적이 아닌 시험공장을 설계, 건설 및 가동하는 활동
④ 새롭거나 개선된 재료, 장치, 제품, 공정, 시스템 및 용역 등에 대하여 최종적으로 선정된 안을 설계, 제작 및 시험하는 활동

개발단계는 연구단계보다 훨씬 더 진전되어 특정 재화와 용역을 식별할 수 있는 상태이므로 이러한 지출이 미래에 경제적 효익을 창출할 것임을 제시할 수 있다. 따라서 개발단계에서 발생한 지출은 다음의 여섯 가지 조건을 모두 충족하는 경우에 개발비[10)]라는 무형자산으로 인식한다. 1038:57

① 사용 또는 판매목적의 무형자산을 완성시킬 수 있는 기술적 실현가능성이 있음
② 무형자산을 완성하여 사용 또는 판매하려는 기업의 의도를 제시할 수 있음
③ 무형자산을 사용 또는 판매할 수 있는 능력을 보유하고 있음
④ 무형자산이 미래경제적 효익을 창출하는 방법을 제시할 수 있음
⑤ 무형자산의 개발을 완료하고 판매 또는 사용하는 데 필요한 기술적, 재정적 자원 등의 확보가능성을 제시할 수 있음
⑥ 개발과정에서 발생한 무형자산 관련 지출을 신뢰성 있게 측정할 수 있음

그 외의 경우에는 경상개발비의 과목으로 하여 발생한 기간의 비용으로 인식한다.

개발비를 최초로 인식할 때에는 취득원가로 측정한다. 취득원가는 개발비가 무형자산의 인식기준을 최초로 충족시킨 이후에 발생한 금액의 합계로 한다. 이미 비용으로 인식한 지출은 무형자산의 원가로 인식할 수 없다.

취득원가는 그 자산의 창출과 제조 및 경영자가 의도하는 목적대로 사용될 수 있게 준비하는 데 필요한 지출과 합리적이고 일관성 있게 배분된 간접원가를 모두 포함한다. 그러나 ① 무형자산의 창출과 직접 관련이 없는 관리비, 기타 일반경비 지출, ② 무형자산이 계획된 성과를 달성하기 전에 발생한 명백한 비효율로 인한 손실 및 초기단계의 운용손실, ③ 무형자산을 운용하는 직원의 훈련과 관련된 지출 등은 내부창출 무형자산의 취득원가에 포함할 수 없다.

---

9) 특히 최근 회계기준 개정의 주요 주제는 재무상태표가 강조되는 자산·부채법의 채택으로 볼 수 있다. 따라서 자산성이 있어야만 자산으로 인식하고, 부채도 형식의 여하에 관계없이 부채의 성격을 가질 때 부채로 기록할 것을 강조하고 있다.

10) 개발비라는 무형자산으로 인식하면 앞에서 배운 무형자산의 평가, 상각 및 자산손상에 관한 회계가 적용된다. 이에 따라 개발비의 상각은 개발이 완료된 시점부터 시작하게 된다.

예제 9-10 연구비, 개발비 및 특허권의 회계처리

1. 연구비

순산(주)는 20×1년중 다음과 같은 지출이 있었다.

신지식 탐구를 위한 연구인건비 및 재료비	₩300,000
신기술 개발을 위한 공구, 금형, 주형 등 설계비	22,500
상업생산중에 발생한 정기검사 등을 포함한 품질관리비	135,000
연구장비(내용연수 5년, 잔존가치 ₩0)의 취득(정액법 상각)	500,000

순산(주)가 20×1년에 연구비로 처리해야 할 금액은 얼마인가?

해답

20×1년 연구비 = 연구인건비 + 연구장비감가상각비 = ₩300,000 + ₩100,000 = ₩400,000

(주) 1) 신기술 개발을 위한 공구, 금형, 주형 등 설계활동은 개발단계의 활동으로서 무형자산 인식조건을 만족시키면 무형자산으로 분류하고 그 이외의 경우는 경상개발비로서 비용으로 처리한다.

2) 상업생산중의 품질관리비는 제조원가에 포함시킨다.

2. 개발비

무적(주)가 20×1년 동안 신제품 생산공정 개발에 지출한 금액은 ₩500,000이었는데, 이 금액 중 ₩200,000은 20×1. 10. 1 전에 지출되었고 ₩300,000은 20×1. 10. 1부터 12. 31 사이에 지출되었다. 무적(주)는 신제품 개발과 관련해서 20×1. 10. 1에 신제품 생산공정이 무형자산의 인식기준을 충족했다는 사실을 알게 되었다.

무적(주)가 20×1년말에 무형자산으로 인식할 수 있는 개발비는 얼마인가?

해답

무형자산으로 인식할 수 있는 개발비는 ₩300,000이다. 왜냐하면 20×1. 10. 1에 신제품 생산공정이 무형자산의 인식기준을 충족했기 때문이다. 20×1. 10. 1 전에 발생한 지출 ₩200,000은 경상개발비로 하여 20×1년의 비용으로 인식한다.

3. 개발비와 특허권

지은(주)는 첨단상품의 개발과 관련하여 발생한 개발비 ₩500,000이 무형자산의 요건을 충족하여 이를 20×1. 1. 1부터 개발비(무형자산)로 기록한 후 5년의 내용연수에 걸쳐 정액법으로 상각해오고 있다. 지은(주)는 20×3년초에 동 첨단상품의 제조기술에 대하여 특허권을 성공적으로 취득하였으며, 특허권 취득과 관련하여 직접비로 ₩800,000이 지출되었다.

지은(주)가 특허권의 취득원가로 기록해야 할 금액은 얼마인가?

해답

특허권의 취득원가 : ₩800,000

(주) 특허권 취득을 위하여 직접 사용된 금액을 특허권의 취득원가로 인식한다. 한편 이미 무형자산으로 인식된 개발비는 특허권으로 대체하지 않고 계속 상각해나가면 된다.

이와 같이 개발비와 특허권을 별개로 인식하는 이유는 ① 개발비와 특허권의 효익 제공기간에서 차이가 날 수 있으며, ② 하나의 개발활동에서 다수의 특허권이 나올 수 있어 개발비를 특허권의 취득원가로 배분하는 것이 어렵기 때문이다.

3 컴퓨터소프트웨어 및 웹사이트 개발원가

소프트웨어 개발비도 앞에서 언급한 기술적 타당성의 입증(무형자산의 인식기준 충족) 전에 발생한 부분은 발생시점에 비용으로 처리하고, 기술적 타당성의 입증 후에 발생한 부분은 컴퓨터소프트웨어라는 무형자산으로 인식한다. 소프트웨어는 계획, 디자인, 코딩 및 검증 등의 일련의 과정이 완료되면 기술적 타당성이 입증된 것으로 본다. 한편, 소프트웨어를 다른 공급자로부터 구매하면, 이를 무형자산으로 인식한다.

기업은 자체적으로 내부적 사용 또는 고객과 소통하기 위한 웹사이트(web site)를 개발하고 운영한다. 고객을 위해 설계한 웹사이트는 기업 자체의 재화와 용역의 판매촉진 및 광고 등을 위하여 사용된다. 내부적 사용을 위해 설계한 웹사이트는 회사의 정책과 고객의 세부정보를 저장하여 경영활동을 위한 정보로 사용할 수 있다.

웹사이트 개발단계는 계획, 응용프로그램과 하부구조 개발, 그래픽 디자인 개발 및 콘텐츠 개발로 구성된다. 웹사이트 개발이 완료된 이후의 운영단계에서 기업은 웹사이트의 응용프로그램, 하부구조, 그래픽 디자인 및 콘텐츠를 유지하고 향상시킨다.

기업 스스로 웹사이트의 개발과 운영에 대해 내부적으로 지출이 발생했을 때 내부적으로 창출한 무형자산으로 볼 수 있는지의 여부에 따라 회계처리가 달라진다(K-IFRS 제2032호, 웹사이트 원가). 물론 웹사이트 자체가 아니고 웹사이트에 필요한 하드웨어의 구매·개발·운영에 대한 지출은 무형자산이 아닌 유형자산(K-IFRS 제1016호) 회계처리기준에 따라 회계처리한다. 또한 기업의 웹사이트를 호스팅하는 인터넷 서비스 공급자에 대한 지출은 용역을 제공받는 시점에 비용으로 인식한다.

기업이 자체적으로 개발한 웹사이트는 개발비의 경우와 동일한 인식기준을 충족시킬 경우에 무형자산으로 인식한다. 특히 웹사이트가 미래경제적 효익을 창출하는 방법을 제시하는 것이 중요한데, 웹사이트가 수익을 창출할 수 있을 때(예를 들면, 웹사이트에서 이루어진 주문접수를 통해 수익을 직접 발생시키는 경우) 무형자산 인식기준을 충족시킨다고 본다. 한편, 기업이 주로 자체의 재화와 용역의 판매촉진과 광고를 위해 웹사이트를 개발한 경우에는 미래경제적 효익을 발생시킨다고 보기 어렵다. 따라서 이러한 웹사이트 개발에 대한 모든 지출은 발생시점에 비용으로 인식한다.

무형자산으로 인식한 웹사이트는 최초인식 후에 식별가능 무형자산과 동일한 기준으로 측정한다. 그리고 웹사이트는 기술적 진부화의 영향을 받기 쉽고 과거 경험상 기술변화가 빠르기 때문에 내용연수는 짧은 것이 일반적이다.

컴퓨터소프트웨어 또는 웹사이트가 수익창출에 비례적인 관련성을 가지는 경우 매출액(생산량)비례법을 적용하여 상각하는 것이 합리적이며, 그렇지 않은 경우에는 정액법을 적용하여 상각하는 것이 합리적이다.

예제 9-11 컴퓨터소프트웨어

순창(주)는 판매를 위한 컴퓨터소프트웨어를 개발하고 있다. 20×1년초에 개발을 시작하였고, 20×1. 7. 1에 기술적 타당성이 입증되었으며, 고객에게 판매는 20×2년초부터 시작되었다. 20×1. 7. 1 이전에 지출한 개발비는 ₩1,200,000이고, 7. 1 이후부터 12. 31까지 지출한 개발비는 ₩800,000이다. 소프트웨어의 성격상 내용연수가 4년에 불과할 것으로 예상하고 있고, 20×2년 한 해 동안 소프트웨어 매출액은 ₩3,000,000이며, 향후 3년에 걸쳐서 추가적으로 소프트웨어 매출액 ₩7,000,000이 창출될 것으로 예상한다.

(1) 순창(주)가 20×2년에 컴퓨터소프트웨어(무형자산)로 인식할 금액은 얼마인가?
(2) 20×2년에 순창(주)가 컴퓨터소프트웨어에 대해 매출액비례법을 적용하여 인식해야 할 상각비용은 얼마인가?

해답

(1) 컴퓨터소프트웨어(무형자산)로 인식할 금액＝₩800,000(기술적 타당성 입증 후에 지출한 개발비)
(2) 매출액비례법 상각비용＝₩3,000,000/(₩3,000,000＋₩7,000,000)×₩800,000＝₩240,000

제4절 영업권

1 영업권의 의의

영업권(goodwill)은 기업의 다른 자산과 별도로 식별하여 인식하는 것이 불가능하지만 미래경제적 효익을 발생시키는 자산을 의미한다. 영업권을 "무형자산 중의 무형자산"이라고 부르는데, 이는 영업권이 사업 전체에 대해서만 식별될 수 있고 사업 전체와 분리되어 독립적으로 거래될 수 없는 자산이기 때문이다.

영업권은 내부적으로 창출한 영업권과 사업결합으로 외부에서 취득한 영업권으로 구분할 수 있는데, 각각에 대한 회계처리가 다르다.

① 내부창출 영업권(internally generated goodwill) : 기업 자체적으로 축적한 기술력, 고객관련 시장지배력, 인적자원 및 경영능력 등을 의미한다. 내부창출 영업권은 개별적으로 식별이 불가능하고, 합리적 측정이 어려우며, 자산성을 입증하기 어려운 점 등의 이유 때문에 자산으로 인식하지 않는다.

② 취득한 영업권 : 초과수익능력에 대한 대가로 보아 자산으로 인식한다. 합병이나 사업인수와 같은 사업결합에서 사업의 취득회사는 식별가능한 자산(무형자산을 포함)과 부채를 취득일에 공정가치로 인식한다. 영업권은 다음과 같이 사업결합이전대가에서 사업의 취득일에 식별가능한 자산의 공정가치에서 식별가능한 부채의 공정가치를 차감한 순액에 대한 취득회사의 지분을 차감하여 측정한다.[11] 1103:32-33

> 영업권 = 사업결합이전대가 − 식별가능순자산의 공정가치 × 취득회사의 지분
>
> * 순자산이란 자산에서 부채를 차감한 금액인데, 취득시점에 피취득회사가 장부에 인식하고 있지 않더라도 식별가능하다면 취득회사는 이를 별도로 인식해야 한다.

2 영업권의 인식

앞에서 언급한 것처럼 내부창출 영업권은 자산으로 인식하지 않고, 사업결합으로 취득한 영업권만 무형자산으로 인식한다. 영업권의 가치는 직접 측정할 수 있는 방법이 없기 때문에 간접적으로 사업결합이전대가와 공정가치의 차이로 측정하는 차감법을 이용한다. 즉 영업권은 사업결합이전대가에서 피취득회사의 식별가능한 자산의 공정가치에서 식별가능한 부채의 공정가치를 차감하여 구한 식별가능순자산의 공정가치에 대한 취득자의 지분을 차감하여 측정한다. 사업결합이전대가는 사업결합지급액, 비지배지분(취득지분이 100% 미만인 경우) 및 사업결합시점에 이미 취득회사가 피취득회사의 지분의 일부를 소유하고 있다면 그 지분의 공정가치를 포함한다.

일부 식별가능한 자산과 부채는 피취득회사의 장부상 인식되어 있지 않을 수도 있다. 예컨대 내부적으로 창출되어 자산인식요건을 충족하지 못했던 상표권, 특허권, 고객관계 등이 식별이 가능하면 이를 취득시점에 별도로 인식한다.

예제 9-12 영업권

성우(주)가 우진(주)의 지분 100%를 ₩1,875,000을 지급하고 인수합병하였는데, 우진(주)의 인수일 현재 자산과 부채의 장부금액과 공정가치는 다음과 같다.

➥계속

11) 대안으로 영업권을 "사업결합원가+비지배지분의 공정가치−식별가능순자산의 공정가치"로 측정할 수도 있다. 이렇게 측정하면 비지배지분에 대한 영업권도 인식하게 된다.

재무상태표

우진(주) 20×1. 12. 31 현재

자 산	장부금액	공정가치	부채 · 자본	장부금액	공정가치
현 금	₩100,000	₩100,000	유 동 부 채	₩220,000	₩220,000
매 출 채 권	140,000	140,000	자 본 금	400,000	
재 고 자 산	168,000	490,000	이익잉여금	400,000	
유 형 자 산	612,000	820,000			
특 허 권	–	70,000			
자산총계	₩1,020,000	₩1,620,000	부채와 자본총계	₩1,020,000	

성우(주)가 우진(주)의 영업권으로 인식할 금액을 계산하고, 인수합병에 필요한 분개를 하라.

해답

영업권으로 인식할 금액＝사업결합이전대가－식별가능순자산의 공정가치
＝₩1,875,000－(₩1,620,000－₩220,000)＝₩475,000

〈분개〉

(차) 현 금	100,000	(대) 유 동 부 채	220,000
매 출 채 권	140,000	현 금	1,875,000
재 고 자 산	490,000		
유 형 자 산	820,000		
특 허 권	70,000		
영 업 권	475,000		

(주) 위와 같이 취득회사가 내부적으로 창출한 특허권을 장부에 기록하고 있지 않더라도 별도로 식별가능하다면 취득회사는 사업결합시점에 이를 공정가치로 평가하여 인식해야 한다.

한편, 피취득회사의 식별가능순자산의 공정가치에 대한 취득회사의 지분이 사업결합이전대가를 초과할 수도 있다. 이를 염가매수차익이라고 한다. 염가매수차익은 즉시 당기이익으로 인식한다.

> 염가매수차익＝식별가능순자산의 공정가치×취득회사의 지분－사업결합이전대가

이러한 염가매수차익은 ① 피취득회사의 식별가능한 자산의 과대평가, ② 피취득회사의 식별가능한 부채의 누락 또는 과소평가, ③ 사업결합이전대가의 과소평가 등의 원인이 있을 수 있다. 사업결합에 포함된 자산과 부채가 적절히 식별되고 평가되었다면, 이러한 염가매수는 거의 나타나지 않았을 것이다. 따라서 이러한 초과분이 존재하는 경우 취득회사는 먼저 피취득회사의 식별가능한 자산 및 부채의 인식과 측정 및 사업결합이전대가의 측정을 재수행하여 오류가 없는지 확인해야 한다.

3 비지배지분과 영업권

취득회사가 피취득회사의 지분을 100% 미만 취득하는 경우 비지배지분이 발생하며 연결재무제표의 작성시 비지배지분을 별도로 보고한다. 비지배지분(noncontrolling interests)은 종속기업에 대한 지분 중 지배기업에 직접이나 간접으로 귀속되지 않는 지분을 의미한다.

취득시점에 비지배지분을 측정할 때 다음의 두 가지 접근법을 허용하고 있다.

① 식별가능순자산의 공정가치에 비례하여 비지배지분을 측정
② 취득시점의 주식의 공정가치로 비지배지분을 측정

예제 9-13 비지배지분과 영업권

양주(주)의 지분 중 40%는 증권시장에서 거래되고 있으며 60%는 최대주주가 소유하고 있다. 서울(주)는 양주(주)의 지분 60%를 최대주주로부터 ₩630,000를 지급하고 취득하였으며, 취득시점에 증권시장에서 거래되는 40%에 해당하는 양주(주)의 주식의 시가총액은 ₩400,000이었다. 한편, 취득시점 식별가능순자산의 공정가치는 ₩700,000이었다.

1. 취득시점 식별가능순자산의 공정가치에 비례하여 비지배지분을 측정하는 방법으로 서울(주)가 양주(주)의 주식 60%를 취득한 시점의 회계처리를 하라.
2. 취득시점의 주식의 공정가치로 비지배지분을 측정하는 방법으로 서울(주)가 양주(주)의 주식 60%를 취득한 시점의 회계처리를 하라.

해답

1. 식별가능순자산의 공정가치에 비례하여 측정하는 방법

(차)	제 자 산	700,000	(대) 현 금	630,000
	영 업 권	210,000	비지배지분	280,000*

* ₩700,000 × 40% = ₩280,000

2. 주식의 공정가치로 측정하는 방법

(차)	제 자 산	700,000	(대) 현 금	630,000
	영 업 권	330,000	비지배지분	400,000

4 영업권 손상차손회계

영업권을 자산으로 기록하면 취득 이후의 연도에 이를 어떻게 평가할 것이냐의 문제가 발생한다. 즉 영업권을 상각할 것인가, 상각한다면 즉시 상각할 것인가 혹은 내용

연수에 걸쳐 상각할 것인가 등의 문제가 발생한다.

영업권은 반증이 없는 한 비한정내용연수를 가진다고 보며 상각하지 않는다. 하지만 영업권의 가치가 감소되었다는 객관적 증거가 있으면 손상차손회계를 적용한다. 이러한 회계처리의 근거는 ① 기업의 가치가 감소되었다는 확실한 증거가 없는 한 내용연수를 추정하여 영업권을 상각하는 것은 자의적일 수밖에 없으며, ② 기업은 취득한 영업권을 유지·향상시키기 위해 여러 가지 지출을 하지만 이를 모두 비용화하기 때문에 취득한 영업권은 가치를 계속 유지하므로 자산으로 인식하는 것이 합리적이라는 것이다. 특히, 영업권을 내용연수에 걸쳐 상각하게 되면 회사의 가치를 증가시키기 위하여 지출하는 각종 비용뿐만 아니라 영업권의 상각비까지 당기비용에 계상되므로 결과적으로 영업권 관련 비용이 이중으로 계상되는 모순이 발생하게 된다는 것이다.

영업권은 최소한 1년에 한 차례 손상검사를 해야 하며, 손상이 발생했다고 판단할 만한 사건이나 기타 환경 등의 변화가 있을 경우에는 추가로 손상검사를 실시해야 한다. 손상차손회계에 대해서는 제10장에서 상세하게 설명한다.

보론 9A 광물자원의 탐사와 평가

1 탐사평가자산

광물자원(mineral resources)에는 광물, 석유, 천연가스 등이 있다. [그림 9A-1]에서와 같이 광물자원을 탐사하고 평가하기 위해서는 먼저 특정 지역에 탐사를 위한 법적 권리를 취득해야 한다. 그리고 지질학적 연구와 더불어 시추와 굴착을 하여 광물자원의 탐사를 실시하고, 과연 광물자원을 추출할 수 있는지에 대한 기술적 실현가능성과 상업화가능성이 있는지를 평가하게 된다.

K-IFRS 제1106호는 탐사단계의 지출을 '탐사평가자산(exploration and evaluation assets)'으로 정의하고 이에 관한 회계처리방법을 규정하고 있다.

▶ 그림 9A-1
광물자원의 탐사와 평가

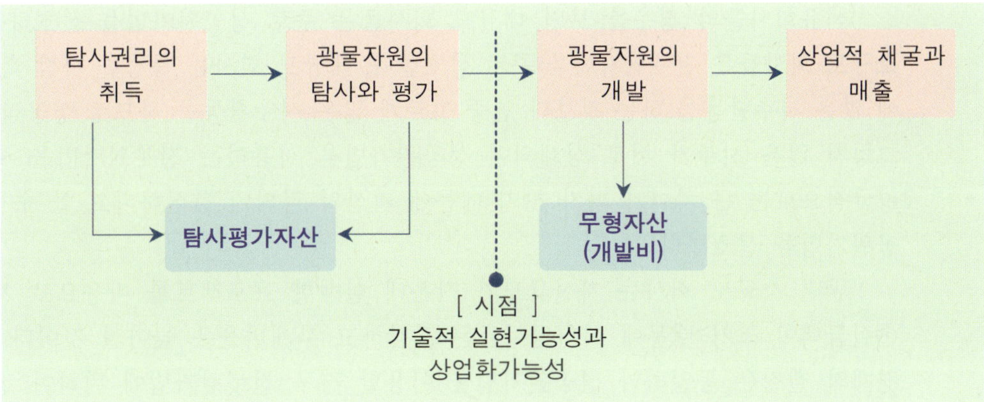

한편, 해당 자산이 기술적 실현가능성과 상업화가능성이 있다고 판단되어 개발활동을 시작하면 이 단계부터의 지출은 탐사평가자산이 아닌 개발비(무형자산)로 인식하고, K-IFRS(제1038호, 무형자산)의 회계처리방법을 적용해야 한다.

2 탐사평가자산의 취득시점 회계처리 1106:8-11

탐사평가자산은 취득시점에 원가로 측정한다. 탐사평가자산의 원가에 포함할 수 있는 지출의 예로는 탐사권리의 취득, 지형학적·지질학적·지구과학적 및 지구물리학적 연구, 탐사를 위한 시추, 굴착, 표본추출, 광물자산 추출의 기술적 실현가능성과 상업화가능성에 대한 평가와 관련된 활동 등이 있다.

광물자원의 탐사에는 막대한 지출이 발생하는 것이 일반적이다. 탐사원가(exploration costs)에 대한 회계처리는 세 가지의 방법이 있다.

① 기간비용법 : 모든 탐사원가를 발생한 기간의 비용으로 처리함.
② 성공원가법(successful efforts method) : 성공적인 프로젝트에 대해서만 탐사원가를 자산으로 처리하고, 실패한 프로젝트는 비용으로 처리함.
③ 전부원가법(full-cost method) : 성공과 실패를 구분하지 않고 모든 탐사원가를 자산으로 처리함.

여기에서의 핵심은 "실패한 프로젝트의 탐사원가가 성공적인 프로젝트의 원가가 될 수 있느냐?"이다. 전부원가법을 주장하는 입장은 실패한 프로젝트는 성공적인 프로젝트를 찾아내는 데 필연적으로 부수되는 과정이기 때문에 실패한 프로젝트의 탐사원가도 자산으로 처리해야 한다고 주장한다.

석유회사들의 경우를 보면 대규모 회사들은 주로 성공원가법을 선호하는 반면, 소규모 회사들은 전부원가법을 주로 선호한다. 대규모 회사는 특정한 시점 혹은 기간에 많은 시추활동을 하는 것보다 연중 고르게 많은 시추활동을 하므로 성공적 시추와 그렇지 않은 시추가 서로 상쇄되어 성공원가법을 사용하든 전부원가법을 사용하든 평균적으로는 큰 차이가 나지 않기 때문에 자산의 정의에 충실하다고 볼 수 있는 성공원가법을 선호한다.

반면 소규모 회사는 자산규모가 작은데 실패한 프로젝트를 비용으로 처리하면 손실금액이 크기 때문에 이익잉여금은 격감하고 부채비율은 높아질 것이다. 따라서 경제적 실질은 동일하나 성공원가법을 이용할 경우 전부원가법에 비하여 장부상에 미치는 영향이 훨씬 커진다. 따라서 소규모 회사는 전부원가법을 선호하게 된다.

K-IFRS(제1106호)에서는 전부원가법을 채택하고 있다. 이 경우에는 자산의 인식기준인 자산에서 발생한 경제적 효익이 기업에 유입될 가능성이 높아야 한다라는 조건을 적용하지 않는다.

광물자원의 탐사와 평가 활동을 수행한 결과로 해당 지역의 원상회복을 위하여 자산을 제거, 해체하거나 부지를 복원해야 하는 의무가 발생하는 경우가 있다. 이때 만일 관련 지출이 충당부채의 요건을 충족하는 경우에는 그 지출의 현재가치를 탐사평가자산의 취득원가에 포함시키고 재무제표에 충당부채인 자산처분의무(asset retirement obligation)를 인식한다(유형자산의 복구충당부채 경우와 유사함, 제7장을 참조). 그러나 충당부채 요건을 충족하지 못하는 경우에는 발생한 회계기간에 비용으로 처리한다.

3 탐사평가자산의 취득 이후 회계처리

(1) 회계정책의 선택 1106:12

탐사평가자산의 최초취득 이후에는 원가모형이나 재평가모형을 선택하여 적용한다. 원가모형을 적용할 때에는 탐사평가자산의 장부금액은 취득원가에서 (감가)상각누계액과 손상차손누계액을 차감한 금액으로 표시한다.

재평가모형을 적용할 때에는 재평가일의 재평가금액에서 이후의 (감가)상각누계액과 손상차손누계액을 차감한 금액을 장부금액으로 한다. 자산의 장부금액이 재평가로 인하여 증가된 경우에 그 증가액은 기타포괄손익으로 인식하고 재평가잉여금의 과목으로 자본에 가산한다. 그러나 동일한 자산에 대하여 이전에 당기손익으로 인식한 재평가감소액이 있다면 그 금액을 한도로 재평가증가액만큼 당기손익으로 인식한다. 만약, 자산의 장부금액이 재평가로 인하여 감소된 경우에 그 감소액은 당기손익으로 인식한다. 그러나 그 자산에 대한 재평가잉여금의 잔액이 있다면 그 금액을 한도로 재평가감소액을 기타포괄손익으로 인식한다(제10장 제1절 참조).

(2) 손상차손의 인식과 측정 1106:18-22

매 보고기간말마다 탐사평가자산의 손상을 시사하는 징후가 있는지를 검토하고 그러한 징후가 있다면 회수가능액을 추정한다. 회수가능액은 원칙적으로 개별자산별로 추정한다. 그러나 개별자산별로 자산의 회수가능액을 추정하기 어려운 경우에는 그 자산이 속하는 현금창출단위의 회수가능액을 측정한다. 현금창출단위란 다른 자산이나 자산집단으로부터의 현금유입과 거의 독립적인 현금유입을 창출하는 자산집단으로서 식별가능한 최소단위를 말한다.

손상차손에 대한 상세한 회계처리는 제10장 제2절을 참조하기 바란다.

예제 9A-1 탐사평가자산

서린(주)는 20×1년 하반기에 우리나라 서해에 대한 가스탐사권을 정부로부터 ₩50,000에 취득하여 탐사활동을 개시하였다. 20×2년 5월에 가스층을 발견하고 이의 상업화가능성을 확인하였다. 탐사활동이 20×2년말에 완료되었고, 20×3년초부터 개발활동이 시작되었다.
이에 관련된 지출은 다음과 같다.

20×1년 : ₩500,000　　20×2년 : ₩800,000　　20×3년 : ₩2,000,000

서린(주)는 위의 지출에 대한 회계처리를 어떻게 해야 하는지 설명하라. 단, 20×2년에 탐사평가자산의 손상차손 ₩300,000이 발생하였다. 또한 20×2년말 탐사활동이 완료된 시점에 탐사평

➡ 계속

가자산 중 ₩700,000은 유형자산으로, 나머지는 무형자산으로 분류하였다.

해답

20×1년 : 탐사권 취득

(차) 탐사평가자산	50,000	(대) 현 금	50,000

20×1년 : 탐사활동비 지출

(차) 탐사평가자산	500,000	(대) 현 금	500,000

20×2년 : 탐사활동비 지출과 손상차손의 인식

(차) 탐사평가자산	800,000	(대) 현 금	800,000
(차) 손 상 차 손	300,000	(대) 탐사평가자산	300,000

20×2년말 : 탐사평가자산의 재분류

(차) 유 형 자 산	700,000	(대) 탐사평가자산	1,050,000*
무 형 자 산	350,000		

* ₩50,000 + ₩500,000 + ₩800,000 − ₩300,000 = ₩1,050,000

(주) 탐사활동이 완료되었으므로 탐사평가자산을 유형자산과 무형자산으로 분류하고 이후부터는 원가모형 또는 재평가모형을 적용하여 평가한다. 또한 적절한 감가상각과 상각을 실시한다.

20×3년의 회계처리 : 이후의 지출은 개발활동으로 보아 비용으로 처리하거나 조건을 충족하면 유형자산 또는 무형자산(개발비)으로 처리한다.

(3) 탐사평가자산의 재분류

광물자원의 추출에 대한 기술적 실현가능성과 상업화가능성을 제시할 수 있는 시점에서 더 이상 탐사평가자산으로 분류하지 않고 유형자산과 무형자산으로 재분류한다. 탐사평가자산을 재분류하기 전에 손상을 검토하여 필요한 경우 손상차손을 인식한다.

탐사평가자산은 그 성격에 따라서 재무제표에 무형자산이나 유형자산(예 : 차량운반구, 시추장비 등)으로 분류하고, 한번 정한 분류기준은 일관성 있게 적용해야 한다. 무형자산으로 분류되는 경우에는 광업권이나 시추권과 같은 계정과목으로 표시될 것이다. 무형자산을 개발하기 위하여 유형자산을 소모한 경우에는 그 소모한 금액을 무형자산의 원가에 가산한다.

탐사평가자산의 기술적 실현가능성과 상업화가능성이 있다고 판단되어 개발활동이 시작되면 이때부터의 개발원가는 탐사평가자산으로 처리할 수 없고, 개발원가(이는 비용으로 처리하거나 조건이 충족되면 유형자산 또는 무형자산(개발비)으로 처리함)로 인식해야 한다. 개발활동에 사용되는 유형의 설비원가는 유형자산으로 분류하는 것이 일반적이다. 유형설비의 예로는 채굴이나 탐사에 필요한 중장비와 수송설비 등이 있다. 이와 같은 설비는 다른 용도를 위하여 장소를 옮겨 사용할 수 있으므로 무형자산으로 분류하는 것은 불합리하다. 그러나 채굴장비로서 당해 개발활동에만 사용되고 그 이외의 용도로 사용되는 것이 사실상 불가능한 경우에는 이를 무형자산의 개발원가에 포함시키는 것이 합리적이다.

종합예제 CHAPTER 9

무형자산의 회계처리

20×2년도부터 당신이 외부감사를 맡은 금강(주)는 20×1. 1. 1에 설립되었다. 개업 첫해의 재무제표는 감사를 받지 않았다. 20×2년도말에 재무제표 작성을 위하여 마련된 시산표가 다음과 같다.

시 산 표

금강(주) 20×2. 12. 31 현재

	차 변	대 변
현 금	₩47,000	
매 출 채 권	73,000	
대손충당금		₩1,460
재 고 자 산	50,200	
기 계	82,000	
비 품	37,000	
감가상각누계액		26,200
특 허 권	128,200	
리스개량자산	36,100	
선 급 비 용	13,000	
영 업 권	30,000	
라이선스계약	116,000	
매 입 채 무		73,000
선 수 수 익		17,280
자 본 금		300,000
이익잉여금(20×2. 1. 1)		159,060
매 출 액		720,000
매 출 원 가	475,000	
판매비와관리비	180,000	
이 자 비 용	9,500	
기 타 비 용	20,000	
합 계	₩1,297,000	₩1,297,000

〈추가정보〉

1) 20×1. 1. 1 특허권(내용연수 20년)을 **₩93,500**에 취득하였다. 20×1. 12. 31에 특허권에 관련된 상품을 생산하는 기계(내용연수 20년)를 개선하기 위하여 **₩34,700**을 지급하고 이를 특허권계정에 기입하였다. 금강(주)는 상각대상자산(유형자산, 무형자산 모두)에 대해서는 정액법을 이용하여 상각하는데, 6월 30일 전에 취득한 경우에는 1년분을 상각하고, 7월 1일 이후에 취득한 경우에는 취득한 연도에 상각을 하지 않는다.
2) 금강(주)는 20×1. 1. 3에 라이선스계약 No.1을 구입하였는데, 내용연수는 무한한 것으로 추정한다. 라이선스계약 No.1의 원가 **₩60,000**은 매입가격 **₩57,000**과 매입부대비용 **₩3,000**을 포함한 금액이다. 20×2. 1. 1에 금강(주)는 라이선스계약 No.2를 구입하였는데, 매입가격은 **₩54,000**이고 부대비용은 **₩6,000**이며 내용연수는 한정할 수 없다. 라이선스계약 No.2와 관련된 제품을 20×3년에 판매하기로 하고 선수수익 **₩4,000**을 받고 이를 라이선스계약에 대기하였다. 20×1년 12월에 공장폭발사고로 라이선스계약 No.1의 70%가 영구적 손상을 입었다.

3) 회사설립시점(20×1. 1. 1)에 발생한 법률비용 ₩30,000을 영업권으로 기록하였다.
4) 리스개량은 금강(주)가 ① 20×1. 1. 1부터 10년간 갱신불능조건으로 리스한 건물에 ₩15,000을 들여 설치한 구축물(내용연수 12년 추정), ② 20×2. 1. 1에 동 리스건물 내에 설치한 이동가능한 기계 ₩15,000(내용연수 20년), ③ 20×2. 12. 1에 지급한 재산세 ₩6,100(건물소유주가 부담할 것)을 포함한 금액이다.

요구사항

필요한 수정분개를 하고 20×2. 12. 31로 수정후시산표를 작성하라. 무형자산 상각에는 직접법을 사용한다. 지금까지 무형자산과 리스개량 관련 자산은 상각하지 않았으며, 유형자산에 대한 감가상각비는 적절히 기록되었다. 단, 모든 유형자산 및 무형자산의 상각은 매출원가로 계상된다.

해 답

[수정분개]

	차변	금액	대변	금액
1)	(차) 기 계	34,700	(대) 특 허 권	34,700
	(차) 매 출 원 가(감가상각비)	1,735	(대) 감가상각누계액	1,735*

* ₩34,700/20년 = ₩1,735

(주) 특허권으로 잘못 기록된 것을 기계에 대한 자본적 지출로 수정하고 감가상각에 반영함.

차변	금액	대변	금액
(차) 전기오류수정손익	4,675	(대) 특 허 권	9,350
매출원가(특허권상각)	4,675*		

* ₩93,500/20년 = ₩4,675

	차변	금액	대변	금액
2)	(차) 라이선스계약	4,000	(대) 선 수 수 익	4,000

(주) 라이선스계약에 대기한 선수수익을 수정 기록함. 라이선스 No.1과 No.2 모두 비한정내용연수를 가지고 있어서 상각하지 않는다.

차변	금액	대변	금액
(차) 전기오류수정손익	42,000	(대) 라이선스계약	42,000*

* ₩60,000(손상전 장부금액)×70% = ₩42,000(영구적 손상)

	차변	금액	대변	금액
3)	(차) 전기오류수정손익	30,000	(대) 영 업 권	30,000

(주) 영업권으로 기록된 것을 비용(창업비)처리해야 하므로 전기오류수정손익으로 정정함.

	차변	금액	대변	금액
4)	(차) 기 계	15,000	(대) 리스개량자산	21,100
	기타미수금	6,100		
	(차) 매 출 원 가(감가상각비)	750*	(대) 감가상각누계액	750

* ₩15,000/20년 = ₩750

(주) 리스개량자산으로 잘못 기록한 이동가능한 기계 ₩15,000을 기계로 수정하고 감가상각을 반영하고 건물소유주가 부담할 ₩6,100을 기타미수금으로 수정함.

차변	금액	대변	금액
(차) 전기오류수정손익	1,500	(대) 리스개량자산	3,000
매 출 원 가(감가상각비)	1,500*		

* ₩15,000/10년 = ₩1,500

(주) 20×1년도에 리스개량자산을 상각하지 않았기 때문에 전기오류수정손익으로 수정하고, 20×2년도 리스개량자산상각을 반영함(리스기간 10년에 걸쳐 상각함).

[수정후시산표]

수정후시산표

금강(주) 20×2. 12. 31 현재

	차 변	대 변
현 금	₩47,000	
매 출 채 권	73,000	
대손충당금		₩1,460
기타미수금	6,100*	
재 고 자 산	50,200	
기 계	131,700*	
비 품	37,000	
감가상각누계액		28,685*
특 허 권	84,150*	
리스개량자산	12,000*	
선 급 비 용	13,000	
라이선스계약	78,000*	
매 입 채 무		73,000
선 수 수 익		21,280*
자 본 금		300,000
이익잉여금(20×2. 1. 1)		80,885*
매 출 액		720,000
매 출 원 가	483,660*	
판매비와관리비	180,000	
이 자 비 용	9,500	
기 타 비 용	20,000	
합 계	₩1,225,310*	₩1,225,310*

* 수정된 부분을 나타낸다.
(주) 전기오류수정손익은 이익잉여금에 직접 가감하였다.

익힘문제

CHAPTER 9

1. 무형자산은 여러 상이한 기준에 따라 분류될 수 있다. 분류기준을 서술하고 어떠한 무형자산이 이들 집단에 속할 수 있는지 설명하라.

2. 식별가능 무형자산은 어떻게 정의되는가? 식별가능 무형자산이 가지는 세 가지 속성을 기술하라.

3. 무형자산의 인식요건을 설명하라.

4. 교환으로 취득한 무형자산의 취득원가는 어떻게 결정되는가?

5. 내부창출 무형자산의 예를 들라. 그리고 회계학에서 내부창출 무형자산과 다른 무형자산을 구별하는 이유는 무엇인가?

6. 연구비와 개발비의 인식을 간략히 기술하라.

7. 자체개발한 웹사이트의 회계처리를 설명하라.

8. 20×1년 홍연(주)는 주요 고객에게 ₩230,000을 접대비로 사용했다. 이는 미래에 견고하고 우호적인 관계를 맺음과 동시에 그 회사의 현황과 전망 등에 대하여 정보를 얻기 위함이었다. 이 지출을 어떻게 보고해야 하는가?

9. 신중성의 개념에 따르면 모든 무형자산은 취득 후에 곧바로 제거하는 것이 타당하다는 주장이 있다. 이러한 주장의 적정성에 대하여 설명하라.

10. 절경(주)는 최근 함평천지(주)로부터 지리산 근처의 땅을 25년 동안 리스로 임차하기로 하고 리스계약을 체결하였다. 그리고 임차인으로서 절경(주)는 이 부지 위에 내용연수가 35년인 콘도미니엄을 지었다. 리스계약서상에는 임차인이 20년 더 임차할 수 있는 선택권을 가지고 있다. 이 콘도미니엄은 얼마 동안에 걸쳐 상각되어야 하는가?

11. 사업결합으로 발생한 영업권의 측정방법과 회계처리를 설명하라.

12. 무형자산의 내용연수와 상각에 대하여 설명하라.

13. 내용연수가 한정되어 있지 않은 무형자산의 회계처리방법을 설명하라.

보-14. 탐사평가자산의 측정과 평가방법에 대하여 설명하라.

연습문제

CHAPTER 9

1. 무형자산의 분류와 종류

다음은 무형자산으로 보고될 가능성이 있는 항목들이다.

(1) 상표개발원가
(2) 상표권 출원과 획득에 관련된 원가
(3) 자회사에 대한 투자
(4) 삼림의 조성원가
(5) 제품의 개발 후 제조단계에 들어가기 위한 제품 디자인비용
(6) 회사의 창업과정에서 발생한 경비
(7) 영업활동 개시 초기에 발생한 영업손실
(8) 사채의 상환에 사용될 예정인 감채기금
(9) 프랜차이즈 취득원가
(10) 저작권 취득원가
(11) 대체 제품을 개발하기 위한 시험비
(12) 내부 사용을 위한 소프트웨어 개발비(자산인식요건 충족)
(13) 발명가로부터 취득한 특허의 매입원가
(14) 특허권 출원과 관련된 법률비용
(15) 기존 특허권 보호를 위해 지출된 법률비용
(16) 경상적인 연구개발비
(17) 기존 상품 및 공정의 변경과 관련된 원가
(18) 회사의 이미지 개선을 위한 광고비
(19) 전세권의 취득시 지불한 권리금

요구사항

1. 위에 열거한 항목 중 무형자산으로 보고될 항목은 어떤 것들인가?
2. 위에 열거한 항목 중 무형자산으로 보고될 수 없는 항목은 어떻게 처리해야 하는가?

2. 무형자산 여부에 대한 판단

아래에 기록된 사항들은 상장회사인 승탁(주)의 20×1. 12. 31에 종료되는 회계연도에 발생한 6개의 지출이다. 승탁(주)의 재무제표를 K-IFRS에 부합하도록 작성하기 위하여 이들 거래에 대한 적절한 회계처리를 해야 한다.

(1) 고객과의 관계를 증진시키는 프로그램에 ₩2,000을 지출했다. 고객은 이 프로그램에 대하여 대단히 호의적인 반응을 보이고 있으며, 승탁(주) 경영자는 이 프로그램으로부터 상당한 미래효익을 얻을 것이라 믿는다. 이 프로그램은 금년도 3/4분기에 실시되었다.
(2) 20×1회계연도에 새로운 생산공정을 시험하기 위해 실험용공장(pilot plant)을 ₩4,000에 건설하였다. 실험용공장은 약 5년 동안 사용될 것이며, 이 기간 내에 회사는 그 생산공정의 경제적 가치에 관하여 검토할 것이다. 실험용공장은 상업생산에 사용하기에는 너무 작아서 실험이 끝나고 나면 철거될 것이다.
(3) 내년에 신제품을 출품할 계획이다. 회사는 신제품의 생산을 준비하기 위하여 당기에 공구, 금형, 주형 등의 설계에 ₩3,000을 지출했다.
(4) 20×1년 8월초에 계룡(주)의 주식 전부를 현금 ₩5,000에 매입하였다. 계룡(주)의 식별가능한 자산의 공

정가치는 ₩4,000이었다.

(5) 20×2회계연도의 1/4분기에 신제품의 시판을 준비하기 위하여 20×1년 4분기에 대대적으로 신제품에 대해 광고하였다.

(6) 20×1회계연도의 전반기에 특허권을 획득하였는데 법적 수속비용으로 ₩500,000이 지출되었다. 특허권의 법적 내용연수는 15년이지만 경제적 내용연수는 약 10년으로 기대된다.

위에서 제시한 여섯 가지의 지출에 대해 적절한 회계처리방법을 제시하고 정당화하라.

3. 인적자원의 통제

성남(주)는 20×1년에 프로야구팀을 인수하였는데, 취득의 주된 이유는 동 프로야구팀 소속선수들의 기량이 뛰어나기 때문이다. 이 취득에 대해 인적자원에 대한 통제요건의 충족여부를 판단하고 무형자산으로 인식하는 것이 적절한지를 판단하라.

4. 무형자산의 상각과 재무제표 공시

영숙(주)는 독특하고 효율적인 폐수의 생화학적 처리방법에 대한 특허권을 보유하고 있다. 영숙(주)는 연구개발의 결과 취득한 특허권을 이용하여 제품을 직접 생산하지 않으며 특허권을 제조업자에게 양도하여 로열티를 받고 있다. 영숙(주)가 획득한 특허권의 개발과정은 다음과 같다.

일 자	활 동	원 가
20×1～20×3	폐수의 생화학적 처리방법에 대한 연구수행(균등하게 지출)	₩270,000
20×4. 3. 1	시제품모형의 디자인과 제작(자산성 있음)	85,000
20×4. 3. 1	시제품모형의 시험(자산성 있음)	44,000
20×4. 11. 1	특허출원과 관련된 엔지니어링 및 법률비용	68,000
20×5. 3. 1	특허취득	–
20×5. 6. 1	제품의 상업생산용 디자인비용	43,000
20×5. 12. 1	특허권의 성공적 방어를 위한 법률비용	25,000
20×6. 4. 1	특허된 폐수 처리방식의 개선을 위한 연구의 수행	52,000
20×7. 7. 1	경쟁사에 대한 특허권 침해소송 제기와 관련된 법률비용(패소)	20,000

개발비의 내용연수는 20년이고 특허권의 취득 당시 내용연수는 15년일 것으로 추정되었다. 그러나 20×6년 1월에 잔여내용연수가 5년인 것으로 추정을 변경하였다. 영숙(주)의 회계기말은 12월 31일이다. 특허권은 매기 정액법으로 상각한다.

영숙(주)가 기록할 무형자산을 식별하고, 무형자산에 대해서만 각 연도별로 필요한 분개를 하고, 20×4, 20×5, 20×6 및 20×7년도 회계기말(12. 31)에 재무상태표상에 나타날 무형자산의 장부금액을 계산하라.

5. 무형자산 인식과 회계처리

다음은 여러 가지 종류의 무형자산 취득 배경정보를 설명하고 있다. 각 무형자산의 평가와 회계처리를 설명하라.

(1) 상표권의 취득

지난 8년 동안 시장점유율 1위였던 주요 소비제품의 상표권이 잔여 법적 내용연수 8년을 가지고 있지만, 비용을 거의 부담하지 않고 매 10년마다 갱신해왔다. 하지만 최근 경쟁사에서 새로운 상품을 개발중이라는 소식을 들었다. 시장 동향을 보았을 때 해당 상표권은 향후 10년 동안 순현금흐름을 창출할 것으로 기대된다.

(2) 과거에 취득한 상표권

회사는 비한정내용연수를 가지는 ₩5,000,000의 상표권을 가지고 있었으나 경쟁사 등장으로 해당 상표권의 내용연수를 10년으로 추정하였고, ₩500,000의 손상을 인식하였다. 회사는 제품 개선에 더욱 노력하여 3년 뒤 손상인식 이전보다 매출은 더욱 증가하였고, 상표권은 손상 이전보다 더욱 높은 가치를 가지는 것으로 평가된다. 회사는 해당 상표권을 계속 갱신할 의사와 능력이 있다.

(3) 생산공정의 취득원가 산정
회계기말이 12월 31일인 A회사는 새로운 생산공정을 개발하고 있다. A회사가 20×1년 동안 발생시킨 지출은 ₩2,000이었으며 그중 ₩1,500은 20×1. 11. 30 전에 발생하였으며 ₩500은 20×1. 11. 30과 20×1. 12. 31 사이에 발생하였다. A회사는 20×1. 11. 30에 새로운 생산공정이 무형자산으로 인식되기 위한 조건을 충족하였다는 것을 입증할 수 있다. 당해 공정에 내재된 제조기법의 회수가능액은 ₩1,000으로 추정된다.

(4) 용역계약을 취득하기 위한 원가
우리통신(주)는 일정 신용등급 이상의 통신서비스 가입자를 유치하기 위해서 제3자에게 ₩175,000을 지급하였다. 가입자는 최소이용료 이상을 지급하는 조건으로 24개월간의 통신서비스 이용계약을 체결하였다. 우리통신(주)는 통신서비스로부터 최소 ₩250,000의 이익이 발생할 것을 예상하고 있다. 이 가입자를 유치하기 위한 원가는 최초가입기간에 모두 회수될 것으로 예상된다. 또한 우리통신(주)는 가입자를 유치하기 위한 원가를 개별 가입자별로 산출할 수 있다.

6. 사업결합으로 취득한 무형자산

갑회사는 사업결합으로 을회사에 대한 지배력을 획득하였다. 사업결합으로 인한 고객 무형자산에 대한 예를 보자.

(1) 공급계약
갑회사는 20×6. 12. 31에 사업결합으로 을회사에 대한 지배력을 획득하였다. 을회사는 공급자로서 병고객에게 제품을 5년간 공급하기로 하는 계약을 가지고 있다. 갑회사와 을회사 모두 현재 계약이 종료되면 병고객이 공급계약을 갱신할 것이라고 믿고 있다. 공급계약은 분리가능성 조건을 충족하지 않는다.

(2) 고객관계
갑회사가 20×6. 12. 31에 사업결합으로 을회사에 대한 지배력을 획득하였다. 을회사는 두 개의 사업부(스포츠용품 및 전자제품)에서 제품을 제조하고 있다. 병고객은 스포츠용품과 전자제품 모두를 을회사에서 구입한다. 을회사는 스포츠용품을 독점적으로 공급하는 계약을 병고객과 맺고 있다. 그러나 전자제품을 공급한다는 계약은 없다. 을회사는 병고객과 스포츠용품과 전자제품으로 구별하지 않는 하나의 전반적인 고객관계가 있다고 믿고 있으며 갑회사도 그렇게 믿고 있다.

사업결합으로 취득한 무형자산의 평가와 회계처리를 설명하라.

7. 무형자산 (I)

영천(주)는 다음과 같은 무형자산을 가지고 있다.

(1) 20×1. 1. 1에 은주(주)로부터 특허권을 ₩2,400에 취득했다. 영천(주)는 특허권의 잔존내용연수를 10년으로 추정했다. 이 특허권을 은주(주)가 영천(주)에 처분했을 때 은주(주)의 계정에 기록된 특허권의 장부금액은 ₩2,500이었다.
(2) 20×2년에 철신(주)로부터 실용신안권을 ₩520에 구입하였다. 영천(주)는 실용신안권의 활용으로 얻은 수익의 5%에 해당하는 로열티를 철신(주)에 지급해야 한다. 20×2년 실용신안권의 활용으로 얻은 수익은 ₩3,000이었다. 영천(주)는 실용신안권의 내용연수를 10년으로 추정했으나 구매 즉시 전액을 상각하였다.

요구사항

1. 위의 거래들이 20×2. 12. 31로 종료되는 회계기간 동안 손익계산서에 미치는 영향을 반영하라. 그리고 계산근거를 제시하라.
2. 20×2. 12. 31 현재 영천(주)의 재무상태표상에 무형자산부문을 나타내는 부분재무상태표를 작성하라. 그리고 계산근거를 제시하라.

8. 무형자산(Ⅱ)

20×0년에 설립된 은미(주)는 단일 무형자산계정을 유지하고 있다. 다음은 20×0년과 20×1년의 차변에 기록된 내용이다.

무형자산

20×0. 7. 1	5년의 실용신안권 : 소멸일 20×5. 6. 30	₩39,000
20×0. 7. 1	선급리스료(4년 리스, 리스개시일 20×0. 7. 1)	32,000
20×0. 12. 31	20×0년 순손실	19,000
20×1. 1. 1	특허권 취득원가(내용연수 8년)	76,000
20×1. 3. 1	제조비법의 개발원가(자산성이 불확실함)	80,000
20×1. 4. 1	상표권 취득(내용연수 무한정)	278,400
20×1. 7. 1	특허권의 성공적 방어를 위한 법적 비용(금액 중요, 특허권 강화)	12,000
20×1. 9. 1	연구비(자산성이 불확실함)	155,000

단일 무형자산계정을 제거하고 개별 무형자산계정을 설정하기 위하여 필요한 분개를 하라. 20×1. 12. 31 현재 각 무형자산계정을 정확하게 반영하고 20×1년도 손익을 적정히 반영하기 위한 분개를 하라.

9. 특허권

동해(주)는 20×1년에 연구개발비로 ₩210,000을 지출했는데, 그 결과로 20×2. 1. 1에 특허권을 획득하였다. 특허권 등록과 직접 관련된 지출이 ₩60,000이었다. 20×8. 1. 1에 동 특허권의 성공적인 보호를 위하여 법률비용 ₩90,000이 지출되었으며, 소송의 승소로 기존의 특허권의 내용연수는 20년에 변화가 없다고 판단된다. 또한 소송에 승소하였지만 특허권의 경제적 효익에도 변화가 없다.

요구사항

1. 20×7년의 상각비를 적절히 기록한 후 동해(주)의 20×7. 12. 31에 재무상태표에 보고될 특허권의 장부금액은 얼마인가?
2. 특허권의 성공적인 방어로 내용연수가 4년 증가되었다고 가정하면 20×8. 12. 31의 장부금액은 얼마인가?

10. 특허권 내용연수의 결정

새로 취득한 특허권으로부터 적어도 10년 동안 순현금유입이 있을 것으로 예상된다. 하지만 기업은 특허권 취득일 현재 공정가치의 60%로 5년 후에 특허권을 구매하려는 제3자가 있어서 계약을 체결하고 5년 후에 특허권을 매각할 계획이다. 특허권의 내용연수를 결정하라.

11. 특허권의 성공적 방어를 통한 내용연수의 연장

신지(주)는 20×1. 1. 1에 내용연수 10년, 잔존가치 ₩0으로 추정되는 특허권을 ₩6,000,000에 취득하였다. 신지(주)는 특허권을 정액법으로 상각한다. 20×3. 1. 1에 법률비용 ₩500,000을 지출하여 특허권을 성공적으로 방어하였으며, 그 결과로 내용연수가 2년이 연장되었다고 판단한다.

요구사항

1. 20×3년에 특허권의 성공적 방어를 위한 회계처리를 하라.
2. 20×3년 특허권 상각비는 얼마인가?
3. 만약 특허권의 방어는 성공적이었지만 경제적 효익의 증가가 없었다면 특허권 소송을 위해 지출한 법률비용은 어떻게 회계처리해야 하며, 20×3년 특허권 상각비는 얼마인가?

12. 무형자산의 상각 – 내용연수

상균(주)는 회계연도가 12월말에 종료되고, 무형자산의 상각은 정액법을 따르고 있다. 다음 각각의 사례는 무형자산의 내용연수와 관련된 상황을 설명하고 있다.

(1) 상균(주)는 고객목록을 20×1년초 ₩100,000에 취득하였다. 당해 고객목록 정보로부터 적어도 최소 1년에서 최대 3년까지의 기간 동안 효익을 얻을 수 있을 것으로 기대하고 있다. 상균(주)의 경영진은 최선의 추정기간을 2년으로 결정하였다.
(2) 상균(주)가 20×1년초에 ₩300,000에 취득한 특허권으로 인하여 특허기술에 의해 보호를 받는 제품이 적어도 15년 동안 순현금유입의 원천이 될 것으로 예상된다. 기업은 특허권 취득일 현재 공정가치의 60%로 5년 후에 특허권을 구매하려는 제3자와 약정하였으며 5년 후에 특허권을 매각할 의도를 가지고 있다.
(3) 상균(주)가 20×1. 7. 1에 ₩1,000,000을 주고 취득한 방송 라이선스는 기업이 통상적인 수준의 서비스를 고객에게 제공하고 관련 규정을 준수한다면 매 4년마다 갱신이 가능하다. 이 라이선스는 거의 원가 없이 비한정으로 갱신할 수 있으며, 최근의 취득 이전에 두 번 갱신되었다. 취득기업은 라이선스를 비한정으로 갱신하려는 의도를 가지고 있으며, 갱신할 수 있는 능력을 가지고 있다는 증거도 있다. 과거에 라이선스를 갱신하는 데 어려움은 없었다. 방송하는 데 사용되는 기술은 예측가능한 미래의 어느 시점에라도 다른 기술에 의해 대체될 것으로 예상되지 않는다. 따라서 라이선스는 비한정으로 기업의 순현금유입에 기여할 것으로 기대된다. 한편 20×2년초 라이선스발급 기관이 방송 라이선스를 더 이상 갱신해주지 않고, 계약기간 종료 후 이를 경매에 부치기로 결정하였다. 이러한 결정으로 인하여, 20×2년초에 방송 라이선스의 회수가능액은 ₩700,000으로 하락하였다.

위 각각의 상황에서 상균(주)가 20×1년과 20×2년에 포괄손익계산서에 무형자산과 관련하여 비용으로 인식할 금액을 구하라. 단, 상균(주)는 무형자산에 대하여 원가모형을 적용하고 있다.

13. 무형자산의 상각

한스(주)는 20×1. 1. 1 상표권을 ₩1,000,000에 취득했다. 상표권은 비한정내용연수를 가질 것으로 판단된다.

요구사항

1. 20×1년말, 한스(주)가 인식해야 할 상표권의 상각비는 얼마인가?
2. 한스(주)는 20×2년말 상표권의 손상을 시사하는 징후를 확인했다. 따라서 자산손상검사를 실시했는데 그 결과 상표권은 ₩400,000의 가치를 가지는 것으로 평가되었다. 20×2년말 한스(주)가 필요한 회계처리를 하라.
3. 위 **요구사항** 2.의 경우와 독립적으로 20×2년, 내용연수를 한정할 수 없다는 추정이 적절한지 검토한 결과 그 추정이 적절하지 않았음을 알게 되었다. 그리고 상표권이 내용연수 5년, 잔존가치 ₩50,000인 것으로 평가되었다. 한스(주)가 20×1년에 수정해야 할 상표권의 상각비와 20×2년에 계상해야 할 상표권의 상각비는 얼마인가?

14. 소프트웨어

첨단(주)는 20×1. 1. 1에 스프레드시트 제품과 관련된 컴퓨터소프트웨어를 취득하고 원가 ₩3,600,000을 무형자산으로 기록하였다. 소프트웨어의 짧은 제품수명주기로 인하여 소프트웨어의 내용연수는 4년에 불과할 것으로 추정되며, 동 기간 동안 스프레드시트 매출액은 ₩25,000,000에 달할 것으로 예상된다. 첨단(주)는 20×1년에 스프레드시트 매출액이 ₩7,500,000이었다.

요구사항

1. 첨단(주)는 어떤 방법으로 소프트웨어를 상각하는 것이 합리적인가?
2. 20×1년에 소프트웨어상각비로 기록할 금액은 얼마인가?

15. 연구비

호반(주)는 20×1년도에 다음과 같은 지출이 있었다.

화학제품 제조공정의 개량 연구비	₩120,000
제품제조중 고장수리비	150,000
신기술개발을 위한 공구 및 금형의 설계비	200,000
기존 제품의 정기적인 디자인 변경비	185,000
신기술개발을 위한 실험실 연구	225,000

호반(주)가 20×1년도 손익계산서에 연구비로 비용처리해야 할 금액은 얼마인가?

16. 연구개발비

다음은 반도체 생산기업인 브레이크스카이(주)의 20×1년의 연구개발비와 관련된 자료이다.

구 분	연구소	생산기술부
재 료 비	₩100,000	₩200,000
노 무 비	200,000	300,000
위탁용역비	150,000	100,000
제 비 용	250,000	300,000
기계장치감가상각비	200,000	–
합 계	₩900,000	₩900,000

(1) 연구소에서 발생한 비용은 특정 프로젝트와 관련하여 생산전의 시제품과 모형을 설계, 제작 및 시험하는 활동과 관련하여 발생한 것으로 총발생비용의 70%는 자산인식요건을 충족하고, 생산기술부에서 발생한 비용은 재료, 장치, 제품 등에 대한 여러 대체안을 탐색하는 활동과 관련하여 지출되었다.

(2) 취득원가 ₩1,000,000인 연구용 기계장치는 20×1년초에 취득한 것으로 내용연수 5년, 잔존가치는 없고 정액법으로 상각한다.

(3) 20×2년초에 위 (1)의 프로젝트와 관련된 신제품 개발이 완료되었다. 한편 신제품과 관련된 개발비의 회수가능액은 20×2년말 현재 ₩300,000으로 추정되며 장부금액과의 차이는 중요하다. 모든 무형자산의 상각기간은 10년이며, 잔존가치 없이 정액법으로 상각한다. 회사는 측정단계에서 원가모형을 사용한다.

요구사항

1. 20×1년에 개발비(무형자산), 경상개발비 및 연구비로 인식할 금액을 각각 구하라.
2. 20×2년말 무형자산의 상각 및 손상차손의 분개를 하라. 단, 해당 무형자산 금액을 직접 감액하는 것으로 한다.

17. 개발비와 특허권

다음은 명륜(주)의 개발비와 특허권에 대한 자료이다. 명륜(주)는 차세대 통신기술에 대한 연구개발활동을 진행하여 다음과 같은 항목을 지출하였다. 단, 아래 표의 금액은 각 단계에서 발생한 총지출액이며, 매월 균등하게 발생한다고 가정한다.

항 목	개발단계 (20×1. 1. 1~6. 30)	생산단계 (20×1. 7. 1~12. 31)
연구원 인건비	₩30,000	₩20,000
재료비	40,000	40,000
합리적으로 배분된 간접경비	50,000	70,000

(1) 개발단계에 사용할 설비자산은 20×1. 1. 1 ₩100,000에 구입하였다. 설비자산의 잔존가치는 영(0)이며, 내용연수는 10년이다. 감가상각방법은 정액법이다.
(2) 개발단계에서의 지출은 20×1. 4. 1부터 무형자산의 인식요건을 모두 충족한다.
(3) 20×1년 7월초에 개발이 종료되고, 즉시 생산이 시작되었다. 개발한 통신기술에 대하여 20×1년 10월초에 특허권을 취득하였으며, 특허권과 직접 관련하여 특허권 취득과 특허권 침해방지를 위한 비용이 각각 ₩250,000과 ₩100,000 지출되었다. 이러한 지출은 특허권의 미래경제적 효익을 실질적으로 증가시킬 가능성이 매우 높다고 판단된다.
(4) 무형자산의 내용연수는 10년, 잔존가치는 영(0)이며, 감가상각방법은 정액법이다.

위의 자료를 이용하여 명륜(주)가 20×1년도에 인식할 ① 개발비상각비와 ② 특허권상각비를 계산하라.

18. 개발비

자룡(주)는 혁신적인 제품을 개발중에 있다. 이를 위하여 회사 내에 별도의 신제품 개발본부를 만들어서 이 신제품의 개발, 제조 및 출시를 준비하고 있다. 20×1. 12. 31 현재 출시를 위한 제품이 아직 제조되지는 않은 상태이다. 그러나 시제품 제조시설을 만들어서 가동중에 있는 상태이다.
20×1년중에 신제품 개발프로젝트와 직접 관련하여 시제품 디자인비용 ₩9,000,000, 엔지니어링비용 ₩7,500,000, 시제품 제작비용 ₩3,000,000 및 관리비(인건비 포함) ₩750,000이 발생하였으며, 또 상업용 생산에 대비하기 위한 시장조사비 ₩600,000이 발생하였다. 관리비(인건비 포함)는 무형자산의 창출에 직접 관련된 지출이다.
자룡(주)가 20×1년도에 신제품의 개발과 관련하여 무형자산으로 인식할 금액은 얼마인가?

19. 영업권(Ⅰ)

강진(주)는 20×1. 1. 1에 칠량(주)의 전체 지분을 현금 ₩18,000,000에 인수합병하였다. 피합병시점에 칠량(주)의 식별가능한 자산의 공정가치는 ₩25,000,000(매출채권 ₩5,000,000, 재고자산 ₩7,000,000, 유형자산 ₩9,000,000, 특허권 ₩4,000,000으로 구성)이고 식별가능한 부채의 공정가치는 ₩12,000,000이다.
강진(주)의 칠량(주) 인수합병에 대한 필요한 분개를 하라.

20. 영업권(Ⅱ)

20×1. 1. 1에 울프(주)는 버니(주)의 지분 전체를 현금 ₩17,000,000에 인수하였다. 피합병시점에 버니(주)의 자산과 부채의 장부금액과 공정가치는 다음과 같다.

식별가능한 자산과 부채	장부금액	공정가치
유동자산	₩6,000,000	₩8,000,000
유형자산	11,000,000	14,000,000
기타자산	1,000,000	1,000,000
유동부채	4,000,000	4,000,000
비유동부채	6,000,000	5,800,000

울프(주)의 버니(주) 인수합병에 대한 필요한 분개를 하라.

21. 비지배지분과 영업권

양재(주)의 지분 중 40%는 증권시장에서 거래되고 있으며 60%는 최대주주가 소유하고 있다. 강서(주)는 양재(주)의 지분 60%를 최대주주로부터 ₩750,000에 취득하였으며, 취득시점에 증권시장에서 거래되는 40%에 해당하는 양재(주)의 주식의 시가총액은 ₩480,000이었다. 한편, 취득시점 식별가능순자산의 공정가치는 ₩800,000이었다.

요구사항

1. 취득시점의 주식의 공정가치로 비지배지분을 측정하는 방법으로 강서(주)가 양재(주)의 주식 60%를 취득한 시점의 회계처리를 하라.
2. 취득시점 식별가능순자산의 공정가치에 비례하여 비지배지분을 측정하는 방법으로 강서(주)가 양재(주)의 주식 60%를 취득한 시점의 회계처리를 하라.

보-22. 광업권의 상각

성현(주)는 20×6. 2. 1 ₩1,240,000에 광산을 구입하였다. 이 광산에는 75,000톤의 광물이 매장된 것으로 추정된다. 천연자원을 모두 채굴한 후 회사는 환경보전법에 의하여 이 땅을 원상태로 복구해야 한다. 원상회복비용은 ₩60,000으로 추정되며, 이 땅은 나중에 ₩100,000에 팔 수 있는 것으로 추정된다. 또한 광산개발비용은 ₩150,000이 소요되었다. 20×6년에 24,000톤의 광석을 채굴하였고, 15,000톤을 판매하였다. 무형자산상각비를 제외하고 광물채굴에 소요된 재료비, 인건비 및 기타경비는 톤당 ₩12이다.

요구사항

다음을 결정하라.

1. 단위당 광물의 상각비
2. 20×6년도의 총광물의 매출원가
3. 20×6. 12. 31 현재 판매되지 않은 광물의 원가(재고광물의 원가)

보-23. 탐사평가자산(Ⅰ)

나영개발(주)는 남해에서 유전탐사를 위하여 탐사권을 ₩300,000에 취득하였다. 나영개발(주)는 5군데의 시추공을 뚫은 결과 그중 하나에서 유정이 발견되었다. 각 시추공마다 탐사비용 ₩400,000이 소요되었으며, 원유가 발견된 유정의 개발원가로서 ₩7,000,000이 지출되었다. 유정의 추정매장량이 100,000배럴이라고 하자. 나영개발(주)는 첫해에 10,000배럴을 채굴하여 판매하였다고 할 경우 첫해의 감모상각액을 계산하라. 단, 나영개발(주)는 전부원가법을 사용하고 있다.

보-24. 탐사평가자산(Ⅱ)

탐라(주)는 20×1년초에 서해안 지역의 원유탐사권을 정부로부터 ₩300,000에 취득하여 탐사활동을 개시하였다.

20×1년초 석유탐사를 위하여 시추선을 2대를 설치하였으며, 시추선의 총원가는 ₩1,000,000이다. 시추선은 내용연수 종료시점에 해저지반에 대하여 원상복구를 수행해야 하며 원상복구예상액에 대한 지출액의 현재가치는 ₩120,000이다. 시추선은 유형자산으로 분류하여 정액법으로 상각하고 있고, 내용연수는 10년이며, 잔존가치는 없다.

20×2년초에 시추선 1대에서 원유의 추출과 관련하여 기술적 실현가능성과 상업화가능성을 확보하였으며, 이 시점까지 석유의 시추와 탐사를 위하여 20×1년말까지 ₩200,000을 지출하였다. 탐라(주)는 이에 대한 지출을 무형자산으로 분류하고 있다. 20×2년초부터 개발활동에 착수하였으며, 20×2. 6. 30에 개발활동이 종료되기까지 개발활동에 ₩450,000을 지출하였다. 20×2. 7. 1부터 상업생산이 개시되었다.

위의 회계사건 및 거래에 관련되어 20×1년과 20×2년에 탐라(주)가 필요한 회계처리를 기술하라.

보-25. 탐사평가자산 (Ⅲ)

(주)에너지는 해저광물자원 탐사권 확보를 위한 다방면의 노력 결과 국토해양부로부터 동해에 있는 2만km^2에 대한 해저광물자원의 독점탐사권을 취득하였으며 이에 투입된 원가는 20억원이다. 본격적인 작업이 이루어질 경우 향후 30년 동안 연간 5만t 정도의 채광이 가능해 대규모의 수익창출효과가 있을 것으로 예상된다. (주)에너지는 탐사를 위한 시추작업 목적으로 시추장비를 구입하였다.
(주)에너지는 독점탐사권을 얻기 위해 투입한 원가와 시추작업 목적으로 구입한 시추장비를 어떻게 분류해야 하는가?

공인회계사 기출문제 응용(2020년 이후)

1. 무형자산

(2020년 CPA 2차)

(주)민국은 20×1. 1. 1 토지사용과 관련하여 지방자치단체와 임대차계약을 체결하는 과정에서 지방자치단체 조례의 감면요건을 충족하여, 임차료를 전액 면제받았다. (주)민국은 면제받은 임차료의 공정가치 ₩1,000,000을 토지무상사용권으로 인식하였다. (주)민국은 토지무상사용권이 소비되는 행태를 신뢰성 있게 결정할 수 없었으며, 토지무상사용권의 내용연수는 10년, 잔존가치는 ₩0으로 추정하였다.
(주)민국이 수행해야 하는 회계처리를 제시하라.

2. 무형자산 손상

(2020년 CPA 2차)

(주)민국은 바이오신약 개발프로젝트 X와 Y를 진행중에 있다. 프로젝트 X는 20×1. 6. 1 임상 승인을 받아 무형자산의 인식기준을 충족하였으며, 이후 발생한 지출은 모두 자산화 요건을 충족한다. 프로젝트 Y는 20×1년중 임상에 실패하여 개발을 중단하였다. 프로젝트 X, Y와 관련된 지출액은 다음과 같으며, 프로젝트 X의 20×1년 지출액 중 6월 1일 이후에 지출한 금액은 ₩500,000이다.

	20×1년	20×2년
프로젝트 X	₩800,000	₩100,000*
프로젝트 Y	700,000	−

* 20×2. 1. 2 지출금액임

20×2. 1. 3 프로젝트 X의 개발이 종료되고 바로 제품에 대한 생산이 시작되었다. (주)민국은 개발비에 대해서는 원가모형을 적용하며 내용연수는 3년이고 잔존가치는 ₩0, 연수합계법에 따라 상각한다.
20×2년과 20×3년 말 개발비의 회수가능액은 ₩150,000과 ₩200,000이다.
개발프로젝트와 관련하여 (주)민국이 20×1, 20×2, 20×3년에 수행해야 하는 회계처리를 제시하라(단, 재평가와 관련해서는 제10장 참고).

윤리문제

CHAPTER 9

성민(주)의 연구개발부는 수익성이 아주 높으며 성공가능성도 비교적 높을 것으로 예상되는 신제품 개발계획을 갖고 있다. 그러나 신제품 개발을 위해서는 연구단계와 개발단계를 거쳐야 할 것으로 판단된다. 이에 연구개발부는 재무담당이사에게 신제품 개발계획을 승인해 줄 것을 요청하였다. 그러나 재무담당이사는 회사의 이익상태가 저조하기 때문에 K-IFRS에서 비용처리를 하도록 되어 있는 연구개발비가 추가적으로 발생할 경우 이익상태가 더 악화될 것을 우려하여 신제품 개발계획을 승인하기를 꺼려하고 있다. 대신 재무담당이사는 연구개발 프로젝트를 다른 연구개발 전문회사에 의뢰하고 성민(주)의 연구개발팀이 사실상 동 신제품 개발계획에 자문을 제공하며, 연구개발 전문회사에는 실제 들어간 원가에 일정한 이익을 보장해 주는 형식으로 특허권을 사들이는 방법이 좋겠다는 의견을 제시하였다. 그러면 연구개발 전문회사에 지급한 대가를 무형자산(특허권)으로 처리할 수 있기 때문이다.

요구사항

1. 이 경우에 관련된 이해관계자들은 누구라고 할 수 있는가?
2. 여기에서는 어떤 윤리문제가 개입되었는가?
3. 재무담당이사는 어떻게 해야 한다고 보는가?

CHAPTER

10 자산재평가와 자산손상

자산재평가와 자산손상은 밀접하게 관련된 내용이다. 자산재평가는 공정가치의 하락과 상승을 모두 반영하는 평가개념이며, 자산손상은 장부금액보다 공정가치가 하락한 경우만을 보수적으로 반영하는 평가개념이다. 자산재평가에 대한 회계처리에 있어서는 가치가 상승한 경우에는 기타포괄손익항목인 재평가이익을 인식하며, 가치가 하락한 경우에는 재평가손실을 당기손실로 인식한다. 자산재평가와 자산손상회계는 모두 자산평가에 공정가치개념을 적용하고 있다.

따라서 자산재평가는 자산손상을 포괄하는 개념이라고 볼 수 있다. 그러나 이들에 대한 구체적 회계처리방식인 적용범위 및 평가빈도 등에 있어서 차이가 있기 때문에 본장에서는 공통점과 차이점을 지적해가면서 살펴보기로 한다.

사례 상장사 자산재평가액 14조원 증가

K-IFRS가 채택되기 직전 국내의 많은 상장사들이 자산재평가를 실시하였다. 그 결과 자산총액이 상당히 증가한 것으로 나타났다.

2010년 1월 19일 한국거래소에 따르면 공시의무 시행일인 지난해 4월 16일부터 올 1월 13일까지 자산재평가 공시내용을 분석한 결과 상장사들의 자산재평가 차액이 14조 1,291억원인 것으로 집계됐다. 유가증권시장 상장사들은 자산재평가 결과 최근 사업연도 말 자산총액의 5% (대규모 법인은 2.5%) 이상 재평가 금액이 증가 또는 감소하면 이를 공시해야 한다. 코스닥시장의 공시 기준은 자산총액의 10% (대기업은 5%)이다. 시장별로는 유가증권시장 상장사 59곳의 자산재평가 차액이 13조 6,517억원, 코스닥시장 35개사 차액은 4,774억원이었다.

유가증권시장에선 삼성전자의 자산재평가 차액이 3조 8,163억원으로 가장 많았다. 이어 현대중공업(1조 2,356억원), 한국가스공사(1조 1,920억원), 대우조선해양(1조 230억원) 등 순이었다. 이들 상위 4개사의 자산재평가 차액은 전체 상장사 차액의 절반을 차지했다. 기존 자산총액 대비 재평가 차액이 가장 큰 곳은 대림비앤코로, 자산재평가 차액이 자산총액 1,143억원보다 많은 1,225억원이 발생했다. LS네트웍스도 자산재평가를 통해 기존 자산총액 규모보다 조금 많은 5,389억원이 늘어났다. 현대피앤씨와 하이스틸의 자산재평가 차액은 각각 245억원과 799억원으로 큰 편이 아니지만 자산총액 대비로는 62.35%와 59.65%가 증가해 자산이 큰 폭으로 늘었다.

코스닥시장에서 자산재평가를 통해 자산이 가장 많이 늘어난 기업은 성광벤드로, 566억원을 기록했다. 이어 TJ미디어(257억원), 세명전기(255억원), 한일단조(250억원), 대양제지(238억원) 등이 상위 5걸을 이뤘다.

자산재평가 차액 상위 기업 (단위 : 억원)

유가증권시장		코스닥시장	
회사명	재평가차액	회사명	재평가차액
삼성전자	38,163	성광벤드	566
현대중공업	12,356	TJ미디어	257
한국가스공사	11,920	세명전기	255
대우조선해양	10,230	한일단조	250
케이씨씨	9,501	대양제지	238
현대제철	8,847	한진피앤씨	213
LS네트웍스	5,389	대창메탈	204
경방	4,567	애강리메텍	189
아시아나항공	4,463	와이엔텍	182
대림산업	2,868	현대정보기술	175

유가증권시장 자산총액 대비 자산재평가 차액 상위 기업 (단위 : 억원, %)

회사명	재평가차액	자산총액	자산총액 대비
대림비앤코	1,225	1,143	107.13
LS네트웍스	5,389	5,159	104.45
현대피앤씨	245	393	62.35
하이스틸	799	1,340	59.65
경방	4,567	7,833	58.31
신대양제지	898	1,734	51.81
퍼스텍	287	602	47.59
백광산업	1,024	2,234	45.85
일신석재	255	558	45.69
아세아페이퍼텍	758	1,776	42.70

(자료 : 연합뉴스, 2010. 1. 19, 기사 일부 수정함)

제 1 절 자산재평가

1 자산취득 이후의 평가 1016:29,31-38

유형자산이나 무형자산은 취득시점에 대가로 지급한 취득원가로 최초측정하여 기록한다. 취득원가는 취득시점에 자산의 공정가치를 가장 잘 반영한다. 또한 취득원가는 검증가능성이 높으며 객관적으로 결정된다는 장점이 있다.

그러나 취득 이후에 자산을 계속 취득원가(역사적원가주의)로 기록하는 것이 타당한지 아니면 공정가치로 측정하는 것이 타당한지에 대한 논란이 있다. 특히 자산의 공정가치가 취득원가 이하로 하락하면 공정가치를 반영하여 손상차손을 인식해야 한다는 것에는 대체로 동의하지만 자산의 공정가치가 취득원가 이상으로 상승했을 때에도 공정가치로 측정할 것인가에 대한 입장은 다양하다.

첫 번째는 취득원가 이상으로 공정가치가 상승했더라도 자산을 평가증(write-up)하지 않고 취득원가로 보고해야 한다는 입장이다. 이러한 주장의 근거는 ① 취득원가가 자산취득시점의 공정가치를 반영하고, ② 취득원가는 실제거래에서 발생한 원가이므로 검증가능성이 높으며, ③ 자산을 처분하기 전에는 자산보유손익을 인식해서는 안 된다는 논리이다.

두 번째는 취득원가로 기록하되 가치변동을 공시하자는 입장이다. 즉 장부상의 보고(측정)기준으로서는 취득원가주의를 채택하되 가치변동을 재무제표의 주석 혹은 보조정보로 공시(disclosure)하자는 입장이다.

세 번째는 자산을 공정가치로 재평가(revaluation)하여 재무제표에 보고하자는 입장이다. 자산을 공정가치로 평가하면 ① 자산의 경제적 실질(미래의 수익창출력)을 나타낼 수 있고, ② 재무상태표에서 서로 다른 시점에 취득했더라도 자산을 동일 시점의 공정가치로 보고할 수 있게 되며, ③ 손익계산서에서 수익과 대응되는 비용(감가상각비)을 충실하게 반영할 수 있어 보다 적절한 이익을 산출할 수 있다는 주장이다.

K-IFRS는 기업이 영업활동에 장기적으로 사용하는 유형자산이나 무형자산(개발비나 탐사평가자산을 포함)에 대해 취득시점 이후에는 기업이 원가모형이나 재평가모형을 회계정책으로 선택하여 측정할 수 있도록 선택권을 부여하고 있다.

▶ 그림 10-1
자산취득 이후 측정

취득시점의 측정		취득시점 이후의 측정
원가모형(취득시점의 공정가치)	➡	원가모형(상각금액을 반영함) 또는 재평가모형(재평가시점의 공정가치)

원가모형(cost model)은 전통적인 회계처리방법으로서 자산을 최초취득시점에 취득원가로 인식한 이후에는 공정가치가 변화해도 재평가를 허용하지 않는 방법이다. 재평가모형(revaluation model)은 취득시점 이후에 자산을 공정가치로 재평가하고, 재평가된 금액을 장부금액으로 수정하는 방법이다.

회사는 원가모형이나 재평가모형 중 하나를 회계정책으로 선택하되 반드시 자산 분류별로 동일하게 적용해야 한다. 그러나 재평가가 단기간에 수행되며 계속적으로 갱신된다면, 동일한 분류에 속하는 자산을 순차적으로 재평가할 수 있다.

재평가는 보고기간말에 자산의 장부금액이 공정가치와 중요하게 차이가 나지 않도록 주기적으로 수행한다. 따라서 재평가의 빈도는 자산의 공정가치 변동에 따라 달라진다. 유의적이고 급격한 공정가치 변동이 있으면 매년 재평가가 필요하며, 공정가치의 변동이 경미하여 빈번한 재평가가 필요하지 않은 경우에는 3년이나 5년마다 재평가하는 것으로 충분하다.[1)]

재평가모형에 적용되는 공정가치(fair value)란 측정일에 시장참여자 사이의 정상거래에서 자산을 매도하면서 수취하거나 부채를 이전하면서 지급하게 될 유출가격이다. 즉, 공정가치는 활성시장에서 거래되는 시장가격을 의미한다. 객관적으로 관찰가능한 공정가치가 존재하지 않는 경우 공정가치를 추정하여 측정한다.

만약 해당 자산의 특수성 때문에 공정가치에 대해 시장에 근거한 증거가 없고 거의 거래되지 않는다면, 이익접근법(현재가치법, 사용가치법)이나 상각후대체원가법을 사용해서 공정가치를 측정할 수 있다. **예제 10-1** 은 설비자산을 이용하여 이익접근법 및 상각후대체원가법을 설명하고 있다.

예제 10-1 이익접근법 및 상각후대체원가법에 의한 공정가치의 결정

1) 이익접근법

을지(주)는 20×1. 1. 1 설비자산을 ₩50,000에 취득하였다. 20×1년말에 예측한 결과 이 자산을 이용한 영업으로 앞으로 남은 4년간 다음과 같은 이익(순현금흐름)을 얻을 수 있다고 본다. 20×1년말의 재평가로 인한 새로운 장부금액을 산출하라. 단, 20×5년말의 잔존가치는 없고 할인율은 10%라고 가정한다.

20×2년말	20×3년말	20×4년말	20×5년말
₩20,000	₩20,000	₩15,000	₩10,000

해답

을지(주)의 20×1년말 재평가로 인한 새로운 장부금액은 다음과 같이 ₩52,810으로 산출된다.

$$₩20,000/1.1 + ₩20,000/(1.1)^2 + ₩15,000/(1.1)^3 + ₩10,000/(1.1)^4 = ₩52,810$$

1) 유형자산을 재평가하면 일반적으로 유형자산의 장부금액이 증가한다. 이에 따라서 기업의 부채비율이 감소하여 재무제표상의 재무구조가 더욱 건실하게 보일 수 있다. 기업의 이해관계자는 재평가가 기업의 재무분석에 어떠한 영향을 주는지 주의해야 한다.

2) 상각후대체원가법

종로(주)는 20×1. 1. 1 설비자산을 ₩50,000에 취득하였다. 설비자산의 내용연수는 5년이고 잔존가치는 없으며 감가상각방법은 정액법을 채택하고 있다. 종로(주)는 이 설비자산을 재평가모형에 따라서 측정하는데, 20×2. 12. 31에는 공정가치를 구할 수 없었으나 이와 동일한 신규 생산설비의 대체원가가 ₩80,000임을 알 수 있었다.
상각후대체원가법에 의한 20×2. 12. 31의 새로운 장부금액은 얼마인가?

해답

종로(주)의 재평가 전 20×2. 12. 31의 장부금액은 다음과 같이 ₩30,000으로 산출된다.

취득원가	₩50,000	
감가상각누계액	(20,000)*	₩30,000

* 감가상각누계액 : ₩50,000×2/5=₩20,000

한편, 상각후대체원가법을 채택하면 재평가시점에 공정가치(대체원가)로 자산을 최초취득시점에 취득했다고 가정하고 감가상각회계를 적용한다. 따라서 종로(주) 설비자산의 장부금액은 다음과 같이 ₩48,000으로 산출된다.

대체원가 평가금액	₩80,000	
감가상각누계액	(32,000)*	₩48,000

* 감가상각누계액 : ₩80,000×2/5=₩32,000

2 자산재평가의 회계처리 1016:39-42

자산의 재평가 결과 자산의 장부금액이 증가되는 경우, 그 증가액은 자산재평가이익이라는 포괄손익계산서의 기타포괄손익(OCI)으로 인식한다.

(차) 자 산	×××	(대) 자산재평가이익(OCI)	×××

그리고 자산재평가이익은 (보고기간말 마감분개를 통하여) 재무상태표의 기타포괄손익누계액의 한 항목인 자산재평가잉여금으로 대체한다.

만약 동일한 자산에 대하여 이전 자산재평가에서 당기손실로 인식한 자산재평가손실(손상차손)이 있으면 그 금액을 한도로 먼저 당기이익(손상차손환입)을 인식한다. 이러한 당기이익은 보고기간말의 마감분개를 통하여 이익잉여금을 증가시키게 된다. 자산재평가이익 중 기존 손상차손을 초과하는 금액은 기타포괄손익으로 인식한다.

(차) 자 산	×××	(대) 자산재평가손실환입(PL)	×××
		자산재평가이익(OCI)	×××

자산의 재평가로 장부금액이 감소하는 경우에는 그 감소액을 자산재평가손실(또는 손상차손)로 당기손실(PL)을 인식한다. 만약 재평가손실에 대해 자산의 차감계정(예, 손상차손누계액)을 사용하는 경우, 해당 계정에 기입한다.

(차) 자산재평가손실(PL)	×××	(대) 자　　산	×××

한편, 동일한 자산에 대하여 이전에 인식한 자산재평가잉여금이 남아 있다면 그 금액을 한도로 자산재평가손실(OCI)을 우선 인식한다. 재평가손실 중 자산재평가잉여금을 초과하는 금액은 당기손실로 인식한다.

(차) 자산재평가이익(OCI)	×××	(대) 자　　산	×××
자산재평가손실(PL)	×××		

▶ **그림 10－2**
자산재평가손익의 회계처리

자산재평가이익 ➡ **기타포괄이익** : 자산재평가잉여금의 증가

(예외) 이전에 동일자산의 재평가에서 당기손실로 인식한 자산재평가손실(또는 손상차손)이 있는 경우 그 금액을 한도로 손상차손환입(당기이익)으로 인식함

자산재평가손실 ➡ **당기손실** : 이익잉여금의 감소

(예외) 이전에 동일자산의 재평가로 계상된 자산재평가잉여금의 잔액이 있는 경우 그 금액을 한도로 재평가손실(OCI)로 인식함

예제 10-2 토지 재평가

[사례 1] 강남(주)는 20×1. 1. 1에 토지를 ₩100,000에 구입했다. 이 토지는 20×3. 12. 31에 ₩150,000으로, 20×5. 12. 31에 ₩90,000으로 재평가하였다. 20×3. 12. 31과 20×5. 12. 31의 회계처리를 하라.

해답

〈20×3. 12. 31〉

(차) 토　　지	50,000	(대) 자산재평가이익(OCI)	50,000

(주) ₩50,000의 자산재평가이익을 기타포괄손익으로 인식한 후에 마감분개를 통하여 이를 자산재평가잉여금(AOCI, 기타포괄손익누계액)으로 대체한다.

〈20×5. 12. 31〉

토지의 장부금액은 20×3. 12. 31의 재평가로 인하여 ₩150,000이다. 이 금액은 20×5. 12. 31의 공정가치인 ₩90,000으로 ₩60,000만큼 감소시켜야 한다. 그런데 재평가손실 ₩60,000 중에서 재평가잉여금에 남아 있는 ₩50,000은 재평가손실(OCI)로 인식하고 나머지 ₩10,000은 당기손익에 반영한다. 마감분개시에는 재평가손실(OCI)로 인식한 ₩50,000은 재평가잉여금(AOCI)으로 대체하여 재평가잉여금을 감소시키고, 당기손실로 인식한 ₩10,000은 이익잉여금으로 대체하여 이익잉여금을 감소시킨다.

(차) 자산재평가손실(OCI)	50,000	(대) 토 지	60,000
자산재평가손실(PL)	10,000		

(주) 기타포괄손익으로 인식한 ₩50,000의 재평가손실이 마감되면, 재평가잉여금은 ₩0이 된다. 이를 그림으로 나타내면 다음과 같다.

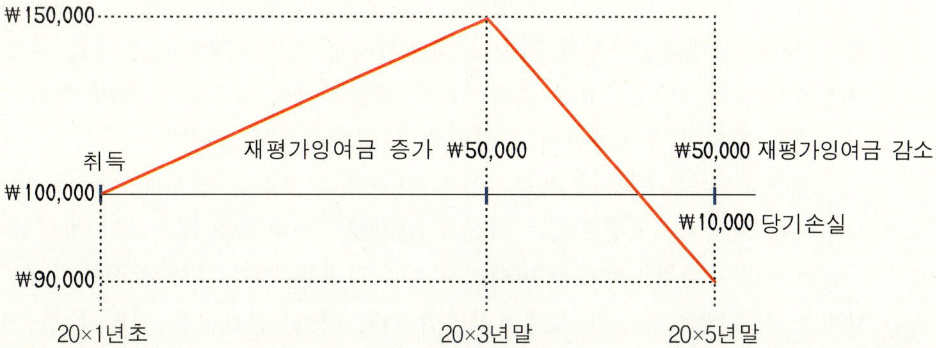

[사례 2] 강북(주)는 20×1. 1. 1에 토지를 ₩100,000에 구입하였다. 20×3. 12, 31에 이 토지를 ₩90,000으로 재평가하였고, 20×5. 12. 31에 다시 ₩120,000으로 재평가되었다. 20×3. 12. 31과 20×5. 12. 31의 회계처리를 하라.

해답

〈20×3. 12. 31〉

₩10,000의 재평가손실(손상차손)을 당기손실로 인식한다.

(차) 자산재평가손실(PL)	10,000	(대) 토 지	10,000

〈20×5. 12. 31〉

토지가 ₩120,000으로 재평가되어 토지의 장부금액을 ₩30,000만큼 증가시켜야 한다. 이 중에서 이전의 재평가손실(손상차손)로 하여 당기손실로 인식한 ₩10,000만큼을 당기이익으로 인식하고 나머지 금액은 재평가이익(OCI)으로 인식한다.

(차) 토 지	30,000	(대) 자산재평가이익(PL)	10,000
		자산재평가이익(OCI)	20,000

(주) 기타포괄손익으로 인식한 ₩20,000을 마감하면, 재평가잉여금(AOCI)이 증가한다. 이를 그림으로 나타내면 다음과 같다.

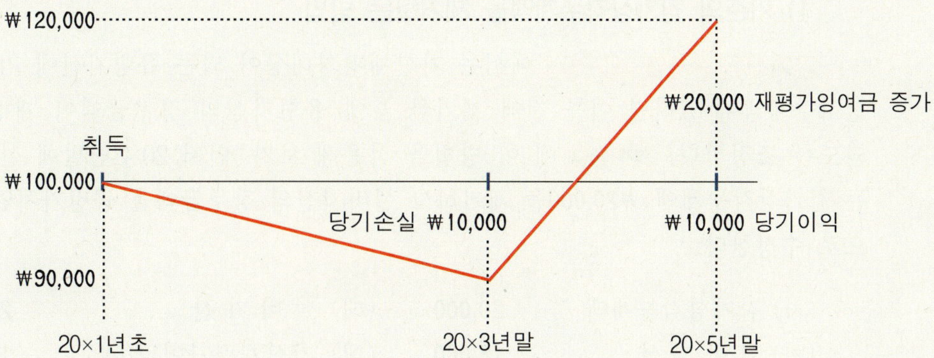

3 상각대상자산의 재평가

예제 10-2 의 토지와 같이 상각되지 않는 자산의 경우에는 재평가 회계처리가 비교적 간단하다. 하지만 대부분의 유형자산 및 무형자산은 상각되어 상각후원가가 장부금액이 된다. 상각대상자산의 재평가 회계처리는 상각누계액의 존재로 다소 복잡하다. 여기에서는 상각대상자산의 회계처리를 유형자산을 중심으로 하여 살펴본다. 그러나 영업권을 제외한 무형자산에도 이러한 회계처리가 준용된다.

자산재평가로 인하여 유형자산의 가치가 변동하는 경우에 새로운 장부금액으로 수정하는 회계처리방법으로는 기존의 감가상각누계액을 제거하는 방법과 자산의 장부금액과 감가상각누계액을 비례적으로 수정하는 방법 중에서 선택할 수 있다. 어느 방법을 사용하든 적절한 회계처리방법이다. 다만, 일관성을 위하여 한 가지 방법을 계속 적용하는 것이 바람직하다.

예제 10-3 상각대상자산의 재평가

종로(주)는 20×1. 1. 1 설비자산을 ₩50,000에 취득했다. 이 자산의 내용연수는 5년, 잔존가치는 ₩0, 감가상각은 정액법을 적용한다. 20×2. 12. 31 현재 공정가치는 ₩48,000이다. 설비자산의 재평가이익은 얼마인가?

해답

20×2. 12. 31 재평가 전 장부금액 :	설비자산	₩50,000	
	감가상각누계액*	(20,000)	₩30,000

* (₩50,000÷5년)×2=₩20,000

재평가이익 : ₩48,000−₩30,000=₩18,000

(1) 상각대상자산의 공정가치가 증가하는 경우

1) 기존의 감가상각누계액을 제거하는 방법

감가상각누계액 제거방법에서는 자산재평가대상이 되는 유형자산에 기존의 감가상각누계액이 있다면 이를 전액 제거한 후에 유형자산의 장부금액이 재평가금액이 되도록 조정한다. 예제 10-3 에 이 방법을 적용해 보자. 먼저 20×2년말에 설정되어 있는 감가상각누계액 ₩20,000을 제거하고 설비자산의 장부금액을 공정가치인 ₩48,000으로 수정한다.

(차) 감가상각누계액	20,000	(대) 설 비 자 산	20,000
(차) 설 비 자 산	18,000	(대) 자산재평가이익(OCI)	18,000

재평가 전의 장부금액			재평가 후의 장부금액		
설비자산	₩50,000		설비자산	₩48,000	
감가상각누계액	(20,000)	₩30,000	감가상각누계액	(0)	₩48,000

2) 자산의 취득원가와 감가상각누계액을 비례적으로 수정하는 방법

비례수정법에서는 자산의 취득원가와 감가상각누계액을 비례적으로 수정하여 자산의 장부금액이 재평가금액이 되도록 조정한다. 장부금액이 ₩30,000에서 ₩48,000이 되면, 가치가 60%만큼 증가한 것이다. 따라서 설비자산의 취득원가와 감가상각누계액도 비례적으로 60%만큼 증가시킨다.

(차) 설 비 자 산	30,000*	(대) 감가상각누계액	12,000**
		자산재평가이익(OCI)	18,000

* ₩50,000×60%=₩30,000
** ₩20,000×60%=₩12,000

재평가 전의 장부금액			재평가 후의 장부금액		
설비자산	₩50,000		설비자산	₩80,000	
감가상각누계액	(20,000)	₩30,000	감가상각누계액	(32,000)	₩48,000

위의 예제에서 만약 당기에 재평가한 자산에 대해서 과거의 재평가로 재평가손실(당기손익) ₩10,000을 인식한 적이 있고 2)의 방법을 적용한다면, 다음과 같이 회계처리한다.

(차) 설 비 자 산	30,000	(대) 감가상각누계액	12,000
		자산재평가이익(PL)	10,000
		자산재평가이익(OCI)	8,000

(2) 상각대상자산의 공정가치가 감소하는 경우

재평가로 자산의 장부금액이 감소하는 경우에는 그 감소액인 재평가손실(손상차손)을 당기손실로 인식한다. 재평가이익에서는 기타포괄손익에 반영하지만 재평가손실은 당기손실로 인식하는 비대칭적 회계처리에 유의한다. 이러한 회계처리는 회계정보의 신중성 개념에 기초를 둔 방법이다.

예제 10-3 에서 설비자산의 재평가로 장부금액이 ₩18,000으로 하락하였다고 가정하고 관련 회계처리를 살펴보자.

1) 기존의 감가상각누계액을 제거하는 방법

기존의 감가상각누계액 ₩20,000을 먼저 전액 제거하고, 이에서 설비자산의 장부금액이 ₩18,000이 되도록 재평가손실(PL)을 ₩12,000 인식한다.

(차)	감가상각누계액	20,000	(대) 설비자산	20,000
	자산재평가손실(PL)	12,000	설비자산	12,000

재평가 전의 장부금액			재평가 후의 장부금액		
설비자산	₩50,000		설비자산	₩18,000	
감가상각누계액	(20,000)	₩30,000	감가상각누계액	(0)	₩18,000

2) 자산의 취득원가와 감가상각누계액을 비례적으로 수정하는 방법

재평가로 가치가 ₩30,000에서 ₩18,000으로 40% 감소하였다. 따라서 취득원가와 감가상각누계액을 40% 감소시키고, ₩12,000을 재평가손실(PL)로 인식한다.

(차)	감가상각누계액	8,000*	(대) 설비자산	20,000**
	자산재평가손실(PL)	12,000		

* ₩20,000×40%=₩8,000
** ₩50,000×40%=₩20,000

재평가 전의 장부금액			재평가 후의 장부금액		
설비자산	₩50,000		설비자산	₩30,000	
감가상각누계액	(20,000)	₩30,000	감가상각누계액	(12,000)	₩18,000

위의 예에서 당기에 재평가한 자산에 대해서 과거의 재평가로 인하여 재평가잉여금이 ₩10,000 남아 있고 2)의 방법을 적용한다면, 먼저 재평가손실(OCI)을 인식하여 재평가잉여금 ₩10,000을 감소시켜야 한다. 그리고 남은 잔액인 ₩2,000(=₩12,000−₩10,000)만 재평가손실(PL)로 인식한다.

(차)	감가상각누계액	8,000	(대) 설비자산	20,000
	자산재평가손실(OCI)	10,000		
	자산재평가손실(PL)	2,000		

4 재평가잉여금의 대체 1016:41

(1) 자산의 처분

자산이 제거될 때 해당 자산과 관련해서 재무상태표에 재평가잉여금이 계상되어 있는 금액이 있으면 그대로 재평가잉여금으로 남겨두거나 또는 이익잉여금으로 대체할 수 있다. 기타포괄손익누계액의 재평가잉여금으로 남겨두는 경우에는 별다른 회계처리가 필요하지 않다.

자산의 처분으로 인하여 이익잉여금으로 대체하는 경우에는 제거되는 자산과 관련해서 계상된 재평가잉여금 전액을 이익잉여금으로 대체해야 하며 일부만을 대체할 수는 없다. 유의할 점은 재평가잉여금을 이익잉여금으로 직접 대체하기 때문에 그 금액이 **당기손익에는 반영되지 않는다**(이에 대해서는 제14장(자본)에서 상세히 설명함).

예제 10-4 자산처분과 재평가잉여금

종로(주)는 20×1. 1. 1 설비자산을 ₩50,000에 취득했다. 내용연수는 5년이며 잔존가치는 없고 정액법으로 상각한다. 설비자산은 20×2. 12. 31의 공정가치가 ₩48,000이어서 재평가를 하고 장부금액을 수정했다. 재평가 전 20×2. 12. 31의 장부금액은 ₩30,000(감가상각누계액은 ₩20,000)이므로 재평가이익 ₩18,000을 인식했다. 재평가시점에 감가상각누계액(₩20,000) 전액을 제거하는 방법을 사용하여 장부금액을 수정하였다. 이에 따라 20×2. 12. 31 재무상태표에 나타난 금액은 다음과 같다.

재무상태표에 표시되는 재평가 후의 장부금액	
설비자산	₩48,000

종로(주)는 20×4년말에 해당 설비자산을 ₩10,000에 처분하였다. 20×3년과 20×4년에 필요한 회계처리를 제시하고, 자산의 처분과 관련해서 재평가잉여금(₩18,000) 전부를 이익잉여금으로 대체하는 회계처리를 하라.

해답

〈20×3년말〉

(차) 감가상각비	16,000	(대) 감가상각누계액	16,000*

* 장부금액 ₩48,000÷3년=₩16,000

〈20×4년말〉

(차) 감가상각비	16,000	(대) 감가상각누계액	16,000
(차) 현 금	10,000	(대) 설 비 자 산	48,000
감가상각누계액	32,000*		
유형자산처분손실	6,000		

* ₩16,000×2년=₩32,000

(차) 재평가잉여금(AOCI)*	18,000	(대) 이익잉여금	18,000

* 해당 설비자산과 관련해서 남아 있는 재평가잉여금을 모두 이익잉여금으로 대체한다. 따라서 이러한 회계처리는 포괄손익계산서에 영향을 주지 않으며, 총자본금액도 변동이 없다.

(2) 자산의 사용

재평가대상자산이 상각대상자산인 경우에는 기업이 자산을 사용하는 기간 동안 재평가잉여금의 일부를 이익잉여금으로 대체할 수도 있다. 이때에는 재평가된 금액에 근거한 감가상각비와 재평가를 실시하기 전의 장부금액에 근거한 감가상각비의 차이가 이익잉여금으로 대체되는 금액이 된다.

예제 10-4 에서 보듯이 공정가치의 증가로 자산을 재평가한 경우 자산의 장부금액이 ₩30,000에서 ₩48,000으로 증가하여, 연간 감가상각비도 ₩10,000에서 ₩16,000으로 증가했다. 이러한 감가상각비의 증가액 ₩6,000만큼 재평가잉여금을 이익잉여금으로 매년 대체할 수 있다. 20×3년과 20×4년 각 연도에 감가상각을 기록하고 재평가잉여금을 이익잉여금으로 대체하는 분개는 다음과 같다.

(차) 감가상각비	16,000	(대) 감가상각누계액	16,000
(차) 자산재평가잉여금(AOCI)	6,000	(대) 이익잉여금	6,000

이와 같이 재평가 이후에 20×3년과 20×4년 동안 매년 ₩6,000의 재평가잉여금을 이익잉여금으로 대체했다면, 20×4년말 자산의 처분시점에는 재평가잉여금 잔액은 ₩6,000(=₩18,000−₩6,000×2년)이 된다. 따라서 이 경우에는 20×4년말 자산처분시점에는 이 금액 ₩6,000만을 이익잉여금으로 대체할 수 있다.

5 무형자산의 재평가

유형자산과 마찬가지로 식별가능 무형자산을 최초로 취득하여 취득원가로 인식한 이후에는 원가모형과 재평가모형 중 하나를 선택할 수 있다. 재평가모형을 채택하면, 자산을 재평가일에 공정가치로 평가하고 재평가일의 공정가치에서 이후의 상각누계액과 손상차손누계액을 차감한 금액을 장부금액으로 표시하게 된다.

무형자산의 재평가 회계처리는 유형자산의 경우와 유사하기 때문에 구체적인 설명은 유형자산의 재평가를 참고한다.

예제 10-5 무형자산의 재평가

종로(주)는 20×1년초에 특허권을 ₩400,000에 취득하였다. 이 특허권은 법령에 의하여 10년간 사용할 수 있고, 10년 후의 잔존가치는 ₩0이다. 종로(주)는 정액법에 의하여 특허권을 상각하고 있고, 취득 후의 회계처리로는 재평가법을 채택하였다. 재무제표에는 상각후 잔액을 무형자산의 장부금액으로 표시하는 방법을 채택하고 있다.

20×2년말 이 특허권을 재평가한 결과 공정가치가 ₩440,000임을 알게 되었다. 내용연수는 변하지 않고 20×2년말 현재 8년이 남아 있다. 20×2년말의 회계처리를 하라.

해답

〈20×2년말〉

(차) 무형자산상각비	40,000*	(대) 특 허 권	40,000

* ₩400,000(취득원가)/10(내용연수) = ₩40,000

(차) 특 허 권	120,000*	(대) 자산재평가이익(OCI)	120,000

* ₩440,000(재평가액) − [₩400,000(취득원가) − ₩40,000 × 2년] = ₩120,000

제 2 절 자산손상

K-IFRS(제1036호, 자산손상)는 자산손상에 대한 회계처리 및 공시기준을 제시하고 있다.[2] 이에 근거하여 먼저 자산손상회계의 개요를 살펴보고, 이에 관련된 손상차손의 인식 및 측정에 대해 논의한다.

1 자산손상회계의 개요

자산은 보유하는 동안 사용으로 인하여 물리적으로 마모되거나 기능이 저하될 수 있고 신기술의 발달로 가치가 떨어질 수도 있다. 재무제표에 공시되는 자산의 장부금액이 실제 공정가치보다 크게 표시된다면 자산이 과대평가되어 기업의 재무구조가 실제보다 건전하게 나타나 이해관계자들에게 잘못된 정보를 줄 수 있다. 따라서 자산의 가치가 하락하면 자산의 장부금액을 하향조정하고 기업의 순이익이나 자본도 하향조정하는 것이 적절하다.

K-IFRS(제1036호)에서는 기업이 매 회계기간말마다 자산손상(asset impairment)을 시사하는 징후가 있는지 검토하도록 규정하고 있다. 자산손상의 징후가 있다면, 자

2) K-IFRS(제1036호)는 모든 자산에 적용된다. 다만, 이 기준은 재고자산, 건설계약에서 발생하는 자산, 이연법인세자산, 종업원급여에서 발생하는 자산, 금융자산, 투자부동산, 생물자산, 매각예정비유동자산 등 다른 K-IFRS에서 별도로 규정하고 있는 경우에는 적용되지 않는다.

산의 회수가능액을 측정하고 손상여부를 판단한다. 회수가능액은 순공정가치와 사용가치 중에서 큰 금액을 말한다([그림 10-3] 참조).

> 회수가능액 = Max(순공정가치, 사용가치)
> 손상차손 = 장부금액 − 회수가능액

▶ **그림 10-3**
자산손상의 회계처리에 대한 개념도

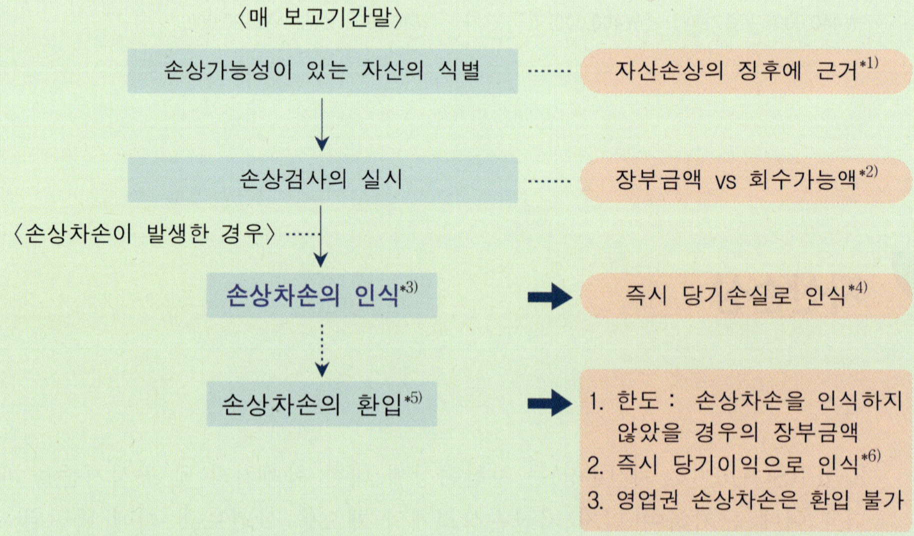

* 1) 내용연수가 비한정인 무형자산(영업권 포함)에 대해서는 손상징후와 관계없이 매년 손상검사를 실시한다.
2) 회수가능액 = Max(순공정가치, 사용가치)
3) 손상차손 = 장부금액 − 회수가능액
4) 재평가모형을 적용하는 자산의 경우에는 재평가잉여금을 우선 감액시키고, 이를 초과하는 금액을 손상차손으로 인식한다.
5) 손상차손환입(영업권은 손상차손환입을 적용하지 않음)은 손상차손의 인식 이후에 당시의 회수가능액을 결정하는 데 사용된 추정치의 변화가 있을 경우에만 실시한다.
환입액 = Min(회수가능액, 손상되지 않았을 경우의 장부금액) − 환입전 장부금액
6) 재평가모형을 적용하는 자산의 경우 자산의 공정가치 증가로 인한 재평가이익은 과거에 인식한 손상차손누적액이 있는 경우에는 먼저 이 손상차손누적액을 환입하여 당기이익으로 인식하고, 손상차손누적액을 초과한 재평가이익 부분은 기타포괄이익으로 인식한다.

자산의 회수가능액이 장부금액보다 작은 경우 손상이 발생하였으며, 즉시 자산의 장부금액을 회수가능액으로 감액시키고 그 감소액을 손상차손(impairment loss)으로 인식한다. 대변에는 자산에서 직접 차감 또는 차감계정인 손상차손누계액을 사용하는데, 일반적으로 손상차손누계액계정을 사용한다.

(차) 손 상 차 손	×××	(대) 손상차손누계액	×××

자산손상을 인식할 때에는 가능한 한 개별자산별로 회수가능액을 추정해야 한다. 그러나 만일 개별자산별로 현금흐름이 독립적으로 창출되지 않는다면, 당해 자산

이 속해 있는 현금창출단위별로 자산의 회수가능액을 측정해야 한다(이에 대해서는 뒤의 제3절에서 설명함).

2 자산손상의 징후와 손상검사 1036:9,12

기업은 매 보고기간말 자산손상을 시사하는 징후가 있는지 객관적인 증거를 고려하여 검토한다. 특히 내부정보보다 외부정보를 더욱 중시하여 자산손상의 징후를 검토해야 한다. 손상의 징후로는 다음과 같은 예가 있다.

① 외부정보

- 회계기간중에 자산의 시장가치가 유의하게 하락함
- 기업환경(기술, 경제, 법률 환경 등), 경쟁의 증가 등으로 인하여 불리한 영향을 미치는 중요한 변화가 회계기간중에 발생하였거나 가까운 미래에 발생할 것으로 예상됨
- 자산의 사용가치를 계산하는 데 사용되는 할인율이 증가하여 자산의 회수가능액을 중요하게 감소시킬 가능성이 있음
- 기업의 순자산 장부금액이 당해 시가총액보다 큼

② 내부정보

- 자산의 진부화 또는 물리적으로 손상된 증거가 있음
- 회계기간중에 기업에 불리한 영향을 미치는 중요한 변화가 자산의 사용범위 및 사용방법에서 발생하였거나 가까운 미래에 발생할 것으로 기대됨[3]
- 자산의 경제적 성과가 기대수준에 미치지 못하거나 못할 것으로 예상되는 증거를 내부보고를 통해 얻을 수 있음

기업의 다른 내부보고를 통해서도 자산손상을 시사하는 증거를 얻을 수 있다. 예를 들면, 자산의 매입, 운영 및 관리에 쓰이는 현금지출액이 당초 예상수준을 초과한다면 이는 자산손상을 시사하는 증거가 될 수 있다. 또한 자산에서 발생하는 실제 순현금흐름이나 실제 영업손익이 당초 예상수준에 비해 유의적으로 악화되는 경우도 자산손상을 시사하는 증거가 될 수 있다.[4]

자산손상의 징후가 있을 경우 손상검사를 실시해야 한다. 그러나 특정 자산은 손상의 징후여부와 상관없이 매년 손상검사를 실시해야 한다. 이러한 자산으로는 ①

3) 이러한 변화에는 자산의 유휴화, 당해 자산을 사용하는 영업부문의 중단이나 구조조정계획, 예상시점보다 앞서 자산을 처분하는 계획 그리고 비한정내용연수를 유한내용연수로 재평가하는 것 등을 포함한다.

4) 자산에서 발생할 것으로 예상되는 순현금흐름이나 예상 영업손익이 유의적으로 악화된 경우, 자산에서 발생하는 순현금흐름 또는 영업손익 각각의 당기 실적치와 미래 예상치를 합산한 결과 순현금흐름이나 영업손실이 발생할 것으로 예상되는 경우도 자산손상을 시사하는 증거가 된다.

내용연수가 비한정인 무형자산 또는 아직 사용할 수 없는 무형자산, ② 사업결합으로 취득한 영업권이 있다. 이러한 자산들은 장부금액을 회수하기에 충분한 미래경제적 효익을 창출할 수 있을지가 매우 불확실하기 때문에 최소한 매년 손상검사를 실시한다.

3 회수가능액의 측정

손상차손은 장부금액과 회수가능액의 차액으로 결정한다. 순공정가치와 사용가치의 측정방법에 대해 살펴보도록 한다.

(1) 순공정가치

순공정가치(net fair value)는 공정가치에서 처분부대원가를 차감한 금액이다.

> 순공정가치 = 공정가치 − 처분부대원가

공정가치는 합리적 판단력과 거래의사가 있는 독립된 당사자간의 구속력 있는 매매계약을 통해 합의된 가격이다. 자산이 활성시장에서 거래된다면 해당 거래가격이 공정가치가 된다. 매매계약이나 활성시장이 없는 경우에는 이용가능한 최선의 정보에 근거하여 순공정가치를 추정한다.

처분부대원가(costs of disposal)는 자산의 처분과 직접 관련된 증분원가이다. 처분부대원가의 예로는 법률비용, 거래세, 자산제거원가, 자산을 매각가능한 상태로 만들기 위한 증분원가 등이 있다. 그러나 금융비용 및 법인세비용은 처분부대원가로 보지 않는다.

(2) 사용가치(현재가치) 1036:30-32

자산의 사용가치(value in use)는 자산에서 창출될 것으로 기대되는 미래현금흐름을 적절한 할인율로 할인하여 측정한 현재가치이다.

$$\text{자산의 사용가치} = \sum_{t=\text{기간}} \frac{(\text{자산에서 창출된 기대미래현금흐름})_t}{\text{할인율}_t}$$

자산의 사용가치를 결정하는 데에는 다음 항목들이 반영되어야 한다.

① 자산에서 창출될 것으로 기대되는 미래현금흐름의 추정치
② 미래현금흐름의 금액 및 시기의 변동가능성에 대한 기대치
③ 현행 시장이자율을 반영하는 화폐의 시간가치
④ 자산의 본질적 불확실성에 대한 보상가격
⑤ 자산에서 창출될 것으로 기대되는 미래현금흐름의 가격을 결정할 때 시장참여자들이 반영하는 비유동성과 같은 기타 요소들

1) 미래현금흐름 1036:33-53

미래현금흐름(future cash flows)은 자산의 계속사용으로 인하여 기업에 유입될 순현금흐름액(현금유입에서 현금유출을 차감한 금액)과 내용연수말에 당해 자산의 처분으로 수취(또는 지급)할 순현금흐름으로 구성된다.

이러한 미래현금흐름은 다음과 같이 추정한다.

① 자산의 잔여내용연수 동안의 경제상황에 대한 경영진의 최선의 추정치가 반영된 합리적이고 객관적인 가정을 기초로 추정한다. 이때 내부증거보다 외부증거에 더 큰 비중을 둔다.
② 경영자가 승인한 최근의 재무예산·예측을 기초로 추정한다. 이러한 재무예산·예측에 기초한 추정대상기간은 정당한 사유가 없는 한 최장 5년으로 한다.
③ 최근 재무예산·예측의 대상기간 이후에 대한 성장률은 고정되거나 계속 감소한다고 가정한다.[5)]

미래현금흐름은 자산의 현재 상태를 근거로 추정한다. 따라서 ① 아직 확약되지 않은 미래의 구조조정이나 ② 자산성능의 향상과 같은 사유로 발생할 것으로 예상되는 현금 유입이나 유출을 포함해서는 안 된다. 미래현금흐름을 추정할 때 재무활동으로부터의 현금흐름과 법인세환급액 또는 법인세납부액은 포함하지 않는다.

2) 할인율 1036:55-57

사용가치 결정에 사용되는 할인율(discount rate)은 다음에 대한 현행 시장의 평가를 반영한 세전할인율로 한다.

① 화폐의 시간가치
② 미래현금흐름을 추정할 때 조정되지 아니한 자산의 특유위험

할인율을 추정할 때에는 미래현금흐름을 추정할 때와 일관된 가정을 사용한다. 만약 특정 위험을 미래현금흐름의 추정치에 반영하였다면 해당 위험을 할인율에는

5) 성장률은 기업의 제품, 기업이 속한 산업, 기업이 영업하는 국가 및 자산이 사용되는 시장의 장기평균성장률을 초과할 수 없다. 다만, 정당한 사유가 있다면 증가하는 성장률이나 장기평균성장률을 초과하는 성장률을 사용할 수 있다.

반영하지 않는다. 그렇지 않으면 위험의 효과가 현금흐름과 할인율에 이중으로 반영되는 결과를 가져온다.

4 손상차손의 인식과 환입

(1) 손상차손의 인식 1036:58-64

손상차손이 발생하면 자산의 장부금액을 회수가능액으로 감소시키고 감소된 장부금액만큼 손상차손을 인식한다. 손상차손을 반영하는 방법은 해당 자산이 재평가대상자산인지 여부에 따라 다르다.6)

① **재평가대상자산이 아닌 경우** : 재무상태표에 자산의 장부금액을 회수가능액으로 감소시키고, 손상차손을 당기손익에 반영한다.

(차) 손 상 차 손	×××	(대) 자산(또는 손상차손누계액)	×××

② **재평가대상자산인 경우** : 재평가잉여금이 있는 경우 이 금액에 해당하는 손상차손까지는 재평가잉여금을 우선적으로 감소시킨다. 재평가잉여금을 초과하여 발생한 손상차손은 당기손익에 반영한다.

(차) 자산재평가손실(OCI)	×××	(대) 자산(또는 손상차손누계액)	×××
손상차손(PL)	×××		

(2) 손상차손의 인식 이후 감가상각

손상차손을 인식한 자산이 상각대상자산이라면, 손상차손을 인식한 후에 새로운 잔존가치와 내용연수를 추정하여 전진적으로 감가상각을 한다. 즉 손상차손을 인식한 후의 새로운 장부금액에 기초하여 이후의 감가상각액 또는 상각액을 전진적으로 조정한다.

---

6) 재평가로 자산의 장부금액이 하락하는 경우(자산재평가손실이 발생하는 경우)와 손상차손의 경우에는 다음과 같은 두 가지 면에서 차이가 있다.
① 재평가는 주기적으로 하지만, 손상차손은 손상징후가 있고 손상이 발생한 경우에만 한다.
② 재평가의 기준금액은 공정가치이지만, 손상차손은 회수가능액(사용가치와 순공정가치 중 큰 금액)이다.
그러나 손상차손을 기록해야 하는 경우에는 실제로 재평가손실을 기록하는 것이 필요하지 않다. 따라서 본 교재에서는 손상차손을 재평가손실이 발생하는 경우와 별도로 구분하지 않았다.

(3) 손상차손의 환입 1036:109-121

자산의 가치가 상승하여 과거에 인식한 손상차손이 더 이상 존재하지 않거나 감소된 경우에는 손상차손환입을 인식한다. 손상차손이 환입되는 경우 자산의 장부금액으로 회수가능액을 증가시켜야 하는데, 해당 자산이 재평가대상자산인지의 여부에 따라 차이가 있다.

① 재평가대상자산이 아닌 경우 : 손상차손환입을 당기이익으로 인식한다. 단, 손상차손환입으로 증가된 장부금액은 과거에 손상차손을 인식하기 전 최초의 취득원가를 기준으로 계산된 현시점의 상각후원가를 초과할 수 없다.

(차) 자 산	×××	(대) 손상차손환입(PL)	×××

만약 상각대상자산이라면 손상차손환입이 발생한 시점에 손상이 없었으면 해당 자산이 가졌을 (감가상각이 반영된) 장부금액을 계산하고 그 장부금액을 한도로 손상차손을 환입시킨다.

② 재평가대상자산인 경우 : 해당 자산의 재평가에서 과거에 손상차손(PL)을 인식한 금액이 있으면 이를 한도로 손상차손환입(PL)으로 먼저 인식하고, 이를 초과하는 금액은 재평가이익(OCI)으로 인식한다.

(차) 자 산	×××	(대) 손상차손환입(PL)	×××
		자산재평가이익(OCI)	×××

재평가모형을 사용하는 경우 손상환입된 장부금액이 최초의 장부금액을 넘어서더라도 이후에 감가상각을 통하여 당기비용으로 인식된다. 즉, 최초의 장부금액 이상으로 손상이 환입되더라도 환입금액이 이후 잔존기간에 걸쳐 비용으로 배분된다.

손상차손을 인식한 때와 마찬가지로 손상차손환입을 인식한 후에는 새로운 장부금액과 감가상각 추정에 기반하여 전진적으로 감가상각한다.

예제 10-6 원가법을 적용하는 유형자산의 손상차손

병호(주)는 20×1. 1. 1에 원가 ₩10,000, 내용연수 10년, 잔존가치 ₩0인 기계장치를 취득하였으며 감가상각은 정액법을 사용한다. 동 유형자산의 회수가능액이 20×2. 12. 31에는 ₩6,400으로 추정되었으며, 다시 20×4. 12. 31에는 ₩7,000으로 회복된 것으로 추정되었다.

병호(주)가 20×2. 12. 31, 20×3. 12. 31과 20×4. 12. 31에 손상차손에 대해 필요한 분개를 하라.

➡계속

해답

먼저 본 사례를 그림으로 표현하면 다음과 같다.

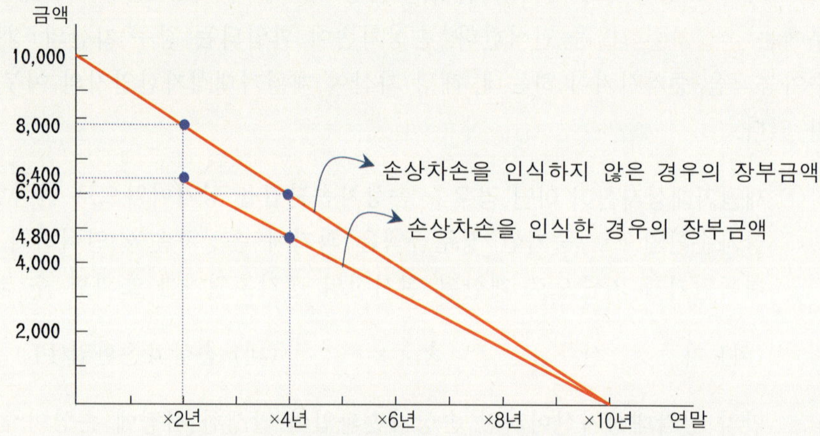

[설명] (20×2년말) 손상차손 인식 전 상각 후 장부금액	₩8,000
차감 : 손상차손	(1,600)
손상차손 인식 후 장부금액	₩6,400
(20×4년말) 손상차손 인식 전 상각 후 장부금액	₩6,000
차감 : 손상차손 인식 후 상각 후 장부금액	(4,800)
손상차손환입(한도액)	₩1,200

1) 20×2. 12. 31 (손상차손의 인식)

(차) 손 상 차 손	1,600*	(대) 손상차손누계액	1,600

* 손상차손 = 장부금액 − 회수가능액 = (₩10,000 − ₩1,000 × 2년) − ₩6,400 = ₩1,600

(주) 이로써 재무상태표에는 다음과 같이 표시된다.

기 계 장 치	₩10,000	
감가상각누계액	(2,000)	
손상차손누계액	(1,600)	₩6,400

2) 20×3. 12. 31 (손상차손 인식 후의 감가상각)

(차) 감가상각비	800*	(대) 감가상각누계액	800

* 감가상각비 = ₩6,400/8년 = ₩800

(주) 이로써 재무상태표에는 다음과 같이 표시된다.

기 계 장 치	₩10,000	
감가상각누계액	(2,800)	
손상차손누계액	(1,600)	₩5,600

3) 20×4. 12. 31 (감가상각 및 손상차손환입의 인식)

(차) 감가상각비	800	(대) 감가상각누계액	800

(주) 감가상각을 실시하고 손상차손환입을 인식하기 전의 재무상태표 장부금액은 ₩4,800이다.

기 계 장 치	₩10,000	
감가상각누계액	(3,600)	
손상차손누계액	(1,600)	₩4,800

손상차손환입의 회계처리는 다음과 같다.

(차) 손상차손누계액 1,200* (대) 손상차손환입 1,200

* 회복액 = 회수가능액 − 손상차손 인식 후 장부금액 = ₩7,000 − ₩4,800 = ₩2,200
(환입)한도액 = 손상차손 인식 전 상각 후 장부금액 − 손상차손 인식 후 장부금액
= (₩10,000 − ₩1,000 × 4년) − ₩4,800 = ₩1,200

(주) 이로써 재무상태표에는 다음과 같이 표시된다.

기 계 장 치	₩10,000	
감가상각누계액	(3,600)	
손상차손누계액	(400)	₩6,000

예제 10-7 재평가자산의 손상차손

호철(주)는 20×1. 1. 1에 원가 ₩500,000, 내용연수 5년, 잔존가치 ₩0인 기계를 취득하였으며 감가상각은 정액법을 사용한다. 호철(주)는 기계장치에 대하여 재평가모형을 채택하고 있고, 재평가는 감가상각누계액을 전액 제거하는 방법을 적용하고 있다. 20×1년말 재평가시점에서 공정가치가 ₩450,000이었다. 20×2년말 현재 당해 기계장치의 회수가능액은 ₩270,000으로 감소하였고 20×3년말에는 ₩200,000(공정가치도 동일함)으로 감소하였다.
당해 기계장치에 대해 20×1년말부터 20×3년말까지 호철(주)가 필요한 분개를 제시하라.

해답

1) 20×1. 12. 31

〈감가상각〉

(차) 감가상각비 100,000* (대) 감가상각누계액 100,000

* ₩500,000/5년 = ₩100,000. 이로써 기계장치의 장부금액은 ₩400,000이 된다.

〈자산재평가〉

(차) 감가상각누계액 100,000 (대) 기 계 장 치 50,000
자산재평가이익(OCI) 50,000*

* 재평가차액 = 공정가치(₩450,000) − 장부금액(₩400,000) = ₩50,000

(주) 자산재평가이익(OCI)은 기말에 마감분개를 통하여 자산재평가잉여금(AOCI)으로 대체된다. 참고로 위에서 인식한 자산재평가이익(OCI)에 대한 마감분개는 다음과 같다.
(차) 자산재평가이익(OCI) 50,000 (대) 자산재평가잉여금(AOCI) 50,000
다만, 이하에서는 이러한 마감분개를 별도로 보이지 않기로 한다.

2) 20×2. 12. 31

〈감가상각〉

(차) 감가상각비 112,500* (대) 감가상각누계액 112,500

* ₩450,000/4년 = ₩112,500. 이로써 기계장치의 장부금액은 ₩337,500이 된다.

〈손상차손의 인식〉: 먼저 과거에 인식하여 남아 있는 재평가잉여금(AOCI)을 한도로 재평가손실(OCI)을 인식하여 재평가잉여금을 줄이고, 초과액은 손상차손으로 인식한다.

➥계속

(차) 감가상각누계액 112,500 (대) 기 계 장 치 112,500
자산재평가손실(OCI)* 50,000 기 계 장 치 50,000

* 장부금액과 회수가능액의 차이는 ₩67,500(=₩337,500−₩270,000)이다. 이 중에서 20×2년초에 재평가잉여금에 남아 있는 ₩50,000은 20×1. 12. 31에 인식한 자산재평가손실(OCI)이 마감분개를 통하여 재평가잉여금을 감소시켜서 마감 후에는 20×2. 12. 31의 재평가잉여금의 잔액은 ₩0이 된다. 나머지 ₩17,500(=₩337,500−₩270,000−₩50,000)은 손상차손으로 인식한다.

(차) 손 상 차 손(PL) 17,500 (대) 손상차손누계액 17,500

3) 20×3. 12. 31

〈감가상각〉

(차) 감가상각비 90,000* (대) 감가상각누계액 90,000

* ₩270,000/3년=₩90,000. 이로써 기계장치의 장부금액은 ₩180,000이 된다.

〈손상차손환입의 인식과 자산재평가〉: 손상차손누계액을 우선적으로 제거하고 초과액을 자산재평가이익으로 인식한다.

(차) 손상차손누계액* 17,500 (대) 손상차손환입(PL) 17,500

* 회수가능액(₩200,000)이 장부금액(₩180,000)보다 높으므로 손상차손환입이 발생하는데, 이 중에서 전년도에 손상차손(PL)으로 인식한 금액(₩17,500)만큼 손상차손환입(PL)으로 인식하고 나머지를 재평가이익(OCI)으로 처리한다.

(차) 감가상각누계액 90,000 (대) 기 계 장 치 90,000
기 계 장 치 2,500 자산재평가이익(OCI)* 2,500

* 감가상각누계액을 제거하여 기계장치의 차감계정인 손상차손누계액과 감가상각누계액은 모두 잔액이 ₩0이 되고 장부금액은 ₩197,500(=₩500,000−₩50,000−₩162,500−₩90,000)이 된다. 기계장치의 장부금액을 회수가능액과 동일한 ₩200,000으로 하기 위하여 기계장치 장부금액 ₩2,500을 증가시키고 동일한 금액 ₩2,500을 재평가이익(OCI)으로 인식한다.

토지는 재평가대상자산이지만 상각대상자산은 아니다. 따라서 감가상각누계액이 없어서 재평가시에 이를 제거하거나 비례적으로 조정할 필요성이 없고 재평가회계의 적용이 상대적으로 간단하다.

예제 10-8 재평가한 토지의 손상차손 및 환입

광호(주)는 20×1. 12. 31에 원가 ₩500,000의 토지를 ₩700,000으로 재평가하였다. 20×3. 12. 31에는 토지가 심하게 오염되어 손상이 발생하였다. 그래서 토지의 회수가능액(공정가치)이 ₩400,000으로 하락하였다. 그러나 20×5. 12. 31에는 토지의 공정가치가 ₩600,000으로 상승하여서 토지를 다시 재평가하였다.
광호(주)가 20×1. 12. 31, 20×3. 12. 31과 20×5. 12. 31에 필요한 회계처리를 하라.

해답

1) 20×1. 12. 31(재평가 회계처리)

(차) 토 지 200,000 (대) 자산재평가이익(OCI) 200,000

2) 20×3. 12. 31(손상차손 회계처리)

(차) 자산재평가손실(OCI)	200,000*	(대) 토　　지	300,000
손상차손(PL)	100,000		

* 이전에 인식하여 남아 있는 재평가잉여금(AOCI)의 범위 내에서 재평가손실(OCI)을 인식한다.

3) 20×5. 12. 31(재평가 회계처리)

(차) 토　　지	200,000	(대) 손상차손환입(PL)	100,000*
		자산재평가이익(OCI)	100,000

* 이전에 손상차손(PL)으로 인식한 금액의 범위 내에서 손상차손환입(PL)을 인식한다.

5 무형자산의 손상차손

무형자산의 손상관련 회계처리는 유형자산의 손상관련 회계처리와 거의 동일하다. 식별가능 무형자산에 손상이 발생하였다면 이를 발생한 시기에 즉각 손실로 인식해야 한다. 즉 회수가능액이 장부금액에 미달하게 되는 경우에는 장부금액을 회수가능액으로 조정하고 그 차액을 손상차손(당기손실)으로 처리한다. 한편, 과거에 인식한 손상차손이 더 이상 존재하지 않거나 감소하면, 손상차손환입을 인식한다.

예제 10-9 무형자산의 손상

산청(주)는 20×1. 1. 1에 건강식품에 대한 특허권을 ₩900,000에 취득하였다. 취득시 동 특허권은 내용연수가 15년인 것으로 추정되었다. 그러나 20×5년에 정부로부터 동 상품이 건강에 심각한 해를 끼칠 가능성이 있기 때문에 상품의 출하를 금지하라는 명령을 받았다. 산청(주)가 20×5년에 동 특허권 손상차손에 필요한 회계처리를 하라. 단, 손상차손의 기록은 특허권을 직접 감액하는 방법을 이용한다.

해답

특허권 가치가 소멸되었다. 따라서 장부금액을 전액 손상차손으로 인식한다.

20×5년말 장부금액 : ₩900,000－(₩900,000/15년)×5년＝₩600,000

(차) 손 상 차 손	600,000	(대) 특　허　권	600,000

다음 중 하나에 해당하는 무형자산에 대해서는 매년 일정시기 또는 손상의 징후가 있을 때마다 반드시 회수가능액을 추정해야 한다.

① 아직 사용할 수 없는 무형자산

② 내용연수가 비한정인 무형자산(예를 들면, 영업권)

영업권은 비한정내용연수를 갖는 자산이므로 최소 매년 1회 이상의 손상검사를 해야 한다. 또한 영업권에 대해 인식한 손상차손은 환입이 불가능하다. 그 이유는 회복된 영업권은 내부창출 무형자산으로 보기 때문이다. 영업권의 손상차손회계에 대해서는 다음 제3절에서 보다 상세히 설명된다.

제3절 현금창출단위와 자산손상

1 현금창출단위의 의미 1036:6,66-73

손상차손을 인식할 기준액인 회수가능액은 원칙적으로 개별자산별로 추정한다. 그러나 개별자산별로 자산의 회수가능액을 추정할 수 없다면 그 자산이 속하는 현금창출단위의 회수가능액을 추정한다. 여기에서 개별자산의 회수가능액을 추정할 수 없는 경우란 ① 개별자산의 사용가치가 순공정가치에 근사하게 추정될 수 없거나, ② 자산이 현금창출단위 내의 다른 자산의 현금흐름과 독립적인 현금흐름을 창출하지 않는 경우를 의미한다.

현금창출단위(cash generating unit, CGU)란 독립적인 현금유입을 창출하는 자산집단으로서 식별가능한 최소단위를 말한다. 예컨대, 특정 소프트웨어 없이 가동이 되지 않는 설비자산은 소프트웨어 또는 설비자산만으로 재화를 생산할 수 없다. 이에 따라 소프트웨어와 설비자산은 하나의 현금창출단위가 된다.

예제 10-10 현금창출단위의 결정

광사(주)는 소유하고 있는 광산의 채광활동을 지원하기 위해 사설철로를 소유하고 있다. 이 사설철로는 폐기물가치로만 매각될 수 있고, 독립적인 현금유입을 거의 창출하지 않는다.
광산의 사설철로가 독립적인 현금흐름을 창출하는 개별자산인지 아니면 다른 자산의 현금흐름과 독립적인 현금흐름을 창출하지 못하여 현금창출단위에 속하는 자산인지를 구분하라.

해답

당해 사설철로는 독립적인 현금유입을 창출하지 못하기 때문에 광산의 부속시설로 기능한다. 따라서 당해 사설철로를 포함하는 광산 전체를 하나의 현금창출단위로 보아야 한다.

2 현금창출단위의 손상차손

현금창출단위의 회수가능액은 개별자산의 경우와 동일하게 결정된다. 즉, 현금창출단위의 회수가능액은 그 현금창출단위의 순공정가치와 사용가치 중 큰 것으로 한다. 현금창출단위의 회수가능액이 장부금액에 미달하면 손상차손을 인식한다.

예제 10-11 현금창출단위의 손상차손

종우(주)는 채광사업이 완료된 후 법령상 광산현장을 복구해야 하는 광산을 운영하고 있다. 현재가치로 측정한 광산의 복구원가 ₩300,000이 광산의 취득원가와 충당부채에 반영되어 있다. 광산이 속하는 현금창출단위는 광산 전체이다. 회사는 여러 원매자로부터 광산을 약 ₩800,000에 매입하겠다는 제의를 받고 있다. 이 가격에는 구매자가 부담하게 될 복구의무가 반영되어 있다. 광산의 처분 부대원가는 미미하다. 복구원가를 고려하지 않을 경우 광산의 사용가치는 ₩1,200,000이다.

다음의 각 경우에 광산의 손상차손은 얼마인가?

1. 복구원가를 포함한 광산의 장부금액은 ₩700,000이다.
2. 복구원가를 포함한 광산의 장부금액은 ₩1,000,000이다.

해답

하나의 현금창출단위인 광산 전체에 복구원가가 반영된 순공정가치는 ₩800,000이다. 광산의 사용가치는 복구원가를 고려할 경우 ₩900,000(=₩1,200,000-₩300,000)으로 추정된다. 따라서 광산의 회수가능액은 순공정가치와 사용가치 중 높은 금액인 ₩900,000이다.

1. 현금창출단위의 회수가능액(₩900,000)이 장부금액(₩700,000)을 초과하므로 손상인식을 하지 않는다.
2. 현금창출단위의 회수가능액(₩900,000)이 장부금액(₩1,000,000)에 미달하므로 그 차액(₩100,000)을 손상차손으로 인식하기 위해 다음과 같이 분개한다.

(차) 손 상 차 손	100,000	(대) 손상차손누계액	100,000

3 영업권을 포함한 현금창출단위의 손상차손

영업권은 일반 자산과 다른 특성을 지니고 있다. 영업권은 무형자산의 특성인 식별가능성이 없고, 다른 자산과 독립적으로 존재하지 못하며 독립적인 수익창출능력이 없다. 또한 영업권은 비한정내용연수를 가진다. 이에 따라 K-IFRS에서는 영업권은 손상징후가 없다고 해도 매년 손상검사를 하도록 규정하고 있다.

(1) 현금창출단위에 대한 영업권 배분 1036:80-87

사업결합으로 취득한 영업권은 취득자가 시너지효과와 같이 별도로 식별할 수 없는 자산에서 미래경제적 효익이 유입될 것을 기대하여 지급한 금액이다. 따라서 영업권은 사업결합으로 인한 시너지효과의 혜택을 받게 될 것으로 기대되는 각 현금창출단위에 배분해야 한다.

만일 영업권이 배분된 현금창출단위의 일부를 처분하는 경우, 관련된 영업권 역시 함께 제거한다. 이때 제거되는 영업권은 현금창출단위 내에 존속되는 부분과 처분되는 부분의 상대적인 가치를 기준으로 측정한다.

예제 10-12 현금창출단위의 부분 매각시 영업권의 배분

은옥(주)는 ₩50,000의 영업권이 배분된 현금창출단위들 중 일부를 ₩100,000에 매각하였다. 존속하는 현금창출단위의 회수가능액은 ₩300,000이다. 이 경우 처분되는 부분과 관련된 영업권은 존속되는 부분과 처분되는 부분의 상대적인 가치를 기준으로 측정한다.
영업권을 배분하기 전 처분되는 부분의 장부금액은 ₩80,000이다. 처분되는 부분의 처분손익을 계산하라.

해답

처분되는 부분에 배분될 영업권＝₩50,000×₩100,000/(₩100,000＋₩300,000)＝₩12,500
배분된 영업권을 포함한 처분되는 부분의 장부금액＝₩80,000＋₩12,500＝₩92,500
처분되는 부분의 처분이익＝₩100,000－₩92,500＝₩7,500

(2) 손상차손 인식 1036:104-108

영업권이 배분된 현금창출단위의 회수가능액이 장부금액에 미달하는 경우에는 손상차손을 인식한다. 손상차손은 현금창출단위(또는 현금창출단위집단)에 속하는 자산의 장부금액을 다음 순서로 감소시킨다.

① 배분된 영업권의 장부금액을 감소시킨다.
② 만약 손상차손금액이 영업권금액보다 큰 경우, 인식하지 않은 손상차손 잔액을 현금창출단위 내 식별가능한 다른 자산의 장부금액에 비례하여 배분한다.

현금창출단위에 손상이 발생하는 경우 영업권을 우선적으로 감소시킨다. 영업권은 다른 자산과 달리 독립적인 현금창출능력이 없으므로, 현금창출단위에서 손상이 발생하면 독립적인 현금창출능력이 없는 영업권에서 우선적으로 회수가능성이 없다고 본다.

현금창출단위(또는 현금창출단위집단)의 손상차손을 배분할 때 개별자산의 장부금액은 다음 중 가장 큰 금액 이하로 감소시킬 수 없다.

① 순공정가치(측정할 수 있는 경우)
② 사용가치(결정가능한 경우)
③ 영(₩0)

현금창출단위의 회수가능액은 개별자산의 회수가능액과 영업권의 합으로 구성되어 있다. 따라서 현금창출단위의 회수가능액은 개별자산의 회수가능액의 합보다 클 수밖에 없으며 개별자산의 회수가능액 이하로 감액할 수 없다.

예제 10-13 현금창출단위의 손상차손

20×0년말에 PP사는 SS사를 ₩10,000에 인수하였다. SS사는 3개국에 제조공장을 보유하고 있다. 사업결합원가는 A국, B국 및 C국에 각각 다음과 같이 배분되었다. 각국의 식별가능한 자산의 내용연수는 10년이고, 정액법으로 감가상각하며, 잔존가치는 없는 것으로 추정하였다.

현금창출단위	20×0년말			20×2년초
	사업결합원가의 배분(A)	식별가능자산의 공정가치(B)	영업권(=A−B)	회수가능액
A국 활동	₩3,000	₩2,000	₩1,000	₩1,360
B국 활동	2,000	1,500	500	2,200
C국 활동	5,000	3,500	1,500	5,300
합 계	₩10,000	₩7,000	₩3,000	₩8,860

20×1년과 20×1년 말에는 각 현금창출단위(국가별 활동)의 회수가능액이 장부금액을 초과하였다. 따라서 각 국가의 식별가능자산과 배분된 영업권은 손상되지 않은 것으로 간주되었다.
20×2년초 A국에서는 새 정부가 출범하였다. 새 정부는 SS사 주제품의 수출을 엄격히 제한하는 법률을 통과시켰다. 이로 인해 예측가능한 미래에 SS사 생산이 40% 정도 감소할 것으로 보이고, A국 활동(현금창출단위)의 회수가능액을 ₩1,360으로 다시 추정하였다.
손상차손을 인식한 후 A국 활동의 장부금액을 영업권과 식별가능한 자산으로 구분하여 제시하라. 단, 법인세효과는 고려하지 않는다.

해답

현금창출단위의 회수가능액이 장부금액보다 낮은 A국에 대해서 손상을 인식하고 현금창출단위 B국과 C국에 대해서는 손상을 인식하지 않는다. A국 회수가능액 ₩1,360과 장부금액 ₩3,000을 비교하여 손상차손 ₩1,440을 인식하고 이를 다음과 같이 배분한다.

20×2년초	총 계		영업권	식별가능한 자산
취 득 원 가	₩3,000		₩1,000	₩2,000
상각누계액	(200)		−	(200)*
장 부 금 액	₩2,800		₩1,000	₩1,800
손 상 차 손	(1,440)	(배분)⇨	(1,000)	(440)
손상차손 인식 후 장부금액	₩1,360		₩ −	₩1,360

* (₩2,000−₩0)/10년=₩200

➡계속

먼저, A국 사업에 관련된 영업권의 장부금액을 감액시켜 ₩0으로 만든 다음, 잔여 손상차손은 A국 현금창출단위에 포함되는 식별가능한 자산에 반영하여 그 장부금액을 감소시킨다.
이때 식별가능한 자산의 종류가 여럿이라면 각각의 장부금액에 비례하여 손상차손을 배부한다. 그러나 각 자산의 순공정가치나 사용가치를 결정할 수 있다면, 손상차손 배부 후의 장부금액을 순공정가치나 사용가치(또는 ₩0) 이하로 조정해서는 안 된다.

한편, 현금창출단위 내 일부 개별자산의 회수가능액을 결정할 수 없는 경우에는 회수가능액을 결정할 수 있는 개별자산에 대해 우선적으로 손상차손을 배분한다. 그리고 배분하고 남은 손상차손 잔액을 전액 회수가능액을 결정할 수 없는 자산에 배분한다.

예를 들면, 예제 10-13 에서 A국 활동의 식별가능한 자산이 기계(장부금액 ₩1,350)와 비품(장부금액 ₩450)으로 구성되어 있다고 가정하자. 단, 기계의 순공정가치(회수가능액의 일부)는 ₩1,250으로 결정할 수 있으나 비품의 순공정가치는 결정할 수 없다면, 기계와 비품의 손상차손은 다음과 같이 배분된다.

	기 계	비 품
취득원가	₩1,500	₩500
상각누계액	(150)	(50)
장부금액	₩1,350	₩450
순공정가치(한도)	₩1,250	결정 불가
손상차손(₩440)의 배분* ⇨	(₩100)①	(₩340)②
손상차손 배분 후의 장부금액	₩1,250	₩110

* 배분 후 장부금액이 순공정가치 이하로 떨어질 수 없다. 기계의 순공정가치가 ₩1,250이므로 손상차손 중 기계에 우선 배분할 수 있는 최대금액(①)은 ₩100이다. 나머지(②)는 비품에 배분된다.

현금창출단위로 손상차손을 인식하는 경우, 현금창출단위에 손상이 발생하지 않은 경우에는 개별자산의 손상차손을 인식하지 않는다.

4 현금창출단위의 손상차손환입 1036:122-123

현금창출단위의 손상차손환입은 영업권을 제외한 개별자산들의 장부금액에 비례하여 배분한다. 손상차손환입은 당기손익으로 인식한다. 현금창출단위의 손상차손환입을 배분할 때 개별자산의 장부금액은 다음 중 작은 금액을 초과하여 증가시킬 수 없다.

① 회수가능액(결정가능한 경우)
② 과거에 손상차손을 인식하지 않았더라면 현재 기록되어 있을 장부금액(감가상각 또는 상각 후의 잔액)

이러한 제약으로 인해 특정 자산에 배분되지 않은 손상차손환입액은 현금창출단위 내의 영업권을 제외한 다른 자산에 각각 장부금액에 비례하여 배분한다. 이때 영업권에 대해 인식한 손상차손은 후속기간에 환입하지 않는데, 이는 영업권의 경우 손상차손을 인식하고 난 후 후속기간에 증가된 회수가능액은 내부적으로 창출된 영업권 증가액으로 보기 때문이다.

예제 10-14 현금창출단위의 손상차손환입

예제 10-13 에서 제시된 자료를 사용한다.
20×3년에도 A국 정부는 교체되지 않고 있지만 사업환경이 점차 개선되고 있다. 이에 따라 SS사의 제품에 대한 수출규제의 영향은 경영자가 당초에 예상했던 것만큼 심각하지 않은 것으로 밝혀지고 있다. 상황이 호전됨에 따라 20×3년말 A국 활동의 순자산(현금창출단위)의 회수가능액이 ₩1,910으로 산출되었다. 손상차손을 환입한 후 20×3년말 A국 활동의 장부금액을 영업권과 식별가능한 자산으로 구분하여 제시하라. 단, 법인세효과는 고려하지 않는다.

해답

손상차손을 인식한 후 A국 활동 순자산의 회수가능액을 결정하는 데 사용된 추정치에서 유리한 변화가 발생했으므로 20×2년에 인식했던 손상차손을 환입할 수 있다. A국 현금창출단위의 회수가능액 ₩1,910과 장부금액 ₩1,058을 비교하면 "장부금액을 초과하는 회수가능액"은 다음과 같이 산출된다.

20×3년말	영업권	식별가능한 자산
20×3년초 손상차손 인식 후 장부금액(예제 10-13 참조)	₩0	₩1,360*
추가상각비(2년)**	–	(302)
장 부 금 액(20×3년말)	₩0	₩1,058
회수가능액		1,910
장부금액을 초과하는 회수가능액		₩852

* ₩1,800 − ₩440 = ₩1,360
** 20×2년초에 손상차손을 인식한 후 SS사의 추가상각비는 A국 활동의 식별가능한 자산에 대해 수정된 장부금액과 잔여내용연수(9년)에 근거하여 다음과 같이 산출된다.
(₩1,360 − ₩0) × (2년/9년) = ₩302

한편, A국 활동의 식별가능한 자산의 손상차손 인식 전의 상각후 취득원가는 다음과 같이 ₩1,400으로 산출된다.

₩2,000 − (₩2,000 − ₩0) × (3년/10년) = ₩1,400

A국 활동의 식별가능한 자산의 장부금액을 회수가능액 ₩1,910과 상각후 취득원가 ₩1,400 중 낮은 금액, 즉 ₩1,400으로 수정해야 한다. 따라서 A국 활동의 식별가능한 자산의 장부금액을

➥계속

₩342(=₩1,400−₩1,058)만큼 증가시킨다. 이러한 장부금액 증가는 손상차손환입으로 즉시 당기손익으로 인식한다. 이에 따라 20×3년말 손상차손환입 후 A국 활동 자산의 장부금액은 다음과 같이 나타난다.

20×3년말	영업권	식별가능한 자산
취 득 원 가	₩1,000	₩2,000
상각누계액	−	(502)*
손상차손누계액	(1,000)	(98)**
손상차손 환입 후 장부금액	₩0	₩1,400

* ₩200(20×1년)+₩302(20×2년과 20×3년)=₩502

** ₩440(전에 인식했던 손상차손누계액)−₩342(손상차손환입액)=₩98

(주) 영업권에서 발생한 손상차손은 환입하지 않음에 유의해야 한다.

종합예제

CHAPTER 10

1. 상각대상자산의 재평가 회계처리

성균(주)는 20×1. 1. 1 설비자산을 ₩100,000에 취득하였다. 설비자산의 내용연수는 10년이고 잔존가치는 없으며 감가상각방법은 정액법을 채택하고 있다. 성균(주)는 설비자산을 재평가모형에 따라서 측정하는데, 각 연도말의 재평가에 따른 공정가치는 다음과 같다.

20×1년말	20×2년말	20×3년말
₩108,000	₩64,000	₩91,000

성균(주)는 20×4. 6. 30 이 설비자산을 ₩60,000에 처분하였다.

요구사항

성균(주)가 설비자산의 취득시점부터 처분시점까지 다음 경우의 회계처리를 제시하라. 단, 재평가시점에 기존의 감가상각누계액을 전액 제거하고, 자산재평가잉여금의 이익잉여금 대체는 다음 방법을 사용한다.
1. 사용하는 기간 동안 자산재평가잉여금의 일부를 이익잉여금으로 대체하지 않는 경우
2. 사용하는 기간 동안 자산재평가잉여금의 일부를 이익잉여금으로 대체하는 경우

해 답

1. 사용하는 기간 동안 자산재평가잉여금의 일부를 이익잉여금으로 대체하지 않는 경우

〈20×1년초〉

(차) 설 비 자 산	100,000	(대) 현 금	100,000

〈20×1년말〉

(차) 감가상각비	10,000*	(대) 감가상각누계액	10,000
(차) 설 비 자 산	8,000	(대) 자산재평가이익(OCI)	18,000
감가상각누계액	10,000		

* 감가상각비 = ₩100,000 ÷ 10년 = ₩10,000

〈20×2년말〉

(차) 감가상각비	12,000*	(대) 감가상각누계액	12,000
(차) 자산재평가손실(OCI)	18,000**	(대) 설 비 자 산	44,000
자산재평가손실(PL)	14,000		
감가상각누계액	12,000		

* 감가상각비 = ₩108,000 ÷ 9년 = ₩12,000

** 전기에 인식한 자산재평가잉여금 ₩18,000을 우선 감액하기 위한 것이다.

〈20×3년말〉

(차) 감가상각비	8,000*	(대) 감가상각누계액	8,000
(차) 설 비 자 산	27,000	(대) 자산재평가이익(PL)	14,000**
감가상각누계액	8,000	자산재평가이익(OCI)	21,000

* 감가상각비 = ₩64,000 ÷ 8년 = ₩8,000

** 전기에 당기손익으로 인식한 자산재평가손실(₩14,000)을 한도로 당기손익을 인식한다.

〈20×4. 6. 30〉

(차) 감가상각비	6,500*	(대) 감가상각누계액	6,500

(차) 현　　금	60,000	(대) 설 비 자 산	91,000
감가상각누계액	6,500		
자산처분손실	24,500		
(차) 자산재평가잉여금(AOCI)	21,000**	(대) 이익잉여금	21,000

* 감가상각비 = ₩91,000 ÷ 7년 × 6/12 = ₩6,500

** 해당 설비자산과 관련해서 남아 있는 자산재평가잉여금을 이익잉여금으로 대체한다.

2. 사용하는 기간 동안 자산재평가잉여금의 일부를 이익잉여금으로 대체하는 경우

〈20×1년초〉와 〈20×1년말〉의 분개는 1.과 같음.

〈20×2년말〉

(차) 감가상각비	12,000	(대) 감가상각누계액	12,000
(차) 자산재평가잉여금(AOCI)	2,000*	(대) 이익잉여금	2,000
(차) 자산재평가손실(OCI)	16,000**	(대) 설 비 자 산	44,000
자산재평가손실(PL)	16,000		
감가상각누계액	12,000		

* 사용기간 동안 이익잉여금으로 대체할 자산재평가잉여금 :
재평가된 금액에 근거한 감가상각액(₩12,000) − 최초원가에 근거한 감가상각액(₩10,000) = ₩2,000

** 전기에 인식한 자산재평가잉여금(₩18,000)에서 이익잉여금으로 대체한 자산재평가잉여금(₩2,000)을 차감한 ₩16,000을 한도로 자산재평가손실(OCI)을 인식하고 마감분개를 통하여 자산재평가잉여금을 감액시킨다.

〈20×3년말〉

(차) 감가상각비	8,000	(대) 감가상각누계액	8,000
(차) 설 비 자 산	27,000	(대) 자산재평가이익(PL)	16,000*
감가상각누계액	8,000	자산재평가이익(OCI)	19,000

* 전기에 당기손익으로 인식한 재평가손실(₩16,000)을 한도로 당기손익을 인식한다.

〈20×4. 6. 30〉

① 감가상각비 인식 및 자산재평가잉여금의 이익잉여금의 대체

(차) 감가상각비	6,500	(대) 감가상각누계액	6,500
(차) 자산재평가잉여금(AOCI)	1,500*	(대) 이익잉여금	1,500

* 사용기간 동안 이익잉여금으로 대체할 자산재평가잉여금 :
재평가된 금액에 근거한 감가상각액(₩6,500) − 최초원가에 근거한 감가상각액(₩5,000) = ₩1,500

② 유형자산의 처분

(차) 현　　금	60,000	(대) 설 비 자 산	91,000
감가상각누계액	6,500		
자산처분손실	24,500		
(차) 자산재평가잉여금(AOCI)	17,500*	(대) 이익잉여금	17,500

* 해당 설비자산과 관련해서 남아 있는 자산재평가잉여금을 이익잉여금으로 대체한다.

2. 현금창출단위의 손상차손

서경(주)는 제품 A를 생산하는 현금창출단위를 갖고 있다. 이 현금창출단위의 순공정가치는 ₩1,020,000으로 평가된다. 그리고 20×1. 12. 31 현금창출단위의 자산의 장부금액은 다음과 같다.

기계장치	₩420,000	건　　물	₩240,000
토　　지	300,000	재고자산	120,000(순공정가치와 동일)

요구사항

1. 토지의 사용가치가 ₩280,000이면 자산별 손상차손을 얼마 인식하는가?
2. 토지의 사용가치가 ₩290,000이면 자산별 손상차손을 얼마 인식하는가?

해 답

자산손상 회계기준은 재고자산, 건설계약에서 발생하는 자산, 이연법인세자산 등은 다른 회계기준에 규정이 있는 경우에는 적용되지 않는다. 따라서 재고자산은 자산손상 회계처리의 대상이 아니다. 재고자산을 제외한 손상차손 대상 현금창출단위의 순공정가치는 ₩900,000(=₩1,020,000−₩120,000)이고, 장부금액은 ₩960,000(=기계장치 ₩420,000+토지 ₩300,000+건물 ₩240,000)이기 때문에 손상차손 ₩60,000을 인식해야 한다. 손상차손 ₩60,000은 기계장치, 토지, 건물의 장부금액을 비례로 배부하여 각 자산의 장부금액에서 차감시킨다.

	장부금액	배부기준	손상차손 배부액	손상후 장부금액
기계장치	₩420,000	420,000/960,000	₩26,250	₩393,750
토　　지	300,000	300,000/960,000	18,750	281,250
건　　물	240,000	240,000/960,000	15,000	225,000
합 계	₩960,000		₩60,000	₩900,000

1. 토지의 손상후 장부금액 ₩281,250은 사용가치 ₩280,000보다 크므로 손상차손 배부액 ₩18,750을 전액 인식한다.

(차) 손 상 차 손	60,000	(대) 손상차손누계액-건물	15,000
		손상차손누계액-기계장치	26,250
		손상차손누계액-토지	18,750

2. 만약 토지의 사용가치가 ₩290,000이면 이 금액보다 장부금액을 더 감소시킬 수는 없다. 그 결과 토지에 대한 손상차손 배부액 ₩18,750 중에서 ₩10,000의 손상차손은 인식하고도 ₩8,750만큼은 다른 자산인 기계장치와 건물에 추가로 배부해야 한다.

	장부금액	배부기준	손상차손 배부액	손상후 장부금액
기계장치	₩393,750	393,750/618,750	₩5,568	₩388,182
건　　물	225,000	225,000/618,750	3,182	221,818
합 계	₩618,750		₩8,750	₩610,000

토지에 대한 손상차손 배부액 : ₩300,000−₩290,000=₩10,000
기계장치에 대한 손상차손 배부액 : ₩26,250+₩5,568=₩31,818
건물에 대한 손상차손 배부액 : ₩15,000+₩3,182=₩18,182

(차) 손 상 차 손	60,000	(대) 손상차손누계액-토지	10,000
		손상차손누계액-기계장치	31,818
		손상차손누계액-건물	18,182

익힘문제

CHAPTER 10

1. 자산의 취득 후에 공정가치가 변동하는 경우 공정가치 변동을 인식하는 경우와 그렇지 않은 경우의 장·단점을 설명하라.

2. 유형자산의 최초인식 후의 측정방법인 원가모형과 재평가모형을 비교하여 설명하라.

3. 자산재평가에서 공정가치란 무엇을 의미하고, 또한 이를 어떻게 측정하는가?

4. 재평가된 감가상각대상 유형자산에 재평가잉여금이 계상되어 있을 때 당해 자산의 제거시점에 재평가잉여금을 어떻게 회계처리하는가? 자산을 사용함에 따라 재평가잉여금을 이익잉여금으로 대체하는 이유는 무엇인가?

5. 유형자산의 재평가와 관련된 문제점은 무엇인가?

6. 재평가된 자산에 재평가잉여금이 남아 있을 때 해당 자산을 제거하면 재평가잉여금을 이익잉여금으로 대체할 수 있다. 이러한 대체로 인하여 기업의 자본구조가 어떻게 변동하는가?

7. 상각대상자산은 재평가된 장부금액과 원래 장부금액을 기준으로 계상된 감가상각비의 차이만큼 재평가잉여금을 이익잉여금으로 대체할 수 있다. 그 이유는 무엇인가?

8. 자산손상에 대한 회계처리를 설명하라.

9. 자산손상단위는 어떻게 결정하는가? 현금창출단위의 손상에 대하여 설명하라.

10. 현금창출단위를 설명하라.

11. 재평가된 자산에 대한 손상차손은 어떻게 회계처리하는가?

12. 현금창출단위에 영업권이 있는 경우의 손상차손 회계처리를 설명하라.

13. 현금창출단위에 영업권이 있는 경우의 자산손상검사방법을 설명하라.

14. 재평가된 자산의 손상차손환입에 대한 회계처리를 설명하라.

연습문제

CHAPTER 10

1. 이익접근법과 상각후대체원가법

[제1부] 이익접근법

성화(주)는 20×1. 1. 1 임대자산을 ₩100,000에 취득하였다. 성화(주)는 이 자산의 임대를 통하여 5년간 균등하게 매년초에 ₩25,000의 순현금흐름을 얻을 수 있다고 본다.
20×1. 12. 31 자산재평가를 위해 이익접근법에 의한 임대자산의 사용가치를 산출하라. 단, 20×5년말의 잔존가치는 없고 할인율은 10%라고 가정한다.

[제2부] 상각후대체원가법

대성(주)는 20×1. 1. 1 설비자산을 ₩100,000에 취득하였다. 설비자산의 내용연수는 5년이고 잔존가치는 없으며 감가상각방법은 정액법을 채택하고 있다. 대성(주)는 이 설비자산을 20×3. 12. 31에 재평가하기로 했는데, 20×3. 12. 31에는 공정가치를 구할 수 없었으나 대체원가가 ₩140,000임을 알 수 있었다.
상각후대체원가법에 의한 20×3. 12. 31 설비자산의 공정가치와 재평가이익을 측정하라.

2. 토지의 재평가

경미(주)는 20×1. 1. 1에 토지를 ₩80,000에 구입했다. 경미(주)는 2년마다 토지를 재평가하고 있다. 이 토지의 공정가치는 20×2. 12. 31에 ₩120,000으로 상승하였으나, 20×4. 12. 31에는 ₩70,000으로 하락하였다.
20×2. 12. 31과 20×4. 12. 31의 재평가에 대한 회계처리를 하라.

3. 상각대상자산의 재평가 (I)

대구병원은 20×0. 1. 1에 ₩1,500,000을 지급하고 진료기계를 구입했다. 이 진료기계의 잔존가치는 없고 내용연수는 15년이며 정액법으로 감가상각한다. 20×4. 12. 31 재무제표를 작성하는 시점에서 이 진료기계의 감가상각누계액은 ₩500,000이다. 20×5. 1. 1에 대구병원이 처음 재평가모형을 선택하여 이 진료기계를 재평가한 후 재무보고를 하고자 한다. 단, 재평가 회계처리를 위해 기존의 감가상각누계액을 제거하는 방법을 사용한다.

요구사항

1. 20×5. 1. 1 이 자산의 공정가치는 ₩1,200,000이다. 대구병원이 처음 재평가모형을 선택했을 때의 회계처리를 하라.
2. 만약 대구병원이 이전에 재평가모형으로 평가한 적이 있고 재평가손실을 ₩100,000 인식했었다면 요구사항 1.의 회계처리는 어떻게 되는가?
3. 요구사항 1.에 이어서 20×5. 12. 31 진료기계의 공정가치가 ₩900,000이라면 재평가시의 회계처리를 하라.
4. 만약 20×4. 12. 31 진료기계의 공정가치가 ₩600,000이었다면 20×5. 1. 1 최초 재평가시의 회계처리는 어떻게 되는가?
5. 만약 대구병원이 이전에 재평가모형으로 평가한 적이 있고 재평가잉여금이 ₩300,000 계상되어 있다면 요구사항 4.의 회계처리는 어떻게 되는가?

4. 상각대상자산의 재평가 (II)

대구(주)는 20×1. 1. 1 취득원가 ₩1,100,000인 건물을 취득했다. 이 건물의 내용연수는 10년이고 잔존가치는 ₩100,000이며 정액법으로 상각한다. 그런데 20×2. 7. 1 대구(주)는 모든 건물을 재평가모형으로 회계처리하기로 결정했다. 20×2. 7. 1 이 건물의 공정가치는 부동산 가격의 상승으로 ₩1,120,000으로 평가되었다. 재평가모형으로 회계처리를 할 경우에는 기존의 감가상각누계액을 전부 제거하여 수정하는 방법으로 유형자산의 공정가치를 수정한다. 또한, 자산재평가로 인한 재평가잉여금은 건물 사용시 이익잉여금으로 대체하지 않는다.

요구사항

1. 20×1년부터 20×2년까지 회계처리를 하라.
2. 20×3년말 경제위기로 인하여 유형자산의 가격이 급락했다. 건물의 공정가치는 ₩600,000이다. 회계처리를 하라.
3. 20×4년말 유형자산의 가격이 또 하락했다. 건물의 공정가치는 ₩400,000이다. 회계처리를 하라.

5. 상각대상자산의 재평가(Ⅲ)

안성(주)는 20×1. 1. 1 기계장치 A와 B를 취득했다. 두 기계의 취득원가와 잔여 경제적 내용연수는 다음과 같다. 두 기계장치는 잔존가치가 없으며 정액법에 의해서 감가상각한다.

기계장치	취득원가	잔여 경제적 내용연수
기계 A	₩3,000,000	5년
기계 B	₩1,800,000	3년

안성(주)는 20×1. 12. 31에 이 기계장치의 평가를 재평가모형에 의해서 회계처리하기로 결정했다. 안성(주)는 기계장치 A와 B는 20×1. 12. 31에 재평가한 결과 공정가치와 잔여 경제적 내용연수가 아래와 같음을 확인하였다.

기계장치	공정가치	잔여 경제적 내용연수
기계 A	₩2,520,000	4년
기계 B	₩1,140,000	2년

그런데 20×2. 6. 30에 안성(주)는 기계 B를 ₩800,000에 매각하고, 취득원가 ₩2,400,000의 기계 C를 새로 취득하였다. 기계 C의 내용연수는 4년이다. 20×2. 12. 31 기계 A와 기계 C의 공정가치와 잔여 경제적 내용연수는 다음과 같다.

기계장치	공정가치	잔여 경제적 내용연수
기계 A	₩1,820,000	3년
기계 C	₩1,800,000	3.5년

20×1년부터 20×2년 동안 기계 A, B, C에 대한 안성(주)의 회계처리를 하라. 단, 자산재평가 회계처리는 기존의 감가상각누계액을 제거하는 방법을 사용한다.

6. 자산의 사용에 따른 재평가잉여금의 이익잉여금으로의 대체

(주)민국은 20×1. 1. 1에 건물을 ₩10,000에 취득하였다. 건물의 추정잔존가치는 ₩0, 추정내용연수는 5년이며 정액법으로 감가상각한다. (주)민국은 건물에 대해 재평가모형을 적용하며 매년말 주기적으로 재평가를 실시하고 있다.

(1) 건물의 공정가치는 다음과 같다.

	공정가치
20×1. 12. 31	₩16,000
20×2. 12. 31	₩11,000

(2) 20×1년말과 20×2년말 재평가로 인한 내용연수와 잔존가치의 변경은 없다.

(3) 재평가모형을 적용하여 장부금액을 조정하는 경우 기존의 감가상각누계액을 전액 제거하는 방법을 적용한다.
(4) 재평가잉여금은 건물을 사용함에 따라 일부를 이익잉여금으로 대체하는 방법을 채택하고 있다.
(5) 20×1. 1. 1 현재 재평가잉여금 잔액은 없었으며, 동 건물 이외의 다른 자산과 관련된 재평가잉여금은 발생하지 않았다.

요구사항

1. 동 건물과 관련하여 (주)민국의 각 연도에 필요한 회계처리를 하라.
2. 20×2. 12. 31 현재 재평가잉여금, 건물, 건물에 대한 감가상각누계액 잔액을 계산하라.

7. 무형자산의 재평가

아미(주)는 20×1. 1. 1에 프랜차이즈사업권을 ₩1,200,000에 취득하였다. 동 프랜차이즈사업권은 10년의 내용연수를 가지고 잔존가치는 ₩0인 것으로 추정되며, 정액법으로 상각한다. 동 프랜차이즈권리는 활성시장에서 거래되고 있고 20×1. 12. 31 현재 공정가치는 ₩1,188,000이며, 아미(주)는 프랜차이즈사업권을 재평가하기로 하였다.

요구사항

1. 20×1. 12. 31의 프랜차이즈권리 상각 회계처리를 하라.
2. 20×1. 12. 31의 프랜차이즈권리 재평가에 대한 회계처리를 하라.
3. 20×2. 12. 31에 기록할 프랜차이즈권리 상각비를 계산하라.

8. 재평가손익 – 기타포괄손익과 당기손익

광주(주)는 20×1. 1. 1에 재평가모형으로 인식하는 무형자산 A를 취득하였다. 취득시점부터 취득 후 4년에 이르는 기간 동안의 무형자산 A의 공정가치의 변화가 다음 표의 두 번째 칸에 제공되어 있다. 세 번째부터 다섯 번째 칸 중 필요한 곳에 들어갈 금액을 채우라.

시 점	공정가치	재평가잉여금	재평가손익(OCI)	재평가손익(PL)
20×1. 1. 1	₩1,060	–	–	–
20×1. 12. 31	1,100			–
20×2. 12. 31	1,040			
20×3. 12. 31	1,020	–	–	
20×4. 12. 31	1,110			

9. 원가모형과 재평가모형

(주)진광은 20×1. 1. 1 트럭을 ₩500,000에 구입하였다. (주)진광은 트럭에 대하여 내용연수 5년, 잔존가치 ₩0으로 추정하였고, 정액법으로 감가상각하였다. (주)진광은 해당 트럭을 보유하다가 20×4. 6. 30에 (주)상현에 ₩180,000에 처분하였고 이 과정에서 수수료로 ₩10,000을 지출하였다.

	20×1년말	20×2년말	20×3년말
트럭의 공정가치	₩300,000	₩360,000	₩225,000

요구사항

1. (주)진광이 트럭에 대하여 원가모형을 적용할 경우 트럭의 회계처리와 관련하여 20×4년 당기순이익에 미치는 영향은 얼마인가?
2. (주)진광이 트럭에 대해 재평가모형을 적용할 경우 트럭의 회계처리와 관련하여 20×4년 당기순이익에 미

치는 영향과 처분시 이익잉여금으로 대체되는 재평가잉여금은 얼마인가? 단, (주)진광은 재평가잉여금에 대해 처분시 일괄적으로 이익잉여금에 대체하는 회계처리방법을 채택하고 있다.

10. 유형자산의 손상차손

[제1부]
진해(주)는 20×1. 1. 1에 원가 ₩200,000, 내용연수 5년, 추정잔존가치가 ₩0인 기계를 취득했으며, 감가상각은 정액법을 사용한다. 그러나 동 기계의 회수가능액이 20×1. 12. 31에는 ₩100,000인 것으로 추정되었으며, 다시 20×2. 12. 31에는 ₩130,000으로 회복된 것으로 추정되었다.
진해(주)가 20×1. 12. 31과 20×2. 12. 31에 손상차손 및 손상차손환입으로 기록할 금액은 얼마인가?

[제2부]
(주)형우는 20×1. 1. 1에 취득원가 ₩1,000,000, 내용연수 10년, 잔존가치 ₩100,000인 기계를 취득하였으며, 정액법에 의해 감가상각을 하고 있다. 20×2년말 동 기계의 순공정가치는 ₩690,000이고, 사용가치는 ₩700,000이다. 이는 자산가치의 현저한 하락으로서 손상차손의 인식요건을 충족하며, 회사는 손상차손을 인식하기로 하였다. 이 자산은 원가모형으로 회계처리되는 자산이다.
20×2. 12. 31과 20×3. 12. 31의 분개를 하고, 20×2. 12. 31의 부분재무상태표를 제시하라.

11. 유형자산손상차손환입

위 연습문제 10.에서 20×4. 12. 31 기계의 회수가능액은 ₩700,000으로 추정된다고 하자. 유형자산손상차손환입에 관련된 회계처리를 하고, 20×4. 12. 31 부분재무상태표를 제시하라.

12. 무형자산의 손상

(주)한국은 제품 공정 A를 연구개발하고 있으며, 20×5년 동안에 공정 A 연구개발을 위해 지출한 금액은 ₩100,000이었다. 이 금액 중 ₩70,000은 20×5. 10. 1 이전에 지출되었고, ₩30,000은 20×5. 10. 1부터 12. 31까지 지출되었다. 공정 A는 20×5. 10. 1에 무형자산 인식기준을 충족하게 되었다. 또한 (주)한국은 20×6년중 공정 A를 위해 추가로 ₩30,000을 지출하였다. 공정 A가 갖는 노하우의 회수가능액(그 공정이 사용가능하기 전에 해당 공정을 완료하기 위한 미래 현금유출액 포함)은 다음과 같다.

구 분	20×5. 12. 31	20×6. 12. 31
회수가능액	₩20,000	₩70,000

(주)한국의 20×5년도와 20×6년도의 순이익에 미치는 영향은 각각 얼마인가? 단, 무형자산에 대해 10년에 걸쳐 상각하며, 원가모형을 적용한다. 또한 20×5년도는 손상조건을 충족하고, 20×6년도는 손상회복조건을 충족한다.

13. 현금창출단위의 식별

[제1부]
소매연쇄점인 세븐나인은 서울지역에 5개의 연쇄점을 소유하고 있고, 전국적으로는 20개의 연쇄점을 소유하고 있다. 모든 연쇄점이 판매하는 상품은 세븐나인으로부터 공급받고, 세븐나인은 상품의 가격, 연쇄점의 마케팅, 인사정책도 결정한다. 각 연쇄점들은 상권분석을 하여 상권이 겹치는 지역이 없이 운영되고 있다. 세븐나인은 서울지역의 5개 연쇄점을 수년전에 다른 연쇄점회사로부터 인수하면서 각 연쇄점에 영업권을 인식하고 있다.
서울지역 연쇄점은 독립된 현금창출단위인가?

[제2부]
서울제조(주)는 인천공장과 구로공장을 가지고 있다. 이 중에서 인천공장은 기계설비를 생산하여 중국에 수

출하고 있는데 모든 원재료를 구로공장에서 구입하여 완제품을 생산한다. 구로공장에서 인천공장으로 원재료를 판매할 때 이전가격은 모든 이윤이 구로공장에 전가되는 방식으로 결정한다. 구로공장은 자산의 생산품 중에서 인천공장으로 판매하는 비중은 50%이며 나머지 50%는 외부로 판매하고 있다.

(상황 1) 구로공장이 인천공장에 판매하는 원재료는 활성시장에서 판매할 수 있으며 내부이전가격은 시장가격보다 높다.
(상황 2) 구로공장이 인천공장에 판매하는 원재료에 대해 활성시장이 존재하지 않는다.

각 상황별로 인천공장과 구로공장은 독립된 현금창출단위인가?

[제3부]
수원(주)는 제조업에 종사하는 기업이다. 얼마 전 본사사옥을 신축하여 전체를 회사가 사용하다가 글로벌 경제위기로 인한 시장붕괴로 인하여 생산감축과 인원감축을 하였다. 이에 본사사옥은 현재 20%는 외부에 임대하고 80%만 회사가 사용하고 있다. 임대기간은 2년이다.
본사사옥은 독립된 현금창출단위인가?

14. 영업권의 손상차손

미리(주)는 20×1. 1. 1에 효주(주)의 지분 전액을 취득하면서 ₩100,000의 영업권을 인식하였다. 20×3. 12. 31에 영업권 손상검사를 위하여 회사가 수집한 정보는 다음과 같다.

효주(주)의 공정가치	₩460,000
효주(주)의 장부금액	480,000
효주(주)의 사용가치(미래 예상 순현금흐름의 현재가치)	435,000

미리(주)가 20×3. 12. 31에 기록해야 할 영업권 손상차손에 대한 회계처리를 하라.

15. 현금창출단위의 자산손상 (I)

KB(주)는 20×1. 1. 1에 서울(주)의 보통주 100%를 ₩45,000에 취득하였는데, 이 중 ₩15,000을 영업권으로 기록하였다. 20×1. 12. 31에 손상검사를 실시한 결과 서울(주)의 순실현가능가치는 ₩40,000으로 추정되고, 미래현금흐름의 현재가치는 ₩41,000으로 추정된다. 한편, 20×1. 12. 31 현재 영업권을 포함한 서울(주)의 장부금액은 ₩42,000이다.
회계목적으로 서울(주)가 하나의 현금창출단위라면 KB(주)가 기록해야 할 손상차손은 얼마인가?

16. 현금창출단위의 자산손상 (II)

순천(주)는 현금창출단위에 대한 자산손상검사를 실시한 결과 자산손상이 ₩36,000이 발생하였음을 알았다. 현금창출단위는 건물, 기계장치, 토지, 차량으로 구성되어 있고 각각의 장부금액은 다음과 같다. 단, 건물의 순공정가치는 ₩1,490,000임을 확인하였다.

	건 물	기계장치	토 지	차 량
장부금액	₩1,500,000	₩900,000	₩750,000	₩450,000

요구사항

1. 자산손상 후의 자산별 장부금액을 구하라.
2. 자산손상에 대한 회계처리를 하라.

17. 현금창출단위의 손상과 환입

과천(주)는 자산에 대한 손상발생 여부를 현금창출단위별로 검토하고 있다. 다음의 현금창출단위에는 영업권이 포함되어 있으며, 20×1년말 손상차손 인식 전 개별자산의 장부금액은 다음과 같다.

건 물	기계장치	토 지	영업권	합 계
₩2,000,000	₩500,000	₩1,500,000	₩100,000	₩4,100,000

요구사항

1. 20×1년말에 손상이 발생되었다고 판단되는 경우 손상차손 인식 후 개별자산의 장부금액을 구하라. 단, 현금창출단위의 회수가능액은 ₩3,600,000이다.
2. 20×2년말 회수가능액은 ₩3,675,000이며, 손상차손환입을 인식하기로 하였다. 개별자산별 회수가능액은 결정할 수 없으며, 20×2년말 장부금액(①)과 손상이 발생하지 않았을 경우의 20×2년말 장부금액(②)은 다음과 같다. 손상차손환입 인식 후 개별자산의 장부금액을 구하라.

과 목	건 물	기계장치	토 지	합 계
①	₩1,687,500	₩337,500	₩1,350,000	₩3,375,000
②	₩1,800,000	₩400,000	₩1,500,000	₩3,700,000

18. 유형자산 종합사례("원칙중심 K-IFRS 교육(한국회계기준원 출간)"의 제2장을 수정)

Neverland Resort(주)는 20×0년 제주도에 설립되었으며, 메인 테마파크인 Neverland Resort를 통해 우리나라의 여가 문화를 선도하고 있다. Neverland Resort는 총 5개의 파크로 이루어져 있는데, 이 중 Animal Park는 100만 평방미터 부지 위에 사자, 호랑이 등의 맹수 이외에 코끼리, 기린 등 200종 3,000여 마리의 동물들이 전시되어 있는 국내 최대 규모의 동물원이다.

20×5년 회사는 수익성을 향상시키기 위해 Animal Park 내에 50만 평방미터 규모의 Safari World를 건설하기로 결정하였다. Safari World에서 방문자들은 다양한 동물들을 매우 가까운 거리에서 볼 수 있고, 특히 맹수들을 눈앞에서 만나 직접 먹이를 주고 교감할 수 있다. Neverland Resort(주)는 Safari World가 국내 관광객뿐만 아니라 주변국의 관광객도 매료시킬 수 있다고 생각하고 있다. 이에 따라 회사는 Safari World를 위하여 3년간에 걸쳐 고급스런 사파리 별장도 건축중이다.

20×6년에 대부분의 사파리 별장이 대부분 완공되었다. Safari World는 4월에 영업을 시작하였으며 Safari World와 관련된 아래와 같은 사건들이 20×7년에 있었다.

(1) 20×7. 1. 31 Neverland Resort(주)의 Safari World 웹사이트가 개설되었고, 이를 위하여 1억원의 개발원가가 소요되었다. 이 웹사이트는 Safari World와 고객들을 연결시켜 주는 주된 고리이다. 이 웹사이트는 사파리별장, 사파리투어, 체험관광 등에 관한 많은 정보를 제공한다. 고객들은 이 웹사이트를 통하여 직접 Safari World의 관광을 신청하고 대금을 결제할 수 있다.

(2) 20×7년 2월과 3월에 Neverland Resort(주)는 주요 세계 레저 및 여행잡지를 대상으로 Safari World에 대한 대규모 광고캠페인을 진행하였다(3천만원). 또한 회사는 중국, 일본, 싱가포르 등의 주변국 박람회에 참석하였고(2천만원), 고객들에게 광고홍보물을 송부하는 등 홍보활동을 하였다. 회사가 중국, 일본, 싱가포르 등에서 Safari World 및 별장을 홍보하는 활동과 관련된 원가에 대하여 제주도지자체로부터 정부보조금 1천만원을 받았다.

(3) Neverland Resort(주)의 Safari World는 20×7년 4월에 영업을 시작하였고 20×7년 약간의 영업손실이 발생하였다. 그러나 이 영업손실은 첫해 영업에서 예상한 손실보다 매우 작은 것이다.

(4) Neverland Resort(주)의 Safari World 토지에서 생태교란을 유발하고 동물에 피해를 주는 생태교란식물인 애기수영이 번식하여 대대적인 방제작업을 하였다. 이를 방제하는 데 사용할 약품의 구입에 2천만원을, 약품살포장비와 제초용 칼의 구입에 5천만원을 사용하였다.

요구사항

1. 20×7년도에 Neverland Resort(주)에서 발생한 중요한 경제적 현상과 이에 관련된 유용한 정보는 무엇인가?
2. 웹사이트는 Neverland Resort(주)의 자산인가?

3. 광고캠페인 활동(예를 들면, 박람회 참석)에 따른 지출은 Neverland Resort(주)의 자산인가?(인식기준과 관련 없이 정의만을 고려)
4. 20×7년의 영업손실은 Neverland Resort(주)의 자산인가?
5. 웹사이트 개설에 대한 지출과 광고캠페인에 대한 지출을 어떻게 분류하는가?
6. 미사용 약품, 약품살포장비, 제초용 칼에 대한 지출을 어떻게 분류하는가?
7. 정부에서 지급받은 보조금을 어떻게 분류하는가? 이를 부채로 계상해야 하는가?
8. 식별된 자산 중에서 K-IFRS에 따라 Neverland Resort(주)가 자산으로 인식할 수 없는 것이 있는가? 있다면, 어떤 것인지? 그리고 그 이유는 무엇인가?
9. 회계단위와 관련하여 판단이 필요한 항목은 무엇인가? 그 항목에 대하여 Neverland Resort(주)가 적용해야 할 '회계단위'는 무엇인가?
10. 최초인식시점에 웹사이트, 미사용 약품, 약품살포장비, 제초용 칼에 대한 지출은 어떤 금액으로 측정되어야 하는가?
11. 유형(무형)자산의 후속측정과 관련된 가장 중요한 사항은 감가상각(상각)이다. 미사용 약품, 약품살포장비, 제초용 칼, 웹사이트와 같은 유형(무형)자산의 감가상각(상각)과 관련해서는 다음과 같은 다양한 이슈가 있다. 각각에 대하여 답하라.
    ① 항목의 구성요소를 별도로 구분하여 감가상각해야 하는가?(감가상각의 회계단위)
    ② 어떤 감가상각(상각)방법을 사용해야 하는가?
    ③ 잔존가치는 각각 얼마로 추정하는가?
    ④ 내용연수는 각각 어떻게 결정하는가?
12. 본 사례에서는 재평가모형을 가정하고 있지는 않다. 그러나 Neverland Resort(주)가 유・무형자산에 대하여 재평가모형을 사용한다고 가정한다면 고려해야 할 측정요소는 무엇인가?
13. 본 사례의 유형자산과 무형자산은 언제 제거하는가?
14. 웹사이트, 광고캠페인, 미사용 약품, 약품살포장비, 제초용 칼에 대한 지출은 어떻게 표시되고 공시되어야 하는가?
15. 정부보조금은 어떻게 재무제표에 표시되어야 하는가?
16. 본 사례에서 원가와 효익의 균형을 고려해야 하는 경우로는 어떤 것이 있는가?

공인회계사 기출문제 응용(2020년 이후)

1. 무형자산 재평가

(2020년 CPA 2차)

(주)민국은 20×2. 1. 1 제3자로부터 신약관련기술을 ₩500,000에 구입하고 기타무형자산으로 인식하였다. 기타무형자산의 내용연수는 5년, 잔존가치는 ₩0, 정액법으로 상각한다. 기타무형자산에 대해서는 재평가모형을 적용한다. 20×2년말과 20×3년말 기타무형자산의 공정가치는 다음과 같다.

	기타무형자산 공정가치
20×2년말	₩480,000
20×3년말	280,000

(주)민국은 재평가잉여금을 사용하는 기간 동안 이익잉여금으로 대체하며, 대체분개 후 재평가를 수행한다. 매 보고기간말 자산의 장부금액이 공정가치와 중요하게 차이가 나며, 손상차손은 발생하지 않았고, 발생한 비용 중 자본화된 금액은 없다.

20×2년부터 20×3년까지 기타무형자산과 관련한 회계처리를 제시하라.

윤리문제

CHAPTER 10

창원식품(주)는 20×1년초에 건강식품 생산을 위하여 ₩420,000에 기계장치를 취득하였다. 취득시에 동 기계장치는 10년의 내용연수를 가지고 잔존가치는 없을 것으로 추정하였으며, 감가상각은 정액법으로 실시하고 있다. 20×3년말에 동 기계장치에서 생산하는 건강식품의 판매가 기대에 현저히 못 미치는 상태에 처해 있다. 창원식품(주)는 동 건강식품을 20×5년말까지 앞으로 2년간만 더 생산판매하기로 결정하였으며, 2년 후 기계장치는 범용성이 부족하여 거의 폐기처분해야 할 정도로 가치가 없을 것으로 예상된다. 회계부서는 동 기계장치에 대하여 20×3년도에 정상적인 감가상각을 기록한다면 20×3년말에 ₩129,000만큼 손상차손 처리를 해야 할 것으로 판단하였다. 그리고 잔여 장부금액은 20×4년과 20×5년에 걸쳐 감가상각을 하는 것이 옳다고 판단하였다. 그러나 회사의 사장은 회계부서의 판단에 동의하지 않고 20×3년 당기순이익에 미칠 영향을 고려하여 20×3년부터 새로 추정되는 잔여내용연수인 3년에 걸쳐 감가상각할 것을 지시하였다. 사장의 생각은 내용연수를 당초 10년에서 5년으로 추정변경한 것으로 충분하다고 주장할 수 있다는 것이다.
이 경우 윤리적 문제가 있는지를 검토하라. 가능한 대안에 대해 검토하고, 각 대안들에 대하여 어떤 이해관계자가 어떻게 영향을 받는지를 검토하라.

CHAPTER

11 금융상품, 금융자산 –인식, 분류 및 측정

금융상품과 관련된 회계기준은 국제회계기준 중 가장 복잡한 기준이다. 특히 금융상품이 너무 복잡해서 하나의 기준서에 담기가 벅차 보이기도 한다. 본장은 기준서의 구체적인 내용보다는 금융상품에 대한 핵심기준의 설명에 치중함으로써 독자들이 복잡한 회계기준의 내용을 종합적으로 이해하도록 하는 것을 목적으로 쓰여졌다.

사례 KB금융지주 – 금융자산과 금융부채

다음은 KB금융지주의 2023년 연결재무제표 주석에 공시된 금융자산과 금융부채 공시의 일부이다.

금융자산과 금융부채는 공정가치 또는 상각후원가로 측정됩니다. 당기말 및 전기말 현재 각 금융자산과 금융부채의 범주별 장부금액은 다음과 같습니다. (단위 : 십억원)

금융자산	FVPL 금융자산	FVOCI 금융자산	FVOCI지정 금융자산	AC금융자산	위험회피 파생금융자산	합 계
현금및예치금	-	-	-	29,836	-	29,836
FVPL금융자산	77,038	-	-	-	-	77,038
파생금융자산	5,778	-	-	-	380	6,158
AC대출채권	-	-	-	444,805	-	444,805
투자금융자산	-	79,727	2,771	39,701	-	122,200
기타금융자산	-	-	-	16,545	-	16,545
합 계	82,816	79,727	2,771	530,888	380	696,582

금융부채	FVPL금융부채	FVPL지정 금융부채	AC금융부채	위험회피 파생금융부채	합 계
FVPL금융부채	2,953	7,967	-	-	10,920
파생금융부채	5,967	-	-	244	6,211
예 수 부 채	-	-	406,512	-	406,512
차 입 금	-	-	69,584	-	69,584
사 채	-	-	69,177	-	69,177
기타금융부채	-	-	37,417	-	37,417
합 계	8,920	7,967	582,690	244	599,821

KB금융지주의 2023년말 금융자산은 696조원으로 자산총액(715조원)의 대부분을 차지하고 있다. 마찬가지로 금융부채는 599조원으로 부채총액(656조원)의 대부분을 차지하고 있다. 그만큼 KB금융지주의 경우에는 금융자산 및 금융부채의 회계처리가 중요하다고 볼 수 있다.

[회계정책] 금융상품의 인식 및 측정기준

1) 최초인식

금융상품(금융자산과 금융부채)은 회사가 금융상품의 계약당사자가 되는 때에 재무상태표에 인식하고 있습니다. 또한, 정형화된 매입이나 매도 거래(즉, 관련 시장의 규정이나 관행에 의하여 일반적으로 설정된 기간 내에 당해 금융상품을 인도하는 계약조건에 따라 금융자산을 매입하거나 매도하는 경우)의 경우에는 매매일에 인식하고 있습니다. 회사는 재무보고 목적으로 금융상품의 최초인식시점에 사업모형과 금융자산의 계약상 현금흐름의 특성에 따라 금융자산은 FVPL금융자산, FVOCI금융자산, AC금융자산으로 분류하고, 금융부채는 FVPL금융부채, 기타금융부채로 분류하고 있습니다. 금융자산과 금융부채는 최초인식시점에 공정가치로 측정하며, FVPL금융자산(FVPL금융부채)이 아닌 경우 금융자산(금융부채)의 취득(발행)과 직접 관련되는 거래원가는 최초인식시점에 공정가치에 가산(차감)하고 있습니다. 공정가치란 시장참여자 사이의 정상거래에서 자산을 매도하면서 수취하거나 부채를 이전하면서 지급하게 될 가격으로 정의되며, 최초인식시 금융상품의 공정가치는 일반적으로 거래가격(제공하거나 수취한 대가의 공정가치)으로 평가됩니다.

2) 후속측정

금융상품은 최초인식시점의 분류기준에 따라 다음 중 하나의 측정기준에 따라 평가됩니다.

① 상각후원가 : 상각후원가는 금융자산이나 금융부채의 최초인식시점의 측정금액에서 상환된 원금을 차감하고, 최초인식금액과 만기금액의 차액에 유효이자율법을 적용하여 계산된 상각누계액을 가감하며, 대손충당금을 인식한 경우에는 그 금액을 차감하여 산출됩니다.

② 공정가치 : 회사는 공정가치의 최선의 추정치로 활성시장에서 공시되는 가격을 이용하며, 이는 금융상품의 상장시장가격이나 활성시장에서 거래된 금융상품에 대한 매매중개기관의 공시가격(dealer price quotations)에 기초합니다. 거래소, 판매자, 중개인, 산업집단, 평가기관 또는 감독기구를 통해 공시가격이 용이하고 정기적으로 이용가능하며, 그러한 가격이 독립된 당사자 사이에서 정기적으로 발생한 실제 시장거래를 나타낸다면, 그 금융상품은 활성시장에서 가격이 공시되고 있는 것으로 판단합니다.

제 1 절 금융상품의 의의

금융상품(financial instruments)은 한쪽 거래당사자에게 금융자산(financial assets)을 발생시키면서 다른 거래상대방에게 금융부채(financial liabilities)나 지분상품(equity instruments)을 발생시키는 계약으로 정의된다. 이는 매우 광범위한 정의인데, 이렇게 정의한 주된 이유는 업종에 구애받지 않고 유사한 성격을 가진 금융상품에 대하여 일관적인 회계처리를 할 수 있도록 하기 위해서다. 특히 금융기관의 경우 형태는 다양하지만 동일한 목적을 달성하는 포트폴리오 금융상품을 보유하기 때문에 모든 금융상품에 대해 개별적으로 정의하는 것은 어렵다.

금융상품에 관련해서 현재 K-IFRS에는 제1032호(금융상품 : 표시), 제1107호(금융상품 : 공시), 그리고 제1109호(금융상품 : 인식과 측정) 등의 기준서가 있다.

1 금융상품의 정의 1032:11

정의에서 보듯이 금융상품은 양면성을 가지는데 한 거래당사자에게는 금융자산(권리)을 발생시키고, 다른 거래당사자에게는 금융부채(의무) 또는 지분상품(자본)을 발생시킨다. 즉, 금융자산은 금융상품보유자 입장에서 정의되며, 금융부채와 지분상품은 금융상품발행자의 입장에서 정의된다.

금융상품은 계약상(contractual) 권리와 의무에서 발생한다. 따라서 계약상의 권리와 의무가 아닌 법적(statutory) 권리와 의무에서 발생하는 미지급법인세 및 환급금 또는 의제(constructive) 권리와 의무에서 발생하는 충당부채 등은 금융상품이 아니다. 또한 금융상품은 일반적으로 주거나 받을 금액이 화폐액(monetary amount)으로 정해진다. 따라서 용역을 제공하거나 제공받기로 한 것 또는 비화폐성 항목을 주거나 받기로 하는 것은 금융상품의 범주에 해당하지 않는다. 예컨대 미래에 상품 또는 용역을 주고받기로 한 거래와 관련되어 있는 선급금, 선수금, 제품보증관련부채 등은 금융상품이 될 수 없다.

금융상품은 본원상품(primary instruments)과 파생상품(derivative instruments)으로 구분한다. 본원금융상품은 가치가 그 상품의 시장가치에 의해 직접 결정되는 금융상품을 말하고, 예로서 주식, 채권, 수취채권, 지급채무 등을 들 수 있다. 파생상품은 가치가 기초자산(underlying assets, 이자율, 주가, 상품가격, 환율 등이 있음)의 가치에 근거하여 결정되는 금융상품을 말하고, 예로서 옵션(options), 선물(futures) 및 선도(forwards), 스왑(swaps) 등을 들 수 있다.

2 금융자산과 금융부채의 종류

금융상품보유자는 금융상품을 금융자산으로 인식하고, 금융상품발행자는 금융상품의 성격에 따라 금융부채 또는 지분상품(자본)으로 인식해야 한다. 서로 대응되는 개념인 금융자산과 금융부채의 종류를 〈표 11-1〉을 통해 살펴보기로 하자. 다만, 〈표 11-1〉의 (3)-나)와 (4)-나)는 파생상품에 관련된 내용인데, 여기에서는 가장 간단한 개념만 설명한다.

▶ 표 11-1
금융상품의 종류

금융자산	금융부채
(1) 현금	- 관련 없음 -
(2) 다른 실체의 지분상품(주식)	- 관련 없음 -
(3) 다음 중 하나에 해당하는 계약상 권리 가) 거래상대방에게서 현금 등 금융자산을 수취하기로 한 계약상 권리(수취채권 등) 나) 잠재적으로 유리한 조건으로 거래상대방과 금융자산이나 금융부채를 교환하기로 한 계약상 권리	(3) 다음 중 하나에 해당하는 계약상 의무 가) 거래상대방에게 현금 등 금융자산을 인도하기로 한 계약상 의무(지급채무 등) 나) 잠재적으로 불리한 조건으로 거래상대방과 금융자산이나 금융부채를 교환하기로 한 계약상 의무
(4) 자기지분상품으로 결제하거나 결제할 수 있는 다음 중 하나의 계약 가) 수취할 자기지분상품의 수량이 가변적인 비파생상품 나) 확정수량의 자기지분상품에 대하여 확정금액의 현금 등 금융자산을 교환하는 방법이 아닌 방법으로 결제하거나 결제할 수 있는 파생상품	(4) 자기지분상품으로 결제하거나 결제할 수 있는 다음 중 하나의 계약 가) 인도할 자기지분상품의 수량이 가변적인 비파생상품 나) 확정수량의 자기지분상품에 대하여 확정금액의 현금 등 금융자산을 교환하는 방법이 아닌 방법으로 결제하거나 결제할 수 있는 파생상품

(주) (3)-나)와 (4)-나)는 파생상품과 관련됨

(1) 현금 및 다른 실체의 지분상품 1032:AG3,AG13

현금과 다른 기업이 발행한 지분상품에 대한 투자는 대응되는 금융부채 없이 금융자산에만 해당한다(〈표 11-1〉의 (1)과 (2)). 현금은 교환의 수단으로 결제나 교환을 가능하게 하여 경제적 효익을 제공한다. 지분상품으로는 보통주식이 가장 대표적인 예이며, 지분상품을 발행한 회사는 이를 자본으로 인식한다.

(2) 금융자산을 수취할 계약상의 권리 1032:AG3-AG4

미래에 현금을 수취하거나 인도하기로 된 계약상의 권리 및 의무는 각각 금융자산과 금융부채가 된다(〈표 11-1〉의 (3)-가)). 대표적으로 ① 매출채권 및 매입채무, ② 받을어음 및 지급어음, ③ 대여금 및 차입금(금융리스채권 및 채무 포함), ④ 채무증권에 대한 투자 및 이를 발행한 회사의 회사채 등을 들 수 있다. 우발항목의 성격을 갖는 지급보증도 조건이 충족되면(차입자의 지급 불이행) 금융자산 또는 부채가 될 수 있다.

현금이 아닌 금융상품을 주고받을 권리와 의무가 있는 금융상품도 있다. 예컨대 만기에 국공채로 결제되는 약속어음은 발행자가 보유자에게 국공채를 인도해야 하지만 국공채는 현금으로 결제될 것이기 때문에 이와 같은 약속어음은 발행자에게는 금융부채가 되며, 보유자에게는 금융자산이 된다.

1) 수취채권

수취채권(receivables)은 기업이 재화나 용역을 고객에게 외상으로 판매·제공하고 그 대가로 미래에 현금을 수취하기로 한 채권 또는 대여금 등을 통칭하는 말이다. 수취채권은 만기에 원금을 받으며 보유기간 동안에는 원금에 대한 이자를 받을 수도 있는 계약상의 현금흐름을 갖는 것이 일반적이다. 수취채권은 미래에 일정한 금액을 받을 수 있는 계약상의 권리를 나타내므로 금융자산이다. 여기에는 외상매출금 및 받을어음 등의 매출채권(trade receivables), 대여금, 미수금 등과 같은 비매출채권(nontrade receivables)이 있다.

외상매출금(accounts receivable)은 회사가 제공한 재화 또는 용역에 대한 대가를 지급하겠다는 고객의 약속이며 통상적으로 3개월 이내에 회수가 가능한 채권이다. 일반적으로 회사가 고객에게 무이자로 제공한 단기간의 신용공여로 생각할 수 있다. 외상매출금은 순수한 외상계정이라고 할 수 있는데, 이는 증서나 담보를 받지 않고 외상으로 이루어진 거래의 결과로 발생한 채권이기 때문이다.

받을어음(notes receivable)은 작성자가 일정한 금액을 미래의 특정한 날에 지급하겠다는 서면약속이다. 약속어음은 증권의 형태를 갖고 있어 쉽게 양도하거나 담보로 사용할 수 있기 때문에 높은 유동성을 갖는다.

비매출채권은 다양한 거래의 결과로 발생하며 ① 대여금(임직원대여금, 관계회사대여금 등), ② 예치금(손해 및 손실보전예치금, 이행 및 지급보증예치금 등), ③ 미수수익(미수배당금, 미수이자수익 등), ④ 기타의 채권(손해보험미수금, 매입환출미수금 등)이 있다.

2) 상환우선주와 풋옵션금융상품

금융상품은 경제적 실질에 따라 재무상태표에 분류되어야 한다. 일반적으로는 경제적 실질과 법적 형식이 일치하지만 반드시 그러한 것은 아니다. 법적 형식은 지분상품이지만 실질적으로는 채무상품이거나 지분상품의 특성과 채무상품(금융부채)의 특성이 결합되어 있는 경우도 있다. 예컨대, 상환우선주의 발행자가 우선주보유자에게 미래 일정시점에 정해진 가격으로 우선주를 상환해야 할 계약상의 의무가 있다면 발행자는 이 우선주를 금융부채로 분류한다(제14장(자본)에서 보다 상세히 설명함).

또 다른 예로 금융상품보유자가 매도선택권(풋옵션)을 가진 경우로서 선택권을 행사할 가능성이 높으면 해당 금융상품보유자는 이를 금융자산으로 인식한다. 매도선택권의 보유자가 금융상품의 환매를 요구하여 현금 등 금융자산을 수취할 권리가 있기 때문이다. 금융상품의 발행자는 현금 등 금융자산의 지급을 회피할 수 있는 무조건적인 권리(unconditional right)를 가지고 있지 않다면 계약상의 의무를 금융부채로 보아야 한다.

(3) 자기지분상품

1) 자기지분상품이 자본거래가 되는 경우와 결제수단이 되는 경우

자기지분상품(회사의 주식)은 통상 자본거래의 대상이다. 즉, 주식을 발행하면 자본이 증가하고, 주식을 재취득하면 자본이 감소한다. 그러나 주식이 자본거래의 대상이 아니라 현금을 대신한 결제의 수단으로 활용되는 경우도 있으며, 〈표 11-1〉의 (4)-가)는 이러한 경우에 해당한다. 예컨대 기업은 용역을 제공하고 그 대가로 현금 대신 고객회사의 (자기회사) 주식을 받을 수 있다. 이 경우 거래대가에 해당하는 지분상품을 받을 권리가 존재하므로 금융자산이다.

기업이 확정금액을 대가로 확정수량의 주식을 인도하기로 한 거래는 지분상품의 발행(자본거래)으로 본다. 예를 들어, 주당 발행가격을 ₩100으로 하여 100주의 주식을 발행하기로 했다면 주고받을 대가와 수량이 확정되었기[1] 때문에 이는 자본거래로 취급한다.

반면 용역수취의 대가로 ₩10,000에 상당하는 자기지분상품(주식)을 발행하기로 하고 발행주식수를 정하지 않은 경우 주식의 발행수량은 발행시점의 주가에 의해 결정된다. 이 경우에는 ₩10,000을 금융부채로 분류한다.

2) 자기지분상품이 파생상품으로 이용되는 경우

자본거래가 아닌 파생상품거래로부터 나온 권리는 상황에 따라 금융자산이 될 수 있다. 예컨대 회사가 상대방에게 주식의 인도를 요구할 수 있는 옵션(파생상품)을 가진다면, 옵션의 행사가 여건의 변화에 따라 유리하게 될 때에만 자산으로서의 가치를 가지기 때문에 항상 자산으로 인식되는 것은 아니다. 따라서 옵션을 행사하는 것이 유리한 상황이 되면 옵션의 경제적 효익을 금융자산으로 인식할 수 있다.

회사가 용역의 대가로 계약상대방에게 ₩10,000을 수취하거나 자기회사 주식 100주를 요구할 수도 있는 옵션을 갖고 있다고 하자. 이 경우 주식의 시가가 ₩100 이상이면 이 옵션을 행사할 것이며 ₩100 미만이면 현금수취를 선택할 것이다. 따라서 회사는 주식의 시가가 ₩100 이상이면 옵션의 경제적 효익을 금융자산으로 인식한다. 만약 주식의 시가가 ₩110이라면 ₩1,000[=100주×(₩110－₩100)]을 금융자산으로 인식한다.[2] 반면 거래상대방은 해당 파생상품을 금융부채로 인식한다. 이러한 경우가 (4)-나)에 해당한다.

---

1) 이와 같이 수량과 금액이 확정된 거래를 확정 대 확정(fixed-for-fixed)거래라는 표현을 사용하기도 한다.

2) 옵션을 행사하는 것이 유리한 상황을 내가격상태(in-the-money)라고 하고, 무차별한 상황(행사가격과 기초상품의 가격이 동일한 경우)을 등가격상태(at-the-money)라고 하며, 불리한 상황을 외가격상태(out-of-the-money)라고 한다. 따라서 내가격상태일 때 파생상품권리의 소유자는 파생상품의 혜택을 자산으로 기록하고, 파생상품발행자는 금융부채를 기록해야 한다. 기타의 상황에서는 금융자산과 부채를 인식하지 않는다.

(4) 잠재적인 금융상품

〈표 11-1〉의 (3)-나)는 자기지분상품을 결제수단으로 하는 계약에 국한하지 않고 보다 광범위한 파생상품에 근거한 거래로부터 발생한 권리를 행사하는 것이 유리한 상황에 이를 금융자산으로 인식하는 경우를 들 수 있다.

예컨대 ₩10,000어치의 용역제공의 대가로 현금을 받을 수도 있고, 금 10온스를 요구할 수도 있는 옵션(파생상품)을 갖고 있다고 하자. 이 경우 금의 시가가 1온스에 ₩1,000 이상이면 옵션을 행사할 것이며 ₩1,000 미만이면 현금을 선택할 것이다. 따라서 회사는 금의 시가가 ₩1,000 이상이 되면 옵션의 경제적 효익을 금융자산으로 인식한다. 만일 금의 시가가 ₩1,100이라면 ₩1,000[=10온스×(₩1,100-₩1,000)]을 금융자산으로 인식한다. 거래상대방은 현금 ₩10,000 또는 금의 시가에 상당하는 대가를 지급해야 하는 금융부채가 발생한다.

제2절 금융자산의 인식, 분류, 측정

금융자산은 금융상품의 계약당사자가 되는 때에만 재무상태표에 인식(recognition)한다. 최초로 금융자산을 인식하는 때에는 당해 금융자산을 사업모형과 현금흐름의 특성에 따라 분류하며, 분류에 따라 상이하게 측정한다.

1 금융자산의 분류

(1) 현금흐름 특성과 사업모형에 따른 금융자산의 분류 1109:4.1.1-4

K-IFRS 제1109호에서는 금융자산을 당해 금융상품의 현금흐름 특성과 이를 보유하는 기업의 사업모형에 따라 상각후원가측정(이하 'AC')금융자산, 기타포괄손익-공정가치측정(이하 'FVOCI')금융자산 그리고 당기손익-공정가치측정(이하 'FVPL')금융자산으로 분류하고 있다(〈표 11-2〉 참조).[3]

3) AC금융자산 : Financial Assets measured at Amortized Costs
FVOCI금융자산 : Financial Assets measured at Fair Value through Other Comprehensive Income

▶ 표 11-2
금융상품의 분류와 측정

사업모형 \ 현금흐름 특성	원금과 이자만으로 구성 (채무증권 등)	기 타 (지분증권 등)
계약상 현금흐름의 수취 목적	상각후원가측정(AC)금융자산*	당기손익-공정가치측정 (FVPL)금융자산**
계약상 현금흐름의 수취 및 금융자산의 매도 목적	기타포괄손익-공정가치측정 (FVOCI)금융자산*	
기타(매도를 통한 투자이익 실현 목적 등)	당기손익-공정가치측정 (FVPL)금융자산	

* AC금융자산과 FVOCI금융자산은 회계불일치를 제거하거나 유의적으로 줄일 수 있는 경우에는 최초인식시점에 FVPL금융자산으로 지정할 수 있다. 단, 한번 지정하면 이를 취소할 수 없다.
** 지분증권의 경우 단기매매항목이 아니라면 최초인식시점에 FVPL금융자산의 후속적인 공정가치 변동을 기타포괄손익으로 표시하도록 지정할 수 있다. 즉, FVOCI금융자산으로 분류할 수 있다. 다만, 한번 지정하면 취소할 수 없으며, 인식된 기타포괄손익을 이후에 당기손익으로 재순환시킬 수도 없다.

다음 두 가지 조건을 모두 충족한 경우에 한하여 금융자산을 AC금융자산으로 분류한다.

① 금융자산의 계약조건에 따라 특정일에 원금과 원금잔액에 대한 이자지급(이하 '원리금 지급')만으로 구성되어 있는 현금흐름이 발생한다.
② 계약상 현금흐름의 수취가 목적인 사업모형하에서 금융자산을 보유한다.

위 두 가지의 제약조건으로 인하여 채무증권만이 AC금융자산으로 분류될 수 있다. 예컨대 전환사채는 원리금 및 이자지급과 전환권이 결합된 증권이기 때문에 AC증권으로 분류할 수 없다.4)

한편, 위 ①의 조건(원리금 지급)은 동일하되, 계약상 현금흐름의 수취 및 금융자산의 매도가 목적인 사업모형하에서 금융자산을 보유한다면, 당해 금융자산을 FVOCI금융자산으로 분류한다. AC금융자산이나 FVOCI금융자산이 아닌 금융자산은 FVPL금융자산으로 분류한다. 채무증권 중에서 FVPL금융자산은 주로 매도를 통한 투자수익을 목적으로 하거나 기업의 유동성 관리와 관련된 단기매매 목적으로 보유하는 채권이다.

(2) 당기손익-공정가치선택권과 기타포괄손익-공정가치선택권 1109:4.1.4-5

금융상품의 보유자는 최초인식시점에 AC금융자산 또는 FVOCI금융자산의 성격을 갖는 채무증권 금융자산을 FVPL금융자산으로 지정할 수 있다. 이를 당기손익-공정가치선택권(FVPL option)이라고 한다. 한번 FVPL금융자산으로 분류를 선택하면 이후에 이를 취소할 수 없다.

FVPL금융자산 : Financial Assets measured at Fair Value through Profit or Loss
4) 전환사채발행자는 전환사채를 사채와 전환권을 분리하여 각각 금융부채와 자본으로 인식한다. 즉 전환사채 보유자와 발행자의 회계처리가 대응되지 않을 수 있다는 점에 유의한다.

비슷하게 FVPL금융상품이지만 단기매매항목[5]이 아니라면 최초인식시점에 이를 FVOCI금융자산으로 지정할 수 있다. 이를 기타포괄손익-공정가치선택권(FVOCI option)이라고 한다. 다만, 지정한 이후에는 이를 취소할 수 없으며, 또한 인식한 기타포괄손익을 이후에 당기손익으로 재순환시킬 수도 없다.

이러한 공정가치선택권은 금융상품을 FVPL금융자산이나 FVOCI금융자산으로 지정함으로써 정보의 목적적합성이 증가할 때 정당화된다. 예컨대, 금융상품의 위험을 회피하기 위하여 위험회피수단으로 사용하는 금융상품은 공정가치로 측정하고, 위험회피의 대상이 되는 금융상품은 상각후원가로 측정되는 경우가 있다. 이처럼 연계된 특정 금융상품에 대해 측정이나 인식이 다른 상황을 회계불일치라고 한다. 이 경우 연계된 금융자산과 금융부채를 동일하게 FVPL금융상품으로 분류하면, 재무제표가 더 목적적합한 정보를 제공할 수 있다.

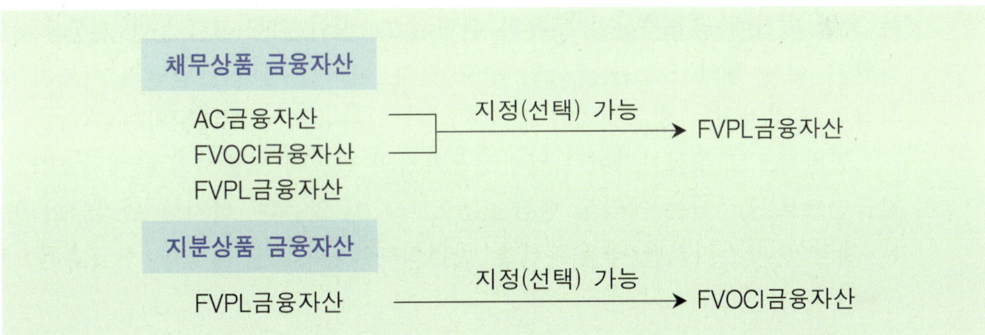

▶ 그림 11-1
FVPL선택권과 FVOCI선택권

2 금융자산의 분류기준

금융자산의 회계상 분류는 다음 두 가지 기준에 의해 수행된다.

① 금융자산의 계약상 현금흐름 특성 : 다음 두 가지 특성으로 구분한다.
- 계약상 원리금 지급만으로 구성되어 있는 현금흐름이 발생
- 기타 계약상 현금흐름

② 금융자산의 관리를 위한 사업모형 : 다음 세 가지 사업모형으로 구분한다.
- 원리금수취 목적 : 계약상 현금흐름을 수취하기 위한 목적
- 원리금수취 및 매도 목적 : 계약상 현금흐름의 수취 및 매도 목적

5) 단기매매항목이란 다음 중 하나에 해당하는 금융상품을 말한다.
(1) 주로 단기간에 매각하거나 재매입할 목적으로 취득하거나 부담한다.
(2) 최초인식시점에 공동으로 관리하는 특정 금융상품 포트폴리오의 일부로 운용형태가 단기적 이익획득 목적이라는 증거가 있다.
(3) 파생상품

- 기타 목적 : 매도 목적 등의 기타 목적

위에 언급한 분류기준에 대해 좀더 상세히 살펴보기로 하자.

(1) 계약상 현금흐름의 특성 1109:4.1.3

AC금융자산은 계약상 현금흐름의 특성이 원금과 이자(원리금) 지급으로만 구성되어 있어야 한다. 여기에서 원금과 이자의 의미는 다음과 같다.

① 원금 : 최초인식시점의 금융자산의 공정가치이지만, 상환 등으로 인하여 존속기간에 걸쳐 변동할 수 있음

② 이자 : 화폐의 시간가치, 신용위험 및 기타 위험에 대한 대가와 이윤으로 구성

이자의 주요 요소는 화폐의 시간가치와 신용위험에 대한 대가이다. 더불어 이자는 특정 기간에 금융자산의 보유와 관련된 그 밖의 위험(예를 들면, 유동성 위험)과 관리원가, 이윤 등의 요소를 포함할 수도 있다. 이러한 정의는 원금과 이자가 최초인식시점의 공정가치나 명목이자율로 고정되어 있지 않다는 것을 의미한다.

일반적으로 주식가격이나 일반상품가격의 변동에 노출시키는 계약조건은 원리금 지급만으로 구성되는 계약상 현금흐름으로 보지 않는다. 하지만 원리금의 변동이 기본 계약의 시간가치나 신용위험을 반영하는 것이라면 계약상 현금흐름으로 본다 (예제 11-1 참조).

다음은 원리금 지급만으로 구성되는 계약조건의 사례를 보여주고 있다.

① 화폐의 시간가치, 특정 기간에 원금잔액과 관련된 신용위험, 그 밖의 기본적인 대여위험과 원가에 대한 대가 및 이윤으로 구성되는 변동이자율

② 발행자가 채무상품을 중도상환하거나 보유자가 만기 이전에 채무상품을 발행자에게 환매할 수 있게 허용하고, 중도상환금액이 미지급된 원리금을 실질적으로 나타내며, 이 중도상환금액에는 계약의 조기 청산에 대한 합리적인 추가 보상이 포함될 수 있는 계약조건

③ 발행자나 보유자가 채무상품의 계약기간을 연장할 수 있도록 허용하며, 이러한 연장옵션의 조건 때문에 연장된 기간의 계약상 현금흐름에는 원리금 지급만 존재하고, 이 금액에는 계약의 연장에 대한 합리적인 추가 보상이 포함될 수 있는 계약조건

일부 금융자산의 경우에 계약상 현금흐름이 원금과 이자로 기술되어 있으나, 그러한 현금흐름이 원리금 지급을 나타내지 않을 수 있다. 예를 들면 금융자산의 계약상 현금흐름이 발행자의 성과와 연계되어 있다면 이러한 계약상 현금흐름은 원리금 지급만으로 구성되었다고 볼 수 없다.

예제 11-1 계약상 현금흐름

회사는 만기일이 명시되어 있는 채권을 보유하고 있다. 다음 각 경우에 이 금융상품이 원리금 지급만으로 구성된 현금흐름을 가지는 금융상품인지 판단하라.

1) 만기까지 매년말에 액면금액에 정해진 이자율을 곱한 이자를 지급한다.
2) 원리금 지급이 인플레이션지수와 연계되어 있다.
3) 이자지급이 채무자의 재무적 성과(순이익)와 연계되어 있다.
4) 확정수량의 발행자 지분상품으로 전환가능한 전환사채이다.

해답

1) 계약상 현금흐름이 원리금 지급만으로 구성되어 있다.
2) 원리금 지급이 인플레이션지수와 연계된 것은 이 금융상품의 실질이자를 반영하기 위한 조치이다. 따라서 이 경우에도 이 금융상품은 원리금의 지급으로만 구성된 현금흐름을 갖는 금융자산에 해당한다.
3) 이자지급이 채무자의 성과와 연계되어 있다면 성과에 따라 이자지급이 변동할 것이기 때문에 계약상 현금흐름은 원리금 지급으로만 구성되었다고 볼 수 없다.
4) 전환사채는 계약상 현금흐름이 발행자의 지분가치와 연계되어 있기 때문에 계약상 현금흐름은 원리금 지급만으로 구성된 금융자산으로 볼 수 없다.

(2) 금융자산 관리를 위한 사업모형 1109:4.1.1-2

사업모형은 현금흐름을 창출하기 위해 금융자산을 관리하는 방식을 의미한다. 사업모형에 따라 금융자산의 보유목적이 계약상 현금흐름의 수취인지, 매도인지 또는 둘 다인지가 결정된다.

사업모형은 사업목적을 달성하기 위한 금융자산 포트폴리오를 관리하는 방식을 반영하여 결정한다. 따라서 사업모형에 대한 결정은 개별 금융상품 수준이 아니라 포트폴리오 수준에서 통합하여 결정해야 한다.

금융자산의 관리를 위한 사업모형을 평가할 때에는 평가일에 이용가능한 모든 관련 증거를 고려해야 하며, 관련 증거에는 다음 사항을 고려해야 한다.

① 사업모형과 그 사업모형에서 보유하는 금융자산의 성과를 평가하고 그 평가내용을 주요 경영진에게 보고하는 방식
② 사업모형의 성과에 영향을 미치는 위험과 그 위험을 관리하는 방식
③ 그 사업의 경영진에 대한 보상방식 : 공정가치에 기초한 보상 또는 계약상 현금흐름에 기초한 보상

1) 계약상 현금흐름의 수취가 목적인 사업모형

계약상 현금흐름의 수취가 목적인 사업모형에서는 금융자산을 존속기간에 걸쳐 계약에 기술되어 예상되는 현금흐름을 수취하여 실현될 수 있도록 관리한다. 하지만 계약상 현금흐름의 수취가 목적이라 하더라도 금융상품을 만기까지 보유해야 한다는 것을 의미하지 않는다. 예상한 현금흐름을 실현하기 위해서 포트폴리오 내 금융자산의 일부를 매도하거나 미래에 매도할 수 있다.

예를 들어, 금융자산의 신용위험이 증가하여 해당 금융자산을 지속적으로 보유하는 경우 예상하는 현금흐름을 실현하지 못할 수 있다. 이 경우, 해당 금융자산을 매도하는 것이 계약상 현금흐름을 수취하기 위해 금융자산을 보유하는 사업목적과 상충되는 것은 아니다.

매도금액이 유의적이더라도 이러한 매도가 빈번하지 않거나 매도가 빈번하더라도 개별적으로 또는 집합적으로 매도금액이 유의적이지 않다면 계약상 현금흐름을 수취하기 위한 사업모형으로 볼 수 있다. 또한 금융자산의 만기가 가까운 시점에 매도하고 매도로 수취하는 대가가 남은 계약상 현금흐름의 수취액과 거의 같다면 해당 매도는 계약상 현금흐름을 수취하기 위한 사업모형일 수 있다.

2) 계약상 현금흐름의 수취 및 금융자산의 매도가 목적인 사업모형 1109:B4.1.4A-4C

경영진은 금융자산의 보유에서 오는 계약상 현금흐름의 수취와 금융자산의 매도에서 오는 성과를 모두 중요한 사업목적으로 설정할 수 있다. 예를 들면 사업모형의 목적이 매일 유동성 수요를 관리하거나, 특정 이자수익률 수준을 유지하거나, 금융자산에 연계된 부채의 기간 및 현금흐름을 맞추는 것일 수 있다. 이러한 목적을 이루기 위해 금융자산의 계약상 현금흐름을 수취하거나 매도를 하는 것이 필수적이다.

계약상 현금흐름을 수취하기 위해 금융자산을 보유하는 것이 목적인 사업모형과 비교하면, 이 사업모형에서는 매도가 목적의 일부이기 때문에 대체로 더 빈번하게 더 많은 금액을 매도할 것이다. 그러나 K-IFRS에서는 이러한 사업모형에서 일어나야만 하는 금융자산 매도의 빈도나 금액에 대한 기준을 따로 제시하지 않고 있다.

예제 11-2 계약상 현금흐름 수취목적의 사업모형

다음 두 사례에 대해 금융자산의 사업모형이 계약상 현금흐름을 목적으로 하는지 계약상 현금흐름과 매도를 목적으로 하는지 분석하라.

1. 회사의 자금수요에 연계시켜 계약상 현금흐름을 창출하는 목적으로 금융자산을 보유하고 있다. 주요 경영진에게는 금융자산의 신용상태와 계약상 수익에 초점을 맞춰 보고하고, 해당 금융자산의 공정가치도 주의 깊게 관찰한다. 신용손실을 최소화하기 위한 신용위험관리 활동을 수행하고, 문서화된 투자지침에서 정한 신용기준을 더 이상 충족하지 못하면 해당 금융자산을 매도한다. 예상하지 못했던 자금수요에 따라 금융자산을 매도한 경우는 거의 없었다.

2. 회사는 몇 년 내에 상당한 자본적 지출을 예상하고 있다. 기업은 자금수요가 생겼을 때 해당 지출에 사용할 수 있도록 잉여현금을 단기 및 장기 금융자산에 투자한다. 많은 금융자산의 계약상 존속기간이 기업의 예상투자기간을 초과한다. 계약상 현금흐름을 수취하기 위해 금융자산을 보유하며 기회가 있을 경우 높은 수익률의 금융자산에 투자하기 위해 해당 금융자산을 매도한다.

해답

1. 회사의 자금수요와 연계되어 관리되고 있기 때문에 이 금융자산은 계약상 현금흐름 수취목적의 금융자산이라 할 수 있다. 문서화되어 있는 투자지침을 충족하지 못하여 일부 금융자산을 매도하더라도 계약상 현금흐름 수취목적에 반하지 않는다. 또한 예상 밖의 자금수요에 따라 빈번하지 않지만 금융자산을 매도하더라도 계약상 현금흐름 수취목적의 금융자산과 상충되지는 않는다.
2. 계약상 현금흐름의 수취와 금융자산의 매도 모두를 사업목적으로 갖는 금융자산이다. 이 사업모형의 목적은 매일의 유동성 수요를 충족하기 위해 포트폴리오의 수익을 극대화하기 위한 것이고, 이러한 목적을 이루는 데 계약상 현금흐름의 수취와 금융자산의 매도 모두 필수적이기 때문이다.

3) 기타 사업모형 1109:B4.1.5

금융자산은 계약상 현금흐름 수취목적의 사업모형이나 계약상 현금흐름 수취와 매도가 모두 아닌 경우 기타 사업모형으로 구분된다. 기타 사업모형의 예로는 자산의 매도를 통해 투자이익을 실현할 목적으로 금융자산에 투자하는 것이다. 이 사업모형에서는 해당 자산의 투자이익을 실현하기 위해 금융자산을 관리하며 빈번하게 금융자산의 매매거래를 하게 된다. 즉 공정가치 변동이 성과를 평가하는 데 중요하다.

기타 사업모형에서는 금융자산을 보유하는 동안에 이자수익 또는 배당수익을 수취할 수는 있지만 이는 부수적이며 필수적이라고 보지 않는다. 예컨대, 단기매매 목적의 투자증권에서 배당수익 또는 이자수익을 받을 수도 있지만, 이런 현금흐름이 없더라도 매매차익의 실현을 통해서 투자목적을 달성할 수 있기 때문에 이러한 사업모형에서 배당수익 또는 이자수익은 부수적인 현금흐름이라고 본다.

3 금융자산의 최초측정 1109:5.1.1-3

금융자산은 최초인식시점에 공정가치로 측정한다.[6] 최초인식시점에 금융자산 공정가

6) 공정가치가 거래가격과 다른 경우에도 공정가치로 측정한다. 예를 들면, 시장이자율이 8%일 때 5%의 이자율로 대여하고 그 대가로 미리 수수료를 받는다면, 대여금은 수취하는 수수료를 차감한 후 순액으로 인식한다.

치의 최선의 증거는 일반적으로 거래가격이다.[7] 이러한 공정가치는 화폐의 시간가치를 반영한다.

매출채권은 금융자산이지만, 최초인식시점에 유의적인 금융요소를 포함하지 않는다면 화폐의 현재가치를 반영하지 않는다. 예컨대, 성화(주)는 상품 ₩1,000,000을 판매하고 30일 후에 대금을 받기로 하였다. 성화(주)의 할인율이 연리 6%(월 0.5%)라고 가정한다면 매출채권의 현재가치는 ₩995,025(=₩1,000,000/1.005)으로 계산된다. 그러나 현실적으로 매출채권의 이자요소를 별도로 구분하는 것은 그 중요성 차원에서 번거롭기만 할 뿐 실익이 없다. 따라서 단기매출채권의 이자요소를 인식하지 않고 액면금액 ₩1,000,000을 그대로 매출채권으로 보고하는 것이 일반적이다.

취득시점에 금융자산의 취득과 관련한 거래원가(transaction costs)가 발생할 수 있다. 거래원가란 금융자산의 취득, 처분과 직접 관련된 증분원가로서 중개인수수료와 감독기구 및 증권거래소의 부과금과 양도세 등이 포함된다.

FVPL금융자산의 취득과 관련한 거래원가는 금융자산의 공정가치에 가산하지 않고 당기비용으로 처리한다. 그 이유는 FVPL금융자산은 보고기간말에 공정가치로 평가하므로 거래원가를 자산의 취득원가에 가산하더라도 기말에 공정가치에 반영되지 않고 비용화된다. 따라서 거래원가를 공정가치에 가산하지 않고 당기비용으로 처리하더라도 당기손익에 미치는 영향도 같고 재무상태표에 표시되는 FVPL금융자산의 금액도 동일하다.

FVPL금융자산이 아닌 FVOCI금융자산과 AC금융자산의 경우에 해당 금융자산의 취득과 직접 관련되는 거래원가는 취득원가에 가산한다. 그런데 FVOCI금융자산의 경우, 취득 다음날이 회계기말이고 공정가치의 변화가 없다면 금융자산의 장부가격은 공정가치보다 거래원가만큼 과대평가되어 있을 것이다. 따라서 회계기말에 장부가격을 공정가치로 평가해야 하므로 거래원가만큼 금융자산평가손실(OCI)로 인식해야 한다. 이런 현상을 익일평가손익인식이라고 한다.

---

7) 공정가치가 거래가격과 다르면, 금융자산을 그 날짜에 다음과 같이 회계처리한다.
① 공정가치가 활성시장의 공시가격에 따라 입증되거나 관측가능한 시장의 자료만을 사용하는 평가기법에 기초한다면, 금융자산을 공정가치로 측정하고 공정가치와 거래가격 간의 차이는 손익으로 인식한다.
② 그렇지 않은 경우에는 공정가치와 거래가격 간의 차이를 이연시킨다. 최초인식 후에는 시장참여자가 금융자산의 가격을 결정하는 데 참고한 요소의 변동이 영향을 미치는 기간을 감안하여 이연된 차이를 손익으로 인식한다.
위 ②의 예를 들면, 이자를 받지 아니하는 장기대여금의 공정가치는 비슷한 신용등급을 가진 금융상품의 시장이자율로 할인한 미래 모든 현금흐름의 현재가치로 측정할 수 있다. 추가로 지급한 금액이 어떤 형태로든 자산의 인식기준을 충족하지 못하면, 해당 금액은 비용으로 인식하거나 수익에서 차감한다. 예컨대, 액면 ₩100,000(3년 만기, 액면이자율 5%) 사채를 취득하였는데, 시장이자율이 8%라면 이의 현재가치인 ₩90,912을 지급해야 한다. 그런데 실제로 ₩92,000을 지급했다면 추가지급액 ₩1,088은 당기비용으로 처리해야 한다.

예제 11-3 익일평가손익인식

동진(주)는 20×1. 3. 30에 금융자산을 ₩10,000에 취득하고 거래수수료 ₩200을 지급하였다. 동진(주)는 당해 금융자산을 FVOCI금융자산으로 분류하였다. 회계기말인 20×1. 3. 31에도 동 금융자산의 공정가치는 ₩10,000으로 하루 전과 동일하였다. 만약 20×1. 3. 31에 동 금융자산을 처분한다면 거래수수료 ₩300을 지급해야 한다. 동진(주)의 동 금융자산에 대한 취득 및 평가손익에 대한 회계처리를 하라.

해답

1) 취득시점(20×1. 3. 30)

(차) FVOCI금융자산	10,200*	(대) 현 금	10,200

* 거래수수료 ₩200을 FVOCI금융자산의 취득원가에 가산한다.

2) 회계기말(20×1. 3. 31)

(차) FVOCI금융자산평가손실(OCI)	200*	(대) FVOCI금융자산	200

* 공정가치의 변동은 없지만 금융자산의 취득원가에 포함된 거래원가를 FVOCI금융자산평가손실로 인식한다.

(주) 처분하는 경우에 부담할 거래수수료 ₩300은 회계처리 대상이 아니다.

4 금융자산의 후속측정 1109:5.2.1-3

최초인식시 금융자산은 AC금융자산, FVOCI금융자산 또는 FVPL금융자산 중의 하나로 분류한다. 취득 후의 회계처리에 대하여 알아보자. 단, AC금융자산과 FVOCI금융자산의 자산손상 회계처리는 다음 제12장에서 상세하게 설명한다.

(1) 상각후원가로 측정하는 금융자산

AC금융자산은 취득시에 공정가치로 측정하고 후속적으로 상각후원가로 평가한다. 유효이자율법을 사용하여 이자수익을 인식하여 당기손익에 반영한다.

1) 유효이자율과 상각후원가의 측정

유효이자율이란 금융상품의 기대존속기간에 추정미래현금흐름의 현재가치를 금융상품의 장부금액(상각후원가)과 정확히 일치시키는 이자율을 말한다. 유효이자율을 계산할 때 해당 금융상품의 모든 계약조건(예를 들면, 중도상환옵션, 콜옵션 등)을 고려하여 기대현금흐름을 추정한다. 또한 계약당사자간 지급하거나 수취하는 수수료, 거래원가, 그 밖의 모든 할증액과 할인액(이하 '수수료 등')을 반영한다. 그러나 단순히 신용위험의 증가로 발생하는 기대신용손실(이에 대해서는 제12장에서 상세히 설명함)은 고려하지 아니한다.

반면, 금융자산의 최초인식시점에 신용위험이 매우 높아서 최초인식시점에 금융자산의 신용이 손상된 것으로 보고 크게 할인한 가격으로 매입하는 경우가 있다. 이때에는 기업의 신용위험이 반영된 신용조정유효이자율을 적용하는데, 신용조정유효이자율을 계산할 때에는 추정미래현금흐름에 최초에 추정된 기대신용손실을 포함한다.

채무상품 금융자산은 현금흐름과 기대존속기간을 신뢰성 있게 추정할 수 있다고 본다. 그러나 금융상품에 대한 현금흐름이나 기대존속기간을 신뢰성 있게 추정할 수 없는 경우에는 전체 계약기간의 계약상 현금흐름을 사용하여 유효이자율을 구한다.[8]

예제 11-4 금융자산의 측정 – AC금융자산

(주)광명은 20×1. 1. 1 사채를 취득했다. 사채의 액면금액은 ₩10,000이고 매년말에 10%의 이자를 지급받으며, 만기는 발행일로부터 3년이다. (주)광명은 이 사채를 AC금융자산으로 분류하였다. 사채의 유효이자율이 12%일 경우 취득일과 이자수취일의 분개를 하라.

해답

취득시점 현재가치계산 (표시이자율=10%, 유효이자율=12%)

AC금융자산의 액면금액		₩10,000
AC금융자산의 현재가치 :		
액면금액의 현재가치(₩10,000×0.7118)	₩7,118	
이자의 현재가치(₩1,000×2.4018)	2,402	(9,520)
액면금액과 현재가치의 차액		₩480

유효이자율이 표시이자율보다 높아서 AC금융자산의 현재가치(공정가치)가 액면금액보다 낮다.

유효이자율법에 따른 상각후원가

일 자	유효이자	현금이자	현재가치할인차금		총장부금액
			당기상각액	기말잔액	(상각후원가)
20×1. 1. 1				₩480	₩9,520
20×1. 12. 31	₩1,142[a)]	₩1,000[b)]	₩142[c)]	338[d)]	9,662[e)]
20×2. 12. 31	1,159	1,000	159	179	9,821
20×3. 12. 31	1,179	1,000	179	–	10,000
합 계	₩3,480	₩3,000	₩480		

a) ₩9,520(기초장부금액)×12%(유효이자율)=₩1,142(유효이자)
b) ₩10,000(액면금액)×10%(표시이자율)=₩1,000(현금이자)
c) ₩1,142(유효이자)−₩1,000(현금이자)=₩142(당기상각액)
d) ₩480(전기말 할인차금)−₩142(당기상각액)=₩338(당기말 할인차금)
e) ₩9,520(전기말 총장부금액)+₩142(당기상각액)=₩9,662(당기말 총장부금액)
또는 ₩10,000(액면금액)−₩338(현재가치할인차금기말잔액)=₩9,662

8) 시장이자율의 변동을 반영하기 위하여 변동금리부 금융상품의 현금흐름을 주기적으로 재추정하는 경우에는 유효이자율이 변동된다.

① 20×1. 1. 1 취득일의 분개

(차) AC금융자산	10,000*	(대) 현 금	9,520
		현재가치할인차금	480

* 현재가치할인차금의 상각으로 AC금융자산의 장부금액이 증감된다. 현재가치할인차금계정을 사용하지 않고 AC금융자산을 순액 ₩9,520(=₩10,000－₩480)으로 회계처리해도 된다.

② 20×1. 12. 31 이자수취일의 분개(유효이자율법으로 이자수익 인식)

(차) 현 금	1,000	(대) 이 자 수 익	1,142
현재가치할인차금	142		

유효이자율법(effective interest rate method)은 다음과 같은 순서를 거쳐 적용한다.

① 현금이자(액면이자)는 액면금액에 표시이자율을 곱하여 구한다.

② 손익계산서상에 계상되는 유효이자는 기초 총장부금액(또는 상각후원가)에 유효이자율을 곱하여 구한다. (주)광명의 1년말의 이자수익은 취득원가 ₩9,520에 시장이자율 12%를 곱한 ₩1,142이다.

③ 현금이자와 유효이자의 차이가 현재가치할인(할증)차금의 상각액이 된다. 이 상각액의 만기에 걸친 합계액은 사채취득시점에 기록했던 할인(할증)차금과 같아진다. 매기 할인(할증)차금상각액만큼 금융자산의 장부금액이 증가(감소)한다.

④ 할인(할증)차금 잔액은 기초잔액에서 당기상각액을 차감하여 구하는데, 이는 기간이 지남에 따라 점차 감소하여 만기에는 ₩0이 된다.

⑤ 금융자산의 총장부금액은 기초장부금액에 당기상각액을 더하거나(할증차금이 존재할 경우에는 차감) 액면금액에서 미상각현재가치할인(할증)차금을 차감(가산)하여 구하는데 이는 점차 증가(할증차금이 존재할 경우에는 점차 감소)하여 만기에는 액면금액과 같아진다.

유효이자율법을 적용하는 경우에 일반적으로 유효이자율의 계산에 반영되는 거래원가, 수수료 등은 해당 금융상품의 기대존속기간에 걸쳐 상각된다. 그러나 이러한 수수료 등과 관련된 기간이 기대존속기간보다 더 짧은 경우에는 그 짧은 기간을 사용한다.

2) 이자수익과 신용이 손상된 금융자산

이자수익은 금융자산의 신용손상 상태에 따라 〈표 11-3〉과 같이 달리 인식한다. 금융자산의 손상에 대해서는 제12장에서 상세히 설명하고 있다.

상각후원가란 최초인식시점에 측정한 금융자산에서 상환된 원금을 차감하고, 유효이자율법을 적용하여 계산한 상각누계액을 가감한 금액을 말한다. 신용의 손상이 있는 경우 상각후원가란 추가로 손실충당금(금융자산손실충당금에 대해서는 제12장에서 보다 상세히 설명함)을 조정한 금액을 의미한다. 손실충당금을 반영하기 전 금융자산의

▶ 표 11-3
AC금융자산의 이자계산

신용손상의 상태	이자계산
최초 발생시점이나 매입시점에 신용이 손상되어 있는 금융자산	상각후원가×신용조정유효이자율
최초에는 신용이 손상되어 있지 않았지만 후속적으로 신용이 손상된 금융자산	상각후원가×유효이자율
기타(신용이 손상되지 않음)	총장부금액×유효이자율

(주) 총장부금액 : 최초인식금액에서 상환되거나 상각된 금액을 차감한 금액
상각후원가 : 총장부금액에서 손상으로 인한 손실충당금을 차감한 금액
유효이자율 : 기대존속기간 추정미래현금흐름의 현재가치를 장부금액과 일치시키는 이자율
신용조정유효이자율 : 기대존속기간의 추정미래현금흐름의 현재가치를 상각후원가와 일치시키는 이자율

상각후원가를 총장부금액이라고 말한다. 즉, 상각후원가는 총장부금액에서 손실충당금을 차감한 금액이다.

신용조정유효이자율이란 취득시점에 신용이 손상되어 있는 금융자산의 기대존속기간에 걸친 추정미래현금흐름의 현재가치를 해당 금융자산의 상각후원가와 정확히 일치시키는 이자율을 의미한다. 신용조정유효이자율을 계산할 때 해당 금융상품의 모든 계약조건(중도상환옵션, 콜옵션 등)과 기대신용손실을 고려하여 기대현금흐름을 추정한다. 이때 유효이자율의 주요 구성요소에 해당하는 수수료 등을 반영하여 신용조정유효이자율을 계산한다.

3) 평가와 처분

AC금융자산은 보고기말에 예제 11-4 와 같이 상각후원가로 측정하여 보고하고, 보고기간 동안의 이자수익을 인식하며 (손상을 제외한) 평가손익은 인식하지 않는다. AC금융자산을 만기까지 보유하는 경우에는 상환받은 금액이 만기의 액면금액과 동일하므로 처분손익이 발생하지 않는다.

만기일 이전에 처분하는 경우에는 유효이자율법에 따라서 처분일까지의 이자수익을 인식하고 이에 따른 상각후원가(총장부금액)를 계산한 후 처분대가와 상각후원가의 차이를 처분손익(당기손익)으로 인식한다. 만일 처분되는 AC금융자산이 손상되어 손실충당금이 있다면 총장부금액에서 손실충당금을 차감한 금액과 처분대가의 차액이 처분손익이 된다.

AC금융자산처분손익 = 처분대가 − 총장부금액 : 손상이 없는 경우
= 처분대가 − (총장부금액 − 손실충당금) : 손상이 있는 경우

예제 11-5 유효이자율과 이자수익

원주(주)는 20×1. 1. 1에 3년 만기 액면이자율 8%의 채무증권(액면금액 ₩10,000)을 취득하고 이를 AC금융자산으로 분류했다.

1. 금융자산을 ₩9,503에 취득하였다고 가정하고
   1) 유효이자율을 계산하라.
   2) 취득시 및 1차년도말에 이자수익의 인식에 대한 분개를 하라.
   3) 2차년도초에 채무증권발행자의 신용이 악화하여 앞으로 2년 동안 이자를 받지 못하고 원금도 만기에 ₩8,000만을 회수할 것으로 기대하고 있다면, 2차년도초에 인식할 손상차손과 2차년도말에 이자수익에 대한 회계처리를 하라.
2. 취득시점부터 신용이 손상되어 금융자산을 ₩6,000에 취득하였다고 가정하고,
   1) 신용조정유효이자율을 계산하라.
   2) 취득시 및 1차년도말에 이자수익의 인식에 대한 분개를 하라.

해답

1\. 1) 향후 3년 동안 연도말에 수취할 ₩800, ₩800과 ₩10,800의 현금흐름을 채무증권의 취득원가(현재가치)와 일치시키는 이자율(미지수)이 유효이자율이다.

$$₩9{,}503 = ₩800/(1+r) + ₩800/(1+r)^2 + ₩10{,}800/(1+r)^3 \quad \because\ r=0.1(10\%)$$

2) 20×1년의 이자수익 = ₩9,503(기초 총장부금액)×0.1(유효이자율) = ₩950

20×1. 1. 1(취득시점)

(차) AC금융자산	9,503	(대) 현 금	9,503

20×1. 12. 31(이자수익의 인식)

(차) 현 금	800	(대) 이 자 수 익	950
AC금융자산	150		

(주) 사채의 기말 총장부금액 : ₩9,503(기초 총장부금액)+(₩950−₩800(현금이자))=₩9,653

3) 손상차손 : ₩9,653(20×2년초 총장부금액)−₩8,000/$(1+0.1)^2$=₩3,041(20×2년초 손실충당금)

(차) 금융자산손상차손	3,401	(대) 손실충당금-AC금융자산	3,401

20×2년의 이자수익=[₩9,653−₩3,041](기초 상각후원가)×0.1(유효이자율)=₩661

(차) AC금융자산*	661	(대) 이 자 수 익	661

* 금융자산의 손상으로 이자를 받지 못할 것으로 예상되므로(현금이자 ₩0) 이자수익 전체를 AC금융자산의 가산으로 인식한다.

(주) 사채의 기말 상각후원가 : [₩9,653+₩661(이자수익)](기말 총장부금액) −₩3,041(기초 손실충당금)=₩7,273

2\. 1) 신용조정유효이자율은 다음과 같이 30%로 산출된다.

$$₩6{,}000 = ₩800/(1+r) + ₩800/(1+r)^2 + ₩10{,}800/(1+r)^3 \quad \because\ r=0.3(30\%)$$

2) 20×1년의 이자수익 = ₩6,000(상각후원가)×0.3(신용조정유효이자율) = ₩1,800

20×1. 1. 1(취득시점)

(차) AC금융자산	6,000	(대) 현 금	6,000

➥계속

20×1. 12. 31(이자수익의 인식)

(차) 현　　금	800	(대) 이 자 수 익	1,800
AC금융자산	1,000		

(2) 공정가치로 측정하는 금융자산

자산과 부채의 공정가치란 측정일에 시장참여자 사이의 정상거래에서 자산을 매도하면서 수취하거나 부채를 이전하면서 지급하게 될 가격으로 정의된다. 공정가치를 측정할 때에는 활성시장(active market)이 있는지 없는지에 따라 다음과 같은 순서의 공정가치 서열체계를 따르도록 하고 있다. 활성시장이란 거래자들이 쉽게 접근할 수 있는 주된 시장(principal market) 또는 가장 유리한 시장(most advantageous market)을 의미한다. 시장가격은 활성시장에서 공시되는 가격으로서 가장 확실한 공정가치이다.

① 활성시장이 있는 경우 : 시장가격을 공정가치로 이용한다.

② 활성시장이 없는 경우 : 적절한 가치평가기법을 사용하여 공정가치를 결정한다. 평가기법을 사용하는 목적은 독립된 당사자 사이의 정상적인 거래에서 형성된 거래가격을 추정하는 것이다.

1) FVPL금융자산 후속 회계처리

FVPL금융자산은 보고기간말에 공정가치로 평가하고 장부금액과 공정가치의 차이인 평가손익은 당기손익으로 인식한다. 그리고 보유중인 FVPL금융자산으로부터 발생하는 이자수익과 배당금수익은 당기손익으로 인식한다. 또한 처분시에 발생하는 처분손익도 당기손익에 반영시킨다.

만약 채무상품을 FVPL금융자산으로 분류하기로 결정하였다면, 해당 채무상품에 유효이자율을 적용하여 이자수익을 인식하지 않고 현금으로 받는 이자를 이자수익으로 인식한다. 왜냐하면 FVPL금융자산은 회계기말에 공정가치의 변동을 모두 당기손익으로 인식하기 때문에 유효이자율법을 적용하여 금융자산의 현재가치 변동액도 이러한 공정가치의 변동액에 반영되므로 따로 계산할 실익이 없다.

2) FVOCI금융자산 후속측정

FVOCI금융자산은 보고기말의 공정가치 변동에 따른 평가손익을 기타포괄손익으로 인식한다. 하지만 FVOCI금융자산은 채무상품 또는 지분상품 여부에 따라 회계처리에 차이가 있다.

① 채무상품 FVOCI금융자산 : 채무상품이 FVOCI금융자산으로 분류되는 경우 채무상품의 상환기간에 걸쳐 유효이자율법을 적용하여 상각후원가를 측정한다. FVOCI금융자산에 대한 이자수익은 총장부금액인 상각후원가에 유효이자율

을 곱하여 계산하고, 당기손익에 반영한다. 그리고 해당 금융자산의 공정가치와 비교하여 차이를 금융자산평가손익(OCI)으로 인식하고 기타포괄손익으로 보고한다.

② 지분상품 FVOCI금융자산 1109:5.7.1 : 지분상품이 FVOCI금융자산으로 분류되면 보고기간말에 공정가치 변동으로 인한 평가손익은 기타포괄손익으로 인식한다. 보유기간중에 발생하는 배당금수익은 당기손익으로 인식한다.

3) FVOCI금융자산의 처분

FVOCI금융자산의 처분과 관련한 회계처리는 채무상품 또는 지분상품 여부에 따라 회계처리에 차이가 있으므로 주의해야 한다.

① 채무상품 FVOCI금융자산 : 채무상품 FVOCI금융자산을 처분하는 경우에는, 유효이자율법에 따라서 처분일까지의 필요한 이자수익을 인식하고 공정가치를 반영하는 회계처리를 수행한다. 그 다음 해당 금융자산을 제거한다. 만약 처분과 관련한 비용이 발생하지 않는다면, FVOCI금융자산 장부금액이 공정가치로 조정되었기 때문에 채무상품 FVOCI금융자산 장부금액과 처분가액에 차이는 없고 처분손익이 발생하지 않는다.

하지만 재순환조정을 통하여 처분을 통한 당기손익이 인식된다는 점에 주의한다. FVOCI금융자산에 대한 기타포괄손익누계액(AOCI)은 해당 FVOCI금융자산의 최초시점부터 공정가치누적액을 반영하고 있다. FVOCI금융자산을 처분하였을 때 해당 기타포괄손익누계액을 금융자산처분손익(당기손익)으로 대체시키는데, 이를 재순환(recycling)조정 또는 재분류(reclassification)조정이라고 한다. 이 과정을 통하여 이미 인식했던 기타포괄손익을 당기손익으로 순환시킨다. 구체적으로 당기손익으로 대체해야 하는 금액만큼 기타포괄손익누계액(AOCI)을 제거하고 처분손익(당기손익)을 인식한다.[9]

결국 채무상품 FVOCI금융자산은 처분가격과 장부금액의 차이에 따른 처분손익은 발생하지 않지만 누적된 공정가치의 변동분이 재순환조정을 통하여 당기손익에 반영되는 효과를 가지게 된다. 이러한 회계처리는 자본의 한 구성항목인 기타포괄손익누계액이 또 다른 구성항목인 이익잉여금으로 대체되는 결과를 가져오며, 자본총액은 영향을 받지 않는다.

② 지분상품 FVOCI금융자산 1109:5.7.1 : 지분상품 FVOCI금융자산을 처분하는 경우에는 처분시점에서 FVOCI금융자산의 공정가치로 평가하고 평가손익(OCI)을 인식한다. 그런데 지분상품 FVOCI금융자산을 처분할 때에는 평가손익의 누적액인 기타포괄손익누계액을 당기손익으로 대체하지 않는다. 즉 재순

9) 한편, 기타포괄손익(과거에 인식한 미실현손익)과 실현손익(당기에 재순환된 금액)이 해당되는 두 기간의 총포괄손익에 이중으로 포함되지 않도록 하기 위해서 재순환되는 기타포괄손익을 포괄손익계산서에 차감보고한다(K-IFRS 제1001호 문단 93).

환조정을 하지 않으므로 처분손익을 인식하지 않는다. 처분되는 FVOCI금융자산의 기타포괄손익누계액은 자본항목에 그대로 남아 있게 된다.10)

이와 같은 회계처리를 정리하면 〈표 11-4〉와 같다.

▶ 표 11-4

공정가치로 측정하는 금융자산의 평가손익과 처분손익

분 류	평가손익	처분손익
FVPL금융자산	당기손익	당기손익
채무상품 FVOCI금융자산	기타포괄손익	처분대상에 해당하는 기타포괄손익누계액을 당기손익으로 재순환하여 처분손익에 반영
지분상품 FVOCI금융자산	기타포괄손익	처분대상에 해당하는 기타포괄손익누계액을 당기손익으로 재순환하지 않으나 이익잉여금으로 이전가능

예제 11-6 금융자산의 측정 – 채무상품

서석(주)는 20×1. 1. 1에 동 일자로 발행된 3년 만기 사채(채무상품)를 ₩95,198에 취득하였다. 사채의 액면금액은 ₩100,000이며, 이자는 매년말 후급된다. 따라서 당해 사채의 액면이자율은 10%이고, 유효이자율은 연 12%로 산정된다. 20×1년말과 20×2년말 사채의 공정가치는 각각 ₩97,000과 ₩98,000이었으며, 20×3년초에 ₩98,000에 처분하였다.
이 사채를 사업모형에 따라 각각 FVPL금융자산과 FVOCI금융자산으로 분류했을 경우 필요한 분개를 제시하라.

해답

[유효이자율법에 의한 사채할인발행차금상각표 작성]

연 도	유효이자(12%)	액면이자(10%)	상각액	장부금액
20×1년초				₩95,198
20×1년말	₩11,424	₩10,000	₩1,424	96,622
20×2년말	11,595	10,000	1,595	98,217
20×3년말	11,783	10,000	1,783	100,000

〈FVPL금융자산으로 분류한 경우〉

1) 20×1. 1. 1(취득시점)

(차) FVPL금융자산	95,198	(대) 현 금	95,198

2) 20×1. 12. 31

(차) 현 금	10,000	(대) 이 자 수 익	10,000
(차) FVPL금융자산	1,802	(대) 금융자산평가손익(PL)	1,802*

* ₩97,000 − ₩95,198 = ₩1,802

3) 20×2. 12. 31

(차) 현 금	10,000	(대) 이 자 수 익	10,000

10) 지분상품 FVOCI금융자산의 기타포괄손익누계액은 자본 내에서 다른 항목(예, 이익잉여금)으로 이전할 수 있다(기업회계기준서 제1109호 B5.7.1).

(차) FVPL금융자산 1,000 (대) 금융자산평가손익(PL) 1,000*

* ₩98,000－₩97,000＝₩1,000

4) 20×3. 1. 1(처분시점)

(차) 현　　금 98,000 (대) FVPL금융자산 98,000

(주) FVPL금융자산의 경우 보고기말에 당해 금융자산을 상각후원가로 수정할 필요가 없다. 왜냐하면 단기채권의 경우 단기간(본 예제는 예시를 위하여 3년간 회계처리를 나타내지만 일반적으로 이러한 금융자산은 취득 후 1년 이내에 처분됨) 보유하므로 상각금액이 작아서 수정효과가 크지 않기 때문이다. 그리고 상각후원가로 측정할 때 발생하는 이자수익과 공정가치 평가시의 평가손익은 모두 당기손익에 반영되어, 구분해서 회계처리할 실익이 없다.

〈FVOCI금융자산으로 분류한 경우〉

1) 20×1. 1. 1(취득시점)

(차) FVOCI금융자산 95,198 (대) 현　　금 95,198

2) 20×1. 12. 31

(차) 현　　금 10,000 (대) 이 자 수 익 11,424*
　　FVOCI금융자산 1,424

* ₩95,198×12%＝₩11,424

(차) FVOCI금융자산 378 (대) 금융자산평가손익(OCI) 378*

* ₩97,000－₩96,622＝₩378

3) 20×2. 12. 31

(차) 현　　금 10,000 (대) 이 자 수 익 11,595*
　　FVOCI금융자산 1,595

* (₩95,198＋₩1,424)×12%＝₩11,595

(차) 금융자산평가손익(OCI) 595* (대) FVOCI금융자산 595

* ₩98,000－(₩97,000＋₩1,595)＝(₩595)

20×2년말 수정 전 장부금액은 ₩98,595(＝₩97,000＋₩1,595)이고, 당기에 인식해야 하는 금융자산평가이익(OCI)은 ₩595(＝₩98,595－₩98,000)이다. 20×1년말 금융자산평가이익(OCI) ₩378과 20×2년의 금융자산평가손실(OCI) ₩595이 인식되어 20×2년말 재무상태표에는 (동일한 자산이므로 금융자산평가손익이 상계되어) 기타포괄손익누계액이 (₩217)으로 나타난다.

또 다른 계산방법으로 20×2년말에 보고해야 하는 금융자산평가손실누계액은 ₩217(＝₩98,217－₩98,000)이다. 수정 전 금융자산평가이익누계액의 잔액은 ₩378이므로 ₩595만큼 금융자산평가손실(OCI)을 인식해야 한다.

4) 20×3. 1. 1(처분시점)

(차) 현　　금 98,000 (대) FVOCI금융자산 98,000
　　금융자산처분손실(PL) 217 　　금융자산평가손익(OCI) 217*

* 금융자산평가손실(OCI)＝₩378(20×1. 12. 31 계상)－₩595(20×2. 12. 31 계상)

처분시점에 해당 금융자산에 귀속된 기타포괄손익누계액을 당기손익으로 순환시킨다. 이를 위해서 차변에 금융자산처분손실(PL) ₩217과 대변에 금융자산평가손익(OCI) ₩217을 인식한다. 이를 재순환(recycling)이라고 한다. 재무상태표에는 처분 전에 기타포괄누계액이 ₩217 남아 있었으나, 처분시에 이를 제거함으로써 기타포괄손익누계액 잔액은 ₩0이 된다.

➡계속

〈**재무제표에 미치는 영향**〉 FVOCI금융자산으로 분류된 경우

[포괄손익계산서의 일부분]		20×1년	20×2년	20×3년
당기손익	이자수익	₩11,424	₩11,595	
	금융자산처분이익(손실)			(₩217)
기타포괄손익	금융자산평가이익(손실)	378	(595)	217

[재무상태표의 일부분]		20×1년말	20×2년말	20×3년초(처분)
자 산	FVOCI금융자산	₩97,000	₩98,000	₩0
자 본	기타포괄손익누계액(금융자산평가손익)	378	(217)	0

예제 11-7 금융자산의 측정 – 지분상품

운암(주)는 다음과 같이 지분상품을 취득했다가 처분하였다. 이 지분상품들을 각각 FVPL금융자산으로 분류한 경우와 FVOCI금융자산으로 분류했을 경우 각각 필요한 회계처리를 비교하라.

20×1년중 취득원가	20×1년말 공정가치	20×2년말 공정가치	20×3년중 처분가액
₩100,000	₩120,000	₩90,000	₩80,000

해답

FVPL금융자산으로 분류			FVOCI금융자산으로 분류		
1) 20×1년(취득시점)					
FVPL금융자산	100,000		FVOCI금융자산	100,000	
현　　금		100,000	현　　금		100,000
2) 20×1. 12. 31					
FVPL금융자산	20,000		FVOCI금융자산	20,000	
금융자산평가손익(PL)		20,000	금융자산평가손익(OCI)*		20,000
3) 20×2. 12. 31					
금융자산평가손익(PL)	30,000		금융자산평가손익(OCI)*	30,000	
FVPL금융자산		30,000	FVOCI금융자산		30,000
* 지분상품 FVOCI금융자산에 대해서 20×1년 기타포괄이익을 ₩20,000 인식하고, 20×2년에는 기타포괄손실 ₩30,000을 인식한다. 이로써 20×2년말에 기타포괄손익누계액에는 평가손실 ₩10,000이 남게 된다.					
4) 20×3년(처분시점)					
현　　금	80,000		금융자산평가손익(OCI)	10,000	
금융자산처분손실(PL)	10,000		FVOCI금융자산		10,000
FVPL금융자산		90,000	현　　금	80,000	
			FVOCI금융자산		80,000
* 지분상품 FVOCI금융자산에 대해 인식한 기타포괄손실누계액 ₩20,000은 이후(처분시점 포함)에 당기손익으로 재순환할 수 없다. 단지 자본의 다른 항목(예, 이익잉여금)으로 재분류는 가능하다.					

(3) 계약상 현금흐름의 변경

금융자산의 계약상 현금흐름이 재협상되거나, 변경되었으나 그 금융자산이 후술하는 제거기준에 따라 제거되지 아니하는 경우에는 해당 금융자산의 총장부금액을 재계산하고 변경손익을 당기손익으로 인식한다. 해당 금융자산의 총장부금액은 재협상되거나 변경된 계약상 현금흐름을 해당 금융자산의 최초 유효이자율(또는 취득시점에 신용이 손상되어 있는 금융자산의 경우에는 신용조정유효이자율)로 할인한 현재가치로 재계산한다. 계약상 현금흐름의 변경과정에서 발생한 원가나 수수료는 변경된 금융자산의 장부금액에 반영하여 해당 금융자산의 남은 존속기간에 상각한다.

예를 들어 앞의 **예제 11-6** 에서 20×2년초(당시의 금융자산 총장부금액은 ₩96,622)에 재협상을 통해 앞으로 2년간 이자는 받지 않고 20×3년말에 원금 ₩70,000만을 수취하기로 계약을 변경하였다면, 다음과 같이 금융자산변경손실을 인식해야 한다.

(차) 금융자산변경손실	40,818	(대) FVPL금융자산	40,818

* ₩96,622 − ₩70,000/$(1.12)^2$(최초 유효이자율로 할인) = ₩40,818

이와 동일하게 금융자산의 현금흐름에 대한 추정을 변경하는 경우에도 실제 현금흐름과 변경된 계약상 추정현금흐름을 반영하여 해당 금융자산의 총장부금액을 조정한다. 이때 해당 금융자산의 최초 유효이자율(또는 취득시점 신용이 손상되어 있는 금융자산의 경우에는 신용조정유효이자율)로 계약상 추정미래현금흐름의 현재가치를 계산하는 방식으로 금융자산의 총장부금액을 재계산한다. 여기에서 발생한 조정금액은 당기손익으로 인식한다.

제 3 절 금융자산의 제거

금융자산의 제거(derecognition)란 인식의 반대 개념으로 금융자산을 재무상태표에서 없애는(삭제하는) 과정이다. 그런데 금융자산의 제거와 관련한 회계처리는 다소 복잡하다. 금융자산은 재화와 같은 실물이 존재하지 않고 계약과 약속에 기반하고 있는 경우가 많기 때문에 특정 조항에 따라 실질이 달라진다. 또한 금융상품은 자산과 부채 금액에 직접적인 영향을 미치기 때문에 특정 목적을 달성하기 위하여 다양한 거래를 개발할 수도 있다. 따라서 금융자산에 대해서는 인식과 제거가 매우 엄격하게 적용된다.

1 금융자산의 제거

(1) 제거범위의 결정 1109:3.2.2

제거에 관한 판단을 금융자산(또는 금융자산의 집합)의 일부에 적용해야 하는지 아니면 전체에 적용해야 하는지를 결정해야 한다. 일반적으로 제거대상은 금융자산 전체이지만 제한적으로 다음의 세 가지 조건 중 하나를 충족하는 경우에 한하여 금융자산의 일부에 대해서 제거조건을 충족하는 것으로 본다.

① 제거대상이 금융자산 현금흐름의 특정 부분으로만 구성된다. 예컨대 채권계약에서 거래상대방이 채무상품의 현금흐름 중 원금에 대한 권리는 없고 이자부분에 대한 권리만 있는 경우에는 제거대상이 이자부분에 국한된다.

② 제거대상이 금융자산의 현금흐름에 완전히 비례하는 부분으로만 구성된다. 예컨대 거래상대방이 채무상품의 현금흐름의 90%에 대한 권리를 가지는 계약을 체결하는 경우에는 제거조건을 현금흐름의 90%에 적용한다.

③ 제거대상이 금융자산 현금흐름의 특정 부분에 완전히 비례하는 부분으로만 구성된다. 예컨대 거래상대방이 채무상품의 현금흐름 중 이자부분의 90%에 대한 권리만 가지는 계약을 체결하는 경우에는 제거조건을 당해 이자부분의 90%에 적용한다.

예제 11-8 금융자산의 제거 범위

다음 두 독립적인 사례에 대하여 금융자산의 일부를 제거할 수 있는지를 판단하라.

1. ₩100,000의 공정가치를 가지는 금융자산의 현금흐름 중 최초 ₩80,000에 해당되는 부분을 양도하는 계약을 체결하였다.
2. 만기가 10년인 고정금리 대여금의 마지막 4년으로부터 발생하는 원금과 이자의 현금흐름 100%에 대한 권리를 양도하는 계약을 체결하였다.

해답

1. 현금흐름 ₩80,000이 해당 금융자산의 어느 특정 현금흐름인지 식별가능하지 않으며 전체 현금흐름과 비례하지도 않기 때문에 해당 부분에 대해서 제거규정을 적용할 수 없다.
2. 양도한 현금흐름은 식별가능하므로 해당 부분에 대해서만 제거규정이 적용된다.

예제 11-9 금융자산의 전부제거와 일부제거

1. 전부제거

원주(주)는 20×1. 10. 1에 장부금액 ₩1,400이고 금융자산누적평가이익(AOCI) ₩200을 인식한 FVOCI금융자산 전체를 ₩1,400에 처분하였다. 채무상품 금융자산이라고 가정하고 처분에 필요한 회계처리를 하라.

2. 일부제거

승주(주)는 20×1. 1. 1에 액면금액 ₩100,000, 매년말 액면이자율 7.5% 연도말 지급, 10년 만기 채권을 액면금액에 취득하고 이를 AC금융자산으로 분류하였다. 20×6. 1. 1에 남은 5회의 이자 수취권을 경주(주)에 ₩32,471에 양도하였다. 양도시점의 유효이자율은 5%였으며, 남은 5회의 이자를 5%로 할인한 현재가치가 ₩32,471으로 양도가액과 동일하다. 이자의 양도가 일부제거 조건을 충족한다고 보고 이자의 양도에 필요한 회계처리를 하라.

해답

1. 전부제거

(차) 현 금	1,400	(대) FVOCI금융자산	1,400
금융자산평가이익(OCI)*	200	금융자산처분이익(PL)	200

* 금융자산평가이익(OCI)을 감액시켜 금융자산의 처분시에 평가손익누계액의 재순환을 포괄손익에 포함시킨다. 그 결과 차변에 인식한 금융자산평가이익은 기말에 마감분개로 금융자산평가이익누계액(AOCI)을 감액시키게 된다.

2. 일부제거

일부제거의 회계처리를 위해서는 양도하는 부분과 계속 보유하는 부분(여기에서는 원금)의 상대적 공정가치에 비례하여 장부금액을 배분하고 처분손익을 계산해야 한다.

(차) 현 금	32,471	(대) FVOCI금융자산	29,300
		금융자산처분이익(PL)	3,171*

[산출근거]		〈비율〉
원금의 현재가치 : ₩100,000 × 1/1.05^5 =	₩78,353	70.7%
이자의 현재가치	32,471	29.3%
합계	₩110,824	

➡ 금융자산처분이익 : ₩32,471 − ₩29,300(= ₩100,000 × 29.3%) = ₩3,171

(주) AC금융자산을 액면취득하였으므로 양도시점의 장부금액은 액면가 ₩100,000이다.

(2) 제거여부의 결정 1109:3.2.3-9

금융자산은 다음 중 하나에 해당하는 경우에 한하여 제거할 수 있다.

① 금융자산의 현금흐름에 대한 계약상의 권리가 소멸(expire)한 경우

② 금융자산의 현금흐름에 대한 계약상의 권리를 양도(transfer)하고, 해당 금융자산의 소유에 따른 위험과 보상의 대부분을 이전하거나 자산을 통제하지 않는 경우

[그림 11-2]는 금융자산의 제거에 대해 단계적으로 보여주고 있다.

▶ **그림 11-2**
금융자산의 제거

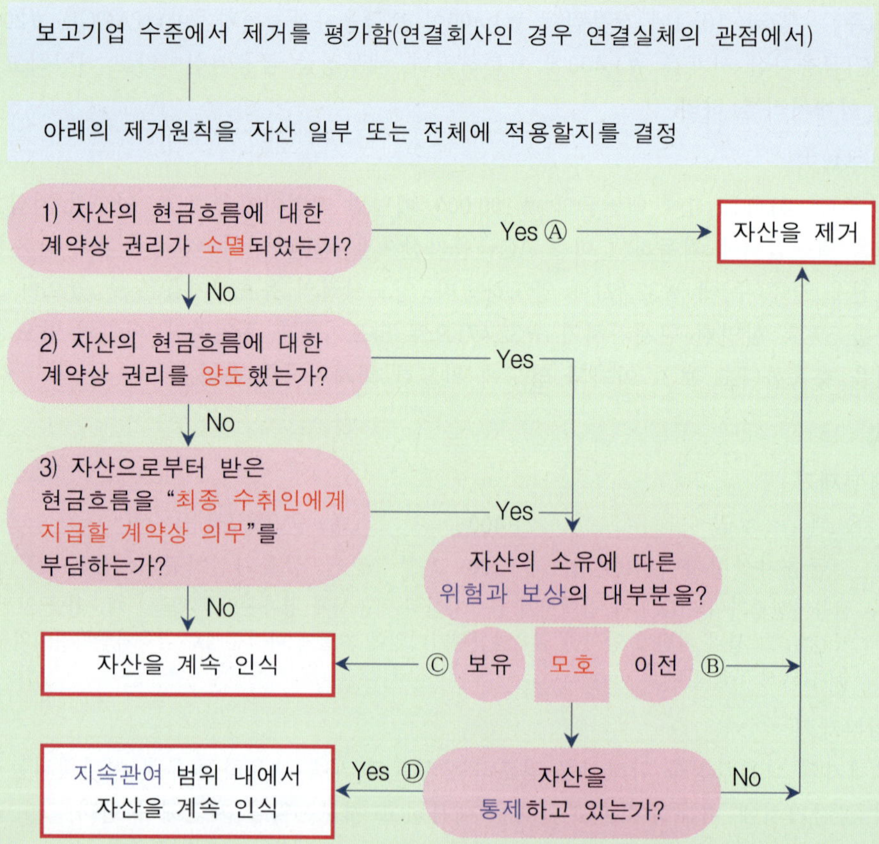

(주) Ⓐ, Ⓑ, Ⓒ와 Ⓓ에 대한 상세한 설명은 본 교재의 본문((3) 제거회계처리)에 나타나 있다.

1) 금융자산의 현금흐름에 대한 계약상의 권리가 소멸한 경우에는 추가적인 조건이 필요 없이 금융자산을 제거한다.

2) 금융자산의 현금흐름에 대한 계약상의 권리를 양도한 경우 양도자는 금융자산의 소유에 따른 위험과 보상의 보유 정도를 다시 평가한다. 평가기준으로는 다음의 ① 위험과 보상, ② 통제 기준을 순차적으로 적용한다.

① 위험과 보상(risks and rewards) : 금융자산의 소유에 따른 위험과 보상의 대부분을 이전했다면 금융자산을 제거한다.[11] 예컨대, 양수자가 금융자산

11) 양도한 금융자산(최초자산)으로부터의 현금흐름을 받을 계약상 권리는 유보하고 있으나 다음 조건을 모두 충족하는 협약(예 : 자동이체식담보부증권)에서 최종 수취인(eventual recipients)에게 현금을 지급할 계약상의 의무를 인수한 경우에도 양도로 본다.
㉠ 최초자산에서 동일한 금액을 회수하지 않는 한 최종 수취인에게 지급할 의무가 없다.
㉡ 양도계약의 조건에 따르면 현금흐름을 지급할 의무의 이행을 위해 담보물로 제공되는 경우를 제외하고는 양도자는 최초자산을 매도하거나 담보물로 제공하지 못한다.

을 아무런 조건 없이 매도할 수 있거나, 양도자가 매도한 금융자산을 재매입하더라도 공정가치로 재매입해야 하는 경우 등이 위험과 보상이 실질적으로 이전된 경우에 해당한다.[12] 한편, 금융자산의 소유에 따른 위험과 보상의 대부분을 보유하고 있으면, 금융자산을 계속하여 인식한다.

② 통제(control): 금융자산의 소유에 따른 위험과 보상의 대부분을 이전했다고 볼 수도 없고 그렇다고 보유하고 있다고 볼 수도 없어 모호한 경우에는 추가로 통제 기준을 적용한다. 먼저 금융자산을 통제하고 있지 않다고 판단되면, 해당 금융자산을 제거한다. 한편, 금융자산을 통제하고 있다고 판단되면, 해당 금융자산에 대하여 지속적인 관여(continuing involvement)를 하고 있는 것으로 보고 지속관여의 범위 내에서 해당 금융자산을 계속하여 인식한다.

다시 말하면, 금융자산을 양도했다는 사실 자체가 제거를 의미하는 것이 아니고, 위의 제거조건을 충족해야 제거할 수 있다.

3) 금융자산의 현금흐름에 대한 계약상의 권리를 계속 보유하고 있으나, 당해 현금흐름을 하나 이상의 "최종 수취인에게 지급할 계약상의 의무"를 부담하는 경우에는 위 2)에서 설명된 ①(위험과 보상) 및 ②(통제) 기준을 순차적으로 적용한다. 한편, 이를 최종 수취인에게 지급할 의무를 부담하지 않는 경우에는 해당 자산을 계속 인식한다.

(3) 제거회계처리 1109:3.2.3

1) 현금흐름에 대한 계약상 권리의 소멸([그림 11-2]의 Ⓐ)

만기가 있는 금융자산(채무상품)의 경우에는 만기가 되면 권리가 소멸한다. 이러한 금융자산은 만기에 장부에서 제거한다. 예를 들면, 예제 11-6 의 금융자산이 AC금융자산이라면 만기인 20×3년말에 원금(₩100,000)이 회수되면 현금흐름에 대한 권리가 소멸되었기 때문에 마지막 이자수익을 기록하는 분개와 함께 해당 금융자산을 장부에서 제거하는 분개를 다음과 같이 한다.

(차) 현　　금	10,000	(대) 이 자 수 익	11,783
AC금융자산	1,783		
(차) 현　　금	100,000	(대) AC금융자산	100,000

㉢ 양도자는 최종 수취인을 대신하여 회수한 현금을 지체 없이 최종 수취인에게 지급할 의무가 있으며, 양도자는 해당 현금을 재투자할 권리를 갖지 않는다. 그러나 혹시 허용된 기간 동안 현금성자산에 투자하여 획득한 이자수익이 있다면 이를 최종 수취인에게 이전해야 한다.

12) 양도자가 매도한 금융자산에 대한 콜옵션(매입선택권)을 보유하고 있거나 양수자가 당해 자산에 대한 풋옵션(매도선택권)을 보유하고 있지만 당해 콜옵션이나 풋옵션이 깊은 외가격상태(행사될 가능성이 낮은 상태)에 있기 때문에 만기 이전에 당해 옵션이 행사될 가능성이 매우 낮아서 실질적인 양도로 볼 수 있는 경우도 여기에 해당한다.

2) 제거조건을 충족하는 계약상 권리의 양도([그림 11-2]의 Ⓑ) 1109:3.2.10-14

금융자산의 소유와 관련된 위험과 보상의 대부분을 양도하고 제거조건을 충족한 경우에는 당해 금융자산을 제거하고, 금융자산의 ① 장부금액과 ② 수취한 대가의 차이를 당기손익으로 인식한다. 한편, 금융자산의 현금흐름을 수취할 계약상 권리를 갖고 있으나 자산에서 수취할 현금흐름을 최종 수취인에게 지급하는 계약상 의무를 부담하면 양도의 경우와 동일한 회계처리를 한다.

양도로 인하여 새로운 권리와 의무가 생성된다면 이는 별도의 자산 또는 부채로 인식한다. 예를 들어, 금융자산을 양도하고 금융자산에 대한 관리용역을 제공하기로 했다면 회사는 관리용역계약과 관련하여 발생한 자산이나 부채를 인식한다. 만약 수취할 것으로 예상하는 관리용역수수료가 용역제공에 필요한 경비를 충분히 보상하기 어렵다면 용역제공의무에 따른 부채를 공정가치로 인식한다. 반면, 용역제공수수료가 용역제공에 필요한 경비를 보상할 수 있는 수준을 초과하는 것으로 예상된다면 자산을 인식한다.

예제 11-10 계약상 권리의 양도에 관련된 자산과 부채

봉연(주)는 20×1. 1. 1 대여금(장부금액 ₩100,000이며, 이자율 8%)을 ₩120,000에 양도하였다. 양도에 따른 금융자산 제거조건은 모두 만족한다. 그런데 양도조건으로 봉연(주)가 계속 이자회수를 담당하는 용역을 제공하기로 했다. 다음 두 독립된 경우 양도일에 봉연(주)가 필요한 회계처리를 제시하라.

1. 이자회수 용역의 공정가치는 ₩5,000이다.
2. 이자회수 용역의 공정가치는 ₩5,000이고, 그에 대한 대가로 ₩7,000을 별도로 받기로 하였다.

해답

	차변	금액		대변	금액
1.	(차) 현 금	120,000	(대)	대 여 금	100,000
				관리용역부채	5,000
				금융자산처분이익	15,000
2.	(차) 현 금	120,000	(대)	대 여 금	100,000
	관리용역자산	7,000		금융자산처분이익	20,000
				관리용역부채	5,000
				이연관리용역이익	2,000

3) 제거할 수 없는 계약상 권리의 양도([그림 11-2]의 Ⓒ) 1109:3.2.15

회사가 금융자산을 양도했더라도 양도자산의 소유에 관련된 위험과 보상의 대부분을 보유하고 있다면 해당 거래는 차입거래와 경제적 실질이 동일하다. 따라서 당해 금융자산을 계속하여 인식하고, 양도로 수취한 대가를 금융부채로 인식한다. 즉, 제거할 수 없는 금융자산의 양도는 차입거래로 본다. 그리고 양도자는 후속기간에 양도자산에서 발생한 수익과 금융부채에서 발생한 비용을 인식한다.

이러한 양도의 예로는 양도자가 매도 후에 미리 정한 원금과 이자비용을 더한 금액으로 양도자산을 재매입하거나, 시장위험을 다시 양도자에게 전가하는 조건으로 금융자산을 매도한 경우 등을 들 수 있다. 또한 양도자가 양수자에게 발생가능성이 높은 대손의 보상을 보증하면서 단기 수취채권을 매도한 경우도 있다.

4) 지속관여자산([그림 11-2]의 Ⓓ) 1109:3.2.16-21

양도자가 양도자산의 소유에 따른 위험과 보상의 대부분을 이전하지 않고 보유하거나 또는 지속적으로 양도자산을 통제하고 있다면, 그 양도자산에 대하여 지속적으로 관여하는 정도까지 계속하여 인식한다. 이를 지속적 관여(continuing involvement)라고 한다.

양도자가 지속관여자산을 인식하는 경우에는 관련된 부채도 함께 인식한다. 예컨대 양도자가 양도자산에 보증을 제공하는 형태로 지속적으로 관여하는 경우 지속관여자산과 지속관여자산관련부채(보증부채)를 인식한다.

예제 11-11 지급보증을 제공하는 형태로 지속관여

상봉(주)는 20×1. 3. 1 장부금액이 ₩100,000이며, 공정가치 ₩110,000인 대여금을 ₩115,000에 양도하였다. 매도대금에는 채무자가 채무를 이행하지 못할 경우에 상봉(주)가 ₩50,000의 지급보증과 지급보증의 공정가치 ₩5,000을 제공하는 대가가 포함되어 있다. 이후에 채무자의 불이행으로 상봉(주)가 지급보증의무 ₩20,000을 이행했다.
상봉(주)가 대여금을 양도하고 지급보증을 이행한 사건에 대한 회계처리를 제시하라.

해답

대여금의 양도로 대여금의 소유에 따른 대부분의 보상은 이전되었으나, 지급보증을 제공하고 있어 관련 위험은 완전히 이전된 것이 아니다. 따라서 기존의 금융자산(대여금)은 제거하되 지속관여의 정도까지 자산(지속관여자산)을 인식해야 한다. 이에 따라 대여금의 양도시점에 상봉(주)가 필요한 분개는 다음과 같다.

(차)		(대)	
현　　금	115,000	대 여 금	100,000
지속관여자산	50,000*	지속관여자산관련부채	55,000**
		금융자산처분이익	10,000

* 양도자산(₩100,000)과 지급보증금액(₩50,000) 중 적은 금액으로 기록한다.
** 지급보증의 공정가치 = ₩115,000 − ₩110,000 = ₩5,000
지속관여자산관련부채 = 지급보증금액 + 지급보증의 공정가치 = ₩50,000 + ₩5,000 = ₩55,000

한편, 이후에 지급보증의 이행으로 현금 ₩20,000의 지출이 발생한 경우 다음 분개를 한다.

(차)		(대)	
지속관여자산관련부채	55,000	현　　금	20,000
지급보증비용	15,000*	지속관여자산	50,000

* 지급보증비용 = 실제 발생한 지급보증손실 − 이미 인식한 지급보증공정가치
= ₩20,000 − ₩5,000 = ₩15,000

다른 지속관여자산에 대한 회계처리는 경우에 따라 매우 복잡하다. 따라서 〈보론 11B〉에서 지속관여 사유에 따라 양도자산과 관련부채를 회계처리하는 방법을 추가로 설명한다.

금융자산 전체나 일부의 회수를 합리적으로 예상할 수 없는 경우에는 해당 금융자산의 총장부금액을 감액한다. 제각(write-off)은 금융자산을 장부에서 제거하는 사건으로 본다.

(4) 상계금지 및 담보제공 1109:3.2.22-23

양도자산을 계속하여 장부상에 인식하는 경우 양도자산과 관련된 부채는 상계하지 않는다. 또한 양도자산에서 발생한 수익과 관련부채에서 발생한 비용도 상계해서는 안 된다.

양도자가 양수자에게 금융자산을 담보물로 제공한 경우 양수자가 담보물을 판매 또는 저당설정이 가능한지와 양도자가 부도가 발생했는지에 따라 담보물에 대한 회계처리는 다음과 같이 달라진다.

① 양수자가 담보물을 판매 또는 담보설정을 할 수 있는 경우에도 양도자는 담보물을 자신의 자산으로 인식하는데, 동 자산을 다른 자산과 구별하여 표시해야 한다. 양수자가 담보물을 판매하였다면, 양수자는 담보물을 반환해야 하는 의무의 공정가치를 부채로 인식해야 한다.

② 양도자가 부도가 발생하여 계약의 조건상 담보물 상환요구 자격이 상실된 경우 양도자는 담보물을 제거한다. 이 경우 양수자는 그 담보물을 공정가치로 측정하여 자산으로 인식한다. 만약 해당 담보물을 이미 판매하여 담보물을 반환해야 하는 부채를 인식한 경우(위의 ①을 참조)에는 당해 부채를 제거한다.

위의 ②의 경우를 제외하고, 양도자는 계속하여 담보물을 자산으로 인식해야 하고, 양수자는 담보물을 자신의 자산으로 인식해서는 안 된다.

2 금융자산의 양도

(1) 금융자산 양도의 필요성

FVPL금융자산은 원래 금융상품의 매도를 목적으로 취득하여 보유하고 있기 때문에 양도가 예상되는 금융자산이다. FVOCI금융자산도 양도가 가능하다. 한편, AC금융자산은 원리금으로 구성된 계약상의 현금흐름의 회수가 목적이기 때문에 일반적으로 금융자산의 만기까지 보유할 것이다. 그러나 때로는 만기 이전에 이를 양도하여 현금을 조달하기도 한다. 예컨대, 수취채권, 대여금 및 채무증권 등의 회수를 앞당기기 위하여 이를 제3자에게 양도할 수 있다.

금융자산을 양도하는 데에는 여러 가지의 이유가 있을 수 있는데 대표적인 경우는 다음과 같다. 첫째, 판매증대를 위한 경쟁상의 이유로 고객들에게 매입자금 융자를 제공하는 것이 일반화되어 있는 산업이 있다. 자동차, 가전제품 등과 같은 내구성 상품에 대하여 할부판매를 하는 것을 예로 들 수 있다. 이 경우 할부외상매출금을 전문적으로 관리하는 자회사를 설립하고, 이 회사로 하여금 할부외상매출금을 인수하여 관리하도록 할 수 있다.[13)]

둘째, 은행차입이나 기타 방법을 통한 자금의 조달이 거의 불가능하거나 가능하더라도 차입조건이 상당히 불리한 경우에는 보유하고 있는 수취채권 등의 금융자산을 처분하는 것이 바람직할 수 있다. 즉 실질적으로는 차입이면서 차입의 형식을 취하지 않고 자금조달이 가능한 방법으로 이용되는 것이 금융자산의 양도이다.

셋째, 수취채권 등의 금융자산을 청구하고 회수하는 일이 어렵고 비용이 많이 들 수도 있다. 이 경우 신용카드회사가 대신 수취채권을 회수하고 그 대가로 회사가 수수료를 지급할 수 있는데, 이것도 금융자산의 양도에 해당한다.

(2) 금융자산 양도의 유형

금융자산의 양도는 다양한 형태를 취할 수 있다. 가장 대표적으로 사용되는 금융자산의 양도는 다음과 같은 방법들이 있다.

1) 금융자산의 유동화

유동화(securitization)란 금융자산을 유동화회사(신탁회사)에 양도하고, 유동화회사가 금융자산포트폴리오(기초자산)에 기초하여 투자자들에게 증권을 발행하는 형태의 양도를 말한다. 이런 유동화증권을 자동이체식(pass-through or pay-through)증권이라고 한다. 각종 담보대출(주택담보대출, 부동산담보대출, 상가담보대출, 자동차할부채권 등) 및 신용카드채권 등이 유동화를 통하여 양도될 수 있는 대표적인 금융자산이다.

2) 외상매출금의 팩토링

팩토링(factoring)이란 외상매출금을 양도하는 것으로서 일반적으로 소구권이 없다. 따라서 외상매출금이 팩토링되면, 외상매출금을 장부상에서 제거하고 금융상품처분손익을 인식한다. 팩토링회사는 금융기관의 일종으로서 기업체들로부터 외상매출금을 매입하여 이를 직접 회수하는 사업모형을 가진 회사이다. 팩토링에 의한 외상매출금 양도의 기본개념을 설명하면 [그림 11-3]과 같다.

---

13) 예를 들어 현대자동차는 현대캐피탈(주)라는 할부금융회사를 두어 현대자동차 구매자에게 할부매출을 하고 할부외상매출금을 현대캐피탈(주)에 양도하는 방법을 통하여 판매촉진을 꾀하고 있다.

▶ 그림 11-3
외상매출금의 팩토링

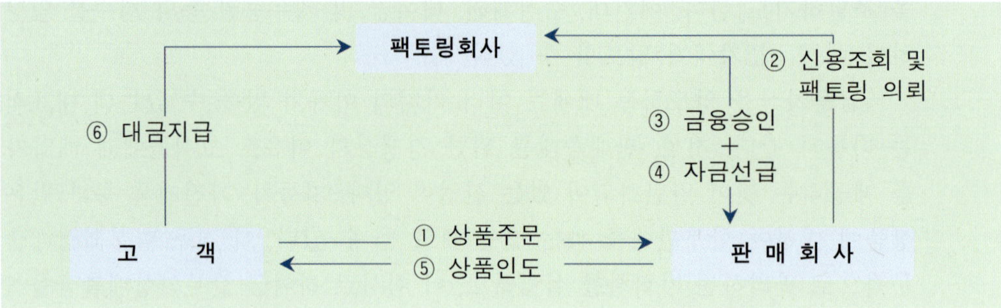

외상매출금의 팩토링에는 고객, 판매회사 및 팩토링회사의 세 당사자가 존재한다. 고객으로부터 상품주문을 받은 판매회사는 팩토링회사에 고객의 신용상태에 대한 조회와 함께 팩토링을 의뢰한다. 팩토링회사는 외상매출금을 전문적으로 취급하는 회사이므로 고객에 대한 신용상태를 비교적 정확하게 파악하고 있다. 팩토링회사는 고객의 신용상태를 확인하여 팩토링금융을 승인하고 외상매출금 인수대금을 판매회사에 송부하고 판매회사는 고객에게 상품을 인도한다. 팩토링의 승인과 함께 외상매출금은 팩토링회사에 양도되었으므로 고객은 매입대금을 팩토링회사에 지급한다.

[그림 11-3]에 나타난 팩토링의 전 과정을 거치지 않고 판매회사가 사전 신용조회나 승인이 없이 기존 외상매출금을 팩토링회사에 양도하여 현금을 받고, 고객이 팩토링회사에 대금을 지급하도록 하는 것이 더 일반적인 팩토링의 형태이다. 예를 들어, 신용카드에 의한 판매도 팩토링금융의 한 형태라고 볼 수 있다. 신용카드소지자들은 신용카드회사로부터 신용에 대한 승인을 획득한 상태에 있다. 판매회사가 신용카드소지자에게 신용판매를 하고, 신용카드회사는 수수료(1%에서 5% 정도까지 다양함)를 차감한 금액을 판매회사에 지급한다. 구매대금은 차후에 신용카드소지자인 고객이 신용카드회사에 지급한다.

3) 수취채권의 소구권부 양도

팩토링과는 달리 양도한 수취채권이 만기에 결제되지 않은 경우 수취채권의 양도자가 양도한 수취채권의 전체 또는 일부에 대해서 배상책임을 지는 형태의 양도를 소구권부(with recourse) 양도라고 한다. 이 경우에도 양도의 경제적 실질에 따라 양도한 수취채권이 실질적인 매각에 해당하면 장부상에서 제거하고, 매각거래로 보기 어려우면 차입거래로 취급한다.

4) 받을어음의 할인

어음상의 채권인 받을어음을 양도하는 것을 외상매출금의 팩토링과 구분하여 할인(discounting)이라고 부른다. 즉 성격은 동일하지만 외상매출금의 양도는 팩토링이라는 용어를 쓰고, 받을어음의 양도는 할인이라는 용어를 사용한다.

받을어음을 만기까지 소유하면 만기에 만기금액(원금에 이자를 가산한 금액)을 수취한다. 그러나 어음을 만기 이전에 타인에게 양도하면, 다음과 같이 산출된 만기금액에서 할인액을 차감한 금액을 수취한다.

① 만기금액＝액면금액＋만기까지의 이자
② 할인액＝만기금액×할인율×(할인일수/360일)[14)]
⇒ 현금수취액＝만기금액－할인액

위와 같이 받을어음을 양도하면 일정금액만큼 할인한 금액을 수취하기 때문에 할인이라는 용어를 사용한다. 이때 할인액은 금융기관이 받을어음양도자(자금차입자)에게 부과하는 금융원가(이자비용)의 성격을 갖는다. 할인한 어음이 만기가 되면 금융기관은 어음발행자로부터 어음의 만기금액을 수취한다.

한편, 제거조건을 충족하지 못하는 받을어음의 할인은 할인으로 수취한 금액을 차입금으로 처리해야 한다.

예제 11-12 받을어음의 할인

여수(주)는 20×1. 6. 1에 상품을 판매하고 그 대가로 3개월 만기, 12%, 액면 ₩10,000의 이자부 약속어음을 받았다. 한 달 뒤인 20×1. 7. 1에 여수캐피탈에 할인(할인율 15%)하였다.

1. 받을어음의 할인이 제거요건을 충족한다고 보고 필요한 회계처리를 하라.
2. 받을어음의 할인이 제거요건을 충족하지 못했다고 보고 할인시점에 필요한 회계처리를 하라.

해답

〈계 산〉

1) 어음의 만기금액 :		
어음의 액면금액	₩10,000	
어음만기까지의 이자(₩10,000×0.12×3/12)	300	₩10,300
2) 할인액(₩10,300×0.15×2/12)		(258)
3) 현금수취액		₩10,042
4) 어음의 장부금액-발생이자 포함[₩10,000+(₩10,000×0.12×1/12)]		(10,100)
5) 금융자산처분손실		(₩58)

〈발생이자수익의 인식〉

7. 1	(차) 미 수 이 자	100	(대) 이 자 수 익	100*

* ₩10,000×0.12×1/12＝₩100

〈받을어음의 할인〉

1. 제거요건을 충족한 경우

7. 1	(차) 현 금	10,042	(대) 받 을 어 음	10,000
	금융자산처분손실	58	미 수 이 자	100

2. 제거요건을 충족하지 못한 경우

7. 1	(차) 현 금	10,042	(대) 차 입 금	9,942
			미 수 이 자	100

14) 받을어음할인 등과 같이 단기 대차거래에서는 통상적으로 1년을 360일로 보고 이자계산을 한다.

보론 11A 정형화된 금융자산의 매입 및 매도 1109:B3.1.3-6

금융자산의 정형화된 매입 또는 매도(regular way purchase or sale)란 관련 시장의 규정이나 관행에 의하여 일반적으로 설정된 기간 내에 당해 금융상품을 인도하는 계약조건에 따라 금융자산을 매입하거나 매도하는 것을 말한다. 예컨대, 전주(주)는 한국거래소에 상장된 ABS(주)의 주식 1백만주를 중개인을 통하여 매입하였으며, 계약의 결제일은 5영업일 후이다. 한국거래소에 상장된 지분상품에 대한 거래는 관행적으로 2영업일 후에 결제된다. 거래가 5영업일 후에 결제되기 때문에 당해 거래는 정형화된 거래에 해당하지 않는다.

금융자산의 매수일과 결제일 사이에 자산의 공정가치가 변동하는 경우에 이에 대한 회계처리가 필요하다. 금융자산의 정형화된 매입이나 매도는 매매일회계처리방법 또는 결제일회계처리방법 중 하나를 사용하여 인식한다. 사용한 방법은 동일한 범주에 속하는 금융자산의 매입이나 매도 모두에 대하여 일관성 있게 적용한다.

매매일(trade date)은 자산을 매입하거나 매도하기로 약정한 날을 말한다. 매매일회계처리방법에서는 ① 매매일에 수취할 자산과 지급할 부채를 인식하고 ② 매매일에 매도한 자산을 제거하고 처분손익을 인식하며 매입자가 지급할 금액에 대한 채권을 인식한다. 일반적으로 소유권이 이전되는 결제일까지는 자산과 그에 대응되는 부채에 이자가 발생하지 않는다.

결제일(settlement date)은 자산을 인수하거나 인도하는 날을 말한다. 결제일회계처리방법에서는 ① 자산을 인수하는 날에 자산을 인식하고 ② 자산을 인도하는 날에 자산을 제거하고 처분손익을 인식한다. 결제일회계처리방법을 적용하는 경우에는 이미 취득한 자산에 대한 회계처리와 동일한 방법으로 매매일과 결제일 사이에 수취할 자산의 공정가치에 대한 모든 변동을 회계처리한다. 따라서 AC금융자산의 가치변동은 인식하지 않고, FVPL금융자산의 가치변동은 당기손익으로 인식하며, FVOCI금융자산의 가치변동은 기타포괄손익으로 인식한다.

예제 11A-1 정형화된 금융자산의 거래

대전(주)는 20×1. 12. 29에 금융자산을 매매일의 공정가치인 ₩10,000에 매입하는 계약을 체결하였다. 거래원가는 없으며, 20×1. 12. 31(회계기말)과 20×2. 1. 4(결제일)에 자산의 공정가치는 각각 ₩10,020과 ₩10,030이다.

대전(주)가 금융자산을 각각 FVPL금융자산, FVOCI금융자산 및 AC금융자산으로 분류한 경우를 가정하고, 20×1. 12. 29(매매일), 20×1. 12. 31(회계기말) 및 20×2. 1. 4(결제일)에 필요한 회계처리를 비교하되 (1) 매매일회계처리방법과 (2) 결제일회계처리방법에 따른 회계처리를 하라.

해답

(1) 매매일회계처리방법

일 자	계 정	FVPL금융자산	FVOCI금융자산	AC금융자산
20×1. 12. 29 (매매일)	금 융 자 산	10,000	10,000	10,000
	금 융 부 채	10,000	10,000	10,000
20×1. 12. 31 (기말)	금 융 자 산	20	20	—
	평가손익(OCI)	—	20	—
	평가손익(PL)	20	—	—
20×2. 1. 4 (결제일)	금 융 부 채	10,000	10,000	10,000
	현 금	10,000	10,000	10,000
	금 융 자 산	10	10	—
	평가손익(OCI)	—	10	—
	평가손익(PL)	10	—	—

(2) 결제일회계처리방법

일 자	계 정	FVPL금융자산	FVOCI금융자산	AC금융자산
20×1. 12. 29 (매매일)	-분개 없음-			
20×1. 12. 31 (기말)	수 취 채 권*	20	20	—
	평가손익(OCI)	—	20	—
	평가손익(PL)	20	—	—
20×2. 1. 4 (결제일)	금 융 자 산	10,030	10,030	10,000
	현 금	10,000	10,000	10,000
	수 취 채 권*	20	20	—
	평가손익(OCI)	—	10	—
	평가손익(PL)	10	—	—

* 아직 금융자산을 기록하기 전이기 때문에 수취채권을 증가시키고 결제일에 수취채권을 금융자산으로 대체한다.

보론 11B 지속관여자산의 회계처리 1109:3.2.16-21

〈표 11B-1〉은 지속관여 사유에 따른 회계처리를 요약한 것이다. 표에 대한 내용을 하나씩 설명하기보다 전체 내용을 설명하면 다음과 같다.

① 양도자가 양도자산에 대한 보증 : 채무자의 채무불이행에 대해 양도자가 손실을 보증해 주는 조건의 양도에 대해서는 모든 금융자산에 지속관여회계를 적용한다. 소위 양수자가 양수한 자산의 전체 또는 일부에 대해 채무자의 채무불이행이 발생할 경우 소구권을 갖는 경우를 말한다.

② 콜옵션 또는 풋옵션 : 콜옵션은 양도자가 갖고 있는 선택권으로서 양도한 자산을 양수자로부터 정해진 가격에 재구매할 수 있는 권리를 의미하고, 풋옵션은 양수자가 갖고 있는 선택권으로서 양수한 자산을 양도자에게 정해진 가격

▶ 표 11B-1 지속관여의 사유에 따른 회계처리

구 분	사 유	회계처리
모든 금융자산	채무불이행에 대한 보증 예제 11-11	양도자산 : 양도자산의 장부금액과 보증금액 중 적은 금액으로 측정하고 필요시 손상차손인식 관련부채 : 보증금액과 보증의 공정가치의 합계 보증의 공정가치 : 시간의 경과에 따라 상각하여 당기손익에 반영
AC 금융자산	콜옵션 또는 풋옵션의 존재 예제 11B-1	양도자산 : 계속하여 상각후원가로 측정 관련부채 : 원가(양도에서 수취한 대가)로 측정하되, 원가와 옵션 만기일의 양도자산의 상각후원가의 차이를 유효이자율법으로 상각한 상각후원가로 측정하고 상각액은 당기손익에 반영
공정가치 측정 금융자산	콜옵션의 존재	양도자산 : 계속하여 공정가치로 측정 관련부채 : (1) 내가격상태인 경우 옵션의 행사가격에서 옵션의 시간가치를 차감하여 측정 (2) 외가격상태인 경우 양도자산의 공정가치에서 옵션의 시간가치를 차감하여 측정 ※자산과 관련부채의 순장부금액=콜옵션의 공정가치
	풋옵션의 존재	양도자산 : 공정가치와 옵션의 행사가격 중 적은 금액으로 측정 관련부채 : 옵션의 행사가격에 옵션의 시간가치를 가산하여 측정 ※자산과 관련부채의 순장부금액=풋옵션의 공정가치
	콜옵션과 풋옵션이 함께 존재	양도자산 : 계속하여 공정가치로 측정 관련부채 : (1) 콜옵션이 내가격상태인 경우 옵션의 행사가격과 풋옵션의 공정가치 합계액에서 콜옵션의 시간가치를 차감하여 측정 (2) 콜옵션이 외가격상태인 경우 양도자산의 공정가치와 풋옵션의 공정가치 합계액에서 콜옵션의 시간가치를 차감하여 측정 ※자산과 관련부채의 순장부금액=콜옵션과 풋옵션의 공정가치

에 다시 팔 수 있는 권리를 말한다.

③ 양도자가 지속관여의 정도까지 자산을 계속 인식하는 경우에는 관련부채도 함께 인식해야 한다. 이때 양도자산과 관련부채는 양도자가 보유하는 권리와 부담하는 의무를 반영하여 자산에서 부채를 차감한 순액으로 측정한다. 지속관여로 인하여 장부상에 계속적으로 기록한 부분의 자산에서 발생한 수익과 관련부채에서 발생한 비용은 당기손익에 반영한다.

예제 11B-1 수취채권의 지속관여

용봉(주)는 발행일이 20×1. 1. 1이고, 액면금액이 ₩100,000이며, 이자율이 8%이고, 만기가 3년인 중홍(주)의 약속어음을 발행일에 ₩95,024(유효이자율은 10%임)에 취득하고, 이를 AC금융자산으로 분류하였다.

용봉(주)는 당해 금융자산을 20×2. 1. 1에 ₩93,241(유효이자율 12%에 해당)에 양도하였는데, 여기에는 양수자가 어느 때라도 용봉(주)에 ₩100,000에 되팔 수 있는 풋옵션이 붙어 있다.

(1) 용봉(주)가 이 AC금융자산을 풋옵션 조건으로 양도한 것과 관련하여 20×2. 1. 1(양도일)과 20×2. 12. 31(회계기말)에 필요한 회계처리를 하라.

(2) 20×3. 1. 1에 풋옵션이 행사되었다. 풋옵션의 행사에 따라 용봉(주)가 필요한 회계처리를 하라.

해답

(1) 풋옵션조건으로 양도한 수취채권의 양도와 관련한 회계처리

이 양도는 풋옵션을 조건으로 양도한 금융자산이기 때문에 해당 금융자산을 제거해서는 안 되고 지속관여자산으로 처리해야 한다. 따라서 금융자산은 계속하여 AC금융자산으로 회계처리하고, 관련 지속관여부채를 인식한다.

지속관여부채로 기록한 금액과 옵션의 만기에 예정되는 양도자산의 상각후원가의 차이를 유효이자율법으로 상각하여 당기손익에 반영한다.

〈지속관여양도자산의 상각후원가〉

연 도	기초상각후원가	유효이자(10%)	현금이자(8%)	상각액	기말상각후원가
20×1	95,024	9,502	8,000	1,502	96,526
20×2	96,526	9,653	8,000	1,653	98,179
20×3	98,179	9,821	8,000	1,821	100,000

〈지속관여부채의 상각후원가〉

연 도	기초상각후원가	유효이자(12%)	현금이자(8%)	상각액	기말상각후원가
20×2	93,241	11,189	8,000	3,189	96,430
20×3	96,430	11,570	8,000	3,570	100,000

〈20×2. 1. 1(양도일) 회계처리〉

(차) 현 금	93,241	(대) 지속관여부채	93,241*

* 원가로 관련부채를 측정함

➥계속

〈20×2. 12. 31(회계기말) 회계처리〉

(차) 현 금	8,000	(대) 이 자 수 익	9,653*
AC금융자산	1,653		

* 지속관여양도자산은 계속하여 상각후원가로 측정함(위의 첫 번째 상각표를 참조).

(차) 이 자 비 용	3,189	(대) 지속관여부채	3,189*

* 지속관여부채는 원가와 옵션만기일의 양도자산의 상각후원가의 차이를 유효이자율법으로 상각함(위의 두 번째 상각표를 참조).

(2) 20×3. 1. 1(양수자에 의한 풋옵션의 행사) 회계처리

(차) 지속관여부채	96,430	(대) 현 금	100,000
지속관여부채상환손실	3,570*		

* 지속관여부채상환손실은 풋옵션의 행사가격과 지속관여부채의 옵션행사시점의 상각후원가의 차이로 계산된다. 그리고 본래 양도했다가 풋옵션의 행사로 다시 취득한 AC금융자산은 본래의 상각표(위 첫 번째 상각표)대로 회계처리한다. 즉 20×3. 12. 31에 다음과 같이 분개한다.

(차) 현 금	8,000	(대) 이 자 수 익	9,821
AC금융자산	1,821		
(차) 현 금	100,000	(대) AC금융자산	100,000

종합예제 CHAPTER 11

1. 금융자산(채무증권)

서석(주)는 20×1. 1. 1에 동 일자로 발행된 3년 만기 사채를 ₩95,198에 취득하였다. 사채의 액면금액은 ₩100,000이며, 액면이자율은 10%이고 이자는 매년말 후급된다. 따라서 사채의 유효이자율은 12%로 산정된다. 당해 사채의 20×1년말과 20×2년말 공정가치는 각각 ₩97,000과 ₩98,000이었으며, 20×3년초에 ₩98,000에 처분하였다.

요구사항

(1) 이 사채를 FVPL금융자산, FVOCI금융자산 및 AC금융자산으로 분류할 수 있는가?
(2) AC금융자산으로 분류된 경우 최초인식시점부터 처분시점까지 필요한 분개를 제시하라.

해 답

(1) 액면금액과 다르게 취득한 채무증권은 보유기간 동안 유효이자율법을 적용하여 이자수익을 인식하고 상각후원가를 장부금액으로 계상해야 한다. 재무제표 작성시점마다 장부금액을 산출하기 위하여 상각후원가를 계산해야 한다. 채무증권은 기본적으로 계약상 현금흐름의 특성이 원리금으로 구성되어 있으므로 FVPL금융자산, FVOCI금융자산 및 AC금융자산 어느 것으로도 분류할 수 있다.

- AC금융자산 : 계약상 현금흐름을 수취하는 것이 목적인 사업모형이라면 AC금융자산으로 분류한다.
- FVOCI금융자산 : 계약상 현금흐름을 수취와 매도가 목적인 사업모형이라면 FVOCI금융자산으로 분류한다.
- FVPL금융자산 : AC금융자산이나 FVOCI금융자산이 아니라면 FVPL금융자산으로 분류한다. 또한 AC금융자산이나 FVOCI금융자산이더라도 회계불일치가 발생할 경우에 FVPL금융자산으로 최초인식시점에 지정할 수 있다.

(2) AC금융자산으로 분류된 경우의 회계처리

[상각표 작성]

연 도	유효이자(12%)	액면이자(10%)	상각액	장부금액
20×1년초				₩95,198
20×1년말	₩11,424	₩10,000	₩1,424	96,622
20×2년말	11,595	10,000	1,595	98,217
20×3년말	11,783	10,000	1,783	100,000

1) 20×1. 1. 1(취득시점)

(차) AC금융자산	95,198	(대) 현 금	95,198

2) 20×1. 12. 31

(차) 현 금	10,000	(대) 이 자 수 익	11,424
AC금융자산	1,424		

3) 20×2. 12. 31

(차) 현 금	10,000	(대) 이 자 수 익	11,595
AC금융자산	1,595		

4) 20×3. 1. 1(처분시점)

(차) 현 금	98,000	(대) AC금융자산	98,217
금융자산처분손실(PL)	217		

보-2. 지속관여

옥수(주)는 액면이자율과 유효이자율이 10%이며, 원금과 상각후원가가 ₩100,000인 대여금을 소유하고 있다. 옥수(주)는 ₩81,100을 받고 양수자에게 원금 ₩80,000과 ₩80,000에 대한 이자 9.5%에 대한 권리를 양도하였다. 옥수(주)는 미양도대여금(₩20,000)에 대한 원금 및 이자와 양도한 대여금(₩80,000)에 대한 0.5%의 초과 스프레드(액면이자 10%와 양도시 적용한 9.5%의 차이)에 대한 권리를 보유한다. 상환에 따른 회수액은 2 : 8의 비율로 옥수(주)와 양수자에게 배분되지만, 대손이 발생하면 옥수(주)는 미양도대여금 ₩20,000이 소멸될 때까지 양수자에게 보상하기로 하였다. 거래일에 당해 대여금의 공정가치는 ₩101,000이고, 0.5%인 초과 스프레드의 추정공정가치는 ₩400이다. 금융자산 양도시 회계처리를 하라.

해 답

〈거래의 분석〉

옥수(주)가 양도한 대여금은 80%에 해당하므로 80%만 제거한다. 원금의 80%와 그 이자부분에 대해서 위험과 보상을 이전했지만, 양도한 부분에 대한 신용보증을 통하여 보유한 부분이 채무자의 채무불이행시에 후순위채권이 되므로 일부 위험과 보상을 보유하고 있다. 따라서 옥수(주)가 아직 대여금을 통제하고 있다고 보기 때문에 지속관여법을 적용한다.

옥수(주)는 공정가치와 장부금액을 각각 8 : 2의 비율로 양도한 부분과 보유한 부분에 배분한다. 옥수(주)의 수취대가 ₩81,100 중 ₩80,800(=₩101,000×80%)이 전체 대여금의 80%에 해당하는 대가이며, 차액 ₩300은 보증이 없었다면 발생하지 않았을 것이기 때문에 보증제공의 대가로 보아야 한다. 따라서 양도차익은 ₩800(=₩80,800－₩80,000)이 된다.

보증이 없었다면 10%의 이자를 모두 양수자에게 넘겨주어야 정상인데 0.5%라는 이자율 차이를 양도자가 갖고 있는 것은 보증대가로 보아야 한다. 따라서 총보증대가는 공정가치 중 보증대가 ₩300에 스프레드의 공정가치 ₩400을 더한 ₩700이다.

옥수(주)는 보유한 부분을 양도한 부분의 신용손실에 대한 보증으로 제공했기 때문에 보증의 결과로 받지 못할지도 모르는 최대금액(₩20,000)을 자산으로 기록하고, 여기에 총보증대가 ₩700을 더한 ₩20,700을 관련부채로 인식해야 한다. 보증대가를 금융부채에 더해야 하는 이유는 금융자산을 양도하면서 보증을 조건으로 대가를 더 많이 받았으며 이는 보증사유의 발생시 현금유출을 수반하기 때문이다.

〈양도시의 회계처리〉

(차) 현 금	81,100	(대) 금융자산(대여금)	80,000
지속관여자산	20,000*	지속관여부채	20,700
초과스프레드자산	400	양 도 차 익	800

* 양도자가 양도자산에 대하여 보증하는 경우, 지속관여의 정도는 양도자산의 장부금액(₩80,000)과 보증금액(₩20,000) 중 적은 금액이 된다. 따라서 보증금액이 지속관여자산이 된다.

[추가설명] 양도직후 옥수(주)는 양도하지 않은 자산 ₩20,000과 지속관여자산 ₩20,000 및 초과스프레드 형태로 받은 대가 ₩400을 합하여 총 ₩40,400의 자산을 갖는다.

익힘문제

CHAPTER 11

1. 금융상품의 정의를 내리고, 이렇게 정의하게 된 근거를 제시하라.

2. 금융자산의 종류를 제시하라. 자기지분상품으로 수취하는 계약상 권리를 금융자산으로 분류할 수 있는가?

3. 금융자산을 분류하는 기준을 제시하고, 이에 근거하여 금융자산을 세 가지로 어떻게 분류하는지 설명하라.

4. 상각후원가측정금융자산으로 분류하기 위한 조건을 제시하라.

5. 계약상 현금흐름이 원리금 지급인 금융자산의 사례를 두 가지 들라.

6. 사업모형이 계약상 현금흐름의 수취 및 금융자산의 매도인 사례를 두 가지 제시하라.

7. 회계불일치란 무엇을 의미하며, 공정가치선택권은 회계불일치와 어떻게 관련되는가?

8. 금융자산을 최초인식시점에 어떻게 측정하는가? 거래원가를 최초인식시점에 금융자산의 취득원가에 포함할 수 있는가?

9. 유효이자율법이 금융자산의 회계처리에 어떻게 활용되는가?

10. 취득시점에 신용이 손상되어 있는 금융자산의 이자수익을 계산하는 방법을 제시하라. 이는 취득 이후에 신용이 손상된 경우와 다른가?

11. 공정가치로 측정하는 금융자산의 이자수익 및 배당을 인식하는 방법을 제시하라.

12. 금융자산의 부분제거를 충족하는 세 가지 조건은 무엇인가?

13. 제거조건을 충족하는 양도에서 양도에 따른 손익은 어떻게 인식하는가?

14. 어떤 경우 금융자산과 금융부채를 상계할 수 있는가?

15. 자산의 현금흐름에 대한 권리가 소멸되면 어떻게 회계처리해야 하는가?

16. 금융자산 양도의 종류들로서는 어느 것들이 있는가? 팩토링과 할인은 어떻게 구분하는가?

17. 금융자산의 양도에서 위험과 보상의 양도라는 의미는 무엇이며, 회계처리상 어떤 중요성을 갖는가?

보-18. 정형화된 거래란 무엇을 의미하는가?

보-19. 정형화된 금융상품의 매매에 대한 매매일회계처리법과 결제일회계처리법을 비교설명하라.

보-20. 지속관여란 무엇을 의미하며, 지속관여시의 금융상품의 양도는 어떻게 회계처리해야 하는가?

연습문제

CHAPTER 11

1. 금융상품의 식별

다음 항목들이 K-IFRS에 따른 금융상품인지 아닌지 구분하고 그 이유를 간단히 밝혀라.

(1) 채무증권에 대한 투자
(2) 종속회사에 대한 투자
(3) 회사가 운영하는 광산에 대한 복구충당부채
(4) 건물
(5) 부가가치예수금
(6) 금괴

2. 금융상품의 구분

다음 금융상품이 K-IFRS에 따라 보유자의 입장에서 세 가지 금융상품 중의 하나로 구분하고, 어떻게 측정될 것인지를 설명하라.

(1) 표시이자가 5%이고 만기가 5년인 국공채에 대한 투자
(2) 매출채권
(3) 성장성을 보고 장기보유목적으로 소유하고 있는 다른 상장회사의 보통주에 대한 투자
(4) 단기투자목적으로 소유하고 있는 다른 상장회사의 보통주에 대한 투자
(5) 만기까지 보유할 경우 그 시점의 보통주의 시가에 따라 변동가능한 수량의 보통주로 의무전환하도록 되어 있는 사채에 대한 투자
(6) 보유자가 선택권을 가진 상환가능우선주

3. 자기지분상품으로 결제되는 거래

(주)대한은 (주)민국에게 기계장치를 제작해 주는 대가로 (주)민국의 주식을 받기로 하였다. 아래의 거래조건에 대해 각각 회계처리를 제시하라. 단, (주)민국의 주당 액면가는 ₩10이다.

(1) 기계장치의 공정가치는 ₩10,000이며 (주)민국은 100주의 자기주식을 발행하기로 하였다.
(2) (주)민국의 주식 공정가치는 ₩120이며 (주)민국은 100주의 자기주식을 발행하기로 하였다.
(3) 기계장치의 공정가치는 ₩10,000이며 (주)민국은 한 달 후에 ₩10,000에 해당하는 (주)민국의 주식을 발행하기로 하였다.

4. 금융상품의 분류

다음의 사례에 해당하는 금융자산을 어떻게 분류할지 사업모형과 현금흐름 관점에서 논하라.

(1) 금융상품 X는 만기가 없는 사채이며 발행자는 보유자에게 고정이자율로 계산된 이자를 지급한다. 하지만 발행자는 언제든 재매입할 수 있는 권리가 있으나 구매자는 상환청구권이 없다.
(2) 은행은 회사 Y에게 고정이자율 및 고정만기를 가지는 대여금을 제공하고 회사 Y의 자기지분상품을 담보로 확보하였다. 해당 대여금은 만기에 회사 Y가 제공한 자기지분상품을 매각하여 상환되며, 상환시점에 자기지분상품의 주가가 하락하여 대여금을 상환할 여력이 되지 못하면 은행이 손실을 부담한다.

5. 금융상품의 취득시점의 공정가치 측정

민경(주)는 정은(주)의 지분 15%를 보유하고 있다. 정은(주)의 주식은 활성시장에서 거래되고 있으며, 시장가격(호가)은 ₩1,000, 하루 거래량은 유통주식의 0.1%이다. 민경(주)는 정은(주)의 주식을 대량으로 처분할 경우, 보유주식의 공정가치가 시장가격보다 크다고 믿고 있으며, 그에 따라 주식가격에 대한 몇 가지 독립적 측정치들을 구하였다. 이러한 측정치에 의하면, 보유주식은 ₩1,050(시장가격+프리미엄)의 가치를 지니고 있는 것으로 예상된다.

민경(주)가 보유하고 있는 정은(주)의 주식을 공정가치로 평가할 때 사용해야 할 금액과 그 근거를 답하라.

6. 금융자산의 분류 및 후속측정

경미(주)는 20×1. 1. 1에 경기도에서 발행한 공채를 ₩75,000에 취득하였다. 동 공채는 1년에 두 차례 이자를 지급하며 취득일로부터 10년 후에 만기가 도래한다. 동 공채로부터 이자와 원금의 지급 외에는 다른 현금흐름이 발생하지 않는다. 취득 후 시장이자율이 낮아짐에 따라 20×1. 12. 31에 동 공채의 공정가치가 ₩80,000으로 상승하였다.

요구사항

1. 경미(주)는 동 공채로부터 발생하는 현금흐름이 매력적이라고 보아 이를 만기까지 보유할 계획이다. 동 공채 투자에 적절한 회계처리는 무엇이며, 20×1. 12. 31에 동 공채의 장부금액은 얼마로 보고해야 하는가?
2. 경미(주)는 동 공채로부터 발생하는 계약상 현금흐름에 관심이 있지만 회사의 자금여건을 고려할 때 공채의 만기 이전에 처분할 계획이다. 동 공채 투자에 적절한 회계처리는 무엇이며, 20×1. 12. 31에 동 공채의 장부금액은 얼마로 보고해야 하는가?

7. AC금융자산(장기받을어음)

콘도(주)는 20×2. 7. 1에 두 가지 거래를 하였다.

(1) 공정가치가 ₩5,000인 토지를 액면금액 ₩8,000인 4년 만기 무이자부 약속어음을 받고 매각하였다. 이 토지의 장부금액(취득원가)은 ₩4,500이다.

(2) 만기금액 ₩3,000, 이자율 6%인 4년 만기 약속어음을 받고 용역을 제공하였다(연 1회 이자지급). 콘도(주)는 최근 은행으로부터 차입했던 자금에 대해서 10%의 이자를 지급해야 했고, 위 거래에 관련된 고객은 동일한 종류의 차입금에 대해 12%의 이자를 지급해야 하는 신용등급을 받고 있다.

위의 두 거래에 대한 콘도(주)의 분개를 하라. 콘도(주)는 이 금융자산을 AC금융자산으로 분류한다.

8. AC금융자산(채무증권)

광주(주)는 20×1. 1. 1에 잔여만기가 5년인 채무상품을 거래원가를 포함하여 공정가치 ₩1,000에 매입하였다. 당해 금융상품의 원금은 ₩1,250이고, 연 4.72%의 확정이자(매년 ₩59=₩1,250×4.72%)가 지급된다. 매입시점에 동 금융자산의 유효이자율은 10%이다.

광주(주)가 동 금융자산에 대하여 20×1. 1. 1(취득), 20×1. 12. 31(첫 이자수취) 및 20×5. 12. 31(만기)에 행할 회계처리를 하라. 단, 당해 금융자산은 AC금융자산으로 분류되었다고 가정한다.

9. FVPL금융자산(채무증권)의 회계처리

은영(주)가 발행한 아래와 같은 조건의 사채를 B회사가 매입하여 C회사에게 중도에 매도하였다. 당해 사채는 두 회사에서 모두 FVPL금융자산으로 분류되고 있다.

〈채권의 발행조건〉 액면금액 ₩10,000, 액면이자율 12%, 이자는 상환일 후급
〈채권의 매매상황〉

	발행일 (20×1. 4. 1)	B회사 매입 (20×1. 8. 1)	B회사 매도 C회사 매입 (20×2. 2. 1)	이자수취 (20×2. 3. 31)
경과이자		₩400	₩1,000	₩1,200
매매가액(경과이자 포함)		₩10,300	₩10,850	

B회사의 매입 및 매도에 관한 회계처리, 그리고 C회사의 매입 및 이자수취에 관한 회계처리를 제시하라.

10. FVPL금융자산과 FVOCI금융자산(지분상품)

20×1. 12. 31 (주)서울의 금융자산 관련 자료는 다음과 같다. 주식은 모두 20×1년중에 취득한 것이고 상장되어 있다. 당해 금융자산은 공정가치로 평가한다. (주)서울은 보통주A는 FVOCI금융자산으로 분류하고 보통주B는 FVPL금융자산으로 분류한다. (주)서울은 보통주 A와 B에 대하여 중대한 영향력을 미치지 못한다.

종 목	취득원가	공정가치
보통주A(600주)	₩400,000	₩200,000
보통주B	300,000	50,000
계	₩700,000	₩250,000

20×2년중 상기 주식과 관련한 거래내역은 다음과 같다.

(1) 3. 1에 보통주A 200주를 ₩80,000에 추가취득하였다.
(2) 7. 1에 보통주A 400주를 ₩260,000에 처분하였다. 처분가치와 공정가치는 동일하다.
(3) 20×2. 12. 31 각 주식의 공정가치(순자산가액)는 다음과 같다.
보통주A : ₩250,000   보통주B : ₩200,000

요구사항

1. 20×1년말부터 20×2년중의 각 일자별 회계처리를 하라. 보통주의 단가는 이동평균법으로 계산한다.
2. 20×2. 12. 31에 필요한 회계처리를 예시하고 부분재무상태표(기타포괄손익누계액도 표시할 것) 및 포괄손익을 계산하라.

11. AC금융자산 – 채무증권의 중도상환

광주(주)는 20×1. 1. 1에 잔여만기가 5년인 채무상품을 거래원가를 포함하여 공정가치 ₩1,000에 매입하였다. 당해 금융상품의 원금은 ₩1,250이고, 연 4.72%의 확정이자(매년 ₩59＝₩1,250×4.72%)가 지급된다. 매입시 동 금융자산에 대한 유효이자율은 10%이다. 20×3년초에 광주(주)는 현금흐름에 대한 추정을 변경하여 20×3. 12. 31에 원금의 50%가 중도상환되고, 나머지 50%는 20×5. 12. 31에 상환될 것으로 예상하였다.
광주(주)가 동 금융자산에 대하여 20×1. 1. 1(취득), 20×1. 12. 31(첫 이자수취) 및 20×3. 12. 31(이자수취 및 50% 중도상환)에 행할 회계처리를 하라. 단, 당해 금융자산은 AC금융자산으로 분류하였으며, AC금융자산은 순액(액면금액－현재가치할인차금)인 취득원가로 기록한다.

12. FVOCI금융자산(채무증권)의 취득과 처분

우진(주)는 20×1. 7. 1에 성진(주)가 발행한 액면 ₩1,000,000, 표시이자율 연 8%(매년 6월말에 지급)인 사채를 ₩940,000에 취득하였다. 그러나 활성시장의 공시가격에 의해 입증된 취득일의 공정가치는 ₩950,000이었다. 20×1. 7. 1의 유효이자율은 연 10%였다. 20×1. 12. 31에 사채의 공정가치는 ₩930,000(기간경과이자는 불포함)이었다. 우진(주)는 20×2. 4. 1에 ₩980,000(기간경과이자 포함)을 받고 당해 사채를 모두 처분하였다.
위의 사채를 FVOCI금융자산으로 분류하였다면, 당해 사채거래가 우진(주)의 20×2년도 당기순이익과 기타포괄이익에 미치는 영향은 얼마인가? 단, 법인세효과는 고려하지 않는다.

13. 외상매출금의 양도

다음의 각 경우에 필요한 분개를 하라(각 경우는 독립적이다).

(1) 추가적인 현금을 조달하기 위해 강서투자금융에 외상매출금 중 ₩120,000을 팩토링했다. 수수료는 팩토링액의 10%이다.
(2) 금융기관으로부터 1년간 ₩270,000을 차입하고, 외상매출금 ₩325,000을 담보로 제공했다. 수수료는 차입금의 8%이다.

14. 받을어음의 양도

동산(주)는 20×1. 4. 1에 정원(주)에 용역을 제공하고 그 대가로 액면 ₩30,000, 6개월 만기, 이자율 10%, 만기 이자지급조건의 어음을 받았다. 동산(주)는 동 어음을 20×1. 7. 1에 가든은행에 12%에 할인양도하였다. 어음의 할인이 실질적인 양도의 요건을 충족하여 제거되는 경우와 제거할 수 없는 경우를 비교하는 형식으로 20×1. 4. 1, 7. 1 및 10. 1에 동산(주)가 행해야 할 분개를 하라. 만약 20×1. 10. 1에 정원(주)가 어음을 부도내어 가든은행에 원리금 및 소구비용 ₩90을 보상했다면 20×1. 10. 1에 동산(주)는 어떤 분개를 해야 하는가?

15. 받을어음의 할인

다음은 남녘(주)와 북녘(주)에 관한 자료이다(단, 1년을 360일로 하여 계산한다).

5. 1 : 남녘(주)는 북녘(주)에 외상매입금을 상환하기 위해 액면 ₩600,000, 만기 60일, 10%의 이자부어음을 발행 교부하였다.
5. 16 : 북녘(주)는 위 어음을 거래은행에 할인율 15%로 할인하였다.
6. 30 : 만기일이 되어 남녘(주)는 어음금액을 지급하였다.

위의 거래를 남녘(주)와 북녘(주)의 입장에서 각각 분개하라. 단, 북녘(주)에 의한 양도는 제거조건이 충족되었다고 가정한다.

16. 금융자산의 일부제거

태주(주)는 20×1. 1. 1에 액면금액 ₩100,000, 매년말 이자율 7.5% 지급, 10년 만기 채권을 취득하고 이를 AC금융자산으로 분류하였다. 20×6. 1. 1에 5년 후에 만기가 도래하는 액면금액에 대한 권리를 채권에서 분리하여 소주(주)에 ₩78,353에 양도하였다. 양도시점의 유효이자율은 5%였으며, 채권 액면금액을 5%로 할인한 현재가치가 ₩78,353(= ₩100,000 × $1/1.05^5$)으로 양도가액과 동일하다.
이자의 양도가 일부제거 조건을 충족한다고 보고 5년 만기 액면금액의 양도에 필요한 회계처리를 하라. 단, 원금과 이자를 합한 채권 전체에 대해 양도시점의 유효이자율로 계산한 현재가치는 ₩110,824이다.

보-17. 결제일회계처리방법 : 비현금 금융자산의 교환

20×2. 12. 29(매매일)에 광주(주)는 FVPL금융자산으로 인식할 사채B를 대가로 수취하고 상각후원가로 측정하는 받을어음A를 매도하는 교환계약을 체결하였다. 20×2. 12. 29 현재 받을어음A의 상각후원가는 ₩1,000이고, 두 자산의 공정가치는 모두 ₩1,010이다. 광주(주)는 AC금융자산에는 결제일회계처리방법을 적용하며 FVPL금융자산에는 매매일회계처리방법을 적용한다. 20×2. 12. 31(회계기말)에 받을어음A의 공정가치는 ₩1,012이고 사채B의 공정가치는 ₩1,009이다. 20×3. 1. 4에 받을어음A의 공정가치는 ₩1,013이고 사채B의 공정가치는 ₩1,007이다.

광주(주)가 20×2. 12. 29(매매일), 20×2. 12. 31(회계기말) 및 20×3. 1. 4(결제일)에 필요한 회계처리를 하라.

보-18. 매매일 또는 결제일 : 매도에 따라 기록할 금액

충주(주)는 20×2. 12. 28(매매일)에 당일의 공정가치인 ₩1,010으로 금융자산을 매도하는 계약을 체결하였다. 자산은 1년 전에 ₩1,000에 취득하였고 상각후원가는 ₩1,000이다. 20×2. 12. 31(회계연도말)에 자산의 공정가치는 ₩1,000이며, 20×3. 1. 4(결제일)의 공정가치는 ₩1,000이다(자산에 대하여 발생할 수 있는 이자는 고려하지 아니한다).

요구사항

1. 매매일회계처리방법에 따라 20×2. 12. 28(매매일), 20×2. 12. 31(회계기말) 및 20×3. 1. 4(결제일)에 충주(주)가 해야 할 회계처리를 하라. 단, 금융자산은 AC금융자산 또는 FVPL금융자산으로 분류된 경우를 각각 가정한다.
2. 결제일회계처리방법에 따라 20×2. 12. 28(매매일), 20×2. 12. 31(회계기말) 및 20×3. 1. 4(결제일)에 충주(주)가 해야 할 회계처리를 하라. 단, 금융자산은 AC금융자산 또는 FVPL금융자산으로 분류된 경우를 각각 가정한다.

CHAPTER

12 금융자산 -손상, 재분류 및 보고

제12장에서는 금융자산의 손상차손, 재분류 및 보고에 대하여 설명한다. 금융자산의 손상차손은 미래에 발생한 것으로 예상되는 기대신용손실을 미리 반영시키는 기대신용손실법을 사용해야 한다. 본장에서는 이에 대한 설명과 함께 사업모형의 변경으로 금융자산의 분류를 변경하는 경우의 회계처리와 금융자산의 보고에 대한 내용을 살펴보기로 한다.

사례 KB금융지주 – 금융자산의 손상

다음은 KB금융지주의 2023년 연결재무제표 주석에 공시된 금융자산의 손상과 관련한 공시의 일부이다.

당기 및 전기 중 상각후원가 대출채권에 대한 대손충당금 변동내역은 다음과 같습니다.

(단위 : 백만원)

구 분	당기								
	가계여신			기업여신			신용카드		
	12개월 기대신용손실 측정대상	전체기간 기대신용손실 측정대상		12개월 기대신용손실 측정대상	전체기간 기대신용손실 측정대상		12개월 기대신용손실 측정대상	전체기간 기대신용손실 측정대상	
		손상 미인식	손상 인식		손상 미인식	손상 인식		손상 미인식	손상 인식
기 초	602,037	284,816	450,513	522,552	561,936	901,288	163,185	354,315	320,342
Stage간 분류 이동									
12개월 기대신용손실 측정자산으로 이동	153,560	−141,775	−11,785	123,441	−119,940	−3,501	78,420	−75,980	−2,440
전체기간 기대신용손실 측정자산으로 이동	−118,734	145,827	−27,093	−121,027	155,094	−34,067	−20,898	24,754	−3,856
손상발생	−9,672	−72,265	81,937	−8,864	−95,732	104,596	−2,592	−25,843	28,435
대손상각	−	14	−657,670	−	9	−436,246	−	−	−664,027
매 각	−1,126	−631	−13,346	−	−315	−31,716	−	−	−
전(환)입	−45,014	67,219	679,687	429,706	435,633	779,310	−11,611	50,867	766,581
기타변동(환율변동 등)	3,599	177	−1,194	−6,168	−970	2,880	21	39	−43,887
기 말	584,650	283,382	501,049	939,640	935,715	1,282,544	206,525	328,152	401,148

> 대출채권(여신)은 금융회사에게 중요한 금융상품(자산)이다. KB금융지주는 가계여신, 기업여신, 신용카드로 대출채권을 분류하여 각각에 대해 기대신용손실 측정 방법과 금액을 공시하고 있다.

금융자산(채무상품)의 기대신용손실

당기손익-공정가치측정금융자산을 제외한 상각후원가측정금융자산 및 기타포괄손익-공정가치측정채무상품은 매 보고기간말에 기대신용손실을 평가하여 손실충당금으로 인식하고 있습니다.

기대신용손실은 일정범위의 발생가능한 결과를 확률가중한 값으로, 화폐의 시간가치를 반영하고, 보고기간말에 과거사건, 현재 상황과 미래경제적 상황에 대한 예측에 대한 과도한 원가나 노력 없이 이용할 수 있는 정보를 반영해 측정합니다.

기업회계기준서에 따라 기대신용손실의 측정방식은 아래의 3가지로 분류합니다.

- 일반모형 : 아래 2가지 모형에 해당하지 않는 금융자산 및 난외 미사용약정
- 간편모형 : 해당 금융자산이 매출채권, 계약자산, 리스채권인 경우
- 신용손상모형 : 일반 금융자산으로서 취득시 신용이 손상되어 있는 금융자산

제 1 절 금융자산의 손상 1109:5.5.1-20

금융자산의 손상은 금융자산으로부터 기대되는 미래현금흐름의 현재가치가 계약의 최초 예상 현금흐름의 현재가치보다 작아져서 발생하는 손실을 의미한다. 이러한 손실이 발생하는 신용위험에 대한 발생가능성을 추정하여 기대신용손실(expected credit losses)을 측정하고 이를 장부에 반영해야 한다.

금융자산의 손상은 신용위험에 대한 발생가능성에 기초하여 추정한다는 측면에서 손상 발생에 대한 객관적 증거를 요구하는 자산손상과 다르다. 이는 금융자산 신용위험의 발생가능성에 초점을 맞춤으로써 금융자산의 채무불이행이 발생하기 이전에 손상을 인식하고 신용손실에 대한 적시적 정보를 제공하려는 목적이다.

금융자산의 손상에 대해 당기손익(손상차손)에 반영한다. 그런데 당기손익-공정가치측정금융자산(FVPL금융자산)의 경우에는 손상으로 인한 자산의 공정가치 변동이 당기의 평가손익(당기손익)에 이미 반영되기 때문에 별도로 손상차손을 기록할 필요가 없다. 따라서 상각후원가측정금융자산(AC금융자산)과 기타포괄손익-공정가치측정금융자산(FVOCI금융자산)[1)]이 손상회계처리의 대상이 된다.[2)]

손상이 발생하면 AC금융자산은 신용손상에 해당하는 금액을 손상차손(당기손익)으로 인식하고 손실충당금을 설정한다. 손실충당금은 금융자산의 차감항목으로 금융자산의 장부금액을 감소시킨다. 한편 FVOCI금융자산은 공정가치 변동 중 신용손상에 해당하는 부분을 분리하여 손상차손(당기손익)을 인식하고, 신용손상에 해당하지 않는 공정가치 증감은 평가손익(기타포괄손익)으로 인식한다.

예제 12-1 금융자산의 손상차손

서기(주)는 액면금액 ₩1,000인 채무상품을 ₩1,000에 취득하였다. 당해 회계기말에 공정가치가 ₩900으로 하락하였다. ₩100의 공정가치 하락 중에서 손상차손은 ₩40이다. 다음 연도초에 당해 금융자산을 ₩900에 처분하였다.
이 금융자산이 AC금융자산 또는 FVOCI금융자산으로 분류되었다고 할 때 취득시점, 회계기말 및 처분시점에서 필요한 회계처리를 하라. 단, 이자에 대한 분개는 편의상 생략한다.

➡ 계속

---

1) 지분상품 FVOCI금융자산은 공정가치 변동을 기타포괄손익으로 인식하고 손익으로 재순환할 수 없도록 되어 있기 때문에 손상차손의 대상이 아닌 것으로 보아야 한다.
2) 리스채권, 계약자산, 대출약정, 금융보증계약 등도 손상차손회계의 대상이다.

해답

분 류	AC금융자산	FVOCI금융자산
취득시점	(차) AC금융자산 1,000 (대) 현 금 1,000	(차) FVOCI금융자산 1,000 (대) 현 금 1,000
회계기말	(차) 금융자산손상차손(PL) 40 (대) 금융자산손실충당금 40	(차) 금융자산평가손익(OCI) 60 금융자산손상차손(PL) 40 (대) FVOCI금융자산 100
	(주) 손상차손(₩40)은 AC금융자산과 FVOCI금융자산 모두에서 당기손실로 인식한다. AC금융자산에서는 손상차손에 해당되는 금액을 손실충당금이라는 AC금융자산 차감계정으로 보고하고, FVOCI금융자산에서는 공정가치 감소액 ₩100에서 손상차손을 상계한 ₩60을 OCI로 인식한다.	
처분시점	(차) 현 금 900 금융자산손실충당금 40 금융자산처분손실(PL) 60 (대) AC금융자산 1,000	(차) 현 금 900 (대) FVOCI금융자산 900 (차) 금융자산처분손실(PL) 60 (대) 금융자산AOCI 60
	(주) FVOCI금융자산에 대한 분개에서는 기타포괄손익항목인 금융자산평가손익이 처분으로 인하여 실현되었기 때문에 이를 당기손익으로 재순환하기 위한 분개를 포함한다.	

본장에서는 먼저 기대신용손실을 추정하는 방법을 설명하고 이를 인식하는 방법에 대해 설명하고자 한다.

1 기대신용손실의 추정

금융자산의 기대신용손실은 해당 금융상품의 기대존속기간에 걸쳐 발생할 것으로 예상되는 모든 신용손실 상황에 대한 확률가중추정치이다. 기대신용손실을 측정하기 위해서는 최초인식 후에 금융상품의 신용위험이 유의적으로 증가하였는지를 매 보고기간말에 판단해야 한다.

(1) 기대신용손실 인식 1109:5.5.17-20

금융자산의 기대신용손실은 최초인식 후에 해당 금융자산의 신용위험이 유의적으로 증가하여 해당 금융자산의 추정미래현금흐름의 현재가치가 감소할 때 인식한다. 신용위험은 금융자산의 채무불이행 가능성을 의미한다. 금융자산의 취득원가는 공정가치로서 취득시점에 해당 금융자산의 신용위험을 이미 반영하고 있다. 따라서 기대신용손실은 보고기간말의 금융자산에 대한 채무불이행 발생위험을 최초인식일의 채무불이행 발생위험과 비교하여 신용위험의 변동을 측정하고 신용위험의 변동으로 인하여 예상되는 손실금액을 의미한다.

기대신용손실은 보고기간말에 금융자산의 신용이 손상되었다는 증거나, 금융자산 최초인식 후에 채무불이행 발생가능성이나 그 발생위험의 유의적인 증가에 기초하여 평가한다. 기대신용손실을 채무불이행 발생가능성에 기초하여 평가하는 것은 금융자산의 신용이 손상되기 전이나 채무불이행이 실제로 발생하기 전에 신용위험의 증가여부를 판단하여 적시에 금융자산의 신용손상을 인식하고 이에 대한 정보를 제공할 목적이다.

기대신용손실은 금융자산 최초인식 이후에 금융자산을 신용손상 상태에 따라 3단계로 구분하여 추정하는 일반적인 접근법(general approach)을 적용한다. 다만 매출채권, 계약자산, 리스채권에 대해서는 일반적인 접근법에서 요구하는 3단계법을 간소화한 간편법(simplified approach)을 적용할 수 있다.

1) 기대신용손실의 일반적인 접근법

일반적 접근법에서는 금융자산의 신용손상 상태에 따라 3단계로 구분하여 기대신용손실을 추정한다. 금융자산의 신용손상상태는 금융자산 최초인식시점의 신용위험과 비교하여 신용위험에 유의적인 변동이 없는 1단계, 신용위험이 유의적으로 증가한 2단계, 그리고 신용손상이 발생한 3단계로 구분된다. 각 단계별로 기대신용손실의 추정대상기간과 이자수익의 계산이 달라진다.[3]

신용손상이란 금융자산의 추정미래현금흐름에 부정적 영향을 미치는 하나 이상의 사건이 발생하여 해당 금융자산의 가치가 감소한 것이다. K-IFRS는 금융자산의 신용이 손상된 증거로 다음과 같은 예를 제시하고 있다.

- 발행자나 차입자의 유의적인 재무적 어려움
- 채무불이행이나 연체 같은 계약위반
- 차입자의 재무적 어려움에 관련된 경제적 이유나 계약상 이유로 당초 차입조건의 불가피한 완화
- 차입자의 파산가능성이 높아지거나 그 밖의 재무구조조정 가능성이 높아짐
- 재무적 어려움으로 해당 금융자산에 대한 활성시장의 소멸
- 이미 발생한 신용손실을 반영하여 크게 할인한 가격으로 금융자산을 매입하거나 창출하는 경우

▶ **표 12-1**
신용손상의 3단계와 회계처리 요약

	신용손상상태	기대신용손실의 추정	이자수익의 인식
제1단계	신용위험이 낮음	12개월 기대신용손실	총장부금액×유효이자율
제2단계	신용위험이 유의적으로 증가	전체기간 기대신용손실	
제3단계	신용손상이 발생		상각후원가×유효이자율

(주) 총장부금액 : 최초인식금액에서 상환되거나 상각된 금액을 차감한 금액
상각후원가 : 총장부금액에서 손상으로 인한 손실충당금을 차감한 금액
유효이자율 : 기대존속기간 추정미래현금흐름의 현재가치를 장부금액과 일치시키는 이자율

3) 이자수익의 계산은 〈표 11-3〉 및 관련 설명 참조.

① 신용위험이 유의적으로 증가하지 아니한 경우 : 매 보고기간말에 12개월 기대신용손실을 반영한다. 이자수익은 총장부금액에 유효이자율을 곱하여 인식한다. 총장부금액은 손실충당금(또는 누적손상차손)을 조정하기 전 금융자산의 상각후원가를 의미한다.

② 신용위험이 유의적으로 증가한 경우 : 매 보고기간말에 전체기간 기대신용손실을 반영한다. 이자수익은 ①과 같이 누적손상차손을 차감하기 전의 총장부금액에 최초 유효이자율을 곱하여 인식한다.

③ 신용손상이 발생한 경우 : 매 보고기간말에 전체기간 기대신용손실을 반영한다. 신용손실에 해당하는 부분만큼 총장부금액을 감액하고, 새로 조정된 상각후원가에 최초 유효이자율을 곱하여 이자수익을 인식한다.

제1단계는 보고기간말에 금융자산의 신용위험이 최초인식시점의 해당 금융상품의 신용위험에 비해 유의적으로 증가하지 않은 상태이다. 즉, 금융자산이 최초인식시점과 비슷한 신용위험에 있는 정상상태이다. 손상금액을 향후 12개월에 대해서 채무불이행 가능성을 고려한 12개월 기대신용손실로 측정하고, 이자는 총장부금액에 최초유효이자율을 적용하여 계산한다.

금융자산의 채무불이행 가능성이 낮다 하더라도 해당 금융자산의 손상 발생가능성이 전혀 없다고 할 수 없다. 경험적으로 예상치 못한 상황으로 인하여 정상적인 금융자산이 채무불이행 상황이 되는 사건은 자주 접한다. 그렇다고 하더라도 정상적인 금융상품에 대해 존속기간 동안의 모든 현금흐름을 다 고려하여 손상여부를 판단하는 것은 그러한 과정을 통해 얻게 되는 효익에 비해 많은 비용과 수고가 요구되어 비효율적일 수 있다. 이에 따라 제1단계 금융상품에 대해서는 비교적 단기인 12개월에 대해서만 채무불이행 가능성을 고려한다. 또한 개별 금융자산에 대해 신용위험을 평가하기보다는 1단계에 있는 금융자산을 집합으로 평가하는 것이 더 효율적일 수 있다.

제2단계는 금융자산의 신용위험이 유의적으로 증가하여 채무불이행 가능성은 유의적으로 증가하였지만 신용손상은 아직 발생하지 않은 상황이다. 금융자산의 신용위험이 유의적으로 증가하였으므로 개별 금융자산별로 전체기간에 걸친 채무불이행 가능성을 평가하여 기대신용손실(전체기간 기대신용손실)을 추정한다. 하지만 아직 신용손상으로 인한 미래현금흐름의 변동은 아직 발생하지 않았기 때문에 기존의 총장부금액에 최초 유효이자율을 적용하여 이자를 계산한다.

제3단계는 신용손상이 발생한 상태이다. 제2단계와 마찬가지로 개별 금융자산에 대해서 전체기간 기대신용손실을 적용한다. 손상이 이미 발생한 상황이므로 손상이 반영된 새로운 현금흐름으로 계산된 상각후원가에 최초 유효이자율을 적용하여 이자수익을 인식한다. 최초의 유효이자율을 적용하도록 한 이유는 신용손실을 현금흐름에 반영하는 것이 유효이자율에 반영하는 것보다 쉽기 때문이다. 신용손실로 인하여 미래현금흐름이 감소하고 장부금액의 감소하기 때문에 최초 유효이자율을 적용하여도 이자수익이 감소하게 된다.

최초 취득시점 이후 신용위험에 변동이 없는 제1단계 금융자산에 대해서는 12개월 기간의 채무불이행 발생위험에 대한 평가와 집합 평가를 허용함으로써 기대신용손실 추정에 대한 실무적 부담을 완화시킨 것으로 볼 수 있다. 반면 신용위험이 유의적으로 증가한 제2단계와 제3단계의 금융자산은 개별 금융자산에 대해 존속기간에 대한 신용손실을 측정하도록 함으로써 보다 엄격한 기대신용손실을 추정할 것을 요구하고 있다.

취득시점부터 신용손상된 금융자산을 취득하는 경우도 있다.[4] 이때에는 취득시점에 손상된 금액을 차감하여 취득원가에 반영하고, 최초인식 이후에는 보고기간말에 전체기간 기대신용손실의 누적변동분만을 신용손실로 인식한다. 이를 위해 매 보고기간말에 전체기간 기대신용손실의 변동액을 손상차손(환입)으로 당기손익에 인식한다.

손상을 인식한 이후 상황이 호전되어 당기에 추정한 기대신용손실이 이미 인식했던 기대신용손실액보다 작은 경우가 있다. 이 경우에는 기대신용손실의 유리한 변동을 손상환입(당기손익)으로 인식한다.

2) 매출채권, 계약자산, 리스채권에 대한 간편법 1109:5.5.15-16

금융자산의 신용손상 정도를 3단계로 구분하고 기대신용손실을 추정하는 일반적 접근법은 복잡한 과정과 많은 수고를 요구한다. K-IFRS는 매출채권, 계약자산, 리스채권에 대해서는 3단계 접근법을 간소화한 간편법 적용을 허용하고 있다. 간편법(simplified approach)은 금융상품의 기대존속기간에 발생할 수 있는 모든 채무불이행 사건에 따른 기대신용손실에 해당하는 금액으로 손실충당금을 측정하는 방법이다.

간편법은 매출채권과 같이 실무에서 자주 발생하는 금융자산에 대해서 12개월 기대신용손실의 계산과 신용위험의 유의적인 증가여부에 대한 평가 요구를 완화하여 실무적 부담을 감소시킨다. 구체적으로 다음과 같은 자산에는 간편법을 적용한다(예제 12-3 참고).

① 다음 중 하나를 충족하는 매출채권이나 계약자산[5]
   (가) 유의적인 금융요소(현재가치할인차금)를 포함하고 있지 않은 경우
   (나) 유의적인 금융요소가 있으나(예를 들면, 대금회수기간이 긴 경우), 전체기간 기대신용손실에 해당하는 금액으로 손실충당금을 측정하는 것을 회계정책으로 선택한 경우

② 리스채권으로서 전체기간 기대신용손실에 해당하는 금액으로 손실충당금을 측정하는 것을 회계정책으로 선택한 경우

---

4) 예를 들면, 정크본드가 이에 해당하는데, 정크본드(junk bond)란 발행기업의 경영이 악화되어 가치가 떨어진 채권 또는 신용등급이 낮은 중소기업이 발행한 채권 등 액면금액보다 매우 낮은 가격으로 거래되는 채권을 말한다.

5) 기업회계기준서 제1115호(고객과의 계약에서 생기는 수익)에 따른 권리. 손상차손(환입)의 인식과 측정은 이 기준서에 따라 회계처리한다.

▶ **그림 12-1** 금융자산의 손상추정 및 이자수익

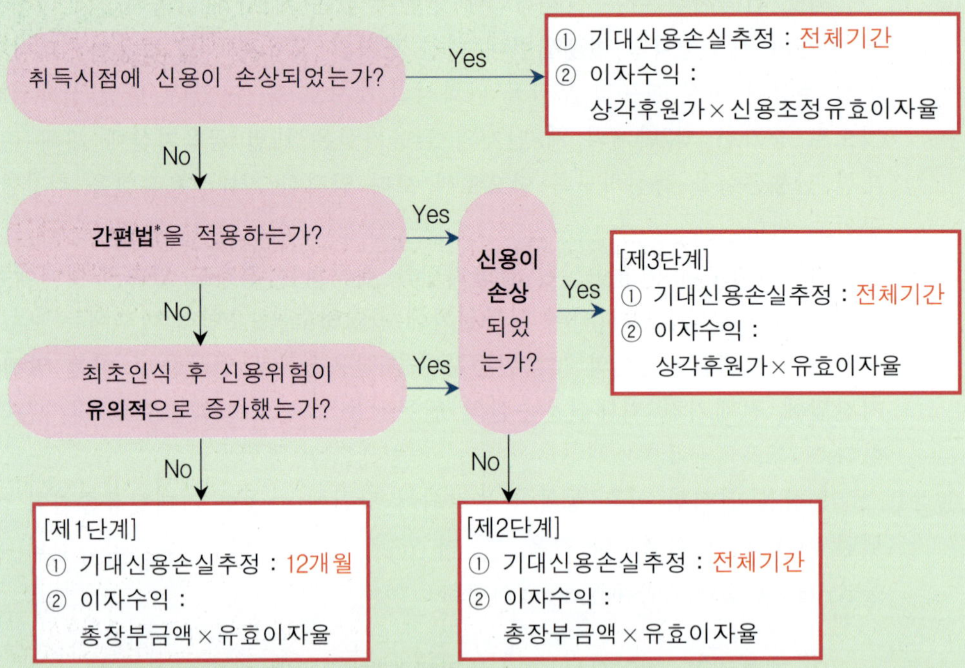

* 매출채권, 계약자산 및 리스채권에 적용함

(주) 총장부금액 : 최초인식금액에서 상환되거나 상각된 금액을 차감한 금액
상각후원가 : 총장부금액에서 손실충당금을 조정한 금액
유효이자율 : 기대존속기간 추정미래현금흐름의 현재가치를 총장부금액과 일치시키는 이자율
신용조정유효이자율 : 기대존속기간 추정미래현금흐름의 현재가치를 상각후원가와 일치시키는 이자율

매출채권, 리스채권, 계약자산에 각각 독립적으로 기대신용손실을 추정하기 위한 회계정책을 선택할 수 있다. 금융자산의 기대신용손실을 추정하고 관련 이자수익을 인식하는 방법을 그림으로 나타내면 [그림 12-1]과 같다.

(2) 기대신용손실의 측정

기대신용손실은 ① 해당 자산의 총장부금액과 ② 추정미래현금흐름을 최초 유효이자율로 할인한 현재가치의 차이로 측정한다.

> 기대신용손실 = 총장부금액 − 추정미래현금흐름의 현재가치
> = 현금부족액의 현재가치
> (주) 현재가치는 최초 유효이자율을 이용하여 산출한다.

즉, 금융자산의 기대신용손실(현금부족액)은 ① 계약상 수취하기로 한 현금흐름과

② 수취할 것으로 예상하는 현금흐름의 차이의 현재가치이다.[6] 따라서 기대신용손실은 금융자산의 최초인식시점의 신용위험에 비해 해당 금융자산의 신용위험이 증가하여 추정미래현금의 현재가치가 감소할 때 발생(증가)한다. 또한 기대신용손실은 지급액과 지급시기를 고려하기 때문에 전부 지급받을 것으로 예상하더라도 그 예상시기가 계약상 지급시점보다 늦다면 신용손실이 발생하게 된다.

현금부족액의 현재가치를 계산하기 위한 할인율은 최초 유효이자율을 사용한다. 변동금리부 금융상품의 경우에는 현행 유효이자율을 사용하여 현재가치를 계산하고, 취득시점에 신용이 손상되어 있는 금융자산에 대한 기대신용손실은 최초인식시점에 산정한 신용조정유효이자율을 사용한다. 이처럼 최초 유효이자율을 이용하여 기대신용손실을 측정한다는 것은 손상과 관련한 위험을 (할인율에 반영하기보다는) 미래현금흐름 추정에 반영한다는 것을 의미한다.

금융자산의 신용손실이 발생할 수 있는 상황은 하나만 있는 것이 아니라 다양할 수 있다. 따라서 기대신용손실은 금융상품의 기대존속기간에 걸쳐 발생할 것으로 예상되는 모든 기대신용손실(현금부족액의 현재가치) 상황에 대한 확률가중추정치로 산출한다. 확률가중추정치는 ① 금융상품의 채무불이행이 발생할 수 있는 시나리오 파악, ② 각 시나리오가 발생할 확률의 추정, ③ 각 시나리오가 발생하는 경우 예상되는 손실과 발생확률을 곱하여 시나리오별 예상 신용손실 추정, ④ 각 시나리오별 예상 신용손실 추정액을 합산하여 기대신용손실액을 계산한다.

기대신용손실 측정방법은 금융상품마다 특성과 상황이 다르므로 특정하기 어렵다. K-IFRS는 미래현금흐름을 추정할 때에는 금융자산에 대해 미래전망 정보를 포함한 합리적이고 증거제시가 가능한 모든 정보를 반영할 것을 요구한다. 구체적으로 금융자산의 기대신용손실은 다음 사항을 반영할 수 있도록 측정할 것을 요구하고 있다.

① 일정범위의 발생가능한 결과를 평가하여 산정한 금액으로서 편의가 없고 확률로 가중한 금액(기대신용손실을 의미)
② 화폐의 시간가치
③ 보고기간말에 과거 사건, 현재 상황과 미래 경제적 상황의 예측에 대한 정보로서 합리적이고 증거제시가 가능하며 과도한 원가나 노력 없이 이용할 수 있는 정보

기업은 보유하고 있는 금융상품의 목적과 현금흐름의 특성을 고려하여 금융상품의 미래현금흐름을 가장 잘 반영하는 기대신용손실 측정방법을 사용해야 한다. 다음은 기대신용손실의 여러 상황에 대해 발생확률로 가중평균하여 구한 기대신용손실액 계산의 예이다.

6) 미사용 대출한도약정의 신용손실은 다음 ①과 ②의 차이의 현재가치이다.
① 대출약정의 보유자가 실제로 대출하는 경우에 기업이 지급할 계약상 현금흐름
② 실제로 대출하는 경우에 기업이 수취할 것으로 예상하는 현금흐름

현금부족액의 현재가치(A) 시나리오	발생확률(B)	기대신용손실액(A×B)
₩0	92%	₩0
1,000	5%	50
2,000	2%	40
5,000	1%	50
확률가중 기대신용손실액	100%	₩140

K-IFRS 제1109호는 기대신용손실의 측정과 관련한 구체적인 방법은 규정하고 있지 않으나 기대신용손실 측정과 관련한 몇 가지 사례를 제공하고 있다. 이 중 채무불이행확률과 손실률을 이용한 방법은 대표적인 기대신용손실 측정방법이며 실무에서도 이들 방법을 응용하여 많이 사용하고 있다. 이들 두 방법에 대해 간략하게 알아본다.

채무불이행확률(PD, probability of default)에 기초하여 기대신용손실을 측정하는 방법은 채무불이행에 따른 예상손실과 이러한 채무불이행 사건이 발생할 확률을 곱하여 기대신용손실을 추정하는 방법이다.

예제 12-2 채무불이행확률접근법

소망(주)는 10년 만기, 원리금 분할상환 조건의 대출금 ₩1,000,000을 갖고 있다. 소망(주)는 신용위험이 비슷한 금융상품, 차입자의 신용위험, 향후 12개월의 경제전망에 대한 예상을 고려하여, 최초인식시점에 대출의 채무불이행확률(PD)을 향후 12개월에 0.5%로 추정한다. 또한 최초인식 후에 신용위험이 유의적으로 증가하였는지를 판단할 때 그 12개월 PD 변동을 전체기간 PD 변동의 합리적인 근사치로 본다. 소망(주)는 대출금에 채무불이행이 발생할 경우에 총장부금액의 25%의 손실을 볼 것으로 판단한다.

소망(주)는 대출금을 최초인식한 후에 대출금에 대한 신용위험이 유의적으로 증가하지 않았다고 판단하였다고 가정하고, 기대신용손실에 해당하는 손실충당금을 측정하라.

해답

손실충당금 = ₩1,000,000 × 25% × 0.5%(12개월 기대신용손실률) = ₩1,250

손실률에 기초한 방법은 과거 경험에 기반하여 보유하고 있는 금융상품에 대해 예상손실률(loss rate)을 추정하고 적용하여 기대신용손실을 추정하는 방법이다. 채무불이행확률접근법이 채무불이행이 발생할 수 있는 시나리오를 파악하고 발생가능성을 추정한다면, 손실률접근법은 기업의 과거 경험에 자체의 과거 채무불이행 표본과 해당 금융상품에서 경험한 손실에 기반하여 계산한다. 손실률을 추정하는 방법에 대해서는 별도로 본장의 〈보론 12A〉에 소개한다.

K-IFRS는 실무적 간편법(practical expedient)의 예로 충당금설정률표사용법(연령분석법)을 제시하고 있다. 충당금설정률표사용법은 채권의 연체일수에 따라 일정한 충당률(손실률)을 설정하는 방법이다. 과거 신용손실 경험상 서로 다른 고객집단이 유의적으로 서로 다른 손실양상을 보이는 경우에는 고객집단별로 적절하게 구분할 수 있다. 자산을 묶는 데 사용할 수 있는 기타 기준의 예로서 지역적 위치, 상품형태, 고객등급, 담보나 거래신용보험, 고객형태를 들 수 있다. 1109:B5.5.35

예제 12-3 충당금설정률표사용법(연령분석법)

기은(주)는 20×1. 12. 31에 ₩300,000의 매출채권을 보유하고 있다. 고객들은 다수의 소규모 고객들로 구성되어 있으며 매출채권은 연체 정도에 따라 측정한 집단별로 구분할 수 있다. 기은(주)는 매출채권의 기대신용손실을 산정하기 위해 충당금설정률표를 이용한다. 다음은 연체일수별로 위험 정도를 구분하여 업데이트한 기은(주)의 당년도말 기대신용손실률과 매출채권 금액이다.

	무연체	1~30일 연체	31~60일 연체	61~90일 연체	90일 초과 연체
매출채권	₩150,000	₩75,000	₩40,000	₩25,000	₩10,000
기대신용손실률	0.3%	1.6%	3.6%	6.6%	10.6%

충당금설정률표를 이용하여 측정한 기은(주)의 기대신용손실을 추정하라.

해답

	매출채권 금액	기대신용손실률	기대신용손실
무연체	₩150,000	0.3%	₩450
1~30일 연체	75,000	1.6%	1,200
31~60일 연체	40,000	3.6%	1,440
61~90일 연체	25,000	6.6%	1,650
90일 초과 연체	10,000	10.6%	1,060
합 계	₩300,000		₩5,800

(주) 유의적인 금융요소가 없는 매출채권의 손실충당금은 항상 전체기간 기대신용손실에 해당하는 금액으로 측정한다.

기대신용손실을 추정하는 대상이 되는 매출채권에 기존의 손실충당금이 없다면 다음과 같이 회계처리한다.

(차) 손 상 차 손(대손상각비)* 5,800 (대) 손실충당금(대손충당금)* 5,800

* 매출채권의 손상차손과 손실충당금의 계정과목으로 실무에서는 대손상각비, 대손충당금을 사용하기도 한다.

만일 기대신용손실 추정대상 매출채권에 손실충당금 ₩3,000이 있다면 ₩2,800만 추가로 손실충당금을 설정하면 될 것이다.

(차) 손 상 차 손(대손상각비) 2,800 (대) 손실충당금(대손충당금) 2,800

(3) 신용위험의 유의적인 증가에 대한 판단 1109:5.5.9-11

신용위험의 증가여부는 금융상품의 기대존속기간에 걸쳐 채무불이행이 발생할 위험의 변동으로 평가한다. 신용위험 증가는 보고기간말의 금융상품에 대한 채무불이행 발생위험을 최초인식일의 채무불이행 발생위험과 비교하여 평가한다. 다만, 신용위험의 증가여부가 기대신용손실액의 변동을 의미하지 않는다. 그 이유는 기대신용손실액은 신용위험의 결과이지 신용위험 자체가 아니기 때문이다. 신용위험의 변동 없이 미래 현금흐름의 추정에 변동이 생기는 경우에도 기대신용손실액은 변동할 수 있다.

연체정보는 신용위험 평가를 위해 가장 쉽게 이용할 수 있는 정보이다. K-IFRS는 계약상 지급의 연체일수가 30일을 초과하는 경우에는 금융상품의 신용위험이 유의적으로 증가했다고 간주할 수 있다고 밝히고 있다. 다만 연체일수가 30일을 초과하였더라도 신용위험이 유의적으로 증가하지 않았다는 믿을 수 있는 증거를 갖고 있고 해당 정보를 큰 원가나 노력 없이 이용가능하다면 신용위험이 유의하게 증가했다고 평가하지 않는다.

예제 12-4 신용위험의 유의적 증가

제주은행은 마라(주)에 대출금을 제공하였다. 대출 당시에는 마라(주)가 대출기간에 걸쳐 안정적인 현금흐름을 창출할 것으로 예상하였으나 이후 경영여건 변동으로 예상했던 매출이 달성되지 못하였으며 부채비율도 높아졌다. 이로 인해 마라(주)는 제주은행과의 차입계약 위반위험에 직면하게 되었다. 제주은행은 대여금의 신용위험을 평가하는 과정에서 다음과 같은 사실을 발견하였다.

(1) 경영여건이 계속 악화될 수도 있어 마라(주)의 현금흐름 창출능력에 부정적인 영향을 미칠 것으로 예상된다.
(2) 마라(주)는 대차계약을 위반할 가능성이 높아 대차계약조건을 재설정하는 것이 필요할 수 있다.
(3) 신용위험의 증가로 마라(주)의 채권가격이 하락하고 신규 차입이자율이 증가하였다. 시중금리는 변동이 없는 가운데 발생한 마라(주) 채권가격의 하락과 차입이자율의 증가는 시장상황의 변동으로 설명될 수 없다.

제주은행이 마라(주)에 대한 대여금에 대하여 대여금의 최초인식 후에 신용위험이 유의적으로 증가했다고 볼 수 있는지를 판단하라.

해답

주어진 세 가지 정보는 모두 마라(주)에 대한 대여금이 "대여금의 최초인식 후에 신용위험이 유의적으로 증가했다"고 판단할 수 있는 근거가 된다. 특히 채권가격의 하락과 신규 차입이자율의 변동은 시장상황과 관계없이 마라(주)의 기업 특유의 요인에 의한 것이라는 것을 보여준다. 따라서 당해 대여금에 대해 전체기간 기대신용손실을 인식한다.

(4) 채무재조정 등으로 인한 계약상 현금흐름의 변경

금융자산의 계약상 현금흐름이 채무재조정을 통하여 변경되었지만 그 금융자산이 제거되지 않는다면 금융상품의 신용위험이 유의적으로 증가하였는지를 다음 ①과 ②를 비교하여 평가하고, 여기에서 산출된 증감액을 변경기간의 손익으로 인식한다. 즉, 변경손실은 신용손상에 기인한 것으로 보아 손상차손으로 하여 당기손익에 반영하고, 총장부금액을 감액한다(발행자 입장의 회계처리는 제13장을 참조).

① 보고기간말의 채무불이행 발생위험(변경된 계약조건에 기초함)
② 최초인식시점의 채무불이행 발생위험(변경되기 전 최초 계약조건에 기초함)

만일 채무재조정과정에서 수수료나 조정원가가 발생했다면 변경된 자산의 장부금액에 반영하여 해당 금융자산의 잔존존속기간 동안 상각한다.[7)]

예제 12-5 계약상 현금흐름의 변경

제주은행은 5년 만기, 5% 액면이자, 일시상환 조건으로 ₩1,000을 대출하고 이를 AC금융자산으로 분류하였다. 대출시점의 유효이자율도 5%이다.

1. 첫 번째 보고기간말 : 신용위험이 최초인식 후에 유의적으로 증가하지 않았다고 판단하였다. 이에 따라 12개월 기대신용손실에 해당하는 ₩20을 손실충당금으로 설정하였다.
2. 두 번째 보고기간말 : 신용위험이 최초인식 후에 유의적으로 증가하였다고 판단하였다. 이에 따라 해당 대출채권에 전체기간 기대신용손실에 해당하는 ₩30을 손실충당금으로 설정하였다.
3. 세 번째 보고기간말 : 차입자의 재무적 어려움으로 인해 해당 대출채권의 계약상 현금흐름과 만기를 변경(1년 연장)하였다. 변경된 계약상 현금흐름을 해당 대출채권에 대한 최초 유효이자율(5%)로 계산한 현재가치는 ₩700이다. 따라서 변경 전 장부금액과 재계산액의 차이 ₩300을 변경손실로 인식하였다. 한편, 계약상 현금흐름이 변경됨에 따라 최초인식시점의 신용위험과 현재 신용위험을 비교하여 해당 대출채권의 손실충당금도 재측정하였다. 그 결과 최초인식시점의 신용위험에 비해 신용위험이 여전히 유의적으로 증가하였다고 판단하였다. 이에 따라 계속해서 전체기간 기대신용손실에 해당하는 금액 ₩100을 손실충당금으로 설정하였다.

위 정보에 근거하여 제주은행이 해당 대출금에 대하여 인식할 손상차손, 변경손실, 이자수익, 총장부금액, 손실충당금, 기말 장부금액(상각후원가)을 최초 3년 동안 연차별로 보여주는 표를 정리하라.

➡계속

7) 채무재조정과정에서 발생한 수수료나 조정원가를 변경된 자산의 장부금액에 반영하면 이에 맞게 유효이자율을 계산해야 한다.

해답

기간	기초 총장부금액 (A)	당기 기대신용손실 (B)	변경손실 (C)	이자수익 (D=A×5%)	기말 총장부금액 (E=A−C)	기말 손실충당금 (F)	기말 장부금액 (상각후원가) (G=E−F)
1	₩1,000	₩20	−	₩50	₩1,000	₩20	₩980
2	1,000	10	−	50	1,000	30	970
3	1,000	70	₩300	50	700	100	600

(주) 1) B와 C를 당기손익에 반영한다.
2) 총장부금액은 최초인식금액에서 상환되거나 상각된 금액을 차감한 금액이며, 상각후원가는 총장부금액에서 손상으로 인한 손실충당금을 차감한 금액이다.
3) 3차년도 이후의 이자수익은 변경손실을 반영한 총장부금액을 기준으로 계산한다.

〈회계처리〉

(1기간말)	(차) 금융자산손상차손	20	(대) 손실충당금	20
(2기간말)	(차) 금융자산손상차손	10	(대) 손실충당금	10
(3기간말)	(차) 계약변경손실	300	(대) 금 융 자 산	300
	금융자산손상차손	70	손실충당금	70

2 손상차손의 인식

(1) AC금융자산의 손상차손

AC금융자산은 상각후원가로 평가하기 때문에 손상의 대상이다. 손실충당금으로 인식되는 기대신용손실은 수취할 것으로 예상되는 현금흐름이 계약상 현금흐름에 미치지 못하는 현금부족액의 현재가치이다. 최초인식 이후에 신용위험이 유의적으로 증가한 경우에는 전체기간 기대신용손실로, 그렇지 않으면 12개월 기대신용손실로 손실충당금을 인식한다. 현재가치를 계산할 때에는 최초 유효이자율을 사용한다.

AC금융자산의 손실충당금＝현금부족액의 현재가치

(주) 1) 현금부족액＝계약상 현금흐름−수취할 것으로 예상하는 현금흐름
2) 최초인식 이후 신용위험이 유의적으로 증가한 경우에는 전체기간을, 그렇지 않으면 12개월의 현금흐름을 대상으로 추정한다.
3) 최초 유효이자율을 이용하여 현재가치를 계산한다.

기대신용손실을 인식할 때에는 손실충당금으로 누적시켜 나가며, 재무제표 표시에서 손실충당금은 당해 금융자산의 차감항목이 된다. 기대신용손실이 회복되어 손실충당금이 감소하는 경우에는 손실충당금을 한도로 하여 손상차손환입(당기손익)을 인식한다.

예제 12-6 AC금융자산의 손상차손

(주)광명은 20×1. 1. 1에 만기가 5년, 액면금액 ₩10,000, 표시이자율 5%, 공정가치 ₩8,106인 채무증권을 취득하고 AC금융자산으로 분류하였다. 취득시점의 유효이자율은 10%이다. 20×2. 1. 1에 채무증권의 발행자가 법정관리 상태가 되어 손상이 발생했다. 채무증권 만기에 예상되는 원금의 회수가능액은 ₩8,000이고 향후 이자는 받지 못할 것으로 예상되었다.

20×4. 1. 1에 채무증권발행자의 재무상태가 호전되고 법정관리에서 해제되어, 원금 ₩10,000과 남은 기간 이자도 정상적으로 회수하게 될 것으로 예상되었고, 실제로 회수하였다. 이에 따라 기대신용손실은 ₩500으로 새롭게 추정되었다.

(주)광명이 기록한 AC금융자산(채무증권)의 상각표는 다음과 같다.

	현금이자	이자수익	상각액	취득차금	총장부금액	
20×1. 1. 1				₩1,894	₩8,106	
20×1. 12. 31	₩500	₩810	₩310	1,584	8,416	
20×2. 12. 31	500	842	342	1,242	8,758	(20×2. 1. 1 손상발생)
20×3. 12. 31	500	876	376	867	9,133	
20×4. 12. 31	500	912	412	455	9,545	(20×4. 1. 1 손상회복)
20×5. 12. 31	500	955	455	0	10,000	

[참고] 일부수치가 사사오입처리됨

20×1년말부터 20×4년에 필요한 회계처리를 제시하라.

해답

1) 20×1. 12. 31

〈이자수익 인식〉

(차) 현 금	500	(대) 이 자 수 익	810*
AC금융자산	310		

2) 20×2. 1. 1

〈손상의 회계처리〉

(차) 손상차손(PL)	2,951*	(대) 손실충당금	2,951

* ₩8,416(상각후원가) − ₩5,465(미래현금흐름의 현재가치)# = ₩2,951(손상차손)

\# 미래현금흐름의 현재가치 : ₩5,465 = ₩8,000/$(1+0.1)^4$ (최초 유효이자율 사용)

(주) 신용위험이 유의적으로 증가된 것으로 판단되어 전체기간의 기대신용손실을 추정하였다.

20×2. 12. 31

〈이자수익 인식〉

(차) AC금융자산	546	(대) 이 자 수 익	546*

* 상각후원가(₩8,416(총장부금액) − ₩2,951(손실충당금)) × 10%(최초 유효이자율) = ₩546

(주) 신용손상이 발생한 상태이므로 상각후원가에 최초 유효이자율을 곱하여 이자수익을 산출한다.

3) 20×3. 12. 31

〈이자수익 인식〉

(차) AC금융자산	601	(대) 이 자 수 익	601*

* 상각후원가(₩5,465 + ₩546) × 10%(최초 유효이자율) = ₩601

➥계속

4) 20×4. 1. 1

〈손상차손환입 회계처리〉

(차) 손실충당금	2,451*	(대) 손상차손환입(PL)	2,020
		AC금융자산	431**

* 손실충당금이 감소한 만큼 손상차손을 환입하여 당기손익에 반영한다.
손실충당금감소액 = ₩2,951 − ₩500 = ₩2,451

** 20×4. 1. 1 손상회복 전 사채의 상각후원가는 ₩6,612이다. 손실충당금 ₩2,451을 감소시키면 상각후원가는 ₩9,064으로 손상회복 후 사채가 가져야 하는 상각후원가 ₩8,633(= ₩9,133# − ₩500)보다 ₩431(= ₩8,633 − ₩9,064) 초과한다. 따라서 초과분 ₩431만큼 AC금융자산을 감액시키고, 손실충당금 환입금액과의 차이 ₩2,020(= ₩2,451 − ₩431)만큼 손상차손환입(당기손익)으로 인식한다. 이러한 금액은 20×2년과 20×3년에 손상이 발생하지 않았다면 상각했을 금액의 합계와 동일하다(₩431 = 손상 전 상각액(₩342 + ₩377) − 손상 후 상각액(₩546 + ₩601)).

\# 미래현금흐름의 현재가치 : ₩9,133 = ₩10,000(원금) × 0.8265 + ₩500(이자) × 1.7356

20×4. 12. 31

〈이자수익 인식〉

(차) 현 금	500	(대) 이 자 수 익	913*
AC금융자산	413		

* ₩9,133(총장부금액) × 10%(최초 유효이자율) = ₩913

(주) 신용손상이 회복된 상태이므로 총장부금액을 이용하여 이자수익을 산출한다.

(2) FVOCI금융자산의 손상차손

FVOCI금융자산의 손상차손은 발생한 시점에 당기손익에 반영해야 한다. 그런데 FVOCI금융자산은 공정가치로 측정되기 때문에 손상차손을 인식하기에 앞서 공정가치의 변동분을 기타포괄손익으로 인식한다.

금융자산의 공정가치는 해당 자산과 관련한 모든 신용위험을 반영한 금액이므로 FVOCI금융자산의 손상과 관련한 금액도 공정가치에 반영되어 있을 것이다. 즉 공정가치의 변동분을 기타포괄손익(FVOCI금융자산평가손실)으로 인식한 금액 속에는 해당 자산의 손상으로 인한 변동분도 포함되어 있다. 따라서 기타포괄손익(FVOCI금융자산평가손실)에서 손상과 관련한 부분을 분리하여 당기손익인 손상차손으로 인식해야 한다.

공정가치 변동분을 기타포괄손익으로 인식한 금액 중에서 손상차손 부분은 분리하여 당기손익으로 인식한다. 이로써 해당 금융자산의 가치 하락분은 손상차손(PL)과 손상차손을 차감한 공정가치 하락분(FVOCI금융자산평가손실(OCI))으로 나뉘어 회계처리된다. 반면 재무상태표에 보고되는 FVOIC금융자산의 장부금액(공정가치)은 변동이 없다.

후속기간에 기대신용손실이 회복되면 과거에 당기손익으로 인식한 손상차손 금액을 한도로 손상차손을 환입하여 당기손익으로 인식한다. 그 이상의 가치 상승은 기타포괄손익(FVOCI금융자산평가이익)으로 인식한다.

예제 12-7 FVOCI금융자산의 손상차손

(주)광명은 20×1. 1. 1에 원가와 공정가치가 ₩100,000인 채무증권을 취득하고 FVOCI금융자산으로 분류하였다. 이 채무증권은 취득시점에 원가와 공정가치가 동일하므로 현재가치할인차금이 없다. 동 채무증권의 기간별 공정가치 변동과 기대신용손실(신용위험이 유의적으로 증가하였다고 보지 않아서 12개월 기대신용손실을 추정함)은 다음과 같았다.

연 도	공정가치	공정가치 변동에 포함된 손상차손
20×1. 12. 31	₩95,000	손상차손(기대신용손실)은 ₩2,000으로 추정됨
20×2. 12. 31	90,000	손상차손(기대신용손실)은 ₩5,000으로 추정됨
20×3. 12. 31	96,000	손상차손(기대신용손실)은 ₩3,000으로 추정됨

(주)광명이 20×1년, 20×2년 및 20×3년에 공정가치 및 기대신용손실의 변동과 관련하여 기록해야 할 회계처리를 제시하라.

해답

〈20×1. 12. 31〉

- 공정가치 변동(하락)의 인식

(차) 금융자산평가손익(OCI) 5,000 (대) FVOCI금융자산 5,000

- 기대신용손실(신용손상)의 인식 및 기타포괄손익(금융자산평가손실)과의 상계

(차) 손상차손(PL) 2,000 (대) 금융자산평가손익(OCI) 2,000

〈20×2. 12. 31〉

- 공정가치 추가하락의 인식

(차) 금융자산평가손익(OCI) 5,000 (대) FVOCI금융자산 5,000

- 기대신용손실(신용손상) 증가의 인식 및 기타포괄손익(금융자산평가손익)과의 상계

(차) 손상차손(PL) 3,000 (대) 금융자산평가손익(OCI) 3,000

〈20×3. 12. 31〉

- 공정가치 변동(상승)의 인식

(차) FVOCI금융자산 6,000 (대) 금융자산평가손익(OCI) 6,000

- 기대신용손실(신용손상) 감소의 인식

(차) 금융자산평가손익(OCI) 2,000* (대) 손상차손환입(PL) 2,000

* ₩5,000 − ₩3,000 = ₩2,000

(주) 이로써 20×3년말 FVOCI금융자산의 총장부금액은 공정가치인 ₩96,000이 되고, 기타포괄손익(금융자산평가손익)누계액이 차변잔액 ₩1,000(= ₩5,000 − ₩2,000 + ₩5,000 − ₩3,000 − ₩6,000 + ₩2,000)을 갖는다. 만일 20×4년초에 당해 금융자산을 공정가치인 ₩96,000에 처분했다면 다음과 같이 분개한다.

(차) 현 금 96,000 (대) FVOCI금융자산 96,000
(차) 금융자산평가손실(PL) 1,000 (대) 금융자산평가손익(OCI) 1,000

제 2 절 금융자산의 재분류

금융자산은 최초인식시점에 이를 관리하는 사업모형과 당해 금융자산의 현금흐름 특성에 따라 AC금융자산, FVOCI금융자산 및 FVPL금융자산으로 분류됨을 살펴보았다. 그러나 채무상품은 최초인식 이후에 일정조건이 충족되면 금융자산을 다른 유형의 금융자산으로 재분류해야 한다. 여기에서는 재분류할 수 있는 기준과 재분류한 경우의 회계처리를 살펴보기로 한다.

1 재분류기준 1109:4.4.1-3

K-IFRS는 금융상품의 재분류를 "사업모형의 변경의 경우"로 제한적으로만 허용하여 재분류를 통한 자의적 손익의 인식을 제약하고 있다. 그리고 금융부채는 재분류하지 않는다. 그런데 사업모형에 대한 구분은 원금과 이자만으로 구성된 금융상품에만 적용되므로 금융자산 재분류는 채무상품에만 적용되고 지분상품에는 적용되지 않는다(제11장 참고).

K-IFRS에서 말하는 사업모형의 변경은 ① 매우 드물 것으로 예상하고, ② 외부나 내부의 변화에 따라 기업의 고위 경영진이 결정해야 하며, ③ 기업의 영업에 유의적이고, ④ 외부 당사자에게 설명할 수 있어야 한다. 따라서 사업모형의 변경은 사업계열의 취득, 처분, 종결과 같이 영업에 유의적인 활동을 시작하거나 중단하는 경우에만 발생할 것이다. 사업모형 변경의 예는 다음과 같다.

- 매도목적 대여금의 사업모형을 갖고 있는 회사가 계약상 현금흐름 수취목적 대여금의 사업모형을 갖고 있는 다른 회사를 취득하였다. 이제는 대여금 포트폴리오를 보유하는 목적에는 매도만이 아니라 계약상 현금흐름의 수취도 포함되게 되었다.
- 금융서비스회사가 부동산담보대여업을 중단하기로 결정하였다. 이를 위해 회사는 더 이상 신규 담보대출을 중단하고, 기존 부동산담보대출 포트폴리오를 매각하기 위한 노력을 활발히 전개하고 있다.

사업모형의 변경은 재분류일 이전에 유효해야 한다. 이때 재분류일이란 금융자산의 재분류를 초래하는 사업모형 변경 후 첫 번째 보고기간의 첫 번째 날을 의미한다. 예를 들면, 금융서비스회사가 2월 15일에 부동산담보대여업을 중단하기로 결정하고 이에 따라 4월 1일(다음 보고기간 - 2분기 재무제표의 첫 번째 날)에 영향을 받는 모든 금융자산을 재분류하기로 했다면, 2월 15일 후에 신규 부동산담보대출을 하거나 종전 사업모형에 해당하는 기타 활동을 해서는 안 된다.

그러나 다음은 사업모형의 변경에 해당하지 않는다.

① 특정 금융자산을 보유하는 의도의 변경
② 금융자산에 대한 특정한 시장의 일시적 소멸
③ 기업 내에 서로 다른 사업모형을 갖고 있는 부문간 금융자산의 이전

2 재분류 회계처리 1109:5.6.1-7

금융자산의 재분류는 아래와 같이 여섯 가지 조합이 가능하다. 일반적으로 금융자산 재분류 회계처리는 ① 기존 금융자산의 분류에 따른 재분류일 전일 기준 금융자산의 장부금액을 결정, ② 재분류일에 기존 금융자산의 장부금액을 새로운 금융자산의 장부금액으로 대체, ③ 새로운 금융자산 분류기준에 맞추어 회계처리를 전진적으로 수행하는 순서를 따른다.

금융자산의 재분류 후에 금융자산 측정과 기대신용손실에 대한 회계처리가 다를 수 있다. 이 경우 새로운 금융자산 분류에 따라 전진적으로 회계처리를 하면 큰 문제는 없는데, FVOCI금융자산을 AC금융자산으로 분류하는 경우의 회계처리는 다른 재분류와는 다소 다름에 유의해야 한다.

재분류 구분에 따른 회계처리를 요약하면 다음과 같다.

① **AC금융자산에서 FVPL금융자산으로 재분류** : ㉠ 재분류일 전 AC금융자산을 상각후원가로 측정하고, ㉡ 재분류일 해당 상각후원가를 FVPL금융자산의 장부금액으로 대체한다. ㉢ 이후 FVPL금융자산 분류에 따라 공정가치로 측정한다. 재분류일 전의 AC금융자산의 상각후원가와 재분류일의 공정가치에 차이가 있는 경우 FVPL금융자산재분류손익(당기손익)으로 인식한다.[8]

② **FVPL금융자산에서 AC금융자산으로 재분류** : ㉠ 재분류일 전 FVPL금융자산을 공정가치로 측정하고, ㉡ 재분류일에 해당 공정가치를 AC금융자산의 총장부금액으로 인식한다. ㉢ 이후 AC금융자산 분류에 따라 회계처리한다. FVPL금융자산의 공정가치와 AC금융자산의 장부금액에 차이가 없으므로 재분류손익(당기손익)은 발생하지 않는다. 하지만 AC금융자산에 대해 재분류시점의 공정가치에 기반하여 유효이자율을 계산하여 적용하고, 새로이 손상회계를 적용한다.

8) K-IFRS에서는 AC금융자산의 상각후원가와 재분류일 FVPL금융자산의 공정가치 차이를 당기손익으로 인식할 것을 요구하고 있으며 구체적으로 어떤 계정으로 인식할지에 대해서는 정하고 있지 않다. 따라서 AC금융자산의 상각후원가와 재분류일 FVPL금융자산의 공정가치 차이를 FVPL금융자산평가손익으로 인식하여도 당기손익에 미치는 영향은 동일하다.

③ **AC금융자산에서 FVOCI금융자산으로 재분류** : ㉠ 재분류일 전 AC금융자산의 상각후원가를 측정하고, ㉡ 재분류일부터 해당 상각후원가를 FVOCI금융자산의 장부금액으로 대체한다. ㉢ 이후 FVOCI금융자산 분류에 따라 공정가치로 측정한다. 재분류일 전의 AC금융자산의 상각후원가와 재분류일의 공정가치에 차이가 있는 경우 FVOCI금융자산 기준에 따라 기타포괄손익으로 인식한다. 재분류로 인한 유효이자율과 손상차손의 측정치는 변경하지 않는다.

④ **FVOCI금융자산에서 AC금융자산으로 재분류** : ㉠ 재분류일 전 FVOCI금융자산의 공정가치를 측정하고, ㉡ 재분류일 해당 공정가치를 AC금융자산의 장부금액으로 대체한다. 그러나 재분류일에 이전에 인식하였던 FVOCI기타포괄손익누계액(평가손익과 손실충당금)을 제거하고, 재분류일의 공정가치에서 조정한다. 그 결과 재분류일의 AC금융자산의 장부금액은 해당 금융자산이 애초부터 AC금융자산이었던 것처럼 최초취득원가로 기록된다. FVOCI금융자산손실충당금은 AC금융자산손실충당금으로 인식된다. 따라서 기타포괄손익누계액은 영향을 받지만 재분류손익(당기손익)은 영향을 받지 않는다. 또한, 재분류로 인한 유효이자율과 손상차손의 측정치는 변경하지 않는다.

⑤ **FVPL금융자산에서 FVOCI금융자산으로 재분류** : ㉠ 재분류일 전 FVPL금융자산의 공정가치를 측정하고, ㉡ 재분류일 해당 공정가치를 FVOCI금융자산의 장부금액으로 대체한다. ㉢ 이후 FVOCI금융자산 분류에 따라 계속해서 공정가치로 측정하고 공정가치의 변동을 기타포괄손익으로 인식한다. FVPL금융자산과 FVOCI금융자산 모두 공정가치로 측정하므로 장부금액의 차이는 없다. FVOCI금융자산의 유효이자율은 새로운 장부금액에 근거하여 결정한다. 재분류일에 FVOCI금융자산에 따른 손상회계를 적용한다.

⑥ **FVOCI금융자산에서 FVPL금융자산으로 재분류** : ㉠ 재분류일 전 FVOCI금융자산의 공정가치를 측정하고, ㉡ 해당 공정가치를 FVPL금융자산의 장부금액으로 대체한다. ㉢ 이후 FVPL금융자산에 따라 공정가치로 측정한다. FVOCI금융자산의 장부금액과 재분류일의 FVPL금융자산의 장부금액은 동일하기 때문에 재분류에 따른 손익은 발생하지 않지만, FVOCI금융자산의 기타포괄손익누계액은 자본계정에서 제거하고 재분류일의 재분류손익(당기손익)으로 인식한다.[9]

예제 12-8 금융자산의 재분류

대한은행(주)는 20×1. 10. 1에 공정가치와 액면금액이 ₩100,000으로 동일한 채권포트폴리오를 매입하였다. 20×1. 12. 31 채권포트폴리오의 공정가치는 ₩98,000이며, 기대신용손실은 ₩1,200을 예상한다. 대한은행(주)는 20×2. 1. 1에 채권을 관리하는 사업모형의 변경으로 금융자산을 재분류하기로 결정하였다. 20×2. 1. 1 재분류시점의 채권포트폴리오의 공정가치는 ₩98,000이

9) 지분상품 FVOCI금융자산은 재분류대상이 아니다.

었으며 기대신용손실은 ₩800으로 추정하였다. 단, 편의상 이자수익에 대한 분개는 생략한다.

1. 다음 세 가지 분류별 금융자산에 대해 재분류 전 회계처리를 하라.
   (1) AC금융자산
   (2) FVOCI금융자산
   (3) FVPL금융자산
2. 다음 여섯 가지 시나리오에 따른 재분류 회계처리를 하라.
   (1) AC금융자산에서 FVPL금융자산으로 재분류
   (2) FVPL금융자산에서 AC금융자산으로 재분류
   (3) AC금융자산에서 FVOCI금융자산으로 재분류
   (4) FVOCI금융자산에서 AC금융자산으로 재분류
   (5) FVPL금융자산에서 FVOCI금융자산으로 재분류
   (6) FVOCI금융자산에서 FVPL금융자산으로 재분류

해답

1. 재분류 회계를 적용하기 이전의 회계처리

(1) AC금융자산

(차)	AC금융자산	100,000	(대) 현 금	100,000
(차)	금융자산손상차손(PL)	1,200	(대) AC금융자산손실충당금	1,200

(2) FVOCI금융자산

(차)	FVOCI금융자산	100,000	(대) 현 금	100,000
(차)	금융자산손상차손(PL)	1,200	(대) FVOCI금융자산	2,000
	FVOCI금융자산평가손실(OCI)	800		

(주) FVOCI금융자산에 대해서는 공정가치회계를 적용하기 때문에 금융자산손상차손(PL) ₩1,200과 추가 공정가치 하락 ₩800에 대한 금융자산평가손실(OCI)을 인식한다.

(3) FVPL금융자산

(차)	FVPL금융자산	100,000	(대) 현 금	100,000
(차)	FVPL금융자산평가손실(PL)	2,000	(대) FVPL금융자산	2,000

(주) FVPL금융자산에서는 공정가치 하락 전체를 금융자산평가손실(PL)로 인식한다.

2. 시나리오별 재분류일의 회계처리

(1) AC금융자산에서 FVPL금융자산으로 재분류

(차)	FVPL금융자산	98,000	(대) AC금융자산	100,000
	AC금융자산손실충당금	1,200		
	금융자산재분류손실(PL)	800		

(주) FVPL금융자산은 재분류일의 공정가치 ₩98,000으로 인식하고, AC금융자산은 원가 ₩100,000과 AC금융자산손실충당금 ₩1,200을 제거한다. AC금융자산의 재분류전 상각후원가 ₩98,800과 재분류일의 공정가치 ₩98,000의 차이 ₩800을 금융자산평가손실(PL) 또는 금융자산재분류손실(PL)로 인식한다.

➥계속

(2) FVPL금융자산에서 AC금융자산으로 재분류

(차) AC금융자산	98,000	(대) FVPL금융자산	98,000
(차) 금융자산손상차손(PL)	800	(대) AC금융자산손실충당금	800

(주) AC금융자산의 장부금액은 재분류일의 공정가치 ₩98,000으로 인식하고, FVPL금융자산의 장부금액 ₩98,000을 제거한다. AC금융자산은 재분류일의 공정가치에 기초하여 유효이자율을 다시 계산하며, 새로이 손상회계를 적용한다.

(3) AC금융자산에서 FVOCI금융자산으로 재분류

(차) FVOCI금융자산	98,000	(대) AC금융자산	100,000
AC금융자산손실충당금	1,200		
FVOCI금융자산평가손실(OCI)	800		

(주) FVOCI금융자산은 재분류일의 공정가치 ₩98,000으로 인식하고, AC금융자산은 원가 ₩100,000과 금융자산손실충당금 ₩1,200을 제거하며, AC금융자산의 상각후원가 ₩98,800과 공정가치 ₩98,000의 차이 ₩800을 금융자산평가손실(OCI)로 인식한다.

(4) FVOCI금융자산에서 AC금융자산으로 재분류

(차) AC금융자산	98,000	(대) FVOCI금융자산	98,000
(차) AC금융자산	2,000	(대) AC금융자산손실충당금	1,200
		FVOCI금융자산평가손실(OCI)	800

(주) FVOCI금융자산의 재분류일 현재 장부금액 ₩98,000을 제거한다. AC금융자산은 처음부터 AC금융자산으로 회계처리한 것과 같이 취득원가 ₩100,000과 손실충당금 ₩1,200을 기록하게 된다. 또한, 이전에 인식하였던 FVOCI금융자산평가손실(OCI) ₩800을 제거한다.

(5) FVPL금융자산에서 FVOCI금융자산으로 재분류

(차) FVOCI금융자산	98,000	(대) FVPL금융자산	98,000
(차) 금융자산손상차손(PL)	800	(대) FVOCI금융자산평가손익(OCI)*	800

(주) FVOCI금융자산은 재분류일의 공정가치 ₩98,000으로 인식하고, FVPL금융자산의 장부금액 ₩98,000을 제거한다. FVOCI금융자산에 새로이 손상회계를 적용한다.

* 좀더 명확하게 하기 위해 FVOCI손실충당금(OCI)이라는 계정을 사용해도 되며, 이는 FVOCI평가손익(OCI)에 상계시킨다.

(6) FVOCI금융자산에서 FVPL금융자산으로 재분류

(차) FVPL금융자산	98,000	(대) FVOCI금융자산	98,000
(차) 금융자산재분류손실(PL)	800	(대) FVOCI금융자산평가손실(OCI)	800

(주) FVPL금융자산은 재분류일의 공정가치 ₩98,000으로 인식하고, FVOCI금융자산의 재분류시점의 장부금액 ₩98,000을 제거한다. 이전에 인식하였던 FVOCI금융자산평가손실(OCI) ₩800을 제거하고 이를 금융자산재분류손실(PL)로 인식한다.

제3절 금융상품의 보고

1 금융상품의 보고를 위한 분류

계약의 실질과 금융자산, 금융부채 및 지분상품의 정의에 따라 최초인식시점에 금융상품이나 금융상품의 구성요소를 금융자산, 금융부채 또는 지분상품으로 분류한다. 이들의 분류에 대해서는 제11장 제1절의 2.를 참조하면 된다.

금융상품은 법적 형식이 아니라 실질에 따라 재무상태표에 분류해야 한다. 일반적으로 실질과 법적 형식이 일치하지만 반드시 그러한 것은 아니다. 어떤 금융상품은 지분상품의 법적 형식을 가지고 있지만 실질적으로는 금융부채에 해당되는 경우가 있고, 어떤 금융상품은 지분상품의 특성과 금융부채의 특성이 결합되어 있는 경우도 있다. 예컨대, 의무상환우선주(mandatory redeemable preference shares)와 금융상품의 보유자가 발행자에게 당해 금융상품의 환매를 요구하여 현금 등 금융자산을 수취할 권리가 부여된 금융상품(풋가능 금융상품)도 발행자의 입장에서는 금융부채이다. 풋가능 금융상품 또는 발행자가 청산되는 경우에만 계약상 의무가 있는 금융상품이 특정한 조건을 충족하는 경우 예외적으로 지분상품으로 분류하지만,[10] 원칙적으로는 지분상품으로 보지 않는다.

2 금융상품의 보고와 관련된 기타항목

(1) 복합금융상품

금융상품의 발행자는 금융상품의 조건을 평가하여 당해 금융상품이 자본요소와 부채요소를 모두 가지고 있는지를 결정해야 한다. 복합금융상품의 각 요소는 독립적으로 금융부채, 금융자산 또는 지분상품으로 분류해야 한다.

복합금융상품의 대표적인 예로서 발행자의 보통주로 전환할 수 있는 권리가 포함된 전환사채(convertible bonds)를 들 수 있다. 발행자는 이러한 금융상품을 부채요소

10) 예외적인 경우에 해당되는 것으로서 보통주와 성격이 유사한 특성을 충족해야 한다. 구체적으로는 회사가 청산되는 경우 비례적으로 청산에 참여할 수 있는 권리가 있고, 기업의 성과에 따라 이익에 참여할 권리가 있고, 다른 모든 금융상품에 비해 후순위 금융상품에 해당하는 것을 말한다.

(debt component)와 자본요소(equity component)로 분리하여 재무상태표에 표시해야 한다. 최초인식시점에서 전환사채의 부채요소는 다른 조건은 동일하지만 전환권이 없는 사채의 현금흐름을 시장이자율로 할인한 현재가치이다. 한편, 전환사채의 자본요소는 전환권이며, 전환권의 공정가치는 전환사채의 발행가격에서 전환사채의 부채요소를 차감한 금액으로 구한다. 구체적인 회계처리는 본서 제15장(복합금융상품)에서 설명한다.

한편, 복합금융상품의 취득자는 이를 자본요소와 부채요소로 구분하지 않고 전체를 하나로 보아 FVPL금융자산이나 FVOCI금융자산으로 분류한다.

(2) 자기주식

기업이 자기지분상품을 재취득하는 경우 이러한 지분상품은 자기주식이며 자본조정항목으로서 자본에서 차감 표시한다. 자기지분상품을 매입 또는 매도하거나 발행 또는 소각하는 경우의 손익은 자본거래에서 발생한 것이기 때문에 당기손익으로 인식하지 않고 자기주식자본잉여금(자기주식처분이익 또는 자기주식처분손실)의 과목으로 하여 자본조정항목으로 인식한다. 구체적인 회계처리는 본서 제14장(자본)에서 설명한다.

(3) 금융자산과 금융부채의 상계 1032:42-50

금융자산과 금융부채는 원칙적으로 상계해서는 안 되며, 다음 조건을 모두 충족하는 경우에만 상계하고 재무상태표에 순액으로 표시한다.

〈조건 1〉 인식한 자산과 부채에 대해 법적으로 집행가능한 상계권리를 현재 보유하고 있다.

〈조건 2〉 순액으로 결제하거나, 자산을 실현하는 동시에 부채를 결제할 의도를 가지고 있다.

여기에서 상계의 권리는 계약 등에 따라 채권자에게 지급할 금액의 전체 또는 일부를 당해 채권자에게서 받을 금액으로 충당함으로써 결제하거나 소멸시킬 수 있는 채무자의 법적 권리이다. 상계할 수 있는 법적 강제력이 있어야 한다는 조건을 충족시키기 위해서는 명시적인 문서상의 계약이 있어야 한다.

일괄상계계약이나 소구권이 없는 채무와 같이 인식된 금액을 상계할 수 있는 조건부 권리가 존재할 수 있다. 다만, 이러한 권리는 일반적으로 거래상대방의 채무불이행 등 미래 사건이 발생하는 경우에만 집행가능하므로 이러한 계약은 상계의 조건을 충족하지 못한다.

특정 자산과 부채의 결제에 관한 기업의 의도는 정상적인 영업관행이나 금융시장의 요구사항에 따라 영향을 받을 수 있으며, 차액결제하거나 동시에 결제할 수 있는 능력을 제약하는 그 밖의 상황에 의하여 영향을 받을 수 있다.

(4) 특수조건 상환우선주

일정기간 후에 의무적으로 상환해야 하지만 배당은 상환 전까지 발행자의 재량에 따라 지급되는 비누적적 우선주는 상환금액의 현재가치에 상당하는 부채요소를 가지고 있는 복합금융상품에 해당한다. 부채요소에 관련된 현재가치할인차금의 상각액은 당기손익으로 인식하고 이자비용으로 분류한다. 배당은 자본요소에 관련되므로 당기손익의 배분으로 인식한다. 보유자의 선택에 따라 상환을 청구할 수 있는 우선주의 경우에도 동일하게 회계처리한다.

그러나 이 경우 지급되지 않은 배당이 상환금액에 가산되는 경우에는 금융상품 전체가 부채에 해당하고 배당은 이자비용으로 분류한다. 이에 대한 상세한 회계처리는 제14장(자본)에서 설명한다.

보론 12A 손실률접근법을 이용한 기대신용손실의 추정 1109:IE53-IE57

기대신용손실을 추정하는 방법의 하나로 손실률접근법을 예를 들어 설명한다. 무주은행은 20×1. 12. 31 현재 총장부금액이 ₩500,000인 만기 일시상환 대출 2,000개를 보유하고 있다. 무주은행은 최초인식시점에 공통의 위험특성에 기초하여 해당 포트폴리오를 그룹X와 그룹Y로 나눈다. 그룹X는 총장부금액이 ₩200,000인 1,000개의 대출채권(고객당 ₩200)으로, 그리고 그룹Y는 총장부금액이 ₩300,000인 1,000개의 대출채권(고객당 ₩300)으로 이루어져 있다.

무주은행은 그룹X와 그룹Y의 기대신용손실을 손실률접근법에 기초하여 측정한다. 무주은행은 손실률을 개발하기 위해 자체의 과거 채무불이행 표본과 해당 대출채권에서 경험한 손실을 고려한다. 만약 무주은행이 과거 경험에 기반하여 그룹X에서 4개, 그룹Y에서 2개의 채무불이행을 예상한다면 그룹X의 과거 손실률은 0.3%이며, 그룹Y의 과거 손실률은 0.15%이다.

	그룹 내 고객의 수 (A)	고객당 총장부금액 추정치 (B)	총장부금액 추정치 합계 (C = A × B)	채무 불이행 예상 (D)	채무불이행의 경우 총장부금액 합계액의 추정 (E = B × D)	관측된 손실의 현재가치(주) (F)	손실률 (G = F ÷ C)
X	1,000개	₩200	₩200,000	4개	₩800	₩600	0.3%
Y	1,000개	₩300	₩300,000	2개	₩600	₩450	0.15%

(주) 기대신용손실은 유효이자율로 할인해야 한다. 손실액의 현재가치는 장부금액의 75%로 가정한다.

20×2. 12. 31 현재 무주은행은 과거 손실률에 비해 향후 12개월의 채무불이행이 증가할 것으로 예상하고 그룹X의 대출채권에 대하여 5개, 그룹Y에 대하여 3개의 채무불이행을 추정한다. 고객당 관측된 신용손실의 현재가치는 과거의 고객당 손실률과 일관되게 유지될 것으로 추정한다.

무주은행은 대출채권의 기대존속기간에 기초하여, 채무불이행의 증가에 대해 예상한 결과 최초인식 후에 해당 포트폴리오 신용위험의 유의적인 증가를 나타내지 않는다고 판단한다. 무주은행은 이러한 예측에 기초하여 각 그룹 1,000개의 대출채권에 대하여 12개월 기대신용손실에 해당하는 금액인 ₩750과 ₩675으로 손실충당금을 각각 측정한다. 따라서 20×2년 그룹X의 손실률은 0.375%, 그룹Y의 손실률은 0.225%이다.

	그룹 내 고객의 수 (A)	고객당 총장부금액 추정치 (B)	총장부금액 추정치 합계 (C = A × B)	채무 불이행 예상 (D)	채무불이행의 경우 총장부금액 합계액의 추정 (E = B × D)	관측된 손실의 현재가치 (F)	손실률 (G = F ÷ C)
X	1,000개	₩200	₩200,000	5개	₩1,000	₩750	0.375%
Y	1,000개	₩300	₩300,000	3개	₩900	₩675	0.225%

무주은행은 해당 연도와 최초인식 후에 신용위험이 유의적으로 증가하지 아니한 기간에 그룹X와 그룹Y에 속한 새로운 대출채권에 대하여 12개월 기대신용손실을 추정하기 위해 각각 0.375%와 0.225%의 손실률을 이용한다.

종합예제 CHAPTER 12

1. AC금융자산의 손상차손

대치(주)는 20×1. 1. 1 액면금액이 ₩100,000이고 만기가 20×3년말이며 이자율이 8%(매년말 이자 후급)인 부진(주)의 사채를 취득하였다. 취득당시 유효이자율은 10%로서 대치(주)는 당해 사채를 ₩95,025에 취득하였다. 이후에 발생한 사건은 다음과 같다.

(1) 20×1년말 : 부진(주)의 재무곤란으로 인해 20×2년말과 20×3년말에 각각 ₩4,000의 이자와 20×3년말에 ₩90,000의 원금만을 회수할 것으로 예상된다.
(2) 20×2년말 : 이자는 전기말에 예측되었던 금액(₩4,000)이 그대로 회수되었다. 한편, 부진(주)의 재무상태가 호전되어 20×3년말에 이자 ₩7,000과 원금 ₩100,000은 회수될 것으로 예상된다.

요구사항

1. 대치(주)가 취득시점에서 사채를 AC금융자산으로 분류한 경우 20×1년과 20×2년에 필요한 분개를 하라. 단, 신용위험이 유의하게 증가해서 전체기간 기대신용손실을 추정하지만, 신용손상이 발생하지 않았다고 본다.
2. 만약 20×1년말 부진(주)의 재무곤란으로 인해 20×2년말과 20×3년말에 각각 ₩4,000의 이자와 20×3년말에 ₩50,000의 원금만을 회수할 것으로 예상된다. 따라서 이 경우는 금융자산에 손상이 발생했다고 본다. 20×1년과 20×2년에 해야 할 분개를 하라.

해답

1.

AC금융자산의 상각표

일 자	유효이자	액면이자	상각액	상각후원가
20×1년초				₩95,025
20×1년말	₩9,503	₩8,000	₩1,503	96,528
20×2년말	9,653	8,000	1,653	98,181
20×3년말	9,819	8,000	1,819	100,000

	차 변		대 변	
1) 20×1년				
사채취득	AC금융자산	95,025	현 금	95,025
이자수익 인식	현 금	8,000	이 자 수 익	9,503
	AC금융자산	1,503		
손상차손 인식	금융자산손상차손	15,206*	금융자산손실충당금	15,206
	* 추정미래현금흐름의 현재가치 : ₩4,000/1.1 + ₩94,000/1.1^2 = ₩81,322(최초 유효이자율 10% 적용) 손상차손액 : ₩81,322 − ₩96,528(상각후원가) = (₩15,206)			
2) 20×2년				
이자수익 인식	현 금	4,000	이 자 수 익	9,653*
	금융자산손실충당금	4,000**		
	AC금융자산	1,653		
손상차손 회복	금융자산손실충당금	10,297	금융자산손상차손환입	10,297***
	* 총장부금액(₩96,528) × 0.1 = ₩9,653 ** 이자수취액의 감소 전액을 신용손상의 실현으로 보아 신용손실충당금으로 처리한다. *** 추정미래현금흐름의 현재가치 : ₩107,000/1.1 = ₩97,272(최초 유효이자율 10% 적용) 금융자산손실충당금 잔액 : ₩98,181 − ₩97,272 = ₩909 금융자산손상차손환입액 : (₩15,206 − ₩4,000) − ₩909 = ₩10,297			

2.

	차 변		대 변	
1) 20×1년				
사채취득	AC금융자산	95,025	현 금	95,025
이자수익 인식	현 금	8,000	이 자 수 익	9,503
	AC금융자산	1,503		
손상차손 인식	금융자산손상차손	48,264 *	금융자산손실충당금	48,264
	* 추정미래현금흐름의 현재가치 : ₩4,000/1.1 + ₩54,000/1.1^2 = ₩48,264(최초 유효이자율 10% 적용) 손상차손액 : ₩48,264 − ₩96,528(상각후원가) = (₩48,264)			
2) 20×2년				
이자수익 인식	현 금	4,000	이 자 수 익	4,826 *
	AC금융자산	826		
손상차손 회복	금융자산손실충당금	48,182	금융자산손상차손환입	48,182 **
	* 상각후원가(₩96,528 − ₩48,264) × 0.1 = ₩4,826 ** 추정미래현금흐름의 현재가치 : ₩107,000/1.1 = ₩97,272(최초 유효이자율 10% 적용) 금융자산손실충당금 잔액 : ₩97,272 − (₩95,025 + ₩1,503 + ₩826) = ₩82 금융자산손상차손환입액 : ₩48,264 − ₩82 = ₩48,182			

2. 신용위험의 평가

[사례 1] 신용위험의 유의적인 증가가 아닌 경우

성도(주)는 경기에 민감한 제조산업 그룹의 지주회사이다. 은행 BB는 성도(주)에 대출하였다. 대출 당시에 해당 산업의 제품수요가 증가할 것으로 예상되었기 때문에 해당 산업에 대한 전망은 긍정적이었다. 그러나 투입가격의 변동이 심하고, 경기순환주기에 따른 매출이 감소될 수 있을 것으로 예측되었다.

또한 성도(주)는 과거에 외적성장과 관련 분야 기업에 대한 지분 취득에 집중해 왔다. 따라서 그룹의 구조가 복잡하게 변화해 왔으며 투자자가 그룹의 예상 성과를 분석하고 지주회사 수준에서 이용할 수 있는 현금흐름을 예측하기가 어려워졌다. 은행 BB가 대출하는 시점에 성도(주)의 부채비율은 채권자들이 수용할 정도의 수준이기는 하지만 현재 차입금의 만기까지 남은 존속기간이 짧기 때문에 채권자들은 성도(주)가 부채를 재조달할 수 있는 능력에 대해 우려하였다. 성도(주)가 종속기업에서 받는 배당으로 이자를 계속 지급할 수 있는지에 대한 우려도 있다.

은행 BB가 대출하는 시점에 성도(주)의 부채비율은 다른 고객들과 비슷한 수준이었고, 대출금의 기대존속기간에 걸친 예측에 기초하여 채무불이행 사건에 대처할 수 있는 손실충당금에 여유가 많았다. 은행 BB는 신용위험을 판단하는 데 자체 내부등급 방식을 적용하고 각 대출금에 특정한 내부등급 점수를 부여한다. 은행 BB의 내부등급 범주는 과거, 현재, 미래전망 정보에 기초하며 대출금의 남은 기간의 신용위험을 반영한다. 은행 BB는 최초인식시점에 대출금이 신용위험에 상당히 노출되어 있고 투기적 요소가 있으며, 현금흐름 창출에 대한 그룹의 불확실한 전망을 포함하여 성도(주)에 영향을 미치는 불확실성 때문에 채무불이행이 발생할 수 있다고 판단하였다. 그러나 해당 대출금에 신용이 손상된 상태는 아니었다.

성도(주)는 최초인식 후에 시장상황의 악화 때문에 다섯 개의 주요 종속기업 중 세 개 종속기업의 매출이 유의적으로 줄어들었다고 발표하였다. 그러나 산업의 예상주기에 따라 다음 수개월이 지나면 개선될 것으로 예상한다. 나머지 두 종속기업의 매출은 안정적이었다. 성도(주)는 종속기업의 효율성을 높이기 위해 기업구조 개편을 발표하였다. 이러한 구조 개편으로 차입금을 재조달할 수 있는 유연성과 종속기업이 성도(주)에 배당을 지급할 수 있는 능력이 높아질 것이다.

시장상황이 계속 악화될 것이라는 예상에도 불구하고, 은행 BB는 성도(주)의 대출금의 신용위험이 최초인식 후에 유의적으로 증가하지 아니하였다고 판단한다. 이러한 판단은 다음의 요인들로 입증된다.

① 당기 매출이 하락하였으나, 이는 은행 BB가 최초인식시점에 예상한 것이다. 또 매출은 다음 수개월이 지나면 개선될 것으로 예상한다.

② 기업구조 개편으로 종속기업의 현재 차입금을 재조달할 수 있는 유연성이 증가하고 성도(주)에 배당을 지

급할 수 있는 여력이 증가하므로, 은행 BB는 이를 신용보강으로 본다. 현재 차입금을 재조달할 수 있는 지주회사의 능력에 대한 계속된 일부의 우려에도 불구하고 신용보강으로 본다.

③ 은행 BB의 신용위험관리 부서는 성도(주)의 최근 상황이 내부 신용위험 등급을 변경할 만큼 유의적이지 않다고 판단하였다.

따라서 은행 BB는 대출금에 전체기간 기대신용손실에 해당하는 금액으로 손실충당금을 인식하지 아니한다. 그러나 향후 12개월 내 발생할 채무불이행 발생위험의 증가와 채무불이행이 발생할 경우에 신용손실에 대한 현재의 예상을 반영하여 12개월 기대신용손실의 측정을 갱신한다.

[사례 2] 담보가 충분한 금융자산

금도(주)는 은행 ZZ에서 담보인정비율(LTV, loan-to-value)이 50%인 5년 만기 대출금으로 취득한 부동산을 갖고 있다. 해당 대출금은 부동산에 대한 1순위 담보로 보증된다. 은행 ZZ는 최초인식시점에 해당 대출금이 이미 신용이 손상된 상태는 아니라고 본다.

최초인식 후에 경기침체 때문에 금도(주)의 수익과 영업이익이 줄어들었다. 또한 예상되는 규제강화가 수익과 영업이익에 추가로 부정적인 영향을 미칠 수도 있을 것으로 예상한다. 금도(주)에 미치는 이러한 부정적인 영향은 유의적이고 지속될 수 있다.

이러한 최근의 사건과 예상되는 불리한 경제상황 때문에 금도(주)의 잉여현금흐름은 예정된 대출금의 지급이 빠듯해질 정도까지 줄어들 것으로 예상한다. 은행 ZZ는 금도(주)의 현금흐름이 더 악화될 경우에는 지급하기로 한 대출금의 계약금액을 지급하지 못하여 연체될 수도 있다고 추정한다.

최근 제3자의 평가에 따르면 부동산 가치하락의 징후가 있었고, 따라서 현행 LTV는 70%가 되었다.

보고기간말에 금도(주)에 대한 대출금은 신용위험이 낮은 것으로 보지 않는다. 따라서 은행 ZZ는 보유하고 있는 담보가치와 상관없이 최초인식 후에 신용위험이 유의적으로 증가하였는지를 평가할 필요가 있다. 금도(주)는 현금흐름이 조금만 악화되는 경우에도 대출금에 대한 계약상 지급을 못할 수 있기 때문에 보고기간말에 상당한 신용위험에 노출되어 있다. 따라서 은행 ZZ는 최초인식 후에 신용위험(채무불이행 발생위험)이 유의적으로 증가하였다고 판단한다. 따라서 은행 ZZ는 금도(주)의 대출금에 전체기간 기대신용손실을 인식한다.

전체기간 기대신용손실을 인식해야 하지만, 기대신용손실의 평가는 부동산 담보에서 예상되는 회수분(담보물을 획득하고 매각하는 원가를 조정하여)을 반영할 것이고, 따라서 대출금에 대한 충분한 담보로 기대신용손실이 매우 작아질 수 있다.

익힘문제

CHAPTER 12

1. 손상차손의 대상이 되는 금융자산의 종류는 무엇인가?

2. AC금융자산과 FVOCI금융자산의 손상차손 인식방법을 비교하라.

3. 기대신용손실의 추정에서 언제 전체기간을 대상으로 하는가? 그리고 언제 12개월을 대상으로 하는가?

4. 신용위험이 유의적으로 증가했는지를 판단하는 기준을 설명하라.

5. 계약상 현금흐름이 변경되었을 경우의 회계처리를 기술하라.

6. 취득시점에 이미 신용이 손상되어 있는 금융자산의 경우에는 어떻게 손상차손을 인식하는가? 이는 취득 이후에 신용이 손상되었을 경우와 이자수익을 계산할 때 어떻게 다른가?

7. 매출채권의 경우 기대신용손실을 추정하는 방법이 다른 경우와 어떻게 다를 수 있는가?

8. 손상차손의 회복은 가능한가?

9. 투자채무상품의 경우 이자수익은 어떻게 인식되는가?

10. 기대신용손실에는 어떠한 사항이 반영되는가?

11. 기대신용손실을 추정하는 방법을 기술하라. 채무불이행확률접근법과 충당금설정률표사용법이 어떻게 다른지 설명하라.

12. 지분상품을 FVOCI금융자산으로 지정한 경우 손상회계처리가 필요한가?

13. 금융자산의 재분류기준은 무엇인가?

14. 금융자산의 재분류는 소급적용이 가능한가?

15. AC금융자산과 FVOCI금융자산 간의 재분류가 발생했을 때의 회계처리를 간략히 기술하라.

16. FVPL금융자산을 다른 금융자산으로 재분류한 경우의 회계처리를 간략히 기술하라.

17. 부채와 자본 모두의 속성을 가진 복합금융상품을 취득한 투자자의 회계처리를 기술하라.

18. 금융자산과 금융부채를 상계할 수 있는가? 구체적으로 답하라.

보-19. 손실률접근법을 이용한 기대신용손실의 추정방법을 기술하라.

연습문제

CHAPTER 12

1. 손상의 평가 – 원금과 이자

성의(주)는 고객인 고전(주)가 재무적으로 어렵기 때문에 대여금에 대한 모든 원금과 이자를 적시에 지급할 수 없을 것이라고 우려하고 있다. 성의(주)는 대여금에 대한 채권·채무조정 협상을 하고 있으며, 고전(주)가 재조정된 계약조건하에서는 의무를 이행할 수 있을 것이라고 기대하고 있다.
다음과 같은 각각의 사항이 재조정된 계약조건에 반영되는 경우에 성의(주)는 손상차손을 인식해야 하는가?

(1) 고전(주)가 최초 대출계약의 만기일에 최초 대출계약의 원금 전체는 지급할 것이지만, 최초 대출계약에 따른 이자율보다 낮은 이자율을 적용한 이자만을 지급할 것이다.
(2) 고전(주)가 최초 대출계약의 원금 전체와 최초의 대출기간에 발생한 모든 이자를 최초 대출계약의 만기일로부터 5년 후에 지급할 것이지만, 연장된 기간에 대한 이자는 지급하지 아니할 것이다.

2. 기대손실모형 – 충당금설정률표사용법

상회(주)는 고객에게 30일을 신용기간으로 외상매출을 하고 있다. 20×1년말 현재 상회(주)의 매출채권 잔액 ₩900,000을 연령그룹으로 분류하면 다음과 같다.

연령구분	금 액	기대손실률
연체되지 않음	₩700,000	0.9%
30일 초과~60일 이내	130,000	4.0%
60일 초과~90일 이내	50,000	18.0%
90일 초과	20,000	25.0%

상회(주)의 20×1년말 현재 손실충당금 대변잔액은 ₩9,500이다. 20×1년말 상회(주)의 손상차손을 설정하기 위한 충당금설정률표를 작성하고, 손상차손처리를 위한 분개를 제시하라.

3. 대여금의 손상차손

광주(주)는 남경(주)에 ₩10,000을 대여하고 AC금융자산으로 분류하였다. 과거 경험에 따르면, 원금의 1%가 회수되지 않을 것으로 예상된다. 이와 같은 상황에서 광주(주)는 손상차손(대손)을 인식할 수 있는가?

4. FVOCI금융자산의 손상차손 (I)

예제 12-6 의 자료에서 AC금융자산이 아닌 FVOCI금융자산으로 가정한다. 그리고 (주)광명은 20×2. 1. 1 해당 금융자산의 공정가치는 ₩4,574(추정미래현금 ₩8,000의 15% 할인금액), 기대신용손실은 ₩1,584으로 추정하였다. 20×4. 1. 1에 금융자산의 공정가치는 ₩8,375, 기대신용손실은 ₩500으로 새로이 추정하였다. 해당 금융자산의 기말 공정가치와 기대신용손실 추정액은 아래 표에 제시되어 있다. (주)광명이 20×4. 12. 31까지 필요한 회계처리를 하라.

	현금이자	이자수익	상각액	취득차금	총장부금액	기대신용손실	공정가치
20×1. 1. 1				₩1,894	₩8,106	₩0	₩8,106
20×1. 12. 31	₩500	₩810	₩310	1,584	8,416	0	7,146
20×2. 12. 31	500	842	342	1,242	8,758	1,584	5,261
20×3. 12. 31	500	876	376	867	9,133	1,584	6,050
20×4. 12. 31	500	912	412	455	9,545	500	9,132
20×5. 12. 31	500	955	455	0	10,000	0	10,000

[참고] 일부 숫자가 사사오입처리됨

5. AC금융자산과 FVOCI금융자산의 손상차손

대웅(주)는 20×1. 1. 1 같은 날 남진(주)가 발행한 다음의 사채를 취득하였다.

액면금액 : **₩100,000**(만기 20×3년말)
표시이자 : 연 8%, 매년말 후급

유효이자율은 10%로서 대웅(주)는 당해 사채를 **₩95,025**에 취득하였다. 이후에 발생한 사건은 다음과 같다.

(1) 20×1년말 : 남진(주)의 재무곤란으로 인해 20×2년말과 20×3년말에 각각 **₩4,000**의 이자와 20×3년말에 **₩50,000**의 원금을 회수할 것으로 예상된다. 즉 자산손상이 발생하였다. 20×1년말 당해 사채에 대한 유효이자율은 12%이다.

(2) 20×2년말 : 이자는 전기말에 예측되었던 금액(**₩4,000**)이 그대로 회수되었다. 한편, 남진(주)의 재무상태가 호전되어 20×3년말에 **₩80,000**의 원금과 **₩6,000**의 이자가 회수될 것으로 예상된다. 20×2년말 당해 사채에 대한 유효이자율은 12%이다.

요구사항

1. 대웅(주)가 당해 취득시점에서 사채를 AC금융자산으로 분류한 경우 20×1년과 20×2년에 필요한 분개를 비교하여 제시하라.
2. 대웅(주)가 당해 취득시점에서 사채를 FVOCI금융자산으로 분류한 경우 20×1년과 20×2년에 필요한 분개를 제시하라. 단, FVOCI금융자산으로 분류했을 경우 20×1년과 20×2년의 공정가치는 추정미래현금흐름을 현행 유효이자율로 할인한 현재가치와 동일하다고 가정한다.

6. FVOCI금융자산의 손상차손 (Ⅱ)

승수(주)는 20×1. 1. 1 같은 날 문수(주)가 발행한 다음의 사채를 취득하였다.

액면금액 : **₩100,000**(만기 20×3년말)
표시이자 : 연 8%, 매년말 후급

유효이자율은 10%로서 승수(주)는 당해 사채를 **₩95,025**에 취득한 후 FVOCI금융자산으로 분류하였다.

(1) 20×1. 12. 31 : 당해 사채의 공정가치는 **₩96,000**이었다.

(2) 20×2. 12. 31 : 문수(주)의 재무곤란으로 인해 20×3. 12. 31에 각각 **₩80,000**의 원금과 **₩6,000**의 이자를 회수할 것으로 예상된다. 즉, 자산손상이 발생하였다. 20×2. 12. 31 당해 사채에 대한 유효이자율은 12%이다.

승수(주)가 20×1년과 20×2년에 필요한 분개를 비교하여 제시하라(단, 20×2년의 공정가치는 추정미래현금흐름을 현행 유효이자율로 할인한 현재가치와 동일하다고 가정한다).

7. 금융상품 관련 수익과 비용의 구분

금융상품과 관련하여 발생한 다음 항목들이 손익계산서에 당기순손익에 반영되어야 하는지 자본에 직접 가감해야 하는지 설명하라.

(1) 상환불능 우선주에게 지급한 배당금
(2) 보유자의 선택권에 따라 상환가능한 우선주에 지급된 배당금
(3) 5년 만기 고정이자지급조건의 지급어음에서 발생한 이자지급액
(4) 복합금융상품으로 구분된 전환사채에서 발생한 이자지급액

8. 금융자산의 재분류

광명(주)는 인천(주)가 발행한 사채(액면 **₩10,000**, 이자율 10%, 만기 20×3년말, 이자지급 매년 12월 31일)를 20×1. 1. 1에 공정가치인 **₩10,515**(시장이자율 8%)에 취득하였다. 취득 이후 20×1. 12. 31에 시장이자율이 6%로 하락하여 시가가 **₩10,733**이었다. 추가적으로 20×2. 12. 31 시가는 **₩10,800**이었다. 재분류조건을 만족한 다음 각각의 상황에 대해 20×1년과 20×2년에 필요한 분개를 제시하라.

〈상황 1〉 20×1. 12. 31에 FVOCI금융자산에서 AC금융자산으로 재분류
〈상황 2〉 20×1. 12. 31에 AC금융자산에서 FVOCI금융자산으로 재분류

9. FVPL금융자산의 재분류

(주)지은은 20×1. 1. 1에 만기 5년의 채무상품(액면금액 **₩500,000**, 액면이자 연 8%)을 **₩460,000**에 취득하고, 이를 FVPL금융자산으로 분류하였다. 취득시점에 취득부대비용으로 **₩2,000**을 지출하였다. 시장이자율의 변화에 따라 당해 채무상품의 공정가치는 다음과 같이 변동하였다.

20×1. 12. 31 : **₩468,296**(시장이자율 연 10%)　　20×2. 12. 31 : **₩455,452**(시장이자율 연 9%)

(주)지은의 회계연도말이 12월 31일이고, 20×2. 12. 31 당해 채무상품에 관련된 기대신용손실은 **₩12,000**으로 추정되었다.

요구사항

1. 20×1년도 손익계산서에 인식할 금융자산평가손익을 산출하라.
2. 사업모형의 변경으로 (주)지은이 20×2. 1. 1에 당해 채무상품을 FVPL금융자산에서 다음과 같이 재분류한 경우(독립적임) 각각 재분류일과 20×2. 12. 31의 회계처리를 제시하라.
   ① FVOCI금융자산으로 재분류
   ② AC금융자산으로 재분류

보-10. 채무불이행확률접근법

기홍(주)는 5년 만기, 만기일시상환 대출 1,000개(단위당 **₩1,000**)의 포트폴리오(총 **₩1,000,000**)를 취득하였으며 해당 포트폴리오의 평균 12개월 채무불이행확률(PD, probability of default)은 0.5%이다. 기홍(주)는 해당 대출채권의 최초인식 후 보고기간말에 해당 포트폴리오의 신용위험이 유의적으로 증가하였는지를 판단할 때 전체기간 PD의 변동을 이용하였다. 그 결과 신용위험이 유의적으로 증가하지 않았다고 판단하였다. 또한 채무불이행이 발생할 경우 해당 포트폴리오의 평균손실률은 25%로 추정된다.
채무불이행확률접근법을 이용하여 기대신용손실을 측정하라.

보-11. 손실률접근법

부여(주)는 총장부금액이 ₩1,000,000인 만기 일시상환 대출 2,000개를 보유하고 있다. 부여(주)는 최초인식시점에 위험특성에 기초하여 해당 포트폴리오를 그룹A와 그룹B로 나눈다. 그룹A는 총장부금액이 ₩400,000인 1,000개의 대출채권(고객당 ₩400)으로, 그리고 그룹B는 총장부금액이 ₩600,000인 1,000개의 대출채권(고객당 ₩600)으로 이루어져 있다.
부여(주)는 그룹A와 그룹B의 기대신용손실을 손실률접근법으로 측정한다. 부여(주)는 손실률을 추정하기 위해 자체의 과거 채무불이행 표본과 해당 대출채권에서 경험한 손실을 고려한다. 또한 부여(주)는 현재 상황과 미래 경제상황에 대한 합리적이고 증거제시가 가능한 예측을 고려하여 손실률을 갱신한다.
그룹A의 손실률은 5개 대출채권이 채무불이행이 될 것으로 예상하며, 손실액의 현재가치는 장부금액의 88%로 추정한다. 그룹B의 손실률은 3개 대출채권이 채무불이행이 될 것으로 예상하며, 손실액의 현재가치는 장부금액의 90%로 추정한다.
이 정보에 기초하여 부여(주)의 그룹A와 그룹B의 대출금 포트폴리오에 대한 기대신용손실액과 손실률을 계산하라.

공인회계사 기출문제 응용(2020년 이후)

1. 종합문제

(2021년 CPA 2차)

(주)대한은 20×1. 1. 1 (주)민국이 동 일자에 발행한 사채(액면금액 ₩2,000,000, 만기 20×3. 12. 31, 액면이자율 6%, 유효이자율 8%)를 발행금액(공정가치)으로 취득하였다.
하지만 20×2. 12. 31 (주)대한은 해당 사채의 신용이 후속적으로 손상되었다고 판단하였다. 각 연도말 기대신용손실과 공정가치 정보는 다음과 같다.

	20×1. 12. 31	20×2. 12. 31
12개월 기대신용손실	₩20,000	₩35,000
전체기간 기대신용손실	50,000	70,000
공정가치	1,900,000	1,800,000

(주)대한은 20×1년말과 20×2년말에 동 금융자산의 표시이자를 모두 수령하였다.

요구사항

1. (주)대한이 사채 취득시 당기손익-공정가치측정금융자산으로 분류한 경우 20×1년부터 20×2년 사이에 수행해야 하는 회계처리를 제시하라.
2. (주)대한이 사채 취득시 기타포괄손익-공정가치측정금융자산으로 분류한 경우 20×1년부터 20×2년 사이에 수행해야 하는 회계처리를 제시하라.
3. (주)대한은 동 금융자산을 20×2. 1. 1 사업모형의 변경으로 기타포괄손익-공정가치측정금융자산에서 상각후원가측정금융자산으로 재분류하였다. 재분류시점의 회계처리를 제시하라. 단, 20×1. 1. 1의 공정가치는 20×1. 12. 31 공정가치와 동일하다고 가정한다.

2. 종합문제

(2022년 CPA 2차)

(주)대한은 20×1. 1. 1 (주)민국이 동 일자에 발행한 사채(액면금액 ₩2,000,000, 만기 20×5. 12. 31, 액면이자율 6%, 유효이자율 8%)를 발행금액(공정가치)으로 취득하였다. 취득시점에 해당 금융자산의 신용위험은 유의하게 증가하지 않았다.
20×1년 이자는 정상적으로 수취하였다. 하지만 20×1. 12. 31 (주)대한은 해당 사채의 신용이 후속적으로 손

상되었다고 판단하였다. 20×2년부터 20×5년까지 매년말에 수취할 이자의 현금흐름을 ₩20,000으로, 만기에 수취할 원금의 현금흐름을 ₩700,000으로 추정하였다.

(주)대한은 20×2년말에 이자 ₩20,000을 수취하였으며, 20×2. 12. 31에 동 사채의 채무불이행 발생확률을 고려하여 20×3년부터 20×5년까지 매년말에 수취할 이자의 현금흐름을 ₩40,000으로, 만기에 수취할 원금의 현금흐름을 ₩800,000으로 추정하였다.

요구사항

1. (주)대한이 사채 취득시 상각후원가측정금융자산으로 분류한 경우 20×1년부터 20×2년 사이에 수행해야 하는 회계처리를 제시하라.
2. (주)대한이 20×2년중에 사업모형을 변경하여 상각후원가측정금융자산을 당기손익-공정가치측정금융자산으로 재분류하였다. 재분류일 현재 현행 시장이자율은 연 7%이며, 재분류일에 추정한 현금흐름은 20×2년말에 추정한 현금흐름과 동일하다. 재분류일의 회계처리를 제시하라.
3. 만약 (주)대한이 해당 금융자산을 사채취득시점에 기타포괄손익-공정가치측정금융자산으로 분류하였다면, 20×1년부터 20×2년까지 회계처리를 제시하라. 단, 20×1년, 20×2년 말의 사채의 공정가치는 각각 ₩500,000과 ₩700,000이다.

PART

Ⅲ

부채 및 자본 회계

III

CHAPTER

13 부 채

부채는 현재의무의 이행에 따라 자원의 유출가능성이 높고 결제될 금액을 신뢰성 있게 측정할 수 있을 때 재무제표에 인식한다. 본장에서는 부채 중에서 금융부채에 대하여 설명한다. 금융부채란 일반적으로 거래상대방에게 확정된 현금 등의 금융자산을 인도하기로 한 계약상의 의무이다. 본장에서는 부채의 의미와 더불어 종류에 대하여 알아보고 특히 사채의 회계처리를 상세하게 다룬다.

또한, 본장에서는 우발상황의 발생에 따라 인식되는 충당부채(비금융부채)와 주석으로 공시되는 우발부채의 회계처리에 대해서도 살펴보고자 한다.

사례 아시아나항공(주) – 부채의 종류

다음은 아시아나항공(주)의 2022회계연도말 연결재무제표에서 주요 부채의 규모, 종류를 보여주고 있다.

(단위 : 백만원)

부 채	2022년말	2021년말
유동부채	5,380,710	5,239,252
매 입 채 무	121,948	90,538
단기차입금	2,583,000	2,583,000
------ (중략) ------		
유동성사채	169,223	205,182
유동성장기차입금	93,803	93,690
유동성리스부채	601,947	607,501
유동성충당부채	144,498	110,966
비유동부채	7,721,893	7,322,316
사 채	29,922	29,906
장기차입금	241,444	241,573
리 스 부 채	4,206,025	4,323,323
순확정급여부채	537,381	522,617
장기선수금	821,952	819,117
------ (중략) ------		
충 당 부 채	993,862	995,053
기타비유동부채	306,859	305,902
부채총계	12,602,603	12,561,568
자본총계	448,331	521,096
부채 및 자본총계	13,050,934	13,082,665

2022년 회계기말 부채총액(12조 6,206억원)이 자본(4,483억원)의 28.1배가 되어 부채비중이 과도하게 높다. 특히 항공산업의 특성상 리스부채가 차지하는 비중이 매우 높다. 충당부채는 그 금액이 상대적으로 크지는 않으나 금액은 적지 않다. 또한 2022회계연도 영업이익은 1,435억원인데, 금융비용이 883억원에 이르고, 당기순손실은 466억원을 보고하고 있다.

[충당부채에 대한 재무제표 주석 일부]

당기중 충당부채의 변동내역은 다음과 같습니다.

기업회계기준서 제1116호에 따른 사용권자산인 리스 항공기 등에 대하여 반납시 정비의무와 관련하여 향후 소요될 것으로 예상되는 지출액을 추정하여 복구충당부채로 인식하고 있습니다.

(단위 : 억원)

구 분	기초금액	이자비용	증 가	기말금액	유 동	비유동
2022 : 복구충당부채	7,459	26	230	7,715	983	6,732

제 1 절 부채와 자본

1 부채와 자본의 구분

기업은 영업활동에 활용하기 위해서 다양한 자산을 취득한다. 이러한 자산의 취득에 필요한 자금을 금융기관을 통해서 차입금으로 조달하거나 증권시장을 통해 투자자로부터 직접 자금을 공급받는다. 즉 기업은 필요한 자금을 부채나 자본으로 조달하게 되는데, 자금조달형태에 따라 기업의 재무상태와 경영성과에 미치는 영향이 달라진다(부채와 자본의 차이에 대해서는 제1장을 참고한다).

일반적으로 부채와 자본은 쉽게 구분이 되지만 외형상으로 동일한 금융상품이 성격에 따라 금융부채 또는 지분상품으로 분류되는 경우도 있다. 금융상품의 분류에 따라 부채비율이 달라지거나, 지급되는 대가가 이자비용 또는 배당금으로 달리 분류되므로 부채와 자본의 분류는 상당히 중요하다. 이러한 이유에서 일부 기업들은 자본을 조달할 때 실질에 있어서는 부채의 성격을 가지지만 기술적으로 지분상품으로 분류되는 금융상품(예를 들면, 영구사채)을 발행할 유인을 갖게 된다.

이러한 유인을 감소시키기 위하여 K-IFRS에서는 두 가지 검증조건(① 계약상의 의무가 없음, ② 자본위험을 지님)을 모두 통과한 경우에만 지분상품으로 분류하고, 그렇지 않은 경우에는 모두 금융부채로 분류하고 있다.

(1) 계약상의 의무

계약상의 의무(contractual obligations)란 거래상대방에게 현금 또는 기타금융자산을 인도하기로 하거나, 잠재적으로 불리한 조건으로 거래상대방과 금융자산이나 금융부채를 교환하는 계약에 의한 의무를 말한다.

발행회사가 지분상품의 보유자에게 아무런 계약상의 의무를 지지 않는 대표적인 금융상품이 보통주이다. 보통주 발행회사는 주식소유자에게 정기적으로 배당을 하거나 주식을 상환해야 할 계약상의 의무가 없다. 한편, 우선주는 다양한 권리를 첨부하여 발행되는 경우가 있다. 따라서 우선주가 금융부채인지 또는 지분상품인지를 구분하기 위해서는 우선주에 첨부된 권리들을 면밀히 검토해야 한다. 일반적으로 우선주에 대한 분배를 발행회사의 재량으로 결정하는 경우에는 지분상품으로 본다. 그러나 투자자가 일정 대가로 발행자에게 되팔 수 있는 권리(풋가능권리)가 있다면, 발행자에게는 계약상의 의무가 있으므로 이러한 우선주를 자본으로 분류할 수 없다.

K-IFRS 제1032호(금융상품 : 표시)에서는, 법적 형식(legal form)에서는 지분상품이

지만 다음 요건 중 하나를 만족하면, 경제적 실질(economic substance)에 따라 금융부채에 해당한다고 본다.

① 주식발행자가 보유자에게 미래에 일정금액을 의무적으로 상환해야 한다.
② 주식보유자가 발행자에게 미래에 일정금액으로 상환을 청구할 수 있는 권리를 보유하고 있다.

이에 따라서 위의 요건 중 하나라도 만족하는 상환우선주는 금융부채로 분류한다. 물론 이러한 요건이 없이 발행된 주식은 자본으로 분류한다. 만약 부채로 분류되면 이와 관련된 배당지급액은 손익계산서에서 비용항목으로 표시해야 한다.

(2) 자본위험

자본위험(equity risk)이란 주식투자자의 입장에서는 발행회사에 주식을 되팔거나 배당을 지급할 것을 요구할 권리를 가지지 못하기 때문에 주식투자에 따른 수익을 보장받지 못하며 부채를 차감한 후의 잔여지분(residual interest)에 대한 권리만 있다는 것을 의미한다. 자본위험을 발행자가 부담하면 발행자의 금융부채로 본다. 예를 들면, 자기지분상품(주식)으로 결제하는 계약으로서 확정된 금액(예 : ₩1,000,000)과 교환으로 변동가능한 수량(발행 당시에 발행주식의 총주가가 ₩1,000,000에 해당하는 수의 주식)의 자기지분상품을 인도할 계약상의 의무는 금융부채로 보아야 한다. 왜냐하면 이 경우 주식가격의 변동에 따른 위험을 투자자가 부담하지 않고 발행자가 부담하기 때문이다.

예제 13-1 부채 또는 자본

다음 각 경우의 발행한 금융상품이 부채(금융부채)인지 자본(지분상품)인지를 판단하라.

1) 발행회사가 상환선택권을 가지는 누적적 우선주
발행회사가 상환선택권을 가진 우선주라면 발행회사는 정기적인 배당에 대해서는 계약상의 의무를 지지만 우선주를 상환해야 할 "계약상의 의무"는 없다. K-IFRS에서는 이러한 우선주는 금융부채로 분류하지 않는다. 왜냐하면 누적적 배당만으로는 우선주를 부채로 구분할 만한 충분한 사유가 될 수 없다고 보기 때문이다.

2) 우선주소유주가 상환선택권을 가지는 누적적 우선주
우선주소유주가 상환선택권을 가진 누적적 우선주를 발행했다. 이 경우에는 앞서 설명한 바와 같이 회사는 정기적인 배당을 해야 할 의무와 소유주의 선택권 행사에 따라 우선주를 상환해야 할 "계약상의 의무"를 지기 때문에 형식에 관계없이 지분상품이 아니라 금융부채로 분류해야 한다.

3) 미확정수량의 자기지분상품을 인도할 계약상의 의무

(주)광명은 일정기간 후 그 당시 시가 ₩1,000,000에 상당하는 주식을 (주)월광에 발행하기로 했다. 결제시점에 (주)광명의 주가가 ₩1,000이라면 발행할 주식의 수가 1,000주일 것이며, 주가가 ₩500이라면 2,000주일 것이다. (주)광명은 ₩1,000,000에 상당하는 주식을 발행할 계약상의 의무를 진다. 즉 (주)광명이 이행해야 할 계약상의 의무는 주식수로는 가변적이지만 항상 ₩1,000,000에 상당하는 금액으로 일정하기 때문에 금융부채로 구분해야 한다.

(주) 금융상품의 소유자인 (주)월광은 (주)광명의 주가에 관계없이 항상 ₩1,000,000에 해당하는 주식을 받을 권리를 갖기 때문에 자본위험을 부담하지 않는다. 반면 (주)광명은 주가의 변동에 따라 지급해야 할 주식수가 변동하므로 자본위험을 부담한다. 따라서 자본위험 검증에 따르더라도 (주)광명은 이 계약을 금융부채로 분류해야 한다.

그러나 (주)광명이 주가에 관계없이 주식 1,000주를 발행하는 계약상 의무를 진다면 지분상품으로 분류한다.

4) 주당발행금액이 확정된 파생상품을 이용한 주식발행

(주)광명이 (주)월광에 3개월 후에 1주당 ₩1,000에 주식 1,000주를 살 수 있는 주식선택권(콜옵션)을 ₩10,000에 매도했다. 결제시점에 (주)광명의 주가가 ₩1,000을 초과하면 (주)월광은 주식선택권을 행사할 것이고, ₩1,000에 못 미치면 이를 행사하지 않을 것이다. 콜옵션이 행사되면 발행할 주식수와 수취할 금액이 정해져 있기 때문에 이를 지분상품으로 본다.

(주) 금융상품의 소유자인 (주)월광은 주가의 변동에 따라 주식 1,000주를 ₩1,000,000에 살 수도 있고 못 살 수도 있기 때문에 (주)월광은 주가위험에 따른 자본위험을 부담한다. 반면, (주)광명은 주식선택권을 매도하고 현금을 수취하였으며, 이러한 현금수취는 (주)월광의 주식선택권 행사여부와는 상관이 없다. 따라서 (주)광명은 주식선택권을 지분상품으로 분류해야 한다.

하나의 금융상품에 부채의 성격과 자본의 성격이 공존하는 경우가 있는데, 이를 복합금융상품(compound financial instruments)이라고 한다. 대표적인 복합금융상품은 전환사채이다. 발행자 입장에서 보면 정기적으로 이자를 지급해야 하고, 또 전환권이 행사되지 않은 경우 만기에 사채를 상환해야 하는 계약상의 의무를 지기 때문에 금융부채를 부담한다. 또한 전환권이 행사되면 일정 수량의 보통주를 발행해야 하기 때문에 지분상품의 성격을 동시에 갖는다. 이에 따라 복합금융상품을 발행한 기업은 이를 부채부분과 자본부분으로 구분해야 한다(제15장(복합금융상품)을 참조).

그러나 K-IFRS에서는 복합금융상품을 취득한 투자자는 부채상품과 지분상품을 별도로 구분하지 않고 통합하여 하나로 분류하도록 요구하고 있다. 이는 회계처리의 복잡성을 감소시키려는 조치의 일환이다.

2 부채의 회계처리

부채로 분류된 경우 이에 대한 회계처리문제의 흐름도는 [그림 13-1]과 같다. 먼저 부채의 정의를 충족하는지 검토하여 부채의 존재를 파악한 후에 이를 재무제표에 인식할 수 있는 조건을 충족하는지 검토하는 것으로 시작한다. 이로부터 최종적으로 당해 부채를 장부에서 제거하는 시점까지 다양한 회계처리문제가 발생함을 볼 수 있다.

▶ 그림 13-1
부채의 회계처리문제 흐름도

단계 1	부채의 정의(definition)를 충족하는가? 즉 부채가 존재하는가?
단계 2	어떤 종류의 부채로 분류(classification)할 것인가?
단계 3	재무제표에 부채로 인식(recognition)할 수 있는가? 즉 인식기준을 충족하는가? 또한 회계단위(unit of account)는 무엇인가? - 부채로 인식할 수 있다면, 어느 시점에 재무제표에 인식해야 하는가?
단계 4	최초인식시점에 부채를 얼마로 기록, 즉 측정(measurement)해야 하는가? - 인식한 이후의 평가(valuation)는 어떻게 달라지는가? - 인식 이후에 다시 평가한다면, 평가손익은 어떻게 처리해야 하는가?
단계 5	당해 부채는 어느 시점에 장부에서 제거(derecognition)해야 하는가? - 부채의 제거시점에 손익이 발생하는가? - 손익이 발생한다면, 이를 어떻게 처리해야 하는가?
단계 6	부채를 재무제표에 어떻게 표시(presentation)하고, 주석에는 무엇을 공시(disclosure)해야 하는가?

[그림 13-1]에서 나타난 흐름도를 참고하여 부채의 회계처리에서 발생할 수 있는 다양한 문제를 생각하면서 부채의 회계처리를 살펴본다.

제2절 부 채

오늘날 복잡한 경제상황과 다양한 금융상품의 출현으로 부채란 무엇인가에 대한 대답은 쉽지 않다. 부채는 차입금, 사채, 지급어음 등과 같이 외부로부터 자금을 조달하는 것 이상의 의미를 갖는다. 상품이나 서비스를 외상으로 구입한 결과 발생한 매입채무도 부채인데, 이는 신용을 제공받는다는 의미에서 차입금 등과 비슷하다. 그 외에도 미지급법인세, 소득세의 원천징수분, 미지급배당금, 판매보증충당부채 등과 같이 차입금과는 성격이 다소 다른 부채도 있다.

1 부채의 정의 CF:4.26,4.28-47

재무보고 개념체계에서는 부채를 과거 사건의 결과로 기업이 경제적 자원을 이전해야 하는 현재의무라고 정의하고 있다. 즉 부채를 아래와 같은 세 가지의 특성을 지닌 것으로 정의한다.

① 현재(present)의 의무
② 경제적 자원을 이전하는 의무
③ 과거 사건의 결과로 존재하는 현재의무

부채의 본질적인 특성은 기업이 의무를 가지고 있다는 것이다. 먼저 의무(obligation)란 기업이 회피할 수 없는 책무 또는 책임을 말한다. 이는 회피불능의무(unavoidable obligations)로서 비교적 명시적으로 표시된 법적의무뿐만 아니라 사회통념상 또는 거래관행상 의무를 이행하지 않으면 더욱더 큰 손실을 입을 수 있는 의제의무도 포함한다. 법적의무(legal obligations)는 명시적・묵시적 계약 또는 법률의 규정에 의하여 발생한 의무를 말한다. 제공받은 재화나 용역에 대한 미지급채무가 일반적인 예이다. 한편, 의제의무(constructive obligations)란 발표된 경영방침, 구체적이고 유효한 약속, 또는 과거의 실무관행을 통하여 기업이 특정 책임을 이행할 것이라는 정당한 기대를 상대방이 가지는 경우에 발생하는 의무를 말한다.

현재의무(present obligation)란 기업이 현재 부담하는 의무로서, 과거에 부담했지만 이미 상환 또는 변제한 부채나 미래의 예상거래로부터 부담할 예정인 의무는 현재의 의무가 아니다. 또한 현재의무와 미래의 약속은 구별되어야 한다. 미래에 특정 자산을 취득하겠다는 경영자의 의사결정 그 자체만으로는 현재의무가 발생하지 않는다.

기업이 거래상대방의 요구에 따라 현재의무를 이행하기 위해서는 일반적으로 미래에 경제적 효익을 갖는 자원의 이전을 요구한다. 즉, 현재의무는 현금지급, 다른 자산의 이전, 용역의 제공, 다른 의무로 대체, 부채의 자본전환 등으로 이행된다. 또한 의무는 채권자의 권리포기나 권리상실 등의 다른 방법으로도 소멸될 수 있다.

부채는 과거의 거래나 그 밖의 사건에 의해 발생한다. 과거 사건(past events)이란 기업으로 하여금 현재의무를 가지게 하는 의무발생사건(obligating event)으로서 이 사건으로부터 발생한 의무를 이행하는 것 이외에는 다른 대안이 없어야 한다.

과거 사건이 현재의무를 발생시켰는지의 여부는 대부분의 경우에 분명하다. 하지만 드물게 소송이 진행중인 경우와 같이 어떤 사건이 실제로 발생했는지 혹은 당해 사건으로 현재의무가 발생했는지의 여부가 분명하지 않을 수 있다. 이러한 경우에는 모든 이용가능한 증거(예를 들어, 전문가의 의견을 포함)를 고려하여 경제적 효익을 갖는 자원의 유출가능성이 기대될 때 과거 사건이 현재의무를 발생시킨 것으로 간주한다.

부채로 인식되기 위해서는 과거 사건으로 인한 의무가 기업의 미래행위(즉, 미래 사업행위)와 독립적이어야 한다. 예를 들어 매입채무, 미지급비용, 차입금 등은 물론 불법적인 환경오염으로 인한 범칙금이나 환경정화비용의 경우에는 기업의 미래행위에 관계없이 당해 의무를 이행해야 하므로 부채를 인식한다.[1)]

2 부채의 인식 CF:5.6-7,5.12-17

부채는 부채의 정의를 충족시키고 다음 조건을 모두 충족시킬 때 재무상태표에 인식한다.

① 목적적합한 정보(현재의무를 이행하기 위해 경제적 효익을 가진 자원이 유출될 가능성이 높다)

② 표현의 충실성(당해 의무의 이행에 소요되는 금액을 신뢰성 있게 측정할 수 있다)

부채의 인식요건들을 좀더 상세하게 살펴보자.

인식요건 (1) : 목적적합성

목적적합성은 현재의 의무로 인한 미래경제적 효익의 유출가능성과 관련 있다. 즉, 부채로 인식하기 위해서는 현재의무가 존재해야 할 뿐만 아니라 당해 의무의 이행을 위하여 경제적 효익을 가진 자원의 유출가능성이 높아야 한다. 유출가능성이 높음(probable)이라고 하는 것은 특정 사건이 발생할 가능성이 발생하지 않을 가능성보다 높은 경우를 의미하며, 특정 확률로 말하기는 어렵지만 일반적으로 50%보다 높은 경우에는 발생가능성이 높다고 본다. 미래경제적 효익의 유출에 대한 가능성 정도의

1) 법에서 정하는 환경기준을 충족시키기 위하여 또는 상업적 압력 때문에 공장에 특정 정화장치를 설치하기 위한 비용지출을 계획하고 있거나 그런 비용지출이 필요한 경우에는 공장운영방식을 바꾸는 등의 미래행위를 통하여 미래의 지출을 회피할 수 있다. 이러한 경우의 지출은 현재의무가 아니라고 본다.

평가는 재무제표를 작성할 때 이용가능한 증거에 기초해야 한다.

인식요건 (2) : 표현의 충실성

부채인식과 관련한 표현의 충실성은 부채의 측정과 관련 있다. 일반적으로 표현 충실성은 의무이행에 소요되는 금액을 신뢰성 있게 측정할 수 있는 것을 의미한다. 부채는 의무의 존재여부, 지급할 금액, 지급시기의 확정여부 등에 따라 확정부채와 추정부채로 나눌 수 있다.

확정부채(determinable liabilities)란 부채가 확실히 존재하고, 부채의 금액을 확정적으로 결정할 수 있으며, 부채의 지급시기를 비교적 정확히 알 수 있는 부채를 말한다. 반면, 부채의 존재는 확실하지만 지급금액이나 지급시기 등 불확실성이 있어 추정을 통하여 측정하는 부채를 추정부채(estimated liabilities)라고 한다. 예를 들면, 판매한 제품에 대한 보증은 미래에 발생할 보증 비용과 시점에 대한 불확실성이 높기 때문에 추정을 통하여 예상 보증 의무의 금액을 추정해야 한다.

불확실성이 있더라도 미래 예상되는 결과에 대해 그 범위를 결정할 수 있다면 부채를 인식할 때 충분히 신뢰성 있는 금액을 측정할 수 있다고 보고 충당부채(provisions)로 분류한다. 하지만 극히 드문 경우에 신뢰성 있는 금액의 측정이 불가능하면, 이는 우발부채(contingent liability)로서 재무상태표에 부채로 보고하지 않고 주석으로 공시하도록 하고 있다.

3 금융부채와 비금융부채

부채를 금융부채와 비금융부채로 분류할 수도 있으나 이를 정확하게 나누는 것은 쉽지는 않다. 금융부채란 거래상대방에게 확정된 현금 등의 금융자산을 인도하기로 한 계약상의 의무를 말한다. 매입채무, 차입금, 사채와 같은 부채는 계약조건에 따라서 거래상대방에게 일정한 현금 등을 지급해야 하기 때문에 금융부채로 분류한다. 금융부채로 구분하는 조건은 부채가 ① 성격상 확정의무이고, ② 현금 등의 금융자산을 인도해야 할 회피불가능한 의무이며, ③ 의제의무나 법률상의 의무가 아닌 계약상의 의무이어야 한다.

비금융부채로는 충당부채, 선수금, 선수수익, 그리고 퇴직급여부채 등이 있다. 충당부채는 계약상의 의무가 아니고 의제의무나 법률상의 의무인 경우가 대부분이고, 선수금과 선수수익은 거래상대방에게 현금 등 금융자산이 아니라 재화나 용역을 인도해야 하는 의무이므로 비금융부채로 분류된다. 퇴직급여부채도 확정채무가 아니고 공식적 규약에 따른 법적의무이기도 하고 의제의무인 부분도 포함되는 경우가 있어서 비금융부채로 분류된다.

본장에서는 금융부채의 의미, 분류 및 측정방법 등에 대해 좀더 상세히 살펴보자.

제3절 금융부채

1 금융부채의 정의와 분류 1109:4.2.1-2,BA7

K-IFRS(제1032호, 금융상품 : 표시)에서는 금융부채를 지분상품(자본)과 명확하게 구분하기 위하여, 금융부채를 다음과 같이 정의하고 있다. 정의 자체가 쉽지 않지만 하나씩 이해해 보자(동일한 설명이 제11장 제1절에서도 소개되었다).

▶ 표 13-1
금융부채의 정의

① 다음 중 하나에 해당하는 계약상 의무
  (1) 거래상대방에게 현금 등 금융자산을 인도하기로 한 계약상 의무
  (2) 잠재적으로 불리한 조건으로 거래상대방과 금융자산이나 금융부채를 교환하기로 한 계약상 의무
② 자기지분상품으로 결제되거나 결제될 수 있는 다음 중 하나의 계약
  (1) 인도할 자기지분상품의 수량이 변동가능한 비파생상품
  (2) 확정수량의 자기지분상품에 대하여 확정금액의 현금 등 금융자산의 교환이 아닌 방법으로 결제될 파생상품

①-(1) : 계약상의 의무 중에서 '거래상대방에게 현금 등 금융자산을 인도하기로 한 계약상의 의무'는 앞서 언급한 바와 같이 매입채무, 차입금, 사채와 같은 부채가 이에 속한다.

①-(2) : '잠재적으로 불리한 조건으로 거래상대방과 금융자산이나 금융부채를 교환하기로 한 계약상 의무'란 금융보증계약이나 매도옵션계약 등에 따른 잠재적인 의무를 예로 들 수 있다.[2] 금융보증계약이란 채무상품의 최초 계약조건이나 변경된 계약조건에 따라 지급기일에 특정 채무자가 지급하지 못하여 보유자가 입은 손실을 보상하기 위해 보증인(금융보증계약의 발행자)이 특정 금액을 지급해야 하는 계약을 말한다. 타인에 대한 금융보증계약을 한 경우, 채무자가 정상적으로 채무를 이행한 경우에는 부채를 인식할 필요가 없지만, 채무자가 채무불이행을 할 가능성 때문에 보증인으로서의 회사가 금융보증부채를 부담할 잠재성이 있는 경우 이를 금융부채로 인식한다.

②-(1) : 자기지분상품으로 결제되거나 결제될 수 있는 계약도 부채의 정의를 만족시킬 수 있다. 자기지분상품의 대표적인 예는 지분상품을 발행한 회사의 주식을

2) 금융보증계약에 대해서는 본절 3.에서 별도로 설명하고 있다. 매도옵션(written option)은 일정한 대가(premium)를 받고 거래상대방(옵션매입자)에게 권리를 행사할 수 있는 옵션을 판매한 경우로서, 거래상대방이 옵션을 행사할 가능성이 있는 경우가 있다. 이러한 경우를 내가격상태(in-the-money)라고 한다. 옵션판매자는 잠재적으로 불리한 상황에 처하게 되기 때문에 금융부채를 지게 된다.

말한다. 주식은 자금을 조달할 목적으로 발행하는 것이 일반적이지만, 때로는 부채결제수단 또는 자산취득수단(즉, 통화와 같은 역할)으로 사용될 수도 있다. 인도할 자기지분상품의 수량이 변동가능한[3] 예로, 1년 후에 ₩1,000,000에 해당하는 부채를 결제하기 위해서 주식을 제공하기로 한 계약을 생각해 보자. 1년 후에 주식가격이 상승하면 인도할 주식수가 감소할 것이고 주식가격이 하락한다면 인도할 주식수가 증가할 것이다. 즉, 상환해야 할 금액은 정해져 있으나 주식가격의 등락에 따라 결제수단으로 사용될 자기주식의 수량이 변동한다. 이러한 지분상품 발행자가 주식가격의 변동위험, 즉 자본위험을 부담하기 때문에 이러한 계약은 금융부채이다. 그러나 확정된 대가 ₩1,000,000에 대하여 확정된 수량의 주식을 인도하기로 했다면, 이는 자금을 조달할 목적으로 주식을 발행한 것이 되기 때문에 발행자는 자본으로 기록해야 한다.

②-(2) : 확정수량의 자기지분상품에 대하여 확정금액의 현금 등 금융자산의 교환이 아닌 방법으로 결제될 파생상품도 금융부채이다.[4] 한편, 주당발행금액이 정해진 경우에는 파생상품을 통하여 주식을 발행하더라도 자본으로 기록한다. 예를 들어 전환사채(또는 신주인수권부사채)를 발행하면서 전환권(또는 신주인수권)이 행사될 경우 교환될 주식수와 금액이 확정되어 있는 경우 전환권(또는 신주인수권)은 이들이 내포된 일반사채와 분리하여 자본으로 회계처리한다(뒤의 제15장 참조). 그러나 주당발행금액이 정해지지 않고 조정가능한 경우에는 전환사채 또는 신주인수권부사채 전체를 금융부채로 분류한다.[5]

금융부채는 측정방법에 따라 상각후원가측정금융부채(AC금융부채)와 당기손익-공정가치측정금융부채(FVPL금융부채)로 분류한다. FVPL금융부채로 분류될 수 있는 금융부채는 단기매매를 목적으로 하는 금융부채, 당기손익-공정가치측정항목으로 지정한 금융부채, 파생상품부채, 제거조건을 충족하지 못하거나 지속적 관여가 적용되는 금융부채, 금융보증계약 등 제한적이다. 이러한 경우를 제외하고 금융부채는 상각후원가로 측정하도록 분류하므로, 대부분의 금융부채는 AC금융부채이다. AC금융부채의 대표적인 예로는 사채, 장기매입채무, 차입금 등이 있다.

▶ **그림 13-2**
금융부채의 분류

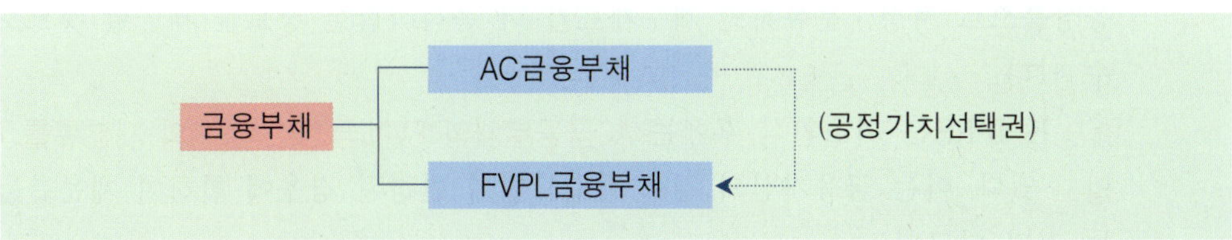

3) 중요한 것은 계약 자체가 비파생상품으로 표시된 것을 의미한다. 즉 인도할 대상이 비파생상품이어야 한다. 자기지분상품(주식)은 비파생상품에 해당한다.

4) 파생상품에는 선도계약, 선물계약, 옵션, 스왑 등이 있다. 이에 대한 상세한 설명은 고급회계를 참조할 수 있다.

5) 전환권 또는 신주인수권을 지분상품(자본)으로 처리한 경우에는 주식가격의 변동에 대한 회계처리를 하지 않는다. 그러나 전환사채 또는 신주인수권부사채를 금융부채로 인식한 경우에는 주식의 가격이 변동함에 따라 사채평가손익이 발생한다. 예컨대, 주식의 가격이 오르는 경우에 회사가 발행해야 할 주식의 가치가 오르기 때문에 사채평가손실을 인식해야 한다.

FVPL금융부채의 예로 단기매매를 목적으로 하는 금융부채가 있는데 구체적인 예는 다음과 같다.

① 위험회피수단으로 회계처리하지 않는 파생상품부채
② 공매자(차입한 금융자산을 매도하였으나 아직 보유하고 있지 아니한 자)가 차입한 금융자산을 인도할 의무
③ 단기간 내에 상환할 의도로 발행하는 금융부채(예를 들면, 공정가치변동에 따라 발행자가 단기간 내에 상환할 수 있으며 공시가격이 있는 채무상품)
④ 최초인식시점에 공동으로 관리되는 특정 금융상품 포트폴리오의 일부이며, 운용형태가 단기적 이익획득 목적이라는 증거가 있는 금융부채

금융자산과 유사하게 기업은 공정가치변동을 당기손익에 반영하는 것이 더욱 목적적합한 경우 금융부채의 최초인식시점에 금융부채를 FVPL금융부채로 분류할 수 있다. 이를 기업의 공정가치선택권(fair value option)이라고 한다. 공정가치변동을 당기손익에 반영하는 것이 더욱 적합한 경우란 다음 두 가지 조건 중에서 하나 이상을 만족하는 경우이다(제11장의 금융자산에 대한 공정가치선택권에서 설명한 조건과 약간 다름에 유의).

① 회계불일치가 제거되거나 유의적으로 감소된다.
② 문서화된 위험관리전략이나 투자전략에 따라, 금융상품 집합을 공정가치 기준으로 관리하고 그 성과를 평가하며, 그 정보를 이사회, 대표이사 등 주요 경영진(이는 특수관계자로 정의됨)에게 제공하여 이를 관리한다.

회계불일치란 서로 다른 기준으로 자산이나 부채를 측정하거나 그에 따른 손익을 인식함으로써 발생할 수 있는 인식이나 측정상의 불일치를 말한다. 예를 들어, 금융자산은 FVPL금융자산으로 분류되어 공정가치변동을 당기손익으로 인식하고 당해 금융자산과 대응되는 금융부채는 AC금융부채로 분류하여 공정가치변동을 인식하지 않는 경우 회계불일치가 생긴다. 이 경우 당해 금융자산과 금융부채를 모두 FVPL금융상품으로 지정·분류하면 재무제표가 더 목적적합한 정보를 제공할 것으로 판단할 수 있다.

K-IFRS는 최초인식 후에는 AC금융부채와 FVPL금융부채 간의 재분류를 허용하지 않고 있다. 이는 금융자산의 경우 사업모형이 변경된 경우에 한하여 재분류를 허용하는 것과 다르다.

2 금융부채의 측정 1109:5.7.7

금융부채의 측정은 발행자 입장에서 금융상품에 대한 회계처리이므로 금융자산의 측정과 유사하다. 금융자산과 중복되는 회계처리는 간략하게 논의하고 회계처리의 차이를 중심으로 논의한다.

금융부채는 금융자산과 같이 최초인식시점에 공정가치로 측정한다. 만약 해당 금융부채의 발행과 직접 관련되는 거래원가가 있으면 FVPL금융부채의 경우에는 당기비용으로 처리하고, AC금융부채의 경우에는 공정가치에서 차감한다.

공정가치의 최초측정치는 활성시장(active market)에서 거래되는 가격이다. 만약 해당 금융상품에 대한 활성시장이 없다면 평가기법을 사용해서 결정할 수 있다. 이는 측정일 현재 독립된 당사자 사이의 정상적인 거래에서 발생하는 거래가격을 측정하기 위해서이다. 평가기법으로는 다른 금융상품의 공정가치를 이용할 수 있다면 이를 참고할 수도 있고, 현금흐름할인방법이나 옵션가격결정모형도 사용할 수 있다.

최초인식시점 이후에는 AC금융부채는 상각후원가로 측정한다.[6] 상각후원가란 금융부채의 최초인식시점의 측정금액에서 최초인식금액과 만기금액의 차액에 유효이자율법을 적용해서 계산된 금액(상각누계액)을 가감한 금액이다.

유효이자율은 금융부채의 기대 존속기간이나 적절하다면 더 짧은 기간에 예상되는 미래현금유출과 유입의 현재가치를 금융부채의 순장부금액(상각후원가)과 일치시키는 할인율이다. 유효이자율을 계산할 때에는 모든 계약조건(예 : 중도상환옵션, 콜옵션 및 기타 유사한 옵션)을 고려해서 미래현금흐름을 추정해야 한다. 그러나 아직 발생하지 않은 미래의 신용위험에 따른 손실은 고려하지 않는다.

FVPL금융부채는 최초인식 이후에는 공정가치로 평가하고, 평가손익을 당기손익으로 인식한다. 공정가치의 변동은 이자율 등의 시장요인에 의하여 변동되기도 하지만 회사의 고유요인인 신용위험에 의해 변동되기도 한다. 만약 부채를 발행한 회사의 신용위험이 높아지면 회사가 부담하고 있는 부채의 공정가치가 하락하게 된다. 부채의 공정가치가 하락하면 발행자는 의무(부채)가 감소하므로 오히려 이익이 발생하는 기이한 현상이 나타난다. 이러한 회계처리는 바람직하지 않기 때문에 K-IFRS에서는 자기신용위험(own credit risk)에 기인하여 발생하는 신용위험 변동효과(부채감소이익)를 당기손익이 아니라 기타포괄손익으로 회계처리하도록 요구하고 있다. 기타포괄손익으로 표시한 금액은 후속적으로 당기손익으로 재순환하지 않는다. 그러나 누적된 기타포괄손익을 자본 내에서 다른 항목(예, 이익잉여금)으로 이전할 수는 있다.

예제 13-2 는 부채와 관련된 시장상황의 유의적인 변동요인이 관측된 기준금리의

6) 다음 금융부채는 상각후원가로 측정해서는 안 된다.
① 금융자산의 양도가 제거조건을 충족하지 못하거나 지속적관여접근법이 적용되는 경우에 발생하는 금융부채
② 금융보증계약
③ 시장이자율보다 낮은 이자율로 대출하기로 한 약정 등

변동에 국한된 경우의 추정방법을 제시하고 있다.

예제 13-2 공정가치선택권을 적용한 금융부채의 공정가치 하락

서래(주)는 20×1. 1. 1 현재 공정가치선택권을 적용한 FVPL금융부채 ₩50,000을 갖고 있다. 20×1년말에 시장이자율의 상승과 서래(주)의 신용위험으로 인하여 금융부채의 공정가치가 ₩35,000으로 감소되었다. 공정가치 감소 중 ₩10,000은 서래(주)의 자기신용위험 변동효과 때문으로 밝혀졌다.

서래(주)가 공정가치선택권을 적용하여 회계처리하는 금융부채와 관련하여 20×1. 12. 31에 필요한 분개를 하라.

해답

(차)	FVPL금융부채	15,000	(대) FVPL금융부채평가이익(PL)	5,000
			FVPL금융부채평가이익(OCI)	10,000

그러나 자기신용위험으로 인해 발생한 금융부채의 신용위험 변동효과를 기타포괄손익에 반영하면 당기손익의 회계불일치를 일으키거나 확대하는 경우도 있을 수 있다. 이 경우에는 해당 부채의 모든 손익(해당 부채의 신용위험 변동효과를 포함)을 당기손익으로 표시한다.7)

3 금융부채의 유형

대표적인 금융부채의 예로 사채, 장·단기차입금, 매입채무, 미지급비용과 미지급금 등이 있다. 이러한 금융부채는 대부분 AC금융부채에 속하므로 상각후원가로 측정한다. 상각후원가는 금융부채의 최초인식시점에서의 금액과 만기금액의 차액에 유효이자율법을 적용하여 계산된 상각누계액을 가감한 금액이다. 유효이자율법을 적용해서 상각후원가를 산정하는 방법은 사채의 회계처리에서 상세히 설명하고, 본절에서는 사채를 제외한 금융부채를 간략히 살펴보고자 한다.

(1) 장·단기차입금

1) 단기차입금

단기차입금(short-term loan payable)은 1년 내에 상환될 차입금을 말한다. 기업은 약속어음을 발행하여 금융기관에 제공하고 자금을 차입하는 경우가 있는데, 이것도

7) 또한 FVPL항목으로 지정한 대출약정과 금융보증계약의 모든 손익도 당기손익으로 표시한다.

단기차입금으로 분류한다. 이와 같이 자금을 차입하면서 발행한 어음은 진성어음(뒤에서 후술)과 구별하여 융통어음이라고도 부른다.

어음이 이자부로 발행된 경우에는 액면금액으로 재무상태표에 보고하되, 발생이자를 구분하여 인식해야 한다. 한편, 무이자부어음(noninterest-bearing note)을 발행하여 금융기관에서 단기차입을 한 경우에는 이자 및 수수료 등을 차감(할인)한 금액만을 은행으로부터 받는 것이 일반적이다. 즉 수수료와 함께 이자를 선급하고 단기차입을 하는 것이다. 이 경우 지급어음의 액면금액에서 현금수취액을 차감한 금액을 지급어음할인차금(discount on notes payable)이라는 계정으로 차변기입한 후 이를 지급어음의 만기에 걸쳐 상각(일반적으로 정액법으로 상각)하여 이자비용으로 계상한다. 지급어음할인차금은 지급어음의 차감계정으로서 재무상태표에는 지급어음의 액면금액에서 차감하는 형태로 보고하여 지급어음을 상각후원가로 표시한다.

신용상태가 우량한 기업은 금융기관에 의존하지 않고 금융시장에서 기업어음(commercial paper)을 발행하여 자금을 차입하기도 한다. 기업어음은 재고자산의 매입 또는 운전자본의 확충을 위해 발행하며 만기가 9개월 미만인 것이 일반적이다. 기업어음은 복잡한 차입절차나 증권시장 상장절차를 밟지 않아도 되기 때문에 우량회사들이 단기자금조달을 위해 선호하는 수단이며, 명시적으로 이자를 지급하는 대신 할인발행하는 것이 일반적이다. 이 경우 할인금액은 만기까지 기간에 배분하여 이자비용으로 인식하면 된다.

예제 13-3 어음의 발행에 의한 단기차입금

광헌(주)는 20×1. 10. 1 액면금액 ₩1,000,000, 무이자부, 1년만기 지급어음을 발행하여 상아은행(주)에 액면금액의 9%를 할인한 자금을 조달하였다.

1) 광헌(주)가 20×1. 10. 1에 행할 분개를 하라.
2) 광헌(주)가 실제로 부담하게 되는 유효이자율은 몇 %인가?
3) 광헌(주)의 회계연도말인 20×1. 12. 31에 행할 분개를 하라.
4) 광헌(주)의 20×1. 12. 31 현재로 지급어음을 보고하는 부분재무상태표를 작성하라.

해답

1) 20×1. 10. 1(단기차입어음 발행시 분개)

(차) 현 금	910,000	(대) 단기차입금	1,000,000
단기차입금할인차금	90,000		

2) $유효이자율 = \frac{이자부담액}{현금수취액} = \frac{₩90,000}{₩910,000} = 0.0989$(혹은 9.89%)

3) 20×1. 12. 31(기말수정분개)

(차) 이 자 비 용	22,500	(대) 단기차입금할인차금	22,500*

* ₩1,000,000×9%×3/12=₩22,500

➡계속

4) 20×1. 12. 31 부분재무상태표

유 동 부 채 :		
단기차입금	₩1,000,000	
차감 : 단기차입금할인차금	(67,500)*	₩932,500

* ₩90,000 − ₩22,500 = ₩67,500

기업은 은행과의 당좌차월계약에 의하여 계약상 허용된 한도 내에서 당좌예금의 잔액을 초과하여 수표를 발행할 수 있다. 이때 당좌예금잔액을 초과하여 발행된 당좌수표의 인출액이 당좌차월(bank overdraft)인데, 이는 초단기성부채이다. 당좌차월은 금액이 중요한 경우에는 별도 과목으로 보고할 수 있으나, 중요하지 않은 경우에는 단기차입금에 포함하여 보고하는 것이 일반적이다.

특정 은행의 당좌예금에서 회계기말에 당좌차월이 발생한 경우, 기업이 다른 은행과 당좌예금 계좌에 충분한 예금을 갖고 있다면 상계할 수 있다. 따라서 이 경우 당좌차월이 단기차입금으로 보고되지 않는다. 1007:8

2) 장기차입금

장기차입금(long-term debt)은 만기가 1년 이후에 도래하는 차입금이다. 장기차입금은 만기가 1년 이상이라는 점 외에도 이자(명시적 혹은 묵시적)를 부담해야 한다는 점에서도 사채와 유사하며, 유효이자율법을 적용하여 상각후원가로 측정한다. 그러나 이들은 사채와는 달리 증권시장과 같은 조직적인 기구를 통하여 쉽게 거래되지 않고 은행 등의 금융기관과 사적으로 거래가 이루어진다. 따라서 사채(bonds)는 공적차입금(public debts)인 반면, 장기차입금은 사적차입금(private debts)이라고 구분하기도 한다. 한편, 대기업들은 사채와 장기차입금을 적절히 혼합하여 장기자금조달을 하지만, 중소기업은 사채발행이 어렵기 때문에 장기차입금에 주로 의존한다.

(2) 매입채무

1) 단기매입채무

매입채무란 기업의 정상적인 영업활동에서 재화와 용역 등을 외상으로 구입함으로써 발생한 유동부채이다. 매입채무 중 특히 증서가 없이 순수한 외상으로 재화와 용역 등을 구입한 경우를 외상매입금(accounts payable)으로 구분하고, 어음을 발행하고 매입하는 경우에는 지급어음(notes payable)으로 구분한다.

매입채무는 재화 또는 용역의 구입시점과 그 대가의 지급시점까지의 시차 때문에 발생하므로, 이론적으로 현재가치로 측정해야 하나 그 시차가 30일에서 60일 정도인 것이 일반적이므로 현재가치 평가액과 만기금액의 차이가 크지 않다. 따라서 현재가치로 평가하여 상각후원가로 측정하지 않고 관습상 만기금액으로 기록한다.

매입(재고자산)과 매입채무는 재화와 용역에 대한 통제가 판매자로부터 구매자에게 이전되는 시점에 기록한다. 실무에서는 편의상 송장을 받은 날에 기록하는 것이 일반적인데, 이는 소유권의 이전을 통제의 이전 증거로 보는 경우가 많고 송장수취일과 소유권 이전일이 크게 차이가 나지 않기 때문이다. 그러나 연말이나 연초에는 항상 매입항목들의 거래조건과 미착상품들을 면밀히 검토해야 한다. 미착상품이라도 선적지인도조건(F.O.B. shipping point)인 경우에는 매입과 매입채무를 기록하지만 도착지인도조건(F.O.B. destination)인 경우에는 기록하지 않는다.

어음상의 단기채무로는 상거래지급어음, 단기차입어음 등이 있다. 상거래지급어음(trade notes payable)은 자금의 차입을 위하여 발행하는 융통어음과는 달리 고객과의 정상적인 영업활동에서 나타나는 어음상의 채무로서 진성어음이라고 부른다. 일반적으로 지급어음이란 상거래지급어음을 의미한다. 반면, 단기차입어음이란 단기자금을 차입하고 발행한 융통어음이다. 이 차입어음을 회계상으로는 단기차입금으로 분류한다.

2) 장기매입채무

일반적 상거래에서 발생한 장기의 외상매입금 및 지급어음이 장기매입채무(long-term trade payable)에 해당한다. 장기외상매입금(long-term accounts payable)은 상품, 원재료 등을 외상매입하고 대금을 1년 이후에 지급하기로 한 경우에 발생한다. 이의 현재가치가 액면금액과 중요한 차이가 있으므로 현재가치로 평가하여 상각후원가로 측정한다. 즉 액면금액과 현재가치의 차이인 현재가치할인차금을 기간의 경과에 따라 유효이자율법으로 상각하여 이자비용으로 인식한다.

장기지급어음은 어음을 지급하고 재화나 용역을 외상으로 매입하거나 거래처의 외상매입금을 상환하는 경우에 발생하는 어음상의 채무로서 대금을 1년 이후에 지급하기로 한 부채이다. 장기지급어음의 회계처리도 장기외상매입금과 같이 유효이자율법을 적용하여 이자비용을 인식하고, 보고기말에 상각후원가로 표시한다.

예제 13-4 장기매입채무

윤상(주)는 20×1. 1. 1에 상품을 매입한 대가로 액면금액이 ₩100,000인 무이자부, 3년만기 어음을 발행하여 지급하였다. 어음발행시의 유효이자율이 10%였다. 윤상(주)가 20×1. 1. 1과 20×1. 12. 31(회계기말)에 필요한 회계처리를 하라. 단, 재고자산 회계처리는 계속기록법을 이용한다.

해답

20×1. 1. 1(상품매입 및 장기매입채무의 기록)

(차)	재 고 자 산	75,130*	(대) 장기매입채무	100,000
	현재가치할인차금	24,870		

➡계속

* 현재가치 : ₩100,000×0.7513(10%, 3년 현재가치)=₩75,130
장기매입채무의 상각후원가 : ₩100,000(액면금액)−₩24,870(현재가치할인차금)=₩75,130

20×1. 12. 31(회계기말)

(차) 이 자 비 용	7,513*	(대) 현재가치할인차금	7,513

* ₩75,130×0.1=₩7,513
장기매입채무의 상각후원가 : ₩100,000(액면금액)−₩17,357(현재가치할인차금)=₩82,643

(3) 미지급비용과 미지급금

미지급비용(accrued liabilities)은 발생된 비용으로서 지급되지 아니한 것을 말하고, 미지급금(accounts payable-nontrade)은 정상적인 영업활동 이외에서 발생한 채무로서 미지급비용을 제외한 것을 말한다.

미지급비용과 미지급금은 혼동하기 쉬운 항목들이지만 다음과 같은 기본적인 차이가 있다. 미지급비용은 발생주의회계를 사용한 결과 발생하는 비용이다. 발생항목(accrued items)에 대한 기말수정분개에 있어서 미지급된 비용에 대한 분개는 비용을 차변에 기입하고 미지급비용(부채)을 대변에 기입한다. 미지급비용의 대표적인 예로는 미지급임금, 미지급이자, 미지급임차료, 미지급보험료 등을 들 수 있다.

한편, 미지급금은 외부와의 거래에서 구입한 재고자산을 제외한 항목에 대하여 아직 지급하지 않고 있는 것을 말한다. 미지급유형자산구입대금, 미지급사무용품대금 등을 예로 들 수 있다.

요약하면, 상품이나 원재료 등의 재고자산 관련 거래에서 발생한 외상매입대금은 매입채무로 분류하고, 기타 구매와 관련된 외상매입대금은 미지급금으로 분류한다. 한편, 미지급비용은 손익계산서에 반영하였으나 아직 지급하지 않은 비용을 말한다.

(4) 유동성장기부채

비유동부채 중 1년 내에 만기일이 도래하는 부분은 유동부채로 재분류해야 한다. 이와 같이 비유동부채가 유동부채로 재분류된 것을 유동성장기부채(current maturities of long-term debts)라고 한다.

재무상태표일 현재 기존의 차입약정에 의하여 재무상태표일로부터 1년을 초과하여 차환(refinancing)되거나 상환이 연장될 것으로 기대하고 있고 기업에 그런 재량권이 있다면, 그러한 채무는 보고기간말로부터 1년 내에 상환기일이 도래하더라도 비유동부채로 분류한다. 다만, 채무자의 재량으로 채무의 차환 또는 상환연장을 결정할 수 없는 경우에는 차환 등의 가능성을 고려하지 않고 유동부채로 분류한다.

채무자가 장기차입계약의 약정사항을 위반하여 채권자가 즉시 상환을 요구할 수 있는 채무는 재무상태표일 후 재무제표가 사실상 확정된 날(이사회에서 의결된 날) 전에 채권자가 약정사항 위반의 결과로 상환을 요구하지 않기로 합의하더라도 유동부채로 분류한다. 채무자는 장기차입계약의 약정사항 위반사실 및 이와 관련된 재무상태표일 후 발생한 사건의 내용을 주석으로 기재해야 한다.

(5) 금융보증계약 1109:4.2.1(3)

금융보증계약이란 채무상품의 계약조건에 따라 지급기일에 특정 채무자가 원리금을 지급하지 못하여 대여자가 입을 손실을 보전하기 위해 금융보증제공자가 특정 금액을 지급해야 하는 계약을 말한다. 금융보증제공자는 금융보증의 최초인식시점에 공정가치로 금융보증부채를 인식한다. 후속적으로 다음 중 큰 금액으로 금융보증계약을 측정한다.

① K-IFRS 제1109호(금융상품)의 손상규정에 따라 산정한 손실충당금
② 최초인식금액에서 K-IFRS 제1115호(고객과의 계약에서 생기는 수익)에 따라 인식한 수익누계액을 차감한 금액

금융보증제공자는 결과적으로 보증수수료로 받은 금액에서 금융보증에 따라 보상으로 지급하는 금액의 차이를 금융보증기간에 걸쳐 금융보증수익(또는 비용)으로 인식하게 된다.

예제 13-5 지급보증

해창(주)는 20×1. 10. 1에 동악(주)의 금전차입을 보증했는데 그 당시 동악(주)의 재무상태는 건전하였다. 그러나 20×2년중에 동악(주)의 재무상태가 악화되어 20×2. 6. 30 법원에 화의를 신청하였다. 20×1. 12. 31과 20×2. 12. 31에 차입보증에 대한 지급보증부채의 인식 필요성에 대해 판단하라.

해답

〈20×1. 12. 31〉
과거의 의무발생사건은 보증을 제공한 사건이며 법적의무가 있다. 따라서 20×1년 해창(주)는 동악(주)에 대한 금융보증계약의 공정가치를 측정하고 금융보증부채와 당기손실을 인식한다. 그리고 채무보증에 대한 내용을 주석에 공시해야 한다.

〈20×2. 12. 31〉
동악(주)의 화의신청으로 해창(주)가 지급보증의 법적의무를 이행하기 위하여 자원이 유출될 가능성이 높아졌고 해창(주)가 인식해야 하는 지급보증부채의 공정가치는 증가하였을 것이다. 따라서 해창(주)는 지급보증부채의 증가한 공정가치 금액만큼 추가적으로 지급보증부채를 인식하고, 해당 금액만큼 추가적으로 당기손실을 인식한다.

예제 13-6 금융보증계약

(주)보증은 (주)대산이 20×1. 1. 1에 주민은행으로부터 차입금 A를 차입하면서 은행이 요구한 제3자 보증과 관련하여 공정가치인 ₩6,000을 보증료로 수취하고 금융보증을 제공하였다. 동 금융보증계약에 따라 (주)보증은 (주)대산이 차입금 A의 지급불이행으로 주민은행이 손실을 입을 경우 이를 보상한다. 금융보증기간은 20×1. 1. 1부터 20×3. 12. 31까지이며, (주)보증은 수취한 보증료를 보증기간 3년 동안 매년 균등하게 수익으로 인식한다. (주)보증이 연도별로 추정한 (주)대산의 차입금 A에 대한 손실충당금잔액은 다음과 같으며, 이는 주민은행이 추정한 금액과 동일하다.

20×1년말	20×2년말	20×3년말
₩1,500	₩3,300	₩4,200

1) (주)보증이 20×1. 1. 1에 금융보증계약의 제공에 필요한 회계처리를 하라.
2) (주)보증이 후속적으로 금융보증기간 동안 회계기말에 필요한 회계처리를 하라.
3) (주)보증은 금융보증계약이 만료된 20×3년말에 손실충당금과 동일한 보상금을 지급하였다고 가정하고 이에 필요한 회계처리를 하라.

해답

1) (주)보증의 금융부채 최초인식에 대한 회계처리(금융보증의 공정가치로 금융부채 인식)

(차) 현 금	6,000	(대) 금융보증부채	6,000

2) 각 회계연도말에 금융보증과 관련한 회계처리

(주)보증이 3년의 보증기간에 걸쳐 매년 금융보증으로 인식할 금액 : ₩6,000/3년 = ₩2,000

	20×1년말	20×2년말	20×3년말
(1) 손실충당금잔액	₩1,500	₩3,300	₩4,200
(2) 금융부채 – 수익누계액	4,000	2,000	0
금융보증부채 장부금액 : (1)과 (2) 중 큰 금액	4,000	3,300	4,200
연도별 금융부채 조정액	(–)2,000	(–)700	(+)900

〈20×1년말 회계처리〉

(차) 금융보증부채	2,000*	(대) 금융보증수익	2,000

* 금융보증부채 변동 = ₩4,000 – ₩6,000 = (–)₩2,000 ⇒ 부채의 감소만큼 금융보증수익 인식

〈20×2년말 회계처리〉

(차) 금융보증부채	700*	(대) 금융보증수익	700

* 금융보증부채 변동 = ₩3,300 – ₩4,000 = (–)₩700 ⇒ 부채의 추가감소를 금융보증수익 인식

〈20×3년말 회계처리〉

(차) 금융보증비용	900	(대) 금융보증부채	900*

* 금융보증부채 변동 = ₩4,200 – ₩3,300 = ₩900 ⇒ 부채의 증가만큼 금융보증비용 인식

3) 금융보증금 지불에 대한 회계처리

(차) 금융보증부채	4,200	(대) 현 금	4,200

제4절 사 채

1 사채의 의의 및 종류

사채(bonds)는 회사가 일반 대중으로부터 자금을 조달할 목적으로 집단적, 대량적으로 부담하는 금융부채로서, 사채증서를 발행하여 지정된 만기일(maturity date)에 정해진 금액(액면금액)을 지급하고 액면금액에 일정한 이자율을 곱한 이자를 정기적으로 지급할 것을 약속한 채무로서 일반적으로 만기가 장기인 것을 말한다.

사채는 소수의 채권자로부터 자금을 조달하기에는 너무 많은 금액을 차입해야 하는 경우 이를 일반 투자대중 또는 기관투자가들로부터 차입하는 수단이다. 사채권을 균일한(우리나라 1만원 이상) 금액단위로 나누어 사채권자의 능력에 맞추어 투자할 수 있게 함으로써 자금을 용이하게 조달한다.

몇 가지 대표적인 사채의 종류를 살펴보기로 하자.

1) 보증사채와 담보사채

사채는 제3자에 의한 보증유무에 따라 보증사채와 무보증사채로 나눈다. 무보증(일반)사채(debentures)는 원금상환 및 이자지급에 대한 제3자의 보증 없이 발행회사의 신용에 의하여 발행하는 사채이다. 보증사채(guaranteed bonds)는 사채의 원금상환 및 이자의 지급을 제3자가 보증하는 사채로서, 투자의 위험이 상대적으로 낮다. 보증은 은행, 신용보증기금, 종합금융회사, 보증보험 등에서 하고 있으며, 일반적으로 무보증사채보다 이자율이 낮다.

사채는 담보 여부에 따라 담보사채와 무담보사채로 나눈다. 무담보사채(unsecured bonds)는 담보가 없이 발행되는 사채로서, 그 성격상 우량기업이 주로 발행할 수 있는 것으로 보면 된다. 한편, 담보사채(secured bonds)는 동산, 부동산 등을 담보로 하여 발행되는데, 폐쇄식담보사채(closed-end mortgage bonds)와 개방식담보사채(open-end mortgage bonds)가 있다. 전자는 동일 담보물건에 대하여 사채를 전부발행하고 그 담보물건은 장래에 발행되는 사채의 담보로 허용하지 않는 사채로서 일시발행의 형태를 취한다. 후자는 먼저 발행한 사채의 담보물건에 추가적 담보능력이 있는 경우 다음에 발행되는 사채의 담보로 사용할 수 있는 사채로서 분할발행의 형태를 취한다.

2) 전환사채와 신주인수권부사채

전환사채(convertible bonds)는 사채권자의 청구에 의하여 주식으로 전환할 수 있는 사채이다. 사채이면서도 잠재적 주식의 성격을 가지며 사채의 확실성과 주식의 초과수익성을 겸하기 때문에 낮은 이자율로 자금을 조달할 수 있다는 이점이 있다. 전환사채는 보통주로 전환될 수 있는 전환권을 가지고 있기 때문에 순수한 금융부채가 아니고 부채요소와 자본요소의 두 가지 요소를 동시에 가지는 복합금융상품이다.

신주인수권부사채(bonds with stock warrants)는 당해 사채의 상환기간 내에 발행회사의 일정수의 신주를 인수할 수 있는 권리가 부여된 채권을 말한다. 신주인수권부사채는 주가가 상승할 경우 미리 정해진 가격으로 신주를 인수할 수 있는 혜택을 주는 사채이므로 낮은 이자율로 자본조달을 할 수 있다는 장점이 있다. 신주인수권부사채도 발행자의 주식을 인수할 수 있는 주식매입권이 있기 때문에 금융부채로 분류하지 않고 복합금융상품으로 분류한다.

전환사채와 신주인수권부사채의 발행은 주주의 부에 영향을 미칠 가능성이 높으므로 정관에 발행할 수 있는 근거규정을 두어 이사회에 발행을 위임하거나 또는 주주총회의 특별결의로써만 발행이 가능하다(상법 제513조). 전환사채나 신주인수권부사채와 같은 복합금융상품의 회계처리는 제15장에서 상세히 설명하고 있다.

3) 기타 사채의 종류

만기에 원금이 일시에 상환되는 일시상환사채(term bonds)가 일반적이나 때로는 연속상환사채와 수의상환사채가 발행되는 경우도 있다. 연속상환사채(serial bonds)는 원금을 분할상환하는 조건으로 발행되는 사채이며, 수의상환사채(콜옵션부사채, callable bonds)는 발행회사가 만기일 이전에 사채를 상환할 수 있는 선택권을 행사할 수 있는 사채이다.

기명식사채(registered bonds)는 사채권자의 명의로 사채권을 발행하고 사채를 양도할 경우에는 발행회사가 사채권을 회수하고 새로운 사채권을 새로운 사채권자에게 교부하는 사채이다. 무기명식사채(bearer bonds)는 이표사채(coupon bonds)[8]라고도 부르는데, 사채권자의 이름이 명부에 기록되지 않으며 사채권의 양도가 단순히 인도만으로 이루어지는 사채이다.

2 사채의 발행과 회계처리

(1) 사채의 발행방법

사채는 발행주체에 따라 발행회사(기채회사)가 직접 발행하는 직접발행과 중개인을 통하여 간접적으로 발행하는 간접발행으로 구분할 수 있다. 직접발행은 발행회사가 직접 회사채를 발매하고 사채발행에 따른 제반업무처리와 발행에 따른 위험을 발행

8) 이표사채라는 말은 '이자를 받을 수 있는 쿠폰'을 가진 사람에게 이자를 지급한다는 의미에서 유래된 것이다.

회사가 부담하게 되는 것으로 사모사채가 이에 해당한다. 직접발행은 현실적으로 사채권자의 수가 소수일 때에만 가능한 방법이다.

간접발행은 직접발행에 따른 사무처리의 복잡, 전문적 지식의 부족, 위험부담의 해소 등의 이유로 발행회사가 중개인에게 제반절차를 위임하여 중개인이 자기의 위험부담으로 발행하는 방법이다. 간접발행에는 위탁발행, 잔액인수 및 총액인수가 있다.

① 위탁발행은 사채발행에 관한 제반절차를 인수인(중개인)에게 위임하여 발행하는 방법으로 인수인은 발행회사의 대리인 자격으로 또는 인수인 자신의 명의로 사채를 발행한다. 사채의 모집 또는 매출의 총액이 미달함으로써 생기는 위험은 발행회사가 지게 되는 것이 일반적이다.

② 잔액인수는 사채발행업무 일체를 인수인에게 위탁함과 동시에 발행회사의 명의로 사채를 발매하는 것으로, 모집 또는 매출액이 총액에 미달할 때에는 인수인이 그 잔액을 책임지고 인수하는 방법이다.

③ 총액인수는 사채발행업무 일체를 인수인에게 위탁함과 동시에 사채발행총액을 인수인이 일괄인수한 후에 인수인 책임하에 발매하는 방법이다. 발행회사는 모집 또는 매출계약과 동시에 업무가 완료된다. 실무에서는 총액인수법이 가장 널리 이용되고 있다.

사채의 발행은 인수기관의 선정 및 사전협의 등을 거친 후 사채발행을 위한 이사회의 의결일로부터 긴 기간(약 50여 일)이 소요되는 복잡한 절차이다. 중요한 절차들을 보면 주간사의 선정 및 협의, 이사회결의, 이사회결의 내용의 한국거래소 통보, 보증계약, 인수 및 매출계약, 유가증권신고서 작성·제출 및 수리, 사채발행 안내공고, 사채청약서 작성, 사업설명서 작성·배부, 사채청약 및 납입, 상장신청, 사채권발행 및 교부, 사채원부 작성 등이 있다.

(2) 사채발행시점의 회계처리

사채의 발행금액은 사채에 대한 수요공급, 위험 및 경제상황 등에 따라 결정된다. 구체적으로 사채의 발행금액은 사채의 미래현금흐름을 발행당시의 해당 사채의 시장(유효)이자율로 할인한 가치인 현재가치로 결정된다. 사채에 관련된 현금흐름은 만기시의 지급액인 액면금액과 액면금액에 액면이자율을 곱하여 구한 매기의 이자로 구성되어 있다. 사채의 액면이자율과 시장이자율이 같은 경우에는 사채는 액면발행된다. 사채의 액면이자율이 시장이자율보다 낮은 경우에는 사채는 할인발행되고, 액면이자율이 시장이자율보다 높은 경우에는 할증발행된다.

예제 13-7 사채의 할인 · 할증 발행구분

건훈(주)는 20×1. 1. 1에 액면금액 ₩10,000, 액면이자율 10%, 만기 3년인 사채를 발행하였다. 이자지급일은 매년말이다. 건훈(주)의 사채와 유사한 사채의 시장이자율이 10%인 경우, 12%인 경우, 8%인 경우 사채의 발행금액을 계산하고, 액면 · 할인 · 할증 발행 중 어느 경우에 해당하는가를 말하라.

해답

시장 이자율	원금의 현재가치			이자의 현재가치			발행금액	발행구분
	원 금 (3년후)	현가 요소	현재 가치	이 자 (매년)	현가 요소	현재 가치		
10%	₩10,000	.7513	₩7,513	₩1,000	2.4869	₩2,487	₩10,000	액면발행
12%	10,000	.7118	7,118	1,000	2.4018	2,402	9,520	할인발행
8%	10,000	.7938	7,938	1,000	2.5771	2,577	10,515	할증발행

사채가 할인발행된다는 것은 투자자들이 액면이자율 이상의 수익률을 요구한다는 것을 의미한다. 투자자는 동일한 위험을 갖는 다른 곳에 투자하면 보다 높은 수익을 얻어 액면이자율에 만족할 수 없으므로 시장이자율과 동일한 수익률을 보장해 줄 것을 요구하게 된다. 액면이자율은 사채의 권면에 표시된 이자율로서, 이의 변경은 불가능하므로 사채발행자가 투자자들에게 투자수익률이 시장수익률과 같게 될 수 있을 만큼 사채를 낮은 가격에, 즉 할인발행한다.

동일한 논리로 액면이자율이 시장이자율보다 높은 경우에는 발행자가 시장이자율 이상을 지급하게 되므로 투자자들의 투자수익률이 시장이자율이 되도록 사채를 높은 가격에, 즉 할증발행할 수 있다.

사채의 발행이 액면발행, 할인발행 및 할증발행 중 어디에 해당되는가에 따라 회계처리방법이 달라진다. 각 경우의 회계처리방법을 살펴보자.

1) 액면발행

사채를 액면금액으로 발행하면 할인발행차금이나 할증발행차금도 발생하지 않는다. 만약 액면금액 ₩10,000, 액면이자율 10%, 만기 3년인 사채를 이자지급일에 액면금액으로 발행했다면 분개는 아래와 같다.

(차) 현　　금	10,000	(대) 사　　채	10,000

그리고 이자를 지급하는 회계연도말에 다음과 같이 분개하면 된다.

(차) 사채이자비용	1,000	(대) 현　　금	1,000

2) 할인발행

예제 13-7 에서 살펴본 사채를 ₩9,520에 발행하면 발행금액이 액면금액보다 작으므로 사채할인발행차금이 발생한다. 한편 이 경우에는 유효이자율이 12%로서 액면이자율인 10%보다 높다는 것을 알 수 있다. 사채발행시점의 분개는 아래와 같다.

(차) 현　　금	9,520	(대) 사　　채	10,000
사채할인발행차금	480		

회계연도말에 이자를 지급할 때 다음과 같은 분개를 한다.

(차) 사채이자비용	1,142*	(대) 현　　금	1,000
		사채할인발행차금	142

* ₩9,520×12%=₩1,142

사채할인발행차금(discount on bonds payable)은 사채의 차감계정이다. 사채할인발행차금은 사채의 액면금액보다 발행금액이 낮기 때문에 사채의 권면에 표시된 이자율보다 높은 실질(유효)이자율을 지급하게 된다는 것을 의미한다. 따라서 이는 사실상 선급이자의 성격으로서 사채의 만기에 걸쳐서 상각하여 이자비용으로 인식한다.

3) 할증발행

예제 13-7 에서 살펴본 사채를 이자지급일에 ₩10,515에 발행했다면 이는 할증발행이며 ₩515은 사채할증발행차금으로 기록한다. 사채발행일(연초)과 이자지급시점(연말)의 분개는 다음과 같다.

(차) 현　　금	10,515	(대) 사　　채	10,000
		사채할증발행차금	515
(차) 사채이자비용	841*	(대) 현　　금	1,000
사채할증발행차금	159		

* ₩10,515×8%=₩841

사채할증발행차금(premium on bonds payable)은 사채의 부가계정으로서 사채의 만기에 걸쳐 상각을 하여 사채이자비용에서 차감시킨다.

사채할인(할증)발행차금은 사채의 평가계정이기 때문에 재무상태표에 보고할 때에는 사채에서 차감(부가)하는 형식으로 보고한다. 또는 사채할인발행차금을 반영한 사채의 순액으로 보고하기도 한다. 사채를 보고하는 형식을 그림으로 나타내면 [표 13-2]와 같다.

▶ 표 13-2 사채의 재무상태표 표시

할인발행의 경우			할증발행의 경우		
⋮			⋮		
사　　채	₩10,000		사　　채	₩10,000	
차감 : 사채할인발행차금	(480)	₩9,520	가산 : 사채할증발행차금	515	₩10,515

사채에 대해 투자자들이 기대하는 수익률인 시장이자율과 기업이 실제로 부담하는 유효이자율은 차이가 날 수 있다. 사채발행차금은 유효이자율로 계산한 사채의 현재가치와 액면금액의 차액을 의미한다. 따라서 사채발행차금을 명목이자율과 시장이자율의 차이로 인한 현재가치할인차금 부분과 시장이자율과 유효이자율의 차이로 인한 사채발행비 부분으로 구분할 수 있다. 그러나 일반적으로 이들을 세분하여 계산하지 않고 유효이자율을 이용하여 사채의 발행과 사후의 회계처리를 한다.

예제 13-8 시장이자율과 유효이자율

건훈(주)는 액면금액 ₩10,000, 액면이자율 10%, 매년말 이자지급, 만기 20×3년말인 사채를 20×1년초에 발행하였는데 사채발행시점의 시장이자율은 11%였다. 한편, 사채의 발행과 관련된 사채발행비 ₩236이 발생하였다. 1) 사채의 발행금액과 2) 유효이자율을 계산하라.

해답

1) 사채의 발행금액 : (시장이자율로 계산한 현재가치－사채발행비)

시장이자율로 계산한 현재가치(₩10,000×0.7312＋₩1,000×2.4437)	₩9,756
차감 : 사채발행비	(236)
사채발행금액(＝순현금유입액)	₩9,520

2) 유효이자율 : (사채발행금액＝x % 이자율로 계산한 현재가치)

₩9,520 ＝ ₩10,000×단일금액현재가치(x%, 3년)＋₩1,000×정상연금 현재가치(x%, 3년)

이를 풀면 x %＝12%라는 것을 알 수 있다. 이것이 바로 당해 사채의 유효이자율이고, 시장이자율(11%)과 다르다.

(3) 사채발행 이후의 회계처리

사채발행차금은 유효이자율법(effective interest rate method)에 의하여 상각 또는 환입하는데, 이는 사채의 기초장부금액에 유효이자율을 곱하여 사채이자비용을 구하고 여기에서 현금이자를 차감하여 상각액을 구하는 방식이다. 사채장부금액은 사채의 액면금액에서 미상각사채할인(할증)발행차금을 차감(가산)하여 구한다.

사채로부터 발생하는 이자비용의 계상은 유효이자율을 기준으로 해야 한다. 할인발행은 액면이자율이 유효이자율보다 낮은 경우이므로 현금이자지급액(액면금액×액면이자율)만을 사채이자비용으로 기록한다면, 이자비용을 과소계상하게 된다. 따라서 사채할인발행차금을 상각하여 사채이자비용에 가산한다. 할증발행의 경우에는 현금이자지급액을 사채이자비용으로 기록하면, 이자비용을 과대계상하게 되므로 사채할증발행차금을 상각하여 사채이자비용에서 차감한다. 요약하면, 사채할인발행차금을 상각하면 이자비용은 증가하고, 사채할증발행차금을 상각하면 이자비용은 감소한다.

이자지급일과 회계기말이 일치하지 않는 경우에는 회계기말에 발생이자(accrued interest)에 대한 수정분개를 해야 한다. 발생이자에는 미지급이자뿐만 아니라 사채할인(할증)발행차금의 상각액도 포함된다.

예제 13-9 사채발행차금의 상각

건훈(주)는 20×1. 1. 1에 액면금액 ₩10,000, 이자율 10%, 3년만기의 사채를 발행하였다. 이자지급일은 매년 12. 31이며, 회계기말도 12. 31이다. 건훈(주)는 유효이자율법으로 사채할인(할증)발행차금을 상각하고 있다. 건훈(주)가 사채를 아래의 발행금액으로 발행했다고 가정하고 20×1. 1. 1(사채발행일), 20×1. 12. 31(회계기말 및 첫 이자지급일)에 행할 분개를 하라. 단, 당해 사채는 AC금융부채로 분류된다.

① ₩9,520 (할인발행의 경우 – 유효이자율 12%)

② ₩10,515 (할증발행의 경우 – 유효이자율 8%)

해답

〈유효이자율법에 의한 사채할인(할증)발행차금의 상각표의 작성〉

사채할인발행차금상각표 – 유효이자율법

(3년만기, 액면 ₩10,000, 표시이자율 10%, 유효이자율 12%)

일 자	사채이자비용 (A) (기초E×12%)	현금이자 (B) (₩10,000×10%)	상각액 (C) (A–B)	미상각할인 발행차금(D) (전기D–C)	사채장부금액 (E) (₩10,000–D)
20×1. 1. 1				₩480	₩9,520
20×1. 12. 31	₩1,142	₩1,000	₩142	338	9,662
20×2. 12. 31	1,159	1,000	159	179	9,821
20×3. 12. 31	1,179	1,000	179	0	10,000
	₩3,480	₩3,000	₩480		

사채할증발행차금상각표 – 유효이자율법

(3년만기, 액면 ₩10,000, 표시이자율 10%, 유효이자율 8%)

일 자	사채이자비용 (A) (기초E×8%)	현금이자 (B) (₩10,000×10%)	상각액 (C) (B–A)	미상각할증 발행차금(D) (전기D–C)	사채장부금액 (E) (₩10,000+D)
20×1. 1. 1				₩515	₩10,515
20×1. 12. 31	₩841	₩1,000	₩159	356	10,356
20×2. 12. 31	828	1,000	172	184	10,184
20×3. 12. 31	816	1,000	184	0	10,000
	₩2,485	₩3,000	₩515		

➡계속

〈분 개〉

일 자	할인발행의 경우			할증발행의 경우		
20×1. 1. 1 (사채발행일)	현 금	9,520		현 금	10,515	
	사채할인발행차금	480		사채할증발행차금		515
	사 채		10,000	사 채		10,000
20×1. 12. 31 (회계연도말 및 이자지급일)	사채이자비용	1,142		사채이자비용	841	
	사채할인발행차금		142	사채할증발행차금	159	
	현 금		1,000	현 금		1,000

(주) 위의 사채가 FVPL금융부채로 분류되었다면, 20×1년말에는 다음과 같은 분개가 추가된다. 단, 20×1년말 당해 사채의 공정가치는 ₩9,900이라고 가정한다. 단, 자기신용위험 변동효과는 없다고 가정한다.

할인발행의 경우			할증발행의 경우		
사채이자비용	1,000		사채이자비용	1,000	
현 금		1,000	현 금		1,000
금융부채평가손실(PL)	380		금 융 부 채	615	
금 융 부 채		380*	금융부채평가이익(PL)		615#
* ₩9,520－₩9,900＝(₩380)			# ₩10,515－₩9,900＝₩615		

예제 13-9 의 상각표에서 알 수 있듯이 유효이자율법에 의한 사채할인(할증)발행차금의 상각은 다음과 같은 몇 가지 특징을 갖는다.

① 사채의 만기에 걸친 사채이자의 합계액은 할인발행의 경우에는 현금이자지급액(액면이자)과 사채할인발행차금상각액의 합계액이 되며, 할증발행의 경우에는 현금이자지급액에서 사채할증발행차금상각액을 차감한 금액이다.

② 상각액의 총합계는 사채할인(할증)발행차금발생액과 동일하다.

③ 할인발행과 할증발행의 경우 상각액이 모두 점차 증가한다. 그 이유는 할인발행의 경우에는 장부금액이 액면금액을 향하여 점차 증가함에 따라 사채이자비용이 점차 증가하여 현금지급이자와의 차이가 점차 증가하기 때문이다. 할증발행의 경우에는 장부금액이 액면금액을 향하여 점차 감소함에 따라 사채이자비용이 점차 감소하여 현금지급이자와의 차이가 역시 점차 증가하기 때문이다.

④ 상각이 완료된 시점인 사채의 만기시점에서의 장부금액은 액면금액과 동일하다. 따라서 마지막 상각액은 마지막 기간의 기초 미상각잔액과 동일하다.

유효사채 이자비용의 개념에 대해서 살펴보기로 하자. 사채의 액면금액은 명목상 차입한 금액을 말하고, 명목이자율은 명목상 부담하는 이자율을 의미한다. 이에 반해 사채의 장부금액은 기업이 실제로 차입한 금액을 의미하고, 유효이자율은 기업이 실질적으로 부담한 이자율을 의미한다. 따라서 유효이자비용은 실제로 차입한 자금에 실질적으로 부담하는 이자율을 적용하여 계산해야 한다. 특정 시점의 장부금액은 그

시점에 회사가 실제로 차입한 자금이며 동시에 미래현금흐름을 유효이자율로 할인한 현재가치이다. 유효이자율법이 이론적으로 타당한데, 그 이유는 다음과 같다.

① 사채의 만기까지 장부금액(실제로 차입한 금액)을 기준으로 매 기간 동일한 이자율이 적용된다.

② 사채의 장부금액은 항상 미래현금흐름을 당해 사채발행 시점의 유효이자율로 할인한 금액으로 나타난다.

예제 13-9 의 첫 번째 기간을 예로 들어 설명하면, 유효이자비용은 ₩1,142이어야 하는데 현금이자는 ₩1,000에 불과하기 때문에 회사 입장에서는 ₩142을 추가로 차입하는 셈이 된다. 따라서 추가차입금 ₩142을 전기의 실질차입금 ₩9,520에 더하면 첫 번째 기간말의 실질차입금은 ₩9,662이 된다. 여기에 다시 유효이자율을 곱하면, 두 번째 기간의 유효이자비용이 산출된다.

(4) 이자지급일 사이의 사채발행

사채가 실제로 언제 발행되었느냐에 관계없이 사채이자는 정해진 이자지급일에 액면금액에 액면이자율을 곱한 금액을 사채권자에게 지급해야 한다. 따라서 이자지급일 사이에 발행된 사채는 권면상발행일로부터 실제발행일까지 이자가 발생되어 있다. 이 경우 발생된 이자만큼을 사채의 순수발행금액(실제발행일의 발행금액)에 더하여 현금을 받게 되며, 발생된 이자는 미지급사채이자계정에 기입하게 된다.

사채의 권면상발행일과 실제발행일이 다르므로 사채의 순수발행금액과 권면상발행일의 사채의 현재가치는 다르다. 사채발행금액은 이론적으로 실제발행일의 유효이자율로 계산한 사채의 현재가치와 동일하다. 따라서 권면상발행일의 사채 현재가치를 실제발행일의 유효이자율을 이용하여 계산하고, 실제발행일의 유효이자율을 이용하여 권면상발행일로부터 실제발행일까지의 발생한 이자를 계산한다.

구체적으로 이자지급일 사이에 사채를 발행하는 경우 다음과 같은 절차에 따라 사채발행금액을 결정한다.

① 권면상발행일에 사채의 현재가치를 계산한다(실제발행일의 유효이자율 이용).

② 현재가치(①)에 실제발행일의 유효이자율을 곱하여 발행전 이자발생기간(권면상발행일부터 실제발행일까지의 기간)에 걸친 사채가치증가액을 계산한다.

③ 사채의 발행으로 인한 현금수취액은 ①과 ②에서 계산한 금액의 합계로서 이는 발생이자를 포함한 금액이다.

④ 액면사채발생이자(액면금액×표시이자율×실제발행일전 이자발생기간)를 계산한다.

⑤ 현금수취액(③)에서 액면사채발생이자(④)를 차감하여 사채의 순수발행금액을 구한다.

⑥ 사채의 순수발행금액과 액면금액의 차액이 사채할인(할증)발행차금이 된다.

이자지급일 사이의 사채발행금액의 결정을 그림으로 살펴보면 [그림 13-3]과 같다.

▶ **그림 13-3**
이자지급일 사이의 사채발행금액 결정

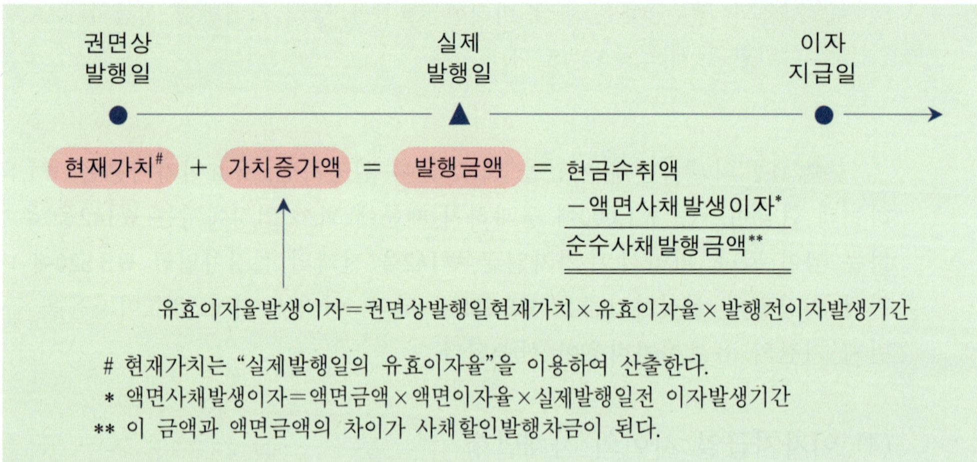

예제 13-10 이자지급일 사이의 사채발행

건훈(주)는 액면금액 ₩10,000, 액면이자율 10%, 만기 20×4. 3. 31이고 사채권면에는 발행일이 20×1. 4. 1로 기록된 사채를 20×1. 10. 1에 발행하였다. 발행시점의 사채 유효이자율은 12%이다. 이자는 매년 3. 31에 후급된다.

1) 건훈(주)가 사채의 발행일에 행할 분개를 하라.

2) 건훈(주)가 20×1. 12. 31에 사채이자와 관련하여 행할 분개를 하라.

해답

1) 사채발행일의 분개

권면상발행일의 사채 현재가치	₩9,520*
+사채가치증가액(₩9,520×12%×6/12)	571
현금수취액	₩10,091
−액면사채발생이자(₩10,000×10%×6/12)	(500)
사채의 순수발행금액	₩9,591

* 금액의 산출근거(예제 13-7 을 참조)

⇒ 사채할인발행차금＝₩10,000−₩9,591＝₩409

〈분 개〉

(차) 현 금	10,091	(대) 사 채	10,000
사채할인발행차금	409	미지급사채이자	500

2) 이자지급일과 회계연도말이 20×1. 12. 31이라면 이때의 분개는 다음과 같다.

(차) 사채이자비용	286*	(대) 미지급사채이자	250
		사채할인발행차금	36**

* ₩9,520×0.12×3/12=₩286(사채발행 이후 유효이자)
** ₩286−₩250=₩36(사채할인발행차금 상각액)

발행일에 기록된 사채할인(할증)발행차금은 만기까지의 남은 기간에 걸쳐 상각한다. 즉, 예제 13-10 에서는 36개월의 사채만기에서 이미 경과한 6개월을 차감한 30개월에 걸쳐 상각한다. 이에 따라 첫 번째 이자지급일의 회계처리를 위하여 사채의 권면상발행일의 현재가치에 유효이자율을 곱한 후 이를 발행일로부터 이자지급일까지의 기간에 안분하여 사채이자비용을 계상하면 된다.

3 사채의 상환

사채는 만기에 일시에 상환하는 것이 일반적이다. 그러나 경우에 따라서는 증권시장이나 사채권자와의 개인적인 접촉을 통하여 자기사채를 만기 전에 취득하여 소각할 수도 있다. 또한 수의상환사채는 만기 이전에 상환이 가능하고, 연속상환사채는 정기적으로 분할상환하게 된다. 사채상환에 소요되는 자금부담을 줄이기 위하여 감채기금을 매년 적립하여 이를 운영함으로써 상환을 용이하게 하기도 한다. 한편, 전환사채의 경우에는 사채권자의 권리행사에 의하여 사채가 조기상환되고 이와 교환으로 주식이 교부된다.

전환사채는 제15장에서 설명하기로 하고 여기서는 사채의 만기상환, 조기상환(수의상환사채, 자기사채), 연속상환사채, 감채기금 등을 살펴보기로 한다.

(1) 만기상환과 조기상환

사채를 만기에 상환하면 사채할인(할증)발행차금이 모두 상각되어 그 잔액이 ₩0이 되어 있으므로 사채의 장부금액은 액면금액과 동일하게 된다. 사채의 액면금액이 바로 상환가액이므로 사채상환손익이 발생하지 않게 된다.

사채권자에게 만기 이전에 일정한 금액을 지급하고 상환하거나, 또는 증권시장을 통하여 자기사채(treasury bonds)를 취득하는 방식으로 조기에 상환하는 경우가 있다. 이 경우에는 상환시점까지 사채할인(할증)발행차금을 상각하여 상환시점에서의 사채장부금액을 계산해야 한다. 그리고 이렇게 산출된 장부금액과 상환에 소요된 금액(상환대가+상환비용)을 비교하여 전자가 후자를 초과하면 사채상환이익을 인식하고,

반대의 경우에는 사채상환손실을 인식한다. 사채상환손익은 당기손익에 반영한다.

예제 13-11 사채의 만기상환과 조기상환

[1] 건훈(주)는 20×1. 1. 1 액면금액 ₩10,000, 표시이자율 10%, 유효이자율 12%, 3년만기 사채를 ₩9,520에 발행하였다. 사채의 이자지급일은 매년 12. 31이다. 당해 사채는 만기인 20×3. 12. 31에 상환하였다. 상환일에 필요한 분개를 하라.

해답

1) 20×3. 12. 31(3차년도말 이자지급 및 상각)

(차)	사채이자비용	1,179	(대) 현 금	1,000
			사채할인발행차금	179*

* 예제 13-9 의 첫 번째 상각표 참조.

2) 20×3. 12. 31(만기 일시상환)

(차)	사 채	10,000	(대) 현 금	10,000

[2] 용훈(주)는 20×1. 1. 1 액면금액 ₩10,000, 표시이자율 10%, 유효이자율 8%, 3년만기, 수의상환사채를 ₩10,515에 발행하였다. 용훈(주)는 수의상환선택권을 행사하여 20×2. 12. 31에 당해 사채 전체를 ₩10,300에 상환하였다. 상환일에 필요한 분개를 하라.

해답

사채의 상환금액		₩10,300
사채의 장부금액 :		
액면금액	₩10,000	
사채할증발행차금	184*	(10,184)
사채상환손실		₩116

* 미상각사채할증발행차금 : 예제 13-9 의 두 번째 상각표 참조.

1) 20×2. 12. 31(이자계상분개)

(차)	사채이자비용	828	(대) 현 금	1,000
	사채할증발행차금	172*		

* 사채할증발행차금상각액 : 예제 13-9 의 두 번째 상각표 참조.

2) 20×2. 12. 31(상환분개)

(차)	사 채	10,000	(대) 현 금	10,300
	사채할증발행차금	184		
	사채상환손실	116		

(2) 연속상환사채

연속상환사채(serial bonds)는 사채를 분할하여 상환하는 사채이다. 이 경우에도 사채발행차금을 유효이자율법으로 상각한다.

예제 13-12 연속상환사채

상호(주)는 20×1. 1. 1 액면금액 ₩300,000, 이자율 10%, 매년말 이자지급조건의 연속상환사채를 발행하였다. 발행시점의 유효이자율은 12%였으며, 20×2. 1. 1을 시작으로 3회에 걸쳐 매년 1월 1일에 ₩100,000씩의 사채를 상환한다.

1) 사채의 발행금액을 구하라.
2) 유효이자율법을 적용하여 사채할인발행차금상각표를 작성하고 20×1. 12. 31, 20×2. 1. 1, 그리고 20×2. 12. 31의 분개를 하라.

해답

1) 사채발행금액

		발행금액	할인발행차금
1년후 상환액의 현재가치			
원금 : ₩100,000 × 0.8929 =	₩89,290		
이자 : 10,000 × 0.8929 =	8,929	₩98,219	₩1,781
2년후 상환액의 현재가치			
원금 : ₩100,000 × 0.7972 =	79,720		
이자 : 10,000 × 1.6901 =	16,901	96,621	3,379
3년후 상환액의 현재가치			
원금 : ₩100,000 × 0.7118 =	71,180		
이자 : 10,000 × 2.4018 =	24,018	95,198	4,802
사채발행금액 및 할인발행차금		₩290,038	₩9,962

2) 연속상환사채 - 사채할인발행차금상각표 : 유효이자율법

일 자	사채 이자비용 (A)	현금이자 (B)	할인차금 상각액 (C)	미상각 할인차금 (D)	기말 장부금액 (E)	차기초 장부금액 (F)
발행시				₩9,962		₩290,038
20×1. 12. 31	₩34,805	₩30,000	₩4,805	5,157	₩294,843	194,843
20×2. 12. 31	23,381	20,000	3,381	1,776	198,224	98,224
20×3. 12. 31	11,776	10,000	1,776	0	100,000	0
	₩69,962	₩60,000	₩9,962			

(A)=기초(F)×유효이자율(12%)　　(B)=기초미상환액면금액×액면이자율(10%)
(C)=(A)−(B)　　(D)=전기말(D)−(C)
(E)=기초미상환액면금액−(D)　　(F)=(E)−상환액

➡계속

〈20×1. 12. 31(1차년도말)〉

(차) 사채이자비용	34,805	(대) 현 금	30,000
		사채할인발행차금	4,805

〈20×2. 1. 1(2차년도초)〉

(차) 사 채	100,000	(대) 현 금	100,000

〈20×2. 12. 31(2차년도말)〉

(차) 사채이자비용	23,381	(대) 현 금	20,000
		사채할인발행차금	3,381

(3) 자기사채

사채를 발행한 회사가 여유자금의 일시적 운용을 위하여 혹은 사채의 매입소각을 위하여 자기사채를 취득하는 경우가 있다. 여유자금의 일시적 운용을 위해 취득한 자기사채의 성격에 대해서는 다음과 같은 두 가지 주장이 있다.

① 회사가 발행한 자기사채를 취득하는 목적이 자금의 일시적 운용인 경우 이의 재발행을 통하여 현금이 조달될 수 있기 때문에 유동자산으로 구분해야 한다.
② 목적이야 어떻든 자기사채의 취득은 자산의 증가가 아니라 사채의 상환(부채의 감소)이라고 보아 사채에서 차감해야 한다.

K-IFRS에서는 자기사채의 취득을 사채의 상환(위의 ②)으로 보아 이에 합당한 회계처리를 하도록 규정하고 있다. 즉, 사채의 조기상환과 동일한 회계처리를 한다.

(4) 사채의 차환

시장상황의 변동에 따라 조건이 불리한 기존의 사채를 상환하고 조건이 유리한 새로운 사채를 발행하기도 하는데, 이를 사채의 차환(refunding)이라고 한다. 사채차환은 구사채의 상환과 신사채의 발행이라는 두 거래로 구분하여 회계처리하면 된다. K-IFRS에서는 사채의 차환에 의한 상환손익을 구사채를 상환한 기간의 손익으로 인식하도록 하고 있다.

예제 13-13 사채의 차환

송지(주)는 20×1. 1. 1 액면금액 ₩100,000, 액면이자율 10%, 매년말 이자지급, 3년만기 사채를 ₩105,151(유효이자율 8%에 상당)에 발행하였다. 사채발행 1년 후 시장이자율이 12%로 상승하여 20×2. 1. 1 현재 동 사채의 시가가 ₩96,621으로 하락하였다. 20×2. 1. 1에 이 사채를 시가에 상환하고, 액면금액 ₩100,000, 액면이자율 12%, 2년만기, 이자지급일 매년 12. 31의 조건으로 신사채를 발행하였다.
사채의 차환에 따른 필요한 회계처리를 하라. 단, 최초발행시점의 회계처리는 생략한다.

해답

〈사채상환손실의 계산〉

구사채의 장부금액 :		
액면금액	₩100,000	
미상각사채할증발행차금	3,563*	₩103,563
지급된 현금액(상환시 시가)		(96,621)
사채상환이익 :		₩6,942

* 미상각사채할증발행차금 : ₩5,151 − (₩10,000 − ₩105,151 × 0.08) = ₩3,563

〈신사채의 발행금액의 계산〉

원금의 현재가치(₩100,000 × 0.7972)	₩79,720
이자의 현재가치(₩12,000 × 1.6901)	20,280
신사채의 발행금액	₩100,000

1) 사채조기상환에 대한 분개

(차) 사 채	100,000	(대) 현 금	96,621
사채할증발행차금	3,563	사채상환이익	6,942

2) 신사채의 발행에 대한 분개

(차) 현 금	100,000	(대) 사 채	100,000

이상과 같은 방법으로 회계처리하면 미래에는 상대적으로 높은 이자를 부담하면서 기존의 낮은 이자율의 사채를 상환하여 차환하는 기간에 이익을 발생시키게 된다. 따라서 이는 기업이 특정 기간의 이익을 증가시키는 수단으로 악용될 가능성이 있다.

(5) 감채기금

사채의 상환을 용이하게 하기 위하여 감채기금(sinking fund)에 정기적으로 현금을 예치하여 이를 신탁회사에 맡겨 운용하도록 하는 경우가 있다. 이러한 감채기금은 회사의 자산이고, 감채기금의 운용으로부터 이자수익이나 배당수익이 발생하면 이를 감채기금에 가산한다.

예제 13-14 감채기금

성화(주)는 매년 ₩5,000을 연희신탁(주)의 감채기금에 예치하고 있으며 20×1. 12. 31 현재 감채기금잔액은 ₩20,000이다. 20×1. 12. 31 연희신탁(주)는 성화(주)가 발행한 사채의 10%에 해당하는 액면 ₩10,000의 사채를 ₩10,300에 매입상환하였다. 20×1년말 현재 성화(주)가 발행한 사채의 미상각할인발행차금 총액은 ₩2,000이다. 한편 감채기금의 운용으로 금년에 ₩1,500의 이자수익이 있었다. 성화(주)가 행해야 할 분개를 하라.

해답

1) 20×1. 12. 31(감채기금 예치)

(차) 감 채 기 금	5,000	(대) 현 금	5,000

2) 20×1. 12. 31(감채기금을 이용한 일부 사채의 상환)

(차) 사 채	10,000	(대) 감 채 기 금	10,300
사채상환손실	500	사채할인발행차금	200*

* 미상각사채할인발행차금 잔액 ₩2,000×10%=₩200

3) 20×1. 12. 31(감채기금에서 운용수익의 발생)

(차) 감 채 기 금	1,500	(대) 감채기금이자수익	1,500

4 금융부채의 조건변경 1109:3.3.2

K-IFRS에서는 채권자와 합의에 의하여 금융부채(차입금)의 조건변경(debt modification)이 결정된 경우 조건변경이 실질적인지 여부를 판단하여 회계처리를 달리하도록 규정하고 있다. 새로운 조건에 따른 금융부채의 현금흐름을 최초 유효이자율로 할인한 현재가치의 변동금액이 기존 금융부채의 장부금액과 10% 이상 차이가 나는 경우 실질적 조건변동이 있는 것으로 본다. 1109:B3.3.6

조건변경이 실질적(substantial)이면 상환회계(extinguishment accounting)를 적용한다. 즉, 기존 금융부채를 제거하고 새로운 금융자산을 조건변경시점의 현행 시장이자율로 측정하여 인식한다. 이때 제거하는 금융부채와 새로운 금융부채의 차이를 조건변경손익으로 하여 당기손익에 인식한다. 또한, 조건변경에 따른 원가나 수수료를 지급하는 경우 이를 추가적으로 차감한 금액을 조건변경손익으로 인식한다.

최초 유효이자율로 할인한 금융부채의 현재가치 변동액이 10% 이내인 경우에는 기존 금융부채를 제거하지 않고 금액을 조정하는 수정회계(modification accounting)를 적용한다. 조건변경에 따른 원가나 수수료를 지급하는 경우 이를 기존 금융부채의 장부금액에 조정하여 금융부채의 잔여만기에 걸쳐 상각한다. 이때 원가나 수수료를 반영하여 유효이자율을 재산정해야 한다.

금융부채 조정에 대한 회계처리를 요약하면 〈표 13-3〉과 같다.

▶ 표 13-3
금융부채 조정의 회계처리 요약

	실질적 변경	실질적 변경이 아님
실질적 조정 여부 (10% 평가)	새로운 조건에 따른 금융부채의 현금흐름(조정수수료 포함)을 최초 유효이자율로 할인한 현재가치의 변동금액이 기존 금융부채의 장부금액과 10% 이상 차이가 나는 경우	새로운 조건에 따른 금융부채의 현금흐름(조정수수료 포함)을 최초 유효이자율로 할인한 현재가치의 변동금액이 기존 금융부채의 장부금액과 10% 미만 차이가 나는 경우
회계모형	상환회계(extinguishment accounting) : 기존 금융부채를 제거하고 새로운 금융부채를 인식	수정회계(modification accounting) : 금융부채를 제거하지 않음
금융부채의 측정	새로운 금융부채를 공정가치(조건변경일의 시장이자율로 할인한 현재가치)로 측정	조건변경 후 현금흐름에 최초 유효이자율을 적용하여 재측정한 현재가치로 원래 금융부채의 장부금액을 조정
손익인식	기존 금융부채의 장부금액과 상환액(새로운 금융부채의 공정가치)의 차이를 조건변경손익으로 인식	최초 유효이자율을 적용하여 계산한 조건변경 전후의 상각후원가 차이를 조건변경손익으로 인식
조건변경을 위해 발생한 원가 및 수수료	조건변경손익에 포함	기존 금융부채의 장부금액에 차감한 다음 금융부채의 잔여만기에 걸쳐 상각(그 결과 유효이자율을 조정)

예제 13-15 금융부채(차입금) 조정

[사례 1] 실질적 변경인 경우

(주)한상은 20×1. 1. 1에 (주)민은으로부터 현금 ₩500,000을 1년간 차입(연 이자율 8%, 이자는 만기상환시 지급)하였다. 차입금의 이자율은 시장이자율과 동일하다. (주)한상은 20×1. 12. 31에 동 차입금의 만기를 20×4. 12. 31로 연장하고, 연 이자율을 12%(매년말 후급)로 상향조정하는 것에 대해 (주)민은과 합의하였다. 20×1년말 현재 시장이자율은 연 10%이며, 미지급이자는 없다.

(주)한상은 20×1. 12. 31에 차입금의 조건변경과정에서 (주)민은에게 수수료 ₩10,000을 지급하였다. 이 경우 1) 20×1년말 (주)한상이 조건변경에 따라 인식할 금융부채조정손익과 2) 20×1년말 재무상태표에 인식할 (주)민은에 대한 동 차입금의 장부금액을 각각 계산하라.

해답

조건변경 후 현금흐름의 현재가치 :

₩500,000 × 0.7938(단일금액의 현가계수 : 할인율 8%, 3년) + ₩500,000 × 12% × 2.5771(기말연금의 현가계수 : 할인율 8%, 3년) + 조정수수료의 현가 = ₩396,900 + ₩154,626 + ₩10,000 = ₩561,526

조건변경시점(기존 차입금의 만기시점) 기존 차입금의 장부금액 : ₩500,000(표시이자율과 역사적 유효이자율이 동일하므로 액면금액이 장부금액이 됨)

10% 검증 : ₩561,526/₩500,000 = 112.3% ⇒ 변경률이 10%를 초과하므로 실질적 변경으로 보아 상환회계 적용

➥계속

조건변경시점의 현행 시장이자율(10%)로 할인한 새 차입금의 현재가치 :

₩500,000×0.7513(단일금액의 현가계수 : 할인율 10%, 3년)+₩60,000×2.4869(기말연금의 현가계수 : 할인율 10%, 3년)=₩375,650+₩149,214=₩524,864

금융부채조정(상환)손익 : ₩500,000－₩524,864－₩10,000=₩34,864(금융부채조정손실)

〈20×1. 12. 31 차입금의 조건변경에 대한 회계처리(상환회계 적용)〉

(차)	차 입 금(구)	500,000	(대)	차 입 금(신)	500,000
	금융부채조정손실	34,864		현재가치할증차금	24,864
				현 금	10,000

차입금상각표

일 자	유효이자(10%)	현금이자(12%)	상각액	할증차금	장부금액
20×1. 12. 31				₩24,864	₩524,864
20×2. 12. 31	₩52,486	₩60,000	₩7,514	17,350	517,350
20×3. 12. 31	51,735	60,000	8,265	9,085	509,085
20×4. 12. 31	50,915	60,000	9,085	–	500,000
	₩155,136	₩180,000	₩24,864		

〈20×2. 12. 31 이자지급에 대한 회계처리〉

(차)	이 자 비 용	52,486	(대)	현 금	60,000
	현재가치할증차금	7,514			

1) 20×1년말에 인식할 금융부채조정손실 : ₩34,864
2) 20×1. 12. 31 차입금의 장부금액 : ₩524,864

[사례 2] 실질적 변경이 아닌 경우

(주)한상은 20×1. 1. 1에 (주)민은으로부터 현금 ₩500,000을 1년간 차입(연 이자율 8%, 이자는 만기상환시 지급)하였다. 차입금의 이자율은 시장이자율과 동일하다. (주)한상은 20×1. 12. 31에 동 차입금의 만기를 20×4. 12. 31로 연장하고, 연 이자율을 6%(매년말 후급)로 하향조정하는 것에 대해 (주)민은과 합의하였다. 20×1년말 현재 시장이자율은 연 10%이며, 미지급이자는 없다.

(주)한상은 20×1. 12. 31에 차입금의 조건변경과정에서 (주)민은에게 수수료 ₩12,174을 지급하였다. 이 경우 1) 20×1년말 (주)한상이 조건변경에 따라 인식할 금융부채조정손익과 2) 20×1년말 재무상태표에 인식할 (주)민은에 대한 동 차입금의 장부금액을 각각 계산하라.

해답

조건변경 후 현금흐름의 현재가치 :

₩500,000×0.7938(단일금액의 현가계수 : 할인율 8%, 3년)+₩500,000×6%×2.5771(기말연금의 현가계수 : 할인율 8%, 3년)+조정수수료의 현가=₩396,900+₩77,313+₩12,174=₩486,387

조건변경시점(기존 차입금의 만기시점) 기존 차입금의 장부금액 : ₩500,000(표시이자율과 역사적 유효이자율이 동일하므로 액면금액이 장부금액이 됨)

10% 검증 : ₩486,387/₩500,000=97.3% ⇒ 변경률이 10% 미만이므로 실질적 변경이 아니어서 수정회계 적용

조건변경 후 현금흐름에 최초 유효이자율을 적용하여 재측정한 현재가치 :

₩500,000×0.7938(단일금액의 현가계수 : 할인율 8%, 3년)+₩30,000×2.5771(기말연금의 현가계수 : 할인율 8%, 3년)=₩396,900+₩77,313=₩474,213

금융부채조정손익 : ₩500,000−₩474,213=₩25,787(금융부채조정이익)

〈20×1. 12. 31 금융부채의 조건변경에 대한 회계처리(수정회계 적용)〉

(차)	현재가치할인차금	25,787	(대) 금융부채조정이익	25,787
	현재가치할인차금	12,174	현 금	12,174

금융부채 조정수수료 차감 후 차입금의 잔액 : ₩474,213−₩12,174=₩462,039

유효이자율의 재계산 :

₩462,039(조정수수료를 감안한 차입금의 현재가치)=₩500,000×3년 단일금액의 현가계수+₩30,000×3년 기말연금의 현가계수

⇒ 유효이자율 9% ; 즉 ₩500,000×0.7722+₩30,000×2.5313=₩386,100+₩75,939=₩462,039

차입금상각표

일 자	유효이자(9%)	현금이자(6%)	상각액	할인차금	장부금액
20×1. 12. 31				₩37,961	₩462,039*
20×2. 12. 31	₩41,584	₩30,000	₩11,584	26,377	473,623
20×3. 12. 31	42,626	30,000	12,626	13,751	486,249
20×4. 12. 31	43,751	30,000	13,751	−	500,000
	₩127,961	₩90,000	₩37,961		

* 금융부채 조정 후 장부금액(₩474,213)에서 조정수수료(₩12,174)를 차감한 금액(₩462,039)에 대해 금융부채의 잔여기간에 걸쳐 유효이자율법을 적용하여 상각함.

〈20×2. 12. 31 이자지급에 대한 회계처리〉

(차)	이 자 비 용	41,584	(대) 현 금	30,000
			현재가치할인차금	11,584

1) 20×1년말에 인식할 금융부채조정이익 : ₩25,787
2) 20×1. 12. 31 차입금의 장부금액 : ₩462,039

제5절 비금융부채

1 선수금, 선수수익과 예수금

선수금, 선수수익, 그리고 예수금은 서로 혼동하기 쉬운 부채항목들이다. 선수금(advances received from customers)은 수주공사, 수주품 및 기타 정상적인 영업활동에서 미래에 상품 등을 제공하기로 하고 대금의 전부 혹은 일부를 미리 수령한 것이다. 선수금은 계약의 이행을 보증하는 역할을 한다. 정상적으로 상거래가 진행된다면 화폐로 지급하지 않고 상품 등을 제공함으로써 거래가 완료된다. 따라서 선수금은 비화폐성부채로 분류한다.

선수수익(unearned revenue)은 기업이 일정기간 동안 계속적으로 용역을 제공하기로 약정하고 받은 대가 중 차기 이후에 속하는 금액을 말한다. 예컨대 건물임대료를 받은 것 중 차기 이후에 속하는 것, 컴퓨터의 판매후 서비스대가로 받은 금액 등과 같은 것이 선수수익의 예이다. 선수금과 선수수익은 동일한 성격의 계정이다.

예수금(returnable deposits)은 정상적인 영업활동 이외에서 고객 등으로부터 계약수행의 보증금으로 받거나 미래에 채무의 지급을 이행하겠다는 보증금 등으로 받은 금액이다. 예수금은 거래가 완료되거나 소정의 의무를 수행하면 반환하는 경우가 많다. 세입자로부터 받은 전세금, 공사입찰담보금, 하자보수보증금 등을 예로 들 수 있다.

회사가 부담하는 세금은 아니지만 종업원이나 거래처 등으로부터 원천징수한 예수세금(withholding taxes payable)은 구분하여 별도로 표시해야 한다. 원천징수의 예로는 종업원의 소득세 및 건강보험료 원천징수, 부가가치세 및 특별소비세 원천징수 등이 있다. 예를 들면, 거래처로부터 매출에 따른 부가가치세를 원천징수한 경우에는 다음과 같이 분개를 한다.

(차)	현 금	×××	(대) 매 출	×××
			부가가치세예수금	×××

주류 및 음료수를 제조 및 판매함에 있어서 운반, 보관 용기인 공병 등과 내용물을 분리하여 공병 등은 회수되고 내용물만 판매하는 경우가 있다. 이때에는 거래처로부터 공병의 대가로 보증금을 받은 다음에 이들이 회수된 부분에 한하여 보증금을 반환해주게 된다. 그러나 공병이 모두 회수되는 것은 아니므로 예수보증금은 과거의 회수율 등을 적용하여 회수되지 않을 것으로 예상되는 부분은 수익으로 인식해야 한다.

예제 13-16 예수금

[1] 원천징수예수금

명륜(주)는 9월 총급여액 ₩22,850 중에서 ₩2,850을 원천공제한 후 급여일인 9월 17일에 종업원에게 ₩20,000을 현금으로 지급하였다. 원천공제의 내역은 다음과 같다.

근로소득세	₩2,100	국민연금	₩750

명륜(주)가 10월 1일에 9월 급여의 원천징수금을 관할세무서와 해당 기관에 지급하였다. 명륜(주)의 9월 17일과 10월 1일 거래를 분개하라.

해답

9월 17일(급여지급일)

(차) 급 여	22,850	(대)	현 금	20,000
			소득세예수금	2,100
			연금예수금	750

10월 1일(원천징수금 납부일)

(차) 소득세예수금	2,100	(대)	현 금	2,850
연금예수금	750			

[2] 예수보증금

용봉(주)는 특수통에 넣어서 약품을 판매하고 특수통은 회수하여 재사용한다. 약품의 판매시점에 구매자들로부터 특수통의 값을 보증금으로 받고 판매 후 2년 내의 기간에 특수통이 회수되면 보증금을 반환한다. 특수통이 기한 내에 회수되지 않으면 이에 해당하는 보증금을 특수통매출로 인식한다. 20×3년도 예수보증금과 관련된 정보가 다음과 같다.

		발생액	20×3년에 회수	잔 액
20×3년초 잔액	20×1 판매분	₩85,000	₩50,000	₩35,000
	20×2 판매분	240,000	140,000	100,000
20×3년 발생		430,000	157,000	273,000

20×3년 회수용 특수통과 관련된 거래를 분개하고, 20×3년말에 회수용 특수통에 대한 예수보증금으로 보고해야 할 금액을 계산하라. 모든 매출은 기초에 이루어졌다고 가정한다.

해답

〈분 개〉

(차) 현 금	430,000	(대) 예수보증금	430,000
(차) 예수보증금	347,000	(대) 현 금	347,000 *

* ₩50,000 + ₩140,000 + ₩157,000 = ₩347,000

(차) 예수보증금	35,000	(대) 특수통매출	35,000 *

* 20×1년도 판매분 : ₩85,000 − ₩50,000 = ₩35,000

〈20×3년말 예수보증금으로 보고해야 할 금액〉

₩100,000(20×2년분) + ₩273,000(20×3년분) = ₩373,000

2 미지급법인세와 미지급재산세

법인세(income taxes)는 회사의 이익에 대해 지급하는 세금뿐만 아니라 회사가 부담하는 법인세분지방소득세와 농어촌특별세의 미지급액을 포함하는 것으로 보아도 무방하다고 본다. 법인세에 대해서는 법인세회계(제20장)에서 상세히 다룬다.

지방세인 재산세(property taxes)는 지방자치단체의 주된 세입원이다. 재산세는 동산 및 부동산 등의 재산에 대하여 부과하는 세금으로서 대표적인 것이 토지와 건축물에 부과하는 재산세이다. 자동차세 등도 일종의 재산세이다.

지방자치단체의 회계연도와 기업의 회계연도가 다를 수 있기 때문에 재산세를 부과하는 기준시점은 6월 1일로 기업의 회계기간이 일치하지 않는 것이 일반적이다. 따라서 회사는 기간손익을 적절히 측정하고 미지급재산세(미지급비용) 혹은 선급재산세(선급비용) 등을 명확히 기록하기 위해서는 재산세를 적절히 회계처리해야 한다.

재산세비용은 세금과공과계정으로 하여 판매관리비나 제조원가로 분류된다. 따라서 재산세는 제20장(법인세회계)에서 설명되는 이연법인세회계의 대상이 아니다.

예제 13-17 재산세

대성(주)는 20×1. 6. 20에 토지에 대한 재산세 ₩6,000을 통보받아 이를 6월 28일에 납부했으며, 9월 15일에 건축물에 대한 재산세 ₩12,000을 통보받아 이를 9월 25일에 납부하였다. 재산세기준일은 6월 1일이고, 대성(주)의 회계연도말은 12월 31일이다.

재산세기준일, 납부일과 회계연도말에 필요한 분개를 하라. 단, 재산세 지급시점에 재산세비용으로 기록하는 방법을 택하고 있다고 가정한다.

해답

일 자	재산세비용 기록법			
20×1. 6. 1(기준일)	− 분개 없음 −			
20×1. 6. 28(납부일)	(차) 재산세비용	6,000	(대) 현 금	6,000
20×1. 9. 25(납부일)	(차) 재산세비용	12,000	(대) 현 금	12,000
20×1. 12. 31	(차) 선급재산세	10,500*	(대) 재산세비용	10,500

* ₩6,000×7/12(토지분)+₩12,000×7/12(건축물분)=₩10,500

(주) 미지급재산세를 부과기준일에 기록하는 것이 타당하지만 편의상 통보받은 날이나 위와 같이 납부한 날에 기록하는 것이 일반적이다.

3 부담금부채

정부가 부과한 부담금에 관련된 부채가 발생할 수 있다. 부담금이란 법규에 따라 정부가 기업에 부과하여 기업에서 경제적 자원이 유출되는 것이다.[9] 그러나 법인세, 벌금, 또는 정부와 계약에 따라 취득한 자산이나 제공받는 용역의 대가로 지급하는 것은 부담금이 아니다.

부담금부채는 부담금부채를 발생시키는 의무발생사건이 발생한 경우 인식한다. 의무발생사건은 법규에 명시된 부담금 납부를 유발하는 활동이다. 만약, 부담금 납부를 유발하는 활동이 당기수익의 창출이고 부담금의 계산은 전기에 창출된 수익에 기초한다면, 그 부담금에 대한 의무발생사건은 당기수익의 창출이다. 미래에 영업을 계속하는 것이 당연하더라도, 미래영업이 부담금을 납부해야 하는 의제의무나 현재의무를 초래하는 의무발생사건이 아니다. 따라서 부담금부채는 당기의 수익이 발생한 시점에 인식한다.

의무발생사건이 일정기간에 걸쳐 발생한다면, 부담금부채를 점진적으로 인식한다. 예를 들어, 의무발생사건이 일정기간에 걸친 수익창출이라면, 대응하는 부채는 수익창출에 따라 인식한다. 한편, 임계치에 이르렀을 때 부담금을 납부해야 하는 의무가 유발된다면 임계치에 이르는 것이 의무발생사건이 되고, 관련 부채는 그 임계치에 이르렀을 때 인식한다.

중간재무보고서에도 동일한 원칙을 적용해야 한다. 따라서 중간보고기간말에 부담금을 납부해야 하는 현재의무가 있을 경우에만 부담금부채를 인식한다. 부담금을 선납하였으나 그 부담금을 납부해야 하는 현재의무가 없다면, 자산을 인식한다.

예제 13-18 부담금부채

1. 명주(주)의 회계연도말은 12월 31일이다. 법규에 따르면 모든 부담금은 20×1년에 기업이 수익을 창출하는 즉시 부과된다. 부담금액은 전 회계연도에 창출한 수익에 따라 계산된다. 명주(주)는 20×0년에 수익이 있었고, 20×1년의 첫 수익은 20×1. 1. 3에 발생하였다.
20×1년에는 언제 부담금부채를 인식해야 하는가?

해답

법규에 명시된 의무발생사건은 20×1년의 첫 수익창출이므로, 명주(주)는 20×1. 1. 3 전까지는 부담금을 납부해야 하는 현재의무가 없다. 따라서 20×1. 1. 3에 부담금부채를 모두 인식한다. 20×0년의 수익창출은 부채의 측정에만 영향을 미친다. 20×1. 1. 3에 부채를 모두 인식하기 때문에, 20×1년의 첫 번째 중간보고서에 부채가 나타나게 된다.

➡계속

9) K-IFRS해석서 제2121호(부담금)를 참조.

2. 기주(주)의 회계연도말은 12월 31일이다. 법규에 따르면 5천만원을 초과하는 수익을 창출하면 부담금이 유발되며, 부담금은 5천만원을 초과하는 금액의 2%에 해당하는 금액이다. 기주(주)의 20×1년 수익은 20×1. 7. 17에 5천만원을 달성하였다.
기주(주)는 언제 얼마의 부담금부채를 인식해야 하는가?

해답

법규에 명시된 의무발생사건은 임계치에 이른 후의 수익창출이기 때문에, 20×1. 7. 17과 20×1. 12. 31 사이에 부채가 인식된다. 부담금부채는 임계치인 수익금액 5천만원을 초과하는 날부터 현재까지 창출된 수익에 기초하여 산정된다.

제 6 절 충당부채와 우발부채

1 충당부채와 우발부채의 의의 1037:10,14-26

우발상황(contingencies)이란 미래에 어떤 사건의 발생 여부에 따라서 앞으로 손실 또는 이익이 결정되지만 현재로서는 미래 사건의 발생 여부가 불확실한 상황을 말한다. 우발상황에 따라 잠재적 이익이나 불이익이 발생할 수 있다.

K-IFRS에서는 우발상황에서 발생하는 우발이익(gain contingency)에 대해서는 미래 사건이 사실상 확정될 때까지 재무제표에 인식하지 않도록 하고 있다. 우발손실(loss contingency)은 손실이 부채인식기준을 충족하여 재무상태표에 인식되는 충당부채(provisions)와 재무상태표에 보고하지 않고 주석으로 공시만 되는 우발부채(contingent liabilities)로 구분할 수 있다.

(1) 충당부채

충당부채는 지출의 시기 또는 금액이 불확실한 부채이지만, 의무발생사건의 결과로 현재의무가 존재하고 부채의 인식요건(본장 제2절 2. 참조)을 충족하여 재무상태표에 보고해야 하는 부채이다([그림 13-4]를 참조). 충당부채의 예로는 제품보증충당부채, 하자보수보증충당부채, 판매촉진을 위한 환불정책충당부채, 손실부담계약충당부채, 환경관련 복구충당부채 등이 있다. K-IFRS는 다음의 조건을 모두 만족하는 경우에만 충당부채를 인식할 것을 요구하고 있다.

▶ **그림 13-4**
충당부채와 우발부채의 회계처리

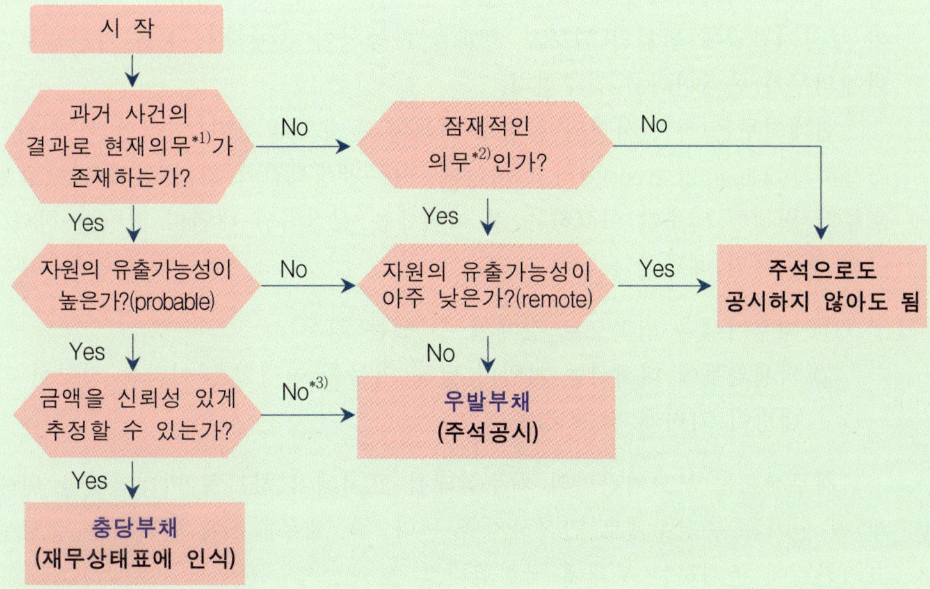

*1) 현재의무가 발생했는지 여부가 명확하지 않은 경우에도 모든 이용가능한 증거를 통하여 보고기간말 현재의무의 발생가능성이 높다고 판단되면 과거의 사건의 결과로 현재의무가 발생한 것으로 봄.
*2) 잠재적 의무는 자원의 유출가능성이 높다고 보지 않기 때문에 충당부채로 인식하지 않음.
*3) 현재의무가 존재하고 미래에 자원의 유출가능성이 높으면서 금액은 신뢰성 있게 추정할 수 없는 경우는 아주 드물게 발생한다고 봄.

① 과거 사건의 결과로 현재의무(법적의무나 의제의무)가 존재
② 해당 의무를 이행하기 위하여 경제적 효익이 있는 자원을 유출할 가능성이 높음
③ 해당 의무를 이행하기 위하여 필요한 금액을 신뢰성 있게 추정할 수 있음

충당부채의 인식요건을 하나씩 살펴보면 다음과 같다.

1) 현재의무의 존재

현재의무(present obligation)에는 법적의무와 의제의무 모두가 포함된다. 법적의무(legal obligation)는 명시적 또는 묵시적 조항에 따른 계약, 법률, 기타 법적 효력에 의해 발생하는 의무를 말한다. 한편, 의제의무(constructive obligation)는 과거의 실무관행, 발표된 경영방침 또는 구체적이고 유효한 약속 등을 통하여 기업이 특정 책임을 부담하겠다는 것을 상대방에게 표명하고, 그 결과 기업이 당해 책임을 이행할 것이라는 정당한 기대를 상대방이 가지게 되었을 때 발생하는 의무를 말한다.[10]

10) 의무에는 이행대상이 되는 상대방이 존재해야 한다. 그 상대방은 불특정한 일반대중이 될 수도 있다. 의무는 반드시 상대방에 대한 확약을 수반하므로 경영진 또는 이사회의 결정으로 기업이 자신의 의무를 이행할 것이라는 정당한 기대를 상대방이 가질 수 있을 정도로 충분히 구체적인 방법으로 보고기간말 이전에 상대방에게 의사전달되어야만 의제의무가 존재한다고 본다.

만일 현재의무의 존재여부가 불분명한 경우에는 이용가능한 모든 증거를 고려하여 보고기간말에 현재의 의무가 존재할 가능성이 존재하지 않을 가능성보다 높다면 현재의무가 존재한다고 간주한다.

현재의무는 과거 사건의 결과로 인하여 존재해야 한다. 이러한 과거 사건을 의무발생사건(obligating event)이라고 하는데, 의무발생사건이 되기 위해서는 당해 사건으로부터 발생한 의무를 이행하는 것 이외에는 실질적인 대안이 없어야 한다. 이는 다음의 경우에만 해당한다.

① 의무이행을 법적으로 강제할 수 있는 경우
② 의제의무에 대해서는 기업이 당해 의무를 이행할 것이라는 정당한 기대를 상대방이 가지게 되는 경우

재무제표는 보고기간말의 재무상태를 표시해야 하므로 미래영업을 위해 발생하게 될 원가는 충당부채로 인식하지 않는다. 즉, 재무제표에 인식되는 충당부채는 보고기간말에 존재하는 부채에 국한한다.

충당부채로 인식되기 위해서는 과거 사건으로 인한 의무가 기업의 미래행위와 독립적이어야 한다. 예를 들어 환경관련법규가 새롭게 시행되어 기업이 오염방지장치를 설치해야 한다면, 이러한 설치에 필요한 미래의 지출은 공정운영방식을 바꾸는 등 기업의 미래행위에 따라 회피할 수 있기 때문에 충당부채를 인식할 대상이 아니다.

예제 13-19 법 규정에 따른 매연 여과장치 설치

20×1년초에 제정된 새로운 법률에 따라 기업은 20×1년 6월까지 매연 여과장치를 공장에 설치해야 한다. 기업은 보고기간말인 20×1. 12. 31 현재까지 매연 여과장치를 설치하지 않았다. 이 경우 기업은 20×1. 12. 31 현재 충당부채를 인식해야 하는가?

해답

매연 여과장치를 아직 설치하지 않았기 때문에 매연 여과장치 설치원가에 대한 의무는 과거 의무발생사건의 결과로 생긴 현재의무가 아니다. 그러나 여과장치의 미설치로 법률을 위반한 상태이기 때문에 벌과금을 내야 하는 의무가 생길 수는 있다. 해당 의무이행에 따른 경제적 자원의 유출(법률 위반으로 인한 벌과금)이 생길 가능성에 대한 평가는 법률의 구체적인 내용과 법률 집행의 엄격성에 따라 다르다.
따라서 매연 여과장치 설치원가로 충당부채를 인식하지 아니한다. 그러나 벌과금이 부과될 가능성이 그렇지 않을 가능성보다 높은 경우에는 최선의 추정치로 벌과금에 대한 충당부채를 인식한다.

어떤 사건은 발생 당시에는 현재의무를 발생시키지 않지만 추후에 의무를 발생시킬 수도 있다. 예를 들어 환경오염이 발생되었는데 현재는 당장 복구할 의무가 없더라도 추후에 관련 법규가 신설되어 환경오염복구의무가 발생할 수도 있고 기업이

복구를 의제의무로 수용할 수도 있다. 이러한 경우에는 충당부채의 인식대상이 된다.

입법예고된 법규의 세무사항이 아직 확정되지 않은 경우에는 당해 법규대로 제정될 것이 거의 확실(virtually certain)한 때에만 법적의무가 발생한 것으로 본다.

2) 자원의 유출가능성

현재의무를 이행하기 위해서 경제적 자원의 유출가능성이 높아야 한다. 이때 높다(probable)는 의미는 발생할 가능성이 발생하지 않을 가능성보다 더 높음(more likely than not)을 의미한다.

자원의 유출가능성을 판단할 때 유사한 의무 전체를 고려하여 결정한다. 비록 개별항목의 의무이행에 필요한 자원의 유출가능성이 높지 않더라도 전체적인 의무이행을 위하여 필요한 자원의 유출가능성이 높다면 충당부채를 인식한다.

3) 신뢰성 있는 추정

충당부채는 의무의 금액과 발생시점에 불확실성이 있기 때문에 재무상태표에 인식하기 위해서는 추정이 필수적이다. 추정치를 사용하는 그 자체가 재무제표의 신뢰성을 손상시키지 않는다. 극히 드문 경우를 제외하고는 가능한 결과의 범위를 결정할 수 있으므로 충당부채를 인식할 때 충분히 신뢰성 있는 금액을 추정할 수가 있다.

만일 소송사건이 진행중인 경우 재판이 언제 끝날지 모르고 또 손해배상액이 얼마가 될지 불확실해도 소송에서 질 가능성이 높고 또한 손해배상금액을 신뢰성 있게 추정할 수 있는 경우에는 충당부채로 재무상태표에 인식해야 한다.

(2) 우발부채 1037:13,27-35

우발부채(contingent liabilities)는 다음의 ① 또는 ②에 해당하는 의무를 말하며, 재무상태표에 부채로 인식하지 않고 재무제표 주석에 공시한다.

① 기업이 경제적 자원을 유출할 현재의무를 가지고 있는지가 확인되지 않은 잠재적 의무

② 현재의무이지만 이를 이행하기 위하여 경제적 자원을 유출할 가능성이 높지 않거나 해당 금액을 신뢰성 있게 추정할 수 없는 경우

예를 들어, 소송사건에서 패소할 가능성이 낮거나 비록 패소한다고 해도 손해배상금액을 신뢰성 있게 추정할 수 없는 경우에는 충당부채로 인식하지 않고 우발부채로 주석에 공시해야 한다.

(3) 충당부채와 우발부채의 보고

자원의 유출가능성과 금액의 추정가능성에 따라서 현재의무에 대한 충당부채와 우

발부채의 재무제표 표시방법이 다르다. 자원의 유출가능성에 따라 가능성이 높음(probable : 발생가능성이 50% 이상인 경우), 가능성이 높지 않음(not probable) 및 아주 낮음(remote)으로 구분하고, 금액의 추정가능성에 따라 신뢰성 있게 추정이 가능한 경우와 신뢰성 있는 추정이 불가능한 경우로 나누어 재무제표에 인식 및 공시의 정도가 달라진다(〈표 13-4〉 참조).

▶ 표 13-4
충당부채와 우발부채 (현재의무에 대하여)

금액추정 / 자원유출	신뢰성 있는 추정가능 (reliable)	신뢰성 있는 추정불가능 (not reliable)
가능성이 높음(probable)	**충당부채**(재무상태표에 인식)	**우발부채**(주석 공시)
가능성이 높지 않음(not probable)	**우발부채**(주석 공시)	
가능성이 아주 낮음(remote)	공시하지 않아도 됨	

(주) 1) 중요한 계류중인 소송사건과 보증제공사항은 의무적으로 주석으로 공시함.
2) 잠재적 의무도 자원의 유출가능성이 아주 낮지 않은 경우를 제외하고 우발부채로 주석에 공시함.

의무발생사건의 결과로 현재의무가 존재하여 자원의 유출가능성이 높고 금액을 신뢰성 있게 추정가능한 경우에는 재무상태표의 본문에 충당부채로 인식한다. 한편, 자원유출의 가능성이 높으나 금액의 신뢰성 있는 추정이 불가능한 경우 또는 자원유출가능성이 높지 않은 경우에는 우발부채로 주석에 기재한다. 잠재적 의무도 자원의 유출가능성이 높지 않은 경우를 제외하고 우발부채로 주석에 공시한다. 그러나 자원의 유출가능성이 아주 낮으면 주석으로 기재할 필요가 없다.

제3자와 연대하여 의무를 지는 경우에도 기업이 부담할 것으로 기대되는 부분 중 충당부채의 인식기준을 만족하는 부분은 충당부채로 인식하고, 이행할 전체의무 중 제3자가 이행할 것으로 기대되는 부분을 우발부채로 처리한다.

예제 13-20 충당부채와 우발부채

아래의 독립적인 우발상황에 대하여 적절한 회계처리방법을 결정하라. 단, ① 현재의무의 존재여부, ② 자원의 유출가능성 및 ③ 의무이행에 소요되는 금액을 신뢰성 있게 추정할 수 있는지를 중심으로 판단하라.

1. 법률소송

(주)서해는 예식장 부근에서 대형 음식점을 경영하고 있다. 20×1년의 어느 한 결혼식에 참석한 하객들 중 음식물에 포함된 독극물 영향인지는 확실하지 않으나 2명이 사망했다. 이 사건과 관련하여 (주)서해는 20×1년말 현재 손해배상청구소송의 피고로 재판을 받고 있다. 20×1. 12. 31로 종료되는 회계연도의 재무제표가 승인되는 시점까지 법률고문은 회사가 법적의무를 지지 않을 가능성이 매우 높다고 조언하였다.

해답

20×1. 12. 31로 종료하는 재무제표가 승인되기까지 이용가능한 증거를 바탕으로 판단할 때 과

거 사건의 결과로서 현재의 의무가 발생할 가능성은 낮다. 이에 따라서 충당부채는 인식하지 않는다. 그러나 소송결과에 따른 자원의 유출가능성이 높지 않은 경우에도 그 내용을 주석으로 공시해야 한다.

2. 환경보전의무

에너지(주)는 석유화학업체인데, 석유화학업의 성격상 생태계오염의 가능성이 상존한다. 에너지(주)는 환경규제로 인하여 오염된 부분을 정화하는 작업을 가끔 실시한다. 그런데 최근에 환경규제를 더욱 엄격하게 제한하는 법률이 제정될 예정으로 있다. 새로 입법예고된 법률은 다음 회계기간부터 적용될 것으로 예상되며, 종전 규정에 따르면 발생하지 않았던 생태계오염이 이미 발생한 것으로 볼 수 있어서 추정가능한 환경처리비용이 추가적으로 발생할 것이 거의 확실하다. 환경처리비용이 신뢰성 있게 추정가능하다고 할 때 에너지(주)는 입법예고된 새로운 법률에 따라 환경보전과 관련된 충당부채를 추가로 인식해야 하는지를 판단하라.

해답

주어진 정보에 따르면 이미 생태계오염이 발생하였고(과거 사건의 결과로 현재의무가 존재), 자원의 유출가능성이 거의 확실하며, 금액을 신뢰성 있게 추정할 수 있다. 따라서 에너지(주)는 환경보전 관련 충당부채를 추가로 인식해야 한다.

한편, 우발이익과 우발자산은 재무제표의 본문에 인식해서는 안 되며, 경제적 효익을 가진 자원의 유입가능성이 높으면 우발자산을 주석으로 기재한다. 그러나 수익의 실현이 거의 확실시되거나 자원이 유입될 것이 확정되면 더 이상 우발상황이 아니므로 그러한 상황변화가 발생한 기간에 관련 자산과 수익을 인식한다.

2 충당부채의 측정 1037:43

충당부채는 발생주의회계의 개념에 근거하여 당기에 발생한 것으로 볼 수 있는 비용에 대응하는 추정부채이다. 충당부채로 인식하는 금액은 현재의무를 보고기간말에 이행하기 위하여 소요되는 지출에 대한 최선의 추정치(best estimates)이어야 한다.

충당부채에 대한 최선의 추정치를 구할 때에는 관련된 사건과 상황에 대한 불가피한 위험과 불확실성을 고려한다. 위험(risk)은 결과의 변동성을 의미하는데, 위험조정으로 인하여 측정되는 부채금액은 증가할 수 있다. 불확실한 상황에서는 특히 수익 또는 자산을 과대계상하거나 비용 또는 부채를 과소계상하지 않도록 유의해야 한다. 그러나 불확실성(uncertainty)을 이유로 과도한 충당부채를 계상하거나 부채를 과대표시하는 것은 정당화되지 않는다.

측정하고자 하는 충당부채가 다수의 항목과 관련되는 경우 당해 의무는 모든 가능한 결과와 그와 관련된 확률을 가중평균하여 추정한다. 예를 들어 ₩2,000이 발생할 가능성이 50%, ₩1,000이 발생할 가능성이 40%이고 ₩500이 발생할 가능성이 10%라면 확률가중추정치는 다음과 같이 산출된다.

$$\text{확률가중추정치} = ₩2,000 \times 0.5 + ₩1,000 \times 0.4 + ₩500 \times 0.1 = ₩1,450$$

화폐의 시간가치 효과가 중요한 경우에는 충당부채의무를 이행하기 위하여 예상되는 지출액의 현재가치로 평가한다. 충당부채를 현재가치로 평가하여 표시하는 경우에는 장부금액을 기간경과에 따라 증가시키고 해당 증가금액은 이자원가로 인식한다. 충당부채의 잔액은 보고기간말마다 검토하고, 보고기간말 현재 최선의 추정치를 반영하여 증감 조정한다. 상황변동으로 인하여 의무이행을 위하여 경제적 자원의 유출가능성이 더 이상 높지 않으면, 관련 충당부채는 환입하여 당기손익에 반영한다.

3 충당부채의 적용사례

충당부채에 해당하는지 여부와 회계처리 방식은 항목의 성격에 따라 다르다. 충당부채의 인식과 측정기준의 적용에 관하여 K-IFRS(제1037호)에서 제시하고 있는 몇 가지 예를 살펴보자.

(1) 제품보증충당부채

제품보증(product warranty) 또는 판매보증(sales warranty)은 판매자가 구매자에게 제품의 수량, 품질, 성능에 결함이 있을 경우 제품을 수리 혹은 교환해 주겠다는 약정으로서, 제품의 판매촉진수단으로 자주 이용되는 기법이다. 제품의 판매 후 일정기간에 대해서 하자부품의 교환 혹은 수리, 제품의 교환 혹은 현금환급 등 다양한 제품보증 방법이 있다.

제품보증비는 판매시점 이후에 발생한다. 따라서 제품보증비는 금액, 시기 및 대상고객 등이 확정되지 않았지만 비용이 발생하리라는 것이 거의 확실하기 때문에 금액을 합리적으로 추정할 수만 있다면 이를 신뢰성 있게 측정할 수 있다.

K-IFRS 제1115호 수익 기준서에 따라 제품의 판매에 따른 품질보증은 제품의 판매와 보증 용역이 구분할 수 없는 단일의 수행의무인지 혹은 구분되는 별도의 수행의무인지 여부를 판단해야 한다(자세한 사항은 제5장을 참고). 만약, 제품에 대한 품질보증이 판매한 재화와 구분될 수 없는 단일의 수행의무인 경우, 제품의 판매시점에 제품보증비용을 인식하고 제품보증충당부채를 인식해야 한다.

반면, 제품보증이 중요한 용역제공활동으로서 제품판매와 구분되는 수익창출활동이라면 제품판매수익과 구분하여 보증수익을 인식한다. 판매금액 중에서 제품보증에 해당하는 수익은 이연수익으로 인식하고, 실제 제품보증활동이 이루어진 시점에 보증수익을 인식한다.

두 가지 상이한 접근법에 대한 회계처리를 요약하면 〈표 13-5〉와 같다.

▶ 표 13-5
보증비용인식법과 보증수익인식법

거래별	보증비용인식법(충당부채설정법)			보증수익인식법(이연수익법)		
① 제품판매 시점	현 금	×××		현 금	×××	
	매 출		×××	매 출		×××
				이연제품보증수익*		×××
② 수정분개(회계기말)	제품보증비	×××		- 분개 없음 -		
	제품보증충당부채		×××			
③ 보증비의 발생	제품보증충당부채	×××		제품보증비	×××	
	현 금		×××	현 금		×××
				이연제품보증수익	×××	
				제품보증수익		×××

* 이연수익(선수수익)이므로 부채로 보고한다.

예제 13-21 제품보증충당부채

현경(주)는 20×1년말에 냉장고 100대를 ₩500씩에 현금 판매하였다. 제품보증기간은 1년이며 과거 경험으로부터 냉장고 한 대당 ₩20의 보증비용이 발생한다. 이 판매와 관련하여 제품보증비는 20×1년과 20×2년에 각각 ₩800과 ₩1,100이 발생하였다.

1) 보증비용인식법(충당부채설정법)에서의 20×1년과 20×2년에 필요한 분개를 제시하라.
2) 대당 평균 보증비용이 ₩20인데 판매가격 ₩500에는 미래 제품보증활동과 관련된 대가로 대당 ₩30(평균보증비에 50% 이익을 가산한 금액)이 포함되어 있다고 가정하고, 보증수익인식법(이연수익법)을 이용하여 20×1년과 20×2년에 필요한 분개를 하라.

해답

1) 보증비용인식법(충당부채설정법)

구분	차변	금액	대변	금액
① 20×1년				
• 제품판매	(차) 현 금	50,000	(대) 매 출	50,000
• 충당부채 설정	(차) 제품보증비	2,000	(대) 제품보증충당부채	2,000*
• 제품보증비 발생	(차) 제품보증충당부채	800	(대) 현 금	800
② 20×2년				
• 제품보증비 발생	(차) 제품보증충당부채	1,100	(대) 현 금	1,100

* ₩20×100=₩2,000

(주) 제품보증부채 잔액 ₩100(=₩2,000−₩800−₩1,100)은 환입하여 수익으로 인식하거나 다음 연도의 다른 제품보증부채의 계산에 반영한다.

➡계속

2) 보증수익인식법(이연수익법)에서의 회계처리

① 20×1년				
• 제품판매	(차) 현 금	50,000	(대) 매 출	47,000
			이연제품보증수익	3,000*
• 제품보증활동	(차) 제품보증비	800	(대) 현 금	800
	(차) 이연제품보증수익	1,200	(대) 제품보증수익	1,200**
② 20×2년				
• 제품보증활동	(차) 제품보증비	1,100	(대) 현 금	1,100
	(차) 이연제품보증수익	1,650	(대) 제품보증수익	1,650***

* ₩30×100대=₩3,000

** ₩800(제품보증비)×1.5=₩1,200

*** ₩1,100(제품보증비)×1.5=₩1,650

(주) 이연제품보증수익 잔액 ₩150(=₩3,000−₩1,200−₩1,650)은 환입하여 수익으로 인식하거나 다음 연도의 다른 이연제품보증수익의 계산에 반영한다.

(2) 하자보수충당부채

계약공사(건설공사, 장비설치 등)는 통상적으로 설비가 제대로 기능하는 것을 담보하기 위하여 하자보수를 조건으로 계약을 체결하는 것이 일반적이다. 제품보증충당부채와 마찬가지로 하자보수도 K-IFRS 제1115호에 따라 단일의 수행의무인지 또는 구분되는 별도의 수행의무인지 여부를 판단해야 한다. 만약 단일의 수행의무인 경우, 건물, 시설물, 또는 기계장치 등의 설비를 시공한 회사는 계약공사의 완료 후 일정기간 동안 발생가능성이 높은 하자에 대해 공사수익을 인식한 시기에 하자와 관련된 비용을 인식하고 하자보수관련 충당부채를 설정하는 회계처리를 해야 한다. 별도의 수행의무인 경우, 하자보수용역을 별도의 수익활동으로 보고 대가를 미래 하자보수용역 제공기간에 이연시켜 인식해야 한다.

예제 13-22 하자보수충당부채

평화(주)는 공사완료후 12개월 이내에 납품한 공사에서 발생하는 하자에 대하여 하자보수보증을 실시하고 있다. 만약 20×1년도에 납품한 공사에서 중요하지 않은 하자가 발견된다면 ₩12,000의 하자보수비용이 발생하고, 중요한 하자가 발생하면 ₩50,000의 하자보수비용이 발생할 것으로 예상된다. 기업의 과거 경험에 비추어 납품된 공사의 80%에는 하자가 없을 것으로 예상되고, 15%는 중요하지 않은 하자가 발생될 것으로 예상되며, 5%는 중요한 하자가 발생할 것으로 예상된다.

평화(주)가 하자보수용역을 별도의 수행의무로 파악하지 않는다면, 20×1년말에 하자보수충당부채를 어떻게 기록해야 하는가?

해답

하자보수충당부채 = 80% × ₩0 + 15% × ₩12,000 + 5% × ₩50,000 = ₩4,300

(차) 하자보수비	4,300	(대) 하자보수충당부채	4,300

(3) 경품충당부채

일상생활에서 자주 사용되는 소비성 제품 또는 서비스의 반복구매를 유도하기 위하여 상품이나 서비스에 쿠폰 또는 포인트를 제공하는 경우가 있다. 일정한 수량의 쿠폰 및 적립포인트를 가진 소비자는 쿠폰 및 적립포인트를 경품과 교환하거나, 현금할인을 받기도 한다. 이와 같은 판촉활동은 종류가 다양하여 모두 열거할 수 없을 정도이다.

판촉활동에 대해서도 K-IFRS 제1115호에 따라 판매한 재화와 구분되는 별도의 수익활동인지 여부를 먼저 파악해야 한다. 만약, 판촉활동을 별도의 수행의무로 판단하지 않는다면, 판촉활동과 관련하여 발생하는 비용은 판매시점 이후에 발생하기 때문에 판매가 이루어진 회계기말에 이와 관련된 비용과 부채를 추정하여 반영함으로써 수익 · 비용의 적절한 대응과 부채의 적절한 측정을 기해야 한다. 이 경우에는 경품 등 판촉과 관련된 비용(경품비용)을 차변에 기입하고 관련 경품충당부채를 대변에 기입한다.

(4) 수선 · 유지

자산은 종류에 따라서 정기적인 수선이 필요한 것이 있다. 일반적인 수선은 자산의 성능을 유지하는 데 필요한 일상적인 지출로서, 예를 들면 부품교환, 도색, 청소와 같은 것이다. 하지만 선박이나 항공기 또는 대형 구조물은 당해 자산의 성능유지와 함께 정기적인 대규모 수리가 필요할 수 있다.

대규모 수리는 기업이 자율적으로 실시할 수도 있지만 법규에 따라서 강제적으로 실시될 수 있다. 수선 및 유지와 관련된 지출이 유형자산의 생산력 증대, 내용연수 연장, 원가절감 또는 품질향상을 가져오면 유형자산의 원가를 증가시키고, 그렇지 않으면 당기비용으로 회계처리해야 한다.

수선 및 유지와 관련하여 예상되는 지출을 충당부채로 인식해야 하는지는 충당부채의 인식요건을 충족하는지에 달려 있다. 따라서 과거에 발생한 사건으로서 기업의 현재의무가 되고, 자원의 유출가능성이 높으며, 그 금액을 신뢰성 있게 추정할 수 있으면 충당부채로 인식해야 할 것이다.

예제 13-23 중요한 수선원가

기술적인 이유로 5년마다 교체해야 하는 내벽을 갖고 있는 용광로가 있다. 기말 현재 내벽은 3년 동안 사용되었다. 이번 보고기간말에 내벽대체원가를 충당부채로 인식해야 하는가?

해답

과거 의무발생사건의 결과로 인한 현재의무가 없기 때문에 충당부채를 인식하지 않는다. 보고기간말에 내벽을 교체하는 지출여부는 기업의 의사결정에 달려 있으므로 충당부채를 인식하지 않는 것이다. 내벽교체가 별도의 회계처리 대상이고 금액이 중요하다면 이를 위하여 지출이 된 시점에서는 해당 원가를 자본화하고 사용에 따라 후속 5년간에 걸쳐 감가상각을 한다.

(5) 손실부담계약 1037:66-69

손실부담계약(onerous contract)이란 계약상의 이행의무에서 발생하는 회피불능원가(unavoidable costs)가 그 계약에 의해 받을 것으로 기대되는 경제적인 효익을 초과하는 계약이다. 손실부담계약으로 발생하는 회피불능원가는 충당부채의 인식기준을 모두 충족하기 때문에, 손실부담계약을 체결하고 있는 경우에는 관련된 현재의무를 충당부채로 인식하고 측정해야 한다.

충당부채로 인식하는 금액은 계약상 회피불능원가가 효익을 초과하는 금액이다. 여기에서 회피불능원가는 계약을 해지하기 위한 최소 순원가로 다음 금액 중에서 작은 금액을 말한다.

① 계약을 이행하기 위하여 소요되는 원가
② 계약을 이행하지 못했을 때 지급해야 할 보상금 또는 위약금

손실부담계약에 대한 충당부채를 인식하기 전에 당해 손실부담계약을 이행하기 위하여 사용하는 자산에서 발생한 손상차손을 먼저 인식한다.

예제 13-24 손실부담계약

수년 전에 체결한 리스계약에 따라 공장을 수익성 있게 운영해 왔다. 그런데 물류비용의 절감을 위해서 새로운 공장으로 영업장소를 이전하기로 하였다. 기존 공장의 리스기간은 이후 4년간 취소할 수 없으며 당해 공장을 다른 용도로 사용할 수 없는 처지이다. 이에 따라서 기존 공장에 대한 리스료는 공장이전에도 불구하고 계속 지급해야 한다. 이 경우에 공장이전에 따른 손실부담계약을 충당부채로 인식해야 하는가?

해답

① 법적의무를 발생시키는 과거의 리스계약 체결이 의무발생사건이 된다.
② 경제적 효익을 갖는 자원의 유출가능성이 높다.
따라서 회피불가능한 리스료에 대한 최선의 추정치로 충당부채를 인식해야 한다.

(6) 구조조정 1037:70-83

구조조정(restructuring)이란 경영진의 계획과 통제에 따라 사업의 범위 또는 사업수행 방식을 중요하게 변화시키는 일련의 절차인데, 이는 일부 사업의 매각·폐쇄 또는 이전, 조직구조의 변경, 영업의 성격과 목적에 중대한 변화를 초래할 근본적인 사업구조조정 등을 말한다.

구조조정과 관련된 충당부채는 부채의 인식기준을 모두 충족하는 경우에만 부채로 인식한다. 구조조정에 대한 의제의무는 구조조정에 대한 공식적이며 구체적인 계획에 의해 그 내용을 확인할 수 있어야 하고, 구조조정계획의 이행을 착수하였거나 기업이 구조조정을 이행할 것이라는 정당한 기대를 가져야 발생한다.[11)]

예제 13-25 구조조정충당부채

20×1. 12. 12 이사회는 한 사업부를 폐쇄하기로 결정하였다. 회사는 20×1. 12. 20에 사업부의 폐쇄를 알리기 위하여 고객들에게 다른 제품공급처를 찾도록 촉구하는 서한을 보냈으며, 사업부의 종업원들에게는 사업부 폐쇄에 따른 감원이 통보되었다. 사업부 폐쇄에 따른 원가를 구조조정충당부채로 인식해야 하는가?

해답

① 과거 의무발생사건의 결과로 인한 현재의무 : 사업부를 폐쇄하기로 한 이사회의 결정사항을 알림으로써 고객과 종업원들에게 그에 대한 정당한 기대를 가지게 하므로, 결정사항을 알리는 것이 의무발생사건이 되며 그날부터 의제의무가 발생된다.
② 당해 의무를 이행하기 위해 경제적 효익을 갖는 자원의 유출가능성이 높다.
따라서 20×1. 12. 31 현재 사업부 폐쇄원가에 대한 최선의 추정치를 충당부채로 인식한다.

구조조정충당부채로 인식할 수 있는 지출은 구조조정과 관련하여 직접 발생해야 하고, 구조조정과 관련하여 필수적으로 발생하는 지출이거나 기업의 계속적인 활동과 관련이 없는 지출이어야 한다. 따라서 ① 계속 근무하는 직원에 대한 교육훈련과 재배치비용, ② 마케팅비용, ③ 새로운 제도와 물류체계의 구축에 대한 투자 등은 구조조정충당부채로 인식할 수 없는 지출이다.

11) 구조조정의 착수가 상당히 지연되거나 비합리적으로 장기간이 소요될 것으로 예상되는 경우에는 구조조정계획이 변경될 가능성이 있으므로 현재 기업이 구조조정을 이행할 것이라는 정당한 기대가 형성되었다고 볼 수 없다. 보고기간말 전 경영진 또는 이사회가 구조조정계획을 수립하였더라도 보고기간말 전에 구조조정계획의 착수 또는 충분하고 구체적인 구조조정계획의 공표가 없다면 보고기간말에 의제의무가 발생하지 않은 것으로 본다.

(7) 환불부채

회사가 법적으로 강제되지 않더라도 구매한 상품에 불만이 있는 경우 고객이 환불을 요구하면 이에 응하는 환불정책을 채택해왔기 때문에 고객들이 환불을 받을 수 있다는 정당한 기대를 가지고 있는 경우 이를 의제의무로 보아 관련 부채를 인식해야 한다. 이 경우 소비자가 상품을 반품할 수 있는 권리를 반품권(right of return)이라고 하며 고객의 반품권 행사로 회사는 환불의무를 지게 된다. 보다 구체적인 회계처리는 제5장에서 설명하고 있다.

(8) 미래의 예상영업손실

미래의 예상영업손실은 충당부채로 인식하지 않는다. 왜냐하면 예상영업손실은 과거 사건의 결과로 발생한 현재의 의무가 아니기 때문에 충당부채의 인식기준을 만족시키지 못한다. 또한, 예상영업손실은 미래 경영활동에 따라 변할 수 있으므로 미래경제적 효익의 유출가능성과 금액의 신뢰성 있는 추정이 어렵다. 그러나 미래의 영업손실이 예상되는 경우에는 자산의 손상이 발생했을 가능성이 있으므로 손상검사를 수행해야 한다.

(9) 복구충당부채

복구충당부채는 제7장(유형자산)에서 자세히 설명하였으므로 여기에서는 생략한다.

제 7 절 부채의 표시와 공시

1 부채의 표시방법

부채는 크게 유동부채와 비유동부채로 나눌 수 있다. K-IFRS(제1001호, 재무제표 표시)에서는 다음 조건 중에서 어느 하나라도 만족하면 유동부채로 분류하고 그 이외의 모든 부채는 비유동부채로 분류한다.

① 정상영업주기 내에 결제될 것으로 예상하고 있다.
② 주로 단기매매 목적으로 보유하고 있다.
③ 보고기간후 12개월 이내에 결제하기로 되어 있다.
④ 보고기간후 12개월 이상 부채의 결제를 연기할 수 있는 무조건의 권리를 가지고 있지 않다.

매입채무 및 미지급비용과 같은 유동부채는 결제일이 보고일로부터 12개월 후에 도래한다 하더라도 정상영업주기 내에 결제될 것이기 때문에 유동부채로 분류한다. 정상영업주기(normal operating cycle)란 영업활동을 위한 자산의 취득시점부터 그 자산이 현금이나 현금성자산으로 실현되는 시점까지 소요되는 기간이다. 정상영업주기를 명확하게 식별할 수 없는 경우에는 12개월인 것으로 가정한다.

기타 유동부채는 보고일로부터 12개월 이내에 결제일이 도래하거나 단기매매 목적[12)]으로 보유하는 부채이다. 예를 들면, 단기매매 목적으로 분류된 금융부채, 단기차입금, 미지급배당금, 미지급법인세 및 기타 지급채무 등이 있다.

기업이 기존의 대출계약조건에 따라 보고일로부터 적어도 12개월 이상 부채를 차환하거나 연장할 것으로 기대하고 있고, 그러한 재량권이 있다면, 보고일로부터 12개월 이내에 만기가 도래한다고 해도 비유동부채로 분류한다. 그러나 기업에 부채의 차환이나 연장의 재량권이 없다면, 차환가능성을 고려하지 않고 유동부채로 분류한다.

이론적으로 유동부채는 이를 상환하기 위하여 지출될 것으로 예상되는 현금의 현재가치로 평가해야 한다. 그러나 실무에서는 유동부채를 일반적으로 만기금액으로 기록·보고한다. 이는 유동부채는 만기까지의 기간이 짧아서 현재가치평가액과 만기금액의 차이가 경미한 것이 일반적이므로, 중요성과 효익-비용의 균형 기준의 측면에서 만기금액으로 기록·보고하는 것이 더욱 합리적이기 때문이다.

2 부채의 실질상환

사채 등 비유동부채의 이자지급 및 상환을 위하여 국·공채 등 무위험증권을 매입하여 취소불능 신탁자산으로 운용하고, 여기에서 나오는 원리금으로 비유동부채의 원리

12) 단기매매는 일반적으로 매입과 매도가 적극적이고 빈번하게 이루어지는 것을 말하며, 단기매매 목적으로 보유하는 금융상품은 단기간 내의 매매차익을 얻기 위하여 이용되는 금융상품이다. 이의 예는 다음과 같다.
① 위험회피수단으로 회계처리하지 아니하는 파생금융상품
② 공매자가 차입한 금융자산을 인도할 의무
③ 단기간 내에 재매입할 의도로 발행하는 금융부채
④ 최근의 실제 운용형태가 단기적 이익획득 목적이라는 증거가 있고 공동으로 관리되는 특정 금융상품 포트폴리오를 구성하는 금융부채

금 지급에 사용할 수 있다. 이 경우 형식적으로는 부채를 상환한 것이 아니지만 실질적으로는 부채를 상환한 효과가 있다. 이를 부채의 실질상환(in-substance defeasance)이라고 한다.

실질상환을 이용하는 주된 이유는 다음과 같다. 첫째, 부채를 상환하는 것이 때로는 어려운 경우가 있다. 예컨대 조기상환을 위해서는 높은 상환할증액을 지급해야 한다거나 혹은 많은 사채를 보유하고 있는 사채권자들의 수가 많아서 이를 증권시장에서 재취득하는 것이 사실상 불가능한 경우 등이다. 둘째, 신탁에 맡긴 무위험자산의 취득원가(상환대가로 간주)가 부채의 장부금액보다 대부분 낮을 것이므로(예컨대, 시장이자율의 상승으로 부채의 시가가 하락하여 장부금액 미만이 될 것이므로) 회사로서는 실질상환을 이용하여 사채상환이익을 인식할 수 있다.

다양한 금융시장에서 이자율이 상이하게 형성되거나 시간이 지남에 따라 변동하는 것을 이용하여 회사가 낮은 이자율로 비유동부채를 조달하여 보다 이자율이 높은 무위험자산에 투자할 수 있으면 실질상환이 가능하다. 예를 들면 낮은 정책금리로 받은 대출금을 이용하여 높은 수익성이 보장되는 다른 증권에 즉시 투자함으로써 실질상환이 가능하다.

만약 실질상환을 인정한다면, 부채를 상환하지 않고도 재무상태표에서 제거시킬 수 있으므로 부채비율을 개선할 수 있다. 그러나 실질상환의 인식을 허용해서는 안 된다고 보는 견해가 일반적이다. 즉 특정 자산을 특정 부채의 원리금 지급을 위하여 신탁예치하였다는 사실만으로 자동적으로 해당 자산의 처분과 관련되는 부채의 상환 및 상환손익을 인식할 수 없다는 것이다. 신탁예치자산에서 나오는 현금유입과 부채의 현금유출을 대응시킬 수는 있을지언정 부채를 장부상에서 제거시켜서는 안 된다는 것이다. 특히 실질상환을 하더라도 회사로서는 법률적으로 채무자의 입장을 벗어날 수는 없으며, 채권자들이 실질상환을 전혀 알지 못하는 경우도 있다.

K-IFRS에는 실질상환에 대한 별도의 규정은 없다. 그러나 실질상환을 통하여 기존부채를 장부상에서 제거시키는 것은 총액주의를 따르는 K-IFRS의 정신에 위배되므로 실질상환을 인정하지 않는다고 본다.

3 부외금융

부채를 장부상에 기록하지 않고 자금을 조달하는 것을 부외금융(off-balance sheet financing)이라고 한다. 합법적으로 부채를 장부상에 기록하지 않을 수만 있다면, 기업의 재무상태가 좋게 보이기 때문에 경영자는 이를 활용하고자 할 유인이 크다.

기업이 부외금융을 선호하는 이유로 다음과 같은 몇 가지를 들 수 있다.

① 재무상태표에서 부채를 제거시키거나 부채를 포함시키지 않게 되면 부채비율이 개선되므로 추가적 자금조달이 가능하게 되거나 보다 유리한 조건으로 자금을 차입할 수 있다.

② 기존차입계약조건에 따라 회사가 부담할 수 있는 부채의 상한이 정해져 있는 경우에는 특정 부채가 부외금융으로 장부상 제외되면 기업은 이러한 부채의 상한이 초과되는 것을 방지할 수 있다.

③ 원가모형의 채택으로 자산이 과소평가되어 있는 경우가 일반적이므로 부채를 과소평가하는 것이 오히려 필요하다고 보기도 한다. 예를 들어 유형자산을 가속상각시키는 경우 또는 부동산 가격이 상승한 경우에는 자산이 과소평가된다.

기업이 선호하는 부외금융의 두 가지 사례를 살펴보면 〈표 13-6〉과 같다.

▶ 표 13-6
부외금융 사례

부외금융 사례	부외금융 회계처리	실질우선의 회계처리
차입거래로 회계처리해야 할 수취채권의 양도	현 금 ××× 채권매도손실 ××× 수취채권 ×××	현 금 ××× 이자비용 ××× 차입금 ×××
자산을 일정기간 후에 재구매하기로 약정하고 형식적으로 판매하는 경우 (예를 들면, 제품차입협약)	〈판매시점〉 현 금 ××× 매 출 ×××	현 금 ××× 차입금 ×××
	〈재구매시점〉 매 입 ××× 현 금 ×××	차입금 ××× 이자비용 ××× 현 금 ×××

위에서 보듯이 부외금융으로 회계처리하면 부채가 기록되지 않지만, 실질우선의 원칙에 따라 회계처리하면 차입금이 기록된다. 따라서 부채가 장부상에 기록되는 것을 꺼리는 경영자는 부외금융 회계처리를 선호할 것이다.

K-IFRS에서는 실질우선의 개념을 따르고 있다. 예를 들면 매출채권 등을 타인에게 양도할 때 권리와 의무가 실질적으로 이전되지 않은 경우에는 차입거래로 분류하도록 하는 등 부외금융 회계처리를 원칙적으로 인정하지 않고 있다.

종합예제

1. 사채의 회계처리

다음의 독립된 두 개의 상황에 대한 회계처리를 제시하라. 각 기업들은 12. 31에 장부를 마감한다.

1. 준화(주)는 20×1. 1. 1에 이자율 10%, 액면금액 ₩250,000의 사채를 발행했다. 사채의 이자는 6. 30과 12. 31에 후급한다. 사채의 만기일은 20×3. 12. 31이고 유효이자율은 12%이다. 20×1. 12. 31까지의 분개를 하라.
2. 근화(주)는 권면상의 발행일보다 6개월 늦은 20×1. 7. 1에 이자율 12%, 만기일 20×3. 12. 31, 액면금액 ₩300,000의 사채를 발행했다. 이자는 매년 12. 31에 후급하며, 유효이자율은 10%이다. 20×2. 9. 1 근화(주)는 액면금액 ₩60,000의 사채를 ₩63,000(미지급이자 포함)에 매입상환하였다. 20×2. 12. 31까지의 분개를 하라.

해 답

1. 준화(주)의 사채발행

발행금액 : ₩250,000×0.7050(6%, 6기간 단일금액 현재가치)+₩12,500*×4.9173(6%, 6기간 정상연금 현재가치)
= ₩176,250+₩61,466=₩237,716
* ₩250,000×10%(액면이자율)×6/12(반기마다 이자지급)=₩12,500

사채할인발행차금상각표

일 자	유효이자	현금이자	상각액	사채할인발행차금	장부금액
20×1. 1. 1				₩12,284	₩237,716
20×1. 6. 30	₩14,263	₩12,500	₩1,763	10,521	239,479
20×1. 12. 31	14,369	12,500	1,869	8,652	241,348
20×2. 6. 30	14,481	12,500	1,981	6,671	243,329
20×2. 12. 31	14,600	12,500	2,100	4,571	245,429
20×3. 6. 30	14,726	12,500	2,226	2,345	247,655
20×3. 12. 31	14,845	12,500	2,345	0	250,000

〈분 개〉

20×1. 1. 1 (사채발행시점)

(차) 현 금	237,716	(대) 사 채	250,000
사채할인발행차금	12,284		

20×1. 6. 30 (이자지급시점)

(차) 이 자 비 용	14,263	(대) 현 금	12,500
		사채할인발행차금	1,763

20×1. 12. 31 (회계기말)

(차) 이 자 비 용	14,369	(대) 현 금	12,500
		사채할인발행차금	1,869

2. 근화(주)의 사채발행과 상환

〈사채발행금액 계산〉

권면상발행일의 현재가치 : ₩300,000×0.7513+₩36,000×2.4868=₩225,390+₩89,525=₩314,915
사채가치증가액(유효이자발생액) : ₩314,915×10%×1/2=₩15,746
실제발행일의 발행금액(현금수취액) : ₩314,915+₩15,746=₩330,661
액면이자발생액 : ₩300,000×12%×1/2=₩18,000
순수사채발행금액 : ₩330,661−₩18,000=₩312,661
사채할증발행금액 : ₩312,661−₩300,000=₩12,661

사채할증발행차금상각표*

일 자	유효이자	현금이자	상각액	사채할증발행차금	장부금액
20×1. 1. 1				₩14,915	₩314,915
20×1. 12. 31	₩31,492	₩36,000	₩4,508	10,407	310,407
20×2. 12. 31	31,041	36,000	4,959	5,448	305,448
20×2. 12. 31	30,552	36,000	5,448	0	300,000

* 사채할증발행상각표는 권면상발행일에 발행된 것으로 가정하여 작성해야 한다. 그러나 실제 발행일의 분개는 실제발행일의 현금수취와 순수사채발행금액을 이용하여 기록해야 한다.

〈분 개〉

20×1. 7. 1 (사채발행시점)

(차) 현 금	330,661	(대) 사 채	300,000
		사채할증발행차금	12,661
		미지급사채이자	18,000

20×1. 12. 31 (이자지급시점)

(차) 이 자 비 용	15,746	(대) 현 금	36,000
미지급사채이자	18,000		
사채할증발행차금	2,254*		

* ₩4,508/2 = ₩2,254

(주) 3년간 사채할증발행차금상각액은 이와 같이 계산한 첫 이자지급일의 상각액과 차후 2년도의 상각액을 합한 금액 ₩12,661(= ₩2,254 + ₩4,959 + ₩5,448)이 바로 실제발행액에 기록한 사채할증발행차금과 같은 금액이 된다.

20×2. 9. 1 (일부상환시점)

(차) 이 자 비 용	4,139	(대) 현 금	63,000
사 채	60,000	사채상환이익	3,220
사채할증발행차금	2,081*		

〈계산근거〉

상환부분의 유효사채이자 : ₩31,041 × 1/5(상환부분) × 8/12(당기이자발생기간) = ₩4,139

상환부분의 사채할증발행차금상각액 : ₩4,959 × 1/5 × 8/12 = ₩661

상환부분의 장부금액 : ₩310,407 × 1/5 − ₩661 = ₩61,420

순수사채상환액 : 상환가액(₩63,000) − 액면이자발생액(₩60,000 × 12% × 8/12) = ₩58,200

사채상환이익 : 장부금액(₩61,420) − 순수사채상환가액(₩58,200) = ₩3,220

* 사채할증발행차금 당기 상각액(₩661) + 미상각 사채할증발행차금(₩1,420) = ₩2,081

20×2. 12. 31 (이자지급시점)

(차) 이 자 비 용	24,833	(대) 현 금	28,800
사채할증발행차금	3,967		

(주) 사채 일부를 상환한 후의 회계처리는 위 상각표의 20×2년과 20×3년 해당란에 4/5를 곱하여 다음과 같이 사채할증발행차금상각표를 새로 작성한다.

사채 일부 상환후 사채할증발행차금상각표

일 자	유효이자	현금이자	상각액	사채할증발행차금	장부금액
20×2. 12. 31	₩24,833	₩28,800	₩3,967	₩4,358	₩244,358
20×3. 12. 31	24,442	28,800	4,358	0	240,000

2. 제품보증충당부채의 회계처리

찬우(주)는 휴대용컴퓨터를 판매하면서 2년간 제품보증을 제공한다. 20×1년중 컴퓨터 300대를 대당 ₩3,500에 판매하였다(편의상 모든 컴퓨터가 기말에 판매되었다고 가정한다). 과거경험에 의하면 2년간의 제품보증기간 동안 대당 부품비 ₩155과 인건비 ₩185이 발생하였다. 제품보증은 컴퓨터 판매와 별도로 판매되지는 않는다. 20×2년도에 부품비 ₩21,400과 인건비 ₩24,900(미지급)의 제품보증비가 발생하였다.

요구사항

1. 보증비용인식법을 이용하여 20×1년과 20×2년에 필요한 분개를 하라.
2. 20×2년도말 현재 재무상태표에 이 거래와 관련하여 어떤 부채가 기록될 것인가?

해 답

1. 보증비용인식법에서의 분개

	(차)		(대)	
20×1년도 :	현 금	1,050,000	매 출	1,050,000
	제품보증비	102,000	제품보증충당부채	102,000*

* 300×(₩155+₩185)=₩102,000

	(차)		(대)	
20×2년도 :	제품보증충당부채	46,300	부 품 재 고	21,400
			미지급인건비	24,900

2. 20×2년 재무상태표에 미지급인건비 ₩24,900과 함께 제품보증충당부채 ₩55,700을 보고한다.

3. 경품충당부채의 회계처리

성창(주)는 식용유의 판매를 촉진하기 위하여 1리터들이 식용유 2병짜리 한 상자마다 하나의 쿠폰을 넣어서 판매하고 있다. 식용유 한 상자의 판매가격은 ₩2,000이고 쿠폰 10장 및 현금 ₩1,000과 교환으로 원가가 ₩3,000인 프라이팬을 제공하고 있다.

성창(주)는 발행된 쿠폰의 50% 정도가 상환요청되는 것으로 추정하고 있으며, 관련 비용에 대해 충당부채를 설정하고 있다. 20×1년에 판매한 식용유는 총 1,000상자이며, 경품제공을 위하여 50개의 프라이팬을 구입하였다. 20×1년에 상환을 요청한 쿠폰은 200개이다. 성창(주)의 20×1년 식용유판매 거래를 분개하라.

해 답

〈식용유 판매에 대한 분개〉

(차)		(대)	
현 금	2,000,000	매 출	2,000,000

〈경품구입에 대한 분개〉

(차)		(대)	
경 품 재 고	150,000*	현 금	150,000

* 50개×₩3,000=₩150,000

〈20×1년중에 상환된 쿠폰에 대한 분개〉

(차)		(대)	
현 금	20,000	경 품 재 고	60,000*
경 품 비(판촉비)	40,000		

* (200개/10)×₩3,000=₩60,000

〈미래에 상환이 예정되는 쿠폰에 따른 경품충당부채에 대한 분개〉

(차)		(대)	
경 품 비(판촉비)	60,000*	경품충당부채	60,000

* 경품충당부채 추정액 : (300개#÷10)×(₩3,000−₩1,000)=₩60,000

# 추정 총상환예정쿠폰(1,000×50%)	500개
−20×1년에 상환된 쿠폰	200개
미래 상환예정 쿠폰	300개

익힘문제

CHAPTER 13

1. 금융부채를 지분상품과 구분하는 조건 두 가지에 대해 설명하라.

2. 자기지분상품이 확정금액의 부채를 결제할 수 있는 수단으로 활용되는 경우 자기지분상품은 부채인가 자본인가? 그 이유를 설명하라.

3. 부채를 정의하는 데 가장 중요한 세 가지 특징은 무엇인가?

4. 거래상대방에게 금융자산으로 인도하기로 한 계약상의 의무에서 발생하는 금융부채는 대표적으로 어떤 것들이 있는가?

5. 금융부채와 비금융부채를 어떻게 구분하는가?

6. 금융부채는 어떻게 분류되는가? 분류별로 취득시점 이후의 회계처리를 간략히 기술하라.

7. 공정가치선택권을 적용한 금융부채의 자기신용위험에 기인한 이익의 회계처리방식과 그렇게 회계처리하는 주된 이유를 설명하라.

8. 지급어음할인액의 본질에 대해 설명하라.

9. 금융보증계약의 회계처리에 대해 설명하라.

10. 다음 사채이자율의 같은 점과 다른 점을 설명하라.
1) 액면이자율　2) 유효이자율　3) 시장이자율

11. 사채할인발행차금은 어떤 상태에서 발생하는가? 또한 이는 재무상태표에 어떻게 보고되어야 하는가?

12. 사채를 할증발행한 경우 사채기간 동안 매년 이자비용은 증가하는가? 그 이유를 설명하라.

13. 자기사채는 재무상태표의 어디에 보고되며, 회계처리는 어떻게 하는가?

14. 수의상환사채의 특색은 무엇인가? 또한 수의상환사채는 사채의 할증 및 할인 발행차금의 상각에 어떻게 영향을 미치는가?

15. 감채기금이란 무엇인가? 이를 이용하여 사채를 상환하는 경우와 이의 운용에서 발생한 수익의 회계처리에 대하여 설명하라.

16. 사채의 차환이란 무엇인가? 또한 이를 어떻게 회계처리하는가?

17. 선수금과 선수수익을 구분하여 설명하라.

18. 원천징수예수금의 예를 들라.

19. 부채의 실질상환이란 무엇인가? 또한 이를 어떻게 회계처리하는가?

20. 금융부채의 조건변경이 있는 경우 실질적 변경여부는 어떻게 구분하는가? 실질적 변경여부에 따른 회계처리의 차이에 대해 설명하라.

21. 부외금융이란 무엇이며, 어떤 종류의 부외금융이 주로 이용되고 있는가?

22. 확정부채, 충당부채 및 우발부채를 구분하라.

23. 충당부채를 간단히 설명하고 대표적인 사례들을 제시하라.

24. 충당부채는 어떤 상황하에서 기록되어야 하는가?

25. 제품보증충당부채를 설명하라. 또한, 보증비용인식법과 보증수익인식법을 간략히 비교하여 설명하라.

26. 구조조정충당부채로 인식할 수 있는 지출을 기술하라.

27. (주)민국이 판매한 제품의 폭발로 소비자가 크게 다치는 사고가 발생하였다. 해당 소비자는 (주)민국에 손해배상청구소송을 제기하였으며, 20×1년말까지 재판이 진행중에 있다. (주)민국의 담당 변호사는 20×1년 재무제표 발행승인일까지 기업에 책임이 있다고 밝혀질 가능성이 높으나, (주)민국이 부담할 배상금액은 법적 다툼의 여지가 남아 있어 신뢰성 있게 추정하기가 어렵다고 조언하였다. (주)민국은 동 소송사건을 어떻게 회계처리해야 하는가?

연습문제

CHAPTER 13

1. 부채의 구분

다음은 20×1. 12. 31자 동림(주)의 부채계정들이다.

(1) 지급어음(만기 20×3. 1. 31)
(2) 사채(만기 20×2. 6. 30)
(3) 당좌차월
(4) 주문품에 대한 선수금
(5) 만기가 20×3. 12. 31인 사채에 대한 사채할증발행차금 중 20×2년에 상각될 부분
(6) 은행차입금(만기 20×4. 11. 30)
(7) 연속상환사채 ₩600,000(매년 6월 30일에 ₩200,000씩 상환)
(8) 미지급배당금
(9) 종업원들로부터 원천징수한 소득세

위 부채계정들을 개별적으로 어떻게 보고해야 하는가를 설명하라. 만약 유동 및 비유동 구분이 어려운 경우에는 그 이유를 제시하라.

2. 공정가치로 평가하는 부채

가래(주)는 20×1. 1. 1 현재 공정가치선택권을 적용하여 공정가치로 평가하고 공정가치변동을 당기손익에 반영하고 있는 금융부채 ₩100,000을 갖고 있다. 20×1년중에 시장이자율의 하락과 가래(주)의 신용위험으로 인하여 금융부채의 공정가치가 ₩75,000으로 감소되었다. 공정가치 감소 중 ₩15,000은 가래(주)의 신용위험 때문으로 밝혀졌다.
가래(주)가 공정가치선택권을 적용하여 회계처리하는 금융부채와 관련하여 20×1. 12. 31에 필요한 분개를 하라.

3. 매입채무와 단기차입금

다음은 형미(주)의 20×1년 상품 외상매입거래의 일부이다.

9. 1 : 병언(주)로부터 ₩100,000어치의 상품을 외상으로 구입하였다. 형미(주)는 총액기준에 의한 실지재고조사법으로 매입을 기록한다.
10. 1 : 6개월 만기, 이자율 10%, 액면 ₩100,000인 어음을 발행하여 병언(주)에 대한 외상매입금을 지급하였다.
10. 1 : 만기 12개월, 무이자부, 액면 ₩250,000인 어음을 제시하고 정웅은행으로부터 ₩200,000을 할인 차입하였다.

요구사항

1. 위 거래에 대하여 분개하라.
2. 20×1. 12. 31에 위 거래와 관련하여 필요한 수정분개를 하라.
3. 20×1. 12. 31자 재무상태표에 보고될 지급어음과 단기차입금에 대한 순부채액을 계산하라.

4. 유동부채

20×2. 12. 31 현재 영수(주)는 20×3년중에 만기가 되는 정광은행에서 차입한 지급어음 형태의 단기채무 ₩6,000이 있다. 20×3. 1. 28에 영수(주)는 외상매출금 평균액의 60%까지 차입할 수 있는 재차입계약을 정광은행과 체결했다. 외상매출금은 20×3년중에 5월의 최저 ₩4,000에서 10월의 최대 ₩5,000 사이가 될 것으로 기대된다. 만기가 된 단기채무의 이자비용은 15%이다. 그러나 새로운 계약에서는 20×9년에 만기가 되는 우량기업의 장기지급어음 이자율에 1%를 가산한 이자를 지급하도록 되어 있다. 20×2. 12. 31 재무상태표는 20×3. 2. 15에 공시된다.

주석공시를 포함하여 단기채무(₩6,000)를 어떻게 표시해야 하는가를 나타내는 20×2. 12. 31 영수(주)의 부분재무상태표를 작성하라.

5. 사채의 할인발행과 할증발행

다음 세 가지 경우에 대하여 사채가 할증발행되었는가 또는 할인발행되었는가를 밝히고 이를 설명하라.

1) 사채의 액면이자율은 16%이고, 유효이자율은 15%로 발행되었다.
2) 사채의 액면이자율은 12%이고, 유효이자율은 14%로 발행되었다.
3) 사채의 액면이자율은 13%이고, 유효이자율은 13%로 발행되었다.

6. 장기지급어음의 발행

20×1. 7. 1 명신(주)는 다음과 같은 두 가지 자산을 취득했다.

1) 액면 ₩402,269, 5년만기, 무이자부 약속어음을 발행하고 공정가치 ₩200,000의 토지를 구입했다.
2) 액면 ₩120,000, 이자율 6%(이자지급 연 1회), 8년만기인 약속어음을 발행하고 설비를 구입했다.

명신(주)가 거래은행으로부터 이러한 자금을 차입하기 위해서는 15%의 이자를 지급해야 한다.

요구사항

1. 20×1. 7. 1에 발생한 두 가지 자산취득에 대하여 명신(주)가 기록해야 할 두 가지 분개를 하라.
2. 유효이자율법을 이용하여 두 가지 약속어음 각각에 대하여 제1회계연도말(20×2. 7. 1)에 지급되는 이자를 분개하라.

7. 사채의 회계처리(Ⅰ)

다음의 자료는 충금(주)의 장부에 나타난 몇 가지 거래들이다.

1) 발행일이 20×1. 1. 1이고 액면금액이 ₩850,000인 사채를 20×1. 5. 1에 액면금액의 104%에 지급이자를 포함한 금액으로 발행했다. 이 사채는 무기명사채로서 이자율은 12%(이자지급일은 매년 1월 1일에 후불)이고, 만기는 5년이다(발생된 이자를 위해 미지급사채이자계정을 이용하라).
2) 20×1. 12. 31 필요한 수정분개를 하다.
3) 20×2. 1. 1 사채이자를 지급하다.
4) 20×2. 4. 1 액면금액 ₩510,000인 사채를 102%에 미지급이자를 포함한 가격으로 매입상환하다(매년말에만 사채할증발행차금을 상각한다).
5) 20×2. 12. 31 필요한 수정분개를 하다.

위의 각 거래들을 분개하라.

8. 사채의 회계처리 (Ⅱ)

[제1부]

아래의 상각표는 기훈(주)가 20×1. 1. 1에 발행한 3년만기인 사채와 그 후의 이자지급 및 상각을 표시하고 있다. 이 회사의 회계기간은 1월 1일~12월 31일이고 재무제표는 매년 1회 작성한다.

사채발행차금상각표

연 도	현금이자	사채이자	사채발행차금 미상각잔액	장부금액
20×1. 1. 1	–	–	₩9,607	₩190,393
20×1. 12. 31	₩20,000	₩22,847	6,760	193,240
20×2. 12. 31	20,000	23,189	3,571	196,429
20×3. 12. 31	20,000	23,571	–	200,000

요구사항

1. 사채가 할인발행되었는가 또는 할증발행되었는가를 밝히고 그 근거를 제시하라.
2. 20×1. 1. 1 사채발행의 거래를 분개하라.
3. 20×1년의 사채거래와 관련된 분개를 하라.
4. 20×2년의 사채거래와 관련된 분개를 하라.

[제2부]

아람(주)는 20×1. 6. 1 이자율 14%, 액면금액 ₩300,000의 사채를 발행했다. 이 사채의 이자는 6월 1일과 12월 1일에 후급한다. 이 사채의 만기일은 20×5. 5. 30이며, 유효이자율은 12%이다. 20×2. 9. 1 아람(주)는 액면금액 ₩60,000의 사채를 ₩63,000(미지급이자 포함)에 매입상환하였다.
이 사채의 발행시부터 20×3. 12. 31까지의 분개를 하라.

9. 이자지급일 사이의 사채발행

영주(주)는 20×1. 4. 1에 사채를 발행하였는데 사채권면에 표시된 발행일은 20×1. 1. 1이다. 사채의 액면은 ₩1,000,000이며 표시이자율은 연 10%, 이자지급일은 6월 30일과 12월 31일이며 5년만기이다. 사채발행금액은 ₩926,470(사채발행시점의 유효이자율은 12%임)이며 이는 이미 발생한 3개월분의 이자를 포함하지 않은 가격이다.

요구사항

1. 영주(주)가 20×1. 4. 1에 사채발행으로부터 받은 현금은 얼마인가?
2. 20×1. 12. 31 현재 영주(주)의 장부상 사채할인발행차금잔액은 얼마인가?

10. 사채의 발행과 차환

20×1. 6. 30 진광(주)는 이자율 10%, 액면금액 ₩1,000, 만기 5년인 사채를 발행하였다. 이 사채는 액면금액의 99%로 발행(유효이자율은 10.3%임)되었으며 20×2. 6. 30 이후에는 액면금액의 103%로 임의상환이 가능하다. 높은 이자율과 회사의 부채비율의 중대한 변화 때문에 20×3. 6. 30에 새로운 사채를 발행하고 모든 사채를 상환하기로 하였다. 이자율 8%의 신사채는 액면금액 ₩1,250의 101%로 할증발행하였으며 만기는 5년이다. 이자지급일은 12월 31일과 6월 30일이다.

요구사항

1. 20×1. 6. 30과 20×1. 12. 31에 진광(주)가 행할 분개를 하라.
2. 진광(주)가 20×3. 6. 30에 사채차환으로 인한 사채상환손익은 얼마인가?

3. 진광(주)가 20×3. 6. 30에 사채차환시점에 행할 분개를 하라.

11. 사채의 발행과 투자

(주)대한은 사채 액면상 발행일이 20×1. 1. 1이고 액면금액 ₩1,000,000(표시이자율 연 6%, 이자는 매년 12월 31일 지급, 만기일 20×5. 12. 31)인 회사채를 20×1. 7. 1에 발행하였다.
각 일자의 동 사채에 대한 시장이자율은 다음과 같다. 단, 미래현금흐름의 현재가치는 공정가치와 동일한 것으로 본다.

일 자	시장이자율	일 자	시장이자율
20×1. 1. 1	8%	20×2. 1. 1	10%
20×1. 7. 1	6%	20×2. 12. 31	8%
20×1. 12. 31	10%	20×3. 1. 1	8%

요구사항

다음은 각각 독립적인 상황이다.

1. (주)대한이 동 사채를 ① 액면상 발행일인 20×1. 1. 1에 발행하는 경우와 ② 20×1. 7. 1에 발행하는 경우 20×1년도에 인식할 이자비용을 각각 구하라. 단, (주)대한은 동 사채를 상각후원가측정금융부채로 분류하였으며, 사채발행과 관련된 비용은 발생하지 않았다고 가정한다.
2. (주)민국은 20×1. 7. 1 동 사채를 100% 취득하였는데, 취득관련 비용은 발생하지 않았다. (주)민국은 20×1년말 액면이자를 회수한 후, (주)대한의 신용손상으로 인하여 차기부터 연 2%의 이자만을 수령할 수 있을 것으로 추정하였다. (주)민국이 동 사채를 기타포괄손익-공정가치측정금융자산으로 분류하는 경우에 당기손익으로 인식할 손상차손을 구하라.
3. (주)대한은 20×3. 1. 1 동 사채의 만기를 1년 연장하고, 표시이자율을 6%에서 3%로 낮추는 조건변경을 채권자와 합의하였다. 이러한 사채 조건의 변경은 실질적인 조건변경에 해당된다고 가정한다. 동 사채의 조건변경이 (주)대한의 20×3년 당기순이익에 영향을 미치는 금액을 구하라. 단, 감소의 경우에는 금액 앞에 (−)를 표시한다.

12. 사채의 차환

유지(주)는 20×4. 1. 1 액면금액 ₩100,000, 이자율 10%, 매년말 이자지급, 3년만기 사채를 ₩95,198(유효이자율 12%에 상당)에 발행하였다. 사채발행 1년 후 시장이자율이 9%로 하락하여 20×5. 1. 1 현재 동 사채의 시가가 ₩101,759으로 상승하였다. 20×5. 1. 1에 이 사채를 시가에 상환하고, 이자율을 제외한 나머지는 동일한 조건의 사채(액면금액 ₩100,000, 이자율 8%, 3년만기, 이자지급일 매년 12월 31일)를 발행하였다. 사채의 차환에 따른 필요한 회계처리를 하라. 단, 최초발행시의 회계처리는 생략하라.

13. 부담금부채

1) 지수(주)의 회계연도말은 12월 31일이다. 법규에 따르면 이 기업에 대한 모든 부담금은 회계연도 종료일에 영업을 하고 있는 경우에만 유발된다. 부담금액은 회계연도 종료일에 기업의 재무상태표의 금액에 따라 계산된다.
2) 수미(주)의 회계연도말은 12월 31일이다. 법규에 따르면 5천만원을 초과하는 수익을 창출하면 부담금이 유발된다. 부담금액은 창출된 수익의 첫 5천만원에는 1%, 5천만원을 초과하는 경우에는 2%의 부과율을 적용한다. 수미(주)의 수익은 20×1. 7. 17에 5천만원의 임계치에 이른다.

위 사례 각각의 경우에 언제 부담금부채가 인식되며, 특히 2)에서 부담금부채 금액은 어떻게 산출되는가?

14. 예수보증금의 수익인식

용봉맥주(주)는 맥주의 판매시에 공병에 대한 보증금을 받은 다음에 매월말에 각 거래처별로 공병회수량을 점검하여 예수보증금 반환에 대한 정산을 한다. 용봉맥주(주)가 20×1년 7월중에 오치대리점에 판매한 맥주는 1,000kg이며, 1kg당 판매단가는 ₩300이다. 한편 맥주는 200 g 들이 병에 넣어서 판매하는데 공병 하나의 구입원가는 ₩10이다. 오치대리점으로부터 20×1년 7월중에 회수한 공병은 80%였다. 용봉맥주(주)의 20×1년 7월중 오치대리점과의 거래를 분개하라.

15. 유동부채와 충당부채

(1) 신영(주)는 월간지를 제작하여 구독자에게 1년, 2년, 3년간 구독료를 선수하고 잡지를 판매한다. 20×4. 12. 31 현재 수정분개를 하기 전 선수구독료 잔액이 ₩2,200,000이다. 선수구독료 잔액을 만기별로 보면 20×5년중에 ₩500,000, 20×6년중에 ₩600,000, 20×7년중에 ₩700,000이 각각 만료된다.

(2) 신영(주)는 20×6. 1. 2부터 배달용 트럭에 대한 자동차보험료가 너무 비싸서 자동차보험에 가입하지 않고 자가보험을 하기로 하였다. 20×6년중에 실제 자동차사고로 발생한 비용은 ₩40,000인데 이를 운송비로 기록하였다. 회사의 경리담당이사는 20×6년에 자가보험료 ₩90,000과 실제 사고 관련 비용 ₩40,000의 차이 ₩50,000을 운송비로 차기하고 손실적립금에 대기하기를 원한다.

(3) 잡지의 고정칼럼작가 중의 한 사람이 계약위반으로 신영(주)를 상대로 ₩1,000,000을 요구하는 손해배상청구소송을 제기하였다. 회사의 자문변호사에 의하면 손해배상청구소송에서 신영(주)가 패소할 확률이 아주 높다고 한다. 패소할 경우 손해배상으로 지급해야 할 금액은 ₩400,000에서 ₩700,000 사이일 것으로 예상된다.

(4) 20×6년도중에 한 경쟁회사가 신영(주)를 상대로 불법기밀탐지 혐의로 ₩1,200,000을 요구하는 손해배상청구소송을 제기하였다. 회사의 경영자와 자문변호사의 의견으로는 손해배상금을 지급하게 될 가능성이 그리 높지 않으며, 만약에 패소할 경우 지급하게 될 배상금도 추정하기 어려운 것으로 보고 있다.

위 각 경우에 대하여 신영(주)가 기록해야 할 분개를 하고 만약 분개가 불필요한 경우에는 이유를 설명하고 적절한 정보공시방법을 제시하라.

16. 충당부채와 우발부채

[제1부]
(주)대한은 일정기간 해상에서 석유를 채굴할 수 있는 권리를 취득하는 계약을 체결하였다. 이 계약에 따라 생산종료시에는 유정굴착장치를 제거하고 해저를 원상복구해야 한다. 이러한 원상복구비의 90%는 유정굴착장치를 제거하고, 이의 건설로 인해 발생한 해저 손상부분을 복구하는 데 지출된다. 나머지 10%의 복구비는 석유의 채굴로 인해 발생하는 비용(예 : 오염제거비용)이다. 보고기간말 현재 유정굴착장치가 완공되었으나 석유는 채굴하지 않은 상태이다.
이와 같은 우발상황에 대하여 충당부채의 인식요건을 고려하여 적절한 회계처리방법을 제시하라.

[제2부]
위의 [제1부]에서 20×1. 1. 1 현재 유정굴착장치를 제거하고 원상복구하는 경우에는 복구비로서 노무비 ₩131,250, 장비 사용 및 간접비 ₩105,000, 정상이윤 ₩47,250 등 총 ₩283,500이 지출될 것으로 예상된다. 한편, 이 석유채굴 계약기간은 10년간이고 물가상승률은 연 4%이다. 그리고 노무비와 원재료 수급변동 등을 고려할 때 시장위험 프리미엄은 ₩20,982으로 추정된다. 이 경우 현재가치에 의하여 충당부채로 인식해야 할 금액은 얼마인가? 그리고 이 충당부채를 유효이자율법으로 상각하는 표를 작성하라.

[제3부]
한국연료(주)는 석유화학업에 종사하고 있으며 동남아의 일부 국가에 생산시설을 갖춘 자회사를 가지고 있다. 자회사가 소재한 나라 중 하나는 지금까지는 환경규제가 까다롭지 않아서 현행 법규에 따르면 자회사에

의해 오염된 토지에 대한 정화작업을 하지 않아도 된다. 그러나 한국연료(주)는 환경법규와 관계없이 회사의 생산시설이 오염시킨 토지는 모두 정화시킨다는 정책을 널리 홍보하고 있으며 실제로 이러한 정책을 충실히 이행해오고 있다. 한국연료(주)는 환경법규에 위반되지 않지만 오염된 토지에 대한 예상된 정화작업과 관련된 충당부채를 인식해야 하는가?

17. 제품보증충당부채

[제1부]
장현(주)는 20×6년에 복사기 300대를 1년간 제품보증조건으로 대당 ₩5,000에 판매하였다. 제품보증기간 동안 제선비는 복사기 1대당 평균 ₩360이다. 복사기의 판매에 대한 분개와 제품보증기간 동안 기계에 대한 서비스를 위하여 발생한 지출 ₩84,500을 보증비용인식법으로 분개하라.

[제2부]
성우(주)는 컴퓨터를 한 대당 ₩800,000에 판매하고 있다. 이 가격에는 제품보증기간 동안의 사후보증용역대가가 포함되어 있다. 과거 경험으로 보아 컴퓨터 한 대당의 평균 보증비용은 부품비와 용역비를 포함하여 ₩15,000 정도이다. 성우(주)가 20×6년도에 판매한 컴퓨터는 80대이다. 한편 기중에 실제 발생한 보증용역제공비는 ₩900,000이다. 성우(주)는 보증비용인식법을 사용하고 있다.
성우(주)의 20×6. 12. 31 현재 제품보증충당부채의 잔액은 얼마인가?

18. 경품충당부채

승환(주)는 비누 상자마다 1장의 쿠폰을 넣어 판매한다. 고객은 쿠폰 10장을 경품(부엌용품)과 교환할 수 있다. 이 회사는 20×6년에 경품 8,000개를 1개당 ₩800에 매입했다. 그리고 상자당 ₩3,000에 비누 100,000상자를 판매하였다. 20×6년에는 쿠폰 40,000장이 교환되었다. 통상적으로 쿠폰의 60%가 교환될 것으로 추정된다. 승환(주)는 해당 쿠폰의 사용에 대해 충당부채를 설정하고 있다.
20×6년 경품 및 비누 판매와 관련하여 필요한 분개를 하라.

19. 충당부채의 설정

다음 각 사례는 충당부채 및 우발부채와 관련된 것이며, 서로 독립적이다.

(1) 갑(주)는 전력생산에 필요한 가스 1,000단위를 단위당 ₩230에 구매하는 확정계약을 체결하였다. 결산기말 현재 가스의 단위당 시가는 ₩160이다. 회사는 동 가스를 사용하여 생산하는 전력을 공급하여 수익을 창출할 것으로 기대된다. 갑(주)는 가스 1,000단위로 생산한 전력 100단위를 외부고객에게 단위당 ₩1,800에 전량 판매하기로 확정계약을 체결하였다. 회사가 계약을 취소하는 경우 위약금 ₩55,000을 지급해야 한다.
(2) 을(주)는 10년 동안 매년말 ₩50,000의 리스료를 지급하는 조건으로 건물에 대한 취소불능리스계약을 체결하였다. 결산기말 현재 시장에서 거래되는 유사 건물에 대한 리스료는 연 ₩30,000이다. 회사는 동 건물을 수익성이 있는 사업에 사용하고 있다. 해당 거래에 적용되는 할인율은 10%이다.
(3) 병(주)는 전기에 사업을 시작하였으며, 사업에 사용할 건물에 대하여 3년간의 리스계약을 연 ₩50,000을 지급하는 조건으로 체결하였다. 회사는 사업초기단계이므로 향후 3년간은 사업의 수익성이 기대되지 않는다.
(4) 진미(주)는 모니터 1,000개를 총공급가액 ₩200,000에 공급하는 계약을 20×1. 11. 30에 체결하였다. 모니터는 20×2. 3. 1에 인도하기로 하였다. 동 모니터의 제조에 약 2개월이 소요될 것으로 예상된다. 계약취소가 발생하는 경우 진미(주)가 지급해야 할 위약금은 ₩50,000이다. 회계연도말 현재 일부 부품의 부족으로 인하여 모니터의 단위당 제조원가가 ₩210으로 상승할 것으로 예상된다. 아직 진미(주)는 제조에 필요한 원재료를 구매하지 않았다. 모니터의 제조에 사용될 장비의 장부금액은 ₩30,000이나 위 계약내용을 고려하는 경우 회수가능액은 ₩22,000으로 추정된다.

위 각각의 경우 해당 회사가 회계연도말인 20×1. 12. 31에 설정해야 할 충당부채 금액을 구하라.

공인회계사 기출문제 응용(2020년 이후)

1. 회사채의 조건변경손익

(2022년 CPA 1차)

(주)대한은 20×1. 1. 1에 (주)민국에게 사채(액면금액 ₩1,000,000, 3년만기, 표시이자율 연 10%, 매년말 이자지급)를 발행하였으며, 동 사채를 상각후원가로 측정하는 금융부채로 분류하였다. 사채발행일의 시장이자율은 연 12%이다. (주)대한은 20×1. 12. 31 동 사채의 만기를 20×4. 12. 31로 연장하고 매년말 연 4%의 이자를 지급하는 조건으로 (주)민국과 합의하였다. 조건변경 전 20×1. 12. 31 사채의 장부금액은 ₩966,218이며, 현행 시장이자율은 연 15%이다. (주)대한이 20×1. 12. 31 동 사채의 조건변경으로 인식할 조정손익은 얼마인가?

할인율 / 기 간	단일금액 ₩1의 현재가치			정상연금 ₩1의 현재가치		
	10%	12%	15%	10%	12%	15%
3년	0.7513	0.7118	0.6575	2.4868	2.4018	2.2832

2. 회사채 이자비용

(2022년 CPA 1차)

(주)대한은 20×1. 1. 1 사채(액면금액 ₩5,000,000, 표시이자율 연 6%, 매년말 이자지급, 3년 만기)를 발행하였으며, 동 사채를 상각후원가로 측정하는 금융부채로 분류하였다. 사채발행일의 시장이자율은 연 8%이며, 사채발행비 ₩50,000이 지급되었다. 20×1. 12. 31 사채의 장부금액이 ₩4,814,389일 경우 (주)대한이 동 사채와 관련하여 20×2년에 인식할 이자비용은 얼마인가?

할인율 / 기 간	단일금액 ₩1의 현재가치		정상연금 ₩1의 현재가치	
	6%	8%	6%	8%
1년	0.9434	0.9259	0.9434	0.9259
2년	0.8900	0.8573	1.8334	1.7832
3년	0.8396	0.7938	2.6730	2.5770

※ (주)대한이 발행한 상각후원가(AC)로 측정하는 금융부채(사채)와 관련된 다음의 자료를 이용하여 3번과 4번 문제에 답하라.

- 액면금액 : ₩3,000,000
- 사채 권면상발행일 : 20×1. 1. 1
- 사채 실제발행일 : 20×1. 3. 1
- 표시이자율 : 연 6%(매년 12월 31일에 지급)
- 사채 권면상발행일의 유효이자율 : 연 6%
- 상환만기일 : 20×3. 12. 31(만기 일시상환)

할인율 / 기 간	단일금액 ₩1의 현재가치			정상연금 ₩1의 현재가치		
	6%	7%	8%	6%	7%	8%
1년	0.9434	0.9346	0.9259	0.9434	0.9346	0.9259
2년	0.8900	0.8734	0.8573	1.8334	1.8080	1.7832
3년	0.8396	0.8163	0.7938	2.6730	2.6243	2.5770

3. 회사채 발행가

(2021년 CPA 1차)

다음 (A) 또는 (B)의 조건으로 사채를 발행하는 경우, (주)대한이 20×1. 3. 1에 사채발행으로 수취하는 금액이 (A)와 (B) 중 어느 조건이 얼마나 더 많은지 계산하라. 단, 이자는 월할로 계산한다.

(A) 사채 실제발행일의 유효이자율이 연 8%인 경우
(B) 사채 실제발행일의 유효이자율이 연 7%인 경우

4. 사채 조기상환손실

(2021년 CPA 1차)

(주)대한은 20×3. 4. 1에 사채액면금액 중 30%를 경과이자를 포함하여 현금 ₩915,000에 조기상환하였다. 위 자료에서 사채 실제발행일(20×1. 3. 1)의 유효이자율이 연 8%인 경우, (주)대한이 조기상환시점에 사채상환손실로 인식할 금액은 얼마인가? 단, 이자는 월할로 계산한다.

5. 상각후원가측정금융부채 : 유효이자율과 금융부채 조건변경

(2022년 CPA 2차)

다음은 20×1. 1. 1 (주)대한이 발행한 사채에 대한 자료이다. 아래의 각 요구사항은 독립적이다.

(1) (주)대한이 발행한 사채의 조건은 다음과 같다.

- 액면금액 : ₩1,000,000
- 만기상환일 : 20×3. 12. 31 일시상환
- 표시이자율 : 연 5%
- 이자지급일 : 매년 12월 31일
- 사채발행일 유효이자율 : 연 ?%

(2) (주)대한은 동 사채를 발행하고 상각후원가로 측정하는 금융부채로 분류하였다.

요구사항

1. 상기 사채의 20×1. 1. 1 최초 발행금액은 ₩947,515이라고 가정한다. (주)대한은 동 사채와 관련하여 사채발행기간(3년) 동안 인식해야 할 총이자비용을 3년으로 나누어 매년 균등한 금액으로 인식하였다. (주)대한의 이러한 회계처리는 중요한 오류로 간주된다. (주)대한의 사채이자비용에 대한 상기 오류를 20×2년 장부마감 전에 발견하여 올바르게 수정하면, 20×2년 전기이월이익잉여금이 ₩1,169 증가한다. 이 경우, ① 20×1. 1. 1 (주)대한이 발행한 사채에 적용된 유효이자율을 구하고, ② 이러한 오류수정이 20×2년도 당기순이익에 미치는 영향을 계산하라. 단, 당기순이익이 감소하는 경우 금액 앞에 (−)를 표시한다.
2. 20×2. 12. 31 현재 (주)대한의 상기 사채의 장부금액은 ₩954,555이라고 가정한다. 20×3. 1. 1에 (주)대한은 사채의 채권자와 다음과 같은 조건변경을 합의하였다.

〈조건변경 관련 정보〉

(1) (주)대한이 발행한 사채의 조건변경 전후 정보는 다음과 같다.

항 목	변경 전	변경 후
만 기	20×3. 12. 31	20×5. 12. 31
표시이자율	연 5%	연 1%
액면금액	₩1,000,000	₩900,000

(2) 동 사채의 조건변경과정에서 (주)대한은 채권자에게 채무조정수수료 ₩18,478을 지급하였다.

(3) 20×3. 1. 1 상기 사채의 변경된 미래현금흐름을 시장이자율로 할인한 현재가치는 다음과 같다. 동 사채의 미래현금흐름의 현재가치는 공정가치와 동일한 것으로 본다.

시장이자율	20×3. 1. 1
연 10%	₩698,551
연 11%	₩680,073
연 12%	₩662,237

(4) 20×3. 1. 1 현재 (주)대한의 동 사채에 대한 시장이자율은 연 12%이다.
(5) (주)대한은 상기 계약조건의 변경이 실질적 조건변경에 해당하지 않는 것으로 판단하여 회계처리하였다.

(주)대한은 20×3년 장부마감 전에 상기 계약조건의 변경이 실질적 조건변경에 해당됨을 알게 되었으며, 기존의 회계처리는 중요한 오류로 간주되었다. 이를 올바르게 수정하였을 때, 아래 양식을 이용하여 수정표를 완성하라. 단, 감소하는 경우 금액 앞에 (−)를 표시한다.

항 목	수정전 금액	수정금액	수정후 금액
사채 장부금액	?	①	?
이자비용	?	②	?
금융부채조정이익	?	③	?

〈답안작성 예시〉
사채 장부금액, 이자비용, 금융부채조정이익의 수정전 금액이 각각 ₩10,000, ₩200, ₩100이고 수정후 금액이 각각 ₩8,000, ₩350, ₩60인 경우, 아래와 같이 작성한다.

항 목	수정전 금액	수정금액	수정후 금액
사채 장부금액	?	① (−)₩2,000	?
이자비용	?	② ₩150	?
금융부채조정이익	?	③ (−)₩40	?

6. 연속상환사채, 자기사채

(2022년 CPA 2차)

(주)대한은 20×1. 1. 1에 (주)민국에게 연속상환사채를 발행하였다. 아래의 자료를 이용하여 요구사항에 답하라.

(1) 사채의 발행조건은 다음과 같다.

- 사채의 액면금액 : ₩1,000,000
- 만기상환일 : 20×4. 12. 31
- 표시이자율 : 연 8%
- 이자지급일 : 매년 12월 31일(연 1회)
- 원금의 상환방법 : 20×1년부터 20×4년까지 매년말 ₩250,000씩 상환
- 사채발행일 현재 동 사채에 적용되는 유효이자율 : 연 5%

(2) 동 사채와 관련하여 이자계산시 월할계산한다. 현재가치 계산시 아래의 현가계수를 이용한다.

기 간	단일금액 ₩1의 현가계수		
	4%	5%	8%
1	0.9615	0.9524	0.9259
2	0.9246	0.9070	0.8573
3	0.8890	0.8638	0.7938
4	0.8548	0.8227	0.7350

요구사항

1. (주)대한의 사채와 관련하여 20×2년도에 인식될 이자비용을 계산하라.
2. (주)대한이 20×3. 1. 1에 위 사채를 재매입하여 자기사채로 처리하는 경우 (주)대한의 20×3년도 포괄손익계산서상 당기순이익에 미치는 영향을 계산하라. 단, 자기사채의 매입시점에 동 사채에 적용되는 시장이자율은 연 4%이며, 당기순이익이 감소하는 경우 금액 앞에 (−)를 표시한다.

7. 금융부채조정손익, 금융보증

(2021년 CPA 2차)

다음의 자료를 이용하여 요구사항에 답하라. 단, 각 요구사항은 독립적이다.

(1) (주)대한은 20×1. 1. 1에 (주)민국으로부터 현금 **₩500,000**을 1년간 차입(연 이자율 8%, 이자는 만기상환시 지급)하였다. 차입금의 이자율은 시장이자율과 동일하다. (주)대한은 20×1. 12. 31에 동 차입금의 만기를 20×4. 12. 31로 연장하고, 연 이자율을 4%(매년말 후급)로 하향조정하는 것에 대해 (주)민국과 합의하였다. 20×1년말 현재 시장이자율은 연 10%이며, 미지급이자는 없다.

(2) (주)대한은 20×2. 1. 1 추가 운영자금을 나라은행으로부터 차입(차입금 A)하고자 하였는데, 나라은행은 (주)대한의 지급불능위험을 회피하기 위하여 제3자 보증을 요구하였다. 이에 20×2. 1. 1 (주)만세가 (주)대한으로부터 지급보증의 공정가치인 **₩6,000**을 보증료로 수취하고 나라은행에 보증을 제공하기로 하였다. 동 금융보증계약에 따라 (주)만세는 (주)대한이 보유한 차입금 A의 지급불이행으로 나라은행이 손실을 입을 경우 이를 보상한다. 금융보증기간은 20×2. 1. 1부터 20×5. 12. 31까지이며, (주)만세는 수취한 보증료를 보증기간 4년 동안 매년 균등하게 수익으로 인식한다. (주)만세가 연도별로 추정한 (주)대한의 차입금 A에 대한 손실충당금 잔액은 다음과 같으며, 이는 나라은행이 추정한 금액과 동일하다.

20×2년말	20×3년말	20×4년말	20×5년말
₩1,000	**₩3,500**	**₩3,700**	**₩3,700**

(3) 현재가치 계산시 아래의 현가계수를 이용하고, 답안 작성시 원 이하는 반올림한다.

기 간	단일금액 ₩1의 현가계수		정상연금 ₩1의 현가계수	
	8%	10%	8%	10%
1	0.9259	0.9091	0.9259	0.9091
2	0.8573	0.8265	1.7833	1.7355
3	0.7938	0.7513	2.5771	2.4869

요구사항

1. (주)대한은 20×1. 12. 31에 금융부채의 조건변경과정에서 (주)민국에게 수수료 **₩7,000**을 지급하였다. 이 경우 20×1년말 (주)대한이 조건변경에 따라 인식할 금융부채조정손익과 20×1년말 재무상태표에 인식할 (주)민국에 대한 동 차입금의 장부금액을 각각 계산하라. 단, 금융부채조정손실이 발생할 경우에는 금액 앞에 (−)를 표시한다.

2. (주)만세가 (주)대한을 위해 20×2. 1. 1 나라은행과 체결한 금융보증계약이 (주)만세의 20×3년도와 20×4년도의 포괄손익계산서상 당기순이익에 미치는 영향을 각각 계산하라. 단, 당기순이익이 감소하는 경우에는 금액 앞에 (−)를 표시한다.

8. 금융부채조정손익, 금융보증

(2021년 CPA 2차)

보고기간말 이전에 장기차입약정(예 : 차입기간 내 유동비율 100% 유지)을 위반했을 때 채권자가 즉시 상환을 요구할 수 있는 채무에 대해 '보고기간후' 재무제표 발행승인일 전에 채권자가 약정위반을 이유로 상환을 요구하지 않기로 합의하였다. 이 경우 동 채무를 유동부채와 비유동부채 중 어떤 항목으로 분류해야 하는지 설명하고 그 이유를 간략히 기술하라.

윤리문제

CHAPTER 13

1.

에버그린(주)는 화장품제조회사인데 자금조달을 위해서 은행차입금에 많이 의존하고 있다. 이 중 하나의 은행차입금 약정에 따르면 에버그린(주)는 유동비율을 최소한 0.9 이상 유지해야 한다. 회사의 회계담당임원의 예측에 따르면 20×1년말 유동자산과 유동부채는 각각 ₩210,000과 ₩240,000이 될 것으로 예상된다. 따라서 유동비율이 0.875가 될 것으로 예상된다. 유동비율 0.9를 달성하지 못할 경우 은행차입이자율이 올라갈 예정이다. 이에 대한 대책으로 회계담당임원은 연말 즈음에 재고자산 ₩60,000을 외상으로 구입하는 것이 좋겠다고 회사 사장에게 제안하였다. 이렇게 할 경우 유동자산과 유동부채가 같은 금액만큼 올라가지만 유동비율 약정은 지킬 수 있다. 추가로 구입한 재고자산은 20×2년중에는 판매될 예정이다.

이 경우 윤리문제가 발생하는가? 차입금약정 위반에 대한 대책으로 어떤 대안들이 있는가? 각 대안에 따른 결과와 어떤 이해관계자들이 어떤 영향을 받을 것인지에 대해 언급하라.

2.

경우(주)는 당해 회사의 최고경영자와 보너스계약을 체결하였는데, 이에 따르면 회사의 당기순이익이 직전연도에 비해 ₩10억이 증가하면 회사는 최고경영자에게 ₩2억을 보너스로 지급해야 한다. 당해 연도의 이익이 ₩9억 5천만 증가할 것으로 예상되자 최고경영자는 재무담당상무에게 제품보증비 추정액을 ₩6천만만큼 줄일 것을 요구하였다.

현재로서는 제품보증비용이 약 ₩5억 정도가 될 것으로 추정되는데, 최고경영자나 재무담당상무 모두 그 금액의 추정은 가변적이라고 보고 있다.

요구사항

1. 재무담당상무는 제품보증비의 추정액을 줄여야겠는가?
2. 어떤 윤리적인 문제가 개입되어 있는가? 이로 인해 누가 손해를 보게 되는가?
3. 최고경영자의 행위가 비윤리적이라고 보는가?

CHAPTER

14 자 본

재무상태표의 차변은 자산으로서 자금의 운용형태를 보여주며, 대변은 자금의 조달원천을 보여준다. 재무상태표의 대변은 다시 부채와 자본으로 나누어지는데, K-IFRS에서 자본은 특별히 정한 분류기준이 없다. 그러나 일반기업회계기준에서는 자본을 자본금, 자본잉여금, 자본조정, 기타포괄손익누계액, 이익잉여금의 다섯 가지 범주로 나눈다. 자본금과 자본잉여금은 납입자본을 나타내고, 이익잉여금은 영업활동에서 창출된 이익 중 사내에 유보시킨 금액을 나타낸다. 본래 납입자본과 이익잉여금의 구분은 법적으로 구분하기 시작한 데서 기원을 찾을 수 있지만 오늘날에는 소유주에 의한 자본조달을 그 원천별로 구분하는 역할을 하고 있다.

사례 두산중공업(두산에너빌러티) – 자본의 구성

두산중공업(주)의 2021년 연결재무제표의 자본과 기타포괄손익누계액의 구성내용을 살펴보면 다음과 같다.

(단위 : 억원)

	2021년말	2020년말
Ⅰ. 지배회사 소유주지분	60,914	31,883
1. 자 본 금	18,650	19,377
2. 자본잉여금	17,626	26,622
3. 기타자본항목	461	479
4. 기타포괄손익누계액	7,313	5,871
5. 이익잉여금	7,732	(20,466)
Ⅱ. 비지배지분	27,161	39,181
자본총계	88,075	71,064
부채 및 자본총계	237,205	255,671

(주) 1) 2021년말 현재 부채구성비율이 63%(=(₩237,205－₩88,075)/₩237,205)이다.
2) 비지배지분은 종속회사의 외부주주지분으로 고급회계에서 자세하게 설명된다.

[2021년말 연결재무제표 자본의 공시 부분 일부]

19. 자본금

당기말 현재 지배기업이 발행할 주식의 총수는 2,000,000,000주이고, 1주당 액면금액은 5,000원입니다. 당기말 현재 발행한 주식수는 보통주식 522,220,786주(전기말 : 374,637,255주)이며, 지배기업의 발행주식수 중 상법에 의하여 의결권이 제한되어 있는 주식수는 자기주식 95,978주(전기말 : 14,329주)입니다. 지배기업은 당기중 지배기업의 최대주주인 (주)두산으로부터 현물출자받아 취득한 두산퓨얼셀(주) 주식에 대한 대가로 보통주 47,843,956주를 신주발행하였으며, 두산인프라코어(주) 투자부문 합병 및 신주인수권 행사로 인하여 각각 보통주 83,399,437주 및 16,340,138주를 신주발행하였습니다.

한편, 당기말과 전기말 현재 자본금 및 주식발행초과금의 내역은 다음과 같습니다.

(단위 : 백만원)

구 분	주식수		자본금			주식발행초과금		
	보통주	우선주	보통주	우선주(주1)	계	보통주	우선주	계
당기말	522,220,786주	–	2,611,103	64,522	2,675,625	1,234,457	–	1,234,457
전기말	374,637,255주	–	1,873,185	64,522	1,937,707	875,460	299,701	1,175,161

(주1) 전기 이전에 임의적립금을 재원으로 상환전환우선주를 매입 및 소각하였으며, 이로 인해 자본금의 감소는 없습니다.

20. 자본잉여금

당기말 및 전기말 현재 연결실체의 자본잉여금의 구성내역은 다음과 같습니다.

(단위 : 백만원)

구 분	2021년말	2020년말
주식발행초과금	1,234,457	1,175,161
재평가적립금	–	594,262
기타자본잉여금(주1)	630,626	892,791
합 계	1,865,083	2,662,214

(주1) 전기중 특수관계자 등으로부터 두산퓨얼셀(주)의 주식을 무상으로 증여받았으며, 무상수증에 따른 이익은 기타자본잉여금에 포함되어 있습니다.

21. 기타자본항목

(1) 기타자본항목의 구성내역

당기말 및 전기말 현재 연결실체의 기타자본항목의 구성내역은 다음과 같습니다.

(단위 : 백만원)

구 분	2021년말	2020년말
자 기 주 식	(2,135)	(152)
주식선택권		772
기 타	47,191	47,287
합 계	46,159	47,907

(2) 자기주식

당기말 및 전기말 현재 연결실체의 자기주식 보유내역은 다음과 같습니다.

(단위 : 백만원)

구 분	2021년말		2020년말	
	주식수(주)	금 액	주식수(주)	금 액
보통주	95,978	2,135	14,329	152

-------------------------- 중략 --------------------------

22. 기타포괄손익누계액

(1) 당기말 및 전기말 현재 연결실체의 기타포괄손익누계액의 구성내역은 다음과 같습니다.

(단위 : 백만원)

구 분	2021년말	2020년말
기타포괄손익-공정가치측정금융자산평가손익	(10,146)	(35,099)
파생상품평가손익	16,180	5,197
지분법자본변동	71	739
재평가잉여금	1,112,411	1,052,418
해외사업환산손익	(387,191)	(436,098)
합 계	731,325	587,157

-------------------------- 중략 --------------------------

23. 이익잉여금(결손금)

(1) 당기말 및 전기말 현재 연결실체의 이익잉여금(결손금)의 세부내역은 다음과 같습니다.

(단위 : 백만원)

구 분	2021년말	2020년말
법정적립금	83,026	138,118
임의적립금	43,396	43,395
미처분이익잉여금(미처리결손금)	646,813	(2,228,114)
합 계	773,235	(2,046,601)

제 1 절 자본과 주식

1 자본의 의의와 분류

기업의 소유자는 기업경영과 관련하여 발생하는 위험과 불확실성에 대하여 최종적인 책임을 지고 그 대가로 투자이익을 얻게 된다. 소유자가 기업에 대하여 갖는 몫인 자본(capital), 즉 소유주지분(owners' equity)은 자산에서 채권자지분인 부채를 차감한 금액인 순자산(net asset)이다. 따라서 자본을 잔여지분(residual equity)이라고도 부른다. 또한 오늘날 대부분의 기업이 주식회사 형태를 취하고 있기 때문에 자본을 주주지분(stockholders' equity)이라 부르기도 한다. 따라서 자본, 소유주지분, 순자산, 잔여지분 및 주주지분은 모두 동의어로 사용되고 있다. 그러나 자본이라는 용어가 가장 보편적으로 사용되고 있다.

자본은 기업의 개별자산이 아닌 순자산 전체에 대한 청구권을 의미한다. 또한 그 금액이 확정되어 있지 않으며, 회사의 이익에 따라 변화하게 된다. 즉 자본은 이익이 발생하면 증가하고 손실이 발생하면 감소한다.

K-IFRS 제1001호(재무제표 표시)에서는 자본을 납입자본금, 이익잉여금과 기타자본구성요소로 구분하고 있을 뿐 자본에 대한 구체적인 규정을 제시하고 있지 않다. 즉 각 국가의 상황에 맞게 회계처리하도록 허용하고 있다. 따라서 본장은 우리나라 일반기업회계기준(K-GAAP)과 상법 등의 법규에 따른 설명을 제시하고자 한다.

일반기업회계기준에서는 자본을 자본금, 자본잉여금, 자본조정, 그리고 기타포괄손익누계액과 이익잉여금으로 구분하고 있다.[1] 자본금과 자본잉여금의 합계액은 납입자본이라고도 한다. 납입자본(paid-in capital 또는 contributed capital)은 자본거래로 형성되며, 기타포괄손익누계액과 이익잉여금(retained earnings)은 손익거래에서 발생한다. 자본거래란 주주에 의한 투자와 주주에 대한 환원으로 구성되는 거래이며, 손익거래는 수익·비용 또는 이익·손실을 발생시키는 거래이다. 기타포괄손익누계액은 공정가치로 평가하는 자산 또는 부채의 보유로부터 발생한 기타포괄손익의 누계액을 의미하며, 이익잉여금은 누적된 손익을 반영한다. 한편, 자본조정(capital adjustments)은 당해 항목의 성격상 자본에 해당하지만 최종 납입된 자본으로 볼 수 없거나 자본의 차감 성격의 항목으로서 자본금이나 자본잉여금으로 분류할 수 없는 주로 임시적인

1) 법률적 관점에서 보면 자본은 법정자본금과 잉여금으로 구분된다. 법정자본금(legal capital)을 자본금(capital stock 또는 share capital)이라고 부르는데, 주당액면금액에 발행주식수를 곱한 금액으로서 채권자보호를 위하여 회사가 유지해야 할 최소한의 재산을 의미한다. 잉여금은 자본 중 법정자본금을 초과하는 부분을 의미한다. 자본의 법률적 관점에 대해서도 관심을 가져야 하지만 이것이 회계처리의 기준이 되지는 않는다.

항목으로 구성된다.

자본을 구분하는 방법과 각 구분별로 대표적인 거래의 예를 살펴보면 〈표 14-1〉과 같다. 자본을 경제적 관점에 따라 분류하되 법률적 관점을 접목시켜 납입자본을 법정자본인 자본금과 그 이외의 자본잉여금으로 구분하고 있다.

▶ **표 14-1**
자본의 분류(구성)

계정구분	비 고		
Ⅰ. 자 본 금		납입자본	자본거래로 발생
1. 보통주자본금	• 보통주발행주식수×액면금액		
2. 우선주자본금	• 우선주발행주식수×액면금액		
Ⅱ. 자본잉여금			
1. 주식발행초과금	• 발행금액*>액면금액		
2. 기타자본잉여금	• 감자차익 (자본감소액>감자대가)		
	• 자기주식처분이익 (재발행금액>취득원가)		
	• 주식선택권 (행사되지 않고 만료된 경우)		
* 신주발행을 위하여 직접 발생한 비용(신주발행수수료 등)을 차감한 후의 금액			
Ⅲ. 자본조정			
1. 자 기 주 식	• 자기주식의 취득원가		
2. 기타자본조정	• 주식할인발행차금 (이익잉여금처분으로 상각)		
	• 주식선택권 (주식결제형 주식기준보상거래)		
	• 미교부주식배당금 (주식배당시 발행될 주식의 액면금액)		
	• 감자차손 (감자대가>자본감소액)		
	• 자기주식처분손실 (재발행금액<취득원가)		
Ⅳ. 기타포괄손익누계액[주1)]			손익거래로 발생
1. 자산재평가차익[주2)]			
2. 확정급여제도 재측정요소[주3)]			
3. FVOCI금융자산평가손익			
4. FVPL금융부채평가손익 (자기신용변동 부분)			
5. 해외사업장외화환산차익			
6. 현금흐름위험회피파생상품평가손익 (효과적인 부분)			
Ⅴ. 이익잉여금			
1. 적 립 금			
(1) 법정적립금			
1) 이익준비금	• 상법(제458조)에 의거 적립		
(2) 각종 임의적립금	• 정관 또는 주주총회의 결의에 의거 임의적립		
2. 미처분이익잉여금(미처리결손금)			

(주) 1) 포괄손익계산서에서 기타포괄손익은 후속적으로 "당기순이익으로 재순환되는 항목(FVOCI금융자산(채무증권)평가손익, 해외사업장외화환산차손익, 현금흐름위험회피파생상품평가손익)"과 당기손익으로 재순환되지 않는 항목(FVOCI금융자산(지분증권)평가손익, 자산재평가차익 및 확정급여제도 재측정요소, FVPL금융부채평가손익(자기신용변동 부분))으로 구분하여 표시하도록 되어 있으나 재무상태표에는 구분해서 표시하지 않는다.

2) '관계기업재평가차익에 대한 지분'도 포함한다.

3) 확정급여제도의 재측정요소는 발생한 기간에 자본 내의 다른 항목(예, 이익잉여금 등)으로 대체되었다면, 재무상태표의 기타포괄손익누계액에는 나타나지 않게 된다.

2 주식회사와 주식

회사의 형태에 따라 자본의 구성내용이 다를 수 있다. 오늘날의 기업들은 대부분 주식회사의 형태를 취하고 있기 때문에 본 교재에서는 주식회사 형태를 취하는 기업의 자본에 근거하여 설명하고자 한다.

(1) 주식회사의 본질

주식회사(corporation)는 주식발행을 통해 자금을 조달하여 설립된 회사형태이다. 주식회사는 다른 형태의 회사에 비하여 다음과 같은 장점을 지닌다.

① 자본조달 용이 : 주식은 적은 금액으로 구입 및 판매할 수 있는 단위로 나누어져 있으므로 투자자는 자기의 능력 및 선호에 맞게 주식을 사거나 판매한다. 따라서 기업은 일시에 많은 자금을 무리 없이 조달할 수 있다.

② 유한책임 : 주주는 최악의 경우에도 자기가 투자한 금액만큼만 손해를 보면 된다. 즉 회사에 손실이 발생하더라도 이를 주주 개인의 재산으로 부담할 필요가 없다.

③ 소유권의 양도 및 양수 용이 : 정관에 특별한 제한이 없는 한 주주들은 다른 주주의 승인이나 양해를 구할 필요 없이 주식을 사거나 팔 수 있다.

④ 계속기업 : 주주의 변경에 관계없이 회사는 계속기업으로 존속하게 된다. 개인기업은 물론이고 합자회사나 합명회사 등도 소유권의 변경이나 소유주의 사망시에 회사의 실체가 소멸할 위험이 크다.

위와 같은 장점들 때문에 오늘날 대부분의 기업은 다른 유형의 회사보다는 주식회사의 형태를 취하고 있다. 그러나 자본이 부실화되어 채권자들에게 피해를 줄 수도 있기 때문에 상법, 주식회사의 외부감사에 관한 법률 등에서 주식회사에 대한 재무상태를 철저히 관리를 하고 있고 영업에 대해서도 상세한 공시를 요구하고 있다.

주식회사에서 동종의 주식은 모든 면에서 같은 권리와 의무를 지니므로 각 주주의 지분은 자기가 소유한 주식의 수에 비례한다. 예컨대 보통주 10,000주를 발행한 회사에서 5,000주를 소유한 사람은 그 회사의 1/2을 소유한 주주이며, 500주를 소유한 사람은 회사의 1/20만큼을 소유한 주주이다. 특별한 규정이 있는 경우를 제외하고는 각 주식은 아래와 같은 권리를 행사할 수 있다.

① 회사의 경영에 비례적으로 참가할 권리(주주총회에서의 의결권)
② 회사의 이익배분에 비례적으로 참가할 권리(이익분배권)
③ 회사의 청산시 잔여재산배분에 비례적으로 참가할 권리(잔여재산분배권)
④ 회사의 신주발행에 대하여 비례적으로 참가할 권리(주식선매권)

위의 권리 중 ①부터 ③에 해당하는 권리는 주식회사가 아닌 경우에도 보편적으로 소유주에게 주어지는 권리라고 볼 수 있다. 그러나 주식회사의 경우에는 주주의 상대적 지분이 주식수의 변동에 관계없이 일정하게 유지되어야 하므로 신주의 발행시에 기존주주에게 우선적으로 자기 몫만큼 매입할 수 있는 권리(위의 ④)를 부여하고 있는데, 이를 주식선매권(preemptive rights)이라 한다.

(2) 주식의 종류

주식회사는 주식을 발행하여 자본을 조달한다. 주식회사가 발행하는 주식에는 액면주식과 무액면주식이 있다. 액면주식은 회사의 정관과 주권에 명목금액인 액면금액(par value)이 명시된 주식을 말하고, 무액면주식은 액면금액이 명시되지 않은 주식을 말한다.

액면금액에 발행주식수를 곱하면 자본금(법정자본금)이 된다. 액면금액 혹은 자본금은 법적인 차원에서 채권자 보호를 위하여 회사가 유지해야 할 최소한의 재산을 의미한다. 그러나 회사 설립시를 제외하고는 주식의 실제가치가 액면금액과 같지 않기 때문에 액면금액은 경제적인 측면에서 큰 의미를 갖지 않는다.

회사는 주식의 전부를 무액면주식으로 발행할 수 있다. 무액면주식을 발행하는 경우에는 액면주식을 발행할 수 없다. 회사가 무액면주식을 발행하면 회사의 자본금은 주식 발행금액의 1/2 이상의 금액으로서 이사회(또는 정관에서 정한 경우에는 주주총회)에서 자본금으로 계상하기로 한 금액의 총액으로 한다. 이 경우 주식의 발행금액 중 자본금으로 계상하지 않은 금액은 자본잉여금으로 계상한다.

주식회사는 여러 가지 종류의 주식을 발행할 수 있다. 가장 보편적으로 발행되는 주식은 보통주와 우선주이다.

1) 보통주

보통주(common stocks, ordinary shares)는 기본적인 소유권을 나타내는 주식이다. 회사가 한 종류의 주식만을 발행했다면, 이는 보통주를 의미한다. 보통주는 기업이 실패할 경우 최종위험을 부담하고, 성공할 경우 이득을 받는 잔여지분의 성격을 갖는다. 즉 재무상태표의 대변항목들을 자산에 대한 청구권으로 볼 때 먼저 부채를 변제하고, 그 다음으로 우선주에 대한 배분을 하고 남은 잔여지분은 모두 보통주에 귀속된다. 보통주에는 이익배당이나 청산배당 등이 보증되어 있지 않다. 대신 보통주는 회사의 경영에 참여할 수 있는 권리가 있다.

2) 우선주

우선주(preferred stocks, preference shares)란 특정 사항에 관해서는 보통주에 대하여 우선적인 권리가 부여된 주식이다. 우선주에는 계약에 의하여 정해진 범위 내에서 보통주에 앞서 우선적으로 이익배당을 받을 수 있는 권리가 주어진다. 대신에 경영참가권인 의결권이 배제되고 추가적인 이익배당에 참여할 권리도 배제되는 것이 일반적이다.

우선주라는 용어 때문에 우선주는 모든 면에서 우선권이 주어지는 것으로 오해되는 경우가 있다. 그러나 우선주는 이익배당에서 우선권을 부여받지만 이보다 더 중요한 권리인 의결권을 행사할 수 없는 것이 일반적이다. 따라서 대부분의 경우 우선주는 보통주보다 상대적으로 가치가 낮다.

우선주를 통하여 자본을 조달하고자 할 때에는 여러 가지 권리를 추가적으로 부여하여 우선주 발매를 촉진시키기도 한다. 우선주에 추가적으로 주어지는 권리에 따라 누적적 우선주, 참가적 우선주, 전환우선주, 상환우선주 등으로 나누어진다.

① 누적적 우선주(cumulative preferred stocks) : 특정 연도에 약정된 이익배당을 지급받지 못하거나 미달한 경우에는 차후연도에 보통주에 대한 이익배당을 지급하기 전에 지급받지 못한 이익배당액을 우선적으로 지급받을 수 있는 권리가 부여된 우선주를 말한다. 특별한 규정이 없는 한 우선주는 누적적 우선주로 간주한다. 왜냐하면 우선주가 비누적적인 경우 한 회계연도에 배당을 선언하지 않으면 당해 연도분 배당금은 영원히 받을 수 없게 되므로 배당에 대한 우선권 부여가 우선주의 가장 기본적인 권리로 인식되고 있는 일반적인 견해에 어긋나기 때문이다.

누적적 우선주에 대한 약정배당미달액을 연체배당금(dividends in arrears)이라고 한다. 연체배당금은 부채로 기록하지 않는다. 왜냐하면 배당은 선언되어야만 미지급배당금이라는 부채가 발생하는 것으로 보기 때문이다. 다만, 이를 주석 등으로 공시하여 연체배당금이 존재한다는 사실을 주지시켜야 한다.

② 참가적 우선주(participating preferred stocks) : 정해진 우선주 배당률의 배당을 초과하여 보통주와 함께 일정한 한도까지 이익배당에 참여할 권리가 부여된 우선주를 말한다. 참가적 우선주는 추가적 이익배당에 참가할 수 있는 정도에 따라 다시 완전참가적(fully participating) 우선주와 부분참가적(partially participating) 우선주로 구분된다. 예를 들면, 5% 우선주가 완전참가적 우선주라면 5%의 배당금을 우선주와 보통주에 지급하고도 배당액이 남은 경우 보통주와 동일한 비율로 추가적인 이익배당에 참여할 수 있다. 한편, 5% 우선주가 10%까지 참가할 수 있는 부분참가적 우선주일 때 보통주에게 5%를 초과하는 금액을 지급할 수 있는 배당선언을 한 경우 기본 5% 이외에 10%까지는 보통주와 동일한 비율로 배당에 참여할 수 있다. 그러나 10% 이상의 배당에는 참가할 수 없다.[2)]

2) 우리나라에서 우선주는 의결권이 없는 대신 일반적으로 보통주에 지급되는 배당률(통상 액면금액의 5~10% 정도)에 일정률(통상 1%)을 추가로 받을 수 있는 권리를 가지고 있다.

예제 14-1 우선주와 보통주에 대한 배당금 결정

성은(주)는 20×1. 1. 1에 영업을 시작하였으며, 20×5. 12. 31 현재 자본금계정은 다음과 같다.

보통주 (주당액면 ₩5,000)	₩400,000
우선주 (8%, 비누적적, 비참가적 ; 주당액면 ₩5,000)	100,000
우선주 (4%, 누적적, 부분참가적(12%까지) ; 주당액면 ₩5,000)	200,000

성은(주)는 모든 주식을 영업개시와 동시에 발행하였으며, 그 이래 아직 배당을 실시한 적이 없다. 성은(주)가 20×6년초 ₩200,000의 배당을 선언하였다.

1) ₩200,000의 배당금을 어떻게 배분할 것인가?

2) 4% 누적적 우선주가 완전참가적이라면, 배당금을 어떻게 배분할 것인가?

해답

1) ₩200,000의 배당금 배분

주식의 종류	1차 배분	잔여배당금의 배분	소 계
[4% 우선주] 누적적, 부분참가적	₩200,000×4%×5년=₩40,000	₩16,000#	₩56,000
[8% 우선주] 비누적적, 비참가적	₩100,000×8%=₩8,000	- 없음 -	8,000
보통주	₩400,000×4%*=₩16,000	₩136,000−₩16,000=₩120,000	136,000
합 계	₩64,000	₩136,000**	₩200,000

min(₩136,000×(₩200,000/₩600,000), ₩200,000×(12%−4%))=₩16,000

* 우선주에 추가로 참가액을 배분하기 위해서는 보통주에도 참가적 우선주 배당률만큼은 배분해야 한다.

** 잔여배당금은 총배당금 ₩200,000에서 1차 배분 ₩64,000을 차감한 ₩136,000이다. 잔여배당금이 ₩48,000 [=₩600,000(보통주자본금+4% 부분참가적 우선주자본금)×(12%−4%)] 이하인 경우에는 4% 우선주와 보통주 각각의 총액면금액에 비례하여 배분한다.

2) 4% 누적적 우선주가 완전참가적일 경우의 배당금 배분

① 1차 배분은 위의 계산과 동일.

② 잔여배당금의 배분 : (각각의 총액면금액에 따라 배분한다)

4% 우선주 : ₩136,000×[₩200,000/(₩400,000+₩200,000)]=₩45,333

보 통 주 : ₩136,000×[₩400,000/(₩400,000+₩200,000)]=₩90,667

→ 4% 우선주 배당금(=₩40,000+₩45,333)	₩85,333
8% 우선주 배당금	8,000
보통주 배당금(=₩16,000+₩90,667)	106,667
합 계	₩200,000

③ 전환우선주(convertible preferred stocks) : 우선주 보유자가 미리 약정한 비율로 우선주를 보통주로 전환할 수 있는 선택권을 가진 주식을 말한다.[3] 전환우선주는 확실한 배당금을 보장받는 우선주의 특권과 함께 전환하는 것이 유리하다고 판단될 때 보통주로 전환할 수 있는 권리를 갖기 때문에 투자자들에게 인기 있는 투자대상이 될 수 있다.

④ 상환우선주(callable preferred stocks) : 미래에 미리 약정한 가격으로 상환되는 우선주를 말한다. 회사가 상환우선주를 발행하는 주된 이유는 자금조달이 곤란한 경우에 우선주를 발행하면 비교적 용이하게 자금을 조달할 수 있고, 이후에 여유자금이 생기면 이를 상환하여 배당압박을 피하고 자금을 효율적으로 운영하기 위해서이다.[4]

⑤ 상환전환우선주(redeemable convertible preference shares : RCPS) : 상환전환우선주는 전환우선주의 특성도 갖지만 채권처럼 만기 때 투자자가 투자금 상환을 요청할 수 있는 상환청구권을 갖는다. 투자자가 상환청구권을 가지므로 국제회계기준(IFRS)상 부채로 분류되지만 회사가 상환권을 가지면 자본으로 인정받을 수 있다. 상환전환우선주의 상환금액은 회사채 이자보다 높은 배당수익률을 약속하는 경우가 많다. 그리고 주가가 오르면 투자자는 보통주로 전환해 차익을 챙길 수 있어 기본적으로 투자자에게 유리한 편이다. 스타트업 기업에서 자금조달 수단으로 많이 활용되고 있다.

우선주 중에서 발행자가 의무적으로 상환해야 하거나 우선주의 보유자가 상환을 청구할 수 있는 권리를 가진 우선주는 발행자가 보유자에게 금융자산을 이전해야 하는 계약상의 의무가 있기 때문에 자본으로 분류하지 않고 금융부채로 분류한다.

---

3) 전환우선주에 첨부된 전환권은 별도로 구분하여 회계처리하지 않는다. 이와 같은 회계처리는 전환사채에 부과된 전환권의 경우(사채(부채요소)와 전환권(자본요소)을 구분하여 회계처리하는 것(뒤의 제15장에서 설명))과 다르다. 왜냐하면 전환우선주에는 부채요소가 존재하지 않기 때문이다. 또한 전환우선주가 전환될 때의 회계처리 규정은 없다. 그러나 전환우선주의 발행금액을 새로 발행되는 보통주의 발행금액으로 처리하는 것이 타당할 것이다.

4) 상환가격은 본래의 발행금액을 약간 상회하는 선에서 결정되고 '액면금액기준 몇 %'로 표시하는 것이 일반적이다. 상환가격은 상환우선주 시장가격의 상한선이 되는데, 이는 투자자가 상환시점에 받는 금액이기 때문이다. 물론 우선주가 상환되면 상환시점까지의 연체배당금을 지급해야 한다.

제2절 주식의 발행과 재취득

우리나라에서는 수권자본(authorized stocks)제도를 채택하고 있다. 이 제도는 주주총회에서 회사가 발행할 수 있는 주식의 총수를 사전에 결정하고 그 범위 내에서 이사회의 결의에 의하여 주식을 발행하는 제도이다. 새로 발행할 주식의 수가 결정되면 일반적으로 대행회사(증권회사)로 하여금 발행업무를 대행하도록 한다.

본절에서는 주식발행과 관련하여 주식의 현금발행, 비현금거래에 의한 주식발행, 무상증자, 주식의 재취득과 소각 등에 대하여 차례로 살펴보고자 한다.

1 주식의 발행

주식을 발행하면 자본이 증가한다. 주식발행의 대가로 현금이나 비현금자산을 받으면 이는 실질적으로 기업의 순자산이 증가하므로 실질적 증자라고 한다. 반면에 자본잉여금이나 이익잉여금을 자본금에 전입시킬 때에는 순자산이 증가하지 않으므로 형식적 증자라고 한다.

(1) 주식의 현금발행

주식의 액면금액은 기업의 법정자본을 나타내는 수치일 뿐이지, 주식의 공정가치를 나타내거나 주주가 실제 납입하는 금액을 나타내는 것은 아니다. 따라서 액면주식이라고 해서 액면금액으로 주식을 발행하는 것은 아니며 액면금액을 초과하여 할증발행할 수도 있고 액면금액 미만으로 할인발행할 수도 있다.[5)]

주식을 할증발행하는 경우에는 액면금액에 해당하는 부분은 자본금으로 기록하고, 발행금액과 액면금액의 차이는 자본잉여금으로 분류되는 주식발행초과금(paid-in capital in excess of par)으로 기록한다.

주식을 할인발행하는 경우에도 액면금액에 해당하는 금액만큼을 자본금으로 기록해야 하며, 액면금액과 발행금액의 차이는 주식할인발행차금(discount on stock)으로 기록한다. 주식할인발행차금은 발생할 당시에 장부상 주식발행초과금이 존재하는 경우 주식발행초과금의 범위 내에서 주식발행초과금과 상계처리한다. 미상계된 주식할

---

5) 우리나라에서는 채권자 보호 및 자본유지의 입장에서 원칙적으로 할인발행을 금지하고 있으나, 시가가 액면금액 미만으로 형성되어 있을 때에는 일정한 요건을 갖출 경우 이를 허용하고 있다.

인발행차금 잔액이 있을 경우에는 자본차감계정으로 보아 자본조정으로 분류하며, 이는 이익잉여금을 처분하여 상각할 수 있다.[6)]

주식발행초과금이 발생할 당시 장부상 주식할인발행차금 미상각액이 존재하면 발생된 주식발행초과금의 범위 내에서 주식할인발행차금 미상각액과 상계처리한다. 즉 주식발행초과금과 주식할인발행차금(미상각액)은 발생순서에 관계없이 서로 상계하여 회계처리한다.

예제 14-2 주식의 현금발행

성은(주)는 20×1. 1. 1에 액면금액 ₩5,000인 보통주 100주를 주당 ₩5,800에 발행하였고, 20×1. 7. 1에 액면금액 ₩5,000인 우선주를 주당 ₩3,600에 100주를 발행하였다. 20×1. 1. 1과 20×1. 7. 1의 주식발행시점과 주식할인발행차금 상각시점(이익잉여금 처분일)에 필요한 분개를 하라. 단, 주식할인발행차금은 5년간에 걸쳐 균등 상각한다.

해답

1) 주식의 할증발행 (20×1. 1. 1)

차변		대변	
(차) 현　　금	580,000	(대) 보통주자본금	500,000
		주식발행초과금(자본잉여금)	80,000

2) 주식의 할인발행 (20×1. 7. 1)

차변		대변	
(차) 현　　금	360,000	(대) 우선주자본금	500,000
주식발행초과금(자본잉여금)	80,000		
주식할인발행차금	60,000		

3) 주식할인발행차금의 상각 (이익잉여금 처분일)

차변		대변	
(차) 이익잉여금	12,000	(대) 주식할인발행차금	12,000*

* ₩60,000/5년＝₩12,000(주식할인발행차금을 상각하기에 충분한 이익잉여금 잔액이 있다고 가정함)

(주) 주식예매로 주식청약증거금을 수령하면 이를 자본조정으로 분류한다.
재무상태표 본문에는 보통주자본금과 우선주자본금이 각각 표시되지만 주식발행초과금은 보통주와 우선주를 구분하지 않고 합해서 단일계정으로 공시되는 것이 일반적이다. 단, 주석에서는 각각 공시한다.

신주발행과 관련하여 직접 발생한 비용을 신주발행비라고 한다. 신주발행비의 예를 들면 법률비용, 회계사수수료, 증권회사수수료, 주권인쇄비, 우송료, 등록비, 사무처리비, 광고비 등을 들 수 있다. 신주발행비는 비용으로 처리하지 않고 주식발행으로부터 받은 현금수취액에서 차감한다. 위의 예제 14-2 에서 20×1. 1. 1에 할증발행

6) 주식할인발행차금이 주주의 납입자본에 대한 차감적 성격인 부(負)의 자본잉여금임에도 불구하고 이익잉여금의 처분으로 상각하도록 한 것은 정상적으로 발전하는 기업이라면 주식할인발행차금은 임시적일 수밖에 없는 자본조정항목이므로 이의 조기정리를 통하여 회계정보의 이해가능성을 도모하기 위한 것이다. 이러한 회계처리는 주식발행초과금이 존재하지 아니하는 상황에서는 정당화될 수 있으나, 주식발행초과금이 존재한다면 '잉여금구분의 원칙'이 우선적으로 적용되는 것이 타당하다.

한 경우 신주발행비 ₩5,000을 지급하였다면, 다음과 같은 분개를 한다.

(차) 현 금	575,000*	(대) 보통주자본금	500,000
		주식발행초과금 (자본잉여금)	75,000

* ₩580,000 − ₩5,000(신주발행비 지급액) = ₩575,000

(2) 비현금거래에 의한 주식발행

기업은 현금 이외의 자산이나 용역을 제공받은 대가로 주식을 발행하는 경우가 있는데 이를 현물출자라고 한다. 이 경우에는 발행된 주식과 수취한 자산이나 용역 등을 공정가치로 기록해야 한다.

취득한 자산의 공정가치와 발행한 주식의 시가가 모두 알려진 경우라면 교환된 자산과 주식의 가치는 일반적으로 동일할 것이다. 하지만 드물게 교환된 자산과 주식의 공정가치에 차이가 있는 경우가 있으며, 이 경우 둘 중 더 명확한 공정가치를 사용한다. 상호 교환한 자산과 주식의 공정가치 모두를 합리적으로 결정할 수 없는 경우에는 전문가에 의한 감정가액 등을 기준으로 평가해야 한다.

종업원이 제공한 용역의 대가로 주식을 부여한 경우에는 부여한 지분상품의 부여일 현재 공정가치로 측정하고, 종업원 이외의 경우에는 용역제공일 현재 제공받은 용역의 공정가치로 측정하여 기록한다(보다 상세한 내용은 제17장(주식기준보상)을 참조).

회사가 소유하고 있는 자기주식과의 교환으로 자산이나 용역을 취득하는 경우가 있는데, 이 경우에는 자기주식의 취득원가를 기준으로 취득한 자산이나 용역을 평가해서는 안 된다. 자기주식의 시가가 알려진 경우에는 이를 기준으로 하고, 그렇지 않은 경우에는 취득한 자산(또는 용역)의 공정가치를 이용하여 평가해야 한다.

예제 14-3 비현금거래에 의한 주식발행

성은(주)는 특허권과의 교환으로 액면금액 ₩5,000인 보통주 100주를 발행하였다. 다음 각 경우의 분개를 하라.

1. 특허권의 공정가치는 알 수 없으나 성은(주) 보통주의 시가는 주당 ₩9,000으로 알려졌다.
2. 성은(주)가 비상장회사여서 주식의 시가는 알 수 없으나 특허권의 공정가치가 ₩1,000,000으로 알려졌다.
3. 성은(주)의 주식의 시가와 특허권의 공정가치를 모두 알 수 없으나 전문가의 감정결과 특허권이 ₩950,000의 가치가 있는 것으로 평가되었다.

해답

	1	2	3
특 허 권	900,000	1,000,000	950,000
자본금-보통주	500,000	500,000	500,000
주식발행초과금	400,000	500,000	450,000

비현금거래에 의한 주식의 발행에 있어서 공정가치를 적절히 산정하지 못한다면 혼수주식이나 비밀적립금이 발생할 수 있다. 혼수주식(watered stocks)은 자산이나 용역에 대한 대가로 주식을 발행한 경우 자산이나 용역을 과대평가하여 발행주식이 과대평가됨으로써 나타나는 현상이다. 이러한 현상이 밝혀지면 과대평가된 부분을 수정해 주는 분개를 해야 한다.

혼수주식에 반대되는 비밀적립금(secret reserves)은 자산이나 용역이 과소평가되어 발생하는 현상이다. 비밀적립금은 그 외에도 감가상각비의 과도한 계상, 자본적 지출의 비용처리, 재고자산평가손실이나 대손상각비의 과도한 계상, 기타 자산의 과소평가와 부채의 과대평가 등으로 인하여 발생한다.

(3) 무상증자

형식적 증자의 대표적인 방법 중의 하나가 자본잉여금 또는 이익준비금(이익잉여금 중 법정적립금)을 자본금으로 전입시키는 것인데, 이를 흔히 잉여금에 의한 무상증자라 부른다. 무상증자를 하면 자본금은 액면금액에 새로 발행한 주식발행수를 곱한 금액만큼 증가하지만 자본잉여금 또는 이익준비금이 그만큼 감소하므로 자본총액은 변동되지 않고, 자산도 변동하지 않는다.

예제 14-4 자본잉여금의 자본전입(무상증자)

성은(주)는 이사회의 결의에 따라 기말 현재를 기준일로 하여 보통주주에게 1주당 0.2주씩의 신주를 무상으로 발행하기로 하였다. 보통주의 총발행주식수는 80주이며, 액면금액은 주당 ₩5,000이다. 무상증자의 재원은 주식발행초과금(자본잉여금)에서 충당하기로 하였다. 성은(주)가 필요한 분개를 하라.

해답

(차) 주식발행초과금	80,000*	(대) 보통주자본금	80,000*

* 80주×0.2×₩5,000=₩80,000

무상증자를 받은 투자자는 새로운 주식을 교부받아도 아무런 회계처리를 하지 않는다. 왜냐하면 주식을 발행한 피투자회사의 경제적 실질이 변동하는 것이 아니고, 단순히 자본금과 자본잉여금의 분류가 변경되는 것이기 때문이다. 주식배당도 마찬가지이다.

(4) 상환우선주

상환우선주는 경제적 실질에 따라 전체를 자본 또는 부채로 구분하거나, 자본요소와 부채요소를 갖는 복합증권으로 구분회계(split accounting)를 할 수도 있다. 상환우선주는 다양한 형태를 취할 수 있기 때문에 그 경제적 실질에 따라 자본 또는 금융부채로 구분하고 적절한 회계처리를 해야 한다.

상환우선주는 원칙적으로 자본으로 분류한다. 그러나 보유자가 특정일이나 그 이후의 기간에 확정되거나 확정가능한 금액으로 상환을 청구할 수 있는 권리를 갖거나 발행자가 확정되거나 확정가능한 시점에 확정되거나 확정가능한 금액을 의무적으로 상환해야 하는 경우에는 금융부채로 분류한다.

금융부채로 분류된 상환우선주는 현재가치를 계산하고 현재가치와 상환금액의 차이를 상각하여 이자비용을 인식한다. 이때 우선주가 누적적이라면 배당도 부채요소에 관련된 것으로 보아 상환우선주의 현재가치의 계산에 포함시킨다. 한편, 우선주가 비누적적이라면 지급되는 배당금은 자본요소로 보아 손익의 배분, 즉 배당으로 처리한다.

예제 14-5 상환우선주

민국(주)의 20×1. 1. 1에 상환우선주 100주(주당 액면금액 ₩5,000, 주당 발행금액 ₩14,000)를 발행하였다. 우선주 발행시점의 유효이자율이 연 6%이다. 20×2. 3. 15에 주주총회에서 배당결의 후 즉시 배당금(우선주의 배당률은 4%, 비누적적)을 지급하였다.
다음 각각의 경우 민국(주)가 20×1년과 20×2. 3. 15에 배당의 지급과 관련하여 필요한 회계처리를 하라.

(1) 우선주 발행자인 민국(주)가 20×3. 1. 1에 주당 상환금액 ₩15,000에 조기상환할 수 있는 권리를 가지고 있다. 그러나 배당률이 유효이자율보다 낮아서 회사로서는 우선주를 상환할 가능성이 낮다. 따라서 금융부채인식요건을 충족하지 못한다고 가정한다.

(2) 우선주의 보유자가 20×3. 1. 1에 주당 상환금액 ₩15,000에 상환을 청구할 수 있는 권리를 가지고 있다. 이 상환가능우선주는 금융부채인식요건을 충족한다고 가정한다. 배당금 지급은 비누적적 성격을 갖는다.

해답

(1) 20×1. 1. 1(우선주 발행시점)

(차) 현 금	1,400,000	(대) 우선주자본금	500,000
		주식발행초과금	900,000

20×2. 3. 15(배당금 의결과 지급 시점)

(차) 배 당 금	20,000*	(대) 현 금	20,000

* 이익잉여금에서 배당 : 100주 × ₩5,000 × 4% = ₩20,000

(2) 20×1. 1. 1(상환우선주 발행시점)

(차) 현 금	1,400,000	(대) 금 융 부 채	1,500,000
현재가치할인차금	165,000	주식발행초과금	65,000

➡ 계속

(주) 부채요소(현재가치)＝₩15,000÷1.06^2×100주＝₩1,335,000
자본요소＝₩1,400,000(발행금액)－₩1,335,000(부채요소)＝₩65,000
이 자본요소는 자본잉여금에 속한다. 계정과목의 이름을 우선주 발행대가 등으로 회계처리할 수 있을 것이나 성격상 납입자본이므로 주식발행초과금으로 회계처리한다.
당해 금융상품은 부채요소와 자본요소를 모두 가지는 복합금융상품이 된다.

20×1. 12. 31(회계연도말)

(차) 이 자 비 용	80,100*	(대) 현재가치할인차금	80,100

* (₩1,500,000－₩165,000)×6%＝₩80,100

20×2. 3. 15(배당금 의결과 지급 시점)

(차) 배 당 금	20,000*	(대) 현 금	20,000

* 100주×₩5,000×4%＝₩20,000

한편, 위의 (2)에서 당해 상환우선주가 누적적(cumulative)이라면 다음과 같은 회계처리를 해야 한다.

• 20×1. 1. 1(상환우선주 발행시점)

(차) 현 금	1,400,000	(대) 금 융 부 채	1,500,000
현재가치할인차금	128,300	주식발행초과금	28,300

(주) 부채요소(현재가치)＝₩15,000÷1.06^2×100주
＋(₩5,000×0.04÷1.06^2＋₩5,000×0.04÷1.06)×100주
＝₩1,335,000＋₩36,700＝₩1,371,700
자본요소＝₩1,400,000－₩1,371,700＝₩28,300

• 20×1. 12. 31(회계연도말)

(차) 이 자 비 용	82,300*	(대) 현재가치할인차금	62,300
		미지급이자	20,000**

* (₩1,500,000－₩128,300)×6%＝₩82,300
** 100주×₩5,000×4%＝₩20,000

• 20×2. 3. 15(배당금 의결과 지급 시점)

(차) 미지급이자	20,000*	(대) 현 금	20,000

* 100주×₩5,000×4%＝₩20,000

2 주식의 재취득(자기주식)과 소각

자기회사 주식의 재취득은 이를 소각하는 경우와 잠시 보유하다가 다시 재발행하는 경우로 구분할 수 있다. 이때 재발행을 목적으로 취득하여 보유하고 있는 주식을 자기주식(treasury stocks)이라 한다.

자기주식의 본질에 대해서는 두 가지 상반된 견해가 있다.

첫째는 자기주식의 자산성을 인정하는 견해이다. 이는 자기주식을 매각함으로써 자금을 조달할 수 있다는 면에서 자기주식이 다른 자산, 특히 유가증권과 유사하다고 보기 때문이다.

둘째는 자기주식의 자산성을 인정하지 않고, 수권자본 중에서 미발행주식과 동일하다고 보는 견해이다. 이는 회사가 자기자신의 일부를 소유하는 것이 타당하지 않다고 보기 때문이다.

K-IFRS는 두 번째 견해를 택하고 있다. 회사에 자유로운 자기주식거래를 허용한다면 자기회사에 관한 정보에 있어서 절대적인 우위를 확보하기 때문에 주가조작의 가능성, 부당이득의 실현, 일반투자자의 희생 등 부작용을 초래할 수 있으며, 자본충실의 원칙에도 반하게 된다. 따라서 우리나라 상법에서는 원칙적으로 배당가능이익의 범위 내에서만 자기주식의 취득을 허용하고 있다. 그러나 다음 경우에도 추가로 자기주식의 취득을 허용하고 있다.

① 회사의 합병 또는 다른 회사의 영업전부의 양수로 인한 때
② 회사의 권리를 실행함에 있어서 그 목적을 달성하기 위하여 필요한 때
③ 단주의 처리를 위하여 필요한 때
④ 주주가 주식매수청구권을 행사한 때

자기주식 회계처리방법에는 원가법(cost method)과 액면금액법(par value method)이 있다. 우리나라 상법에서는 자기주식을 취득한 원가로 자본조정에 보고하도록 하고 있으므로 원가법을 따르고 있는 것으로 보아야 한다. 따라서 원가법을 중심으로 설명하며, 액면금액법은 〈보론 14A〉에서 설명하기로 한다.

자기주식의 취득 : 원가법은 자기주식을 취득할 때 지급한 금액을 취득원가로 하여 자기주식계정(자본조정으로 분류되고 자본의 차감계정으로 보고함) 차변에 기입하고, 재발행시점에도 역시 취득원가로 자기주식계정 대변에 기입한다. 자기주식이 여러 차례의 취득거래로 이루어지고 취득원가가 다른 경우 개별법, 선입선출법, 평균법 등을 적용하여 원가를 결정한다. 주식의 최초발행금액이 자기주식의 취득과 재발행의 회계처리에 아무런 영향을 미치지 않는다. 자기주식의 거래에 따라 발생하는 손익은 자본거래의 결과 발생한 것이므로 이를 손익계산서에 반영시키지 않고 원칙적으로 자본잉여금으로 처리한다(〈표 14-2〉를 참조).

자기주식의 재발행 : 재발행금액이 취득원가를 상회하면 그 초과액은 자기주식처분이익(자본잉여금)계정의 대변에 기입한다. 한편, 재발행금액이 취득원가보다 낮으면 자기주식처분손실이 되는데, 이는 먼저 자기주식처분이익계정의 잔액과 상계하고 남은 금액을 자기주식처분손실로 기록한다. 자기주식처분손실은 자본조정으로 분류하였다가 결손금처리시점에 이익잉여금에서 차감하거나 향후 발생하는 자기주식처분

이익과 상계한다.

자기주식의 소각 : 취득한 자기주식을 처분하지 않고 소각하는 경우 취득원가가 액면금액보다 적으면 차액을 감자차익(자본잉여금)계정의 대변에 기입하는데, 그 이유는 차액을 은퇴하는 주주로부터 받은 자본증여와 같다고 보기 때문이다. 한편, 취득원가가 액면금액보다 크면 그 차액을 먼저 감자차익계정의 잔액에서 차감한다. 나머지 부족분은 감자차손(자본조정으로 분류함)으로 기록하였다가 결손금처리시점에 이익잉여금에서 차감하거나 향후 발생하는 감자차익과 상계한다.

자기주식처분손실이나 감자차손을 이익잉여금 처분사항으로 보는 이유는 이들이 주주에게 지급한 배당금과 같다고 보기 때문이다.

▶ **표 14-2**
자기주식의 회계처리(요약)

		원가법			
회계처리	취득	자기주식(취득원가)	×××	현 금(취득원가)	×××
	재발행	◦ **[재발행금액 > 취득원가]인 경우**			
		현 금(재발행금액)	×××	자기주식(취득원가)	×××
				자기주식처분이익(자본잉여금)	×××
		◦ **[재발행금액 < 취득원가]인 경우**			
		현 금(재발행금액)	×××	자기주식(취득원가)	×××
		자기주식처분이익(잔액에서)	×××		
		자기주식처분손실(이익잉여금)[1)]	×××		
	소각	◦ **[취득원가 < 액면금액]인 경우**[#]			
		자 본 금(액면금액)	×××	자기주식(취득원가)	×××
				감자차익(자본잉여금)	×××[##]
		◦ **[취득원가 > 액면금액]인 경우**[#]			
		자 본 금(액면금액)	×××	자기주식(취득원가)	×××
		감자차익(잔액에서)	×××		
		감자차손(이익잉여금)	×××		
		# 우리나라 상법에 따라 액면금액을 기준으로 하였다(그러나 최초발행금액을 기준으로 하기도 한다). ## 은퇴한 주주로부터 받은 자본증여로 본다.			
		(주) 1) 자기주식자본잉여금(자기주식처분이익이나 감자차익)이 부족한 경우 : 이는 일단 자기주식처분손실(재발행의 경우)/감자차손(소각의 경우)으로 기록하여 자본조정으로 분류했다가 결손금처리시점에 처리하거나 향후에 발생하는 자기주식자본잉여금(자기주식처분이익이나 감자차익)과 상계한다.			
공시		취득원가를 자본총계에서 차감			
		◦ 자 본 금	×××		
		자본잉여금	×××		
		자본조정 :			
		자기주식(취득원가)	(××)		
		이익잉여금	×××		
		자본총계	(××)		

예제 14-6 자기주식의 회계처리

성은(주)는 액면금액 ₩5,000인 보통주 100주를 ₩7,500에 발행하여 설립하였다. 그 후로 다음과 같은 거래들이 순차적으로 발생하였다.

① 50주의 보통주를 주당 ₩7,800에 재취득하였다.
② 20주의 보통주를 주당 ₩6,500에 재취득하였다.
③ 30주의 자기주식을 주당 ₩8,500에 재발행하였다.
④ 10주의 자기주식을 주당 ₩4,800에 재발행하였다.
⑤ 30주의 자기주식을 소각하였다.

위 ①~④의 거래는 한 회계기간에 이루어졌다. 기초이익잉여금의 잔액이 ₩100,000이었으며, 당기순이익과 배당금은 영(0)이었다.

위 거래를 분개하라. 또한 위 ④의 거래가 완료된 후에 회계기말이 되었다고 가정하고 부분재무상태표를 표시하라. 단, 자기주식의 회계처리에 선입선출법을 사용하고 있으며, 자기주식에 관련된 자본잉여금의 기초 잔액은 영(0)이라고 가정한다.

해답

	차변		대변	
①	(차) 자 기 주 식(50주@₩7,800)	390,000	(대) 현 금	390,000
②	(차) 자 기 주 식(20주@₩6,500)	130,000	(대) 현 금	130,000
③	(차) 현 금(30주@₩8,500)	255,000	(대) 자 기 주 식(30주@₩7,800)	234,000
			자기주식처분이익	21,000
④	(차) 현 금(10주@₩4,800)	48,000	(대) 자 기 주 식(10주@₩7,800)	78,000
	자기주식처분이익	21,000		
	자기주식처분손실#	9,000		

자본조정으로 분류하였다가 결손금처리순서에 따라 처분하거나 향후에 발생하는 자기주식처분이익과 상계한다.

〈부분재무상태표(거래 ①~④가 완료된 후)〉

〈자 본〉		
자본금(발행주식 100주)		₩500,000
자본잉여금 :		
주식발행초과금	₩250,000	
자기주식처분이익	0	250,000
자본조정 : 자기주식		(208,000)
자기주식처분손실		(9,000)*
이익잉여금		100,000
자본총계		₩633,000

* 자기주식처분손실 ₩9,000은 아직 이익잉여금의 처분에 따라 소멸되지 않았다고 가정한다.

	차변		대변	
⑤	(차) 보통주자본금	150,000*	(대) 자 기 주 식	208,000**
	감 자 차 손	58,000		

* 30주×₩5,000=₩150,000
** 10주×₩7,800+20주×₩6,500=₩208,000

보통주의 소각은 실질적 감자로서 주식소각의 대가로 주주에게 현금 등을 지급함으로써 기업순자산의 실질적 감소가 수반된다. 한편, 주주에게 주식소각의 대가를 지급하지 아니함으로써 회사의 순자산이 변동하지는 않으나 명목상으로만 자본금이 감소하는 경우가 있는데, 이를 형식적 감자라고 한다. 예를 들어 이월결손금이 누적되어 있는 회사의 경우에 이익잉여금이 음(−)의 금액으로 나타나기 때문에 자본금을 감소시키고 그 금액으로 이월결손금에 대체시켜 이익잉여금을 영(0)으로 회계처리하는 경우에 형식적 감자가 발생한다. 형식적 감자의 방법으로서는 주식수를 일정비율로 감소시킨다든지 혹은 주식수는 그대로 두고 주당액면금액을 일괄적으로 감액시키는 방법이 있다.

회사가 자본금을 감소시키는 경우는 극히 예외적이다. 주주나 일반대중에게 미치는 부정적인 영향 때문에 상법은 그 방법과 절차를 엄격히 규정하고 있다.

예제 14-7 보통주의 소각 – 형식적 감자

부실(주)는 그동안 누적된 이월결손금 ₩7,000,000을 전보시키기 위하여 현재의 발행주식(액면금액 주당 ₩5,000)을 2주당 1주의 비율로 감소시키기로 의결하였다. 감자전의 총발행주식수는 3,000주이다. 이때에 필요한 분개를 하라.

해답

(차) 보통주자본금	7,500,000*	(대) 이월결손금(이익잉여금)	7,000,000
		감자차익(자본잉여금)	500,000

* 3,000주 × 1/2 × ₩5,000/주 = ₩7,500,000

제 3 절 자본잉여금과 자본조정

1 자본잉여금

자본잉여금은 증자활동이나 감자활동 및 기타 자본과 관련된 거래에서 발생하는 잉여금을 말한다. 이는 손익거래, 즉 영업활동에서 발생되는 이익잉여금과는 대비되는 개념이며, 자본거래는 손익계산서를 거치지 않고 직접 자본에 가감되는 것이 특징이다.

자본잉여금은 주식의 할증발행에 의한 주식발행초과금이 주된 원천이나 그 이외에도 여러 가지 원천에서 발생한다. 발생원천에 따라 자본잉여금은 주식발행초과금과 기타자본잉여금(자기주식처분이익, 감자차익 등)으로 구분된다. 각 항목에 대해서는 본장의 제1절과 제2절에 상세히 언급했으므로 이에 대한 설명은 생략한다.

자본잉여금은 모두 그 사용과 처분에 있어서 상법, 세법 등에 의해 엄격한 제한을 받고 있다. 자본잉여금은 원칙적으로 주식발행을 통한 자본금으로의 전입과 누적된 이월결손금의 보전을 위해서만 사용될 수 있다. 주식발행을 통한 자본금으로의 전입은 무상증자로 앞의 제1절에서 언급하였고, 자본잉여금의 결손보전에 대한 회계처리도 앞의 제2절(2. 주식의 재취득과 소각)에서 설명하였다.

자본전입이나 결손금보전 이외에도 자본잉여금은 다음과 같은 이유로도 감소할 수 있다.

① 자기주식을 취득원가 미만으로 처분하여 발생하는 자기주식처분손실을 자기주식처분이익(자본잉여금계정)에서 차감
② 감자대가가 감자로 인한 자본감소액(액면금액)보다 많은 경우에 발생하는 감자차손을 감자차익(자본잉여금계정)에서 차감
③ 청산배당(이에 대해서는 뒤의 제6절에서 상세히 설명됨)

2 자본조정

납입자본, 이익잉여금, 기타포괄손익누계액으로 구분하기 어려운 몇몇 항목은 자본조정으로 처리한다. 자본조정으로는 자기주식, 주식할인발행차금, 감자차손, 자기주식처분손실, 미교부주식배당금, 주식선택권 등이 있다.

자기주식 및 일시적으로 나타날 수도 있는 감자차손과 자기주식처분손실의 회계처리에 대해서는 본장의 앞부분에서 설명하였다. 미교부주식배당금은 본장 제6절에서 그리고 주식선택권은 제17장(주식기준보상)에서 설명될 것이다.

주식을 액면금액 이하로 발행함으로써 발생하는 주식할인발행차금은 주식발행초과금과 우선 상계하고 그 잔액에 대해서는 자본조정으로 분류하여 자본에서 차감하는 형식으로 기록하되, 이익잉여금의 처분을 통해서 상각한다. 앞의 예제 14-2 의 2)와 3)은 주식할인발행차금 회계처리를 보여주고 있다.

자본이 감소하는 과정에서 발생한 감자차손과 자기주식처분손실은 이익잉여금처분시점에 전액 상각하되, 이익잉여금이 부족한 경우에는 처분가능잉여금이 생길 때까지 일시적으로 자본조정으로 분류한다.

제4절 기타포괄손익누계액

1 기타포괄손익과 기타포괄손익누계액

포괄손익(comprehensive income)은 자본거래(주주의 투자 및 주주에 대한 분배)가 아닌 거래나 회계사건으로 인하여 일정 회계기간 동안 발생한 순자산의 총변동액을 말한다. 이러한 순자산의 변동 중에서 당기순손익을 결정하는 항목은 재무상태표의 이익잉여금 증감을 가져온다. 한편, 자산 및 부채의 공정가치 변동에서 발생한 미실현보유손익 중 당기손익에 포함되지 않은 부분을 기타포괄손익(other comprehensive income)으로 보고한다. 보고기간말의 마감분개로 당기손익을 이익잉여금계정에 대체하듯이 기타포괄손익을 마감하여 자본의 한 구성항목인 기타포괄손익누계액(accumulated other comprehensive income)에 반영한다([그림 14-1] 참조).

당기순손익과 함께 포괄손익을 보고하는 목적은 순자산의 변동 중 주주와의 자본거래를 제외한 모든 거래와 기타 경제적 사건의 영향을 측정하기 위한 것이다.

▶ 그림 14-1
손익구성항목과 자본의 증감

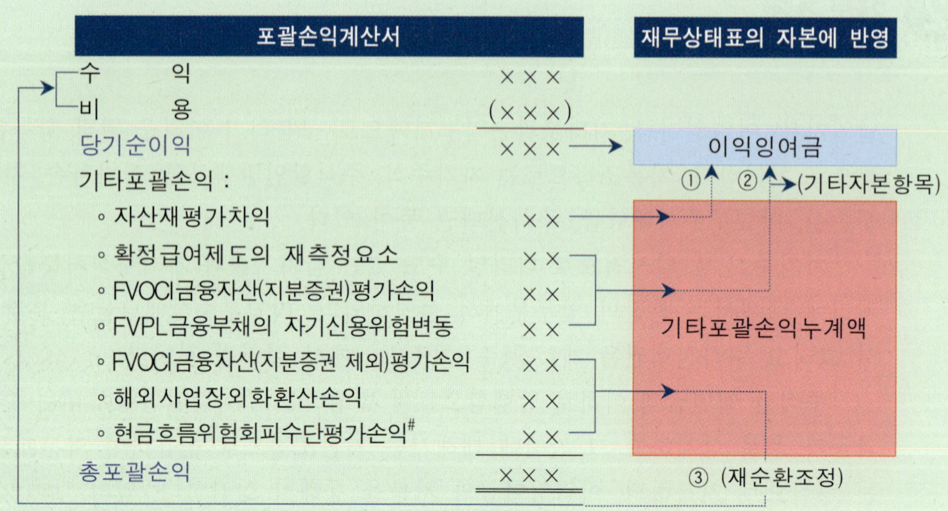

현금흐름위험회피수단의 효과적인 부분에 한해서 기타포괄손익에 반영한다.

(주) 포괄손익계산서에 기타포괄손익으로 인식되어 재무상태표에 기타포괄손익누계액으로 넘겨지는 금액은 다음과 같이 세 가지로 처리된다.

① 관련 자산 제거시점에(상각대상 자산인 경우 상각시점에도) 이익잉여금으로 대체가능하다.

② 자본 내의 다른 항목(예를 들면, 이익잉여금)으로 대체가능하다. 따라서 발생한 기간에 즉시 대체된다면, 해당 기타포괄손익누계액은 재무상태표에는 나타나지 않을 수도 있다.

③ 관련 거래가 당기손익에 영향을 미칠 때 당기손익으로 재순환한다. 재순환하면 당기순이익에 가감(당기순이익이 증감)하되, 그 금액만큼 기타포괄손익에 그 반대로 반영한다.

2 기타포괄손익누계액의 종류

재무상태표에는 재무상태표일 현재 기타포괄손익누계액이 표시되고, 이의 변동내역은 본장의 제7절에서 설명되는 자본변동표에 표시된다. 기타포괄손익누계액은 ① 과거 기간에 기타포괄손익으로 인식하여 기타포괄손익누계액으로 반영한 금액이 후속적으로 당기손익으로 순환되어 이익잉여금에 반영되는 재순환조정(recycling adjustment)이 가능한 것과 ② 당기손익으로 재순환되지 못하고 필요에 따라 이익잉여금으로 바로 전입되는 것으로 나뉜다.

다음의 항목들[7]은 재순환조정이 가능한 기타포괄손익이다([그림 14-1]을 참조).

① FVOCI금융자산(지분증권 제외)평가손익 : 채무증권 FVOCI금융자산은 회계기말에 공정가치로 평가하고, 장부금액과 공정가치의 차액인 금융자산평가손익은 기타포괄손익으로 분류한다. 차후에 금융자산을 양도 또는 제거할 때에 해당 금융자산과 관련된 기타포괄손익누계액은 당기손익으로 재순환하여 처분손익에 반영한다(K-IFRS 제1109호, 제11장/13장 금융자산 및 금융부채에서 설명됨).

② 해외사업장의 재무제표 환산으로 인한 손익 : 해외사업장 종속기업, 관계기업, 공동기업 등의 재무제표를 보고기말에 기능통화에서 표시통화로 환산하는 과정이나, 연결재무제표 작성 및 지분법 적용을 위하여 외화표시 재무제표를 환산하는 과정에서 발생하는 차액을 해외사업장외화환산손익이라고 한다. 이는 해외사업장을 매각할 때 당기손익으로 재순환한다(K-IFRS 제1021호, 고급회계에서 설명됨).

③ 현금흐름위험회피수단평가손익 중 효과적인 부분 : 현금흐름위험회피수단평가손익이란 미래현금흐름 변동위험을 감소시키기 위하여 투자한 파생상품을 기말에 공정가치로 평가하면서 발생한 평가손익이다. 이 평가손익 중에서 위험회피에 효과적이지 못한 부분은 당기손익으로 인식하고, 효과적인 부분은 기타포괄손익으로 인식한다. 기타포괄손익으로 인식된 부분은 위험회피 예상거래가 당기손익에 영향을 미칠 때 당기손익으로 재순환한다(K-IFRS 제1039호, 고급회계에서 설명됨).

재순환조정으로 기타포괄손익누계액으로 계상되었던 금액이 당기손익에 반영되면 포괄손익에 이중으로 계상되지 않도록 이를 당해 기간의 기타포괄손익에 반대로 반영해야 한다. 이에 따라 재순환조정 전후로 자본총액은 변동하지 않게 된다.

다음은 당기손익으로 재순환되지 않는 기타포괄손익이다.

---

7) 해외사업외화환산손익과 현금흐름위험회피수단평가손익에 대한 회계처리는 고급재무회계의 주제이기 때문에 본 교재에서 깊이 다루지 않는다. 보다 상세한 회계처리를 위해서는 고급재무회계(또는 해당 회계기준)를 참조하기 바란다.

① 자산재평가차익[8] : 취득한 유형자산이나 무형자산에 재평가모형을 채택하여 공정가치로 평가할 수 있다. 재평가차익이란 자산의 장부금액이 재평가로 인하여 증가되는 경우에 그 증가액을 의미하며, 기타포괄손익누계액으로 대체할 때에는 재평가잉여금이라는 계정을 사용하기도 한다(제10장 자산재평가와 자산손상에서 설명됨).

② 확정급여제도의 재측정요소(보험수리적손익 등) : 확정급여제도의 사외적립자산과 확정급여채무의 평가에서 발생하는 재측정요소는 기타포괄손익으로 인식한다(제16장 종업원급여에서 설명됨).

③ FVOCI금융자산(지분증권)평가손익 : 지분증권은 특별한 경우 FVOCI금융자산으로 분류될 수 있다. 이 경우 회계기말에 공정가치로 평가하고, 장부금액과 공정가치의 차액인 금융자산평가손익을 기타포괄손익으로 분류한다(제11장 금융자산에서 설명됨).

④ FVPL금융부채의 자기신용위험 변동효과 : FVPL금융부채의 평가손익 중 자기신용위험 변동효과는 기타포괄손익으로 분류한다(제13장 부채에서 설명됨).

위의 이상의 네 항목은 차후에 당기순이익으로 재순환되지 않는다. 그러나 여기에서 발생한 기타포괄손익누계액은 자본 내에서 다른 항목(예를 들면, 이익잉여금)으로 대체할 수 있다. 먼저 자산재평가차익(①)은 자산이 제거될 때 해당 자산에 관련되는 금액을 그대로 기타포괄손익누계액에 남겨 두든지, 아니면 전액 이익잉여금으로 대체할 수 있다. 재평가대상자산이 상각대상자산이면 감가상각금액에 비례하여 자산재평가차익을 이익잉여금에 대체할 수도 있다. 한편, 다른 항목들(②~④)은 언제든지 자본 내에서 다른 항목으로 대체할 수 있다.[9] 따라서 만일 발생한 기간에 즉시 대체하였다면 재무상태표의 기타포괄손익누계액에는 나타나지 않을 수도 있다.

기타포괄손익누계액을 이익잉여금으로 대체할 수 있다고 하는 것은 종전에는 손익계산서의 당기순이익만 중시하였으나 K-IFRS에서 포괄손익도 중요시하는 것과 밀접한 관계가 있다. 즉 당기순이익은 이익잉여금에 대체되고 기타포괄손익은 기타포괄손익누계액에 대체된다. 하지만 이익잉여금이나 기타포괄손익누계액 모두 자본의 한 항목이므로 이 중에서 어느 분류에 속하게 하는 것인가는 크게 중요한 문제로 보고 있지 않다는 것이다. 물론 배당가능이익을 산정하기 위해서는 이익잉여금의 결정이 중요하지만 이는 회계의 문제라기보다는 관련 법규에서 결정할 사항이다.

8) 관계기업의 자산재평가차익에 대한 지분도 포함한다(K-IFRS 제1028호).
9) 우리나라에서는 확정급여제도의 재측정요소를 이익잉여금으로 대체하는 것을 허용하고 있지 않다.

제 5 절 이익잉여금

이익잉여금은 유보이익(retained earnings)이라고도 부르는데, 기업의 설립 이후에 재무상태표일까지 이익창출활동에 의해 획득된 이익과 기타포괄손익누계액이 이익잉여금으로 전입된 금액 중 배당으로 사외에 유출되거나 자본으로 전입(납입자본으로 대체)되지 않고 사내에 유보된 부분을 말한다. 이익잉여금은 다음과 같이 표현된다.

$$\text{이익잉여금} = \sum_{t=0}^{T} [(\text{수익} - \text{비용}) \pm \text{기타포괄손익누계액 전입} - \text{배당(사외유출)} - \text{자본전입}]$$

여기에서 '$t=0$'은 회사설립 시점을, 그리고 '$t=T$'는 재무상태표일(이익잉여금 계산시점)을 나타낸다.

이익잉여금은 기타포괄손익누계액과는 달리 자본 중에서 기업이 배당금 등으로 처분할 수 있는 부분이다.

1 이익잉여금의 증감

이익잉여금을 증가시키는 주된 원천은 당기순이익이고, 감소시키는 주된 원천은 당기순손실과 배당이다. 그 외에도 이익잉여금에 영향을 미치는 요소들이 있는데, 이를 계정형식으로 요약하면 [그림 14-2]와 같다.

▶ 그림 14-2 이익잉여금의 증감

이익잉여금

[감 소]	[증 가]
1. 당기순손실	1. 당기순이익
2. 배당(사외유출)	2. 이월결손금의 감소(형식적 감자)
3. 자본전입(납입자본으로 대체 : 무상증자 등)	3. 기타**
4. 기타*	

* 주식할인발행차금의 상각, 자기주식처분손실 및 감자차손의 처리 등으로 인해 이익잉여금이 감소할 수 있다.

** 자산이 사용 또는 제거되는 시점에 기타포괄손익누계액에 남아 있는 자산재평가차익은 이익잉여금에 대체될 수 있다.

(주) 1) 전기손익수정 또는 회계정책변경누적효과로 인하여 이익잉여금이 증감할 수 있다.

2) 금융자산(지분증권)의 평가손익, 금융부채의 평가손익 중 자기신용위험 변동효과 등은 기타포괄손익에 반영되지만 발생한 기간 또는 차후에 이익잉여금으로 대체될 수 있다.

이익잉여금은 손익계산서와 재무상태표의 연계관계에서 중추적인 역할을 한다. 손익계산서상의 당기순이익은 마감절차를 거쳐 이익잉여금계정으로 대체된다. 당기의 모든 수익 및 비용을 발생시마다 재무상태표의 자본을 증감시키는 형태로 기록할 수도 있으나 이는 너무 번거롭고 혼란을 초래하게 된다. 따라서 손익계산서라고 하는 도구를 이용하여 수익과 비용에 관련된 모든 거래를 손익계산서에 항목별로 집계한 뒤에 수익에서 비용을 차감한 순액인 당기순이익(당기순손실)만을 이익잉여금에 대체시키는 방법을 택하고 있다. 따라서 손익계산서와 재무상태표를 연결시키는 항목이 바로 이익잉여금이다.

이익잉여금은 주주의 투자액에 대한 이익 중에서 배당 등으로 사외에 유출되지 않고 사내에 유보된 것으로서 납입자본으로 전입되지 않은 부분이다. 차후에 배당의 형식으로 주주에게 분배되거나 결손보전, 자본전입, 사업확장 등의 목적에 사용된다. 이익의 사내유보는 기업의 계속적인 성장과 건전한 재무상태의 유지를 위하여 필수적이다. 즉 미래의 손실에 대한 대비나 사업확장을 위한 자금의 조달을 위해, 혹은 적절한 재무구조를 유지하기 위해 기업은 이익을 사내에 유보시킨다.

이익의 사내유보는 기업에 관련된 이해관계자들, 특히 주주와 채권자 간에 첨예한 이해대립을 유발할 수도 있다. 따라서 다양한 이해관계자들을 보호하기 위해 법으로 이익잉여금의 사내유보를 강제하거나 이해관계자들이 기업과의 계약을 통해 사내유보를 강제하는 경우도 있으며, 또는 기업이 자발적으로 이익의 사내유보를 결정하는 경우가 있다.[10]

이익잉여금은 [그림 14-3]과 같이 크게 법정적립금, 임의적립금 그리고 이월(미처분)이익잉여금으로 구성된다.

▶ **그림 14-3**
이익잉여금의 구성

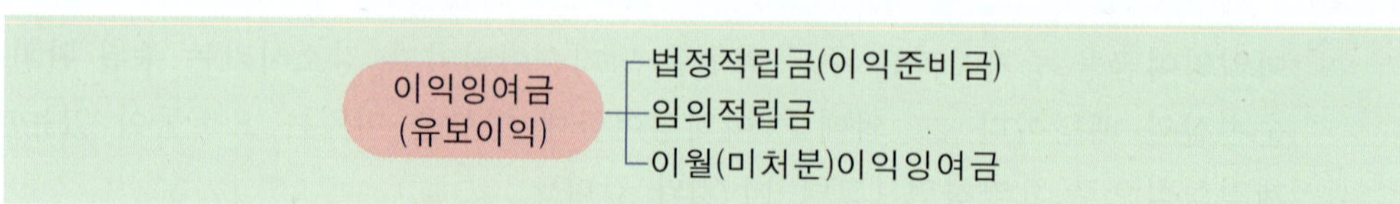

여기서 적립(appropriation)이라는 용어가 의미하는 바를 살펴볼 필요가 있는데, 많은 사람들이 이에 대해 오해를 하고 있는 경우가 많다. 차라리 적립을 **"특정 목적으로 배정(할당)하여 처분을 제한함"**으로 길게 설명한다면 그 의미가 보다 분명해진다. 즉 적립이란 법적·계약적 요구에 따라 또는 미래의 특정한 용도로 이용하기 위해 이익잉여금 중의 일부가 배당 등으로 사외에 유출될 수 없다는 것을 알리는 신호방법이라 보면 된다. 적립이란 이익잉여금을 그 자체에서 재분류하는 것에 불과하다. 적립으로 인하여 이익잉여금이 감소하는 것도 아니고 그만큼의 자금을 별도로 할당한 것도 아니다. 말하자면, 적립이란 용어는 처분(disposition)이란 의미를 지니는 것도 아니고, 더욱이 자금의 적립(reserve)을 의미하는 것도 아니다.

10) 사내유보가 특정 목적으로 별도로 관리될 때 적립금(법정 또는 임의)의 형태로 나타나지만 목적이 구체적이지 않은 일반 사내유보는 미처분이익잉여금으로 표시된다.

2 이익잉여금의 처분

이익잉여금의 처분이란 처분가능한 미처분이익잉여금을 처분하는(감소시키는) 것으로서, [그림 14-4]와 같은 처분대상 항목이 있다.

▶ 그림 14-4
이익잉여금의 처분

① 감자차손과 자기주식처분손실의 상각, 주식할인발행차금의 상각
② 적립금으로 대체 : 법정적립금, 임의적립금
③ 배당 ┌ 현금배당 및 현물배당(사외유출)
　　　 └ 주식배당(납입자본으로 대체)

먼저 감자차손과 자기주식처분손실의 상각, 그리고 주식할인발행차금의 상각은 이익잉여금의 처분을 통해서 이루어진다(본장의 제2절과 제3절에서 설명).

미처분이익잉여금을 적립금으로 대체하는 것은 단순히 이익잉여금 구성항목간의 계정분류에만 영향을 주는 것으로서 자산이 회사 밖으로 유출되거나 이익잉여금이 감소되는 것은 아니다. 배당(dividend)에는 자산이 회사외부로 유출되는 현금배당 및 현물배당 등이 있고, 단순히 미처분이익잉여금에서 납입자본으로 대체되는 주식배당이 있다(제6절 참조).

[그림 14-5]에서 보듯이 처분이 가능한 미처분이익잉여금이 증감하는 주요 원천은 당기순손익, 즉 수익과 비용을 발생시키는 손익거래이다. 또한 임의적립금의 이입으로 증가되기도 하고, 이월결손금 발생과 같이 특수한 경우에는 납입자본이나 자본잉여금의 이입으로 증가되기도 한다(본장 제2절 참조). 그리고 특정 기타포괄손익누계액이 이익잉여금으로 이입되기도 한다(본장 제4절 참조).

이익잉여금의 처분은 ① 자본조정항목(주식할인발행차금 등)과의 상각, ② 사내적립금(법정적립금 및 임의적립금), ③ 사외로 유출되는 배당(현금 및 현물 배당), ④ 형식적으로는 배당이지만 실질적으로는 이익잉여금의 자본전입인 주식배당으로 구성되며, 처분되지 않은 잔액은 미처분이익잉여금으로 하여 차기로 이월된다.

여기서는 먼저 적립이익잉여금인 법정적립금과 임의적립금에 대하여 알아보고, 제6절에서는 배당에 관해서 설명한다.

법정적립금은 법의 규정에 의하여 의무적으로 적립해야 하는 금액으로서 회사의 재무상태를 견고하게 하기 위하여 제도적으로 도입된 것인데, 여기에는 이익준비금과 기타법정적립금이 있다. 상법에서는 자본의 1/2에 달할 때까지 매 결산기에 금전에 의한 이익배당액의 1/10 이상의 금액을 이익준비금으로 적립하도록 규정하고 있다.[11] 이익준비금은 결손보전과 자본전입 목적으로 사용할 수 있다.

11) 상법 제458조. 현금배당이 없는 경우에도 이익이 있는 한 이익준비금으로의 적립이 가능하다.

▶ **그림 14-5**

납입자본과 이익잉여금의 증감원인

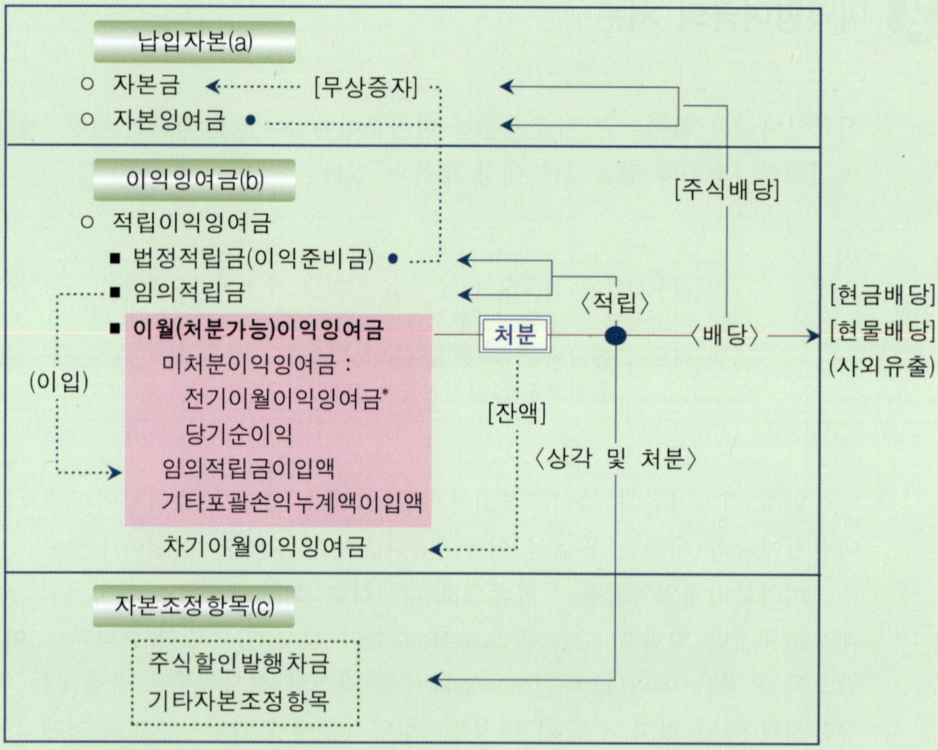

(a) 자본거래(증자 · 감자 · 주식증여 · 청산배당 등)로 증감
(b) 손익거래(수익 · 비용 등)로 증감
(c) 자본조정거래로 증감
* 회계변경누적효과/전기손익수정이 반영된 금액을 나타내고, 여기에서 중간배당금이 지급된다.
(주) 1) 위의 그림은 이익잉여금처분계산서를 작성하는 경우를 나타내고 있다.
2) 특수한 경우 납입자본이나 법정적립금이 이익잉여금으로 이입되기도 한다.
3) 자기주식처분손실과 감자차손의 잔액(각각 기존의 자기주식처분이익과 감자차익에서 차감한 잔액)은 주주총회 결의에 따라 이익잉여금과 자본잉여금을 이용하여 제거한다.

예제 14-8 이익준비금의 자본전입(무상증자)

성은(주)는 이사회의 의결을 거쳐 무상증자를 실시하기로 하였다. 무상증자율은 20%이고 현재의 발행주식수는 10,000주이며, 주권의 액면금액은 ₩5,000이다. 무상증자의 원천은 주식발행초과금 ₩8,000,000을 우선적으로 이용하고, 잔액은 이익준비금에서 충당하기로 하였다. 이익준비금잔액은 충분하다고 가정하고 무상증자에 대한 분개를 하라.

해답

(차) 주식발행초과금	8,000,000	(대) 자 본 금	10,000,000*
이익준비금	2,000,000		

* 10,000주 × 20% × ₩5,000/주 = ₩10,000,000

임의적립금은 제3자와의 계약 또는 회사경영자의 판단에 의하여 미처분이익잉여금 일부에 대한 처분을 제한하고자 설정되는 적립금이다. 이월이익잉여금을 계약에 의하여 제한하는 예로서 감채적립금을 들 수 있다. 감채적립금은 계약에 의하여 강제될 수 있으나 기업이 임의로 적립할 수도 있으므로 임의적립금으로 분류한다. 계약이 아니고 회사정관의 규정이나 주주총회의 결의 등에 의하여 적립되는 임의적립금은 재해손실적립금, 사업확장적립금, 배당평균적립금, 결손보전적립금 및 세법상 적립하여 일정기간이 경과한 후 환입될 준비금 등과 같이 매우 다양하다.

예제 14-9 임의적립금

다음의 독립적인 물음에 대해 답하라.

1) 화재로 인하여 성은(주)의 한 건물이 전소되었다. 이 건물의 취득원가는 ₩200,000이며, 감가상각누계액은 ₩80,000이었다. 이때 성은(주)의 재해손실적립금의 잔액은 ₩135,000이었고, 이 중에서 화재손실에 해당하는 금액을 이월이익잉여금으로 이입시키기로 결정하였다. 화재 및 재해손실적립금의 이입에 관련된 분개를 하라.

해답

① 화재손실의 기록 :

(차) 감가상각누계액-건물	80,000	(대) 건 물	200,000
화 재 손 실	120,000		

② 재해손실적립금의 이입 :

(차) 재해손실적립금	120,000	(대) 미처분이익잉여금	120,000

2) 성은(주)는 지난 5년간 매년 ₩100,000을 사업확장적립금으로 적립해왔다. 성은(주)가 건물과 기계장치를 각각 ₩250,000과 ₩270,000씩에 취득하여 사업확장을 마무리지었다. 이에 따라 주주총회에서 사업확장적립금을 별도적립금으로 대체시키기로 결정하였다. 사업확장적립금으로의 전입, 건물과 기계장치의 취득, 별도적립금의 대체에 관련된 분개를 하라.

해답

① 사업확장적립금으로 전입(5년간 매기 동일) :

(차) 미처분이익잉여금	100,000	(대) 사업확장적립금	100,000

② 건물과 기계장치 취득 :

(차) 건 물	250,000	(대) 현 금	520,000
기 계 장 치	270,000		

③ 별도적립금으로 대체 :

(차) 사업확장적립금	500,000	(대) 별도적립금*	500,000

* 직접 이월이익잉여금으로 대체되기도 한다.

재해손실적립금은 일반위험(general risk)에 대비하기 위하여 설정한 적립금이다. 따라서 화재손실로 재해손실적립금을 감소시킬 이유는 없지만 회사가 선택에 의하여 이를 이입시켜서 이월이익잉여금을 보충할 수 있다.[12] 한편, 사업확장적립금의 경우에는 사업확장이라는 특정 목적(specific purpose)을 위하여 적립한 것이기 때문에 사업확장공사가 완료되어 사업확장적립금이 더 이상 필요하지 않을 수 있다. 이 경우 적립금을 처분가능 상태인 이월이익잉여금으로 환원시키거나, 처분을 제한하되 특정 목적이 정해진 것은 아니라는 것을 신호하기 위하여 별도적립금으로 대체할 수도 있다.

사업확장적립금과 실제사업확장 간에는 어떤 관계가 있는가? 엄격하게 말하자면 사업확장적립금은 이익잉여금의 적립에 불과하므로 실제지출액과는 전혀 무관하다. 적립이란 이익잉여금의 구성항목인 적립금과 이월이익잉여금 간의 대체 혹은 재분류에 불과하며, 자금을 별도로 조성하는 행위와는 전혀 무관하다. 이익잉여금의 적립과는 무관하게 기금(funds)을 별도로 조성하는 경우에 한하여 사업확장을 위한 자금의 확보가 가능하다. 즉, 자금조달과 이익잉여금적립은 별도의 행위로 보아야 한다.[13]

임의적립금에는 세법상 법인세비용 등을 이연할 목적으로 적립하여 일정기간이 경과한 후 환입될 준비금이 포함된다. 기업에서 주로 사용하고 규모가 큰 준비금으로는 고유목적사업준비금, 기술개발준비금 등이 있다.[14] 이러한 준비금을 설정함으로써 이에 해당하는 금액만큼 기업의 당해 연도의 법인세 산정의 기초가 되는 과세소득을 감소시킬 수 있도록 허용하고 있다. 따라서 준비금이 다시 환입될 때까지 기업이 일정기간 동안 세금을 유예받는 효과가 발생하는데, 이는 법인세법이나 조세특례제한법에 의해서 허용된 것이다.

우리나라에서는 이익잉여금처분계산서를 기본재무제표의 하나로 작성해 왔다. 그러나 이익잉여금처분계산서는 자본 중 이월이익잉여금의 변동내역만 나타낼 뿐이다. 자본변동표가 작성되면서 자본의 변동내역에 대해 포괄적이고 체계적인 정보를 제공하기 때문에 이익잉여금처분계산서의 유용성이 격감되었다. K-IFRS에서는 이익잉여금처분계산서가 기본재무제표로 규정되지 않고 있다. 그럼에도 불구하고 현행 상법(제447조)에서는 이익잉여금처분계산서(또는 결손금처리계산서)를 작성하여 주석으로 보고하도록 요구하고 있다.

12) 화재손실처럼 순자산을 감소시키는 사건이 발생했을 때 이를 손익계산서의 당기손익에 반영하지 않고 처분이익잉여금(예를 들면 재해손실적립금)에서 직접 상계할 수도 있다는 주장도 있다. 그러나 이는 포괄이익(comprehensive income), 총액기준의 원칙 및 완전공시(full disclosure)의 원칙에 위배된다.

13) 적립금과 기금은 유사한 것이 아니면서도 상호 연관되어 있고 비슷한 계정과목명을 가지고 있어 때로는 혼동될 수 있다. 간단히 구분한다면 기금(funds)은 자산으로서 차변잔액을 가지고, 적립금(reserves)은 처분상태에 있는 이익잉여금의 일부분으로서 항상 대변잔액을 가지며 자산이 될 수 없다. 예를 들어, 감채기금을 설정하면 현금을 이 감채기금으로 이체하고 이 현금을 운용하여 앞으로 장기부채를 상환하는 데 이용하게 된다. 경우에 따라서는 현금을 감채기금으로의 이체와 동시에 배당금으로 사용될 수 있는 이익잉여금을 제한하기 위하여 감채적립금을 설정하기도 한다.

14) 이러한 준비금 이외에도 사업손실준비금, 사회간접자본투자준비금, 구조조정투자손실준비금, 자사주처분손실준비금, 유가증권투자손실준비금, 투융자손실준비금 등이 있다.

제6절 배 당

배당(dividends)이란 주주들의 납입자본을 토대로 영업활동을 수행하여 획득한 이익을 주주들에게 보상의 의미로 지급하는 것을 말한다. 따라서 정상적인 배당은 항상 이익잉여금에서 지급되어야 하며 납입자본에서 지급되어서는 안 된다. 이익잉여금에서 지급되는 배당은 회사의 자본을 유지하면서 주주들에게 이익의 일부를 되돌려주는 것이므로 "투자에 대한 보상(return on investment)"이 된다.

배당은 지급형태에 따라 현금배당, 주식배당, 현물배당, 어음배당 등으로 구분할 수 있으며, 배당원천에 따라 이익잉여금에서 지급하는 정상적인 배당과 자본잉여금에서 지급하는 청산배당 등으로 구분할 수 있다.

1 현금배당

가장 일반적인 형태의 배당은 현금배당(cash dividends)이다. 배당에서 회계상 중요한 의미를 갖는 시점은 배당선언일, 배당기준일, 배당지급일이다.

배당선언일(date of declaration, 배당결의일)은 주주총회 또는 이사회에서 배당이 결의된 날이다. 배당을 선언하면 배당지급의무가 발생하기 때문에 이 날짜에 배당관련 부채를 기록한다. 즉 미처분이익잉여금계정(또는 배당금계정)의 차변에 기입하고 미지급배당금계정의 대변에 기입해야 한다.[15)]

배당기준일(date of record)은 배당을 받을 권리가 있는 주주를 확정짓는 날이다. 따라서 배당기준일에 주주명부에 기록된 주주에 한해서 배당금이 지급되며, 이후에 취득한 주식의 주주는 배당락(ex-dividend)이 된 상태이므로 배당을 받을 수 없다. 우리나라에서 정기배당은 일반적으로 주주총회 의결사항이고 중간배당은 이사회 의결사항이다.[16)] 정기배당의 경우 주주총회는 사업연도 종료 후 90일 이내에 열리지만 배당기준일은 통상 회계연도말이므로 배당기준일(회계연도말)이 배당선언일(주주총회일)보다 2~3개월 가까이 앞서게 된다. 한편, 회계연도중에 이사회의 의결로 실시되는

15) 배당을 수취하는 기업에서는 받을 권리와 금액이 확정되는 시점에서 인식한다(K-IFRS 1018 수익). 따라서 지급회사가 주주총회에서 배당을 결의하면 미수배당금으로 기록할 수 있다. 그러나 실제로는 배당금을 수취하는 시점에 배당수취에 관련된 회계처리를 하고 있다.

16) 우리나라 상법(제462조)에서는 이익배당은 주주총회의 결의(일정요건을 구비하면 이사회결의로써도 가능함)로 정하고 있다. 이익배당은 재무상태표의 순자산액에서 자본금, 이익준비금, 자본준비금과 대통령령으로 정하는 미실현이익을 공제한 한도 내에서 할 수 있다. 그러나 영업연도 중 1회에 한하여 중간배당을 인정하고 있는데, 이는 이사회의 결의로써 실시한다.

중간배당의 경우에는 배당기준일이 배당선언일보다 뒤에 올 수도 있다.[17)]

배당지급일(date of payment)은 회사가 실제로 배당금을 지급하는 날로서 미지급 배당금계정의 차변에 기입하고 현금계정의 대변에 기입하면 된다.

예제 14-10 현금배당

성은(주)는 20×1. 12. 31 현재로 액면 ₩5,000인 보통주 1,000주가 발행되어 있다. 20×2. 3. 5 주주총회에서 주당액면금액의 12%에 해당하는 금액을 보통주에 대한 배당으로 지급하기로 결의했는데, 배당기준일은 회계연도말인 20×1. 12. 31이고, 배당지급일은 20×2. 4. 15로 확정되었다. 배당기준일, 배당결의일, 그리고 배당지급일에 필요한 분개를 하라.

해답

① 20×1. 12. 31 (배당기준일) : - 분개 없음 -

② 20×2. 3. 5 (배당결의일=배당선언일) :

(차) 미처분이익잉여금	600,000*	(대) 미지급배당금	600,000

* 1,000주×₩5,000/주×12%=₩600,000

(주) 추가로 금전에 의한 이익배당액의 1/10 이상을 이익준비금으로 적립하는 분개를 해야 한다.

③ 20×2. 4. 15 (배당지급일) :

(차) 미지급배당금	600,000	(대) 현 금	600,000

2 주식배당

대부분의 배당은 현금으로 이루어진다. 그러나 이익잉여금을 재원으로 주주에게 배당을 지급하는 주식배당(stock dividends)도 널리 이용되고 있다. 주식배당은 현금이 없이 주주들의 배당욕구를 충족시킬 수 있기 때문에 현금이 충분하지 않은 회사들에게 매력적일 수 있다. 또한 시가가 액면금액보다 높으면 현금배당과 비교하여 실질적으로 주주들에게는 많은 혜택이 돌아갈 수 있다.

주식배당은 자본의 구성항목인 납입자본과 이익잉여금 간의 재분류에 불과한 것으로 이익잉여금의 자본전입으로 발행주식수와 자본금을 증가시키는 역할을 할 뿐이다. 즉, 주식배당으로 발행주식수는 증가하지만 기존 주주의 지분비율이나 자산 및 부채에는 변화가 발생하지 않는다.

---

17) 우리나라(상법 제462조)에서는 회계연도 중에 1회에 한하여 이사회의 결의로 중간배당을 할 수 있도록 규정하고 있다. 이러한 배당은 주주총회의 결의를 필요로 하지 않으며, 금전으로만 배당할 수 있다. 주주총회 결의사항이 아니기 때문에 이익잉여금의 처분항목으로 기록하지 않고 전기이월(미처분)이익잉여금의 수정사항으로 표시한다. 즉 중간배당은 당해 연도 성과에 대한 배당이 아니라 전년말의 이익잉여금에서 실시되는 추가배당으로 본다.

1) 주식배당의 회계처리

주식배당을 실시한 기업의 회계처리방법으로는 시가법과 액면금액법이 있다. 우리나라 상법에서는 액면금액법을 채택하고 있다. 액면금액법(par value method)은 주식배당으로 분배하는 주식의 액면금액에 해당하는 금액을 이익잉여금에서 자본금으로 대체시키는 방법이다. 액면금액법의 주장은 투자자의 입장에서 주식배당을 수익으로 볼 수 없다는 데 근거를 두고 있다. 즉, 주식배당은 이익준비금을 이용한 무상증자와 유사하다고 본다. 시가법(market value method)은 주식배당으로 분배하는 주식의 공정가치에 해당하는 금액을 이익잉여금에서 자본금과 자본잉여금(주식발행초과금)으로 대체시키는 방법이다.[18)]

주식배당의 경우 배당선언시점에는 주식배당액을 자본의 부가항목인 미교부주식배당금(자본조정)으로 기록했다가 주식발행시점에 관련 자본계정으로 대체한다.

예제 14-11 주식배당

성은(주)에는 20×1. 12. 31 현재 액면금액 ₩5,000, 시가 ₩9,000인 보통주 2,000주가 사외에서 유통되고 있다. 20×1. 12. 31을 기준일로 하여 14%의 배당을 선언했는데, 이 중 6%는 주식으로 배당하기로 하였다.
배당선언일과 배당지급(주식발행)일에 있어서의 필요한 분개를 하라. 단, 주식배당의 회계처리는 액면금액법과 시가법 각각을 비교하는 형식으로 나타낸다.

해답

액면금액법 – 상법			시가법		
① 배당선언일 :					
미처분이익잉여금	1,400,000		미처분이익잉여금	1,880,000	
미지급배당금		800,000*	미지급배당금		800,000*
미교부주식배당금#		600,000**	미교부주식배당금#		1,080,000##
* 2,000주×8%×₩5,000=₩800,000 ** 2,000주×6%×₩5,000=₩600,000 # 주주지분 중 자본조정으로 분류한다.			## 2,000주×6%×₩9,000=₩1,080,000		
② 배당지급과 주식발행일 :					
미지급배당금	800,000		미지급배당금	800,000	
현 금		800,000	현 금		800,000
미교부주식배당금	600,000		미교부주식배당금	1,080,000	
보통주자본금		600,000	보통주자본금		600,000
			주식발행초과금		480,000

18) 시가법은 주식배당을 회사 이익의 분배로 간주하여 주식의 시가에 해당하는 부분만큼이 배당으로 지급되었다고 보는 입장이다.

주식배당을 받는 주주(투자자)는 주식배당을 배당금수익으로 보지 않는다. 따라서 별도의 회계처리를 하지 않는다. 주식배당으로 기업의 경제적 실질에 변화가 없고, 단지 이익잉여금이 줄고 그만큼 자본금이 증가하기 때문이다.[19)]

2) 주식배당, 무상증자, 주식분할, 주식병합의 비교

주식배당과 여러 가지 측면에서 유사한 성격을 갖는 것이 무상증자와 주식분할이다. 무상증자는 일반적으로 이사회의 결의에 의해 실시된다.[20)] 무상증자는 발행주식수를 증가시키지만 주주의 부에는 영향을 미치지 않고 주주의 상대적인 지분비율도 변화하지 않는다는 측면에서 주식배당과 동일하다. 무상증자가 주식배당과 다른 점은 크게 재원과 발행주식수의 증가규모에 있다. 먼저 주식배당의 재원은 미처분이익잉여금인 반면, 무상증자의 재원은 일반적으로 자본잉여금 및 이익준비금이다.

주식배당은 배당총액의 1/2을 초과할 수 없으며 일반적으로 배당률이 주식액면금액을 기준으로 공금리 수준을 크게 초과하지 않는 수준에서 결정되므로 주식배당률은 10%를 초과하기가 힘들다. 그러나 무상증자의 경우는 일반적으로 증자율이 상당히 높은 편이다.

무상증자를 실시하는 기업에서는 무상증자의 재원에 따라 발행주식수의 액면금액에 해당하는 금액을 아래와 같이 분개하면 된다.

(차) 주식발행초과금 (또는 이익준비금)	×××	(대) 자본금(액면금액)	×××

투자자는 무상증자로 발행된 주식을 받았을 때 이를 이익으로 보아서는 안 된다.

주식분할(stock splits)도 주식수의 증가라는 면에서 주식배당이나 무상증자와 유사하다. 주식배당은 미처분이익잉여금의 자본전입이고 무상증자는 자본잉여금 및 이익준비금의 자본전입으로서 모두 계정의 재분류에 해당하므로 이를 회계거래로 보고 분개해야 한다. 한편, 주식분할을 하면 발행주식수가 증가하고 액면금액은 낮아지지만 자본금계정의 금액은 변함이 없다. 따라서 주식분할은 어느 계정에도 영향을 미치지 않아 회계거래가 아니기 때문에 분개의 대상이 되지 않는다. 주식분할은 일반적으로 1 : 2 분할, 1 : 3 분할 등과 같이 100%단위로 주식수가 증가한다.

주식분할과 정반대로 여러 주식을 하나의 주식으로 통합하는 경우가 있는데, 이를 주식병합(reverse stock splits)이라고 한다. 주식병합도 주식분할과 마찬가지로 회계거래가 아니므로 분개할 필요가 없다.

지금까지 살펴본 주식배당, 무상증자, 주식분할과 주식병합에 따른 자본변동 상황을 요약하면 [그림 14-6]과 같다.

---

19) 세법에서는 주식배당과 무상증자로 신주를 교부받으면 이를 재무회계와 다르게 익금으로 보아 과세소득에 가산한다. 현행 세법에서 익금은 주식의 액면금액과 추가로 발행되는 주식수를 기준으로 산정한다.

20) 상법 제461조. 회사는 이사회의 결의에 의하여 준비금(자본잉여금인 자본준비금과 이익준비금)의 전부 또는 일부를 자본금에 전입할 수 있다.

▶ **그림 14-6** 주식배당, 무상증자, 주식분할 및 주식병합의 비교

항 목	주식배당		무상증자	주식분할/주식병합
	시가법	액면금액법		
∘ 발행주식수	증 가	증 가	증 가	증가/감소
∘ 주당액면금액	불 변	불 변	불 변	감소/증가
∘ 총 자 본	**불 변**	**불 변**	**불 변**	**불변/불변**
구성항목				
I. 자 본 금	증 가	증 가	증 가	불변/불변
II. 자본잉여금	증 가	불 변	감 소	불변/불변
			재원 : 자본잉여금	
III. 이익잉여금	감 소	감 소	감 소	불변/불변
	재원 : 미처분이익잉여금 -주식시가만큼	재원 : 미처분이익잉여금 -주식액면금액만큼	재원 : 이익준비금 -주식액면금액만큼	

3 기타 형태의 배당

(1) 현물배당과 어음배당

배당을 상품, 투자유가증권, 기타 현금 이외의 자산으로 실시하는 경우가 있는데, 이를 현물배당(dividends in kind) 혹은 재산배당(property dividends)이라고도 부른다. 분배의 용이성 때문에 현물배당은 배당을 실시하는 회사가 소유하고 있는 투자유가증권으로 이루어지는 경우가 많다.

K-IFRS에서는 현물배당과 같이 비화폐성 자산의 이전시점에는 이전한 자산의 공정가치로 기록하고 그에 따른 자산처분손익을 인식해야 한다고 규정하고 있다. 이를 위해서 배당이 선언되었을 때 소유주에게 배당으로 분배해야 하는 부채(미지급배당금)는 분배될 자산의 공정가치로 측정한다. 후속적으로 필요시 각 보고기간말과 결제일에 미지급배당의 장부금액을 검토하고 조정한다. 이 경우 미지급배당의 장부금액 변동은 분배금액에 대한 조정으로 자본(이익잉여금)에서 인식한다. 기업이 미지급배당을 결제할 때, 분배될 자산의 장부금액과 미지급배당의 장부금액의 차이를 당기손익으로 인식한다.

예제 14-12 현물배당

성은(주)는 20×2. 2. 28에 장부금액 ₩125,000의 금융자산을 20×1. 12. 31자 주주명부에 등재된 주주에게 현물배당으로 지급하기로 결의하였다. 배당지급일은 20×2. 3. 15이며, 배당선언일 현재 동 금융자산의 공정가치는 ₩220,000이었다. 현물배당과 관련하여 필요한 분개를 하라.

해답

1) 배당선언일(20×2. 2. 28) :

(차) 미처분이익잉여금	220,000	(대) 미지급배당금	220,000

2) 배당지급일(20×2. 3. 15) :

(차) 미지급배당금	220,000	(대) 금 융 자 산	125,000
		금융자산처분이익	95,000

어음배당(scrip dividends)이란 배당결의일로부터 일정한 기일이 경과한 후에 배당금을 지급하기로 약속한 배당증서를 교부하고 미리 약정한 날에 증서와 교환으로 현금을 지급하는 배당을 말한다. 따라서 배당증서는 어음상 채무의 특수한 예라고 할 수 있다. 어음배당은 현금사정이 좋지 않을 경우에 사용하는 배당형태이며, 기본적으로는 현금배당과 동일하다. 배당증서가 이자부인 경우 배당금을 실제로 지급하는 시점인 배당증서의 만기일에 이자를 지급해야 하는데, 이자는 배당으로 보아서는 안 되고 이자비용으로 기록해야 한다.

(2) 청산배당

회사가 이익잉여금잔액을 초과하여 배당을 하는 경우가 있다. 이는 납입자본의 일부를 배당으로 지급하는 것으로서 청산배당(liquidating dividends)이라고 부른다. 청산배당은 이익의 배당이 아니라 "주주가 납입한 투자액의 반환(return of investment)"이다. 따라서 청산배당에 해당하는 금액은 자본잉여금계정에서 차감해야 한다.

청산배당은 회사가 정상적인 영업활동을 진행중인 상태에서 발생할 수도 있으며, 회사의 청산시점에 잔여순자산을 주주에게 되돌려주는 형태로 발생할 수도 있다. 청산배당은 의도적으로 발생할 수도 있고, 무의식적으로 발생할 수도 있다. 의도적인 청산배당은 청산중인 회사가 실시하는 배당과 광산업 등의 추출산업에서 회사가 감모성 천연자원을 추가로 취득할 계획이 없을 때 주주의 납입자본을 서서히 배당으로 지급하되 이익잉여금에 감모상각비를 합한 금액만큼을 배당으로 지급함으로써 발생한다. 무의식적인 청산배당은 회계상의 오류 등으로 인하여 과대계상된 이익잉여금을 기초로 배당을 실시하여 발생한다.

예제 14-13 청산배당

성은(주)는 광업에 종사하는 회사인데, 20×1. 12. 31 현재 미처분이익잉여금잔액은 ₩330,000이고 자본잉여금잔액은 ₩1,080,000이다. 이날 현재 발행유통주식수가 1,000주인데, 주당 ₩500의 배당을 선언하였다. 이 배당에 대한 분개를 하라.

해답

(차) 미처분이익잉여금	330,000	(대) 미지급배당금	500,000
자본잉여금	170,000*		

* 이 금액이 청산배당에 해당한다.

제 7 절 자본변동표

자본변동표(statement of changes in equity)는 한 회계기간 동안 발생한 자본(소유주지분)의 변동내용을 표시하는 재무보고서로서, 자본을 구성하고 있는 자본금, 자본잉여금, 자본조정, 기타포괄손익누계액, 이익잉여금(결손금)의 변동에 대한 포괄적인 정보를 제공한다. K-IFRS에서는 자본의 분류를 규정하고 있지 않아서 실무에서는 자본조정과 기타포괄손익누계액 항목을 기타자본항목으로 나타내기도 하고, 자본조정도 기타자본항목으로 포함하기도 한다.

〈표 14-3〉은 일부 중요항목들을 예시로 포함한 자본변동표를 보여주고 있다. 자본변동표는 재무제표간의 연계성을 제고시켜 정보이용자들이 재무제표간의 관계를 보다 명확하게 이해할 수 있게 된다. 이러한 자본변동표에는 재무상태표에 표시되어 있는 자본의 기초잔액과 기말잔액이 모두 제시됨으로써 재무상태표와 연계되고, 자본의 변동내용은 포괄손익계산서와 현금흐름표에 나타난 정보와 연계된다.

〈표 14-3〉에 나타난 자본변동표의 구성내용을 살펴보자. 먼저 자본금의 변동은 유·무상증자(또는 감자)와 주식배당에 의하여 발생하며, 자본잉여금의 변동은 유·무상증자(또는 감자), 결손금처리 등에 의해서 발생한다. 그리고 자본조정(기타자본항목)의 변동은 자기주식 등의 변동으로 발생한다. 기타포괄손익누계액(기타자본항목)의 변동은 확정급여제도의 재측정요소, FVOCI금융자산평가손익, 해외사업환산손익, 현금흐름위험회피수단평가손익, 재평가잉여금 등이 포함된다. 이익잉여금의 변동은 배당과 당기순이익 등으로 발생한다.

자본변동표는 'Ⅰ. 총포괄손익'에 당기순이익과 여러 기타포괄손익 항목들이 표시

▶ 표 14-3
자본변동표 양식

자본변동표

회사명 제×기 20××. ×. ×부터 20××. ×. ×까지 (단위 : 원)

과 목	자본금	주식발행 초과금	이익 잉여금	기타 자본항목	총 계
20××. 1. 1(당기초)	×××	×××	×××	×××	×××
Ⅰ. 총포괄손익					
1. 당기순이익	–	–	×××	–	×××
2. 기타포괄손익-공정가치측정금융자산평가손익	–	–	–	×××	×××
3. 기타	–	–	–	×××	×××
Ⅱ. 자본에 직접 인식된 주주와의 거래					
1. 배당	–	–	(×××)	–	×××
2. 유상증자	×××	×××			×××
3. 기타				×××	×××
20××.12.31(당기말)	×××	×××	×××	×××	×××

된다. 물론 당기순이익은 이익잉여금을 증가시키고 기타포괄손익은 기타포괄손익누계액(기타자본항목)을 증감시킨다. 그 다음으로 'Ⅱ. 자본에 직접 인식된 주주와의 거래'가 표시된다. 이곳에는 여러 가지 중요한 자본거래가 자본의 각 항목을 어떻게 증감시켰는지를 알 수 있게 표시된다. 자본거래의 예로는 배당, 유상증자, 무상증자, 자기주식 취득 등이 있다.

보론 14A 자기주식의 회계처리 – 액면금액법

자기주식과 관련한 회계처리방법으로 액면금액법이 있다. 원가법과 액면금액법의 개념상의 차이를 살펴보면 다음과 같다.

> 원가법에서는 자기주식거래가 연속된 두 단계로 구성되어 있으며, 첫째 단계는 자기주식의 취득이고, 둘째 단계는 자기주식의 재발행거래라고 본다. 원가법에서는 기업이 자기주식을 재발행할 것을 전제로 취득한다고 본다.
>
> 액면금액법에서는 취득과 재발행을 별개의 독립적인 거래로 본다. 따라서 자기주식의 취득은 주식의 소각으로 보고, 자기주식의 재발행은 신주를 발행한 것과 같다고 본다. 액면금액법에서는 기업이 자기주식을 소각할 것을 전제로 취득한다고 본다.

〈표 14A-1〉은 자기주식과 관련한 원가법과 액면금액법을 요약 비교하고 있다.

액면금액법에서는 자기주식을 취득하면 액면금액으로 자기주식계정 차변에 기입하며, 이를 같은 종류 주식의 자본금계정에서 차감하는 형식으로 보고한다. 만일 최초발행시점에 할증발행했다면 취득한 주식수에 비례하여 주식발행초과금을 감소시켜야 한다. 취득원가와 최초발행금액을 비교하여 취득원가가 더 작은 경우에는 그 차액은 감자차익(자본잉여금)으로 기록한다. 한편, 취득원가가 최초발행금액보다 크면 감자차손이 되는데, 이는 먼저 감자차익계정의 잔액과 상계하고 남은 금액을 자본조정으로 분류하였다가 결손금처리시점에 이익잉여금에서 차감하거나 향후 발생하는 감자차익과 상계처리한다. 이와 같은 회계처리는 원가법에서 자기주식을 소각했을 경우와 동일하다.21)

액면금액법에서는 자기주식의 재발행을 신주발행과 유사하게 회계처리한다. 먼저 할증발행인 경우에는 자기주식(액면금액)과 주식발행초과금을 대변에 기입한다. 할인발행인 경우에는 주식할인발행차금을 차변에 기입하지 않고 먼저 취득시점에 발생한 감자차익(자본잉여금)의 잔액에서 차감하고 나머지는 자기주식처분손실로 하여 자본조정에 기록하였다가 결손금처리시점에 이익잉여금에서 차감하거나 향후에 발생하는 감자차익과 상계한다. 이때 차액을 주식할인발행차금으로 처리하지 않는 이유는 주식의 할인발행으로 인한 우발채무는 특별한 계약이 없는 한 최초에 주식을 매입한 주주가 부담하고 재발행된 자기주식을 매입하는 주주는 이러한 우발채무를 부담하지 않기 때문이다.22)

---

21) 자기주식을 아직 소각하지 않았으나 액면금액법에서는 자기주식의 취득을 소각한 것처럼 취급하기 때문이다.
22) 주식을 할인발행하는 경우에는 회사를 청산할 때 채권자의 보호차원에서 필요할 경우 최초의 주식매입자로 하여금 할인발행차금을 회사에 납입하도록 요구할 수 있도록 되어 있는 경우가 있다.

▶ **표 14A-1**

자기주식의 회계처리-원가법과 액면금액법 비교

구분		원가법(우리나라 회계처리)	액면금액법
기본개념		◦ 재발행을 전제로 취득한다고 봄 ◦ 자기주식 취득과 재발행을 연속된 2단계의 거래로 취급[단일거래관점]	◦ 소각을 전제로 취득한다고 봄 ◦ 자기주식 취득은 주식소각거래로, 재발행은 독립된 신주발행거래로 취급[이원거래관점]
처분이익		재발행이나 소각시점에 발생 (취득시점에는 발생하지 않음)	취득이나 재발행시점에 발생 (소각시점에는 발생하지 않음)
회계처리	취득	자기주식(취득원가) ××× 현　　금(취득원가) ×××	◦ **[취득원가 < 최초발행금액]인 경우**[1)] 자기주식(액면금액) ××× 주식발행초과금* ××× 현　　금(취득원가) ××× 감자차익(자본잉여금) ××× ◦ **[취득원가 > 최초발행금액]인 경우**[1)] 자기주식(액면금액) ××× 주식발행초과금* ××× 감자차익(잔액에서) ××× 감자차손[2)] ××× 현　　금(취득원가) ×××
		* 주식발행초과금계정 잔액×(취득한 자기주식수/발행주식수)	
	재발행	◦ **[재발행금액 > 취득원가]인 경우** 현　　금(재발행금액) ××× 자기주식(취득원가) ××× 자기주식처분이익(자본잉여금) ××× ◦ **[재발행금액 < 취득원가]인 경우** 현　　금(재발행금액) ××× 자기주식처분이익(잔액에서) ××× 자기주식처분손실(이익잉여금)[2)] ××× 자기주식(취득원가) ×××	◦ **[재발행금액 > 액면금액]인 경우** 현　　금(재발행금액) ××× 자기주식(액면금액) ××× 주식발행초과금 ××× ◦ **[재발행금액 < 액면금액]인 경우** 현　　금(재발행금액) ××× 감자차익(잔액에서) ××× 자기주식처분손실(이익잉여금)[2)] ××× 자기주식(액면금액) ×××
	소각	◦ **[취득원가 < 액면금액]인 경우**[#] 자 본 금(액면금액) ××× 자기주식(취득원가) ××× 감자차익(자본잉여금) ×××[##] ◦ **[취득원가 > 액면금액]인 경우**[#] 자 본 금(액면금액) ××× 감자차익(잔액에서) ××× 감자차손(이익잉여금) ××× 자기주식(취득원가) ×××	자 본 금(액면금액) ××× 자기주식(액면금액) ×××
		# 우리나라 상법에 따라 액면금액을 기준으로 하였다(그러나 최초발행금액을 기준으로 하기도 한다). ## 은퇴한 주주로부터 받은 자본증여로 본다.	
		(주) 1) 최초발행금액 대신에 액면금액과 비교하여 감자차(손)익을 산출하는 방법도 있다. 2) 자기주식자본잉여금(자기주식처분이익이나 감자차익)이 부족한 경우 : 이는 일단 자기주식처분손실(재발행의 경우)/감자차손(소각의 경우)으로 기록하여 자본조정으로 분류했다가 결손금처리시점에 처리하거나 향후에 발생하는 자기주식자본잉여금(자기주식처분이익이나 감자차익)과 상계한다.	
공시		취득원가를 자본총계에서 차감 ◦ 자 본 금 ××× 자본잉여금 ××× 자본조정 : 자기주식(취득원가) (××) 이익잉여금 ××× 자본총계 (××)	액면금액을 동종 자본금에서 차감 ◦ 자 본 금 ××× 자기주식(액면금액) (××) ××× 자본잉여금 ××× 이익잉여금 ××× 자본총계 ×××

한편, 자기주식을 소각했을 때 최초발행금액이나 취득원가에 관계없이 액면금액으로 자본금을 차변에 기입하고 자기주식을 대변에 기입하면 된다. 그 이유는 자기주식의 취득시점에 액면금액으로 자기주식계정 차변에 기입한 것을 제외하고는 이미 주식을 소각한 것처럼 회계처리를 했기 때문이다.

예제 14-6 을 액면금액법으로 회계처리하면 다음과 같다.

① (차) 자기주식(50주@₩5,000)	250,000	(대) 현 금		390,000
주식발행초과금	125,000*			
감 자 차 손#	15,000			

* (₩7,500－₩5,000)×50주＝₩125,000
# 자본조정으로 분류했다가 결손금처리시점에 처분하거나 향후 발생하는 감자차익과 상계한다.

② (차) 자기주식(20주@₩5,000)	100,000	(대) 현 금	130,000
주식발행초과금	50,000*	감 자 차 손#	15,000
		감 자 차 익#	5,000

* (₩7,500－₩5,000)×20주＝₩50,000
# 감자차손계정에 잔액(₩15,000)이 있으므로 이를 먼저 상계한 후 나머지(₩5,000)를 감자차익으로 기록한다.

③ (차) 현 금	255,000	(대) 자기주식(30주@₩5,000)	150,000
		주식발행초과금	105,000
④ (차) 현 금	48,000	(대) 자기주식(10주@₩5,000)	50,000
감 자 차 익#	2,000		

감자차익계정의 잔액(₩5,000)이 있으므로 여기에서 상계하였다. 그러나 상계를 초과하는 금액에 대해서는 자기주식처분손실로 하여 자본조정에 기록하였다가 결손금처리시점에 이익잉여금에서 차감하거나 향후 발생하는 감자차익과 상계한다.

위의 분개 ④가 완료된 후 부분 재무상태표를 작성해 보면 다음과 같다.

〈자 본〉		
자본금(발행주식 100주)	₩500,000	
(차감) 자기주식	(150,000)	₩350,000
자본잉여금 :		
주식발행초과금	₩180,000	
감자차익	3,000	183,000
이익잉여금		100,000
자본총계		₩633,000

⑤ (차) 보통주자본금(30주@₩5,000)	150,000	(대) 자 기 주 식	150,000

원가법에서는 자기주식으로 취득한 주식의 최초발행금액을 확인할 필요가 없어 액면금액법보다 간단한 방법이므로 더 폭넓게 수용되고 있다.[23] 그러나 액면금액법은 적용이 다소 복잡하지만 개념적으로는 원가법보다 우수한 방법이라고 본다.

23) 소각을 전제로 취득한 경우를 제외하고는 원가법을 적용하는 것이 무난하다고 본다.

종합예제

CHAPTER 14

1. 자본거래 – 종합

20×1. 12. 31 현재 선영(주)의 자본은 자본금 ₩500,000(액면 ₩500), 자본잉여금 ₩50,000, 이익잉여금 ₩150,000으로 구성되어 있다. 20×2년과 20×3년에 선영(주)는 다음과 같은 거래가 있었다.

1) 20×2. 2. 1에 선영(주)는 보통주 500주를 ₩500,000에 발행했다.
2) 20×2. 7. 1에 10%의 주식배당을 선언하고, 20×2. 8. 1에 주식을 발행했다. 주식배당은 액면금액법으로 기록한다.
3) 20×2. 11. 18에 자기주식 100주를 주당 ₩400에 재취득했다(원가법).
4) 20×2. 12. 31로 종료되는 회계연도의 당기순이익은 ₩70,000이다.
5) 20×3. 2. 13에 자기주식 중 80주를 주당 ₩600에 매각했다.
6) 20×3. 7. 1에 주주들에게 주당 ₩10의 현금배당을 선언하고, 배당금을 지급하기로 했다.
7) 20×3. 9. 30에 자기주식 20주를 소각하였다. 소각일 현재 보통주의 시가는 주당 ₩620이었다.
8) 20×3년의 당기순이익은 ₩80,000이다.

요구사항

자본금, 자본잉여금, 자기주식, 이익잉여금 및 자본총계에 영향을 미친 모든 거래와 그 결과로서 20×1년, 20×2년, 20×3년 각 연도의 12. 31자 선영(주)의 자본변동표에 기록되어야 할 금액을 산출하는 표를 작성하라.

해 답

	자본금		자본 잉여금	자기주식		기타 자본조정	이익 잉여금	자본총계
	주식수	금 액		주식수	금 액			
20×1. 12. 31	1,000	₩500,000	₩50,000			₩0	₩150,000	₩700,000
20×2. 2. 1	500	250,000	250,000					500,000
20×2. 7. 1						75,000	(75,000)	0
20×2. 8. 1	150	75,000				(75,000)		0
20×2. 11. 18				100	(₩40,000)			(40,000)
당기순이익							70,000	70,000
20×2. 12. 31	1,650	₩825,000	₩300,000	100	(₩40,000)	₩0	₩145,000	₩1,230,000
20×3. 2. 13			16,000*	(80)	32,000			48,000
20×3. 7. 1							(16,300)**	(16,300)
20×3. 9. 30	(20)	(10,000)	2,000#	(20)	8,000			0
당기순이익							80,000	80,000
20×3. 12. 31	1,630	₩815,000	₩318,000		₩0	₩0	₩208,700	₩1,341,700

* 자기주식처분이익＝80주×(₩600－₩400)＝₩16,000
** (1,650－100＋80)주×₩10＝₩16,300
# 감자차익＝액면금액과 취득원가의 차이＝20주×(₩500－₩400)＝₩2,000

2. 자본종합

(2019년 CPA 2차)

다음은 (주)대한의 20×2. 1. 1의 부분재무상태표이다. (주)대한은 자본을 다음의 양식으로 보고하고 있다.

부분재무상태표

자본금		₩8,000,000
1. 보통주자본금	₩6,000,000	
2. 우선주자본금	2,000,000	
자본잉여금		30,500,000
1. 주식발행초과금	30,000,000	
2. 감자차익	500,000	
자본조정		(1,000,000)
1. 자기주식(보통주)	(1,000,000)	
기타포괄손익누계액		2,000,000
1. 재평가잉여금	2,000,000	
이익잉여금		11,000,000
1. 이익준비금	5,000,000	
2. 미처분이익잉여금	6,000,000	
자본총계		₩50,500,000

(1) (주)대한은 20×1. 1. 1에 설립되었으며, (주)대한의 보통주와 우선주는 설립과 동시에 발행되었다.
(2) (주)대한의 20×2. 1. 1 현재 발행된 보통주는 12,000주이며, 주당 발행금액은 ₩2,000이고, 주당 액면금액은 ₩500이다. (주)대한의 20×2. 1. 1 현재 발행된 우선주는 1,000주이며, 주당 액면금액은 ₩2,000이다.
(3) 우선주는 누적적, 비참가적 우선주 한 종류만 발행되었으며, 배당률은 연 6%이다.
(4) (주)대한이 20×2. 1. 1 현재 보유하고 있는 자기주식의 수량은 500주이다. 자기주식의 취득은 원가법으로 처리하며, 자기주식의 처분시 단가산정은 가중평균법에 의한다.
(5) (주)대한은 자본금을 확충하기 위하여 20×2. 2. 1에 주식발행초과금을 재원으로 하여 현재 유통중인 보통주를 대상으로 15%의 무상증자를 실시하였다.
(6) (주)대한은 20×1년 경영성과에 대해서 20×2. 2. 15 주주총회에서 현금배당(₩1,000,000)을 원안대로 승인하고 이를 지급하였다.
(7) (주)대한은 경영전략상의 계획에 의하여 20×2. 3. 1에 보통주 1,200주를 발행하고 그 대가로 공정가치가 ₩1,000,000인 토지를 취득하였다. 단, 현물출자로 인한 자산의 취득원가는 해당 자산의 공정가치로 한다.
(8) (주)대한은 보유하고 있는 자기주식 중 100주를 20×2. 7. 1에 주당 ₩2,500에 재발행하였으며, 20×2. 10. 1에 200주를 소각하였다.
(9) (주)대한은 20×2년중에 중간배당(현금배당) ₩500,000을 지급하였으며 20×2년 기말에 결산배당으로 ₩700,000(현금배당 ₩500,000과 주식배당 ₩200,000)을 책정하였다. (주)대한의 주주총회 예정일은 20×3. 2. 15이다.
(10) (주)대한의 20×2년 당기순이익은 ₩2,000,000이다.

요구사항

(주)대한의 20×2년말 재무상태표에 표시되는 ① 자본금, ② 자본잉여금, ③ 자본조정 그리고 ④ 이익잉여금의 금액을 각각 계산하라. 단, 음의 값은 (−)를 숫자 앞에 표시한다.

해 답

[자본변동표의 구성항목 변동]

〈20×1. 1. 1〉

(차) 현 금	24,000,000	(대)	보통주자본금	6,000,000
			주식발행초과금	18,000,000
(차) 현 금	14,000,000	(대)	우선주자본금	2,000,000
			주식발행초과금	12,000,000

〈20×2. 2. 1〉

(차) 주식발행초과금	862,500	(대)	보통주자본금	862,500*

* (12,000주－500주)×₩500×15%＝₩862,500

〈20×2. 2. 15〉

(차) 이익잉여금	1,000,000	(대)	미지급배당금	1,000,000

〈20×2. 3. 1〉

(차) 토 지	1,000,000	(대)	보통주자본금	600,000
			주식발행초과금	400,000

〈20×2. 7. 1〉

(차) 현 금	250,000	(대)	자 기 주 식	200,000*
			자기주식처분이익	50,000

* (재무상태표의 자기주식 ₩1,000,000/자기주식수 500주)×100주＝₩200,000

〈20×2. 10. 1〉

(차) 보통주자본금	100,000	(대)	자 기 주 식	400,000
감 자 차 손	300,000			

〈20×2년 중간배당〉

(차) 이익잉여금	500,000	(대)	현 금	500,000

〈20×3년 3월 배당예정 · 배당이 된 경우의 분개〉

(차) 이익잉여금	*700,000*	*(대)*	*현 금*	*500,000*
			보통주자본금	*200,000*

〈20×2년말〉

(차) 집 합 손 익	2,000,000	(대)	이익잉여금	2,000,000

① 자본금

기초금액(보통주＋우선주)	₩8,000,000
무상증자	862,500
현물출자	600,000
자기주식소각	(100,000)
	₩9,362,500

② 자본잉여금

기초금액(보통주＋우선주)	₩30,000,000
무상증자	(862,500)
현물출자	400,000
자기주식처분이익	50,000
	₩29,587,500

③ 자본조정

기초금액(자기주식)	₩1,000,000
자기주식처분	(200,000)
자기주식소각	(400,000)
감자차손	300,000
	₩700,000

④ 이익잉여금

기초금액	₩11,000,000
배당금(2/15)	(1,000,000)
중간배당	(500,000)
당기순이익	2,000,000
우선주배당금	(120,000)*
	₩11,380,000

* ₩2,000,000 × 0.06 = ₩120,000

익힘문제

1. 납입자본과 이익잉여금의 의미를 설명하라.

2. 제약규정이 존재하지 않을 때 주주의 기본적인 권리는 무엇인가?

3. 보통주와 우선주의 차이점은 무엇인가?

4. 우선주는 어떤 면에서 지분증권보다 채무증권에 유사한가? 또한 상환우선주의 회계처리를 기술하라.

5. 계약상 의무 검증과 자본위험 검증에 대해 상세히 기술하고, 각각 한 가지 예를 제시하라.

6. 액면금액의 의미는 무엇이며, 주주에게 어떤 중요성을 지니는가?

7. 자기주식의 회계처리방법으로 원가법과 액면금액법의 차이점을 설명하라. 또한 이 방법들이 자본에 미치는 영향을 설명하라.

8. 다음과 같은 회계처리방법의 적정성을 논의하라.
   • 자기주식을 유동자산으로 회계처리한다.
   • 자기주식처분손익을 손익계산서에 포함한다.
   • 자기주식에 대한 배당금을 수익으로 인식한다.

9. 자본잉여금과 자본조정의 종류와 그 발생원천에 대해서 기술하라.

10. 기타포괄손익으로 인식되는 항목을 제시하고, 이의 인식이후의 회계처리에 대하여 기술하라.

11. 이익잉여금이 증가하고 감소하는 원천을 들어보라.

12. 이익잉여금의 처분이란 무엇을 의미하는가? 또한 이익잉여금 처분의 세 가지 형태를 기술하라.

13. 적립금이란 무엇인가? 또한 적립금을 설정하는 이유는 무엇인가?

14. 임의적립금이입액이란 무엇인가?

15. 일반적으로 회사는 법적으로는 배당해도 무방한 미처분이익잉여금을 모두 배당하지는 않는다. 그 이유는 무엇인가?

16. 현금배당, 주식배당, 현물배당 그리고 어음배당을 구분하여 설명하라.

17. 주식배당, 무상증자, 주식분할, 주식병합을 비교하여 설명하라.

18. 회사는 유통주식수를 증가시키기 위해 주식배당이나 주식분할을 이용하고 있다.
    1) 주식분할과 유사한 주식배당이란 무엇을 뜻하는가?
    2) 회계적 관점에서 주식분할과 주식배당의 차이점을 설명하라.
    3) 선언되었으나 발행되지 않은 주식배당을 재무상태표에 어떻게 공시하는가?

19. 자본변동표가 제공하는 정보를 제시하고, 그 작성방법을 간략히 기술하라.

연습문제

CHAPTER 14

1. 금융부채와 지분상품의 구분

(주)서울은 다음 조건의 전환우선주(액면금액 ₩100,000)를 액면금액에 발행하였다.

(1) (주)서울은 액면금액이 ₩100,000인 전환우선주를 발행하였는데 액면금액의 7%로 배당을 지급하기로 하였다. 우선주는 보유자의 선택에 따라 전환시점에 ₩100,000의 가치를 갖는 변동가능한 보통주로 전환이 가능하다.

(2) 액면금액의 7%를 매기 배당으로 지급하기로 하였다. 전환우선주는 보유자의 선택에 따라 전환시점에 10,000주의 보통주로 전환이 가능하다.

(주)서울이 위 각각의 경우 발행한 전환우선주를 금융부채로 분류해야 하는지 지분상품(자본)으로 분류해야 하는지를 설명하라.

2. 자본의 구분

다음의 각 항목들을 네 가지 자본항목(A : 자본금, B : 자본잉여금, C : 이익잉여금, D : 자본조정)으로 분류하라.

1. 당기순이익
2. 신주청약증거금
3. 우선주자본금
4. 결손보전적립금
5. 감채기금
6. 자기주식
7. 주식할인발행차금
8. 미교부주식배당금

3. 우선주에 대한 배당금 결정

정은(주)는 20×1. 1. 1에 영업을 시작하였으며, 20×5. 12. 31 현재 자본금계정은 다음과 같다.

보통주(주당액면 ₩5,000)	₩400,000
우선주(4%, 누적적, 부분참가적(12%까지) ; 주당액면 ₩5,000)	200,000

정은(주)는 모든 주식을 영업개시와 동시에 발행하였으며, 그 이래 아직 배당을 실시한 적이 없다. 정은(주)가 20×6. 1. 1 ₩200,000의 배당을 선언하였다.

요구사항

1. ₩200,000의 배당금을 어떻게 배분할 것인가?
2. 4% 누적적 우선주가 완전참가적이라면, 배당금을 어떻게 배분할 것인가?

4. 콜옵션과 상환가능우선주

1. 강천(주)는 자기회사의 주식을 살 수 있는 콜옵션을 ₩5,000에 매도하였다. 옵션의 조건에 따르면 콜옵션의 매수자가 나중에 콜옵션을 행사할 경우 확정금액(₩100,000)을 대가로 확정수량(100주)의 보통주를 발행하도록 되어 있다. 콜옵션의 가격은 발행시에 ₩5,000이었고 회계기말에 ₩6,000으로 상승하였으며, 옵션의 행사시점에 ₩7,000이었다.
   이 거래의 요체는 금융부채인가 지분상품인가? 콜옵션의 발행시점, 회계기말 및 옵션의 행사시점에 필요한 회계처리를 제시하라.

2. 동재(주)는 우선주를 액면금액인 ₩100,000에 발행하였다. 우선주 배당률은 액면금액 대비 매년 8%인데 만약 배당이 이루어지지 않을 경우 보통주에 대한 배당도 이루어질 수 없을 뿐이며, 우선주배당 자체는 누적적이 아니다. 또한 동 우선주는 동재(주)의 상환선택권의 행사로 발행일로부터 5년 후에 상환가능한 우선주이다. 동재(주)가 상환선택권을 행사하기 위해서는 액면금액에 지금까지 연체된 배당금을 지급하는 조건이다.
   이 주식은 금융부채로 보아야 하는가? 아니면, 지분상품으로 보아야 하는가?

5. 주식의 발행

1. 나주(주)는 20×1. 1. 1에 액면금액 ₩5,000인 보통주 100주를 주당 ₩7,000에 발행하고, 동시에 액면금액 ₩5,000인 우선주 100주를 주당 ₩5,000에 발행하였다.
   20×1. 1. 1 주식발행시점에 필요한 분개를 하라.
2. 봉하(주)는 토지와 교환으로 액면금액 ₩5,000인 보통주 1,000주를 발행하였다.
   주식발행시점에 필요한 분개를 하라. 단, 봉하(주)가 비상장회사여서 주식의 시가는 알 수 없으나 토지의 공정가치가 ₩12,000,000으로 알려졌다.

6. 상환우선주

20×1. 1. 1에 종진(주)는 액면금액 ₩800,000의 상환우선주를 발행하였다. 우선주의 액면배당률은 10%이고, 매년말 배당을 지급할 계획이며, 실제로 지급하였다. 종진(주)는 상기 우선주를 20×3. 12. 31 ₩1,000,000에 상환할 수 있다.

요구사항

1. 우선주보유자가 상환권을 갖고 있으며 우선주에 대한 배당이 누적적이어서 금융부채로 분류된다고 가정하고, 상환우선주의 순발행금액을 제시하고, 20×1년에 필요한 회계처리를 하라. 상환우선의 발행시점에 종진(주)의 채무상품에 적용되는 시장이자율은 10%이다.
2. 나머지 조건은 위 1.과 같지만 우선주의 상환을 요구할 수 있는 권리를 종진(주)가 보유하고 있어서 상환우선주가 자본으로 분류된다고 가정하고, 20×1에 필요한 회계처리를 하라.

7. 잉여금의 자본전입

동래(주)는 이사회의 결의에 따라 기말 현재를 기준일로 하여 보통주주에게 1주당 0.2주씩의 신주를 무상으로 발행하기로 하였다. 보통주의 총발행주식수는 1,000주이며, 액면금액은 주당 ₩5,000이다. 무상증자의 재원은 주식발행초과금에서 충당하기로 하였다.
동래(주)가 필요한 분개를 하라.

8. 자기주식의 회계처리

우영(주)는 사외주식으로 액면 ₩5,000의 주식을 주당 ₩15,000에 발행했던 보통주 2,000주가 있다. 20×1. 7. 5 우영(주)는 위 주식 중 100주를 주당 ₩20,000에 재취득하고 그 후 이 자기주식을 소각하였다.

요구사항

다음의 각 방법으로 자기주식의 취득과 소각에 대한 적절한 분개를 하라.
1. 원가법
2. 액면금액법

9. 주식배당과 주식분할

20×1. 12. 31 현재 자유(주)의 주식의 시가는 주당 ₩18,000이었으며, 자유(주)의 주주지분계정의 잔액은 다음과 같다.

보통주자본금(주당액면 ₩5,000, 유통주식 800주)	₩4,000,000
주식발행초과금	3,600,000
이익잉여금	1,800,000

요구사항

1. 5%의 주식배당과 액면가기준 8%의 현금배당을 선언하였고, 관련 주식을 발행하고 현금을 지급하였다. 단, 주식배당은 시가법으로 회계처리한다. 배당을 분개하라.
2. 1 : 2의 주식분할을 하고 주식을 발행하였다. 적절한 회계처리를 하라.

10. 배당의 선언 및 지급

1. 20×1. 1. 4 강경(주)는 ₩120,000의 현금배당을 선언하였다. 이 중 ₩80,000은 이익처분에 의한 배당이고, 나머지는 투자액의 반환에 해당하는 것이다. 20×1. 2. 10에 강경(주)는 배당금을 전액 지급하였다. 강경(주)가 배당선언일과 배당지급일에 필요한 분개를 제시하라.
2. 청주(주)는 액면 ₩500의 보통주 200주를 발행하였다. 20×1. 1. 1에 주당 ₩20의 현금배당과 주당 10%의 주식배당을 선언하였다. 이날 현재 청주(주)의 이익잉여금잔액은 ₩20,000이고 주식발행초과금은 ₩5,500으로 나타나 있다. 배당선언일 현재 주식시장에서 거래되는 보통주의 공정시가는 주당 ₩760이며, 20×1. 5. 1에 현금배당과 주식배당이 동시에 지급되었다. 청주(주)가 배당선언일과 배당지급일에 필요한 분개를 제시하라. 주식배당은 액면금액법과 시가법을 적용해서 비교하라.
3. 석산(주)는 광업에 종사하는 회사인데, 20×1. 12. 31 현재 미처분이익잉여금잔액은 ₩300,000이고 자본잉여금잔액은 ₩1,000,000이다. 이날 현재 발행유통주식수가 1,000주인데, 주당 ₩600의 배당을 선언하였다. 당해 배당에 대한 분개를 제시하라.

11. 자본관련 분개

다모아(주)의 마감 후 원장잔액은 다음과 같다.

투자자산으로 보유하고 있는 토지	₩76,000 (차변)
재고자산평가손실적립금	241,000 (대변)
우발손실적립금	200,000 (대변)
전기이월미처분이익잉여금	580,000 (대변)
집 합 손 익	300,000 (대변)

원장마감 후 20×1년도 다모아(주)의 주총에서 다음 사항이 의결되었다.

(1) 법인세추징적립금 ₩50,000을 설정한다.
(2) 당기순이익의 30%를 우발손실적립금으로 적립한다.
(3) 재고자산평가손실적립금이 더 이상 필요성이 없다고 판단되므로 제거한다.
(4) 투자자산으로 매입한 토지의 공정가치를 측정한 결과 토지의 가치는 매입일 이래 20%가 하락했기에 동액만큼 토지의 장부금액에서 평가감한다.
(5) 상기의 모든 거래가 반영된 후의 미처분이익잉여금잔액의 40%를 시설확장적립금으로 처분하기로 한다.
(6) 액면 ₩5,000인 120주의 주식에 대해 10% 주식배당을 실시한다. 배당선언일 현재 주식의 시가는 주당 ₩6,000이었다. 단, 주식배당은 액면금액법으로 회계처리한다.

요구사항

1. 상기의 주주총회 결의사항을 기록하기 위한 분개를 하라.
2. 차기이월이익잉여금은 얼마인가?

12. 자본종합(Ⅰ)

다음은 (주)한국의 20×3. 1. 1 자본구성을 보고하고 있는 부분재무상태표이다. (주)한국은 자본을 다음의 양식으로 보고하고 있다.

부분재무상태표

Ⅰ. 자본금		₩6,000,000
1. 보통주자본금	₩5,000,000	
2. 우선주자본금	1,000,000	
Ⅱ. 자본잉여금		46,000,000
1. 주식발행초과금	45,000,000	
2. 감자차익	300,000	
3. 자기주식처분이익	700,000	
Ⅲ. 자본조정		(3,500,000)
1. 자기주식(보통주)	(3,500,000)	
Ⅳ. 기타포괄손익누계액		1,500,000
1. FVOCI금융자산평가손익	(1,500,000)	
2. 재평가잉여금	3,000,000	
Ⅴ. 이익잉여금		13,000,000
1. 이익준비금	2,000,000	
2. 임의적립금	3,200,000	
3. 미처분이익잉여금	7,800,000	
자본총계		₩63,000,000

(1) 보통주는 20×3. 1. 1 현재 10,000주가 발행되었다. 주당 발행가는 ₩5,000이었고, 주당 액면금액은 ₩500이다. 우선주는 20×3. 1. 1 현재 1,000주가 발행되었으며, 주당 액면금액은 ₩1,000이다.
(2) 우선주는 1종류만 발행되었으며, 배당률은 연 5%이다. 우선주는 누적적 우선주로 12%까지 부분참가적 우선주이다.
(3) 주식의 발행시 주식발행초과금과 주식할인발행차금은 우선적으로 서로 상계처리한다.
(4) (주)한국이 20×2. 12. 31 이전에 취득하여 20×3. 1. 1 현재 보유하고 있는 자기주식의 수량은 500주이다. 자기주식의 취득은 원가법으로 처리하며, 자기주식의 처분시 취득원가의 배분은 평균법으로 계산한다. 자기주식을 소각하는 경우 감자되는 금액은 소각되는 주식수에 비례하는 자본금만을 감소시키며, 감자차익과 감자차손은 우선적으로 서로 상계처리한다.

요구사항

다음의 물음에 답하라. 단, 각 물음은 독립적인 상황이다.

1. (주)한국은 사업확장을 위하여 20×3. 1. 15에 (주)민국으로부터 공정가치가 ₩1,200,000인 공장부지를 수취하고 보통주 3,000주를 발행하여 지급하였다. (주)한국의 동 발행 보통주 신주의 공정가치는 ₩1,800,000으로 추정된다.
   보통주 신주발행 직후 (주)한국의 자본금과 자본잉여금을 각각 계산하라.
2. (주)한국은 보유하고 있는 자기주식 중 20×3. 3. 5에 100주를 소각하였으며, 20×3. 3. 15에 200주를 주당 ₩8,000에 재발행하였다. (주)한국은 주주총회에서 감자차손을 이익잉여금에서 처분하기로 의결하였다. 자기주식과 관련된 일련의 거래 후 이 거래가 (주)한국의 자본잉여금과 이익잉여금에 미친 영향을 각각 계산하라. 단, 감소의 경우에는 금액 앞에 (−)를 표시하고, 변동이 없으면 '변동 없음'으로 표시하라.

3. (주)한국은 20×0. 1. 1에 설립되었으며, (주)한국의 보통주와 우선주는 설립과 동시에 발행되었다. (주)한국은 설립 이래 처음으로 20×3. 4. 20에 20×2. 12. 31을 기준일로 하는 ₩700,000의 현금배당을 선언하였다. (주)한국의 우선주와 보통주에 각각 배분되는 배당금을 계산하라.
4. (주)한국은 20×3. 5. 1 사업확장과 운영자금 조달을 위하여 보통주 신주 2,000주를 임직원과 일반인에게 청약을 받아 발행하기로 이사회에서 의결하였다. (주)한국이 발행하고자 하는 보통주 신주는 주당 액면금액이 ₩500이고 신주발행금액은 주당 ₩12,000이다. 청약자는 주식청약일에 청약한 주식대금의 30%를 납입하고, 주식대금 잔액은 1개월 후에 납입하며, 청약된 주식은 주식대금 잔액 납부 2개월 후 발행된다. 청약계약이 해약되는 경우 (주)한국은 이미 납입된 주식대금을 상환할 의무가 없으며, 청약자가 청약한 주식대금의 잔액을 납부하지 않는 경우 이미 납입한 주식대금에 대해서는 비례기준(납입한 주식대금/신주의 발행금액)에 의거하여 청약자에게 주식을 발행교부한다. (주)한국의 보통주 신주에 대한 청약이 주식청약일에 2,000주가 청약되었으나 이후 주식시장의 상황악화로 인하여 청약된 주식대금 잔액의 80%만 납입되었다.
   주식청약을 미이행계약의 관점에서 회계처리하는 경우 청약된 주식대금 잔액의 납입 직후 주식청약이 (주)한국의 부채와 자본에 미친 영향과 이러한 주식청약으로 (주)한국이 발행교부할 보통주 신주의 수를 계산하라. 단, 감소의 경우에는 금액 앞에 (−)를 표시하고, 변동이 없으면 '변동 없음'으로 표시하라.
5. 어떤 금융상품의 경우 지분상품의 형식을 가지고 있지만 경제적 실질에 따라 금융부채로 보고된다. 상환우선주가 금융부채로 분류되는 조건을 제시하라.

13. 자본종합 (Ⅱ)

20×0. 5. 1에 창업된 선남(주)의 수권주식은 액면금액 ₩500인 보통주 10,000주이었다. 이 회사는 창업당시 보통주 1,200주를 ₩660,000에 발행하였다. 20×0. 12. 31까지의 순이익은 ₩69,000이었다.
20×1. 6. 13에 선남(주)는 보통주 500주를 ₩875,000에 발행하였다. 이 회사는 20×1. 10. 2에 10%의 주식배당을 선언하고, 20×1. 11. 6에 20×1. 10. 23자 등록주주에게 주식을 발행하였다. 배당선언일의 주가는 주당 ₩500이고, 20×1. 12. 31로 종료되는 회계연도의 당기순이익은 ₩88,500이었다.
20×2년 동안 선남(주)는 다음과 같은 거래를 하였다.

(1) 20×2. 2. 15 보통주 150주를 주당 ₩400에 재취득하였다. 선남(주)는 자기주식 회계처리에 원가법을 사용하고 있다.
(2) 20×2. 6. 15 자기주식 중 45주를 주당 ₩600에 매각하였다.
(3) 20×2. 12. 15 주주들에게 최초로 주당 ₩5의 현금배당을 선언하고, 20×2. 12. 30 등록주주들에게 20×3. 1. 10에 배당금을 지급하기로 하였다.
(4) 20×2. 12. 31에 자기주식 75주를 소각하였다. 소각일 현재 보통주의 시가는 주당 ₩530이었다.
(5) 20×2년의 당기순이익은 ₩96,000이었다.

20×2. 12. 31의 ① 자본금, ② 자본잉여금, ③ 자기주식 그리고 ④ 이익잉여금의 금액을 계산하라. 단, 주식발행초과금은 가중평균법으로 각 주식에 배분한다고 가정한다.

14. 자본변동표 작성

은정(주)의 20×1년부터 20×3년까지의 각 회계연도말의 자본은 다음과 같다.

	20×1. 12. 31	20×2. 12. 31	20×3. 12. 31
보통주자본금	₩1,000,000	₩1,000,000	₩1,500,000[2)]
주식발행초과금-보통주	210,000	210,000	560,000[2)]
자기주식		(12,000)[1)]	(12,000)
해외사업환산손익	40,000	15,000	30,000
이익잉여금	260,000	370,000	598,400
합 계	₩1,510,000	₩1,583,000	₩2,676,400

1) 20×2년 4월에 자기주식 20주(취득금액 : ₩600)를 취득
2) 20×3년 5월에 주식 1,000주(주식액면금액 : ₩500, 주식발행금액 : ₩850)를 발행

각 회계연도의 이익잉여금의 변동에 관련된 추가자료는 다음과 같다.

	20×1년	20×2년	20×3년
전기이월이익잉여금	₩200,000	₩260,000	₩370,000
회계정책변경누적효과			18,400*
전기오류수정손익			80,000**
전기분 연차배당	(40,000)	(40,000)	(50,000)
당기순이익	100,000	150,000	180,000
차기이월이익잉여금	₩260,000	₩370,000	₩598,400

* 20×3년에 20×0년 1월에 취득한 자산에 대한 회계정책을 변경하였다. 각 연도에 미치는 영향은 다음과 같다.

	20×0년	20×1년	20×2년	20×3년	20×4년
변경전	₩40,000	₩24,000	₩14,400	₩8,640	₩12,960
변경후	20,000	20,000	20,000	20,000	20,000
차 이	₩20,000	₩4,000	(₩5,600)	(₩11,360)	(₩7,040)
회계정책변경누적효과	₩20,000	₩24,000	₩18,400	₩7,040	–

** 20×0년에 1월에 취득한 소프트웨어(취득원가 : ₩200,000, 내용연수 : 5년, 잔존가치 : ₩0)를 자산으로 회계처리하지 않고 비용으로 처리한 오류를 20×3년에 발견하였다. 이것은 중요한 오류에 해당된다고 판단하였다. 각 연도에 미치는 영향은 다음과 같다.

	20×0년	20×1년	20×2년	20×3년	20×4년
비용처리	₩200,000	–	–	–	–
자산처리	40,000	₩40,000	₩40,000	₩40,000	₩40,000
차 이	₩160,000	(₩40,000)	(₩40,000)	(₩40,000)	(₩40,000)
전기오류수정이익	₩160,000	₩120,000	₩80,000	₩40,000	–

은정(주)의 20×2년과 20×3년의 비교자본변동표를 작성하라(회계정책변경누적효과와 전기오류수정손익이 자본항목에 미친 영향도 표시하여 기초의 이익잉여금을 나타낼 것).

CHAPTER

15 복합금융상품

기업은 다양한 형태의 증권을 발행하여 자금을 조달하고 있으며, 복합금융상품을 이용하기도 한다. 복합금융상품이란 증권의 발행자가 ① 금융부채를 발생시키는 요소와 ② 발행자의 지분상품으로 전환할 수 있는 옵션을 묶어서 발행한 금융상품이다. 본장에서는 복합금융상품 중에서 전환사채와 신주인수권부사채의 회계처리를 살펴본다.

사례 전환사채의 발행과 파생상품

전환사채의 발행이 최근 크게 증가하고 있다. 전환사채는 주식으로 전환이 가능한 특성을 가진 사채인데, 발행시에 전환사채 발행자나 전환사채를 매수하는 투자자에게 유리한 각종 조건이 부여되는 경우가 있다. 대표적인 조건들은 다음과 같다.

① 전환사채 매수선택권(call option) : 전환사채 발행자가 사채를 발행하고 일정기간이 지난 후에 사채를 재매입할 수 있는 권리이다. 발행회사가 미래시장이자율이 낮아진다고 기대하거나 이자비용의 부담을 감소시키고 싶을 때 또는 부채비율을 하락시키고자 하는 경우에 권리를 행사할 수 있다.

② 전환사채 조기상환청구권(put option) : 전환사채를 매수하여 보유하고 있는 투자자가 사채발행 이후 일정기간이 지난 후에 사채발행자에게 사채를 매입해줄 것을 요구할 수 있는 권리이다. 투자자가 사채발행회사의 원리금 지급능력이 하락할 것으로 예상하거나 미래시장이자율이 높아진다고 예상하는 경우 사채를 조기상환할 권리를 행사할 수 있다.

③ 전환가액 조정(refixing) : 전환사채를 보통주로 전환할 때의 전환가격은 사채발행시에 결정되어 있으나 발행회사의 주식가격이 하락한 경우 주식으로의 전환이 용이하도록 전환가격을 하락시킬 수 있는 조항이다. 예를 들어 주식가격이 전환가격보다 낮다면 전환사채 보유자가 전환권을 행사하지 않을 것이므로 주식가격 이하로 전환가격을 재조정한다. 반대로 전환사채를 사모발행한 경우에는 주식가격이 상승하면 최초설정된 전환가격을 상한으로 전환가격을 높여야 하는 규제가 새로 생겼다. 마치 자산손상회계에서 손상차손환입을 손상차손누계액의 한도로 하는 개념과 유사하다.

④ 제3자 지정 콜옵션 : 전환사채 발행자가 전환사채 매수선택권(call option)을 제3자에게 양도할 수 있는 조건을 발행조건에 포함하는 경우도 있다. 일반적으로 제3자는 발행회사의 대주주나 특수관계인이다. 기존 전환사채 보유자는 발행회사의 제3자 지정에 따라서 보유중인 전환사채를 제3자에게 매각해야 한다. 발행회사가 보유하고 있는 제3자 지정 콜옵션은 '별도의 파생상품자산'으로 회계처리한다. 2022년 5월에 발표한 금융위원회 회계처리지침의 일부는 다음과 같다.

[제3자 지정 콜옵션부 전환사채 발행기업의 콜옵션 회계처리 감독지침]

• 그동안 제3자 지정 콜옵션부 전환사채를 발행한 기업은 올해부터 보유하고 있는 모든 콜옵션을 「별도의 파생상품자산」으로 구분하여 회계처리해야 하고, 발행조건도 주석공시해야 합니다.

제3자 지정 콜옵션 거래 개요

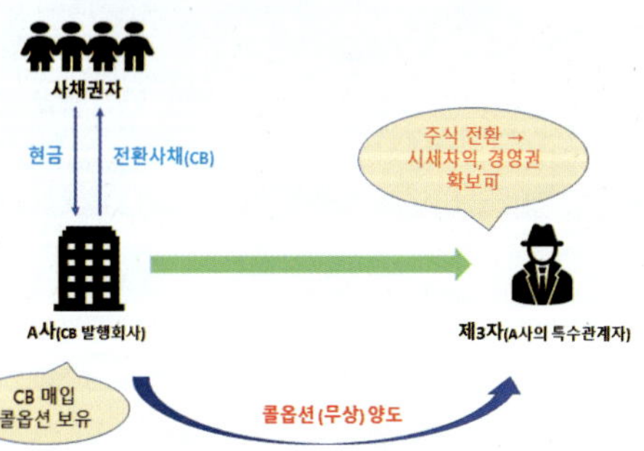

※ 전환사채에 부가된 파생상품이, 금융상품과 독립적으로 양도가능하거나 해당 금융상품과는 다른 거래 상대방이 있다면 별도의 금융상품임

제3자 지정 콜옵션을 별도로 표시하는 만큼 소액주주들은 전환사채 발행조건을 보다 쉽게 파악할 수 있을 것입니다.

• 콜옵션은 향후 제3자 지정을 통해 발행자 외의 자에게 이전될 수 있으므로 전환사채와는 분리된 「별도의 파생상품자산」으로 회계처리를 해야 한다고 판단하였습니다.

• 또한, 콜옵션을 「별도의 파생상품자산」으로 인식한다면 결산시점마다 콜옵션 공정가치를 평가하여 재무제표에 반영해야 합니다. 공정가치평가손익은 당기손익(P&L)으로 인식합니다. (금융위원회 보도자료 일부, 2022.5.3)

제 1 절 복합금융상품의 의의 및 종류 1109:4.3.1-7

복합금융상품(compound financial instruments)이란 증권의 발행자가 금융부채를 발생시키는 요소와, 발행자의 지분상품으로 전환할 수 있는 선택권을 묶어서 발행한 금융상품이다.

전환사채는 복합금융상품의 대표적 예로 사채의 성격을 가지면서도 사채권의 보유자가 전환권을 행사하여 사채를 발행자의 보통주식으로 전환할 수 있는 전환권을 포함한다. 신주인수권부사채도 금융부채의 성격을 가지면서 발행자의 보통주식을 인수할 수 있는 신주인수권을 행사할 수 있는 대표적인 복합금융상품이다.

기업이 일반사채 대신에 전환사채나 신주인수권부사채[1)]를 이용하면 장기자금을 보다 좋은 조건으로 용이하게 조달할 수 있는 장점이 있다. 예를 들면, 보통주 및 우선주 그리고 사채를 발행하고자 할 때 전환권을 부여하여 당해 증권을 낮은 이자 또는 낮은 배당의 조건으로 발행할 수 있다.

복합금융상품에 포함되어 있는 전환권이나 신주인수권은 증권의 보유자가 발행자의 주식을 취득할 수 있는 권리이므로 일종의 파생상품(derivative)이다. 그러나 전환권이나 신주인수권을 포함하고 있는 주계약(host instrument)인 사채는 파생상품이 아니므로, 이러한 전환권이나 신주인수권을 내재파생상품(embedded derivative)이라고 부른다. 내재파생상품은 원칙적으로 주계약인 사채와 분리하지 않고 회계처리한다. 그러나 K-IFRS에서는 다음 조건을 모두 충족하는 경우에는 내재파생상품을 주계약과 분리하여 파생상품으로 회계처리하도록 규정하고 있다. 1109:4.3.3

① 내재파생상품의 경제적 특성 및 위험이 주계약의 경제적 특성 및 위험과 밀접하게 관련되어 있지 않다.
② 내재파생상품과 동일한 조건을 가진 별도의 금융상품 등이 파생상품의 정의를 충족한다.
③ 내재파생상품이 내재된 복합금융상품의 공정가치 변동이 당기손익으로 인식되지 아니한다.

전환사채와 신주인수권부사채는 계약상의 원금과 이자를 지급해야 하는 금융부채의 요소와 주식으로 전환할 수 있는 자본요소로 구성되어 있어서 주계약(사채)과 파생상품(전환권과 신주인수권)이 밀접하게 연관되어 있지 않으므로 사채와 파생상품을 분리하여 회계처리한다.

1) 보통주 대신 전환사채나 신주인수권부사채를 발행하는 다른 이유로는 ① 보통주를 추가로 발행하면 이익이 희석되어 주가가 떨어질 수 있으며, 배당압력도 커진다. ② 현재 보통주의 주가가 저평가되어 있다. ③ 보통주에 참여하기를 꺼리는 자본시장에 침투할 수 있기 때문 등이다.

복합금융상품의 또 다른 예로는 부채로 분류되는 상환우선주가 있다. 우선주는 지분상품이므로 일반적으로 자본으로 분류한다. 그러나 계약상 발행자가 의무적으로 상환해야 하는 의무를 부담하거나, 보유자가 상환을 청구할 수 있는 권리를 보유하는 상환우선주는 경제적 실질면에서 부채에 더 가까우므로 금융부채로 분류한다. 그런데 만약 상환우선주가 상환 전까지의 배당이 발행자의 재량에 따라서 이루어지는 비누적적우선주인 경우에는 상환금액의 현재가치에 해당하는 부채요소와 발행자의 재량에 따른 배당금 지급의 자본요소가 병존하므로 복합금융상품으로 분류한다. 물론 일정금액의 배당금을 반드시 지급해야 하는 계약상의 의무가 있는 상환우선주라면 그 특성이 모두 부채이므로 금융부채로만 분류되고 복합금융상품으로는 분류되지 않는다.[2)]

부채요소와 자본요소가 모두 포함된 복합금융상품은 각 요소별로 금융부채, 지분상품으로 분류해야 한다. 자본요소의 가치는 일반적으로 복합금융상품의 공정가치에서 부채요소의 현재가치를 차감하여 계산한다. 부채요소의 현재가치는 자본요소가 결합되지 않았을 경우의 사채의 미래현금흐름을 발행시점의 시장이자율로 할인한 현재가치이다.

자본요소의 가치 배분액 = 복합금융상품의 공정가치 − 부채요소의 현재가치

본장에서는 발행자의 입장에서, 복합금융상품 중에서 전환사채와 신주인수권부사채의 회계처리를 살펴본다.

---

2) 복합금융상품으로 자주 혼동하는 것으로 전환우선주가 있다. 전환우선주(convertible preferred stock)는 유가증권 보유자가 전환권을 행사하면 보통주로 전환되는 주식을 말한다. 전환우선주는 복합금융상품이 아니다. 복합금융상품은 부채요소와 자본요소를 모두 가지고 있어야 하지만 전환우선주는 부채요소를 가지고 있지 않기 때문이다. 전환우선주는 부채요소가 없으므로 발행시점부터 자본으로 기록되고 전환권의 가치를 인식하지 않는다.
한편, 최근에는 상환전환우선주(redeemable convertible preference shares : RCPS)도 발행되고 있다. 상환전환우선주는 전환우선주의 특성도 갖지만 채권처럼 만기 때 투자자가 투자금 상환을 요청할 수 있는 상환청구권을 갖는다. 투자자가 상환청구권을 가지므로 국제회계기준(IFRS)상 부채로 분류되지만 회사가 상환권을 가지면 자본으로 인정받을 수 있다. 상환전환우선주의 상환금액은 회사채 이자보다 높은 배당수익률을 약속하는 경우가 많다. 그리고 주가가 오르면 투자자는 보통주로 전환해 차익을 챙길 수 있어 기본적으로 투자자에게 유리한 편이다. 우리나라에서 스타트업 기업에서 자금조달수단으로 많이 활용되고 있다.

제 2 절 전환사채

전환사채(convertible bonds : CB)란 사채보유자가 일정한 조건하에 전환권을 행사할 수 있는 사채로서, 권리를 행사하면 보통주로 전환되는 사채를 말한다. 전환사채는 사채가 제공하는 혜택(확정이자)과 사채보유자의 선택에 따라 이를 주식으로 전환할 수 있는 내재파생상품(전환권)의 권리를 결합시킨 특수한 형태의 사채이다. 전환사채의 보유자는 보통주의 가격이 상승하면 전환사채를 보통주로 전환시켜 자본이득을 실현시킬 수 있으며, 보통주의 가격이 하락하면 전환하지 않고 그대로 사채로 보유함으로써 사채에서 지급되는 이자수익을 획득하고 만기에 원금을 상환받는다.

1 전환권가치의 인식 및 발행시점의 회계처리 1032:28-32

전환사채는 개념적으로 볼 때 순수한 금융부채(현금 등의 금융자산을 인도하는 계약)와 지분상품(확정수량의 보통주로 전환할 수 있는 권리를 사채보유자에게 부여하는 콜옵션)의 두 가지 요소로 구성되어 있다. 먼저 금융부채는 정해진 원금과 이자금액을 지급해야 하는 발행자의 의무로서 전환사채가 전환되기 전까지 존재한다. 최초인식시점에서 이러한 부채요소의 공정가치는 전환권은 없지만 동일한 조건하에서 유사한 신용상태와 실질적으로 동일한 현금흐름을 제공하는 채무상품의 현재가치가 된다.

지분상품인 전환권은 부채를 발행자의 자본으로 전환할 수 있는 내재파생상품(옵션)이다. 이러한 전환권의 가치는 다음과 같은 두 가지 형태로 표출될 수 있다.

① 전환권을 부여하면 일반사채를 발행하는 경우보다 낮은 이자율로 전환사채를 발행할 수 있다. 예를 들면 시장이자율이 15%일 때, 3년만기, 액면 ₩10,000, 액면이자 10% 조건을 가진 일반사채를 그 현재가치인 ₩8,858(=₩10,000×0.6575+₩1,000×2.2832)에 발행할 수 있으나, 전환권을 부여함으로써 동일금액에 발행하되 액면이자율을 10%에서 8%로 낮출 수 있다고 하자. 이 경우 이자율 2%의 차이가 바로 전환권가치에 대한 보상이라고 본다.

② 전환사채를 일반사채와 동일한 이자율로 발행한다면, 전환권 때문에 일반사채보다 높은 금액으로 발행할 수 있다. 예를 들면 시장이자율이 15%일 때, 3년만기, 액면이자율 8%, 액면금액 ₩10,000의 일반사채는 ₩8,402에 발행해야 하나 전환권을 부여함으로써 전환사채가 ₩8,858(액면이자율 10%인 경우와 동일한 현재가치)에 발행될 수 있다고 하자. 이 경우 추가로 받는 ₩456(=₩8,858−₩8,402)을 전환권가치에 대한 보상이라고 본다.

전환권의 가치를 인식할지 여부에 대해 두 가지 문제점이 제기된다.[3] 첫째, 실무상 전환권가치를 전환사채가치로부터 분리하기 어려워 합리적이고 객관적인 전환권가치를 결정하기 힘들다. 둘째, 전환시기 및 전환가능성을 합리적으로 판단하기 어려운데, 전환권가치를 재무제표에 계상하는 것이 합당한가라는 본질적인 의문이 제기될 수 있다. 실제로 전환사채는 한 시점에서 순수한 부채로 존재하거나 또는 전환이 이루어진 경우에는 자본으로 존재하는 것이지 부채와 자본으로 동시에 존재할 수 없다고 보기도 한다.

K-IFRS에서는 전환권가치를 객관적으로 평가할 수 있다고 본다. 전환권에 대한 K-IFRS의 분류기준은 주당발행금액이 확정되어 확정된 수량의 주식으로 전환되는 경우에는 지분상품으로 본다. 그래서 전환사채 발행시에 주당발행금액(전환가액)이 확정된 경우에는 발행회사는 전환권을 자본(자본잉여금)으로 분류한다. 그러나 만약 나중에 발행될 주식의 수가 당시의 주가 등에 따라서 결정되어 확정되지 않는 조건이라면 전환권을 지분상품이 아니고 채무상품(부채)으로 분류해야 한다.[4]

최근에는 우리나라에서 전환사채 발행시에 전환권에 리픽싱(refixing) 조항을 추가하는 경우가 증가하고 있다. 리픽싱 조항이란 주식가격이 하락하는 경우에 전환가격을 하락시킬 수 있는 조항이다. 만일 주식가격이 전환가격보다 하락한다면 투자자들이 전환사채를 주식으로 전환하지 않으려고 할 것이므로, 리픽싱 조항은 투자자들에게 주식전환의 가능성을 높이고 전환사채 발행금액을 자본으로 전환할 수 있게 하는 장점이 있다. 리픽싱 조항이 포함되는 때에는 주식의 공정가치가 하락하면 이에 따라서 전환가액이 하락하므로 앞으로 발행될 주식수가 확정되지 않는다. 따라서 전환권을 채무상품(부채)으로 분류해야 한다.

우리 교재에서는 전환사채 회계처리를 설명할 때 편의상 전환사채 발행시 주당발행금액이 확정된, 즉 주식으로의 전환가액이 확정된 경우를 가정한다. 따라서 전환권가치는 자본으로 분류한다.

전환권의 가치를 측정하여 이를 인식하는 방법을 전환권가치 인식법이라고 한다. 전환권가치를 별도로 인식하는 방법은 사채라는 형식보다는 당해 사채가 지니고 있는 경제적 실질에 기초하여 회계처리하는 것으로 실질우선(substance over form)의 원칙에 부합한다. 국제회계기준을 채택하지 않은 일부 국가나 세법에서는 전환권가치를 따로 인식하지 않고 전환사채의 부채금액에 포함시켜서 회계처리하기도 한다. 이러한 회계처리를 전환권가치 무인식법이라고 한다.

---

3) 이러한 이유 때문에 전환사채에 내재된 전환권가치를 별도로 인식하지 않는 방법이 있는데, 이를 전환권가치 무인식법(또는 부채법)이라고 부른다.

4) 전환사채를 취득한 투자자의 입장에서는 만기 이전에 지분증권으로 전환하는 권리인 전환권 특성에 대해 대가를 지급하기 때문에 취득한 전환사채를 AC금융자산으로 분류할 수 없다. 만약 계약상 현금흐름 취득 목적으로 취득하지 않은 경우 전환사채는 FVOCI금융자산으로 분류된다. 매각되기 전까지 이러한 사채의 공정가치의 변동을 기타포괄손익으로 인식한다면, 지분전환옵션(내재파생상품)을 분리해야 한다. 그리고 지분전환옵션이 현금흐름위험회피수단으로 지정된 경우가 아니라면 지분전환옵션의 공정가치 변동은 당기손익으로 인식한다. 한편, 전환사채가 FVPL금융자산으로서 공정가치로 측정되는 경우에는 주계약과 내재파생상품은 분리할 수 없다.

전환권가치 인식법에서는 전환사채의 발행금액이 일반사채의 발행금액과 전환권가치로 구성되어 있다고 본다. 전환권가치는 먼저 전환사채와 동일한 조건이지만 전환권이 없는 일반사채의 현재가치를 계산하고, 이를 당해 전환사채의 공정가치인 발행금액에서 차감하여 산출한다. 이 경우 일반사채의 현재가치는 만기일까지 기대되는 미래현금흐름을 사채발행일 현재 전환권이 없는 일반사채의 시장이자율로 할인한 금액이다. 사채발행차금은 전환사채 액면금액과 일반사채(전환권이 없지만 동일조건) 발행금액의 차이로 산출된다. 이를 정리하면 〈표 15-1〉과 같다.

▶ 표 15-1 전환권가치의 계산

전환사채의 공정가치(발행금액)	₩×××
(−)전환권이 없지만 동일조건인 일반사채의 현재가치*	(×××)
전환권가치(전환권대가)	₩×××

* 사채발행일 현재 발행회사의 전환권이 없는 일반사채의 시장이자율로 할인함

예제 15-1 전환사채의 회계처리

성은(주)는 20×1. 1. 1에 다음 조건으로 전환사채(액면금액 ₩10,000)를 ₩8,858에 발행하였다.

- 표시이자 : 연 8% (매 회계연도말에 후급)
- 전환가격 : 사채액면 ₩1,000당 1주의 보통주(주당액면 ₩500)로 전환
- 전환청구기간 : 사채발행일 이후 1개월 경과일부터 상환기일 30일 전까지
- 상환기일(만기) : 3년만기(20×3. 12. 31)

성은(주)의 결산일은 12월 31일이고, 현재의 시장이자율은 15%이다. 당해 사채에 전환권을 부여하지 않았더라면 전환사채 발행금액과 동일한 금액으로 발행하기 위해서는 연 8% 대신 연 10%의 이자를 지급하는 조건으로 발행해야 했을 것이다.
전환사채의 발행시점에 필요한 분개를 하고 전환사채와 관련된 계정이 재무상태표에 어떻게 표시되는지도 표시하라.

해답

전환사채 발행시점의 회계처리

- 전환권가치

=전환사채의 발행금액－전환권이 없는 동일조건의 일반사채 현재가치
=₩8,858[=₩10,000×0.6575(15%, 3기 현가율)+₩10,000×10%×2.2832(15%, 3기 정상연금현가율)]
－₩8,402[=₩10,000×0.6575+₩10,000×8%×2.2832]=₩456*

* 전환권가치는 2% 이자차액(3년간 매년 ₩200)의 현재가치와 동일하다.

(차)		(대)	
현　　금	8,858	전 환 사 채	10,000
사채할인발행차금	1,598	전환권대가	456

➡계속

[재무상태표 표시]－발행시점			
장기차입부채 : 전 환 사 채		₩10,000	
	사채할인발행차금	(1,598)	₩8,402
기타자본잉여금 : 전환권대가			₩456

예제 15-1의 전환사채 발행금액을 〈표 15-1〉에 기반하여 구분하면 아래 [그림 15-1]과 같다.

▶ 그림 15－1
전환사채 발행금액의 구성

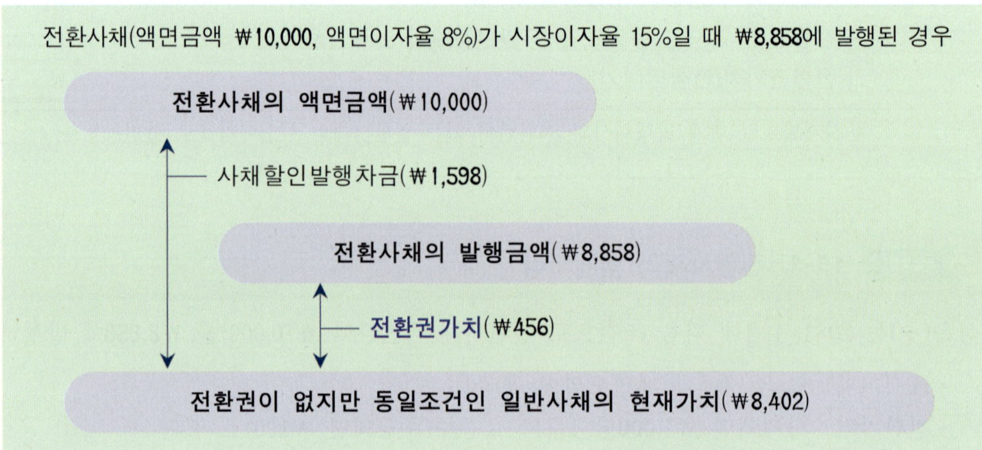

자본(기타자본잉여금)으로 분류된 전환권대가는 당해 전환사채의 전환권이 행사되어 주식이 추가로 발행되는 시점에서 주식발행초과금으로 대체된다. 또한 전환사채의 발행시점에 전환사채 액면금액과 전환권이 없지만 동일조건인 일반사채의 현재가치의 차이를 사채할인(또는 할증)발행차금으로 기록한다.

외화표시 전환사채에도 일정수의 보통주로 전환할 수 있는 선택권을 부여하게 되지만, 보통주의 발행대가로 수취하는 전환사채의 금액이 환율에 따라 변동한다. 따라서 지분증권의 정의에 적합하지 않다고 보아 전환사채 전체를 금융부채로 기록하고 그 인식과 측정은 K-IFRS 제1039호(금융상품 : 인식과 측정) 규정을 따른다.

2 발행 이후의 회계처리

전환사채 발행 이후의 회계처리는 이자비용의 인식, 전환, 그리고 만기시의 상환에 따른 회계처리로 나누어 살펴볼 수 있다. 먼저 전환사채의 이자비용은 사채의 장부금액에 일반사채의 유효이자율을 적용하여 계산한다. 이렇게 계산된 이자비용과 실제로 지급한 이자의 차액은 사채발행차금을 상각(또는 환입)하는 금액이 된다.

전환사채가 보통주로 전환되었을 때 보통주의 발행을 어떤 금액으로 기록할 것인가라는 회계처리와 관련한 사안이 발생한다. 이때 보통주 발행을 기록하는 방법에는 시가법과 장부금액법이 있다.

시가법(market value method)은 보통주의 발행금액을 전환사채의 전환으로 발행되는 보통주의 시가 또는 전환되는 사채의 시가로 기록하는 방법이다. 이 경우 전환시점에 전환사채 장부금액과 시가의 차액을 전환사채전환손익으로 인식한다.[5] 이 방법은 전환사채의 전환을 주식을 발행하는 거래와 주식발행에서 조달된 현금으로 전환사채를 상환하는 거래로 이원화시키는 입장을 취하고 있다. 이 방법은 전환 당시의 금융상품의 경제적 가치를 반영한다는 장점이 있다.

장부금액법(book value method)은 전환사채의 전환으로 발행되는 보통주의 발행금액을 전환시점 전환사채의 장부금액으로 기록하는 방법이다. 이는 전환사채의 시가와 보통주의 시가가 알려지지 않은 경우에도 쉽게 이용할 수 있는 방법이다.

장부금액법은 전환손익을 인식하지 않는다. 이는 전환사채의 발행시점에 이미 전환비율 등의 전환조건과 만기까지 보유할 경우의 만기상환금액에 대하여 약정하였으므로, 전환은 단지 미리 약정된 계약을 실행하는 것에 불과하다고 보기 때문이다. 그리고 이는 전환권의 행사는 자본거래이기 때문에 전환으로 인한 손익을 인식해서는 안 된다는 관점에도 부합한다.

K-IFRS에서는 전환에 따른 손익을 인식하지 않는다고 규정하고 있어서 장부금액법을 지지하고 있다. 이에 따라 전환권을 행사하면 주식의 발행금액을 전환권을 행사한 부분에 해당하는 전환사채의 장부금액으로 한다.

예제 15-1 의 전환사채 전체(액면금액 ₩10,000)가 10주의 보통주(주당 액면금액 ₩500)로 전환되었다고 하자. 전환시점의 사채할인발행차금계정 잔액은 ₩1,138이고 보통주 1주당 시가가 ₩1,200이라고 가정한다면, 전환사채 전환시점에 시가법과 장부금액법에 따른 회계처리는 다음과 같다.

	시가법		장부금액법(K-IFRS)	
(차) 전 환 사 채	10,000		10,000	
전환사채전환손실	3,138		–	
(대) 사채할인발행차금		1,138		1,138
자 본 금		5,000*		5,000**
주식발행초과금		7,000*		3,862**
* 보통주 시가(₩1,200×10주)로 기록했으나 전환사채 시가를 이용할 수도 있다. ** 전환사채 장부금액, 즉 ₩8,862(=액면금액−사채할인발행차금)으로 기록된다.				
(차) 전환권대가(기타자본잉여금)	456		456	
(대) 주식발행초과금		456		456

5) 시가법을 채택하는 경우에도 전환사채의 전환은 자본거래로 보아야 하기 때문에 전환시점에 발생한 손익을 손익계산서에 반영해서는 안 되고 자본(자본잉여금)으로 대체해야 한다는 주장도 있다.

전환권이 회계기간중에 행사된 경우에는 실제 권리가 행사된 날을 기준으로 전환사채의 장부금액을 결정해야 하는데, 여기에는 직전 이자지급일로부터 전환권행사일까지의 발생이자도 포함된다.[6]

예제 15-2 전환사채의 회계처리

예제 15-1 에서 전환사채 중 1/2(액면금액 ₩5,000)이 20×3. 1. 1에 전환되었고, 잔여 전환사채는 만기(20×3. 12. 31)에 상환되었다고 가정하자.
전환사채의 발행시점 이후부터 상환시점까지 필요한 분개를 하고, 각 시점별로 전환사채와 관련된 계정이 재무상태표에 어떻게 표시되는지도 표시하라.

해답

전환사채 발행시점 이후의 회계처리

일 자	이자비용		사채할인발행차금		전환사채 장부금액(D)
	유효이자(A)	지급이자(B)	상각액(C)	잔 액	
20×1. 1. 1				₩1,598	₩8,402*
20×1. 12. 31	₩1,260	₩800	₩460	1,138	8,862
20×2. 12. 31	1,329	800	529	609	9,391
20×3. 12. 31	1,409	800	609	–	10,000

* (A)=전기(D)×15% (B)=₩10,000×8% (C)=(A)−(B) (D)=전기(D)+당기(C)

① 회계연도말의 분개 :

(20×1년말)

(차) 이 자 비 용	1,260	(대) 현 금	800
		사채할인발행차금	460

(20×2년말)

(차) 이 자 비 용	1,329	(대) 현 금	800
		사채할인발행차금	529

[재무상태표 표시]	20×1년말		20×2년말	
장기차입부채 :				
전 환 사 채	₩10,000		₩10,000	
사채할인발행차금	(1,138)	₩8,862	(609)	₩9,391
기타자본잉여금 :				
전환권대가		₩456		₩456

6) 한편, 상법(제350조)에서는 주식의 전환은 주주가 전환을 청구한 경우에는 그 청구한 때에, 회사가 전환을 한 경우에는 전환으로 생긴 주주에게 통지 또는 공고한 때에 그 효력이 발생한다. 전환에 의하여 발행된 주식의 이익배당에 관하여는 주주가 전환을 청구한 때 또는 영업연도말에 전환된 것으로 본다. 이 경우 신주에 대한 이익배당에 관하여는 정관으로 정하는 바에 따라 그 청구를 한 때 또는 영업연도 직전 영업연도말에 전환된 것으로 할 수 있다. 또한, 상장법인이 발행하는 전환사채의 경우 자본시장통합법에 의거 정관이 정하는 바에 따라 직전 영업연도말에 전환된 것으로 할 수 있도록 하고 있다. 따라서 전환권이 행사된 날과 배당기산일이 다를 수 있다.

② 전환사채의 전환에 관련된 분개 : (20×3. 1. 1 일부(1/2) 전환시점)

(차) 전 환 사 채	5,000	(대) 사채할인발행차금	305
		자 본 금	2,500*
		주식발행초과금	2,195**

* 발행주식수 : ₩5,000/₩1,000=5주 ⇒ 자본금 : 5주×₩500=₩2,500

** 전환사채 장부금액－발행주식 액면금액=(₩10,000－₩609)×50%－₩2,500=₩2,195

(차) 전환권대가	228*	(대) 주식발행초과금	228

* ₩456×1/2=₩228

[재무상태표 표시]－20×3. 1. 1		
장기차입부채 : 전 환 사 채	₩5,000	
사채할인발행차금	(304)#	₩4,696
기타자본잉여금 : 전환권대가		₩228

\# ₩609－₩305=₩304

③ 전환사채의 만기상환에 관련된 분개 : (나머지(1/2)의 만기상환)

(차) 이 자 비 용	704*	(대) 현 금	400
		사채할인발행차금	304

* ₩4,696×15%=₩704

(차) 전 환 사 채	5,000	(대) 현 금	5,000

(주) 만기에 상환된 전환사채에 관련된 전환권대가(₩228)는 그대로 기타자본잉여금에 남겨둔다.

3 전환사채와 관련된 기타 사항

(1) 조기상환

전환사채를 만기 이전에 상환하거나 재구매하는 경우가 있다. 이 경우 그 대가(거래원가를 포함)를 거래발생 시점에 부채요소와 자본요소에 배분해야 한다. 배분하는 방법은 전환사채의 발행시점에 발행금액을 부채와 자본요소에 배분하는 방법과 일관성이 있어야 한다. 즉, 당시의 전환권이 없지만 동일조건의 일반사채의 현재가치에 해당하는 금액은 부채요소에 배분하고, 나머지를 자본요소(전환권대가)에 배분한다.

부채요소에 배분된 금액과 당시의 전환사채 장부금액의 차이는 당기손익으로 인식한다. 자본부분에 배분된 금액과 관련 전환권대가의 차액은 자본(기타자본잉여금)에 가감된다. 즉 여기에서는 손익이 인식되지 않는다.

예제 15-3 전환사채의 조기상환

예제 15-1 에서 1년 뒤, 즉 20×2. 1. 1에 성은(주)가 전환사채 전체를 ₩9,500에 재구매했다고 가정하자. 재구매일 현재로 성은(주)는 전환권이 없는 2년만기 일반사채를 발행한다면, 시장이자율은 12%이다. 전환사채의 조기상환과 관련된 회계처리를 하라.

해답

성은(주)는 전환사채 구매대가를 사채와 자본 부분에 배분해야 한다. 먼저 전환권이 없지만 동일 조건 일반사채의 현재가치를 계산하면 다음과 같다.

$$₩10,000/(1.12)^2+[₩10,000\times8\%/(1.12)+₩10,000\times8\%/(1.12)^2]=₩9,324$$

(주) 조기상환시점의 시장이자율(12%)를 적용함에 유의해야 한다.

이 금액이 부채에 배분되고, 나머지 ₩176(=₩9,500−₩9,324)은 자본에 배분된다. 이에 따라 다음과 같은 분개를 하게 된다.

(차) 전 환 사 채	10,000	(대) 현 금	9,324
부채상환손실	462	사채할인발행차금	1,138*

* 재구매시점의 전환사채의 사채할인차금이다(예제 15-1 을 참조).

(차) 전환권대가	176*	(대) 현 금	176

* 상환된 전환사채에 관련된 전환권대가 ₩280(=₩456−₩176)은 그대로 기타자본잉여금에 남게 된다. 한편, 반대로 전환권대가로 지급한 금액이 전환권대가의 장부금액보다 큰 경우(예를 들어, ₩176이 아니고 ₩500인 경우)에는 다음과 같은 분개로 감자차손이 발생한다.

(차) 전환권대가	456	(대) 현 금	500
감 자 차 손	44		

(2) 조기전환을 유도하기 위한 조건수정

전환권은 사채보유자의 의사에 따라 행사되지만 사채보유자가 원하지 않는 경우에도 때로는 전환사채의 발행회사가 이자비용을 절약하거나 부채비율을 개선하기 위하여 전환사채의 조기전환을 원하는 경우가 있다. 이와 같이 사채발행회사가 사채전환을 유도하는 경우를 유도전환(induced conversion)이라고 한다.

유도전환시 발행회사가 전환을 시키기 위한 유인책으로 전환사채의 조건을 변경하는 경우가 있다. 예를 들어, 특정 일자 이전에 전환하면 유리한 전환율로 전환할 수 있게 한다든지, 전환을 하면 추가대가를 지급하는 것으로 조건을 변경하기도 한다. 이 경우 전환사채보유자가 변경된 조건에서 전환함으로 인하여 보유자가 수취하는 대가의 공정가치와 원래의 조건하에서 수취하는 대가의 공정가치의 차이를 변경시점에 측정하여 이를 당기손실과 상대계정인 전환권대가로 인식한다.

예제 15-4 조건변경으로 인한 조기상환

앞의 예제 15-1 에서 20×2. 1. 1에 성은(주)가 만일 전환사채를 20×2년말까지 전환한다면, 다음과 같은 보상을 하겠다는 조건을 제시하였다고 하자. 다음 각 사례는 서로 독립적이다.

[사례 1] 사채액면 ₩1,000당 1.2주의 보통주(주당액면 ₩500)로 전환할 수 있다. 조건변경일의 보통주 1주당 시가는 ₩600이었다

[사례 2] 전환으로 발행되는 주식 1주당 ₩100을 추가로 지급한다.

각각의 경우 성은(주)가 필요한 회계처리를 제시하라.

해답

[사례 1] 조건변경으로 전환시점에 전환사채보유자가 받게 되는 추가대가의 변경일자 현재의 공정가치 : (₩10,000/₩1,000)×(1.2−1.0)×₩600=₩1,200

이에 따라 성은(주)는 다음과 같은 분개를 한다.

(차) 전환조건변경손실	1,200	(대) 전환권대가	1,200

20×2. 12. 31에 전환사채의 일부(1/2)가 전환되었다면, 다음과 같은 분개를 한다.

(차) 전 환 사 채	5,000	(대) 사채할인발행차금	305
		자 본 금	3,000*
		주식발행초과금	1,695**

* 발행주식수 : ₩5,000/₩1,000×1.2=6주 ⇒ 자본금 : 6주×₩500=₩3,000
** 전환사채 장부금액−발행주식 액면금액=₩9,391×50%−₩3,000=₩1,695

(차) 전환권대가	828*	(대) 주식발행초과금	828

* (기존잔액(₩456)+추가금액(₩1,200))×1/2=₩828

[재무상태표 표시]−20×2. 12. 31		
장기차입부채 : 전 환 사 채	₩5,000	
사채할인발행차금	(304)	₩4,696
기타자본잉여금 : 전환권대가		₩828

(주) 예제 15-1 과 비교할 때 전환권대가의 금액이 다름에 유의

[사례 2] 조건변경으로 전환시점에 전환사채보유자가 받게 되는 추가대가의 변경일자 현재의 공정가치 : (₩10,000/₩1,000)×₩100=₩1,000

이에 따라 성은(주)는 다음과 같은 분개를 한다.

(차) 전환조건변경손실	1,000	(대) 전환권대가	1,000

20×2. 12. 31에 전환사채의 일부(1/2)가 전환되었다면, 다음과 같은 분개를 한다.

(차) 전 환 사 채	5,000	(대) 사채할인발행차금	305
		자 본 금	2,500*
		주식발행초과금	2,195**

* 발행주식수 : ₩5,000/₩1,000=5주 ⇒ 자본금 : 5주×₩500=₩2,500
** 전환사채 장부금액−발행주식 액면금액=₩9,391×50%−₩2,500=₩2,195

➥계속

(차) 전환권대가	728*	(대) 주식발행초과금	228
		현 금	500**

* (기존잔액(₩456)+추가금액(₩1,000))×1/2=₩728

** 5주×₩100=₩500

[재무상태표 표시]−20×2. 12. 31		
장기차입부채 : 전 환 사 채	₩5,000	
사채할인발행차금	(304)	₩4,696
기타자본잉여금 : 전환권대가		₩728

(주) 예제 15-1 과 비교할 때 전환권대가의 금액이 다름에 유의

(3) 의무전환사채

의무전환사채는 만기에 의무적으로 전환하도록 하는 조건으로 발행하는 사채를 말한다. 이러한 전환사채는 실제로는 주식발행대금을 선급한 경우와 같다. 따라서 만기까지 지급해야 하는 이자에 해당하는 부분만 부채로 인식하고, 나머지는 자본으로 인식한다.

예제 15-5 의무전환사채

앞의 예제 15-1 에서와 같은 조건(액면금액 ₩10,000, 만기 3년, 액면이자 연 8%(후급), 3년 뒤 ₩1,000당 1주의 보통주(액면 ₩500)로 전환)인 전환사채를 ₩8,858에 발행하였다. 전환사채보유자는 당해 사채의 만기(3년 뒤)가 도래하면 반드시 주식으로 전환해야 한다고 가정하고 전환사채와 관련된 회계처리를 하라.

해답

전환사채의 발행시점에 부채와 자본 부분은 다음과 같이 배분된다.

부채 : ₩10,000×8%×2.2832(15%, 3기 연금현가율)=₩1,827

자본 : ₩8,858−₩1,827=₩7,031

이에 따라 성은(주)는 다음과 같은 분개를 수행한다.

〈전환사채 발행시점〉

(차) 현 금	8,858	(대) 금 융 부 채	1,827
		전환권대가	7,031

〈이자지급시점〉

내 용	20×1년말	20×2년말	20×3년말
(차) 이 자 비 용	274*	195***	104#
금 융 부 채	526**	605****	696##
(대) 현 금	800	800	800

* ₩1,827×15%=₩274　　** ₩800−₩274=₩526
*** (₩1,827−₩526)×15%=₩195　　**** ₩800−₩195=₩605
# (₩1,827−₩526−₩605)×15%=₩104　　## ₩800−₩104=₩696

〈전환시점〉 20×3년말

(차) 전환권대가	7,031	(대) 자 본 금	5,000*
		주식발행초과금	2,031

* ₩500×10주=₩5,000

(4) 사채상환할증금의 지급

전환사채보유자가 권리행사기간 내에 전환권을 행사하지 않아서 당해 전환사채를 지분증권으로 전환하지 않는 경우에도 투자자가 일정수익을 얻을 수 있도록 보장해 주기 위하여 만기에 추가금액을 지급하는 경우가 있다. 이러한 추가지급액을 상환할증금이라고 하고, 다른 표현으로 일정수익을 보장하는 수익률이라고 해서 보장수익률이라고 한다. 상환할증금이 있는 경우에는 액면이자율보다 보장수익률이 더 높다.

예를 들어 만기 3년, 액면 ₩10,000, 액면이자 8%의 사채를 액면발행하는 경우를 살펴보자. 만일 당해 사채의 상환할증금이 12%의 시장이자율을 보장하도록 설정되었다고 가정하면, 상환할증금은 다음과 같이 ₩1,350으로 산출된다.

₩10,000(액면금액)=만기상환액의 현가+총이자지급액의 현가
=[₩10,000+상환할증금]×0.7118(보장수익률 12%, 3년 현가)
+[₩10,000×8%]×2.4018(보장수익률 12%, 3년 정상연금현가)

∴ 상환할증금=₩1,350

(주) 상환할증금은 보장수익률과 액면이자율의 차이를 만기상환시에 추가로 받는 것이다.
따라서 상환할증금은 다음과 같이 산출할 수도 있다.
상환할증금=액면금액×(보장수익률−액면이자율)×연금미래가치(보장수익률, 만기)
=₩10,000×(12%−8%)×3.3744(12%, 3년 연금미래가치)=₩1,350

이에 따라 만일 사채가 주식으로 전환되지 않으면 사채의 발행회사는 만기에 추가로 ₩1,350(원금의 13.5%)을 지급하게 된다.

전환사채 발행시점에는 보유자가 권리행사기간에 권리를 행사할지의 여부가 불확실하며 권리행사여부는 사채보유로부터 기대되는 수익률과 권리행사로 취득하는 주식의 기대수익률을 비교하여 결정될 것이다. 따라서 상환할증금은 보유자가 전환권을 행사하지 않으면 만기에(또는 풋옵션에 의해서 조기상환의 경우에는 만기 이전에) 추가로 지급해야 할 일종의 우발부채의 성격을 가지고 있다.

하지만 전환권가치를 측정할 때에는 전환권을 행사하지 않아 만기에 상환할증금을 지급하는 것으로 가정한다. 즉 사채가치를 계산하기 위한 미래현금흐름의 원리금에 사채할증금을 포함하고 "사채발행일 현재 전환권이 없는 일반사채의 시장이자율"로 할인하여 현재가치를 산출한다.

앞의 예에서 전환권이 없는 전환사채의 시장이자율이 회사가 보장한 수익률(12%)과는 달리 15%라고 가정하면, 사채에 관련된 미래현금흐름의 현재가치는 다음과 같이 ₩9,290으로 결정된다.

현재가치＝[₩10,000＋₩1,350]×0.6575(시장이자율 15%, 3기간 현가)
＋[₩10,000×8%(액면이자율)]×2.2832(시장이자율 15%, 3기간 정상연금현가)
＝₩9,290

전환권을 부여하여 당해 사채를 액면금액인 ₩10,000으로 발행할 수 있었다면, 이러한 발행금액과 위에서 산출한 현재가치의 차액(₩710)이 바로 전환권의 가치가 된다.

상환할증금은 전환권이 행사되지 않을 경우 만기에 추가로 지급해야 하는 금액이므로 만기금액에 가산되는 금액으로 본다. 이에 따라 상환할증금을 전환사채의 부가계정으로 계상한 후 이를 포함하여 매년의 이자비용을 계산하고, 전환사채보유자가 전환권을 행사하면 이를 제거한다.

재무상태표에는 상환할증금이 지급되는 전환사채에 관련 계정들이 다음과 같이 나타난다.

부채(장기차입부채) :			
전 환 사 채	₩10,000		이 둘의 합계가 만기지급금액을 나타낸다. (전환사채 + 사채상환할증금)
사채상환할증금	1,350		
사채할인발행차금	(2,060)*	₩9,290#	이 둘의 합계가 발행금액을 나타낸다. (₩9,290 + ₩710)
자본(기타자본잉여금) :			
전환권대가		₩710	

* 전환권이 없는 사채의 발행금액이 액면금액과 다르면 전환사채의 부가(차감)계정으로 사채할증(할인)발행차금이 추가로 가감된다.
# 장부금액 : 전환권이 없지만 동일조건(상환할증금 포함)인 일반사채의 현재가치

전환사채의 장부금액(₩9,290)은 액면금액에 사채상환할증금을 가산하고 사채발행차금을 가감한 금액인데, 발행시점에서 이 금액은 전환권은 없지만 동일조건인 일반사채의 현재가치와 동일하다.

전환사채의 이자비용은 사채의 장부금액(위에서 ₩9,290)에 "일반사채의 시장이자율"(보장수익률이 아님)을 적용하여 계산한다.

유효이자의 산출과 상각

일 자	이자비용(A) (전기(D)×15%)	액면이자(B) (₩10,000×8%)	사채할인발행차금 당기상각(C)	사채할인발행차금 잔 액	장부금액 (D)
20×1. 1. 1				₩2,060	₩9,290
20×1. 12. 31	₩1,394	₩800	₩594	1,466	9,884
20×2. 12. 31	1,482	800	682	784	10,566
20×3. 12. 31	1,584	800	784	0	11,350

(주) 장부금액은 액면금액에 ① 사채발행차금, ② 사채상환할증금을 가감한 금액을 말한다.

앞의 상각표에 근거하여 사채의 발행시점부터 상환시점까지의 분개를 하면 다음과 같다(단, 예제 15-1 의 경우와 같이 사채액면 ₩1,000당 1주의 보통주(주당액면 ₩500)로 전환한다고 가정함).

① 전환사채 발행시점(20×1. 1. 1)의 분개 :

(차) 현 금	10,000	(대) 사 채	10,000
사채할인발행차금	2,060	사채상환할증금	1,350
		전환권대가	710

② 결산일의 분개 :

분개내용	20×1년말	20×2년말
(차) 이 자 비 용	1,394	1,482
(대) 현 금	800	800
사채할인발행차금	594	682

[재무상태표 표시]−20×2. 12. 31(전환 직전) 현재		
장기차입부채 : 전 환 사 채	₩10,000	
사채상환할증금	1,350	
사채할인발행차금	(784)	₩10,566
기타자본잉여금 : 전환권대가		₩710

③ 전환사채 일부(1/2) 전환시점(20×3. 1. 1)의 분개 :

(차) 전 환 사 채	5,000	(대) 사채할인발행차금	392
사채상환할증금	675	자 본 금	2,500*
		주식발행초과금	2,783*

* 전환된 사채의 장부금액 ₩5,283(=₩10,566×1/2)으로 발행주식의 발행금액을 결정한다. (20×2년말 현재의 잔액 중 전환된 부분(1/2)에 해당하는 금액임)

(차) 전환권대가	355	(대) 주식발행초과금	355

④ 전환사채 만기상환시점(20×3. 12. 31)의 분개 :

1. 이자지급 :

(차) 이 자 비 용	792*	(대) 현 금	400
		사채할인발행차금	392

* ₩5,283×15%=₩792

2. 전환사채의 (나머지(1/2)의) 만기상환 :

(차) 전 환 사 채	5,000	(대) 현 금	5,675*
사채상환할증금	675		

* ₩5,000+₩1,350×1/2=₩5,675

(주) 만기상환된 전환사채에 관련된 전환권대가(₩355)는 그대로 기타자본잉여금에 남는다.

(5) 전환사채 발행과 관련된 비용

전환사채의 발행시점에 사채발행과 직접적으로 관련된 여러 가지 비용이 발생할 수 있다. 예를 들어, 사채발행과 관련된 금융기관과 증권회사 수수료, 사채권발행비, 사채모집공고비, 등록세 등 여러 가지 거래비용들이 지출된다. 사채발행과 관련된 거래비용은 사채의 발행금액에서 차감한다. 그런데 전환사채는 발행시점에 부채요소와 자본요소로 분리하여 인식하기 때문에 "전환사채와 관련된 비용"도 부채와 자본의 각 요소의 발행금액에 비례하여 배분하고 배분금액을 해당 요소에서 차감하여 인식한다.

$$\text{부채요소에 배분될 거래비용} = \text{거래비용} \times \frac{\text{전환사채 부채요소 금액}}{\text{전환사채 발행금액}}$$

$$\text{자본요소에 배분될 거래비용} = \text{거래비용} - \text{부채요소에 배분될 거래비용}$$

예를 들어 위의 예제 15-1 에서 전환사채 발행비용으로 ₩200을 지급하였다면, 다음과 같이 회계처리한다.

(차)	사채할인발행차금	190*	(대) 현 금	200
	전환권대가	10		

* ₩200 × ₩8,402/(₩456 + ₩8,402) = ₩190

이에 따라 전환사채 발행비용이 발생하면, 전환사채와 전환권대가의 장부금액이 감소하고 사채에 관련된 유효이자율은 높아지게 된다.

제 3 절 신주인수권부사채

신주인수권부사채(bonds with warrants : BW)란 사채보유자에게 사채발행 후 일정한 기간(행사기간) 내에 정해진 가격(행사가격)으로 사채발행회사의 신주를 인수할 수 있는 추가적인 권리(주식매입권)를 부여한 사채이다. 신주인수권부사채의 보유자는 주가가 상승하면 주식매입권을 행사하여 추가적인 자본이득을 얻을 수 있고, 그렇지 않은 경우에는 주식매입권을 행사하지 않고 안정적인 사채 투자수익만을 얻게 된다.

신주인수권부사채도 전환사채와 같이 사채로서의 부채요소와 주식매입권이라는 자본요소가 결합된 대표적인 복합금융상품이다. 먼저 주식매입권의 성격을 알아보고, 신주인수권부사채의 회계처리를 설명한다.

1 주식매입권의 의의

주식매입권(stock warrants)이란 일정한 권리행사기간에 미리 약정된 가격으로 일정한 수량의 주식을 매입할 수 있는 권리를 말한다. 이러한 권리가 행사되면 일반적으로 주식이 발행되어 주당이익이 희석되는 효과를 가져온다는 측면에서 전환권과 유사하다. 그러나 주식매입권의 권리행사로 주식을 인수하기 위해서는 추가로 일정한 인수대가를 지급해야 한다는 점에서 전환사채와 다르다. 주식매입권은 일반적으로 다음 경우에 주어진다.

① 사채나 우선주 등을 발행할 때 이러한 증권의 투자매력을 높이기 위해서 이를 취득하는 투자자들에게 추가로 주식을 매입할 수 있는 권리, 즉 주식매입권을 부여한다. 이러한 권리를 가지는 증권으로는 신주인수권부사채, 신주인수권부우선주 등이 있다.

② 회사가 신주를 발행할 때 기존 주주들은 그들의 지분비율에 따라 우선적으로 매입할 수 있는 주식선매권(preemptive rights)을 갖는다. 이러한 권리를 신주인수권(stock rights)이라고 한다.

③ 임원이나 종업원들에 대한 보상으로 일정조건에 따라 주식을 매입할 수 있는 권리를 부여하는데, 이러한 권리를 주식선택권(stock option)이라고 한다.

사채에 주식매입권이 첨부되어 발행될 때 이러한 사채를 상법에서는 신주인수권부사채[7]라고 부른다.

2 신주인수권부사채의 회계처리

신주인수권부사채의 경우에도 전환사채의 전환권과 유사하게 신주인수권의 가치를 별도로 인식한다. 즉 신주인수권부사채의 회계처리는 기본적으로 전환사채의 경우와 유사한데, 이를 정리해 보면 다음과 같다.

① 신주인수권부사채의 발행금액을 일반사채에 해당하는 부분(부채)과 신주인수권에 해당하는 부분(자본)으로 분리하고, 자본부분의 가치를 신주인수권대가(기타자본잉여금)로 인식한다.[8]

---

7) 우리나라에서는 신주인수권부사채에 첨부된 주식매입권을 신주인수권으로 부르고 있다. 그러나 이러한 신주인수권을 주식선매권과 관련된 신주인수권(stock rights)과 혼동해서는 안 된다.

8) 신주인수권부사채의 발행시에도 신주인수권 행사금액에 대한 리픽싱(refixing) 조항을 추가하는 경우가 있다. 리픽싱 조항이란 주식가격의 하락시 신주인수권 행사금액을 하락시킬 수 있는 조항이다. 만일 주식가격이 신주인수

② 신주인수권대가는 당해 신주인수권부사채의 공정가치(발행금액)에서 신주인수권이 없지만 기타 조건이 신주인수권부사채와 동일한 일반사채의 현재가치를 차감하여 계산한다. 이 경우 일반사채의 현재가치는 만기일까지 기대되는 미래현금흐름(상환할증금이 있는 경우에는 이를 포함)을 사채발행일 현재 발행회사의 신주인수권이 없는 일반사채의 시장이자율로 할인한 금액이다. 즉, 신주인수권대가는 〈표 15-2〉와 같이 산출된다.

표 15-2 신주인수권가치의 계산

신주인수권부사채의 공정가치(발행금액)	₩×××
(−)신주인수권이 없지만 동일조건인 일반사채의 현재가치	(×××)*
신주인수권의 가치(신주인수권대가)	₩×××

* 액면금액(상환할증금 포함)과 총이자액을 사채발행일 현재 발행회사의 신주인수권이 없는 일반사채의 시장이자율로 할인하여 산출한다.

신주인수권대가는 기타자본잉여금으로 분류한 후 신주인수권의 행사로 주식이 추가로 발행되는 시점에 주식발행초과금으로 대체한다.

③ 사채상환할증금은 만기금액에 가산되는 금액이기 때문에 당해 신주인수권부사채의 부가계정으로 본다. 이는 신주인수권을 행사하지 않는 부분에 대해서는 사채의 만기에 추가로 지급하는 금액이 되지만, 신주인수권보유자가 신주인수권을 행사하면 해당 부분을 주식의 발행금액에 반영한다.

전환사채와 신주인수권부사채는 법률적으로는 사채이나, 경제적으로는 잠재적 주식의 성격을 동시에 지니게 되어, 사채의 안정성과 주식의 수익성이 보장되는 투자수단이 된다. 이들간의 유사점을 살펴보면, 사채보유자가 권리(전환권 또는 신주인수권)를 행사한 경우 사채발행회사의 발행주식수가 증가하고 사채보유자는 주주가 되며, 권리의 행사에 의해서 발행될 신주의 수량이 사채발행시점에 미리 정해져 있다는 것이다. 또한, 이러한 사채에 대한 이자부담이 다른 사채들보다 낮고, 상환기간은 다른 사채들보다 장기라는 것 등이 양자가 유사한 점들이다.

한편, 신주인수권부사채는 전환사채와는 달리 신주인수권을 행사하더라도 관련 사채가 소멸하지 않는다. 대신에 일정금액(신주인수권 행사금액)을 납부하고 신주를 수령한다. 이러한 이유 등으로 인하여 신주인수권부사채의 회계처리는 전환사채의 경우와 다소 상이한데, 이는 다음과 같다.

권 행사가격보다 하락한다면 투자자들은 신주인수권을 행사하지 않을 것이다. 리픽싱 조항을 발행조건에 포함하면 투자자들의 신주인수권 행사가능성을 높게 보장할 수 있어서 발행회사는 신주인수권부사채를 좀더 원활하게 발행할 수 있다. 회계적으로는 리픽싱 조항이 포함되면 신주인수권 행사금액이 주가에 따라서 변동하기 때문에 신주인수권 행사로 발행되는 주식수가 변동하게 된다. 이에 따라서 신주인수권은 자본으로 분류하지 못하고 금융부채로 회계처리해야 한다.

본 교재에서는 편의상 신주인수권부사채의 회계처리에서 리픽싱 조항이 포함되지 않은 것으로 가정한다. 그리고 신주인수권의 행사금액은 고정되어 있다고 보고 신주인수권대가를 자본(기타자본잉여금)으로 분류한다.

신주인수권의 행사로 인해 발행되는 주식의 발행금액은 신주인수권의 행사에 따라 납입된 금액으로 한다.[9] 다만, 상환할증금 지급조건이 있는 경우에는 주식의 발행금액을 납입금액에 행사된 신주인수권에 해당하는 사채상환할증금을 가산한 금액으로 한다. 여기에서 "행사된 신주인수권에 해당하는 사채상환할증금"이란 "신주인수권 행사로 소멸되는 사채상환할증금에서 당해 사채상환할증금에 관련된 미상각사채발행차금을 가감한 금액"을 말한다.

미상각사채할인발행차금은 사채상환할증금의 장부금액에서 이의 행사시점 현재가치(사채발행시점의 시장이자율을 이용하여 계산함)를 차감하여 산출한다. 한편, 기타자본잉여금으로 분류된 신주인수권대가도 신주인수권이 행사된 부분은 주식발행초과금으로 대체된다.

> 발행금액＝행사금액＋행사된 신주인수권에 해당하는 사채상환할증금과 신주인수권대가
> (＝소멸되는 사채상환할증금±관련 미상각사채발행차금*)
> * 사채상환할증금－사채상환할증금의 행사시점 현재가치(사채발행시점의 시장이자율을 이용)

요약하면, 이제까지 언급한 신주인수권부사채와 전환사채(모두 상환할증금이 있는 경우) 회계처리의 차이는 〈표 15-3〉과 같다.

▶ **표 15-3**
전환사채와 신주인수권부사채의 비교

		전환사채	신주인수권부사채
권리행사시점의 현금납입 여부		없음	있음(행사금액)
만기 상환액	권리행사한 부분	없음	사채의 액면금액
	권리행사하지 않은 부분	사채의 액면금액 +사채상환할증금	사채의 액면금액 +사채상환할증금
권리행사로 인한 주식의 발행금액		전환사채의 장부금액* +전환권대가	신주인수권 행사금액 +신주인수권대가 +사채상환할증금**

* 액면금액+소멸되는 사채상환할증금+사채발행차금
** 행사된 신주인수권에 해당하는 부분으로 소멸되는 사채상환할증금에서 이에 관련된 미상각사채발행차금을 가감하여 산출한다.

9) 전환사채의 경우에는 전환권의 행사로 발행되는 주식의 발행금액은 전환권 행사시점의 전환사채 장부금액이다.

예제 15-6 신주인수권부사채

은정(주)는 20×1. 1. 1 다음 조건의 신주인수권을 부여하는 신주인수권부사채를 액면금액(₩10,000)에 발행하였다. 당해 사채의 만기는 20×3. 12. 31이며, 이자(액면이자율 8%)는 매년 도말에 후급된다.

- 행사비율 : 사채권면액의 100%
- 행사금액 : ₩1,000(사채액면 ₩1,000당 보통주 1주[주당액면 ₩500]를 인수할 수 있음)
- 행사기간 : 발행일로부터 1개월이 경과한 날부터 상환기일 30일 전까지
- 원금상환방법 : 만기에 액면금액의 100%를 상환하되, 신주인수권이 행사되지 않은 부분에 대해서는 액면금액의 113.5%를 지급함

20×3. 1. 1 사채액면 ₩5,000에 대한 신주인수권을 행사하였다. 당해 발행회사인 은정(주)가 신주인수권부사채의 발행, 연도말 이자지급, 신주인수권행사, 그리고 만기상환 시점에 필요한 분개를 하라. 단, 신주인수권부사채의 발행 당시 일반사채의 시장이자율은 15%이다.

해답

1) 신주인수권부사채 발행(20×1. 1. 1)

(차) 현 금	10,000	(대) 신주인수권부사채	10,000
사채할인발행차금	2,060	사채상환할증금	1,350*
		신주인수권대가	710**

* ₩10,000×13.5%=₩1,350

** 신주인수권대가=발행금액－현재가치(시장이자율 15%를 적용)=₩10,000－₩9,290#=₩710

\# 현재가치=(₩10,000×113.5%)×0.6575+(₩10,000×8%)×2.2832=₩9,290

유효이자의 산출과 상각

일 자	이자비용(A) (전기(D)×15%)	액면이자(B) (₩10,000×8%)	사채할인발행차금		장부금액(D)
			당기상각(C)	잔 액	
20×1. 1. 1				₩2,060	₩9,290
20×1. 12. 31	₩1,394	₩800	₩594	1,466	9,884
20×2. 12. 31	1,482	800	682	784	10,566
20×3. 12. 31	1,584	800	784	0	11,350

(주) 1) 위의 표는 전환사채의 경우(716쪽)와 동일하다.

2) 20×2. 12. 31 현재의 사채할인발행차금 ₩784은 다음과 같이 산출된다.

(₩10,000+₩1,350)－(₩10,000+₩1,350+₩10,000×0.08)/1.15=₩784

2) 연도말 이자지급

분개내용	20×1년말		20×2년말	
(차) 이 자 비 용	1,394		1,482	
(대) 현 금		800		800
사채할인발행차금		594		682

3) 신주인수권행사로 신주발행(20×3. 1. 1) : 전환사채의 경우와 다름에 유의

(차) 현 금	5,000*	(대) 사채할인발행차금	88##
사채상환할증금	675#	자 본 금	2,500**
		주식발행초과금	3,087

* 5주 × ₩1,000(행사금액) = ₩5,000

** 5주(발행주식수) × ₩500(액면금액) = ₩2,500

\# ₩1,350(잔액) ÷ (₩5,000/₩10,000) = ₩675

\## 소멸된 사채상환할증금에 관련된 미상각 사채할인발행차금 : 장부금액 − 현재가치 = ₩675 − ₩675/1.15 = ₩88 따라서 사채상환할증금이 없는 경우에는 사채할인발행차금을 차감할 필요가 없다.

(주) 전환사채의 경우에는 미상각 사채상환할증금의 유무에 상관없이 사채할인발행차금 중 행사분(1/2), 즉 ₩392을 차감한다. 왜냐하면 전환사채의 경우에는 신주인수권부사채와는 달리 전환권의 행사로 전환사채의 장부금액이 감소하기 때문이다.

(차) 신주인수권대가	355*	(대) 주식발행초과금	355

* ₩710(잔액) × (₩5,000/₩10,000) = ₩355

재무상태표

	20×1. 1. 1		20×1. 12. 31		20×2. 12. 31		20×3. 1. 1(행사후)	
비유동부채 :								
신주인수권부사채	₩10,000		₩10,000		₩10,000		₩10,000*	
사채상환할증금	1,350		1,350		1,350		675	
사채할인발행차금	(2,060)	₩9,290	(1,466)	₩9,884	(784)	₩10,566	(696)*	₩9,979
기타자본잉여금 :								
신주인수권대가		₩710		₩710		₩710		₩355

* 전환사채의 경우와는 달리 신주인수권부사채가 감소하지 않으며, 사채할인발행차금은 일부분(사채상환할증금에 관련된 부분)만 감소한다[위의 분개 3)을 참조].

4) 신주인수권부사채의 이자지급과 만기상환(20×3. 12. 31)

① 이자지급시점 :

(차) 사채이자비용	1,496*	(대) 현 금	800
		사채할인발행차금	696

* ₩9,979(앞의 재무상태표 참조) × 0.15 = ₩1,496

② 만기상환시점 :

(차) 신주인수권부사채	10,000	(대) 현 금	10,675*
사채상환할증금	675		

* ₩5,000 + ₩5,000(신주인수권이 행사되지 않은 부분) × 113.5% = ₩10,675

(주) 만기상환된 신주인수권부사채에 관련된 신주인수권대가(₩355)는 그대로 기타자본잉여금에 남게 된다.

신주인수권부사채에 부여되어 사채보유자가 행사할 수 있는 주식매입권은 회사가 신주를 발행할 때 당해 신주를 비례적으로 인수할 수 있는 권리인 신주인수권과 차이가 있다. 그 차이를 좀더 살펴보자.

신주인수권(stock rights)이란 회사가 신주를 발행하고자 할 때 기존 주주가 그들

이 가지고 있는 본연의 권리인 주식선매권에 의해 지분비율에 따라 신주를 우선적으로 인수할 수 있는 권리를 나타낸다.[10] 신주인수권을 기존의 주주에게 부여하는 이유는 신주의 발행으로 기존 주주들의 지분비율이 낮아져 불리해질 수 있기 때문이다. 신주인수권은 신주를 인수할 수 있는 권리를 가진다는 측면에서 다른 증권에 첨부되어 발행되는 주식매입권과 유사하지만 다음과 같은 측면에서 상이하다.

① 주식매입권은 일반적으로 다른 증권, 예를 들면 사채나 우선주에 부여되는 권리이지만, 신주인수권은 다른 증권과 관련하여 부여되는 것이 아니다.
② 주식매입권은 잠재적 투자자의 투자를 유도하기 위해 부여되고 있다. 한편, 신주인수권은 기존 주주에게 부여된다.
③ 주식매입권에 의한 신주인수권 행사가격은 일반적으로 주식매입권 발행시점의 주식시가보다 높다. 한편, 신주인수권은 기존 주주에게 주식을 추가로 인수할 수 있도록 하기 위해서 부여되는 것이므로 일반적으로 신주인수권 행사가격이 신주인수권 발행시점의 주식시가보다 낮다.

신주인수권을 부여했을 때 회사는 별도의 회계처리를 필요로 하지 않는다. 단지 신주인수권이 행사되어 신주를 발행하는 시점에 일반적인 주식발행의 경우와 동일하게 회계처리를 한다.

10) 상법(제418조)에서는 정관에 다른 규정이 없다면 주주는 그가 가진 주식수에 따라 신주를 우선적으로 배정받을 권리가 있다고 규정하고 있다.

종합예제

CHAPTER 15

1. 전환사채

성빈(주)는 다음 조건으로 20×0. 1. 1에 전환사채를 액면금액(액면 ₩10,000,000)으로 발행하였다.

- 표시이자율 : 연 1.75%(매년도말에 후급)
- 일반사채 시장수익률 : 연 5%
- 전환가격 : ₩50,000/주
- 1주당 액면금액 : ₩5,000
- 전환청구기간 : 사채발행일 이후 1개월 경과일부터 상환기일 30일 전까지
- 상환조건 : 사채보유자 임의상환청구(풋옵션 행사) : 20×4. 12. 31에 사전통지에 의해 원금의 100%로 상환청구가능(이는 만기상환으로 본다)
- 만기상환 : 20×9. 12. 31에 원금의 100%로 일시상환
- 전환 : 20×3. 12. 31 액면 ₩5,000,000의 전환청구
  20×4. 12. 31 액면 ₩2,000,000의 상환청구
  20×8. 12. 31 액면 ₩2,000,000의 전환청구

요구사항

전환사채 발행연도인 20×0년, 전환청구연도인 20×3년, 일부상환연도인 20×4년, 전환청구연도인 20×8년, 그리고 만기상환연도인 20×9년에 필요한 모든 분개를 제시하라.

해 답

1. 전환권대가 = 발행금액 − 일반사채가액
   = ₩10,000,000 − [₩10,000,000 × 0.6139(이자율 5%, 기간 10, 현가)
   + ₩10,000,000 × 1.75% × 7.7217(이자율 5%, 기간 10, 연금현가)]
   = ₩2,510,000

사채할인발행차금 = 액면금액 − 일반사채가액 = ₩2,510,000

〈사채할인발행차금상각표〉(단위 : ₩1,000)

구 분		20×0년	20×1년	20×2년	20×3년	20×4년
기초장부금액(A)		₩7,490	₩7,690	₩7,899	₩8,119	₩8,350
사채이자비용(B=A×5%)		375	384	395	406	417
현금이자(C)		175	175	175	175	175
사채할인발행차금	상각액(B−C)	200	209	220	231	242
	잔 액(D)	2,310	2,101	1,881	1,650	1,408
기말장부금액(₩10,000−D)		₩7,690	₩7,899	₩8,119	₩8,350	₩8,592

[회계처리]

(1) 발행시점(20×0. 1. 1)

(차) 현 금	10,000,000	(대) 전 환 사 채	10,000,000
사채할인발행차금	2,510,000	전환권대가	2,510,000

(2) 이자지급시점(20×0년말)

(차) 이 자 비 용	375,000	(대) 현 금	175,000
		사채할인발행차금	200,000

(3) 20×3년말

① 이자지급

(차) 이 자 비 용	406,000	(대) 현 금	175,000
		사채할인발행차금	231,000

② ₩5,000,000의 전환청구로 신주식 발행

(차) 전 환 사 채	5,000,000	(대) 사채할인발행차금	825,000*
		자 본 금	500,000**
		주식발행초과금	3,675,000

* 사채할인발행차금상각액 : ₩1,650,000×(₩5,000,000/₩10,000,000)=₩825,000

** 총발행주식수 : ₩5,000,000÷₩50,000(주당전환가격)=100주
자본금 : 100주×₩5,000=₩500,000

(차) 전환권대가	1,255,000*	(대) 주식발행초과금	1,255,000

* 전환권대가를 주식발행초과금으로 대체 : ₩2,510,000×(₩5,000,000/₩10,000,000)=₩1,255,000

〈20×3. 12. 31 일부 전환 이후의 재무상태표 표시〉

전 환 사 채	₩5,000,000
사채할인발행차금	(825,000)
잔 액	₩4,175,000
전환권대가(기타자본잉여금)	₩1,255,000

(4) 20×4년말

① 이자지급

(차) 이 자 비 용	208,500	(대) 현 금	87,500*
		사채할인발행차금	121,000**

* 현금이자 : ₩175,000×1/2=₩87,500

** 사채발행차금상각액 : ₩242,000×1/2=₩121,000

〈20×4. 12. 31 이자지급 이후의 재무상태표 표시〉

전 환 사 채	₩5,000,000
사채할인발행차금	(704,000)
잔 액	₩4,296,000
전환권대가(기타자본잉여금)	₩1,255,000

② 액면 ₩2,000,000의 상환청구로 상환 : 풋옵션 행사

(차) 전 환 사 채	2,000,000	(대) 현 금	2,000,000
사채상환손실	281,600	사채할인발행차금	281,600*

* 사채발행차금상각액 : ₩704,000×(₩2,000,000/₩5,000,000)=₩281,600

〈20×4. 12. 31 상환 이후의 재무상태표 표시〉

전 환 사 채	₩3,000,000
사채할인발행차금	(422,400)
잔 액	₩2,577,600
전환권대가(기타자본잉여금)	₩1,255,000

〈전환사채 상환 이후의 사채할인발행차금상각표〉(단위 : ₩1,000)

구 분		20×5년	20×6년	20×7년	20×8년
기초장부금액(A)		₩2,578	₩2,654	₩2,734	₩2,818
사채이자비용(B=A×5%)		129	133	137	141
현금이자(C)		53	53	53	53
사채할인발행차금	상각액(B−C)	76	80	84	88
	잔 액(D)	346	266	182	94
기말장부금액(₩3,000−D)		₩2,654	₩2,734	₩2,818	₩2,906

(5) 20×8년말

① 이자지급

(차) 이 자 비 용	141,000	(대) 현 금	53,000
		사채할인발행차금	88,000

② ₩2,000,000의 전환청구로 신주발행

(차) 전 환 사 채	2,000,000	(대) 사채할인발행차금	63,000 *
		자 본 금	200,000 **
		주식발행초과금	1,737,000

* 사채할인발행차금상각액 : ₩94,000×(₩2,000,000/₩3,000,000)=₩63,000

** 발행주식수 : ₩2,000,000÷₩50,000=40주 ⇒ 자본금 : 40주×₩5,000=₩200,000

(차) 전환권대가	502,000	(대) 주식발행초과금	502,000 *

* 전환권대가를 주식발행초과금으로 대체 : ₩1,255,000×(₩2,000,000/₩5,000,000)=₩502,000

한편, 조기상환분(₩2,000,000)과 미전환분(₩1,000,000)에 관련된 전환권대가는 그대로 기타자본잉여금에 남는다.

〈20×8. 12. 31 전환 이후의 재무상태표 표시〉

전 환 사 채	₩1,000,000
사채할인발행차금	(31,000)
잔 액	₩969,000
전환권대가(기타자본잉여금)	₩753,000

(주) 전환사채 중에서 주식으로 전환되지 않은 부분에 해당되는 전환권대가는 그대로 기타자본잉여금에 남는다.

(6) 20×9년말

① 이자지급

(차) 이 자 비 용	48,500	(대) 현 금	17,500
		사채발행차금	31,000

〈20×9. 12. 31 이자지급 이후의 재무상태표 표시〉

전 환 사 채	₩1,000,000
사채할인발행차금	(0)
잔 액	₩1,000,000
전환권대가(기타자본잉여금)	₩753,000

② 만기상환

(차) 전 환 사 채	1,000,000	(대) 현 금	1,000,000

2. 전환사채와 신주인수권부사채의 비교

[제1부] 전환사채

은정(주)는 20×1. 1. 1 다음 조건의 전환사채를 ₩9,800(액면금액 ₩10,000)에 발행하였다. 당해 사채의 만기는 20×3. 12. 31이며, 이자(액면이자율 8%)는 매년도말에 후급된다.

- 행사금액 : 사채액면 ₩1,000당 보통주 1주(주당액면 ₩500)로 전환할 수 있음.
- 행사기간 : 발행일로부터 1개월이 경과한 날부터 상환기일 30일 전까지
- 원금상환방법 : 만기에 액면금액의 100%를 상환하되, 전환권이 행사되지 않은 부분에 대해서는 액면금액의 113.5%를 지급함.

[제2부] 신주인수권부사채

위의 [제1부]의 사채가 다음 조건의 신주인수권부사채라고 하자.

- 행사금액 : 사채액면 ₩1,000당 보통주 1주(주당액면 ₩500)로 인수할 수 있음.
  행사가격은 주당 ₩1,000임.
- 행사기간 : 발행일로부터 1개월이 경과한 날부터 상환기일 30일 전까지
- 원금상환방법 : 만기에 액면금액의 100%를 상환하되, 신주인수권이 행사되지 않은 부분에 대해서는 액면금액의 113.5%를 지급함.

요구사항

1. 은정(주)가 사채의 발행, 20×1년말과 20×2년말의 이자지급시점에 필요한 분개를 하라. 단, 사채발행 당시 일반사채의 시장이자율은 15%이었다.
2. 20×3. 1. 1에 사채의 1/2(액면금액 ₩5,000)에 해당하는 부분에 대한 전환권(신주인수권)이 행사되어 이에 해당하는 보통주를 발행하였다. 필요한 분개를 하라.
3. 사채의 나머지 1/2(액면금액 ₩5,000)에 해당하는 부분을
   1) 20×3. 1. 1에 ₩5,500으로 조기에 상환한 경우 필요한 분개를 하라. 당시의 시장이자율은 12%이었다.
   2) 조기에 상환하지 않고 만기에 상환하였다면, 만기상환시점에 필요한 분개를 하라.

해 답

[제1부] 전환사채		[제2부] 신주인수권부사채	
1. 사채 발행(20×1. 1. 1)			
(차) 현 금	9,800	(차) 현 금	9,800
사채할인발행차금	2,060	사채할인발행차금	2,060
(대) 전 환 사 채	10,000	(대) 신주인수권부사채	10,000
사채상환할증금	1,350*	사채상환할증금	1,350*
전환권대가	510**	신주인수권대가	510**

* ₩10,000×13.5%=₩1,350

** 전환권대가(신주인수권대가)=발행금액−현재가치(시장이자율 15%를 적용)=₩9,800−₩9,290#=₩510

\# 현재가치=(₩10,000×113.5%)×0.6575+(₩10,000×8%)×2.2832=₩9,290

유효이자의 산출과 상각

일 자	이자비용(A) (전기(D)×15%)	액면이자(B) (₩10,000×8%)	사채할인발행차금		장부금액(D)
			당기상각(C)	잔 액	
20×1. 1. 1				₩2,060	₩9,290
20×1. 12. 31	₩1,394	₩800	₩594	1,466	9,884
20×2. 12. 31	1,482	800	682	784	10,566
20×3. 12. 31	1,584	800	784	0	11,350

(주) 장부금액(D)=액면금액(₩10,000)+사채상환할증금(₩1,350)−사채발행차금(잔액)

[제1부] 전환사채		[제2부] 신주인수권부사채	
〈이자지급 : (20×1년말)〉			
(차) 이 자 비 용	1,394	- 좌 동 -	
(대) 현 금	800		
사채할인발행차금	594		
〈이자지급 : (20×2년말)〉			
(차) 이 자 비 용	1,482	- 좌 동 -	
(대) 현 금	800		
사채할인발행차금	682		
2. 권리행사로 신주발행(20×3. 1. 1)−1/2에 해당함			
(차) 전 환 사 채	5,000	(차) 현 금	5,000
사채상환할증금	675**	사채상환할증금	675**
(대) 사채발행차금	392#	(대) 사채발행차금	88##
자 본 금	2,500*	자 본 금	2,500*
주식발행초과금	2,783	주식발행초과금	3,087

* 발행주식수 : ₩5,000 ÷ ₩1,000=5주 ⇒ 5주(발행주식수) × ₩500(액면금액) = ₩2,500

** ₩1,350(잔액) ÷ (₩5,000/₩10,000) = ₩675

\# ₩784 ÷ (₩5,000/₩10,000) = ₩392

\## 소멸된 사채상환할증금에 관련된 미상각 사채할인발행차금 : 장부금액 − 현재가치 = ₩675 − ₩675/1.15 = ₩88
따라서 사채상환할증금이 없는 경우에는 사채할인발행차금을 차감할 필요가 없다.
전환사채의 경우에는 미상각 사채상환할증금의 유무에 상관없이 사채할인발행차금 중 행사분(1/2), 즉 ₩392을 차감하였다. 왜냐하면 전환사채의 경우에는 신주인수권부사채와는 달리 전환권의 행사로 전환사채의 장부금액이 감소하기 때문이다.

(차) 전환권대가	255*	(차) 신주인수권대가	255*
(대) 주식발행초과금	255	(대) 주식발행초과금	255

* ₩510(잔액) × (₩5,000/₩10,000) = ₩255

재무상태표 − 전환사채

	20×1. 1. 1		20×1. 12. 31		20×2. 12. 31		20×3. 1. 1(행사후)	
비유동부채 :								
전환사채	₩10,000		₩10,000		₩10,000		₩5,000	
사채상환할증금	1,350		1,350		1,350		675	
사채할인발행차금	(2,060)	₩9,290	(1,466)	₩9,884	(784)	₩10,566	(392)	₩5,283
기타자본잉여금 :								
전환권대가		₩510		₩510		₩510		₩255

재무상태표 − 신주인수권부사채

	20×1. 1. 1		20×1. 12. 31		20×2. 12. 31		20×3. 1. 1(행사후)	
비유동부채 :								
신주인수권부사채	₩10,000		₩10,000		₩10,000		₩10,000*	
사채상환할증금	1,350		1,350		1,350		675	
사채할인발행차금	(2,060)	₩9,290	(1,466)	₩9,884	(784)	₩10,566	(696)*	₩9,979
기타자본잉여금 :								
신주인수권대가		₩510		₩510		₩510		₩255

* 전환사채의 경우와는 달리 신주인수권부사채의 가액이 감소하지 않으며, 사채할인발행차금은 일부분(사채상환할증금에 관련된 부분)만 감소한다[위의 분개를 참조].

[제1부] 전환사채		[제2부] 신주인수권부사채	
3. 나머지 1/2의 상환			
1) 조기상환(20×3. 1. 1)			
(차) 전 환 사 채	5,000	(차) 신주인수권부사채	5,000
사채상환할증금	675	사채상환할증금	675
사채조기상환손실	141	사채조기상환손실	141
(대) 현 금	5,424*	(대) 현 금	5,424*
사채발행차금	392	사채발행차금	392
(차) 전환권대가	76	(차) 신주인수권대가	76
(대) 현 금	76*	(대) 현 금	76*

* 상환금액의 배분 :
사 채 : (₩5,000×1.135+₩5,000×0.08)/1.12=₩5,424
전환권대가 : 상환대가(₩5,500)−₩5,424=₩76

(주) 이로써 행사된 부분(1/2)에 해당하는 전환권대가(신주인수권대가) 중 소멸하지 않은 ₩179(=₩255−₩76)은 그대로 기타자본잉여금에 남게 된다. 한편, 전환권대가(신주인수권대가)에 대해 배분된 금액이 전환권대가(신주인수권대가)의 잔액(₩255)을 초과하게 되면, 그 부분을 자본의 임시계정으로 기록하였다가 이익잉여금의 처분으로 상각해야 할 것이다.

[제1부] 전환사채		[제2부] 신주인수권부사채	
2) 만기 이자지급과 상환(20×3. 12. 31)			
① 이자지급			
(차) 사채이자비용	792*	(차) 사채이자비용	1,496**
(대) 현 금	400	(대) 현 금	800
사채발행차금	392	사채발행차금	696

* ₩5,283(앞의 재무상태표 참조)×0.15=₩792
** ₩9,979(앞의 재무상태표 참조)×0.15=₩1,496

[제1부] 전환사채		[제2부] 신주인수권부사채	
② 만기상환			
(차) 전 환 사 채	5,000	(차) 신주인수권부사채	10,000
사채상환할증금	675	사채상환할증금	675
(대) 현 금	5,675*	(대) 현 금	10,675**

* ₩5,000(전환권이 행사되지 않은 부분)×113.5%=₩5,675
** ₩5,000+₩5,000(신주인수권이 행사되지 않은 부분)×113.5%=₩10,675
(주) 만기상환된 부분에 관련된 전환권대가(신주인수권대가) ₩255은 그대로 기타자본잉여금에 남게 된다.

익힘문제

CHAPTER 15

1. 복합금융상품이란 무엇인가? 또한 복합금융상품을 희석증권이라 부르는 이유를 설명하라.

2. 오늘날 복합금융상품이 널리 이용되고 있는 이유를 기술하라.

3. 내재파생상품이란 무엇인가? 예를 들어 설명하라.

4. 전환사채의 전환권이 사채의 발행자와 사채매입자 각각에게 가치가 있는 이유를 설명하라.

5. 외화로 표시된 전환사채의 경우 부채로 인식하는 금액은 어떻게 결정하는가? 또한 그 이유는 무엇인가?

6. 전환사채의 전환권대가의 계산방법을 설명하라. 특히, 상환할증금이 있는 경우 이는 전환권대가에 어떠한 영향을 미치는가?

7. 전환사채의 전환을 회계처리하는 방법을 설명하라. K-IFRS에서 시가법 대신에 장부금액법을 채택하고 있는 이유를 제시하라.

8. 전환사채의 유도전환시에 추가로 지급하는 금액을 어떻게 회계처리하는가?

9. 만기시점에 반드시 전환되어야 하는 전환사채의 경우 부채로 인식되는 금액은 어떻게 결정되는가?

10. 전환사채에 지급되는 상환할증금의 회계처리를 기술하라. 특히, 상환할증금이 전환권대가에 미치는 영향을 설명하라.

11. 신주인수권부사채의 회계처리가 전환사채의 경우와 다른 점과 그 이유를 설명하라.

12. 신주인수권부사채의 신주인수권대가 결정방법을 기술하라.

13. 신주인수권부사채의 신주인수권이 행사되어 발행하는 주식의 발행금액은 어떻게 결정되는가?

14. 전환사채의 전환권이나 신주인수권부사채의 신주인수권을 행사하여 취득한 지분증권의 취득원가는 어떻게 결정되는가?

15. 신주인수권부사채에 내재된 주식매입권과 신주발행에서 기존주주에게 부여되는 신주인수권의 차이점을 기술하라.

연습문제

CHAPTER 15

1. 전환사채

20×2. 3. 1에 용준(주)는 5년 만기, 액면이자율 8%, 액면금액 ₩1,000,000의 사채를 발행하였는데, 각 사채 1권에는 사채보유자의 선택으로 용준(주) 보통주 100주로 전환할 수 있는 전환권이 포함되어 있다. 당해 전환사채는 할인발행되었고, 이자는 매년 3월 1일에 후급된다. 20×5. 3. 1에 한 투자자가 10권의 사채를 1,000주의 보통주로 전환하기 위해 회사에 신청하였다. 전환일 현재 용준(주) 보통주의 시가는 주당 ₩12,000 이었다.

시가법 또는 액면금액법에 따를 때 용준(주)는 전환사채의 전환을 어떻게 회계처리해야 하는지 기술하라.

2. 전환사채 : 상환할증금이 없는 경우

12월 결산인 순명(주)는 20×1. 1. 1에 다음과 같은 조건으로 전환사채(액면금액 ₩1,000,000)를 액면금액에 발행하였다.

- 표시이자율 : 연 7%(매년도말 후급)
- 일반사채 시장수익률 : 연 15%
- 전환조건 : 전환으로 인하여 발행되는 주식 1주(액면금액 : ₩5,000)에 대하여 요구되는 사채발행금액은 ₩20,000으로 한다.
- 전환청구기간 : 사채발행일 이후 1개월 경과일부터 상환기일 30일 전까지
- 상환기일(만기) : 20×3. 12. 31
- 원금상환방법 : 상환기일에 액면금액을 일시상환

20×3. 1. 1에 액면 ₩500,000의 전환사채가 전환청구되었다고 가정하고, 순명(주)가 당해 전환사채의 발행시점부터 만기까지 필요한 분개를 하라.

3. 전환사채 : 조기전환과 조건변경

진우(주)는 전환사채를 발행하였는데, 20×1. 1. 1 현재의 상황은 다음과 같다.

• 전환사채	₩1,000,000	
사채할인발행차금	(60,000)	₩940,000
전환권대가		₩80,000

- 전환사채의 액면이자율을 2%이고, 매년 12월 31일에 후급한다.
- 전환권은 만기일 전 6개월까지 행사할 수 있으며, 전환가격은 ₩2,500이다.
- 전환사채의 만기일은 20×3. 12. 31이다.

요구사항

다음 각각의 물음에 답하라. 단, 두 질문은 독립적이다.

1. 진우(주)는 20×1. 1. 1에 위의 전환사채의 60%를 시장에서 ₩500,000에 재매입하였다. 재매입에 관련된 회계처리를 하라. 단, 재매입일 현재 전환권이 없는 사채의 시장이자율은 10%이다.
2. 조기전환을 유도하기 위해 30일 이내에 전환하는 경우에 한하여 20×1. 1. 1에 전환가액을 ₩2,000으로 인하하도록 조건을 변경하였다. 조건변경일에 필요한 회계처리를 하라. 단, 조건변경일 현재 진우(주)의 주가는 주당 ₩2,300이다.

4. 전환사채 : 상환할증금이 있는 경우(Ⅰ)

성은(주)는 20×1. 1. 1에 아래와 같은 전환사채를 발행하였다.

- 발행금액 : ₩1,000,000(₩20,000권 사채 50매)
- 표시이자율 : 연 7%(매년말에 후급)
- 상환기일 : 20×3. 12. 31
- 전환조건의 내용
  - 전환청구기간 : 사채발행일 이후 1개월 경과일부터 상환기일 30일 전까지
  - 전환비율 : ₩20,000권 사채 1매당 1주(액면금액 : ₩5,000)의 보통주로 전환가능
- 전환내용(전환은 기초에 이루어진 것으로 보고 회계처리한다)
  - 20×3. 1. 1 : ₩500,000의 전환사채가 주식으로 전환됨

성은(주)의 결산일은 12월 31일이며, 전환사채의 만기시 원금의 116.87%를 일시에 상환한다. 이로써 시장이자율과 같은 연 12%의 수익률이 보장된다.

20×1. 1. 1, 20×1. 12. 31, 20×2. 12. 31, 20×3. 1. 1 및 20×3. 12. 31에 성은(주)가 행할 분개를 하라. 단, 전환사채 전환으로 발행되는 보통주는 전환사채의 장부금액으로 기록한다.

5. 전환사채 : 상환할증금이 있는 경우(Ⅱ)

준수(주)는 20×1. 1. 1에 액면금액 ₩30,000, 만기 3년인 전환사채를 액면발행하였다. 전환사채의 표시이자율은 5%로 매년말 지급하며 전환사채의 발행일 현재 전환권이 없는 일반사채의 시장이자율은 10%이다. 전환사채의 상환기간 동안에 전환권을 행사하지 않는 경우 전환사채의 만기일에 수익률 8%를 보장하는 상환할증금을 액면금액에 추가하여 상환한다.

기 간	기간말 ₩1의 현재가치	정상연금 ₩1의 현재가치
	10%	10%
1	0.9091	0.9091
2	0.8264	1.7355
3	0.7513	2.4868

요구사항

1. 준수(주)가 전환사채의 발행일에 전환권대가로 인식할 금액은?
2. 전환사채의 전환권이 행사되지 않고 만기일에 전액 상환되었다고 할 때, 준수(주)의 전환사채 상환기간 동안 총이자비용은 얼마인가?
3. 준수(주)가 전환사채를 발행하면서 거래원가 ₩1,000이 발생하였을 때, 전환권대가로 배분할 금액은 얼마인가?

6. 전환사채와 신주인수권부사채

서울(주)는 20×1. 1. 1에 다음과 같은 조건으로 전환사채를 ₩1,150,000에 발행하였다. 전환권행사시 전환권대가는 주식발행초과금으로 대체하며 만기상환시에 전환권대가의 소멸과 관련된 별도의 회계처리는 하지 않는다.

(1) 전환사채의 액면금액은 ₩1,000,000이고 발행금액은 ₩1,150,000이다. 표시이자율은 연 5%이고 이자는 매년말 지급조건이며 만기는 20×3. 12. 31이다. 한편, 전환사채의 미전환시 만기 보장수익률은 8%이고, 만기상환시에는 보장이자율과 표시이자율의 차이를 상환할증금으로 지급한다.

(2) 전환사채 전환가격은 사채액면 ₩20,000당 보통주 1주(액면금액 ₩5,000)로 전환가능하며, 20×3. 1. 1에 액면 ₩1,000,000의 전환사채가 전환청구되어 신주를 발행하였다. 전환청구 당시 신주의 공정가치는 산정할 수 없다.
(3) 전환사채 발행 당시 일반사채에 적용되는 시장이자율은 12%이다(이자율 12%, 3기간 후의 ₩1의 현가계수는 0.71178이고, 12% 3기간 정상연금 현가계수는 2.40183이다).

요구사항

1. 전환사채의 상환할증금을 계산하고, 전환사채의 현재가치할인차금 상각을 위한 상각표를 액면금액의 현재가치와 상환할증금의 현재가치로 구분하여 작성하라.
2. 전환사채의 권리행사시 주식의 발행금액을 계산하고, 만기까지 필요한 회계처리를 하라.
3. 위의 사채가 동일한 조건의 신주인수권부사채라면, 신주인수권부사채의 권리행사시 주식의 발행금액을 계산하고, 만기까지 필요한 회계처리를 하라. 단, 신주인수권의 행사금액은 사채의 액면금액과 동일하게 100%이다.

7. 전환사채의 재매입

20×0. 1. 1에 만기가 20×9. 12. 31이며, 연이자율 5%의 이자를 지급하는 액면금액 ₩1,000,000의 전환사채를 ₩1,000,000에 발행하였다. 이 사채는 주당 ₩25의 전환가격으로 A사의 보통주로 전환할 수 있다. 이자는 매년말 현금으로 지급된다. 발행일에 A사는 만기 10년의 전환권이 없는 사채를 액면이자율 12%로 발행할 수 있었다.
그런데 20×5. 1. 1 A사는 전환사채의 보유자에게 ₩1,300,000에 당해 전환사채를 재매입하고자 제안하였으며, 보유자는 이러한 제안을 승낙하였다. 20×5. 1. 1 전환사채의 공정가치는 ₩1,300,000이다. 재매입일에 A사는 만기 5년의 전환권이 없는 채무를 표시이자율 8%로 발행할 수 있었다.

요구사항

1. 20×0. 1. 1 전환사채 발행시 부채요소와 자본요소에 대한 대가는 각각 얼마인가?
2. 20×5. 1. 1 전환사채의 재매입에 대한 회계처리를 하라.

8. 신주인수권부사채

20×5. 1. 1에 나미(주)는 다음 조건으로 신주인수권부사채(액면금액 ₩1,000,000)를 액면금액으로 발행하였다. 발행당시의 동일조건 일반사채의 현재가치는 ₩905,700이었다.

- 표시이자율 : 연 9% (매년도말 후급)
- 시장이자율 : 연 13%
- 신주인수권의 내용
  - 행사비율 : 사채권면액의 100%
  - 행사금액 : ₩15,000 (단, 주식의 주당액면금액은 ₩5,000이다)
  - 행사기간 : 발행일로부터 1개월이 경과한 날부터 상환기일 30일 전까지
  - 증서의 분리여부 : 분리형
- 상환기일(만기) : 20×7. 12. 31
- 원금상환방법 : 상환기일에 일시상환

20×6. 12. 31에 액면 ₩600,000의 신주인수권이 행사되었다고 가정하고, 나미(주)가 신주인수권부사채 발행시점부터 만기까지 필요한 분개를 제시하라. 단, 사채발행 당시의 시장이자율은 13%이었다.

9. 신주인수권부사채 : 상환할증금이 있는 경우 (I)

A사는 20×1. 1. 1 다음과 같은 조건으로 신주인수권부사채를 발행하였다.

- 발행금액 : 액면 ₩10,000백만(액면발행)
- 표시이자율 : 연 9%
- 이자지급방법 : 매년도말 후급
- 신주인수권의 내용
  - 행사비율 : 사채권면액의 100%
  - 행사금액 : ₩15,000당 보통주 1주(보통주 액면 @₩5,000)
  - 행사기간 : 사채발행일 이후 1개월 경과일부터 상환기일 30일 전까지
  - 증서의 분리여부 : 비분리형
- 상환기일 : 20×3. 12. 31
- 원금상환방법 : 상환기일에 일시상환. 단, 신주인수권을 행사하지 않은 부분은 원금의 113.6%를 상환함으로써 수익률 13%(시장이자율과 동일함)를 보장한다.
- 20×2. 12. 31 액면 ₩6,000백만(60%)의 신주인수권행사

20×1. 1. 1, 20×1. 12. 31, 20×2. 12. 31, 20×3. 12. 31의 회계처리를 하고 부분 재무상태표를 표시하라.

10. 신주인수권부사채 : 상환할증금이 있는 경우 (II)

지수(주)는 20×1. 1. 1에 액면금액 ₩100,000, 표시이자율 3%(매년말 지급), 만기 3년의 신주인수권부사채를 액면발행하였다. 신주인수권을 행사하지 않는 경우 만기일에는 액면금액의 5%에 상당하는 상환할증금을 지급한다. 발행일 현재 신주인수권이 없는 일반사채의 유효이자율은 10%이다. 신주인수권의 행사비율은 100%로서 각 신주인수권은 액면금액 ₩5,000당 보통주 1주를 매입할 수 있다.

기 간	기간말 ₩1의 현재가치	정상연금 ₩1의 현재가치
	10%	10%
1	0.9091	0.9091
2	0.8264	1.7355
3	0.7513	2.4868

요구사항

1. 신주인수권의 30%에 해당하는 권리가 20×2. 1. 1에 행사되었다면, 지수(주)가 만기일에 상환할 금액은 얼마인가? 단, 표시이자는 제외한다.
2. 신주인수권의 30%에 해당하는 권리가 20×2. 1. 1에 행사되었다면, 지수(주)가 신주인수권 행사로 인식할 주식발행초과금은 얼마인가? 단, 보통주의 액면금액은 ₩1,500이다.

11. 신주인수권부사채 : 발행금액과 액면금액이 상이한 경우

상명(주)는 20×1. 1. 1에 분리형 신주인수권부사채(액면금액 ₩10,000, 표시이자율 8%, 매년말 후급, 만기 5년) 100매를 발행하였다. 사채 1매당 1매의 신주인수권이 첨부되어 있는데, 이 신주인수권 1매당 액면 ₩5,000인 보통주 1주를 ₩8,000에 매입할 수 있다. 신주인수권의 행사기간은 신주인수권부사채의 발행후 1개월부터 만기전 1개월까지이다. 신주인수권이 없었다면 상명(주)는 동 사채를 표시이자율 12%에 발행하였을 것이다.

이상의 정보와 아래의 각 물음에서 추가적으로 제공하는 정보를 이용하여 각 물음에 답하라. 신주인수권이 행사되지 않은 사채에 대해서는 만기에 원금의 125.4%를 일시에 지급한다. 이로써 연 12%의 수익률을 보장하고 있다.

요구사항

1. 발행시의 시장이자율이 14%이었다고 가정하고 신주인수권부사채의 발행을 분개하라.
2. 20×1. 12. 31(결산일)에 행할 분개를 하라.
3. 20×2. 1. 1에 신주인수권 80매(보통주 80주)가 행사되었다고 가정하고 이에 필요한 분개를 하라.
4. 나머지 신주인수권은 행사되지 않고 만기에 상환되었다고 가정하고 만기에 필요한 분개를 하라.

12. 신주인수권

20×1. 5. 1, 은평(주)는 기발행주식 10,000주에 대해 주당 1매의 신주권을 부여하였다. 신주권 8매로 보통주 1주를 **₩5,600**(액면금액 **₩5,000**)에 매입할 수 있으며, 공정시가는 **₩7,200**이다. 20×1. 5. 20에 발행된 신주권 중 5,000매가 행사되었다.
신주권의 행사와 관련하여 20×1. 5. 20의 분개를 하라.

13. 복합금융상품 – 종합 (Ⅰ)

(주)대한은 20×1. 1. 1 액면금액 **₩3,000,000**, 만기 3년, 표시이자율 4%(매년 12월 31일 지급), 유효이자율 7%, 보장수익률 연 5%인 전환사채를 발행하였다. 발행일 현재 동일한 조건의 전환권이 없는 일반사채의 유효이자율은 8%이며, 사채액면 **₩6,000**당 액면가 **₩5,000**인 보통주 1주로 전환할 수 있다. 20×2. 1. 1 전환사채의 40%가 보통주로 전환되었다.
위의 전환사채에 대해 20×1년과 20×3년 사이에 수행해야 하는 분개를 제시하라.

14. 복합금융상품 – 종합 (Ⅱ)

(주)대한은 20×1. 1. 1 액면금액 **₩1,000,000**, 만기 3년, 표시이자율 2%(매년 12월 31일 지급), 보장수익률 4%인 신주인수권(전환권)이 있는 사채를 발행하였다. 사채발행일 현재 동일 조건의 신주인수권(전환권)이 없는 일반사채의 시장수익률은 연 5%이다. 신주인수권(전환권)은 사채액면 **₩10,000**당 1주의 보통주(주당 액면금액 **₩5,000**)로 전환할 수 있다. (주)대한은 주식발행금액 중 주식의 액면금액은 '자본금'으로, 액면금액을 초과하는 부분은 '주식발행초과금'으로 표시한다. (주)대한은 신주인수권(전환권)이 행사될 때 신주인수권대가(전환권대가)를 주식의 발행금액으로 대체한다.

요구사항

1. 위의 복합금융상품이 비분리형 신주인수권부사채이며 액면발행되었다고 가정할 때, 20×1년에 수행해야 하는 회계처리를 제시하라.
2. 20×2. 1. 1 50%의 신주인수권이 행사되어 보통주가 발행되었고, 행사비율은 사채액면금액의 100%라고 가정할 때, 20×2년에 수행해야 하는 회계처리를 제시하라.
3. 상기 복합금융상품이 전환사채이며 액면발행되었다고 가정하자. 20×2. 1. 1 50%의 전환권이 행사되어 보통주가 발행되었을 때, 20×2년에 수행해야 하는 회계처리를 제시하라. 단, 기중전환시 전환간주일은 고려하지 않으며, 전환된 부분의 전환일까지의 표시이자를 지급하는 것으로 가정한다.
4. 상기 복합금융상품이 전환사채이며 액면발행되었다고 가정하자. 20×2. 1. 1 전환사채 전부를 동 일자의 공정가치인 **₩1,000,000**에 조기상환하였다. 조기상환일 현재 일반사채의 시장수익률은 연 6%이다. 20×2. 1. 1에 수행할 회계처리를 제시하라.

공인회계사 기출문제 응용(2020년 이후)

1. 상환우선주의 이자비용 (2021년 CPA 1차)

(주)대한은 20×1. 1. 1에 상환우선주 200주(1주당 액면금액 ₩500)를 공정가치로 발행하였다. 동 상환우선주와 관련된 자료는 다음과 같다.

- (주)대한은 상환우선주를 20×2. 12. 31에 1주당 ₩600에 의무적으로 상환해야 한다.
- 상환우선주의 배당률은 액면금액기준 연 3%이며, 배당은 매년말에 지급한다. 배당이 지급되지 않는 경우에는 상환금액에 가산하여 지급한다.
- 20×1. 1. 1 현재 상환우선주에 적용되는 유효이자율은 연 6%이며, 그 현가계수는 아래 표와 같다.

할인율 / 기간	6%	
	단일금액 ₩1의 현재가치	정상연금 ₩1의 현재가치
2년	0.8900	1.8334

- 20×1년말에 (주)대한은 동 상환우선주의 보유자에게 배당을 결의하고 지급하였다.

(주)대한이 동 상환우선주와 관련하여 20×1년 포괄손익계산서상 이자비용으로 인식해야 할 금액은 얼마인가? 단, 단수차이로 인해 오차가 있다면 가장 근사치를 선택한다.

2. 전환사채 : 조기상환 (2020년 CPA 1차)

(주)대한은 20×1. 1. 1 다음과 같은 상환할증금 미지급조건의 전환사채를 액면발행하였다.

- 액면금액 : ₩3,000,000
- 표시이자율 : 연 10%(매년 12월 31일에 지급)
- 일반사채 유효이자율 : 연 12%
- 상환만기일 : 20×3. 12. 31
- 전환가격 : 사채액면 ₩1,000당 보통주 3주(주당 액면금액 ₩200)로 전환
- 전환청구기간 : 사채발행일 이후 1개월 경과일로부터 상환만기일 30일 이전까지

(주)대한은 20×2. 1. 1에 전환사채 전부를 동 일자의 공정가치인 ₩3,100,000에 현금으로 조기상환하였다. 만약 조기상환일 현재 (주)대한이 표시이자율 연 10%로 매년말에 이자를 지급하는 2년 만기 일반사채를 발행한다면, 이 사채에 적용될 유효이자율은 연 15%이다. (주)대한의 조기상환에 관한 회계처리를 하라. 단, 단수차이로 인해 오차가 있다면 가장 근사치를 선택한다.

할인율 / 기 간	단일금액 ₩1의 현재가치			정상연금 ₩1의 현재가치		
	10%	12%	15%	10%	12%	15%
1년	0.9091	0.8929	0.8696	0.9091	0.8929	0.8696
2년	0.8264	0.7972	0.7561	1.7355	1.6901	1.6257
3년	0.7513	0.7118	0.6575	2.4868	2.4019	2.2832

3. 전환사채의 전환과 조기상환

(2022년 CPA 1차)

(주)대한은 20×1. 1. 1 액면금액 ₩1,000,000의 전환사채를 다음과 같은 조건으로 액면발행하였다.

- 표시이자율 : 연 4%
- 일반사채 시장이자율 : 연 8%
- 이자지급일 : 매년말
- 만기일 : 20×3. 12. 31
- 전환조건 : 사채액면금액 ₩5,000당 1주의 보통주(1주당 액면금액 ₩3,000)로 전환되며, 후속적으로 변경되지 않는다.
- 만기일까지 전환권을 행사하지 않으면 만기일에 액면금액의 108.6%를 지급

적용할 현가계수는 아래의 표와 같다.

기 간 \ 할인율	단일금액 ₩1의 현재가치			정상연금 ₩1의 현재가치		
	4%	8%	10%	4%	8%	10%
1년	0.9615	0.9259	0.9091	0.9615	0.9259	0.9091
2년	0.9246	0.8573	0.8264	1.8861	1.7832	1.7355
3년	0.8890	0.7938	0.7513	2.7751	2.5770	2.4868

요구사항

1. 20×2. 1. 1 위 전환사채의 액면금액 40%가 전환되었을 때, (주)대한의 회계처리를 하라.
2. (주)대한은 전환되지 않고 남아 있는 전환사채를 모두 20×3. 1. 1 조기상환하였다. 조기상환시 전환사채의 공정가치는 ₩650,000이며, 일반사채의 시장이자율은 연 10%이다. (주)대한의 조기상환이 당기순이익에 미치는 영향은 얼마인가?

4. 전환사채와 신주인수권부사채

(2022년 CPA 2차)

다음의 (주)대한의 자료를 이용하여 요구사항에 답하라.

(1) (주)대한은 20×1. 1. 1 복합금융상품을 발행하였으며, 발행조건은 다음과 같다.
- 액면금액 : ₩1,000,000
- 만기상환일 : 20×3. 12. 31
- 표시이자율 : 연 4%
- 이자지급일 : 매년 12월 31일(연 1회)
- 보장수익률 : 연 5%
- 사채발행일 현재 동일 조건의 신주인수권(전환권)이 없는 일반사채 시장수익률 : 연 6%
- 신주인수권 행사(전환)가격 : 사채액면 ₩10,000당 1주의 보통주
- 보통주 액면금액 : 1주당 ₩5,000

(2) (주)대한은 주식발행금액 중 주식의 액면금액은 '자본금'으로, 액면금액을 초과하는 부분은 '주식발행초과금'으로 표시한다.
(3) (주)대한은 신주인수권(전환권)이 행사될 때 신주인수권대가(전환권대가)를 주식의 발행금액으로 대체한다.
(4) 동 복합금융상품과 관련하여 이자계산시 월할계산한다. 현재가치 계산시 아래의 현가계수를 이용한다.

기 간	단일금액 ₩1의 현가계수			정상연금 ₩1의 현가계수		
	4%	5%	6%	4%	5%	6%
1	0.9615	0.9524	0.9434	0.9615	0.9524	0.9434
2	0.9246	0.9070	0.8900	1.8861	1.8594	1.8334
3	0.8890	0.8638	0.8396	2.7751	2.7232	2.6730

요구사항

다음의 요구사항은 각각 독립적이다.

1. 상기 복합금융상품이 전환사채이며 액면발행되었다고 가정한다. 20×2. 1. 1 전환사채 액면금액의 40%가 전환청구되었으며, 이에 따라 (주)대한은 자사의 보통주를 발행하였다. 전환권을 청구하기 직전 재무상태표상 자산총계는 ₩15,000,000이며, 부채총계는 ₩5,000,000이다. 전환 직후 (주)대한의 부채비율을 계산하라. 단, 부채비율(%)은 [(부채총계/자본총계)×100]을 사용하며, 계산 결과는 소수점 둘째자리에서 반올림한다(예 : 55.67%는 55.7%로 계산).
2. 상기 복합금융상품이 전환사채이며 발행금액은 ₩985,000이라고 가정한다. 20×2. 1. 1 60%의 전환권이 행사되어 보통주가 발행되었다고 할 때 ① 전환권 행사시 주식발행초과금 증가분과 ② 전환권 행사 직후 전환사채의 장부금액을 계산하라.
3. 상기 복합금융상품이 비분리형 신주인수권부사채이며 액면발행되었다고 가정할 때 다음의 물음에 답하라.
   (물음 1) 20×2. 4. 1 80%의 신주인수권이 행사되어 보통주가 발행되었고, 행사금액은 사채액면금액의 100%이다. 신주인수권 행사시 주식발행초과금 증가분과 신주인수권 행사 직후 신주인수권부사채의 장부금액을 계산하라.
   (물음 2) (주)대한의 20×2년도 포괄손익계산서에 인식될 이자비용을 계산하라.
4. 상기 복합금융상품은 전환사채이며 액면발행되었다고 가정한다. (주)대한은 전환사채의 조기전환을 유도하고자 20×3. 7. 1에 사채 액면금액 ₩10,000당 보통주 1.2주로 전환하는 것으로 조건을 변경하였다. 조건변경일 현재 (주)대한의 보통주 1주당 공정가치는 ₩7,000이다. (주)대한의 전환사채 관련 전환조건 변경거래가 20×3년도 포괄손익계산서상 당기순이익에 미치는 영향을 계산하라. 단, 당기순이익이 감소하는 경우 금액 앞에 (−)를 표시한다.

5. 신주인수권부사채

(2020년 CPA 2차)

(주)대한은 20×1. 1. 1 다음과 같은 복합금융상품을 발행하였다.

(1) 발행조건은 다음과 같다.
- 액면금액 : ₩1,000,000
- 만기상환일 : 20×4. 12. 31
- 표시이자율 : 연 2%
- 이자지급일 : 매년 12월 31일(연 1회)
- 보장수익률 : 연 4%
- 사채발행일 현재 동일 조건의 신주인수권(전환권)이 없는 일반사채 시장수익률 : 연 5%
- 행사(전환)가격 : 사채액면 ₩10,000당 1주의 보통주
- 보통주 액면금액 : 1주당 ₩5,000

(2) (주)대한은 주식발행가액 중 주식의 액면금액은 '자본금'으로, 액면금액을 초과하는 부분은 '주식발행초과금'으로 표시한다.
(3) (주)대한은 신주인수권(전환권)이 행사될 때 신주인수권대가(전환권대가)를 주식의 발행가액으로 대체한다.
(4) 현재가치 계산시 아래의 현가계수를 이용하고, 답안 작성시 원 이하는 반올림한다.

기 간	단일금액 ₩1의 현가계수					
	1%	2%	3%	4%	5%	6%
1	0.9901	0.9804	0.9709	0.9615	0.9524	0.9434
2	0.9803	0.9612	0.9426	0.9246	0.9070	0.8900
3	0.9706	0.9423	0.9151	0.8890	0.8638	0.8396
4	0.9610	0.9238	0.8885	0.8548	0.8227	0.7921

기 간	정상연금 ₩1의 현가계수					
	1%	2%	3%	4%	5%	6%
1	0.9901	0.9804	0.9709	0.9615	0.9524	0.9434
2	1.9704	1.9416	1.9135	1.8861	1.8594	1.8334
3	2.9410	2.8839	2.8286	2.7751	2.7232	2.6730
4	3.9020	3.8077	3.7171	3.6299	3.5459	3.4651

요구사항

상기 복합금융상품이 비분리형 신주인수권부사채이며 액면발행되었다고 가정할 때 요구사항에 답하라. 다음의 각 요구사항은 독립적이다.

1. (주)대한의 20×1년도 포괄손익계산서에 인식될 이자비용을 계산하라.
2. 20×2. 7. 1 50%의 신주인수권이 행사되어 보통주가 발행되었고, 행사비율은 사채액면금액의 100%이다. ① 신주인수권 행사시 주식발행초과금 증가분, ② 신주인수권 행사 직후 신주인수권부사채의 장부금액, ③ 20×2년 이자비용을 계산하라.

CHAPTER

16 종업원급여

퇴직급여제도에는 확정기여제도와 확정급여제도가 있다. 확정기여제도는 기업이 별개의 실체인 퇴직기금에 매기 고정된 기여금을 납부하는 퇴직급여제도이므로 회계처리가 단순하다. 하지만 확정급여제도에서는 기업이 퇴직급여와 관련된 기금의 운용에 대한 책임을 지기 때문에 회계처리가 복잡하고, 퇴직급여부채를 계산하는 과정도 복잡하다.

사례 **현대자동차 – 확정급여제도**

[퇴직급여제도의 2021년말 연결재무제표 주석내용]

확정기여형 퇴직급여제도에 대한 기여금은 종업원이 이에 대하여 지급받을 자격이 있는 용역을 제공한 때 비용으로 인식하고 있습니다.

확정급여형 퇴직급여제도와 관련하여 연결재무상태표에 계상된 부채는 보고기간종료일 현재 확정급여채무의 현재가치에 사외적립자산의 공정가치를 차감한 금액입니다. 확정급여채무는 매년 보험계리인에 의해 예측단위 적립방식에 따라 산정됩니다.

확정급여채무의 현재가치는 관련 퇴직급여채무의 지급시점과 만기가 유사한 우량회사채의 시장수익률로 기대 미래현금유출액을 할인하여 산정하고 있습니다. 그러나 그러한 회사채에 대해 거래층이 두터운 시장이 없는 경우에는 보고기간종료일 현재 국공채의 시장수익률을 사용합니다.

보험수리적 가정의 변경 및 보험수리적 가정과 실제로 발생한 결과의 차이로 인해 발생하는 보험수리적손익과 사외적립자산의 수익(순확정급여부채(자산)의 순이자에 포함된 금액 제외) 및 자산인식상한효과의 변동으로 구성된 순확정급여부채의 재측정요소는 재측정요소가 발생한 기간의 연결포괄손익계산서에 기타포괄손익으로 인식하고 있으며, 기타포괄손익으로 인식한 재측정요소는 즉시 이익잉여금으로 인식하고 그 후의 기간에 당기손익으로 재분류하지 않습니다. 과거근무원가는 제도변경이 발생한 기간에 즉시 손익에 반영하고, 순이자는 기초시점에 순확정급여부채(자산)에 대한 할인율을 적용하여 산출하고 있습니다. 확정급여원가의 구성요소는 근무원가(당기근무원가와 과거근무원가 및 정산으로 인한 손익)와 순이자비용(수익) 및 재측정요소로 구성되어 있습니다. (이하 생략)

2021년말 및 2020년말 현재 확정급여형 퇴직급여제도와 관련하여 연결재무상태표에 인식된 금액은 다음과 같습니다. (단위 : 백만원)

구 분	2021년말	2020년말
확정급여채무의 현재가치	6,580,593	6,490,583
사외적립자산의 공정가치	(6,721,149)	(6,253,299)
계	(140,556)	237,284
순확정급여부채	79,165	247,566
순확정급여자산	(219,721)	(10,282)

2021년중 순확정급여자산 및 부채의 변동내역은 다음과 같습니다. (단위 : 백만원)

구 분	확정급여채무 현재가치	사외적립자산	합 계
기 초	6,490,583	(6,253,299)	237,284
당기근무원가	598,231	–	598,231
이자비용(이자수익)	140,222	(139,588)	634
과거근무원가	221	–	221
소 계	7,229,257	(6,392,887)	836,370
재측정요소 :			
사외적립자산의 손익	–	(1,247)	(1,247)
인구통계적 가정의 변동에서 발생하는 보험수리적손익	2,573	–	2,573
재무적 가정의 변동에서 발생하는 보험수리적손익	(259,343)	–	(259,343)
경험조정으로 인해 발생한 보험수리적손익 및 기타	17,719	–	17,719
소 계	(239,051)	(1,247)	(240,298)
기 여 금	–	(689,687)	(689,687)
지 급 액	(447,857)	367,927	(79,930)
관계사 전(출)입	2,721	(1,605)	1,116
환율차이로 인한 변동 및 기타	35,523	(3,650)	31,873
기 말	6,580,593	(6,721,149)	(140,556)

제1절 종업원급여

1 종업원급여의 의의 및 분류

기업의 총비용 중에서 종업원급여의 비중이 매우 크다. 따라서 이를 적절히 회계처리하는 것이 중요하다. 종업원급여(employee benefits)는 종업원이 제공한 근무용역과 교환하여 기업이 제공하는 모든 종류의 대가로서, 공식적인 제도나 협약 또는 법률에 의해 종업원에게 지급하는 급여뿐만 아니라 의제의무를 발생시키는 비공식적 관행에 따라 제공하는 급여도 포함된다.[1] [그림 16-1]에서 종업원급여를 요약하고 있다.

▶ **그림 16-1**
종업원급여

- 근무대가로 지급
  - 현직종업원급여
    - **단기종업원급여**: 임금, 상여금, 사회보장분담금, 단기유급휴가 등
    - **기타장기종업원급여**: 장기근속휴가, 안식년휴가 등
  - **퇴직급여**: 퇴직연금, 퇴직후의료보험 등
- 해고대가로 지급 - **해고급여**

2 현직종업원에 대한 급여 1019:9-18

(1) 단기종업원급여

단기종업원급여(short-term employee benefits)는 해고급여를 제외하고 종업원이 관련 근무용역을 제공하는 회계기간의 말부터 12개월 이내에 지급기일이 도래하는 종업원급여를 말한다. 단기종업원급여의 회계처리는 채무나 원가를 측정하는 데 보험수리적 가정이 필요하지 않아 이와 관련된 손익이 발생하지 않기 때문에 일반적으로 단순하다. 또한 단기종업원급여채무는 할인하지 않은 금액으로 측정한다.

단기종업원급여에는 다음 급여를 포함한다.

① 임금, 사회보장분담금(예를 들면, 국민연금 등)
② 회계기간말부터 12개월 이내에 사용될 것으로 예상되는 유급연차휴가 또는

1) 종업원급여의 회계처리는 K-IFRS 제1019호(종업원급여)에 규정되어 있다.

유급병가 등과 같은 단기유급휴가
③ 회계기간말부터 12개월 이내에 지급될 이익분배금과 상여금
④ 비화폐성급여(예를 들면, 의료, 주택, 무상 또는 일부 보조로 제공되는 재화나 용역)

종업원의 근무용역과 교환하여 발생하는 모든 단기종업원급여는 종업원으로부터 근무용역을 제공받았을 때 다음과 같이 인식한다.

① 이미 지급한 금액을 차감한 후 나머지는 부채(미지급비용)로 인식한다. 그러나 이미 지급한 금액이 많아서 그 초과액 때문에 미래 지급액이 감소하거나 현금이 환급되는 경우에는 그 금액만큼을 자산(선급비용)으로 인식한다.
② 해당 급여를 자산의 원가에 포함하는 경우(예를 들면, 재고자산의 취득원가로 계상함)를 제외하고는 비용으로 인식한다.

단기종업원급여 중에서 단기유급휴가와 이익분배제도를 좀더 상세하게 살펴보도록 하자.

1) 단기유급휴가

기업은 연차휴가, 병가, 단기장애휴가, 출산·육아휴가, 병역 등과 같은 여러 가지 이유로 생기는 종업원의 휴가에 대하여 보상할 수 있다. 이러한 유급휴가는 누적유급휴가와 비누적유급휴가로 구분한다.

누적유급휴가는 당기에 사용되지 않으면 이월되어 차기 이후에 사용되는 유급휴가를 말한다. 이러한 누적유급휴가는 가득될(종업원이 퇴사할 때 미사용유급휴가에 상응하는 현금을 수령할 수 있는 자격이 있음) 수도 있고, 가득되지 않을(종업원이 퇴사할 때 미사용유급휴가에 상응하는 현금을 수령할 수 있는 자격이 없음) 수도 있다. 어느 경우이든 기업은 종업원이 미래 유급휴가에 대한 자격을 증가시키는 근무용역을 제공한 때 채무를 인식한다. 이는 유급휴가가 아직 가득되지 않은 경우에도 관련 채무는 존재하기 때문이다. 다만, 채무를 측정할 때에는 가득되지 않은 누적유급휴가를 사용하기 전에 종업원이 퇴사할 가능성을 고려한다. 채무로 기록되는 누적유급휴가의 예상원가는 보고기간말 현재 미사용유급휴가가 누적된 결과 기업이 앞으로 지급할 것으로 예상하는 금액으로 측정한다.

예제 16-1 단기유급휴가 – 누적유급휴가

서울(주)는 100명의 종업원에게 1년에 5일의 근무일수에 해당하는 유급휴가를 제공하고 있으며, 미사용유급휴가는 다음 1년 동안 이월하여 사용할 수 있다. 1년 이후에는 미사용유급휴가가 소멸된다. 유급휴가는 당해 연도에 부여된 권리가 먼저 사용된 다음 직전연도에서 이월된 권리가 사용되는 것으로 본다. 즉 후입선출원리를 적용한다. 과거의 경험에 비추어서 20×1. 12. 31 현재 추정한 결과 20×2년도중에 종업원 92명이 사용할 유급휴가일수는 5일 이하, 나머

지 8명이 사용할 유급휴가일수는 평균 6.5일이 될 것으로 예상된다. 20×1년말에 유급휴가와 관련된 회계처리를 하라. 단, 유급휴가 1일당 ₩1,000의 비용을 인식한다.

해답

92명의 유급휴가는 20×2년에 부여된 유급휴가를 사용할 것이므로 20×1년에 부여된 유급휴가는 사용하지 않고 소멸될 것이다. 그러나 8명은 평균 6.5일(1.5일을 초과)의 유급휴가를 사용하므로 20×1. 12. 31 현재 누적된 미사용유급휴가로 인해 추가로 12일(=1.5일×8명)분의 휴가급여를 지급해야 할 것으로 예상된다. 따라서 서울(주)는 이에 상응하는 부채를 인식해야 한다.

(차) 단기종업원급여	12,000	(대) 미지급급여	12,000*

* 12일의 유급휴가 비용=12일×₩1,000=₩12,000
(주의) 기중에 사용된 유급휴가는 급여에 포함되어 있기 때문에 추가로 인식해서는 안 된다.

비누적유급휴가는 이월되지 않으므로 당기에 사용되지 않은 유급휴가는 소멸된다. 이 경우에는 종업원이 실제로 휴가를 사용한 때에 급여를 인식한다. 종업원이 근무용역을 제공하더라도 관련 휴가를 가지 않는 한 휴가급여를 증가시키지 않기 때문에 종업원이 실제로 유급휴가를 사용하기 전에는 부채나 비용을 인식하지 않는다.

2) 이익분배제도 및 상여금제도

다음의 요건이 모두 충족되는 경우 이익분배금 및 상여금의 예상원가를 당기비용으로 인식한다.[2]

① 과거사건의 결과로 현재의 지급의무(법적 의무 또는 의제의무)가 발생한다.
② 채무금액을 신뢰성 있게 추정할 수 있다.[3]

기업이 별도의 상여금을 지급해야 할 법적 의무가 없는데도 관행적으로 상여금을 지급하는 경우가 있다. 이때에는 기업은 상여금 지급에 관한 의제의무를 부담하므로 비용을 인식해야 한다. 또한 기업은 종업원이 특정 기간 계속 근무하는 경우 이익을 분배할 수 있다. 이러한 제도에서는 종업원이 특정 시점까지 계속 근무할 경우 근무용역을 제공함에 따라 기업이 지급할 금액이 증가하므로 기업에 의제의무가 발생한다. 이러한 의제의무는 일부 종업원이 이익분배금을 받지 못하고 퇴사할 가능성을 고려하여 측정한다.

---

2) 이익분배제도 및 상여금제도에 따라 기업이 부담하는 의무는 종업원이 제공하는 근무용역에서 발생하는 것이며 주주와의 거래에서 발생하는 것이 아니다. 따라서 이에 관련된 원가는 이익분배가 아니라 당기비용으로 인식한다.
3) 이익분배제도 및 상여금제도에 따라 기업이 부담하는 법적 의무나 의제의무는 다음 중 하나를 충족할 때 신뢰성 있게 측정할 수 있다.
① 제도의 공식적 규약에 급여산정식이 명시되어 있다.
② 재무제표의 발행이 승인되기 전에 지급액이 결정된다.
③ 과거 관행에 비추어 볼 때 기업이 부담하는 의제의무의 금액을 명백히 결정할 수 있다.

예제 16-2 이익분배제도

부산(주)는 회계연도 당기순이익의 일정부분을 해당 회계연도에 근무한 종업원에게 지급하는 이익분배제도를 두고 있다. 해당 회계연도에 퇴사자가 없다고 가정하면 이익분배금 총액은 이익분배금 지급전 당기순이익의 3%가 된다. 그러나 일부 종업원의 퇴사를 고려할 때 실제로 지급할 이익분배금 총액은 당기순이익의 2.5%로 감소할 것으로 예상한다. 이익분배금 지급전 당기순이익은 ₩1,000,000이다.

해답

부산(주)는 당기순이익의 2.5%에 상당하는 금액을 부채와 비용으로 인식한다.

(차) 단기종업원급여	25,000*	(대) 미지급급여	25,000

* ₩1,000,000 × 2.5% = ₩25,000

(2) 기타장기종업원급여

기타장기종업원급여(other long-term employee benefits)는 급여의 지급기일이 종업원이 관련 근무용역을 제공한 회계기간말부터 12개월 이내에 도래하지 않는 종업원급여인데, 다음과 같은 급여가 포함된다.

① 장기근속휴가나 안식년휴가와 같은 장기유급휴가
② 그 밖의 장기근속급여
③ 장기장애급여
④ 종업원이 관련 근무용역을 제공한 회계기간말부터 12개월이 지난 후에 지급될 이익분배금과 상여금
⑤ 발생한 회계기간말부터 12개월이 지난 후에 지급될 이연보상

기타장기종업원급여에는 퇴직급여와 해고급여는 제외된다.

일반적으로 기타장기종업원급여를 측정할 때 나타나는 불확실성은 퇴직급여를 측정할 때 나타나는 불확실성에 비하여 작다. 또한 기타장기종업원급여를 새로 도입하거나 변경하더라도 중요한 수준의 과거근무원가가 발생하지 않는다. 따라서 기타장기종업원급여와 관련된 보험수리적손익과 과거근무원가는 발생한 회계기간에 비용으로 인식한다(보험수리적손익과 과거근무원가는 제2절에서 상세하게 설명한다).[4)]

---

4) 장기장애급여도 기타장기종업원급여에 속한다. 만약 장기장애급여액이 근무기간에 좌우된다면, 관련 근무용역이 제공될 때 채무가 발생한다. 이러한 채무는 장기장애급여 지급사유가 발생할 가능성과 예상되는 급여지급기간을 반영하여 측정해야 한다.

3 해고급여

해고급여(termination benefits)란 통상적인 퇴직시점 이전에 종업원을 해고하는 대가로 기업이 제안한 급여를 종업원이 수락함으로써 제공되는 급여를 말한다. 해고급여는 다른 종업원급여와 구별하여 규정하고 있다.

해고급여는 해고계획이 발표된 시점과 사업장 폐쇄와 관련된 구조조정원가를 인식하는 시점 중 이른 날에 인식한다.

예제 16-3 해고급여

대련(주)는 10개월 이내에 한 공장을 폐쇄하고, 폐쇄시점에 그 공장에 남아 있는 모든 종업원을 해고하는 계획을 발표하였다. 해고계획에 따르면 10개월이 되는 날인 공장폐쇄 시점까지 남아서 근무용역을 제공하는 각 종업원은 해고일에 ₩30,000을 지급받고, 공장폐쇄 전에 퇴사하는 종업원은 ₩10,000을 지급받는다.
폐쇄 예정 공장에는 120명의 종업원이 있다. 해고계획을 발표한 후 공장폐쇄 전에 전체 종업원 중 20명이 퇴사할 것으로 예상한다. 따라서 해고계획에 따라 예상되는 총현금유출액은 ₩3,200,000(=20명×₩10,000+100명×₩30,000)이다. 해고와 관련된 적절한 회계처리를 하라.

해답

해고급여와 단기종업원급여의 구분 : 해고에 대한 대가로 제공하는 급여를 해고급여로 처리하고, 근무용역에 대한 대가로 제공하는 급여를 단기종업원급여로 회계처리한다.

(1) 해고급여 : 종업원이 공장의 폐쇄시점까지 남아서 근무용역을 제공하거나 공장폐쇄 전에 퇴사하느냐에 상관없이 해고에 대한 대가로 기업이 모든 종업원에게 지급할 금액은 한 명당 ₩10,000이기 때문에 해고급여는 ₩10,000이다. 따라서 기업은 해고급여인 ₩1,200,000 (=120명×₩10,000)을 해고계획을 발표하는 날에 부채로 인식한다.

(차) 해 고 급 여*	1,200,000	(대) 해고급여부채	1,200,000

* 기업은 해고계획을 발표하는 시점과 공장폐쇄와 관련된 구조조정원가를 인식하는 시점 중 이른 날에 해고급여를 인식한다.

(2) 단기종업원급여 : 해당 종업원이 10개월 동안 근무용역을 제공한다면 10개월 동안의 근무용역에 대한 대가로 종업원이 수취할 증분급여는 단기종업원급여로 회계처리한다. 따라서 ₩200,000(=[₩30,000−₩10,000]×100명÷10개월)을 10개월의 근무용역제공기간에 매월 다음과 같이 비용으로 인식하며, 동 금액만큼 부채의 장부금액을 증가시킨다.

(차) 단기종업원급여	200,000	(대) 미지급급여	200,000

제 2 절 퇴직급여제도

1 퇴직급여제도의 성격

퇴직급여제도는 퇴직 후 종업원들의 생활안정을 도모할 목적으로, 퇴직급여의 지급에 대한 사회안전망을 제도적으로 보장하고자 고안된 제도이다. 나라마다 회사마다 차이가 있을 수 있으나 일시퇴직금지급제도, 퇴직연금제도 또는 양자 중 선택의 방식을 취하는 것이 일반적이다.

퇴직연금제도는 종업원들이 근무기간 동안에 제공한 용역에 대한 대가로 퇴직 후에 매기 일정한 퇴직연금을 받을 수 있도록 고용인인 회사와 종업원 사이에 체결한 약속이다. 퇴직연금제도가 원활히 운용되려면 퇴직 후 종업원이 퇴직연금을 받을 수 있도록 충분한 퇴직연금기금(pension fund)이 확보되어야 하고, 퇴직연금기금이 잘 운용될 수 있도록 조치를 취해야 한다. 따라서 회사는 퇴직연금기금에 정기적으로 기여금을 출연하고, 퇴직연금 지급을 위해서 출연된 자산을 잘 운용할 수 있는 신탁인(대부분 금융회사)을 선임하여 자산을 관리하는 것이 필수적이다. 퇴직연금기금 운영자는 회사와 독립된 실체로서 회사로부터 기여금을 받아서 퇴직연금기금(사외적립자산)을 관리하고, 퇴직종업원(연금수혜자)에게 퇴직연금을 지급하는 역할을 한다. 이와 같은 퇴직급여제도의 일반적인 운영방식을 요약하면 [그림 16-2]와 같다.

▶ 그림 16-2
퇴직연금제도의 작동방식

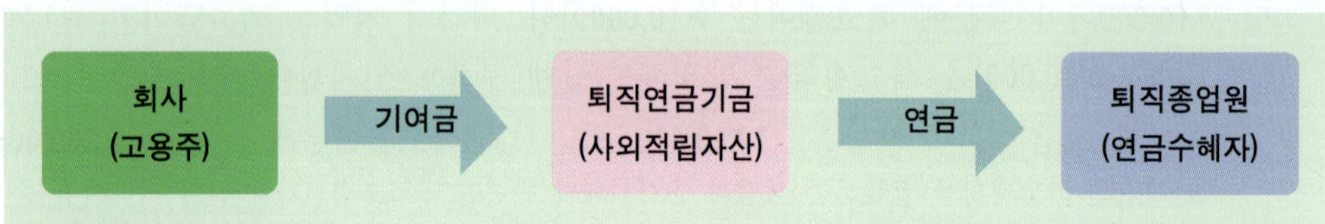

퇴직연금기금에 대한 기여금의 제공은 고용주인 회사가 전액 부담하는 것이 일반적이다. 그러나 때로는 종업원이나 제3자가 기여금을 일부 분담하기도 한다. 이와 같이 종업원이 기여금을 분담하는 퇴직연금제도를 기여형(contributory)이라고 부르며, 회사가 기여금 전액을 부담하는 퇴직연금제도를 비기여형(non-contributory)이라고 한다. 퇴직연금은 가장 중요한 사회보장제도로 간주하기 때문에 이를 장려하기 위해서 일부 국가에서는 연금기금이 얻은 수익에 대해 비과세혜택 등과 같은 세제상 혜택을 부여하기도 한다.

2 퇴직급여제도의 분류

퇴직급여제도는 제도의 주요 규약에서 도출되는 경제적 실질에 따라 확정기여제도와 확정급여제도로 구분한다.

확정기여제도(DC, defined contribution plan)는 기업이 자신과는 별개의 실체인 퇴직기금에 약정한 고정기여금을 납부하는 퇴직급여제도이다. 일반적으로 종업원은 연금기금의 운용방법에 대한 선택권을 부여받는다. 예를 들어 종업원은 자신의 퇴직기금 운용을 주식형이나 채권형 또는 이들의 혼합형 중에서 선택할 수 있다. 확정기여제도에서는 종업원이 자신이 선택한 퇴직연금 운영방법 및 운용결과에 대해서 책임을 진다. 그리고 이 제도에서는 퇴직기금이 종업원의 퇴직급여를 지급해야 하는 충분한 자산을 보유하지 못하더라도 기업이 추가로 기여금을 납부해야 하는 의무가 없다.

확정급여제도(DB, defined benefit plan)는 확정기여제도 이외의 모든 퇴직급여제도를 말하는데, 이 제도하에서는 종업원이 받을 퇴직급여의 규모와 내용이 기업과 사전에 약정된다. 그리고 기업이 퇴직급여와 관련된 기금의 운용을 책임지기 때문에 기금의 운용실적에 따라 기업이 부담해야 하는 기여금은 변하게 된다. 기금의 운용실적이 양호하면 기업의 기여금이 줄어들지만 운용실적이 저조하면 기여금이 증가한다.

기업은 상대적으로 퇴직급여에 대한 기업의 투자위험(기금을 재원으로 투자한 자산이 기대급여액을 지급하는 데 충분하지 못하게 될 위험)이나 보험수리적 위험(실제급여액이 기대급여액에 미치지 못할 위험)을 부담하지 않는 확정기여제도를 선호하고 있다. 확정기여제도가 회계처리도 간편하다.

두 퇴직급여제도의 특성을 비교하여 요약하면 〈표 16-1〉과 같다.

▶ 표 16-1
확정기여제도와 확정급여제도

	퇴직급여제도	
	확정기여제도	확정급여제도
원 리	기업이 퇴직기금에 약정한 금액을 납부함	기업이 종업원에게 약정한 퇴직급여를 지급할 의무를 가짐
기업의 기여금	• 사전 확정 • 종업원이 투자위험과 보험수리적 위험을 부담함	• 기금의 운용실적에 따라서 변동 • 기업이 투자위험과 보험수리적 위험을 부담함
종업원의 퇴직급여액	기금 운용실적에 따라 차이가 있음	기금 운용실적에 따라 차이가 없음
퇴직급여 충당부채	인식 안 함(당기비용처리)	인식함

퇴직급여는 종업원이 당기에 제공한 근무용역에 대해서 퇴직 후에 연금을 지급하는 제도이기 때문에 이연종업원급여라고 할 수 있다. 먼 미래에 지급할 퇴직연금은

많은 불확실성을 내포하기 때문에 퇴직급여를 계산하기 위하여 복잡하고 까다로운 보험수리적 계산을 필요로 한다. 이와 같은 역할을 전문적으로 하는 사람을 보험계리인이라고 한다. 회사는 보험계리인의 전문적인 도움을 받아 퇴직급여제도가 적절히 운영되도록 조치를 취하는 것이 일반적이다.

보험수리적 계산을 할 때에는 미래에 대한 많은 예측을 전제로 퇴직급여를 계산하게 되는데, 이러한 예측의 전제를 보험수리적 가정(actuarial assumptions)이라고 한다. 보험수리적 가정은 인구통계학적 가정과 재무적 가정으로 구분한다. 인구통계학적 가정(demographic assumptions)은 사망률, 종업원이직률 등과 같이 퇴직급여수혜자인 종업원이 미래에 얼마나 많은 금액의 퇴직연금을 어느 기간 정도 받을 것인지에 대한 계산을 위해 필요한 예측이다. 재무적 가정(financial assumptions)은 확정급여채무의 현재가치 계산을 위해 필요한 미래 임금수준, 할인율 등에 대한 예측이다.

3 확정급여제도의 회계처리

(1) 확정급여제도의 회계처리 개요

먼저 확정급여제도의 회계처리를 전체적으로 살펴보자. 재무상태표에 확정급여제도의 확정급여와 관련되어 표시되는 부채 또는 자산은 순확정급여부채(자산)(net defined benefit liabilities(assets))인데, 이는 〈표 16-2〉처럼 확정급여채무에서 사외적립자산을 차감해서 순액으로 측정한다.

▶ 표 16-2
순확정급여부채(자산)

순확정급여부채(자산)의 구성요소	계산방식
확정급여채무, 사외적립자산	확정급여채무(현재가치) −사외적립자산(공정가치) **순확정급여부채(자산)***

* 자산이 채무보다 작으면 과소적립액(부채)이라 하고, 그 반대의 경우를 초과적립액(자산)이라고 한다. 용어를 '순확정급여부채(자산)'라고도 하고 단순히 '확정급여부채(자산)'라고도 한다.

여기서 확정급여채무는 현재가치로 측정하고, 사외적립자산은 공정가치로 측정한다. 확정급여채무는 퇴직급여가 화폐성부채이기 때문에 현재가치로 측정하는데, 이는 실제로 공정가치와 동일한 개념이다. 따라서 확정급여채무와 사외적립자산은 모두 공정가치로 측정하는 것으로 이해하면 된다.

확정급여채무(defined benefit obligations)는 종업원이 퇴직한다면 지급해야 할 확정급여의무이다. 종업원은 퇴직 이후에 퇴직연금을 받을 수도 있고 퇴직시점에 일시금을 선택할 수 있다. 그러나 종업원이 언제 퇴직할지, 퇴직할 때까지의 임금상승률이 얼마일지, 몇 세까지 생존할지, 그동안 시장이자율은 얼마나 될지 알 수 없기 때문에 여러 가지 보험수리적 가정을 하고 이를 추정해서 확정급여채무를 산출한다.

사외적립자산(plan assets) 또는 연금기금(pension fund)이란 기업이 종업원의 퇴직급여를 지급하기 위해서 적립해 놓은 자산이다. 퇴직한 종업원에게 기업이 퇴직일시금을 지급하거나 퇴직연금을 계속 지급하기 위해서는 이를 지급할 수 있는 밑천이 되는 수익성 자산(현금, 주식, 채권, 부동산 등)을 마련해야 한다. 따라서 기업과는 별개로 이자, 배당금 또는 기타의 수익을 계속 창출할 수 있는 자산이 필요하다. 사외적립자산은 수익용 자산이 될 수도 있고 보험회사와 계약하여 회사와는 별개로 퇴직종업원에게 퇴직급여를 지급하게 하는 적격보험계약일 수도 있다. 적격보험계약(qualifying insurance contracts)이란 오직 확정급여를 지급하기 위하여 사용되며 회사의 채권자를 위하여 사용할 수 없는 보험계약을 말한다.

확정급여채무의 현재가치가 사외적립자산의 공정가치를 초과하는 경우를 과소적립액(underfunded)이라고 하고, 그 반대의 경우를 초과적립액(overfunded)이라고 한다. 따라서 과소적립액인 경우 재무상태표에 순확정급여부채가 보고되고, 초과적립액인 경우 순확정급여자산이 보고된다.

(2) 퇴직급여원가

퇴직급여채무는 퇴직급여를 지급했을 때 감소하고, 퇴직급여원가가 발생하면 증가한다. 퇴직급여원가는 매 회계기간에 종업원의 확정급여와 관련해서 계상하는 원가로서 〈표 16-3〉에서 보듯이 세 가지 요소로 구성되어 있다.

▶ 표 16-3 퇴직급여원가

구성요소	구성요소 및 계산방식	회계처리
근무원가	당기근무원가, 과거근무원가, 정산손익	당기손익
순확정급여부채(자산)의 순이자원가	(확정급여채무 − 사외적립자산) × 할인율	당기손익
재측정요소	보험수리적손익, 사외적립자산의 수익(이자제외), 자산인식상한효과의 변동(이자제외)	기타포괄손익

퇴직급여원가의 구성요소에 대해 좀 더 상세히 살펴보기로 하자.

① 근무원가(service costs) : 근무원가는 당기근무원가, 과거근무원가 및 정산손익으로 구성된다. 근무원가는 당기손익으로 처리한다.

- 당기근무원가(current service costs) : 당기에 종업원이 근무용역을 제공함에 따라 발생하는 확정급여채무의 현재가치 증가액을 말하여, 이는 퇴직급여원가와 확정급여채무를 증가시킨다.
- 과거근무원가(past service costs) : 제도개정(확정급여제도의 도입, 철회 또는 변

경) 또는 축소로 인해 종업원의 과거기간 근무용역에 대한 확정급여채무의 현재가치가 변동(증가 또는 감소)하는 것을 말한다.[5)]

- **정산**(settlements)**손익**: 확정급여제도에 따른 급여(일부 또는 전부)에 대한 의무(법적 의무 또는 의제의무)를 기업이 더 이상 부담하지 않기로 한 거래에서 발생한 손익을 말한다. 보험계약을 통하여 확정급여채무를 보험회사에 이전시키는 것이 정산의 예이다.

② 순이자원가(net interest cost): 순이자원가는 기초 순확정급여부채(자산)에 할인율을 곱하여 측정하는데, 원칙적으로 우량사채의 시장수익률을 할인율로 사용해야 한다. 할인율은 연차보고기간초에 결정되며, 순확정급여부채(자산)는 기여금납부와 급여지급으로 감소하기 때문에 그 변동을 감안해야 한다. 또한 순확정급여부채(자산)는 확정급여채무의 현재가치와 사외적립자산의 공정가치의 차이이기 때문에 순이자원가는 확정급여채무에 대한 이자원가와 사외적립자산의 이자수익의 차이를 나타낸다. 순이자원가는 당기손익으로 회계처리한다.

③ 재측정요소(remeasurements): 재측정요소는 재측정손익이라고도 불리는데, 이는 확정급여채무의 보험수리적손익, 사외적립자산의 수익(순이자원가 계산에 포함된 이자수익 제외)과 자산인식상한효과로 구성된다. 재측정손익은 기타포괄손익으로 회계처리하고, 이후 당기손익으로 재분류할 수 없다. 하지만 기타포괄손익으로 인식된 재측정손익은 자본 내에 다른 항목으로는(예를 들면, 이익잉여금) 대체할 수 있다. 재측정요소에 대한 내용 및 회계처리는 뒤의 (6)에서 상술한다.

(3) 확정급여채무의 회계처리

확정급여채무와 관련된 요소는 근무원가(당기근무원가, 과거근무원가), 이자원가 및 재측정요소의 세 가지이다. 이들의 개념과 회계처리에 대해 살펴보자.

1) 당기근무원가와 이자원가

확정급여채무(defined benefit obligation)는 종업원이 당기와 그 이전의 기간 동안 근무용역을 제공함에 따라 기업이 앞으로 부담하는 예상 채무의 현재가치이다. 확정급여채무는 당기근무원가의 반영으로 증가한다. 당기근무원가(current service costs)란 당기에 종업원이 근무용역을 제공함에 따라서 증가하는 미래퇴직급여액 중에서 당해 연도에 귀속되는 금액으로서, 확정급여채무의 현재가치 증가액이다. 현재가치 계산에 사용되는 할인

5) 축소란 확정급여제도의 대상이 되는 종업원이 유의적으로 감소한 것을 말한다. 예컨대, 공장폐쇄, 영업중단 및 확정급여제도의 종료나 중단과 같은 사건에서 비롯될 수 있다. 축소는 흔히 구조조정과 관련되어 발생하는데, 이 경우 확정급여의 축소는 당해 구조조정 시점에 인식한다.

▶ 그림 16-3
확정급여채무의 측정방법

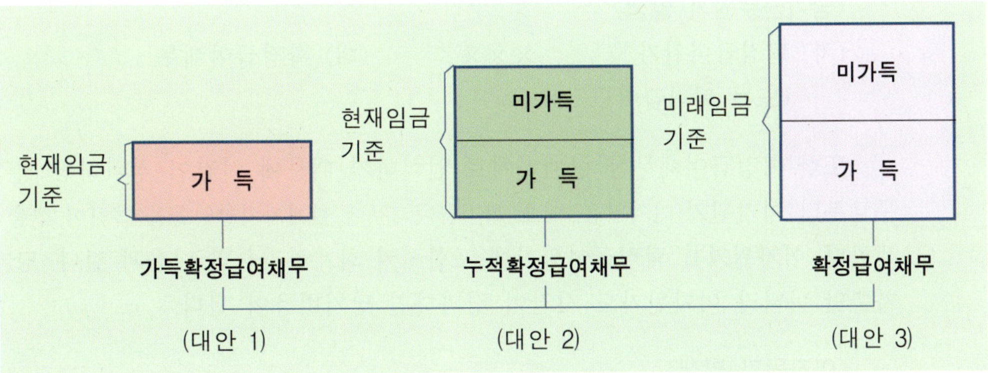

율은 보고기간초의 우량회사채 시장이자율을 참조하여 결정한다.[6] 당기근무원가는 당기비용으로 인식한다. 퇴직급여원가라는 계정과목 대신 '퇴직급여'라는 비용 계정과목도 자주 사용한다.

일반적으로 예측단위적립법(projected unit credit)[7]이라는 보험수리적 평가기법(actuarial valuation method)을 이용하여 당기근무원가를 측정한다. 예측(projected)이라는 의미는 현재 임금 대신 퇴직전 최종임금을 예측한다는 것을 의미하며, 당기근무원가는 예측된 최종임금을 기반으로 계산한다. 이를 이해하기 위해서는 확정급여채무의 측정대안([그림 16-3]을 참조)을 검토할 필요가 있다.

① 가득확정급여채무(vested benefit obligation) : 종업원의 추가적인 근무조건이 없이 이미 획득된 채무로서, 현재 임금수준을 이용하여 확정급여채무를 측정한 것이다.

② 누적확정급여채무(accumulated benefit obligation) : 가득된(이미 발생한) 확정급여와 함께 미가득된(앞으로 발생할) 확정급여채무를 누적시킨 채무로서, 가득확정급여채무와 같이 현재 임금수준을 이용하여 퇴직급여를 측정한 것이다.

③ 예측단위적립법을 적용하여 측정한 확정급여채무는 가득 및 미가득된 퇴직급여채무를 미래 임금수준(퇴직 전 최종임금수준)을 예측하여 확정급여를 측정한 것이다. 따라서 미래임금과 현재임금의 차이만큼 확정급여채무가 증가한다.

[그림 16-3] (대안 3)의 예측단위적립법에서는 종업원이 제공한 근무용역과 근무기간을 고려하여 근로자에 대한 확정급여 지급의무가 매 근무기간마다 추가적으로 발생한다고 보고 확정급여채무와 당기근무원가를 산출한다. 당기근무원가가 계산되면 다음과 같이 회계처리한다.

---

6) 당기근무원가는 여러 가지 보험수리적 가정을 근거로 복잡한 계산과정을 거쳐서 결정되므로 주로 보험계리인들이 계산하고 회계담당자는 이렇게 결정된 금액을 기초로 회계처리한다.
만약 우량사채에 대한 발달된 시장(deep market)이 없는 경우에는 보고기간초 현재 국공채의 시장수익률을 사용한다. 그러한 회사채나 국공채의 통화 및 만기는 확정급여채무의 통화 및 예상지급시기와 일관성이 있어야 한다.
7) 예측단위적립법은 근무기간비례퇴직급여계산법(accrued benefit method prorated on service) 또는 퇴직급여/근무연수법(benefit/years of service method)이라고 불리기도 한다.

〈당기근무원가 발생〉

(차) 퇴직급여원가 ××× (대) 확정급여채무 ×××
(또는 퇴직급여)

또한 확정급여채무를 현재가치로 인식하기 때문에 시간이 경과하면 확정급여채무로부터 이자원가(이자비용, 기초 확정급여채무에 현재가치할인율을 곱하여 산출함)가 발생한다. 이자원가를 퇴직급여원가에 포함시켜 회계처리하면 다음과 같다. 당기근무원가뿐만 아니라 이자원가도 시간이 경과하면 당기비용이 된다.

〈이자원가 발생〉

(차) 퇴직급여원가 ××× (대) 확정급여채무 ×××
(이자비용)

예제 16-4 예측단위적립법에 의한 확정급여채무 1019:68

한솔(주)는 종업원이 퇴직한 시점에 일시불로 퇴직금을 지급하고 있다. 일시 퇴직금은 종업원의 퇴직전 최종임금의 2%에 근무연수를 곱하여 산정된다. 종업원의 연간급여는 1차년도에 ₩10,000이며 향후 매년 5%(복리)씩 상승하는 것으로 가정한다. 또 연간할인율은 8%라고 가정한다. 보험수리적 가정에 변화가 없다고 할 때 5차년도말에 퇴직하는 종업원과 관련하여 각 연도말 확정급여채무를 계산하고, 1차년도말과 2차년도말에 필요한 회계처리를 하라.

해답

(단위 : ₩)

	1년	2년	3년	4년	5년
귀속급여					
과거연도	–	243	486	729	972
당해 연도(퇴직전 최종임금의 2%)	243#	243	243	243	243
합 계	243	486	729	972	1,215
기초 확정급여채무[1)]	–	179	386	625	900
이자원가(=기초 확정급여채무×8%)	–	14##	31	50	72
당기근무원가[2)]	179*	193**	208	225	243
기말 확정급여채무[3)]	179	386	625	900	1,215

5차년도말(기말 현재 4년후)의 최종임금 : ₩10,000 × $(1.05)^4$ = ₩12,155
5차년도말 퇴직전 최종임금의 2% : ₩12,155 × 2% = ₩243
* 1차년도말에 인식할 4년후 당기근무원가의 현재가치 : ₩243 × $(1+0.08)^{-4}$ = ₩179
** 2차년도말에 인식할 3년후 당기근무원가의 현재가치 : ₩243 × $(1+0.08)^{-3}$ = ₩193
₩179(기초 확정급여채무) × 8% = ₩14

(주) 1) 기초 확정급여채무는 과거연도에 귀속되는 급여의 현재가치를 말한다.
2) 당기근무원가는 당해 연도에 귀속되는 급여의 현재가치를 말한다.
3) 기말 확정급여채무는 당해 연도와 과거연도에 귀속되는 누적확정급여채무의 현재가치를 말한다. 이에 따라 확정급여채무는 퇴직급여를 지급받을 때까지 남은 기간의 현재가치에 근무연수를 곱한 금액이 된다. 예컨대 2차년도에는 ₩193(현재가치) × 2년(근무연수) = ₩386이고, 5차년도에는 ₩243(현재가치) × 5년(근무연수) = ₩1,215이 된다.

1차년도와 2차년도의 퇴직급여에 대한 분개를 하면 다음과 같다.

〈1차년도말〉

(차) 퇴직급여원가(당기근무원가) 179* (대) 확정급여채무 179

* 4년 후에 지급할 당기근무원가의 현재가치(₩243 × $(1+0.08)^{-4}$ = ₩179)

〈2차년도말〉

(차) 퇴직급여원가(이자비용) 14* (대) 확정급여채무 14

* 기초 확정급여채무의 이자원가(₩179 × 0.08 = ₩14)

(차) 퇴직급여원가(당기근무원가) 193 (대) 확정급여채무 193

* 3년 후에 지급할 당기근무원가의 현재가치(₩243 × $(1+0.08)^{-3}$ = ₩193)

기업은 확정급여제도에 따라 확정급여채무와 근무원가를 산정함에 있어서 종업원들의 근무기간에 걸쳐 퇴직급여를 합리적으로 배분해야 한다. 예를 들어, 어떤 경우에는 근무한 후 몇 년이 초과되어야 퇴직급여를 받을 수 있는 계약을 할 수도 있고, 근무기간이 특정한 연수를 초과한 후 일시불퇴직급여를 지급하고 그 이후에는 퇴직급여를 지급하지 않는 경우도 있다. 또한 종업원의 근무기간 후반에 귀속되는 퇴직급여수준이 근무기간 초반보다 중요하게 높은 경우도 있다. 그러나 퇴직급여는 정액법에 따라 배분하는 것이 합리적이다.

정액법에 따라 퇴직급여를 배분하는 기간은 종업원이 퇴직급여를 받을 자격을 처음 획득한 날부터 종업원이 추가로 근무용역을 제공하더라도 퇴직급여가 더 이상 중요하게 증가하지 않게 되는 날까지로 한다.

2) 과거근무원가 1019:102-106

과거근무원가(past service costs)는 확정급여제도를 **개정**(도입, 철회 또는 변경)한 경우에 종업원의 과거기간 근무용역에 대한 확정급여채무의 현재가치가 증가(또는 감소)하는 것을 말한다. 당기근무원가는 항상 정(+)의 금액만 가지지만, 과거근무원가는 정(+)의 금액 또는 부(−)의 금액이 될 수 있다. 과거근무원가는 확정급여제도가 개정된 연도의 당기손익으로 전액 인식한다.

예제 16-5 과거근무원가

한솔(주)는 종업원의 각 근무기간에 대하여 퇴직 전 최종임금의 2%에 해당하는 연금을 제공하는 연금제도를 갖고 있었다. 그러나 20×5. 1. 1자로 20×1. 1. 1 이후 근무기간에 대하여 최종임금의 2.5%에 해당하는 연금을 지급하기로 제도를 개정하였다. 제도개정으로 인해 한솔(주)의 확정급여채무의 현재가치가 ₩540 증가하였다. 한솔(주)의 퇴직급여변경에 따라 20×5년에 필요한 회계처리를 하라.

➥계속

해답

20×5. 1. 1(제도개정이 이루어진 날)

(차) 퇴직급여원가(과거근무원가)	540	(대) 확정급여채무	540

확정급여채무에는 이제까지 언급한 당기 및 과거 근무원가와 이자원가가 반영된다. 또한 확정급여채무에 대한 보험수리적손익이 반영되어야 한다. 이에 대해서는 뒤에서 상세히 언급된다.

(4) 사외적립자산의 회계처리 1019:113-115

사외적립자산(plan assets)이란 종업원의 퇴직급여를 지급하기 위하여 기업이 사외기금에 출연한 자산이다. 사외적립자산은 장기종업원퇴직급여기금(long-term employee benefit fund)이 보유하고 있는 자산[8]과 적격보험계약(qualifying insurance policies)[9]을 말하는데, 일반적으로 금융회사에 자산관리를 맡긴다.

기업은 미래 퇴직급여채무를 지급할 수 있도록 사외기금에 출연하여 충분한 사외기금을 확보해야 한다. 사외적립자산은 회계기간중 기업의 추가기여액만큼 증가하고, 퇴직급여지급액만큼 감소한다. 또한 사외적립자산의 운용으로 수익이 발생하면 사외적립자산이 증가한다. 사외적립자산으로부터의 수익은 이자수익이 많은 부분을 차지하는데 이자수익은 사외적립자산 공정가치에 할인율을 곱하여 산출하고 퇴직급여원가를 감소시키는 방식으로 당기손익에 반영한다.

사외적립자산과 관련한 회계처리는 다음과 같다.

〈사외적립자산에 대한 기여금 적립〉

(차) 사외적립자산	×××	(대) 현　　금	×××

8) 장기종업원퇴직급여기금이 보유하고 있는 자산은 다음 요건을 모두 충족하는 자산을 말한다.
① 보고기업과 법적으로 별개이고, 오로지 종업원퇴직급여를 지급하기 위하여 또는 종업원퇴직급여기금 적립을 위하여만 존재하는 실체(기금)가 보유하고 있다.
② 종업원퇴직급여를 지급하기 위하여 또는 종업원퇴직급여기금 적립에만 사용될 수 있고 보고기업의 채권자에게는 이용가능하지 않다.

9) 적격보험계약이란 보고기업과 특수관계자가 아닌 보험자와의 보험계약으로서 다음의 요건을 모두 충족하는 보험계약을 말한다.
① 보험금은 오직 확정급여제도상 종업원급여를 지급하기 위하여 또는 종업원퇴직급여기금 적립에만 사용될 수 있다.
② 보험금은 보고기업의 채권자(파산의 경우 포함)에게 이용가능하지 않으며 다음 중 하나의 경우를 제외하고는 보고기업에게 지급될 수 없다.
ⓐ 보험금이 관련 종업원퇴직급여채무를 모두 이행하고도 남는 경우
ⓑ 보고기업이 이미 지급한 종업원급여를 보상하기 위한 경우

〈사외적립자산의 수익 발생〉

(차) 사외적립자산 ××× (대) 퇴직급여원가(이자수익) ×××

보고기간말에 사외적립자산은 공정가치로 측정하고, 만약 공정가치가 없는 경우에는 공정가치를 추정하여 사용한다.

(5) 퇴직급여의 지급

종업원에게 퇴직급여를 지급하면 같은 금액의 사외적립자산과 확정급여채무가 감소한다. 따라서 퇴직급여를 지급하면 다음과 같이 회계처리한다.

(차) 확정급여채무 ××× (대) 사외적립자산 ×××

확정급여채무와 사외적립자산의 산출에 대한 설명을 정리하면 〈표 16-4〉와 같다. 표에 나오는 이자원가와 이자수익 및 재측정요소는 계속 설명된다.

▶ 표 16-4
확정급여채무와 사외적립자산의 산출

확정급여채무의 계산	사외적립자산의 계산
기초잔액(현재가치)	**기초잔액(공정가치)**
+ 당기근무원가	+ 기여금(납부금)
+ 이자원가*	+ 이자수익*
± 과거근무원가	− 퇴직금의 지급
− 퇴직금의 지급	장부금액
장부금액	± 재측정요소
± 재측정요소	**기말잔액(공정가치)****
기말잔액(현재가치)**	

* 순이자원가=이자원가−이자수익

** 재무상태표에 표시되는 순확정급여부채(자산)
=기말 확정급여채무의 현재가치−기말 사외적립자산의 공정가치

(6) 순이자원가의 산출 및 보고

확정급여채무는 부채이므로 시간이 지남에 따라서 이자비용(이자원가)이 발생하고, 사외적립자산은 자산이므로 이자수익이 발생한다. 순이자원가(net interest cost)는 확정급여채무의 이자비용과 사외적립자산의 이자수익의 차액이다. 이는 순확정급여부채(자산)에 할인율(우량회사채의 시장수익률)을 곱하여 구한다. 이때 순확정급여부채(자산)란 확정급여채무의 현재가치에서 사외적립자산의 공정가치를 차감한 순액을 말한다. 다시 말하면, 순이자원가는 순확정급여부채(자산)의 구성항목인 기초 확정급여채무의 현재가치에 할인율을 곱하여 측정한 이자원가와 기초 사외적립자산의 공정가치에 동일한 할인율을 곱하여 측정한 이자수익의 차액을 의미한다.

- 확정급여채무 > 사외적립자산 ⇒ 순확정급여부채 인식
  순확정급여부채에 할인율 적용 → 이자원가(비용) 발생

- 확정급여채무 < 사외적립자산 ⇒ 순확정급여자산 인식
  순확정급여자산에 할인율 적용 → 이자수익 발생

재무상태표에서는 이자원가로 인하여 확정급여채무가 증가하며, 이자수익으로 인하여 사외적립자산이 증가한다. 손익계산서에서는 이자원가(이자비용)와 이자수익이 서로 상계된 순액(순이자원가)이 퇴직급여원가에 포함되어 보고된다.

(7) 재측정요소의 인식 및 측정 1019:127-128

K-IFRS에서는 확정급여채무를 현재가치로 측정하고 사외적립자산은 공정가치로 측정한다. 그런데 확정급여채무의 결정에는 종업원의 이직률, 퇴직률, 임금인상률, 할인율 등의 변동이 반영되어야 하므로 당기근무원가나 이자원가 그리고 퇴직금 지급 이외의 예측하지 못하는 변동액이 발생할 수 있다. 사외적립자산도 시장이자율의 변동, 배당수익, 구성자산의 평가손익 변동이 반영되어야 하므로 예기치 못한 변동요인으로 원래 예측한 장부금액과 보고기간말의 공정가치에 차이가 발생한다. 이러한 확정급여채무와 사외적립자산의 예상치 못한 변동에서 생긴 차액이 재측정요소이다. 확정급여채무와 사외적립자산의 장부금액은 재측정요소 반영 전 장부금액과 반영 후 장부금액으로 구분하여 이해할 필요가 있다.

재측정요소 반영 전 장부금액을 편의상 장부금액이라고 부르고, 재측정요소 반영 후 장부금액은 확정급여채무의 경우 현재가치로 부르고 사외적립자산의 경우 공정가치라고 부른다.

순확정급여부채(자산)의 재측정요소는 기타포괄손익(당기손익으로 재분류 불가능)으로 회계처리하며, 그 구성항목은 다음과 같다.

① 확정급여채무에 대한 재측정요소(보험수리적손익)
② 사외적립자산의 재측정요소
③ 자산인식상한효과의 변동

확정급여채무에 대한 보험수리적손익(actuarial gains or losses)은 보험수리적 가정의 변동(종업원이직률, 조기퇴직률, 사망률, 임금상승률, 급여 또는 의료원가, 할인율 등)과 경험조정으로 인하여 확정급여채무 현재가치의 증감이 있을 때 발생한다. 즉 보험수리적 가정이 실제와 다르거나 추정치가 변경되는 경우 등에서 보험수리적손익이 발생한다.

사외적립자산의 운영으로부터는 각종 수익(이자수익, 배당수익, 평가손익 등)이 발생한다. 이러한 당기 실제수익에서 사외적립자산의 공정가치에 할인율을 곱해 계산한 이자수익을 차감한 금액을 사외적립자산의 재측정요소로 처리한다.

요약하면, 확정급여채무에서 발생한 보험수리적손익(재측정요소)과 사외적립자산에서 발생한 재측정요소는 보유기간중에 이자요소를 제외한 현재가치와 공정가치의 변동으로도 볼 수 있다. 이 두 가지 재측정요소는 기타포괄손익으로 인식하며, 나중에 당기손익으로 재분류할 수 없다. 기타포괄손익으로 인식한 재측정요소는 보고기간말에 기타포괄손익누계액으로 대체되고, 이렇게 누적된 재측정요소는 자본 내의 다른 항목(예 : 이익잉여금)으로 대체할 수는 있다.

1) 확정급여채무에 대한 보험수리적손익(재측정요소)

확정급여채무에서 발생하는 보험수리적손익(재측정요소)은 다음과 같이 확정급여채무의 현재가치와 장부금액의 차이로 측정할 수 있다.

> 확정급여채무의 보험수리적손익(재측정요소)
> =기말 확정급여채무의 현재가치－기말 확정급여채무의 장부금액*
> * 여기에서 기말 확정급여채무의 장부금액은 기초 확정급여채무의 현재가치에 근무원가와 이자원가를 가산하고 퇴직급여지급액을 차감한 금액이다.
> (주) 편의상 재측정요소 반영 전 금액을 장부금액이라 부른다. 한편, 재측정요소 반영 후 장부금액은 확정급여채무의 경우는 현재가치로 부르고 사외적립자산의 경우는 공정가치라고 부른다.

확정급여채무의 현재가치가 장부금액을 초과하는 경우에는 재측정요소(미실현손실에 해당)를 차변에 기록하고, 대변에 확정급여채무를 기록하여 금액을 증가시키고, 그 반대의 경우에는 차변에 확정급여채무를 기록하여 부채를 감소시키고 재측정요소(미실현이익에 해당)를 대변에 기록한다.

〈확정급여채무의 현재가치가 장부금액을 초과하는 경우〉

(차) 재측정요소(OCI)	×××	(대) 확정급여채무	×××

〈확정급여채무의 현재가치가 장부금액에 미달하는 경우〉

(차) 확정급여채무	×××	(대) 재측정요소(OCI)	×××

2) 사외적립자산의 재측정요소

사외적립자산에서 발생하는 재측정요소는 사외적립자산의 공정가치와 장부금액의 차이로 측정할 수 있다.

> 사외적립자산의 재측정요소
> =기말 사외적립자산의 공정가치－기말 사외적립자산의 장부금액*
> =사외적립자산의 실제수익－사외적립자산×할인율
> * 여기에서 기말 사외적립자산의 장부금액은 기초 사외적립자산의 공정가치에 이자수익과 기여금을 가산하고 퇴직급여지급액을 차감한 금액이다.

사외적립자산의 공정가치가 장부금액을 초과하는 경우 사외적립자산을 증가시키고 재측정요소(미실현이익에 해당)를 대변에 기록하며, 그 반대의 경우에는 재측정요소(미실현손실에 해당)를 차변에 기록하고 사외적립자산을 감소시킨다.

〈사외적립자산의 공정가치가 재측정요소 반영 전 장부금액을 초과하는 경우〉

(차) 사외적립자산	×××	(대) 재측정요소(OCI)	×××

〈사외적립자산의 공정가치가 재측정요소 반영 전 장부금액에 미달하는 경우〉

(차) 재측정요소(OCI)	×××	(대) 사외적립자산	×××

예제 16-6 확정급여채무와 사외적립자산의 재측정요소

다음은 확정급여제도를 택하고 있는 아바타(주)의 20×1년의 정보이다.

사외적립자산의 공정가치(기초)	₩800,000
확정급여채무의 현재가치(기초)	1,000,000
기초 우량회사채의 시장수익률	10%
20×1년 동안의 근무원가	60,000
20×1년 동안의 퇴직급여지급액	50,000
사외적립자산에 대한 기여금(이자수익 제외)	20,000

20×1년말 확정급여채무의 현재가치가 ₩1,200,000이고 사외적립자산의 공정가치는 ₩900,000이다. 아바타(주)의 20×1년 확정급여채무에 대한 보험수리적손익과 사외적립자산의 재측정요소는 얼마인가?

해답

기말 확정급여채무의 장부금액

=기초 확정급여채무의 장부금액+근무원가+이자원가−퇴직급여지급액

=₩1,000,000+₩60,000+(₩1,000,000×10%)−₩50,000

=₩1,110,000

확정급여채무의 보험수리적손익=₩1,110,000−₩1,200,000=−₩90,000(기타포괄손실)

(차) 재측정요소(OCI)	90,000	(대) 확정급여채무	90,000

기말 사외적립자산의 장부금액

=기초 사외적립자산의 장부금액+기여금+이자원가−퇴직급여지급액

=₩800,000+₩20,000+(₩800,000×10%)−₩50,000

=₩850,000

사외적립자산의 재측정요소=₩900,000−₩850,000=₩50,000(기타포괄이익)

(차) 사외적립자산	50,000	(대) 재측정요소(OCI)	50,000

예제 16-7 확정급여제도 회계처리의 흐름

한솔(주)는 확정급여제도를 채택하고 있다. 20×1. 1. 1 현재 확정급여채무의 현재가치는 ₩3,000이고, 사외적립자산의 공정가치는 ₩2,800이다.

	20×1년	20×2년
연도초 할인율(우량회사채 시장수익률)	10%	9%
당기근무원가	₩390	₩420
퇴직급여지급액	450	540
사외적립자산에 대한 기금기여액	270	300
연도말 확정급여채무의 현재가치	3,210	4,050
연도말 사외적립자산의 공정가치	3,150	3,700

한솔(주)는 20×2. 1. 1부터 종업원에게 퇴직급여 혜택을 증가시키기 위하여 확정급여제도를 변경하였다. 20×2. 1. 1 이전의 근무원가에 대한 추가적 혜택의 현재가치는 20×2. 1. 1 현재 ₩150이다. 20×1년과 20×2년의 회계처리를 하라. 단, 순이자원가 계산의 단순화를 위하여 손익거래와 날짜를 정하지 않은 모든 거래는 연도말에 발생했다고 가정한다.

해답

〈확정급여채무의 변동〉

보험수리적손익은 현재가치와 보험수리적손익을 조정하기 전 장부금액의 차이로 구한다.

	20×1년	20×2년
연도초 확정급여채무의 현재가치	₩3,000	₩3,210
확정급여채무에 대한 이자원가*	300	302**
당기근무원가	390	420
과거근무원가	−	150
퇴직급여지급액	(450)	(540)
연도말 확정급여채무의 장부금액	₩3,240	₩3,542
차감 : 연도말 확정급여채무의 현재가치	(3,210)	(4,050)
확정급여채무에 대한 보험수리적이익(손실)	₩30	(₩508)

* 확정급여채무의 현재가치 증가액(연도초 채무의 현재가치×연도초 할인율)

** (₩3,210+₩150(과거근무원가))×9%=₩302

〈사외적립자산의 변동〉

	20×1년	20×2년
연도초 사외적립자산의 공정가치	₩2,800	₩3,150
+사외적립자산으로부터의 이자수익	280	284*
+기금기여액	270	300
−퇴직급여지급액	(450)	(540)
연도말 사외적립자산의 장부금액	₩2,900	₩3,194
−연도말 사외적립자산의 공정가치	(3,150)	3,700
사외적립자산에 대한 재측정요소	₩250	₩506

* 연도초 사외적립자산의 공정가치×연도초 할인율=₩3,150×9%=₩284

(주) 1) 근무원가(당기 및 과거 근무원가)와 순이자원가는 당기손익으로 회계처리하고, 확정급여채무에 대한 보험수리적손익과 사외적립자산에 대한 재측정요소는 기타포괄손익으로 회계처리함.

2) 순이자원가는 확정급여채무에 대한 이자원가에서 사외적립자산에 대한 이자수익을 차감하여 측정 : [20×1년과 20×2년의 순이자원가는 각각 ₩20(=₩300−₩280)과 ₩18(=₩302−₩284)]

➥계속

〈20×1년과 20×2년의 회계처리〉

회계처리대상	분 개	20×1년		20×2년	
당기근무원가	퇴직급여원가	390		420	
	확정급여채무		390		420
과거근무원가	퇴직급여원가			150	
	확정급여채무				150
이자원가	퇴직급여원가	300		302	
	확정급여채무		300		302
	사외적립자산	280		284	
	퇴직급여원가		280		284
사외적립자산에 대한 기여금	사외적립자산	270		300	
	현 금		270		300
퇴직급여 지급	확정급여채무	450		540	
	사외적립자산		450		540
확정급여채무에 대한 보험수리적손익 (재측정요소)	확정급여채무	30			
	재측정요소(OCI)		30		
	재측정요소(OCI)			508	
	확정급여채무				508
사외적립자산에 대한 재측정요소	사외적립자산	250		506	
	재측정요소(OCI)		250		506

3) 자산인식상한

사외적립자산의 공정가치가 확정급여채무의 현재가치를 초과하는 부분을 초과적립액이라고 한다. 초과적립액은 자산으로 인식한다. 왜냐하면 초과적립액은 기업이 미래에 적립할 사외적립자산의 절감액이 될 수 있고, 과거사건(퇴직연금제도 운용 등)으로 발생했으며, 현재 통제하고 있는 자산이기 때문이다. 회사는 사외적립자산 운영자(일반적으로 금융회사)와의 사전 계약에 따라서 사외적립자산이 확정급여채무보다 일정 금액이나 비율을 초과하면 과대적립되었다고 보고 사외적립자산의 운영자로부

▶ 그림 16-4
사외적립자산의 자산인식상한

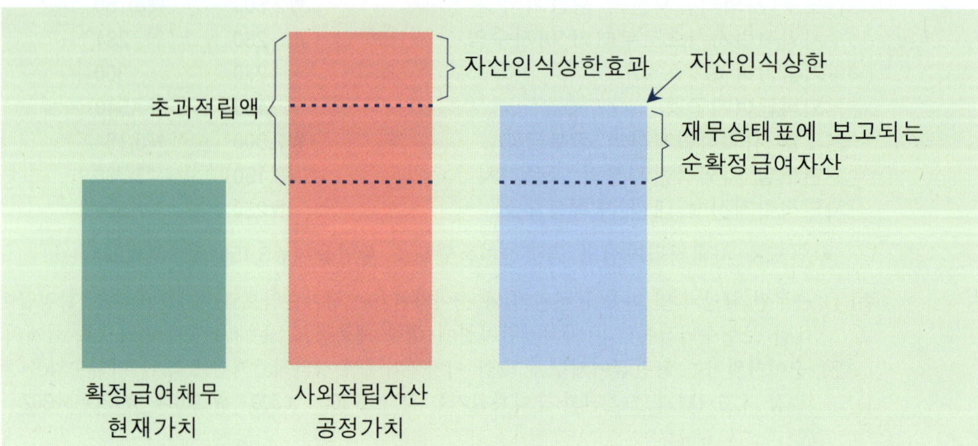

터 환급을 받을 수도 있고, 다음 기간에 사외적립자산에 출연하는 기여금을 적게 납입할 수도 있는 것이다. 확정급여제도로부터 미래에 환급을 받거나 제도에 출연하는 기여금을 절감하는 경제적 효익의 현재가치를 자산인식상한(asset ceiling)이라고 한다.

K-IFRS에서는 확정급여자산(사외적립자산의 공정가치－확정급여채무의 현재가치)이 과대계상되는 것을 방지하기 위하여 자산인식상한을 정하고, 재무상태표에 보고되는 순확정급여자산이 자산인식상한을 초과하지 않도록 규정하고 있다. 즉 확정급여제도에 초과적립액이 있는 경우 순확정급여자산은 초과적립액과 자산인식상한 중에서 작은 금액으로 측정한다([그림 16-4]를 참조). 초과적립액이 자산인식상한보다 커서 초과적립액에서 자산인식상한을 차감한 금액을 자산인식상한효과라고 한다.

> 순확정급여자산＝Min(초과적립액*, 자산인식상한**)
>
> * 초과적립액＝사외적립자산 공정가치－확정급여채무 현재가치
> ** 자산인식상한＝현재가치(사외적립자산 운영자로부터 환급금
> ＋사외적립자산에 출연하는 기여금 절감액)
>
> 자산인식상한효과＝초과적립액－자산인식상한

직전 보고기간말에 자산인식상한효과가 없었을 경우에는 이번 기에 발생한 자산인식상한효과는 전액 재측정요소(기타포괄손익)로 인식한다.

(차) 재측정요소(OCI)	×××	(대) 자산인식상한효과 (사외적립자산)	×××

자산인식상한효과는 경제적 효익의 현재가치로서 사외적립자산의 차감계정이다. 즉 사외적립자산의 금액을 그만큼 감소시킨다. 그렇지만 직전 보고기간말에 인식한 자산인식상한효과가 있었을 때에는 자산인식상한효과의 변동액과 직전 보고기간말, 즉 기초의 자산인식상한효과에 할인율을 곱하여 계산한 이자수익과의 차이를 재측정요소(기타포괄손익)로 처리한다.

> 자산인식상한으로 인식할 재측정요소＝자산인식상한효과의 당기변동액
> －(기초의 자산인식상한효과×할인율)

예를 들어, 초과적립액이 ₩300 발생하였는데, 자산인식상한으로 인하여 ₩100만을 자산으로 인식할 수 있다고 가정하자. 그러면 자산인식상한효과는 ₩200이 된다. 만일 직전 기말에 자산인식상한효과가 없었다면 다음과 같이 회계처리한다.

(차) 재측정요소(OCI)	200	(대) 자산인식상한효과 (사외적립자산)	200

만일 직전 기말의 자산인식상한효과가 ₩50이었다면 당기의 자산인식상한효과의

변동액은 ₩150(=₩200-₩50)이다. 그런데 전년도에 자산인식상한효과가 존재하므로 이에 대한 이자수익(₩50×10%)만큼 차감하여 재측정요소를 인식한다. 따라서 이번 연도에 인식할 재측정요소(OCI)는 ₩145이다. 다음과 같이 회계처리한다.

(차) 재측정요소(OCI)	145	(대) 자산인식상한효과	150
이자수익(당기손익)	5*	(사외적립자산)	

* 보고기간초의 자산인식상한효과 ₩50×할인율 10%=₩5
이는 자산인식상한효과로 계상된 이자수익을 수정하기 위한 것이다.

(8) 확정급여제도의 정산과 축소

확정급여제도의 정산(settlement)은 확정급여제도에 따라 발생한 급여(전부 또는 일부)에 대한 의무(법적 의무 또는 의제의무)를 기업이 더 이상 부담하지 않기로 하는 거래가 있을 때 일어난다. 예를 들어, 보험계약의 체결을 통해 확정급여제도하에서 부담하는 기업의 확정급여채무의 중요한 금액을 보험회사에 이전하는 것은 정산이다. 그러나 특정 퇴직급여를 지급받을 권리와 교환하여 제도가입자에게 제도의 규약에 따라 일시불로 현금을 지급하는 것은 제도의 정산이 아니고 퇴직급여의 지급에 해당한다.[10)]

정산이 발생한 경우에는 정산으로 인한 손익은 당기손익으로 인식한다. 정산손익은 ① 정산일에 결정되는 확정급여채무 현재가치와 ② 정산가격의 차이로 측정한다. 1019:109-110

축소(curtailment)란 확정급여제도에 포함된 종업원수의 유의한 감소를 의미한다. 축소에 따른 손익은 확정급여채무의 현재가치 변경, 사외적립자산의 공정가치 변경(일반적으로 해당 사항이 없음) 및 재측정요소의 변경을 반영하여 측정하며, 축소된 연도의 당기손익으로 인식한다.

예제 16-8 확정급여제도 축소

광진(주)는 종업원들과 협의를 통하여 확정급여제도를 축소하기로 결정하였다. 보험수리적 가정에 따라 축소 직전 광진(주)가 기록한 확정급여채무의 현재가치는 ₩1,000이고, 사외적립자산의 공정가치는 ₩820이며, 재측정요소(확정급여채무를 증가시키는 보험수리적손익)는 ₩50이다. 축소로 인해 확정급여채무가 ₩100 감소하여 ₩900이 될 것으로 추정되고, 사외적립자산의 공정가치는 영향을 받지 않으며, 재측정요소는 ₩5이 감소할 것으로 추정된다.
확정급여제도의 축소로 인한 손익은 얼마인가?

---

10) 때로는 이러한 퇴직급여의 일시지급이 정기적으로 시행되기도 한다. 이를 정기 중간정산이라고 주로 부르는데, 일반적으로 퇴직금제도를 시행하는 연봉제 기업에서 정기적(예 : 1년 단위)으로 실시한다. 정기 중간정산의 경우에는 성격에 따라 단기(또는 장기)종업원급여로 회계처리한다.

해답

축소로 인한 손익은 다음과 같이 확정급여채무의 현재가치 변경, 사외적립자산의 공정가치 변경 및 재측정요소의 변경으로 계산된다.

	축소 전	축소 후	변경액(이익)
확정급여채무의 현재가치	₩1,000	₩900	(₩100)
사외적립자산의 공정가치	(820)	(820)	0
	180	80	(100)
재측정요소(보험수리적손익)	50	45	(5)
순확정급여부채	₩230	₩125	(₩105)

따라서 확정퇴직급여의 축소로 인해 이익 ₩105이 발생했다.

(9) 재무제표상의 보고

1) 자산과 부채의 보고

확정급여채무의 현재가치와 사외적립자산의 공정가치의 차이로 순확정급여부채(자산)를 재무상태표에 보고한다. 확정급여채무의 현재가치가 사외적립자산의 공정가치보다 크면 순확정급여부채가 보고되고, 그 반대의 경우에는 순확정급여자산(defined benefit assets)이 보고된다.

K-IFRS에서는 순확정급여부채(자산)를 유동항목 및 비유동항목으로 구분하는 것에 대해서 특별한 규정을 하지 않고 있다. 따라서 기업은 선택에 의해서 순확정급여부채(자산)를 유동 및 비유동으로 구분할 수도 있고, 통합하여 보고할 수도 있다. 실무에서는 순확정급여부채(자산)를 비유동항목으로 보고하는 것이 일반적이다.

▶ 표 16-5
순확정급여부채(자산)

확정급여채무의 현재가치 > 사외적립자산의 공정가치
⇒ (순)확정급여부채
확정급여채무의 현재가치 < 사외적립자산의 공정가치
⇒ (순)확정급여자산

2) 확정급여원가의 보고

퇴직급여원가는 근무원가(당기근무원가, 과거근무원가), 순이자원가 및 재측정요소(확정급여채무에 대한 보험수리적손익, 사외적립자산에 대한 재측정요소)로 구성된다. 근무원가와 순이자원가는 당기손익에 포함시키고, 재측정요소는 기타포괄손익항목에 반영한다. 재측정요소는 이후에 당기손익으로 재분류가 불가능한 기타포괄손익이다. K-IFRS는 또 손익계산서 내에서 근무원가와 순이자원가의 보고방식에 대해 특별히 규정하지 않고 있다.

예제 16-9 확정급여관련 항목의 보고

예제 16-7 을 이용하여 한솔(주)의 포괄손익계산서와 재무상태표에서 인식되는 퇴직급여관련 항목 및 금액을 제시하라. 단, 20×0년의 재측정요소 잔액은 없다.

해답

〈각 연도 포괄손익계산서 인식 항목〉

	20×1년	20×2년
근무원가(당기근무원가+과거근무원가)	₩390	₩570
순이자원가(이자원가−이자수익)	20	18
당기손익에 반영된 퇴직급여원가	₩410	₩588
기타포괄이익(손실)	₩280*	(₩2)**

* ₩30+₩250=₩280

** ₩506−₩508=(₩2)

〈각 연도말 재무상태표 인식 항목〉

	20×1년	20×2년
순확정급여부채(자산)	₩60[a]	₩350[b]
재측정요소(자본)	280[c]	278[d]

a : ₩3,210(확정급여채무의 현재가치)−₩3,150(확정급여자산의 공정가치)=₩60

b : 확정급여채무 : ₩3,210+₩302+₩420+₩150−₩540+₩508=₩4,050

사외적립자산 : ₩3,150+₩284+₩300−₩540+₩506=₩3,700

⇒ 순확정급여부채=₩4,050−₩3,700=₩350

c : ₩30+₩250=₩280

d : ₩280−(₩508−₩506)=₩278

3) 확정급여제도의 공시

기업은 확정급여제도의 성격과 당해 회계연도에서 확정급여제도로 인한 재무적 효과를 평가할 수 있도록 다음과 같은 정보를 공시한다.

① 확정급여제도의 특성과 이와 관련된 위험을 설명하는 정보

② 확정급여제도에서 발생하는 재무제표상 금액을 식별하고 설명하는 정보

③ 확정급여제도가 어떻게 기업의 미래현금흐름의 금액, 시기 및 불확실성에 영향을 미칠 수 있는지를 기술하는 정보

예제 16-10 확정급여채무와 사외적립자산

한솔(주)의 20×1. 1. 1 현재 확정급여채무의 현재가치는 ₩11,000이고, 사외적립자산의 공정가치는 ₩10,000이다. 20×1년 당기근무원가는 ₩5,200이며, 제도 변경이나 축소는 없었다. 20×1년에 종업원에게 퇴직급여 ₩1,900을 지급하였다. 20×1. 12. 31에 확정급여제도는 기여금 ₩4,900을 수령하였다. 20×1. 12. 31 현재 확정급여채무의 현재가치는 ₩15,800이고, 사외적립자산의 공정가치는 ₩15,000이다. 20×1. 1. 1 현재 우량회사채의 시장수익률은 10%이다.

1) 20×1년도 퇴직급여채무와 관련한 조정표를 작성하라.
2) 20×1년도 사외적립자산과 관련한 조정표를 작성하라.
3) 20×1년도 확정급여제도의 회계처리를 하라. 단, 순이자원가 산출의 단순화를 위해 기여금의 출연이나 퇴직금의 지급은 연말에 발생했다고 가정한다.
4) 한솔(주)가 20×1년도에 당기손익으로 반영할 퇴직급여원가 및 순이자원가, 기타포괄손익으로 반영할 재측정요소, 그리고 재무상태표에 표시될 순확정급여부채(또는 순확정급여자산)는 각각 얼마인가?

해답

1) 20×1년도 퇴직급여채무와 관련한 조정표

20×1. 1. 1 현재 확정급여채무의 현재가치	₩11,000
가산 : 당기근무원가	5,200
가산 : 확정급여채무에 대한 이자원가(₩11,000 × 10%)	1,100
차감 : 퇴직급여지급액	(1,900)
20×1. 12. 31 현재 확정급여채무의 장부금액(보험수리적손익 조정 전)	₩15,400
가산 : 확정급여채무에 대한 보험수리적손실(재측정요소)	400*
20×1. 12. 31 현재 확정급여채무의 현재가치	₩15,800

* 20×1. 12. 31 현재 확정급여채무의 현재가치(₩15,800)와 보험수리적손익 조정 전 확정급여채무의 장부금액(₩15,400)의 차이로 산출되었다.

2) 20×1년도 사외적립자산과 관련한 조정표

20×1. 1. 1 현재 사외적립자산의 공정가치	₩10,000
가산 : 기여금출연액	4,900
가산 : 사외적립자산에 대한 이자수익(₩10,000 × 10%)	1,000
차감 : 퇴직급여지급액	(1,900)
20×1. 12. 31 현재 사외적립자산의 장부금액(재측정요소 조정 전)	₩14,000
가산 : 사외적립자산에 대한 재측정요소	1,000*
20×1. 12. 31 현재 사외적립자산의 공정가치	₩15,000

* 20×1. 12. 31 현재 사외적립자산의 공정가치(₩15,000)와 재측정요소 조정 전 사외적립자산의 장부금액(₩14,000)의 차이로 산출되었다.

3) 퇴직급여와 관련된 20×1년도 회계처리

〈당기근무원가〉

(차) 퇴직급여원가	5,200	(대) 확정급여채무	5,200

〈확정급여채무에 대한 이자원가〉

(차) 퇴직급여원가	1,100	(대) 확정급여채무	1,100

〈퇴직급여지급〉

(차) 확정급여채무	1,900	(대) 사외적립자산	1,900

〈확정급여채무에 대한 보험수리적손실〉

(차) 재측정요소(OCI)	400	(대) 확정급여채무	400

〈기여금출연〉

(차) 사외적립자산	4,900	(대) 현 금	4,900

➡계속

〈사외적립자산의 이자수익〉

(차) 사외적립자산	1,000	(대) 퇴직급여원가	1,000

〈사외적립자산에 대한 재측정요소〉

(차) 사외적립자산	1,000	(대) 재측정요소(OCI)	1,000

4) 20×1년도 퇴직급여원가와 순확정급여부채(자산) 순이자원가

- 퇴직급여원가=근무원가(₩5,200)+순이자원가(₩1,100−₩1,000)=₩5,300(당기손익 반영)
- 재측정요소=(₩1,000−₩400)=₩600(기타포괄손익 반영)
- 순확정급여부채=₩15,800(기말 확정급여채무의 현재가치)
  −₩15,000(기말 사외적립자산의 공정가치)=₩800
- 순이자원가=확정급여채무에 대한 이자원가(₩11,000×10%)
  −사외적립자산에 대한 이자수익(₩10,000×10%)=₩100

(주) 여기에서는 순확정급여부채 상태라서 자산인식상한의 문제가 발생하지 않는다.

4 확정기여제도의 회계처리 1019:50-52

확정급여제도와 달리 확정기여제도의 회계처리는 비교적 단순하다. 이는 기업이 부담하는 채무가 당해 기간의 기여금으로 결정되기 때문이다. 따라서 채무나 비용을 측정하기 위해 보험수리적 가정을 세울 필요가 없고, 보험수리적손익이 발생할 가능성도 없다.

만약 기업이 해당 회계기간에 지급해야 할 기여금을 전부 또는 일부 납부하지 않았다면 재무상태표에 미지급한 금액을 부채(미지급비용)로 인식하고, 해당 회계기간에 납부해야 하는 기여금을 초과하여 납부한 경우에는 그 금액만큼을 자산(선급비용)으로 인식한다.

기여금 전부나 일부의 납부기일이 종업원의 근무용역이 제공된 회계기간의 말부터 12개월 이내에 도래하지 않는 경우에는 현재가치로 측정해야 한다.

예제 16-11 확정기여제도

강서(주)는 확정기여제도를 채택하고 있다. 20×5년 회계연도의 총급여는 ₩2,000,000인데, 총급여액의 5%를 매년 기금 기여금으로 납부한다. 강서(주)는 기여금 납부의 편의상 매연도말에 1년분 기여금을 연금기관에 이체하고 있다. 회계연도말인 20×5. 12. 31에 확정기여제도와 관련된 회계처리를 설명하라.

해답

(차) 퇴직급여원가	100,000	(대) 현 금	100,000

5 퇴직급여와 관련된 기타 사항

(1) 복수사용자제도와 공공제도 1019:32-39

복수사용자제도(multi-employer plan)는 동일 지배하에 있지 않은 복수기업들이 자산을 공동으로 출연하고 관리도 공동으로 수행하는 퇴직급여제도이다.[11] 복수사용자제도에서는 종업원에게 퇴직급여나 퇴직연금을 제공하기 위해 그 자산을 사용하지만, 기여금과 급여수준은 종업원을 고용하고 있는 개별 기업과 관계없이 결정된다.

복수사용자제도도 확정기여제도나 확정급여제도로 분류한다. 확정급여제도로 분류되는 경우에는 그 제도와 관련된 확정급여채무, 사외적립자산 및 퇴직급여원가에 대한 기업의 비례적 지분은 다른 확정급여제도와 동일한 방법으로 회계처리한다. 그러나 만약 복수사용자제도가 확정급여제도에 해당되지만 확정급여제도에 관한 회계처리를 하기 위해 필요한 정보를 충분히 얻을 수 없는 경우에는 그 제도를 확정기여제도로 보아 회계처리한다.

공공제도(state plan)는 법령에 따라 모든 기업(또는 특정 산업과 같이 특정 범주에 속하는 모든 기업)을 참여기업으로 하여 수립되고 국가나 정부기구 또는 보고기업의 통제나 영향을 받지 않는 다른 기구에 의해 운영되는 퇴직급여제도이다. 이 제도는 복수사용자제도와 동일한 방법으로 회계처리한다.

(2) 보험에 가입된 급여 1019:46

기업은 퇴직급여제도의 기금을 적립하기 위해서 보험료를 납부할 수 있다. 기업이 다음 어느 하나에 해당하는 법적 의무나 의제의무를 직접 또는 제도를 통하여 간접적으로 부담하지 않는다면, 그 제도를 확정기여제도로 처리한다.

① 종업원급여의 지급기일이 도래할 때 직접 종업원급여를 지급할 의무
② 당기와 과거기간에 제공된 종업원 근무용역과 관련된 미래의 종업원급여 전부를 보험사가 지급하지 못하는 경우 기업이 그 부족금액을 지급할 의무

기업이 위 ① 또는 ②와 같은 법적 의무나 의제의무를 계속하여 부담하는 경우에는 그 제도를 확정급여제도로 본다.

---

11) 우리나라의 사학연금제도와 같은 경우를 예로 들 수 있다.

종합예제 CHAPTER 16

확정급여제도의 회계처리

다음은 강서(주)의 퇴직연금과 관련된 20×1년에서 20×3년까지의 자료이다. 20×2년초에 퇴직급여규정의 변경으로 인하여 과거근무원가가 발생하였다. 강서(주)는 현재가치로 ₩100,000을 추가로 부담하게 되었다. 그리고 20×3년말 현재 확정급여채무의 현재가치는 ₩2,200,000임이 밝혀졌다.

위의 자료를 참고하여 각 연도의 퇴직급여원가(비용)를 산출하고, 각 연도말 재무상태표에 표시될 순확정급여부채(자산)를 계산하라. 단, 주어진 자료로 계산한 20×1년말, 20×2년말 및 20×3년말의 사외적립자산 장부금액은 공정가치와 동일하고, 주어진 자료로 계산한 20×1년말과 20×2년말의 확정급여채무 장부금액은 현재가치와 동일하다고 가정한다. 또한 연금 기여와 퇴직급여 지급은 연말에 이루어졌다고 가정한다.

	20×1년	20×2년	20×3년
연초 확정급여채무의 현재가치	₩1,200,000	?	?
연초 사외적립자산의 공정가치	1,100,000	?	?
연초 이자율	10%	10%	10%
당기근무원가	100,000	120,000	130,000
과거근무원가		100,000	
사외적립자산의 실제수익	110,000	121,200	150,000
연금기여금	10,000	20,000	25,000
퇴직급여지급액	8,000	9,000	20,000

해 답

1) 20×1년 손익계산서의 퇴직급여원가

당기근무원가	₩100,000	
확정급여채무의 이자원가	120,000	(=₩1,200,000×10%)
사외적립자산의 이자수익	(110,000)	(=₩1,100,000×10%)
퇴직급여원가	₩110,000	

* 이자수익과 실제수익이 동일하여 재측정요소가 ₩0이 됨.

20×1년말 재무상태표상의 순확정급여부채(자산)

확정급여채무의 현재가치	₩1,412,000*
사외적립자산의 공정가치	(1,212,000)**
순확정급여부채	₩200,000

* 확정급여채무의 현재가치=기초금액+당기근무원가+이자원가−퇴직급여지급액
=₩1,200,000+₩100,000+₩120,000−₩8,000=₩1,412,000

** 사외적립자산의 공정가치=기초금액+자산수익+연금기여금−퇴직급여지급액
=₩1,100,000+₩110,000+₩10,000−₩8,000=₩1,212,000

2) 20×2년 손익계산서의 퇴직급여원가

당기근무원가	₩120,000
과거근무원가	100,000
확정급여채무의 이자원가	151,200*
사외적립자산의 이자수익	(121,200)**
퇴직급여원가	₩250,000

* 이자원가=(기초 확정급여채무+과거근무원가)×이자율
=(₩1,412,000+₩100,000)×10%=₩151,200
** 이자수익=기초 사외적립자산×이자율
=₩1,212,000×10%=₩121,200

20×2년말 재무상태표상의 순확정급여부채(자산)

확정급여채무의 현재가치	₩1,774,200*
사외적립자산의 공정가치	(1,344,200)**
순확정급여부채	₩430,000

* 확정급여채무=기초금액+당기근무원가+과거근무원가+이자원가−퇴직급여지급액
=₩1,412,000+₩120,000+₩100,000+₩151,200−₩9,000=₩1,774,200
** 사외적립자산의 공정가치=기초금액+자산수익+연금기여금−퇴직급여지급액
=₩1,212,000+₩121,200+₩20,000−₩9,000=₩1,344,200

3) 20×3년 손익계산서의 퇴직급여원가

당기근무원가	₩130,000	
확정급여채무의 이자원가	177,420	(=₩1,774,200×10%)
사외적립자산의 이자수익	(134,420)	(=₩1,344,200×10%)
퇴직급여원가	₩173,000	

20×3년말 재무상태표상의 순확정급여부채 및 재측정요소

확정급여채무의 현재가치	₩2,200,000
사외적립자산의 공정가치	(1,499,200)*
순확정급여부채	₩700,800

* 사외적립자산의 공정가치=₩1,344,200+₩150,000+₩25,000−₩20,000=₩1,499,200

확정급여채무에 대한 보험수리적손실	(₩138,380)*
사외적립자산에 대한 재측정요소	15,580**
순확정급여부채(자산)의 재측정요소	(₩122,800)

* 보험수리적손익 반영 전 확정급여채무의 장부금액=₩1,774,200+₩130,000+₩177,420−₩20,000=₩2,061,620
→ 보험수리적손익=₩2,061,620−₩2,200,000=−₩138,380
** 사외적립자산에 대한 재측정요소=실제수익−기초 사외적립자산의 공정가치×기대수익률
=₩150,000−₩134,420=₩15,580

익힘문제

CHAPTER 16

1. 종업원급여의 종류와 의의에 대해 간략하게 설명하라.
2. 단기종업원급여란 무엇인가?
3. 해고급여란 무엇인가?
4. 기타장기종업원급여에는 어떤 것들이 있는가?
5. 확정기여제도와 확정급여제도를 설명하라.
6. 퇴직급여를 측정하는 세 가지 접근방법은 무엇이며 차이점은 무엇인가?
7. 퇴직급여제도에서 보험계리인의 역할에 대해 설명하라.
8. 보험수리적 가정이란 무엇인가?
9. 당기근무원가를 인식할 때 사용하는 예측단위적립방식이란 무엇인가?
10. 확정급여제도하의 퇴직급여원가의 구성요소는 무엇인가?
11. 당기근무원가와 과거근무원가란 무엇인가?
12. 과거근무원가는 왜 발생하며 어떻게 처리해야 하는가?
13. 확정급여부채와 확정급여채무의 차이는 무엇인가?
14. 사외적립자산의 이자수익과 실제운용수익의 차이는 어떻게 회계처리하는가?
15. 재측정요소란 무엇인가?
16. 확정급여제도에서 당기손익처리되는 항목과 기타포괄손익처리되는 항목들은 어떤 것들이 있는가?
17. 자산인식상한과 자산인식상한효과를 설명하라.
18. 확정급여제도의 축소란 무엇이며, 그 효과는 어떻게 측정하는가?
19. 확정급여제도에서 정산이란 무엇인가? 정산으로 인한 손익은 어떻게 측정하는가?

연습문제

CHAPTER 16

1. 단기유급휴가

선망(주)는 200명의 종업원에게 1년에 6일의 근무일수에 해당하는 유급휴가를 제공하고 있으며, 미사용유급휴가는 다음 1년 동안 이월하여 사용할 수 있다. 유급휴가는 후입선출의 원리를 적용하여 당해 연도에 부여된 권리가 먼저 사용된 다음 직전연도에서 이월된 권리가 사용되는 것으로 본다. 20×1. 12. 31 현재 미사용유급휴가는 종업원당 평균 3일이고, 과거의 경험에 비추어 볼 때 20×2년도중에 종업원 180명이 사용할 유급휴가일수는 5일 이하이고, 나머지 20명이 사용할 유급휴가일수는 평균적으로 7.5일이 될 것으로 예상된다. 20×1년말에 유급휴가와 관련된 회계처리를 하라. 단 유급휴가 1일당 ₩1,000의 비용을 인식한다.

2. 해고급여

고난(주)는 6개월 이내에 한 지점을 폐쇄하고, 폐쇄시점에 그 지점에 남아 있는 모든 종업원을 해고하는 계획을 발표하였다. 해고계획에 따르면 지점폐쇄 시점까지 남아서 근무용역을 제공하는 각 종업원은 해고일에 ₩30,000을 지급받고, 공장폐쇄 전에 퇴사하는 종업원은 ₩15,000을 지급받는다. 폐쇄 예정 지점에는 50명의 종업원이 있다. 해고계획의 발표시점에 전체 종업원 중 10명이 지점폐쇄 전에 퇴사할 것으로 예상한다. 따라서 해고계획에 따라 예상되는 총현금유출액은 ₩1,350,000(즉 10명 × ₩15,000 + 40명 × ₩30,000)이다. 해고와 관련된 적절한 회계처리를 하라.

3. 확정급여채무의 예측단위적립방식 (I)

명륜(주)는 종업원이 퇴직한 때에 일시불로 퇴직급여를 지급한다. 일시불 퇴직급여는 퇴직전 최종임금의 1%에 근무한 연수를 곱하여 계산한다. 종업원의 임금은 1차년도에 ₩100,000이고 앞으로 매년 6%씩 복리로 상승한다. 할인율은 10%이다. 예측단위적립방식으로 1차년도부터 5차년도까지의 기말 확정급여채무를 계산하라.

4. 확정급여채무의 예측단위적립방식 (II)

남산(주)는 종업원이 퇴직한 시점에 일시불퇴직급여를 지급하고 있다. 일시불퇴직급여는 종업원의 퇴직전 최종임금의 1%에 근무연수를 곱하여 산정된다. 종업원의 연간임금은 1차년도에 ₩10,000이며 향후 매년 7%(복리)씩 상승하는 것으로 가정한다. 또 연간할인율은 10%라고 가정한다.
보험수리적 가정에 변화가 없다고 할 때 5차년도말에 퇴직하는 종업원과 관련하여 확정급여채무를 계산하고, 처음 2년간 퇴직급여와 관련하여 필요한 회계처리를 하라.

5. 퇴직급여원가

CNU(주)의 20×1년 퇴직급여 관련 자료가 다음과 같다.

근무원가	₩32,000
확정급여채무에 대한 이자원가	24,000
사외적립자산의 수익(이자수익 포함)	22,000
확정급여채무에서 발생한 보험수리적손실	3,000
사외적립자산에서 발생한 이자수익	18,000

요구사항

1. 20×1년 CNU(주)의 퇴직급여원가를 구하라.
2. 당기손익에 반영될 금액과 기타포괄손익으로 보고할 금액을 구분하라.

6. 사외적립자산의 수익

이든(주)의 사외적립자산의 기초 공정가치는 ₩16,800이고, 기말 공정가치는 ₩20,000이다. 기중 사외적립자산에 대한 기여금은 ₩1,200이고, 퇴직급여지급액은 ₩2,000이다. 이든(주)의 사외적립자산의 수익은 얼마인가?

7. 순확정급여부채(자산)

저두(주)의 20×1. 1. 1 확정급여채무의 현재가치와 사외적립자산의 공정가치는 ₩25,000으로 똑같았다. 20×1년중에 저두(주)의 근무원가는 ₩2,800, 사외적립자산의 실제수익은 ₩2,500, 사외적립자산에 대한 기여금은 ₩2,000, 퇴직급여지급액은 ₩1,700이다. 20×1. 1. 1 현재 할인율은 10%이다. 저두(주)의 기말현재 순확정급여부채(자산)는 얼마인가? 단, 확정급여채무의 현재가치와 사외적립자산의 공정가치는 각각 장부금액과 동일하다.

8. 순이자원가와 재측정요소

한솔(주)의 20×1년 확정급여제도에 관한 자료가 다음과 같다.

확정급여채무의 현재가치(20×1년초)	₩1,000
사외적립자산의 공정가치(20×1년초)	700
사외적립자산의 실제수익	150

연초 할인율이 10%라고 가정하고, 순이자원가와 사외적립자산의 재측정요소를 구하라. 20×1년도중에 확정급여채무와 사외적립자산의 변동은 없다고 가정한다.

9. 확정급여제도 – 퇴직급여원가와 재측정손익

정희(주)의 20×1년도 퇴직급여 관련 자료가 다음과 같다.

20×1년 당기근무원가	₩112,000
확정급여채무(20×1. 1. 1)	850,000
사외적립자산(20×1. 1. 1)	900,000
과거근무원가(20×1년말)	80,000
우량회사채의 시장수익률	6%
사외적립자산 실제수익률	11%

정희(주)는 확정급여제도를 채택하고 있다. 20×1년 당기순이익에 반영되는 퇴직급여원가와 사외적립자산에서 당기에 발생한 재측정손익은 얼마인가?

10. 확정급여제도 – 퇴직급여원가와 분개 (Ⅰ)

다음은 확정급여제도를 사용하고 있는 추자(주)의 20×1년 퇴직급여 관련 자료이다.

사외적립자산에서 발생한 수익	₩22,000
퇴직급여지급액	40,000
기여금 출연	95,000
당기근무원가	60,000
제도변경에 따른 과거근무원가(연초부터 적용)	30,000
확정급여채무의 현재가치(기초)	350,000
확정급여채무의 현재가치(기말)	440,000
사외적립자산의 공정가치(기초)	320,000
사외적립자산의 공정가치(기말)	397,000
기초 할인율	10%

요구사항

1. 20×1년 퇴직급여원가를 계산하라.
2. 20×1년 퇴직급여와 관련된 추자(주)의 필요한 분개를 하라.

11. 사외적립자산 – 실제수익과 재측정요소

구남(주)의 20×1년 퇴직급여 관련 자료가 다음과 같다.

기초 사외적립자산의 공정가치	₩230,000
기말 사외적립자산의 공정가치	273,000
기중 기여금 출연액	25,000
퇴직급여지급액	35,000
기초 할인율	10%

요구사항

1. 구남(주)의 20×1년 사외적립자산의 실제수익은 얼마인가?
2. 구남(주)의 20×1년 사외적립자산에서 발생한 재측정요소는 얼마인가?

12. 퇴직급여원가 및 재무제표 보고

개나리(주)는 확정급여제도를 채택하고 있다. 개나리(주)의 20×1년 퇴직급여 관련 정보가 다음과 같다.

당기근무원가	₩55,000
제도변경으로 인한 과거근무원가(기초부터 적용)	130,000
기여금 출연	87,000
퇴직급여지급액	80,000
기초 확정급여채무의 현재가치	850,000
기초 사외적립자산의 공정가치	600,000
사외적립자산의 실제수익	54,000
기말 확정급여채무의 현재가치	1,133,000
기말 사외적립자산의 공정가치	?
기초 할인율	10%

요구사항

1. 개나리(주)의 20×1년 퇴직급여원가는 얼마인가?
2. 개나리(주)의 20×1년 손익계산서에 보고될 퇴직급여원가는 얼마인가?
3. 개나리(주)의 20×1년 재무상태표에 보고할 퇴직급여 관련 항목은 무엇이고 그 금액은 얼마인가?

13. 확정급여제도 – 퇴직급여원가와 분개(Ⅱ)

장수(주)는 확정급여제도를 채택하고 있는데 20×1년도 퇴직급여 관련 자료가 다음과 같다.

확정급여채무	
기초잔액(20×1. 1. 1)	₩360,000
당기근무원가	60,000
과거근무원가	12,000
이자원가(우량회사채 수익률 7.5%)	27,000
퇴직급여지급	(37,000)
사외적립자산	
기초잔액(20×1. 1. 1)	240,000
사외적립자산 실제수익	27,000
회사기여액	60,000
퇴직급여지급	(37,000)
기말잔액(20×1. 12. 31)	290,000

장수(주)는 20×1년말에 퇴직급여규정을 개정하여 과거근무원가 ₩12,000이 추가발생하였다.

요구사항

1. 장수(주)의 20×1년 퇴직급여원가를 계산하라.
2. 장수(주)가 퇴직급여와 관련하여 20×1년에 필요한 분개를 하라.

14. 확정급여제도 – 퇴직급여원가, 분개 및 재무제표 보고

경주(주)는 확정급여제도를 채택하고 있는데, 20×1년부터 20×3년까지의 퇴직급여 관련 정보가 다음과 같다.

	12. 31 현재		
	20×1	20×2	20×3
사외적립자산의 공정가치-기초	₩39,000	₩48,000	₩53,000
확정급여채무의 현재가치-기초	38,000	45,000	59,000
근무원가	9,000	12,000	13,000
기여금 출연	11,000	14,000	12,000
퇴직급여지급액	8,000	12,000	14,000
기초 할인율	10%	10%	10%

요구사항

1. 20×1년 퇴직급여와 관련해서 필요한 분개를 하라.
2. 20×1년부터 20×2년까지 당기손익에 보고될 퇴직급여원가와 기타포괄손익으로 보고될 퇴직급여원가를 구하라.

15. 자산인식상한효과

워먼(주)의 20×1. 12. 31 현재 자산인식상한 조정 전 확정급여채무의 현재가치는 ₩675,000이고, 사외적립자산의 공정가치는 ₩810,000이다. 워먼(주)의 20×1. 12. 31 현재 순확정급여부채에 적용되는 할인율은 10%이며, 이는 20×2년말에도 동일하다. 확정급여제도와 관련한 추가자료는 다음과 같다.

(1) 20×2년말에 사외적립자산에 추가로 기여한 금액은 ₩225,000이고, 종업원에게 퇴직급여로 지급한 금액은 ₩135,000이다.
(2) 20×2년에 확정급여채무와 관련하여 발생한 당기근무원가는 ₩180,000이다. 사외적립자산의 실제투자수익률은 10%로 확정급여채무에 적용된 할인율과 동일하다.
(3) 20×2년중 확정급여채무에서 발생한 보험수리적손익은 없다.
(4) 20×1년말과 20×2년말에 미래 기여금의 감소나 현금환급의 방식으로 이용할 수 있는 순확정급여자산의 인식한도는 각각 ₩108,000과 ₩143,800이다.

요구사항

1. 20×1년말과 20×2년말의 워먼(주)의 재무상태표에 나타나는 순확정급여자산(또는 부채)과 기타포괄손익누계액, 그리고 그날로 종료되는 회계기간의 포괄손익계산서에 나타날 퇴직급여와 기타포괄손익을 계산하라.
2. 위와는 달리 확정급여채무와 사외적립자산에서 재측정손익이 발생하였다고 가정한다. 이로 인하여 20×2년말 확정급여채무와 사외적립자산의 실제금액이 각각 ₩887,500과 ₩1,031,000이며, 자산인식상한은 ₩93,800이라고 가정한다. 20×2년말의 재무상태표에 나타나는 순확정급여자산(또는 부채)과 기타포괄손익누계액, 그리고 그날로 종료되는 회계기간의 포괄손익계산서에 나타날 퇴직급여와 기타포괄손익을 계산하라.

16. 확정급여제도의 축소

성의(주)는 종업원들과 협의를 통하여 확정급여제도를 축소하기로 하였다. 보험수리적 가정에 따라 축소 직전 성의(주)가 인식한 확정퇴직급여채무의 현재가치는 ₩5,000이고, 사외적립자산의 공정가치는 ₩4,600이며, 재측정요소(확정급여채무를 감소시키는 보험수리적손익)는 ₩300이다. 축소로 인해 확정급여채무는 ₩300이 감소하여 ₩4,700이 될 것으로 추정되고, 사외적립자산의 공정가치는 영향을 받지 않으며, 확정급여채무에 대한 재측정요소(보험수리적손익)는 ₩20이 감소하여 ₩280이 될 것으로 추정된다.
확정급여제도의 축소로 인한 손익은 얼마인가?

17. 확정급여제도 – 종합

사라(주)는 확정급여제도를 채택하고 있으며, 20×1년도 퇴직급여 관련 자료가 다음과 같다.

확정급여채무 기초잔액(20×1. 1. 1)	₩480,000
당기근무원가	75,000
퇴직급여지급	36,000
사외적립자산 기초잔액(20×1. 1. 1)	300,000
확정급여채무에 대한 보험수리적이익	22,000
사외적립자산의 실제이익	20,000
회사 당기기여금	60,000

사라(주)는 20×1년말에 퇴직급여규정을 개정하여 전기근무원가 ₩12,000이 추가발생하였다. 할인율은 10%라고 가정한다.

요구사항

1. 사라(주)의 20×1년 퇴직급여원가를 계산하라.
2. 사라(주)가 퇴직급여와 관련하여 20×1년에 필요한 분개를 하라.
3. 사라(주)가 20×1. 12. 31에 재무상태표에 보고할 퇴직급여관련 자산 또는 부채는 얼마인가?

18. 확정기여제도의 퇴직급여

강동(주)는 퇴직급여제도로 확정기여제도를 택하고 있다. 20×1년 강동(주)가 퇴직급여기여금으로 납부해야 할 금액은 ₩600,000이다. 그런데 20×1. 1. 1 현재 강동(주)가 종업원의 퇴직금 지급을 위하여 실제 납부한 기여금은 ₩1,000,000인데, 이 기여금의 기대수익률은 10%이다. 20×1. 12. 31 재무상태표에 표시될 선급(또는 미지급) 퇴직급여원가는 얼마인가? 회계처리하라.

공인회계사 기출문제 응용(2020년 이후)

1. 확정급여채무와 사외적립자산

(2022년 CPA 1차)

20×1. 1. 1에 설립된 (주)대한은 확정급여제도를 채택하고 있으며, 관련 자료는 다음과 같다. 순확정급여자산(부채) 계산시 적용한 할인율은 연 6%로 매년 변동이 없다.

〈20×1년〉
- 20×1년말 확정급여채무 장부금액은 ₩500,000이다.
- 20×1년말 사외적립자산에 ₩460,000을 현금으로 출연하였다.

〈20×2년〉
- 20×2년말에 퇴직종업원에게 ₩40,000의 현금이 사외적립자산에서 지급되었다.
- 20×2년말에 사외적립자산에 ₩380,000을 현금으로 출연하였다.
- 당기근무원가는 ₩650,000이다.
- 20×2년말 현재 사외적립자산의 공정가치는 ₩850,000이다.
- 할인율을 제외한 보험수리적 가정의 변동을 반영한 20×2년말 확정급여채무는 ₩1,150,000이다.

(주)대한의 확정급여제도 적용이 20×2년도 총포괄이익에 미치는 영향은 얼마인가?

2. 확정급여채무와 사외적립자산의 자산인식상한

(2021년 CPA 1차)

20×1. 1. 1에 설립된 (주)대한은 확정급여제도를 채택하고 있으며, 관련 자료는 다음과 같다. 순확정급여자산(부채) 계산시 적용한 할인율은 연 8%로 매년 변동이 없다.

〈20×1년〉
- 20×1년말 사외적립자산의 공정가치는 ₩1,100,000이다.
- 20×1년말 확정급여채무의 현재가치는 ₩1,000,000이다.
- 20×1년말 순확정급여자산의 자산인식상한금액은 ₩60,000이다.

〈20×2년〉
- 20×2년 당기근무원가는 ₩900,000이다.
- 20×2년말에 일부 종업원의 퇴직으로 ₩100,000을 사외적립자산에서 현금으로 지급하였다.
- 20×2년말에 ₩1,000,000을 현금으로 사외적립자산에 출연하였다.

- 20×2년말 사외적립자산의 공정가치는 ₩2,300,000이다.
- 20×2년말 확정급여채무의 현재가치는 ₩2,100,000이다.

(주)대한의 20×2년말 재무상태표에 표시될 순확정급여자산이 ₩150,000인 경우, (주)대한의 확정급여제도 적용이 20×2년 포괄손익계산서의 기타포괄이익(OCI)에 미치는 영향은 얼마인가?

3. 확정급여제도 – 종합

(2022년 CPA 2차)

20×1. 1. 1에 설립된 (주)대한은 20×1년말에 확정급여제도를 도입하였으며, 이와 관련된 자료는 다음과 같다. 단, 20×1년도 확정급여채무 계산시 적용한 할인율은 연 10%이며, 20×1년 이후 할인율의 변동은 없다.

〈20×1년〉
- 20×1년말 확정급여채무 장부금액은 ₩80,000이다.
- 20×1년말에 사외적립자산에 ₩79,000을 현금으로 출연하였다.

〈20×2년〉
- 20×2. 6. 30에 퇴직종업원에게 ₩1,000의 현금이 사외적립자산에서 지급되었다.
- 20×2. 11. 1에 사외적립자산에 ₩81,000을 현금으로 출연하였다.
- 당기근무원가는 ₩75,000이다.
- 20×2년말 현재 사외적립자산의 공정가치는 ₩171,700이며, 보험수리적 가정의 변동을 반영한 확정급여채무는 ₩165,000이다.
- 자산인식상한은 ₩5,000이다.

〈20×3년〉
- 20×3년말에 퇴직종업원에게 ₩2,000의 현금이 사외적립자산에서 지급되었다.
- 20×3년말에 사외적립자산에 ₩80,000을 현금으로 출연하였다.
- 당기근무원가는 ₩110,000이다.
- 20×3년말에 제도 정산이 이루어졌으며, 정산일에 결정되는 확정급여채무의 현재가치는 ₩80,000, 정산가격은 ₩85,000(이전되는 사외적립자산 ₩60,000, 정산 관련 기업 직접 지급액 ₩25,000)이다.
- 20×3년말 제도 정산 직후 사외적립자산의 공정가치는 ₩220,000이며, 보험수리적 가정의 변동을 반영한 확정급여채무는 ₩215,000이다.
- 자산인식상한은 ₩3,500이다.

요구사항

다음의 각 요구사항은 독립적이다.

1. (주)대한의 확정급여제도와 관련하여 20×2년말 현재 재무상태표에 표시될 ① 순확정급여부채(자산)와 20×2년도 포괄손익계산서상 ② 기타포괄이익에 미치는 영향 및 ③ 당기순이익에 미치는 영향을 각각 계산하라. 단, 순확정급여자산인 경우에는 괄호 안에 금액(예시 : (₩1,000))을 표시하고, 기타포괄이익이나 당기순이익이 감소하는 경우에는 금액 앞에 (−)를 표시한다.
2. (주)대한의 확정급여제도와 관련하여 20×3년말 현재 재무상태표에 표시될 ① 순확정급여부채(자산), ② 기타포괄손익누계액 및 20×3년도 포괄손익계산서상 ③ 당기순이익에 미치는 영향을 계산하라. 단, 기타포괄손익에 포함되는 재측정요소의 경우 재무상태표에 통합하여 표시하며, 순확정급여자산인 경우와 기타포괄손익누계액이 차변 잔액일 경우에는 괄호 안에 금액(예시 : (₩1,000))을 표시하고, 당기순이익이 감소하는 경우에는 금액 앞에 (−)를 표시한다.

CHAPTER

17 주식기준보상

기업이 경영이나 기술개발 등에 기여하였거나 기여할 능력을 갖춘 종업원에게 주식이나 주식선택권을 부여하는 경우가 있다. 이는 종업원들에게 기업의 발전에 기여하려는 동기를 부여하기 위한 수단이다. 또한 기업은 종업원이 아닌 제3자에게도 재화나 용역의 대가로 주식이나 주식선택권을 부여하기도 한다. 이와 같이 기업이 재화나 용역을 제공받고 주식으로 결제할 의무가 발생하는 거래를 주식기준보상거래라고 한다. 주식기준보상은 주식결제형, 현금결제형, 또는 선택형의 세 가지 유형으로 구분된다. 본장에서는 이러한 주식기준보상에 대한 회계처리를 살펴본다.

사례 **주식회사 카카오 – 주식기준보상**

[주식기준보상의 2021년말 연결재무제표 주석내용]

가. 2021년말 보고기간종료일 현재 지배회사 주식선택권의 주요 사항은 다음과 같습니다.

(1) 선택형 주식선택권

- 부여방법 : 신주발행교부방식, 자기주식교부방식, 차액보상방식(차액주식보상방식 및 차액현금보상방식) 중 행사시점에 회사가 정하는 방식에 따라 부여. 단, 회사는 향후 신주발행 혹은 자기주식교부방식에 따라 부여할 것으로 판단하여 주식결제형 주식선택권에 따라 회계처리함.
- 가득조건 및 행사가능시점 :

차 수	내 역
	------------------------- 중략 -------------------------
44차, 45차	부여일 이후 2년 이상 회사의 임직원으로 재직한 자에 한해 부여수량의 30%를 한도로 2년 경과 시점부터 5년 이내 행사가능 부여수량의 나머지 30%에 대하여 3년 이상 회사의 임직원으로 재직한 자에 한해 3년 경과 시점부터 4년 이내 행사가능 부여수량의 나머지 40%에 대하여 4년 이상 회사의 임직원으로 재직한 자에 한해 4년 경과 시점부터 3년 이내 행사가능

(2) 주식결제형 주식선택권

- 주식선택권으로 발행한 주식의 종류 : 기명식 보통주식
- 부여방법 : 신주발행교부방식, 자기주식교부방식
- 가득조건 및 행사가능시점 :

차 수	내 역
	------------------------- 중략 -------------------------
46차, 47차	부여일 이후 2년 이상 회사의 임직원으로 재직한 자에 한해 부여수량의 30%를 한도로 2년 경과 시점부터 5년 이내 행사가능 부여수량의 나머지 30%에 대하여 3년 이상 회사의 임직원으로 재직한 자에 한해 3년 경과 시점부터 4년 이내 행사가능 부여수량의 나머지 40%에 대하여 4년 이상 회사의 임직원으로 재직한 자에 한해 4년 경과 시점부터 3년 이내 행사가능

(3) 차액결제형 주식선택권

- 가득조건 및 행사가능시점 :

차 수	내 역
	------------------------- 중략 -------------------------
8차	부여일 이후 2년 이상 회사의 임직원으로 재직한 자에 한해 부여수량의 30%를 한도로 2년 경과 시점부터 5년 이내 행사가능 부여수량의 나머지 30%에 대하여 3년 이상 회사의 임직원으로 재직한 자에 한해 3년 경과 시점부터 4년 이내 행사가능 부여수량의 나머지 40%에 대하여 4년 이상 회사의 임직원으로 재직한 자에 한해 4년 경과 시점부터 3년 이내 행사가능 단, 부여일로부터 2년~7년이 되는 기간 내 매월 말일 산정한 평균주가가 행사가격의 150% 이상인 경우가 있었을 경우에 행사가능 평균주가가 200% 이상을 기록한 경우에는 2년 경과 시점부터 전량 행사가능

나. 보고기간종료일 현재 유효한 선택형 및 주식결제형 주식선택권의 차수별 부여수량, 만기, 행사가격 및 주식선택권 현황은 다음과 같습니다.

차 수	부여일	주당 행사가격 (단위 : 원)	미행사 기초 수량	당기 부여 수량	당기 취소 수량	당기 행사 수량	미행사 기말 수량	당기말 행사가능 수량
18차	2017년 3월 2일	17,070	338,075	–	–	223,995	114,080	114,080
------------------------- 중략 -------------------------								
47차	2021년 12월 15일	123,420	–	365,341	–	–	365,341	–
계			10,853,330	2,329,770	288,760	2,638,345	10,255,995	2,652,239

제 1 절 주식기준보상의 의의 및 유형

기업이 설립이나 경영, 또는 기술개발 등에 기여하였거나 기여할 능력을 갖춘 '종업원 및 유사용역제공자'(이하 종업원이라 부름)[1]에게 해당 기업의 지분상품(주식이나 주식선택권)에 대한 권리를 부여하거나, 지분상품의 가격에 기초하여 현금을 지급하는 경우가 있다. 이는 주로 종업원들에게 기업의 발전에 기여하도록 동기를 부여하기 위한 수단이다. 또한 기업은 종업원이 아닌 제3자에게도 재화나 용역의 대가로 주식이나 주식선택권을 부여하기도 한다. 이러한 보상을 주식기준보상(share-based payment)[2]이라고 하며, 주식기준보상의 기초가 되는 계약을 주식기준보상약정이라고 한다.[3]

1 주식기준보상의 가득조건

주식기준보상약정에 따라 거래상대방이 기업의 지분상품을 받을 자격을 획득하는 것을 가득(vesting)이라고 한다. 그리고 주식기준보상약정에 따라 거래상대방이 기업의 지분상품을 받을 자격을 획득하기 위해 충족해야 하는 조건을 가득조건(vesting condition)이라고 한다.

가득조건에는 용역제공조건과 성과조건이 있다([그림 17-1] 참조). 용역제공조건(service condition)은 거래상대방이 특정 기간 동안 용역을 제공해야 하는 조건이다. 성과조건(performance condition)은 거래상대방이 특정 기간 동안 용역을 제공하여 기업이 특정 성과목표를 달성(예를 들면, 특정 기간 정해진 기업이익의 증가)해야 하는 조건이다.

성과조건은 다시 시장조건과 비시장조건으로 나누어진다. 시장조건(market condition)은 기업 지분상품의 시장가격에 관련된 조건을 말한다. 시장조건의 예로 특정 주가의 달성이나 주식선택권의 특정 내재가치 달성 또는 기업 지분상품의 시장가격을 다른 기업의 지분상품 시장가격의 지수와 비교하여 지정한 목표의 달성 등이 있다.

---

1) 기업에 용역을 제공하는 다음 중 하나에 해당하는 개인을 말한다.
   ① 법률상 또는 세무상 종업원으로 분류되는 개인
   ② 법률상 종업원으로 분류되는 개인과 동일한 방식으로 기업의 지휘를 받으며 기업에 용역을 제공하는 개인
   ③ 종업원이 제공하는 근무용역과 비슷한 용역을 제공하는 개인
   종업원 및 유사용역제공자에는, 예를 들어 사외이사 등 기업의 활동을 계획, 지휘, 통제할 권한과 책임을 갖는 모든 관리자가 포함된다.
2) 연결실체 내의 다른 기업이 재화나 용역을 제공받을 때에도 주식기준보상약정에 따라 기업에 결제할 의무가 발생하면, 이도 역시 주식기준보상으로 본다.
3) 주식기준보상의 회계처리는 K-IFRS 제1102호(주식기준보상)에 규정되어 있다.

▶ **그림 17-1**
가득조건의 구분

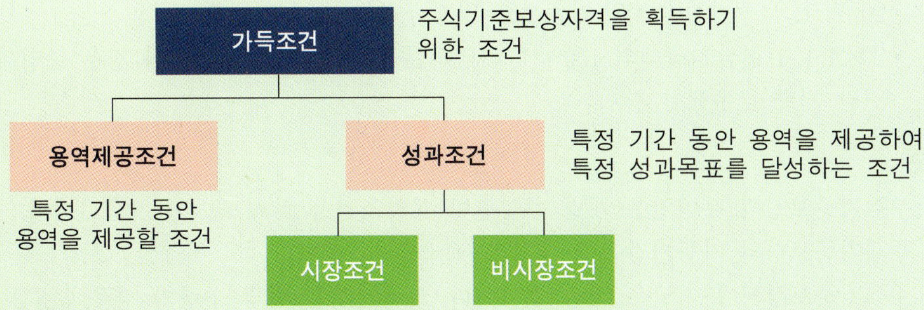

〈사례〉
- 용역제공조건 : 앞으로 3년간 계속 근무해야 한다.
- 성과조건-시장조건 : 주가가 경쟁사보다 향후 3년간 2% 이상 높게 상승해야 한다.
- 성과조건-비시장조건 : 향후 3년 이내에 매출목표 $100억을 달성해야 한다.

비시장조건은 특정 기간의 목표이익 달성, 목표매출액 달성 등 지분상품의 시장가격과 관련이 없는 조건을 의미한다.

주식기준보상의 가득과 관련하여 일자 및 기간으로 부여일, 가득기간, 측정기준일이 개념적으로 중요하다.

① 부여일(grant date) : 기업과 거래상대방(종업원 포함)이 주식기준보상약정에 합의한 날, 즉 기업과 거래상대방이 주식기준보상조건에 대해 공통으로 이해한 날이다.

② 가득기간(vesting period) : 부여일부터 주식기준보상약정에서 지정하는 가득조건이 충족되는 시점까지의 기간을 의미한다.

③ 측정기준일(measurement date) : 부여한 지분상품의 공정가치를 측정하는 기준일이다. 종업원과의 주식기준보상에서는 부여일을 측정기준일로 한다. 그리고 기타의 주식기준보상에서는 기업이 거래상대방에게서 재화나 용역을 제공받는 날을 측정기준일로 한다.

예제 17-1 부여일과 가득조건

(1) 20×1. 12. 1 이사회가 주식기준보상을 승인하고, 이에 대한 전반적인 계약조건을 20×1. 12. 31에 웹사이트에 공시하였다. 종업원들은 20×2. 2. 1에 자신들에게 부여된 주식기준보상의 내용에 대해 개별적으로 통보받았다. 주식기준보상의 부여일은 언제인가?

(2) 58세가 되는 종업원에게 60세 이후에 퇴직하면 가득되는 스톡옵션을 부여하였다. 그러나 해당 종업원은 60세에서 65세 사이에 회사의 동의 없이 언제라도 퇴직할 수 있다. 스톡옵션의 가득기간은 언제인가?

(3) 20×1. 1. 1에 회사의 종업원들과 주식기준보상의 세부내용에 합의하였다. 계약에 따르면 종업원들은 20×1. 3. 31에 다음 중 하나를 선택할 수 있다. 주식기준보상의 부여일과 가득기간은 언제인가?

➡계속

- 20×2. 1. 1 주가상승액을 기준으로 일정금액을 추가로 현금 수령
- 20×2. 1. 1 현금지급액의 150%에 해당하는 회사주식으로 수령(이 경우 종업원은 향후 3년간 계속 근무해야 함)

해답

(1) 주식기준보상의 부여일은 개별 종업원이 계약조건을 알게 된 20×2. 2. 1이다.
(2) 주식기준보상의 가득기간은 58세에서 60세까지 2년이다.
(3) 주식기준보상의 부여일은 20×1. 1. 1이다. 가득기간은 현금 수령의 경우에는 20×1. 1. 1부터 20×2. 1. 1까지의 1년이며, 회사주식 수령의 경우에는 계속 근무해야 하는 3년을 더한 4년이다.

2 주식기준보상의 유형

주식기준보상은 주식결제형, 현금결제형, 또는 선택형의 세 가지 유형으로 구분된다.

① 주식결제형 주식기준보상 : 기업이 재화나 용역을 제공받는 대가로 재화나 용역의 공급자에게 "자기 회사의 지분상품(주식 또는 주식선택권 등)"에 대한 권리를 부여하는 주식기준보상[4]

② 현금결제형 주식기준보상 : 기업이 재화나 용역을 제공받는 대가로 재화나 용역의 공급자에게 기업(또는 연결실체 내 다른 기업) 자신의 지분상품의 가격(또는 가치)에 기초한 금액만큼 "현금이나 그 밖의 자산을 지급"해야 하는 의무를 부담하는 주식기준보상

③ 선택형 주식기준보상 : 기업이나 거래상대방이 결제방식으로 현금 또는 그 밖의 자산의 지급(현금결제형)이나 기업 자신의 지분상품발행(주식결제형)을 선택할 수 있는 주식기준보상

▶ 그림 17-2
주식기준보상의 유형

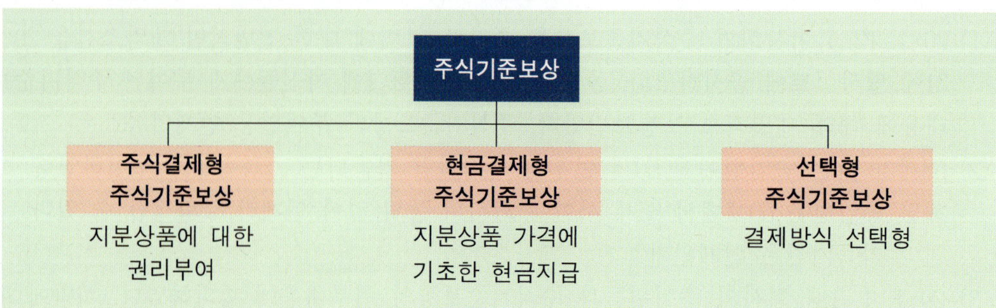

4) 또는 연결실체 내 다른 기업이 재화나 용역을 제공받은 대가로 주식기준보상약정에 따라 기업이 "자신의 지분상품"을 제공할 의무가 발생하는 거래

예제 17-2 현금결제형과 주식결제형 주식기준보상의 구분

다음의 두 독립적인 경우에 대해 주식기준보상이 현금결제형인지 주식결제형인지를 판단하라.

(1) 회사는 종업원이 용역을 제공하는 조건으로 자기주식을 제공하기로 하고, 이를 위해 제3자에게서 자기주식을 매입하기로 하였다.

(2) 종속기업이 자체의 종업원에게 지배기업 주식을 부여하기로 하였다.

해답

(1) 회사가 용역을 제공받고 자기주식을 제공하기로 한 주식기준보상은 주식결제형으로 본다. 이는 종업원에게 제공하기 위하여 제3자에게서 자기주식을 매입하는 것과 관계없다. 또한, 이 경우 종업원에게 부여하는 자기주식을 회사가 부여하든 주주가 부여하든 관계없이 주식결제형으로 본다.

(2) 종속기업은 이러한 주식기준보상을 현금결제형으로 보아야 하는데, 그 이유는 종속기업 자체의 주식을 제공하지 않기 때문이다.

대체적으로 주식결제형 주식기준보상인 경우에는 그 금액만큼을 자본(자본조정)의 증가로 인식하며, 현금결제형 주식기준보상인 경우에는 부채의 증가로 인식한다.

제 2 절 주식결제형 주식기준보상

주식결제형 주식기준보상의 경우 기업은 수취할 재화나 용역을 인식하고, 상대계정으로 자본(자본조정)의 증가를 인식한다. 주식결제형 주식기준보상을 간단하게 요약하면 [그림 17-3]과 같다.

▶ 그림 17-3
주식결제형 주식기준보상원가

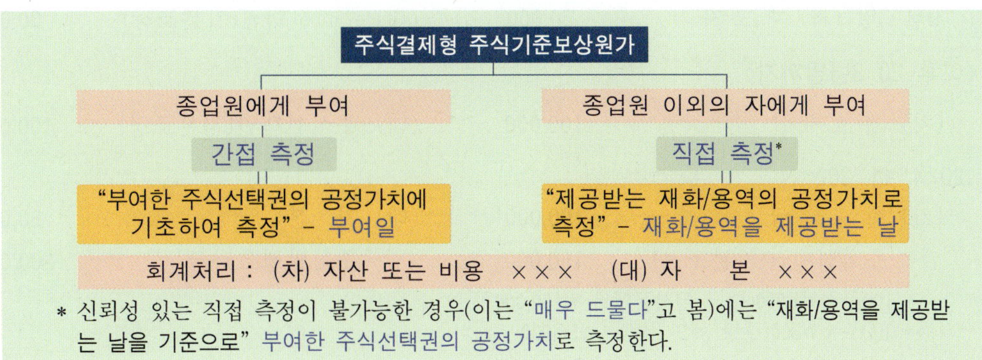

1 보상원가의 측정 1102:10-13

기업이 재화나 용역을 제공받으면 그에 상응하는 자본의 증가를 제공받는 재화나 용역의 공정가치로 직접 측정한다. 이는 일반원칙이고, 상세한 측정기준은 다음과 같다.

① 종업원이 아닌 거래상대방에게서 재화나 용역을 제공받는 경우 : 종업원이 아닌 거래상대방에게서 제공받은 재화나 용역의 공정가치는 반증이 없는 한 신뢰성 있게 측정할 수 있다고 본다. 이러한 공정가치는 재화나 용역을 제공받는 날을 기준으로 직접 측정한다.

예제 17-3 종업원 이외의 자에게 부여한 주식결제형 주식기준보상 – 재화를 제공받음

우리(주)는 20×1. 1. 1에 선중(주)로부터 원료를 공급받는 계약을 체결하였다. 당해 계약에 의하면 선중(주)가 앞으로 3년간에 걸쳐 원료 100톤을 공급하고, 이에 대한 대가로 우리(주)는 선중(주)에 약정기간 3년이 경과한 시점부터 2년 내에 우리(주)의 주식 100주(액면금액 ₩500)를 주당 ₩1,000에 매입할 수 있는 권리(주식선택권)를 부여하였다.
선중(주)는 20×1. 3. 5과 9. 5에 각각 10톤(톤당 시가 ₩2,000)과 20톤(톤당 시가 ₩1,500)을 공급하였다. 이후 3년에 걸쳐 100톤을 모두 공급하였고(여러 공급시점의 공정가치합계는 총 ₩150,000), 20×4. 11. 30에 선중(주)가 권리를 행사하여 우리(주)는 주식 100주를 발행하였다.
우리(주)가 20×1년 1년간 그리고 20×4. 11. 30에 기록할 분개를 제시하라.

해답

해당 주식기준보상의 분석 :

- 가득기간 : 3년(20×1. 1. 1부터 20×3. 12. 31까지)
- 측정기준일(주당금액) : 원료를 공급받는 시점(20×1. 3. 5, 9. 5 등)
- 거래금액 : 측정기준일에 공급받는 원료의 공정가치(예, 20×1. 3. 5 : 10톤×₩2,000=₩20,000)
- 인식시점 : 원료를 공급받는 시점

〈20×1년 1년간〉

3월 5일	(차) 재고자산	20,000	(대)	주식선택권(자본조정)	20,000
9월 5일	(차) 재고자산	30,000	(대)	주식선택권(자본조정)	30,000

〈이후 20×3년말까지〉

(차)	재고자산	100,000	(대) 주식선택권(자본조정)	100,000

〈20×4. 11. 30〉

(차)	현 금	100,000*	(대) 자 본 금	50,000**
	주식선택권(자본조정)	150,000	주식발행초과금	200,000

* 100주×₩1,000(주당 행사금액)=₩100,000
** 100주×₩500(주당 액면금액)=₩50,000

만일 예제 17-3 에서 우리(주)가 원료와 같은 재화가 아니고 3년간 법률서비스와 같은 용역을 받았다면, 용역을 제공받는 시점에 자산이 아니라 비용(예를 들면, 법률용역비)을 인식한다.

그런데 (매우 드물게) 제공받는 재화나 용역의 공정가치를 신뢰성 있게 측정할 수 없는 경우도 있다. 이때에는 측정기준일은 동일하게 재화나 용역을 제공받는 날을 기준으로 하되 부여한 지분상품의 공정가치에 기초하여 간접 측정한다.

예제 17-4 제공받은 재화나 용역의 공정가치를 식별할 수 없는 경우 주식기준보상액의 측정

기업이미지 제고를 위해 지역사회의 특정 계층에게 총공정가치 ₩100,000에 달하는 주식선택권을 부여하였다. 기업이미지 제고로 인한 경제적 효익으로는 고객기반 증가, 종업원 유치 및 유지, 또는 사업능력의 향상이나 유지 등이 있을 수 있다. 기업은 제공받는 대가를 특정하여 식별할 수 없다. 이 경우 주식기준보상액을 어떻게 측정해야 하는가?

해답

회사는 제공받는 재화나 용역의 공정가치를 신뢰성 있게 추정할 수 없으므로 부여한 주식선택권의 공정가치(재화나 용역을 제공받은 날을 기준으로 함)에 기초하여 간접 측정한다.

② 종업원으로부터 용역을 제공받을 경우 : 종업원으로부터 제공받은 용역의 공정가치는 신뢰성 있게 측정할 수 없다고 본다. 왜냐하면 기업은 종업원에게 기본급여 이외에 장려금의 일환으로서 주식선택권을 부여할 수 있는데, 이에 대응하는 근무용역의 가치를 직접 측정하는 것이 어렵기 때문이다. 따라서 종업원에게서 제공받는 근무용역의 공정가치는 부여한 지분상품(주식선택권)의 공정가치에 기초하여 간접 측정하고, 지분상품을 부여한 부여일을 기준으로 측정한다.

부여일을 기준으로 단위당 지분상품의 공정가치를 측정하고 부여일 이후에는 부여한 지분상품의 단위당 공정가치를 변경하지 않는다. 그러나 지분상품의 단위당 공정가치와 종업원 1인당 발행할 지분상품의 수가 변경되지 않더라도 가득일 이후 종업원의 퇴직 등으로 발행할 전체 지분상품의 수는 변할 수 있다. 이 경우 보고기간말의 보상원가(주식보상비용)가 변동하게 된다.

용역제공 기대기간이 주어진 경우에는 보상원가를 미래기대기간에 배분하여 인식한다. 각 보고기간말의 보상원가는 다음과 같이 측정한다.

보상원가(주식보상비용)=당기말 누적보상원가* − 전기말 누적보상원가

* 당기말 누적보상원가=총보상원가# × 당기말 누적인식비율(누적용역제공비율)

\# 총보상원가=단위당 지분상품의 공정가치(부여일 이후에 변경되지 않음) ×발행할 지분상품의 수

예제 17-5 종업원에게 부여한 주식결제형 주식기준보상 – 용역을 제공받음

송일(주)는 20×5. 1. 1에 종업원 100명에게 각각 주식선택권 50개(개당 행사가격 ₩700, 보통주의 액면금액 @₩500)를 부여하고 3년의 용역제공조건을 부과하였다. 부여일 현재 부여한 지분상품의 가치에 근거해서 측정한 주식선택권의 단위당 공정가치는 ₩300으로 추정되었다. 한편, 송일(주)는 종업원 중 25%가 부여일로부터 3년 이내에 퇴사하여 주식선택권을 상실할 것으로 추정하였다. 연도별로 보상원가를 계산하라.

해답

가득기간은 3년이므로 보상원가는 3년간 배분해야 하고, 측정기준일은 부여일인 20×5. 1. 1이다. 송일(주)가 가득기간에 인식할 보상원가(부여한 지분상품의 공정가치로 측정)는 다음과 같다.

회계연도	계산근거	당기보상원가*	누적보상원가
20×5	5,000개 × 75% × ₩300 × 1/3	₩375,000	₩375,000
20×6	(5,000개 × 75% × ₩300 × 2/3) − ₩375,000	375,000	750,000
20×7	(5,000개 × 75% × ₩300 × 3/3) − ₩750,000	375,000	1,125,000

* 보상원가는 주식보상비용의 과목으로 하여 그 성격에 따라 제조원가, 판매비와관리비 또는 개발비 등으로 처리하며, 주식보상비용의 상대계정으로는 주식선택권(자본조정)을 인식한다.

(주) 위에서 종업원 퇴사율(25%)은 변경될 수 있고, 이에 따라 발행할 전체 주식수가 수정될 수 있다. 그러나 주식선택권의 단위당 공정가치(₩300)는 부여일에 결정되고 이후에는 수정되지 않는다. 예를 들어 20×6년에 예상 퇴직률이 20%로 변경되었다면 20×6년의 당기보상원가는 다음과 같이 산출한다.

(5,000개 × 80% × ₩300 × 2/3) − ₩375,000 = ₩425,000

실제 결과가 추정과 일치한다면, 20×5년~20×7년 말에 각각 다음과 같은 회계처리를 한다.

(차) 주식보상비용	375,000	(대) 주식선택권(자본조정)	375,000

위의 예제 17-5 에서 만약 종업원이 20×8년 이후 부여받은 주식선택권을 모두 행사하여 주식(주당액면 ₩500)을 발행하였다면, 다음과 같이 회계처리한다.

(차) 현 금	2,625,000*	(대) 자 본 금	1,875,000**
주식선택권(자본조정)	1,125,000***	주식발행초과금	1,875,000

* 주식선택권 행사대금 : 3,750개(=5,000개 × 75%) × ₩700 = ₩2,625,000
** 3,750개 × ₩500(주당 액면금액) = ₩1,875,000
*** 이미 지난 3년간 주식선택권(자본조정)으로 누적하여 기록되었던 금액

(주) 회사가 신주를 발행하지 않고, 보유하고 있는 자기주식(취득원가 ₩2,000,000)을 교부하였다면, 주식선택권 행사시점에 송일(주)는 다음과 같은 분개를 한다.

(차) 현 금	2,625,000	(대) 자 기 주 식	2,000,000
주식선택권(자본조정)	1,125,000	자기주식처분이익	1,750,000

2 보상원가의 가득과 가득조건 1102:14-15

재화나 용역을 제공받으면 부여한 지분상품이 즉시 가득되는 경우와 지분상품을 가득하는 데 기간이 필요한 경우가 있다. 이에 따라 보상원가 인식방법이 다르다(〈표 17-1〉 참조).

▶ 표 17-1
가득조건에 따른 보상원가의 인식과 기대가득기간의 수정

가득조건			보상원가의 인식방법	
			보상원가의 인식시점	기대가득기간의 수정여부
즉시 가득			부여일에 즉시 인식	–
가득에 조건이 필요한 경우	용역제공조건		용역제공기간에 배분	–
	성과조건	시장조건	기대가득기간에 배분	수정할 수 없음
		비시장조건	기대가득기간에 배분	수정할 수 있음

지분상품이 즉시 가득되는 경우는 거래상대방이 근로계약을 체결하면서 계약보너스로 주식선택권을 부여받는 약정과 같이 주식기준보상약정에 따라서 지분상품을 획득할 권리를 바로 얻게 된 것을 의미한다. 이러한 경우에는 반증이 없는 한, 기업은 지분상품의 대가에 해당하는 용역을 이미 제공받은 것으로 본다. 따라서 기업은 이에 관련된 보상원가 전액을 부여일에 인식한다.

지분상품이 즉시 가득되지 않고, 종업원에게 미래 일정한 기간 동안 근무용역을 제공해야 한다는 조건을 제시할 수도 있다. 이러한 경우에는 수익·비용대응의 차원에서 제공받는 용역의 공정가치를 가득기간에 배분하여 인식한다.

그런데 가득조건이 용역제공조건이냐 성과조건이냐에 따라 가득기간에 차이가 있다.

① 용역제공조건 : 일정기간 용역을 제공하는 조건(예를 들면, 3년간 근무조건)으로 주식선택권을 부여하는 경우이다. 주식선택권의 대가에 해당하는 근무용역은 미래 용역제공기간(이 경우에는 3년)에 걸쳐 제공받는 것으로 본다.

② 성과조건 : 일정한 성과를 달성할 때까지 용역을 제공하는 조건으로 주식선택권을 부여하는 경우이다. 주식선택권의 대가에 해당하는 용역을 성과조건이 충족되는 날까지의 미래 기대가득기간에 걸쳐 제공받는 것으로 본다. 성과조건 기대가득기간은 부여일 현재 가장 실현가능성이 높다고 판단되는 성과조건의 결과에 기초하여 추정한다.

그런데 최초 추정된 기대가득기간은 성과조건이 시장조건인지 비시장조건인지에 따라서 후속적으로 수정할 수 있는지 아닌지 결정된다.

• 시장조건인 경우 : 특정 주가의 달성이나 기업의 주가가 다른 기업 주가와의 비교와 같이 지분상품의 시장가격에 기반한 목표를 달성하는 조건이다.

시장조건인 경우에는 기대가득기간을 후속적으로 수정하지 않는다. 왜냐하면 옵션가격결정모형 등 가치평가모형을 이용하여 부여한 주식선택권의 공정가치를 부여일에 추정할 때 기대가득기간의 추정치가 이미 적용되어 있으므로 이후에 사용되는 가정도 이와 일관성이 있어야 하기 때문이다.

- 시장조건이 아닌 경우 : 목표이익, 목표매출과 같이 지분상품의 시장가격과 직접적인 관련이 없는 목표를 달성하는 조건이다. 비시장조건인 경우 후속적인 정보를 반영하여 기대가득기간이 직전 추정치와 다르다면 기대가득기간의 추정치를 수정한다. 이는 시장조건의 경우와는 달리 비시장조건의 경우 기대가득기간을 고려하지 않고 주식선택권의 공정가치를 결정하기 때문이다. 이에 따라 매 보고기간말의 기대가득기간도 후속정보에 기초하여 조정한다. 예를 들어, 매출액 목표가 가득조건인 경우 매 보고기간말에 예상되는 매출액 목표달성시점이 변동되면 이를 반영하여 기대가득기간을 수정한다.

제공받는 재화나 용역은 원칙적으로 그 공정가치로 측정한다. 그러나 공정가치를 신뢰성 있게 측정할 수 없는 경우에는 측정기준일(종업원의 경우에는 부여일, 종업원 이외의 경우에는 재화나 용역을 제공받은 날)의 지분상품의 공정가치에 기초하여 보상원가를 인식한다. 지분상품의 공정가치를 신뢰성 있게 측정하지 못하는 경우에는 지분상품의 내재가치로 보상원가를 측정한다.

▶ 그림 17-4
보상원가의 측정

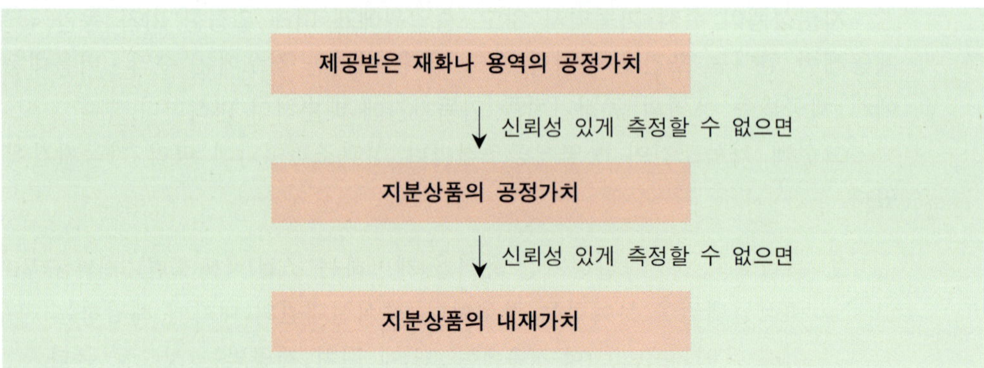

(1) 지분상품의 공정가치로 보상원가 측정 1102:16-23

지분상품의 공정가치에 기초하여 보상원가를 인식하는 경우 보상원가는 지분상품의 수량에 측정기준일의 지분상품 공정가치를 곱한 금액이다.

보상원가 = 지분상품의 수량 × 지분상품의 단위당 공정가치
(수정불가능 ; 측정기준일 현재의 공정가치)

주식결제형 주식기준보상에서는 지분상품의 단위당 공정가치를 측정기준일 현재로 측정하고 이후의 기간에는 지분상품의 공정가치가 변동해도 수정하지 않는다. 그러나 지분상품의 수량은 가득조건에 따라서 다음과 같이 결정된다.

① **시장조건인 경우** : 가득조건이 시장조건인 경우에는 "종업원 각자에게 부여하는 지분상품의 수량"을 수정하지 아니한다. 왜냐하면 가득조건이 측정기준일 현재 주식 또는 주식선택권의 공정가치를 추정할 때 이미 반영되기 때문이다. 예를 들어, 시장조건이 주가목표라면, 주가목표가 달성될 가능성이 이미 부여일에 주식선택권의 공정가치를 추정할 때 반영된다. 따라서 시장조건이 달성되는지 여부에 관계없이 다른 가득조건이 모두 충족되면, 제공받는 재화나 용역을 인식한다.

만일, 지분상품 부여일 이후 목표주가가 20% 이상 상승하면 주식선택권이 가득되는 조건인 경우에 목표주가의 달성시점이 변동된다고 해도 종업원이 퇴사하지 않는 한 "부여하는 지분상품의 총수량"이 변하지 않고 "기대가득기간"도 수정하지 않는다. 그리고 최종적으로 목표주가가 20% 이상 상승하지 않았다고 해도 이미 인식한 보상원가(주식보상비용)는 환입하지 않는다. 왜냐하면 목표주가 달성가능성이 부여일에 주식선택권의 공정가치 추정시점에 이미 고려되었기 때문이다.

그리고 앞에서 언급했듯이 가득조건이 시장조건인 경우 미래가득기간도 재추정하지 않는다.

그런데 거래상대방이 정해진 용역제공기간을 다 채워 근무하지 못하거나 성과조건 중 비시장성격의 성과조건을 충족하지 못할 때처럼, 시장조건이 아닌 가득조건이 충족되지 못하여 부여한 지분상품이 가득되지 못한다면, 누적기준으로 볼 때 제공받은 재화나 용역에 대해 어떠한 금액도 인식하지 아니한다.[5] 예를 들어 종업원이 특정 기간의 용역제공에 실패한 경우에는 주식보상원가가 환입되고 자본조정으로 인식된 금액은 누적적으로 ₩0이 된다. 종업원이 특정 기간의 용역제공에 실패한다면, 그 원인에 관계없이 그로 인해 종업원이 용역제공조건을 충족하지 못한다고 본다.

만일 회사가 3년 용역제공을 조건으로 임직원에게 주식선택권을 부여하였고 이의 공정가치를 측정하여 보상원가를 비용으로 처리하고 있었는데, 주식선택권 부여 6개월이 지난 보고기말 시점에 회사가 신규사업이 어려워짐에 따라 임직원을 해고, 권고사직 등의 구조조정을 하여 고용관계가 종료된 경우에는, 누적기준으로 제공받은 재화나 용역에 대해 어떠한 금액도 인식할 수 없으므로, 당해 연도에 주식보상원가가 ₩0이 되도록 회계처리한다.

---

5) 부여한 지분상품의 공정가치를 추정할 때, 가득(이나 행사가능성) 여부를 좌우하는 목표주가와 같은 시장조건을 고려한다. 따라서 시장조건이 있는 지분상품을 부여한 때에는 그 시장조건이 충족되는지에 관계없이 다른 모든 가득조건(예 : 정해진 기간에 계속 근무하는 종업원에게서 제공받는 근무용역)을 충족하는 거래상대방에게서 제공받는 재화나 용역을 인식한다.

예제 17-6 시장조건인 성과조건 – 종업원에게 부여한 주식결제형 주식기준보상

성리(주)는 20×1. 1. 1에 임원 5명에게 다음 조건의 주식선택권을 부여했다.

- 임원 1인당 100주
- 주가가 20% 상승하면 해당 임원이 회사에 근무하는 기간 동안 무상으로 발행

부여일 현재 주식선택권의 단위당 공정가치를 ₩2,000으로 추정하였으며, 목표주가는 약 2년 후(20×1년에는 이를 재추정하여 총 3년이 될 것으로 예상함)에 달성될 것으로 추정되었다. 5명의 임원 중 1명은 목표주가 달성 이전에 퇴사할 것으로 예상된다.

목표주가는 실제로 3년 뒤에 달성되었으며, 20×1년과 20×2년에 각각 1명의 임원이 퇴사하였다. 그리고 목표주가 달성 이전인 20×3년에 1명이 추가로 퇴사하였고, 20×4. 4. 1에 임원 2명이 권리를 행사하여 성리(주)는 주식 200주(주당액면 ₩500)를 발행하였다.

성리(주)가 위의 거래와 관련하여 기록해야 할 회계처리를 제시하라.

해답

보상원가의 측정기준일은 부여일인 20×1. 1. 1이고 기대가득기간은 2년이다. 성과조건이 시장조건이므로 기대가득기간은 수정할 수 없고, 임원당 지분상품의 수량도 수정하지 않는다. 그러나 임원의 퇴사 등으로 인하여 부여할 주식선택권의 총수량은 변할 수 있다. 이 사례에서는 퇴사한 임원이 있고, 보상원가는 기대가득기간에 배분하여 인식한다.

〈20×1년말〉

(차) 주식보상비용	400,000	(대) 주식선택권(자본조정)	400,000

* (주식선택권을 부여받을 예상 임원의 수 4명 × 100주 × ₩2,000) ÷ 2년 = ₩400,000

〈20×2년말〉

(차) 주식보상비용	200,000	(대) 주식선택권(자본조정)	200,000

* 3명 × 100주 × ₩2,000 − ₩400,000 = ₩200,000

(주) 퇴사한 종업원(1명)을 제외한 최초 추정수량과 기대가득기간(2년)은 수정되지 않고 그대로 유지하고, 그 기간 내에 예정(여기에서는 변경됨) 주식보상비용을 모두 인식한다.
만일 20×1년에 1명, 20×2년에 2명의 임원이 퇴사하였다면 회계처리가 없을 것이다. 왜냐하면 2명 × 100주 × ₩2,000 − ₩400,000 = ₩0이므로 인식할 주식보상비용이 ₩0이다. 그런데 만일 20×1년에 1명, 20×2년에 3명의 임원이 퇴사하였다면 다음과 같은 회계처리가 된다.

(차) 주식선택권(자본조정)	200,000*	(대) 주식보상비용	200,000

* 1명 × 100주 × ₩2,000 − ₩400,000 = − ₩200,000

〈20×3년말〉

추가로 1명이 퇴사했음에도 불구하고 가득기간 이후이므로 추가적인 회계처리를 하지 않는다. 즉 주식보상비용의 환입을 하지 않는다.

〈20×4. 4. 1(주식발행일)〉

(차) 주식선택권(자본조정)	600,000*	(대) 자 본 금	100,000**
		주식발행초과금	500,000

* 누적된 총금액 : ₩400,000 + ₩200,000 = ₩600,000

** 2명 × 100주 × ₩500(주당 액면금액) = ₩100,000

② 시장조건이 아닌 경우(용역제공조건 또는 비시장조건인 성과조건) : 성과조건이 시장조건이 아니라면 미래가득기간도 후속정보에 기초하여 수정할 수 있다. 또한 종업원 등 거래상대방에게 제공하는 1인당 지분상품의 수량도 조정될 수 있다. 즉, 후속정보에 비추어 볼 때 미래에 부여할 것으로 예상되는 1인당 지분상품의 수량이 비시장조건의 추정치가 변동하여 수정될 수 있다. 왜냐하면 시장조건이 아닌 가득조건은 주식선택권의 공정가치를 추정할 때 비시장조건이 고려되지 않기 때문이다. 그러나 궁극적으로 인식할 총보상비용은 최종 가득한 지분상품의 수량에 당초 추정한 지분상품의 단위당 공정가치를 곱한 금액이 된다.

만약 거래상대방이 특정 용역제공기간을 근무하지 못하거나 가득조건이 충족되지 못하여 부여한 지분상품이 가득되지 못한다면 최종적인 지분상품의 수량이 영(0)이 되고, 제공받는 재화나 용역에 대해 어떠한 금액도 인식하지 아니한다. 따라서 이때에는 이전기간에 인식했던 보상원가(주식보상비용)를 환입한다.

▶ 표 17-2
지분상품의 공정가치에 기초하여 측정하는 경우 - 성과조건에 따른 지분상품 수량과 기대가득기간

성과조건	1인당 지분상품의 수량	기대가득기간
시장조건	수정할 수 없음	수정할 수 없음
비시장조건	수정할 수 있음	수정할 수 있음

예제 17-7 시장조건이 아닌 성과조건 – 지분상품의 공정가치로 평가

송이(주)는 1차년도초에 판매부서 종업원 100명에게 각각 주식선택권을 부여하였다. 주식선택권은 종업원이 계속 근무하면서 특정 제품의 판매고가 1차년도에 비하여 매년 최소 5%만큼 증가하면 3차년도 말에 가득된다. 각 종업원이 받게 되는 주식선택권의 개수는 다음과 같다.

- 제품판매금액이 연평균 5% 내지 10% 증가하는 경우 : 100개
- 제품판매금액이 연평균 10% 내지 15% 증가하는 경우 : 200개
- 제품판매금액이 연평균 15% 이상 증가하는 경우 : 300개

부여일에 주식선택권의 단위당 공정가치는 ₩20으로 추정된다. 또한 부여일부터 3년 동안 제품판매금액이 연평균 10% 내지 15% 증가하여 3차년도말까지 종업원 1인당 200개의 주식선택권이 가득될 것으로 추정된다. 그리고 가중평균된 확률에 기초하여 3차년도말이 되기 전에 20%의 종업원이 퇴사할 것으로 추정된다.

- 1차년도 연말까지 7명이 퇴사하였고, 여전히 3차년도말까지 총 20명이 퇴사할 것으로 예상된다. 따라서 기업은 80명의 종업원이 3년의 기간 동안 계속 근무할 것으로 예상된다. 제품판매는 12% 증가하였으며, 기업은 이 증가율이 다음 2개 연도에도 계속될 것으로 추정된다.

➥계속

- 2차년도 연말까지 5명이 추가로 퇴사하여 총 퇴사자는 12명이 되었다. 3차년도에 3명이 더 퇴사(따라서 3년 동안 총 15명이 퇴사)하여 85명의 종업원이 남을 것으로 예상된다. 제품판매는 18% 증가하여 2년간 연평균 증가율이 15%에 달하였다. 또한 3년의 기간 동안 제품판매가 연평균 15% 이상 증가하여 3차년도말에는 종업원 1인당 300개의 주식선택권을 받을 것으로 예상된다.
- 3차년도 연말까지 추가로 2명이 퇴사하여 3년의 기간 동안 총 14명이 퇴사하였으며 86명이 남아 있다. 판매금액은 3년 동안 연평균 16% 증가하였다. 따라서 86명의 종업원이 1인당 300개의 주식선택권을 받게 되었다.

연도별로 보상원가를 계산하라.

해답

해당 주식기준보상의 분석 :

- 가득기간 : 미래 용역제공기간 3년
- 측정기준일(주당금액) : 부여일(1차년도초)
- 보상원가 : 발행할 주식수×주식선택권의 단위당 공정가치
- 인식시점 : 가득기간에 걸쳐 배분

송이(주)의 각 연도 당기 보상비용과 당기말 현재 누적보상비용은 다음과 같이 산출된다.

연 도	계 산	당기 보상비용	누적 보상비용
1	[80명×200개]×₩20×1/3	₩106,667	₩106,667
2	[85명*×300개**]×₩20×2/3−₩106,667	₩233,333	₩340,000
3	[86명*×300개**]×₩20×3/3−₩340,000	₩176,000	₩516,000

* 기대치에 근거하여 수정된다.

** 지분상품의 공정가치는 부여일에 추정한 금액(₩20)을 그대로 사용한다. 그러나 가득조건(제품의 판매금액 : 비시장조건)이 시장조건이 아니므로 지분상품의 수량은 수정할 수 있다(200개에서 300개로). 이에 따라 매 기간 총보상비용이 새로 추정되고 있다.

가득일이 지난 후에는 자본조정으로 인식한 금액을 수정하지 아니한다. 예를 들어 가득일 이후 주식선택권이 만기 소멸되거나 상실되는 경우에도 이미 자본조정으로 인식한 금액은 수정하지 않는다. 그러나 자본계정간의 이체를 금지하는 것은 아니다.

(2) 지분상품의 내재가치로 보상원가 측정 1102:24-25

종업원으로부터 용역을 제공받는 경우와 종업원 이외의 자로부터 재화와 용역을 제공받지만 공정가치를 신뢰성 있게 측정할 수 없는 때에는 부여한 지분상품(주식선택권)의 공정가치로 보상원가를 측정한다. 그러나 드물게 지분상품의 공정가치를 신뢰성 있게 결정할 수 없으면 거래상대방에게 재화나 용역을 제공받는 날을 기준으로 지분상품의 내재가치로 보상원가를 측정한다. 그리고 매 보고기간말과 최종결제일에 내재가치를 재측정하고 내재가치의 변동액을 당기손익(보상원가)에 반영한다.

① **내재가치** : 거래상대방이 청약할 (조건부 또는 무조건부) 권리를 갖고 있거나 제공받을 권리를 갖고 있는 주식의 공정가치와 거래상대방이 당해 주식에 대해 지급해야 하는 가격의 차이를 말한다. 예를 들어, 주식선택권의 행사가격이 ₩15이고 기초가 되는 주식의 공정가치가 ₩20이라면 내재가치는 ₩5(=₩20−₩15)이다.

내재가치=주식의 공정가치−주식선택권의 행사가격

② **지분상품의 수량** : 최초인식 후에 후속적인 정보에 비추어 볼 때(뒤에서 언급되는 조건의 변경 포함) 미래에 가득될 것으로 예상되는 주식선택권의 수량이 직전 추정치와 다르다면 "가득일까지" 계속해서 당해 추정치를 수정해 나간다. 즉 가득일에는 궁극적으로 가득된 지분상품의 수량과 일치하게 된다.

내재가치로 보상원가를 측정할 때에는 가득일에 수량이 확정된 후에도 최종결제일까지 내재가치가 변동하면, 이를 반영하여 보상원가를 수정한다. 앞서서 지분상품의 공정가치로 보상원가를 측정할 때에는 가득일 후에는 총보상원가가 변해도 추가적으로 보상원가의 수정을 하지 않은 회계처리와는 다른 회계처리이다. 왜냐하면 내재가치의 결정에는 공정가치의 결정과 달리 가치평가모형에 시간가치가 반영되어 있지 않아서 이를 보정해 주어야 하기 때문이다. 이에 따라 가득일 후에 주식선택권이 상실되거나 만기 소멸된다면, 제공받은 재화나 용역에 대하여 인식한 금액을 환입한다. 이 경우에 지분상품이 주식선택권이라면 주식기준보상약정의 최종결제일은 그 주식선택권이 행사되거나 만기소멸(주식선택권 계약기간 만료)되는 날로 한다.

예제 17-8 주식선택권의 가치로 내재가치법을 적용하는 경우

주보(주)는 20×1. 1. 1 종업원에게 주식선택권 5,000개를 부여하였다. 주식선택권에 대해서는 종업원이 20×3. 12. 31까지 근무하면 20×3. 12. 31에 가득된다. 주식선택권의 만기는 10년이며, 행사가격은 ₩600이고, 부여일 현재 기업의 주가도 ₩600이다. 그런데 주보(주)는 부여일 현재 주식선택권의 "공정가치를 신뢰성 있게 측정할 수 없다"고 판단하였다. 주식의 액면금액은 ₩500이다.

- 20×1. 12. 31 현재 부여한 주식선택권의 80%가 가득될 것으로 추정되었다.
- 20×2. 12. 31 현재 가득될 것으로 기대되는 주식선택권의 비율을 85%로 재추정하였다.
- 20×3. 12. 31에 4,300개의 주식선택권이 가득되었다.

20×1년부터 20×5년까지 기업의 주가와 행사된(연말에 행사) 주식선택권의 수량은 다음과 같다. 행사된 주식선택권은 모두 회계연도말에 행사되었다고 가정한다.

➡계속

연 도	연도말 주가	행사된 주식선택권 수량
20×1	₩630	0
20×2	660	0
20×3	750	0
20×4	880	600
20×5	1,000	3,700

해답

〈20×1. 12. 31〉(주식선택권의 보상원가를 인식)

(차) 주식보상비용 40,000* (대) 주식선택권(자본조정) 40,000

* 4,000개(=5,000개×80%)×(₩630－₩600)×1/3=₩40,000

〈20×2. 12. 31〉(보상원가의 추가 인식)

(차) 주식보상비용 130,000* (대) 주식선택권(자본조정) 130,000

* 4,250개(=5,000개×85%)×(₩660－₩600)×2/3－₩40,000=₩130,000

〈20×3. 12. 31〉(보상원가의 추가 인식)

(차) 주식보상비용 475,000* (대) 주식선택권(자본조정) 475,000

* 4,300개(최종 가득수량)×(₩750－₩600)－(₩40,000+₩130,000)=₩475,000
⇒ 주식선택권 잔액 : ₩645,000

〈20×4. 12. 31〉－가득기간이 지나도 주식선택권의 내재가치가 변동하면 최종결제일까지 매 기간 재측정한다.

1) 보상원가의 추가 인식

(차) 주식보상비용 559,000* (대) 주식선택권(자본조정) 559,000

* 4,300개×(₩880－₩600)－이미 인식된 금액(₩645,000)=₩559,000
(주) 가득기간 이후 수량은 4,300개로 변동하지 않지만 내재가치는 변동[₩150(=₩750－₩600)에서 ₩280(=₩880－₩600)으로]할 수 있다.
⇒ 주식선택권 잔액 : ₩1,204,000(=₩645,000+₩559,000)

2) 주식선택권의 일부(600개) 행사

(차) 현 금 360,000* (대) 자 본 금 300,000**
주식선택권(자본조정) 168,000# 주식발행초과금 228,000

* 600개×₩600(행사가격)=₩360,000
** 600개×₩500(액면금액)=₩300,000
\# ₩1,204,000×600/4,300=₩168,000
⇒ 주식선택권 잔액 : ₩1,036,000(=₩1,204,000－₩168,000)

〈20×5. 12. 31〉

1) 보상원가의 추가 인식(행사되지 않은 3,700개의 주식선택권에 대해)

(차) 주식보상비용 444,000* (대) 주식선택권(자본조정) 444,000

* 3,700개×(₩1,000－₩600)－₩1,036,000=₩444,000
⇒ 주식선택권 잔액 : ₩1,480,000(=₩1,036,000+₩444,000)

2) 나머지 주식선택권의 행사

(차) 현 금	2,220,000*	(대) 자 본 금	1,850,000**
주식선택권(자본조정)	1,480,000	주식발행초과금	1,850,000

* 3,700개 × ₩600(행사가격) = ₩2,220,000
** 3,700개 × ₩500(액면금액) = ₩1,850,000

(주) 종업원이 행사기간 내에 주식선택권을 행사하지 않아서 소멸된 부분이 있다면, 다음과 같이 제공받은 용역에 대해 인식한 금액을 환입한다.

(차) 주식선택권(자본조정) ××× (대) 주식보상비용(환입) ×××

예제 17-9 종합 – 종업원에게 부여한 주식결제형 주식기준보상

성리(주)는 20×1. 1. 1에 임원 5명에게 다음 조건의 주식선택권을 부여했다.

- 임원 1인당 100주
- 주가가 20% 상승하면 해당 임원이 회사에 근무하는 기간 동안 무상으로 발행

부여일 현재 주식선택권의 단위당 공정가치를 ₩2,000으로 추정하였으며, 목표주가 ₩2,400은 2년 후에 달성될 것으로 추정되었다. 5명의 임원 중 1명은 목표주가 달성 이전에 퇴사할 것으로 예상되었다.

20×2년에 목표주가가 실제로 3년 뒤인 20×3년에 달성될 것으로 다시 추정하였고, 실제로 20×3년에 달성되었다. 20×1년과 20×2년에 각각 1명의 임원이 퇴사하였다. 그리고 20×2년에 추정한 바로는 목표주가 달성 이전인 20×3년에 1명이 추가로 퇴사할 것으로 예상되었고, 실제로 20×3년에 1명이 퇴사하였다. 20×4. 4. 1에 임원 2명이 권리를 행사하여 성리(주)는 주식 200주(주당 액면 ₩500)를 발행하였다.

1) 성리(주)가 위의 거래와 관련하여 20×2년과 20×3년에 기록해야 할 회계처리를 제시하라. 보상원가 측정기준일은 부여일인 20×1. 1. 1이고, 기대가득기간은 2년이다.
2) "주가가 20% 상승하면"이라는 조건 대신에 "매출액이 20% 상승하면"이라는 조건으로 바꾼다면, 위의 거래와 관련하여 20×2년과 20×3년에 기록해야 할 회계처리를 제시하라.
3) 주식선택권의 가치를 측정할 수 없어 내재가치를 이용해야 한다면, 위 2)의 답은 어떻게 달라지는지 설명하라.

해답

1) 성과조건이 시장조건이므로 기대가득기간과 (퇴사가 없는 한) 부여할 주식선택권의 수량도 변하지 않는다.

〈20×1년〉

(차) 주식보상비용	400,000	(대) 주식선택권(자본조정)	400,000*

* 4명 × 100주 × ₩2,000 × 1/2 = ₩400,000

〈20×2년〉

(차) 주식보상비용	200,000	(대) 주식선택권(자본조정)	200,000

➡계속

* 3명×100주×₩2,000－₩400,000(＝4명×100주×₩2,000/2년)＝₩200,000

(주) 처음에 추정한 기대가득기간(2년)은 수정되지 않고 그대로 유지하고, 그 기간 내에 예정(여기에서는 변경됨) 주식보상비용을 모두 인식한다.

〈20×3년〉

추가로 1명이 퇴사했음에도 불구하고 가득기간 이후이므로 추가적인 회계처리를 하지 않는다. 즉 주식보상비용의 환입을 하지 않는다.

2) 성과조건이 비시장조건이다. 기대가득기간이 변경되어 이를 수정하고, 부여할 주식선택권의 수량도 변한다.

〈20×1년〉

(차) 주식보상비용	400,000	(대) 주식선택권(자본조정)	400,000*

* 4명×100주×₩2,000×1/2＝₩400,000

〈20×2년〉

(차) 주식선택권(자본조정)	133,333	(대) 주식보상비용(환입)	133,333

* (2명×100주×₩2,000/3년)×2년－₩400,000＝(₩133,333)

(주) 기대가득기간은 2년에서 3년으로, 그리고 발행주식수는 3명×100주＝300주에서 2명×100주＝200주로 수정하여 주식보상비용을 인식한다.

〈20×3년〉

(차) 주식보상비용	133,333	(대) 주식선택권(자본조정)	133,333

* (2명×100주×₩2,000)－(₩400,000－₩133,333)＝₩133,333

3) 최종결제일(20×4. 4. 1)까지 내재가치의 변동을 지속적으로 반영하여 주식보상비용을 인식한다.

3 지분상품의 조건변경과 기업에 의한 취소나 중도청산 1102:26-29

이미 부여한 지분상품의 조건(공정가치, 수량, 가득조건 등)을 변경하거나 취소 또는 중도에 청산을 하는 경우가 있다.

(1) 조건의 변경

이미 부여한 지분상품의 조건을 변경하는 경우가 있다. 예를 들어, 이미 종업원에게 부여한 주식선택권의 행사가격을 낮추어 주식선택권의 공정가치를 높이거나 부여할 지분상품의 수량을 증가, 또는 가득기간을 변경할 수도 있다.

부여한 지분상품의 조건을 변경할 때에는 제공받은 근무용역은 지분상품의 "부여일" 당시의 공정가치 이상으로 인식해야 한다. 즉, 지분상품의 조건변경 이후에 인식하는 근무용역의 공정가치는 최초 부여일 시점에 측정한 공정가치와 최소한 같거나 또는 큰 값을 가져야 한다. 이에 따라 주식기준보상약정의 총공정가치를 증가시키거나 종업원에게 "유리하게" 조건을 변경하는 경우에 추가로 조건변경의 효과, 즉 조건변경으로 증가한 증분가치를 인식하는 회계처리를 한다. 그러나 종업원에게 "불리하게" 조건변경을 한 경우에는 조건변경이 없는 것으로 보고, 당초 부여한 지분상품의 대가로 제공받은 용역을 계속 인식한다.

① 지분상품의 공정가치를 증가시킨 경우 : 행사가격의 인하 등으로 지분상품의 공정가치를 증가시킨 경우에는 제공받는 근무용역의 금액(주식기준보상원가)은 증분공정가치를 가산한다. 증분공정가치란 당초 지분상품의 공정가치와 조건변경일에 변경된 지분상품의 공정가치의 차이이다.

증분공정가치＝변경된 지분상품의 공정가치－당초 지분상품의 공정가치

가득기간중에 조건변경이 있더라도 당초 부여일에 측정한 지분상품의 공정가치는 당초 가득기간의 잔여기간에 걸쳐 인식한다. 그리고 증분공정가치는 조건변경일부터 변경된 지분상품이 가득되는 날까지에 걸쳐 추가로 인식한다. 가득일 후에 조건변경이 있는 경우에는 즉시 증분공정가치를 인식한다.

② 지분상품의 수량을 증가시킨 경우 : 제공받는 근무용역의 금액은 조건변경일 현재 수량의 증가로 늘어난 지분상품의 공정가치를 가산한다. 예를 들어, 가득기간중에 수량을 증가시켰으면 당초 부여일에 측정한 지분상품의 공정가치는 당초 가득기간의 잔여기간 동안 인식하고, 추가로 수량증가로 늘어난 공정가치는 조건변경일부터 변경된 지분상품이 가득되는 날까지에 걸쳐 인식한다.

③ 가득기간을 변경한 경우 : 종업원에게 유리하도록 가득기간을 변경한 경우에도 앞의 ①, ②와 같이 회계처리한다.

이를 요약하면 아래와 같다.

▶ **표 17－3**
부여한 지분상품의 조건변경 회계처리

조건변경 유형	거래상대방에게 유리한 변경	거래상대방에게 유리하지 않은 변경	가득기간 내의 조건변경	가득기간 이후의 조건변경
회계처리	인식	불인식	증가한 지분상품의 공정가치를 조건변경일부터 변경된 지분상품의 가득일까지 배분 (당초 부여한 지분상품의 공정가치는 당초 가득기간의 잔여기간에 배분)	즉시 인식

예제 17-10 주식기준보상의 조건변경

예제 17-5 에서 20×6년에 주가가 하락함에 따라 ₩700이었던 주식선택권의 행사가격을 하향조정하였다. 이로 인해 행사가격을 조정한 날에 주식선택권의 공정가치는 단위당 ₩300에서 단위당 ₩320으로 재추정되었다. 이 경우 주식선택권의 단위당 증분공정가치는 다음과 같이 계산된다.

조건변경일 추정한 변경된 주식선택권의 공정가치	₩320
(−) 조건변경일에 추정한 당초 주식선택권의 공정가치	(300)
증분공정가치	₩20

주식기준보상의 조건변경에 따른 회계처리를 하라.

해답

송일(주)는 20×6년의 당기주식보상비용을 다음과 같이 수정하여 인식한다.

(차) 주식보상비용	412,500*	(대) 주식선택권(자본조정)	412,500

* (5,000개 × 75%) × (₩300 × 2/3 + ₩20 × 1/2#) − ₩375,000 = ₩412,500
# 1년이 경과했기 때문에 20×7년까지 잔여연수가 2년이다.

(2) 취소나 중도청산

부여한 지분상품을 가득기간중에 기업이 취소하거나 중도에 청산하는 경우의 회계처리는 다음과 같다(가득조건이 충족되지 못하여 부여된 지분상품이 상실되어 취소된 경우가 아님).

① 주식기준보상의 취소나 중도청산이 발생하면 부여된 지분상품이 일찍 가득되었다고 본다. 그래서 즉시 가득된 것으로 본다. 즉 취소나 중도청산이 없을 경우 잔여가득기간에 인식해야만 하는 보상원가를 즉시 인식한다.

② 취소나 중도청산으로 종업원에게 지급하는 금액은 종업원에게 부여한 자기지분상품의 재매입, 즉 자본거래인 유상감자와 동일한 거래로 본다. 유상감자에 해당하므로 회계처리시에 자본(주식선택권에서 먼저, 그리고 다음으로 자본잉여금)에서 차감한다. 다만, 지급액이 재매입일 현재 지분상품의 공정가치를 초과하는 경우에는 (추가적인 급여 지급, 즉 손익거래로 보아) 그 초과액을 비용(주식보상비용)으로 인식한다.6)

③ 종업원에게 새 지분상품을 부여하고 이것이 취소한 지분상품을 대체하는 경우 대체상품의 부여를 원래 지분상품에 대한 조건변경으로 본다.7)

---

6) 그러나 주식기준보상약정에 부채요소가 포함되어 있다면, 취소일이나 중도청산일에 당해 부채의 공정가치를 재측정한다. 또한 부채요소를 결제하기 위해 지급한 금액이 있다면 부채의 상환으로 회계처리한다.

7) 이 경우 부여한 증분공정가치는 대체지분상품을 부여한 날 현재 대체지분상품의 공정가치와 취소한 지분상품의

예제 17-11 부여한 지분상품의 중도청산

예제 17-5 에서 주식선택권 부여시점부터 3년간의 용역제공기간 내에 퇴사하는 종업원이 없을 것이라고 가정하자. 송일(주)가 20×6. 12. 31에 개당 현금 ₩350(단, 청산일 현재 개당 공정가치는 ₩330)으로 주식선택권 5,000개를 전액 중도청산했다고 할 경우 회계처리는?

해답

[중도청산 이전까지 주식보상비용의 인식]

〈20×5. 12. 31〉

(차) 주식보상비용	500,000*	(대) 주식선택권(자본조정)	500,000

* 5,000개 × ₩300 × 1/3 = ₩500,000

〈20×6. 12. 31〉

(차) 주식보상비용	500,000	(대) 주식선택권(자본조정)	500,000

[중도청산 관련 회계처리]

〈20×6. 12. 31〉

1) 잔여가득기간(20×7년)에 제공받을 용역에 대해 보상원가를 즉시 인식한다.

(차) 주식보상비용	500,000	(대) 주식선택권(자본조정)	500,000

2) 중도청산으로 지급하는 금액을 자본(주식선택권에서 먼저, 그리고 다음으로 자본잉여금)에서 차감한다. 단, 중도청산으로 인한 지급액이 재매입일 현재 지분상품의 공정가치를 초과하는 경우에는 그 초과액을 비용(주식보상비용)으로 인식한다.

(차) 주식선택권(자본조정)	1,500,000	(대) 현 금	1,750,000*
주식선택권청산손실(자본조정)	150,000**		
주식보상비용	100,000#		

* 5,000개 × ₩350 = ₩1,750,000

** 공정가치 − 주식선택권의 장부금액 = 5,000개 × ₩330 − ₩1,500,000(= 5,000개 × ₩300) = ₩150,000

(주) 주식선택권청산손실은 당기손익이 아니고 자본거래로 인한 것이므로 자본항목(자본조정이나 기타자본잉여금)으로 처리한다.

\# 지급액이 공정가치를 초과하는 금액 : 5,000개 × (₩350 − ₩330) = ₩100,000

기업이 지분상품을 부여한 당시의 조건을 변경하든지, 부여한 지분상품을 취소하거나 중도청산하든지 여부와 관계없이 제공받는 근무용역은 최소한 지분상품의 부여일 당시의 공정가치에 따라서 인식하게 된다.

다만, 가득조건(시장조건 제외)이 충족되지 못해서 부여한 지분상품을 상실하게 되어 취소되는 경우는 제외한다. 이 경우에는 다음과 같이 환입하는 회계처리를 한다.

순공정가치의 차이금액으로 한다. 취소한 지분상품의 순공정가치는 취소 직전의 공정가치에서 본문 위의 ②에 따라 자본의 감소로 회계처리하는 지급액을 차감한 금액으로 한다. 기업이 새로 부여한 지분상품을 취소한 지분상품의 대체로 식별하지 아니하는 경우에는 새로운 지분상품을 부여한 것으로 회계처리한다.

(차) 주식선택권(자본조정) ××× (대) 주식보상비용(환입) ×××

그러나 가득조건이 시장조건인 경우에는 시장조건이 충족되지 못한다는 이유로 이미 인식한 보상원가(주식보상비용)는 환입하지 않는다.

제3절 현금결제형 주식기준보상

현금결제형 주식기준보상은 기업이 재화나 용역을 제공받은 대가로 기업의 지분상품 가치에 기초한 현금이나 기타자산을 거래상대방에게 지급하는 거래이다. 전형적인 예로는 현금결제형 주가차액보상권(cash-settled share appreciation rights)[8]이 있다. 현금결제형 주가차액보상권을 부여받는 거래상대방은 일정한 가득조건을 충족하면 일정기간 기업의 주가상승액에 기초하여 현금을 지급받게 된다.

앞의 주식결제형 주식기준보상에서는 제공받는 재화나 용역의 대가로 현금이 지급되지 않고 자본이 증가하게 된다. 이렇게 인식되는 자본은 나중에 재측정되지 않는다. 반면, 현금결제형 주식기준보상에서는 제공받는 재화나 용역의 대가로 궁극적으로 현금(또는 기타자산)이 지급된다. 따라서 기업은 다음과 같이 관련 부채를 인식해야 하고 거래상대방에게 실제로 지급될 현금액의 변동을 반영하기 위해 **최종결제일까지 재측정한다.** 1102:30-33D

(차) 보 상 원 가 ××× (대) 장기미지급비용 ×××
(자산 또는 보상비용) (부채)

만약 최종결제일의 현금지급액과 부채의 장부금액에 차이가 있다면, 이러한 차이는 실제 현금지급액에 맞춰 조정해야 한다. 이에 따라 최종적인 보상원가는 결제일에 확정된다.

주식결제형 주식기준보상과 같이 현금결제형 주가차액보상권이 부여된 즉시 가득되는 경우에는 반증이 없는 한 종업원에게서 이미 근무용역을 제공받은 것으로 본다. 따라서 보상원가와 부채를 즉시 인식한다.

그러나 가득기간이 포함된 용역제공조건이 충족되어야만 주가차액보상권이 가득

8) 일정기간 기업의 주가가 지정된 가격을 초과하는 경우 그 보유자에게 초과금액을 보상받을 수 있는 권리를 부여하는 계약을 말한다. 기업이 초과금액을 지급하는 수단으로 현금을 사용하면 현금결제형 주식기준보상에 해당하고 기업의 주식을 사용하면 주식결제형 주식기준보상에 해당한다.

된다면 보상원가와 부채는 가득기간에 배분하여 인식한다. 가득일 이후에 발생하는 부채의 공정가치 변동액도 당기 보상원가에 가감하여 인식한다. 즉 주가차액보상권을 부여함에 따라 인식하는 부채는 부여일부터 부채의 결제가 이루어질 때까지 매 재무상태표일과 최종결제일에 주가차액보상권의 공정가치로 측정한다([그림 17-5] 참조).[9)]

▶ 그림 17-5
현금결제형 주식기준보상

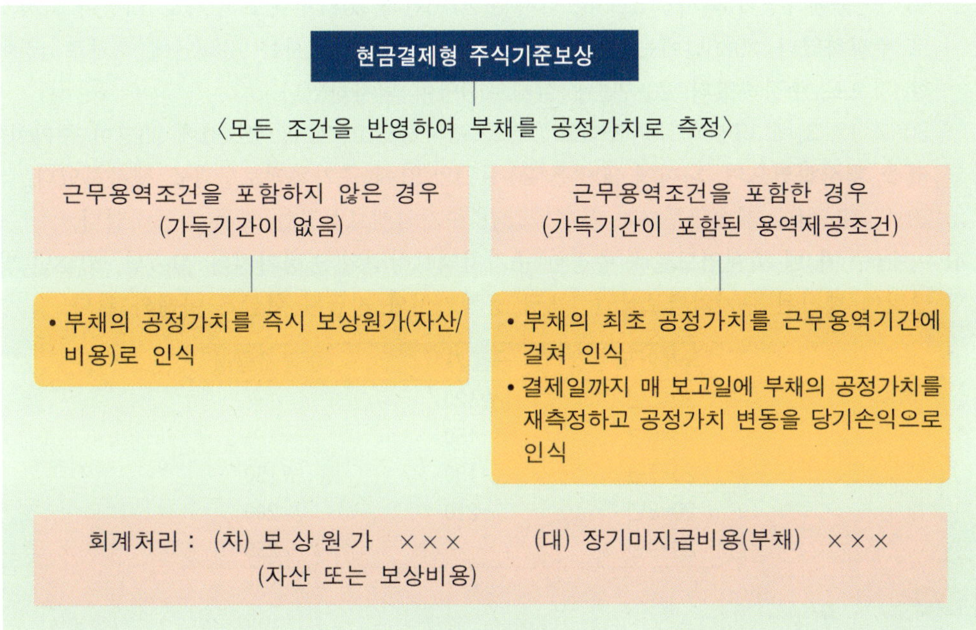

주식결제형 주식기준보상과 현금결제형 주식기준보상 금액을 비교하면 [그림 17-6]과 같이 요약된다.

▶ 그림 17-6
주식기준보상원가의 재평가

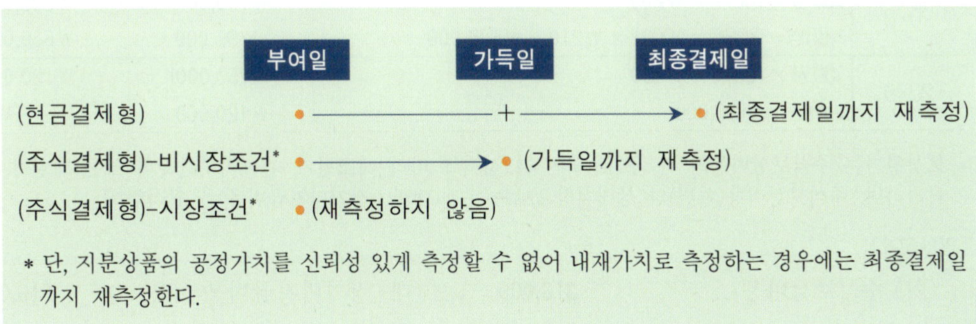

9) 공정가치의 측정은 옵션가격결정모형을 사용하며 주가차액보상권의 부여조건과 측정기준일까지 종업원에게서 근무용역을 제공받은 정도를 고려한다.

예제 17-12 현금결제형 주식기준보상 – 용역제공거래

다음 정보에 근거하여 여수(주)의 연도별 보상원가와 각 연도말의 부채를 계산하라.

1) 여수(주)는 20×5. 1. 1에 종업원 100명에게 각각 현금결제형 주가차액보상권 100개를 부여하고, 3년의 용역제공조건을 부과하였다.
2) 20×5년중에 7명이 퇴사하였으며, 회사는 20×6년과 20×7년에도 추가로 14명이 퇴사할 것으로 추정하였다. 20×6년에는 실제로 9명이 퇴사하였고, 회사는 20×7년에 추가로 4명이 퇴사할 것으로 추정하였다. 20×7년에 실제로 4명이 퇴사하였다.
   20×7. 12. 31에 15명이 주가차액보상권을 행사하였고, 20×8. 12. 31에 35명이 주가차액보상권을 행사하였으며, 나머지 30명은 20×9. 12. 31에 주가차액보상권을 행사하였다.
3) 20×7. 12. 31에 계속근무자는 부여받았던 주가차액보상권을 모두 가득하였다.
4) 여수(주)가 매 회계연도말에 추정한 주가차액보상권의 공정가치와 20×7년, 20×8년 및 20×9년말에 행사된 주가차액보상권 1개당 공정가치와 지급된 현금은 아래와 같다.

회계연도	공정가치	현금지급액
20×5년	₩120	–
20×6년	150	–
20×7년	190	₩150
20×8년	210	200
20×9년	–	250

해답

연 도	계산근거	당기 보상원가*	부채 장부금액*
20×5	(100명－21명)×100개×₩120×1/3	₩316,000	₩316,000
20×6	(100명－20명)×100개×₩150×2/3－₩316,000	₩484,000	₩800,000
20×7	15명×100개×₩150 (100명－20명－15명)×100개×₩190－₩575,000	(₩225,000) ₩660,000	₩575,000 ₩1,235,000
20×8	35명×100개×₩200 (65명－35명)×100개×₩210－₩535,000	(₩700,000) ₩95,000	₩535,000 ₩630,000
20×9	30명×100개×₩250 ₩0－(₩120,000)	(₩750,000) ₩120,000	(₩120,000) ₩0

* 보상원가는 주식보상비용의 과목으로 하여 그 성격에 따라 제조원가, 판매비와관리비 또는 개발비 등으로 처리하며, 주식보상비용(차변)의 상대계정으로는 부채(대변 : 장기미지급비용)를 인식한다.

〈20×5년〉

(차) 주식보상비용	316,000	(대) 장기미지급비용	316,000

〈20×6년〉

(차) 주식보상비용	484,000	(대) 장기미지급비용	484,000

〈20×7년〉

(차) 장기미지급비용	225,000	(대) 현 금	225,000
(차) 주식보상비용	660,000	(대) 장기미지급비용	660,000

〈20×8년〉

(차) 장기미지급비용	700,000	(대) 현　　금	700,000
(차) 주식보상비용	95,000	(대) 장기미지급비용	95,000

〈20×9년〉

(차) 장기미지급비용	750,000	(대) 현　　금	750,000
(차) 주식보상비용	120,000	(대) 장기미지급비용	120,000

현금결제형 주식기준보상이 특정 가득조건이 충족될 것을 조건으로 부여될 수도 있다. 예를 들어 특정 이익 또는 주가를 달성하는 것과 같은 성과조건을 부과할 수 있다. 시장조건이 아닌 성과조건은 측정기준일 현재 현금결제형 주식기준보상의 공정가치를 추정할 때 고려되지 아니한다. 대신 시장조건이 아닌 가득조건은 거래에서 생기는 부채의 측정에 포함하는 권리의 수량을 조정하는 방식으로 반영한다. 만약 후속적인 정보에 비추어 볼 때 가득될 것으로 예상하는 권리의 수량이 앞서 추정했던 수량과 다르면 추정치를 바꾼다.

따라서 가득일의 추정치는 궁극적으로 가득된 권리의 수량과 같아지게 된다. 또한 추정은 실제 결제일까지 변경되기 때문에 현금결제형 주식기준보상의 대가로 제공받는 재화나 용역에 대해 궁극적으로 인식되는 누적금액은 현금지급액과 동일하다.

예제 17-13 현금결제형 주식기준보상 – 비시장 성과조건

성미(주)는 종업원 50명에게 앞으로 3년간 근무하고 기업 매출액이 3차년도말까지 목표 ₩10억을 달성할 것을 조건으로 현금결제형 주가차액보상권(SARs)을 1인당 10개씩 부여하였다. 1차년도말에 기업은 3차년도말까지 매출액 목표를 달성하지 못할 것이라고 예상하였다. 2차년도에는 기업 매출액이 유의적으로 증가하여 3차년도말까지 매출액 목표를 달성할 것으로 예상하였다. 매출액 목표 달성여부와 용역제공조건을 충족할 것으로 예상되는 종업원 수에 대한 현황은 다음과 같다.

연 도	용역제공조건을 충족할 것으로 예상되는 종업원 수	매출액 목표 달성여부에 대한 최선의 추정치
1	50	미달성
2	47	달성
3	45	달성

3차년도말에 목표매출액을 달성하였고, 이에 따라 종업원 45명에 대한 주가차액보상권이 가득되었다. 다음 표는 매 회계연도말에 추정한 주가차액보상권의 공정가치와 행사일의 주가차액보상권의 내재가치(현금지급액과 일치)를 보여준다.

➡계속

연 도	공정가치	내재가치
1	₩1,440	–
2	1,550	–
3	1,820	₩1,500
4	2,140	2,000
5	2,500	2,500

(주) 기업은 현금결제형 주가차액보상권이 모두 결제될 때까지 매 회계연도말에 주가차액보상권의 공정가치를 추정하며, 이때 매출액 목표에 관한 성과조건과 용역제공조건은 고려하지 않는다.

4차년도말에 15명이 주가차액보상권을 행사하였고 나머지 30명은 5차년도말에 주가차액보상권을 행사하였다. 1차년도부터 5차년도말까지 매년 계상할 주식보상비용과 매년말에 부채로 인식해야 하는 금액을 산출하라. 단, 종업원보상이 자산의 원가에 포함되는 경우는 없다고 가정한다.

해답

연 도	계 산	당기 보상원가	부채 장부금액
1	주가차액보상권이 가득되지 않을 것으로 예상 : 비용을 인식하지 않음	0	0
2	주가차액보상권이 가득될 것으로 예상 : 47명×10개×₩1,550×2/3	₩485,667	₩485,667
3	45명×10개×₩1,820×3/3−₩485,667	₩333,333	₩819,000
4	(45−15)명×10개×₩2,140−₩819,000	(₩177,000)	₩642,000
	+15명×10개×₩2,000	300,000	
	합 계	₩123,000	
5	₩0−₩642,000	(₩642,000)	0
	+30명×10개×₩2,500	750,000	
	합 계	₩108,000	
	총 계	₩1,050,000	

주식기준보상이 조건변경으로 현금결제형에서 주식결제형으로 변동되는 경우에는 조건변경일에 부여된 지분상품의 공정가치에 기초하여 측정한 주식결제형 주식기준보상 중에서 재화나 용역을 제공받은 만큼은 자본으로 인식하고, 현금결제형 주식기준보상 관련 부채는 제거하며, 그 차이 금액은 즉시 당기손익으로 인식한다.

조건변경이 가득기간 후에 발생하더라도 동일한 회계처리를 한다. 만약 조건변경의 결과로 가득기간이 연장되거나 축소된다면 변경된 가득기간을 반영한다.

예제 17-14 현금결제형에서 주식결제형으로 변경

시원(주)는 20×1. 1. 1에 종업원 10명에게 앞으로 4년간 근무할 것을 조건으로 각각 주가차액보상권 10개씩을 부여하였다. 20×1. 12. 31 기업은 주가차액보상권의 단위당 공정가치를 ₩1,000으로 추정하였고, 20×2. 12. 31 추정치는 ₩1,200이다.

20×2. 12. 31 시원(주)는 주가차액보상권을 취소하고 그 대신 종업원에게 앞으로 2년간 근무할 것을 조건으로 주식선택권 10개씩을 부여하였다. 즉 가득기간에는 변함이 없다. 같은 날 주식선택권의 단위당 공정가치는 ₩1,320이었다. 모든 종업원이 요구되는 용역을 제공할 것으로 예상하였으며 실제로도 그러하였다.

20×1. 12. 31부터 20×4. 12. 31까지 시원(주)가 필요한 회계처리를 제시하라. 단, 편의상 종업원 보상이 자산의 원가에 포함되는 경우는 없다고 가정한다.

해답

1) 조건변경일(20×2. 12. 31) 현재 조건변경일까지 제공받은 용역에 상응하는 주식결제형 주식기준보상의 공정가치 ₩66,000(=10명×10개×₩1,320×2/4)을 동일한 용역에 상응하는 현금결제형 주식기준보상의 ₩60,000(=10명×10개×₩1,200×2/4)과 비교한다. 차액(₩6,000)은 조건변경일에 즉시 당기손익으로 인식한다.
2) (조건변경일의 공정가치로 측정된) 주식결제형 주식기준보상의 나머지 부분은 조건변경일부터 남은 2년의 가득기간에 걸쳐 주식보상비용으로 인식한다.

연 도	계산근거	회계처리
20×1년	10명×10개×₩1,000×1/4	(차) 주식보상비용 25,000 (대) 장기미지급비용 25,000
20×2년	조건변경 전 재측정 : 10명×10개×₩1,200×2/4−₩25,000	(차) 주식보상비용 35,000 (대) 장기미지급비용 35,000
	조건변경일 : 부채(장기미지급비용)를 제거하고 자본의 공정가치와 결제효과 ₩6,000을 인식 (10명×10개×₩1,320×2/4)−(10명×10개×₩1,200×2/4)	(차) 장기미지급비용 60,000 주식보상비용 6,000 (대) 주식선택권(자본조정) 66,000
20×3년	10명×10개×₩1,320×3/4−₩66,000	(차) 주식보상비용 33,000 (대) 주식선택권(자본조정) 33,000
20×4년	10명×10개×₩1,320×4/4−(₩66,000+₩33,000)	(차) 주식보상비용 33,000 (대) 주식선택권(자본조정) 33,000

제4절 선택형 주식기준보상

주식기준보상 중에서 기업이나 거래상대방이 결제방식으로 현금(또는 기타 자산)의 지급이나 기업의 지분상품발행을 선택할 수 있다. 이러한 주식기준보상을 선택형 주식기준보상이라고 한다.

선택형 주식기준보상은 "거래의 실질"에 따라서 회계처리한다. 즉 기업이 현금이나 기타자산을 지급해야 하는 부채를 부담하는 부분은 현금결제형 주식기준보상으로 회계처리하고, 그러한 부채를 부담하지 않는 부분은 주식결제형 주식기준보상으로 회계처리한다([그림 17-7] 참조).[10]

▶ **그림 17-7**
선택형 주식기준보상

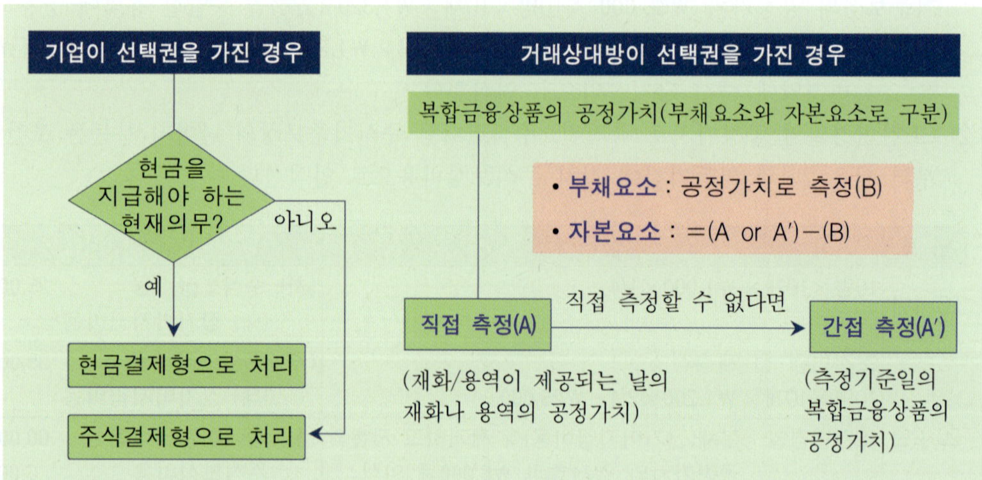

이러한 결제방식의 선택권이 기업에 있는 경우와 거래상대방에게 있는 경우로 나누어서 회계처리를 살펴보자.

---

10) 기업이 주식기준보상과 관련된 종업원의 납세의무에 해당하는 금액을 원천징수하고 종업원을 대신하여 과세당국에 그 금액을 주로 현금의 형태로 이전하는 경우 이러한 주식기준보상약정에는 '순결제특성'이 있다. 그러나 이러한 순결제특성이 없다고 가정할 경우 당해 주식기준보상약정이 주식결제형 주식기준보상으로 분류된다면, 그 전부를 주식결제형 주식기준보상으로 분류한다.
  주식기준보상과 관련된 종업원 납세의무에 대해 과세당국에 지급할 금액을 충당하기 위해 주식을 원천징수하는 경우 원천징수된 주식에 해당하는 자본에서 차감하여 회계처리한다. 그러나 지급금액이 원천징수된 지분상품의 순결제일 공정가치를 초과하면 그 초과액을 비용으로 처리한다.

1 기업이 결제방식을 선택할 수 있는 경우 1102:41-43

기업이 현금결제방식이나 주식결제방식을 선택할 수 있는 경우에는, 우선 현금을 지급해야 하는 현재의무가 있는지 여부를 결정해야 한다. 다음과 같은 경우에는 "현금을 지급해야 하는 현재의무"가 존재하는 것으로 본다.

① 지분상품을 발행하여 결제하는 방식에 상업적 실질이 결여된 경우(예를 들면, 법률에 의해 주식발행이 금지되는 경우)
② 현금으로 결제한 과거의 실무관행이 있거나 현금결제정책이 명백히 규정되어 있는 경우
③ 거래상대방이 현금결제를 요구할 때마다 일반적으로 기업이 이를 수용하는 경우

현금을 지급해야 하는 현재의무가 있으면 현금결제형 주식기준보상으로 보아 당해 의무를 부채로 기록한다. 그러나 실제로 결제가 주식으로 이루어졌다면, 부채를 주식의 발행금액으로 본다.

한편 현금을 지급해야 하는 현재의무가 없는 경우에는 주식결제형 주식기준보상으로 보아 그 공정가치를 보상원가와 자본(자본조정)으로 인식한다. 그리고 실제로 결제시점에서 지분상품의 발행으로 결제가 이루어졌다면 이미 인식한 자본조정을 제거하고 주식발행을 인식한다. 그러나 결제시점에서 현금결제방식을 선택했다면 자기지분상품의 재매입으로 보아 현금지급액을 자본(자본조정)에서 차감한다.

어느 경우이든지 실제로 지급한 금액이 주식결제방식을 선택할 때 발행해야 하는 지분상품의 공정가치를 초과하거나 또는 실제로 발행한 지분상품의 공정가치가 현금결제방식을 선택할 때 지급해야 하는 금액을 초과하는 경우에는 그 초과결제금액을 추가비용(주식보상비용)으로 인식한다.

2 거래상대방이 결제방식을 선택할 수 있는 경우 1102:35-40

기업이 거래상대방에게 현금결제방식이나 주식결제방식의 선택권을 부여한 경우에는 부채요소(거래상대방의 현금결제요구권)와 자본요소(거래상대방의 지분상품결제요구권)가 포함된 복합금융상품을 부여한 것으로 본다. 이때 부채요소의 공정가치를 먼저 결정하고, 자본요소는 다음과 같이 복합금융상품의 공정가치에서 부채요소의 공정가치를 차감하여 측정한다.

자본요소 = 복합금융상품의 공정가치 − 부채요소 공정가치

복합금융상품의 공정가치는 다음과 같이 측정한다.

① 종업원이 아닌 자와의 주식기준보상거래 : "재화나 용역을 제공받은 날 현재"로 제공받은 재화나 용역의 공정가치를 직접 측정
② 제공받는 재화나 용역의 공정가치를 직접 측정할 수 없는 거래(종업원과의 주식기준보상거래를 포함) : 당해 거래조건을 고려하여 "측정기준일 현재(부여일 또는 재화나 용역이 제공되는 날)" 복합금융상품의 공정가치를 측정[11)]

복합금융상품 중에서 부채요소에 대하여는 현금결제형 주식기준보상과 같이 거래상대방에게서 재화나 용역을 제공받을 때 보상원가와 부채의 증가를 인식한다. 부채는 매 보고기간말과 최종결제일까지 공정가치로 재측정한다. 자본요소에 대하여는 주식결제형 주식기준보상과 같이 거래상대방에게서 재화나 용역을 제공받을 때 보상원가와 자본(자본조정)의 증가를 인식한다.

최종결제시점에 거래상대방이 현금결제방식을 선택하는 경우 현금지급액은 모두 부채의 상환액으로 본다. 그러나 거래상대방이 현금결제방식을 선택함으로써 지분상품결제요구권을 상실하게 되므로 이미 인식한 자본요소는 계속 자본으로 분류한다. 한편, 기업이 결제일에 현금을 지급하는 대신 지분상품을 발행한 경우에는 부채의 장부금액을 발행되는 지분상품의 대가로 보아 자본으로 직접 대체한다.

예제 17-15 선택형 주식기준보상

경재(주)는 종업원에게 가상주식 1,000주(주식 1,000주에 상당하는 현금지급에 대한 권리) 또는 주식 1,200주를 선택할 수 있는 권리를 부여하였다. 각 권리는 종업원이 3년간 근무할 것을 조건으로 한다. 단, 종업원이 주식 1,200주를 제공받는 결제방식을 선택하는 경우에는 주식을 가득일 이후 3년간 보유해야 한다.

경재(주) 주식의 주당 액면금액은 ₩10이며, 부여일의 주가는 단위당 ₩50이다. 1차, 2차 및 3차년도 말의 주가는 각각 ₩52, ₩55 및 ₩60이다. 기업은 부여일 이후 3년 동안 배당금을 지급하지 않을 것으로 예상한다. 가득 이후 양도제한의 효과를 고려할 때 주식 1,200주를 제공받는 결제방식의 부여일 공정가치가 주당 ₩48이라고 추정된다.

3차년도말에 종업원은 현금결제방식이나 주식결제방식을 선택할 수 있다.

---

11) 거래상대방은 주식결제방식을 선택하기 위해서 현금결제방식을 포기해야 한다. 이러한 주식기준보상은 일반적으로 행사시점에 각 결제방식의 공정가치가 같도록 설계될 것이다. 이 경우 복합금융상품의 공정가치는 부채요소의 공정가치와 같고, 자본요소의 공정가치는 영(0)이다. 이와는 달리 만약 행사시점에 주식결제방식의 공정가치가 현금결제방식의 공정가치보다 높을 가능성이 있다면, 자본요소의 공정가치는 영(0)보다 크고, 복합금융상품의 공정가치는 부채요소의 공정가치보다 크다.

경재(주)가 각 연도별로 비용과 부채로 계상할 금액을 산출하라. 또한 종업원이 3차년도말에 권리를 행사했을 때 경재(주)가 필요한 분개를 제시하라.

해답

(1) 부여일(1차년도초) 현재 복합금융상품의 공정가치 측정
주식결제방식의 공정가치 = ₩57,600(=1,200주 × ₩48)
현금결제방식의 공정가치 = ₩50,000(=1,000주 × ₩50)
⇒ 큰 금액(복합금융상품의 공정가치)

(2) 복합금융상품 내 부채요소의 공정가치 = ₩50,000
복합금융상품 내 자본요소의 공정가치 = ₩7,600(= ₩57,600 − ₩50,000)

(3) 경재(주)가 인식할 금액은 다음과 같다.

연도말	계 산	비 용	자 본		부 채	
			당기	누적	당기	누적
1	부채요소 : (1,000 × ₩52 × 1/3) 자본요소 : (₩7,600 × 1/3)	₩17,333 ₩2,533	 ₩2,533	 ₩2,533	₩17,333	₩17,333
2	부채요소 : (1,000 × ₩55 × 2/3) − ₩17,333 자본요소 : (₩7,600 × 2/3 − ₩2,533)	₩19,333 ₩2,533	 ₩2,533	 ₩5,066	₩19,333	₩36,666
3	부채요소 : (1,000 × ₩60) − ₩36,666 자본요소 : (₩7,600 × 3/3 − ₩5,066)	₩23,334 ₩2,534	 ₩2,534	 ₩7,600	₩23,334	₩60,000

(4) 종업원이 3차년도말에 권리를 행사할 때 경재(주)는 다음과 같은 분개를 한다.

① 현금결제방식 : 현금 ₩60,000을 지급

(차) 장기미지급비용(부채)	60,000	(대) 현 금	60,000
(차) 주식선택권(자본조정)	7,600	(대) 기타자본잉여금	7,600

② 주식결제방식 : 주식 1,200주를 발행

(차) 장기미지급비용(부채)	60,000	(대) 자 본 금	12,000*
주식선택권(자본조정)	7,600	주식발행초과금	55,600

* 1,200주 × ₩10(액면금액) = ₩12,000

종합예제

CHAPTER 17

1. 주식선택권의 회계처리 – 가득기간의 여부

성은(주)는 종업원 500명에게 각각 주식선택권 100개를 부여하였다. 각 주식선택권은 종업원이 앞으로 3년간 근무할 것을 조건으로 한다. 부여일 현재 주식선택권의 단위당 공정가치는 ₩15으로 추정된다. 또한 종업원 중 20%가 부여일로부터 3년 이내에 퇴사하여 주식선택권을 상실할 것으로 추정된다.

요구사항

1. 실제 결과가 추정과 일치할 때 주식선택권 부여 후 3년간 인식할 각 연도의 보상비용과 누적보상비용을 구하라.
2. 종업원들의 퇴사와 퇴사추정치가 다음과 같을 때 3년 동안의 보상비용과 누적보상비용을 계산하라.
   - 1차년도중에 20명이 퇴사하였고, 성은(주)가 가득기간(3년)에 퇴사할 것으로 기대되는 종업원의 추정비율은 20%(100명)에서 15%(75명)로 수정되었다.
   - 2차년도에 22명이 더 퇴사하였고, 가득기간(3년) 전체에 걸쳐 퇴사할 것으로 기대되는 종업원의 추정비율은 다시 15%에서 12%(60명)로 변경되었다.
   - 3차년도에는 15명이 더 퇴사하였다. 결국 3차년도말 현재 총 57명이 퇴사하여 주식선택권을 상실하였고, 총 44,300개(=443명×100개)의 주식선택권이 가득되었다.

해 답

1. 성은(주)가 가득기간에 주식선택권의 대가로 제공받는 근무용역에 대해 인식할 금액은 다음과 같다.

연 도	계 산	당기보상비용	누적보상비용
1	50,000개×80%×₩15×1/3	₩200,000	₩200,000
2	(50,000개×80%×₩15×2/3)−₩200,000	₩200,000	₩400,000
3	(50,000개×80%×₩15×3/3)−₩400,000	₩200,000	₩600,000

2. 3년 동안 보상비용과 누적보상비용으로 인식할 금액은 다음과 같다.

연 도	계 산	당기보상비용	누적보상비용
1	50,000개×85%×₩15×1/3	₩212,500	₩212,500
2	(50,000개×88%×₩15×2/3)−₩212,500	₩227,500	₩440,000
3	(44,300개×₩15×3/3)−₩440,000	₩224,500	₩664,500

종업원이 5차년도초에 주식선택권을 행사한다면 다음과 같이 회계처리한다. 단, 성은(주) 주식의 단위당 액면금액과 주식선택권의 행사가격은 각각 ₩50과 ₩60이라고 가정한다.

(차) 현 금	2,658,000*	(대) 자 본 금	2,215,000**
주식선택권(자본조정)	664,500	주식발행초과금	1,107,500

* 주식선택권 행사대금 : 44,300개×₩60=₩2,658,000

** 44,300개×₩50(주당 액면)=₩2,215,000

2. 가득기간을 좌우하는 시장조건이 부과된 경우

근태(주)는 1차년도초에 고위 임원 10명에게 각각 존속기간이 10년인 주식선택권 10,000개를 부여하였다. 이 주식선택권은 당해 임원이 주가목표가 달성될 때까지 계속하여 근무한다면 근태(주)의 주가가 ₩50에서 ₩70으로 상승할 때 가득되며 즉시 행사가능하게 될 것이다.
기업은 부여일에 주식선택권의 공정가치를 단위당 ₩25으로 추정하였다. 또한 기대가득기간을 5년으로 추정하였다. 2명의 임원이 5차년도말까지 퇴사할 것으로 추정되었고, 따라서 5차년도말에 80,000개(=10,000개×8명)의 주식선택권이 가득될 것으로 추정된다.

요구사항

1차년도부터 5차년도까지 인식할 보상비용과 누적보상비용을 계산하라.

해 답

1차년도부터 4차년도까지, 5차년도말까지 총 2명이 퇴사할 것이라는 추정에는 변함이 없다. 그러나 3차, 4차 및 5차년도에 각 1명씩 총 3명이 퇴사하였다. 주가목표는 실제로 6차년도에 달성되었다. 6차년도말에 주가목표가 달성되기 전에 1명의 임원이 추가로 퇴사하였다.
이 경우 근태(주)는 부여일에 추정한 기대가득기간에 걸쳐 제공받는 근무용역을 인식해야 하고, 이러한 추정을 수정할 수 없다. 따라서 근태(주)는 1차년도부터 5차년도까지 임원에게서 제공받는 근무용역을 인식해야 한다. 따라서 거래금액은 궁극적으로 70,000개(10,000개×5차년도말 현재 근무하고 있는 임원 7명)의 주식선택권에 기초하여 결정된다. 6차년도에 추가로 임원 1명이 퇴사하였음에도 불구하고 이미 5년의 기대가득기간을 채웠기 때문에 어떠한 조정도 하지 않는다.
근태(주)가 1차년도부터 5차년도까지 인식할 금액은 다음과 같다.

연 도	계 산	당기보상비용	누적보상비용
1	80,000개 × ₩25 × 1/5	₩400,000	₩400,000
2	(80,000개 × ₩25 × 2/5) − ₩400,000	₩400,000	₩800,000
3	(80,000개 × ₩25 × 3/5) − ₩800,000	₩400,000	₩1,200,000
4	(80,000개 × ₩25 × 4/5) − ₩1,200,000	₩400,000	₩1,600,000
5	(70,000개 × ₩25 × 5/5) − ₩1,600,000	₩150,000	₩1,750,000

3. 선택형 주식기준보상 – 회사가 결제방식을 선택할 수 있는 경우

12월말 결산법인인 융성(주)는 20×5. 1. 1에 최고경영자에게 다음과 같은 주식기준보상(주식수 100주)을 제공하였다.

- 최고경영자가 옵션을 행사할 때 주식을 교부할 것인지 또는 현금으로 결제(보상기준가격과 행사가격의 차이)할 것인지를 융성(주)가 결정할 수 있다.
- 약정용역제공기간은 2년이다.
- 옵션을 현금으로 결제하는 경우에 옵션의 공정가치는 다음과 같다.

일 자	공정가치
20×5. 1. 1	₩2,400
20×5. 12. 31	₩3,000
20×6. 12. 31	₩2,000
20×7. 12. 31	₩2,500

- 융성(주)가 최고경영자에게 선택형 옵션을 부여할 당시 옵션의 기대권리소멸률은 0%이며, 향후 동 소멸률이 변경되지 않는 것으로 가정한다.
- 법인세효과는 고려하지 않는다.

요구사항

법인세효과를 고려하지 않는다고 가정하고 다음 물음에 답하라.

1. 융성(주)가 과거 경험에 비추어 볼 때 '현금을 지급해야 하는 현재의무가 없는 경우'
   (1) 융성(주)의 20×5년부터 20×7년까지의 회계처리를 하라.
   (2) 20×8년초에 융성(주)가 실제로 옵션을 결제할 때 '현금으로 결제하는 경우'와 '지분상품의 발행으로 결제하는 경우' 각각 회계처리를 제시하라. 단, 현금으로 결제하는 경우 현금지급액은 주당 ₩2,500이며, 이 금액은 결제일의 지분상품 공정가치이다. 주식의 액면금액은 주당 ₩1,000이다.
2. 융성(주)가 선택형 옵션을 통상 현금으로 결제해 왔기 때문에 '현금을 지급해야 하는 현재의무가 있는 경우'
   (1) 융성(주)의 20×5년부터 20×7년까지의 회계처리를 하라.
   (2) 20×8년초에 융성(주)가 옵션을 현금으로 결제하는 경우의 회계처리를 제시하라. 단, 주당 현금지급액은 20×7년말의 옵션의 공정가치로 한다.

해 답

1. 현금을 지급해야 하는 의무가 없는 경우

(1) 20×5년 12월말 :

(차) 주식보상비용	120,000	(대) 주식선택권(자본조정)	120,000*

* ₩2,400×100개×1/2=₩120,000

20×6년 12월말 :

(차) 주식보상비용	120,000	(대) 주식선택권(자본조정)	120,000*

* ₩2,400×100개－₩120,000=₩120,000

20×7년 12월말 회계처리 : －회계처리 없음－

(2) 20×8년초 :

• 현금으로 결제하는 경우 :

(차) 주식선택권(자본조정)	240,000*	(대) 현 금	250,000**
주식선택권청산손실#	10,000		

* ₩2,400×100개=₩240,000
** ₩2,500×100개=₩250,000
# 자본조정 또는 기타자본잉여금 : 현금지급액이 결제일의 공정가치를 초과하지 않으므로

• 지분상품을 발행하여 결제하는 경우 :

(차) 주식선택권(자본조정)	240,000	(대) 자 본 금	100,000*
		주식발행초과금	140,000

* ₩1,000(액면가)×100주=₩100,000

2. 현금을 지급해야 하는 의무가 있는 경우

(1) 20×5년 12월말 :

(차) 주식보상비용	150,000	(대) 장기미지급비용(부채)	150,000*

* ₩3,000×100개×1/2=₩150,000

20×6년 12월말 :

(차) 주식보상비용	50,000	(대) 장기미지급비용(부채)	50,000*

* ₩2,000×100개－₩150,000=₩50,000

20×7년 12월말 :

(차) 주식보상비용	50,000	(대) 장기미지급비용(부채)	50,000*

* ₩2,500×100개－₩200,000=₩50,000

(2) 20×8년초 :

(차) 장기미지급비용(부채)	250,000	(대) 현 금	250,000*

* ₩2,500×100개=₩250,000

익힘문제

CHAPTER 17

1. 기업에서 주식기준보상제도를 운용하는 목적은 무엇인가?

2. 주식기준보상의 유형을 제시하고, 이의 특징을 설명하라.

3. 주식기준보상약정에서 가득조건이란 무엇인가? 특히 용역제공조건과 성과조건(시장조건 및 비시장조건)에 대한 예를 제시하라.

4. 주식기준보상의 측정기준일과 부여일의 차이를 설명하라. 또한 가득기간에 대해서도 예를 들어 설명하라.

5. 주식결제형 주식기준보상에서 지분상품이 즉시 가득되는 경우와 지분상품의 가득에 조건이 필요한 경우 회계처리에 차이가 있는가?

6. 주식결제형 주식기준보상에서 보상원가를 측정하는 방법을 기술하라. 또한 보상원가를 기간별로 안분하는 방법에 대해서도 기술하라.

7. 주식결제형 주식기준보상에서 보상원가를 지분상품의 공정가치에 기초하여 측정하는 경우와 내재가치에 의해 측정하는 경우 각각에 대하여 측정하는 방법과 이를 기간별로 안분하는 방법의 차이를 기술하라.

8. 주식기준보상에서 이후에 조건이 변경되는 경우의 회계처리를 기술하라. 이는 기업에 의해 취소 또는 중도청산되는 경우의 회계처리와 어떻게 다른가?

9. 부여한 지분상품의 조건이 변경되거나 기업에 의해서 취소나 중도청산이 될 때의 회계처리를 설명하라.

10. 현금결제형 주식기준보상에서 보상원가를 측정하는 방법을 기술하라. 또한 보상원가를 기간별로 안분하는 방법에 대해서도 기술하라.

11. 선택형 주식기준보상에서 기업이 결제방식을 선택할 수 있는 경우의 회계처리를 제시하라.

12. 선택형 주식기준보상에서 거래상대방이 결제방식을 선택할 수 있는 경우의 회계처리를 제시하라.

연습문제

1. 주식선택권

회사는 여러 가지 이유로 당해 회사의 보통주를 특정한 가격으로 매입할 수 있는 주식선택권(stock option)을 발행하고 있다. 매입가격은 상황에 따라 현재의 시가보다 낮거나, 같거나 아니면 높을 수도 있다. 예를 들어 주식선택권은 다음과 같이 발행된다.

① 지분비율에 따라 현재의 주주에게
② 보상성 주식선택권의 계획에 따라 주요 임직원에게
③ 당해 회사 채권의 구입자에게

요구사항

1. 주식선택권이 사용되는 이유를 설명하라.
2. 각각의 경우 회사 주식의 현재 시가와 관련하여 발행되는(또는 주어지는) 주식선택권 가격의 중요성과 그 주식선택권이 행사될 수 있는 기간에 대하여 기술하라.
3. 주식선택권이 유효한 기간 동안 재무제표와 주석에 공시되어야 하는 정보를 기술하라.

2. 시장조건인 성과조건

섭이(주)는 1차년도초에 임원에게 3년간 근무할 것을 조건(비시장조건)으로 주식선택권 1,000개를 부여하였다. 그러나 1차년도초에 ₩500인 기업의 주가가 3차년도말에 ₩650 이상으로 상승하지 않는다면(시장조건), 이 주식선택권은 행사될 수 없다. 3차년도말에 기업의 주가가 ₩650 이상이 되면 임원은 주식선택권을 다음 7년 동안 언제든지 행사할 수 있다.
이러한 시장조건이 부과된 주식선택권의 공정가치는 단위당 ₩240으로 추정된다.
1차~3차년도의 연도별로 보상원가를 계산하라.

3. 비시장조건인 성과조건이 부과된 경우 (I)

대한(주)는 20×1. 1. 1 종업원 100명에게 1인당 10개의 주식선택권을 부여하였다. 주식선택권의 행사가격은 개당 ₩200으로 보통주식의 주당 액면금액은 ₩100이며, 권리행사를 위해서는 3년간의 용역제공조건이 부여되었다. 주식선택권의 공정가치와 퇴사인원에 대한 정보는 아래와 같다. 대한(주)가 20×2년도에 인식할 주식보상비용은 얼마인가?

	주식선택권의 공정가치	퇴사인원	
		누적퇴사인원	추가퇴사예정인원
20×1년초	₩250	–	10명
20×1년말	₩100	5명	5명
20×2년말	₩150	10명	5명
20×3년말	₩200	15명	–

4. 비시장조건인 성과조건이 부과된 경우 (Ⅱ)

순기(주)는 1차년도초에 종업원 500명에게 가득기간중 계속 근무할 것을 조건으로 각각 주식 100주를 부여하였다. 부여한 주식은 기업의 이익이 18% 이상 성장하면 1차년도말에, 2년간 이익이 연평균 13% 이상 성장하면 2차년도말에, 3년간 이익이 연평균 10% 이상 성장하면 3차년도말에 가득된다. 1차년도초 현재 부여한 주식의 단위당 공정가치는 ₩30이며 이는 부여일의 주가와 동일하다. 부여일부터 3년간은 배당금이 지급되지 않을 것으로 예상된다.

- 1차년도말까지 기업의 이익은 14% 증가하였으며 30명이 퇴사하였다. 순기(주)는 2차년도에도 비슷한 비율로 이익이 성장하여 2차년도말에 주식이 가득될 것으로 예상된다. 또한 2차년도에 30명이 추가로 퇴사하여 2차년도말에는 총 440명이 각각 100주를 가득할 것으로 예상된다.
- 2차년도말까지 순기(주)의 이익은 10% 증가하는 데 그쳐 2차년도말에 주식이 가득되지 못하였다. 이 연도에 28명이 퇴사하였다. 3차년도에 25명이 추가로 퇴사할 것으로 예상되며, 이익은 최소한 6% 이상 성장하여 연평균 10%를 달성할 것이라고 예상된다.
- 3차년도말까지 23명이 퇴사하였고 이익은 8% 증가하여 연평균 10.67% 증가하였다. 따라서 3차년도말에 총 419명의 종업원이 각각 100주를 받았다.

각 연도의 당기보상비용과 각 연도말의 누적보상비용을 산출하라.

5. 비시장조건인 성과조건이 부과된 경우 (Ⅲ)

명기(주)는 1차년도초에 고위임원에게 3차년도말까지 근무할 것을 조건으로 주식선택권 10,000개를 부여하였다. 주식선택권의 행사가격은 ₩40이다. 그러나 3년의 기간 동안 기업의 이익이 연평균 10% 이상 증가하면 행사가격은 ₩30으로 인하된다.
부여일에 주식선택권의 공정가치는 행사가격이 개당 ₩30인 경우 ₩16으로 추정되었다. 행사가격이 ₩40인 경우 주식선택권의 공정가치는 ₩12으로 추정되었다.

- 1차년도에 기업의 이익은 12% 성장하였고, 기업은 이익이 이 비율로 계속하여 성장할 것으로 예상된다. 따라서 기업은 이익목표가 달성되어 주식선택권의 행사가격이 ₩30이 될 것으로 예상된다.
- 2차년도에 기업의 이익은 13% 증가하였으며, 기업은 여전히 이익목표가 달성될 것으로 예상된다.
- 3차년도에 기업의 이익은 3%만 성장하였고, 따라서 이익목표는 달성되지 못하였다. 이 임원이 3년간 근무함에 따라 용역제공조건은 충족되었다. 3차년도말에 이익목표가 달성되지 못하기 때문에 가득된 주식선택권 10,000개의 행사가격은 ₩40이다.

각 연도의 당기보상비용과 각 연도말의 누적보상비용을 산출하라.

6. 부여한 주식선택권의 행사가격이 후속적으로 조정되는 경우

원이(주)는 1차년도초 종업원 500명에게 각각 주식선택권 10개를 부여하였다. 각 주식선택권은 종업원이 앞으로 3년간 근무할 것을 조건으로 한다. 원이(주)는 주식선택권의 단위당 공정가치를 ₩150으로, 그리고 3년 이내에 100명(20%)의 종업원이 퇴사하여 주식선택권에 대한 권리를 상실하게 될 것으로 추정하였다.

- 1차년도말 현재 3년 가득기간 중 퇴사할 것으로 추정되는 종업원 수는 총 110명이다.
- 주가가 하락하였기 때문에 2차년도말에 기업이 주식선택권의 행사가격을 조정하였고, 조정된 그 주식선택권이 3차년도말에 가득된다. 2차년도말 현재로 가득기간에 걸쳐 퇴사할 것으로 예상되는 종업원을 총 105명으로 추정하였다.
- 계속해서 근무한 397명의 종업원이 3차년도말에 주식선택권을 가득하게 되었다.

행사가격을 조정한 날(2차년도말)에 원이(주)는 당초 주식선택권의 공정가치를 ₩120으로 다시 추정하였고,

조정된 주식선택권의 공정가치를 ₩150으로 추정하였다. 원이(주)가 1차~3차년도 각각에 인식할 보상원가를 계산하라.

7. 주식기준보상의 조건변경

(주)가나다는 20×1. 1. 1에 임원 1인당 최소 3년 근무, 주가 ₩70 이상이 될 때 주식선택권을 가득할 수 있는 조건이 있는 주식선택권을 100개씩 부여하였다. 부여일 현재 임원은 총 10명이었으며, 주식선택권의 단위당 공정가치는 ₩25으로 추정되었다. (주)가나다 주식의 액면금액은 ₩50이며 1개의 주식선택권의 행사가격은 ₩60이다. 부여일 당시 (주)가나다는 2년 후에 주가가 가득조건을 만족시킬 것으로 예상하고 있다.
다음은 (주)가나다의 임원 예상 퇴사자 수와 실제 퇴사자 수, 주식선택권의 공정가치 변화와 관련한 정보이다.

	예상 임원 퇴사자(명)	실제 임원 퇴사자(명)	누적 임원 퇴사자(명)	주식선택권 공정가치
20×1. 1. 1	2	0	0	₩25
20×1. 12. 31	1	1	1	₩25
20×2. 12. 31	0	1	2	₩30
20×3. 12. 31	–	1	3	₩35

요구사항

1. (주)가나다가 위의 주식기준보상에 대하여 20×1, 20×2, 20×3년도말에 수행해야 하는 회계처리를 제시하라.
2. (주)가나다는 20×2. 1. 1 부여한 지분상품의 가득조건을 주가 ₩65로 하향조정하고 가득조건의 변경에 따라 주식선택권의 공정가치가 ₩25에서 ₩30으로 상승했다고 가정하자. 20×2. 12. 31에 필요한 회계처리를 제시하라.

8. 현금결제형 주식기준보상(Ⅰ)

민국(주)는 20×1. 1. 1 종업원에게 권리행사일에 주가가 행사가격을 초과하는 경우 차액을 현금으로 지급하는 현금결제형 주가차액보상권 600개를 부여하고 3년간의 용역제공조건을 부과하였다. 개당 행사가격은 ₩1,000이며, 보통주와 주가차액보상권의 연도별 공정가치는 아래와 같다.

	20×1년초	20×1년말	20×2년말	20×3년말
보통주 공정가치	₩2,300	₩2,000	₩2,400	₩1,800
주가차액보상권 공정가치	₩100	₩200	₩600	₩1,200

요구사항

1. 민국(주)가 20×2년에 인식할 주식보상비용은 얼마인가? 단, 퇴사한 종업원은 없다.
2. 20×3년말 가득기간이 종료되는 시점에 150개의 권리가 행사되었다고 할 경우 민국(주)가 20×3년도에 인식할 주식보상비용(환입)은 얼마인가? 단, 퇴사한 종업원은 없다.

9. 현금결제형 주식기준보상(Ⅱ)

재경(주)는 종업원 500명에게 앞으로 3년간 근무할 것을 조건으로 각각 현금결제형 주가차액보상권(SARs)을 100개씩 부여하였다.

- 1차년도중에 35명이 퇴사하였으며, 2차년도와 3차년도에도 추가로 60명이 퇴사할 것으로 추정된다.
- 2차년도에 40명이 퇴사하였고, 3차년도에 추가로 25명이 퇴사할 것으로 추정된다.
- 3차년도에 22명이 퇴사하였다. 3차년도 말에 150명이 SARs를 행사하였고, 4차년도말에 140명이 SARs를 행사하였으며, 나머지 113명은 5차년도말에 SARs를 행사하였다.

기업이 매 회계연도말에 추정한 주가차액보상권의 공정가치와 3차, 4차 및 5차년도말에 행사된 주가차액보상권의 내재가치(현금지급액과 일치)는 다음 표와 같다.

연 도	공정가치	내재가치
1	₩14.40	–
2	₩15.50	–
3	₩18.20	₩15
4	₩21.40	₩20
5	–	₩25

3차년도말에 계속근무자는 부여받았던 주가차액보상권을 모두 가득하였다.
재경(주)가 각 연도별로 비용과 부채로 계상할 금액을 산출하라.

10. 선택형 주식기준보상약정 (Ⅰ)

경인(주)는 20×1. 1. 1 종업원에게 가상주식 1,000주(주식 1,000주에 상당하는 현금지급에 대한 권리)와 주식 1,200주를 선택할 수 있는 권리를 부여하였다. 각 권리는 종업원이 3년간 근무할 것을 조건으로 한다. 종업원은 주식 1,200주를 제공받는 결제방식을 선택하는 경우에는 주식을 가득일 이후 3년간 보유해야 하는 제한이 있다. 보통주와 보통주를 선택할 수 있는 권리에 대한 연도별 공정가치는 아래와 같다.

	20×1년초	20×1년말	20×2년말	20×3년말
보통주의 공정가치	₩50	₩55	₩57	₩60
보통주를 선택할 수 있는 권리의 주당 공정가치	₩45	₩47	₩48	₩50

요구사항

1. 경인(주)가 20×2년에 인식할 주식보상비용은 얼마인가?
2. 요구사항 1.과 달리, 만약 경인(주)가 선택권을 갖는 경우 20×2년에 인식할 주식보상비용은 얼마인가?

11. 선택형 주식기준보상약정 (Ⅱ)

20×5. 1. 1에 수미(주)는 최고경영자에게 가상주식 1,000주(수미(주) 주식 1,000주에 상당하는 현금을 지급받을 권리)와 주식선택권 3,000개(행사가격 개당 ₩300) 중 하나를 선택하여 행사할 수 있는 권리를 부여하였다. 각 권리에는 3년간 근무할 것을 조건으로 한다. 권리부여일 현재 수미(주)의 주가는 주당 ₩300이고, 20×5년말과 20×6년말의 주가는 각각 ₩350과 ₩400이었다. 수미(주) 주식의 단위당 액면금액은 ₩100이다. 또한 권리부여일에 행사가격이 ₩450인 수미(주) 주식선택권의 공정가치는 ₩10으로 평가되고 있다.

요구사항

위의 자료에 근거하여 수미(주)가 매 회계연도에 인식할 보상원가, 자본조정 및 부채를 계산하라. 또한 20×8. 1. 1에 최고경영자가 권리를 행사할 때 결제방식이 다음과 같다면 각 상황에서 필요한 회계처리를 제시하라.

[상황 1] 주가가 ₩420이므로 가상주식 1,000주(현금결제)를 선택
[상황 2] 주가가 ₩480이므로 주식선택권 3,000개(주식결제)를 선택

12. 부여한 주식에 현금결제선택권이 후속적으로 추가된 경우

명순(주)는 1차년도초에 고위임원 1명에게 3년간 근무할 것을 조건으로 공정가치가 주당 ₩33인 주식 10,000주를 부여하였다. 2차년도말에 기업의 주가는 ₩25으로 하락하였다. 동 일자로 명순(주)는 당초 부여한 주식에 현금결제선택권을 추가하여 이 임원은 가득일에 선택적으로 주식 10,000주를 수취하거나 10,000주에 상당하는 현금을 수취할 수 있게 되었다. 가득일의 주가는 ₩22이다.
명순(주)가 각 연도에 인식해야만 하는 비용, 자본 및 부채를 산출하라.

13. 주식기준보상 – 종합문제

(2019년 CPA 2차)

(주)대한은 종업원 100명에게 앞으로 3년간 근무하고 기업의 매출액이 3차년도말까지 목표액 5억원을 달성하는 조건으로 종업원 1인당 현금결제형 주가차액보상권을 100개씩 부여하였다. 다음의 자료를 이용하여 각 요구사항에 답하며, 각 요구사항은 독립적이다. 답안 작성시 원 이하는 반올림한다.

(1) 1차년도말에 (주)대한은 3차년도말까지 목표 매출액을 달성하지 못할 것으로 예상하였다.
(2) 2차년도에 (주)대한의 매출액이 유의적으로 증가하였고, 계속 증가할 것으로 예상되었다. 따라서 2차년도말에 (주)대한은 3차년도말까지 목표 매출액을 달성할 것으로 예상하였다.
(3) 3차년도말에 목표 매출액을 달성하여, 주가차액보상권의 가득요건이 충족되었고, 20명의 종업원이 주가차액보상권을 행사하였다. 4차년도말에 추가로 20명의 종업원이 주가차액보상권을 행사하였고, 나머지 60명은 5차년도말에 주가차액보상권을 행사하였다.
(4) 매 회계연도말에 추정한 주가차액보상권의 공정가치와 행사일의 주가차액보상권 내재가치(현금지급액과 일치)는 다음과 같다.

연 도	공정가치	내재가치
1	₩120	–
2	₩150	–
3	₩160	₩150
4	₩180	₩170
5	₩200	₩200

(5) 요구사항의 적용

연 도	용역제공조건을 충족할 것으로 예상되는 종업원 수	매출액 목표의 달성 여부에 대한 최선추정
1	100명	미달성으로 예측
2	100명	달성으로 예측
3	100명	실제로 달성

요구사항

1. 위의 주식기준보상과 관련하여 (주)대한이 ① 4차년도말 금융부채로 표시할 금액과 ② 5차년도에 인식할 보상비용을 각각 계산하라.
2. 현금결제형 주식기준보상거래에서 주식결제형 주식기준보상거래로 분류를 변경하는 경우, 해당 조건 변경이 재무상태표와 포괄손익계산서에 미치는 영향에 대해서 간략히 서술하라.

공인회계사 기출문제 응용(2020년 이후)

1. 현금결제형 주식기준보상 (2021년 CPA 1차)

(주)대한은 20×1. 1. 1에 종업원 30명 각각에게 앞으로 5년간 근무할 것을 조건으로 주가차액보상권(SARs) 30개씩을 부여하였다. 20×1년말과 20×2년말 주가차액보상권의 1개당 공정가치는 각각 ₩100과 ₩110이다. 20×2년말 (주)대한은 동 주가차액보상권을 모두 취소하고, 그 대신 상기 종업원 30명 각각에게 앞으로 3년간 근무할 것을 조건으로 주식선택권 30개씩을 부여하였다. 따라서 당초 가득기간에는 변함이 없다. 또한 (주)대한은 모든 종업원이 요구되는 용역을 제공할 것으로 예상하였으며, 실제로도 모든 종업원이 용역을 제공하였다. (주)대한의 주식기준보상거래 관련 회계처리가 20×2년 포괄손익계산서의 당기순이익을 ₩28,800만큼 감소시키는 경우, 20×2년말 주식선택권의 1개당 공정가치는 얼마인가?

2. 주식기준보상 – 종합문제 (2021년 CPA 2차)

※ 다음의 각 물음은 독립적이다.

(물음 1)

주식결제형 주식기준보상거래와 관련된 다음의 자료를 이용하여 요구사항에 답하라. 단, 각 요구사항은 독립적이다.

(1) (주)대한은 20×1. 1. 1에 임원 50명에게 각각 주식선택권 10개를 부여하고, 20×3. 12. 31까지 근무하면 가득하는 조건을 부과하였다.

(2) 각 임원이 부여받은 주식선택권은 20×3년말 (주)대한의 주가가 ₩1,000 이상으로 상승하면 20×6년말까지 언제든지 행사할 수 있으나, 20×3년말 (주)대한의 주가가 ₩1,000 미만이 될 경우 부여받은 주식선택권을 행사할 수 없다.

(3) (주)대한은 주식선택권의 공정가치를 측정할 때 이항모형을 적용하였으며, 모형 내에서 20×3년말에 (주)대한의 주가가 ₩1,000 이상이 될 가능성과 ₩1,000 미만이 될 가능성을 모두 고려하여 부여일 현재 주식선택권의 공정가치를 단위당 ₩300으로 추정하였다.

(4) 임원의 연도별 실제 퇴사인원과 연도말 퇴사 추정인원은 다음과 같다.
- 20×1년도 : 실제 퇴사인원 3명, 20×3년말까지 추가 퇴사 추정인원 2명
- 20×2년도 : 실제 퇴사인원 2명, 20×3년말까지 추가 퇴사 추정인원 25명
- 20×3년도 : 실제 퇴사인원 5명

(5) 20×1년초, 20×1년말 및 20×2년말 (주)대한의 주가는 다음과 같다.

20×1. 1. 1	20×1. 12. 31	20×2. 12. 31
₩700	₩1,050	₩950

요구사항

1. (주)대한의 20×3년말 현재 주가가 ₩1,100일 때, 20×1년부터 20×3년까지 인식해야 할 연도별 당기보상비용(또는 보상비용환입) 금액을 각각 계산하라.
2. (주)대한은 자료의 (2)번 사항인 주식선택권 행사가능 여부 판단기준을 주가 ₩1,000에서 ₩950으로 20×1년말에 변경하였다. 이러한 조건변경으로 인하여 주식선택권의 단위당 공정가치는 ₩10 증가하였다. (주)대한의 20×3년말 현재 주가가 ₩900일 때, 20×1년부터 20×3년까지 인식해야 할 연도별 당기보상비용(또는 보상비용환입) 금액을 각각 계산하라.

(물음 2)
현금결제형 주식기준보상거래와 관련된 자료가 다음과 같다.

(1) (주)대한은 20×1. 1. 1에 종업원 50명에게 20×3. 12. 31까지 근무하는 것을 조건으로 각각 현금결제형 주가차액보상권 10개를 부여하였다. 주가차액보상권은 행사가격 ₩500과 행사시점의 (주)대한의 주가와의 차액을 현금으로 지급하는 계약이다.
(2) 종업원의 연도별 실제 퇴사인원과 연도말 퇴사 추정인원은 다음과 같다.
  - 20×1년도 : 실제 퇴사인원 3명, 20×3년말까지 추가 퇴사 추정인원 2명
  - 20×2년도 : 실제 퇴사인원 3명, 20×3년말까지 추가 퇴사 추정인원 2명
  - 20×3년도 : 실제 퇴사인원 4명
(3) 매 회계연도말에 추정한 주가차액보상권의 단위당 공정가치는 다음과 같다.
  - 20×1년 : ₩100
  - 20×2년 : ₩150

(주)대한은 20×2년말에 기존의 주가차액보상권을 모두 취소하는 대신 20×4년말까지 계속 근무할 것을 조건으로 종업원 각각에게 주식선택권 8개를 부여하는 것으로 변경하였다. 20×2년말 현재 주식선택권의 단위당 공정가치는 ₩130이다. 20×2년말 주식기준보상거래의 회계처리에 따른 20×2년도 포괄손익계산서상 당기순이익에 미치는 영향과 20×2년말 재무상태표상 주식선택권의 금액을 계산하라.

CHAPTER

18 주당이익

주당이익(EPS)이란 한 회계기간 동안 보통주 1주당 기업이 산출한 이익이 얼마인가를 나타내는 지표이다. 주당이익은 기업의 경영성과를 기간별로 비교하는 데 유용하며, 특정 기업의 주당이익 중 배당으로 사외에 유출되는 부분과 사내에 유보되는 부분의 상대적 비중을 쉽게 알 수 있게 해준다. 또한 주당주가를 주당이익으로 나눈 비율인 주가수익률(PER)은 특정 기업의 이익이 증권시장에서 어느 정도 평가를 받고 있는지를 나타내어서, 투자자들에게 주가가 상승하거나 하락할 가능성을 보다 적절히 예측할 수 있게 해준다. 주당이익은 기본주당이익과 희석주당이익으로 나뉘어 공시된다.

사례 **네이버 – 주당이익**

[주당이익의 2021년말 연결재무제표 주석내용]

가. 당기 및 전기의 기본주당이익 산정내역은 다음과 같습니다.

(1) 기본주당영업손익

(단위 : 천원, 주)

	2021년	2020년
지배주주 계속영업이익	1,493,472,247	1,144,888,651
차감 : 우선주 배당금	(10,349,773)	–
지배기업의 보통주에 귀속되는 계속영업이익	1,483,122,474	1,144,888,651
가중평균유통보통주식수	148,659,354	145,724,906
기본주당이익(단위 : 원)	9,977	7,857

(2) 기본주당중단영업이익

(단위 : 천원, 주)

	2021년	2020년
지배주주보통주중단영업손실	14,996,377,524	(142,801,885)
가중평균유통보통주식수	148,659,354	145,724,906
기본주당손익(단위 : 원)	100,877	(980)

나. 2021년 및 2020년의 가중평균유통보통주식수의 산정내역은 다음과 같습니다.

(1) 2021년

(단위 : 주)

	유통보통주식수	적 수
기 초	147,459,035	53,822,547,775
자기주식의 처분	1,839,920	438,116,562
계		54,260,664,337

가중평균유통보통주식수 : 54, 260, 664, 337 ÷ 365일 = 148, 659, 354주

-------------------------- 중략 --------------------------

다. 희석주당이익은 모든 희석성 잠재적보통주가 보통주로 전환된다고 가정하여 조정한 가중평균유통보통주식수를 적용하여 산정하고 있습니다. 연결회사가 보유하고 있는 희석성 잠재적보통주로는 주식선택권이 있습니다. 주식선택권으로 인한 주식수는 주식선택권에 부가된 권리 행사의 금전적 가치에 기초하여 공정가치(회계기간의 평균시장가격)로 취득했을 때 얻게 될 주식수를 계산하고 동 주식수와 주식선택권이 행사된 것으로 가정할 경우 유통될 주식수를 비교하여 산정했습니다.

-------------------------- 중략 --------------------------

(단위 : 천원, 주)

구 분	2021년	2020년
지배기업의 보통주에 귀속되는 계속영업이익	1,483,122,474	1,144,888,651
지배주주에게 귀속되는 중단영업이익(손실)	14,996,377,524	(142,801,885)
합 계	16,479,499,998	1,002,086,766
가중평균유통보통주식수	148,659,355	145,724,906
조정내역		
주식선택권	1,344,737	805,705
희석주당이익 산정을 위한 가중평균유통보통주식수	150,004,092	146,530,611
희석주당순이익	109,860	6,839
계속영업 보통주 희석주당이익	9,887	7,813
중단영업 보통주 희석주당이익(손실)	99,973	(980)

제 1 절 주당이익의 의의 및 유용성

주당이익(earnings per share : EPS)이란 한 회계기간 동안 보통주 1주당 기업이 산출한 이익이 얼마인가를 나타내는 지표이다. 주당이익은 기업의 영업활동성과를 요약해서 나타내므로 투자자들의 의사결정에 빈번하게 이용되고 있는 투자지표이다.

주당이익은 다음과 같은 유용성을 갖고 있다.

① 발행주식수에 변화가 없는 경우에는 기간별 경영성과를 비교하는 데 당기순손익의 비교만으로도 충분하다. 그러나 유상증자 등으로 발행주식수에 변화가 있다면 주당이익이 기업의 투자액 대비 경영성과를 기간별로 비교하는 데 보다 유용하다.

또한, 특정 기업의 경영성과를 다른 기업과 비교하는 데에도 주당이익이 유용하다. 당기순이익이 비슷하더라도 주식수가 적다면 주식 1주에 배분되는 당기순이익이 크므로 주주의 입장에서는 경영성과가 상대적으로 우수하다고 볼 수 있기 때문이다.

② 특정 기업의 주당이익 중 배당으로 사외에 유출되는 부분과 사내에 유보되는 부분의 상대적 비중을 쉽게 알 수 있다. 즉 투자자(주주)의 입장에서는 주당이익과 자기가 배당으로 지급받은 금액을 비교함으로써 배당성향(dividend payout ratio : 주당배당금/주당이익)이나 내부유보율(1－주당배당금/주당이익)을 쉽게 알 수 있다.

③ 주당주가를 주당이익으로 나눈 비율을 주가수익률(price-earnings ratio, PER)이라고 하는데, 이는 특정 기업의 이익이 증권시장에서 어느 정도 평가를 받고 있는지를 나타낸다. 주가수익률을 비교함으로써 특정 기업 주가의 적정 평가 여부 그리고 이에 근거하여 주가가 상승하거나 하락할 가능성을 보다 적절히 예측할 수 있다.

K-IFRS 제1033호(주당이익)에서는 지배기업의 보통주[1]에 대하여 주당계속영업이익과 주당순이익을 손익계산서에 표시하고 그 산출근거를 주석으로 기재하도록 규정하고 있다. 또한, 희석증권이 존재하는 복잡한 자본구조(complex capital structure)에서는 희석증권으로 인하여 주당이익이 낮아질 수 있는 가능성을 고려하여 주당이익을 기본주당이익과 희석주당이익으로 구분하여 양자를 동시에 제시하도록 규정하고 있다. 기본주당이익과 희석주당이익을 함께 제시하는 것을 이중표시(dual presentation)라고 한다.

1) 여기에서 보통주란 다른 모든 종류의 지분상품보다 후순위인 지분상품을 말한다. 즉 보통주는 우선주 등에 이익을 분배한 후 잔여이익에 대한 분배에 참가하게 된다.

한편, 주당이익으로 기업의 성과를 평가하고 미래수익력에 대한 예측치로 사용할 때 다음과 같은 한계를 지니고 있음에도 유의해야 한다.

① 주당이익은 과거의 성과에 기초하여 계산하므로 미래의 수익력을 나타내지 못할 수 있다.
② 주당이익이 특정 기업의 업종 특성이나 위험 등의 질적 정보를 반영하지 못하고 있다.
③ 주당이익이 기업의 발행주식수나 주당액면금액에 따라 달라질 수 있기 때문에 기업간의 직접적인 비교가 적절하지 못한 경우도 있다.
④ 주당이익은 회계이익에 근거하여 산출된다. 따라서 이는 경영자가 선택한 회계정책이나 추정에 따라 달라질 수도 있다.

제2절 기본주당이익

기본주당이익은 기본주당계속영업이익과 기본주당순이익으로 구성되며 다음과 같이 산정된다.

$$\text{기본주당계속영업이익} = \frac{\text{보통주에 귀속되는 계속영업이익}}{\text{가중평균유통보통주식수}}$$

$$\text{기본주당순이익} = \frac{\text{보통주에 귀속되는 당기순손익}}{\text{가중평균유통보통주식수}}$$

기본주당계속영업이익과 기본주당순이익을 산정하기 위해서는 지배기업의 **가중평균유통보통주식수**와 지배기업[2)]의 보통주에 귀속되는 특정 기간의 계속영업이익 및 당기순이익을 산정해야 한다. 기본주당이익에 사용되는 계속영업이익과 당기순이익은 모두 법인세비용차감후의 금액이다.

2) 연결재무제표에서 보통주라 함은 지배기업의 보통주를 의미한다. 연결재무제표에서의 주당이익을 구하는 산식에서 분자에 오는 계속영업이익과 당기순이익도 지배회사지분의 계속영업이익과 당기순이익을 사용한다.

1 가중평균유통보통주식수 1033:19-28

기본주당이익의 계산에서 분모는 가중평균유통보통주식수(weighted average number of common stock outstanding)이다. 여기에서 "유통"이라 함은 주식이 발행된 후 재취득되지 않은 상태를 말한다. 따라서 가중평균유통보통주식수는 기초의 유통보통주식수에 회계기간중에 재취득된 자기주식수 그리고 신규 발행된 보통주식수와 그 주식 각각의 유통기간에 따른 가중치를 고려하여 조정한 보통주식수이다. 즉 가중평균유통주식수는 특정 회계기간의 유통주식수의 변동에 따른 자본의 변동을 반영한다. 이 경우 유통기간에 따른 가중치는 그 회계기간의 총일수에 대한 특정 보통주의 유통일수의 비율로 산정하지만, 합리적인 근사치를 사용할 수도 있다.

가중평균유통보통주식수를 산정하기 위한 보통주유통일수 계산의 기산일은 "주식발행의 대가를 받을 권리가 발생한 시점(일반적으로 주식발행일)"이다.

구체적으로 보통주 유통일수 계산의 기산일에 대한 예를 들면 다음과 같다.

① 유상증자 : 대가(현금 등)를 받을 권리가 생긴 날

② 주식매입권 또는 옵션이 회계연도중에 행사된 경우 : 대가를 받을 권리가 생기고 실제로 주식이 발행된 날

③ 채무상품의 전환 : 전환사채 등과 같은 채무상품의 전환으로 인하여 보통주를 발행하는 경우에는 최종이자 발생일의 다음날, 즉 채무상품이 보통주로 전환되는 전환일

④ 우선주 : 보통주식이 아니므로 유통보통주식수에 포함하지 않는다.

⑤ 자기주식 : 이미 발행한 주식을 회사가 다시 취득한 것이므로 취득시점 이후부터 매각시점까지의 기간 동안 유통보통주식수에 포함하지 않는다.

⑥ 무상증자, 주식배당, 주식분할, 주식병합 : 자원의 실질적인 증가를 유발하지 않으면서 유통보통주식수의 변동을 가져오는 자본금전입이나 무상증자(기존주주에 대한 주식우선배정 또는 신주발행에서의 무상증자요소를 포함), 주식배당, 주식분할 및 주식병합이 당기중에 실시된 경우(이하 '무상증자 등'이라고 함)에는 "비교표시되는 회계기간중 최초 회계기간"에 그러한 사건이 발생한 것으로 보아 각 회계기간의 유통보통주식수를 비례적으로 조정한다. 다만 기중에 유상증자 등으로 발행된 신주에 무상증자 등이 실시된 경우에는 당해 유상증자의 주금납입기일에 무상증자 등이 실시된 것으로 보아 유통보통주식수를 조정한다.

⑦ 사업결합원가의 일부로 발행한 보통주 : 사업취득일이 기산일이다. 왜냐하면 사업취득일부터 피취득자의 손익을 취득자의 포괄손익계산서에 반영하기 때문이다. 이때 취득일이란 취득자가 피취득자에 대한 지배력을 유효하게 획득한 날을 말한다.

⑧ 보통주로 반드시 전환해야 하는 금융상품 : 계약체결시점부터 보통주식수에 포함한다.

⑨ **조건부발행보통주**: 모든 필요조건이 충족된 날, 즉 사건이 발생한 날에 발행된 것으로 본다.

- 단순히 일정시간 경과 후 보통주를 발행하기로 하는 계약 등: 시간의 경과에는 불확실성이 없으므로 조건부발행보통주로 보지 않고, 발행된 보통주식으로 간주하여 기본주당이익을 계산하기 위한 보통주식수에 포함한다.
- 조건부로 재매입할 수 있는 보통주를 발행한 경우: 재매입가능성이 없어질 때까지는 보통주로 간주하지 아니하고, 기본주당이익을 계산하기 위한 보통주식수에 포함하지 아니한다.

예제 18-1 무상증자와 주당이익

가중(주)의 보통주에 귀속되는 이익이 20×0년과 20×1년에 각각 **₩180,000**과 **₩300,000**이었다. 20×1. 9. 30까지 유통보통주식수는 200주였는데, 20×1. 10. 1 현재 유통보통주식 1주에 대하여 0.5주의 보통주를 무상으로 발행하였다. 즉 100주(=200주×0.5주)의 보통주를 무상 발행하였다. 이 경우 비교표시되는 20×0년과 20×1년의 재무제표에 기본주당이익을 산출하라.

해답

20×0년 기본주당이익: **₩180,000**/(200+100)=**₩600**

20×1년 기본주당이익: **₩300,000**/(200+100)=**₩1,000**

(주) 무상증자가 20×0년(비교표시되는 가장 이른 기간)이 시작되기 전에 발생한 것처럼 처리한다.

기산일을 중심으로 하여 유통보통주식수의 계산을 정리하면 〈표 18-1〉과 같다.[3)]

▶ **표 18-1** 유통보통주식수 계산

항 목	기산일
• 유상증자 등(유상증자, 주식매입권 및 옵션 행사)	대가 받을 권리발생시점 (주식발행일)
• 전환증권(전환사채, 전환우선주)의 보통주로의 전환	최종 이자발생일 또는 배당금 지급권리 소멸 다음 날
• 기초 유통보통주식수 • 무상증자 등(자본금전입이나 무상증자, 주식배당, 주식분할, 주식병합)	기초부터
• 사업결합원가의 일부로 발행한 보통주	사업취득일
• 보통주로 반드시 전환해야 하는 금융상품	계약체결일
• 조건부발행보통주	조건충족일

(주) 1) 우선주와 자기주식(취득시점부터 매각시점까지)은 제외한다.
2) 공정가치 미만의 유상증자는 유상증자와 무상증자가 혼합된 것으로 간주한다.

3) 그 밖의 상황에 대한 기산일을 구체적으로 살펴보면 다음과 같다.
① 보통주나 우선주 배당금을 자발적으로 재투자하여 보통주가 발행되는 경우: 배당금의 재투자일
② 그 밖의 금융상품에 대하여 이자를 지급하거나 원금을 상환하는 대신 보통주를 발행하는 경우: 최종이자발생일의 다음날
③ 채무를 변제하기 위하여 보통주를 발행하는 경우: 채무변제일
④ 자산을 취득하기 위하여 보통주를 발행하는 경우: 그 자산의 취득을 인식한 날
⑤ 용역의 대가로 보통주를 발행하는 경우: 용역제공일
보통주유통일수를 계산하는 기산일은 주식발행과 관련된 특정 조건에 따라 결정하며, 이때 주식발행에 관한 계약의 실질을 적절하게 고려한다.

예제 18-2 가중평균유통보통주식수의 계산

전주(주)의 20×1년 보통주식수의 변동은 다음과 같다. 이에 따른 가중평균유통보통주식수를 계산하라. 1년은 365일로 가정한다.

유통보통주식수의 변동

일 자	변동내용	발행주식수	자기주식수	유통주식수
20×1. 1. 1	기 초	1,000	200	800
20×1. 5. 1	유상증자(납입기일)	300	–	1,100
20×1. 6. 3	자기주식 매각	–	(100)	1,200
20×1. 12. 1	자기주식 취득	–	250	950

해답

가중평균유통보통주식수의 계산

유통기간	항 목	주식수	유통주식수		유통일수	적 수
1. 1~ 4. 30	기초의 유통주식	800	800	×	120일	96,000
5. 1~ 6. 2	유상증자	300	1,100	×	33일	36,300
6. 3~11. 30	자기주식 매각	100	1,200	×	181일	217,200
12. 1~12. 31	자기주식 취득	(250)	950	×	31일	29,450
합 계					365일	378,950

⇒ 가중평균유통보통주식수 : 378,950÷365=1,038주

기존 주주에게 공정가치 미만으로 유상증자를 실시하는 **권리발행**의 경우에는 발행금액이 주식의 공정가치보다 낮기 때문에 부분적인 무상증자의 성격, 즉 공정가치에 의한 유상증자와 무상증자가 혼합된 성격을 가진다.[4] 이때는 권리발행 전의 모든 기간에 대한 기본주당이익을 구하는 데 사용되는 유통보통주식수는 권리발행 전의 유통보통주식수에 다음의 조정비율을 적용하여 계산한다.

$$\text{조정비율} = \frac{\text{권리행사 직전의 주당공정가치}}{\text{권리행사 후의 이론적 주당공정가치}}$$

"**권리행사 후의 이론적 주당공정가치**"는 다음과 같이 권리행사일 직전(통상 권리락 전일로 함)의 총유통보통주식수의 공정가치에 권리행사로 인하여 수취하는 금액을 더하고, 이를 권리행사 후의 유통보통주식수로 나누어 계산한다.

4) 주주우선배정의 경우에는 행사가격이 주식의 공정가치보다 작은 것이 보통이다. 따라서 이러한 신주발행은 무상증자의 요소를 포함한다. 그러나 잠재적보통주를 행사/전환할 때 발행하는 보통주는 일반적으로 무상증자의 요소를 수반하지 않는다. 이는 공정가치를 반영한 금액으로 잠재적보통주를 발행하기 때문이다.

권리행사 후의 이론적 주당공정가치

$$= \frac{\text{권리행사 직전 총유통보통주식의 공정가치} + \text{권리행사로 수취하는 총금액}}{\text{권리행사 직전 유통보통주식수} + \text{권리행사로 발행된 주식수}}$$

(주) 그 권리 자체가 권리행사일 전에 주식과 분리되어 거래되는 경우가 있다. 이 때에는 위에서 권리행사 직전 총유통보통주식수의 공정가치는 주식이 권리와 함께 거래된 마지막 날의 주식의 종가(즉 권리부 시장가격)가 된다.

예제 18-3 권리발행의 경우 주당순이익의 계산

다음은 권리(주)의 손익상황 및 자본의 변동사항이다.

• 손익상황

	20×0년	20×1년	20×2년
당기순손익	₩3,300,000	₩3,500,000	₩3,600,000

• 권리발행 전 유통보통주식수 : 1,000주(우선주는 발행하지 않았음)
• 권리발행의 내용
  · 유통보통주식 5주당 신주 1주(신주는 총 200주)
  · 주당 발행금액 : ₩5,000
  · 유상증자일(납입기일) : 20×1. 4. 1

권리행사일 전(권리락 전일)의 시장가격은 ₩11,000이었다. 주당순이익을 계산하라.

해답

① 조정비율의 계산

$$\frac{\text{권리행사 직전의 주당공정가치}}{\text{권리행사 후의 이론적 주당공정가치}^*} = \frac{₩11,000}{₩10,000} = 1.1$$

* [(₩11,000×1,000주)+(₩5,000×200주)]/(1,000주+200주)=₩10,000/주

⇒ 조정비율 : 10%

(주) 조정비율 10%는 다음과 같은 방법으로도 산출할 수도 있다.
ⓘ 유상증자로 유입된 현금을 권리행사일 전의 공정가치로 나누어 공정가치로 유상증자하는 경우 발행할 수 있는 주식수를 계산 (예) (₩5,000×200주)/₩11,000=91주
ⓘⓘ 실제 유상증자주식수에서 공정가치로 유상증자하는 경우 발행할 수 있는 주식수를 차감하여 무상증자에 해당하는 주식수를 계산 (예) 200주−91주=109주
⇒ 무상증자비율=ⓘⓘ/(ⓘ+권리발행 전의 보통주식수)=109주/(1,000주+91주)=10%

② 주당순이익의 계산

구 분	계산식	주당순이익
20×0년 주당순이익		
• 조정 전	₩3,300,000÷1,000주 =	₩3,300
• 권리발행 조정	₩3,300,000÷(1,000주×1.1) =	₩3,000
20×1년 주당순이익	₩3,500,000÷[(1,000주×1.1×90/365)+(1,200주×275/365)] =	₩2,978
20×2년 주당순이익	₩3,600,000÷1,200주 =	₩3,000

2 보통주계속영업이익과 보통주당기순손익 1033:12-18

주당이익의 분자에 해당하는 보통주에 귀속되는 계속영업손익(법인세비용차감후 금액)과 당기순손익(법인세비용차감후 금액)은 계속영업손익과 당기순손익에 우선주 배당금, 우선주 상환에서 발생한 차액 및 유사한 효과를 조정한 금액으로 계산한다.

이때 계속영업손익과 당기순이익에서 차감할 우선주 배당금은 다음과 같다.

① 비누적적우선주 : 당해 회계기간과 관련하여 결의된 세후 배당금
② 누적적우선주 : 배당결의 여부와 관계없이 당해 회계기간과 관련한 세후 배당금(따라서 당기에 지급되거나 결의되었더라도 전기 이전의 기간에 관련된 누적적우선주 배당금은 제외)

우선주 배당금 중에서 누적적우선주에 대한 배당금은 그 배당선언의 여부에 관계없이 손실이 발생한 경우에도 정해진 배당률을 기준으로 계산하여 차감한다. 이는 누적적우선주에 대한 배당금은 당기에 지급하지 못하더라도 차기 이후의 기간에 배당금을 지급해야 하기 때문이다. 이에 따라 당기에 지급된 배당금이라도 전기 이전에 귀속되는 배당금은 차감하지 않는다.

당기에 보통주로 전환된 전환우선주의 전환간주일이 기말인 경우, 즉 전환우선주에 대한 배당을 기말까지 지급하는 경우에는 당해 전환우선주에 대한 배당금이 있다면 관련 배당금을 차감하여 보통주당기순손익(또는 세후계속영업손익)을 계산한다. 이와 마찬가지로 전환된 전환사채의 전환간주일이 기말인 경우에는 관련 사채이자가 반영된 당기순손익(또는 세후계속영업손익)을 이용하면 된다.

우선주 배당금과 관련하여 다음 사항을 유의해야 한다.

① 할인 또는 할증배당우선주 : **할증배당우선주**란 우선주를 시가보다 할증발행한 우선주로, 발행한 이후의 기간에 시장수익률보다 높은 배당금을 지급하는 우선주를 말한다. 반면 **할인발행우선주**란 시가보다 할인발행한 우선주로서 대부분 초기에 낮은 배당금을 지급한다. 이 우선주들에 대한 할증발행차금이나 할인발행차금은 유효이자율법을 사용하여 상각하고 이익잉여금에 가감하는 회계처리를 한다. 주당이익을 계산할 때에는 그 상각액을 우선주 배당금으로 보아서, 할인발행차금상각액은 우선주 배당금에 가산(당기순이익에서 차감)하고, 할증발행차금상각액은 우선주 배당금에서 차감(당기순이익에 가산)한다.
② 다음 항목을 지배기업 보통주당기순손익을 계산할 때 차감한다.
   - **우선주 재매입** : 우선주를 공개매수할 때 지급한 대가의 공정가치가 우선주의 장부금액을 초과하는 부분[5]

5) 반면, 우선주의 매입대가의 공정가치가 우선주의 장부금액에 미달하는 경우에는 차액을 지배기업의 보통주에 귀속되는 이익에 가산한다.

- **전환우선주 유도전환**: 전환우선주의 조기전환을 유도할 때 처음 전환조건에 따라 발행될 보통주의 공정가치를 초과하여 지급하는 보통주나 그 밖의 대가의 공정가치

왜냐하면 이러한 초과분은 우선주 주주 또는 전환우선 주주에 대한 배당금과 유사하므로 이를 이익배분으로 보아 이익잉여금에서 차감하기 때문이다.

부채로 분류되는 우선주에 대한 배당금은 이자비용으로 인식되어 특정 회계기간의 당기순손익(또는 계속영업손익)의 결정에 반영된다. 따라서 별도로 조정할 필요가 없다.

▶ **표 18-2**
보통주당기순이익을 산출할 때 차감해야 할 우선주 배당금 및 기타 항목

당기순이익에서 차감할 우선주 배당금 및 기타 항목
• 비누적적우선주의 세후 배당금
• 당해 회계기간과 관련한 누적적우선주의 세후 배당금(배당결의가 없어도 포함)
• 전환우선주에 대한 배당금
• 전환우선주의 전환조건에 따라서 발행될 보통주의 공정가치보다 초과 지급액
• 할인배당우선주에 대한 할인발행차금상각액(할증발행차금상각액은 가산)
• 우선주 재매입시 지급한 대가의 공정가치가 우선주의 장부금액 초과분
• 금융부채로 분류된 우선주 배당금은 포함하지 않음(당기손익 계산시 이미 차감됨)

예제 18-4 기본주당이익 – 유상 및 무상 증자가 존재

성은(주)의 20×7년도 당기순손익과 자본금 변동상황은 다음과 같다.

- 계속영업손익(법인세비용 차감후) : ₩5,000,000
- 당기순손익(법인세비용 차감후) : ₩4,500,000
- 자본금(액면 ₩5,000) 변동상황 :

	보통주자본금		우선주자본금	
기 초	900주	₩4,500,000	200주	₩1,000,000
기 중				
• 7. 1 유상증자(납입)*	200	1,000,000	40	200,000**
• 8.15 무상증자 20%	220	1,100,000	48	240,000
• 11. 1 자기주식(구주) 구입	(10)	(50,000)	–	–
기 말	1,310주	₩6,550,000	288주	₩1,440,000

* 유상증자의 발행금액은 ₩10,000이었으며, 유상증자 전일 보통주의 종가는 ₩20,000이었다.
** 우선주는 시가대로 발행되었다.

20×7년도 이익에 대한 배당은 현금배당으로 보통주는 9%, 우선주(비참가적, 비누적적)는 10%를 지급했다. 유상증자로 발행한 신주에 대한 배당금 계산은 신주에 대한 발행금액을 납입한 때이며, 무상증자로 발행한 신주에 대한 배당금 계산은 신주발행의 기초가 된 원래의 주식(원구주)에 따른다.

성은(주)의 20×7년도 주당순이익을 계산하라.

해답

1) 유통보통주식수

기 간	발행보통 주식수	무상증자 조정	조정유통 보통주식수(A)	가중치 (B)	적 수 (A×B)
1. 1~ 6. 30	900주	$(1+0.1)^{*}\times(1+0.2)^{\#}$	1,188주	181일	215,028
7. 1~ 8. 14	1,100	$(1+0.2)^{\#}$	1,320	45	59,400
8. 15~10. 31	1,320		1,320	78	102,960
11. 1~12. 31	1,310		1,310	61	79,910
합 계				365일	457,298

* 7월 1일 유상증자(주당 ₩10,000)는 시가(₩20,000) 이하의 유상증자이므로 유상증자와 무상증자가 혼합된 것으로 본다. 이때 관련 무상증자 조정비율은 다음과 같이 산출된다.

- 권리행사 후의 이론적 주당공정가치의 계산 :
  (900주 × ₩20,000 + 200주 × ₩10,000)/(900주 + 200주) = ₩18,182/주
- 조정비율의 계산 : ₩20,000/₩18,182 = 1.1(10%)

단, 무상증자 조정비율은 다음과 같이 계산할 수도 있다.

- 유상증자로 유입된 현금으로 공정가치로 유상증자하는 경우 증가되는 주식수
  ₩10,000 × 200주/₩20,000 = 100주(a)
- 실제유상증자주식수 − 공정가치 유상증자주식수 = 무상증자 해당 주식수
  200주 − 100주(a) = 100주(b)

∴ 무상증자조정비율 : 100주(b)/(900주 + 100주(a)) = 10%

\# 8월 15일의 무상증자 반영

따라서 유통보통주식수 : 457,298 ÷ 365일 = 1,253주

2) 보통주계속영업손익과 보통주당기순손익

- 20×7 회계연도 우선주 배당금 :

구 주(무상주 포함)	₩1,000,000 × (1 + 0.2) × 10% =	₩120,000
유상신주(무상주 포함)	₩200,000 × (1 + 0.2) × 10% × 184/365 =	12,099
합 계		₩132,099

- 보통주계속영업손익 : ₩5,000,000 − ₩132,099 = ₩4,867,901
  보통주당기순손익 : ₩4,500,000 − ₩132,099 = ₩4,367,901

3) 기본주당계속영업손익 : ₩4,867,901 ÷ 1,253주 = ₩3,885/주
   기본주당순이익 : ₩4,367,901 ÷ 1,253주 = ₩3,486/주

제3절 희석주당이익

복잡한 자본구조를 가지고 있는 기업은 희석주당이익을 공시해야 한다. 복잡한 자본구조(complex capital structure)란 희석효과가 있는 잠재적보통주(이를 희석성 잠재적보통주라고 함)가 존재하는 회사의 자본구조를 말한다. 희석성 잠재적보통주란 증권의 소유자가 보통주의 발행을 청구하는 경우 주당계속영업손익이 감소되는 금융상품 또는 기타 계약 등을 말한다. 잠재적보통주의 예는 다음과 같다.

① 보통주로 전환할 수 있는 금융부채나 지분상품(전환우선주 포함)
② 옵션과 주식매입권
③ 사업인수나 자산취득과 같이 계약상 합의에 따라 조건이 충족되면 발행하는 보통주

희석주당이익을 공시하는 목적은 희석성 잠재적보통주가 보통주로 전환된다면 주당이익이 낮아지므로 주당이익을 보다 보수적으로 나타내려는 것이다. 희석주당이익을 계산하기 위해서는 모든 희석성 잠재적보통주의 영향을 고려하여 기본주당이익의 계산에 사용된 계속영업손익과 당기순손익 그리고 유통보통주식수를 조정해야 한다.

▶ 그림 18-1
희석주당이익

$$\text{희석주당순이익} = \frac{\text{기본주당이익 산출에 사용된 이익} + \text{희석성 잠재적보통주가 소멸되는 경우에 당기손익에 미치는 영향}^{*}}{\text{기본주당이익 산출에 사용된 가중평균유통보통주식수} + \text{희석성 잠재적보통주로 인해 추가 발행될 가중평균유통보통주식수}^{*}}$$

* 희석주당이익을 계산하기 위해서는 이를 식별하는 것이 핵심이다.

1 희석주당이익을 계산하기 위한 보통주식수 1033:36-39

희석주당이익을 계산하기 위한 보통주식수는 기본주당이익의 산출을 위하여 계산한 가중평균유통보통주식수에 모든 희석성 잠재적보통주로 인해 추가로 발행될 보통주의 가중평균유통보통주식수를 가산하여 산출한다.[6] 희석성 잠재적보통주는 회계기간

6) 희석성 잠재적보통주식수는 각 회계기간에 독립적으로 결정한다. 따라서 누적중간기간의 희석주당이익 계산에 사용되는 희석성 잠재적보통주식수는 각 중간기간의 희석주당이익 계산에 사용된 희석성 잠재적보통주를 가중평균

의 기초에 전환된 것으로 보되 당기에 발행된 것은 그 발행일에 전환된 것으로 본다.

희석주당이익의 계산을 위하여 사용되는 희석성 잠재적보통주는 유통기간을 기준으로 하여 가중평균한다. 당기에 권리가 행사된 희석성 잠재적보통주에 대해서는 다음과 같이 처리한다.

① 당기에 옵션 또는 주식매입권을 행사하였거나 전환사채 또는 전환우선주가 전환된 경우에는 "기초부터 행사일의 전일 또는 전환(간주)일의 전일까지" 희석성 잠재적보통주를 "희석주당이익을 계산하기 위한 보통주식수"에 포함한다.[7)]

② 당기에 조건이 충족되어 기본주당이익을 계산할 때 포함된 조건부발행보통주는 "기초부터 조건충족일의 전일까지" "희석주당이익을 계산하기 위한 보통주식수"에 포함한다.

회계처리를 정리하면 [그림 18-2]와 같다.

▶ **그림 18-2**
희석증권의 주식수 계산

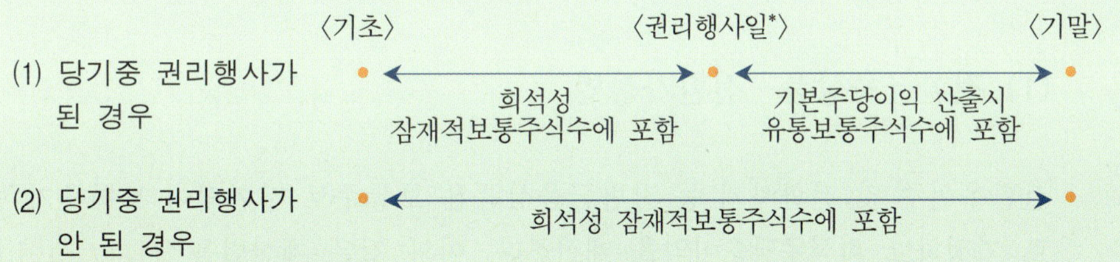

* 권리행사일 : 주식매입권 및 옵션은 권리행사일, 전환증권은 전환(간주)일, 그리고 조건부희석증권은 조건충족일을 의미한다.

권리행사일, 전환(간주)일 또는 조건충족일부터 기말까지는 이미 기본주당이익을 계산하기 위한 가중평균유통보통주식수에 포함되어 있음에 유의해야 한다.

2 희석주당이익을 계산하기 위한 계속영업손익과 당기순손익 1033:33-35

희석주당이익을 계산하기 위해서는 기본주당이익의 산출을 위하여 계산한 당기순손익(또는 계속영업손익)에 다음 사항을 반영하여 조정한다.

① 기본주당이익의 산출을 위한 당기순손익(또는 계속영업손익)을 계산할 때 차감했던 희석성 잠재적보통주에 대한 배당금을 가산

하여 산출해서는 안 된다.

7) 다만, 당기에 전환된 전환사채 또는 전환우선주를 기말에 전환된 것으로 간주하는 경우에는 회계기간 말일까지 "희석주당이익을 계산하기 위한 보통주식수"에만 포함한다.

② 희석성 잠재적보통주로 보통주를 발행하였다면 발생하지 않았을 이자비용(법인세효과 반영 후)을 가산

③ 희석성 잠재적보통주로 보통주를 발행하였다면 발생하지 않았을 그 밖의 비용 또는 수익(법인세효과 반영 후)의 변동사항[8)]을 가감

단, 법인세효과가 있는 경우에는 이를 반영하여 조정하는데, 법인세효과는 각각 당기순손익과 계속영업손익에 상응하는 법인세비용의 한계세율을 사용하여 계산한다.

이와 같은 조정이 필요한 이유는 잠재적보통주가 보통주로 전환된 후에는 잠재적보통주와 관련된 배당금, 이자비용 및 그 밖의 비용이나 수익은 더 이상 발생하지 않기 때문이다.

3 전환가정법과 자기주식법

(1) 전환금융상품 – 전환가정법

전환우선주 및 전환사채 등 전환금융상품은 보통주로 전환되어 보통주가 발행된 것으로 가정하고 희석주당순이익을 계산한다. 이와 같은 계산법을 '전환가정법(if-converted method)'이라고 한다.

예제 18-5 전환가정법을 적용한 희석주당이익

A사의 20×2년 당기순손익은 **₩210,000**이고, 가중평균유통주식수가 100주이다. 이 경우 기본주당순이익은 **₩2,100**(=**₩210,000**/100주)이다. 20×1년에 이자율 6%의 전환사채를 액면금액인 **₩100,000**에 발행하였는데, 이는 20주의 보통주로 전환될 수 있다. A사의 20×2년 한계세율은 30%이다. A사의 20×2년 희석주당순이익을 계산하라.

해답

전환가정법에 따라 당해 전환사채가 기초에 보통주로 전환된 것으로 보아 희석주당순이익은 다음과 같이 산출한다.

8) 잠재적보통주의 전환이 결과적으로 다른 손익항목의 변동을 초래하는 경우가 있다. 예를 들어 잠재적보통주와 관련된 이자비용의 감소와 그에 따른 순이익의 증가 또는 순손실의 감소는 종업원 이익분배제도와 관련된 비용의 증가를 가져올 수 있다. 이 경우 희석주당이익을 계산하기 위해서는 해당 회계기간의 기본주당이익을 계산하기 위한 이익에 이와 같은 손익항목의 변동에 따른 효과만큼 추가적으로 조정해야 한다.

조정된 가중평균유통보통주식수 :	
가중평균유통보통주식수	100주
가산 : 전환사채 전환으로 발행될 보통주식수	20
희석증권을 조정한 가중평균유통보통주식수	120주
조정된 당기순손익 :	
당기순손익	₩210,000
가산 : 전환사채이자(=₩100,000×0.06×(1−0.3))	4,200
조정된 당기순손익	₩214,200
∴ 희석주당순이익 : ₩214,200÷120주=₩1,785	

잠재적보통주의 전환으로 발생하는 주당이익의 증분은 〈표 18-3〉과 같다.

▶ 표 18-3
잠재적보통주의 전환

잠재적보통주	잠재적보통주의 전환으로 인한 증분 보통주귀속이익
전환우선주	전환우선주 배당금
전환사채	전환사채이자비용×(1−법인세율)
신주인수권부사채	상환할증금관련 사채할인차금상각분×(1−법인세율)

(2) 옵션과 주식매입권 - 자기주식법

옵션이나 주식매입권 등 희석성 잠재적보통주에 대한 권리는 행사되어 보통주가 발행된 것으로 가정하고 희석주당이익을 계산한다. 이때에는 자기주식법을 이용한다.

자기주식법(treasury stock method)이란 보통주식을 행사가격으로 발행하여 유입된 현금으로 시중에 유통되는 자기주식을 공정가치(그 회계기간의 보통주의 평균시가)로 구입한다고 가정하는 것이다. 이로써 행사가격으로 발행될 주식의 수와 그 유입된 현금으로 시장에서 구입가능한 자기주식의 수의 차이를 희석주당이익의 계산에 이용되는 가중평균유통보통주식수에 가산한다.

이렇게 계산하는 이유는 옵션이나 주식매입권의 행사로 인하여 발행되는 주식수가 과대계상되지 않도록 하기 위해서이다. 옵션이나 주식매입권은 행사가격이 주식의 시가보다 낮아야(내가격의 경우) 행사되는데, 이러한 조건을 무시하고 발행가능주식수를 모두 가중평균주식수에 가산하면 권리행사가 될 가능성이 없는 옵션이나 주식매입권까지 가중평균주식수에 추가되어 주당이익이 필요 이상으로 과소계상된다.

예제 18-6 자기주식법을 적용한 희석주당이익

A사는 20×2년말 현재 20×2년에 부여하였으나 아직 행사되지 않은 150개의 주식선택권이 있다. 주식선택권 1개당 1주의 보통주가 발행되고, 행사가격이 주당 ₩3,000이다. 20×2년 A사 보통주의 평균시가는 ₩5,000이다. 자기주식법을 적용하여 희석주당이익의 계산에 필요한 가중평균유통보통주식수의 증가분을 계산하라.

해답

옵션의 행사로 발행될 보통주식수	150주
차감 : 선택권 행사로 유입된 현금으로 구입가능한 보통주식수(= ₩450,000*/₩5,000)	(90)
가중평균유통보통주식수의 증가(희석효과 주식수)	60주

* 선택권의 행사로 인한 현금유입 : 150 × ₩3,000 = ₩450,000

옵션이나 주식매입권 등은 해당 회계기간의 보통주의 평균시장가격이 행사가격을 초과하는 경우, 즉 내가격인 경우에만 희석효과가 발생하게 된다. 외가격인 경우에는 옵션이나 주식매입권이 행사되지 않는다.

예를 들어, 옵션의 행사가격이 주당 ₩8,000이고 보통주의 평균시가가 ₩5,000이라면(행사가격이 시가보다 높으면 '외가격'이라고 함) 옵션을 행사하지 않을 것이므로 발행주식수는 증가하지 않을 것이다. 만일 100개 옵션을 행사한다고 가정하면, 자기주식법을 적용할 경우 행사가격으로 발행될 주식의 수는 100개이나 유입된 현금으로 시장에서 구입가능한 자기주식의 수는 160개(=(₩8,000 × 100)/₩5,000)로서 조정주식수가 −60개(=100개 − 160개)이다. 조정될 주식수가 (−)가 되면 이는 반희석효과를 가져오므로 희석주당이익에서 고려하지 않는다.

옵션이나 주식매입권 등의 희석성 잠재적보통주는 주당이익의 계산에 사용되는 보통주 당기순이익(또는 보통주 당기계속영업이익) 산출에는 영향을 미치지 않는다.

4 희석성 잠재적보통주의 판단

희석주당이익의 계산목적은 주당이익을 보다 보수적으로 평가하기 위한 것이다. 이에 따라서 잠재적보통주는 보통주로 전환된다고 가정할 경우 주당계속영업이익을 감소시킬 수 있는 경우에만 희석성 잠재적보통주로 취급한다. 만약 주당계속영업이익을 증가시키는 경우는 반희석성 잠재적보통주가 되어 이는 희석주당이익의 계산에 고려되지 않는다. 즉 반희석성 잠재적보통주는 전환, 행사 또는 발행이 이루어지지 않는다고 가정한다.

여기에서 잠재적보통주가 희석효과를 가지는지 반희석효과를 가지는지의 기준은 주당이익이 아닌 주당계속영업이익(우선주 배당금 등을 차감한 후의 계속영업이익)에 대한 희석효과 유무로 판단한다.

예제 18-7 반희석효과

성유(주)의 20×2년 계속영업이익은 ₩210,000이고, 가중평균유통주식수가 100주이다. 이 경우 기본주당계속영업이익은 ₩2,100(=₩210,000/100주)이다. 한편, 성유(주)는 20×2년에 발행한 6% 전환사채 ₩100,000(보통주 1주로 전환할 수 있음)을 보유하고 있다. 성유(주)의 20×2년 한계세율은 30%이다. 성유(주)의 전환사채가 희석효과를 갖는지를 보이라.

해답

전환가정법을 적용하여 성유(주)의 20×2년 희석주당계속영업이익은 다음과 같이 계산된다.

조정된 가중평균유통보통주식수 : 100주+1주=101주
조정된 계속영업이익 : ₩210,000+₩100,000×0.06×(1−0.3)=₩214,200
∴ 희석주당계속영업이익 : ₩214,200÷101주=₩2,121

산출된 희석주당계속영업이익 ₩2,121이 기본주당계속영업이익 ₩2,100보다 크게 되어 전환사채는 반희석효과를 갖는다. 따라서 성유(주)는 희석주당순이익의 계산에서 전환증권을 제외시켜야 한다.

5 기타 희석성 잠재적보통주

(1) 조건부발행보통주 1033:52-57

조건부발행보통주는 특정 조건이 충족된 경우에 발행하게 되는 보통주이다. 조건부발행보통주는 모든 조건이 이미 충족된 상태라면 이미 발행되어 유통되고 있는 것으로 보아 기본주당이익을 계산하기 위한 보통주식수에 포함시켰기 때문에 문제가 되지 않는다.

모든 조건이 충족되지 않은 조건부발행보통주도 희석성 잠재적보통주로 보아 희석주당이익의 계산에 반영될 수 있다. 이때에는 모든 조건이 충족되었을 때 발행할 보통주식수만큼 그 회계기간초부터(그 회계기간에 조건부발행보통주에 대한 계약이 이루어졌다면 계약일부터) 희석주당이익을 계산하기 위한 보통주식수의 계산에 포함한다. 이 경우 실제로 조건기간이 만료될 때까지 조건이 충족되지 않더라도 그 계산결과를 소급하여 수정하지 않는다.

예제 18-8 조건부발행보통주와 희석주당이익

다음 두 사례의 경우 조건부발행보통주에 대한 적절한 회계처리를 판단하라.

(1) 일정기간 동안 특정 목표이익을 달성하거나 유지한다면 보통주를 발행하기로 하는 조건부발행보통주의 경우

(2) 이익수준에 근거한 조건부발행보통주의 경우와 유사하게 조건부발행보통주식수가 보통주의 미래 시장가격에 따라 결정되는 경우

해답

(1) 미래 이익수준이 변동할 수 있기 때문에 모든 필요조건이 아직 충족된 것은 아니므로 이를 조건기간말까지 기본주당이익의 계산에는 포함하지 아니한다. 그러나 보고기간말에 그 목표이익이 달성되었다면(비록 조건기간말의 이익수준이 목표이익에 미치지 못할 수도 있지만) 희석효과를 가지고 있는 경우에는 추가로 발행될 보통주가 유통되고 있는 것으로 보아 희석주당이익을 계산한다. 이때 추가로 발행될 보통주식수는 "보고기간말의 이익수준이 조건기간말의 이익수준과 같다"라고 가정하고 계산한다.

(2) 시장가격은 미래 기간에 변동할 수 있기 때문에 모든 필요조건이 아직 충족된 것은 아니므로 조건기간말까지 기본주당이익의 계산에는 포함하지 아니한다. 그러나 보고기간말의 시장가격이 조건을 충족시켜 희석효과가 있는 경우에는 희석주당이익에는 반영한다. 이때 추가로 발행된 주식수는 "보고기간말의 시장가격이 조건기간말의 시장가격과 같다"라고 가정하고 계산한다. 또한 조건이 보고기간말 후의 일정기간의 평균시장가격에 기초하고 있는 때에는 이미 경과된 기간의 평균시장가격을 사용한다.

조건부발행보통주식수가 미래이익과 보통주의 미래 시장가격 모두에 의해 결정될 수도 있다. 이 경우 희석주당이익의 계산에 포함되는 보통주식수는 두 가지 조건 모두에 기초하게 된다. 따라서 두 가지 조건이 모두 충족되지 않았다면, 희석주당이익의 계산에 포함하지 아니한다.

조건부발행보통주식수가 이익이나 보통주의 시장가격 외에 다른 조건(예를 들면, 특정 수의 영업점 개설)에 따라 결정되는 경우에도 "회계기간말의 조건상태가 조건기간이 만료할 때까지 변동하지 않을 것으로 가정"하고 희석주당이익의 계산에 반영한다.

(2) 주식기준보상약정

아직 가득되지 않은 종업원 주식선택권은 미래 가득여부에 대한 불확실성에도 불구하고 희석주당이익을 계산할 때 자기주식법을 적용하는 옵션으로 본다. 그리고 부여일부터 유통되는 것으로 취급한다.

성과조건이 부과된 종업원 주식선택권은 시간의 경과 외에 특정 조건이 충족되는 경우에 발행되므로 조건부발행보통주로 취급한다.

주식선택권이나 그 밖의 주식기준보상약정의 경우, 행사가격에는 주식선택권이나 그 밖의 주식기준보상약정에 따라 미래에 유입될 재화나 용역의 공정가치를 포함해야 한다. 즉 가득일 전에 주당순이익을 계산하기 위해서는 **조정된 행사가격**을 사용해야 한다.

예제 18-9 조정된 행사가격과 희석주당이익

진성(주)는 20×1. 1. 1에 종업원에게 주식선택권 10개를 부여하였다. 주식선택권은 20×4. 1. 1부터 행사할 수 있고, 행사가격은 개당 ₩20이다. 당해 주식선택권의 잔여가득기간(20×2년과 20×3년)에 걸쳐 종업원이 제공할 용역의 공정가치는 ₩100이며, 진성(주) 주식의 20×1년도 주당 평균시가는 ₩40이다. 주식선택권에 자기주식법을 적용하여 조정된 주식선택권 행사가격을 반영한 진성(주)의 20×1년도 잠재적보통주식수를 계산하라.

해답

주식선택권 부분을 나타내는 종업원급여는 주식의 공정가치에 근거하여 측정하기 때문에 종업원급여의 공정가치가 증가한 경우에는 이를 조정한다. 또한 희석성 잠재적보통주식수를 계산할 때에는 자기주식법을 적용하여 희석효과를 갖는 주식수를 계산한다.

조정된 행사가격 : 주식선택권 계약상 행사가격+공정가치 조정=₩20+₩100/10개=₩30
희석효과를 갖는 주식수 : 10주−₩30×10개/₩40=2.5주

(3) 보통주 또는 현금으로 결제할 수 있는 계약 1033:58-61

회사의 선택에 따라 보통주 또는 현금으로 결제할 수 있는 계약을 한 경우에 회사는 "그 계약이 보통주로 결제된다"라고 가정하고 그로 인한 잠재적보통주가 희석효과를 가진다면, 희석주당이익의 계산에 포함한다.

한편 보유자의 선택에 따라 보통주 또는 현금으로 결제하게 되는 계약의 경우에는 "보통주결제와 현금결제 중 희석효과가 더 큰 방법으로 결제된다"라고 가정하여 희석주당이익을 계산한다.

예제 18-10 회사의 선택에 의해 보통주 또는 현금결제가 가능한 전환사채

은수(주)는 20×1. 1. 1에 만기 3년의 전환사채(액면 ₩2,000,000)를 발행하였다. 전환사채의 이자는 연 6%로 매년 12월 31일에 지급하고, 전환사채보유자는 만기 전에 언제든지 전환을 요청할 수 있다. 이때 은수(주)는 자신의 선택에 의해 전환사채 원금 ₩400당 보통주 1주 또는 현금(₩2,200,000)으로 결제할 수 있다. 단, 회사가 발행한 우선주는 없다.
전환사채 발행시점에 전환권이 없는 유사한 일반사채에 대한 유효시장이자율은 9%이다. 발행일에 보통주의 평균시가는 ₩300이며, 법인세는 고려하지 않는다.

➥계속

전환사채발행금액(₩2,000,000)은 다음과 같은 요소로 세분된다.

일반사채의 가치	₩1,848,122*
전환권대가	151,878
합 계	₩2,000,000

* 전환사채의 부채요소 ₩1,848,122은 원금상환 및 이자지급으로 인한 현금흐름(만기에 ₩2,000,000의 원금상환, 만기까지 매년 12월 31일에 ₩120,000의 이자지급)을 유효시장이자율 9%로 할인한 현재가치임.

위의 자료에 근거하여 20×1년의 기본주당순이익과 희석주당순이익을 계산하라. 단, 20×1. 12. 31 당기순손익은 ₩1,000,000이고, 가중평균유통보통주식수는 20,000주이다.

해답

① 20×1년의 기본주당순이익

₩1,000,000 / 20,000주 = ₩50

② 20×1년의 희석주당순이익

회사의 선택에 의해 보통주 또는 현금으로 결제할 수 있는 계약의 경우 보통주로 결제될 것으로 가정한다. 따라서 희석주당순이익은 다음과 같이 계산한다.

(₩1,000,000 + ₩166,331*) / (20,000주 + 5,000주) = ₩47/주

* 전환사채 관련 이자비용 : ₩1,848,122 × 9% = ₩166,331

예제 18-10 에서 발행자가 아니라 "보유자의 선택"에 의해 보통주(5,000주) 또는 현금(₩2,200,000)으로 결제되는 조건으로 계약한 경우라면, 다음 중 희석효과가 큰 방법으로 결제된다고 가정하고 주당이익을 산출한다.

① 보통주 결제 : 예제와 동일하게 주당순이익은 ₩47/주이다.

② 현금 결제 : (당기순이익 + 사채이자 − 사채상환손실)/20,000주

= [₩1,000,000 + ₩166,331 − ₩305,547(= ₩2,200,000 − ₩1,894,453*)] / 20,000주

= ₩43/주

* 전환사채의 장부금액 : ₩1,848,122 + (₩166,331 − ₩2,000,000 × 6%) = ₩1,894,453

이에 따라 희석주당순이익은 ①과 ② 중에서 희석효과가 큰 ₩43/주로 산출된다.

(4) 콜옵션과 풋옵션

회사가 자신의 보통주에 기초한 옵션(콜옵션이나 풋옵션)을 매입하여 보유하는 경우에는 희석주당이익의 계산에 포함하지 않는다. 왜냐하면 일반적으로 풋옵션은 행사가격이 시가보다 높을 경우에만 행사하고, 콜옵션은 행사가격이 시가보다 낮을 경우에만 행사하여 반희석효과가 있기 때문이다.

예제 18-11 매입한 콜옵션과 풋옵션

다음 두 독립적인 매입옵션 사례에 대해 자기주식법을 적용하여 보통주의 희석 또는 반희석 효과 여부를 판단하라.

(1) A사는 자기회사의 보통주에 기초하여 다른 회사가 발행한 행사가격이 ₩1,000인 풋옵션 500개를 매입하여 보유하고 있다. 당해 연도의 A사 보통주의 평균시가는 ₩800이다.
(2) A사는 자기회사의 보통주에 기초하여 다른 회사가 발행한 행사가격이 ₩800인 콜옵션 500개를 매입하여 보유하고 있다. 당해 연도의 A사 보통주의 평균시가는 ₩1,000이다.

해답

(1) 풋옵션을 행사하면 유통주식수가 증가한다.
유통주식수에 포함시킬 주식수=500−500×₩1,000/₩800=(−)125개
⇒ 반희석효과
(2) 콜옵션을 행사하면 유통주식수가 감소한다.
유통주식수에 포함시킬 주식수=(−)500−(−)500×₩800/₩1,000=(−)100개
⇒ 반희석효과

한편, 매도한 풋옵션과 같이 회사가 자기주식을 취득해야만 하는 계약은 희석효과가 있다면, 희석주당이익의 계산에 반영한다. 이러한 계약이 그 회계기간 동안에 행사가격이나 청산가격이 그 회계기간의 평균시가보다 높으면(즉 '내가격'에 있다면) 주당이익에 대한 잠재적 희석효과를 가지는데, 이는 다음과 같이 반영한다.

① "그 계약을 이행하기 위한 현금을 확보하기 위해 충분한 수의 보통주를 기초에 그 회계기간의 평균시가로 발행한다"라고 가정한다.
② "위 ①의 주식발행으로 유입된 현금은 그 계약의 이행, 즉 자기주식의 매입에 사용한다"라고 가정한다.
⇒ 발행할 것으로 가정하는 보통주식수(①)와 계약이행으로 받게 되는 보통주식수(②)의 차이를 희석주당이익을 계산할 때 분모에 반영한다.

예제 18-12 매도한 풋옵션의 희석효과

A사는 자기회사 보통주에 대한 단위당 행사가격이 ₩3,500(주당 ₩3,500에 매입해 주어야 함)인 풋옵션 120개를 매도하였다. 그 기간의 보통주의 평균시가는 주당 ₩2,800이었다. 이 경우 희석주당이익을 계산할 때 가산되는 주식수를 산출하라.

풋옵션 이행으로 평균주가에 근거하여 발행할 환산 보통주식수(120개×₩3,500÷₩2,800)	150주
풋옵션 의무이행으로 실제 받는 보통주식수	(120)
희석주당이익을 계산할 때 분모에 가산되는 보통주식수	30주

6 여러 종류의 희석성 잠재적보통주가 발행된 경우 1033:44

기업은 한 종류가 아니고 여러 종류의 잠재적보통주를 발행했을 수도 있다. 이때에는 여러 종류의 잠재적보통주 모두를 통합해서 희석화 여부를 고려하는 것이 아니라 희석성 잠재적보통주를 개별적으로 고려한다.

잠재적보통주를 고려하는 순서가 각각의 잠재적보통주가 희석효과를 가지는지 반희석효과를 가지는지에 대하여 판단하는 데 영향을 미칠 수 있다. 이에 따라 K-IFRS에서는 주당계속영업이익을 최대한 희석할 수 있도록 "희석효과가 가장 큰 잠재적보통주부터 순차적으로" 고려하도록 규정하고 있다.

옵션과 주식매입권은 보통주에 귀속되는 손익에 대한 조정을 하지 않고 희석주당이익을 계산하기 위한 보통주식수만 증가시키므로 일반적으로 가장 먼저 고려될 것이다.

예제 18-13 희석성 잠재적보통주를 포함시키는 순서

충무(주)의 손익상황 및 잠재적보통주에 관한 사항은 다음과 같다.

〈손익상황 및 잠재적보통주에 관한 사항〉

〈이익〉 계속영업손익	₩1,640,000
우선주 배당금	(640,000)
보통주에 귀속되는 계속영업손익	₩1,000,000
중단사업손실	(400,000)
보통주에 귀속되는 당기순손익	₩600,000
〈유통보통주식수〉	200,000주
〈보통주의 평균시장가격〉	₩75

〈잠재적보통주〉
- 옵 션 : 10,000개(행사가격 ₩60)
- 전환우선주 : 80,000주(주당 배당금 ₩8, 주당 보통주 2주로 전환가능)
- 전환사채 : ₩10,000,000(액면발행, 이자율 연 5%, 액면 ₩50당 보통주 1주로 전환이 가능함, 전환권대가 및 상환할증금은 없다고 가정함)

〈법인세율〉 40%

희석성 잠재적보통주를 포함시키는 순서를 표시하고, 희석주당이익을 계산하라.

해답

① 잠재적보통주의 전환으로 인하여 보통주에 귀속되는 이익과 보통주식수의 증분

구 분	이익의 증분 ①	보통주식수의 증분 ②	①÷②	적용순서
옵션	0	2,000*1)	0	1
전환우선주	₩640,000*2)	160,000*3)	4.00	3
전환사채	300,000*4)	200,000*5)	1.50	2

*1) 10,000개×(₩75－₩60)/₩75＝2,000
*2) 80,000주×₩8＝₩640,000
*3) 80,000주(전환우선주식수)×2(전환비율)＝160,000
*4) ₩10,000,000×5%×(1－0.4)＝₩300,000
*5) ₩10,000,000/₩50(액면금액)＝200,000

각 잠재적보통주에 대하여 희석효과가 큰 것부터 순서대로 고려한다. 따라서 본 사례에서는 옵션, 전환사채, 전환우선주의 순으로 고려한다.

② 희석주당계속영업이익의 계산

	계속영업손익	보통주식수	주당이익	희석효과
보고수치	₩1,000,000	200,000주	₩5.00	
옵션	－	＋ 2,000		
	₩1,000,000	202,000주	₩4.95	희석
전환사채	300,000	＋ 200,000		
	₩1,300,000	402,000주	₩3.23	희석
전환우선주	640,000	＋ 160,000		
	₩1,940,000	562,000주	₩3.45	반희석

⇒ 전환우선주를 반영하면 희석주당계속영업이익이 ₩3.23에서 ₩3.45으로 증가하므로 반희석화된다. 따라서 전환우선주는 희석주당계속영업이익의 계산에 포함시키지 않는다. 이로써 희석주당계속영업이익은 ₩3.23이다.

③ 주당이익

	기본주당이익	희석주당이익
계속영업손익	₩5.00	₩3.23
중단사업손실	(2.00)*1)	(0.99)*2)
당기순손익	₩3.00*3)	₩2.24*4)

*1) (₩400,000)/200,000주＝(₩2.00)
*2) (₩400,000)/402,000주＝(₩0.99)
*3) ₩600,000/200,000주＝₩3.00
*4) (₩600,000＋₩300,000‡)/402,000주＝₩2.24
‡ 전환사채를 전환하면 증가하는 이익(이자비용의 감소)

7 재무제표 표시 및 수정

기본주당이익과 희석주당이익을 지배기업의 보통주에 귀속되는 계속영업손익과 당기순손익에 대하여 계산하고 포괄손익계산서에 본문에 표시한다(〈표 18-4〉 참조).

주당이익은 제시되는 모든 기간에 대하여 제시한다. 희석주당이익이 기본주당이익과 동일하다면 한 줄로 표시할 수 있다. 그러나 비교 표시되는 손익계산서 중 희석주당이익이 별도로 표시되는 회계기간이 포함되어 있으면, 비교 표시되는 나머지 회계기간의 손익계산서에도 희석주당이익을 별도로 표시한다. 포괄손익계산서가 아니라 별개의 손익계산서에 당기순손익의 구성요소를 표시하는 경우, 그 별개의 손익계산서에 기본 및 희석 주당이익을 표시한다.

중단영업에 대해 보고하는 기업은 중단영업에 대한 기본주당이익과 희석주당이익을 포괄손익계산서에 표시하거나 주석으로 공시한다. 기본주당이익과 희석주당이익이 부의 금액(즉, 주당손실)인 경우에도 표시한다.

▶ 표 18-4
주당이익의 공시

포괄손익계산서

(주)충무	20×1. 1. 1~20×1. 12. 31
⋮	
총포괄이익	₩×××
주당계속영업이익	
기본주당이익	₩5.00
희석주당이익	₩3.00
주당순이익	
기본주당이익	₩3.00
희석주당이익	₩2.24

(주) 기본주당이익과 희석주당이익이 비교 표시되는 손익계산서의 모든 기간에 동일하면 한 줄로 표시한다.

종합예제 CHAPTER 18

주당이익 – 종합

성아(주)의 20×9년도 보통주자본금의 변동내역은 다음과 같다.

	주식수	금 액
기 초	10,000	₩1,000,000
5.1. 유상증자(10%)	1,000	100,000
7.1. 전환우선주의 전환	1,000	100,000
10.1. 주식선택권의 행사	1,000	100,000
기 말	13,000	₩1,300,000

- 유상증자의 주당 발행금액은 ₩100이고, 유상증자 권리행사일 전의 주당 공정가치는 ₩200이다.
- 기중에 우선주가 전환되었는데, 보통주와 전환비율은 1 : 1이다. 기중 전환의 경우 전환청구를 한 때가 속하는 회계기간말에 전환된 것으로 가정한다. 우선주 배당률은 10%이다.
- 성아(주)가 3년 전에 임직원에게 부여한 주식선택권은 총 3,000개로 이 중 당기에 1,000개가 행사되었다. 개당 행사가격은 잔여가득기간에 유입될 용역의 공정가치를 포함하여 ₩200이며, 보통주의 기중 평균시장가격은 주당 ₩300이다. 주식선택권과 관련하여 주식보상비용으로 인식한 금액은 ₩180,000이다.

성아(주)는 20×9년도 계속영업이익과 당기순이익으로 각각 ₩1,640,000(세후)과 ₩2,050,000(세후)을 보고하였다. 성아(주)에 적용되는 법인세율은 30%이며, 주식주는 월할계산한다.

요구사항

1. 성아(주)의 가중평균유통보통주식수를 계산하라.
2. 성아(주)의 기본주당이익과 기본주당계속영업이익을 계산하라.
3. 성아(주)의 종류별 잠재적보통주식수를 계산하고 희석주당이익과 희석주당계속영업이익을 계산하라.

해 답

1. 가중평균유통보통주식수

① 무상증자비율

유상증자 주식수		1,000주
공정가치 유상신주	(1,000주 × ₩100)/₩200 =	(500)
무상증자 주식수		500주

→ 무상증자비율 : 500 ÷ (10,000 + 500) = 1/21

② 가중평균유통보통주식수

기 간	조정전	무상증자조정	조정후	월 수	적 수
1. 1 ~ 4. 30	10,000	(1 + 1/21)	10,476	4	41,905
5. 1 ~ 9. 30	11,000		11,000	5	55,000
10. 1 ~ 12. 31	12,000		12,000	3	36,000
				12	132,905

→ 가중평균유통보통주식수 : 132,905 ÷ 12 = 11,075주

전환우선주의 전환은 회계기간말에 전환된 것으로 가정한다고 문제에서 제시되었다.

2. 기본주당이익과 기본주당계속영업이익
   ① 기본주당이익 : ₩2,040,000* ÷ 11,075주 = ₩184/주
   ② 기본주당계속영업이익 : ₩1,630,000* ÷ 11,075주 = ₩147/주
   * 보통주 당기순이익 : ₩2,050,000 − ₩100,000 × 10% = ₩2,040,000
   보통주 계속영업이익 : ₩1,640,000 − ₩100,000 × 10% = ₩1,630,000
   우선주 배당금 : ₩100,000 × 10% = ₩10,000

3. 희석주당이익과 희석주당계속영업이익
   (1) 잠재적 보통주식수
   ① 전환우선주*

	기 간	주식수	월 수	적 수
전환이전	1. 1 ~ 12. 31	1,000	12	12,000

→ 잠재적 보통주식수 : 12,000 ÷ 12 = 1,000주
* 전환우선주의 전환가정일은 회계기간말이다.

② 주식선택권

구 분	기 간	주식수	월 수	적 수
권리행사분 − 행사이전	1. 1 ~ 9. 30	333*	9	2,997
권리미행사분	1. 1 ~ 12. 31	667**	12	8,004
				11,001

* 권리행사분

권리행사로 발행될 주식수	1,000주
취득가능한 자기주식수 : 1,000주 × ₩200/₩300 =	(667)
증가할 주식수	333주

** 권리미행사분

권리행사로 발행될 주식수	2,000주
취득가능한 자기주식수 : 2,000주 × ₩200/₩300 =	(1,333)
증가할 주식수	667주

→ 잠재적 보통주식수 : 11,001 ÷ 12 = 917주

(2) 희석화여부의 판단 : 계속영업이익에 근거하여 판단
   ○ 우선순위결정

구 분		이익의 증가	주식수	주당이익	우선순위
전환우선주		₩10,000	1,000	₩10	(1)
주식선택권	₩180,000 × (1 − 0.3) =	₩126,000	917	₩137	(2)

○ 희석화여부 판단

구 분	계속영업이익	보통주식수	주당이익	희석효과
	₩1,630,000	11,075주	₩147	
전환우선주	10,000	1,000		
	₩1,640,000	12,075주	₩135.8	○
주식선택권	126,000	917		
	₩1,766,000	12,992주	₩135.9	×

(3) 희석계속영업이익 희석주당이익

구 분	희석계속영업이익	희석주당이익
보통주이익	₩1,630,000	₩2,040,000
전환우선주 배당금	10,000	10,000
계	₩1,640,000	₩2,050,000

(4) 희석주당계속영업이익과 희석주당이익
   ○ 희석주당계속영업이익 : ₩1,640,000 ÷ 12,075주 = ₩135.8/주
   ○ 희석주당이익 : ₩2,050,000 ÷ 12,075주 = ₩169.8/주

익힘문제

CHAPTER 18

1. 주당이익의 유용성을 논하라.

2. 가중평균유통주식수를 계산할 때 고려해야 하는 사항들을 예로 들고 어떻게 산식에 반영되는지 설명하라.

3. 유통보통주식수의 계산에 있어서 무상증자와 시가 이하의 유상증자를 어떻게 회계처리하는가? 그 이유를 설명하라.

4. 주당이익의 계산에서 보통주 계속영업손익의 산정방법을 기술하라.

5. 복잡한 자본구조에서 희석성 잠재적보통주의 예를 제시하라.

6. 희석주당순이익을 계산하기 위한 보통주식수의 계산방법을 설명하라.

7. 희석주당이익을 계산하기 위하여 계속영업손익을 산출할 때 기본주당이익의 경우와 어떤 차이가 있는가?

8. 신주인수권으로 인한 희석증권주식수를 산정할 때 이용되는 자기주식법을 구체적인 예를 들어 설명하라.

9. 전환증권이 있는 경우 희석증권주식수를 산정할 때 이용되는 전환가정법을 기술하라.

10. 주식기준보상약정, 조건부발행보통주 또는 보통주와 현금으로 결제할 수 있는 계약이 존재하는 경우 희석주당순이익을 산출하는 방법을 기술하라.

11. 콜옵션과 풋옵션을 매입 또는 매도하는 경우 희석주당순이익을 산출하는 방법을 기술하라.

12. 여러 종류의 희석성 잠재적보통주가 발행된 경우 주당이익에 반영하는 순서는 어떻게 결정되는가?

13. 기본주당이익과 희석주당이익을 연결포괄손익계산서에 공시하는 방법을 설명하라.

연습문제

1. 주당이익의 개념 및 거래가 주당이익에 미치는 영향

귀 회계법인의 새로운 감사대상회사인 운정(주)는 이제까지 재무보고서에 주당이익을 보고하지 않았었다. 당사의 회계담당이사인 소정운 씨는 귀하에게 기업회계기준에 따라 당해 연도 재무보고서에 주당이익을 보고하는 데 필요한 정보를 제공해 주도록 요청하였다.

요구사항

1. 보통주만을 발행한 기업에 있어서 주당이익은 어떻게 정의할 수 있는가? 또한 주당이익을 어떻게 계산하고, 어떻게 보고해야 하는지 설명하라.
2. 주당이익을 산출할 때 다음의 거래를 어떻게 다루어야 하는지 설명하라.
   1) 할증되어 발행되고 액면가의 청산권을 지니고 있는 우선주가 존재한다.
   2) 당해 연도에 임직원들에게 주식선택권이 발행되었는데, 당해 주식선택권의 행사금액은 보통주의 장부금액보다는 높으나 시가보다는 낮다.
   3) 당회계연도 종료 직전에 헌 기계를 새 기계로 대체하였는데, 새 기계의 취득원가는 대체된 기계의 원래 취득원가보다 20%만큼 높다. 헌 기계는 장부금액에 처분되었고, 새 기계는 헌 기계와 동일한 성능을 지니고 있다.
   4) 누적적우선주에 당해 연도분의 배당을 선언하였다.
   5) 당회계연도에 보통주를 취득하고, 이를 자기주식으로 분류하였다.
   6) 당회계연도에 보통주를 2 : 1로 분할하였다.
   7) 소송으로부터 예상되는 우발부채에 대해 이익잉여금에서 적립금을 설정하였다.

2. 주당이익 계산의 설명

주당이익(earnings per share : EPS)은 현대 기업에 있어서 중요한 재무수치로 인식되고 있다. 주식가격을 공시하는 경우에도 주가가 주당이익의 몇 배로 형성되고 있는가 하는 주가수익배수(price-earnings ratio : PER)를 동시에 보고하고 있다. 주식분석가들은 그들이 분석하는 기업의 주당이익을 집중적으로 거론하고 있다.

요구사항

1. 유통되는 각 유형의 우선주에 대한 배당 또는 배당필요액이 주당이익에 미치는 영향을 설명하라.
2. 주당이익의 계산에서 기술적인 절차 중의 하나는 자기주식법이다. 자기주식법을 적용하기에 적절한 상황을 간략히 기술하라.
3. 전환증권은 희석성 잠재적보통주가 될 수 있다. 주당이익의 산출에서 전환증권을 어떻게 고려해야 하는가?

3. 기본주당이익과 희석주당이익

- 20×3. 8. 1, 갑(주)와 을(주)가 합병하여 갑을(주)를 설립하였다. 합병을 위하여 총 300,000주의 주식이 발행되었으며, 20×3. 10. 1에 이 회사는 250,000주의 신주를 발행하였다. 20×3. 12. 31 현재 갑을(주)의 유통주식은 총 550,000주이다.

- 갑을(주)는 20×3. 11. 1에 5년 만기, 액면금액 ₩600,000, 6%의 전환사채를 액면금액으로 발행하였는데, 당시 최우량사채의 평균수익률은 8%였다. 이자지급일에 사채 ₩1,000당 보통주 40주와 교환가능한 이 사채는 현재까지 전환 및 상환이 없었다.
- 20×3년도 이 회사의 순이익은 ₩522,000이며, 세율은 40%이다.

갑을(주)의 20×3년도 '기본주당이익' 및 '희석주당이익'을 계산하라.

4. 무상증자와 주당이익 계산

20×1년 가중(주)의 보통주에 귀속되는 이익이 ₩396,000이었다. 가중(주)의 당기 보통주식수 변동내역은 다음과 같다.

- 1월 1일 유통보통주식수는 200주이다.
- 4월 1일 10% 주식배당을 실시하였다.
- 7월 1일 신주인수권이 행사되어 신주 40주를 발행하였다.
- 11월 1일 자본잉여금을 자본에 전입하여 10% 무상증자를 실시하였다.

20×1년 기본주당이익을 계산하라. 단, 가중평균은 월수로 계산한다.

5. 전환가정법과 주당이익 계산 (I)

용산(주)의 희석증권을 조정한 가중평균유통보통주식수는 1,000주이고, 용산(주)의 보통주당기순이익은 ₩3,000,000이다. 다음은 희석주당순이익 산정시 포함된 잠재적보통주에 대한 자료이다.

- 잠재적보통주식수에 포함된 전환사채 이자비용은 ₩300,000이다.
- 잠재적보통주식수에 포함된 주식선택권에 대한 주식보상비용은 ₩60,000이다.

모든 잠재적보통주가 희석효과가 있다고 할 때, 희석주당순이익을 계산하라. 단, 한계세율은 20%라고 가정한다.

6. 전환가정법과 주당이익 계산 (II)

다음은 성우(주)의 20×2년 주당이익과 관련된 자료이다.

- 당기순이익은 ₩22,300이고, 기초의 유통보통주식수는 100주이며 기중 변동은 없었다.
- 20×1년초 전환사채를 발행하였으며, 전환권을 행사하면 보통주 20주로 전환이 가능하다. 20×2년도 포괄손익계산서의 전환사채 관련 이자비용은 ₩7,000이며, 법인세율은 30%이다. 20×2년말까지 행사된 전환권은 없다.

20×2년도 성우(주)의 포괄손익계산서상 희석주당이익은?

7. 권리발행과 주당이익 계산

광원(주)의 20×1년도중 발행주식수 변동을 보면 아래와 같다.

1월 1일 사외유통주식수 5,000주
4월 1일 자기주식취득 50주
7월 1일 신주발행(유상증자) 500주
10월 1일 자기주식재발행 30주

요구사항

1. 20×1년도 광원(주)의 당기순손익이 ₩5,000,000이라면 주당이익은 얼마인가?
2. 20×1. 11. 1에 10%의 주식배당이 있었다면, 유통보통주식수는 얼마인가?

8. 주당이익 – 주주우선배정 신주발행

경아(주)의 보고기간 종료일은 12월 31일이다. 3년간 보통주에 귀속되는 이익은 다음과 같다.

20×0년	20×1년	20×2년
₩110,000	₩150,000	₩180,000

신주발행 전 우선주주에게 1월 1일에 다음과 같은 주주우선배정을 실시하였다.

〈주주우선배정 신주발행 내용〉
유통보통주 5주당 신주 1주(신주는 총 100주) 행사가격 : ₩500
권리행사 마지막 날 : 20×1. 3. 1

주주우선배정 신주발행 전 유통보통주식수는 500주이었고, 20×1. 3. 1 권리행사 직전의 보통주 1주당 시장가격은 ₩1,100이었다.
경아(주)의 3년간 기본주당이익을 산출하라.

9. 우선주와 주당이익

성훈(주)의 20×2회계연도 당기순손익과 자본금 변동사항은 다음과 같다.

- 당기순손익 ₩5,000,000
- 자본금 변동사항(주당액면 ₩5,000)

구 분	보통주자본금		우선주자본금	
・기초	1,000주	₩5,000,000	200주	₩1,000,000
・기중–3월 1일 주식배당 5%	50	250,000	10	50,000
・기말	1,050주	₩5,250,000	210주	₩1,050,000

우선주(최저배당률=액면금액기준으로 5%)는 누적적・참가적이며, 추가적으로 보통주와 동일하게 배당에 참가할 수 있다. 주식배당에는 최저배당률을 적용하지 않는다.
20×2회계연도의 이익에 대한 배당은 현금배당으로 보통주 4%와 우선주 5%로 계획되어 있다. 20×1회계연도의 이익에 대한 배당은 주식배당 5%로 20×2. 3. 1의 주주총회에서 의결되었다. 주식배당으로 발행된 신주의 배당기산일은 회계연도초이다.
성훈(주)의 20×2년도의 주당이익을 산출하라. 단, 1년을 365일로 가정한다.

10. 주당이익 – 주식선택권

다음은 용삼(주)의 주식선택권과 관련된 자료이다.

- 가득되지 않은 주식선택권의 수량 : 150개
- 가득되지 않은 주식선택권 행사가격 : ₩3,000
- 주식선택권의 대가로 제공하는 종업원 용역의 공정가치 : ₩12,000
- 용삼(주) 주식의 당기 평균시가 : ₩6,160

용삼(주)의 당기 가중평균유통보통주식수는 1,000주이고, 주식선택권 이외의 잠재적보통주는 없으며, 당기 중에 주식선택권의 행사는 없었다. 용삼(주)의 당기순이익은 ₩40,000이고, 당기비용으로 인식한 주식보상비용은 ₩1,000이며 세율은 20%이다.
용삼(주)의 기본주당이익과 희석주당이익을 계산하라.

11. 희석주당계속영업이익 – 전환우선주

(주)행복의 20×1년도 재무내용은 다음과 같다.

1. 1 : 유통보통주식수 1,000주(주당 액면금액 ₩5,000)
유통우선주식수 200주(주당 액면금액 ₩5,000, 연배당률 10%, 누적적 · 비참가적 전환우선주, 우선주 10주당 보통주 1주의 전환조건)
계속영업이익 : ₩2,500,000

(주)행복은 상기 전환우선주에 대해서 20×0년도 배당금을 지급하지 않았으며, 20×1년도에 전환우선주의 전환은 없었다. 상기 자료 이외에 전환우선주 등의 자본거래는 없었다.
(주)행복의 20×1년도 계속영업이익을 기준으로 한 보통주 기본주당이익 및 희석주당이익은 얼마인가?

12. 조정주식수 – 옵션

용삼(주)는 당기초에 자신의 보통주에 대한 600주의 풋옵션을 단위당 ₩4,000의 행사가격으로 매도하였다. 그리고 용삼(주)는 당기초에 자신의 보통주에 대한 300주의 콜옵션을 단위당 ₩2,000의 행사가격으로 매입하였다. 당기 용삼(주) 보통주의 평균시가는 주당 ₩3,000이다.
용삼(주)가 당기의 희석주당이익 계산시 분모의 주식수에 가산할 조정주식수를 계산하라.

13. 희석주당이익 – 옵션

12월말 결산법인인 (주)국세의 20×9년 손익상황 및 옵션에 관한 사항은 다음과 같다.

- 당기순이익은 ₩36,000,000이었다.
- 가중평균유통보통주식수는 25,000주이며, (주)국세가 발행한 우선주는 없다.
- 보통주 1주의 평균시장가격은 ₩6,000이었다.
- 20×9. 1. 1 부여된 옵션이 행사될 경우 발행될 보통주식수는 5,000주이다.
- 옵션의 행사가격은 ₩4,500이다.

(주)국세의 20×9년 희석주당이익을 구하면 얼마인가? 단, 소수점 첫째 자리에서 반올림한다.

14. 희석주당이익 – 시가 이하 발행과 신주인수권

(2018년 CPA 1차)

(주)대한의 20×1년중 보통주 변동내용은 다음과 같다.

- 7월 1일 유상증자는 주주우선배정 신주발행에 해당하며, 유상증자 전일의 보통주 공정가치는 주당 ₩800이고, 유상증자시점의 발행금액은 주당 ₩500이다.

일 자	변동내용	유통주식수
20×1. 1. 1	전기 이월	1,000주
20×1. 7. 1	유상증자 400주	1,400주

- 20×1년초 신주인수권 800개를 부여하였는데, 동 신주인수권 1개로 보통주 1주를 인수할 수 있다. 신주인수권의 개당 행사가격은 ₩600이고, 20×1년중 (주)대한이 발행한 보통주식의 평균주가는 주당 ₩750이다.
- 20×1년도 당기순이익으로 ₩919,800을 보고하였다.

(주)대한의 20×1년도 희석주당순이익은 얼마인가? 단, 가중평균유통주식수는 월할계산한다.

15. 희석주당이익 – 주식기준보상약정

20×4. 1. 1에 (주)한솔(결산일 12월 31일)은 종업원에게 다음과 같은 주식결제형 주식선택권 2,000개를 부여하였다.

- 행사사격 : 개당 ₩5,000
- 약정용역제공기간 : 부여일로부터 3년
- 20×4년의 주식보상비용 : ₩2,000,000
- 종업원이 주식선택권 1개당 제공해야 할 용역의 가치 : 개당 ₩3,000

(주)한솔은 20×4년도 기본주당순이익을 다음과 같이 계산하였다.

기본주당순이익＝당기순이익/가중평균유통보통주식수＝₩60,000,000/10,000주＝₩6,000/주

(주)한솔의 20×4년도 희석주당순이익을 계산하라. 단, (주)한솔의 20×4년도 보통주 평균시장가격은 주당 ₩16,000이며, 적용될 법인세율은 30%이다.

16. 희석주당이익 – 발행자의 선택에 따라 주식이나 현금으로 결제할 수 있는 전환사채

선우(주)가 20×1년도초에 200개의 전환사채를 발행했다. 전환사채의 만기는 3년이고, 사채당 액면금액은 ₩10,000이며, 총발행금액은 ₩2,000,000이다. 명목이자율은 연 6%로 매년 후급한다. 각 사채는 만기 전에 언제든지 보통주 25주로 전환할 수 있다. 기업은 전환사채의 원금을 보통주나 현금으로 결제할 수 있는 선택권을 갖는다.
전환사채를 발행하였을 때 전환조건이 없는 유사한 채무의 시장이자율은 9%이다. 발행일에 보통주의 시장가격은 ₩300이다. 법인세는 고려하지 않는다. 다음과 같은 요약정보가 주어졌다.

〈요약정보〉
- 20×1년도 보통주에 귀속되는 이익 : ₩1,000,000
- 가중평균유통보통주식수 : 12,000주
- 유통전환사채 : 200개
- 전환사채발행금액의 분배 : 부채요소 ₩1,848,122 *

전환사채발행금액의 분배 :	부채요소	₩1,848,122 *
	자본요소	151,878
		₩2,000,000

* 이는 원금과 이자를 9%로 할인한 현재가치를 나타낸다. 3차년도말에 ₩2,000,000 지급하며, 3년 동안 매년 ₩120,000 후급한다.

선우(주)의 20×1년도의 기본 및 희석 주당이익을 산출하라. 단, 선우(주)가 보통주를 발행하여 계약을 결제한다고 가정한다.

17. 전환사채와 주가이익비율(price-earnings ratio : PER)

다음은 주식시장에서 대표적으로 PER이 낮은 주식으로 널리 알려진 (주)마포에 대한 자료이다.

- 20×0. 1. 1 보통주(액면금액 ₩5,000)는 101,000주이고, 예상 당기순이익과 한계세율은 각각 ₩200,000,000과 30%임.
- 20×0. 7. 1 제3자 인수방식에 의해 대주주에게 전환사채를 인수시킴.
  - 액면금액 ₩1,000,000,000을 액면금액으로 발행함.
  - 전환사채 이자비용으로 ₩10,000,000이 발생함(표시이자율 연 2%).
  - 전환사채 액면금액 ₩50,000당 보통주 1주로 전환이 가능하며, 실제로 10월 1일에 전환사채의 50%가 전환됨.
- 20×0. 1. 1부터 자기주식이 1,000주(취득원가 ₩7,000,000) 계상되어 있음.

모든 것이 예상대로 진행되었으며, 주가는 연중 ₩10,000으로 유지된 것으로 가정한다.
기본주당순이익과 희석주당순이익을 계산하면 (주)마포의 PER은 각각 얼마가 되는가? 단, 유통월수를 가중치로 사용하여 가중평균주식수를 계산한다.

18. 주당이익 – 종합

결산일이 12월 31일이고 상장법인인 민서(주)의 20×3년 보통주 당기순이익은 ₩1,200,000, 세율은 30%이다. 한편, 보통주의 20×3년 주당 평균시장가격은 ₩625이다. 다음은 20×3년중 발생한 자본에 영향을 미칠 수 있는 거래 혹은 주요 내용이다. 단, 모두 월할로 계산하고 단수 미만은 반올림한다.

(1) 1월 1일 : 주당 액면금액이 ₩500인 보통주 960주가 유통되고 있고, 발행된 우선주는 없다.
(2) 2월 1일 : 보통주 100주를 주주우선배정으로 주당 ₩240에 발행하였는데, 1월 31일 보통주의 공정가치는 ₩600이다.
(3) 3월 1일 : 보통주에 대하여 10%(106주)의 무상증자를 실시하였다.
(4) 4월 1일 : 주당 ₩550에 자기주식 200주를 취득하였다.
(5) 20×0. 1. 1에 종업원에게 주식결제형 주식선택권 100개를 부여하였다. 주식선택권은 20×3년말에 가득되었고 행사가격은 개당 ₩200이며, 종업원이 주식선택권 1개당 제공해야 할 용역의 가치는 개당 ₩200이다. 이 주식선택권으로 인하여 20×3년 주식보상비용으로 인식된 금액은 ₩20,000이다. 단, 계산 편의상 주식수와 주당이익은 소수점 첫째 자리에서 반올림하고, 주식의 유통기간은 월수로 계산한다.
(7) 20×3. 1. 1에 조건부보통주를 발행하였다. 조건부보통주에는 20×5년말 보통주 공정가치가 ₩700을 초과하면, 초과액 ₩1당 보통주 10주를 발행하는 조건이 부여되어 있다. 20×3년말 민서(주)의 보통주식 공정가치는 ₩750이다.
(8) 20×3. 1. 1에 자신의 보통주에 대한 120단위의 풋옵션을 ₩1,000의 행사가격으로 발행하였으며, 자신의 보통주를 기초로 한 행사가격 ₩1,200의 콜옵션을 200단위 매입하였다. 한편, 보통주의 20×3년 주당 평균시장가격은 ₩625이다.

20×3년 민서(주)의 기본주당이익과 희석주당이익을 계산하라.

공인회계사 기출문제 응용(2020년 이후)

1. 기본주당이익 – 시가 이하 유상증자와 전환사채 (2022년 CPA 1차)

20×1. 1. 1 현재 (주)대한의 보통주 발행주식수는 7,000주(1주당 액면금액 ₩500)이며, 이 중 600주는 자기주식이고, 전환우선주(누적적) 발행주식수는 900주(1주당 액면금액 ₩200, 연배당률 20%, 3주당 보통주 1주로 전환가능)이다.

- 3월 1일 유상증자를 실시하여 보통주 2,000주가 증가하였다. 유상증자시 1주당 발행금액은 ₩2,000이고 유상증자 직전 1주당 공정가치는 ₩2,500이다.
- 7월 1일 전년도에 발행한 전환사채(액면금액 ₩500,000, 액면금액 ₩500당 1주의 보통주로 전환) 중 25%가 보통주로 전환되었다.
- 10월 1일 전환우선주 600주가 보통주로 전환되었다.

(주)대한이 20×1년 당기순이익으로 ₩2,334,600을 보고한 경우 20×1년도 기본주당이익은 얼마인가? 단, 기중에 전환된 전환우선주에 대해서는 우선주 배당금을 지급하지 않는다. 가중평균유통보통주식수는 월할계산하되, 잠재적보통주(전환사채, 전환우선주)에 대해서는 실제 전환일을 기준으로 한다.

2. 희석주당이익 – 주식매입권 (2021년 CPA 1차)

20×1. 1. 1 현재 (주)대한의 유통보통주식수는 200,000주(1주당 액면금액 ₩1,000)이며, 자기주식과 우선주는 없다. (주)대한은 20×1. 1. 1에 주식매입권 30,000개(20×3년말까지 행사가능)를 발행하였으며, 주식매입권 1개가 행사되면 보통주 1주가 발행된다. 주식매입권의 행사가격은 1개당 ₩20,000이며, 20×1년 보통주의 평균시장가격은 1주당 ₩25,000이다. 20×1. 10. 1에 동 주식매입권 20,000개가 행사되었다. (주)대한이 20×1년 당기순이익으로 ₩205,000,000을 보고한 경우 20×1년 희석주당이익은 얼마인가? 단, 가중평균유통보통주식수는 월할로 계산하며, 단수차이로 인해 오차가 있다면 가장 근사치를 선택한다.

윤리문제

CHAPTER 18

사리(주)는 성과보상제도를 채택하고 있는데, 성과기준은 주당순이익의 증가와 관련되어 있다. 연간 주당순이익이 12% 증가하면 100%의 보너스를 받고, 16%가 증가하면 125%의 보너스를 받으며, 8% 이하가 되는 경우에는 보너스를 받을 수 없다.

사리(주)의 재무담당부장인 이영주 씨는 20×1년말에 대손비용과 보증비용의 추정치를 검토하였고, 주당순이익이 15% 증가하였음을 알 수 있었다. 임원 중의 한 명인 손건우 씨는 점심시간 중에 주당순이익이 16.1%가 될 수 있도록 대손비용의 추정치를 줄일 수 있지 않느냐고 제안하였다. 이 부장은 현재의 추정치가 적정하다고 여기고 있기 때문에 손건우 씨의 제안을 받아들이는 것을 주저하고 있다. 한편, 이 부장은 대손비용의 추정치에는 상당히 주관적인 요소가 개재되어 있음을 인식하고 있다.

요구사항

1. 이 부장이 당면하고 있는 윤리적 문제는 무엇인가?
2. 이 부장이 성과보상제도를 인식하고 있음이 추정치를 결정하는 요인이 되어야 하는가?
3. 당신은 손건우 씨의 제안에 대해 어떻게 답하겠는가?

PART IV

특수회계

CHAPTER

19 리 스

리스는 기초자산의 진부화 회피, 구입자금의 조달용이성 등으로 오늘날 매우 널리 이용되고 있다. 리스는 매매계약과는 달리 자산에 대한 총체적인 권리는 이양되지 않지만 자산의 소유에 따른 실질적인 사용권이 리스이용자에게 이전된다. 따라서 리스이용자는 경제적 실질이란 측면에서 리스계약을 자본화하여 리스사용권자산과 리스부채를 인식한다. 한편 리스제공자는 기초자산의 소유에 따른 위험과 보상이 리스이용자에게 이전되는 정도에 따라서 리스계약을 금융리스와 운용리스로 분류하여 회계처리한다. 만일 소유에 따른 위험과 보상이 리스이용자에게 이전되는 경우에는 금융리스로, 그렇지 않은 경우에는 운용리스로 회계처리한다.

특히 리스이용자의 입장에서는 리스의 자본화 여부에 따라 재무제표에 미치는 영향이 지대하기 때문에 리스회계처리 내용을 숙지하는 것이 중요하다.

사례 대한항공 – 리스

[대한항공의 리스에 관련된 2021년말 연결재무제표 주석내용 일부]

대한항공은 2021년에 총자산(₩26조 6,719억)에서 유형자산(₩18조 4,821억)이 차지하는 비중(69%)이 크다. 그중에서도 다음 표(주석 15에 나타남)에서 보듯이 리스사용권자산(₩8조 3,732억)이 유형자산에서 차지하는 비중(45%)이 크고, 사용권자산의 80% 이상의 항공기와 엔진이 리스로 구입되고 있다. 이러한 리스는 모두 2021년 이전에 리스계약으로 구입한 자산이다.

11. 리스채권

(1) 연결실체는 항공기 등을 리스로 제공하고 있으며, 당기말 및 전기말 현재 기간별 최소리스료와 현재가치 평가내역은 다음과 같습니다.

(단위 : 천원)

기 간	당기말	전기말
1년 이내	124,838,285	121,520,217
1년 초과 5년 이내	267,689,749	280,702,728
5년 초과	24,095,683	55,624,840
합 계	416,623,717	457,847,785
현재가치할인차금	(53,923,916)	(38,860,156)
차감 잔액	362,699,801	418,987,629
유동성 대체	(120,572,680)	(107,479,763)
채권 잔액	242,127,121	311,507,866

(2) 당기와 전기 중 손상된 리스채권은 없습니다.

15. 유형자산

(1) 당기와 전기 중 유형자산 장부금액의 변동내역은 다음과 같습니다.

(당기)

(단위 : 천원)

구 분	기 초	취 득	처 분	감가상각비	기타 증감(*1)	본계정 대체	기 말
------ (중략) ------							
토지리스자산	25,667,612	–	–	–	(25,667,612)	–	–
------ (중략) ------							
사용권자산_항공기(*)	9,520,951,667	–	–	(945,337,317)	(481,087,241)	73,096,834	8,167,623,943
사용권자산_기타	214,440,808	211,858,226	(141,792,642)	(77,117,563)	(1,750,970)	–	205,637,859
합 계	18,482,139,653	554,223,927	(198,779,007)	(1,652,834,234)	(235,627,395)	(35,038,742)	16,914,084,202

(*1) 연결실체는 당기말 현재 향후 운영계획이 없는 항공기에 대해서는 최근의 중고 항공기 시장가치 및 매각 부대비용을 고려하여 손상차손 275,442백만원을 인식하였습니다.

22. 리스부채

(1) 당기말 및 전기말 현재 리스부채의 내역은 다음과 같습니다.

(단위 : 천원)

차입처	연이자율	당기말	전기말
BEYOND 50 LIMITED	3M JPY LIBOR+0.75% ~1.98%	113,039,491	137,010,536
------ (중략) ------			
Tancheon Aviation Leasing Limited (Goshawk)	4.06%	92,228,508	97,915,457
인천국제공항공사 외	1.45%~5.1%	414,129,348	465,485,628
합 계		5,601,015,431	6,577,202,982
1년 이내 만기도래분		(1,382,925,509)	(1,387,671,388)
리스부채 잔액		4,218,089,922	5,189,531,594

연결실체는 당기말 현재 상기 리스부채와 관련하여 미국수출입은행 등으로부터 지급보증(지급보증금액 : USD 1,993백만)을 제공받고 있습니다. 한편 연결실체는 당기말 현재 상기 리스부채 중 Yian Limited 및 PC2018 Limited의 채권자(중국공상은행)에게 각각 지급보증(지급보증금액 : USD 63백만, 102백만)을 제공하고 있습니다. 당기에 발생한 리스부채의 이자비용은 123,181백만원이며, 리스와 관련한 총현금유출은 1,553,489백만원입니다. 단기리스 및 소액자산리스 등 부채로 인식되지 않은 리스료는 8,415백만원입니다.

(2) 당기말 현재 상기 리스부채의 기간별 최소리스료를 증분차입이자율 또는 가중평균차입이자율로 할인한 현재가치 평가내역은 다음과 같습니다.

(단위 : 천원)

기 간	금 액
1년 이내	1,433,551,956
1년 초과 5년 이내	3,783,654,888
5년 초과	703,650,644
합 계	5,920,857,488
현재가치할인	(319,842,057)
차감 잔액	5,601,015,431

제 1 절 리스의 개념과 분류

1 리스의 의의 및 개념

리스(lease)는 리스계약의 대상이 되는 자산(기초자산)의 소유권을 지닌 리스제공자가 당해 자산의 사용권을 일정기간 동안 리스이용자에게 이전하고 리스이용자는 그 대가로 사용료(리스료)를 리스제공자에게 지급하는 계약이다. 이를 그림으로 나타내면 [그림 19-1]과 같다.

▶ **그림 19-1**
리스계약

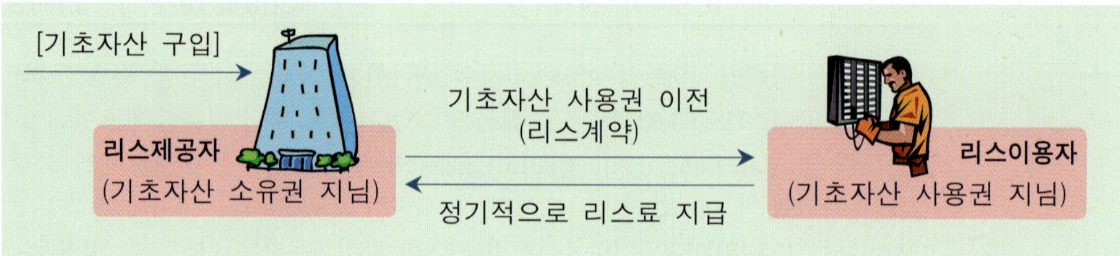

리스는 일반 매매거래와 상당한 차이가 있다. 매매거래에서는 판매자가 고객에게 재화나 용역의 법적 소유권을 이전하고 이에 따라 모든 권리와 효익을 양도하게 된다. 그러나 리스거래에서는 리스제공자가 기초자산(underlying assets)의 법적 소유권을 리스이용자에게 이전하지 않고 리스이용자는 리스기간 동안 기초자산의 사용권을 가지므로, 기초자산에 대한 권리와 효익을 리스이용자에게 총체적으로는 이양하지 않는다. 이에 따라서 리스에 대한 회계처리는 매매거래와 상당히 다를 수 있다.[1)]

리스이용자의 입장에서 볼 때 리스는 자금을 차입하여 자산을 구매하는 경우와 경제적 실질이 매우 유사하다. 즉 리스이용자는 리스계약에 따라서 리스의 대상이 되는 기초자산의 사용권을 일정기간 갖게 된다. 리스이용자는 이러한 자산의 사용권을 독립된 자산으로 인식할 수 있다. 자산의 정의에 의하면 자산은 기업이 통제하고 있고 미래의 경제적 효익이 기업에 유입될 것으로 기대되는 자원이므로, 리스계약에 의

1) 그러나 다음과 같은 거래에는 리스회계처리가 적용되지 않는다.
① 광물, 석유, 천연가스, 이와 비슷한 비재생 천연자원을 탐사하거나 사용하기 위한 리스
② 리스이용자가 보유하는, '농림어업'의 적용범위에 포함되는 생물자산 리스
③ '민간투자사업'의 적용범위에 포함되는 민간투자사업
④ 리스제공자가 부여하는 '고객과의 계약에서 생기는 수익'의 적용범위에 포함되는 지적재산 라이선스
⑤ '무형자산'의 적용범위에 포함되는, 라이선싱 계약에 따라 영화필름, 비디오 녹화물, 희곡, 원고, 특허권, 저작권과 같은 항목에 대하여 리스이용자가 보유하는 권리

해서 리스이용자가 일정기간 동안 자산의 사용통제권을 갖고 자산의 사용으로 인한 경제적 효익을 얻는다면 자산의 정의를 만족한다.

한편, 리스는 자금을 차입하여 자산을 구매하는 경우와 비교하여 리스이용자에게 다음과 같은 이점을 제공한다.

① 리스를 단기리스나 소액리스(이에 대해서는 뒤에서 설명됨)로 회계처리할 수 있다면, 리스자산 구입에 관련된 부채를 장부에 기록하지 않아도 되어 부채비율이 높아지지 않고, 따라서 기업의 자금차입능력이 손상되지 않는다. 즉 부외금융(off-the-balance-sheet financing, 재무상태표에 나타나지 않는 자금조달)의 가능성이 존재한다.

② 리스기간 종료시점 또는 리스기간 종료 전이라도 계약해지조건이 있는 경우에는 리스제공자에게 기초자산을 반환할 수 있다. 따라서 예상하지 못했던 자산의 진부화로 인한 위험을 회피할 수 있다.

리스제공자에게도 리스는 여러 가지 이점을 제공하는데, 첫째로 리스를 이용하여 자산을 이전할 수 있고, 둘째로 정기적으로 리스료를 받아서 안정된 금융이자수입을 확보할 수도 있다.

리스거래의 특성을 이해하기 위하여 간단한 예를 들어 보자.

우정(주)에서는 업무용 승용차를 구입하여 사용하고자 한다. 그러나 현재 우정(주)의 자금 상태로 볼 때 이 승용차 구입대금 3,000만원을 자체자금으로 조달하기가 어렵다. 이 경우 우정(주)는 다음과 같은 세 가지 대안을 고려할 수 있다.

(대안 1) 은행으로부터 3,000만원을 융자받아 자동차판매회사에 지급하고 업무용 승용차를 구입한다.
(대안 2) 자동차판매회사로부터 승용차를 할부로 구입하고, 할부금을 앞으로 계속 상환하기로 한다.
(대안 3) 리스제공자와 리스계약을 체결하고, 승용차를 리스하기로 한다.

(대안 1)과 (대안 2)의 경우 리스이용자인 우정(주)는 차량을 자산으로 기록하고 은행차입금 또는 할부미지급금을 부채로 계상해야 한다. 한편, 위의 (대안 3)에 따라 리스계약을 체결하고 승용차를 이용할 때에는 리스거래의 자본화 여부에 따라 상이한 회계처리가 가능하다.

2 리스계약의 자본화

리스이용자의 회계처리방법에 대해서는 먼저 해당 기초자산의 사용권을 자산으로 기록하여 리스거래를 자본화해야 한다는 주장과, 자본화할 필요가 없다는 주장이 있다. 또한 자본화해야 한다는 주장에도 어떤 유형의 리스를 자본화해야 하는가에 대한 다양한 의견이 있다.

1) 리스를 자본화해서는 안 된다는 주장

리스를 자본화해서는 안 된다는 주장은 리스계약으로 기초자산의 소유권이 리스제공자로부터 리스이용자에게 이전되지는 않는다는 점에 근거하고 있다. 리스는 리스계약의 당사자가 앞으로 계속해서 실행해야 할 의무가 상당히 남아 있는 미이행계약(executory contracts)이라고 볼 수 있다. 왜냐하면 리스제공자는 앞으로 일정기간 동안 리스이용자에게 기초자산의 사용권을 제공하고, 리스이용자는 그 대가로 정기적으로 일정금액의 리스료를 리스제공자에게 지급하기 때문이다. 회계에서는 전통적으로 미이행계약은 장부에 인식하지 않았다. 리스를 미이행계약의 관점으로 보는 사람들은 리스의 자본화에 반대한다.

리스를 자본화하지 않는 경우 리스이용자에게는 리스계약시점에 특별한 회계기록을 하지 않고 리스료의 지급시점에 이를 비용으로 기록하는 회계처리를 한다. 리스제공자는 이를 수익으로 기록하고, 기초자산을 정기적으로 상각한다(상세한 회계처리는 본장 제4절을 참조).

리스이용자			리스제공자		
리스비용	×××		현　　금	×××	
현　　금		×××	리스료수익		×××
			감가상각비-기초자산	×××	
			감가상각누계액-기초자산		×××

2) 리스를 자본화해야 한다는 주장

리스를 자본화해야 한다는 주장은 리스는 다른 미이행계약(건설계약이나 고용계약 등)과는 달리 리스계약의 대상이 되는 기초자산이 식별되고 배타적으로 사용할 수 있는 통제권이 리스이용자에게 이전된다는 점에 주목한다. 따라서 리스이용자는 리스계약의 대상이 되는 기초자산의 사용권을 자산으로 계상하고, 앞으로 지급해야 할 리스료를 부채로 장부에 기록해야 한다고 본다.

K-IFRS 제1116호(리스)는 "대가와 교환하여 자산의 사용권(right-of-use)을 일정기간 이전하는 모든 계약"을 자본화하도록 규정하고 있다. 이에 따라서 리스이용자는 리스계약의 대상이 되는 기초자산의 사용권을 나타내는 사용권자산과 리스료 지급의

무를 나타내는 리스부채를 동시에 인식해야 한다.

이러한 IASB의 입장은 리스이용자가 가능한 한 부외부채를 인식하지 못하게 하려는 것이 가장 큰 목적이다. 만약 리스이용자가 리스계약을 체결하고 기초자산을 실질적으로 사용하면서 부채를 인식하지 않으면 부외부채가 발생할 수 있다. 리스이용자가 부외부채를 이용하게 되면 이해관계자들이 기업의 재무건전성을 과대평가할 수 있고, 또한 재정적으로 문제가 있는 기업들이 가능한 한 재무제표에 부채를 인식하지 않을 수 있는 리스계약을 체결하고자 할 것이다.

IASB는 앞으로 계속 지급해야 하는 리스료는 부채로 인식해야 한다는 입장이다. IASB는 예외적인 경우(단기리스와 소액리스)를 제외하고는 모든 리스를 자본화시키는 회계기준을 제정했다.

〈리스이용자의 리스사용권자산과 리스부채의 인식〉

(차)	사용권자산	×××	(대) 리 스 부 채	×××

리스이용자가 리스제공자에게 리스료를 지급하면 이는 리스부채에서 발생하는 이자비용과 리스부채 원금의 상환으로 구분하여 회계처리한다. 그리고 리스이용자는 리스사용권자산에 대한 감가상각을 해야 한다.

〈리스료의 지급과 감가상각〉

(차)	리 스 부 채	×××	(대) 현 금	×××
	이 자 비 용	×××		
(차)	감가상각비-사용권자산	×××	(대) 사용권자산	×××

제 2 절 리스의 식별과 리스관련 용어

1 리스의 식별 1116:9,B13-B31

리스회계처리의 대상이 되기 위해서는 거래계약이 리스계약이어야 한다. 리스계약이 되기 위해서는 리스이용자가 지급하는 대가와 교환으로 리스이용자에게 식별되는 자산의 사용통제권이 일정기간 이전되어야 한다. '식별되는 자산'과 '사용통제권'의 구체적인 의미를 살펴보자.

(1) 식별되는 자산

리스계약의 대상이 되는 기초자산(underlying assets)은 분명하게 특정되어 식별가능(identifiable)해야 한다. 자산이 식별가능하다는 것은 해당 자산이 다른 자산으로부터 분리가능하고 계약상 또는 법적권리의무에 의해서 판단할 수 있어야 한다는 의미이다. 자산이 물리적으로 구분이 된다면 더 특정되어 있는 것으로 볼 수 있을 것이다. 예를 들어, 건물의 한 층과 같이 특정되어 있으면 기초자산을 파악하기 쉽다. 그리고 자산의 고유번호가 있고 독립된 자산이면 식별되는 자산으로 볼 수 있다. 그러나 여러 사람이 사용하는 광케이블 용량의 10%를 사용할 수 있는 권리와 같은 것은 자산이 특정되어 있다고 하기 어렵다.

그런데 자산이 특정되어도 만일 기초자산의 제공자가 리스기간 동안 그 자산을 다른 자산으로 대체할 수 있는 권리인 대체권을 가지면 리스이용자는 식별되는 특정 자산의 사용권을 갖지 못하는 것으로 본다. 구체적으로 다음 조건을 모두 충족하는 경우에는 리스제공자가 기초자산에 대한 실질적인 대체권이 있고 리스이용자는 자산의 사용권을 갖지 못하는 것으로 판단한다.

① 리스제공자가 계약에 특정된 자산을 다른 자산으로 대체할 실질적인 능력을 갖고, 리스이용자는 리스제공자가 자산을 대체하는 것을 막을 수 없는 경우
② 리스제공자가 자산을 대체함으로써 경제적 효익을 얻는 경우

(2) 사용통제권 1116:B21-B23

리스이용자가 기초자산의 사용통제권을 갖는다는 의미는 ① 리스이용자가 기초자산의 사용으로부터 생기는 경제적 효익의 대부분을 사용기간 내내 갖고, ② 그 자산의 사용을 지시할 권리가 있음을 의미한다. 경제적 효익을 얻을 권리와 자산의 사용권에 대한 설명을 추가하면 다음과 같다.

① 경제적 효익을 얻을 권리 : 리스이용자는 리스계약으로 식별되는 자산의 사용을 통제할 수 있어서 자산의 사용으로 생기는 경제적 효익의 대부분을 가져야 한다. 리스이용자가 자산의 사용기간 내내 그 자산을 배타적으로 사용한다면 경제적 효익을 대부분 갖는다고 볼 수 있다. 예를 들어, 자동차를 특정한 거리(예를 들어, 100km)까지만 운전할 수 있도록 한 규정이 있으면 허용된 거리까지 자동차의 사용으로 생기는 경제적 효익만을 고려한다.
② 자산을 사용하는 방법 및 목적을 지시할 권리 : 리스이용자는 특정한 자산을 사용하는 방법 및 목적을 지시할 권리를 갖고 있어야 한다. 만일 리스이용자가 계약에서 정해진 사용권의 범위 내에서 자산을 사용하는 방법 및 목적을 바꿀 수 있다면 이를 지시할 권리가 있다고 본다. 자산을 사용하는 방법 및 목적을 바꾸는 권리를 부여하는 의사결정권의 예는 다음과 같다.

• 운송컨테이너의 용도를 재화의 수송용인지 보관용인지를 결정하듯이, 자산이 생산하는 산출물의 유형을 변경할 권리
• 자산이 생산한 산출물의 생산시기를 변경할 권리
• 자산이 생산한 산출물이 생산되는 장소를 변경할 권리
• 산출물의 생산여부와 그 생산량을 변경할 권리

리스이용자가 자산의 사용방법 및 목적을 지시할 권리를 가질 때, 리스제공자는 그 운용지시를 바꿀 권리가 없어야 한다. 만일 리스이용자가 기초자산을 운용할 권리가 없다면, 리스이용자가 자산을 사용하는 방법 및 목적을 미리 결정하는 방법으로 자산을 설계했어야 해당 계약을 리스로 분류할 수 있다.

[그림 19-2]는 계약이 리스인지, 리스를 포함하고 있는지를 판단할 때 도움을 줄 수 있는 순서도이다. 이 순서도를 참고하여 예제 19-1 의 계약이 리스인지 아닌지를 판단해보자.

▶ **그림 19-2**
리스의 식별

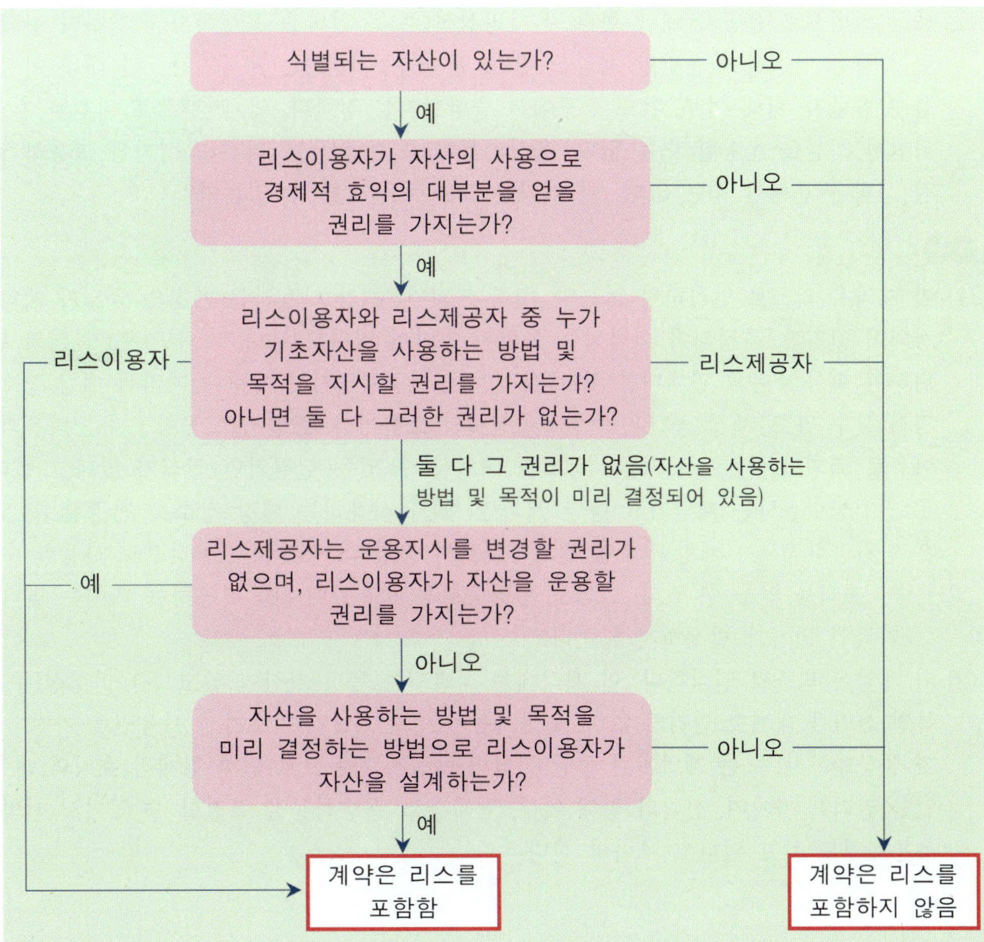

예제 19-1 리스의 식별

다음 두 독립적인 사례에 대해 리스로 인식할 수 있는지를 식별하라.

(1) 커피만(주)는 커피숍을 운영하는 회사이다. 최근 영업망을 늘리기 위해서 인천공항공사와 3년간 공항 내의 일부 공간을 사용하는 계약을 맺었다. 계약의 내용에는 커피숍 매장의 공간규모가 정해져 있고, 매장이 공항 내의 탑승구 어디에도 위치할 수 있다고 되어 있다. 그리고 인천공항공사는 계약기간 중 언제라도 커피만(주)에 배정된 매장의 장소를 변경할 권리가 있다. 인천공항공사가 자신의 편익을 위하여 매장의 장소를 변경시키는 데에는 별다른 추가적인 원가가 들지 않는다. 커피만(주)의 매장은 손님들에게 커피를 테이크아웃하도록 하고 있는데 커피 판매를 위해서 쉽게 이동할 수 있는 회사 소유의 판매대를 이용하고 있다. 인천공항은 규모가 커서 커피숍으로 사용할 수 있는 충분한 공간이 많이 있다. 이 계약은 리스로 인식할 수 있는가?

(2) 울산자동차(주)는 온나라상선(주)와 5년간 울산자동차(주)의 화물을 울산에서 뉴욕까지 운송할 화물운송계약을 체결하였다. 계약에는 운송선박이 특정되어 있고 온나라상선(주)는 해당 선박으로 운송을 해야 한다. 온나라상선(주)는 선박을 운행하고 유지하며 선박에 실린 화물을 안전하게 운반할 책임을 진다. 울산자동차(주)는 계약기간 5년 내내 어떤 화물을 운송할지, 항해 여부, 어느 항구에서 출항할지를 정한다. 단, 전쟁으로 위험한 지역이나 위험한 화물을 운송할 수는 없다. 울산자동차(주)는 선박에 다른 운행자를 고용하거나 직접 선박을 운행할 수는 없다. 이 계약은 리스로 인식할 수 있는가?

해답

(1) 이 계약은 리스로 인식하지 않는다. 비록 커피만(주)가 사용하는 매장의 규모가 계약에 규정되어 있지만, 특정되어 식별되는 독립된 자산이 없다고 본다. 커피만(주)가 커피 판매를 위하여 회사 소유의 판매대를 갖고 있지만, 인천공항공사는 재량에 따라서 매장 장소를 변경시킬 수 있고, 매장 공간은 인천공항공사의 소유이다. 또한 인천공항공사는 다음과 같은 이유로 커피만(주)가 사용하는 장소를 대체할 수 있는 실질적인 권리가 있다고 본다.
   ① 인천공항공사는 계약기간 동안 커피만(주)가 사용하는 매장 장소를 변경할 수 있다.
   ② 인천공항공사는 매장 장소를 변경함으로써 공항 내 공간을 효율적으로 사용할 수 있어서 효익을 얻을 수 있다. 그리고 인천공항공사가 판매대를 이동하는 데에는 별다른 추가적인 원가가 발생하지 않는다.

(2) 이 계약은 리스로 인식한다. 이 계약에는 식별되는 특정 자산이 있고 온나라상선(주)는 이 특정 선박을 대체할 권리가 없다. 울산자동차(주)는 5년간 기초자산 사용권을 가진다. 그리고 울산자동차(주)는 계약기간 동안 선박의 독점적 사용으로 인한 경제적 효익의 대부분을 얻을 권리를 가지며, 선박의 항해 여부, 항해장소, 운송화물을 결정할 수 있어서 선박의 사용통제권도 갖고 있다고 보아야 한다.

예제 19-1 의 경우와 같이 리스의 식별에는 〈표 19-1〉과 같은 내용들을 고려해야 한다. 이러한 내용들이 모두 만족되어야 리스로 식별이 가능하다.

▶ 표 19-1
식별되는 자산과 사용통제권

리스내용	검토요소
식별되는 자산	• 기초자산이 특정되어 있어야 한다. • 기초자산에 대하여 리스제공자가 대체권이 없어야 한다. –리스제공자가 대체할 능력이 없고, 대체로 인하여 리스제공자가 경제적 효익을 얻지 못해야 한다.
사용통제권	• 리스이용자가 계약으로 인하여 경제적 효익의 대부분을 얻어야 하고, • 리스이용자가 자산의 사용 방법과 목적을 지시할 권리가 있어야 한다(또는 리스이용자가 자산의 운용권을 갖고 자산을 설계하여 자산의 사용 방법 및 목적이 미리 결정되어야 한다).

2 리스관련 용어 1116:부록A

리스와 관련된 여러 가지 용어가 사용되고 있다. 중요한 용어를 살펴보자.

① 리스 : 대가와 교환하여 자산(기초자산)의 사용권을 일정기간 이전하는 계약이나 계약의 일부를 말한다.

② 리스약정일과 리스개시일 : 리스약정일(inception date)은 리스계약일과 리스의 주요 조건에 대하여 계약당사자들이 합의한 날 중 이른 날을 말한다. 그리고 리스개시일(commencement date)은 리스제공자가 리스이용자에게 기초자산을 사용할 수 있게 하는 날이다. 리스개시일은 리스에 따른 자산, 부채, 수익 및 비용이 최초로 인식되는 날이기도 하다.

③ 기초자산과 사용권자산 : 기초자산(underlying asset)이란 리스제공자가 리스이용자에게 자산의 사용권을 제공하는 리스의 대상이 되는 자산이다. 사용권자산(right-of-use asset)이란 리스기간 동안 리스이용자가 기초자산을 사용할 권리를 나타낸다.

④ 경제적 내용연수와 내용연수 : 경제적 내용연수(economic life)는 사용자가 자산을 경제적으로 사용할 수 있을 것으로 예상하는 기간이나 자산을 사용함으로써 얻을 것으로 예상하는 생산량을 말한다. 내용연수(useful life)는 기업이 실제로 자산을 사용할 수 있을 것으로 예상하는 기간이나 자산에서 얻을 것으로 예상하는 생산량 또는 이와 비슷한 단위 수량이다. 경제적 내용연수는 기업에 따라서 다르지 않으나, 내용연수는 기초자산의 사용 목적이나 방법에 따라서 기업마다 차이가 날 수 있다. 예를 들어, 일반적으로 승용차를 10년간 사용할 수 있다고 하나, 운보(주)는 그들이 보유하는 승용차를 매 7년마다 교체하고 있다고 하자. 이때 운보(주)가 보유한 승용차의 경제적 내용연수는 10년이지만 내용연수는 7년이 된다.

⑤ 리스기간 : 리스기간(lease term)은 리스이용자가 기초자산 사용권을 갖는 해지불능기간에 다음 기간을 추가한 기간이다.

- 리스이용자가 리스기간 연장선택권을 행사할 것이 상당히 확실한 경우에 그 선택권의 대상기간
- 리스이용자가 리스종료선택권을 행사하지 않을 것이 상당히 확실한 경우에 그 선택권으로 인해 연장된 대상기간

⑥ 단기리스 : 리스개시일에 리스기간이 12개월 이하인 리스의 경우에 리스이용자는 이를 단기리스(short-term lease)로 분류할 수 있다. 하지만 기초자산의 매수선택권이 있는 리스는 단기리스에 해당하지 않는다.

⑦ 리스료 : 리스료(lease payments)는 기초자산 사용권과 관련하여 리스기간에 리스이용자가 리스제공자에게 지급하는 금액으로 다음 항목으로 구성된다.

- 고정리스료(실질적인 고정리스료를 포함하고, 리스인센티브[2]는 포함하지 않는다)
- 지수나 요율(이율)에 따라 달라지는 변동리스료
- 리스이용자가 매수선택권을 행사할 것이 상당히 확실한 경우에 그 매수선택권의 행사가격
- 리스기간이 리스이용자의 종료선택권 행사를 반영하는 경우에, 그 리스를 종료하는 데 드는 위약금
- 리스이용자의 경우에는 잔존가치보증에 따라 리스이용자가 지급할 것으로 예상되는 금액[3]

⑧ 고정리스료와 변동리스료 : 고정리스료(fixed payments)는 리스기간 동안 기초자산 사용권에 대하여 리스이용자가 리스제공자에게 지급하는 총금액에서 변동리스료를 뺀 금액이다. 변동리스료(variable payments)는 리스기간에 기초자산의 사용권에 대하여 리스이용자가 리스제공자에게 지급하는 리스료의 일부로서 시간의 경과가 아닌 리스개시일 후의 사실이나 상황의 변화 때문에 달라지는 부분이다. 예를 들어, 금액이 확정되지는 않았지만 기간경과 이외의 변동요소(예를 들면 물가지수, 시장이자율)의 미래 발생분을 기초로 결정되는 리스료 부분을 말한다.

⑨ 잔존가치보증과 무보증잔존가치 : 잔존가치보증(residual value guarantee)은 리스종료일의 기초자산 가치가 적어도 특정 금액이 될 것이라는 보증으로서, 리스제공자와 특수관계에 있지 않은 당사자가 리스제공자에게 보증한 가치를 말한다. 무보증잔존가치(unguaranteed residual value)는 기초자산의 잔존가치로서 리스제공자가 실현할 수 있을지 확실하지 않거나 리스제공자의 특수관계자만이 보증한 금액를 말한다.

⑩ 리스개설직접원가 : 리스개설직접원가(initial direct costs)는 리스를 체결하는

---

2) 리스인센티브는 리스와 관련하여 리스제공자가 리스이용자에게 지급하는 금액이나 리스의 원가를 리스제공자가 보상하거나 부담하는 금액이다.

3) 리스제공자의 경우에 리스료는 잔존가치보증에 따라 리스이용자, 리스이용자의 특수관계자, 리스제공자와 특수관계에 있지 않고 보증의무를 이행할 재무적 능력이 있는 제3자가 리스제공자에게 제공하는 잔존가치보증을 포함한다.

과정에서 리스의 협상 및 계약과 직접 관련하여 발생하는 증분원가(예, 담보평가수수료, 리스이용자의 신용을 평가하기 위한 수수료 등)를 말한다.4)

⑪ 금융리스와 운용리스 : 리스제공자는 기초자산의 소유에 따른 위험과 보상의 대부분이 리스이용자에게 이전되는 리스를 금융리스(finance lease)로 분류한다. 그리고 기초자산의 소유에 따른 위험과 보상의 대부분이 이전되지 않는 리스를 운용리스(operating lease)로 분류한다.

⑫ 리스총투자, 리스순투자, 미실현금융수익 : 리스총투자(gross investment in the lease)는 금융리스에서 리스제공자가 받게 될 리스료와 무보증잔존가치의 합계액을 말한다. 리스순투자(net investment in the lease)는 리스총투자를 내재이자율로 할인한 현재가치를 말하며, 리스총투자와 리스순투자의 차이를 미실현금융수익(unearned finance income)이라고 한다.

> 리스순투자 = 리스총투자*의 현재가치 = 리스총투자 − 미실현금융수익**
> * 리스총투자=(리스료+무보증잔존가치)
> 한편, 매수선택권이 있는 경우에는
> 리스총투자=(매수선택권 기대행사일까지 정기리스료+매수선택권 행사가격)
> ** 미실현금융수익=리스총투자−리스순투자

⑬ 내재이자율과 리스이용자의 증분차입이자율 : 내재이자율(interest rate implicit in the lease)은 리스약정일 현재 리스제공자가 수령할 리스총투자(리스료와 무보증잔존가치)의 현재가치를 기초자산의 공정가치 및 리스제공자의 리스개설직접원가의 합계액과 일치시키는 할인율이다. 내재이자율은 다음의 관계를 충족시킨다.

> 내재이자율 : 리스총투자(리스료+무보증잔존가치)의 현재가치
> =기초자산의 공정가치+리스제공자의 리스개설직접원가

증분차입이자율(incremental borrowing rate)은 리스이용자가 유사한 리스에 대해 부담해야 할 이자율을 말한다. 만일 그러한 이자율을 결정할 수 없는 경우에는 리스약정일에 리스이용자가 유사한 조건과 담보로 기초자산의 구입에 필요한 자금을 차입할 경우의 이자율을 말한다.

---

4) 다만 제조자 또는 판매자인 리스제공자에 의하여(즉 뒤에서 언급하는 판매후리스의 경우) 발생하는 원가는 여기에서 제외된다. 판매후리스에서 리스제공자에 의해서 발생하는 원가는 운용리스나 금융리스와 달리 당기비용으로 처리한다.

예제 19-2 리스의 기본개념

우정(주)는 20×1. 12. 1에 성도리스(주)가 20×1. 11. 1에 취득한 중형컴퓨터 1대를 3년간 리스하는 계약을 체결하였다. 계약일 현재 당해 컴퓨터의 공정가치는 ₩2,000,000이다. 컴퓨터는 경제적으로 5년간 사용할 수 있으며(성도리스(주)가 당해 물건을 리스에 사용할 수 있다고 예상하는 기간도 5년임), 사용기간 만료일의 잔존가치는 ₩200,000으로 추정된다. 리스계약에 따라 우정(주)는 20×2. 1. 1에 성도리스(주)로부터 리스자산을 받아서 사용하며, 3년간 매년 12월 31일에 ₩653,000의 고정리스료를 성도리스(주)에 지급한다.

리스의 계약조건에 따라서 우정(주)는 리스기간이 만료되는 20×4. 12. 31에 ₩100,000을 성도리스(주)에 지급하고 당해 컴퓨터를 인수할 수 있다. 그 당시 기초자산의 시가는 약 ₩500,000(리스이용자가 잔존가치를 보증하지는 않음)에 달할 것으로 추정된다. 우정(주)는 당해 컴퓨터의 경제적 효익을 리스기간 개시일부터 4년간 사용할 수 있을 것으로 추정하고 있다. 위에 나타난 사실에 근거하여 리스약정일, 리스개시일과 리스기간, 매수선택권, 리스료, 리스총투자 및 경제적 내용연수와 내용연수를 정의하라.

해답

먼저 리스이용자인 우정(주)와 리스제공자인 성도리스(주) 간의 리스계약을 그림으로 나타내면 다음과 같다.

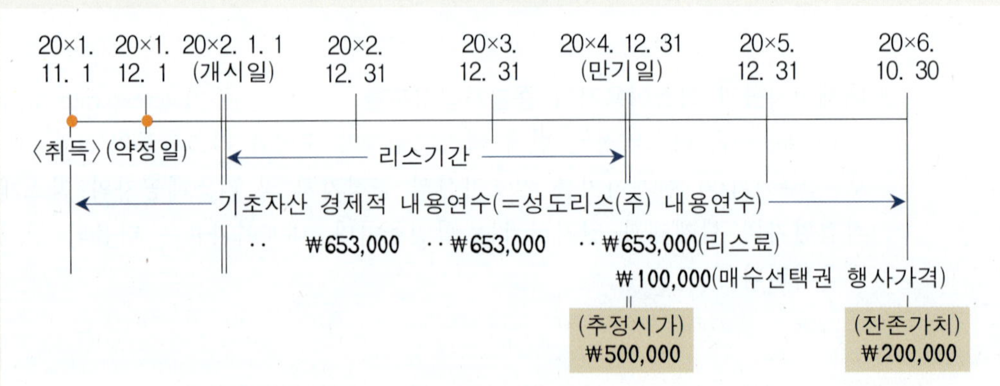

1) 리스약정일 : 20×1. 12. 1. 리스약정일은 리스계약일과 리스의 주요 조건에 대하여 계약 당사자들이 합의한 날 중에서 이른 날이다.

   (주) 리스이용자는 리스약정일에 계약 자체가 리스인지 판단한다. 리스제공자는 당해 리스의 분류(운용리스 또는 금융리스)를 결정한다(제4절 참조).

2) 리스개시일과 리스기간 : 리스개시일은 리스이용자가 기초자산을 사용할 수 있게 된 날로서 20×2. 1. 1이다. 한편, 리스기간은 해지불능리스기간인 20×2. 1. 1(리스개시일)부터 20×4. 12. 31(리스만기일)까지 3년간이다. 만일 리스기간 연장선택권이 있고 리스이용자가 연장선택권을 행사할 가능성이 매우 높다면 그 선택권의 대상기간도 리스기간에 가산한다.

   (주) 리스이용자는 리스개시일에 사용권자산을 원가로 측정하며, 리스개시일에 리스제공자도 리스를 금융리스로 분류한 경우 기초자산과 리스부채를 인식한다.

3) 매수선택권 : 우정(주)는 리스기간 만료시점(20×4. 12. 31)에 당해 컴퓨터를 당시 추정시가인 ₩500,000보다 현저하게 낮은 가격인 ₩100,000(행사금액)으로 구매할 수 있으므로 매수선택권이 있다고 본다. 이 경우 리스이용자는 리스개시일부터 기초자산의 내용연수 종료시점까지 사용권자산을 감가상각한다. 매수선택권을 행사할 것으로 가정하는 것이다.
4) 경제적 내용연수와 내용연수 : "경제적 내용연수"란 하나 이상의 사용자가 자산을 경제적으로 사용할 수 있는 예상기간이나 자산에서 얻을 수 있을 것으로 예상하는 생산량이나 유사단위의 수량을 말한다. 본 예제에서 경제적 내용연수는 5년이다.
   한편, "내용연수"란 리스기간에 한정되지 않고 리스개시일부터 자산에 내재된 경제적 효익을 기업이 소비할 것으로 예상되는 잔여기간이다. 본 예제에서 당해 자산에 대한 성도리스(주)의 내용연수는 5년, 우정(주)의 내용연수는 4년이 될 것이다.
5) 리스료 : 리스료는 기초자산 사용권과 관련하여 리스기간에 리스이용자가 리스제공자에게 지급하는 금액이다. 예제에서 3년간 매년 고정리스료 ₩653,000과 매수선택권의 행사가격이 ₩100,000이므로 리스총투자는 ₩2,059,000(= ₩653,000 × 3년 + ₩100,000)이다.
   (주) 매수선택권이 있는 경우 리스료는 매수선택권의 기대행사일까지의 고정리스료에 매수선택권 행사가격을 합한 금액이 된다.
6) 리스총투자와 리스순투자 : 리스제공자의 리스총투자 금액은 5)에서 산출한 리스료와 동일하다. 왜냐하면 본 리스에는 매수선택권이 있기 때문이다. 매수선택권이 없으면 리스순투자는 리스총투자를 내재이자율로 할인한 현재가치를 말한다.
7) 내재이자율 : 리스총투자 ₩2,059,000의 현재가치(리스순투자)를 기초자산의 공정가치 ₩2,000,000(리스개설직접원가가 있으면 이도 포함)과 일치시키는 이자율이다.

제3절 리스이용자의 회계처리

리스이용자는 리스개시일에 사용권자산과 리스부채를 인식해야 한다. 그러나 K-IFRS 제1116호(리스)는 단기리스이거나 소액의 기초자산리스인 경우에는 리스를 인식하지 않아도 되는 인식면제규정을 두고 있다.

1 단기리스나 소액리스 – 리스인식면제규정 1116:5-8

리스이용자는 단기리스나 소액의 기초자산리스인 경우에는 리스계약을 리스로 인식하지 않고 간편하게 회계처리할 수 있다. 이는 선택사항이다. **리스인식면제**(recognition exemptions of leases)규정을 따르면, 리스이용자는 사용권자산과 리스부채를 인식하지 않고, 리스료를 리스기간에 걸쳐서 비용으로 인식한다. 리스료는 매기 일정한 금액인 정액으로 인식하되, 만일 정액이 아니고 다른 체계적인 기준이 리스이용자가 얻게 되는 효익의 형태를 더 잘 나타내면 그 기준을 적용한다.

(차) 비용(렌트료)	×××	(대) 현금(또는 미지급비용)	×××

단기리스란 리스기간이 12개월 이내임을 의미하며, 기초자산의 유형별로 적용한다. 만일 리스규정에 매수선택권이 있는 경우는 단기리스가 아닌 것으로 본다. 기초자산의 유형이란 기업의 영업에서 특성과 용도가 비슷한 자산의 집합을 의미한다.

소액기초자산리스란 자산이 새것일 때의 가치가 소액임을 의미하는데 개인컴퓨터, 태블릿, 소형 사무용가구, 전화기 등을 예로 들 수 있다. K-IFRS 제1116호(리스)는 **$5,000** 이하의 자산을 소액의 예로 들고 있다. 부동산이나 고급승용차는 일반적으로 소액이 아닐 것이므로 소액자산리스의 대상이 아닐 것이다. 다음의 두 가지 조건을 모두 충족해야 소액자산(low-value assets)으로 볼 수 있다.

① 리스이용자가 기초자산 그 자체를 사용하여 효익을 얻거나 리스이용자가 쉽게 구할 수 있는 다른 자원과 함께 그 자산을 사용하여 효익을 얻을 수 있다.
② 기초자산이 다른 자산에 대한 의존도나 다른 자산과의 상호관련성이 매우 높지는 않다.

소액은 절대적인 기준으로 평가하며, 중요성 기준과는 별개이다. 그리고 소액리스는 리스별로 판단할 수 있다.

예제 19-3 리스이용자의 리스인식면제

대전(주)는 의약품 제조업에 종사하고 있다. 다음과 같은 자산들을 임차하여 사용하는 경우 리스인식면제규정을 적용할 수 있는 것은 무엇인가? (임차기간을 명시하지 않은 것은 1년 이상 임차했다고 가정함)

본사 건물(여러 층에 걸쳐서 사무실이 있음)
임원용 고급승용차
회의실의 고성능 프로젝터(6개월 임차)
고용량의 다기능 복사기(고성능 복사기로서 3개월 임차)
종업원용 데스크탑 컴퓨터

해답

인식면제규정은 리스이용자의 선택사항으로, 단기리스와 소액기초자산리스에 적용한다. 단기리스란 리스기간이 12개월 이내로서 기초자산 유형별로 적용한다. 소액기초자산이란 자산이 새것일 때의 가치가 소액인 것으로, 예를 들면 새것으로 취득시의 금액이 $5,000 이하의 자산이 해당된다. 소액기초자산리스에 해당하려면, ① 리스이용자가 기초자산 전체를 사용하여 효익을 얻거나, 쉽게 구할 수 있는 다른 자원과 함께 사용하여 효익을 얻을 수 있고, ② 다른 자산에 대한 의존도나 상호관련성이 높지 않아야 한다.

리스대상	단기기준	소액기준	효익제공	상호의존성 없음	인식면제 해당 여부
본사 건물	×	×	○	○	×
고급승용차	×	×	○	○	×
프로젝터	○	×	○	○	○
복사기	○	×	○	○	○
컴퓨터	×	○	○	○	○

2 리스의 인식과 리스이용자의 회계처리

계약을 리스로 인식하게 되는 경우의 회계처리를 알아보자. 리스이용자가 리스부채를 최초로 측정하기 위해서는 먼저 리스기간이 얼마나 되는지 확인하고, 사용권자산을 측정하기 위하여 리스부채를 산정해야 한다.

(1) 리스기간의 산정 1116:18-19

리스기간은 리스이용자가 기초자산의 사용권을 갖는 해지불능(non-cancellable)리스기간이다. 하지만 리스이용자가 리스기간 연장선택권이나 리스종료선택권을 갖고 있으면, 리스기간 연장선택권 대상기간과 리스이용자가 리스종료선택권을 행사하지 않을 기간까지를 포함하여 산정한다.[5]

[리스기간]
① 해지불능리스기간
② 리스기간 연장선택권 대상기간 가산
③ 리스종료선택권까지의 대상기간 가산

5) 리스이용자만 리스를 종료할 권리를 가지는 경우에 그 권리는 리스기간을 산정할 때 기업이 고려하는 리스이용자만 사용할 수 있는 리스종료선택권으로 본다. 리스제공자만 리스를 종료할 권리를 가지는 경우에 리스의 해지불능기간은 리스종료선택권의 대상기간을 포함한다.

단, 리스기간의 산정에 포함되는 리스연장선택권은 선택권을 행사할 것이 상당히 확실한 경우에만 리스기간에 가산한다. 리스종료선택권도 그 선택권을 행사하지 않을 것이 상당히 확실한 경우에 그 선택권의 대상기간을 리스기간에 포함한다.

리스의 해지불능기간이 달라진다면 리스기간도 변경해야 한다. 예를 들어, 전에 리스기간을 산정할 때 포함하지 않았던 선택권을 리스이용자가 행사한다든가, 포함하였던 선택권을 리스이용자가 행사하지 않게 된 경우에는 리스기간을 변경한다.

(2) 사용권자산의 최초측정 1116:23-24

리스이용자는 리스개시일에 사용권자산을 원가로 측정하여 인식한다. 사용권자산의 원가에는 리스부채의 최초측정금액에 몇 가지 항목들을 가감하여 포함한다.

▶ 표 19-2 사용권자산의 최초측정과 사후측정

구분	내용
최초측정	① 리스부채의 최초측정금액 ② 리스개시일이나 그 전에 지급한 리스료 가산 ③ 리스이용자가 부담하는 리스개설직접원가 가산 ④ 해체, 복구원가 가산* ⑤ 리스인센티브 차감
사후측정	• 원가모형 : 감가상각, 손상차손, 리스부채의 재측정에 따른 조정 반영 • 공정가치모형 : 투자부동산인 사용권자산에 공정가치모형 적용 • 재평가모형 : 유형자산 관련 사용권자산에 재평가모형 적용

* 리스종료 후 기초자산의 복구, 해체, 제거에 필요한 원가 추정치의 현재가치(예컨대, 리스 상가의 리스종료시 상가를 원상태로 복구하는 데 소요되는 원가)

사용권자산의 원가는 리스부채의 최초측정금액에 리스개시일이나 그 전에 지급한 리스료를 가산한다. 또한 리스이용자가 부담한 리스개설원가, 기초자산의 사용후 해체, 복원과 관련된 원가를 가산한다. 그리고 리스이용자가 받은 리스인센티브가 있으면 차감한다.

인식한 사용권자산은 유형자산의 감가상각과 동일하게 감가상각을 한다. 감가상각은 리스개시일부터 사용권자산의 내용연수 종료일과 리스기간 종료일 중에서 이른 날까지 실시한다. 그러나 리스기간 종료시점까지 리스이용자에게 기초자산의 소유권을 이전하는 경우나, 사용권자산의 원가에 리스이용자가 매수선택권을 행사할 것이 반영되어 있을 때에는 기초자산의 리스개시일부터 내용연수 종료시점까지 사용권자산의 감가상각을 실시해야 한다. 사용권자산의 감가상각대상금액을 계산할 때에는 리스기간 종료시 사용권자산의 순장부금액이 ₩0이 되는 경우가 일반적이므로 잔존가치는 ₩0으로 적용하는 것이 합리적이다.

사용권자산이 손상되었으면 손상회계처리를 적용하여 손상차손을 인식한다. 따라서 사용권자산의 장부금액은 원가에서 감가상각누계액과 손상차손누계액을 차감한 잔액이다.[6]

리스이용자의 입장에서는 사용권자산을 재평가모형이 적용되는 유형자산이나 투자부동산으로 분류할 수도 있다. 재평가대상자산으로 분류하면 리스이용자는 유형자산 분류에 관련되는 모든 사용권자산에 재평가모형을 적용하여 회계처리해야 한다. 투자부동산으로 분류하여 공정가치모형을 적용하는 경우에는 투자부동산의 정의를 충족하는 모든 사용권자산에 공정가치모형을 적용한다.

(3) 리스부채의 측정 1116:26-27

리스이용자는 리스개시일에 리스부채를 측정한다. 리스부채를 측정해야 사용권자산도 측정할 수 있다. 리스부채(lease liabilities)의 측정에는 리스기간에 걸쳐서 지급하는 고정리스료, 변동리스료, 잔존가치보증액, 매수선택권, 종료선택권 부담액 등이 포함되며, 현재가치로 측정한다.

▶ **표 19-3**
리스부채의 측정에 포함할 항목

① 고정리스료(실질적 고정리스료는 포함하고, 리스인센티브는 포함하지 않음)
② 변동리스료(리스개시일의 지수나 요율을 사용하여 예측한 변동리스료)
③ 잔존가치보증에 따라서 리스이용자가 지급할 예상금액
④ 매수선택권(리스이용자가 매수선택권을 행사할 것이 상당히 확실한 경우)
⑤ 종료선택권(리스기간이 리스이용자의 종료권 행사를 반영하는 경우 그 리스를 종료하기 위하여 필요한 금액)

고정리스료란 실질적인 고정리스료인데 이는 형식적으로는 변동성을 포함하지만 실질적으로 회피할 수 없는 지급액이다. 리스인센티브가 있으면 고정리스료에서 차감하는데, **리스인센티브**는 리스계약을 체결함으로써 리스제공자가 리스이용자에게 지급하는 금액이나 사용권자산의 원가를 리스제공자가 보상하거나 부담하는 금액을 말한다. **변동리스료**는 지수나 요율(이율)에 따라서 달라지는 리스료로서, 예를 들면 소비자물가지수에 연동되는 지급액, LIBOR 등의 벤치마크 이자율에 따라 변하는 지급액, 시장대여요율(market rental rate)의 변동에 따라서 변동되는 지급액이다.[7]

리스료에는 이 외에도 리스이용자가 잔존가치보증계약조건 때문에 부담할 것으로 예상되는 손실금액, 리스자산 매수선택권의 행사가격, 그리고 종료선택권을 행사하는 리스위약금을 포함한다.[8]

매수선택권이나 종료선택권이 있고 리스이용자가 이용할 가능성이 높은 경우에는 리스이용자가 이러한 권리를 행사할 수 있다고 가정하고 리스부채의 측정에 포함

6) 만일 직접법으로 감가상각을 실시하여 사용권자산을 직접 감액하는 경우에는 감가상각누계액을 주석으로 공시해야 할 것이다.

7) 변동리스료 중에서 기업의 미래성과나 기초자산의 사용에 연동하는 변동리스료는 지수나 요율에 기초하지 않으므로 리스부채의 측정에는 포함되지 않고, 당기손익으로 처리한다.

8) 잔존가치보증 관련 손실금액은 "잔존가치보증금액과 예상되는 리스종료 후 처분예상금액을 비교해서 손실이 예상될 경우 그 예상손실액"을 의미한다. 따라서 일반적으로 리스개시일에는 이러한 손실금액이 나타나지 않을 것이고 그 이후 잔존공정가치가 하락하면 손실이 발생하고 이에 따라서 리스부채가 재측정된다.

시킨다.

리스이용자의 주요 회계처리는 다음과 같다.

[리스개시일의 회계처리]

(차) 사용권자산	×××	(대) 리 스 부 채	×××

[리스료지급시의 회계처리]

(차) 리 스 부 채	×××	(대) 현 금	×××
이 자 비 용	×××		

[회계기말 감가상각비의 회계처리][9)]

(차) 감가상각비-사용권자산	×××	(대) 사용권자산	×××

예제 19-4 잔존가치보증에 따라서 리스이용자가 지급할 예상금액

A회사는 승용차 한 대를 L리스회사로부터 리스했다. 리스기간은 3년이고 리스기간말에 이 승용차의 잔존가치는 ₩5,000,000으로 추정되었다. 따라서 A회사는 L리스회사에 리스기간말 잔존가치를 ₩5,000,000으로 보증하고, 리스기간말에 승용차의 잔존공정가치가 ₩5,000,000 미만으로 떨어지면 그 차액을 L리스회사에 변상하기로 했다.
리스개시일에 A회사는 승용차의 3년 후 잔존가치가 ₩5,000,000으로 추정되었기 때문에, 리스부채 추정시 잔존가치보증지급액을 ₩0으로 계산하고 지급할 리스부채에는 포함하지 않았다.
A회사는 1년 후에 리스기간말 승용차의 잔존공정가치가 ₩3,000,000이 될 것으로 추정하였다.
이 경우 A회사가 잔존가치보증에 따라 리스개시 1년 후에 리스부채의 재측정에 따라 조정해야 할 리스부채 금액은 얼마인가? 단, 리스개시일에 L리스회사가 사용한 내재이자율은 10%였으며 이를 A회사가 알고 있다.

해답

추정 잔존가치 감소에 따라 A회사가 부담할 금액＝₩5,000,000－₩3,000,000＝₩2,000,000
리스부채에 가산할 금액의 현재가치
＝₩2,000,000×0.8264(할인율 10%, 2년 후 지급할 금액의 현가요소)＝₩1,652,800

(4) 리스부채의 현재가치 측정

리스부채의 현재가치 측정시에 사용하는 할인율은 내재이자율이다. 내재이자율은 리스계약서에 대부분 명시적으로 기재되어 있어서 알 수 있다. 내재이자율은 리스료 및 무보증잔존가치의 현재가치 합계액을 기초자산의 공정가치와 리스제공자의 리스개설직접원가의 합계액과 동일하게 하는 할인율이다.

9) 사용권자산의 감가상각을 직접법으로 회계처리할 경우 주석에 간접법으로 회계처리한 내용을 공시할 의무가 있다.

만약 내재이자율을 쉽게 산정할 수 없는 경우에는 리스이용자의 증분차입이자율을 할인율로 사용한다.

예제 19-5 리스이용자의 회계처리

예제 19-2 와 관련된 리스이용자의 회계처리를 알아보자. 먼저, 예제 19-2 가 리스인식면제규정이 적용되는 단기리스나 소액기초자산리스가 아니라고 가정한다. 그리고 계약의 대상이 되는 기초자산이 자산의 식별가능성을 충족하고, 우정(주)가 자산의 사용통제권을 3년간 갖게 되므로 리스가 포함된 계약이다.

예제 19-2 의 리스계약에서 리스기간은 우정(주)가 중형컴퓨터를 사용할 수 있는 기간인 3년이다. 본 예제에서는 리스기간 연장선택권이나 리스종료선택권을 행사하지 않을 기간까지의 대상기간이 주어져 있지 않으므로 이러한 선택권 기간은 가산하지 않는다. 만일 이러한 기간이 주어진다면 해지불능리스기간에 선택권 대상기간을 가산해야 할지 판단해야 한다.

먼저, 리스이용자는 사용권자산과 리스부채를 인식한다. 그런데 사용권자산의 최초측정금액에는 리스부채의 측정금액이 포함되므로 리스부채를 먼저 측정해야 한다. 리스부채에는 고정리스료와 변동리스료, 잔존가치보증, 그리고 매수선택권과 종료선택권의 현재가치가 포함된다. 현재가치 계산시에는 리스제공자의 내재이자율을 할인율로 사용한다. 내재이자율은 10%로 가정한다.10)

예제 19-2 의 조건을 조금 수정하여, 리스이용자의 매수선택권이 없고, 리스기간 종료시 잔존가치는 ₩500,000이라고 가정하자. 우정(주)는 리스기간 종료시 기초자산의 시가가 ₩500,000에 달할 것으로 추정했다. 그러면 리스부채에 포함될 항목으로는 고정리스료가 전부이고, 고정리스료는 3년간 매년말에 지급하는 ₩653,000이다.

〈리스료의 현재가치 산출〉

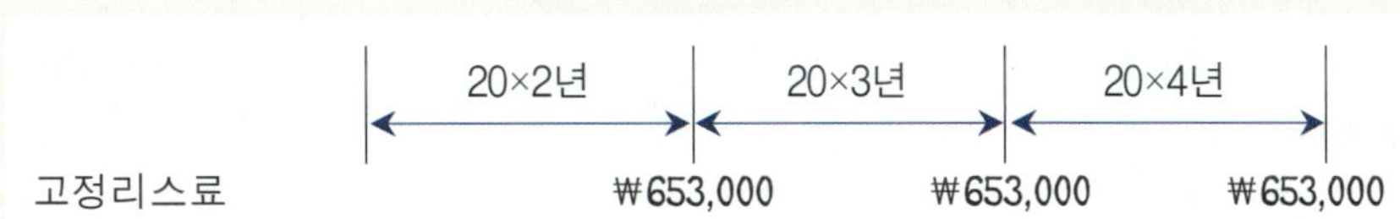

리스부채 = 고정리스료 × 연금의 현가계수
= ₩653,000 × 2.4868(10%, 3기간 정상연금현가율)
= ₩1,623,880

〈20×2. 1. 1(리스개시일)〉

(차) 사용권자산	1,623,880	(대) 리 스 부 채	1,623,880

➡계속

10) 예제 19-2 에 기초하면, 리스부채를 현재가치로 계산할 내재이자율은 10%이다. 이는 리스료가 매년 ₩653,000이고 리스기간 종료시 잔존가치가 ₩500,000이며 기초자산의 공정가치가 ₩2,000,000이기 때문이다.

₩2,000,000 = ₩653,000 × 3기간 정상연금현가율 + ₩500,000 × 3기간 후 현가계수
= ₩653,000 × 2.4868(10%, 3기간 정상연금현가율) + ₩500,000 × 0.7513(10%, 3년 후 현가계수)

리스부채의 원금은 리스료의 납부에 따라서 매년 감소하게 된다. 리스료는 리스부채의 원금과 이자비용으로 구성되어 있다. 매년도 리스료를 지급할 때 리스부채의 변화는 다음과 같다.

연 도	지급리스료	이자비용(A)	부채상환(B)	부채잔액(C)
				₩1,623,880
20×2년	₩653,000	₩162,388	₩490,612	1,133,268
20×3년	653,000	113,326	539,673	593,595
20×4년	653,000	59,360	593,595*	
총 계	₩1,959,000	₩335,074	₩1,623,880	

* 단수조정

〈20×2. 12. 31〉

(차) 리 스 부 채	490,612	(대) 현 금	653,000
이 자 비 용	162,388		
(차) 사용권자산 감가상각비	541,293*	(대) 사용권자산	541,293

* 감가상각비＝사용권자산 취득원가/리스기간＝₩1,623,880/3년＝₩541,293

사용권자산의 취득원가는 ₩1,623,880이고 리스기간이 3년이므로 감가상각비는 ₩541,293이다. **예제 19-2** 에는 주어져 있지 않으나 리스이용자가 리스개설직접원가로 ₩200,000을 지출한다고 가정해보자. 리스개설직접원가는 리스의 협상 및 계약과 관련하여 발생하는 원가로서 예를 들면, 담보평가수수료, 신용평가수수료, 중개수수료 등이 있다. 리스개설직접원가는 사용권자산의 원가에 가산하므로, 사용권자산의 원가는 ₩1,823,880(리스부채 ₩1,623,880＋리스개설직접원가 ₩200,000)이다. 이에 따라서 감가상각비는 사용권자산 ₩1,823,880을 기준으로 계산된다.

(차) 사용권자산	1,823,880	(대) 리 스 부 채	1,623,880
		현 금	200,000

만일 우정(주)가 20×4년말에 기초자산인 컴퓨터를 당시 추정잔존가치인 ₩500,000보다 훨씬 저렴한 ₩100,000(행사금액)으로 구매할 수 있는 매수선택권을 갖고 있다고 하면, 리스이용자가 선택권을 행사할 가능성이 매우 높다. 이 경우에는 리스부채와 사용권자산에 매수선택권의 현재가치를 반영하고, 감가상각기간은 리스기간이 아닌 기초자산의 내용연수가 되어야 할 것이다.

(5) 변동리스료 1116:43

변동리스료란 리스이용자가 사용권자산에 대한 대가로 리스제공자에게 지급하는 리스료의 일부로서 시간의 경과가 아닌 리스개시일 이후의 사실이나 상황의 변화 때문에 달라지는 리스료를 말한다.

변동리스료 중에서 물가지수와 같은 지수에 연동되는 지급액이나 벤치마크 이자율에 변동되는 이자율 및 시장대여요율의 변동에 따라서 변동되는 지급액 등은 리스료에 포함한다. 이들 리스료는 리스부채의 측정에도 포함되고 사용권자산의 측정에도 반영된다.

(6) 리스부채의 재평가 1116:40-42

리스이용자는 리스개시일 이후에 리스료가 변동하면 이에 따라서 리스부채를 재측정해야 한다. 예를 들면, 리스기간이 변경된다든지, 매수선택권 행사가 불확실했는데 상당히 확실하게 변경되었을 수도 있고, 잔존가치의 공정가치가 하락하여 잔존가치보증액보다 하락할 수 있다. 이러한 변동사항이 발생하면 리스이용자는 이를 반영해서 수정리스료를 구해야 한다.

수정리스료를 구한다는 것은 곧 리스부채의 금액이 수정된다는 의미이고, 이에 따라서 리스사용권자산의 금액도 수정되어야 한다. 만일 리스부채의 재측정에 따라서 리스부채가 감소하면 사용권자산도 감액시킨다. 그러나 사용권자산의 장부금액이 ₩0으로 줄어들었는데 리스부채가 그보다 더 많이 줄어들면 리스이용자는 나머지 재측정금액을 당기손익으로 인식한다.

예를 들어, 리스부채의 재측정 전의 금액이 ₩120,000이고 사용권자산의 장부금액이 ₩90,000인데, 리스부채의 재측정 후의 금액이 ₩100,000이라면 사용권자산의 장부금액도 ₩70,000으로 감액시킨다. 하지만 리스부채의 재측정 후의 금액이 ₩10,000이라면 리스부채 감소액이 ₩110,000이므로 사용권자산의 장부금액은 ₩0이 되고도 ₩20,000이 음(−)의 금액이 된다. 이 경우에는 ₩20,000을 당기이익으로 인식한다.

(차) 리 스 부 채	110,000	(대) 사용권자산	90,000
		리스부채조정이익	20,000

리스부채를 재측정하는 상황과 그에 따른 회계처리를 요약하면 다음과 같다.

먼저 다음 ①과 ②의 경우에는 재측정시점의 수정리스료를 수정할인율로 할인하여 리스부채를 재측정한다. 수정할인율은 리스이용자가 내재이자율을 쉽게 산정할 수 있는 경우에는 남은 리스기간 동안 내재이자율을 사용한다. 내재이자율을 쉽게 산정할 수 없는 경우에는 재측정시점의 증분차입이자율로 수정할인율을 산정한다.

① 리스기간에 변경이 있는 경우
② 매수선택권 행사가능성이 상당히 확실해진 경우

한편, 다음 ③과 ④의 경우에는 수정할인율이 아닌 원래의 할인율을 사용하여 수정리스료를 할인하여 리스부채를 재측정한다.

③ 잔존가치보증금액이 변동한 경우
④ 지수나 요율(이율)의 변동으로 미래리스료에 변동이 있는 경우

단, 위의 경우 리스료의 변동(수정리스료)이 변동이자율의 적용에 따라서 발생한 경우에는 적용할인율로 원래의 할인율이 아닌 이자율 변동을 반영하는 수정할인율을 사용한다.

▶ 표 19-4
리스부채 재평가 요약

재평가 요인	수정된 리스료 계산	적용 할인율
• 리스기간 변동 • 매수선택권의 평가 변동	수정리스료 계산	수정된 할인율(내재이자율) 또는 어려운 경우 증분차입이자율
• 잔존가치보증액 변동 • 지수(요율)의 변동으로 미래리스료 변동		원래의 할인율 (단, 변동이자율로 인한 경우 이자율 변동을 반영한 수정할인율)

예제 19-6 리스부채의 재평가 – 연장선택권 행사가능성 변경

[1] 우성(주)는 20×1. 1. 1에 중형컴퓨터 1대를 20×5. 12. 31까지 5년간 리스하는 계약을 체결하였다. 우정(주)는 계약조건에 따라서 매년말에 ₩653,000의 리스료를 리스회사에 지급한다. 리스계약에는 리스기간 종료 후 2년간 리스기간을 연장할 수 있는 연장선택권이 부여되어 있고, 연장기간 동안 리스료는 매년말 ₩500,000씩 지급해야 한다. 그러나 리스개시일 20×1. 1. 1 현재 우정(주)는 연장선택권을 행사하지 않을 것으로 예상하고 있다. 우정(주)는 내재이자율을 쉽게 산정할 수 없으나 증분차입이자율은 연 5%이다.
리스기간 동안 리스부채의 장부금액을 산정하고, 사용권자산을 정액법으로 상각할 때 연간 상각비를 계산하라. 단, 사용권자산의 잔존가치나 잔존가치보증액은 없다.

해답

연장선택권이 부여되어 있으나 행사여부가 상당히 불확실하므로 리스기간은 5년이라고 본다.

리스부채의 최초측정금액 = ₩653,000 × 4.3295(5기간, 5%, 연금현가계수) ≒ ₩2,827,148(단수조정)
사용권자산 최초측정금액 = ₩2,827,148

리스부채의 장부금액 조정표

일 자	연간리스료	이자비용(5%)	원금상환액	리스부채 장부금액
20×1. 1. 1				₩2,827,148
20×1. 12. 31	₩653,000	₩141,357	₩511,643	2,315,505
20×2. 12. 31	653,000	115,775	537,225	1,778,280
20×3. 12. 31	653,000	88,914	564,086	1,214,194
20×4. 12. 31	653,000	60,710	592,290	621,904
20×5. 12. 31	653,000	31,096	621,904	0
합 계	₩3,265,000	₩437,852	₩2,827,148	

사용권자산의 연간 감가상각비 = ₩2,827,148 ÷ 5 = ₩565,430

〈20×1. 1. 1〉

(차) 사용권자산	2,827,148	(대) 리 스 부 채	2,827,148

〈20×1. 12. 31〉

(차) 리 스 부 채	511,643	(대) 현 금	653,000
이 자 비 용	141,357		
(차) 사용권자산 감가상각비	565,430	(대) 사용권자산	565,430

[2] 우정(주)는 이 컴퓨터를 3년 동안 사용한 이후 20×4년초에 영업환경과 자금수요의 변경으로 리스연장선택권을 행사하기로 결정했다. 20×4년초의 내재이자율은 쉽게 산정할 수는 없지만 증분차입이자율은 7%이다. 나머지 리스기간 동안 리스부채의 장부금액과 사용권자산의 연간 상각비를 계산하라.

해답

20×4년초에 리스연장선택권 행사결정으로 연장된 리스기간과 수정리스료를 고려해서 리스부채를 재측정하고, 이에 따라서 사용권자산도 재평가해야 한다. 20×4년초의 기존 리스부채 잔액과 사용권자산의 장부금액을 먼저 계산하자.

리스부채의 잔액＝₩1,214,194
사용권자산의 장부금액＝₩2,827,148－(₩565,430×3년)＝₩1,130,858

20×4년초의 리스부채 재측정금액＝새로운 리스기간 4년간 리스료의 현재가치(할인율 7%)

20×4년과 20×5년은 기존 리스료 ₩653,000×1.8080(2기간, 7%, 연금현가계수)＝₩1,180,624
20×6년과 20×7년은 새로운 리스료 ₩500,000×(3.3872－1.8080(4기간, 7%, 연금현가계수－2기간, 7%, 연금현가계수))＝₩789,600

20×4년초의 리스부채 재측정금액＝₩1,180,624＋₩789,600＝₩1,970,224
리스부채 조정액＝₩1,970,224－₩1,214,194＝₩756,030
리스사용권자산은 리스부채 조정액을 리스사용권자산의 장부금액에 더하여 새로운 장부금액을 구한다.

리스사용권자산 조정 후 장부금액＝₩1,130,858＋₩756,030＝₩1,886,888

리스부채의 장부금액 조정표

일 자	연간리스료	이자비용(7%)	원금상환액	리스부채 장부금액
20×4. 1. 1				₩1,970,224
20×4. 12. 31	₩653,000	₩137,916	₩515,084	1,455,140
20×5. 12. 31	653,000	101,860	551,140	904,000
20×6. 12. 31	500,000	63,280	436,720	467,280
20×7. 12. 31	500,000	32,710	467,280(단수조정)	0
합 계	₩2,306,000	₩335,766	₩1,970,224	

〈20×4. 1. 1〉

(차) 사용권자산	756,030	(대) 리 스 부 채	756,030

〈20×4. 12. 31〉

(차) 리 스 부 채	515,084	(대) 현 금	653,000
이 자 비 용	137,916		
(차) 사용권자산 감가상각비	471,722	(대) 사용권자산	471,722*

* 사용권자산 상각비＝₩1,886,888÷4년＝₩471,722

예제 19-7 리스부채의 재평가 - 변동리스료

도봉(주)는 20×1. 1. 1 기계장치를 20×5. 12. 31까지 5년간 리스하는 계약을 맺었다. 리스료는 매년말 ₩653,000을 지급하며, 2년 단위로 소비자물가지수 상승에 기초하여 리스료를 조정하여 연도말에 지급한다. 20×1. 1. 1 리스개시일의 소비자물가지수는 100이다. 리스개시일에 내재이자율은 쉽게 산정할 수 없으나 리스이용자의 증분차입이자율은 연 5%이다. 그런데 20×3. 1. 1에 소비자물가지수가 110으로 상승했고 그 이후에는 변동이 없다고 가정한다. 20×3. 1. 1의 증분차입이자율은 7%이다. 그리고 리스자산의 잔존가치는 없으며 정액법으로 상각한다.
변동리스료에 따른 회계처리를 하라.

해답

리스부채와 사용권자산의 최초측정금액과 처음 2년간 리스부채의 장부금액 조정표는 예제 19-6과 같다.

리스부채의 장부금액 조정표

일 자	연간리스료	이자비용(5%)	원금상환액	리스부채 장부금액
20×1. 1. 1				₩2,827,148
20×1. 12. 31	₩653,000	₩141,357	₩511,643	2,315,505
20×2. 12. 31	653,000	115,775	537,225	1,778,280

사용권자산은 잔존가치가 없고 정액법을 적용하므로 연간 ₩565,430(=₩2,827,148÷5년) 상각한다. 그런데 20×3. 1. 1에 소비자물가지수는 10%(물가지수 110/100) 상승했으므로 리스료도 10% 증가하여 ₩718,300(=₩653,000×110%)이 되고 20×3년말부터 이 금액을 지급한다. 따라서 리스부채를 재측정해야 하는데, 이 경우에는 원래의 할인율 5%로 리스부채를 재평가한다.

리스료 변동을 반영한 20×3. 1. 1의 리스부채
=₩718,300×2.7232(3기간, 5% 정상연금 현가계수)=₩1,956,075

따라서 리스부채는 ₩177,795(=₩1,956,075−₩1,778,280) 증가시켜야 한다. 사용권자산도 증액시킨다.

(차) 사용권자산 177,795 (대) 리 스 부 채 177,795

20×3. 1. 1 사용권자산의 장부금액은 ₩1,696,289(=₩2,827,148×3년÷5년)이므로 사용권자산의 장부금액은 ₩1,874,084(=₩1,696,289+₩177,795)이 되고 매년 상각비는 ₩624,695(=₩1,874,084÷3년)이다.
20×3. 1. 1 이후 리스부채 장부금액의 조정표는 다음과 같다.

리스부채의 장부금액 조정표

일 자	연간리스료	이자비용(5%)	원금상환액	리스부채 장부금액
20×3. 1. 1				₩1,956,075
20×3. 12. 31	₩718,300	₩97,804	₩620,496	1,335,579
20×4. 12. 31	718,300	66,778	651,522	684,057
20×5. 12. 31	718,300	34,203	684,057(단수조정)	0
합 계	₩2,154,900	₩198,785	₩1,956,075	

〈20×3. 12. 31〉

(차) 리스부채	620,496	(대) 현 금	718,300
이자비용	97,804		
(차) 사용권자산 감가상각비	624,695	(대) 사용권자산	624,695

만일 리스이용자가 리스자산인 기계장치에서 생기는 매출액의 2%를 변동리스료로 매년 지급한다고 하자. 리스부채를 매년 재측정해야 하는가? 이러한 경우, 즉 매출액에 연동되어 결정하는 금액은 리스료의 정의를 충족하지 않기 때문에 사용권자산이나 리스부채의 측정치에 포함하지 않는다. 매출액의 2%를 지급하는 금액은 해당 연도의 당기손익으로 인식한다.

(7) 리스범위와 리스기간 등의 변경 1116:44-46

리스이용자는 리스범위나 리스대가 등 리스조건에 변경이 생기면 회계처리에 이를 반영해야 한다. 예를 들어, 하나 이상의 기초자산 사용권이 추가되거나 종료되는 경우 또는 계약상 리스기간이 연장 또는 단축되면 이를 반영한다. 리스변경은 별도리스로 회계처리해야 하는 경우와 그렇지 않은 경우로 나누어 볼 수 있다. 별도리스로 회계처리해야 하는 조건은 다음과 같다.

① 리스변경으로 하나 이상의 기초자산 사용권이 추가되어 리스의 범위가 확장되었다.
② 확장된 범위에 대한 개별가격에 상응하여 리스대가가 증액되었다.

예를 들어, 리스하여 사용하고 있는 점포의 공간 1,000m²에 추가해서 다른 건물의 점포공간 500m²을 더 사용하게 되었고, 이에 상응하여 리스료가 증가했으면 기초자산 사용권이 추가되어 리스범위가 넓어진 것으로 보고, 이를 별도리스로 회계처리한다.

리스범위가 축소되었으면 상응하는 리스부채와 사용권자산의 장부금액을 감액한다. 만일 이때 차익 또는 차손이 발생하면 당기손익으로 인식한다.

별도의 리스로 회계처리하지 않는 리스변경에 대해서는 리스이용자가 리스변경 유효일에 수정사항을 감안하여 리스부채를 재측정하여 조정하고, 이에 따라서 사용권자산도 재조정해야 한다. 예를 들면, 다음과 같은 경우에 수정할인율이나 수정리스료를 측정하여 적정하게 할인하고 리스부채를 재평가한다.

① 이전에 리스기간을 산정할 때 포함되지 않았던 연장선택권이나 종료선택권을 행사하게 됐거나, 이전에 리스기간을 산정할 때 포함되었던 선택권을 행사하지 않게 된 경우에는 리스기간에 변동이 생길 것이므로 남은 리스기간 동안 내재이자율을 새로 산정하고 이를 수정할인율로 사용한다. 리스의 내재이자율을 쉽게 구할 수 없는 경우에는 재평가시점의 증분차입이자율을 이용한다.
② 잔존가치보증에 변동이 있는 경우에는 지급해야 하는 리스료가 변동할 것이

므로 이를 반영하기 위하여 수정리스료를 산정한다. 이 경우 할인율은 원래의 할인율을 사용한다.

③ 리스료를 산정할 때 사용한 지수나 요율(이율)이 변동하여 미래의 리스료가 변동하면 수정리스료를 반영하여 리스부채를 다시 측정한다. 물론 변동이자율의 변동으로 리스료에 변동이 생긴 것이 아니라면 리스이용자는 변경되지 않은 할인율로 현재가치를 구해야 한다. 예를 들어, 점포의 시장대여료율이 변동이자율과 관계없이 변동되었다면 이전의 할인율을 계속 사용해야 할 것이다.

예제 19-8 리스변경의 회계처리

[사례 1] 사용권 확대로 인한 별도리스 인식

리스이용자 A는 동대문에서 의류소매업을 하는데 리스제공자 B로부터 점포공간 200m²을 5년간 리스하는 계약을 체결하여 사업을 시작했다. 그런데 리스이용자 A는 사업이 잘되어 3차년도초에 다른 건물의 공간 300m²을 추가로 3년간 리스하기로 리스제공자와 합의했다. 이로 인해 리스 총대가는 증가하는데, 새로운 리스대상 공간 300m²은 현재시장요율과 동일한 금액으로 임차한다. 점포 300m²의 리스는 어떻게 회계처리하는가?

해답

리스이용자 A는 300m²을 임차하는 새로운 리스를 기존의 200m² 임차와는 구별되도록 별도리스로 처리한다. 이는 이 변경이 리스이용자에게 새로운 기초자산을 사용하게 하는 권리를 부여하고 추가된 새로운 사용권자산의 사용통제권을 갖기 때문이다. 더불어 새로운 사용권자산 300m²의 개별가격에 상응하는 리스대가를 부담하게 된다. 따라서 리스이용자 A는 새로운 리스개시일인 3차년도초에 추가 매장 300m²과 관련하여 사용권자산과 리스부채를 새로 인식한다. 한편 리스이용자는 기존의 점포공간 200m²에 대한 회계처리에 어떠한 조정도 하지 않는다.

[사례 2] 리스기간의 변경

[사례 1]의 리스이용자 A가 3차년도초에 리스제공자 B로부터 임차한 점포공간 200m²의 임차기간을 1년 더 연장하기로 합의했다. 연장기간에 연간리스료는 변동하지 않으나 내재이자율은 1% 상승했다. 임차기간 1년 연장은 어떻게 회계처리하는가?

해답

이와 같은 리스기간의 변경은 별도리스로 회계처리하지 않는다. 리스이용자는 변경유효일인 3차년도초에 나머지 리스기간 4년, 동일한 연간리스료, 새롭게 추정된 내재이자율을 이용하여 리스부채를 다시 측정한다. 리스이용자는 변경된 리스부채의 장부금액과 변경 직전의 리스부채 장부금액의 차액은 사용권자산으로 추가 인식한다.

[사례 3] 리스료의 감소

[사례 1]의 리스이용자 A가 5차년도초에 리스제공자 B와 합의하여 마지막 연도의 리스료를 20% 줄이기로 했다. 내재이자율 등 다른 리스료 조건은 동일하다. 리스료 할인의 경우는 어떻게 회계처리하는가?

해답

별도리스로 회계처리하지 않고, 변경에 합의한 5차년도초에 리스부채를 원래의 할인율로 다시 측정한다. 그리고 리스이용자는 변경된 부채의 장부금액과 변경 직전 리스부채의 장부금액의 차액만큼 사용권자산도 조정한다.

(8) 리스이용자의 재무제표 표시 내용

리스이용자의 회계처리로 인한 재무제표의 표시 내용은 〈표 19-5〉와 같다.

▶ 표 19-5 리스이용자의 재무제표 항목

재무제표	보고할 내용
재무상태표	• 사용권자산(일반적으로 유형자산으로 보고하며, 투자부동산의 정의를 충족하면 투자부동산에 포함) • 리스부채
포괄손익계산서	• 이자비용(리스부채의 장부금액에 할인율을 적용, 금융원가임) • 사용권자산의 감가상각비
현금흐름표	• 리스부채 원금에 해당하는 현금지급액은 재무활동으로 분류 • 리스부채 이자비용의 현금지급액은 재무활동 또는 영업활동으로 분류 • 단기리스료, 소액자산리스료, 리스부채에 포함되지 않은 변동리스료는 영업활동으로 분류(간접법 영업활동 현금흐름 산정시 사용권자산 감가상각비는 세전당기순이익에 가산됨)

제4절 리스제공자의 회계처리

리스제공자는 각 리스를 운용리스 아니면 금융리스로 분류한다. 리스제공자의 분류는 리스이용자와 다르고 그 회계처리에도 차이가 있다.

리스제공자는 리스를 거래의 실질에 따라 분류한다. 즉 리스계약의 대상이 되는 기초자산의 소유에 따른 위험과 보상이 리스이용자에게 이전되는 정도에 따라 분류한다. 기초자산의 소유에 따른 위험과 보상의 대부분(substantially all)을 이전하지 않는 리스는 운용리스로 분류하고, 그렇지 않으면 금융리스로 분류한다. 여기에서 위험(risks)이라 함은 자산의 운휴, 기술적 진부화로 인한 손실 및 경제적 여건의 변화에 따른 이익변동의 가능성을 포함한다. 보상(rewards)이라 함은 자산의 "경제적 내용연수" 동안 자산을 운용함으로써 발생하는 기대나 가치증대 또는 잔존가치의 실현에서 발생하는 이익 등에 대한 기대치를 말한다.

K-IFRS 제1116호(리스)에서는 〈표 19-6〉에 예시하는 상황들 중 '하나 또는 그 이상'에 해당하면 일반적으로 금융리스로 분류하도록 규정하고 있다. 1116:63

▶ 표 19-6 금융리스의 분류조건

조 건	내 용
1	리스기간 종료시점까지 기초자산의 소유권이 리스이용자에게 이전되는 경우
2	리스이용자가 선택권을 행사할 수 있는 시점의 공정가치보다 충분하게 낮을 것으로 예상되는 가격으로 리스자산을 매수할 수 있는 선택권을 가지고 있으며, 그 선택권을 행사할 것이 리스약정일 현재 거의 확실한 경우
3	기초자산의 소유권이 이전되지 않더라도 리스기간이 기초자산의 "경제적 내용연수"의 상당부분을 차지하는 경우
4	리스약정일 현재, 리스료의 현재가치가 적어도 기초자산 "공정가치"의 대부분에 상당하는 경우
5	기초자산이 특수하여 해당 리스이용자만이 중요한 변경 없이 사용할 수 있는 경우

예시한 다섯 가지 조건들의 의미를 하나씩 검토해 보기로 하자.

① **기초자산의 소유권이 리스이용자에게 이전됨** : 리스기간 종료시점 또는 그 이전에 기초자산의 소유권을 무상 또는 일정한 금액으로 리스이용자에게 이전하기로 약정한 경우에는 경제적 실질이라는 측면에서 할부매매와 유사하다. 즉 기초자산의 소유에 따른 위험과 보상이 대부분 리스이용자에게 이전되었다고 본다.

② **리스이용자가 매수선택권을 가지고 있음** : 염가로 취득할 수 있는 매수선택권이 주어진다면 리스이용자는 특별한 경우가 아니면 이러한 권리를 행사할 것이다. 따라서 리스이용자가 염가의 매수선택권을 가지고 있으면 리스자산의 소유에 따른 보상이 대부분 이전된 것으로 본다.

③ **리스기간이 기초자산 경제적 내용연수의 상당부분을 차지** : 리스기간이 기초자산의 경제적 내용연수의 상당부분을 차지한다면 기초자산에 따른 대부분의 보상이 리스이용자에게 이전된 것으로 본다.[11] 왜냐하면 이 경우 리스기간 종료시점에 기초자산에 남아 있는 보상이 중요하지 않기 때문이다.

④ **리스료의 현재가치가 기초자산 공정가치의 대부분에 해당** : 리스에서 회수되는 리스료를 내재이자율로 할인한 현재가치가 공정가치의 대부분에 해당한다면,[12] 기초자산에 따른 대부분의 보상이 리스이용자에게 이전된 것으로 본다. 왜냐하면 리스제공자는 리스료를 통해 기초자산에서 얻을 수 있는 대부분의 보상을 회수하기 때문이다.

⑤ **기초자산의 범용성이 없음** : 범용성이 없는 자산이란 자산의 사용목적이 특정목적에 한정되어 있어 물리적으로 전용이 불가능하거나 또는 전용에 과다한

11) K-IFRS에서는 이를 규정하고 있지 않으나, 우리나라의 종전 기업회계기준에서는 75% 이상인 경우로 본다.
12) K-IFRS에서는 이를 규정하고 있지 않으나, 우리나라의 종전 기업회계기준에서는 90% 이상인 경우로 본다.

비용이 발생하여 사실상 전용이 불가능한 자산을 말한다. 기초자산의 범용성이 없다면 기초자산의 소유와 관련된 위험과 보상이 리스이용자에게 이전된다고 보는 것이 타당하다.

이상과 같은 리스분류기준은 예시적 성격이다. 이 외에도 다음과 같은 상황에서 기초자산과 관련된 위험과 보상이 리스이용자에게 있다고 판단되면, 이러한 리스는 금융리스로 분류할 수 있다.

① 리스이용자가 리스계약을 해지할 경우 해지로 인한 리스제공자의 손실을 리스이용자가 부담하는 경우
② 잔존자산의 공정가치 변동에서 생기는 손익이 리스이용자에게 귀속되는 경우 (예를 들어, 리스종료시점에 기초자산 매각대가의 대부분에 해당하는 금액이 리스료 환급의 형태로 리스이용자에게 귀속되는 경우)
③ 리스이용자가 시장가격보다 현저하게 낮은 리스료로 리스계약을 계속할 수 있는 능력이 있는 경우(리스기간 연장선택권)

앞서 열거한 상황들에 해당되는 경우도 반드시 금융리스로 분류되는 것은 아니다. 만일 "기초자산의 소유에 따른 위험과 보상의 대부분을 이전하지 않는다"는 사실이 명백하다면 운용리스로 분류한다. 예를 들면, 리스기간 종료시점에 기초자산의 소유권을 리스이용자에게 이전하지만 그 시점의 공정가치로 이전하는 조건이 있거나 리스이용자가 변동리스료를 지급해야 하기 때문에 리스이용자가 기초자산의 소유에 따른 대부분의 위험과 보상을 가지고 있지 않은 경우가 있다.

한편, 리스제공자는 리스약정일에 운용리스와 금융리스로 분류하며, 차후에 리스변경이 있는 경우에는 다시 판단한다. 하지만 추정의 변경(예 : 기초자산의 내용연수 또는 잔존가치 추정치의 변경)이나 상황의 변화(예 : 리스이용자의 채무불이행)는 회계목적상 리스를 새로 분류하는 원인이 되지 않는다.

예제 19-9 리스제공자의 리스분류

다음 두 독립적인 사례에 대해 리스제공자 입장에서 적절한 리스분류에 대해 답하라.

(1) 매수선택권과 리스분류

리스기간은 7년이고 리스약정일에 기계장치의 공정가치는 5억원이다. 리스기간 종료 후 기계의 공정가치는 3억원이 될 것으로 추산된다. 리스이용자가 리스기간 종료 후 당해 기계장치를 2억원에 매입할 수 있는 선택권을 보유하고 있다.

(2) 리스조건의 변경과 리스분류

경제적 내용연수가 45년으로 추정되는 건물에 대해 30년간의 리스계약이 체결되었고 당해 리스를 운용리스로 분류하였다(다음은 각각 독립적이라고 가정한다).

➡계속

① 최초에 추정했던 경제적 내용연수(45년)가 잘못되어 새롭게 추정한 결과 경제적 내용연수가 30년으로 변경되었다.
② 리스기간이 23년 경과된 시점에 재계약으로 새로운 리스기간이 20년이 되었다.

해답

(1) 여기에서 리스약정일 현재 매수선택권의 가치는 1억원(=3억원－2억원)으로 추산된다. 따라서 매수선택권을 "거의 확실하게" 행사할 것으로 볼 수 있으므로 당해 리스를 금융리스로 분류해야 한다.
(2) ① 추정 경제적 내용연수가 변경된 경우 당해 리스의 분류를 변경하지 않고 계속 운용리스로 분류한다. 왜냐하면 추정의 변경은 기존리스의 분류변경을 초래하지 않기 때문이다.
② 이 경우 재계약된 리스기간이 잔존 경제적 내용연수(22년)의 대부분을 차지하므로 금융리스로 재분류해야 한다. 기초자산의 장부금액은 리스변경 유효일 직전의 리스순투자로 측정한다.

리스제공자와 리스이용자 간의 거래는 양자간 동일한 하나의 리스계약에 기초하여 이루어지므로 양자가 일관적인 분류와 정의를 사용하는 것이 타당하다. 그러나 K-IFRS 제1116호는 리스이용자와 리스제공자가 리스분류를 서로 다른 기준으로 하게 하고, 이에 따라서 양자간의 회계처리도 많은 차이가 있다. 이상적인 회계처리라면 동일한 계약을 맺은 리스이용자와 리스제공자가 리스분류와 리스회계처리를 서로 상응되게(mirror image) 하도록 해야 할 것이다.

예를 들어, 만일 리스이용자가 사용권자산을 인식하고 리스제공자가 운용리스로 회계처리하면 동일한 기초자산이 리스이용자(사용권자산)와 리스제공자(기초자산)의 장부에 모두 인식되는 불합리한 결과를 가져올 수 있다. 리스이용자가 기초자산의 금액이 작아서 리스인식면제규정을 적용하여 사용권자산을 인식하지 않고, 리스제공자가 금융리스로 회계처리하는 드문 경우에는 리스대상이 되는 기초자산이 리스이용자와 리스제공자의 장부 어디에서도 인식되지 않을 것이다.

1 운용리스와 회계처리 1116:81-88

운용리스(operating leases)의 경우 기초자산의 사용권은 리스이용자에게 부여되지만, 소유에 따른 대부분의 위험과 보상이 리스제공자에게 있다. 따라서 리스제공자가 기초자산을 자신의 자산으로 기록하고, 이에 대한 감가상각도 실시해야 한다.

리스제공자가 운용리스자산으로 기록하는 금액은 리스약정일 현재의 취득원가이다. 또한 운용리스자산을 그들이 소유한 다른 유형자산의 감가상각과 일관성 있게 "취득이 완료된 시점"부터 시작한다. 이는 운용리스자산의 성격이 리스제공자가 소유에 따른 위험과 보상을 수반하면서 자산의 내용연수에 걸쳐 사용할 목적으로 보유하는 것이기 때문이다.

운용리스의 대상이 되는 기초자산에 대한 회계처리는 K-IFRS에서 규정하고 있는 유형자산의 취득 · 유지 · 처분에 관한 내용을 준용하면 된다. 따라서 본래 목적에 사용하지 못하는 기간, 즉 리스하고 있지 못하는 경우에도 당해 자산에 대한 감가상각은 계속적으로 이루어져야 한다.

리스제공자는 기초자산의 사용으로 생기는 경제적 효익이 감소되는 형태에 맞추어 리스수익을 인식한다. 다른 체계적 기준이 기초자산의 사용으로 생기는 효익이 감소되는 형태를 더 잘 나타내는 기준이라면 그 기준을 적용하고, 그렇지 않으면 정액법을 적용한다. 다만, 자산의 사용으로 생기는 효익이 감소하는 형태가 리스이용자가 지급하는 리스료와 일치하지 않을 수도 있다는 점에 주의한다.

예제 19-10 운용리스의 회계처리

예제 19-2 의 리스계약에서 "매수선택권"이 없다고 가정한다. 성도리스(주)는 당해 컴퓨터를 20×1. 12. 1에 ₩2,000,000으로 취득하여 우정(주)와 리스계약을 체결하였다. 리스료가 계산되는 리스개시일은 20×2. 1. 1이다.

당해 리스를 분류하고, 리스이용자와 리스제공자의 입장에서 기초자산 구입시점, 리스개시일, 그리고 20×2. 12. 31에 필요한 분개를 하라. 단, 기초자산은 정액법으로 감가상각한다.

해답

(1) 리스의 분류

〈리스료의 현재가치 계산〉

① 내재이자율의 추정 : ₩2,000,000(공정가치)=₩653,000(리스료)×(r%, 3기간 정상연금현가율) +₩500,000(무보증잔존가치)×(r%, 3기간 현가율)

∴ r(내재이자율)=10%(시행착오법으로 구함)

② 리스료의 현재가치 : ₩653,000×2.4868(10%, 3기간 연금현가율)=₩1,623,880

본 리스는 ① 소유권 이전약정이나 매수선택권이 없고, ② 리스기간(3년)이 리스자산의 경제적 내용연수(5년)의 상당부분을 차지했다고 볼 수 없고, ③ 리스료의 현재가치(₩1,623,880)가 리스개시일 현재 리스자산 공정가치(₩2,000,000)의 대부분이라고 볼 수 없으며, ④ 리스자산이 범용성이 없는 자산이 아니고, 또한 ⑤ 실질적으로 소유에 따른 위험과 보상이 리스이용자에게 이전되었다고 판단할 만한 기타 사항이 없다. 따라서 당해 리스는 운용리스로 분류되는 것이 적합하다고 판단된다.[13]

(2) 회계처리 (운용리스에 따름)

1) ① 리스자산 구입시점 : (20×1. 11. 1)

(차) 리스자산	2,000,000	(대) 현 금	2,000,000

➡ 계속

13) 리스기간이 리스자산의 경제적 내용연수의 75% 이상이면 '상당부분'으로 판단하고 리스료의 현재가치가 리스자산 공정가치의 90% 이상이면 '대부분'으로 판단했다. 이러한 기준은 경영자의 판단에 의해서 결정된다.

② 회계연도말 : (20×1. 12. 31)

(차) 감가상각비 60,000* (대) 감가상각누계액-리스자산 60,000

* 리스자산의 경제적 내용연수(5년)에 걸쳐 상각된다. 정액법을 이용하고 잔존가치가 ₩200,000이므로 20×1년도 2개월분 감가상각비는 다음과 같이 계산된다.
(₩2,000,000 − ₩200,000)/5년 × (2/12) = ₩60,000

2) 리스개시일 : (20×2. 1. 1)

(차) 운용리스자산 2,000,000 (대) 리스자산 2,000,000

(주) 추가로 감가상각누계액-리스자산을 감가상각누계액-운용리스자산으로 변경해야 할 것이다.

3) 회계연도말 : (20×2. 12. 31)

① 정기리스료 수수

(차) 현 금 653,000 (대) 리스료수익* 653,000

* 리스료수익이나 리스료라는 계정을 이용하는 이유는 단순한 임대차계약의 경우(임대료수익이나 임차료비용을 사용)와 구별하기 위해서이다.

② 감가상각비 계상

(차) 감가상각비 360,000* (대) 감가상각누계액-운용리스자산 360,000

* ₩30,000 × 12개월 = ₩360,000

리스기간이 종료되면 리스제공자는 기초자산을 회수하게 된다. 이 경우 반환된 기초자산과 관련하여 계정대체(운용리스자산을 리스자산으로) 이외에 별도의 회계처리를 하지 아니한다. 단, 반환된 기초자산에 대하여 손상차손의 인식여부를 검토해야 한다. 한편, 리스기간 종료시 반환된 자산의 공정가치가 잔존가치보증액에 미달하여 보상받는 금액은 리스보증이익으로 당기손익에 반영한다.

예제 19-10 에서와 같은 회계처리는 어느 운용리스에서나 나타나는 공통적인 것이다. 이러한 분개 이외에도 운용리스와 관련되어 나타날 수 있는 기타의 몇 가지 회계처리문제를 검토해 보기로 하자.

1) 리스개설직접원가 1116:83

리스제공자가 리스의 협상 및 계약과 직접 관련되어 추가적으로 리스개설직접원가를 부담할 수 있다. 예를 들면, 중개수수료나 법적수수료가 이에 해당한다. 리스개설직접원가는 리스의 협상 및 계약과 관련되어 발생하여 유입가능성이 매우 높은 미래경제적 효익을 발생시키는 원가이므로 "운용리스자산의 장부금액"에 추가하고, 리스료수익과 같은 기준으로 리스기간 동안 비용(감가상각비의 증가)으로 인식한다.

예제 19-10 에서 20×1. 12. 1에 리스개설직접원가로 ₩12,000을 지출했다면 1년분 감가상각비는 다음과 같이 계산된다. 운용리스에서 자산은 경제적 내용연수를 기준으로 감가상각하고, 리스개설직접원가는 리스기간 동안 상각한다.

(₩2,000,000 − ₩200,000)/5년(경제적 내용연수) + ₩12,000/3년(리스기간) = ₩364,000

2) 변동리스료의 발생

리스개시일 이후에 예기치 못한 상황의 발생으로 인해 증감되는 차액이 있는 경우, 즉 변동리스료가 발생한 경우에는 변동리스료가 발생한 기간의 수익이나 비용으로 인식한다.

예제 19-10 에서 리스계약체결 1년 후부터 매기 리스료를 ₩50,000씩 인상하여 지급하게 되었다고 가정한다면, 20×3년말과 20×4년말에 다음과 같은 분개를 한다.

(차) 현 금	703,000*	(대) 리스료수익	703,000

* 정기리스료(₩653,000)+변동리스료(₩50,000)

3) 리스계약의 해지

운용리스계약이 해지되었을 경우 리스제공자는 리스계약과 관련하여 리스이용자 또는 보증인으로부터 회수한 금액을 해지일이 속하는 회계연도에 리스해지이익으로 당기손익에 반영하고 재무상태표일 현재 미회수된 금액은 주석으로 기재한다.

예제 19-10 에서 20×3. 1. 1(리스 2차년도초)에 리스계약을 해지하고 이에 대한 대가로 ₩800,000을 회수했다고 하자. 이때 리스제공자는 다음과 같은 분개를 한다.

(차) 현 금	800,000	(대) 리스해지이익	800,000

(주) 추가적으로 운용리스자산 및 관련 감가상각누계액을 리스자산 및 관련 감가상각누계액으로 변경하는 분개를 해야 한다.

2 금융리스와 회계처리

금융리스(finance leases)에서는 법적으로 자산의 소유권이 이전되지 않을 수 있지만 경제적 실질이란 측면에서 자산의 소유에 따른 대부분의 위험과 보상이 리스이용자에게 이전되었다고 본다.

금융리스에서 리스제공자는 리스개시일에 기초자산을 장부에서 제거하고, 금융리스채권을 기록한다. 이때 금융리스채권으로 기록해야 할 금액은 리스순투자(net investment in lease)인데, 이는 당해 리스에서 회수할 리스총투자(gross investment in lease, 리스료와 무보증잔존가치의 합계액)의 현재가치이다. 이때 할인을 위해 이용되는 이자율은 리스제공자의 내재이자율이다.

금융리스채권(=기초자산의 공정가치*)
= 리스순투자
= 리스총투자의 현재가치
= 리스료의 현재가치+무보증잔존가치의 현재가치[14]

* 리스제공자의 리스개설직접원가 포함

리스개시일에 리스순투자의 측정에 포함되는 리스료는 리스기간에 걸쳐서 기초자산을 사용하는 권리에 대한 지급액 중에서 그날 현재 지급받지 않은 금액이고 다음과 같은 금액이 포함된다. 리스료를 구성하는 개별 항목에 대한 설명은 리스이용자의 회계처리를 참조하자. 1116:70

[리스료]
① 고정리스료(리스인센티브는 포함하지 않음)
② 변동리스료(리스개시일의 지수나 요율(이율)에 따라 달라지는 리스료)
③ 매수선택권(리스이용자가 행사할 것이 상당히 확실한 경우)
④ 잔존가치보증액(리스제공자와 특수관계에 있지 않은 당사자가 보증한 가치)
⑤ 종료선택권(리스이용자가 리스를 종료시키기 위하여 필요한 금액)

금융리스채권은 기초자산의 공정가치(리스제공자의 리스개설직접원가가 있다면 이를 포함)와 일치할 것이다. 그러나 금융리스채권이 리스개시일에 기초자산의 장부금액과 차이가 있을 수 있다. 이 차액은 "리스자산처분손익"으로 당기손익에 반영한다. 즉 금융리스의 경우에 기초자산을 리스개시일에 공정가치로 매각한다고 간주하고 회계처리하는 것이다. 만약 기초자산이 신규로 취득하는 자산이고 리스개설직접원가가 발생하지 않았다면, 리스개시일에 금융리스채권금액과 기초자산 장부금액은 일치하여 기초자산처분손익이 발생하지 않는다. 왜냐하면 신규자산을 리스하는 경우 취득원가를 공정가치로 보는 것이 타당하기 때문이다. 그러나 예외적인 경우이기는 하지만 기초자산의 취득시기와 리스개시일이 일치하지 않고 그 기간 동안에 기초자산의 공정가치가 변동하여 취득원가와 일치하지 않을 경우 신규자산이라 하더라도 리스자산처분손익은 발생하게 된다. 그리고 사용중인 자산을 최초로 리스하는 경우에는 리스자산처분손익이 발생할 가능성이 높다.

잔존가치보증액은 리스제공자와 특수관계에 있지 않은 자가 리스제공자에게 리스기간 종료시에 보증하는 가치이다. 예를 들어 리스기간말에 잔존가치가 ₩100,000으로 추정되는데 잔존가치보증액이 ₩70,000이라면 리스료는 잔존가치보증액 ₩70,000을 반영하여 산정된다. 만일 리스기간말에 기초자산의 가치가 ₩50,000인 것이 확인되면 리스제공자는 차액 ₩20,000을 보증한 상대방으로부터 받을 것이기 때문이다. 잔존가치가 보증되지 않은 ₩30,000(=₩100,000−₩70,000)은 무보증잔존가치이다. 무보증잔존가치도 추정된 금액이다. 리스제공자는 이를 매 회계연도마다 검토하고, 검토결과 무보증잔존가치의 추정금액이 감소하면, 금융리스채권의 장부금액을 감소시키고 이를 즉시 손상차손(당기비용)으로 인식한다.

14) 리스료에 잔존가치보증액이 포함되고, 리스순투자의 계산에 무보증잔존가치의 현재가치가 포함되므로 금융리스채권에는 기초자산의 모든 잔존가치의 현재가치가 포함되어 있다.

리스기간 동안 회수되는 리스료와 금융리스채권 상환액의 차액은 금융리스채권에 대한 이자수익으로 기록한다.15) 금융리스채권금액에 대한 이자수익률은 내재이자율이다. 또한 리스제공자는 금융리스채권에 대해 회수불능액을 추정하고, 이를 금융리스채권대손충당금 과목으로 하여 금융리스채권에 대한 차감항목으로 보고한다.

금융리스 리스제공자의 회계처리와 리스이용자의 회계처리를 간략하게 비교하면 〈표 19-7〉과 같다.

▶ 표 19-7

금융리스의 주요 회계처리

구분 / 시기	리스제공자의 금융리스회계처리	리스이용자의 리스회계처리
리스자산 구입시점	ㅇ리스자산을 기록	해당 사항 없음
리스기간 개시일	ㅇ리스자산을 제거하고 금융리스채권을 기록*	ㅇ사용권자산과 리스부채를 기록
회계기말 (또는) 리스료수수시점	ㅇ금융리스채권을 감액 • 이자수익을 기록1)	ㅇ리스부채를 감액 • 이자비용을 기록2) • 감가상각비를 기록3)

* 리스순투자(=리스료 현재가치+무보증잔존가치 현재가치)로 기록한다.

(참조) 리스개설직접원가가 발생한 경우 리스제공자는 금융리스채권에, 리스이용자는 사용권자산에 가산하여 인식한다.

(주) 1) 금융리스채권잔액×내재이자율

2) 금융리스부채잔액×내재이자율(리스제공자의 내재이자율을 알지 못하면 리스이용자의 증분차입이자율)

3) 매수선택권 획득의 확실성에 따라 감가상각대상금액과 상각기간이 다르다.

• 매수선택권 획득이 확실 : (취득원가－추정잔존가치)를 내용연수에 걸쳐 상각

• 매수선택권 획득이 불확실 : (취득원가－추정잔존가치(리스기간에 걸쳐 상각하는 경우에는 잔존가치보증액))를 리스기간 또는 내용연수 중 짧은 기간에 걸쳐 상각

예제 19-11 금융리스의 회계처리

예제 19-10 에서 매수선택권이 없으나 리스기간 종료시 추정되는 잔존가치 ₩500,000 중에서 리스이용자 우정(주)가 ₩300,000을 보증했고, 리스개시일 현재 기초자산의 공정가치와 리스순투자가 동일한 금액인 ₩2,000,000이었다고 가정한다. 이용자도 리스기간말에 리스자산의 잔존가치가 ₩300,000이 될 것으로 추정하고 있다. 한편 리스기간 종료시점에 반환된 리스자산의 공정가치는 ₩450,000으로 판명되었으며, 리스자산은 정액법으로 감가상각하고 있다. 리스제공자가 수취하는 고정리스료 ₩653,000에는 리스이용자의 잔존가치보증액이 반영되어 있지 않다(예제 19-2 참조).

(1) 당해 리스를 분류하고,

(2) 리스제공자의 입장에서 본 리스와 관련하여 필요한 분개를 하라.

➥계속

15) 금융리스는 그 성격상 리스제공자가 리스이용자에게 기초자산에 대한 취득자금을 대여(차입)한 것으로 봄으로써 대여(차입)자금에 대한 이자수익(비용)이 발생하게 된다. 따라서 리스료는 투자회수액과 용역대가로서 채권(채무)의 회수(상환)액과 이자수익(비용)으로 나누어 인식하게 된다.

해답

[₩1,000 단위로 반올림하여 계산함]

(1) 리스의 분류

〈리스료의 현재가치 산출〉

	20×2년	20×3년	20×4년
고정리스료	₩653,000	₩653,000	₩653,000
잔존가치보증액			₩300,000
무보증잔존가치			₩200,000

리스료의 현재가치 = 정기 고정리스료 × 정상연금의 현가계수 + 잔존가치보증액 × 현가계수
= ₩653,000 × 2.4868(10%, 3기간 정상연금현가율) + ₩300,000 × 0.7513(10%, 3기간 현가율) = ₩1,849,000

(주) 1) **예제 19-10** 에서 내재이자율은 10%로 계산된 바 있다.
2) 리스순투자 = 리스료의 현재가치 + 무보증잔존가치의 현재가치
= ₩1,849,000 + ₩200,000 × 0.7513(10%, 3기간 할인율) = ₩2,000,000
= 금융리스채권

이 리스계약은 해지불능계약이지만 ① 소유권이전약정/매수선택권 약정이 없고, ② 리스기간(3년)이 기초자산 경제적 내용연수(5년)의 상당부분을 차지한다고 볼 수 없으며, ③ 기초자산이 범용성이 없는 자산은 아니다. 그러나 리스료의 현재가치(₩1,849,000)가 기초자산의 공정가치(₩2,000,000)의 대부분에 상당한다고 볼 수 있으므로 당해 리스를 금융리스로 분류한다.[16)]

(2) 리스 관련 회계처리

• 리스상각표

〈리스제공자〉 금융리스채권을 리스순투자액(₩2,000,000)으로 기록함

연 도	수취리스료	이자수익(a)	채권상환(b)	채권잔액(c)
				₩2,000,000
20×2	₩653,000	₩200,000	₩453,000	1,547,000
20×3	653,000	155,000	498,000	1,049,000
20×4	653,000	104,000	549,000	500,000*
총 계	₩1,959,000	₩459,000	₩1,500,000	

(a) = 전기(c) × 10%(내재이자율), (b) = ₩653,000 − (a), (c) = 전기(c) − 당기(b)
* 20×4년말 금융리스채권잔액은 리스기간 종료시점의 추정잔존가치이다.

• 회계처리

1) ① 리스자산 구입시점 : (20×1. 11. 1)

(차) 리 스 자 산 2,000,000* (대) 현 금 2,000,000

16) 만일 매수선택권(20×3년부터 행사가능하고, 행사가격이 ₩1,000,000)이 있고, 당해 매수선택권이 20×4년초에 행사될 것으로 기대된다면, 리스료의 현재가치는 다음과 같을 것이다.
리스료의 현재가치 = ₩653,000 × 1.7355(10%, 2기간 연금현가율) + ₩1,000,000 × 0.8264(10%, 2기간 현가율) = ₩1,959,682
리스의 분류기준 중에서 리스기간이 리스자산의 경제적 내용연수의 75% 이상이면 '상당부분'으로 판단하고 리스료의 현재가치가 리스자산 공정가치의 90% 이상이면 '대부분'으로 판단했다. 이러한 기준은 경영자의 판단에 의해서 결정된다.

② 회계연도말 : (20×1. 12. 31)

(차) 감가상각비	60,000*	(대) 감가상각누계액	60,000

* 리스자산의 경제적 내용연수(5년)에 걸쳐 상각된다. 정액법으로 상각하고 내용연수 종료시점의 잔존가치가 ₩200,000이므로 20×4년도 2개월분 감가상각비는 ₩60,000(=₩2,000,000−₩200,000)/5년×2/12)으로 계산된다.

(주) 위와 같은 리스개시일 이전의 분개는 운용리스의 경우와 동일하다.

2) 리스개시일 : (20×2. 1. 1)

(차) 금융리스채권	2,000,000	(대) 리 스 자 산	2,000,000
감가상각누계액	60,000	리스자산처분이익	60,000

(주) 리스제공자는 금융리스채권을 리스개시일 현재의 리스순투자로 기록한다. 리스자산의 장부금액과 공정가치의 차액(본 예제와 같이 신규로 취득한 자산인 경우에는 리스개시일까지의 감가상각누계액)은 리스자산처분손익으로 기록된다.

3) 기말수정분개 : (20×2. 12. 31)

〈리스료의 수수〉

(차) 현 금	653,000	(대) 이 자 수 익	200,000
		금융리스채권	453,000

(주) 앞의 금융리스채권(리스부채)상각표 참조.

4) 20×3. 12. 31 : (회계연도말)

〈리스료의 수수〉

(차) 현 금	653,000	(대) 이 자 수 익	155,000
		금융리스채권	498,000

5) 20×4. 12. 31 : (회계연도말)

① 리스료의 수수

(차) 현 금	653,000	(대) 이 자 수 익	104,000
		금융리스채권	549,000

② 만기의 리스자산 회수/반환

(차) 리 스 자 산	450,000*	(대) 금융리스채권	500,000
리스자산회수손실	50,000		

* 회수시점의 리스자산 공정가치

1) 리스개설직접원가

리스제공자가 리스의 협상 및 계약체결과 같은 특정 리스활동과 직접 관련된 리스개설직접원가를 지출한 경우에는 이를 "금융리스채권의 최초인식액"에 포함시킨다. 이로 인해 리스순투자액이 증가하고 리스기간 동안에 인식되는 이자수익금액은 감소한다.

예제 19-11 에서 리스제공자의 리스순투자액이 ₩2,000,000인데 추가로 리스개설직접원가 ₩200,000을 지출했다면 리스순투자액은 ₩2,200,000으로 증가할 것이다. 이 리스순투자액을 리스료와 무보증잔존가치의 합계액인 리스총투자의 현재가치와 일치하게 하는 할인율이 내재이자율이다. 여기에서 3년간 총이자수익은 ₩259,000(=₩653,000×3년−(₩2,200,000−₩500,000))으로 ₩200,000이 감소한다(예제 19-11 의 리스제공자 리스상각표를 참조, 이를 맞추기 위해서 내재이자율도 하향(원래 10%에서 약 5.2%) 조정된다).

2) 변동리스료의 발생

지수나 요율에 따라 달라지는 변동리스료가 발생하면 리스순투자에 반영하여 금융리스채권에 포함한다. 그러나 지수나 요율에 따라 변동하지 않고, 예를 들어 미래의 성과나 기초자산의 사용 정도에 연동하는 변동리스료는 리스료가 발생한 기간의 손익으로 처리한다.

예제 19-11 에서 20×3년에 기초자산의 사용빈도가 줄어서 연간리스료를 ₩50,000만큼 감액하기로 하였다면, 그 금액을 변동리스료 손익으로 기록한다. 예를 들면, 20×3년의 리스료 수수시점의 분개는 다음과 같다.

(차) 현 금	603,000	(대) 이 자 수 익	155,000
변동리스료비용	50,000	금융리스채권	498,000

3) 잔존가치 추정의 변경 1116:77

기초자산 잔존가치의 추정금액이 하락했을 경우 리스제공자는 동 금액을 금융리스채권 손상차손으로 인식한다. 왜냐하면 금융리스채권에는 기초자산 잔존가치의 현재가치가 포함되어 있기 때문이다.

예제 19-11 에서 20×2년말에 무보증잔존가치의 추정치가 ₩200,000에서 ₩100,000으로 하락했다면, 다음과 같은 회계처리를 한다.

(차) 금융리스채권손상차손	82,640*	(대) 금융리스채권	82,640

* (₩200,000−₩100,000)×0.8264(10%, 2기간 현가율)=₩82,640

4) 리스변경 1116:79-80

리스제공자는 리스범위나 리스대가 등 리스조건에 변경이 생기면 회계처리에 이를 반영해야 한다. 예를 들어, 하나 이상의 기초자산 사용권이 추가되어 이에 상응하는 리스료가 증가하면 이를 별도리스로 회계처리한다. 별도리스로 회계처리해야 하는 조건은 다음과 같다.

① 리스변경으로 하나 이상의 기초자산 사용권이 추가되어 리스의 범위가 넓어진다.
② 넓어진 리스범위에 상응하는 금액과 특정한 계약의 상황을 반영하기 위하여 리스료가 증액된다.

한편, 별도리스로 회계처리하지 않는 금융리스의 변경에 대해서는, 변경이 리스약정일에 유효하였다면 그 리스를 운용리스로 분류하였을 경우에는 변경 유효일부터 새로운 리스로 회계처리한다. 이때 기초자산의 장부금액은 리스변경 유효일 직전의 리스순투자로 측정한다.

5) 리스계약의 해지[17)]

일반적으로 리스기간중에 금융리스계약이 해지되는 경우가 많지 않다. 그러나 리스이용자의 불가피한 사유 등으로 계약이 해지되는 경우가 생길 수 있으며, 이때는 통상적으로 리스이용자 또는 보증인이 고액의 위약금을 부담할 것이다.

리스제공자는 해지일 이후에 회수기일이 도래하는 금융리스채권의 장부금액으로 회수된 기초자산을 인식하고, 금융리스채권을 장부에서 제거한다. 만일 회수된 기초자산의 공정가치가 금융리스채권의 장부금액에 미달하는 경우에는 그 차액을 즉시 당기비용(리스해지손실)으로 인식한다. 한편, 리스계약의 해지로 당해 리스계약과 관련하여 리스이용자 또는 리스보증인으로부터 위약금 등으로 회수가능한 금액은 해지일이 속하는 회계연도의 이익(리스해지이익)에 반영한다. 회수된 기초자산은 리스제공자가 소유하고 있는 다른 유사한 자산의 감가상각과 일관성 있게 감가상각한다.

예제 19-11 에서 20×4. 1. 1(리스 3차년도초)의 금융리스채권 잔액이 ₩1,049,000(리스제공자의 리스채권상각표를 참조)이었는데, 이때 금융리스계약이 해지되어 기초자산을 회수하였다. 회수된 기초자산의 공정가치는 ₩1,000,000이었다. 그리고 추가로 리스이용자 및 보증인으로부터 해지에 따른 위약금 ₩200,000을 회수했다면, 리스제공자는 다음과 같은 분개를 한다.

(차)	(해지)리스자산	1,000,000	(대) 금융리스채권	1,049,000
	현 금	200,000	리스해지이익	151,000*

* 리스자산의 공정가치와 위약금의 합계보다 회수한 금융리스채권이 더 크므로 리스해지이익을 인식한다.

3 판매형리스 : 리스제공자가 제조자 또는 판매자인 경우 1116:71-74

제조자(또는 판매자)가 제조(또는 구매)한 자산을 금융리스 형태로 판매하는 경우가 있다. 이러한 형태의 리스를 판매형리스(sales-type lease)라고 한다. 판매형리스는 제조(또는 구매)자산의 매각거래와 이에 대한 자금대여 거래로 나눌 수 있다. 따라서 판매형리스에서 리스제공자는 다음과 같은 두 종류의 이익을 인식하게 된다.[18)]

① 정상적인 판매가격으로 리스자산을 일반판매할 때 발생하는 매출손익
② 리스기간 동안의 이자수익

---

17) K-IFRS에는 이에 대한 규정이 없다.
18) 다만 운용리스계약인 경우에는 자산의 판매로 볼 수 없으므로 매출총이익을 인식하지 아니한다.

매출총이익을 인식하기 위하여 판매·리스계약시 리스제공자는 다음과 같이 회계처리하고, 매출액과 매출원가의 차이에 대해서는 리스제공자가 일반판매에 대하여 채택하고 있는 회계정책에 따라 매출총이익을 인식한다. 이때 매출액은 적용가능한 수량할인이나 매매할인을 반영한 정상적인 판매가격이다. 리스제공자는 기초자산을 이전하는지에 관계없이 리스개시일에 금융리스에 대한 매출손익을 인식한다.

(차) 금융리스채권	×××	(대) 매 출 액	×××*

* 매출액 : min[기초자산의 공정가치, 리스료의 현재가치]

(차) 매 출 원 가	×××*	(대) 재 고 자 산	×××
금융리스채권	×××		

* 매출원가=매출되는 자산(재고자산)의 장부금액－무보증잔존가치의 현재가치
⇒ 매출원가로 대체되지 않는 재고자산인 "무보증잔존가치의 현재가치"는 금융리스채권으로 대체된다(단, 이를 금융리스채권으로 재분류하지 않고, 재고자산에 남겨둘 수도 있다).

리스제공자의 회계처리에서 매출액과 매출원가를 다음과 같이 계상한다.

> 매출액 = min [기초자산의 공정가치, 리스료의 현재가치]
> (주) 리스료의 현재가치는 "시장이자율"을 적용하여 계산한다.
> 리스료의 현재가치에는 무보증잔존가치가 포함되어 있지 않다.
> 매출원가 = 기초자산의 장부금액 － 무보증잔존가치의 현재가치*
> * 무보증잔존가치의 현재가치 계산에도 "시장이자율"을 적용한다.

매출액은 기초자산의 공정가치와 리스료의 현재가치(시장이자율로 할인 산출) 중에서 작은 금액으로 인식한다.[19] 이때 매출액은 동종 재고자산의 일반적인 판매금액을 적용해야 하며, 리스제공자와 리스이용자가 상호협의하에 결정한 금액을 적용해서는 안 된다. 왜냐하면 리스제공자가 낮은 이자율을 적용하여 금액을 결정할 경우 상대적으로 판매금액이 높아짐으로써 매출이익을 과다하게 인식하여 기간손익을 왜곡할 수 있기 때문이다.

리스제공자가 받은 리스료의 현재가치에는 무보증잔존가치가 포함되어 있지 않다. 이는 리스제공자 입장에서 무보증잔존가치는 리스계약에 따라 '₩0'(예를 들면, 소유권이전약정이 있거나 매수선택권이 있는 경우)이거나, 양의 금액을 갖는다고 할지라도 리스종료 후 반환된 기초자산의 제3자 매각을 통해 회수되기 때문이다. 이에 따라 매출액 계산시 시장이자율에 의한 할인대상 현금흐름인 리스료에는 무보증잔존가치가 제외된다.

---

19) 판매형리스의 매출액을 공정가치와 리스료의 현재가치 중에서 작은 금액으로 산정하도록 하고 있는 이유는, 일반 판매거래시의 판매금액을 초과하지 못함과 동시에 시장이자율을 적용하여 계산한 현재가치가 공정가치보다 낮은 경우(즉 공정가치보다 낮은 가격으로 판매한 경우) 낮은 가격으로 계산된 금액을 매출액으로 계상하는 것이 거래의 실질에 부합하기 때문이다.

매출원가는 기초자산의 취득원가(기초자산의 장부금액이 취득원가와 다를 경우에는 장부금액)에서 "무보증잔존가치의 현재가치를 차감하여" 계산한다. 매출원가에서 무보증잔존가치를 차감하는 이유는 매출액의 인식에서도 무보증잔존가치를 제외하고 있기 때문이다.

무보증잔존가치의 현재가치를 매출액과 매출원가에서 차감하는 이유는 다음과 같다.

① 무보증잔존가치에 대한 수익인식기준이 아직 충족되지 않았다.[20]
② 아직 실현되지 않은 수익에 비용을 대응시키는 것이 타당하지 않다.

요약하면, 리스료의 현재가치를 매출액으로 계상하는 경우 잔존가치에 보증되지 않은 부분이 있으면 이의 현재가치에 해당하는 금액만큼 매출액과 매출원가를 낮게 기록하게 된다.

보증된 잔존가치는 판매액의 일부로 간주된다. 왜냐하면 리스제공자는 이 부분이 판매될 것에 대해 확신을 가질 수 있어서 금융리스채권에 포함시키고 있기 때문이다.

그러나 자산의 판매로 인한 매출총이익은 기초자산 잔존가치의 보증 여부와 관계없이 동일하게 산출된다. 예를 들어, 원가 ₩1,700,000의 기계를 3년간 매년 ₩653,000을 수취하는 조건으로 금융리스형태로 판매하였다. 당해 기계의 잔존가치는 ₩500,000으로 추정된다. 리스이용자가 잔존가치를 전액 보증한 경우와 잔존가치 중에서 ₩300,000에 해당하는 금액만을 보증한 경우 리스관련 계정의 금액은 다음과 같다. 단, 시장이자율과 내재이자율은 10%로 동일하고, 무보증잔존가치(₩200,000)의 현재가치는 ₩150,000으로 산출되었다고 가정한다.

	전액 보증한 경우	₩300,000만 보증한 경우
매 출 액*	₩2,000,000 〈리스료의 현재가치〉	₩1,850,000 (= ₩2,000,000 − ₩150,000)
매 출 원 가	(1,700,000)(= ₩1,700,000 − ₩0)	(1,550,000)(= ₩1,700,000 − ₩150,000)
매출총이익	₩300,000	₩300,000

* min[기초자산공정가치, 리스료의 현재가치]

위에서 보듯이 잔존가치의 보증 여부와 관계없이 매출총이익은 ₩300,000으로 보고된다. 그러나 매출액과 매출원가에서 차이를 보이고 있다.

20) 수익인식기준이 아직 충족되지 않은 이유는 무보증잔존가치의 실현에 관련하여 불확실성이 존재하기 때문이다.

예제 19-12 제조업자 또는 판매업자가 리스제공자인 경우의 회계처리

자동차 제조회사인 한밭(주)는 20×5. 1. 1에 내수경기의 불황을 타개하기 위하여 제조된 차량(제조원가 ₩1,700,000)을 금융리스 거래형식을 이용하여 판매하였다. 판매·리스계약 내용은 다음과 같다.

- 리스개시일은 20×5. 1. 1이고, 리스만료일은 20×7. 12. 31이다. 이 기간 동안 리스는 해지불능리스이다. 따라서 리스기간은 3년이다.
- 고정리스료로 매년말 ₩653,000씩 후취한다. 리스기간 종료시점의 잔존가치는 ₩500,000으로 추정되는데, 리스이용자가 이 중 ₩300,000을 보증하였다.
- 시장이자율은 10%이다.
- 판매시점에 당해 차량의 공정가치는 ₩2,000,000이었다.

리스제공자 입장에서 리스개시일(판매시점)에 필요한 회계처리를 하라.

해답

1) 리스제공자의 매출액과 매출원가 계산

(A) 기초자산의 공정가치 : ₩2,000,000

(B) 리스료의 현재가치(할인율은 시장이자율인 10%)

=(고정리스료×정상연금 현가계수)+(잔존가치보증액×현가계수)

=₩653,000×2.4868+₩300,000×0.7513=₩1,850,000

(C) 매 출 액 : min[(A), (B)] ⇒ ₩1,850,000

(D) 매출원가 : ₩1,700,000(제조원가)−₩200,000×0.7513(무보증잔존가치의 현가)

=₩1,700,000−₩150,000=₩1,550,000(단수처리)

2) 리스제공자의 회계처리 : 리스개시일(판매시점)

(차)	금융리스채권	1,850,000	(대) 매 출	1,850,000
(차)	매 출 원 가	1,550,000	(대) 재 고 자 산	1,700,000
	금융리스채권	150,000*		

* 무보증잔존가치의 현재가치에 해당하는 금액(₩150,000)임

(주) 1) 이후의 회계처리는 예제 19-11 과 같다.

2) 리스제공자(판매자)의 입장에서 판매형리스를 요약하면 다음과 같다(단위 : 천원).

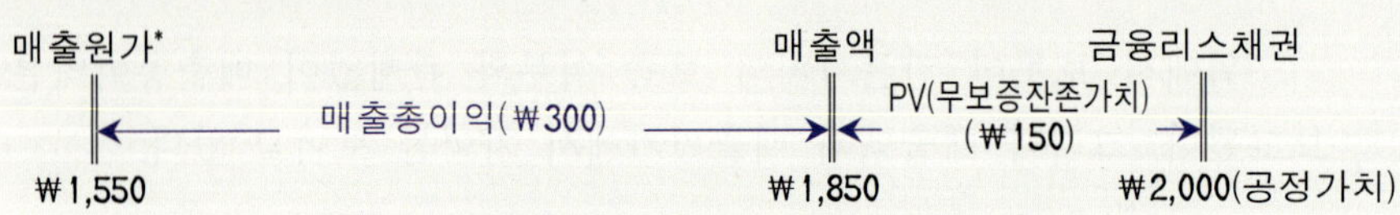

* 매출원가=장부금액−PV(무보증잔존가치)=₩1,700−₩150=₩1,550

제조자 또는 판매자인 리스제공자에 의하여 리스의 협상 또는 계약단계에서 리스와 관련하여 직접적, 추가적으로 발생한 원가는 주로 리스제공자의 매출이익과 관계되는 것이므로 리스개설직접원가에 포함하지 않는다. 당해 원가는 당기비용으로 인식된다(〈표 19-8〉 참조).[21]

▶ 표 19-8
리스 협상 및 계약에 직접 관련된 원가 (리스개설직접원가)

리스유형	부담한 회사	
	리스제공자	리스이용자
운용리스	운용리스자산에 가산	×
금융리스	금융리스채권에 가산	사용권자산에 가산
판매형리스	비용으로 인식	×

판매형리스에서 제조자 또는 판매자인 리스제공자는 고객을 유치하기 위하여 인위적으로 낮은 이자율을 제시하기도 한다. 이 경우 정기리스료 등 미래현금흐름이 감소하게 되는데, 이는 리스제공자가 재고자산을 할인판매한 것으로 보는 것이 타당하다. 그러나 미래현금흐름을 할인할 때 시장이자율이 아닌 인위적으로 제시한 낮은 이자율을 적용하여 매출액을 측정한다면 거래전체 수익의 상당부분이 판매시점에서 인식되는 불합리한 결과를 초래한다. 따라서 인위적으로 제시된 낮은 이자율에 따라 결정된 리스료 등 미래현금흐름에 대해서도 "시장이자율"을 적용하여 매출이익 및 금융리스이자수익을 인식한다.

예제 19-13 인위적으로 낮은 이자율이 제시된 경우

성섭(주)는 기계장치를 제조하는 회사이다. 두섭(주)는 성섭(주)가 만든 기계장치를 이용하여 제품을 만들어 도·소매업자에게 판매한다. 성섭(주)는 금융리스 형식으로 두섭(주)에 기계장치 1대를 판매하였다.

리스자산 : 기계장치 1대, 장부금액 ₩1,700,000, 공정가치 ₩2,000,000,
내용연수는 3년이고, 잔존가치는 없다.
리스기간 : 20×5. 1. 1부터 3년간
리 스 료 : 매년말 ₩776,066

시장이자율은 10%이지만 성섭(주)는 이자율을 인위적으로 낮게 8%를 제시하여 매년 리스료가 ₩776,066으로 낮게 결정되었다. 당해 리스와 관련하여 성섭(주)가 20×5년도에 수행해야 할 회계처리는? 단, 성섭(주)의 회계연도는 12월 31일에 종료된다.

해답

이자율을 시장이자율인 10%로 적용한 경우와 인위적으로 낮은 8%로 적용한 경우의 차이는 다음과 같다.

- 이자율=10%인 경우의 정기리스료
  ₩2,000,000(공정가치) = X × 2.4868(3기간, 10% 연금현가계수)
  ⇒ X = ₩804,246
- 이자율=8%인 경우의 정기리스료
  ₩2,000,000(공정가치) = X × 2.5771(3기간, 8% 연금현가계수)
  ⇒ X = ₩776,066

➡계속

21) 판매형리스에서 매출이익은 일반적으로 리스개시일에 인식되므로 당해 원가도 리스개시일에 비용으로 인식한다.

- 인위적으로 낮은 이자율을 적용하여 정기리스료를 ₩804,246에서 ₩776,066으로 낮추었다. 이는 재고자산의 판매대금을 낮추어 할인판매한 것과 같다. 따라서 다음과 같이 매출액을 수정한다.

매출액 = ₩776,066 × 2.4868[기간 3, 10%(시장이자율), 연금현가계수] = ₩1,929,921
공정가치 ₩2,000,000인 기계장치를 ₩1,929,921에 할인하여 판매한 것으로 본다.

20×5. 1. 1 회계처리

(차) 금융리스채권	1,929,921	(대) 매 출	1,929,921*
(차) 매출원가	1,700,000	(대) 기계장치	1,700,000

20×5. 12. 31 회계처리

(차) 현 금	776,066	(대) 금융리스이자수익	192,992*
		금융리스채권	583,074**

* ₩1,929,921 × 0.10 = ₩192,992
** ₩776,066 − ₩192,992 = ₩583,074

제 5 절 판매후리스

기업(판매자-리스이용자)이 다른 기업(구매자-리스제공자)에 자산을 이전하고 그 구매자(리스제공자)가 그 자산을 다시 판매자(리스이용자)에게 리스하는 경우가 있다. 이때 판매자 기업(리스이용자)은 자산의 이전을 자산의 판매로 회계처리할지의 여부를 판단해야 한다.

1 자산의 이전이 판매인 경우 1116:100

판매자-리스이용자가 행한 자산의 '이전'이 K-IFRS 제1115호(고객과의 계약에서 생기는 수익)의 요구사항을 충족하여 '판매'에 해당하면 판매자-리스이용자는 자산을 판매하고 이를 다시 리스이용자의 입장에서 리스하는 회계처리를 한다. 구매자-리스제공자는 자산을 공정가치로 매입하는 회계처리를 한다.

(1) 판매자-리스이용자의 회계처리

판매자-리스이용자는 매각되는 자산을 장부에서 제거하고, 판매후리스에서 생기는 사용권자산을 인식한다. 이때 사용권자산의 측정은 판매되는 자산의 장부금액을 공정가치 대비 리스료의 현재가치 비율로 비례하여 측정한다. 그리고 판매(이전)한 사용권자산에 해당하는 차익 또는 차손만을 인식한다.

$$\text{사용권자산} = \text{자산의 장부금액} \times \frac{\text{리스료의 현재가치}}{\text{자산의 공정가치}}$$

판매차손익 = 구매자-리스제공자에게 판매(이전)한 자산에 해당하는 차익 또는 차손

만일 매각하는 자산의 공정가치가 판매대가의 공정가치와 차이가 있거나 리스료가 시장요율과 다르다면 판매수익을 자산의 공정가치로 측정해야 한다. 이 경우에는 다음과 같은 조정이 필요할 것이다.

① 판매가격이 자산의 공정가치보다 작아서 시장조건을 미달하는 부분은 리스료의 선급으로 회계처리한다.
② 판매가격이 자산의 공정가치보다 큰 경우 시장조건을 초과하는 부분은 구매자-리스제공자가 판매자-리스이용자에게 추가로 금융을 제공한 것으로 회계처리한다.

매각대상이 되는 자산의 공정가치와 매각대가의 차이를 쉽게 산정하기 어려울 수 있다. 그러한 경우에는 판매대가의 공정가치와 그 자산의 공정가치의 차이나 계약상 리스료의 현재가치와 시장리스료의 현재가치 차이 중에서 더 쉽게 산정할 수 있는 기준에 따라서 측정한다.

판매자-리스이용자가 인식한 사용권자산과 리스부채는 앞서 리스이용자의 회계처리에서 설명한 바와 같이, 사용권자산은 감가상각을 실시하고 리스부채에는 내재이자율을 적용하여 이자비용을 인식한다. 리스료지급액과 이자비용의 차액은 리스부채 원금상환액이 된다.

(2) 구매자-리스제공자의 회계처리

판매자-리스이용자의 자산이전이 기업회계기준서 제1115호의 '판매'조건을 만족하면 구매자-리스제공자는 자산의 매입으로 회계처리한다. 따라서 자산은 공정가치로 평가하고 매입부대비용이 발생하면 취득원가에 가산한다.

2 자산의 이전이 판매가 아닌 경우 1116:101

판매자-리스이용자가 이전한 자산이 K-IFRS 제1115호의 요구사항을 충족하지 못하여 '판매'로 회계처리하지 못하는 경우가 생긴다. 이때에는 판매자-리스이용자는 이전대상인 자산을 자신의 자산으로 계속 인식하고, 이전대가와 같은 금액으로 금융부채를 인식한다.

구매자-리스제공자는 이전대상인 자산을 인식하지 않고, 이전대가와 같은 금액으로 금융자산을 인식한다.

예제 19-14 판매후리스의 회계처리 1116:IE11

기업 A는 장부금액 ₩100,000의 건물을 기업 B에 ₩200,000을 받고 매각했다. 자산이전은 기업회계기준서 제1115호의 '판매'조건을 만족한다. 당시에 이 건물의 공정가치는 ₩180,000이다. 매각과 동시에 기업 A(판매자-리스이용자)는 5년간 매년말 리스료로 ₩40,000을 지급하기로 하는 건물사용권 리스계약을 기업 B(구매자-리스제공자)와 체결하였다. 리스의 내재이자율은 연 10%이다. 기업 A와 기업 B의 회계처리를 하라.

해답

〈기업 A(판매자-리스이용자)의 회계처리〉

건물의 판매가격이 공정가치를 초과하므로 초과판매가격 ₩20,000(=₩200,000−₩180,000)은 판매자-리스이용자가 구매자-리스제공자에게서 추가로 금융을 제공받은 것으로 인식한다.

리스료의 현재가치＝리스관련 금액＋추가금융액

＝₩34,724* × 3.7908(10%, 5년 정상연금 현재가치)＋(₩200,000−₩180,000)

＝₩151,632**

* 매년 지급하는 리스료에서 추가금융액을 제외한 매년 리스료
((₩40,000 × 3.7908)−₩20,000)/3.7908＝₩34,724

** 리스의 내재이자율은 연 10%이므로 리스료의 현재가치(연 10%로 할인한 ₩40,000씩 5회 지급액)는 추가금융에 관련되는 ₩20,000과 리스에 관련되는 연간 지급액의 현재가치 ₩131,632(각각 ₩5,276과 ₩34,724씩인 5회의 연간 지급액)을 더한 ₩151,632이다.

사용권자산＝건물의 장부금액÷건물의 공정가치×5년간 사용권자산에 대해 할인된 리스료

＝₩100,000÷₩180,000×₩131,632＝₩73,129*

* 리스개시일에 판매자-리스이용자는 건물의 종전 장부금액에 비례하여 건물의 판매후리스에서 생기는 사용권자산 ₩73,129을 측정한다.

판매자-리스이용자는 구매자-리스제공자에게 이전된 권리와 관련하여 다음과 같이 계산한 차익 ₩21,497을 인식한다. 건물의 판매차익은 ₩80,000(=₩180,000−₩100,000)이며, 그 구성은 다음과 같다.

판매자-리스이용자가 계속 보유하는 건물의 사용권과 관련된 건물의 판매차익
　= ₩80,000 × ₩131,632 ÷ ₩180,000 = ₩58,503
구매자-리스제공자에게 이전된 권리와 관련된 판매차익
　= ₩80,000 × (₩180,000 − ₩131,632) ÷ ₩180,000 = ₩21,497

리스개시일에 판매자-리스이용자는 거래를 다음과 같이 회계처리한다.

(차) 현 금	200,000	(대) 건 물	100,000
사용권자산	73,129	금 융 부 채	151,632
		이전된 권리에 대한 차익	21,497

〈기업 B(구매자-리스제공자)의 회계처리〉
리스개시일에 구매자-리스제공자는 거래를 다음과 같이 회계처리한다.

(차) 건 물	180,000	(대) 현 금	200,000
금 융 자 산	20,000		

구매자-리스제공자는 리스개시일 후에 ₩40,000의 연간 지급액 중 ₩34,724을 리스료로 하여 리스를 회계처리한다. 판매자-리스이용자에게서 받는 연간 지급액의 나머지 ₩5,276은 ₩20,000의 금융자산을 결제하기 위하여 받은 지급액과 이자수익의 합계액이다.

제6절 기 타

1 리스제공자의 리스해지 또는 종료 후 새로운 계약

리스계약이 중도에 해지되거나 또는 정상적으로 종료된 즉시 또는 일정기간이 경과한 후에도 기초자산에 대한 경제적 효익이 남아 있다면, 리스제공자는 이를 신규로 리스할 수 있다. 이때 리스제공자는 이를 새로운 리스계약으로 보고, 이에 따른 적절한 회계처리를 한다.

① 새로운 리스계약이 운용리스에 해당하는 경우 : 운용리스자산을 새로운 리스계약의 실행일 현재 해지되거나 종료된 당해 기초자산의 장부금액으로 기록한다.

(차) 운용리스자산 ××× (대) 리 스 자 산 ×××
감가상각누계액 ×××

② 새로운 리스계약이 금융리스에 해당하는 경우 : 금융리스채권을 "리스개시일 현재 해지되거나 종료된 리스순투자(공정가치)"로 기록한다. 기초자산의 장부금액과 차이는 리스자산처분손익으로 하여 당해 연도의 손익에 포함한다.

(차) 금융리스채권[순투자] ××× (대) 리 스 자 산 ×××
감가상각누계액 ×××
(리스자산처분손실 ×××) (또는) (리스자산처분이익 ×××)

2 리스에 관련된 공시사항

(1) 리스이용자의 공시

리스이용자는 재무상태표에 사용권자산을 다른 자산과 구분하여 표시하거나 공시한다. 리스이용자가 재무상태표에서 사용권자산을 구분하여 표시하지 않으면, 리스이용자가 대응하는 기초자산을 보유하였을 경우에 표시하였을 항목과 같은 항목에 사용권자산을 포함한다.

그리고 리스부채를 다른 부채와 구분하여 표시하거나 공시한다. 만일 리스이용자가 재무상태표에서 리스부채를 구분하여 표시하지 않으면 재무상태표에서 어떤 항목에 그 부채가 포함되어 있는지를 공시한다.

포괄손익계산서에서 리스이용자는 리스부채에 대한 이자비용을 사용권자산의 감가상각비와 구분하여 표시한다. 리스부채에 대한 이자비용은 포괄손익계산서에 구분하여 표시해야 하는 금융원가의 구성 항목이다.

리스이용자는 주석으로 다음 금액을 공시한다.

① 기초자산 유형별 사용권자산의 감가상각비
② 리스부채에 대한 이자비용
③ 단기리스에 관련되는 비용
④ 소액자산리스에 관련되는 비용
⑤ 리스부채 측정에 포함되지 않은 변동리스료에 관련되는 비용
⑥ 사용권자산의 전대리스에서 생기는 수익
⑦ 리스의 총현금유출
⑧ 사용권자산의 추가
⑨ 판매후리스 거래에서 생기는 차익 또는 차손

⑩ 기초자산 유형별 보고기간말 현재 사용권자산의 장부금액

(2) 리스제공자의 공시

운용리스를 하고 있는 경우, 재무상태표에는 리스제공자가 보유하고 사용하는 소유자산과는 별도로 운용리스대상자산(기초자산 유형별)에 대하여 기업회계기준서에서 요구하는 내용을 공시한다. 손익계산서에는 운용리스와 관련된 리스수익과 지수나 요율(이율)에 따라 달라지지 않는 변동리스료 관련 수익을 별도로 공시한다.

금융리스에서는 금융리스채권의 만기분석을 공시한다. 이 만기분석에서 적어도 처음 5년간은 매년 연간 기준으로 받게 될 할인되지 않은 리스료를, 나머지 기간에는 받게 될 총리스료를 공시한다. 리스제공자는 할인되지 않은 리스료를 리스순투자로 조정한다. 이 조정에서는 리스채권에 관련되는 미실현금융수익과 할인된 무보증잔존가치를 식별하도록 공시한다.

그리고 리스제공자는 다음 금액을 공시한다.

① 매출손익
② 리스순투자의 금융수익
③ 리스순투자 측정에 포함되지 않은 변동리스료에 관련되는 수익

종합예제

1. 리스이용자의 회계처리 : 사용권자산과 리스부채의 측정

강원실업은 건물의 한 층을 10년간 리스하는 계약을 체결하였다. 리스료는 매년초에 ₩100,000을 지급해야 한다. 계약체결시에 강원실업은 리스개설직접원가로 ₩20,000을 부담했고, 리스제공자는 강원실업에 리스인센티브로 ₩5,000을 변제해주기로 했다. 리스이용자의 증분차입이자율은 연 4%이다. 건물에 대한 임차권은 정액법으로 상각하며 잔존가치는 없다.

요구사항

1. 강원실업이 이 리스와 관련하여 최초연도에 인식할 자산과 부채를 포함한 연도별 회계처리를 하라.
2. **요구사항** 1.에서 강원실업은 리스계약에 리스기간을 10년 이후에 추가적으로 5년간 연장할 수 있는 연장선택권이 있었다고 가정하자. 리스기간을 연장하게 되면 연장되는 기간의 매년초의 리스료는 ₩120,000으로 증가한다. 한편, 리스계약을 체결할 당시에 강원실업은 리스기간 연장선택권을 행사할 가능성이 없었는데, 사업확장으로 리스기간 6차년도말에 리스기간 연장을 하기로 결정했다. 6차년도말의 리스 증분차입이자율은 연 6%로 변경되었고 강원실업은 이를 리스변경으로 인식하고 있다. 6차년도말의 회계처리와 7차년도의 회계처리를 하라. 단, 사용권자산은 정액법으로 상각한다.

해 답

1. 사용권자산 = ₩100,000 × 8.4353(선불연금 현재가치, 4%, 10기간) = ₩843,530

1차년도초 :	(차) 사용권자산	843,530	(대) 리 스 부 채	743,530
			현 금	100,000
	(차) 사용권자산	20,000	(대) 현금(리스개설직접원가)	20,000
	(차) 현금(리스인센티브)	5,000	(대) 사용권자산	5,000

최초 3년간의 리스부채와 사용권자산은 다음과 같다.

연 도	리스부채				사용권자산		
	기초잔액	리스료	이자비용	기말잔액	기초잔액	감가상각비	기말잔액
1	743,530	–	29,741[1]	773,271[2]	858,530	(85,853)[3]	772,677[4]
2	773,271	(100,000)	26,930	700,201	772,677	(85,853)	686,824
3	700,201	(100,000)	24,008	624,209	686,824	(85,853)	600,971

1) (기초잔액 − 리스료) × 0.04 = (₩743,530 − 0) × 0.04 = ₩29,741
2) 기초잔액 − 리스료 + 이자비용 = ₩743,530 − ₩0 + ₩29,741 = ₩773,271
3) 기초잔액 ÷ 10년 = ₩858,530 ÷ 10 = ₩85,853
4) 기초잔액 − 감가상각비 = ₩858,530 − ₩85,853 = ₩772,677

1차년도말 :	(차) 이 자 비 용	29,741	(대) 리 스 부 채	29,741
	감가상각비	85,853	사용권자산	85,853
2차년도초 :	(차) 리 스 부 채	100,000	(대) 현 금	100,000
2차년도말 :	(차) 이 자 비 용	26,930	(대) 리 스 부 채	26,930
	감가상각비	85,853	사용권자산	85,853
3차년도초 :	(차) 리 스 부 채	100,000	(대) 현 금	100,000
3차년도말 :	(차) 이 자 비 용	24,008	(대) 리 스 부 채	24,008
	감가상각비	85,853	사용권자산	85,853

2. 리스이용자는 6차년도말에 리스기간말인 10차년도까지 ₩100,000씩 4회 지급액과 그 이후 ₩120,000씩 5회 지급액을 수정할인율 6%로 할인한 현재가치 ₩791,716으로 리스부채를 다시 측정한다.

리스료 4회 지급액의 현재가치＝₩100,000×3.6730(선불연금 현재가치, 6%, 4기간)＝₩367,300
10차년도부터 리스료 5회 지급액의 현재가치
＝₩120,000×[7.2098(선불연금 현재가치, 6%, 9기간)－3.6730(선불연금 현재가치, 6%, 4기간)]
＝₩120,000×3.5368＝₩424,416
리스부채의 재계산액＝₩367,300＋₩424,416＝₩791,716
6차년도말 현재 장부상 리스부채의 현재가치＝₩100,000×3.7751(선불연금 현재가치, 4%, 4기간)
＝₩377,510
리스부채 증가액＝₩791,716－₩377,510＝₩414,206

〈6차년도말의 회계처리〉

(차) 사용권자산	414,206	(대) 리 스 부 채	414,206
감가상각비	85,853	사용권자산	85,853

리스조건 변경전 6차년도말 사용권자산의 장부금액＝₩858,530×$\frac{4}{10}$＝₩343,412
리스조건 변경후 6차년도말 사용권자산의 장부금액＝₩343,412＋₩414,206＝₩757,618
7차년도말에서 리스기간말인 15차년도말까지의 감가상각액＝₩757,618÷9＝₩84,180

〈7차년도초의 회계처리〉

(차) 리 스 부 채	120,000	(대) 현 금	120,000

〈7차년도말의 회계처리〉

(차) 이 자 비 용	40,303*	(대) 미지급비용(리스부채)	40,303
감가상각비	84,180	사용권자산	84,180

* (₩791,716－₩120,000)×0.06＝₩40,303

2. 리스제공자의 회계처리 : 리스의 분류 및 회계처리

병일리스사는 20×0. 12. 31에 기계를 ₩100,000에 취득하였다. 당해 기계장치는 범용성이 있으며, 경제적 내용연수는 6년, 그리고 내용연수 종료후 추정잔존가치는 없다.
병일리스사는 정월(주)와 당해 기계에 대하여 리스계약을 체결하였는바 구체적인 계약내용은 다음과 같다.

- 리스개시일은 20×1. 1. 1이고, 만료일은 20×4. 12. 31로서 리스기간은 4년이며 정월(주)는 이 기계의 기대사용기간을 4년으로 보고 있다. 이 기간 동안은 리스계약의 해지가 불가능하다.
- 고정리스료는 연간 ₩31,790씩 매년말에 받으며 수취하는 리스료에는 리스이용자의 잔존가치보증액이 반영되어 있지 않다. 리스제공자의 내재이자율은 16%이다.
- 소유권이전약정이나 매수선택권은 없다.

리스개시일 현재 기계의 공정가치는 ₩100,000이며, 리스기간 종료시 추정되는 잔존가치는 ₩20,000이다. 이 중 리스이용자인 정월(주)가 보증한 금액은 없다. 당해 기계는 잔존가치가 없고 정액법으로 감가상각한다.

요구사항

1. 위 리스거래를 분류하고, 리스제공자의 입장에서 각 연도별로 필요한 회계처리를 하라.
2. 리스계약의 내용은 위와 같으나 고정리스료 ₩31,790과 별도로 리스이용자가 리스기간 종료시 리스자산의 추정되는 잔존가치 중 ₩5,000을 보증하기로 한 경우 당해 리스거래를 분류하고, 리스제공자의 입장에서 각 연도별로 필요한 회계처리를 하라. 단, 리스기간 종료시 실제 잔존가치는 ₩13,000으로 판명되었다고 가정한다.

해 답

1. 운용리스

1) 리스의 분류

〈리스료 현재가치〉

매년 리스료×연금의 현가계수

=₩31,790×2.7982(16%, 4년 연금현가)

=₩88,954

① 소유권이전약정과 매수선택권약정이 없고, ② 리스기간(4년)이 리스자산 내용연수(6년)의 상당부분(약 75% 이상)을 차지하지 않고, ③ 리스료의 현재가치(₩88,954)가 리스자산의 공정가치(₩100,000)의 대부분(약 90% 이상)에 상당하지 않으며, ④ 범용성이 있는 자산이다. 또한 실질적으로 소유에 따른 위험과 보상이 리스이용자에게 있다고 판단될 만한 기타 사항이 없다.
따라서 리스제공자는 당해 리스를 운용리스로 분류해야 한다.

2) 회계처리

a) 20×0. 12. 31 : (리스자산 취득시점)

(차) 리 스 자 산	100,000	(대) 현 금	100,000

b) 20×1. 1. 1 : (리스개시일)

(차) 운용리스자산	100,000	(대) 리 스 자 산	100,000

c) 20×1. 12. 31 : (회계연도말)

① 리스료 수수

(차) 현 금	31,790	(대) 운용리스료수익	31,790

② 감가상각비 계상

(차) 감가상각비	16,667*	(대) 감가상각누계액	16,667

* (₩100,000−0)/6년(경제적 내용연수)=₩16,667

(주) 20×2. 12. 31, 20×3. 12. 31 그리고 20×4. 12. 31 : 20×1. 12. 31과 동일하게 회계처리함.

2. 금융리스

1) 리스의 분류

〈리스료의 현재가치 산출〉

	20×1	20×2	20×3	20×4
고정리스료	₩31,790	₩31,790	₩31,790	₩31,790
잔존가치보증액				₩5,000
무보증잔존가치				₩15,000

PV(리스료)=고정리스료×연금현가계수+잔존가치보증액×현가계수

=₩31,790×2.7982(16%, 4년 연금현가)+₩5,000×0.5523(16%, 4년 현가)=₩91,716

① 소유권이전 약정과 매수선택권 약정이 없고, ② 리스기간(4년)이 리스자산 경제적 내용연수(6년)의 상당부분을 차지하지 않고, ③ 리스자산이 범용성이 있는 자산이지만, ④ 리스료의 현재가치(₩91,716)가 리스자산 공정가치(₩100,000)의 대부분(약 90% 이상)에 상당한다고 판단된다.
따라서 리스제공자는 당해 리스를 금융리스로 분류한다.

2) 리스상각표

〈리스제공자의 금융리스채권〉

리스료의 현재가치+무보증잔존가치의 현재가치=₩91,716+₩15,000×0.5523=₩100,000

〈리스제공자〉

연 도	리스료	금융리스이자(A)	채권원금상환(B)	미회수채권(C)
				₩100,000
20×1	₩31,790	₩16,000	₩15,790	84,210
20×2	31,790	13,474	18,316	65,894
20×3	31,790	10,543	21,247	44,647
20×4	31,790	7,143	24,647	20,000

(주) (A)=전기(C)×16%, (B)=₩31,790−(A), (C)=전기(C)−당기(B)

공정가치와 리스료 및 무보증잔존가치의 합계액을 일치시키는 할인율(내재이자율) 16%를 적용하여 계산함.

3) 회계처리

a) 20×0. 12. 31 : (리스자산 취득시점)

(차) 리 스 자 산	100,000	(대) 현 금	100,000

b) 20×1. 1. 1 : (리스개시일)

(차) 금융리스채권	100,000	(대) 리 스 자 산	100,000

c) 20×1. 12. 31 : (회계연도말)

(차) 현 금	31,790	(대) 이 자 수 익	16,000
		금융리스채권	15,790

d) 20×2. 12. 31 : (회계연도말)

(차) 현 금	31,790	(대) 이 자 수 익	13,474
		금융리스채권	18,316

e) 20×3. 12. 31 : 20×1년말이나 20×2년말과 유사하지만 금액(상각표 참조)이 다름.

f) 20×4. 12. 31 : 20×1년말이나 20×2년말과 유사하지만 금액(상각표 참조)이 다름.

g) 20×4. 12. 31 : (리스자산 회수시/반환시)

(차) 리 스 자 산	13,000*	(대) 금융리스채권	20,000
리스자산회수손실	7,000**		

* 리스기간 종료후 실제잔존가치

** 잔존가치보증액에 대한 추정오류로 인한 손실=추정잔존가치−실제잔존가치
=(₩20,000−₩13,000)=₩7,000

익힘문제

CHAPTER 19

1. 장고(주)는 사업확장을 위해 필요한 자금조달방법을 모색하고 있다. 여러 방법들 중에서, ① 사채를 발행하여 필요한 자산을 구입하는 방안과, ② 장기간에 걸쳐 자산을 리스하는 방안을 고려하고 있다. 원가 측면은 고려하지 말고 다음 질문에 답하라.
   1) 자산을 구입하는 대신에 리스하는 경우 이에 대한 장점과 단점을 설명하라.
   2) ①방안과 ②방안은 재무상태표에 미치는 영향이 다르다. 이에 대하여 설명하라.

2. 리스를 자본화해야 한다는 주장의 근거를 제시하라. 또한 자본화해서는 안 된다는 주장의 근거는 무엇인가?

3. 리스이용자 입장에서 거래계약이 리스계약으로 식별되기 위한 가장 중요한 두 가지 조건은 무엇인가?

4. 단기리스와 소액기초자산리스란 무엇인가? 이들 계약을 부채로 인식하지 않아도 되는 근거가 있는가? 국제회계기준의 입장은 무엇인가?

5. 사용권자산의 최초측정금액에 포함되는 항목에는 어떤 것들이 있는지 설명하라. 사용권자산은 감가상각대상이 되는가?

6. 리스부채의 측정에 포함되는 리스료에는 어떤 항목들이 있는가? 리스부채의 현재가치 측정에는 어떤 할인율을 사용하는가?

7. 별도리스로 회계처리해야 하는 리스변경의 내용을 설명하라.

8. 리스제공자가 리스를 운용리스와 금융리스로 분류하는 기준에 대하여 설명하라.

9. 다음을 간략히 설명하라.
   ① 해지불능리스
   ② 리스개시일과 리스약정일
   ③ 매수선택권
   ④ 경제적 내용연수와 내용연수
   ⑤ 잔존가치보증
   ⑥ 리스료와 변동리스료
   ⑦ 리스총투자와 리스순투자
   ⑧ 내재이자율과 증분차입이자율

10. 운용리스에서 운용리스자산으로 기록되는 금액은 어떻게 결정되는가?

11. 금융리스에서 리스제공자가 금융리스채권으로 기록하는 금액은 어떻게 결정되는가?

12. 리스제공자의 리스료에는 어떤 항목들이 포함되는가? 특히 매수선택권이 있는 경우에는 금융리스채권의 금액이 어떻게 달라지는가?

13. 리스개설직접원가가 리스제공자에 의해 지출된 경우와 리스이용자에 의해 지출된 경우 각각 어떻게 회계처리하는가?

14. 제조업자가 제조한 자산을 금융리스 형태로 판매하는 판매형리스에서 매출액과 매출원가를 결정하는 방법을 설명하라. 또한 총이자수익으로 기록되는 금액은 어떻게 결정되는가?

연습문제

CHAPTER 19

1. 리스의 식별

울산자동차(주)는 생산한 자동차를 울산에서 뉴욕까지 운송할 화물운송계약을 온나라상선(주)와 체결하였다. 계약에는 운송선박이 특정되어 있고 온나라상선(주)는 해당 선박으로 운송해야 하며, 운송해야 할 화물과 배달 일정이 정해져 있다. 화물은 선박용량의 대부분을 차지한다. 온나라상선(주)는 선박을 운행하고 유지하며 선박에 실린 화물을 안전하게 운반할 책임을 진다. 울산자동차(주)는 선박을 직접 운행하지는 못하며 선박의 사용방법이나 사용목적을 정하지는 못한다. 예를 들어, 자신의 화물 외에 어떤 화물을 운송할지, 언제 어디로 운항할지에 관한 결정을 하지는 못한다. 이 계약은 리스로 인식할 수 있는가?

2. 리스이용자의 소액기초자산 리스인식면제규정

대구(주)는 출판업 및 유통업에 종사하고 있으며, 다음과 같은 자산들을 임차 또는 리스하고 있다. 기업회계기준서의 규정에 따라서 소액기초자산 리스인식면제규정을 적용할 수 있는 자산들은 무엇인가?

부동산(사무실 건물과 창고)	고용량의 다기능 복사기
자동차(중형 트럭)	사무실의 정수기
종업원이 사용하는 노트북 컴퓨터	사무실의 책상과 걸상 및 캐비넷

3. 리스료의 측정

인경(주)는 리스이용자와 20×1. 1. 1을 리스개시일로 하는 금융리스계약을 체결하고 기초자산을 취득하였다. 기초자산의 취득원가는 ₩300,000(공정가치와 일치), 경제적 내용연수는 4년, 내용연수 종료일의 잔존가치는 없다. 리스기간은 3년으로 리스종료일에 기초자산은 반환받는다. 리스종료일의 추정잔존가치는 ₩40,000으로 이 중 ₩10,000을 리스이용자가 보증하였다. 리스료는 매년말 같은 금액을 수령하며, 리스의 내재이자율은 10%이다. 인경(주)의 리스개설직접원가가 ₩5,000이라고 할 경우 매년말 수령할 리스료는 얼마인가?

기 간	기간말 ₩1의 현재가치	정상연금 ₩1의 현재가치
1	0.9091	0.9091
2	0.8264	1.7355
3	0.7513	2.4868
4	0.6830	3.1698

4. 리스이용자의 비용(Ⅰ)

괴산(주)는 20×1. 1. 1을 리스개시일로 하는 리스계약을 체결하였다. 리스기간은 3년, 리스료는 매년말 ₩200,000을 지급한다. 기초자산의 경제적 내용연수는 4년, 내용연수 종료일의 추정잔존가치는 없다. 리스종료일에 기초자산은 리스제공자에게 반환되며. 괴산(주)는 리스종료일의 추정잔존가치 중 ₩10,000을 보증하였다. 리스개시일 현재 보증잔존가치로 지급할 것으로 예상되는 금액은 없으며, 리스개설직접원가 ₩5,000을 지출하였다. 사용권자산은 정액법으로 감가상각하며 원가모형을 적용한다고 할 경우, 상기 리스가 리스이용자인 괴산(주)의 20×1년 당기순이익에 미치는 영향은 얼마인가? 단, 리스개시일 현재 리스의 내재이자율은 10%이다.

기 간	기간말 ₩1의 현재가치	정상연금 ₩1의 현재가치
1	0.9091	0.9091
2	0.8264	1.7355
3	0.7513	2.4868
4	0.6830	3.1698

5. 리스이용자의 비용(Ⅱ)

(주)강남산업은 (주)대한리스로부터 공정가치 ₩3,500,000의 기계장치를 리스하기로 계약했다. 리스기간은 20×3년초부터 20×6년말까지 4년간이고, 리스료는 매년말 ₩1,000,000씩 후급하기로 했다. (주)강남산업은 리스기간 종료시 이 리스자산을 (주)대한리스에 반환하는 조건이다. 리스자산의 경제적 내용연수는 5년이고, 잔존가치는 없으며, 정액법으로 감가상각한다. 이 리스의 내재이자율은 10%이다.
(주)강남산업이 리스와 관련하여 20×3년도(결산일 12월말)에 계상할 총비용은 얼마인가? 단, 단일금액 ₩1의 현가계수(4년, 10%)=0.6830, 정상연금 ₩1의 현가계수(4년, 10%)=3.1670이다.

6. 리스부채의 재평가 – 연장선택권

우정(주)는 20×1. 1. 1에 건물의 한 층을 5년간 리스하는 계약을 체결하였다. 우정(주)는 계약조건에 따라서 매년초에 리스료를 ₩100,000씩 지급한다. 그리고 우정(주)는 리스개설직접원가 ₩20,000을 부담했고, 리스제공자로부터 리스인센티브 ₩5,000을 받았다. 리스계약에는 리스기간 종료 후 2년간 리스기간을 연장할 수 있는 연장선택권이 부여되어 있다. 연장기간 동안의 리스료는 매년초에 ₩80,000을 지급해야 한다. 그러나 리스개시일 20×1. 1. 1 현재 우정(주)는 연장선택권을 행사할 것이 상당히 확실하지 않다. 우정(주)는 내재이자율을 쉽게 산정할 수 없으나 증분차입이자율은 연 5%이다. 리스사용권자산의 잔존가치는 없고 정액법으로 상각한다.

요구사항

1. 리스부채와 사용권자산의 최초측정금액을 구하라.
2. 리스기간 동안 리스부채 장부금액 조정표를 제시하라.
3. 사용권자산의 연간 상각액은 얼마인가?
4. 우정(주)는 이 건물을 3년간 사용한 이후 20×4년초에 영업환경의 변경으로 리스연장선택권을 행사하기로 결정했다. 당시의 내재이자율은 쉽게 산정할 수 없지만 증분차입이자율은 7%이다. 나머지 리스기간 동안 리스부채의 장부금액의 조정표와 사용권자산의 연간 상각비를 계산하라.

7. 리스부채의 재평가 – 변동리스료

우정(주)는 20×1. 1. 1에 건물의 한 층을 5년간 리스하는 계약을 체결하였다. 우정(주)는 계약조건에 따라서 20×1. 1. 1을 포함하여 매년초에 리스료를 ₩100,000씩 지급한다. 리스료는 2년 단위로 소비자물가지수 상승에 기초(비례)하여 조정하고 연도초에 지급한다. 20×1. 1. 1 리스개시일의 소비자물가지수는 100이다. 리스개시일의 내재이자율은 쉽게 산정할 수 없으나 리스이용자의 증분차입이자율은 연 5%이다. 그런데 20×3. 1. 1에 소비자물가지수는 110으로 상승했고 그 이후에는 변동이 없다고 가정한다. 20×3. 1. 1의 리스이용자측의 증분차입이자율은 7%이다. 그리고 리스자산의 잔존가치는 없으며 정액법으로 상각한다.

요구사항

1. 리스부채와 리스사용권자산의 최초측정금액을 구하라.
2. 최초 2년 동안의 리스부채 장부금액 조정표를 제시하라.
3. 사용권자산의 연간 상각액은 얼마인가?
4. 20×3. 1. 1의 리스부채와 사용권자산의 장부금액을 구하라.
5. 20×3. 1. 1 이후 리스부채 장부금액 조정표를 제시하라.

8. 리스이용자의 리스변경(Ⅰ) 1116:IE7

다음의 각 사례에 필요한 회계처리를 설명하라.

[사례 1] 리스의 범위를 넓히는 변경 - 별도리스
서울(주)는 10년간의 리스계약을 맺고 사무실 공간으로 1,000m²을 사용하고 있다. 리스료는 매년초에 ₩100,000을 지급한다. 그런데 6차년도초에 건물주와 남은 5년간 회사 근처의 다른 건물의 사무실 공간 500m²을 추가해서 사용하도록 기존 리스계약을 수정했다. 리스료는 추가적으로 매년초에 ₩40,000을 5년간 지급한다. 1차년도초와 6차년도초의 회계처리를 하라. 단 내재이자율은 알지 못하고 리스이용자의 증분차입이자율은 연 4%이다.

[사례 2] 리스기간을 연장하는 리스
앞서의 사례와 동일하게 서울(주)는 1,000m²을 매년초 ₩100,000을 지급하고 리스하였다. 그런데 6차년도초에 서울(주)는 건물주와 리스기간을 앞으로 5년 더 연장하기로 하고 리스계약을 갱신했다. 리스료의 변경은 없었지만 리스이용자의 증분차입이자율은 연 6%로 증가했다. 6차년도초의 회계처리를 하라.

[사례 3] 리스의 범위를 좁히는 변경
서울(주)는 사무실 공간으로 1,000m²을 10년간 리스하는 계약을 체결하고, 매년초에 ₩100,000을 10년간 지급하기로 했다. 당시의 증분차입이자율은 연 4%이다. 그런데 6차년도초에 기존 리스를 수정하여 사무실 공간을 600m²만 사용하기로 하고 연간 고정리스료는 5년간 매년초 ₩65,000을 5년간 지급하기로 했다. 6차년도초의 증분차입이자율은 6%이다. 서울(주)는 사용권자산을 잔존가치 없이 정액법으로 상각한다. 1차년도초와 6차년도초의 사용권자산과 리스부채를 계상하고 회계처리하라.

[사례 4] 리스의 범위를 넓히면서 리스기간을 단축하는 변경
광주(주)는 사무실 공간 1,000m²을 10년간 리스하는 계약을 체결했다. 리스료는 매년말 ₩100,000을 지급한다. 당시의 내재이자율은 확인할 수 없으나 광주(주)의 증분차입이자율은 연 6%이다. 6차년도초에 광주(주)는 사무실 공간 소유주와 리스계약을 갱신하였다. 계약 갱신내용은 같은 건물 내의 현 사무실 공간의 옆 공간을 500m² 추가하고, 리스계약은 10년에서 8년으로 줄이며, 리스료는 매년말 ₩150,000 지급으로 변경한다. 당시의 증분차입이자율은 연 8%이다. 사용권자산은 잔존가치가 없으며 정액법으로 상각한다. 1차년도초와 6차년도초의 사용권자산과 리스부채를 계상하고 회계처리하라.

[사례 5] 대가만 달라지는 변경
대구(주)는 사무실 공간 1,000m²을 10년간 리스했다. 리스료는 매년말 ₩100,000을 지급한다. 대구(주)는 내재이자율을 알지 못하지만 증분차입이자율은 연 6%이다. 그런데 7차년도초에 리스이용자와 리스제공자는 남은 4년간의 리스료를 ₩100,000에서 ₩90,000으로 줄이기로 합의했다. 리스료는 매년말 지급한다. 당시의 증분차입이자율은 연 8%이다. 7차년도초의 회계처리를 하라.

9. 리스이용자의 리스변경(Ⅱ) 1116:IE7

[사례 1] 리스료와 할인율의 변경
리스이용자 A는 동대문에서 의류소매업을 하는데 리스제공자 B로부터 점포공간 200m²을 10년간 리스하는 계약을 체결하여 사업을 시작했다. 계약에 의하면 리스료는 매년말 ₩100,000을 지급하고 내재이자율은 연 6%이다. 그런데 5년이 지난 시점에 리스조건을 변경하였다. 리스료를 매년말 ₩95,000 그리고 내재이자율은 연 7%로 수정했다. 이러한 변경은 어떻게 회계처리하는가?

[사례 2] 리스기간과 할인율의 변경
리스이용자 C는 남대문에서 의류소매업을 하는데 리스제공자 D로부터 점포공간 200m²을 10년간 리스하는 계약을 체결하여 사업을 시작했다. 계약에 의하면 리스료는 매년말 ₩100,000을 지급하고 내재이자율은 연 6%이다. 그런데 6년이 지난 시점에 리스조건을 변경하였다. 리스기간을 4년 연장하여 총 14년으로 증가시켰고 내재이자율은 연 7%로 수정했다. 이러한 변경은 어떻게 회계처리하는가?

[사례 3] 기초자산 사용권의 증대, 기타 리스조건의 변경
리스이용자 E는 동대문에서 의류소매업을 하는데 리스제공자 F로부터 점포공간 200m²을 10년간 리스하는 계약을 체결하여 사업을 시작했다. 계약에 의하면 리스료는 매년말 ₩100,000을 지급하고 내재이자율은 연 6%이다. 사용권자산은 정액법으로 상각하고 잔존가치가 없다. 그런데 5년이 지난 시점에 리스조건을 변경하였다. 다른 건물에 있는 점포공간 100m²을 추가로 확장하고, 이에 상응하여 연간리스료도 ₩50,000 증가하여 리스료는 총 ₩150,000으로 늘었다. 한편 리스기간은 기존의 10년에서 8년으로 변경하여 잔존리스기간이 3년으로 변경되었으며 내재이자율은 연 7%로 결정했다. 새로 추가 확장한 점포공간의 리스기간도 3년이다. 이러한 변경은 어떻게 회계처리하는가?

[사례 4] 기초자산 사용권의 축소, 리스료 및 할인율의 변경
리스이용자 G는 동대문에서 의류소매업을 하는데 리스제공자 H로부터 점포공간 200m²을 10년간 리스하는 계약을 체결하여 사업을 시작하였다. 계약에 의하면 리스료는 매년말 ₩100,000을 지급하고 내재이자율은 연 6%이다. 사용권자산은 정액법으로 상각하고 잔존가치가 없다. 그런데 5년이 지난 시점에 리스조건을 변경하였다. 점포공간은 200m²에서 100m²으로 축소하고 연간리스료도 ₩60,000으로 변경하였으며 당시의 내재이자율은 연 5%로 수정했다. 이러한 변경은 어떻게 회계처리하는가?

10. 리스이용자의 리스변경(Ⅲ)

목도(주)는 20×1. 1. 1을 리스개시일로 하는 리스계약을 체결하였으며, 리스의 내재이자율은 12%이다. 기초자산은 건물 면적으로는 50평에 해당하며, 리스기간은 3년, 리스료는 매년말 ₩20,000을 지급하기로 하였다. 사용권자산은 정액법으로 감가상각하며 원가모형을 적용한다. 이러한 결과 20×1년말 현재 재무상태표에 보고된 사용권자산과 리스부채의 장부금액은 각각 ₩32,024과 ₩33,801이다. 목도(주)는 20×2. 1. 1 잔여리스기간 동안 건물 30평을 추가로 임차하고 매년말 ₩10,000을 지급하기로 하였다. 추가로 임차한 건물 30평의 리스료는 리스변경일 현재의 개별가격을 반영하지 못하고 있다. 20×2. 1. 1 현재 리스의 내재이자율 및 수정할인율은 10%이다.

기 간	단일금액		정상연금	
	10%	12%	10%	12%
1	0.9091	0.8929	0.9091	0.8929
2	0.8264	0.7972	1.7355	1.6901
3	0.7513	0.7118	2.4868	2.4018

요구사항

1. 20×2년초 리스변경이 리스부채에 미친 영향을 계산하라.
2. 리스변경이 목도(주)의 20×2년도 당기순이익에 미친 영향은 얼마인가?

11. 사용권자산을 투자부동산으로 분류

갑조(주)는 20×1. 1. 1, 공장건물을 리스하였다. 리스조건은 다음과 같다.

- 리스기간 : 20×1년부터 3년간 사용 후 반환
- 연간리스료 : 리스기간 동안 매년 12월 31일에 ₩10,000씩 지급
- 내재이자율 : 10%(기간 3의 연금현재가치계수 2.4868)

한편, 갑조(주)는 해당 부동산에 대한 사용권리를 투자부동산으로 분류하였다.

요구사항

1. 리스개시일에 갑조(주)가 해야 할 회계처리를 제시하라.
2. 20×1년말 해당 부동산에 대한 권리의 공정가치가 ₩27,000일 때 20×1년말의 회계처리를 제시하라.

12. 운용리스

20×5. 1. 1에 나라리스사는 세진사에 건물을 운용리스하였다. 이에 관련된 자료는 다음과 같다.

(1) 리스계약 기간은 10년이다.
(2) 나라리스사는 20×5. 1. 1에 건물을 현금 ₩4,200,000에 구입했다.
(3) 건물은 정액법으로 감가상각하며, 잔존가치는 없고 내용연수는 50년으로 추정된다.
(4) 리스료는 매년말 ₩200,000씩 받는다.
(5) 건물에 대한 재산세와 보험료는 각각 ₩45,000과 ₩10,000인데, 이는 나라리스사에서 리스개시연도에 발생하였다. 이와 관련된 비용은 회계연도말에 지급했다.

요구사항

1. 나라리스사가 20×5년에 필요한 회계처리를 하라.
2. 만약 나라리스사가 리스계약 성사 대가로 리스중개인에게 ₩30,000의 수수료를 지급했다면, 나라리스사는 20×5년에 이와 관련하여 얼마를 비용으로 보고해야 하는가?

13. 금융리스 – 리스제공자의 리스개설직접원가

20×1. 1. 2, 미니(주)는 공정가치 ₩10,000,000의 범용성 있는 건설중장비를 이용하기 위해 대원리스회사와 4년간의 리스계약을 체결하였다. 대원리스회사는 이 리스계약의 체결을 위하여 리스개설직접원가로 ₩683,000을 지출했다. 본 리스계약에는 리스계약 종료일에 매수선택권이 리스이용자에게 주어져 있으며, 미니(주)는 향후 4년간 매년말 ₩3,154,674의 리스료를 대원리스회사에 지급해야 한다. 미니(주)는 잔존가치에 대해서는 아무런 보증도 하지 않았다. 해당 리스자산의 경제적 내용연수는 5년, 매수선택권의 가치는 ₩1,000,000이며 행사될 가능성이 매우 높고, 기초자산의 감가상각시 정액법을 이용한다. 본 리스계약에 적용되는 내재이자율은 10%이다.
20×1년초 금융리스채권은 얼마인가? (단, 이자율 10%, 4기간 후 ₩1의 현재가치는 0.6830이며, 정상연금 ₩1의 4기간의 현재가치는 3.1699이다)

14. 리스제공자의 회계처리 : 운용리스와 금융리스

병일리스사는 20×0. 12. 31에 범용성 있는 기계를 ₩100,000에 취득했다. 당해 기계장치의 내용연수는 6년, 그리고 내용연수 종료 후 추정잔존가치는 없다. 병일리스사는 정월(주)와 당해 기계에 대하여 리스계약을 체결했는바 구체적인 계약내용은 다음과 같다. 단, 리스기간이 리스자산의 경제적 내용연수의 75% 이상이면 이를 상당부분으로 간주하며, 리스료의 현재가치가 리스자산 공정가치의 90% 이상이면 이를 기초자산 가치의 대부분으로 간주한다.

(1) 리스개시일은 20×1. 1. 1이고, 만료일은 20×4. 12. 31로서 리스기간은 4년이다.
(2) 고정리스료는 연간 ₩31,790씩 매년 후급한다. 리스제공자의 내재이자율은 16%이다.
(3) 소유권이전약정이나 매수선택권은 없다. 리스개시일 현재 기계의 공정가치는 ₩100,000이며 리스기간 종료시 추정되는 잔존가치는 ₩20,000이다. 이 중 리스이용자인 정월(주)가 보증한 금액은 없다. 리스제공자와 리스이용자의 결산기는 12월이고 리스이용자가 리스제공자의 내재이자율을 알고 있다고 가정한다. 당해 기계는 정액법으로 감가상각한다(이자율 16%인 4년 후 ₩1의 현재가치는 0.5523이고, 4년간 정상연금 ₩1의 현재가치는 2.7982이다).

요구사항

1. 위 리스거래가 병일리스사의 입장에서 금융리스인지 운용리스인지 리스분류기준 5가지를 이용하여 답하라.
2. 리스계약의 내용은 위와 같으나 리스이용자가 리스기간 종료시 리스자산의 추정잔존가치 중 ₩5,000을

보증하기로 하였다고 가정하자. 리스이용자인 정월(주)는 리스기간말에 리스자산의 잔존가치가 최소한 ₩5,000이 될 것으로 예상하고 있다. 20×2년말 리스이용자 리스부채잔액은 얼마인가?

15. 리스제공자 – 매수선택권

성륜리스사는 명륜사에 전자설비를 리스하기 위하여 20×1. 1. 1에 리스계약을 체결하였다. 리스기간은 2년으로 해지불능계약이며, 리스료는 매년말 지급하기로 하였다. 당해 리스계약과 관련된 추가정보는 다음과 같다.

(1) 명륜사는 리스기간 종료시에 리스설비를 ₩8,000에 구입할 수 있는 매수선택권을 받았다. 명륜사는 매수선택권을 행사할 가능성이 매우 높다.
(2) 설비의 공정가치는 ₩160,000인데, 성륜리스사는 이 금액으로 설비를 취득하였다. 설비의 잔존가치는 ₩8,000이고, 내용연수는 2년이다.
(3) 성륜리스사가 본 리스에 적용하는 내재이자율은 10%이다.

요구사항

1. 성륜리스사가 20×1년과 20×2년에 필요한 회계처리를 하라.
2. 명륜사가 20×2. 12. 31 매수선택권을 행사하였다고 가정하고, 성륜리스사 입장에서 이를 반영하기 위한 회계처리를 하라.

16. 리스이용자와 리스제공자의 회계처리

(주)민리스는 (주)서리와 리스계약을 체결하였다. 리스계약과 관련된 자료는 다음과 같다.

(1) (주)민리스는 기초자산을 20×1. 1. 1에 취득하였으며, 리스기간은 20×1. 1. 1부터 20×4. 12. 31까지 4년간이다.
(2) (주)서리는 사용권자산을 정액법으로 상각하며, 리스기간 종료일 현재의 잔존가치는 ₩100,000, 내용연수 종료시의 잔존가치는 없다. (주)서리는 기초자산인 기계장치의 내용연수를 5년으로 추정하고 있다.
(3) 고정리스료는 매년말 ₩500,000씩 지급하며, 리스기간 종료시 리스이용자에게 매수선택권 ₩30,000이 부여되어 있다. 특별한 사정이 발생하지 않는 한 (주)서리는 매수선택권을 행사할 것이다.
(4) (주)민리스의 내재이자율은 12%이며, (주)서리의 증분차입이자율은 10%이다. (주)서리는 (주)민리스의 내재이자율을 모른다. 현가계수는 다음과 같다.

기 간	10%		12%	
	현가계수	연금현가계수	현가계수	연금현가계수
1	.9091	.9091	.8929	.8929
2	.8264	1.7355	.7972	1.6901
3	.7513	2.4868	.7118	2.4018
4	.6830	3.1699	.6355	3.0373

요구사항

1. 리스제공자인 (주)민리스가 금융리스채권으로 계상할 금액을 계산하라.
2. 리스자산의 공정가치가 요구사항 1.과 같다고 할 경우 리스이용자인 (주)서리가 리스부채로 계상할 금액을 계산하라. 단, 리스이용자는 리스제공자의 내재이자율을 모른다고 가정한다.
3. (주)서리 입장에서 다음의 각 일자에 필요한 회계처리를 하라. 단, 아래 ③의 경우에는 리스료지급, 감가상각비계상, 리스자산대체 등에 대한 회계처리는 생략한다.
   ① 리스개시일
   ② 20×1. 12. 31(결산일)
   ③ 리스기간 종료시에 매수선택권을 행사했을 때

4. 리스계약은 미이행계약이고 법적 소유권이 리스제공자에게 있기 때문에 리스이용자는 사용권자산과 부채를 장부상에 인식해서는 안 된다는 주장이 있다. 한편, 경제적 실질을 중시하여 회계사상이 발생했다고 보고 리스이용자가 사용권자산을 재무상태표에 계상하는 것이 타당하다고 보는 견해도 있다.
   ① 재무보고의 개념체계에서도 회계정보의 질적특성 중 하나로 '실질의 우선'을 꼽고 있다. '실질의 우선'에 대해 약술하라.
   ② 미이행계약의 의미를 기술하고, 리스계약을 미이행계약으로 보는 것이 타당한지에 대하여 언급하라.

17. 판매형리스 (I)

서울사는 한성사에 자신이 생산한 자동차를 공정가치로 20×1. 1. 1에 금융리스 형태로 판매하였다. 이 리스계약은 해지불능조건이며, 리스기간은 4년이다. 당해 리스와 관련한 추가적인 정보는 다음과 같다.

(1) 리스가 종료되면 자동차 소유권은 리스이용자에게 귀속된다. 자동차의 잔존가치는 리스기간 종료시점에 ₩1,000으로 추정된다.
(2) 자동차의 공정가치는 ₩21,188이다. 자동차는 서울사(판매회사)의 재고에 ₩17,000으로 기록되어 있고, 내용연수는 5년이다.
(3) 시장이자율은 9%이다.
(4) 매년초 동일한 금액을 리스료로 수취한다.

요구사항

1. 서울사의 4년간 리스상각표를 작성하라.
2. 어떠한 종류의 리스인지 설명하라.
3. 서울사가 20×1년과 20×2년에 필요한 회계처리를 하라.
4. 기초자산의 공정가치와 리스료의 현가, 그리고 내용연수와 리스기간을 비교하는 것이 왜 중요한가?

18. 판매형리스 (II)

자동차 제조기업인 음성(주)는 자동차를 금융리스방식으로 판매하였다. 다음의 자료를 이용하여 음성(주)가 리스개시일에 인식할 매출총이익을 계산하면 얼마인가?

(1) 리스개시일은 20×1. 1. 1이며, 리스기간은 3년, 리스료는 매년말 ₩10,000을 받는다.
(2) 리스제공자의 내재이자율은 연 6%, 시장이자율은 연 10%이다.
(3) 리스종료일의 잔존가치는 ₩3,000으로 추정되며, 이 중 ₩1,000에 대해서는 보증보험상품을 구입하여 보증하였다. 리스종료일에 기초자산은 리스제공자에게 반환된다.
(4) 리스개시일 현재 자동차의 공정가치는 ₩27,000이며, 제조원가는 ₩20,000이다.

	6%	10%
3기간 단일금액	0.8396	0.7513
3기간 정상연금	2.6730	2.4869

19. 판매형리스 – 무보증잔존가치

하나사는 내용연수가 12년으로 추정되는 컴퓨터를 생산하여 이를 두나사에 10년 기간으로 해지불능조건의 리스계약을 체결하였다. 당해 설비의 정상판매가격은 ₩210,480이고 리스기간 종료시의 잔존가치(전액 무보증)는 ₩20,000으로 추정된다. 두나사는 매년초 ₩30,000을 지급하며, 모든 유지 및 보증에 관한 비용, 그리고 세금을 부담한다. 하나사는 컴퓨터생산에 ₩180,000의 원가를 투입하였다. 시장이자율은 10%이다.

요구사항

1. 리스제공자와 관련하여 이 리스의 특징을 논하고, 다음의 각 항목을 계산하라.
   ① 매출액
   ② 매출원가
   ③ 미수이자(첫 회계연도말)
2. 3년간의 리스상각표를 작성하라.
3. 리스제공자 입장에서 리스기간 첫 연도에 필요한 모든 회계처리를 하라.

20. 판매후리스(Ⅰ)

20×1. 1. 1에 신토항공사는 신규로 구입한 추정내용연수 10년의 비행기를 청아리스사에 판매했고, 동시에 이를 10년간 리스계약을 체결하여 사용하기로 하였다. 당해 비행기의 판매가격은 ₩500,000이었고 장부금액은 ₩390,000이었으며, 매년말 리스료는 ₩74,515이다. 신토항공사는 리스자산(잔존가치는 없음)을 정액법을 사용하여 감가상각하려 한다. 20×1년 재무제표에 비행기의 판매 및 리스에 관련된 손익을 얼마만큼 보고해야 하겠는가? 단, 당해 리스의 내재이자율은 8%이다.

요구사항

1. 리스개시일의 판매자-리스이용자의 회계처리를 하라.
2. 비행기의 공정가치가 ₩450,000이었고, ₩550,000에 판매되었다고 가정하자. 매년말 리스료는 ₩59,612이다. 다른 조건은 위와 같다. 리스개시일의 판매자-리스이용자와 구매자-리스제공자의 회계처리를 하라.

21. 판매후리스(Ⅱ)

20×1. 12. 31에 새한사는 6개월이 경과한 구설비를 공정가치에 이전하고 이를 다시 리스하였다. 판매시 이익이 발생하였다. 새한사는 모든 보험료, 유지비용, 설비와 관련된 세금을 부담한다. 리스료는 20×2. 12. 31부터 8년간 균등하게 수취되며, 이는 설비의 공정가치와 판매가격의 120%에 해당한다. 리스기간은 리스자산의 경제적 내용연수의 80%와 같다. 리스기간의 종료시점에 설비에 대한 소유권은 다시 새한사에 부여되지 않는다.

요구사항

1. 새한사의 회계처리를 설명하라.
2. 20×1. 12. 31에 판매후리스의 판매부분을 어떻게 설명하겠는가?
3. 20×1. 12. 31 새한사 재무상태표상에서 판매후리스와 관련된 부분을 어떻게 보고하겠는가?
4. 판매대가가 매각하는 자산의 공정가치를 초과하면 어떠한 회계처리를 하는가?

22. 판매후리스(Ⅲ)

판매자인 갑물(주)는 20×1. 1. 1에 장부금액 ₩60,000의 기계장치를 리스제공자에게 공정가치인 ₩100,000에 판매하고 판매일을 리스개시일로 하는 리스계약을 체결하였다. 리스기간은 3년, 리스료는 매년말 ₩30,000을 지급하며, 리스종료일에 기계장치는 리스제공자에게 반환한다. 보증잔존가치는 없으며, 내재이자율은 10%라고 할 경우 갑물(주)가 유형자산처분손익으로 인식할 금액은 얼마인가?

기 간	10% 단일금액	10% 정상연금
3	0.7513	2.4868

공인회계사 기출문제 응용(2020년 이후)

1. 리스이용자와 리스제공자의 회계처리

(2022년 CPA 1차)

(주)대한리스는 (주)민국과 리스개시일인 20×1. 1. 1에 운용리스에 해당하는 리스계약(리스기간 3년)을 체결하였으며, 관련 정보는 다음과 같다.

• (주)대한리스는 리스개시일인 20×1. 1. 1에 기초자산인 기계장치를 ₩40,000,000(잔존가치 ₩0, 내용연수 10년)에 신규 취득하였다. (주)대한리스는 동 기초자산에 대해 원가모형을 적용하며, 정액법으로 감가상각한다.
• 정액기준 외 기초자산의 사용으로 생기는 효익의 감소형태를 보다 잘 나타내는 다른 체계적인 기준은 없다.
• (주)대한리스는 리스기간 종료일인 20×3. 12. 31에 기초자산을 반환받으며, 리스종료일에 리스이용자가 보증한 잔존가치는 없다.
• (주)대한리스는 (주)민국으로부터 각 회계연도말에 다음과 같은 고정리스료를 받는다.

20×1년말	20×2년말	20×3년말
₩6,000,000	₩8,000,000	₩10,000,000

• (주)대한리스와 (주)민국은 20×1. 1. 1 운용리스 개설과 관련한 직접원가로 ₩600,000과 ₩300,000을 각각 지출하였다.
• (주)민국은 사용권자산에 대해 원가모형을 적용하며, 정액법으로 감가상각한다.
• 동 거래는 운용리스거래이기 때문에 (주)민국은 (주)대한리스의 내재이자율을 쉽게 산정할 수 없으며, 리스개시일 현재 (주)민국의 증분차입이자율은 연 8%이다.
• 적용할 현가계수는 아래의 표와 같다.

기 간 \ 할인율	8%	
	단일금액 ₩1의 현재가치	정상연금 ₩1의 현재가치
1년	0.9259	0.9259
2년	0.8573	1.7832
3년	0.7938	2.5770

동 운용리스거래의 리스제공자인 (주)대한리스와 리스이용자인 (주)민국의 20×1. 12. 31의 회계처리를 하라. 단, 감가상각비의 자본화는 고려하지 않으며, 단수차이로 인해 오차가 있다면 가장 근사치를 선택한다.

2. 리스이용자의 회계처리

(2021년 CPA 1차)

리스이용자인 (주)대한은 리스제공자인 (주)민국리스와 리스개시일인 20×1. 1. 1에 다음과 같은 조건의 리스계약을 체결하였다.

• 기초자산(생산공정에 사용할 기계장치)의 리스기간은 20×1. 1. 1부터 20×3. 12. 31까지이다.
• 기초자산의 내용연수는 4년으로 내용연수 종료시점의 잔존가치는 없으며, 정액법으로 감가상각한다.
• (주)대한은 리스기간 동안 매년말 ₩3,000,000의 고정리스료를 지급한다.
• 사용권자산은 원가모형을 적용하여 정액법으로 감가상각하고, 잔존가치는 없다.
• 20×1. 1. 1에 동 리스의 내재이자율은 연 8%로 리스제공자와 리스이용자가 이를 쉽게 산정할 수 있다.
• (주)대한은 리스기간 종료시점에 기초자산을 현금 ₩500,000에 매수할 수 있는 선택권을 가지고 있으나, 리스개시일 현재 동 매수선택권을 행사하지 않을 것이 상당히 확실하다고 판단하였다. 그러나 20×2년말에 (주)대한은 유의적인 상황변화로 인해 동 매수선택권을 행사할 것이 상당히 확실하다고 판단을

변경하였다.
- 20×2년말 현재 (주)대한은 남은 리스기간의 내재이자율을 쉽게 산정할 수 없으며, (주)대한의 증분차입이자율은 연 10%이다.
- 적용할 현가계수는 아래의 표와 같다.

기간 \ 할인율	단일금액 ₩1의 현재가치		정상연금 ₩1의 현재가치	
	8%	10%	8%	10%
1년	0.9259	0.9091	0.9259	0.9091
2년	0.8573	0.8264	1.7832	1.7355
3년	0.7938	0.7513	2.5770	2.4868

(주)대한이 20×3년에 인식할 사용권자산의 감가상각비는 얼마인가? 단, 단수차이로 인해 오차가 있다면 가장 근사치를 선택한다.

3. 리스이용자의 리스변경

(2021년 CPA 2차)

다음의 자료를 이용하여 요구사항에 답하라.

- 리스제공자인 (주)민국리스는 리스이용자인 (주)대한과 20×1. 1. 1에 리스계약을 체결하였다. 리스개시일은 20×1. 1. 1이다.
- 기초자산인 사무실 공간 10,000m²의 리스기간은 리스개시일로부터 6년이다.
- 리스기간 종료시점까지 소유권이 이전되거나 염가로 매수할 수 있는 매수선택권은 없으며, 리스기간 종료시점의 해당 기초자산 잔존가치는 ₩0으로 추정된다.
- 기초자산의 내용연수는 7년이며, 내용연수 종료시점의 추정잔존가치는 ₩0으로 정액법으로 감가상각한다.
- (주)대한은 리스기간 동안 매년말 ₩2,000,000의 고정리스료를 지급한다.
- (주)대한은 리스종료일에 기초자산을 리스제공자인 (주)민국리스에 반환해야 한다.
- (주)대한이 리스계약과 관련하여 지출한 리스개설직접원가는 없다.
- 20×1. 1. 1에 동 리스의 내재이자율은 연 8%이고, 리스제공자와 리스이용자가 이를 쉽게 산정할 수 있다.
- 사용권자산은 정액법으로 감가상각한다.
- 현재가치 계산시 아래의 현가계수를 이용하고, 답안 작성시 원 이하는 반올림한다.

기 간	정상연금 ₩1의 현가계수	
	8%	10%
1	0.9259	0.9091
2	1.7833	1.7355
3	2.5771	2.4869
4	3.3121	3.1699
5	3.9927	3.7908
6	4.6229	4.3553

요구사항

각 요구사항은 독립적이다.

1. 20×3. 1. 1 (주)민국리스와 (주)대한은 기존 리스를 수정하여 다음의 〈추가자료〉와 같은 리스변경에 합의하였다.

〈추가자료〉

20×3. 1. 1 (주)민국리스와 (주)대한은 리스기간 종료시점까지 남은 4년 동안 사무실 공간을 10,000m^{2}에서 7,000m^{2}로 30% 줄이기로 합의하였다. 이에 따라 (주)대한은 20×3. 1. 1부터 20×6. 12. 31까지 매년말 ₩1,000,000의 고정리스료를 지급한다. 20×3. 1. 1에 동 리스의 내재이자율을 쉽게 산정할 수 없으나 리스이용자의 증분차입이자율은 연 10%이다.

리스와 관련한 모든 회계처리가 (주)대한의 20×3년도 포괄손익계산서의 당기순이익에 미치는 영향과 20×3년말 재무상태표에 표시되는 사용권자산 및 리스부채의 금액을 각각 계산하라.

2. 20×3. 1. 1 (주)민국리스와 (주)대한은 기존 리스를 수정하여 다음의 〈추가자료〉와 같은 리스변경에 합의하였다.

〈추가자료〉

20×3. 1. 1 (주)민국리스와 (주)대한은 리스기간 종료시점까지 남은 4년 동안 사무실 공간 10,000m^{2}에서 3,000m^{2}를 추가하기로 합의하였다. (주)대한은 사무실 공간 3,000m^{2}의 추가 사용 권리로 인해 20×3. 1. 1부터 20×6. 12. 31까지 매년말 ₩400,000의 고정리스료를 추가로 지급하는데, 증액된 리스대가는 계약 상황을 반영하여 조정한 추가 사용권자산의 개별 가격에 상응하는 금액이다. 20×3. 1. 1에 동 리스의 내재이자율을 쉽게 산정할 수 없으나 리스이용자의 증분차입이자율은 연 10%이다. 단, 모든 리스는 소액기초자산 리스에 해당하지 않는다.

리스와 관련한 모든 회계처리가 (주)대한의 20×3년도 포괄손익계산서의 당기순이익에 미치는 영향과 20×3년말 재무상태표에 표시되는 사용권자산 및 리스부채의 금액을 각각 계산하라.

3. 전대리스(sublease)는 리스이용자(중간리스제공자)가 기초자산을 제3자에게 다시 리스하는 거래를 말한다. 즉, 중간리스제공자는 상위리스에 대해서는 리스이용자이고, 전대리스에 대해서는 리스제공자가 된다. 상위리스가 단기리스가 아닌 경우, 중간리스제공자는 무엇에 따라 전대리스를 금융리스 또는 운용리스로 분류하는지 간략히 서술하라.

4. 금융리스

(2020년 CPA 1차)

(주)대한은 20×1. 1. 1 (주)민국리스와 다음과 같은 조건의 금융리스 계약을 체결하였다.

- 리스개시일 : 20×1. 1. 1
- 리스기간 : 20×1. 1. 1부터 20×4. 12. 31까지
- 리스자산의 리스개시일의 공정가치는 ₩1,000,000이고 내용연수는 5년이다. 리스자산의 내용연수 종료시점의 잔존가치는 없으며, 정액법으로 감가상각한다.
- (주)대한은 리스기간 종료시 (주)민국리스에게 ₩100,000을 지급하고, 소유권을 이전받기로 하였다.
- (주)민국리스는 상기 리스를 금융리스로 분류하고, (주)대한은 리스개시일에 사용권자산과 리스부채로 인식한다.
- 리스의 내재이자율은 연 8%이며, 그 현가계수는 아래의 표와 같다.

할인율 / 기 간	8%	
	단일금액 ₩1의 현재가치	정상연금 ₩1의 현재가치
4년	0.7350	3.3121
5년	0.6806	3.9927

(주)민국리스가 리스기간 동안 매년말 수취하는 연간 고정리스료는 얼마인가? 단, 단수차이로 인해 오차가 있다면 가장 근사치를 선택한다.

5. 판매형리스

(2020년 CPA 1차)

(주)대한은 20×1. 1. 1 장부금액 ₩500,000, 공정가치 ₩600,000의 기계장치를 (주)민국리스에게 ₩650,000에 현금판매(기업회계기준서 제1115호상 '판매' 조건 충족)하고 동 일자로 기계장치를 5년 동안 리스하였다. (주)대한은 (주)민국리스에게 리스료로 매년말 ₩150,000씩 지급하기로 하였으며, 내재이자율은 연 8%이다.

기 간 \ 할인율	8%	
	단일금액 ₩1의 현재가치	정상연금 ₩1의 현재가치
4년	0.7350	3.3121
5년	0.6806	3.9927

(주)대한이 리스회계처리와 관련하여 20×1. 1. 1 인식할 이전된 권리에 대한 차익(기계장치처분이익)은 얼마인가? 단, 단수차이로 인해 오차가 있다면 가장 근사치를 선택한다.

6. 판매형리스

(2022년 CPA 1차)

(주)대한은 기계장치를 제조 및 판매하는 기업이다. 20×1. 1. 1 (주)대한은 (주)민국에게 원가(장부금액) ₩100,000의 재고자산(기초자산)을 아래와 같은 조건으로 판매하였는데, 이 거래는 금융리스에 해당한다.

- 리스개시일은 20×1. 1. 1이며, 리스개시일 현재 재고자산(기초자산)의 공정가치는 ₩130,000이다.
- (주)대한은 20×1년부터 20×3년까지 매년 12월 31일에 (주)민국으로부터 ₩50,000의 고정리스료를 받는다.
- (주)대한은 동 금융리스 계약의 체결과 관련하여 리스개시일에 ₩1,000의 수수료를 지출하였다.
- (주)민국은 리스기간 종료일인 20×3. 12. 31에 리스자산을 해당 시점의 공정가치보다 충분히 낮은 금액인 ₩8,000에 매수할 수 있는 선택권을 가지고 있으며, 20×1. 1. 1 현재 (주)민국이 이를 행사할 것이 상당히 확실하다고 판단된다.
- 20×1. 1. 1에 (주)대한의 증분차입이자율은 연 8%이며, 시장이자율은 연 12%이다.
- 적용할 현가계수는 아래의 표와 같다.

기 간 \ 할인율	단일금액 ₩1의 현재가치		정상연금 ₩1의 현재가치	
	8%	12%	8%	12%
1년	0.9259	0.8929	0.9259	0.8929
2년	0.8573	0.7972	1.7832	1.6901
3년	0.7938	0.7118	2.5770	2.4019

위 거래가 (주)대한의 20×1년도 포괄손익계산서상 당기순이익에 미치는 영향은 얼마인가? 단, 단수차이로 인해 오차가 있다면 가장 근사치를 선택한다.

7. 판매후리스

(2021년 CPA 2차)

(주)민국은 20×1. 1. 1 보유하던 건물을 (주)대한에게 매각하고, 같은 날 동 건물을 리스하여 사용하는 계약을 체결하였다. 다음의 자료를 이용하여 요구사항에 답하라.

- (주)민국이 보유하던 건물의 20×1. 1. 1 매각 전 장부금액은 ₩3,000,000이며, 공정가치는 ₩5,000,000이다.
- 20×1. 1. 1 동 건물의 잔존내용연수는 8년이고 잔존가치는 없다. (주)민국과 (주)대한은 감가상각방법으로 정액법을 사용한다.
- 리스개시일은 20×1. 1. 1이며, 리스료는 리스기간 동안 매년말 ₩853,617을 수수한다.
- 리스기간은 리스개시일로부터 5년이며, 리스종료일에 소유권이 이전되거나 염가로 매수할 수 있는 매수선택권 및 리스기간 변경선택권은 없다.

• (주)대한은 해당 리스를 운용리스로 분류한다. 리스계약과 관련하여 지출한 리스개설직접원가는 없다.
• 리스의 내재이자율은 연 7%로, (주)민국이 쉽게 산정할 수 있다.
• 현재가치 계산시 아래의 현가계수를 이용하고, 답안 작성시 원 이하는 반올림한다.

기 간	7%	
	단일금액 ₩1의 현가계수	정상연금 ₩1의 현가계수
1	0.9346	0.9346
2	0.8734	1.8080
3	0.8163	2.6243
4	0.7629	3.3872
5	0.7130	4.1002

요구사항

각 요구사항은 독립적이다.

1. (주)민국은 보유하고 있던 건물을 공정가치인 ₩5,000,000에 매각하였으며, 동 거래는 수익인식기준에 근거한 판매로 판단된다.
   (물음 1) 리스이용자인 (주)민국의 20×1. 12. 31 재무상태표에 표시될 ① 사용권자산(순액), ② 리스부채 금액 및 20×1년도 포괄손익계산서상 ③ 당기순이익에 미치는 영향을 계산하라.
   (물음 2) 해당 리스거래가 리스제공자인 (주)대한의 20×1년도 포괄손익계산서상 당기순이익에 미치는 영향을 계산하라.
2. (주)민국이 건물을 매각한 거래가 수익인식기준에 근거한 판매가 아닌 것으로 판단되는 경우, 판매자인 ① (주)민국과 구매자인 ② (주)대한은 이전된 매각금액을 어떻게 회계처리해야 하는지 간략히 기술하라.

윤리문제

CHAPTER 19

인광(주)는 본사에서 사용할 10대의 복사기에 대한 리스계약을 체결하였다. 당해 리스계약은 매수선택권이 있다는 것을 제외하고는 모든 조건에서 소액기초자산리스로 분류될 수 있다. 3년의 리스기간 종료시 인광(주)는 각 복사기를 ₩100,000에 구입할 수 있는데, 당시의 시가는 ₩250,000으로 추정된다.
재무부장인 이석수 씨는 매수선택권이 있으므로 재무제표에 당해 계약을 당연히 리스로 인식해야 한다고 생각하고 있다. 그러나 재무담당이사인 선소영 씨는 이에 반대하고 있다. 그녀는 “비록 내가 복사기에 대해서는 잘 모르지만 리스부채를 인식하지 않을 방법은 있다”라고 주장한다. 그녀는 “복사기의 기술이 급격히 발전하고 있기 때문에 리스기간 만료시에는 당해 복사기의 가치가 매수선택권의 가격인 ₩100,000에 미치지 못함을 제시할 수 있지 않은가?”라고 주장한다.

요구사항

1. 여기에서 주요 윤리적인 문제점은 무엇인가?
2. 선소영 씨가 복사기 기술에 대해 전혀 알지 못한다면 그녀의 의견을 채택해야 하는가? 선소영 씨가 복사기 기술의 변화에 대해 잘 알고 있다면 결론이 달라져야 하는가?
3. 당신은 어떻게 하시겠습니까?

CHAPTER

20 법인세회계

회계기준에 따라 인식한 자산・부채의 장부금액과 법인세법에서 인정되는 자산・부채의 세무기준액이 일치하지 않는 경우가 있다. 이러한 차이에 대한 법인세효과를 인식하지 않는다면 자산・부채가 적절히 표시되지 않고 또한 수익・비용대응의 원칙에도 어긋나게 된다.

이에 따라 이연법인세제도를 채택하게 되었다. 이연법인세제도하에서 손익계산서의 법인세비용은 법인세부담액에 이연법인세 자산・부채의 증감 등을 가감하여 산출하고, 재무상태표에는 미래에 추가로 납부할 이연법인세부채와 미래 세금혜택을 보게 될 이연법인세자산을 인식한다.

이연법인세회계는 세법에서 사용되는 개념이 많아서 세법을 공부하고 나서 학습하는 것이 더 효율적이다.

사례 삼성전자 – 법인세비용

[법인세비용의 2021년말 연결재무제표 주석]

가. 당기 및 전기 중 법인세비용의 주요 구성내역은 다음과 같습니다.

(단위 : 백만원)

구 분	2021년	2020년
(1) 당기법인세		
기간손익에 대한 당기법인세	11,135,521	7,361,115
당기에 인식한 조정사항	(195,237)	339,673
소 계	10,940,284	7,700,788
(2) 이연법인세		
세액공제의 이월로 인한 이연법인세변동액	(332,975)	(325,880)
일시적차이로 인한 이연법인세변동액	2,172,312	2,312,926
이월결손금공제로 인한 이연법인세변동액	507,313	264,349
기타변동액	157,443	(14,898)
소 계	2,504,093	2,236,497
(3) 자본에 직접 부가되는 법인세부담액	–	–
법인세비용 계	13,444,377	9,937,285

------------------------ 중략 ------------------------

다. 당기 및 전기 중 누적일시적차이 및 이연법인세자산(부채)의 증감내역은 다음과 같습니다.

(1) 당기(2021년)

(단위 : 백만원)

계정과목	누적일시적차이			이연법인세자산(부채)		
	기초잔액	증감액	기말잔액	기초 이연법인세 자산(부채)	증감액	기말 이연법인세 자산(부채)
1) 일시적차이로 인한 이연법인세						
토지재평가	(3,420,886)	14,261	(3,406,625)	(940,744)	3,922	(936,822)
종속기업, 관계기업 및 공동기업 투자	(111,924,859)	(14,891,920)	(126,816,779)	(19,172,409)	(1,442,145)	(20,614,554)
감가상각누계액 등	(2,285,841)	(1,528,757)	(3,814,598)	(992,777)	(779,016)	(1,771,793)
미수수익	(139,406)	117,253	(22,153)	(31,486)	38,339	6,853
충당부채 및 미지급비용 등	13,121,416	2,858,039	15,979,455	3,764,808	796,066	4,560,874
외화평가조정	(24,683)	87,298	62,615	(10,077)	22,153	12,076
자산손상	1,855,765	(721,717)	1,134,048	453,486	(194,600)	258,886
기 타	562,628	(1,054,853)	(492,225)	(21,726)	(617,031)	(638,757)
소 계	(102,255,866)	(15,120,396)	(117,376,262)	(16,950,925)	(2,172,312)	(19,123,237)
2) 이월결손금공제로 인한 이연법인세						
이월결손금이월액	3,618,601	(1,603,153)	2,015,448	943,794	(507,313)	436,481
3) 세액공제로 인한 이연법인세						
세액공제이월액	1,328,527	358,538	1,687,065	1,333,387	332,975	1,666,362
4) 자본에 직접 가감하는 이연법인세						
기타포괄손익-공정가치금융자산평가손익 등	(1,660,421)	(1,914,673)	(3,575,094)	(909,176)	(2,246,134)	(3,155,310)
순확정급여부채(자산) 재측정요소	3,735,320	712,190	4,447,510	1,047,075	191,638	1,238,713
소 계	2,074,899	(1,202,483)	872,416	137,899	(2,054,496)	(1,916,597)
이연법인세자산(부채) 계				(14,535,845)	(4,401,146)	(18,936,991)
–이연법인세자산				4,275,000	(13,786)	4,261,214
–이연법인세부채				(18,810,845)	(4,387,360)	(23,198,205)

------------------------ 중략 ------------------------

라. 보고기간종료일 현재 이연법인세자산(부채)의 회수(결제) 시기는 다음과 같습니다.

(단위 : 백만원)

구 분	2021년말	2020년말
이연법인세자산		
12개월 이내에 회수될 이연법인세자산	2,999,046	2,839,030
12개월 이후에 회수될 이연법인세자산	1,262,168	1,435,970
소 계	4,261,214	4,275,000
이연법인세부채		
12개월 이후에 결제될 이연법인세부채	(23,198,205)	(18,810,845)
계	(18,936,991)	(14,535,845)

제 1 절 이연법인세

기업은 영업활동의 결과로 소득을 올리고 매 사업연도마다 법인세를 부담한다. 법인세는 국가의 세법에 따라 결정되는데, 과세소득(taxable income)이 그 기초가 된다. 쉽게 생각하면 한 회계기간마다 산출되는 회계이익이 세금계산의 기초가 될 것이라고 볼 수 있지만, 세금부담의 기준이 되는 과세소득은 회계이익과 다르다. 이 차이는 대부분 회계이익을 결정하는 회계기준의 규정과 과세소득을 결정하는 세법의 규정이 다르기 때문에 발생한다.

세법과 회계기준의 차이는 대부분 해당 항목이 과세소득과 회계이익에 포함되는 귀속기간의 차이 때문에 발생한다. 예를 들어, 당기손익-공정가치측정금융자산의 공정가치가 증가하면 회계기준에서는 평가이익을 당기이익에 가산하지만, 세법에서는 공정가치평가를 하지 않고 평가손익이 당기손익-공정가치측정금융자산의 처분시점에 처분손익에 포함된다. 따라서 해당 금융자산이 처분되지 않고 회계기말에 남아 있으면 회계기준상의 장부금액과 세법상 세무기준액이 다르게 된다. 이러한 차이로 인하여 발생하는 문제와 이연법인세의 의의를 살펴보자.

1 이연법인세제도의 의의와 도입배경

(1) 이연법인세의 의의

회계기준에 따라 인식한 자산·부채의 장부금액(book value)이 법인세법에서 인정되는 세무기준액(tax base)과 일치하지 않는 경우가 있다. 예를 들어 장부금액이 ₩1,000인 자산을 ₩1,000에 처분한 경우에는 자산의 처분이익이 발생하지 않았으므로 이에 관련된 법인세를 납부할 의무가 없다. 그러나 당해 자산에 대해 세법에서 인정한 금액(세무기준액)이 ₩800인 경우에는 세무상으로는 자산처분소득 ₩200이 발생하여 이에 해당하는 법인세를 부담해야 한다. 이와 같이 회계기준에 따른 자산·부채의 금액과 세법에 따른 자산·부채의 금액이 차이가 나면 기업의 재무상태와 당기순이익 및 과세소득 계산에 차이가 난다.

예제 20-1 장부금액과 세무기준액의 차이가 재무제표에 미치는 영향

20×1년도에 당기손익-공정가치측정금융자산(FVPL금융자산)을 ₩5,000에 구입하였고, 연말에 공정가치가 ₩6,000으로 상승했다. 연말의 재무상태표에는 당해 금융자산의 장부금액은 공정가치인 ₩6,000이지만, 법인세법에 따른 세무기준액은 취득원가인 ₩5,000이 된다. 한편 당해 금융자산을 20×2년도에 처분하고 현금 ₩6,000을 수취하였다고 하자. 법인세율은 30%이다.

1) 만일 금융자산의 장부금액과 세무기준액의 차이를 무시한다면, 위 거래 및 사건들이 재무제표에 미치는 영향을 분석하라.
2) 장부금액과 세무기준액의 차이를 무시하여 발생하는 영향을 분석하라.
3) 위 2)에서 분석에 따라 오류를 조정하기 위해 필요한 회계처리를 하라.

해답

1) 법인세 영향을 무시할 경우에 재무상태표와 손익계산서는 다음과 같다.

재무상태표(20×1년말 현재)

FVPL금융자산	₩6,000	이익잉여금 증가	₩1,000
(공정가치 증가 ₩1,000)		(자산평가이익으로 인한 증가)	

손익계산서

	20×1년	20×2년
회계이익	₩1,000*	₩0**
법인세비용	(0)	(300)
당기순이익	₩1,000	(₩300)

* FVPL금융자산평가이익(= ₩6,000 − ₩5,000)
** FVPL금융자산처분이익(= ₩6,000 − ₩6,000)
(주) 법인세법에서는 원가법을 채택하기 때문에 20×1년의 과세소득은 ₩0이어서 법인세부담액은 ₩0이다. 20×2년도에는 회계상으로 자산의 장부금액이 ₩6,000이어서 FVPL금융자산처분이익이 발생하지 않지만, 세무상으로는 처분이익 ₩1,000(= ₩6,000 − ₩5,000)이 과세소득이 되어 이에 대한 법인세(30%) ₩300을 기록한다.

2) 장부금액과 세무기준액의 차이에 대한 법인세 영향을 무시한 재무제표는 두 가지 오류가 있다. 첫째, 재무상태표에서 자산・부채가 왜곡 보고된다. 20×1년에는 FVPL금융자산평가이익으로 인하여 자산이 ₩1,000 증가했고, 동시에 순자산도 ₩1,000 증가했다. 그러나 앞으로 당해 금융자산이 증가한 장부금액으로 처분되면 이에 대하여 30%의 법인세(₩300)를 납부해야 하므로, 이로 인해 증가한 부채 ₩300이 인식되어야 한다. 따라서 순자산의 실제 증가는 ₩700(= ₩1,000 − ₩300)이다. 둘째, 손익계산서에 법인세비용이 적절히 반영되지 않았다. 20×1년에 FVPL금융자산평가이익을 인식했음에도 불구하고 이에 관련된 법인세 ₩300은 20×1년에 인식되지 않고 20×2년에 인식되었다. 즉 법인세비용이 발생한 기간에 인식되지 않았다.

3) 올바른 회계처리와 재무제표에 미치는 영향
이를 수정하려면, 20×1년말에 법인세비용과 이연법인세부채 ₩300을 인식하는 다음과 같은 분개가 필요하다.

(차) 법인세비용	300	(대) 이연법인세부채	300

이러한 분개로 재무상태표와 손익계산서는 다음과 같이 수정된다.

➥계속

재무상태표(20×1년말 현재)				손익계산서		
FVPL금융자산	₩6,000	이연법인세부채	₩300		20×1년	20×2년
(자산의 증가 : ₩1,000)		(부채의 증가 : ₩300)		회계이익	₩1,000	₩0
		이익잉여금 증가	₩700	법인세비용	(300)	(0)
				당기순이익	₩700	₩0

(주) 20×2년에는 ₩300의 법인세를 납부하지만 법인세 납부시에 다음과 같은 분개로 인하여 실제로 20×2년의 법인세비용으로 기록되는 금액은 없다.

(차) 이연법인세부채 300 (대) 현금(또는 미지급법인세) 300

위의 예제 20-1 에서 설명한 바와 같이 금융자산평가이익과 관련된 법인세효과를 당해 평가이익이 기록된 기간에 인식하면, 즉 20×1년도에 장부금액과 세무기준액의 차이에 대한 법인세효과를 반영하면, 다음 측면에서 재무제표의 유용성이 증가한다.

① 자산·부채가 적절히 평가됨 : 20×1년에 발생한 거래에 관련되어 20×1년 후에 부담해야 할 법인세가 이연법인세부채로 기록되어 20×1년의 순자산이 적절히 기록된다. 예제 20-1 에서 20×1년말에 자산(FVPL금융자산)이 ₩6,000으로 표시되어 있지만 이와 관련하여 미래에 부담할 이연법인세부채 ₩300을 고려하면 실제로 ₩5,700의 가치가 있는 자산임을 알 수 있다.

② 수익·비용대응의 원칙에 부합 : 예제 20-1 에서 20×1년에 인식한 FVPL금융자산평가이익 ₩1,000에 대응한 법인세비용 ₩300이 20×1년에 적절히 계상되고 있다.

(2) 이연법인세제도의 도입배경

자산·부채와 관련된 법인세효과를 발생한 기간에 인식하는 것을 이연법인세제도라고 한다. 이연법인세제도를 채택하면 자산·부채가 보다 적절히 기록되고 산출된 순이익이 경영성과를 보다 적절히 나타내게 되어 기간별 비교가능성이 제고되고 이해관계자의 의사결정에 보다 유용한 정보를 제공할 수 있다.

이연법인세제도에 대한 반대의견은 당해 연도의 법인세비용은 실제로 납부해야 하는 법인세이어야 한다는 주장이다. 이러한 주장의 주된 근거는 첫째로 이연법인세제도의 도입으로 재무제표에 법인세 관련 자산이나 부채가 계상되는데, 이들이 자산이나 부채의 정의에 합당하지 않을 수도 있다는 것이다. 왜냐하면 이러한 자산이나 부채는 미래과세소득의 크기에 따라 결정되는 우발항목의 성격을 지니기 때문이다. 즉 미래과세소득이 충분하지 않으면 법인세부담액이 없으므로 이러한 자산이나 부채가 발생하지 않는데, 미래과세소득의 발생은 불확실하기 때문에 자산이나 부채의 성격을 지닌다고 보기 어렵다는 것이다. 둘째로 자산과 부채와 관련된 이연법인세자산이나 이연법인세부채를 기록한다고 해서 회계정보의 유용성이 증가한다고 보기 힘들며, 더욱이 정보제공에 따른 효익이 비용을 초과한다고 보기 어렵다는 점이다. 셋째로 법인세는 이익이 있을 때 국가에 지급하는 일종의 배당과 같은 성격을 지니기 때문에 이를 기간별로 분배하는 것은 불합리하다고 주장하기도 한다.[1)]

이와 같은 문제점을 내포하고 있음에도 불구하고 이연법인세제도는 적절한 자산·부채의 평가와 수익·비용의 대응에서 얻을 수 있는 효익이 상당할 것으로 기대된다. 이에 따라 우리나라에서도 1996년에 이연법인세제도가 도입(1998년 4월 1일 이후 최초로 개시하는 회계연도의 재무제표부터 적용)된 바 있다.

이연법인세를 산출하고 이를 재무제표에 인식하는 방법으로는 자산·부채법과 이연법이 있다.

> 자산·부채법(재무상태표접근법이라고도 함)은 회계기준에 따라 인식된 자산·부채의 장부금액이 법인세법에서 인정되는 자산·부채의 세무기준액과 다를 때 그 차이에 관련된 법인세효과를 이연법인세자산·부채로 인식한다.
>
> 한편, 이연법(손익계산서접근법이라고도 함)은 당해 연도의 회계기준에 따라 인식한 수익·비용이 법인세법에서 인정되는 익금·손금과 다를 때 그 차이에 관련된 법인세효과를 이연법인세자산·부채로 인식한다.

대부분의 경우 두 방법의 결과는 일치하지만 각 방법에 따라 재무제표에 나타나는 항목의 개념적 본질에 중요한 차이가 존재하게 된다. 이연법보다 자산·부채법에 의한 법인세회계에 의하여 인식되는 자산·부채 및 수익·비용 계정들이 재무제표 개념체계의 정의와 보다 일관성이 있다. K-IFRS(제1012호(법인세))에서도 자산·부채법에 따라 이연법인세를 인식하는 방법을 채택하고 있다.

▶ 표 20-1
수익·비용과 익금·손금의 관계

회계기준의 수익과 비용에 대응되는 개념이 법인세법에서는 익금과 손금이다. 회계기준에서는 수익에서 비용을 차감하여 순이익을 산출하지만 세법에서는 익금에서 손금을 차감하여 과세소득을 산출한다. 회계이익과 과세소득의 차이, 그리고 이에 관련된 용어를 간략히 정리하면 다음과 같다.

수익	+익금산입−익금불산입=	익금
−비용	+손금산입−손금불산입=	−손금
회계이익		과세소득

- 익금산입 : 회계기준상 수익이 아니지만 세법상 익금인 금액
- 익금불산입 : 회계기준상 수익이지만 세법상 익금이 아닌 금액
- 손금산입 : 회계기준상 비용이 아니지만 세법상 손금인 금액
- 손금불산입 : 회계기준상 비용이지만 세법상 손금이 아닌 금액

1) 법인세를 이익의 분배로 보는 기업실체이론에서는 법인세가 이익의 결정요소가 아니므로 당기에 실제로 부담한 법인세로 보고해야 한다고 본다. 이를 무배분법(no allocation method) 또는 지급세액방법(tax payable method)이라고 한다.

2 장부금액과 세무기준액

자산·부채법은 회계기준에 따라서 결정된 자산·부채의 장부금액과 세법에 의해 결정된 자산·부채의 세무기준액이 다를 때 그 차이에 관련된 법인세효과를 이연법인세자산과 이연법인세부채로 인식한다.

예를 들어 앞의 예제 20-1 에서 금융자산의 장부금액은 공정가치로 평가한 ₩6,000이지만 세법에 의한 세무기준액은 그 취득원가인 ₩5,000이다. 이에 따라 앞으로 당해 금융자산을 처분할 경우 세무상 과세소득이 재무보고상으로 인식하는 이익보다 ₩1,000이 많다. 이로 인해 세율이 30%인 경우 앞으로 세금을 ₩300만큼 더 많이 지급해야 하므로 ₩300을 이연법인세부채로 기록한다.

(1) 자산과 부채의 장부금액과 세무기준액

1) 자산의 장부금액과 세무기준액

자산의 원가는 수익을 창출하기 위하여 소멸하고, 소멸되는 시점에 비용으로 인식한다. 자산의 세무기준액은 자산이 소멸될 때 세무상 손금으로 인정받을 수 있는 금액을 말한다. 즉 손금은 기업에 유입될 과세대상 경제적 효익에서 세무상 차감될 금액이다. 예를 들어 취득원가 ₩100의 기계에 대해 당해 회계연도말 기업회계에서 인식된 감가상각누계액이 ₩40이라면, 장부금액은 ₩60이다. 그러나 세법에서 인정된 감가상각누계액이 ₩30이라고 하면, 당해 기계의 세무기준액은 ₩70(=₩100−₩30)이다. 만약 이 기계를 ₩100을 받고 처분하면, 회계상으로는 처분금액(₩100)과 장부금액(₩60)의 차이로 자산처분이익(회계이익) ₩40이 산출되지만, 세무상으로는 처분금액(₩100)에서 세무기준액(₩70)이 차감되어 과세소득은 ₩30으로 결정된다.

자산의 세무기준액과 장부금액이 동일하면 거래의 성격상 회계이익이나 과세소득에 아무런 영향을 미치지 않는다. 그러나 자산의 장부금액과 세무기준액이 차이 나는 경우가 많다.

2) 부채의 장부금액과 세무기준액

부채의 세무기준액은 장부금액에서 미래 회계기간에 당해 부채와 관련하여 세무상 공제될 금액을 차감한 금액이다.

예제 20-2 자산과 부채의 장부금액과 세무기준액

다음 독립적인 네 가지 사례에 대해 회계기준과 법인세법에 따른 인식의 차이를 분개로 나타내고 이를 설명하라.

[사례 1] 미수수익
20×1년에 회계상 미수이자수익 ₩1,000을 인식하였으며 20×2년에 이자를 회수하였다.

[사례 2] 선급비용
20×1년에 회계상 선급임차료 ₩1,000을 인식하였으며 20×2년에 이를 비용처리하였다.

[사례 3] 대여금
20×1년에 대여금 ₩1,000을 인식하였으며 20×2년에 이를 회수하였다.

[사례 4] 충당부채
20×1년에 회계상 제품보증충당부채 ₩1,000을 인식하였으며, 20×2년에 제품보증비 ₩1,000을 지출하였다.

해답

[사례 1] 미수수익

	회계기준	법인세법
20×1년	(차) 미 수 이 자 1,000 (대) 이 자 수 익 1,000	- 없음 -
20×2년	(차) 현 금 1,000 (대) 미 수 이 자 1,000	(차) 현 금 1,000 (대) 이 자 수 익 1,000

20×1년 미수이자(자산)의 회계상 장부금액은 ₩1,000이고 수익으로 인식한다. 그러나 20×1년 세무기준액은 ₩0이고, 20×2년 현금을 받을 때 세무상으로 받은 금액 전체를 익금으로 인식한다.

[사례 2] 선급비용

	회계기준	법인세법
20×1년	(차) 선급임차료 1,000 (대) 현 금 1,000	(차) 임 차 료 1,000 (대) 현 금 1,000
20×2년	(차) 임 차 료 1,000 (대) 선급임차료 1,000	- 없음 -

20×1년 임차료를 선급하면 회계상으로는 자산으로 기록하고 비용은 20×2년에 인식한다. 그러나 세무상으로는 20×1년 현금을 지급했을 때에 손금으로 인식하므로 20×2년의 세무기준액은 ₩0이다.

[사례 3] 대여금
대여금과 같은 자산의 원금을 회수할 경우(이자수익과 별도임)에는, 자산의 장부금액이 회수될 때에 회계이익이나 과세소득에 아무런 영향을 주지 않으므로 세무기준액과 장부금액이 일치한다. 그러나 대여금의 이자수익은 발생시점과 현금회수시점이 다르다면 [사례 1]의 경우와 같이 미수수익 인식시점에서 장부금액과 세무기준액의 차이가 발생한다.

[사례 4] 충당부채

	회계기준	법인세법
20×1년	(차) 제품보증비 1,000 (대) 충 당 부 채 1,000	- 없음 -
20×2년	(차) 충 당 부 채 1,000 (대) 현 금 1,000	(차) 제 보 증 비 1,000 (대) 현 금 1,000

회계상으로는 20×1년 제품보증비를 인식하여, 제품보증충당부채의 장부금액은 ₩1,000이다. 20×2년 현금을 지급할 때에는 비용을 인식하지 않는다. 한편, 20×1년말의 세무기준액은 ₩0이고 20×2년에 현금을 지급할 때 전액을 손금으로 인식한다.

(2) 장부금액과 세무기준액 차이의 발생원인

자산 · 부채의 장부금액과 세무기준액 간에 차이가 발생하는 원인을 살펴보면 다음과 같다.

1) 자산 · 부채의 평가방법 차이

법인세법에서는 일부 자산 · 부채의 평가방법을 회계기준과 달리하고 있다. 예를 들면 회계기준에서는 당기손익-공정가치측정금융자산을 공정가치로 평가하고 있으나, 법인세법에서는 원가법을 채택하고 있다. 이에 따라 재무상태표에 나타나는 당기손익-공정가치측정금융자산의 장부금액은 공정가치이지만 세무기준액은 취득원가이다.

2) 수익 · 비용의 인식기준과 익금·손금의 인식기준 차이

회계기준에서는 발생기준에 근거하여 수익은 실현주의, 비용은 수익 · 비용대응의 원칙에 의해 인식하지만, 법인세법에서는 권리의무확정주의에 따라 손익을 인식하고 있다. 권리의무확정주의란 수취할 권리와 지급할 의무가 확정되어야만 세무상 익금과 손금을 인식하는 방법이다.

예를 들면, 회계기준에서는 판매보증비를 발생기준에 근거하여 계상하지만 법인세법에서는 현금기준을 이용하여 손금을 인식하고 있다. 또한 회계기준에서는 정기예금에 대한 이자수익을 발생기준에 따라 수익으로 인식하지만 법인세법에서는 그 이자를 실제로 수취할 권리가 확정되는 만기일 또는 해약일에 익금으로 인식하도록 하고 있다.

3) 조세정책적 목적

조세정책적인 목적에 의하여 세법은 특혜나 불이익을 부여하고 있다. 예를 들면 중소기업 등의 특정 산업을 육성시키기 위하여 세액공제나 준비금제도 등을 운영하거나, 기업간 사업구조조정을 유도하기 위하여 이 과정에서 발생하는 세금을 일정기간 유예하는 혜택을 부여하기도 한다. 한편, 과소비나 소비성 경비의 지출을 억제하기 위하여 일정한도 이상의 접대비를 인정하지 않거나, 사회질서에 반하는 행위로 발생하는 벌금이나 과태료 등을 손금으로 인정하지 않는 불이익을 주고 있다.

4) 회계이익 · 과세소득의 개념 차이

회계기준에서는 손익거래에서 발생하는 순자산증가만 회계이익에 포함시키지만, 법인세법에서는 자본거래에서 발생한 순자산증가(예를 들면, 자본잉여금의 증가)도 과세소득에 포함시키는 경우가 있다. 예를 들면, 자기주식처분이익이 회계기준에서는 회계이익에 포함되지 않고 자본잉여금의 증가로 처리되지만 법인세법에서는 이를 과세소득으로 보고 있다.

이상과 같은 여러 가지 이유로 회계기준에서의 수익·비용과 법인세법에서의 익금·손금의 인식시점 및 인식범위에서 차이가 나고, 이로 인해 특정시점에서 자산·부채의 장부금액과 세무기준액 간에 차이가 발생하게 된다.

(3) 장부금액과 세무기준액의 차이와 이연법인세

재무상태표에 나타난 자산의 장부금액은 그 금액만큼 미래에 경제적 효익의 형태로 기업에 유입될 것으로 예상하는 것이다. 그러나 자산의 장부금액이 세무기준액보다 크다면, 그 차액만큼 미래에는 과세소득이 더 증가하게 되고 부담해야 할 법인세 또한 증가한다. 따라서 이에 대하여 이연법인세부채를 인식해야 한다.

자산의 장부금액	> 세무기준액 ⇒	미래의 과세소득 증가 (차액부분)	× 세율 =	미래에 부담해야 할 법인세 증가 (이연법인세부채로 인식)

예를 들어 보자. 취득원가가 ₩1,000이고 감가상각누계액은 ₩400이어서 장부금액이 ₩600인 자산이 있다. 이 자산에 대해 세법상 감가상각누계액이 ₩900이라면, 이 자산의 세무기준액은 ₩100이다. 따라서 이후에 해당 자산으로부터 장부금액만큼 ₩600의 경제적 효익을 회수했을 때 회계이익은 "회수금액－장부금액(₩600－₩600=₩0)"으로 산출되지만 과세소득은 "회수금액－세무기준액(₩600－₩100=₩500)"으로 산출되어 회계이익보다 과세소득이 ₩500(장부금액과 세무기준액의 차이)만큼 많아지게 된다. 세율이 25%라면, 미래에 실제로 납부해야만 하는 법인세는 손익계산서의 이익에 법인세율을 곱한 금액보다 ₩125(₩500의 25%)만큼 많다. 따라서 회사는 장부금액과 세무기준액의 차이가 발생했을 때 ₩125을 이연법인세부채로 기록해야 한다.

한편, 자산의 장부금액이 세무기준액보다 작다면, 이로 인하여 그 차액인 일시적 차이만큼 미래의 과세소득이 감소하고 그 차액에 미래세율을 곱한 만큼 법인세혜택을 받을 것이기 때문에 이 금액만큼 이연법인세자산을 인식해야 한다.

자산과 반대로 부채의 경우도 생각해 보자. 회계기준에 따라 부채를 인식할 때에는 이의 상환을 위해서는 미래에 그 장부금액만큼 경제적 자원이 유출될 것이라고 기대하는 것이다. 이러한 경우에 부채의 장부금액이 세무기준액보다 크다면, 그 차이(일시적차이)에 세율을 곱한 만큼 미래에 법인세혜택이 발생하므로 이에 대하여 이연법인세자산을 인식해야 한다. 한편, 부채의 장부금액이 세무기준액보다 작다면, 그 차이에 세율을 곱한만큼 미래에 추가로 부담할 법인세에 관련된 이연법인세부채를 인식해야 한다.

제2절 일시적차이와 이연법인세 자산 · 부채

1 일시적차이

회계기준에 따라 인식한 장부금액과 법인세법에서 인정되고 있는 세무기준액의 차이를 일시적차이(temporary difference)라고 한다. 일시적차이의 종류와 인식시점을 알아보자.

(1) 일시적차이의 종류

일시적차이는 재무상태표상 자산 또는 부채의 장부금액과 세무기준액의 차이이다. 일시적차이에는 가산할 일시적차이와 차감할 일시적차이, 그리고 그 외의 차이가 있다.

▶ 표 20-2 일시적차이의 종류

종 류	설 명
가산할 일시적차이 (taxable temporary difference)	자산이나 부채의 장부금액이 회수나 결제되는 미래 회계기간의 과세소득에 가산할, 즉 미래의 과세소득을 증가시키는 일시적차이를 말한다.[2] • 회계상 자산의 장부금액>세무상 자산의 세무기준액 • 회계상 부채의 장부금액<세무상 부채의 세무기준액
차감할 일시적차이 (deductible temporary difference)	자산이나 부채의 장부금액이 회수나 결제되는 미래 회계기간의 과세소득에서 차감할, 즉 미래의 과세소득을 감소시키는 일시적차이를 말한다. • 회계상 자산의 장부금액<세무상 자산의 세무기준액 • 회계상 부채의 장부금액>세무상 부채의 세무기준액
일시적차이 이외의 차이	자산 또는 부채의 장부금액과 세무기준액의 차이가 있지만 미래의 과세소득에 가산 또는 차감되지 않는 차이를 말한다.[3]

2) 가산할 일시적차이는 당해 회계기간의 과세소득을 계산할 때에는 회계이익에서 차감되는 특성을 갖는다. 예를 들어 당해 연도에 인식한 이자수익을 다음 연도에 현금으로 받을 경우 당해 연도에는 회계이익에서 이자수익을 차감하여 과세소득을 산출하고, 다음 연도에 이자수익을 과세소득에 가산한다. 차감할 일시적차이도 같은 특성을 갖는다. 당해 회계기간의 과세소득 계산시 회계이익에 가산되는 특성을 갖는다.

3) 그 항목이 많지 않으나 대표적인 예로는 비과세이자소득, 교통요금범칙금, 접대비한도초과액 등이 있다. 이를 영구적차이(permanent difference)라고 부르기도 하지만 K-IFRS에서는 이 용어를 사용하지 않는다.

(2) 일시적차이의 발생과 인식

자주 발생하는 일시적차이의 예는 〈표 20-3〉과 같다.[4)]

▶ **표 20-3**
자주 발생하는 일시적차이

종 류	설 명
미수수익	당기에 발생하였으나 회수하지 않은 미수수익을 차기 이후에 현금으로 회수할 때 세무상 익금으로 인식하는 경우
선급비용	당기에 미리 지급한 선급비용을 세무상 지급시점에 손금으로 인식하는 경우
제품보증비	당기에 발생한 제품보증비를 세무상 차기 이후에 현금지급할 때 손금으로 인식하는 경우
감가상각비 등	회계이익 결정시의 감가상각비나 대손상각비가 세무상 과세소득 결정시의 금액과 다를 경우
세법상 준비금	회계기준에서는 인정되지 않으나 세법에서 인정하는 각종 준비금의 설정
세법상 자산 불인정	회계기준에서는 자본화하는 개발비를 세법에서 모두 손금으로 인정하는 경우
세법상 평가손익 불인정	자산은 공정가치로 재평가되었으나 세무상으로는 동일하게 조정되지 않는 경우
자산·부채의 최초인식금액의 차이	자산 또는 부채의 최초인식시점에서 장부금액과 세무기준액이 다른 경우

위에서 예로 든 일시적차이 중에서 마지막 두 가지 내용을 항목별로 좀더 상세히 살펴보기로 하자.

1) 공정가치로 재평가된 자산

회계기준은 금융자산이나 유형자산을 공정가치로 평가하도록 요구하거나 허용하고 있다. 이로써 자산의 장부금액은 공정가치가 되지만 세법규정은 이를 허용하지 않아서 자산의 세무기준액은 원가로 남아 있게 된다. 그러나 미래에 자산의 처분이나 사용으로 경제적 효익이 유입될 때 회계이익은 공정가치로 평가된 금액에 근거해서 산출되나 과세소득은 공정가치 평가 전의 금액(원가)에 근거해서 산출되므로 공정가치로 평가된 금액과 공정가치 평가 전의 금액(세무기준액)의 차이, 즉 일시적차이가 발생한다.

공정가치로 측정하는 채무상품의 경우에는 예상되는 회수방식(중도매각 또는 만기

---

4) K-IFRS에서도 다음과 같은 일시적차이도 예로 들고 있다.
① 사업결합에서 발생한 영업권의 경우
② 사업결합시 사업결합원가는 식별가능한 취득 자산과 인수 부채를 공정가치로 인식하고 배분했지만 세무상으로는 동일하게 조정되지 않는 경우
③ 종속기업, 지점 및 관계기업에 대한 투자자산 또는 공동기업(joint venture) 투자지분의 장부금액이 세무기준액과 다른 경우(연결 등을 다루는 고급회계의 주제임)

회수)에 따라 세무상 인정되는 범위가 달라 일시적차이가 달라질 수도 있으나 이를 고려하지 않고 장부금액과 세무기준액의 차이로 일시적차이를 산정한다.

2) 자산·부채의 최초인식

일시적차이는 자산·부채를 최초로 인식하는 시점에서도 발생할 수 있다. 예를 들면, 자산 취득원가의 일부 또는 전부가 세무상으로 인정되지 않는 경우 자산의 장부금액이 세무기준액보다 커서 가산할 일시적차이가 발생한다.

2 이연법인세부채·이연법인세자산

자산·부채의 장부금액과 세무기준액의 차이인 일시적차이에 대하여 원칙적으로 발생한 보고기간에 이연법인세자산이나 이연법인세부채를 인식해야 한다.[5] 가산할 일시적차이는 미래의 과세소득에 가산되어 법인세부담액을 증가시킬 것이므로 이에 대해서는 이연법인세부채를 인식한다. 한편, 차감할 일시적차이는 미래의 과세소득에서 차감되어 법인세부담액을 경감시킬 것이므로 이에 대해서는 이연법인세자산을 인식한다([그림 20-1] 참조).

▶ **그림 20-1**
세무기준액, 일시적차이 및 이연법인세 자산/부채

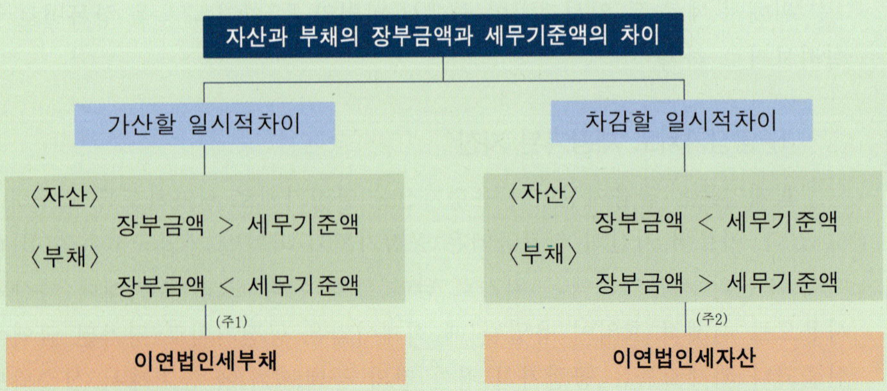

(주) 1) 이연법인세부채 인식의 예외 : ① 영업권의 최초인식시점과 ② 자산·부채가 최초인식되는 거래가 사업결합거래가 아니고, 거래 당시 회계이익이나 과세소득에 영향을 미치지 않으면 이연법인세부채를 인식하지 않는다.
2) 이연법인세자산 인식의 예외 : 자산·부채가 최초로 인식되는 거래가 사업결합거래가 아니고, 거래 당시 회계이익이나 과세소득에 영향을 미치지 않으면(일시적차이 이외의 차이에 해당) 이연법인세자산을 인식하지 않는다.

5) 자산·부채의 세무기준액이 명백하지 아니한 경우에는 법인세회계의 기본원칙에 따라 판단하는 것이 도움이 될 것이다. 즉 자산·부채의 회수·상환시점에 세무상으로 아무런 영향이 없는 경우와 비교하여 미래의 법인세부담액을 증가(감소)시킨다면 기준서가 제시한 몇 가지 예외를 제외하고는 이연법인세부채(자산)를 인식해야 한다.

(1) 이연법인세부채

이연법인세부채(deferred tax liability)란 재무제표 작성일 현재 존재하는 일시적차이로 인해 미래의 과세소득이 증가하는 경우, 즉 '가산할 일시적차이'가 존재하는 경우의 이연법인세 관련 부채를 말한다.

그렇다면, 이러한 이연법인세부채가 부채의 정의에 합당하다고 볼 수 있는가?

재무보고 개념체계에서는 부채를 ① 과거의 사건으로부터 발생하고, ② 경제적 효익이 내재된 자원이 기업으로부터 유출됨으로써 이행될 것으로 기대되는, ③ 현재의 의무이어야 한다고 정의하고 있다. 여기에 비추어 볼 때 이연법인세부채의 경우 이를 초래하는 일시적차이를 발생시키는 관련 사건이 이미 발생하였고[과거의 사건], 당해 일시적차이는 미래 과세소득을 증가시켜 경제적 효익의 희생[미래의 희생]을 요구하는 미래 법인세를 부담해야 할 의무가 현재 시점[현재의 의무]에 존재하게 된다. 따라서 이연법인세부채는 부채의 요건을 충족시킨다고 본다.

예제 20-3 이연법인세부채의 인식

솔이(주)는 20×7. 1. 1에 ₩150,000에 개발비(무형자산)를 지출했다. 솔이(주)는 재무보고 목적으로 5년간 매년 ₩30,000씩 균등액을 상각하고 있다. 한편, 세무신고 목적으로 처음 2년간은 추가로 ₩20,000씩 더 상각하였다고 가정한다. 각 연도의 과세소득이 각각 ₩40,000이고 법인세율이 30%일 때 이연법인세부채계정에 미치는 영향을 나타내라.

해답

개발비로 인한 일시적차이가 이연법인세부채에 미치는 영향은 다음과 같다.

	개발비(자산)		가산할	이연법인세부채	
	장부금액	세무기준액	일시적차이	기말잔액	당기증가(감소)
1차년도초	₩150,000	₩150,000	₩0	₩0	₩0
말	120,000	100,000	20,000	6,000	6,000
2차년도말	90,000	50,000	40,000	12,000	6,000
3차년도말	60,000	20,000	40,000	12,000	0
4차년도말	30,000	0	30,000	9,000	(3,000)
5차년도말	0	0	—	0	(9,000)

처음 2년간은 세무신고 목적으로 개발비를 추가상각했기 때문에 각각 ₩20,000의 "가산할 일시적차이"가 발생하고, 이로 인하여 이연법인세부채가 각각 ₩6,000(=₩20,000×30%)씩 증가한다. 제3차년에는 일시적차이의 변동이 없으므로 이연법인세부채의 잔액도 변동이 없다. 한편, 이미 제4차년에는 일시적차이 ₩10,000이 소멸되어 연말에는 ₩30,000이 남게 되고, 제5차년에는 나머지 일시적차이 ₩30,000이 전액 소멸한다. 이에 따라 재무상태표상 이연법인세부채는 제4차년말과 제5차년말에 각각 ₩9,000과 ₩0으로 기록된다.

예제 20-3 에서 이연법인세부채는 개발비라는 자산의 장부금액과 세무기준액의 일시적차이에서 발생한다.

20×7년(제1차년도)말 이연법인세부채는 다음과 같이 계산된다.

개발비(자산) – 장부금액	₩120,000
개발비(자산) – 세무기준액	(100,000)
가산할 일시적차이(20×7년말)	₩20,000
법인세율	×30%
이연법인세부채(20×7년말)	₩6,000

이에 따라 이연법인세부채가 전년도에 비해 ₩6,000이 증가하였다. 20×7년(제1차년도)의 과세소득이 ₩40,000이고 법인세율이 30%라면, 다음과 같은 분개를 한다.

(차) 법인세비용	18,000	(대) 미지급법인세	12,000*
		이연법인세부채	6,000

* 과세소득(₩40,000)×30%=₩12,000

여기에서 보듯이 이연법인세부채가 증가한 만큼 당기의 법인세비용이 실제 법인세부담액(미지급법인세)보다 커지게 된다.

제2차년도말의 이연법인세부채는 ₩12,000인데, 이는 다음과 같이 계산된다.

개발비(자산) – 장부금액	₩90,000
개발비(자산) – 세무기준액	(50,000)
가산할 일시적차이(제2차년도말)	₩40,000
법인세율	×30%
이연법인세부채(제2차년도말)	₩12,000

이연법인세부채가 제1차년도와 같이 ₩6,000(=₩12,000−₩6,000)이 증가하였다. 따라서 제2차년도말에는 제1차년도말의 회계처리와 동일한 회계처리가 되고, 법인세비용도 실제 법인세부담액보다 ₩6,000이 크게 나타날 것이다.

(차) 법인세비용	18,000	(대) 미지급법인세	12,000
		이연법인세부채	6,000

제3차년도말의 가산할 일시적차이는 제2차년도말과 동일하므로 회계처리시에 이연법인세부채의 증감이 발생하지 않는다.

(차) 법인세비용	12,000	(대) 미지급법인세	12,000

제4차년도말에는 가산할 일시적차이 ₩10,000이 소멸하여 이연법인세부채의 잔액이 ₩9,000이 되어 이연법인세부채가 ₩3,000만큼 감소된다. 한편, 각 연도의 과세소득은 ₩40,000으로 가정했으므로 미지급법인세는 ₩12,000(=₩40,000×세율 30%)이고,

이에 따라서 법인세비용은 ₩9,000이 된다.

(차)	법인세비용	9,000	(대) 미지급법인세	12,000*
	이연법인세부채	3,000		

* 과세소득(₩40,000)×30%=₩12,000

제5차년도말에도 위와 유사한 회계처리를 통하여 이연법인세부채는 ₩9,000만큼 감소될 것이며, 그 결과 법인세비용이 법인세부담액보다 ₩9,000만큼 적게 된다.

(차)	법인세비용	3,000	(대) 미지급법인세	12,000
	이연법인세부채	9,000		

제1차년도와 제2차년도에 개발비상각에 관련된 일시적차이 때문에 계상되었던 이연법인세부채는 제4차년도와 제5차년도에 걸쳐 전액 소멸되고, 그 결과 제5차년도말에는 이연법인세부채의 잔액은 ₩0이 된다.

(2) 이연법인세자산

1) 이연법인세자산의 인식

이연법인세자산(deferred tax asset)이란 재무제표 작성일 현재 존재하는 일시적차이로 인하여 미래의 과세소득이 감소하는 경우, 즉 '차감할 일시적차이'가 존재하는 경우의 이연법인세 관련 자산을 말한다.

그렇다면, 이러한 이연법인세자산이 자산의 정의에 합당하다고 볼 수 있는가?

재무보고 개념체계에서는 자산은 "① 과거 사건으로부터 발생한 것으로서, ② 미래에 경제적 효익이 기업에 유입될 것이 기대되며, ③ 기업이 통제하고 있는 것"으로 정의하고 있다.

이연법인세자산은 실현가능성이 있다면 ① 재무보고 목적상 일시적차이가 발생한 관련 사건이 보고되었고[과거의 사건], ② 당해 일시적차이가 미래 과세소득에서 차감될 때 미래의 법인세부담액을 감소시키는 경제적 효익[미래의 효익]이 유입될 것이며, ③ 이러한 법인세부담액의 감소는 일시적차이가 발생된 기업만이 누릴 수 있는 배타적 권리[기업이 통제]이다. 따라서 이연법인세자산은 자산의 요건을 충족시킨다.

차감할 일시적차이는 미래의 과세소득과 법인세부담액을 감소시킴으로써 간접적으로 미래의 현금흐름 창출이라는 경제적 효익을 가져온다. 또한 회사는 이러한 미래효익에 대해 배타적인 권리를 가져 타인의 접근을 통제할 수 있으므로, 이연법인세자산의 자산성은 인정될 수 있다고 본다.

예제 20-4 이연법인세자산의 인식

슬기(주)는 제품에 대한 보증을 하고 있다. 슬기(주)는 20×1년의 제품판매와 관련하여 앞으로 제품보증으로 인한 지출이 발생할 것으로 추정하고 있다. 따라서 슬기(주)는 판매보증충당부채 ₩20,000을 설정하였다. 한편, 법인세법에서는 실제로 지출이 발생하기 전까지 손금으로 인정되지 않고 있으며, 슬기(주)의 법인세율은 30%라고 하자. 이연법인세자산계정에 미치는 영향을 설명하라.

해답

20×1년에 인식한 제품보증비용은 회계상으로는 비용과 부채를 인식하지만 세무상으로는 손금과 부채가 인식되지 않는다. 이 제품보증충당부채의 장부금액은 ₩20,000이고 세무기준액은 영(0)이다. 장부금액(₩20,000)과 세무기준액(₩0)의 차이 ₩20,000이 차감할 일시적차이이다. 왜냐하면 20×1년 현재 세무기준액이 ₩0인 부채를 미래에 결제할 때 세무상 손금으로 인정되는 ₩20,000을 지급하므로 기업의 미래 과세소득이 ₩20,000만큼 감소되기 때문이다. 이에 따라 향후 법인세납부액은 ₩6,000(=₩20,000×30%)이 감소하게 되므로 ₩6,000(=₩20,000×30%)의 이연법인세자산을 인식한다. 단, 이 경우에는 슬기(주)가 미래 회계기간에 법인세납부액이 감소하는 혜택을 볼 수 있을 만큼 충분한 과세소득을 창출할 가능성이 높아야 한다. 왜냐하면 슬기(주)가 충분한 과세소득이 없으면 법인세를 납부할 의무가 없으므로 법인세 절감혜택을 받을 수 없기 때문이다.

이연법인세자산을 초래하는 차감할 일시적차이의 예를 몇 가지 더 들어보기로 하자.

① 회계상으로 퇴직급여비용은 종업원이 근무용역을 제공하는 보고기간에 비용으로 인식하고 동시에 퇴직급여부채로 인식되지만, 과세소득을 결정할 때에는 퇴직연금기금에 출연하는 시점이나 퇴직급여를 지급하는 시점에 차감(손금산입)될 수 있다. 따라서 퇴직급여비용 인식시점에서는 퇴직급여충당부채의 장부금액이 세무기준액보다 커서 차감할 일시적차이가 발생한다.

② 일부 자산은 세무상으로 손상차손이 인정되지 않지만 회계상으로는 손상차손이 발생하여 본래의 장부금액보다 낮은 공정가치로 평가되기도 한다. 이로써 자산의 장부금액이 세무기준액보다 작아서 일시적차이가 발생한다.

일반적으로 기업들은 일시적차이가 초래하는 법인세지급액의 유예효과를 활용하고자 하는 유인이 강하기 때문에 주로 이연법인세부채가 발생하는 반면, 이연법인세자산이 발생하는 빈도는 적다.

2) 이연법인세자산의 인식을 위한 자산성 검토

'차감할 일시적차이'에 대하여 인식하는 이연법인세자산은 향후 "과세소득의 발생가능성이 높은 경우"에만 인식한다.[6] 왜냐하면 미래에 과세소득이 발생하지 않으면 차감할 일시적차이로 인한 법인세혜택을 실현할 수 없기 때문이다. 그래서 이연법인세자산의 인식에서는 "과세소득이 발생할 가능성이 높은 경우"를 판단하는 기준이 필요하다. K-IFRS에서는 다음과 같은 조건을 제시하고 있다.

① "차감할 일시적차이"가 소멸될 것으로 예상되는 기간에 소멸될 것으로 예상되는 "가산할 일시적차이"가 충분한 경우
② ①의 "가산할 일시적차이"가 충분하지 않더라도 다음의 경우
 ㉠ 차감할 일시적차이가 소멸될 회계기간에 충분한 과세소득이 발생할 가능성이 높은 경우
 ㉡ 세무정책으로 적절한 기간에 과세소득을 창출할 수 있는 경우

위의 ②㉡에서 "세무정책"이란 이월공제가 가능한 세무상결손금이나 세액공제의 공제가능기간이 소멸되기 이전에 과세소득이 발생하도록 하기 위하여 기업이 택할 수 있는 행동이다.[7] 예를 들어 비과세소득을 발생시키는 국채나 공채 등의 자산을 매각하는 대신에 과세소득을 발생시키는 다른 수익성이 높은 투자자산을 취득함으로써 미래기간에 과세소득이 발생하도록 할 수 있다.

이연법인세자산의 장부금액은 매 보고기간말에 검토한다. 미래의 법인세부담액을 경감시킬 수 있는 이연법인세자산의 일부 또는 전부에 대한 혜택이 사용되기에 충분한 과세소득이 발생할 가능성이 높지 않은 것으로 밝혀지면, 이연법인세자산의 장부금액을 감액시켜야 한다. 그리고 과세소득이 발생할 가능성이 다시 높아지면, 그 감액된 금액의 범위 내에서 환입한다.

(3) 이연법인세자산이나 부채를 인식하지 않는 경우

모든 일시적차이에 대해서는 원칙적으로 이연법인세자산이나 부채를 인식해야 한다. 다만 다음에 발생하는 일시적차이에 대해서는 이연법인세자산이나 부채를 인식하지 아니한다.

① 영업권을 최초로 인식하는 경우
② 자산 또는 부채가 최초로 인식되는 거래가 사업결합거래가 아니고, 거래 당시 회계이익이나 과세소득에 영향을 미치지 아니하는 경우

---

6) 차감할 일시적차이가 소멸될 때 공제할 수 있는 과세소득의 원천을 세법에서 제한하는지를 고려해야 한다. 세법에서 손실을 특정 유형의 이익에서 공제하는 데에만 사용하도록 제한(예를 들면, 자본손실을 자본이득에서만 공제하도록 허용)한다면 개별 차감할 일시적차이의 실현가능성은 그러한 제한을 고려하여 평가해야 한다.
 차감할 일시적차이의 실현가능성을 검토하기 위한 미래 과세소득의 추정치는 차감할 일시적차이의 소멸효과를 고려하기 전의 금액으로 해야 한다. 예를 들어, 차감할 일시적차이 ₩1,000에 대한 이연법인세자산의 실현가능성을 검토하는 경우 해당 일시적차이의 소멸에 따른 공제효과를 고려한 미래 과세소득이 ₩500이라면 차감할 일시적차이를 사용할 수 있는 과세소득은 ₩1,500이 된다.

7) 세무상결손금과 세액공제의 회계처리에 대해서는 뒤의 제3절에서 상세히 언급된다.

1) 영업권의 최초인식 1012:21

영업권은 사업결합에서 피취득자의 식별가능한 자산, 부채 및 우발부채의 순공정가치에 대한 취득자의 지분을 초과하는 사업결합원가이다(영업권은 제9장 제4절 설명 참조). 영업권은 취득대가에서 순자산을 차감하여 산출하는 잔여가액의 특성이 있다.

세법에서 영업권을 인식하지 않으면 영업권의 세무기준액은 "₩0"이 되어 가산할 일시적차이가 발생한다. 만일 영업권과 관련하여 이연법인세부채를 인식하게 되면, 식별가능한 순자산이 감소하고 이는 영업권의 증가로 이어져 결국 이연법인세부채를 추가로 인식해야만 하는 과정을 순환적으로 반복한다. 이로 인해 영업권과 관련된 일시적차이에 대해서는 이연법인세부채를 인식하지 않도록 하고 있다.[8)]

예제 20-5 영업권 관련 이연법인세의 불인식

식별가능한 순자산의 공정가치가 ₩500(총자산 ₩1,000, 총부채 ₩500)인 기업의 인수대가로 ₩600을 지급했다. 이때 ₩100의 영업권이 발생한다. 세법에서는 합병시 발생하는 영업권을 인정하지 않으며, 세율이 30%이다.

영업권 관련 이연법인세를 인식했을 때 발생하는 순환적 효과에 대해 분석하라.

해답

피지배기업의 취득시점에 다음과 같은 분개를 해야 한다.

(차) 자　　산	1,000	(대) 부　　채	500
영 업 권	100	현　　금	600

피지배기업의 취득시 인식한 영업권의 장부금액 ₩100이 세무기준액 ₩0보다 커서 가산할 일시적차이가 발생한다고 볼 수 있다. 이 경우 영업권에 대한 이연법인세부채는 ₩30(₩100×30%)으로 계산된다. 따라서 영업권 관련 이연법인세부채를 인식하면 아래와 같이 영업권 인식액도 증가하게 된다.

(차) 영 업 권	30	(대) 이연법인세부채	30

이 경우 이연법인세부채 ₩30을 인식하면 영업권이 ₩130으로 ₩30만큼 증가한다. 그런데 이렇게 증가한 영업권의 장부금액 ₩130과 세무기준액은 ₩0에 대하여 이연법인세부채를 또다시 인식해야 하는 순환과정이 발생한다. 따라서 영업권의 최초인식과 관련된 일시적차이에 대해서는 이연법인세를 인식하지 않도록 하고 있다.

2) 자산 · 부채의 최초인식 1012:22

자산이나 부채를 최초로 인식하는 거래 중에서 장부금액이 세무기준액과 다르지

8) 사업결합으로 인식한 영업권에 대하여 이연법인세부채를 인식하지 않으므로 이후 보고기간에 영업권손상차손이 발생해도 이연법인세부채를 감소시키지 않는다. 그러나 사업결합 이전에 자산이나 부채의 장부금액이 세무기준액과 달라서 일시적차이가 발생한 것이 있으면 그 부분에 대해서는 이연법인세 자산 또는 부채를 인식한다.

만 거래가 발생할 당시에 회계이익이나 과세소득에 영향을 미치지 않는다면, 이연법인세 부채나 자산을 인식하지 않는다. 예를 들어 자산을 ₩100,000에 취득하였다고 하자. 세무기준액이 ₩80,000이고 법인세율이 30%라면 이연법인세부채 ₩6,000을 인식해야 한다. 그러나 거래가 발생할 당시 회계이익이나 과세소득에 영향을 미치지 않는다면 이연법인세 자산이나 부채를 인식하지 않는다. 왜냐하면 만일 상대계정으로 법인세비용을 인식하면 자산의 취득시점에 비용을 인식하는 문제가 발생하고, 상대계정으로 자산을 취득원가로 인식하면 취득원가가 과대계상되는 문제가 발생하기 때문이다.

3 이연법인세의 측정과 보고

(1) 법인세율의 선택 및 적용

이연법인세 자산과 부채의 측정에 적용되는 법인세율의 선택에는 두 가지 문제가 있다. 첫째는 법인세율이 매년 변동하는 경우 어떤 세율을 적용할 것이냐 하는 것이고, 둘째는 한 기간 내에서도 다단계세율구조인 경우 어떤 세율을 적용하느냐 하는 것이다.

1) 세율변동 1012:47

앞에서는 적용되는 세율이 변화하지 않는다고 가정하고 여러 가지 예시들을 살펴보았다. 그러나 현실에 있어서는 기업에 실제로 적용되는 세율이 변할 수도 있다. 법인세율의 변화는 ① 세법이 변함에 따라 달라지거나, ② 세법은 변하지 않았으나 기업의 과세표준이 변하여 적용받는 법인세율이 달라져서 평균세율이 변하기 때문이다.

K-IFRS에서는 이연법인세 자산과 부채는 재무상태표일까지 제정되었거나 실질적으로 제정된 세법(및 세율)에 근거하여 "**당해 자산이 실현되거나 부채가 결제될 회계기간에 적용될 것으로 기대되는 법인세율**"을 사용하여 측정하도록 규정하고 있다.

> 자산 또는 부채란 과거의 사건의 결과로서 특정 기업이 미래에 인식할 경제적 효익 또는 경제적 효익의 희생이므로 재무상태표에 인식할 이연법인세 자산 및 부채도 "일시적차이가 소멸되는 회계연도의 법인세율"을 적용하여 산출하는 것이 합리적이다. 이는 이연법인세자산(부채)을 일시적차이의 소멸 등으로 인하여 미래에 경감될 또는 추가적으로 부담할 법인세부담액으로 보기 때문이다. 또한 이는 K-IFRS의 법인세회계에서 채택하고 있는 자산·부채법(재무상태표접근법)의 논리에도 부합된다.[9]

9) 한편, 자산·부채로 계상되는 법인세효과를 발생연도의 법인세율에 근거하여 산출하는 방법은 이연법(손익계산서 접근법)의 논리에 따른 것이다.

그리고 세법의 개정으로 새로운 세목이 추가되면 일시적차이에 대한 법인세효과를 고려하여 이미 계상되어 있는 이연법인세자산(부채)의 금액을 수정한다. 또한 당해 회계연도 이후에 세율이 변경되면, 일시적차이가 전년도와 동일하더라도 법인세율 변경이 관련 이연법인세자산(부채)에 미치는 영향을 계산하여 변경연도에 즉시 반영시켜야 한다. 즉 현재의 일시적차이에 대한 법인세효과는 전에 적용되었던 법인세율에 의하여 산정하지 않고 변경된 법인세율을 적용하여 조정한다.

한편 이연법인세자산(부채)을 측정할 때에는 재무상태표일 현재 회사가 예상하고 있는 자산의 회수 또는 부채의 결제방식에 따라 나타날 법인세효과를 반영해야 한다. 회사가 자산(부채)의 장부금액을 회수(결제)하는 방식에 따라 다음 중 하나 또는 모두에 영향을 줄 수도 있다.

① 회사가 자산(부채)의 장부금액을 회수(결제)하는 시점에 적용되는 세율
② 자산(부채)의 세무기준액

따라서 예상되는 자산의 회수방법 또는 부채의 상환방법에 적용되는 세율과 세무기준액을 사용하여 이연법인세를 측정해야 한다.

예제 20-6 법인세율의 선택 및 적용

[1] 한결(주)는 20×6년말 현재 '가산할 일시적차이'가 ₩70,000인데 이는 20×7년부터 3개년에 걸쳐서 각각 ₩30,000, ₩20,000 및 ₩20,000씩 소멸된다고 하자. 법인세율은 20×6년에는 25%이지만, 매년 증가하여 20×7년에는 28%, 20×8년에는 30%, 20×9년에는 32%가 될 것으로 확정되었다. 이 경우 20×6년말의 이연법인세부채는 얼마인가?

해답

소멸연도	가산할 일시적차이 예상 소멸금액	법인세율	이연법인세부채
20×7년	₩30,000	28%	₩8,400
20×8년	20,000	30%	6,000
20×9년	20,000	32%	6,400
총 계	₩70,000		₩20,800

이연법인세 자산과 부채는 자산이 실현되거나 부채가 결제될 회계기간에 적용될 것으로 기대되는 법인세율을 사용하여 측정한다.

(차) 법인세비용 20,800 (대) 이연법인세부채 20,800

[2] 위의 [1]에서 20×7년도에 법인세법이 변경되어 20×8년부터 법인세율이 평균 5% 하향조정된다고 가정하자. 20×7년도말에 필요한 분개를 하라.

해답

한결(주)의 경우 일시적차이는 20×7년에 ₩30,000이 소멸되고 20×7년말에는 아직 소멸되지 않은 금액이 ₩40,000이다. 따라서 한결(주)는 20×7년말에는 당기에 소멸된 일시적차이 ₩30,000에 해당하는 이연법인세부채 ₩8,400을 환입하고, 잔여 일시적차이 ₩40,000에 대

한 이연법인세부채 감소액 ₩2,000(=₩40,000×5%)을 장부에 반영하기 위해서 다음과 같은 분개를 수행해야 한다.

〈20×7년 소멸분 인식〉

(차) 이연법인세부채	8,400	(대) 법인세비용	8,400*

* ₩30,000×28%=₩8,400

〈20×8년, 20×9년의 법인세율 하향조정 반영〉

(차) 이연법인세부채	2,000	(대) 법인세비용	2,000*

* (₩20,000+₩20,000)×5%=₩2,000

[3] 자산의 장부금액은 ₩10,000이고 세무기준액은 ₩6,000이어서 가산할 일시적차이가 ₩4,000이다. 자산처분이익에 대해서는 20%, 계속사용에 따른 이익에 대해서는 30%의 세율이 적용된다. 인식해야 할 이연법인세를 계산하라.

해답

기업이 당해 자산을 더 이상 사용하지 않고 매각할 계획이면, ₩800(=₩4,000×20%)의 이연법인세부채를 인식한다. 한편, 당해 자산을 계속 보유하면서 사용할 계획이면, ₩1,200(=₩4,000×30%)의 이연법인세부채를 인식해야 한다.

요약하면, 이연법인세 자산과 부채의 장부금액은, 관련된 일시적차이 금액에 변동이 없더라도, 변경될 수 있는데 그러한 예는 다음과 같다.

① 기업에 적용되는 세율이나 세법상의 세율이 변경되는 경우
② 자산을 회수하는 방법 또는 부채를 결제하는 방법이 변경되는 경우
③ 이연법인세자산의 회수가능성을 재검토하는 경우

이로 인한 이연법인세의 변동액은 손익계산서의 법인세비용에도 반영된다.[10]

2) 다단계세율

누진세율구조를 가지는 경우 이연법인세의 계산에 적용할 세율의 결정문제가 있다. 현재 우리나라의 법인세법은 다단계 세율구조를 가지고 있다. 이때 적용할 수 있는 법인세율로는 평균세율과 한계세율이 있다. 평균세율(average tax rate)은 일시적차이가 소멸될 것으로 예상되는 기간의 과세소득에 적용될 평균세율로서 법인세비용을 회계이익으로 나눈 값이다. 한편, 한계세율(marginal tax rate)은 일시적차이를 과세소득에 가산 또는 차감할 경우에 가산 또는 차감되는 금액에 적용되는 세율이다. 따라서 과세표준이 일정수준 이상(또는 이하)일 것만 예상된다면 보다 간편히 산출할 수 있다. K-IFRS에서는 "평균세율"을 적용하도록 규정하고 있다.

10) 다만 당초에 자본계정에 직접 귀속시키는 항목(이에 대해서는 제4절 참조)과 관련된 부분을 제외한다.

(2) 현재가치 적용배제 1012:53-54

일시적차이에 따른 법인세효과로 나타나는 이연법인세자산(부채)은 현재가치로 평가하지 아니한다. 왜냐하면 일시적차이의 법인세효과를 현재가치로 평가하기 위해서는 미래현금흐름에 영향을 주는 일시적차이의 소멸시기(미래과세소득의 발생시기), 소멸되는 금액(과세소득금액의 크기) 및 적정이자율을 정확히 예측해야 하나 실무적으로 이를 예측하기가 어렵거나 복잡하기 때문이다. 또한 현재가치 평가과정에서 일시적차이의 소멸시기와 금액, 그리고 적정이자율을 기업이 임의적으로 적용할 수 있어 기업간 비교가능성을 저해할 수 있다. 무엇보다도 법인세효과를 현재가치로 계산한다고 하더라도 현재가치가 주는 정보의 효익이 계산에 소요되는 비용을 초과한다고 볼 수 없는 것도 이연법인세자산(부채)을 현재가치로 평가하지 않는 이유이다.

(3) 유동 · 비유동 구분 여부

K-IFRS 제1012호(법인세)에서는 이연법인세자산과 이연법인세부채를 유동항목과 비유동항목으로 구분하지 않고 있다. 그런데 K-IFRS 제1001호(재무제표 표시)에서는 이연법인세자산과 이연법인세부채는 **모두 비유동항목으로** 표시하고 있다. 실무에서도 일반적으로 비유동항목으로 분류하고 있다.

(4) 이연법인세자산과 이연법인세부채의 상계 표시 1012:71,74

법인세 관련 자산과 부채는 재무상태표의 다른 자산이나 부채와 구분하여 표시되어야 한다. 한편, 재무상태표에 표시되는 "이연법인세자산과 이연법인세부채"는 다음 조건들을 모두 충족한 경우에만 상계해서 표시할 수 있다.

① 기업이 당기법인세자산과 당기법인세부채를 상계할 수 있는 법적으로 집행가능한 권리를 가지고 있다.

② 이연법인세자산과 이연법인세부채가 다음의 각 경우에 동일한 과세당국에 의해서 부과되는 법인세와 관련되어 있다.

(가) 과세대상기업이 동일한 경우

(나) 과세대상기업은 다르지만 당기법인세 부채와 자산을 순액으로 결제할 의도가 있거나, 유의적인 금액의 이연법인세부채가 결제되거나 이연법인세자산이 회수될 미래의 각 회계기간마다 자산을 실현하는 동시에 부채를 결제할 의도가 있는 경우

또한, 다음 조건을 모두 충족되면 **당기법인세자산과 당기법인세부채**를 상계한다.[11]

11) 연결재무제표에서, 관련 기업들이 순액으로 납부하거나 환급받을 법적으로 집행가능한 권리를 가지고 있고 순액

① 기업이 상계할 수 있는 법적으로 집행가능한 상계권리를 가지고 있다.
② 기업이 순액으로 결제하거나, 자산 실현과 동시에 부채를 결제할 의도가 있다.

당기법인세자산이란 과세당국으로부터 환급받을 미수환급법인세나 선급법인세를 의미하며 당기법인세부채란 미지급법인세를 말한다.

동일 과세당국에 의해 부과되고 과세당국이 순액으로 납부하거나 환급받도록 허용하는 경우, 기업은 일반적으로 당기법인세자산을 당기법인세부채와 상계할 수 있는 법적으로 집행가능한 권리를 가지게 될 것이다.

4 과세소득과 법인세비용

(1) 과세소득의 산출과정

회계기준에서 회계이익은 수익에서 비용을 차감하여 산출한다. 그런데 세법에서는 회계기준과 다르게 과세소득을 익금에서 손금을 차감한 것으로 규정하고 있다. 수익과 익금, 비용과 손금은 개념상으로는 유사하지만 회계기준과 세법의 차이로 동일하지는 않다.

우리나라의 현행 법인세법상 법인세계산구조에 의하면 과세소득은 익금에서 손금을 차감하는 형식이 아니고, 보고기말에 산출된 회계이익(세전)에 조정항목을 반영하여 익금에서 손금을 차감한 금액과 같은 과세소득을 계산하도록 한다. 이 과정을 세무조정이라고 한다.

▶ 그림 20-2
세무조정과정

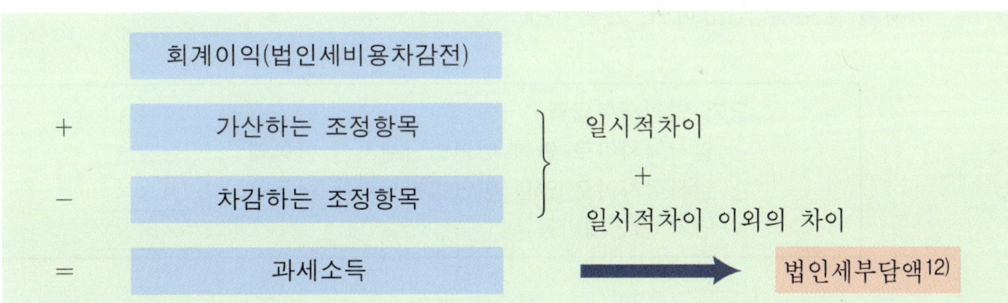

이와 같은 세무조정을 거치면 익금에서 손금을 차감한 금액과 동일한 과세소득이 산출되고, 여기에서 몇 가지 조정을 거쳐서 과세표준을 계산한 다음 세율을 곱해

으로 결제하거나, 자산을 실현하는 동시에 부채를 결제할 의도가 있는 경우에만, 연결실체 내 한 기업의 당기법인세자산을 다른 기업의 당기법인세부채와 상계한다.

12) 실제 법인세부담액은 과세소득에서 이월결손금, 비과세소득, 소득공제를 가감하여 과세표준을 계산하고, 여기에 법인세율을 곱하여 산출세액을 계산한 다음, 세액공제를 차감하여 결정세액(당기법인세)을 산출한다.

서 법인세부담액(미지급법인세)을 계산한다.

회계이익에 가산하는 조정항목과 차감하는 조정항목들은 대부분 일시적차이이지만 일시적차이 이외의 차이도 포함되어 있다. 조정항목에 포함되는 일시적차이는 특정연도의 과세소득 산출시에는 가산(차감)되지만 차기 이후의 미래 과세소득 산출시에는 반대방향으로 차감(가산)되어 소멸되는 특성을 가지고 있다. 이연법인세부채와 자산은 일시적차이가 소멸되는 연도의 세율을 일시적차이에 적용하여 계산한다.

일시적차이 이외의 차이는 회계기준에서는 수익과 비용에 포함되나 세법에서는 익금이나 손금에 포함되지 않거나, 회계기준에서는 수익과 비용에 포함되지 않지만 세법에서는 익금이나 손금으로 보는 항목들이다. 이러한 항목들은 일시적차이가 아니므로 이연법인세자산이나 이연법인세부채의 인식근거가 되지 못한다. 이들은 주로 조세정책적인 목적에서 수익이지만 익금에 인정되지 않거나 비용이지만 손금으로 인정하지 않는 항목들이다. 세법에서는 이들은 '사외유출' 또는 '영구적차이'로 부른다.

예를 들면 비과세이자소득은 회계기준에서는 수익으로 분류되나 세법에서는 익금으로 보지 않는다. 따라서 당기 과세소득계산과정에서 차감하는 조정항목에 포함된다. 이 외에 접대비한도초과액, 벌금과 과태료, 자기주식처분이익 등이 일시적차이 이외의 차이이다. 접대비한도초과액과 벌금 및 과태료는 회계기준에서는 비용이지만 세법에서는 손금으로 보지 않으므로, 당기 과세소득의 계산과정에서는 가산하는 조정항목이다. 자기주식처분이익은 자본거래이므로 회계기준에서는 손익항목이지만 세법에서는 익금으로 본다.

(2) 법인세비용과 이연법인세

손익계산서에 나타나는 법인세비용은 아래와 같이 법인세부담액에 이연법인세 자산·부채의 증감을 반영하여 산출한다.

당기 법인세부담액	×××
± 일시적차이로 인한 이연법인세자산 변동액	×××
± 일시적차이로 인한 이연법인세부채 변동액	×××
= 당기 법인세비용	×××

매기 회사가 납부할 법인세부담액은 각 재무상태표일 현재 세무조정을 통해 계산한다. 그리고 일정기간의 법인세비용을 인식하기 위해서는 당해 기간의 법인세부담액과 회계기말 현재 이연법인세 자산·부채의 변동액을 산출해야 한다.

이연법인세자산과 이연법인세부채가 증가한 경우를 구분하여 살펴보자. 과세소득이 ₩50,000이며 법인세율이 30%인데, 이연법인세자산이 ₩3,000 증가한 경우(A)와 이연법인세부채가 ₩3,000 증가한 경우(B)에는 각각 다음과 같은 법인세 관련 분개를 한다. 미지급법인세는 법인세부담액으로 과세소득 ₩50,000에 법인세율 30%를 곱한 금액이다.

이연법인세자산의 증가(A)		이연법인세부채의 증가(B)	
(차) 법인세비용	12,000	(차) 법인세비용	18,000
이연법인세자산	3,000	(대) 이연법인세부채	3,000
(대) 미지급법인세(또는 현금)	15,000	미지급법인세(또는 현금)	15,000*

* ₩50,000(과세소득)×30%(법인세율)=₩15,000

이 경우 당기법인세비용은 다음과 같이 산출됨을 알 수 있다.

	A	B
당기 법인세부담액	₩15,000	₩15,000
(−) 일시적차이로 인한 이연법인세자산의 증가	(3,000)	
(+) 일시적차이로 인한 이연법인세부채의 증가		3,000
당기 법인세비용	₩12,000	₩18,000

이연법인세자산이 증가하면 당기 손익계산서에 기록되는 법인세비용이 당기에 납부하는 법인세부담액보다 작아진다. 이와는 반대로 이연법인세부채가 증가하면 당기 손익계산서에 기록되는 법인세비용이 당기에 납부하는 법인세부담액보다 커진다.

법인세비용=법인세부담액−(기말이연법인세자산−기초이연법인세자산)
+(기말이연법인세부채−기초이연법인세부채)
=법인세부담액−이연법인세자산의 증가(이연법인세부채의 감소)
+이연법인세부채의 증가(이연법인세자산의 감소)

재무상태표에 표시되는 이연법인세자산 및 이연법인세부채와 손익계산서에 표시되는 법인세비용 간의 관계는 〈표 20-4〉와 같다.

표 20-4 이연법인세 자산·부채와 법인세비용

재무상태표(차변)	손익계산서	재무상태표(대변)
기초 이연법인세자산	법인세부담액	**기초** 이연법인세부채
(±) 증감 ⇨	(−) 이연법인세자산의 증가(부채의 감소) (+) 이연법인세부채의 증가(자산의 감소)	⇦ (±) 증감
=**기말** 이연법인세자산	=법인세비용	=**기말** 이연법인세부채

(주) 이연법인세자산=차감할 일시적차이×소멸기간의 법인세율
* 차감할 일시적차이=자산의 세무기준액−자산의 장부금액 ; 부채는 반대로
이연법인세부채=가산할 일시적차이×소멸기간의 법인세율
* 가산할 일시적차이=자산의 장부금액−자산의 세무기준액 ; 부채는 반대로

한편, 일시적차이로 인한 이연법인세자산과 부채의 변동액 중에서 법인세비용에 영향을 미치지 않는 항목이 있다. 이는 특정 항목에 대하여 법인세효과를 자본계정에 직접 인식하도록 요구한 경우이다. 이에 대해서는 제4절에서 설명하고 있다.

예제 20-7 이연법인세

성미(주)의 20×7년과 20×8년의 법인세비용차감전순이익은 각각 ₩300,000과 ₩400,000이다. 법인세 평균세율은 30%이며, 법인세 관련 자료는 다음과 같다.

1) 20×7년과 20×8년에 접대비한도초과액이 각각 ₩50,000씩 발생하였다.
2) 20×7년에 당기손익-공정가치측정금융자산평가손실로 ₩60,000을 계상하였으며, 당해 금융자산은 20×8년에 처분되었다. 세법에서 금융자산은 원가법으로 평가한다.
3) 20×7년에 정기예금(20×8년에 만기)의 미수이자 ₩10,000을 계상하였다.
4) 20×7년에 퇴직급여한도초과액 ₩100,000이 발생하였으며, 당해 한도초과액이 20×8년과 20×9년에 각각 ₩50,000씩 손금으로 추인되었다.
5) 20×8년에 기술개발준비금으로 ₩150,000을 설정하였으며, 이는 20Y1년부터 3년간 균등액을 환입한다.

20×9년과 그 이후의 과세소득은 ₩500,000으로 예상(20×8년도에 추정)되며, 20×8년중에 20y0년부터 세율을 30%에서 28%로 낮추는 세법이 통과되었다.

성미(주)에는 20×7년초에 이연법인세자산(부채)의 잔액이 없었다고 가정하고, 20×7년과 20×8년에 성미(주)가 법인세와 관련하여 필요한 회계처리를 하라.

해답

[당기 법인세부담액의 계산(20×7년과 20×8년)]

	20×7년		20×8년	
Ⅰ. 법인세비용차감전순이익(회계이익)		₩300,000		₩400,000
Ⅱ. 차이조정				
(1) 가산조정				
1. 접대비한도초과액	₩50,000		₩50,000	
2. 금융자산평가손실	60,000*		–	
3. 퇴직급여한도초과액	100,000*		–	
4. 미수이자	–	210,000	10,000*	₩60,000
(2) 차감조정				
1. 미수이자	(₩10,000)*		–	
2. 기술개발준비금	–		(₩150,000)	
3. 금융자산평가손실	–		(60,000)*	
4. 퇴직급여한도초과액	–	(10,000)	(50,000)*	(260,000)
Ⅲ. 과세소득(법인세 과세표준)		₩500,000		₩200,000
법인세율		×30%		×30%
Ⅳ. 법인세부담액		₩150,000		₩60,000

* 20×7년도에 발생하였다가 20×8년도에 소멸된 금액을 나타낸다.

[20×7년의 법인세 관련 회계처리]

1) 이연법인세자산(부채)의 계산(단위 : 원)

세무조정 항목	20×7년말 일시적차이	일시적차이 소멸		20×7년말 이연법인세자산(부채)
		20×8년	20×9년 이후	
금융자산평가손실	(60,000)	60,000	–	18,000*
퇴직급여한도초과액	(100,000)	50,000	50,000	30,000**
미수이자	10,000	(10,000)	–	(3,000)
적용세율		30%	30%	

* ₩60,000×30%=₩18,000

** ₩50,000×30%+₩50,000×30%=₩30,000

[참고] 접대비한도초과액은 일시적차이 이외의 차이로서 이연법인세 인식대상항목이 아니다.

2) 이연법인세자산(20×7년말 잔액)의 실현가능성 검토

	20×8년	20×9년
소멸될 가산할 일시적차이+예상과세소득	₩200,000*	₩0+₩500,000
vs. 차감할 일시적차이(순액)	(₩110,000)	(₩50,000)

* 20×8년에 실현될 가산할 일시적차이인 정기예금 미수이자 ₩10,000이 반영된 금액임

∴ 각 연도에 소멸될 가산할 일시적차이와 예상과세소득의 합계가 '차감할 일시적차이(순액)'를 초과하여 이연법인세자산의 실현가능성이 높으므로 이연법인세자산을 모두 계상한다.

3) 회계처리

(차) 법인세비용	105,000*	(대) 미지급법인세	150,000
이연법인세자산	48,000	이연법인세부채	3,000

* 법인세비용은 다음과 같이 당기 법인세부담액에 이연법인세자산(부채)의 당기증가액을 차감(가산)하여 계산한다.

당기 법인세부담액	₩150,000
(−) 이연법인세자산의 증가	(48,000)
(+) 이연법인세부채의 증가	3,000
법인세비용	₩105,000

[20×8년의 법인세 관련 회계처리]

1) 이연법인세자산(부채)의 계산

세무조정 항목	20×8년말 일시적차이	일시적차이 소멸		20×8년말 이연법인세자산(부채)
		20×9년	20y0년 이후	
퇴직급여한도초과액	(50,000)	50,000	–	15,000
기술개발준비금	150,000	–	(150,000)	(42,000)
적용세율*		30%	28%	

* 20×8년말에 앞으로 적용되는 세율이 다시 변경될 것으로 예상되면 이를 반영해야 한다.

2) 이연법인세자산(20×8년말 잔액)의 실현가능성 검토

	20×9년	20y0년 이후
소멸된 가산할 일시적차이+예상과세소득	₩500,000	₩150,000+₩500,000
vs. 차감할 일시적차이(순액)	(₩50,000)	–

∴ 각 연도에 소멸될 가산할 일시적차이와 예상과세소득의 합계가 '차감할 일시적차이(순액)'를 초과하여 이연법인세자산의 실현가능성이 높으므로 이연법인세자산을 모두 계상한다.

➡계속

3) 회계처리

(차) 법인세비용	132,000	(대) 미지급법인세	60,000
		이연법인세자산	33,000*
		이연법인세부채	39,000**

* ₩15,000(당기말) − ₩48,000(전기말) = (₩33,000) - 이연법인세자산 감소액

** ₩42,000(당기말) − ₩3,000(전기말) = ₩39,000 - 이연법인세부채 증가액

이연법인세 자산과 부채를 인식하고 그 법인세효과를 당기손익 등에 반영하는 순서를 요약하면 다음과 같다.

▶ 표 20-5 이연법인세 회계처리 순서

순 서	내 용
①	K-IFRS에 따라 회계이익(세전이익)을 계산한다.
②	결산일에 자산·부채의 장부금액과 세무기준액을 비교하여 일시적차이의 존재여부를 확인한다.
③	가산할 일시적차이에 대하여 예외사항이 인정되는 경우를 제외하고 이연법인세부채를 인식한다.
④	차감할 일시적차이 등에 대하여 실현가능성에 대한 평가를 통하여 이연법인세자산을 인식한다.
⑤	인식한 이연법인세자산과 이연법인세부채의 법인세효과가 자본에 직접 반영된 항목과 관련된 경우 당해 자본항목에 반영(제4절에서 설명됨)하고, 기타의 경우에는 법인세비용으로 당기손익(정상활동과 관련된 당기순이익과 중단사업이익에 배분)에 반영한다.

제 3 절 결손금과 이월공제

1 결손금 1012:34-36

법인세법상 결손금은 손금이 익금을 초과하는 경우에 발생한다. 법인세법에 따라 계산한 과세소득이 이익을 보일 때에는 세금을 납부하게 되지만, 과세소득에 결손이 발생했을 때에는 세금을 환급받지 못한다면 이는 과세형평에 어긋난다. 따라서 과세소득이 결손을 보일 때에는 납부한 세금을 환급해 주거나(결손금 소급공제), 아니면 당해

결손금을 미래 기간의 과세소득에서 차감할 수 있도록 허용하는 것(결손금 이월공제)이 타당하다. 우리나라는 결손금이 발생하면 이를 차기 이후 10년 이내의 기간에 걸쳐 과세소득에서 공제할 수 있도록 허용되어 있다.[13] 이와 같이 결손금을 차기 이후의 기간으로 이월하여 과세소득에서 공제할 수 있도록 하는 제도를 결손금이월공제(tax loss carryforward)라고 한다.[14]

결손금이 발생했으나 당해 결손금이 이월되면, 미래에 지급해야 할 법인세를 절감시켜 준다. 따라서 이월공제가 가능한 세무상결손금에 대해서는 이로 인한 법인세 혜택이 실현되기까지 이연법인세자산으로 기록할 수 있다.

예를 들면, 결손금에 대하여 법인세혜택 ₩6,000을 받을 수 있는데 당기에 납부세액 중 ₩2,000을 환급받을 예정이고, 나머지는 앞으로 이월공제받을 수 있다면 다음과 같은 분개를 한다.

(차) 미수법인세환급	2,000	(대) 법인세혜택	6,000
이연법인세자산	4,000		

이월공제가 가능한 세무상결손금에 따라 인식하는 이연법인세자산은 결손금공제를 활용할 수 있는 미래의 과세소득이 예상되는 범위 안에서 인식한다. 즉 세무상결손금으로 인한 이연법인세자산의 인식기준은 차감할 일시적차이의 경우와 원칙적으로 동일하다.

미사용 세무상결손금이 존재한다는 것은 미래에 과세소득이 발생하지 않을 수 있는 가능성이 높다는 것을 의미한다. 따라서 기업이 최근 결손금 이력이 있는 경우, 충분한 가산할 일시적차이가 있거나 미사용 세무상결손금이 사용될 수 있을 만큼 충분한 미래 과세소득이 발생할 것이라는 설득력 있는 기타의 증거가 있는 경우에만 그 범위 안에서 미사용 세무상결손금 관련 이연법인세자산을 인식한다.[15]

---

13) 투자세액공제 등도 결손금이월공제와 유사하게 납부세액이 부족한 경우 이월공제할 수 있는데, 이도 역시 미래 소득이 있는지 여부에 따라 달라진다.

14) 다만, 중소기업은 직전사업연도 법인세액을 환급받을 수 있다.

15) 세액공제 관련 이연법인세자산을 포함한다. 미사용 세무상결손금(또는 세액공제)이 사용될 수 있는 과세소득의 발생가능성을 검토할 때 다음 판단기준을 고려한다.
① 동일 과세당국과 동일 과세대상기업에 관련된 가산할 일시적차이가 미사용 세무상결손금이나 세액공제가 만료되기 전에 충분한 과세대상금액을 발생시키는지의 여부
② 미사용 세무상결손금이나 세액공제가 만료되기 전에 과세소득이 발생할 가능성이 높은지의 여부
③ 미사용 세무상결손금이 다시 발생할 가능성이 없는 식별가능한 원인으로부터 발생하였는지의 여부
④ 미사용 세무상결손금이나 세액공제가 사용될 수 있는 기간에 과세소득을 창출할 수 있는 세무정책을 이용할 수 있는지의 여부

예제 20-8 미사용 세무상결손금 법인세혜택 – 발생연도에 인식

은선(주)의 20×7년의 법인세비용차감전순손실은 ₩400,000이다. 당해 회계연도의 법인세 평균세율은 30%이며, 법인세율의 변동은 없다.

1) 20×7년초 현재 가산할 일시적차이(기술개발준비금)는 ₩100,000이고, 관련 이연법인세부채 ₩30,000이 재무상태표에 계상되어 있다. 당해 일시적차이는 20×9년에 전액 소멸될 것이다.
2) 은선(주)는 취득원가 ₩600,000, 내용연수 3년, 잔존가치가 영(₩0)인 기계장치를 당해 사업연도초에 취득하여 기업회계상 연수합계법으로 상각하지만, 세무상으로는 정액법으로 상각하고자 한다.
3) 은선(주)의 20×8년 이후 앞으로 10년간 연간 예상 과세소득은 ₩100,000이다.

20×7년에 인식할 이연법인세를 계산하고, 적절한 회계처리를 하라.

해답

1) 당기 법인세부담액 계산

Ⅰ. 법인세비용차감전순이익	(₩400,000)
Ⅱ. 가산 조정	
1. 감가상각비	100,000*
Ⅲ. 세무상결손금(법인세 과세표준)	(₩300,000)

* 감가상각누계액	20×7년	20×8년	20×9년
기업회계(연수합계법)	₩300,000	₩500,000	₩600,000
세무회계(정액법)	(200,000)	(400,000)	(600,000)
차감할 일시적차이	₩100,000	₩100,000	–

⇒ 과세소득이 없으므로 법인세부담액은 ₩0이 된다.

2) 이연법인세자산(부채)의 계산(단위 : 원)

세무조정 항목	20×7년말 일시적차이	일시적차이 소멸		20×7년말 이연법인세자산(부채)
		20×8년	20×9년 이후	
감가상각누계액	(100,000)	–	100,000	30,000
세무상결손금	(300,000)	100,000	200,000	90,000
기술개발준비금	100,000	–	(100,000)	(30,000)
적용세율		30%	30%	

(주) 결손금 ₩400,000 중 ₩100,000은 당기 감가상각누계액으로 인한 일시적차이로 상계되고 나머지 ₩300,000에 대한 법인세혜택은 예상과세소득으로 차기 이후에(20×8년 ₩100,000과 20×9년 이후 ₩200,000) 실현된다.

- 이연법인세자산 : ₩120,000 − 0(전기말) = ₩120,000
- 이연법인세부채 : ₩30,000 − ₩30,000(전기말) = ₩0(변동 없음)

3) 이연법인세자산의 실현가능성 검토

차감할 일시적차이 ₩400,000이 미사용 세무상결손금 공제를 받을 수 있는 기간 동안에 소멸될 것으로 예상되는 가산할 일시적차이(₩100,000)와 발생이 예상되는 과세소득(₩100,000 × 10년 = ₩1,000,000) 합계보다 작으므로 이연법인세자산이 실현될 가능성이 높다고 본다.

4) 회계처리

(차) 이연법인세자산 120,000 (대) 법인세비용 120,000*

* [참고] 주석공시 : 법인세비용의 주요 구성내역

법인세비용		(120,000)
1. 당기 법인세부담액	0	
2. 일시적차이로 인한 이연법인세자산 증가액	(30,000)‡	
3. 일시적차이로 인한 이연법인세부채 증가액	0‡‡	
4. 세무상결손금으로 인한 이연법인세자산 증가액	(90,000)‡‡‡	

‡ 기말 이연법인세자산(감가상각누계액 관련)	₩30,000
기초 이연법인세자산(감가상각누계액 관련)	(0)
차감할 일시적차이로 인한 이연법인세자산 증가액	₩30,000

‡‡ 기술개발준비금으로 인한 이연법인세부채의 증감은 발생하지 않음

‡‡‡ 결손금(₩300,000)×30%=(₩90,000)

2 기타 이월공제

법인세법상 최저한세[16]가 적용되어 세액공제 또는 세액감면 등의 적용이 배제되는 경우가 있다. 이때 회사는 당해 배제 부분이 일시적차이에 속하더라도 이에 대한 법인세효과를 인식할 수 없다. 다만, 최저한세의 적용으로 공제받지 못한 부분에 해당하는 일부 세액공제 대상금액은 다음 사업연도 개시일로부터 5년 이내에 종료하는 각 사업연도에 이월하여 공제할 수 있다. 따라서 이때에는 미사용 세무상결손금의 경우와 동일하게 이월공제가 활용될 수 있는 미래기간에 발생할 가능성 높은 과세소득의 범위 내에서 이월공제분의 법인세효과를 인식한다. 그러나 세액공제나 세액감면의 이월공제분은 이미 법인세율을 곱해서 산출된 금액이므로 법인세효과 계산시 다시 법인세율을 곱하면 안 된다.

16) 최저한세란 세제상 혜택을 많이 받는 기업이라도 최소한도의 세금을 납부하도록 하기 위해 도입된 제도로 내국법인은 각 사업연도의 소득에 대한 법인세는 다음 둘 중에 많은 것으로 하도록 규정하고 있다(조세특례제한법 제118조).
① 조세특례제한법상 준비금, 소득공제 및 비과세금액, 세액공제금액, 면제 및 감면세액 등을 혜택받은 후의 세액
② 조세특례제한법상 준비금, 소득공제 및 비과세금액 등을 혜택받지 아니한 경우의 과세표준에 10%(과세표준 1천억원 초과분에 대하여는 17%), 중소기업의 경우에는 7%를 곱하여 가산한 금액

예제 20-9 이월공제 – 최저한세

선우(주)의 20×7년도 과세소득은 ₩400,000이다. 당해 연도의 법인세 관련 자료는 다음과 같다.

- 조세특례제한법상의 총세액공제액은 ₩250,000이었으나 최저한세가 적용되어 ₩90,000만 공제받고 나머지 ₩160,000을 공제받지 못하였다. 공제받지 못한 부분은 20×8년부터 5년간 이월하여 공제받을 수 있다.
- 20×8년부터 5년간의 과세소득은 매년 ₩100,000이 될 것으로 예상된다.

선우(주)가 20×7년에 처음 영업을 개시했다고 가정하고, 20×7년 선우(주)가 법인세에 관련하여 필요한 분개를 하라. 단, 법인세율은 30%이다.

해답

(차) 법인세비용	30,000	(대) 미지급법인세	30,000*

* 법인세부담액 : 20×7년 순이익(₩400,000)×30%－세액공제(₩90,000)＝₩30,000

(차) 이연법인세자산	150,000*	(대) 법인세비용	150,000

* 이연법인세자산 인식금액＝min(①, ②)＝₩150,000
① 공제받지 못한 금액＝₩250,000－₩90,000＝₩160,000
② 실현가능액 : 5년간(공제기간)의 ₩500,000(과세소득＝₩100,000×5년)×30%＝₩150,000

제 4 절 법인세기간내 배분과 자본에 가감하는 법인세효과

본절에서는 두 가지 독립적인 법인세 관련 추가 주제를 설명하기로 한다. 첫째는 법인세기간내 배분문제로 이연법인세와는 관련이 없지만 당기법인세비용을 계속영업이익과 중단영업손익에 배분하는 문제를 다룬다. 둘째는 법인세효과를 당기손익에 반영하지 않고 자본에 직접 가감하는 법인세효과를 다룬다.

당해 연도에 중단영업손익(discontinued operations)이나 기타포괄손익(OCI)이 있는 경우 포괄손익계산서의 법인세비용은 계속영업손익(income from continuing operations)에 대해서 구분하여 보고하며, 중단사업부문 및 기타포괄손익에 대한 법인세비용은 법인세효과를 가감한 세후순액으로 보고하도록 되어 있다. 이와 같이 특정 회계기간에 발생한 법인세를 계속영업이익, 중단사업부문, 기타포괄손익으로 나누어 회계처리하는 것을 법인세기간내 배분(intraperiod tax allocation)이라고 한다.

포괄손익계산서의 요약된 형태는 [그림 20-3]과 같다. 법인세비용은 법인세비용차감전계속영업손익을 산출하는 수익 · 비용과 관련된 세금비용이다. 그러나 계속영업손익과는 별개로 표시되는 중단영업손익과 기타포괄손익에 해당하는 법인세비용은 해당 손익에 직접 가감한다.

▶ **그림 20-3**
포괄손익계산서의 요약된 형태

	수 익	
−	비 용	
	법인세비용차감전계속영업손익	계속영업과 관련된 법인세비용
−	법인세비용	←
	계속영업손익	
±	중단영업손익	← 법인세비용을 해당 손익에 직접 가감
	당기순손익	
±	기타포괄손익	← 법인세비용을 해당 손익에 직접 가감
	총포괄손익	

(1) 중단영업손익

포괄손익계산서에서 법인세비용은 계속영업에서 발생한 법인세비용차감전계속영업손익에서 차감하는 형식으로 기재하고, 만일 중단영업손익이 있다면 이와 관련된 법인세비용은 해당 손익에 직접 반영하여 당해 중단영업손익을 법인세비용 반영 후의 순액으로 기재한다. 이와 같이 법인세비용을 관련 손익항목에 직접 연관되도록 보고하는 것이 정보이용자에게 보다 유용한 정보를 제공할 수 있다.

중단영업손익은 법인세비용의 효과를 별도로 반영하지만 이연법인세효과를 갖지 않는다. 즉, 중단영업손익은 법인세효과의 손익계산서 내에서의 표시문제에 국한되며 이연법인세효과를 갖지 않는다. 그러나 기타포괄손익은 법인세기간내 배분과 함께 이연법인세효과를 갖는다.

예제 20-10 중단영업손익의 법인세효과

을지(주)의 법인세비용차감전순이익이 ₩140,000인데, 이 중 계속영업이익이 ₩50,000이고 중단영업이익이 ₩90,000이다. 세율이 30%일 때 손익계산서에 법인세비용과 관련하여 계속영업이익과 당기순이익은 어떻게 공시하는가?

해답

전체 세금비용은 총 ₩42,000(=₩140,000×30%)으로 산출된다. 세금비용은 계속영업이익에 대하여 ₩15,000(=₩50,000×30%) 인식하고, 중단영업이익에 대해서는 ₩27,000(=₩90,000×30%) 인식하며, 중단영업이익을 세후금액으로 산출하여 공시한다. 손익계산서의 형태는 다음과 같다.

➡계속

손익계산서

법인세비용차감전계속영업이익	₩50,000
법인세비용	(15,000)
계속영업이익	₩35,000
세후중단영업이익(법인세효과 : ₩27,000)	63,000
당기순이익	₩98,000

(2) 기타포괄손익-공정가치측정(FVOCI)금융자산에 대한 법인세효과

당기에 인식한 기타포괄손익 항목이 있는 경우에 기타포괄손익의 법인세효과를 표시하는 방법으로는 다음과 같은 대안이 있다.

① 관련 법인세효과를 차감한 순액으로 표시
② 관련된 법인세효과 반영 전 금액으로 표시하고, 각 항목들에 관련된 법인세효과는 단일 금액으로 합산하여 표시

한편, 기타포괄손익에는 해당 자산의 처분 또는 제거시에 이전에 인식한 기타포괄손익을 당기손익으로 재순환해야 하는 항목들과 재순환할 수 없는 항목들이 있다. 재순환조정을 해야 하는 항목들은 자산의 처분 또는 제거시에 이전에 인식한 기타포괄손익을 당기손익으로 재순환시키는 회계처리를 해야 한다. 한편, 자산재평가로 인식한 재평가잉여금은 재순환할 수 없지만 해당 자산의 처분시에 기타포괄손익누계액에 그대로 두든지 이익잉여금으로 대체할 수 있다.

예제 20-11 자산재평가잉여금과 법인세

종로(주)는 취득원가가 ₩100,000인 토지를 20×1년말에 재평가하여 재평가이익 ₩20,000을 인식하였다. 세법상으로는 재평가를 인정하지 않으며, 법인세율은 20×1년과 20×2년에 30%로 동일하다. 종로(주)는 20×1년중에 재평가한 토지를 ₩120,000에 처분하였으며, 토지의 처분시 재평가잉여금을 이익잉여금으로 재분류하는 방법을 선택하였다. 법인세효과를 포함하여 토지의 재평가와 처분에 대한 회계처리를 하라.

해답

〈토지의 재평가에 대한 회계처리〉

토지의 재평가로 회계상 토지의 장부금액은 ₩120,000이 되었지만 세무기준액은 취득원가인 ₩100,000으로 변화가 없다. 따라서 회계상 장부금액이 세무기준액을 초과하여 가산할 일시적차이가 발생하여 이연법인세부채가 ₩6,000(=₩20,000×30%) 증가한다. 한편, 이연법인세는 증가하였지만 차변에 법인세비용을 계상하지 않고 재평가잉여금을 직접 차감한다. 따라서 자산재평가이익(OCI)의 자산재평가잉여금(AOCI)으로의 마감분개를 포함하여

다음과 같이 회계처리한다.

(차) 토　　지	20,000	(대) 자산재평가이익(OCI)	20,000
(차) 자산재평가이익(OCI)	6,000	(대) 이연법인세부채	6,000
(차) 자산재평가이익(OCI)	14,000	(대) 자산재평가잉여금(AOCI)	14,000

〈재평가한 토지의 처분에 대한 회계처리〉

토지의 처분으로 처분이익 ₩20,000이 발생하였으므로 처분이익에 대한 법인세 ₩6,000을 미지급법인세로 기록하고 이연법인세부채를 감액시키는 분개를 포함하여 다음과 같이 회계처리한다.

(차) 현　　금	120,000	(대) 토　　지	120,000
(차) 이연법인세부채	6,000	(대) 미지급법인세	6,000
(차) 자산재평가잉여금(AOCI)	14,000	(대) 이익잉여금	14,000

예제 20-12 FVOCI금융자산의 평가와 처분

[사례 1] FVOCI채무상품

세기(주)는 발행금액과 취득금액이 동일한 사채 ₩100,000을 20×1년초에 취득하고 FVOCI(기타포괄손익-공정가치측정)금융자산으로 인식했는데, 20×1년말에 공정가치가 ₩110,000으로 증가했다. 회사는 해당 자산을 20×2년초에 ₩110,000에 처분했다.

[사례 2] FVOCI지분상품

세기(주)는 타회사의 지분상품 ₩100,000을 20×1년초에 취득하고 FVOCI(기타포괄손익-공정가치측정)금융자산으로 인식했는데, 20×1년말에 공정가치가 ₩110,000으로 증가했다. 회사는 해당 자산을 20×2년초에 ₩110,000에 처분했다. 세기(주)는 FVOCI지분상품의 처분시 기타포괄손익누계액을 이익잉여금으로 대체한다.

요구사항

이 회사의 법인세율은 30%이고, 세법에서는 FVOCI금융자산의 공정가치평가를 인정하지 않고 있다. 위의 두 사례에 대해 20×1년말 공정가치 증가에 따른 회계처리와 20×2년도 처분시점의 회계처리를 제시하라.

해답

[사례 1] FVOCI채무상품

〈20×1년말 공정가치 증가에 따른 회계처리와 마감분개〉

(차) FVOCI채무상품	10,000	(대) 자산평가이익(OCI)	10,000
(차) 자산평가이익(OCI)	3,000	(대) 이연법인세부채	3,000
(차) 자산평가이익(OCI)	7,000	(대) 자산평가이익누계액(AOCI)	7,000

➡계속

〈20×2년도 처분시점의 재순환조정과 관련된 회계처리〉

(차) 현　　　금	110,000	(대) FVOCI채무상품	110,000
(차) 자산평가이익누계액(AOCI)	7,000	(대) 자산처분이익(NI)	10,000
이연법인세부채	3,000		
(차) 법인세비용	3,000	(대) 미지급법인세	3,000

(주) 20×1년에 발생한 평가이익 ₩10,000을 세후순액인 자산평가이익누계액(AOCI) ₩7,000과 이연법인세부채 ₩3,000으로 인식하였었다. 자산의 처분시에 재순환을 통하여 취득원가 ₩100,000과 처분가액 ₩110,000의 차이에 대해 자산처분손익(NI) ₩10,000을 인식하고 자산평가이익누계액(AOCI) ₩7,000과 이연법인세부채 ₩3,000을 제거한다. 또한, 자산처분이익에 법인세율을 곱하여 법인세비용과 미지급법인세를 인식한다.

[사례 2] FVOCI지분상품

〈20×1년말 공정가치 증가에 따른 회계처리와 마감분개〉

(차) FVOCI지분상품	10,000	(대) 자산평가이익(OCI)	10,000
(차) 자산평가이익(OCI)	3,000	(대) 이연법인세부채	3,000
(차) 자산평가이익(OCI)	7,000	(대) 자산평가이익누계액(AOCI)	7,000

〈20×2년도 처분시점의 회계처리〉

(차) 현　　　금	110,000	(대) FVOCI지분상품	110,000
(차) 자산평가이익누계액(AOCI)	7,000	(대) 이익잉여금	7,000
(차) 이연법인세부채	3,000	(대) 미지급법인세	3,000

(주) 공정가치선택권을 적용한 FVOCI지분상품에 대해서는 재순환이 허용되지 않기 때문에 처분손익을 인식하지 않고, 자산평가이익누계액(AOCI)은 이익잉여금으로 대체한다. 한편, 재무회계상 처분손익은 인식하지 않지만 세무상으로는 실현되었기에 이연법인세부채는 미지급법인세로 대체한다.

(3) 전기오류수정손익

전기오류수정손익과 회계변경의 누적효과 등은 회계기준에 따라 소급법으로 처리함에 따라서 이익잉여금(자본항목)에 직접 반영되지만, 세법상으로는 이를 차후 기간의 손익에 점진적으로 반영한다면 일시적차이가 존재하게 되고 향후 관련 자산·부채를 처분함에 따라 당해 일시적차이가 소멸한다. 이러한 일시적차이의 법인세효과를 직접 관련 자본항목에 가감한다면 당해 기간의 법인세비용에는 영향을 주지 않는다.

예제 20-13 전기오류수정손익의 법인세효과

전년도에 건물에 대한 감가상각누계액 ₩10,000의 설정을 누락하는 오류를 범했다고 가정하자. 이러한 오류로 인해 적게 기록된 감가상각비는 잔여내용연수 5년에 걸쳐 인정받는다면, 이로 인해 차감할 일시적차이가 발생한다. 향후 5년간 세무상으로 회사는 매년 ₩2,000씩 감가상각비를 추가로 손금으로 기록해야 한다. 법인세율은 30%로 일정하다.

요구사항

1) 오류를 수정하고 관련 법인세효과를 반영하는 분개를 제시하라.
2) 오류수정 연도에 법인세차감전 당기순이익이 ₩100,000이고 과세소득도 오류로 인한 추가 감가상각비를 제외하고는 동일하다고 가정하고 필요한 분개를 제시하라.

해답

1) 오류수정 분개

(차) 이익잉여금	10,000	(대) 감가상각누계액	10,000
(차) 이연법인세자산	3,000*	(대) 이익잉여금	3,000

* ₩10,000×30%=₩3,000

2) 당기법인세 관련 분개

(차) 법인세비용	30,000	(대) 미지급법인세	29,400
		이연법인세자산	600*

* ₩3,000/5년=₩600 또는 ₩2,000×30%=₩600

(4) 자기주식처분손익

자기주식을 처분하는 거래는 회계에서 자본거래로 보아 처분손익을 직접 자본잉여금(또는 자본조정)으로 기록하지만 세법에서는 조세정책상 과세소득으로 계산한다. 자기주식처분이익이 자본에 포함되기 때문에 자산·부채의 장부금액과 세무기준액의 차이인 일시적차이에 해당하지 않는다. 따라서 이연법인세부채를 인식하지 않는다. 이 경우 자기주식처분이익은 관련 법인세부담액을 가감한 잔액으로 당기 자본항목에 반영한다.

예제 20-14 자기주식처분손익의 법인세효과

취득원가 ₩100,000의 자기주식을 ₩120,000에 처분하여 ₩20,000의 자기주식처분이익(자본잉여금으로 기록)이 발생했다고 하자. 세율이 30%인 경우 필요한 분개를 제시하라.

해답

(차) 현　　금	120,000	(대) 자기주식	100,000
		자기주식처분이익	20,000
(차) 자기주식처분이익	6,000	(대) 미지급법인세	6,000*

* ₩20,000(자기주식처분이익)×30%=₩6,000

(주) 자기주식처분이익은 손익항목이 아니라 자본항목이기 때문에 자산·부채의 세무기준액과 장부금액 간에 차이가 발생하지 않는다. 따라서 이연법인세 자산·부채가 발생하지 않는다. 또한, 자기주식처분이익(자본거래이익)에 대한 법인세는 손익계산서에 법인세비용으로 반영되지 않지만 법인세지급액에는 포함해야 하기 때문에 미지급법인세를 증가시킨다. 만약 법인세비용에 이미 계상하였다면 법인세비용을 대변에 기록하여 이를 감액시켜 손익계산서에 포함되는 법인세비용을 줄여야 한다.

(5) 전환권대가

복합금융상품 거래에서는 최초에 거래를 인식할 때 당해 거래의 일부를 자본거래로 보아 직접 자본잉여금에 기록하지만 법인세법에서는 부채로 보는 경우가 있다. 예를 들면, 전환사채를 발행할 때 회계기준에서는 발행대가의 일부는 부채(전환사채)로 일부는 자본잉여금(전환권대가)으로 인식하지만, 세법에서는 전액을 부채로 본다. 따라서 부채의 장부금액이 세무기준액보다 작아서 가산할 일시적차이가 생기고 이연법인세부채가 발생한다. 이러한 이연법인세부채는 자본요소로부터 발생한 것이기 때문에 법인세비용으로 인식하지 않고 전환권대가에서 직접 반영한다.

예제 20-15 전환권대가의 법인세효과

액면 ₩100,000인 전환사채를 액면금액으로 발행하고, 그 금액 중에서 부채요소의 공정가치가 ₩90,000이어서 자본요소인 전환권대가가 ₩10,000이 기록되었다고 하자.
일시적차이가 소멸되는 시점의 법인세율이 30%인 경우 필요한 분개를 제시하라.

해답

(차) 현 금	100,000	(대) 전환사채	100,000
사채할인발행차금	10,000	전환권대가(자본잉여금)	10,000

회계상으로는 전환사채의 장부금액은 ₩90,000(=전환사채 ₩100,000−사채할인발행차금 ₩10,000)이지만 세무기준액은 전환권대가 ₩10,000까지 포함시켜서 ₩100,000이다. 따라서 전환사채의 장부금액이 세무기준액보다 작아서 이연법인세부채가 ₩3,000(=₩10,000×30%) 발생하고 이를 전환권대가에서 직접 차감하는 회계처리를 한다.

(차) 전환권대가(자본잉여금)	3,000	(대) 이연법인세부채	3,000*

* ₩10,000(전환권대가)×30%=₩3,000

위의 예제 20-15에서 이연법인세부채는 유효이자율법에 따라서 전환사채 만기까지 사채할인발행차금상각액에 비례하여 소멸되는 회계처리를 한다. 예를 들어 1차년도에 이자비용으로 현금지급액 ₩4,800과 사채할인발행차금상각액 ₩2,000을 인식한 경우 다음과 같은 회계처리를 한다.

(차) 전환사채이자비용	6,800	(대) 현 금	4,800
		사채할인발행차금	2,000

이와 같은 보고연도말 조정으로 사채의 장부금액은 ₩2,000만큼 증가하여 ₩92,000이 되고 부채의 세무기준액과의 차이는 ₩8,000(=세무기준액 ₩100,000−장부금액 ₩92,000)이 된다. 따라서 이연법인세부채는 기존의 ₩3,000에서 ₩2,400(=₩8,000×30%)으로 ₩600이 감소하므로 다음과 같은 회계처리를 한다.

(차) 이연법인세부채	600*	(대) 법인세비용	600

* ₩3,000 × ₩2,000/₩10,000 = ₩600

예제 20-16 법인세비용의 산출 및 공시

우리(주)에 대한 다음과 같은 자료가 주어졌다.

① 당기의 법인세비용차감전순이익 : ₩300,000
② 준비금손금산입(일시적차이) : ₩100,000
③ 비과세이자수익 : ₩10,000
④ 접대비한도초과 : ₩5,000
⑤ 자기주식처분손실 : ₩3,000
⑥ 투자세액공제 : ₩2,000(최저한세 적용을 받지 않아 이월되지 않음)

우리(주)의 손익계산서상 법인세비용을 산출하고, 법인세비용차감전순손익과 법인세비용 간의 관계를 설명하는 주석을 제시하라. 단, 평균세율은 30%이다.

해답

1. 법인세비용의 산출

법인세비용차감전순이익	₩300,000	
준비금손금산입	(100,000)	– 일시적차이
비과세이자수익*	(10,000)	
접대비한도초과*	5,000	
자기주식처분손실	(3,000)	– 자본에 반영된 법인세비용
과세표준	₩192,000	
산출세액(₩192,000 × 30%)	₩57,600	
투자세액공제	(2,000)	
법인세부담액	₩55,600	
이연법인세부채의 증가	30,000	– 준비금 손금산입 관련(= ₩100,000 × 30%)
총법인세비용	₩85,600	
자본에 반영된 법인세비용	900	– 자기주식처분손실(= ₩3,000 × 30%)
손익계산서상 법인세비용	₩86,500	

* 일시적차이가 아니면서도 과세소득과 회계이익의 차이를 가져오는 항목들이 있다. 예를 들어, 비과세이자수익과 같이 기업에 유입되는 경제적 효익은 당기 과세표준 산출시 차감하지만 미래 과세표준 산출시에는 가산이 되지 않아서 일시적차이로 볼 수 없다. 이러한 항목들은 일시적차이가 아니므로 이연법인세자산이나 이연법인세부채의 인식근거가 되지 못한다. 이들은 주로 조세정책적인 목적에 의해서 수익이지만 익금으로 인정하지 않거나 비용이지만 손금으로 인정하지 않아서 발생한다. 세법에서는 이러한 항목들을 '사외유출' 또는 '영구적차이'로 부르는데, 대표적인 예로 비과세이자수익, 기부금한도초과, 접대비한도초과, 그리고 벌과금과 같은 항목들이 있다.

〈분개〉

(차) 법인세비용	85,600	(대) 미지급법인세	55,600
		이연법인세부채	30,000

➥계속

(차) 법인세비용 900 (대) 자기주식처분손실 900

(주) 이로써 자기주식처분손실은 ₩2,100(=₩3,000−₩900)으로 기록되고, 법인세비용은 ₩86,500(=₩85,600+₩900)으로 기록된다.

2. 법인세비용차감전순손익과 법인세비용 간의 관계(주석으로 공시)

법인세비용차감전순이익		₩300,000
적용세율(30%)에 따른 세부담액		₩90,000
조정사항 :		
• 비과세이자수익(₩10,000)	(₩3,000)	
• 비공제접대비한도초과(₩5,000)	1,500	
• 투자세액공제	(2,000)	(3,500)
법인세비용		₩86,500

(주) 법인세비용과 법인세부담액의 조정내역은 다음과 같다.

당기 법인세부담액	₩55,600
이연법인세부채의 증가	30,000
자본에 반영된 법인세비용	900(자기주식처분손실에 반영)
당기 법인세비용	₩86,500

종합예제

CHAPTER 20

경수(주)의 20×1년의 법인세비용차감전순이익은 ₩100,000이며 법인세율은 30%이다. 그러나 20×1년중 법인세법의 개정으로 20×3년 이후부터 적용되는 법인세율은 26%이다. 단, 세율변경은 20×1년에 이미 입법예고되었다.

(1) 20×1년의 세무조정사항 및 이연법인세 계산 관련 자료는 다음과 같다.

① 세법상 손금한도를 초과하여 지출한 접대비는 ₩7,000이다.

② 비과세이자소득 ₩5,000을 수취하여 당기손익에 포함하였다.

③ 회사는 보유 재고자산 중 장부금액이 ₩30,000인 상품의 순실현가능가치가 ₩20,000으로 하락하여 가치하락분 ₩10,000을 재고자산평가손실로 계상하였다. 세법상 경수(주)는 재고자산평가방법을 원가법 중 총평균법으로 신고하였으며, 법인세법상으로는 위 재고자산 가치하락분은 인정되지 않는다. 당해 상품은 예상대로 20×2년에 판매되었다.

④ 회사는 매출채권 중 거래처의 부도발생으로 인하여 대손처리한 부도어음 ₩20,000은 결산일 현재 소멸시효(6개월)가 경과되지 않았다(단, 세법상 유보해야 할 ₩1,000은 무시하라).

⑤ 20×1년 판매와 관련하여 제품보증충당부채 ₩10,000을 설정하였으며, 동 판매보증충당부채는 모두 20×2년에 전액 지급될 것으로 예상된다.

⑥ 퇴직급여한도초과액은 ₩20,000이 발생하였으며, 동 한도초과액은 20×2년 및 20×3년에 각각 ₩10,000씩 손금으로 추인된다.

⑦ 회사는 만기일이 20×2. 6. 30인 정기예금에 대한 20×1년분 미수수익 ₩8,000을 재무상태표에 계상하였다.

⑧ 회사는 다음과 같이 20×1년부터 기술개발준비금을 설정하고 환입하였다.

연 도	준비금 설정액	준비금 환입액
20×1년	₩12,000	–
20×2년	15,000	–
20×3년	9,000	–
20×4년	10,000	₩4,000
20×5년	10,000	9,000

20×4년의 기술개발준비금 환입액은 20×1년 설정분에 대한 환입액이며, 20×5년의 환입액은 20×1년 설정분(₩12,000/3년 = ₩4,000)과 20×2년 설정분(₩15,000/3년 = ₩5,000)에 대한 환입액으로 구성되어 있다.

위의 사항 이외에 당해 연도초의 일시적차이는 없다.

(2) 회사는 당기 이전 수년간 계속 과세소득을 실현해 오고 있으며, 20×2년 이후 세무조정사항 반영전 과세소득은 매년 ₩50,000으로 예상된다.

요구사항

1. 경수(주)가 20×1년에 인식할 이연법인세를 산출하라.
2. 경수(주)가 20×2년에 인식할 이연법인세를 산출하라. 단, 20×2년의 법인세비용차감전순이익은 ₩100,000이며, 20×2년의 세무조정사항은 20×1년에 발생한 세무조정사항 및 신고조정으로 손금산입한 기술개발준비금 ₩15,000뿐이라고 가정한다.

해 답

1. 20×1 회계연도에 인식할 이연법인세

(1) 당기 법인세부담액의 계산

Ⅰ. 법인세비용차감전순이익		₩100,000
Ⅱ. 차이조정		
Ⅱ-1. 가산조정		
1. 재고자산평가손실	₩10,000	
2. 대손상각비	20,000	
3. 판매보증비	10,000	
4. 퇴직급여한도초과액	20,000	
5. 접대비한도초과액	7,000	67,000
Ⅱ-2. 차감조정		
1. 미수이자	(₩8,000)	
2. 기술개발준비금전입액	(12,000)	
3. 비과세이자수익	(5,000)	(25,000)
Ⅲ. 과세소득(법인세과세표준)		₩142,000
법인세율		×30%
Ⅳ. 법인세부담액		₩42,600

(2) 인식할 이연법인세(단위 : 원)

세무조정 항목	20×1년말 일시적차이	일시적차이 소멸				이연법인세자산(부채)
		20×2	20×3	20×4	20×5 이후	
재고자산	(10,000)	10,000	–	–	–	3,000
매출채권	(20,000)	20,000	–	–	–	6,000
판매보증부채	(10,000)	10,000	–	–	–	3,000
퇴직급여부채	(20,000)	10,000	10,000	–	–	5,600
미수이자	8,000	(8,000)	–	–	–	(2,400)
기술개발준비금	12,000		–	(4,000)	(8,000)	(3,120)
적용세율		30%	26%	26%	26%	

이연법인세자산 = ₩3,000 + ₩6,000 + ₩3,000 + ₩5,600 = ₩17,600

이연법인세부채 = ₩2,400 + ₩3,120 = ₩5,520

(주) 접대비한도초과액은 일시적차이를 유발하지 않기 때문에 이연법인세 계산에서 고려하지 않는다.

(3) 이연법인세자산의 실현가능성 검토

	20×2	20×3	20×4	20×5 이후
가산할 일시적차이 소멸액 소계	₩8,000	–	₩4,000	₩8,000
세무조정 반영전 예상 과세소득	50,000	50,000	50,000	100,000
합 계	₩58,000	₩50,000	₩54,000	₩108,000
차감할 일시적차이 소멸액 소계	(50,000)	(10,000)	–	–

(주) 일시적차이의 소멸액 반영 전 예상 과세소득과 가산할 일시적차이의 합계액이 차감할 일시적차이를 초과하므로 이연법인세자산의 실현가능성이 높다고 보아 이를 전액 인식한다.

(4) 회계처리

1) 이연법인세자산과 부채의 당기변동액

- 이연법인세자산 : ₩17,600(기말) – ₩0(기초) = ₩17,600(증가)
- 이연법인세부채 : ₩5,520(기말) – ₩0(기초) = ₩5,520(증가)

2) 분개

(차) 법인세비용	30,520*	(대) 미지급법인세	42,600
이연법인세자산	17,600	이연법인세부채	5,520

* 법인세부담액	₩42,600
(−) 이연법인세자산의 증가	(17,600)
(+) 이연법인세부채의 증가	5,520
법인세비용	₩30,520

(주) 법인세비용은 당기법인세부담액에서 이연법인세자산(부채)의 당기변동액을 가감하여 계산한다. 다만 일시적차이가 발생한 당해 사업연도의 과세소득에 대한 법인세율과 이후 사업연도의 법인세율이 동일하다면 법인세비용은 법인세비용차감전순이익에 일시적차이를 유발하지 않는 소득조정항목을 가감한 금액에 당해 사업연도의 법인세율을 곱하여 계산한 금액과 일치한다.

당해 사례의 경우 법인세비용차감전순이익에 일시적차이를 유발하지 않는 소득조정항목을 가감한 금액에 당해 사업연도의 법인세율을 곱하여 계산한 금액 ₩30,600[=(₩100,000+₩7,000−₩5,000)×30%]과 당기법인세비용 ₩30,520의 차액 ₩80은 20×3년도 이후에 소멸하는 일시적차이 부분(순가산 ₩2,000)에 대한 세율차이(4%)에 해당한다.

즉 세율의 변동에 의하여 20×3년도 이후에 소멸할 순가산할 일시적차이의 미래법인세효과가 ₩80 감소하고 이로 인하여 동 금액만큼 20×1년도의 법인세비용이 감소된 것이다.

2. 20×2 회계연도에 인식할 이연법인세

(1) 당기 법인세부담액의 계산

Ⅰ. 법인세비용차감전순이익	₩100,000
Ⅱ. 차이조정	
Ⅱ-1. 가산조정	
1. 전기미수이자수익	8,000
Ⅱ-2. 차감조정	
1. 전기재고자산평가손실(매출원가)	(10,000)
2. 전기대손부인액추인	(20,000)
3. 판매보증비지출	(10,000)
4. 퇴직급여한도초과액손금추인	(10,000)
5. 기술개발준비금전입액	(15,000)
Ⅲ. 과세소득(법인세 과세표준)	₩43,000
법인세율	×30%
Ⅳ. 법인세부담액	₩12,900

(2) 인식할 이연법인세(단위 : 원)

세무조정 항목	20×2년말 일시적차이	일시적차이 소멸				이연법인세자산(부채)
		20×3	20×4	20×5	20×6 이후	
퇴직급여부채	(10,000)	10,000	−	−	−	2,600*
기술개발준비금	27,000	−	(4,000)	(9,000)	(14,000)	(7,020)
적용세율		26%	26%	26%	26%	

* 일시적차이 소멸액 반영 전 예상 과세소득과 가산할 일시적차이의 합계액이 차감할 일시적차이보다 커서 이연법인세자산의 실현가능성이 높으므로 이를 전액 인식한다.

(3) 회계처리

1) 이연법인세자산과 부채의 당기변동액

• 이연법인세자산 : ₩2,600(기말)−₩17,600(기초)=(₩15,000)(감소)

• 이연법인세부채 : ₩7,020(기말)−₩5,520(기초)=₩1,500(증가)

2) 분개

(차) 법인세비용	29,400*	(대) 미지급법인세	12,900
		이연법인세자산	15,000
		이연법인세부채	1,500

* 법인세부담액	₩12,900
(+) 이연법인세자산의 감소	15,000
(+) 이연법인세부채의 증가	1,500
법인세비용	₩29,400

익힘문제

1. 이연법인세제도란 무엇인가? 이연법인세제도가 지지를 받는 이유를 설명하라.

2. 자산과 부채 각각에 있어서 세무기준액의 의의를 기술하라. 또한 이러한 세무기준액이 K-IFRS에 따라 인식한 장부금액과 차이를 보이는 주요 이유를 기술하라.

3. 법인세효과를 인식하기 위해 K-IFRS에서 채택하고 있는 자산·부채법(재무상태표접근법)을 이연법(손익계산서접근법)과 비교하여 설명하라.

4. 자산의 세무기준액이 장부금액과 차이를 보이는 사례 세 가지를 제시하라.

5. 부채의 세무기준액이 장부금액과 차이를 보이는 사례 두 가지를 제시하라.

6. 일시적차이란 무엇인가? 대표적인 예를 다섯 가지를 제시하라.

7. 가산할 일시적차이와 차감할 일시적차이는 어떻게 다른가? 또한 이러한 일시적차이와 이연법인세자산 및 이연법인세부채의 관계를 설명하라.

8. 이연법인세자산과 이연법인세부채를 각각 자산과 부채로 볼 수 있는가?

9. 이연법인세자산 또는 이연법인세부채의 증감이 당기 법인세비용에 미치는 영향을 기술하라.

10. 법인세율이 매년 일정하지 않은 경우 이연법인세의 계산은 어느 시기의 법인세율을 이용해야 하는가? 그 이유는 무엇인가?

11. 이연법인세자산(부채)의 계산에 현재가치개념을 적용하지 않는 이유를 설명하라.

12. 일시적차이가 존재하지만 이에 대한 법인세효과를 인식하지 않는 대표적인 예를 두 가지를 제시하라.

13. 사업결합에서 발생한 영업권으로 인한 일시적차이에 대해 이연법인세자산이나 이연법인세부채를 인식하지 않는 이유는?

14. 자산(부채)의 최초인식에서 발생한 일시적차이에 대해서 이연법인세자산이나 부채를 인식하지 않는 경우가 있다. 그 이유는?

15. 미사용 세무상결손금이란 무엇인가? 이에 대한 법인세효과는 어떻게 인식하는가?

16. 최저한세가 적용되어 이월하여 공제할 때 이연법인세의 처리방법을 설명하라.

17. 법인세기간배분의 예를 제시하라.

18. 법인세효과가 자본계정에 직접 반영되는 사례를 네 가지 제시하라. 또한 이와 관련하여 자산재평가손익과 자기주식처분손익의 회계처리상 차이점을 설명하라.

19. 당기법인세 자산과 부채는 어떤 경우에 상계가 가능한가?

연습문제

CHAPTER 20

1. 이연법인세와 재무상태표

광성(주)는 20×1년말 현재 여러 개의 일시적차이를 갖고 있다. 미래 기간별 과세소득에 가산할 일시적차이와 차감할 일시적차이는 다음 표와 같다.

	20×2	20×3	20×4	20×5
미래 가산할 일시적차이	₩20,000	₩25,000	₩30,000	₩40,000
미래 차감할 일시적차이		(12,000)	(9,000)	
소 계	₩20,000	₩13,000	₩21,000	₩40,000
법인세율	40%	40%	30%	30%

광성(주)는 20×1년초 현재로 이연법인세 잔액이 없었으며, 20×1년도의 과세소득은 ₩200,000이고, 법인세율은 40%이다. 단, 이연법인세 자산과 부채는 상계하지 않는다.

요구사항

1. 20×1년도 법인세비용, 이연법인세 및 미지급법인세를 기록하기 위한 회계처리를 하라.
2. 20×1년말 재무상태표에 이연법인세가 어떻게 보고되겠는가?

2. 법인세율과 법인세비용

진영(주)는 20×7년도에 제품보증충당부채 ₩80,000을 설정했는데, 세법에서는 20×8년에 인정될 것으로 예상된다. 이에 따라 차감할 일시적차이 ₩80,000이 발생하였다. 또한 진영(주)는 20×7년도에 법인세법상의 감가상각누계액이 기업회계 감가상각누계액을 초과하였다. 따라서 가산할 일시적차이 ₩140,000이 발생하였다. 이 중 ₩40,000이 20×8년중에 소멸되고, 나머지 ₩100,000은 20×9년에 소멸될 것으로 예상된다.

진영(주)의 20×7년도 법인세비용차감전순이익이 ₩500,000이라고 가정한다. 진영(주)가 적용받는 20×7년도의 법인세 평균세율은 40%이지만 20×7년에 개정된 세법에 따를 때 20×8년에는 35%, 그리고 20×9년에는 30%의 법인세율을 적용받을 것이다.

20×7년도의 이연법인세자산과 이연법인세부채를 계산하고, 법인세 관련 분개를 하라. 단, 미래에 충분한 과세소득의 발생가능성은 높다고 가정한다.

3. 이연법인세와 손익계산서

해남(주)는 20×1년말 현재 ₩58,000의 일시적차이가 있으며 이들의 연도별 환입액 및 법인세율은 다음과 같다.

	발생차이	소멸차이			
	20×1	20×2	20×3	20×4	20×5
일시적 차이	(미래)가산 : ₩106,000 (미래)차감 : (₩48,000)	 (₩48,000)	₩26,000	₩56,000	₩24,000
법인세율	40%	30%	30%	25%	25%

해남(주)의 20×1년초 이연법인세는 없었으며, 20×1년도 과세표준은 ₩240,000이었다. 단, 이연법인세자산의 실현가능성은 높으며 이연법인세 자산과 부채는 상계하지 않는다.

요구사항

1. 20×1년도말에 해남(주)의 법인세 관련 회계처리를 하라.
2. 20×1년도 손익계산서상에 법인세비용을 어떻게 보고해야 하는가?

4. 법인세비용과 이연법인세

(주)동빈의 20×1년 법인세비용차감전순이익은 ₩200,000이며, 세무조정사항은 다음과 같다.

관세환급금	₩3,000	감가상각비한도초과액	₩9,000
할부매출수익	6,000	국세과오납금에 대한 환급이자	1,000
선급비용	3,000	임대보증금에 대한 간주익금	6,000

과거연도에서 발생된 일시적차이는 없었으며, 20×1년도의 세무조정사항 중 일시적차이가 소멸되는 시기를 분석한 결과는 다음과 같다. 법인세율은 30%로서 변함이 없고 이연법인세자산의 실현가능성에는 문제가 없다고 가정한다. 또한 이연법인세 자산과 부채는 상계하지 않는다고 가정한다.

	20×2	20×3	20×4	20×5	합 계
관세환급금	(₩3,000)				(₩3,000)
감가상각비한도초과액	(3,000)	(₩3,000)	(₩3,000)		(9,000)
할부매출수익	1,500	1,500	1,500	₩1,500	6,000
선급비용	3,000				3,000
계	(₩1,500)	(₩1,500)	(₩1,500)	₩1,500	(₩3,000)

요구사항

1. (주)동빈의 20×1년 법인세비용과 미지급법인세를 계산하라.
2. 일시적차이에 관련된 이연법인세를 계산하고, 20×1년도에 필요한 회계처리를 하라.

5. 법인세비용과 법인세부담액 (I)

충북(주)의 20×1년도 회계이익(법인세비용차감전순이익)은 ₩500,000이며, 다음은 세무조정사항이다.

(1) 20×1년 포괄손익계산서에 인식한 벌금 ₩50,000은 법인세법에서 손금으로 인정하지 않는다.
(2) 포괄손익계산서에 인식한 감가상각비는 ₩100,000인데, 법인세법에서는 ₩70,000을 20×1년 손금으로 인정한다.
(3) 20×1년도 포괄손익계산서에 인식한 FVPL금융자산평가이익은 ₩30,000이다. 세법에서는 FVPL금융자산을 역사적원가로 측정하므로, FVPL금융자산평가이익을 익금으로 인정하지 않는다.

충북(주)의 20×1년 당기법인세부담액을 계산하라. 단, 법인세율은 20%이다.

6. 법인세비용과 법인세부담액 (II)

중앙(주)는 20×1년도 포괄손익계산서에 회계이익(법인세비용차감전순이익)으로 ₩300,000을 보고하였다. 20×1년도 세무조정사항들은 다음과 같으며, 예상과세소득의 발생가능성은 높은 것으로 판단하였다. 세무조정사항과 법인세율은 아래와 같으며, 20×1년초 이연법인세자산(부채)은 없다.

(1) 세법상 손금한도를 초과한 기업업무추진비는 ₩40,000이다.
(2) 차량 감가상각비 한도초과액 ₩30,000이 발생하였으며, 동 금액은 20×3년과 20×4년에 각각 ₩10,000과 ₩20,000이 소멸된다.
(3) 20×1년과 20×2년의 법인세율은 각각 20%와 25%이며, 20×3년 이후의 법인세율은 30%이다.

요구사항

1. 중앙(주)의 20×1년도 포괄손익계산서에 보고할 법인세비용을 계산하라.
2. 중앙(주)의 20×1년도 평균유효세율은 얼마인가?

7. 법인세비용과 법인세부담액(Ⅲ)

다음은 (주)절세(결산일 12월 31일)의 20×5년도 법인세비용 인식에 필요한 자료이다.

(1) (주)절세는 20×5년초에 ₩1,000,000에 취득했던 자기주식 중 1/2을 20×5년도 하반기에 ₩400,000에 매각처분하였으며, 나머지 자기주식은 당기말 현재 보유중이다.
(2) 자기주식거래 이외의 법인세 세무조정사항은 다음과 같다.

매출채권의 대손충당금한도초과	₩60,000
기술개발준비금(20×7년부터 소멸)	120,000
정기예금의 미수이자	40,000
퇴직급여부채한도초과	180,000
접대비한도초과	30,000

(3) 20×5년도 법인세비용차감전순이익은 ₩400,000이다.
(4) 20×5년말 세법개정으로 인하여 과거 연도부터 당해 연도까지 적용해 오던 25%의 세율이 20×6년부터 20%로 인하될 예정이다.
(5) 20×4년말 일시적차이는 퇴직급여부채한도초과 ₩50,000뿐이며, 20×4년말 (주)절세의 재무상태표에는 ₩12,500의 이연법인세자산이 계상되어 있다.

요구사항

1. 20×5년도 (주)절세의 법인세부담액을 계산하라.
2. 법인세에 대한 영향을 고려하여 20×5년말 (주)절세의 재무상태표에 계상될 자기주식처분손실 금액을 계산하라.
3. 20×5년도 (주)절세의 손익계산서에 계상될 법인세비용을 계산하라. 단, 차감할 일시적차이의 미래 실현가능성은 매우 높다고 가정한다. 또한 이연법인세 자산과 부채는 상계하지 않는다고 가정한다.

8. 법인세회계(Ⅰ)

주신(주)에 관련된 자료가 다음과 같이 주어졌다.

① 20×6년초 현재 이연법인세부채 : ₩60,000
② 20×6년초 현재 이연법인세자산 : ₩20,000
③ 20×6년의 과세소득 : ₩105,000
④ 미래에 세금을 추가로 납부해야 할 20×6년말 현재의 일시적차이 : ₩225,000
⑤ 미래에 세금을 면제받을 수 있는 20×6년말 현재의 일시적차이 : ₩80,000
⑥ 세율은 매년 40%로 일정하다.
⑦ 당해 기업에서는 미래에 이익이 발생할 것으로 기대된다.

요구사항

1. 20×6년의 법인세비용차감전순이익을 계산하라.
2. 법인세비용, 이연법인세와 미지급법인세를 기록하는 회계처리를 하라. 이연법인세 자산과 부채는 상계요건을 충족하지 못한다. 또한 이연법인세자산의 실현가능성은 높다.
3. 법인세비용차감전순이익으로부터 당기순이익에 이르는 부분손익계산서를 작성하라.
4. 20×6년의 유효법인세율을 계산하라.

9. 법인세회계(Ⅱ)

을지(주)의 20×4년의 법인세비용차감전순손실은 ₩500,000, 당해 회계연도의 법인세율은 30%이며 법인세율의 변동은 없다. 20×4년초 현재 가산할 일시적차이(기술개발준비금)는 ₩300,000이다. 이에 따라 관련 이연법인세부채 ₩90,000이 계상되어 있고, 동 일시적차이는 20×6년에 전액 소멸한다. 20×4년초 현재 미사용 세무상결손금은 없다.
을지(주)의 당기법인세부담액을 계산하기 위한 세무조정사항 및 이연법인세계산 관련 자료는 다음과 같다.

(1) 20×4년 세무조정사항은 다음과 같다.
  ① 취득원가 ₩1,000,000, 내용연수 4년, 잔존가치가 영(₩0)인 기계장치를 당해 사업연도초에 취득하여 연수합계법으로 상각하나 세법상으로는 정액법으로 상각한다.
  ② 세법상 손금한도를 초과하여 지출한 기부금은 ₩50,000이다.
(2) 을지(주)의 20×5년부터 20×7년까지 세무조정사항 반영 전 예상 과세소득은 ₩80,000이다. 그 후 기간의 예상과세소득은 없다.

20×4년과 20×5년도에 인식할 이연법인세를 산출하고, 관련 회계처리와 주석공시를 제시하라.

10. 이연법인세자산의 자산성 검토

(주)한인의 20×3년도 법인세비용차감전순이익은 ₩300,000이며 법인세율은 30%이다. 그러나 20×3년도 개정된 법인세법에 따라 20×5년 이후 적용해야 하는 법인세율은 25%이다. (주)한인의 당기법인세부담액을 계산하기 위한 관련자료는 다음과 같다.

(1) 20×1년에 발생한 퇴직급여부채한도초과액 ₩120,000은 20×2년부터 4년간 각각 ₩30,000씩 손금추인된다.
(2) 20×3년에 보유중인 관계기업투자주식에서 지분법손실 ₩200,000이 발생하였으며 동 투자주식은 20×4년도에 전부 매각할 예정이다.
(3) 20×3년에 기술개발준비금 ₩40,000을 설정하였고 향후 5년간 정액으로 환입한다.
(4) 20×4년 이후 세무조정사항 반영전 예상과세소득은 매년 ₩200,000이다.

요구사항

1. 20×3년도 법인세부담액을 계산하기 위한 과정을 제시하라.
2. 20×3년도말에 법인세비용의 계산과정을 제시하고 법인세관련 회계처리를 하라.

11. 결손금 이월공제

덕일(주)의 법인세비용차감전순이익과 과세소득은 다음 표와 같다.

	20×1	20×2	20×3	20×4	20×5
법인세비용차감전순이익 (=과세소득)	₩80,000	(₩160,000)	(₩80,000)	₩140,000	₩180,000

덕일(주)의 법인세율은 40%로 일정하며, 이연법인세자산의 실현가능성에는 문제가 없다.

요구사항

1. 덕일(주)가 각 연도말에 기록할 법인세 관련 회계처리를 하라.
2. 각 연도별 당기순손익을 구하라.

12. 결손금 이월공제와 이연법인세부채

화순(주)의 각 연도별 법인세비용차감전순이익과 법인세율이 다음과 같다.

연 도	법인세비용차감전이익(손실)	법인세율
20×1	₩120,000	35%
20×2	100,000	35%
20×3	(180,000)	40%
20×4	200,000	40%

20×3년의 손실발생시 법인세혜택을 실현하기 위한 미래과세소득이 불확실하다고 가정한다.

요구사항

1. 각 연도말에 일시적차이가 없어서 법인세비용차감전순이익과 과세소득이 동일하다고 가정하고 화순(주)가 각 연도말에 법인세와 관련하여 기록해야 할 회계처리를 하라.
2. 화순(주)의 20×2년의 법인세법상 각 사업연도소득금액은 ₩60,000인데, 이는 미수이자에 대한 회계처리를 재무보고 목적으로는 발생기준을 채택하고 세무신고 목적으로는 현금기준을 채택했기 때문이다. 한편, 20×2년에 발생한 미수이자에 관련된 일시적차이가 20×3년에 소멸되었다고 가정하고, 각 연도말에 법인세와 관련하여 화순(주)가 기록해야 할 회계처리를 하라.

13. 이연법인세 – 종합 : 공정가치측정

(주)태수의 당기(20×1년) 법인세 관련 〈공통자료〉는 다음과 같다.

〈공통자료〉

- 당기의 법인세부담액, 즉 당기법인세는 ₩23,000이다.
- 당기중 일시적차이의 변동내용은 다음과 같다.

구분(단위 : ₩)	기 초	감 소	증 가	기 말
FVPL금융자산	(5,600)	(2,400)	(3,500)	(6,700)
대손충당금	13,400	3,400	2,500	12,500
계	7,800	1,000	(1,000)	5,800

- 당기의 평균세율과 20×0년말 및 20×1년말의 일시적차이가 소멸될 것으로 예상되는 기간의 과세소득에 적용될 것으로 예상되는 평균세율은 20%이다.
- 전기말과 당기말 현재 차감할 일시적차이가 사용될 수 있는 과세소득의 발생가능성은 높다.
- 이연법인세자산과 이연법인세부채는 상계하며, 포괄손익계산서에서 기타포괄손익은 관련 법인세효과를 차감한 순액으로 표시한다.

요구사항

다음은 각각 독립된 상황이다.

1. 당기중 ₩9,500에 취득하였던 자기주식을 ₩10,000에 전부 처분한 경우 ① 당기 포괄손익계산서에 인식할 법인세비용과 ② 당기말 재무상태표에 계상할 이연법인세자산(이연법인세부채일 경우에는 금액 앞에 (−)를 표시함)을 각각 구하라.

2. 당기중 일시적차이의 변동내용은 다음과 같다.

구분(단위 : ₩)	기 초	감 소	증 가	기 말
FVPL금융자산	(5,600)	(2,400)	(3,500)	(6,700)
대손충당금	13,400	3,400	2,500	12,500
토 지	(1,750)	(1,500)	(800)	(1,050)
계	6,050	(500)	(1,800)	4,750

토지 일시적차이의 기초와 당기 증가는 재평가이익(기타포괄이익)으로 발생한 것이며, 감소는 재평가한 토지의 처분에 따른 것이다. 그 외의 내용은 〈공통자료〉와 같다. 당기 포괄손익계산서에 인식할 법인세비용을 구하라.

3.

구분(단위 : ₩)	기 초	감 소	증 가	기 말
FVPL금융자산	(5,600)	(2,400)	(3,500)	(6,700)
대손충당금	13,400	3,400	2,500	12,500
FVOCI금융자산평가이익	(1,750)	(1,500)	(800)	(1,050)
계	6,050	(500)	(1,800)	4,750

FVOCI금융자산평가이익과 관련된 일시적차이 감소액 ₩1,500은 당기중 FVOCI금융자산 처분에 따른 감소분 ₩1,000과 공정가치 하락에 따른 감소분 ₩500이며, 당기중 ₩800의 FVOCI금융자산평가이익이 발생하였다. 그 외의 내용은 〈공통자료〉와 같다. ① 당기 손익계산서에 인식할 법인세비용과 ② 당기말 재무상태표에 계상할 이연법인세자산(이연법인세부채일 경우에는 금액 앞에 (−)를 표시함)을 각각 구하라.

14. 중단영업손익의 법인세효과

효자(주)의 법인세비용차감전순이익이 ₩200,000인데, 이 중 계속영업이익이 ₩300,000이고 중단영업손실이 ₩100,000이다. 세율이 30%일 때 손익계산서에 법인세비용과 관련하여 계속영업이익과 당기순이익을 보고하는 부분손익계산서를 제시하라.

15. 공정가치측정금융자산과 이연법인세

광주(주)는 20×1년에 회계목적상 공정가치회계를 적용하지만 세법에서는 공정가치회계를 인정하지 않은 다음 세 가지의 자산을 보유하고 있다. 동 자산들에서 20×1년에 발생한 공정가치변동액에 대한 회계처리가 다음과 같다. 단, 20×1년과 향후 수년간 법인세율은 30%로 변동이 없을 것으로 예상한다.

(1) 20×1년초에 ₩80,000에 취득하고 FVPL금융자산으로 분류한 주식에 대해 FVPL금융자산평가손실로 ₩20,000을 계상하였다.
(2) 액면금액에 취득한 사채 ₩100,000을 20×1년초에 취득하고 FVOCI채무상품자산으로 인식했는데, 20×1년말에 공정가치가 ₩90,000으로 감소했다.
(3) 20×1년초에 타회사의 주식 ₩100,000을 취득하고 FVOCI지분상품자산으로 인식했는데, 20×1년말에 공정가치가 ₩120,000으로 증가했다. 회계기준에서 정하는 바에 따라 이 자산은 처분시에 평가손익을 이익잉여금으로 대체하는 회계처리를 한다.
(4) 취득원가 ₩200,000에 보유하고 있던 토지에 대해 20×1년에 자산재평가를 실시하고 재평가이익 ₩50,000을 인식하였다.

요구사항

1. 위 네 자산에 대해 20×1년 공정가치평가(자산재평가 포함)에 대해 법인세효과를 포함한 회계처리를 하라.
2. 편의상 위 네 자산이 20×2년초에 모두 20×1년말에 측정한 각 자산의 공정가치와 동일한 금액에 처분되었다고 가정하고 처분에 필요한 회계처리를 하라.

16. 자본항목과 이연법인세

다음의 세 가지 독립적인 상황에서 요구하는 사항에 대해 필요한 회계처리를 제시하라. 단, 법인세율은 30%이다.

(1) 전기오류수정손익
전년도에 자산으로 인식해야 했던 내용연수 5년, 추정잔존가치가 ₩0인 비품 ₩50,000을 전액 수리비 처리해서 비용을 ₩40,000(=₩50,000−₩50,000/5년)을 과대계상하였다. 이로 인해 차감할 일시적차이가 발생한다. 오류를 수정하고 관련 법인세효과를 반영하는 분개를 제시하라.

(2) 자기주식처분손익
취득원가 ₩50,000의 자기주식을 ₩80,000에 처분하여 ₩30,000의 자기주식처분이익(자본잉여금)이 발생했다고 하자. 자기주식의 처분과 법인세 관련 필요한 분개를 제시하라.

(3) 전환권대가
액면 ₩100,000, 5년 만기, 8% 연이자 지급조건의 전환사채를 액면금액으로 발행하였다. 발행금액 중 부채요소의 공정가치가 ₩95,000이어서 자본요소인 전환권대가가 ₩5,000이 기록되었다. 다만, 세무목적상 발행금액 전체를 부채로 본다.
① 전환사채의 발행에 필요한 회계처리(전환권대가에 대한 이연법인세효과 포함)를 하라.
② 유효이자율법과 정액법에 따른 사채할인발행차금의 상각액 차이가 유의적이지 않아 편의상 사채할인발행차금을 정액법으로 상각한다. 이에 따라 1차년도에 이자비용으로 현금지급액 ₩8,000(=₩100,000×8%)과 사채할인발행차금상각액 ₩1,000(=₩5,000/5년)을 인식하는 회계처리(이연법인세효과 포함)를 하라.

공인회계사 기출문제 응용(2020년 이후)

1. 법인세비용

(2021년 CPA 1차)

다음은 (주)대한의 20×1년 법인세 관련 자료이다.

- 20×1년 법인세비용차감전순이익은 ₩500,000이다.
- 20×1년말 접대비 한도초과액은 ₩20,000이며, 20×1년말 재고자산평가손실의 세법상 부인액은 ₩5,000이다.
- 20×1. 5. 1에 ₩30,000에 취득한 자기주식을 20×1. 10. 1에 ₩40,000에 처분하였다.
- 20×1년말 기타포괄손익-공정가치(FVOCI)로 측정하는 금융자산(지분상품)평가손실 ₩20,000을 기타포괄손익으로 인식하였다.
- 20×1. 10. 1 본사 사옥을 건설하기 위하여 ₩100,000에 취득한 토지의 20×1년말 현재 공정가치는 ₩120,000이다. (주)대한은 유형자산에 대해 재평가모형을 적용하고 있으나, 세법에서는 이를 인정하지 않는다.
- 연도별 법인세율은 20%로 일정하다.
- 일시적차이에 사용될 수 있는 과세소득의 발생가능성은 높으며, 전기이월 일시적차이는 없다.

(주)대한이 20×1년 포괄손익계산서에 당기비용으로 인식할 법인세비용은 얼마인가?

2. 법인세회계

(2022년 CPA 2차)

20×1년초에 설립된 (주)대한의 다음 자료를 이용하여 요구사항에 답하라.

(1) 20×1년 법인세 계산 관련 자료
- (주)대한의 20×1년도 법인세비용차감전순이익은 ₩100,000이다.
- 당기에 납부한 세법상 손금으로 인정되지 않는 벌금 ₩10,000을 당기비용으로 인식하였다.
- 당기말에 판매보증충당부채 ₩30,000을 인식하였다. 동 판매보증충당부채는 20×2년부터 20×4년까지 매년 ₩10,000씩 소멸되었다.
- 당기말에 당기손익-공정가치측정금융자산의 평가이익 ₩15,000을 당기이익으로 인식하였다. 동 당기손익-공정가치측정금융자산은 20×2년에 모두 처분되었다.
- 20×1년에 적용할 세율은 10%이나, 20×1년중 개정된 세법에 따라 20×2년에 적용할 세율은 20%이고, 20×3년부터 적용할 세율은 30%이다.

(2) 20×2년 법인세 계산 관련 자료
- (주)대한의 20×2년도 법인세비용차감전순이익은 ₩200,000이다.
- 당기에 발생한 접대비한도초과액은 ₩20,000이며, 당기비용으로 인식하였다.
- 당기에 발생한 감가상각비한도초과액은 ₩60,000이며, 동 감가상각비한도초과액은 20×3년부터 20×5년까지 매년 ₩20,000씩 소멸되었다.
- 당기중 ₩50,000에 매입한 재고자산의 당기말 순실현가능가치가 ₩20,000으로 하락함에 따라 세법상 인정되지 않는 저가법을 적용하여 평가손실을 당기비용으로 처음 인식하였다. 동 재고자산은 20×3년에 모두 외부로 판매되었다.
- 당기중 ₩90,000에 취득한 토지의 당기말 공정가치가 ₩100,000으로 상승함에 따라 세법상 인정되지 않는 재평가모형을 적용하여 재평가잉여금을 자본항목으로 처음 인식하였다. 동 토지는 20×3년에 모두 외부로 처분되었다.
- 당기중 ₩20,000에 취득한 자기주식을 당기말에 현금 ₩40,000에 모두 처분하고 자기주식처분이익을 자본항목으로 처음 인식하였다.
- 20×2년에 적용할 세율은 20%이나, 20×2년중 개정된 세법에 따라 20×3년에 적용할 세율은 25%이고, 20×4년부터 적용할 세율은 20%이다.

(3) 이연법인세자산과 이연법인세부채는 상계하지 않으며, 이연법인세자산의 실현가능성은 매년 높다고 가정한다.

요구사항

1. (주)대한이 20×1년도 포괄손익계산서에 당기손익으로 인식할 법인세비용 및 20×1년말 재무상태표에 표시할 이연법인세자산과 이연법인세부채의 금액을 각각 계산하라.
2. (주)대한이 20×2년도 포괄손익계산서에 당기손익으로 인식할 법인세비용 및 20×2년말 재무상태표에 표시할 이연법인세자산과 이연법인세부채의 금액을 각각 계산하라.

윤리문제

CHAPTER 20

공인회계사인 성나미 씨가 상장법인인 민규(주)의 재무담당상무로 새로 취임하였다. 성나미 씨의 첫 번째 임무는 이연법인세에 대한 회사의 회계실무를 검토하는 것이다.

검토과정에서 성나미 씨는 회사의 세법상 감가상각비와 기업회계상 감가상각비의 차이로 인하여 막대한 이연법인세부채가 인식되고 있음을 발견하였다. 그 결과로 민규(주)는 당해 연도에 법인세비용을 인식하지 않았다. 또한 성나미 씨는 민규(주)가 감가상각비에 관련된 일시적차이가 역전되기 전에 해당 고정자산을 처분하는 정책을 채택하고 있음을 인지하게 되었다. 이러한 정책과 고정자산의 급격한 증가가 결합한 결과로 최근 몇 년 동안에 계속하여 이익이 발생하고 주당순이익이 증가하였음에도 불구하고 민규(주)는 모든 법인세를 이연시킬 수 있었다.

성나미 씨가 법무담당부서에 문의한 결과 이러한 회사의 정책은 법적으로 전혀 문제가 되지 않는다고 통보받았다. 그러나 성나미 씨는 윤리적으로 볼 때 이러한 관행을 받아들이기 곤란한 것이 아닌가 생각하고 있다.

요구사항

1. 민규(주)는 왜 감가상각비에 관련된 일시적차이가 역전되기 전에 해당 자산을 처분하는 정책을 채택하고 있는가?
2. 민규(주)가 법인세를 이연시키는 정책에 관련된 윤리적인 문제는 무엇인가?
3. 민규(주)가 수년간 이익이 발생했음에도 불구하고 법인세를 이연시킴으로써 누가 피해를 입게 되는가?
4. 이와 같은 상황에서 전문가인 공인회계사로서 성나미 씨의 책임은 무엇인가?

CHAPTER

21 회계변경과 오류수정

회계변경이란 ① 새로운 기업회계기준의 제정, ② 경제환경의 변화 또는 ③ 기술 및 기업경영환경의 변화 등으로 인해 기업이 현재 채택하고 있는 회계정책이나 회계추정이 적절하지 못하게 되어 다른 회계정책이나 회계추정으로 변경하는 것을 의미한다.

이러한 회계변경으로 인해 회계정보의 유용성이 증진될 수 있는 반면, 회계정보의 기간별 비교가능성이 침해될 가능성이 있다. 따라서 회계담당자는 회계변경의 적정성 여부를 판단할 뿐만 아니라 회계변경을 적절히 회계처리하고 충분히 공시하여 재무정보이용자들로 하여금 회계변경이 재무정보에 미친 영향을 충분히 이해하고 평가할 수 있도록 해야 한다.

전기 또는 그 이전기간의 오류가 발견되었을 때에도 회계담당자는 회계변경의 경우와 유사한 문제에 직면하게 된다. 그들은 회계정보의 유용성을 증진시키기 위하여 오류를 어떻게 수정하고 공시해야 하는지를 결정해야 한다.

제 1 절 회계변경

회계변경이란 ① 새로운 기업회계기준의 제정, ② 경제환경의 변화 또는 ③ 기술 및 기업경영환경의 변화 등으로 인해 기업이 현재 채택하고 있는 회계정책이나 회계추정이 적절하지 않게 되어 다른 회계정책이나 회계추정으로 변경하는 것을 의미한다.

회계변경이 발생하면 회계정보의 기간별 비교가능성이 감소되어 재무제표의 유용성이 감소될 가능성이 있다. 예를 들어 기업의 당기이익이 10억원이라면 당기의 기업실적이 양호한지를 평가하기 위해서는 지난 기간 동안의 이익과 비교할 수 있다. 지난 기간에 당기이익이 5억원이었다면 이번 기간의 이익은 상대적으로 양호한 것이라고 평가할 수 있다. 그러나 이번 기간의 회계처리방법이 전기와 다르다면 이러한 평가가 불가능해진다.

따라서 회계변경이 발생했을 때 이를 적절히 회계처리하고 또한 공시하는 것이 필요하다. 회계변경에는 회계정책의 변경과 회계추정의 변경이 있다.[1)] 먼저 회계변경의 유형을 살펴보고, 다음으로 그 회계처리 및 공시에 대해 검토한다.

1 회계정책의 변경

(1) 회계정책의 개발과 적용

회계정책(accounting policy)이란 기업이 재무제표를 작성·표시하기 위해서 적용하는 구체적인 원칙, 근거, 관습, 규칙 및 관행을 말한다. 기업은 발생한 특정 거래나 사건이 기업에 미친 영향을 충실하게 표현하여 회계정보이용자의 의사결정 목적에 적합한 회계정보가 산출될 수 있도록 적절한 회계정책을 선택해야 한다.

K-IFRS 제1008호(회계정책, 회계추정의 변경 및 오류)에서는 회계정책은 K-IFRS를 반영해야 하며, 또한 IASB가 발표한 관련 실무적용지침도 고려해야 한다고 규정

---

1) K-IFRS 제1008호에서 규정하고 있다. 회계변경에는 회계정책의 변경과 회계추정의 변경 외에도 보고실체의 변경(changes in reporting entity)이 있으나 K-IFRS 제1008호에는 보고실체의 변경을 포함하지 않고 있다(보고실체의 변경에 대해서는 고급회계를 참조하기 바람). 보고실체의 변경이란 재무제표를 보고하는 회계실체가 변경되는 것으로 다음과 같은 예가 있다.
① 연결재무제표를 작성하기 시작한 경우
② 연결재무제표에 포함되는 특정 기업을 변경한 경우
③ 지분법에 의해 회계처리하기 시작한 경우
④ 투자주식의 회계처리방법(원가법, 지분법 또는 연결재무제표작성)을 변경한 경우

하고 있다.[2] 구체적으로 적용할 수 있는 K-IFRS가 없는 경우, 경영진은 판단에 따라 회계정책을 개발 및 적용하여 회계정보를 작성할 수 있지만 회계정보는 다음 ①과 ②의 특성을 모두 보유해야 한다.

① 이용자의 경제적 의사결정 요구에 목적적합하다.
② 대상을 충실하게 표현해야 한다.

특정 상황에 적용할 수 있는 K-IFRS가 없어서 경영자의 판단으로 회계정책을 개발하고 적용해야 하는 경우 경영자는 다음 사항을 순차적으로 참조하여 적용가능성을 고려해야 한다. 1008:11-12

(1단계) 내용상 유사하고 관련되는 회계논제를 다루는 K-IFRS의 규정
(2단계) 자산, 부채, 수익, 비용에 대한 '개념체계'의 정의, 인식기준 및 측정개념

또한 경영진은 위의 내용과 상충되지 않는 경우에 한하여 유사한 개념체계를 사용하여 회계기준을 개발하는 회계기준제정기구(예를 들면, 미국의 재무회계기준위원회(FASB))가 가장 최근에 발표한 회계기준, 기타의 회계문헌과 인정된 산업관행을 고려할 수 있다.

K-IFRS에서 유사한 거래, 기타 사건 및 상황에는 동일한 회계정책을 선택하여 일관성 있게 적용하도록 규정하고 있다. 한편, K-IFRS에서 범주별로 서로 다른 회계정책을 적용하도록 규정하거나 허용하는 경우에는 각 범주에 대하여 선택한 회계정책을 일관성 있게 적용해야 한다.

(2) 회계정책 변경의 예

회계정책의 변경(changes in accounting policies)이란 재무제표의 작성과 보고에 적용하던 일반적으로 인정되는 회계정책을 다른 일반적으로 인정되는 회계정책으로 변경하는 것을 말한다. 회계정책 변경의 예로는 다음과 같은 것이 있다.[3]

① 재고자산의 가격결정방법을 선입선출법에서 평균법으로 변경
② 투자부동산의 평가를 원가법에서 공정가치법으로 변경

기업은 다음 중 하나의 경우에만 회계정책을 변경할 수 있다. 1008:14-16

2) K-IFRS는 한국회계기준원 회계기준위원회가 국제회계기준에 따라 제정한 회계기준으로 기업회계기준서와 기업회계기준해석서로 구성된다. 또한 K-IFRS에는 기업이 그 규정을 적용하는 데 도움을 주기 위한 지침이 있다. 지침은 모두가 K-IFRS의 일부를 구성하는 것은 아니다. K-IFRS의 일부를 구성하는 지침만이 의무규정이다.

3) 유형자산이나 무형자산을 원가법에서 재평가법으로 평가방법을 변경하는 것도 회계정책의 변경이지만 기준서 제1008호 「회계정책, 회계추정의 변경 및 오류」를 적용하지 않고 각각 기준서 제1016호 「유형자산」과 기준서 제1038호 「무형자산」에 따라서 회계처리한다.

① K-IFRS의 개정으로 회계정책의 변경이 요구되는 경우
② 회계정책을 변경하면, 이로 인해 재무제표가 특정 거래, 기타 사건 또는 상황이 재무상태, 경영성과 또는 현금흐름에 미치는 영향을 보다 충실하게 표현하고 회계정보이용자의 의사결정 목적에 적합한 정보를 제공하는 경우

재무제표이용자는 기업의 재무상태, 재무성과 및 현금흐름의 추이를 알기 위하여 기간별 재무제표를 비교할 수 있어야 한다. 따라서 회계정책의 변경이 위에서 제시한 기준 중 어느 하나를 충족하는 경우가 아니라면, 동일 기간 내에 그리고 기간간에 동일한 회계정책을 적용해야 한다.

실제로는 회계정책의 변경에 해당되지 않음에도 회계정책의 변경으로 오해하는 경우가 있다. 다음은 회계정책의 변경에 해당하는 않는 몇몇 사례이다.

〈예시 1〉 중요성의 변화 : 과거에 발생하지 않았거나 발생했어도 중요하지 않았던 거래, 기타 사건 또는 상황에 대하여 새로운 회계정책을 적용하는 경우에는 이를 회계변경으로 보지 않는다. 예를 들면, 종전에는 금액이 크지 않았기 때문에 품질보증비용을 지출연도의 비용으로 처리하다가 이제는 그 금액이 커져서 중요하게 되었기 때문에 충당부채설정법을 적용하기로 했다면, 이는 회계정책의 변경이 아니라 정당한 회계처리로 간주한다.

〈예시 2〉 실제 상황의 변화 : 과거에 발생한 거래와 실질이 다른 거래, 기타 사건 또는 상황에 대하여 새로운 회계정책을 적용하는 경우 이는 회계정책의 변경이 아니다. 예를 들면, 새로 구입한 재고자산의 유형이 기존에 보유하고 있는 재고자산과 다르기 때문에 새로운 재고자산평가방법을 사용한다면, 이는 회계정책의 변경이 아니다. 또한, 신규사업의 착수나 다른 사업부문의 인수 등의 결과로 독립된 사업부문이 창설되어 기존의 회계처리방법으로는 당해 업종의 특성을 반영할 수 없어 새로운 방법을 사용하는 경우에도 회계정책의 변경으로 보지 아니한다.

일반적으로 인정된 회계원칙을 채택하지 않고 있었거나 잘못 적용하고 있었는데 이를 바로잡았다면, 이는 회계정책의 변경이 아니라 뒤(제2절)에서 언급될 오류수정에 해당된다. 예를 들면, 현금주의회계에서 발생주의회계로 변경했거나, 재고자산의 평가방법을 후입선출법(K-IFRS에서는 후입선출법을 인정하지 않음)에서 선입선출법으로 변경하였다면, 이는 오류의 수정이다.

2 회계추정의 변경

사업활동에 내재된 불확실성으로 인하여 재무제표의 많은 항목이 정확히 측정될 수 없고 추정에 의존할 수밖에 없다. 합리적인 추정은 재무제표의 작성에 필수적인 과정이며, 재무제표의 표현의 충실성을 손상시키지 않는다고 본다. 여기에서 회계추정(accounting estimate)이란 불확실성으로 인해 재무제표 항목을 정확하게 측정할 수 없을 때 사용되는 판단과 가정을 말한다. 그 예로는 다음과 같은 것이 있다. 1008:32

① 대손상각
② 재고자산의 진부화
③ 금융자산이나 금융부채의 공정가치
④ 감가상각자산의 내용연수와 잔존가치 및 감가상각자산에 내재된 미래경제적 효익의 기대소비행태(이에 따라 "감가상각방법의 변경"도 회계추정의 변경으로 봄)
⑤ 품질보증의무

회계추정의 근거가 되었던 상황의 변화로 새로운 추정이 요구되는 경우에는 과거에 합리적이라고 판단했던 추정치라도 이를 변경할 필요가 있다. 이를 회계추정의 변경(changes in accounting estimates)이라고 하며, 새로운 상황의 전개, 새로운 정보의 획득 등에 따라 지금까지 사용해오던 회계적 추정치를 바꾸는 것을 말한다. 성격상 추정의 수정은 과거기간과 연관되지 않으며, 오류수정으로 보지 않는다.

회계정책의 변경과 회계추정의 변경을 구분하는 것이 어려운 경우가 있다. 예를 들면, 비용으로 처리하던 특정 개발비 지출에 대한 미래경제적 효익을 인정하여 자본화하는 경우 회계정책의 변경인지 회계추정의 변경인지 구분하는 것이 쉽지 않다. 이때에는 이를 회계추정의 변경으로 본다.

회계추정의 변경이 오류수정과 구분되기 어려운 경우도 있다. 예를 들면, 새로운 정보를 반영시켜 추정을 변경했는데, 이것이 변경 전에 이용가능한 정보를 무시했기 때문에 발생했다면 오류수정이 되어야 한다. 하지만 이러한 정보가 처음으로 이용가능해졌기 때문에 발생했다면 회계추정의 변경이 된다. 다른 예로 내용연수가 5년으로 추정되는 기계장치를 3년간 사용한 후에 상태를 점검한 결과 추가적으로 3년은 충분히 사용할 수 있음이 밝혀졌다. 이로써 총내용연수가 6년으로 본래 추정했던 5년보다 1년이 증가되었다. 이러한 내용연수의 변경은 일반적으로 회계추정의 변경이 된다. 그러나 최초의 추정이 자료상의 문제나 중요한 사실의 누락으로 인하여 잘못된 것이었다면 내용연수의 변경은 오류수정이 된다.

일반적으로는 '성실한 추정'은 후에 적절하지 않다고 밝혀진다 하더라도 회계추정의 변경으로 분류하고, 이에 의거한 회계처리를 한다. 오직 경험부족이나 불성실로 인해 추정이 잘못된 경우에만 오류수정으로 회계처리한다. 그러나 이를 명확히 구분할 수 없는 경우가 많아서 회계담당자의 판단이 요구된다.

3 회계변경과 회계분식

(1) 회계처리방법 선택과 재무보고 개념체계

회계는 기업 미래현금흐름의 금액, 시기 그리고 이에 따른 불확실성을 예측하고자 하는 회계정보이용자의 의사결정에 유용한 정보를 제공하는 것을 목적으로 한다. 이는 회계정보가 그 대상인 기업의 실질을 적절히 표현하고 있을 때 달성된다. 이를 표현충실성(representational faithfulness)의 개념이라고 하며, 현대 회계에서 매우 강조되는 개념이다.

이러한 이유 때문에 회계기준에서는 특정 회계처리방법(회계정책과 회계추정)으로 한정하지 않고 여러 가지 대안을 허용하는 경우가 있다. 이는 기업의 특성을 가장 잘 파악하고 있는 회계담당자가 기업의 특성에 적합한 회계처리를 할 수 있는 특정 대안을 선택할 수 있도록 하기 위해서이다. 예를 들면 동일한 유형자산이라도 기업에 따라 사용하는 방법이 달라 경제적 효익이 소비되는 기간과 형태가 다르기 때문에 기업이 그 내용연수와 감가상각방법을 선택하도록 유연성을 부여하고 있다. K-IFRS에서 규칙중심(rule-based)보다 원칙중심(principle-based)의 회계기준을 견지하는 것도 이와 맥락을 같이한다.

이 경우 회계담당자는 다양한 회계개념 및 회계처리방법, 그리고 공시수단 중에서 당해 기업에 가장 적합한 것을 선택해야 한다. 그러나 회계담당자가 이러한 기회를 자의적으로 해석하고 악용하여 기업에만 유리한 회계선택을 할 수도 있다. 즉 회계처리방법의 선택에서 유연성(flexibility)이 지나치게 커서 산출되는 회계정보의 비교가능성이 떨어지는 문제가 발생할 수도 있다. 따라서 회계기준의 제정에서 가장 문제가 되는 것은 통일성과 유연성의 적절한 조화이다.

잘못된 회계선택은 외부감사인의 감사과정에서 걸러질 수 있다. 또한 이러한 유연성과 통일성을 조화시킬 수 있는 방안으로 등장한 것이 재무보고의 개념체계이다. 재무보고 개념체계는 회계처리의 일반적인 지침을 제공함으로써 회계담당자가 특정 거래나 사건을 회계처리하는 데 있어서 임의적으로 선택할 수 있는 여지를 줄이는 역할을 한다. 따라서 재무보고의 개념체계는 회계처리의 유연성을 부여하면서도 통일성을 달성하는 데 기여할 것으로 기대된다.

K-IFRS에서도 재무보고의 개념체계를 설정하고 재무보고의 목적, 회계정보의 질적특성, 재무제표의 요소, 인식과 측정, 자본유지의 개념 등에 관한 일반원칙을 제시하고 있다(본 교재의 제2장 참조). 이러한 개념체계는 경영자들이 해당 기업에 적절한 회계처리방법을 선택하고 적용해 가는 데 도움이 된다.

(2) 허위재무보고

적절한 회계정보가 제공되지 않는다면 자본시장이 제 기능을 수행할 수 없다. 따라서 회계제도를 효율적으로 유지하는 것이 매우 중요하다. 그러나 불행하게도 회계제도는 항상 계획한 대로 작동하지는 않는다. 회계제도의 한계점, 특히 허위재무보고(fraudulent financial reporting), 즉 회계분식의 문제가 크게 부각되고 있다.

회계분식은 특별한 경우이지만 이로 인해 회계보고제도의 적절성은 큰 도전을 받고 있다. 따라서 회계제도를 개선하려는 다양한 움직임이 있어 왔다. 회계제도에 관련된 근본적인 문제는 다음과 같이 정리된다.

① 회계실무와 공시가 정보이용자에게 적절한가?
② 외부감사인은 그들의 임무를 충실히 수행하고 있는가?
③ 회계공시 및 기타 제도에 관련된 규제는 적절한가?

회계분식이란 재무제표를 왜곡시키는 행위나 누락을 의미하는데, 이는 회사의 장부를 의도적으로 왜곡하거나 적절한 회계원칙을 적용하지 않음으로써 발생한다.

기업이 허위재무보고를 하게 되는 유인으로는 높은 주가를 달성하고 충분한 부채를 낮은 이자율로 조달하려는 동기, 부채계약을 위반하지 않으려는 동기, 그리고 개인적으로 이익을 챙기려는 동기 등이 있다. 특히 기업이나 경영자 개인이 처한 상황으로 인해 회계분식이 발생하는데, 예를 들면 다음과 같은 상황이 있다.

- 수익이나 시장점유율의 급격한 하락
- 부여된 예산목표, 특히 단기예산목표를 달성하지 못함
- 보너스를 받을 수 있는 단기업적을 달성하지 못함

그리고 이러한 회계분식은 다음의 경우에도 발생할 가능성이 있다.

- 재무보고과정을 적극적으로 감시하는 이사회나 감사위원회가 없을 때
- 내부통제제도가 없거나 취약할 때
- 비정상적이고 복잡한 거래가 발생했을 때
- 회계추정에 상당한 주관적 판단이 개입될 때

위와 같은 상황은 근본적으로 기업 내에서 윤리의식이 낮을 때 발생한다. 또한 회계분식은 특정 거래를 회계처리할 때 준수해야 하는 회계원칙이 없거나 특정 회계원칙에 대해서 다양한 해석이 가능할 때 발생할 가능성이 높다.

그렇다면 회계분식에 대하여 경영자와 회계전문가들은 어떻게 대처해야 하고 누가 책임을 져야 할까? 먼저 회계분식의 직접적인 책임은 경영자에게 있다. 왜냐하면 재무제표의 작성책임이 경영자에게 있기 때문이다. 따라서 분식회계에 따른 처벌을 강화하여 경영자의 분식회계에 대한 유인을 감소시키는 방안을 생각해 볼 수 있다. 하지만 근본적으로 경영자는 스스로 윤리적 행위를 기업의 최고 덕목으로 삼으며 솔

선수범하여 정직과 높은 수준의 기업윤리문화를 만들어가야 한다. 그래야 경영진은 물론이거니와 여러 하부 조직과 종업원에 의한 회계분식을 예방할 수 있다.

분식회계는 사후적으로 발견하기 어려우므로 내부통제프로그램의 도입, 지배기구의 감시장치 강화, 회계분식 방지를 위한 경영자의 의지표명 등으로 사전적인 예방이 매우 중요하다. 외부감사도 회계분식을 방지하기 위한 중요한 제도이다.

최근 외부감사인들도 회계분식의 예방과 적발에 책임이 강화되고 있다. 예를 들면 감사인으로 하여금 재무제표가 회계분식으로 인해 왜곡될 위험을 명시적으로 평가하도록 요구하고 있다.

기업이 그들에게 유리하게 회계처리하도록 눈감아주는 회계감사인을 선택하려는 감사의견구매(opinion shopping)를 방지하는 제도가 도입되고 있다. 회계처리에는 상당한 주관성이 개입될 수 있기 때문에 감사인에 따라서는 감사인 교체로 인한 수입감소를 우려하여 경제적 실질보다는 기업에 유리한 방향으로 회계처리하는 것을 용인할 수도 있다. 따라서 감사인 변경을 제한하거나, 감사인을 변경했다면 그 변경사실과 사유를 상세히 공시해야 한다. 또한 감사인의 독립성을 유지할 수 있는 제도적 장치, 예를 들면 감사를 수행하고 있는 기업에 대해서는 일정유형의 자문업무를 제한하는 제도를 도입하고 있다.

(3) 회계변경의 적절성

기업의 경제적 실질이나 상황은 시간이 지남에 따라 변할 수 있다. 따라서 한 시점에 적절한 회계정책이나 회계추정치가 다른 시점에도 타당한 것은 아닐 수 있다. 기업의 경제적 실질이나 상황이 바뀌었다면 이에 맞도록 회계정책이나 회계추정을 변경하는 것이 바람직하다. 따라서 기업이 회계정책이나 회계추정을 변경하였을 때 이러한 변경이 적합한지를 평가해야 하지만, 모든 회계변경이 의심스러운 것은 아님에 유의해야 한다.

회계정책의 변경, 회계추정의 변경, 그리고 오류수정은 회계처리가 상이하기 때문에 이를 명확히 구분하고 이에 대한 적절한 회계처리와 공시가 매우 중요하다.

4 회계변경의 회계처리방법

(1) 소급법

소급법(retroactive method)에서는 회계변경의 누적효과를 계산하고, 이를 회계변경연도의 기초이익잉여금에 가감하여 수정한다.4) 여기에서 회계변경의 누적효과(cumulative effect of accounting changes)란 회계변경연도 이전 기간에 변경 이후의 방법으로 회계처리했을 경우와 변경 이전의 방법으로 회계처리했을 경우 순이익에 미치는 영향의 차액을 말한다.

예제 21-1 회계변경의 누적효과

변경(주)는 20×1. 1. 1에 내용연수가 5년, 잔존가치가 ₩2,000으로 추정되는 기계를 ₩10,000에 구입하였다. 3년간 사용한 후 20×4년초에 이 기계의 상태를 점검한 결과 앞으로도 3년은 충분히 사용할 수 있다고 보아 총내용연수를 6년(본래 추정했던 5년보다 1년이 증가)으로 추정하였다. 또한 앞으로 3년 이후의 잔존가치도 ₩1,000(본래 추정했던 ₩2,000보다 ₩1,000이 감소)이 될 것으로 추정되었다.
이러한 회계변경의 누적효과를 계산하라. 단, 변경(주)는 이 기계를 정액법으로 감가상각한다.

해답

舊추정 20×1~20×3 감가상각비 : {(₩10,000－₩2,000)/5년}×3년＝	₩4,800
新추정 20×1~20×3 감가상각비 : {(₩10,000－₩1,000)/6년}×3년＝	(4,500)
회계변경의 누적효과(20×1~20×3년에 과대계상된 감가상각비)	₩300

기계구입 이후 변경기간초까지 이전 추정(내용연수 5년, 잔존가치 ₩2,000)에 의한 감가상각비가 새로운 추정(내용연수 6년, 잔존가치 ₩1,000)에 의한 감가상각비를 ₩300만큼 초과한다. 이 금액이 바로 "회계변경의 누적효과"이다.

소급법에서는 과거의 재무제표를 비교하여 공시하는 경우 회계변경으로 인해 영향을 받은 회계연도의 재무제표를 새로 채택된 회계처리방법에 따라 소급재작성(restatement)한다. 공시되는 회계기간 이전에 발생한 회계변경의 누적효과는 공시되는 회계연도중 가장 빠른 회계연도의 기초이익잉여금(또는 기타포괄손익누계액과 같은 기타 자본항목)에 반영하는 형식으로 표시한다.

4) 이익잉여금에서 조정되는 것이 통상적이지만, 이익잉여금이 아닌 자본의 다른 구성요소가 조정될 수도 있다(예를 들면, K-IFRS가 정하는 경우).

예제 21-1 을 소급법으로 회계처리하면 다음과 같다.

① 20×4년도중에 회계변경의 누적효과를 전기이월이익잉여금에 반영시키는 분개 :

(차) 감가상각누계액	300	(대) 회계변경누적효과 ((기초)이익잉여금)	300

(주) 이로써 회계변경의 누적효과가 감가상각누계액계정의 차변에 기록되어 감가상각누계액계정 잔액이 감소된다. 또한 이 금액만큼 기초이익잉여금이 증가된다.

② 20×4~20×6년의 감가상각비는 새로운 추정에 근거하여 매년말에 다음과 같이 분개 :

(차) 감가상각비	1,500	(대) 감가상각누계액	1,500*

* (₩10,000－₩1,000)/6년＝₩1,500

만일 20×4년도 재무제표와 함께 20×3년도 재무제표를 비교하여 공시하는 경우에는 다음과 같이 수정해야 한다(그러나 20×3년도를 위한 별도의 분개는 필요 없다).

① 20×3년 기초이익잉여금 ₩200 증가와 감가상각누계액 ₩200 감소 :
(₩1,600－₩1,500)×2년＝₩200

② 20×3년 감가상각비 감소 : ₩100(20×3년 감가상각비 과대계상분)

③ 20×3년 기말이익잉여금 ₩300 증가와 감가상각누계액 ₩300 감소 :
₩300(①의 효과＋②의 효과)

소급법을 지지하는 이유는 회계변경의 경우 종전의 재무제표를 수정해야만 기간별 비교가능성이 유지될 수 있기 때문이다. 회계처리의 기간별 비교가능성은 기업의 재무상태와 경영성과를 평가하는 데 요구되는 회계이익 추세자료나 다른 재무제표자료의 유용성을 증진시키는 데 필수적인 요소이다.

소급법에서는 회계변경으로 인한 영향이 손익계산서를 거치지 않고 직접 이익잉여금에 반영된다. 따라서 모든 손익항목을 손익계산서에 반영해야 한다는 포괄이익(comprehensive income)의 개념에 부합되지 않는다. 또한 이미 공표된 재무제표를 수정함으로써 재무제표의 확정성이 도전받을 수 있고, 소급하여 수정하는 데 소요되는 비용이 과다하게 소요되는 등 실무상 어려움이 존재한다. 특히 이용가능한 자료만으로는 과거의 모든 재무제표를 적절히 수정하기가 실무적으로 불가능한 경우도 있다.

이러한 한계점에도 불구하고 소급법은 회계정책의 변경에 적용하기에 적합한 방법이라고 보고 있다. 왜냐하면 회계정책의 변경은 그 발생빈도가 적어서 다소간의 실무상 어려움을 감수할 수 있으며, 특히 회계변경으로 인한 효과가 매우 크기 때문에 소급수정하지 않으면 재무정보의 기간별 비교가능성이 크게 침해받기 때문이다(〈표 21-1〉 참조).

▶ 표 21-1
회계변경의 회계처리방법

기간 \ 방법	변경연도 이전	변경연도와 변경연도 이후 [( )는 변경연도의 추가적인 회계처리]	주장이유
소급법	변경 이후의 방법으로 수정	변경 후 기초장부금액에 변경 후 방법을 적용 (누적효과 : 변경연도 기초이익잉여금에 반영)	기간별 비교가능성을 중시
전진법	수정하지 않음	변경 전 기초장부금액에 변경 후 방법을 적용 (누적효과 : 당기와 당기 이후 기간에 분산 반영)	재무제표의 확정을 중시, 간편한 회계처리, 포괄이익개념에 부합

(주) 누적효과란 회계변경연도 이전의 기간에 변경 후의 방법으로 회계처리했을 경우와 변경 전의 방법으로 회계처리했을 경우 순이익에 미치는 영향의 차이를 말한다.

(2) 전진법

회계변경을 전진법(prospective method)으로 회계처리하면 이전에 보고된 결과에 대해서는 어떠한 수정도 하지 않는다. 즉 장부의 기초잔액을 수정하지 않으며, 회계변경 전의 사건을 새롭게 장부에 기록하지도 않는다. 대신에 "회계변경연도초의 장부금액"에 근거하여 회계변경기간과 그 이후의 회계기간에 대해서만 변경된 회계처리방법을 적용하면 된다. 따라서 전진법은 회계변경의 누적효과가 당기와 당기 이후의 기간에 분산되어 반영된다.

소급법과 비교하여 전진법 회계처리를 지지하는 이유는 다음과 같다.

① 재무제표의 확정성을 중시 : 경영자가 투자자나 기타 재무정보이용자에게 보고한 수치는 최종적인 것이고 변경되어서는 안 된다고 본다. 왜냐하면 이미 보고한 재무제표를 수정하면 재무정보이용자는 재무제표의 확정성에 대해 의문을 제기할 여지가 있기 때문이다. 특히 종전의 회계수치에 근거한 많은 계약관계가 혼란에 빠질 우려가 있다. 예를 들면, 종전의 회계수치에 근거한 이윤분배가 다시 계산되어야 하기 때문에 법적인 문제까지도 야기될 수 있다.

② 간편한 회계처리 : 전진법은 상대적으로 간편한 회계처리방법이다. 왜냐하면 누적효과를 산출할 필요도 없고, 전년도 재무제표를 소급하여 수정할 필요가 없기 때문이다. 따라서 과거의 회계자료에 포함되는 편의(bias)가 그리 크지 않다면, 회계처리가 비교적 간단한 전진법을 이용하는 것도 큰 문제가 없다.

③ 포괄이익이라는 개념에 부합 : 전진법은 모든 손익항목이 손익계산서에 반영되어야 한다는 포괄이익의 개념과도 부합된다.

예제 21-1 을 전진법으로 회계처리하면 다음과 같다.

회계변경연도와 회계변경연도 이후의 감가상각비를 회계변경연도초의 장부금액에 근거하여 새로 추정된 잔여내용연수와 잔존가치에 따라 산출한다. 따라서 20×4~20×6년 각 연도에 감가상각비를 기록하는 분개는 다음과 같다.

(차) 감가상각비	1,400*	(대) 감가상각누계액	1,400*

* 기계의 취득가액	₩10,000
20×1~20×3 감가상각비[{(₩10,000－₩2,000)/5년}×3년]	(4,800)
20×4년(회계변경연도)초의 장부금액	₩5,200
새로 추정된 잔존가치	(1,000)
20×4~20×6 감가상각대상액	₩4,200
새로 추정된 잔여내용연수	÷3년
20×4~20×6 각 연도 감가상각비	₩1,400

(주) ① 소급법은 '누적효과'를 기초잉여금에 반영했으나 전진법은 이를 별도로 반영하지 않는다.
② K-IFRS에서는 감가상각방법의 변경은 추정의 변경으로 보아 전진법을 사용한다.

회계변경에 전진법을 적용하면 회계정보의 기간별 비교가능성이 유지될 수 없다는 한계점이 있다. 왜냐하면 회계변경 이전과 회계변경 이후에 서로 다른 회계처리방법이 적용되기 때문이다.

전진법은 회계추정의 변경에 적합한 방법이라고 본다. 왜냐하면 회계추정은 회계처리를 위해서는 필수적이지만 필연적으로 빈번하게 변경될 가능성이 높은데, 이때마다 이미 보고된 재무제표를 수정한다면 회계정보의 확정성이 크게 침해받을 수 있기 때문이다. 특히 회계추정의 변경은 대부분 그 효과가 상대적으로 크지 않기 때문에 소급수정하지 않아도 기간별 비교가능성이 크게 침해되지 않는 경우가 많다.

소급법과 전진법의 중간 형태로는 당기일괄처리법(current method)이 있다. 이 방법은 회계변경의 누적효과를 계산하여, 이를 회계변경기간의 손익계산서에 별도항목으로 보고한다. 비교목적으로 회계변경 전의 재무제표가 함께 공시되더라도 소급법의 경우와는 다르게 회계변경 전 회계연도의 재무제표를 새로 채택된 회계처리방법으로 수정하지 않는다.

예제 21-1 을 당기일괄처리법으로 회계처리하면 다음과 같다.

20×4년중에 회계변경의 누적효과를 당기의 손익계산서에 반영시킬 수 있도록 다음과 같은 분개를 한다.

(차) 감가상각누계액	300	(대) 회계변경누적효과 (또는 회계변경이익)	300

(주) 소급법의 경우와 마찬가지로 회계변경의 누적효과를 감가상각누계액계정의 차변에 기록하여 감가상각누계액계정 잔액을 줄여준다. 그러나 소급법과는 달리 이를 손익계산서에 별도 항목으로 반영하여 회계변경연도의 당기순이익을 증가시킨다.

20×4~20×6년도의 감가상각비는 소급법의 경우와 마찬가지로 새로운 추정에 의해 산출된 금액에 근거하여 매년말에 다음과 같이 분개한다.

(차) 감가상각비	1,500	(대) 감가상각누계액	1,500

(주) 소급법과는 달리 20×3년의 재무제표가 재무제표와 함께 공시되더라도 수정하지 않는다.

당기일괄처리법을 사용하는 경우에도 회계변경의 효과가 크다면 전기의 손익에 미친 영향을 보여줄 필요가 있다. 따라서 그 효과를 반영한 과거 가상재무제표(pro-forma financial statements)를 작성하여 별도로 공시하도록 할 수도 있다.

당기일괄처리법은 ① 종전의 재무제표를 소급하여 수정하지 않기 때문에 재무보고의 신뢰성을 높일 수 있고, ② 회계변경의 효과가 손익계산서에 모두 반영되기 때문에 포괄이익의 개념에도 부합된다는 장점이 있다. 또한 ③ 회계변경의 누적효과를 모두 변경연도의 손익계산서에 계상하므로 회계변경의 중요성을 부각시킬 수 있다는 효과도 있으며, ④ 전진법과 비교해서도 회계변경의 누적효과가 당기에 모두 반영되기 때문에 이후의 기간에는 영향을 미치지 않는다는 이점도 있다.

K-IFRS에서는 당기일괄처리법을 허용하지 않는다. 그 주요 이유는 회계변경연도의 손익에 해당 연도의 경제적 사건과 전혀 관련이 없거나 관련이 희박한 금액이 포함되기 때문이다. 즉 수익과 비용을 적절히 대응시키려는 수익·비용대응의 원칙에 부합되지 않는다. 또한 당기일괄처리법을 허용하면 회계변경연도의 손익에 매우 큰 영향을 미치기 때문에 경영자가 이익조정 목적으로 회계변경을 악용할 가능성이 높다.

위의 **예제 21-1** 에서 회계변경의 회계처리방법이 연도별 순이익에 미치는 영향을 비교하면 다음과 같다.

	20×1	20×2	20×3	20×4 (변경)	20×5	20×6	총 액
1) 변경이 없었을 경우 :							
- 감가상각비	₩1,600	₩1,600	₩1,600	₩1,600	₩1,600	₩ −	₩8,000
2) 변경을 하였을 경우 :							
• 소급법 - 감가상각비	1,500*	1,500*	1,500*	1,500	1,500	1,500	9,000
• 전진법 - 감가상각비	1,600	1,600	1,600	1,400	1,400	1,400	9,000
• 당기일괄처리법 : - 감가상각비	1,600	1,600	1,600	1,500	1,500	1,500	9,300
- 회계변경누적효과(이익)				(300)			(300)

* 과거의 재무제표를 비교하여 공시하는 경우에만 이와 같이 과거수치를 수정한다.

5 K-IFRS의 회계처리

매기 동일한 회계정책 또는 회계추정을 사용하면 기간별 비교가능성이 증대되어 재무제표의 유용성이 향상된다. 따라서 일단 채택한 회계정책이나 회계추정은 유사한 종류의 사건이나 거래의 회계처리에 일관성 있게 적용해야 한다. 그러나 회계정책이나 추정의 변경이 필요한 경우도 있다. 변경된 경우에는 이러한 회계변경의 유형에 따라 상이한 방법으로 회계처리한다(〈표 21-2〉 참조).[5]

5) 보고실체의 변경은 다른 회계기준(K-IFRS 제1027호)에서 제시하고 있는데, 일괄법을 채택하고 있다. 예를 들면, 투자주식에 대한 회계처리(K-IFRS 제1028호)를 원가법에서 지분법으로 변경하는 경우 중대한 영향력을 행사할 수 있는 날을 기준으로 일괄처리하도록 하고 있다.

▶ **표 21-2**
회계변경의 회계처리

	회계정책의 변경	회계추정의 변경
회계처리방법	소급법	전진법
회계변경누적효과의 반영	기초이익잉여금에 반영*	당기 및 미래기간에 반영
전기재무제표	비교재무제표에 수정 반영	수정하지 않음

* 기간 전체에 대한 누적효과를 결정할 수 없기 때문에 실무적으로 소급적용할 수 없는 경우에는 실무적으로 적용할 수 있는 가장 이른 기간의 기초부터 당시의 장부금액에 기초하여 전진적으로 적용한다.

(1) 회계정책의 변경 1008:23-25

회계정책의 변경에는 "소급법"을 적용한다. 즉 변경 후의 회계정책을 변경 전 가장 이른 과거기간의 처음부터 적용한 것처럼 회계처리를 하고, 비교표시되는 과거기간의 재무제표를 재작성한다.

변경된 회계정책을 과거의 회계기간부터 실무적으로 전진적용[6]할 수 없는 경우에도 회계정책은 변경할 수 있다. 여기에서 "실무적으로 적용할 수 없는 경우"란 회계정책의 변경이 특정 기간에 미치는 영향이나 누적효과를 실무적으로 결정할 수 없는 경우를 말한다.[7] 이 경우의 회계처리는 다음과 같다.

① 당기 기초시점에 과거기간 전체에 대한 새로운 회계정책 적용의 누적효과를 실무적으로 결정할 수 없는 경우 : 실무적으로 적용할 수 있는 가장 이른 날부터 새로운 회계정책을 "전진 적용하여" 비교정보를 재작성한다.

② 비교표시되는 하나 이상의 과거기간 비교정보에 대해 특정 기간에 미치는 회계정책 변경의 영향을 실무적으로 결정할 수 없는 경우[8] : 실무적으로 소급적용할 수 있는 가장 이른 회계기간(당기일 수도 있음)의 자산 및 부채의 기초 장부금액에 새로운 회계정책을 적용(즉 소급적용)하고, 그에 따라 변동하는 자본구성요소의 기초금액을 조정한다.

위의 차이점은 ①에서는 새로운 회계정책이 적용되는 기간의 기초금액에는 이전

6) 회계정책 변경과 회계추정 변경효과 인식의 "전진적용"은 각각 다음을 말한다.
① 회계정책 변경의 전진적용 : 새로운 회계정책을 변경일 이후에 발생하는 거래, 기타 사건 및 상황에 적용하는 것
② 회계추정 변경효과 인식의 전진적용 : 회계추정의 변경효과를 당기 및 그 후의 회계기간에 인식하는 것

7) "실무적으로 적용할 수 없는"이란 기업이 모든 합리적인 노력을 했어도 요구사항을 적용할 수 없는 경우에 그 요구사항은 실무적으로 적용할 수 없다. 다음 경우는 특정 과거기간에 대하여 회계정책 변경의 소급적용이나 오류수정을 위한 소급재작성을 실무적으로 적용할 수 없다.
① 소급적용이나 소급재작성의 영향을 결정할 수 없는 경우
② 소급적용이나 소급재작성을 위하여 대상 과거기간의 경영진의 의도에 대한 가정이 필요한 경우
③ 소급적용이나 소급재작성을 위하여 금액의 유의적인 추정이 필요하지만, 그러한 추정에 필요한 정보를 다른 정보와 객관적으로 식별할 수 없는 경우. 이러한 정보는 다음을 모두 충족해야 한다.
(가) 추정금액을 인식, 측정, 공시해야 하는 시기에 존재했던 상황에 대한 증거를 제공하는 정보
(나) 당해 과거기간의 재무제표 발행승인일에 이용가능하였던 정보

8) 특정 기간에 미치는 누적효과를 알 수 없는 경우란 해당 기간의 기초 및 기말 시점의 재무상태표에 미치는 누적효과의 금액을 실무적으로 결정할 수 없는 경우를 말한다.

기간의 누적효과가 반영되지 않은 반면, ②에서는 새로운 회계정책이 적용되기 이전기간의 누적효과가 새로운 회계정책이 적용되는 기간의 기초금액에 반영된다는 것이다.

예제 21-2 회계정책의 변경과 회계처리

리니(주)는 20×6년에 회계정책을 변경하였는데, 이로 인하여 과거 5년간(20×1년~20×5년)의 재무제표가 영향을 받는다. 리니(주)는 과거 2년간(20×4년과 20×5년)의 재무제표를 비교표시한다. 리니(주)의 회계정책 변경에 대한 올바른 회계처리를 설명하라.

해답

회계정책의 변경에는 소급법을 적용한다. 이에 따라 회계변경으로 인한 20×1년~20×3년의 누적효과를 20×4년초의 자본구성요소(이익잉여금 등)와 자산 및 부채에 소급하여 반영하고, 20×4년~20×6년에는 새로운 회계정책을 적용한다. 한편 "회계정책 변경의 영향을 실무적으로 결정할 수 없는 경우"에는 다음과 같이 표시한다.

① 당기 기초시점에 과거기간 전체(20×1년~20×5년)에 대한 새로운 회계정책 적용의 누적효과를 실무적으로 결정할 수 없는 경우 : 실무적으로 새로운 회계정책을 적용할 수 있는 가장 이른 기간(예를 들면, 20×3년)의 기초 장부금액(이미 보고된 금액)에 기초하여 20×3년부터 전진적으로 새로운 회계정책을 적용한다. 즉 회계변경이 20×3년 이전 기간에 미치는 영향은 고려하지 아니한다.

② 과거기간 전체(20×1년~20×5년)의 누적효과는 알 수 있으나 비교표시되는 특정 연도(예를 들면, 20×4년)에 회계정책의 변경이 미치는 영향을 실무적으로 결정할 수 없는 경우 : 실무적으로 소급적용할 수 있는 가장 이른 기간(따라서 20×5년)의 기초 장부금액에 새로운 회계정책을 소급적용하여 기초 장부금액을 변경한다. 그리고 소급수정된 그 금액에 기초하여 이후의 기간에 대해서는 새로운 회계정책을 적용하면 된다.

예제 21-3 실무적으로 소급적용할 수 없음에 따른 회계정책의 전진 적용

20×2년중에 도원(주)는 유형자산에 대한 감가상각 회계정책을 변경하였고, 동시에 재평가모형을 채택하였다.

원 가	₩25,000
감가상각누계액	(14,000)
장부금액	₩11,000

20×2년 유형자산의 감가상각비(구 기준) : ₩1,500

20×2년 이전의 도원(주) 자산에 관한 기록은 상세하지 않았다. 20×1년말의 회계자료에 대하여 경영진은 기술적 조사를 위탁하였으며, 이 조사는 20×2년 기초에 보유하고 있는 요소에 관한 다음 정보를 제공하였다.

➥계속

공정가치	₩17,000
추정잔존가치	₩3,000
추정평균잔존내용연수	7년

그런데 조사를 해도 원가자료가 불충분하여 도원(주)의 경영진은 20×2년 기초보다 이른 기간부터 전진적으로 변경하는 회계처리는 실무적으로 적용할 수 없다는 결론에 도달하였다. 즉 20×2년 이전에는 실무적으로 소급적용할 수 없었다.
20×2년의 유형자산 감가상각비를 계산하라. 단, 도원(주)의 법인세율은 30%이다.

해답

도원(주)는 새로운 회계정책을 20×2년 기초부터 전진적으로 적용해야 한다. 따라서 20×2년의 감가상각비는 다음과 같이 계산된다.

20×2년의 유형자산 감가상각비 : (₩17,000 − ₩3,000)/7년 = ₩2,000

[참고] 이에 관련된 회계처리는 다음과 같다.

재평가 :	(차) 유 형 자 산	6,000	(대) 재평가잉여금	4,200
			이연법인세부채	1,800
감가상각 :	(차) 감가상각비	2,000	(대) 감가상각누계액	2,000
	이연법인세부채	150	법인세비용	150

* (₩2,000(회계상 감가상각비) − ₩1,500(세무상 감가상각비)) × 30% = ₩150

(2) 회계추정의 변경 1008:36

회계추정의 변경은 "전진법"으로 회계처리한다. 전진적으로 회계처리한다는 것은 회계추정의 변경을 그것이 발생한 시점 이후부터 거래, 기타 사건 및 상황에 적용하는 것을 말한다. 회계추정의 변경은 당기손익에만 영향을 미치는 경우와 당기손익과 미래기간의 손익에 모두 영향을 미치는 경우가 있다. 예를 들어보자.

〈사례 1〉 대손에 대한 추정의 변경은 당기손익에만 영향을 미친다.

〈사례 2〉 감가상각자산 추정내용연수의 변경 또는 감가상각자산에 내재된 미래경제적 효익 기대소비 형태의 변경(이에 따른 감가상각방법의 변경)은 당기의 손익(감가상각비)뿐만 아니라 그 자산의 잔존내용연수 동안 미래기간의 손익(감가상각비)에 영향을 미친다.

위의 두 경우 모두 당기에 미치는 변경의 효과는 당기손익으로 인식하며, 미래기간에 영향을 미치는 변경의 효과는 해당 미래기간의 손익으로 인식한다. 또한 회계추정의 변경이 자산, 부채 또는 자본구성요소에 관련되는 경우에는 회계추정을 변경한 기간에 관련 자산, 부채 또는 자본구성요소의 장부금액을 조정하여 회계추정의 변경 효과를 인식해야 한다.

6 회계변경과 법인세

순이익에 영향을 미치는 회계변경이 발생하면 법인세비용에도 영향을 미치게 된다. 이러한 회계변경을 전진법으로 처리하면, 회계변경연도와 그 이후 연도의 순이익에만 영향을 미치므로 이에 의거하여 산출된 법인세를 비용으로 계상하면 된다.

회계변경을 소급법으로 회계처리하는 경우 과거연도 순이익의 차이로 인하여 법인세환급금이나 법인세추납액이 발생할 수 있다. 그러나 세법이 회계변경을 소급법으로 회계처리하는 것을 인정하지 않는다면, 회계변경의 누적효과로 인해 발생하는 법인세효과가 미래의 과세소득을 증가시키거나 감소시킨다. 즉 일시적차이가 발생한다. 따라서 여기에서 발생하는 법인세효과는 이연법인세 자산이나 부채에 반영해야 한다.

예제 21-4 회계변경과 법인세

법인(주)는 재고자산의 기말단가 결정방법으로 평균법을 선택해 왔다. 그러나 이 회사는 20×6년에 들어서 선입선출법이 보다 합리적이어서 선입선출법으로 변경하기로 하였다.

	법인세비용차감전이익*	
	평균법	선입선출법
20×5년 이전	₩400,000	₩600,000
20×6년	160,000	190,000

* 이는 선입선출법의 재고자산이 평균법의 재고자산보다 20×5년말에는 ₩200,000만큼 많게 평가되고, 20×6년말에는 ₩230,000만큼 많게 평가되어 발생하였다.

당해 회계변경의 누적효과를 계산하고, 20×6년의 장부가 마감된 경우 또는 마감되지 않은 경우에 이 효과를 반영하는 수정분개를 하라. 단, 회계변경은 소급법으로 회계처리하며, 법인세율은 30%이다. 법인세법에서 소급법 회계처리를 인정하지 않는다고 가정한다.

해답

1) 회계변경의 누적효과 계산

누적효과	법인세비용차감전이익			차이의 영향	
	평균법	선입선출법	차이(증가)	법인세비용	당기순이익
20×5년 이전	₩400,000	₩600,000	₩200,000	₩60,000	₩140,000
20×6년	160,000	190,000	30,000	9,000	21,000
합 계	₩560,000	₩790,000	₩230,000	₩69,000	₩161,000

2) 누적효과를 반영하는 분개

① 20×6년 장부가 마감된 경우(20×6년의 법인세도 납부되었다고 가정한다)

(차) 재 고 자 산 (20×7년초)	230,000	(대) 회계변경누적효과 ((기초)이익잉여금-20×7년초 현재)	161,000
		이연법인세부채	69,000

➥계속

(주) 법인세효과를 고려하지 않는 경우 20×7년초에 반영할 누적효과에 대한 회계처리는 다음과 같다.

(차) 재 고 자 산 (20×7년초)	230,000	(대) 회계변경누적효과 ((기초)이익잉여금)	230,000

② 20×6년 장부가 마감되지 않은 경우

(차) 재 고 자 산 (20×6년말)	200,000	(대) 회계변경누적효과 ((기초)이익잉여금) (20×6년초 현재)	140,000
		이연법인세부채	60,000
(차) 재 고 자 산 (20×6년말)	30,000	(대) 매 출 원 가	30,000
법인세비용	9,000	미지급법인세*	9,000

* 관련 법인세비용을 이미 납부한 경우에는 미지급법인세추납액이 된다.

(주) 20×7년말에는 소멸되는 이연법인세부채만큼 법인세비용이 감소할 것이다. 만일 2/3가 소멸되었다면 다음과 같이 분개한다.

(차) 이연법인세부채	40,000*	(대) 법인세비용	40,000

* ₩60,000 × 2/3 = ₩40,000

제2절 오류수정

1 오류의 개념

전기오류란 전기 또는 그 이전기간의 재무제표를 작성할 때 신뢰할 만한 정보를 이용하지 못했거나, 이를 잘못 이용하여 발생한 재무제표상의 누락이나 왜곡표시를 말한다. 여기서 신뢰할 만한 정보는 다음을 모두 충족하는 정보를 말한다.

① 해당 기간의 재무제표의 발행 승인일에 이용가능한 정보
② 당해 재무제표의 작성과 표시를 위하여 획득하여 고려할 것이라고 합리적으로 기대되는 정보

이러한 오류에는 산술적 계산오류, 회계정책의 적용 오류, 사실의 간과 또는 해석의 오류 등의 영향을 포함한다. 전기오류를 모두 열거하는 것은 불가능하나 통상적으로 발생할 수 있는 회계오류로는 다음과 같은 것이 있다.

① **산술적 계산오류**: 덧셈, 뺄셈 등으로부터 발생하는 계산상의 실수로서, 예를 들면 재고자산 목록표의 합산과정에서 오류가 발생하는 경우이다.

② **회계정책의 적용오류**: 일반적으로 인정된 회계원칙을 적용하지 않음으로써 발생하는 오류를 의미한다. 예를 들어 현금기준으로 회계처리했다면 이는 일반적으로 인정된 회계원칙인 발생기준을 적용한 것이 아니기 때문에 오류가 발생한다. 또한 주어진 경제상황에 부적합한 회계원칙을 사용한 경우, 예를 들면 회수불능매출채권을 적절히 추정할 수 있어 판매시점에 수익으로 인식할 수 있었는데도 수익인식을 연기시킨 경우도 회계원칙 적용상의 오류이다.

③ **사실의 간과 및 해석의 오류**: 회계기간말에 비용이나 수익의 발생을 기록하거나 이연시키는 사실을 간과한 경우, 정액법으로 감가상각할 때 잔존가치를 고려하지 않은 것 등과 같은 오류, 자산화해야 하는 원가를 비용으로 분류했거나 또는 그 반대의 경우 등이다.

④ **고의 또는 과실**: 고의나 과실로 오류가 발생하게 되는 경우이다. 여기에는 계정분류의 오류, 추정의 오류 등이 있다. 먼저 계정분류의 오류는 고의나 과실로 재무상태표나 손익계산서에서 적절한 계정을 사용하지 않음으로써 발생하는 오류이다. 예를 들면, 장기차입금 중에서 1년 이내에 상환기일이 도래하는 것을 유동부채로 분류하지 않았다든지, 매출원가를 판매비로 분류한 경우이다. 한편, 추정의 오류는 추정이 필요한 상황에서 적절한 주의를 기울이지 않았기 때문에 발생하는 오류를 의미한다. 예를 들면, 현실성이 없는 감가상각률을 적용한 경우가 이에 해당한다.

오류의 수정은 회계추정의 변경과 구별된다. 회계에서 추정치는 성격상 추가정보가 알려지는 경우 수정이 필요할 수도 있는 근사치의 개념이기 때문이다. 예를 들어, 우발채무로 인식했던 금액을 새로운 정보에 따라 보다 합리적인 금액으로 수정하는 것은 오류수정이 아니라 회계추정의 변경이다.

적절한 내부통제제도(internal control system)가 확립되어 있는 기업에서는 중요한 오류가 발생할 가능성이 현저히 낮다. 왜냐하면, 이러한 기업에서는 회계담당자가 회계시스템 내에서 발생할 수 있는 중요한 오류를 비교적 쉽게 발견할 수 있기 때문이다. 그러나 큰 비용 때문에 적절한 내부통제제도를 구축하는 것이 쉽지 않다. 따라서 본장의 오류에 관한 논의는 주로 회계자료를 처리하는 데 필요한 내부통제제도가 부적절하거나 비효율적인 기업에 적용되는 것이다.

실무에서는 발견된 회계상의 오류가 재무제표에 미치는 영향이 중요하지 않은 경우에는 이를 수정하지 않는다. 그러나 "중요하다(material)"라는 의미는 정확히 정의하기가 쉽지 않을뿐더러 회계담당자의 경험이나 판단에 의해 결정될 문제이다.

K-IFRS에서는 어떠한 항목이 개별적으로나 집합적으로 재무제표에 기초한 경제적 의사결정에 영향을 미치는 경우 그 항목의 누락이나 왜곡표시가 '중요하다'고 본다. 중요성은 관련 상황을 고려하여 누락이나 왜곡표시의 크기와 성격에 따라 결정

된다. 그 항목의 크기나 성격 또는 두 요소의 결합이 결정요소가 될 수 있다.

특정 항목의 누락이나 왜곡표시가 재무제표이용자의 경제적 의사결정에 영향을 미칠 수 있는지와 그것이 재무적으로 중요한 것인가에 대한 평가는 재무제표이용자의 특성에 대한 이해를 필요로 한다. 재무보고 개념체계에서 이용자는 사업, 경제활동 및 회계에 대한 합리적인 지식을 가지고 있으며, 관련 정보를 분석하기 위하여 합리적인 노력을 기울일 의지가 있는 것으로 전제하고 있다. 따라서 이러한 특성이 있는 재무제표이용자의 경제적 의사결정에 미칠 것으로 기대되는 영향을 고려하여 누락 또는 왜곡표시의 중요성을 평가해야 한다.

본절에서는 오류의 영향이 중요하고 재무제표이용자의 경제적 의사결정에 영향을 미치기 때문에 모두 수정한다고 가정한다. 또한 쉽게 이해할 수 있도록 특별한 언급이 없는 한 오류로 인한 세금효과는 무시한다.

오류의 분석에서 회계담당자는 다음 세 가지 물음에 답해야 한다.

① 어떤 유형의 오류인가?
② 이러한 오류를 수정하기 위해서 어떤 수정분개가 필요한가?
③ 오류가 발견되었을 때 재무제표를 어떻게 수정해야 하는가?

2 오류의 유형

실무에서 오류를 발견했을 때 적절한 회계처리를 하기 위해서 오류를 유형별로 분류해 볼 필요가 있다(〈표 21-3〉 참조). 왜냐하면, 오류는 그 유형에 따라 수정하는 방법이 다르기 때문이다.

ⓐ 재무상태표에만 영향을 미치는 오류 : 재무상태표상 자산, 부채 및 자본 계정의 분류상의 오류로 인해 발생하게 된다. 예를 들면, 당기손익-공정가치측정금융자산을 기타포괄손익-공정가치측정금융자산으로 분류한 경우, 이익잉여금에서 차감할 금액을 자본잉여금에서 차감한 경우 등은 재무상태표계정에만 영향을 미친다.

ⓑ 손익계산서에만 영향을 미치는 오류 : 손익계산서계정 분류상의 오류 때문에 발생한다. 이러한 오류는 손익계산서에만 나타나는 임시계정에만 영향을 미치는 것으로서 수익계정간 또는 비용계정간 분류상의 오류이다. 예를 들면, 수수료수익을 매출로 기록한 경우, 이자비용을 대손상각비로 기록한 경우 등으로서 순이익이나 재무상태표에는 영향을 미치지 않는 오류이다.[9]

9) 그러나 수익을 비용으로 계상하거나 그 반대의 경우에는 당기순이익에 영향을 미치기 때문에 궁극적으로 이익잉여금(재무상태표 항목)에 영향을 미칠 수 있음에 유의해야 한다.

▶ **표 21-3**
회계오류의 유형별 구분

오류 유형	구분
ⓐ 재무상태표에만 영향을 미치는 오류 ⓑ 손익계산서에만 영향을 미치는 오류	① 계정분류상의 오류
ⓒ 재무상태표와 손익계산서 모두에 영향을 미치는 오류	② 자동상쇄오류 ③ 비자동상쇄오류

ⓒ 재무상태표와 손익계산서 모두에 영향을 미치는 오류 : 이러한 오류는 순이익에 영향을 미치는 오류로서 자동상쇄오류와 비자동상쇄오류로 구분된다.

재무상태표와 손익계산서 모두에 영향을 미치는 오류는 자동상쇄오류와 비자동상쇄오류로 나누어 볼 수 있다. 자동상쇄오류(counter-balancing errors)란 한 회계기간에 발생한 오류의 영향이 직후 회계기간에 상쇄됨으로써 자동적으로 수정되는 오류이다.

예를 들어 당기에 이미 발생된 급여를 기록하는 분개를 생략한 오류가 있었다고 하면 당해 연도에는 전년도에 기록되어야 할 급여가 당해 연도에 기록되어 ① 손익계산서상에 급여가 과소계상되어 순이익이 과대계상되고(이로써 기말이익잉여금이 과대계상됨), ② 기말 재무상태표상의 미지급급여가 과소계상된다. 한편, 다음 연도에는 ① 손익계산서상에 급여가 과대계상되어 순이익이 과소계상되지만(이로써 결과적으로 기말이익잉여금이 올바른 금액이 됨), ② 기말 재무상태표상의 미지급급여는 영향을 받지 않는다. 2개년도를 합산하면 급여와 순이익이 정확히 계상되어 2차년도말의 이익잉여금에 영향을 미치지 않고, 2차년도말 미지급급여계정의 잔액도 적절히 나타난다. 즉 오류가 발생한 차기 회계연도에는 전년도 오류와 상쇄되어 자동적으로 수정된다.

비자동상쇄오류(noncounter-balancing errors)란 오류발생 이후의 차기 회계기간의 장부마감시까지 자동적으로 상쇄되지 않는 오류이다. 예를 들면, 5년의 내용연수를 갖는 유형자산을 구입하고, 이를 구입시에 비용으로 처리한 경우이다. 이로써 첫년도의 비용은 과대계상되고, 다음 4개년도에는 감가상각비가 기록되지 않아 비용이 과소계상된다. 당해 유형자산의 잔존가치가 없다고 가정할 때 이러한 오류의 영향이 내용연수인 5개년도에 걸쳐 순이익에 반영되어 상쇄되지만, 오류발생 다음 연도에 즉시 상쇄되어 수정되지는 않는다. 또한 건물과 같은 감가상각대상 유형자산인 경우에는 감가상각으로 인해 오류가 수정되어 가지만, 토지와 같은 비상각 유형자산의 경우에는 일단 오류가 발생하면 처분되기 전에는 그대로 장부에 수정되지 않은 상태로 남아 있게 된다.

3 K-IFRS의 회계처리

오류가 발생할 위험은 적절한 내부통제제도의 확립과 건전한 회계처리절차를 적용함으로써 감소될 수 있다. 그러나 오류발생요인을 제거하지 못하여 실제로 오류가 발생한 경우에는 오류가 발견되는 즉시 해당 계정을 적절히 수정(correction)하고, 이 내용을 충분히 공시(disclosure)해야 한다. 이러한 수정 및 공시는 재무제표의 유용성을 증대시키기 위한 노력의 일환이다.

오류가 발생한 회계기간에 해당 오류가 발견되었다면, 잘못된 분개를 역분개하여 제거하고 정확한 분개를 하면 된다. 그러나 오류가 발생된 회계기간 내에 발견되지 않으면, 오류수정이 다소 복잡해진다.

K-IFRS에서는 중요한 오류가 후속기간에 발견된 경우, 해당 후속기간에 비교표시된 재무정보를 재작성하여 수정하도록 규정하고 있다. 즉 중요한 전기오류가 발견된 이후 최초로 발행을 승인하는 재무제표에 다음의 방법으로 전기오류를 소급하여 수정한다(〈표 21-4〉 참조). 1008:42

① 오류가 발생한 과거기간의 재무제표가 비교표시되는 경우 : 그 재무정보를 재작성한다.

② 오류가 비교표시되는 가장 이른 과거기간 이전에 발생한 경우 : 비교표시되는 가장 이른 과거기간의 자산, 부채 및 자본의 기초금액을 재작성한다.

▶ 표 21-4 오류수정의 회계처리

	회계처리방법
대상	중요한* 오류
회계처리방법	소급재작성(실무적으로 적용할 수 있는 가장 이른 기간의 비교정보부터 적용)**
수정효과의 반영	전기오류수정손익으로 하여 변경연도의 (기초)이익잉여금을 수정함
전기재무제표 수정	수정함

* 특정 항목이 재무제표에 기초한 의사결정에 영향을 미치는 경우 중요하다고 본다.
** 한편, 기간 전체에 대한 누적효과를 결정할 수 없기 때문에 실무적으로 소급적용할 수 없는 경우에는 실무적으로 적용할 수 있는 가장 이른 기간(당기가 될 수도 있음)의 기초부터 당시의 장부금액에 기초하여 전진적으로 적용한다.

대부분의 경우 전기오류의 수정은 수정으로 인한 누적효과를 전기오류수정손익으로 하여 기초이익잉여금에 반영하고, 관련 계정잔액을 수정하게 된다.

한편, K-IFRS에서는 중요하지 않은 오류의 수정에 대해서는 언급이 없다. 중요하지 않은 사소한 금액의 오류는 경영자의 판단에 따라서 당기손익에 반영하든지, 아니면 당기순이익에 영향이 없다면 이를 수정하지 않아도 될 것이다. 이때 '중요하지 않은 금액'의 정도를 어떻게 볼 것인가 하는 것은 경영자의 판단 문제이다.

여기에서 특정 항목이 개별적으로나 집합적으로 재무제표에 기초한 의사결정에 영향을 미치는 경우 그 항목의 누락이나 왜곡표시는 "중요하다"고 본다. 중요성은 관련상황을 고려하여 누락이나 왜곡표시의 크기와 성격에 따라 결정된다. 그 항목의 크기나 성격 또는 두 요소의 결합이 결정요소가 될 수 있다.

회계정책 변경의 경우와 같이 오류수정의 경우에도 "회계오류의 영향을 실무적으로 결정할 수 없는 경우"가 있다. 이에 대한 회계처리는 제1절 5항 (1)에서 설명하였던 회계정책 변경의 경우와 동일하다.

4 오류유형에 따른 회계처리

(1) 계정분류상의 오류

재무상태표에만 영향을 미치는 재무상태표의 계정분류상 오류는 발견되었을 때 이를 재분류하는 절차가 필요하다.

손익계산서에만 영향을 미치는 수익계정간 또는 비용계정간 분류상의 오류에 대한 수정은 장부마감 여부에 따라 달라진다. 만일 이러한 오류가 발생했던 기간의 장부가 마감되기 전에 오류를 발견했다면 재분류하는 분개가 필요하다. 그러나 발생연도의 장부가 마감된 후에 오류를 발견했을 때에는 재분류하는 분개를 할 수 없게 된다. 왜냐하면 오류발생 연도의 손익계정은 임시계정으로서 이미 이익잉여금계정으로 마감되었기 때문이다. 물론 이로써 당해 연도의 계정은 영향을 받지 않는다.

어떠한 경우라도 비교재무제표를 작성할 때에는 계정분류상의 오류가 포함되어 있는 연도의 재무제표를 수정하여 보고해야 할 것이다.

(2) 자동상쇄오류

자동상쇄오류는 순이익에 영향을 미치는 오류로서 그 수정방법은 오류가 이미 상쇄되었느냐, 아직 상쇄되지 않았느냐에 따라 〈표 21-5〉와 같이 달라진다.

▶ 표 21-5 자동상쇄오류의 수정

<table>
<tr><th>연 도</th><th>장부마감 여부</th><th>수정 회계처리</th></tr>
<tr><td rowspan="2">오류발생연도</td><td>마감되지 않았음</td><td>오류발생연도의 장부를 수정하는 분개(또는 역분개)</td></tr>
<tr><td>마감됨</td><td>오류발생연도의 관련 재무상태표계정과 기말이익잉여금을 수정하는 분개</td></tr>
<tr><td rowspan="2">오류발생 다음 연도</td><td>마감되지 않았음</td><td>오류상쇄연도의 손익계정과 기초이익잉여금을 수정하는 분개</td></tr>
<tr><td>마감됨</td><td>분개 불필요</td></tr>
</table>

오류수정방법으로는 소급법으로 회계처리하고 비교재무제표를 작성할 때에는 오류가 포함된 재무제표를 수정하여 재작성해야 한다. 이는 비록 오류가 상쇄되어 수정하는 분개가 필요하지 않은 경우라도 마찬가지이다.

예제 21-5 미지급비용의 계상누락

오류(주)는 20×5. 12. 31에 발생한 급여 ₩150,000을 인식하는 수정분개를 하지 않았음을 20×6년에 발견하였다. 이러한 오류를 발견했을 때 오류(주)가 필요한 분개를 하라. 단, 법인세효과는 무시한다.

해답

1) 오류가 아직 상쇄되지 않았을 경우 :

① 오류발생연도인 20×5년의 장부가 마감되지 않았다면, 다음과 같이 누락된 결산수정분개를 수행한다.

(차) 급 여	150,000	(대) 미지급급여	150,000

② 20×5년도의 장부가 마감되었다면, 다음과 같이 미지급급여를 계상하고, 전기오류수정손실을 기록한다.

(차) 전기오류수정손실 (기초이익잉여금)	150,000	(대) 미지급급여	150,000

2) 오류가 이미 상쇄되었을 경우 :

① 오류발생 다음 연도인 20×6년의 장부가 마감되지 않았다면, 다음과 같은 오류수정분개를 한다.

(차) 전기오류수정손실 (기초이익잉여금)	150,000	(대) 급 여	150,000

이러한 분개를 하는 이유는

(i) 20×5년에 발생한 급여를 기록하지 않아서 20×5년에 추가로 지급된 ₩150,000만큼 과대계상된 순이익을 수정하고,

(ii) 20×5년 급여를 20×6년에 지급하였는데 이를 20×6년 급여로 기록하여 20×6년의 급여가 ₩150,000만큼 추가로 계상된 것을 수정하기 위해서이다.

② 20×6년의 장부가 마감되었다면, 이러한 오류를 수정하는 분개가 필요 없다. 그러나 비교재무제표에는 이 내용을 수정하여 보고한다. 즉 20×5년의 손익계산서에서 급여를 ₩150,000만큼 증가시키는 반면, 20×6년의 손익계산서에는 급여를 이 금액만큼 감소시켜 나타낸다. 또한 재무상태표에는 20×5년의 기말이익잉여금, 즉 20×6년초의 기초이익잉여금을 감소시켜야 한다.

다음은 예제 21-6 을 통하여 유사한 자동상쇄오류에 관련된 몇 가지 유형을 살펴보도록 하자.

예제 21-6 오류상쇄연도말에 발견된 자동상쇄오류의 회계처리

20×6년말에 아래와 같이 20×5년도에 발생한 오류들을 발견하였다. 20×6년의 장부가 아직 마감되지 않은 상태이다. 각 오류에 대해 20×6년말에 필요한 오류수정분개를 하라.

[오류 1] 선급비용을 당기비용으로 처리
20×5년 1월에 2년분 보험료로 ₩10,000을 선급하고 이를 모두 당기비용으로 기록하였다.

[오류 2] 선수수익을 당기수익으로 처리
20×5. 12. 31에 20×6년의 임대료로 ₩50,000을 받고, 이를 20×5년의 수익으로 처리하였다.

[오류 3] 기말재고의 과소계상
20×5년의 기말재고를 조사하는 과정에서 계산상의 실수로 기말재고를 ₩25,000만큼 과소계상하였다.

[오류 4] 매입의 과대계상
20×6년도의 매입으로 계상할 ₩10,000을 20×5년도의 매입으로 계상하였다.

해답

[오류 1]에 대한 수정분개

(차) 보 험 료	5,000	(대) 전기오류수정이익 ((기초)이익잉여금)	5,000

* 소급법으로 회계처리하기 위하여 기초이익잉여금을 수정한다. 이하 동일하다.

[오류 2]에 대한 수정분개

(차) 전기오류수정손실 ((기초)이익잉여금)	50,000	(대) 임 대 수 익	50,000

[오류 3]에 대한 수정분개

(차) 매 출 원 가 (또는 재고자산-기초)	25,000	(대) 전기오류수정이익 ((기초)이익잉여금)	25,000

[오류 4]에 대한 수정분개
매입과 관련된 재고자산이 20×5년 기말재고에 반영되어 있는지 여부에 따라 오류수정분개가 달라진다.

1) 20×5년 기말재고에 반영되지 않아 기말재고는 적절히 계상된 경우

(차) 매 출 원 가 (또는 매입)	10,000	(대) 전기오류수정이익 ((기초)이익잉여금)	10,000

2) 매입으로 과대계상한 만큼 20×5년의 기말재고도 과대계상된 경우

(차) 매 출 원 가 (또는 매입)	10,000	(대) 매 출 원 가 (또는 재고자산-기초)	10,000

(주) 이 분개로 20×6년도 매출원가의 구성내용은 바뀌지만 순매출원가는 영향을 받지 않는다. 20×5년의 매입뿐만 아니라 기말재고도 과대계상되어 20×5년 매출원가는 적절히 계상되었다. 따라서 20×5년의 이익과 20×5년말의 이익잉여금은 수정할 필요가 없다.

➡계속

[참고] 위의 모든 유형의 오류는 자동상쇄오류로서 만약 20×6년의 장부가 마감되었다면 별도의 오류수정분개가 필요 없다. 다만 2개년도(20×5년과 20×6년) 손익계산서상의 손익은 동일한 금액만큼(부호는 반대방향으로) 수정하고, 20×5년말(즉 20×6년초) 이익잉여금을 수정해야 한다.

(3) 비자동상쇄오류

비자동상쇄오류란 오류가 재무제표에 미치는 영향이 소멸되기까지의 기간이 2개년도를 초과하는 오류로서, 그 대표적인 예로는 ① 감가상각누계액 설정누락, ② 대손충당금 설정누락 등이 있다. 이 경우에는 오류가 완전히 상쇄되기 전까지는 장부가 마감되었는지의 여부와 관계없이 오류를 발견했을 때 이를 수정하는 분개가 필요하다. 물론 충분한 기간이 경과하여 오류가 완전히 상쇄되었다면, 자동상쇄오류의 경우와 같이 오류수정분개는 더 이상 필요 없을 것이다.

예제 21-7 감가상각비 기록누락

오류(주)의 20×7년도의 회계기록을 검토하던 중에 20×5. 1. 1에 ₩50,000을 지급하고 구입한 기계장치(내용연수 5년)를 구입시에 비용으로 처리했다는 사실을 발견하였다. 기계장치의 잔존가치는 ₩10,000으로 추정되고, 정액법으로 상각해야 한다.

20×5년과 20×6년도의 차기이월이익잉여금은 각각 ₩300,000과 ₩500,000이었고, 20×6년과 20×7년도의 당기순이익은 각각 ₩200,000과 ₩300,000이었다.

이 오류와 관련된 수정분개를 하라. 단, 법인세효과는 무시하고, 이 오류는 중요한 오류라고 가정한다.

해답

이러한 오류는 당해 자산에 대한 감가상각이 완료되기까지 또는 잔존가치가 있을 경우에는 당해 자산이 처분되기까지 자동적으로 상쇄되지 않는 회계오류이다.

1) 20×7년의 장부가 마감되지 않았다면, 20×7. 12. 31에 필요한 분개는 다음과 같다.

(차) 기 계 장 치	50,000	(대) 감가상각누계액	24,000**
감가상각비	8,000*	전기오류수정이익 ((기초)이익잉여금)	34,000#

* 20×7년 감가상각비 미계상분 : (₩50,000 − ₩10,000)/5년 = ₩8,000

** 20×7년말의 감가상각누계액 : [(₩50,000 − ₩10,000)/5] × 3년 = ₩24,000

# 20×5년 비용과대계상분(기계장치구입비)	₩50,000	
20×5~20×6년 감가상각비 미계상분	(16,000)	
20×7년초의 이익잉여금 과소계상분	₩34,000	(누적효과) - 기초이익잉여금에 반영

(주) 20×5년 기계장치 구입시점에 다음과 같은 분개를 하였음에 유의해야 한다.

(차) 기계구입비	50,000	(대) 현　　금	50,000

위와 같은 수정분개는 당해 연도 재무제표만 보고하느냐 비교재무제표를 보고하느냐에 관계

없이 동일하다. 그러나 재무제표에 나타내는 방법은 상이하다. 당해 연도 재무제표(예를 들어, 자본변동표)만 보고하면 상기의 오류는 오류가 발견된 회계연도에 기초이익잉여금을 수정하면 된다. 즉 자본변동표에 다음과 같이 보고한다.

기초이익잉여금(20×7. 1. 1)	₩500,000	
전기오류수정이익	34,000	(앞의 계산을 참조)
수정후 이월이익잉여금	₩534,000	
당기순이익(=₩300,000−₩8,000)	292,000*	(감가상각비 ₩8,000을 반영 후)
기말이익잉여금	₩826,000	

한편, 비교재무제표가 작성된다면 비교표시되는 모든 회계기간의 재무제표상에서 오류에 의해 잘못 계상된 모든 계정금액을 소급수정해야 한다. 예를 들어 20×6년과 20×7년의 비교재무제표가 작성되어 공시된다면 다음과 같이 보고된다.

	20×6년	20×7년
기초이익잉여금	₩300,000	₩534,000
전기오류수정이익	42,000*	−
수정후 이월이익잉여금	₩342,000	₩534,000
당기순이익	192,000**	292,000**
기말이익잉여금	₩534,000	₩826,000

* ₩50,000(기계장치구입비)−₩8,000(20×5년 감가상각비)=₩42,000

** 각각 수정전 당기순이익에서 감가상각비 ₩8,000을 차감.

2) 20×7년도의 장부가 마감되었다면, 필요한 수정분개는 다음과 같다.

(차) 기 계 장 치	50,000	(대) 전기오류수정이익 ((기초)이익잉여금)	26,000*
		감가상각누계액	24,000

* 20×7년말(즉, 20×8년초) 현재 오류 미수정분(누적효과) : ₩50,000−(₩8,000×3년)=₩26,000

예제 21-8 대손충당금의 기록누락

오류(주)는 그동안 대손상각의 회계처리방법으로 직접상각법을 사용해 왔다. 그러나 이러한 회계처리가 잘못된 것으로 밝혀져 충당금설정법으로 수정하려고 한다. 직접상각법으로 상각한 금액은 다음과 같다.

	20×5년 상각액	20×6년 상각액
20×5년 판매분	₩55,000	₩69,000
20×6년 판매분	−	70,000

오류(주)는 20×5년과 20×6년 판매분과 관련하여 이후로도 ₩140,000의 대손이 추가로 발생할 것으로 예상하고 있으며, 이 중에서 ₩30,000은 20×5년 매출에 관련된 것이고 ₩110,000은 20×6년 매출에 관련된 것이다. 20×7년초에 이러한 오류를 발견했을 때 오류(주)가 필요로 하

➡계속

는 오류수정분개를 하라. 단, 20×5년 이전에는 외상매출금이 없었다고 가정한다.

해답

1) 20×6년의 장부가 마감되지 않았다면, 20×6. 12. 31자로 다음과 같은 오류수정분개를 한다.

(차) 전기오류수정손실	99,000*	(대) 대손충당금	140,000**
대손상각비	41,000*		

* 대손상각비 수정필요액 :

	〈20×5년 판매분〉	〈20×6년 판매분〉
20×5~20×6년 대손발생액	₩124,000[a)]	₩70,000
추가 대손발생예상액	30,000	110,000
대손상각비로 기록될 총금액	₩154,000	₩180,000
해당 연도에 대손상각비로 기록된 금액	(55,000)	(139,000)[b)]
대손상각비 수정필요액(누적효과)	₩99,000	₩41,000

여기에서, a) ₩55,000+₩69,000 b) ₩69,000+₩70,000

** 대손충당금 설정 필요액 : ₩30,000+₩110,000=₩140,000

2) 20×6년도의 장부가 마감되었다면, 다음과 같은 오류수정분개를 한다.

(차) 전기오류수정손실	140,000	(대) 대손충당금	140,000

5 복잡한 오류의 수정

(1) 오류수정용 정산표

여러 가지 오류가 복합되어 발생한다면 오류수정용 정산표를 이용하여 분석하고 수정하는 것이 보다 효율적이다. 오류수정용 정산표를 작성하는 방법은 여러 가지가 있겠으나 다음 예제 21-9 를 통하여 오류가 미치는 연도의 당기순이익과 재무상태표상에 필요한 수정사항을 식별할 수 있는 비교적 간단한 정산표를 이용하는 방법을 알아보기로 하자.

예제 21-9 정산표에 의한 오류수정

오류(주)의 20×5~20×7년 손익계산서상 당기순이익은 다음과 같다.

20×5년 : ₩1,740,000 20×6년 : ₩2,020,000 20×7년 : ₩1,130,000

20×8년초 오류(주)의 회계기록을 검토하는 과정에서 보고된 당기순이익에 다음과 같은 오류가 포함되어 있음이 발견되었다.

1) 12월 31일 현재 이미 발생했으나 지급되지 않았던 급여 중 기록이 누락된 금액은 다음과 같다.

20×5년 : ₩100,000　　　20×6년 : ₩140,000　　　20×7년 : ₩160,000

한편, 이 금액은 차기연도에 지급될 때 당년도의 비용으로 계상되었다.

2) 20×5년말의 재고자산이 계산착오로 ₩190,000만큼 과대계상되었다.
3) 20×6년에 지급한 20×7년도 보험료 ₩120,000을 20×6년의 비용으로 계상하였다.
4) 20×6년말에 발생되었으나 수취되지 않았던 이자수익 ₩24,000을 기록하지 않았고, 20×7년에 수취시 당년도 이자수익으로 계상하였다.
5) 20×6. 1. 1 취득원가 ₩390,000의 기계를 ₩180,000에 처분하였다. 이 기계의 처분시 감가상각누계액은 ₩240,000이었다. 기계처분에서 취득한 현금을 잡수익으로 계상하였다. 기계가 장부에서 제거되지 않았으므로 20×6년과 20×7년 각 연도에 취득원가의 10%를 감가상각비로 계상하였다.

각 연도의 정확한 당기순이익을 계산하는 정산표를 작성하고, 오류를 수정하는 분개를 하라. 단, 관련 오류는 모두 중요한 오류라고 가정한다.

해답

오류수정분개 : 모든 오류에 대해서 소급재작성

위의 오류가 미치는 연도의 당기순이익과 오류발견 직전연도말(오류발견 연도초)의 재무상태표에 필요한 수정사항을 다음 오류수정용 정산표를 통하여 밝힐 수 있다.

[오류수정용 정산표]

(단위 : 천원)

	당기순이익에 미치는 영향			20×7년말 재무상태표 수정		
	20×5	20×6	20×7	계정명*	차변	대변
보고된 당기순이익	1,740	2,020	1,130			
1) 미지급급여 미계상 :						
20×5. 12. 31	(100)	100				
20×6. 12. 31		(140)	140			
20×7. 12. 31			(160)	미지급급여		160
2) 재고자산 과대계상 :						
20×5. 12. 31	(190)	190				
3) 선급보험료를 비용으로 계상 :						
20×6. 12. 31		120	(120)			
4) 이자수익 미기록 :						
20×6. 12. 31		24	(24)			
5) ① 기계처분대금을 잡수익으로 계상 :						
20×6. 1. 1		(150)		감가상각누계액	240	
				기 계 장 치		390
② 감가상각비 과대계상 :						
20×6		39		감가상각누계액	39	
20×7			39	감가상각누계액	39	
수정된 당기순이익	1,450	2,203	1,005			

* 20×7년 장부가 마감되었을 경우 이에 대한 상대계정은 항상 전기오류수정손익(20×7년말 이익잉여금 수정항목)이다.

➡계속

오류를 수정하는 분개는 20×7년 장부의 마감여부에 따라 다음과 같이 달라진다.

20×7년 장부가 마감되었을 경우		20×7년 장부가 마감되지 않았을 경우	
1) ① 20×5년의 급여가 20×6년에 기록된 것을 수정			
- 필요 없음(상계됨) -		- 필요 없음 -	
② 20×6년의 급여가 20×7년에 기록된 것을 수정			
- 필요 없음(상계됨) -		전기오류수정손실*	140,000
		급 여	140,000
* 소급법으로 회계처리하므로 기초이익잉여금 수정항목이다. 이하 동일하다.			
③ 20×7년에 계상되지 않았던 급여를 기록			
전기오류수정손실	160,000	급 여	160,000
미지급급여	160,000	미지급급여	160,000
2) 20×5년말 재고자산이 과대계상			
- 필요 없음(상계됨) -		- 필요 없음 -	
3) 20×6년의 비용으로 계상된 20×7년의 보험료를 기록			
- 필요 없음(상계됨) -		보 험 료	120,000
		전기오류수정이익	120,000
4) 20×6년의 이자수익을 20×7년에 계상한 것을 수정			
- 필요 없음(상계됨) -		이 자 수 익	24,000
		전기오류수정이익	24,000
5) ① 20×6년도 기계의 처분대금을 잡수익으로 계상한 것을 수정			
전기오류수정손실	150,000*	전기오류수정손실	150,000*
감가상각누계액	240,000	감가상각누계액	240,000
기 계 장 치	390,000	기 계 장 치	390,000

* 잡수익으로 보고한 금액		₩180,000
처분이익 : 현금수취액	₩180,000	
장부금액(=₩390,000−₩240,000)	(150,000)	(30,000)
수정필요액		₩150,000

② 20×6년과 20×7년도에 감가상각비로 기록한 것을 수정			
감가상각누계액	78,000*	감가상각누계액	78,000*
전기오류수정손실	78,000#	감가상각비	39,000
		전기오류수정손실	39,000#

* ₩390,000×10%×2년=₩78,000

\# 이는 ①의 분개에서 발생한 전기오류수정손실과 상계되어 자본변동표에 이익잉여금 수정항목으로 표시될 것이다.

(2) 재무제표 작성

이제까지는 회계오류를 분류하고 수정하는 방법을 설명하였다. 그러나 많은 경우에 단순한 계정의 수정보다는 오류가 수정된 재무제표를 작성해야 할 필요가 있다. 정산표를 이용하면 오류수정을 반영한 재무제표를 보다 편리하게 작성할 수 있다.

오류수정을 반영한 재무제표를 작성하기 위한 정산표는 앞의 예제 21-9 에서 보았던 단순한 오류수정용 정산표와는 달리 수정전시산표를 이용하고, 여기에 수정항목을 반영시켜 수정후 재무상태표와 수정후 손익계산서를 도출하도록 고안되어 있다. 이에 대하여 다음 예제 21-10 에서 알아보기로 하자.

예제 21-10 오류수정을 반영한 재무제표 작성용 정산표

오류(주)의 20×6년말 현재 수정전시산표가 아래 정산표(해답 참조)에 나타나 있다. 또한 수정전시산표 회계오류에 관련된 정보가 다음과 같이 주어졌다.

① 20×6년도에 매출의 대가로 수취한 ₩10,000의 기록을 누락하였다.

② 20×5년말과 20×6년말 현재 발생한 급여는 각각 ₩20,000과 ₩30,000이었으나, 이를 기록하는 분개를 누락하였다. 이 금액은 차기연도에 지급될 때 당기비용으로 계상되었다.

③ 20×5년말 현재의 미착상품을 고려하지 않아서 20×6년초의 재고자산이 ₩50,000만큼 과소계상되었다. 그러나 이에 관련된 매입은 적절히 기록되었다.

④ 대손충당금이 설정되지 않고 실제로 대손이 발생했을 때 대손상각비로 비용처리하였다. 실제로 대손상각비로 기록한 금액은 다음과 같았다.

	20×5년 대손상각비	20×6년 대손상각비
20×5년 매출	₩4,000	₩20,000
20×6년 매출	–	16,000

그러나 20×6년부터는 미수채권에 대하여 대손충당금을 설정하기로 했는데, 20×6년말 현재 회수불능으로 추정되는 금액은 20×5년 매출분에 대해서는 ₩7,000, 20×6년 매출분에 대해서는 ₩15,000이다. 단, 20×5년 이전에는 외상매출금이 없었다고 가정한다.

⑤ 보험료로 계상한 금액 중에서 선급보험료로 기록해야 할 금액이 20×5년말에는 ₩6,000, 20×6년말에는 ₩5,000이다.

⑥ 장기차입금 중에서 ₩15,000은 매입채무로 분류되어야 한다.

⑦ 20×5년도중에 취득원가가 ₩100,000이고 장부금액이 ₩40,000인 기계장치를 ₩70,000에 매각하였다. 매각시점에 수취한 현금을 잡수익으로 처리하였다. 이 오류와 관련하여 기계장치에 대한 계속적인 감가상각의 결과 20×5년과 20×6년에 각각 ₩8,000과 ₩12,000씩의 감가상각비를 추가로 계상하였다.

이러한 오류를 반영시켜 적절한 재무제표를 작성하기 위한 정산표를 작성하고, 오류를 수정하는 분개를 하라. 단, 관련 오류는 모두 중요한 오류이고 회계처리는 소급법에 의한다.

➥계속

해답

정산표(오류수정을 반영한 재무제표 작성용)

오류(주) 20×6년 (단위 : 천원)

	수정전시산표		수정기입		손익계산서		재무상태표	
	차변	대변	차변	대변	차변	대변	차변	대변
현 금	30		① 10				40	
매출채권	260						260	
재고자산	400						400	
기계장치	620			⑦-1) 100			520	
감가상각누계액		330	⑦-1) 60					250
			⑦-2) 20					
매입채무		150		⑥ 15				165
장기차입금		100	⑥ 15					85
자 본 금		430						430
이익잉여금		200						200
매 출		700		① 10		710		
매출원가	150		③ 50		200			
영 업 비	450		② 10	④ 5	444			
			⑤ 1	⑦-2) 12				
합 계	1,910	1,910						
미지급급여				② 30				30
대손충당금				④ 22				22
선급보험료			⑤ 5				5	
전기오류수정이익(손실)#			② 20	③ 50			87	64
			④ 27	⑤ 6				
			⑦-1) 40	⑦-2) 8				
소 계					644	710	1,312	1,246
당기순이익*					66			66
합 계			258	258	710	710	1,312	1,312

* 차변과 대변을 일치시키는 금액으로 계산한다.

전기오류수정이익(대변)과 전기오류수정손실(차변)을 구분하여 누적효과를 기초이익잉여금에 반영한다.

오류수정분개 : 수정전시산표를 이용하므로 장부는 아직 마감되지 않았음.

① (차) 현 금 10,000 (대) 매 출 10,000

② (차) 전기오류수정손실# 20,000 (대) 미지급급여 30,000

영업비(급여) 10,000*

전기오류수정손익은 기초이익잉여금에 반영한다. 이하 동일하다.

* 20×6년분 미기록액(₩30,000)−20×5년분의 20×6년도 기록액(₩20,000)

③ (차) 매 출 원 가 50,000* (대) 전기오류수정이익 50,000

* 기초재고자산의 과소평가로 매출원가가 과소계상되어 있었기 때문이다.

④ (차) 전기오류수정손실 27,000* (대) 영업비(대손상각비) 5,000*

대손충당금 22,000*

* 대손상각비 수정필요액 계산 :	〈20×5년 판매분〉	〈20×6년 판매분〉
20×5~20×6년 대손발생액	₩24,000	₩16,000
추가 대손발생예상액	7,000	15,000
대손상각비로 기록될 금액	₩31,000	₩31,000
해당 연도에 대손상각비로 계상된 금액	4,000	36,000
대손상각비 수정필요액(누적효과)	₩27,000	(₩5,000)

⑤ (차) 영업비(보험료)	1,000*	(대) 전기오류수정이익	6,000
선급보험료	5,000		

* 20×6년에 보험료로 기록해야 할 금액

⑥ (차) 장기차입금	15,000	(대) 매 입 채 무	15,000
⑦-1) (차) 감가상각누계액	60,000*	(대) 기 계 장 치	100,000
전기오류수정손실	40,000*		

* 현금수취액	₩70,000
장부금액(₩100,000 − ₩60,000)	(40,000)
기계처분이익	₩30,000
잡수익으로 보고한 금액	(70,000)
이익잉여금 수정필요액(누적효과)	(₩40,000)

⑦-2) (차) 감가상각누계액	20,000	(대) 전기오류수정이익	8,000
		영업비(감가상각비)	12,000

6 오류수정과 법인세

손익과 관련된 오류수정을 인식하면 당기손익이나 이익잉여금이 그만큼 변하게 된다. 오류수정의 법인세효과는 오류수정의 종류에 따라 차이가 있다.

오류수정의 결과로 회계이익이 수정되는 경우에 과세소득도 동일하게 변하여 일시적차이가 발생하지 않는 경우에는 미지급법인세 또는 법인세비용을 수정한다.

그러나 오류수정의 결과로 회계이익이 수정되지만 과세소득이 동일하게 수정되지 않고 일시적차이가 발생하는 경우에는 해당 차이에 대하여 이연법인세자산이나 이연법인세부채를 인식해야 한다. 따라서 오류수정이 세법에서 익금 또는 손금으로 인정되는지 확인하는 절차가 필요하다.

예제 21-11 회계오류의 수정과 법인세

[1] 오류(주) 20×6년도에 발생한 급여 ₩20,000을 인식하지 않았다. 해당 급여는 모두 세법에서 손금으로 인정하는 비용이다. 법인세율이 40%라고 가정하고 오류수정분개를 하라.

해답

① 20×6년도 장부가 마감되지 않은 경우 :

(차) 급 여	20,000	(대) 미지급급여	20,000
미지급법인세	8,000	법인세비용	8,000

➥계속

② 20×6년도 장부가 마감된 경우 :

(차) 이익잉여금	12,000	(대) 미지급비용	20,000
미지급법인세	8,000		

[2] 오류(주)는 20×6년도에 실제 지급하지는 않았지만 추정된 제품보증비 ₩20,000을 인식하지 않았다. 해당 비용을 세법에서는 실제 지급할 때에만 손금으로 인정하고 있다. 법인세율이 40%라고 가정하고 오류수정분개를 하라.

해답

① 20×6년도 장부가 마감되지 않은 경우 :

(차) 제품보증비	20,000	(대) 제품보증충당부채	20,000
이연법인세자산	8,000	법인세비용	8,000

② 20×6년도 장부가 마감된 경우 :

(차) 이익잉여금	12,000	(대) 제품보증충당부채	20,000
이연법인세자산	8,000		

종합예제

CHAPTER 21

1. 회계변경 및 오류

근화(주)는 최근에 새로 감사인을 선임했다. 이 감사인은 근화(주)의 20×2년도 재무제표에서 다음과 같은 사실을 발견하였다.

(1) 20×1년도말 재무상태표에 선명상사에 대한 ₩800,000의 매출채권이 있다. 선명상사가 도산함에 따라 매출채권의 회수가 불가능하게 되자, 선명상사에 대한 매출채권을 20×2년도의 대손상각비로 처리하기로 하였다.
(2) 다음과 같은 회계변경이 있었다.
  ① 비품의 내용연수가 10년에서 8년으로 변경되었다. 만약 이러한 회계변경이 과거에 이루어졌다면, 20×1. 12. 31의 이익잉여금은 ₩280,000 감소하였을 것이다. 회계변경으로 인해 20×2년 순이익이 ₩28,000 감소하였다.
  ② 재고자산평가방법을 선입선출법에서 평균법으로 변경하였다. 만약 선입선출법을 처음부터 적용했다면, 20×1년의 이익잉여금은 ₩285,000만큼 증가했을 것이다. 회계변경으로 20×2년 순이익이 ₩18,000 감소하였다.
  ③ 설비에 대해 정률법을 적용하여 감가상각할 것을 고려하고 있다. 이 회사는 과거에는 정률법을 사용한 적이 없다. 이 회사가 최초로 설비를 사용하기 시작한 연도는 20×2년이다. 만약 정액법이 사용된다면, 20×2년의 순이익은 ₩75,000 증가할 것이다.
(3) 20×1년 재무제표를 작성할 때 회계담당자가 기말재고를 ₩200,000만큼 과대계상하였다. 회사는 이것을 전기오류수정 항목으로 처리하여 당기손익에 반영하고자 한다. 이 오류의 금액은 중요하다.
(4) 과거 5년에 걸쳐 이 회사는 가구생산부서의 생산준비비를 지출하였다. 회사는 생산준비비를 생산량비례법에 의해 상각하려고 하는데, 이 경우 가구를 시판한 후 처음 2년 동안에 대부분이 상각될 것이다. 왜냐하면, 이 부서가 최근에 생산하고 있는 가구는 유행에 민감하기 때문에 이 가구를 시판한 후 2년간에 가장 매출액이 크기 때문이다. 만약 새로운 회계처리방법을 20×2년 이전부터 사용해 왔더라면, 20×1년의 이익잉여금은 ₩300,000 감소하였을 것이다.
(5) 건설부문의 수익과 비용을 보다 잘 대응시키기 위해, 회계처리방법을 완성기준에서 진행기준으로 변경하고자 한다. 진행기준을 과거부터 적용했더라면, 20×1. 12. 31 이익잉여금은 ₩1,237,500만큼 증가하였을 것이다.

요구사항

1. 위에 서술된 회계변경 및 오류에 대해서
  ① 위의 (1)에서 (5)까지 각각의 경우 회계정책의 변경, 회계추정의 변경, 오류수정 중에서 어디에 포함되는가?
  ② 20×2년초 이익잉여금을 수정해야 하는가?
2. 20×1. 12. 31 이익잉여금을 적절히 수정하라.

해 답

1. (1) 회수불능채권 : 회계추정의 변경. 전기이월이익잉여금을 수정하지 않는다(전진법).
  (2) ① 회계추정의 변경. 전기이월이익잉여금을 수정하지 않는다(전진법).
    ② 회계정책의 변경. 전기이월이익잉여금을 수정한다(소급법).
    ③ 새로운 자산에 대해 처음으로 감가상각을 하기 때문에 회계변경이 아니다.
  (3) 수치상의 오류 : 오류의 수정
    전기오류수정손익(중요하다고 가정)으로 전기이월이익잉여금을 수정한다(소급법).
  (4) 회계추정의 변경으로 처리한다. 전기이월이익잉여금을 수정하지 않는다(전진법).

(5) 오류수정(완성기준 → 진행기준) : 전기이월이익잉여금을 수정한다(소급법).

2. 20×1. 12. 31에 이익잉여금계정에 대한 수정은 아래와 같다.

〈항목 (2)②〉	₩285,000
〈항목 (3)〉	(200,000)
〈항목 (5)〉	1,237,500
전기이월이익잉여금 증가	₩1,322,500

(주) 소급적으로 회계변경이나 오류수정을 회계처리할 때는 비교표시되는 하나 이상의 과거기간의 비교정보에 대해서는 실무적으로 소급적용할 수 있는 가장 이른 회계기간의 자산 및 부채의 기초장부금액에 새로운 회계정책을 적용하고, 그에 따라 변동하는 자본 구성요소의 기초금액을 조정한다. 즉, 회계변경으로 인해 영향을 받은 회계연도의 재무제표를 새로 채택된 회계처리방법에 따라 소급재작성(restatement)한다. 공시된 비교재무제표에 표시되지 않은 이전 회계연도에 귀속되는 누적효과는 공시된 회계연도 중 가장 빠른 회계연도의 기초이익잉여금을 수정하는 형식으로 표시한다.

2. 회계오류와 재무제표 작성

송회헌 씨는 오류전자(주)를 인수하기 위하여 동 회사로부터 다음과 같은 연도말 재무상태표와 지난 3년 동안의 이익(납세 후)에 관한 간단한 정보 〈자료 1〉을 검토하였다. 또한 세부자료검토결과 지난 3년 동안 계속 여러 가지 회계처리상 오류를 범한 것을 확인하였다.

〈자료 1〉 제1차년도(20×1년), 제2차년도(20×2년)와 제3차년도(20×3년)의 납세후 이익은 각각 ₩16,000, ₩9,200과 ₩6,300이었다.

〈자료 2〉

재무상태표

오류전자(주) 20×3. 12. 31 (단위 : 원)

현 금	₩23,300	부 채	₩29,100
매출채권(순액)	37,000	미지급법인세	2,700
재고자산	35,000	자 본 금	100,000
유형자산(순액)	128,000	이익잉여금	91,500
총 계	₩223,300	총 계	₩223,300

〈자료 3〉 ① 재고자산오류

20×1 : ₩9,700 과대 20×2 : ₩7,500 과대 20×3 : ₩5,900 과소

② 유동자산으로 처리해야 할 선급비용을 당기비용으로 처리

20×1 : ₩1,950 20×2 : ₩2,100 20×3 : ₩2,300

③ 판매수수료 미지급분 기록 누락

20×1 : ₩2,400 20×2 : ₩2,200 20×3 : ₩1,900

④ 오류전자(주)는 매출채권의 4%를 대손충당금으로 설정하고 있었다. 20×2년 회사의 경영진은 과거의 대손충당금이 너무 과대하게 책정되었다고 판단하여 당년도(20×2년)부터 매출채권의 3%를 대손충당금으로 책정하기로 하였다. 그러나 회계담당자는 기존의 방법에 따라 재무제표에 반영하였다. 20×2년 20×3년 대손상각비를 계산하면 다음과 같다.

	20×2년	20×3년
4%	₩1,200	₩1,500
3%	800	1,300

⑤ 20×1. 1. 1에 ₩23,000을 지급하고 트럭 1대를 구입한 적이 있으며 구입한 해에 모두 비용처리하였다. 내용연수는 5년, 잔존가치는 ₩3,000으로 추정되며 정액법으로 감가상각해야 한다.

⑥ 20×2. 1. 1에 액면금액으로 발행한 전환사채(액면총액 ₩10,000, 전환권의 가치는 없으며, 사채

상환할증금은 ₩1,060으로 기록됨)의 50%가 20×3년에 전환되었다. 전환사채의 전환조건에 따르면 전환사채는 기말에 전환된 것으로 간주하고, 배당금은 지급하지 않는다. 회사는 전환에 대한 회계처리는 하지 않았으나 이자비용은 1년치를 계상하였다. 전환사채의 전환으로 발행된 주식의 액면금액은 ₩2,000이다.

⑦ 법인세율은 30%이며, 20×3년 세금은 아직 지급하지 않았다.

요구사항

20×0. 12. 31의 이익잉여금이 ₩60,000이었고, 중요한 오류이기 때문에 오류수정을 소급법으로 회계처리한다고 가정하고,

1. 3년간 연도별 당기순이익 수정표를 작성하라.
2. 제3차년도 장부가 마감되지 않았다고 가정하고, 3차년도 재무제표를 수정하는 수정분개를 하라.
3. 제3차년도 재무상태표를 작성하라.

해 답

1. 연도별 당기순이익 수정표 작성

	당기순이익		
	20×1년	20×2년	20×3년
수정전 잔액	₩16,000	₩9,200	₩6,300
① 재고자산 − 20×1(과대)	(9,700)	9,700	
− 20×2(과대)		(7,500)	7,500
− 20×3(과소)			5,900
② 선급비용 − 20×1	1,950	(1,950)	
− 20×2		2,100	(2,100)
− 20×3			2,300
③ 미지급비용(판매수수료)			
20×1	(2,400)	2,400	
20×2		(2,200)	2,200
20×3			(1,900)
④ 대손상각 − 20×2(과대)		400	
− 20×3(과대)			200
⑤ 기록상의 오류(트럭)			
20×1	19,000[a]		
20×2		(4,000)	
20×3			(4,000)
⑥ 전환사채의 전환		- 수정 필요 없음 -	
⑦ 법인세효과 − 20×1	(2,655)[1]	(3,045)[2]	
− 20×2		3,360[3]	(2,280)[4]
− 20×3			(750)[5]
수정액 합계	₩6,195	(₩735)	₩7,070
수정후 잔액	₩22,195	₩8,465	₩13,370

(주) a) ₩23,000 − (₩23,000 − ₩3,000)/5 = ₩19,000

1) 20×1년 오류가 20×1년 법인세에 미치는 효과 : (− ₩9,700 + ₩1,950 − ₩2,400 + ₩19,000) × 30% = ₩2,655

2) 20×1년 오류가 20×2년 법인세에 미치는 효과 : (₩9,700 − ₩1,950 + ₩2,400) × 30% = ₩3,045

3) 20×2년 오류가 20×2년 법인세에 미치는 효과 : (− ₩7,500 + ₩2,100 − ₩2,200 + ₩400 − ₩4,000) × 30% = (₩3,360)

4) 20×2년 오류가 20×3년 법인세에 미치는 효과 : (₩7,500 − ₩2,100 + ₩2,200) × 30% = ₩2,280

5) 20×3년 오류가 20×3년 법인세에 미치는 효과 : (₩5,900 + ₩2,300 − ₩1,900 + ₩200 − ₩4,000) × 30% = ₩750

2. 수정분개

① (차)	재고자산(기말)	5,900	(대)	매 출 원 가	13,400
	전기오류수정손실*	7,500			

* 기초이익잉여금의 수정항목으로 반영된다. 이하 같다.

② (차)	선 급 비 용	2,300	(대)	전기오류수정이익	2,100
				비 용	200
③ (차)	전기오류수정손실	2,200	(대)	미지급판매수수료	1,900
				판매수수료	300
④ (차)	대손충당금	600	(대)	전기오류수정이익	400
				대손상각비	200
⑤ (차)	트럭(유형자산)	23,000	(대)	감가상각누계액	12,000
	감가상각비	4,000		전기오류수정이익	15,000
⑥ (차)	전 환 사 채	5,000	(대)	자 본 금	2,000
	사채상환할증금	530*		주식발행초과금	3,530

* ₩1,060×1/2=₩530

⑦ (차)	전기오류수정손실	2,340	(대)	미지급법인세	5,370**
	법인세비용	3,030*			

* ₩2,280+₩750=₩3,030 or (₩13,400+₩200+₩300+₩200−₩4,000)×0.3=₩3,030

** (₩2,655+₩3,045)−(₩3,360−₩2,280)+₩750=₩5,370

3. 20×3년도 재무상태표

재무상태표

오류전자(주) 20×3. 12. 31 (단위 : 원)

자산	금액	부채·자본	금액
현 금	₩23,300	부 채	₩23,570[3]
매 출 채 권(순액)	37,600[1]	미지급법인세	8,070
재 고 자 산	40,900	미지급비용	1,900
선 급 비 용	2,300	자 본 금	102,000[4]
유 형 자 산(순액)	139,000[2]	주식발행초과금	3,530
		이익잉여금	104,030[5]
	₩243,100		₩243,100

(주) 1) 외상매출금(순액) ₩37,000+대손충당금감소액 ₩600=₩37,600
2) 유형자산(순액) ₩128,000+트럭의 장부금액 ₩11,000=₩139,000
3) ₩29,100−전환사채의 전환(₩5,000+₩530)=₩23,570
4) ₩100,000+₩2,000(전환사채에 대해 발행)=₩102,000
5) 이익잉여금은 다음과 같이 계산된다.

기초이익잉여금	₩85,200	(=₩60,000+₩16,000+₩9,200)
전기손익수정이익	5,460	(=₩6,195−₩735)
수정후 이익잉여금	₩90,660	
당기순이익(수정)	13,370	(=₩6,300+₩7,070)
기말이익잉여금	₩104,030	

익힘문제

CHAPTER 21

1. 다음 항목들이 재무제표에 어떻게 반영되는지 설명하라.

1) 감가상각방법을 정액법에서 정률법으로 변경
2) 전년도 감가상각비의 미계상
3) 과거연도의 소송사건과 관련하여 당해 연도에 승소판결을 받음
4) 특정 수취채권 회수가능성의 변화
5) 수취채권의 제각
6) 건설계약의 수익인식을 진행기준에서 완성기준으로 변경

2. 회계정책변경의 회계처리방법으로서 전진법, 소급법 및 당기일괄처리법이 있다. 각각의 장점과 단점을 기술하라.

3. 회계정책 변경의 영향을 실무적으로 결정할 수 없는 경우에도 회계정책을 변경할 수 있는가? 만일 변경할 수 있다면 이 경우에 어떻게 회계처리해야 하는지를 기술하라.

4. 회계추정의 변경을 정의하고, 이를 전진법으로 회계처리하는 근거를 제시하라.

5. 이익을 부풀리기 위하여 수익을 과대계상하는 허위재무보고를 하였다. 허위재무보고(fraudulent reporting)는 기업자금의 횡령(embezzlement of funds)과 어떻게 다른가?

6. 회계처리방법의 선택에서 유연성과 통일성의 개념을 설명하고, 여기에서 개념체계의 역할을 기술하라.

7. 리자(주)는 재고자산의 원가배분방법을 평균법에서 선입선출법으로 변경하고자 한다. 이 회사의 감사인은 선입선출법이 보다 합리적 방법인 경우에만 회계변경이 인정될 것이라고 설명하였다.

1) 어떠한 경우에 회계변경의 타당성이 인정되는가?
2) 이러한 회계정책의 변경은 재무제표에 어떻게 반영되어야 하는가?

8. 특정 거래, 기타 사건 또는 상황에 구체적으로 적용할 K-IFRS가 없는 경우에는 어떤 사항들을 참조해서 회계처리하는가?

9. 20×1년 1월에 새로운 기계의 설치비용 ₩100,000을 수리비로 회계처리하였다. 이 기계의 취득원가 ₩300,000은 정확히 기록되었으며, 정액법(내용연수 10년, 잔존가치는 ₩0)으로 상각하고 있다. 20×2. 12. 31에 회사는 기계의 내용연수가 20×2. 1. 1부터 20년이 될 것으로 추정하였다. 이 기계의 잔존가치는 없다고 가정할 때, 20×2년에 기계와 관련된 거래를 기록하기 위해 어떠한 분개가 이루어져야 하는가? 단, 20×2년 장부는 마감되지 않았으며, 20×2년 감가상각비는 아직 기록되지 않았다.

10. 회계오류의 영향이나 누적효과를 실질적으로 결정할 수 없는 경우의 회계처리를 기술하라.

11. 20×1. 12. 31에 구입한 상품에 대한 매입채무 ₩11,000이 20×2년 1월에 장부에 기록되었다. 이 상품은 20×1. 12. 31 재고자산에 포함되지 않았다.

1) 이러한 오류가 20×1년 보고된 순이익에 미치는 영향은?
2) 20×1년의 장부가 마감되지 않았다면, 이러한 오류를 수정하기 위해 어떠한 분개가 필요한가?

연습문제

1. 회계변경

여러 가지 형태의 회계변경이 기업의 재무제표에 영향을 미칠 수 있다. 다음 항목이 당해 연도의 재무제표에 중요한 영향을 미친다고 가정한다.

(1) 건설계약의 회계처리방법을 완성기준에서 진행기준으로 변경하였다.
(2) 새로운 정보에 따라 유형자산의 추정내용연수를 변경하였다.
(3) 생산준비비를 이연시켜 상각해 왔으나 미래의 효익이 불확실하기 때문에 발생시점에 비용으로 회계처리하기로 하였다. 즉, 추정된 미래효익의 변화를 인식하고 새로운 회계처리방법을 채택하였다.
(4) 실직보험료 중에서 근로자 부담분을 '급여관련 세금비용'에 포함시켰는데, 이를 '퇴직금'에 포함시키기로 하였다.
(5) 과거연도 재고자산의 산술적인 오류를 수정하였다.
(6) 재고자산평가를 직접원가기준에서 전부원가기준으로 변경하였다.
(7) 개별재무제표작성에서 연결재무제표작성으로 변경하였다.
(8) 세금계산 목적으로 리스회계처리방법을 재무회계처리방법과 일치시켰다.
(9) 재고자산 원가배분방법을 선입선출법에서 평균법으로 변경하였다.

각 항목에 대해 회계변경의 유형을 표시하고, 당해 연도의 비교재무제표가 작성될 때 과거연도의 재무제표가 재작성되어야 하는지를 설명하라.

2. 회계변경의 유형과 영향

레이(주)의 재무담당이사는 20×2년에 다음의 각 항목을 어떻게 회계처리해야 할지에 대해 혼란이 생겼다. 단, 다음 항목은 모두 당해 연도의 재무제표에 중요한 영향을 미친다고 가정한다.

(1) 연구개발비에 대한 회계처리방법을 변경하기로 결정했다. 이제까지 이 회사는 연구개발비를 이연시켜 5년 동안 상각했으나, 발생 즉시 비용으로 처리하기로 결정했다.
(2) 기계설비의 감가상각에 대해 전면적으로 검토했다. 그 결과로 이제까지 기계설비를 15년에 걸쳐 감가상각했으나, 경험으로 미루어 볼 때 상각기간이 20년이 될 것으로 다시 추정했다.
(3) 계열사인 헤이상사의 순이익이 매년 증가하는 것으로 나타났다. 헤이상사의 재무제표를 조사해 보니, 대손상각비와 재고자산감모손실이 다른 계열사에 비해 적게 기록되었다. 이에 대해 헤이상사의 재무담당이사에게 문의해 보니, 이 회사가 순이익을 증가시키기 위해 고의적으로 대손상각비와 재고자산감모손실을 적게 계상한 것이 밝혀졌다.
(4) 생산량을 대폭 증가시킬 수 있는 새로운 기계를 구입했다. 이 회사는 기존의 기계에 대해서는 정액법을 사용하여 감가상각했으나 새로운 기계에 대해서는 정률법을 적용하기로 했다.
(5) 3년 보증으로 기계장치를 판매했다. 판매보증비용은 판매가격의 1%가 될 것으로 추정했다. 20×2년에 보증비용이 판매가격의 0.5%면 충분할 것으로 재추정되었다. 20×0년과 20×1년의 보증비용은 ₩40,000과 ₩50,000이었으나, 회사는 보증비용이 50% 감소할 것으로 추정했다.
(6) 재고자산 원가배분방법을 평균법에서 선입선출법으로 변경하기로 하였다. 이러한 변경이 과거연도에 미치는 영향은 20×0년 순이익이 ₩60,000 증가하고, 20×1년 순이익은 ₩20,000 감소한다.

재무담당이사가 감사인에게 위의 각 상황에 대해 조언을 구하였다. 각 상황에 대해 적절한 회계처리를 설명하라.

3. 감가상각방법 및 추정내용연수의 변경

태영(주)의 비품은 취득원가가 ₩400,000, 추정내용연수는 20년, 잔존가치는 없다.

요구사항

아래의 상황은 독립적이라고 가정한다.

1. 감가상각방법으로 2년 동안 정률법(상각률은 10%임)을 사용했으나 정액법으로 바꾸기로 하였다. 3년이 되는 해의 ⓐ 회계변경과 ⓑ 감가상각비(순이익의 세금효과는 무시)를 기록할 적절한 분개를 하라.
2. 2년 동안 정액법을 사용한 후 추정내용연수를 27년으로 결정하였다(원래 추정치보다 7년 많음). 3년째 되는 해의 감가상각비를 계상할 분개를 하라.

4. 감가상각방법 및 잔존가치의 변경

신림(주)는 20×1. 1. 1에 취득한 자동차(취득금액 ₩1,000,000)를 연수합계법으로 감가상각하였다. 취득시점에 추정한 내용연수는 5년, 잔존가치는 ₩100,000이다. 20×3년초에 신림(주)는 자동차의 진부화 정도를 고려하여 잔존가치를 ₩40,000으로 다시 추정하였으며, 감가상각방법을 정액법으로 변경하기로 하였다. 잔존가치의 추정변경과 감가상각방법의 변경이 없었다면 20×3년도의 당기순이익은 ₩230,000이다. 자동차 관련 회계 추정 및 처리방법 변경 후 신림(주)의 20×3년도 당기순이익은 얼마인가?

5. 투자부동산의 평가모형 변경

낙성(주)는 20×1년초에 건물을 ₩300,000(내용연수 10년, 잔존가치 없이 정액법으로 감가상각)에 취득하여 투자부동산으로 분류하고 원가모형을 적용하였다. 낙성(주)는 20×3년부터 공정가치모형을 적용하기로 회계변경을 하였다. 낙성(주)의 20×3년 감가상각비는 얼마인가?

	20×1년말	20×2년말	20×3년말
건물 공정가치	₩400,000	₩420,000	₩440,000

6. 재고자산 오류수정

현창(주)는 손익을 측정하는 데 있어서 최근 3개년에 걸쳐서 다음과 같은 기말재고 측정오류가 있음을 발견하였다(법인세는 없다고 가정하고 모든 오류는 중요하다).

연 도	오류발견 전 당기순이익	기말재고 측정오류
20×1년	₩43,000	₩1,500 과소평가
20×2년	47,000	2,100 과대평가
20×3년	57,000	700 과대평가

요구사항

1. 오류가 발생하지 않았다면 20×3년의 정확한 당기순이익을 계산하라.
2. 오류가 발생한 경우 20×3년의 장부가 마감되었다고 가정하고 수정분개를 하라.
3. 오류가 발생한 경우 20×3년의 장부가 마감되기 전이라고 가정하고 수정분개를 하라.

7. 재고자산평가방법의 변경 (Ⅰ)

실지재고조사법을 이용하여 산출한 레이(주)의 당기순이익은 다음과 같다.

	선입선출법	평균법
20×1	₩25,000	₩24,000
20×2	30,000	25,000
20×3	28,000	27,000
20×4	34,000	30,000

20×4년에 레이(주)는 재고자산의 원가배분방법을 선입선출법에서 평균법으로 변경했다고 가정한다. 이에 필요한 분개를 하고, 비교재무제표를 공시할 때 필요한 정보를 나타내라. 단, 세금효과는 무시하고, 20×4년의 장부가 마감되었다고 가정한다.

8. 재고자산평가방법의 변경 (Ⅱ)

혜임(주)는 20×2년초에 재고자산 원가배분방법을 평균법에서 선입선출법으로 변경하였다. 회계변경에 관한 자료는 다음과 같다.

	법인세비용차감전순이익		
	평균법	선입선출법	차 이
20×1	₩500,000	₩300,000	₩200,000
20×2	600,000	500,000	100,000

요구사항

위의 회계변경을 다음 방법으로 회계처리할 경우 필요한 분개를 표시하라. 단, 법인세효과는 무시한다.

1. 소급법
2. 전진법

9. 재고자산평가방법의 변경 (Ⅲ)

양녕(주)는 20×1년초에 설립된 기업으로, 재고자산 원가흐름의 가정으로 선입선출법을 사용하였으나, 20×3년말 가중평균법으로 회계정책을 변경하였다. 양녕(주)의 20×3년도 포괄손익계산서에 보고된 매출원가는 ₩30,000으로 변경 전의 방법인 선입선출법으로 계산한 금액이다. 각 방법에 따른 기말재고자산금액은 다음과 같다.

	20×1년말	20×2년말	20×3년말
선입선출법	₩1,000	₩2,000	₩2,500
가중평균법	500	1,700	3,000

요구사항

1. 회계정책의 변경을 반영한 이후 양녕(주)가 20×3년도 포괄손익계산서에 보고할 매출원가를 계산하라.
2. 회계정책의 변경이 양녕(주)의 20×3년도 기초이월이익잉여금에 미친 영향은 얼마인가?

10. 회계오류와 당기순이익 수정

진리(주)는 20×1년과 20×2년에 당기순이익을 각각 ₩100,000과 ₩200,000으로 보고했으나 다음과 같은 오류를 포함하고 있었다.

	20×1년	20×2년
재 고 자 산	₩5,000 과대	₩1,000 과소
감가상각비	1,500 과대	1,000 과소
선급보험료	2,000 과대	500 과대

이러한 오류를 소급법으로 수정하는 경우 진리(주)의 정확한 연도별 당기순이익을 구하라.

11. 회계오류와 이월이익잉여금 수정

이담(주)는 20×2년도 재무제표를 작성하는 과정에서 다음과 같은 사항들을 발견하였다. 이들 사항이 20×2년말 이월이익잉여금에 미친 영향은 얼마인가?

(1) 운송중인 도착지인도조건으로 구입한 재고자산을 기말재고자산에 포함시켰다. 각 회계연도말 현재 운송중인 재고자산은 20×1년말 현재 ₩10,000, 20×2년말 현재 ₩20,000으로 매입은 정확하게 처리하였다.
(2) 매출채권에 대하여 대손충당금을 설정해야 하나 20×1년말과 20×2년말에 각각 ₩500과 ₩1,000의 대손충당금을 설정하지 않았다.

12. 회계오류의 수정과 법인세

경수(주)의 20×1년, 20×2년과 20×3년 당기순이익은 각각 ₩90,000, ₩100,000, ₩120,000이며, 회계기간은 매년 12월 31일로 종료된다. 20×3년도 자료에 대한 회계감사가 진행중인데, 이 과정에서 다음과 같은 오류가 발생했다.

(1) 경수(주)는 신성(주)에 사무실을 임대하고 있다. 임대수익을 현금수취 즉시 기록하고 있다. 차기의 임대수익을 당기에 포함시킨 금액은 다음과 같다.

    20×1년 : ₩15,000　　　　20×2년 : ₩12,000

(2) 20×2. 7. 1 보험계약을 체결하여 3년간 보험료 ₩6,000을 선급하고 전액 20×2년도의 비용으로 회계처리하였다. 법인세율은 40%라고 가정한다.

오류수정용 정산표를 이용하여 각 항목이 당기순이익에 미치는 영향을 산출하고, 20×3년도 장부가 마감된 경우와 마감되지 않은 경우로 나누어 이 오류들을 수정하는 수정분개를 하라.

13. 회계오류의 수정을 위한 회계처리

김영출 공인회계사는 성진(주)의 20×3년 회계장부에 대한 첫번째 감사를 실시하였다. 감사중에 지난 3년간 다음 항목들이 적절히 취급되지 못하였음을 발견하였다.

(1) 20×1년초에 내용연수 6년, 잔존가치 ₩30,000의 기계를 ₩510,000에 구입하였다. 정액법을 사용하여 감가상각을 했으나 3년간 잔존가치를 공제하지 않았다.
(2) 20×2년말에 판매원 월급 ₩42,000을 계상하지 않았다.
(3) 20×1년에 발생한 세금소송이 20×3년에 해결되었고, 20×1년도분 세금 ₩80,000을 납부해야 했다. 그러나 소송에 패소할 가능성이 없는 것으로 보아 20×1년과 20×2년에는 부채로 기록하지 않았고, 20×3년에 ₩80,000을 손실계정에 기입하였다.

(4) 20×1년에 성진(주)는 다른 회사를 매입하고 영업권으로 ₩440,000을 기록하였다. 그러나 영업권의 가치가 감소되지 않아서 상각하지 않았다.
(5) 20×3년에는 재고자산 원가배분방법을 선입선출법에서 평균법으로 변경했다. 이 변경으로 인하여 누적적 효과는 ₩68,000의 순이익 감소였다. 변경의 영향을 이익잉여금계정에 차기하고, 평균법에 기준하여 20×3년도 순이익을 산정하였다.
(6) 20×3년에 쓸모없게 된 재고자산 ₩84,000을 장부에서 제거하였다. 이로 인한 손실은 이익잉여금계정에 직접 차기하였다.

발생한 모든 오류를 장부에 올바르게 기입하기 위하여 필요한 분개를 하라. 20×3년의 회계장부는 마감되지 않았고, 영업권 상각기간은 5년이라고 가정한다. 세금효과는 무시하라.

14. 회계변경과 오류수정 종합문제(Ⅰ)

진영(주)는 20×1년말에 설립되어 양말과 메리야스류를 제조판매하고 있다. 4년 동안 매년의 당기순이익은 다음과 같다.

20×2년	₩150,000*	20×3년	₩200,000
20×4년	₩230,000	20×5년	₩295,000

* 대손상각률 변경(아래 추가자료 참조)으로 인한 ₩15,000의 이익증가 포함.

진영(주)는 다음과 같은 자료를 추가로 제시하였다.

(1) 20×3년초에 과거의 경험에 비추어 대손상각률이 지나치게 과대하게 책정된 것을 발견했다. 따라서 진영(주)는 대손상각률을 2%에서 1%로 변경하였다(오류수정으로 봄). 20×2년에도 1%를 추정했다면, 대손상각비는 ₩15,000이었을 것이다. 따라서 이 기업은 20×2년의 대손상각비 ₩15,000을 차감하여 순이익을 동액만큼 증가시켰다.
(2) 20×5년에 재고자산평가방법을 가중평균법에서 선입선출법으로 변경하였음을 발견하였다. 손익계산서에 미치는 영향은 다음과 같다. 단, 20×5년에는 재고자산을 선입선출법으로 회계처리하였다.

	20×2	20×3	20×4	20×5
가중평균법에 의한 순이익	₩150,000	₩200,000	₩230,000	₩300,000
선입선출법에 의한 순이익	160,000	205,000	255,000	295,000
	₩10,000	₩5,000	₩25,000	(₩5,000)

(3) 20×5년 회계장부 마감 후에 추가적으로 다음과 같은 사실을 발견하였다.
① 20×4년에 기말재고를 ₩24,000 과대계상하였다.
② 20×2년에 접대비 세금감면 가능성에 대해 세무당국과 논란이 있었다. 20×2년에는 이 비용에 대한 세금감면을 받지 못했으나 20×5년에서야 감면을 받게 되었다. 회사는 법원의 판결에 의해 20×5년의 세금을 ₩7,500 감소시켰다.

회계정책의 변경은 소급법으로, 회계추정의 변경은 전진법으로 회계처리할 때 각 연도별 정확한 당기순이익을 구하라. 모든 오류는 중요한 오류라고 가정한다.

15. 회계변경과 오류수정 종합문제(Ⅱ)

20×2년중 (주)베티는 20×1년에 판매된 일부(₩6,500) 제품이 20×1년 12월 31일 재고자산에 잘못 포함된 사실을 발견하였다. (주)베티의 20×2년 회계장부 매출은 ₩104,000, 매출원가는 ₩86,500(기초재고자산의 오류 ₩6,500을 수정하기 전)이며, 법인세비용은 ₩5,250이다. 20×1년에 (주)베티는 다음과 같이 보고하였다.

매 출 액	₩73,500
매출원가	(53,500)
법인세비용차감전이익	₩20,000
법인세비용	(6,000)
이 익	₩14,000

20×1년 기초이익잉여금은 ₩20,000이었고 기말이익잉여금은 ₩34,000이었다. (주)베티의 법인세율은 30%이다. 기타 수익과 비용은 없었다. 이 기업의 주식은 상장되어 있지 않으며, 주당순이익을 공시하지 않는다. 20×1년과 20×2년의 비교 손익계산서를 작성하고 수정후 이익잉여금을 산출하라.

16. 회계변경과 오류수정 종합문제(Ⅲ)

(주)미성의 20×5년도 회계변경 및 오류수정과 관련된 자료는 다음과 같다. 당사의 회계기간은 1월 1일부터 12월 31일까지이다. 이 문제를 푸는 과정에서 법인세 효과는 무시하라.

(회계변경관련 자료)

(주)미성은 20×5년 1월에 재고자산의 원가배분방법을 평균법에서 선입선출법으로 변경했다. 각 방법에 따른 매출원가는 다음과 같다.

구 분	매출원가		
	20×3년 이전	20×4년	20×5년
평균법	₩300,000	₩120,000	₩160,000
선입선출법	200,000	80,000	100,000

(오류수정관련 자료)

(주)미성은 20×5년 회계연도 감사과정에서 다음의 오류사항을 지적받았다.

20×3. 1. 1에 장비를 ₩60,000(내용연수 10년, 잔존가치 ₩0)에 취득했다. 취득에 관한 분개는 정확히 했으나, 그 이후 감가상각에 관한 분개는 한 번도 기재하지 않았다. 이 오류는 중요한 오류이며, 감가상각은 정액법에 따라 이루어진다.

(기타 자료)

(주)미성의 당 회계연도 20×5년의 법인세비용차감전순이익은 ₩2,000,000이고, 직전 회계연도 20×4년의 법인세비용차감전순이익은 ₩1,000,000이다.

요구사항

1. 20×5년 회계변경과 오류수정에 따라 요구되는 분개를 하라.
2. 20×5년 비교손익계산서를 작성할 때, 20×5년과 20×4년 손익계산서에 표시될 법인세비용차감전순이익의 금액은 각각 얼마인지 계산하라.
3. 회계변경의 회계처리방법 중 소급법과 전진법의 장점과 단점을 간략히 비교 설명하라.

공인회계사 기출문제 응용(2020년 이후)

1. 오류수정이 이익잉여금에 미치는 영향 (2022년 CPA 1차)

(주)대한의 회계감사인은 20×2년도 재무제표에 대한 감사과정에서 20×1년말 재고자산 금액이 ₩10,000만큼 과대계상되어 있음을 발견하였으며, 이는 중요한 오류에 해당한다. 동 재고자산의 과대계상 오류가 수정되지 않은 (주)대한의 20×1년과 20×2년의 손익은 다음과 같다.

	20×1년	20×2년
수 익	₩150,000	₩170,000
비 용	90,000	40,000
당기순이익	₩60,000	₩130,000

한편, 20×2년말 재고자산 금액은 정확하게 계상되어 있으며, (주)대한의 20×1년초 이익잉여금은 ₩150,000이다. 상기 재고자산오류를 수정하여 비교재무제표를 작성할 경우, (주)대한의 20×1년말과 20×2년말의 이익잉여금은 각각 얼마인가?

2. 오류수정이 이월이익잉여금과 당기손익에 미치는 영향 (2021년 CPA 1차)

(주)대한은 20×3년말 장부마감 전에 과거 3년간의 회계장부를 검토한 결과 다음과 같은 오류사항을 발견하였으며, 이는 모두 중요한 오류에 해당한다.

- 기말재고자산은 20×1년에 ₩20,000 과소계상, 20×2년에 ₩30,000 과대계상, 20×3년에 ₩35,000 과대계상되었다.
- 20×2년에 보험료로 비용처리한 금액 중 ₩15,000은 20×3년 보험료의 선납분이다.
- 20×1년초 (주)대한은 잔존가치 없이 정액법으로 감가상각하고 있던 기계장치에 대해 ₩50,000의 지출을 하였다. 동 지출은 기계장치의 장부금액에 포함하여 인식 및 감가상각해야 하나, (주)대한은 이를 지출시점에 즉시 비용(수선비)으로 처리하였다. 20×3년말 현재 동 기계장치의 잔존내용연수는 2년이며, (주)대한은 모든 유형자산에 대하여 원가모형을 적용하고 있다.

위 오류사항에 대한 수정효과가 (주)대한의 20×3년 전기이월이익잉여금과 당기순이익에 미치는 영향은 각각 얼마인가?

윤리문제

CHAPTER 21

대형 회계법인의 책임회계사인 성아나 씨는 주선(주)의 연차보고서에 대한 감사업무를 부여받았다. 주선(주)는 건설업계에서 가장 성장이 빠른 회사 중의 하나로서 오랫동안 성아나 씨가 속한 회계법인의 주요 고객 중의 하나이다.
주선(주)의 유형자산 원장을 검토하는 과정에서 성아나 씨는 주선(주)가 정액법으로 상각하는 자산의 내용연수를 추정치 중 중앙치에서 최고치로 변경하는 등 몇 차례의 비정상적인 회계변경을 수행하고 있음을 발견하였다. 예를 들면, 감가상각 5년째 시점에서 트럭의 내용연수를 6년에서 10년으로 변경하였다. 이를 보다 깊이 조사해 가는 과정에서 주선(주)의 회계부장인 무시로 씨로부터 다음과 같은 말을 들었다.
"당신께서는 걱정할 일은 아니라고 봅니다. 회계추정을 변경하는 것은 적법한 것이며, 더욱이 이로써 우리 경영자들이 원하는 높은 이익도 내고 있으니 문제가 없지 않습니까?"

요구사항

1. 주선(주)가 유형자산의 내용연수를 변경하는 것에 윤리적인 문제가 있는가?
2. 주선(주)의 이러한 비정상적인 회계변경으로 누가 손해를 보게 되나?
3. 이 상황에서 성아나 씨가 특별히 취해야 할 조치가 있는가?

CHAPTER

22 현금흐름표

현금흐름표가 주요 재무제표의 하나로 작성되고 있다. 현금흐름표는 포괄손익계산서나 재무상태표 등과 같은 다른 재무제표로부터 쉽게 얻을 수 없는 현금의 유입과 유출에 관한 정보, 즉 현금흐름에 관한 정보를 제공해준다. 현금흐름표에는 모든 거래와 사건으로 인한 현금흐름을 영업활동 현금흐름, 투자활동 현금흐름, 재무활동 현금흐름으로 구분하여 표시한다. 또한 현금의 유입과 유출이 없는 거래라도 중요한 거래는 주석으로 보고한다.

제 1 절 현금흐름표의 의의

기업은 투자사업을 수행하는 데 필요한 현금을 어떻게 조달하고 있는가? 투자에 필요한 현금을 내부적으로 조달하고 있는가? 아니면, 대부분 외부에 의존하고 있는가? 현금상태가 투자 및 부채상환에 필요한 지출에 충분한가? 이런 종류의 의문은 기업의 재무 및 투자 활동에 관심을 가지고 있는 투자자, 채권자 그리고 경영자 모두에 의해 제기될 수 있다. 그러나 재무상태표, 포괄손익계산서 그리고 자본변동표만으로는 이러한 의문을 풀 수 있는 정보를 제공하는 데 있어서 많은 한계를 가진다.

재무상태표는 특정 시점의 재무상태를 나타내며, 포괄손익계산서는 특정 기간 동안의 성과(당기순이익이나 기타포괄손익의 발생내역)를 나타내준다. 자본변동표는 자본의 증감내역을 보다 상세히 나타내는 것을 주요 목적으로 한다. 그런데 이러한 재무제표로는 현금의 유입과 유출, 즉 기업의 현금흐름에 관한 정보를 일목요연하게 나타내지 못한다. 현금흐름에 관한 정보를 포괄적으로 보여주기 위해 회계기준에서 기본재무제표의 하나로 현금흐름표(statement of cash flows)를 작성하도록 요구하고 있다([그림 22-1] 참조).

▶ 그림 22-1
재무제표간의 연계관계

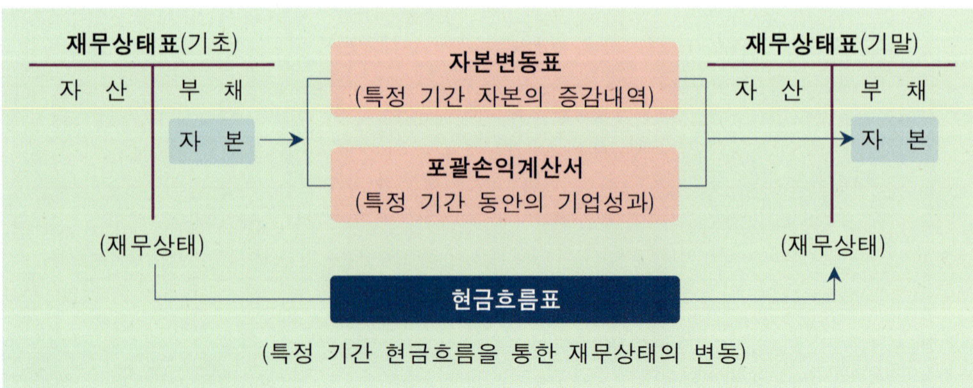

기업의 재무상태 변동은 기업활동에 수반되는 현금흐름으로도 설명될 수 있다. 즉 기업의 활동별 현금의 유입과 유출을 나타내는 현금흐름표를 통해 재무상태의 변동원인을 파악할 수 있게 된다.

현금흐름표는 다른 재무제표와 같이 사용하는 경우 순자산의 변화, 재무구조(유동성과 지급능력 포함), 그리고 변화하는 상황과 기회에 적응하기 위하여 현금흐름의 금액과 시기를 조절하는 능력을 평가하는 데 유용한 정보를 제공한다. 또한 현금흐름정보에는 동일한 거래와 사건에 대하여 서로 다른 회계처리방법을 적용함에 따라 발생하는 영향이 제거되기 때문에 영업성과에 대한 비교가능성이 제고될 수도 있다.

구체적으로 현금흐름표는 다음 목적에 유용하게 이용할 수 있다.

1) 미래현금흐름 예측 및 이익의 질 평가

재무보고는 재무정보이용자들이 기업의 미래현금흐름의 금액, 시기 그리고 불확실성을 예측하고 평가하는 데 유용한 정보를 제공해 준다. 발생기준에 근거하여 작성된 포괄손익계산서를 현금기준으로 작성된 현금흐름표와 함께 이용하면 미래현금흐름을 보다 잘 예측하고 평가할 수 있다.

당기순이익 수치는 기업의 성과에 대한 정보를 제공하기 때문에 매우 중요하다. 그러나 발생주의를 적용한 이익을 측정하기 위해서는 여러 가지 가정, 추정 또는 가치평가가 개입되기 때문에 현금흐름에 대한 정보가 중요한 보완정보가 된다.

특히 영업활동 현금흐름이 당기순이익에 가깝게 나타날수록 이익에 대한 신뢰도가 높아지기 때문에 현금흐름표는 이익의 질(quality of earnings)을 평가하는 데에도 유용하게 이용될 수 있다. 또한 현금흐름표를 통해서 재무정보이용자들은 순이익과 영업활동 현금흐름 간에 차이가 발생하는 원인을 알 수 있게 된다.

2) 배당지급능력 및 유동성과 재무탄력성 평가

기업이 현재의 영업활동능력을 유지하면서 계속하여 성장하고, 주주들에게 적정한 배당을 할 수 있을지 여부는 현재와 미래에 기업이 충분한 현금을 창출할 수 있느냐에 달려 있다. 현금흐름표는 이에 대한 정보를 제공한다.

현금흐름표는 기업의 유동성과 재무탄력성에 대한 정보를 제공한다. 유동성(liquidity)은 자산이 현금으로 전환되거나 부채가 지급되기까지 소요되는 시간에 관한 것이다. 현금흐름표에 나타나는 현금창출능력에 대한 정보는 기업이 채무를 변제하고 배당과 일상적인 영업활동비용을 지급해 나갈 수 있을 것인지 여부, 즉 기업의 유동성을 평가하는 데 중요한 정보가 된다.

재무탄력성(financial flexibility)은 기업이 예측하지 못했던 현금수요와 투자기회에 따라 현금흐름의 금액과 시기를 적절히 조절할 수 있는 능력을 말한다. 현금흐름 특히 영업활동에서 창출되는 현금흐름에 관한 정보는 기업의 재무탄력성, 즉 필요한 상황에서 적절한 조치를 취할 수 있는지 여부를 판단하는 데 중요한 정보가 된다.

3) 투자 및 재무 활동이 기업재무상태에 미친 영향을 평가

기업의 투자활동과 재무활동에서 창출되는 현금흐름을 검토함으로써 재무정보이용자들은 특정 기간 동안 자산과 부채의 변동원인을 보다 잘 이해할 수 있게 된다. 즉 현금흐름표는 다음과 같은 투자 및 재무 활동에 관한 정보를 제공해 줄 수 있을 것으로 기대된다.

- 당기순이익을 초과한 배당지급이 가능한 이유는 무엇이며, 당기순손실이 발생했음에도 불구하고 배당을 할 수 있는 근거는 무엇인가?
- 당기순손실에도 불구하고 어떻게 현금이 증가할 수 있었는가?

- 왜 자금을 차입해야만 했는가?
- 생산시설을 확장하는 데 필요한 자금은 어떻게 조달되었는가?
- 부채의 상환에 필요한 자금이 어떻게 조달되었는가?
- 주식발행이나 사채발행으로 조달된 자금이 어떻게 사용되었는가?
- 현금의 증가나 감소의 주요 원인은 무엇인가?

한편, 현금흐름표에 나타나는 현금의 유입 및 유출에 관한 정보는 이에 관련된 거래나 사건의 발생시점과의 관계를 나타내지 못하기 때문에 미래현금흐름을 평가하는 정보로서 불완전하다. 왜냐하면 일반적으로 현재의 현금유입은 과거활동의 결과로 발생한 것이며, 현재의 현금유출은 미래의 현금유입을 예상하여 이루어지기 때문이다. 따라서 기업의 미래현금흐름을 평가하기 위해서는 현금흐름표와 함께 포괄손익계산서 또는 재무상태표를 동시에 검토해야 한다.

제 2 절 현금흐름표의 내용

1 현금의 범위 및 현금흐름의 구분

(1) 현금의 범위 1007:7,9

현금흐름표의 작성에서 현금의 범위를 정하는 것은 매우 중요하다. 기업은 영업활동 수행에 있어서 상당한 현금을 필요로 하지만 현금을 과다하게 보유하면 투자이익을 상실하게 되는 기회비용이 발생한다. 따라서 기업은 현금의 여유가 있을 때 이를 일시적으로 단기성 자산에 투자한다. 이러한 단기성 자산은 즉시 현금화될 수 있으며 또한 필요시에는 곧바로 현금화하겠다는 목적을 가지고 투자되기 때문에 현금과 거의 유사하다고 볼 수 있으므로 현금의 범위에 포함시킨다.

현금흐름표의 작성기준인 현금의 범위는 "현금및현금성자산"이다. 먼저 현금은 보유현금과 요구불예금을 말하고, 현금성자산(cash equivalents)은 유동성이 매우 높은 단기 투자자산으로서 확정된 금액의 현금으로 전환이 용이하고 가치변동의 위험이 경미한 자산을 말한다.[1] 현금성자산은 투자나 다른 목적이 아닌 단기의 현금수요를

1) 당좌차월(overdraft) 중에서 금융회사의 요구에 따라 즉시 상환해야 하는 부분은 기업 현금관리의 일부를 구성한다. 이때 당좌차월은 "현금및현금성자산"의 구성요소에 포함되고, 이의 잔고는 "현금및현금성자산"을 감소시킨다.

충족하기 위한 목적으로 보유한다. 따라서 투자자산은 일반적으로 만기일이 단기에 도래하는 경우에만 현금성자산으로 분류된다.

예를 들어, "취득일로부터 만기일이 3개월 이내인 채권"은 현금성자산이라고 할 수 있다. 지분상품은 현금성자산에서 제외한다. 다만 상환일이 정해져 있고 취득일로부터 상환일까지의 기간이 단기인 우선주와 같이 실질적인 현금성자산인 경우에는 예외로 한다.

"현금및현금성자산"을 구성하는 항목간 이동은 현금관리의 일부이므로 현금흐름에서 제외한다.

K-IFRS 제1007호(현금흐름표)에서는 "현금및현금성자산"의 구성요소를 공시하고, "현금및현금성자산"의 구성요소를 결정함에 있어 채택한 정책을 공시하도록 요구하고 있다. "현금및현금성자산"의 구성요소를 결정하는 정책의 변경(예를 들어, 투자자산의 일부로 간주되었던 금융상품의 분류 변경)에 따른 효과는 "회계정책, 회계추정의 변경 및 오류에 대한 기준서"(K-IFRS 제1008호)에 따라 보고한다.

(2) 현금흐름의 구분

현금흐름표는 현금의 유입과 유출을 활동별로 구분하여 표시한다. 기업의 활동은 영업활동, 투자활동 및 재무활동으로 구분되는데, 각 활동에 관련되는 거래와 사건은 다음과 같다(〈표 22-1〉 참조).

▶ 표 22-1
현금흐름의 구분

[영업활동 현금흐름]	
현금유입 :	현금유출 :
1. 제품 등의 판매(매출채권 회수 포함)	1. 상품 등의 구입(매입채무 결제 포함)
2. 이자수취,* 배당금수취*	2. 이자지급,** 법인세납부# 등
	3. 공급자와 종업원에 대한 지출
* 투자활동 현금흐름으로 분류도 가능 ** 재무활동 현금흐름으로 분류도 가능 # 투자활동 또는 재무활동에 관련된 법인세는 투자활동 현금흐름 또는 재무활동 현금흐름으로 분류가능	
[투자활동 현금흐름]	
현금유입 :	현금유출 :
1. 대여금의 회수*	1. 대여금의 대여*
2. 금융상품**의 처분	2. 금융상품**의 취득
3. 유형자산의 처분	3. 유형자산의 취득
* 금융회사의 경우는 영업활동 현금흐름으로 분류 ** 현금성자산(현금으로 취급)은 제외. 단기매매목적 금융자산의 취득과 판매로 인한 현금흐름은 영업활동으로 봄	
[재무활동 현금흐름]	
현금유입 :	현금유출 :
1. 자금의 차입(어음·사채의 발행 등 포함)	1. 차입금의 상환
2. 주식의 발행	2. 유상감자 및 자기주식의 취득
	3. 배당금 지급*
* 영업활동 현금흐름으로 분류도 가능	

① 영업활동(operating activities) : 기업의 주요 수익창출활동을 말하며, 투자활동이나 재무활동에 속하지 않는 모든 거래와 사건이 이에 포함된다. 이는 순이익의 결정에 영향을 미치는 거래와 사건으로서 주로 제품 및 용역의 구입(제조) · 판매활동이 이에 해당한다.

② 투자활동(investing activities) : 현금성자산이 아닌 투자자산 및 장기성자산의 취득과 처분 활동을 말한다. 여기에는 대여활동, 금융상품(현금성자산은 제외)의 취득과 처분, 유형자산의 취득과 처분 등과 같이 비유동자산에 영향을 미치는 거래 등을 포함한다.

③ 재무활동(financing activities) : 기업의 납입자본과 차입금의 크기 및 구성에 변동을 가져오는 활동을 말한다. 여기에는 부채차입 및 상환, 주식발행 및 상환 등과 같이 차입부채 및 자본에 영향을 미치는 거래를 포함한다.

기업은 사업의 특성을 고려하여 가장 적절한 방법으로 영업활동, 투자활동 및 재무활동에서 발생하는 현금흐름을 표시한다. 활동에 따른 분류는 이러한 활동이 기업의 재무상태와 현금흐름에 미치는 영향을 재무제표이용자가 평가할 수 있는 정보를 제공한다. 또한 이 정보는 각 활동간의 관계를 평가하는 데 사용될 수 있다.

하나의 거래가 서로 다른 활동으로 분류될 수도 있다. 예를 들어 이자와 차입금을 함께 상환하는 경우, 이자지급은 영업활동으로 분류될 수도 있고 재무활동으로 분류될 수도 있다. 물론 원금상환은 재무활동으로 분류된다.

일부항목의 경우 업종이나 그 성격에 따라 달리 구분되기도 한다. 예컨대, 일반기업의 경우 대여금의 대여 및 회수는 투자활동으로 구분하지만, 금융회사의 경우에는 영업활동으로 구분한다. 배당금의 지급은 재무자원의 획득과 관련된 지출이므로 재무활동으로 구분하는 것이 일반적이지만, 재무제표이용자가 영업활동 현금흐름에서 배당금을 지급하는 기업의 능력을 판단하는 데 도움이 된다고 생각하면 영업활동으로 구분할 수도 있다. 법인세는 일반적으로 영업활동 현금흐름으로 분류하지만, 투자활동 또는 재무활동에 명백하게 관련되는 경우에는 투자활동 또는 재무활동으로 분류한다.

2 영업활동 현금흐름

현금흐름표에서 첫 번째로 보고되는 것은 '영업활동 현금흐름'이다. 영업활동에서 발생하는 현금흐름은 기업이 외부의 재무자원에 의존하지 않고 영업을 통하여 차입금 상환, 영업능력의 유지, 배당금 지급 및 신규투자 등에 필요한 현금흐름을 창출하는 정도에 대한 중요한 지표가 된다. 영업활동 현금흐름은 역사적 정보이지만 이의 특정 구성요소에 대한 정보를 다른 정보와 함께 사용하면, 미래 영업활동 현금흐름을 예측하는 데 유용하다.

영업활동 현금흐름은 주로 기업의 주요 수익창출활동에서 발생한다. 따라서 영업활동 현금흐름은 일반적으로 당기순손익의 결정에 영향을 미치는 거래나 그 밖의 사건의 결과로 발생한다. 영업활동 현금흐름의 예는 다음과 같다. 1007:14-15

① 재화의 판매와 용역 제공에 따른 현금유입
② 로열티, 수수료, 중개료 및 기타수익에 따른 현금유입
③ 재화와 용역의 구입에 따른 현금유출
④ 종업원과 관련하여 직·간접으로 발생하는 현금유출
⑤ 법인세의 납부 또는 환급(다만 재무 및 투자 활동에 명백히 관련되는 것은 제외)
⑥ 단기매매목적으로 보유하는 금융자산(유가증권 또는 대출채권)의 취득과 처분

설비 매각과 같은 일부 거래에서도 당기순손익의 결정에 포함되는 처분손익이 발생할 수 있다. 그러한 거래와 관련된 현금흐름은 투자활동 현금흐름으로 분류한다. 판매목적으로 보유하는 자산을 제조하거나 취득하기 위한 현금지급액은 영업활동 현금흐름이다. 이러한 자산의 판매로 수취하는 현금도 영업활동 현금흐름이다.

기업은 단기매매목적으로 금융자산을 보유할 수 있는데, 이러한 금융자산은 판매를 목적으로 취득한 재고자산과 유사하다. 따라서 금융업에 종사하는 기업이 단기매매목적으로 보유하는 금융자산의 취득과 판매에 따른 현금흐름은 영업활동으로 분류한다. 또한 금융회사의 경우 대출채권에 관련된 현금흐름은 주요 수익창출활동과 관련되어 있으므로 일반적으로 영업활동으로 분류한다.

[그림 22-2]는 2011년 중반 주가가 ₩110,000에 달했었는데 2013년 중반에는 부도설이 나돌아서 주가가 ₩25,000까지 하락했던 SG건설(주)의 당기순이익과 영업활동 현금흐름을 나타내고 있다. 그림에서 영업활동 현금흐름은 이미 2009년부터 급격

▶ **그림 22-2**
SG건설(주)의 당기순이익과 현금흐름의 비교

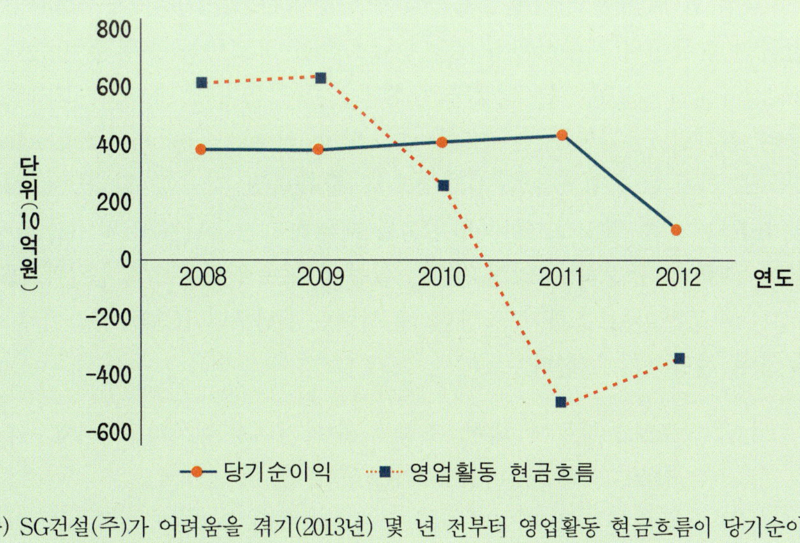

(주) SG건설(주)가 어려움을 겪기(2013년) 몇 년 전부터 영업활동 현금흐름이 당기순이익과 큰 차이를 보이고 있다.

히 나빠져서 현금흐름이 기업의 사정을 어느 정도 잘 나타낼 수 있음을 알 수 있다. 하지만 당기순이익은 2011년부터 하락하고 있다.

기업은 유동성과 재무탄력성이 떨어져서 심하면 지급불능이나 도산상태에까지 이르기도 한다. 실제로 많은 기업이 지속적으로 이익을 내고 있음에도 불구하고 부도가 나는 경우가 있다. 이와 같은 현상을 흑자도산(insolvency)이라고 하는데, 이는 주로 현금흐름에 문제가 있기 때문이다. 현금흐름표는 이러한 사태를 미리 예측하고 적절한 대책을 강구하는 데 긴요하게 이용된다.

영업활동 현금흐름은 직접법과 간접법 중 하나의 방법으로 보고한다.

① 간접법 : "당기순손익"에 현금을 수반하지 않는 수익과 비용 발생 거래의 가감, 영업활동과 관련된 자산·부채의 변동액 가감, 투자활동 현금흐름이나 재무활동 현금흐름과 관련된 손익항목의 영향을 조정하여 표시하는 방법

② 직접법 : 총현금유입과 총현금유출을 주요 항목별로 구분하여 표시하는 방법

(1) 간접법에 의한 영업활동 현금흐름 산출 1007:20

앞의 〈표 22-1〉에서 살펴본 바와 같이 이자 및 배당금 수취는 영업활동 또는 투자활동으로 분류할 수 있고, 이자지급은 영업활동 또는 재무활동으로 볼 수 있다. 또한 K-IFRS는 영업활동 현금흐름을 보고할 때 다음 항목을 별도로 표시하도록 요구하고 있다.

① 법인세납부
② 이자지급(영업활동으로 분류하는 경우)
③ 이자수취와 배당금수취(영업활동으로 분류하는 경우)

간접법에 의한 영업현금흐름의 보고방식은 발생주의 재무성과인 회계이익을 조정하여 현금주의 재무성과인 영업현금흐름을 보고하는 방식을 따른다. 따라서 간접법(indirect approach)에서는 발생주의 성과인 당기손익에 네 가지 그룹을 조정하여 현금주의 성과인 '영업활동 현금흐름(cash flows provided by operating activities)'을 보고한다. 네 가지 조정항목들을 체계적으로 분류하면 다음과 같다(〈표 22-2〉 참조). 다만, K-IFRS에서는 별도보고항목인 [D]를 제외하고는 [A], [B] 및 [C] 조정항목의 보고양식에 대하여 규정하고 있지 않다. 실무에서는 일반적으로 [A]와 [B]를 통합하지만 [C]는 구분하여 보고하기도 한다. 본서에는 [A]부터 [C]가 성격이 다르기 때문에 구분하여 설명하기로 한다.

[A] 별도보고항목에 대한 조정 : 순이자비용(이자비용－이자수익), 배당금수익을 조정하고, 법인세비용을 가산한다.

[B] 손익계산서에 보고된 비현금성손익항목에 대한 조정 : 비현금성비용(감가상각비, 무형자산상각비, 현재가치할인차금상각비, 자산처분손실, 부채상환손실, 손상차

▶ **표 22-2**
영업활동 현금흐름 –간접법

당기순이익(발생주의 영업성과)		
조정항목	**가 산**	**차 감**
[A] 별도보고항목 조정	이자비용 법인세비용	이자수익 배당금수익
[B] 비현금성손익 조정	비현금성 비용 및 손실	비현금성수익
[C] 영업활동자산 · 부채의 증감	• 영업활동자산의 감소 • 영업활동부채의 증가	• 영업활동자산의 증가 • 영업활동부채의 감소
= 영업에서 창출된 현금		
[D] 영업현금분류선택 이자수취/지급액, 배당금수취액, 법인세지급액 보고	이자수취액(영업현금분류선택) 배당금수취액(영업현금분류선택)	이자지급액(영업현금분류선택) 법인세지급액
= 영업활동 현금흐름 (현금주의 영업성과)		

(주) K-IFRS에서는 별도보고항목인 [D]를 제외하고 조정항목들에 대해서 보고방식을 규정하고 있지 않다. 따라서 [A]와 [C] 조정항목을 통합하여도 무방하며, 실무에서는 [A]와 [B]를 통합하는 방식이 더 흔히 사용되고 있다. 다만 [C]는 운전자본변동의 조정으로 보기 때문에 별도로 조정하는 것이 일반적이다.

손, 지분법적용투자손실, FVPL자산평가손실, 퇴직급여 기여액 또는 지급액을 초과하는 퇴직급여비용, 주식기준보상비용 등)을 가산하고 비현금성수익(현재가치할증차금상각비, 자산처분이익, 부채상환이익, 손상차손환입액, 지분법적용투자이익, FVPL자산평가이익 등)을 차감한다.

[C] 영업활동 관련 자산과 부채(운전자본항목)의 증감 조정 : 영업활동 관련 자산(매출채권, 재고자산, 선급비용, 계약자산, 미수수익 등)의 증가와 영업활동 관련 부채(매입채무, 발생부채, 선수수익, 계약부채, 환불부채 등)의 감소를 차감하고, 영업활동 관련 자산의 감소와 영업활동 관련 부채의 증가는 가산한다.

K-IFRS에서는 [A]부터 [C]를 조정하여 계산한 금액을 '영업에서 창출된 현금(cash generated by operations)'으로 보고할 것을 권고한다.

[D] 별도보고항목의 보고 : K-IFRS에서는 이자지급액에 대해서는 영업활동과 재무활동 중 선택이 가능하고, 배당금수취액에 대해서는 영업활동과 투자활동 중 선택이 가능하도록 허용하고 있다. 따라서 이들 항목에 대하여 영업활동으로 분류하는 것을 선택한 경우 이자수취액은 가산하고 이자지급액은 차감한다. 마찬가지로 배당금수취액은 가산한다. 한편, 법인세지급액은 차감한다. 다만, 법인세지급액이 투자 및 재무 활동과 명백하게 관련이 있는 경우는 해당 활동에 보고한다.

조정항목들에 대한 이해를 돕기 위해 대표적인 항목들을 예로 들어 간접법에 따라 영업활동 현금흐름을 구하는 경우를 상세히 살펴보기로 하자.

[A] 별도보고항목에 대한 조정

별도보고항목에 대한 조정은 손익계산서에 보고된 비용 또는 수익이며, 지급액 및 수취액이 아니다. 즉, 미지급이자비용의 증감 및 현재가치차금의 상각, 미수배당수익의 증감 또는 미지급이자비용과 이연법인세의 증감이 있더라도 현금지급액 또는 수취액을 이용하지 않고 손익계산서에 보고된 비용 및 수익을 가감한다.

[B] 비현금성항목에 대한 조정

비현금성항목은 당기순이익에 반영되지만 영업활동 현금흐름에는 영향을 미치지 않기 때문에 영업활동 현금흐름을 구하기 위해서는 이를 당기순이익에 조정해야 한다. 감가상각비가 대표적인 비현금성비용으로서 손익계산서에는 비용으로 반영되었지만 당기에 현금지출을 수반하지 않은 항목이다. 따라서 영업활동 현금흐름을 구할 때에는 당기손익에 감가상각비를 가산하는 조정이 필요하다. 또 한 가지 관련된 항목으로서 자산처분손익은 당기손익 계산에서는 손익으로 반영되지만 자산처분으로 수취한 현금은 모두 투자활동 현금유입으로 분류한다. 따라서 자산처분손익은 당기순손익에 조정해야 한다. 예를 들어 장부금액이 ₩100,000인 토지를 ₩150,000에 판매하면 다음과 같은 분개를 할 것이다.

(차) 현 금	150,000	(대) 토 지	100,000
		유형자산처분이익	50,000

위의 거래로 인하여 투자활동 현금 ₩150,000이 유입되고, 이 금액(유형자산처분이익 포함)은 현금흐름표에서 '투자활동 현금흐름'에 보고된다. 한편 이 거래에서 발생한 유형자산처분이익 ₩50,000은 손익계산서상에 반영되어 당기순이익을 증가시켰다. 따라서 '영업활동 현금흐름'을 계산할 때 유형자산처분이익을 당기순이익에서 차감하지 않는다면, 유형자산처분이익이 이중으로 계산되어 현금유입이 과대계상된다.

[C] 영업활동 관련 자산과 부채의 변동 항목

영업활동 관련 자산과 부채의 변동은 현금흐름에 영향을 미치지만 당기순이익에는 영향을 미치지 않는다. 예컨대, 매출채권이 증가했다는 것은 매출된 금액(당기순이익의 증가)보다 적은 금액의 현금이 수취되었음을 의미한다. 예를 들면, ₩100,000을 판매하였는데, 당기에 현금으로 ₩80,000만을 회수하였다면 다음과 같은 분개를 할 것이다.

(차) 현 금	80,000	(대) 매 출	100,000
매 출 채 권	20,000		

위의 거래로 수익(결과적으로 당기순이익)은 ₩100,000 증가했지만 현금은 ₩80,000이 증가하고, 매출채권이 ₩20,000만큼 증가했다. 이러한 거래로 인한 현금흐름(₩80,000)은 수익 증가액(₩100,000)보다 ₩20,000 작으므로 매출채권 증가액(₩20,000)은 당기순

이익에서 차감하여 영업활동 현금흐름을 산출한다.

위의 사례에서 미루어 알 수 있듯이 간접법에서는 모든 영업활동 관련 자산의 감소와 부채의 증가에 대해서는 가산조정을 하고, 영업활동 관련 자산의 증가와 부채의 감소에 대해서는 차감조정을 하여 영업활동 현금흐름을 구한다.

[D] 별도보고항목에 대한 현금지급액 및 수취액

위에서 설명한 것처럼 K-IFRS에서는 법인세지급액, 이자지급액 및 수취액(영업활동으로 분류하는 경우)과 배당금수취액(영업활동으로 분류하는 경우)을 별도항목으로 보고하도록 요구하고 있다. 현금흐름표에서는 현금지급액 및 수취액을 보고해야 하기 때문에 손익계산서에 보고된 비용 및 수익을 현금지급액 및 수취액으로 변환해서 보고해야 한다. 또 한 가지 중요한 것은 이자비용에는 사채발행차금의 상각부분도 포함되어 있고 미지급이자의 증감도 포함될 수 있어서 이에 대한 추가조정을 거쳐 이자지급액을 구해야 한다. 마찬가지로 법인세비용에는 이연법인세 자산 또는 부채와 미지급법인세의 증감의 조정을 통하여 법인세지급액을 계산해야 한다.

이자지급액과 법인세지급액을 계산하는 방법으로 요약분개(공식분개가 아님)를 이용하는 것이 이해하기 편리하다. **예제 22-1** 의 자료를 이용하여 이자지급액과 법인세지급액을 요약분개를 통하여 구하면 다음과 같다.

(차) 이 자 비 용	8,000	(대) 미지급이자(증가)	1,200
		사채할인발행차금	2,000
		이자지급액	4,800
(차) 법인세비용	3,000	(대) 법인세지급액	4,000
미지급법인세(감소)	1,000		

예제 22-1 영업활동 현금흐름 – 간접법

다음 자료를 이용하여 '영업활동 현금흐름'을 간접법으로 산출하라. 단, 이자지급은 영업활동으로 본다.

〈손익계산서 자료〉

과 목	금 액	비 고
매 출 액	₩800,000	
매 출 원 가	(500,000)	
판매관리비	(150,000)	• 감가상각비(모두 판매관리비) ₩20,000
이 자 비 용	(8,000)	• 사채할인발행차금상각 ₩2,000 포함
유형자산처분이익	100,000	
법인세비용	(3,000)	
당기순이익	₩239,000	

➥계속

〈**재무상태표 자료**〉

과 목	기초잔액	기말잔액
매 출 채 권	₩79,000	₩88,800
재 고 자 산	60,000	55,000
매 입 채 무	70,000	60,000
미지급판매관리비	3,000	1,500
미지급이자	2,000	3,200
미지급법인세	2,000	1,000

해답

당기순이익		₩239,000
가산 : 별도보고항목		
이 자 비 용	₩8,000	
법인세비용	3,000	11,000
가감 : 손익에 포함된 비현금성항목		
감가상각비	₩20,000	
유형자산처분이익	(100,000)	(80,000)
가감 : 영업활동 관련 자산·부채의 변동* :		
매출채권 증가(순액)	(₩9,800)	
재고자산 감소	5,000	
매입채무 감소	(10,000)	
미지급판매관리비 감소	(1,500)	(16,300)
영업에서 창출된 현금		₩153,700
이자지급액 :		
이 자 비 용	(₩8,000)	
사채할인발행차금상각	2,000	
미지급이자 증가	1,200	(4,800)
법인세납부 :		
법인세비용	(₩3,000)	
미지급법인세 감소	(1,000)	(4,000)
영업활동 순현금흐름		₩144,900

* 미지급이자 증감, 미지급법인세 증감은 이자지급액과 법인세지급액에서 별도로 반영한다.

(2) 직접법에 의한 영업활동 현금흐름 산출 1007:19

직접법(direct approach)이란 '영업활동 현금흐름'을 표시할 때 현금을 수반하여 발생한 총유입항목과 총유출항목을 주요 항목별로 구분하여 표시하는 방법이다.

직접법에서는 주요 항목별 영업활동을 ① 고객으로부터의 현금유입, ② 공급자와 종업원에 대한 현금유출, ③ 기타 자원제공자에 대한 현금유출로 구분하여 '영업활동 현금흐름'을 제시한다. 영업에서 창출된 현금을 제시한 다음에 앞에서 설명한 것처럼 이자지급액, 이자수취액, 배당금수취액, 법인세지급액은 별도로 보고하여 영업활동 현금흐름을 최종적으로 보고한다. 영업활동 현금흐름을 각 영업활동별로 계산

▶ 표 22-3

영업활동 현금흐름 – 직접법

계산방식	요약분개		
① 고객으로부터의 현금유입			
• 매출액	(차) 현 금 유 입	×××	
	(대) 매 출 액		×××
(−) 매출채권 증가((+) 감소)*	매출채권 감소(증가 차변)		×××
(−) 미수금/미수수익 증가((+) 감소)	미수수익 감소(증가 차변)		×××
(+) 선수금/선수수익 증가((−) 감소)	선수수익 증가(감소 차변)		×××
* 장기매출채권도 여기에 포함한다. 매출할인과 매출에누리와환입(순매출인 경우 포함 안 됨)을 차감하고, 대손충당금도 반영한다.			
② 공급자(종업원 포함)에 대한 현금유출			
• 매출원가	(차) 매 출 원 가	×××	
(−) 감가상각비 등*	(대) 감가상각비		×××
(+) 재고자산 증가((−) 감소)	재고자산 감소(증가 차변)		×××
(+) 매입채무 증가((−) 감소)	매입채무 증가(감소 차변)		×××
	현 금 지 급		×××
• 판매비와관리비	(차) 판매비와관리비	×××	
(−) 감가상각비 등*	(대) 감가상각비		×××
(+) 선급비용 증가((−) 감소)	선급비용 감소(증가 차변)		×××
(−) 미지급비용 증가((+) 감소)	미지급비용 증가(감소 차변)		×××
	현 금 지 급		×××
* 매출원가 및 판매비와관리비에 포함된 '현금의 유출이 없는 비용'을 모두 조정한다.			
③ 이자지급			
• 이자비용	(차) 이 자 비 용	×××	
(+) 선급이자 증가((−) 감소)	(대) 선급이자 감소(증가 차변)		×××
(−) 미지급이자 증가((+) 감소)	미지급이자 증가(감소 차변)		×××
(+(−)) 사채할인(할증)발행차금상각	사채할인차금상각(할증차금상각 차변)		×××
	이자지급액		×××
④ 법인세납부*			
• 법인세비용	(차) 법인세비용	×××	
(−) 미지급법인세 증가((+) 감소)	(대) 미지급법인세 증가(감소 차변)		×××
(+) 이연법인세자산 증가((−) 감소)	이연법인세자산 감소(증가 차변)		×××
(−) 이연법인세부채 증가((+) 감소)	이연법인세부채 증가(감소 차변)		×××
	법인세지급액		×××
* 법인세비용이 투자 또는 재무 활동과 명백히 관련된 경우에는 투자 또는 재무 활동으로 구분한다.			

하는 방법으로 앞에서 설명한 요약분개를 활용하는 것이 편리하다.

〈표 22-3〉은 직접법에서 주요 항목별 영업활동 현금흐름을 계산하는 방식과 요약분개를 보여주고 있다.

예제 22-1 에 주어진 자료를 이용하여 주요 항목별 영업활동 현금흐름 분석을 요약분개하면 다음과 같다. 단, 이자지급액과 법인세지급액에 대한 요약분개는 위에서 제기하였으므로 생략한다.

① 고객으로부터의 현금유입 :

(차) 매 출 채 권(증가)	9,800	(대) 매 출 액	800,000
현 금 유 입	790,200		

②-1 공급자에 대한 현금유출 - 매출원가 :

(차) 매 출 원 가	500,000	(대) 재 고 자 산(감소)	5,000
매 입 채 무(감소)	10,000	현 금 유 출	505,000

②-2 공급자에 대한 현금유출 - 판매관리비 :

(차) 판매관리비	150,000	(대) 감가상각비	20,000
미지급판관비(감소)	1,500	현 금 유 출	131,500

예제 22-2 영업활동 현금흐름 – 직접법

예제 22-1 의 자료를 이용하여 '영업활동 현금흐름'을 직접법으로 산출하라.

해답

1) 고객으로부터의 현금유입액 :		
매 출 액	₩800,000	
매출채권의 증가	(9,800)	₩790,200
2) 공급자와 종업원에 대한 유출액 :		
매 출 원 가	₩500,000	
판매비와관리비	150,000	
감가상각비	(20,000)	
재고자산 감소	(5,000)	
매입채무 감소	10,000	
미지급판매관리비 감소	1,500	(636,500)
영업에서 창출된 현금		₩153,700
3) 이자지급 :		
이 자 비 용	₩8,000	
사채할인발행차금상각	(2,000)	
미지급이자 증가	(1,200)	(4,800)
4) 법인세납부 :		
법인세비용	₩3,000	
미지급법인세 감소	1,000	(4,000)
영업활동 순현금흐름		₩144,900

(3) 직접법과 간접법의 비교

'영업활동 현금흐름'을 직접법에 의해 계산하면 실제 현금유입의 원천과 현금유출의 용도를 항목별로 구분하여 보고하기 때문에 현금흐름표의 본래 목적에 보다 일치한다. 항목별로 구분된 현금흐름의 유입과 유출은 재무정보이용자들이 과거의 현금흐름을 이해하고 미래의 현금흐름을 예측하는 데 보다 유용하다. 왜냐하면 이러한 정보는 기업이 부채상환, 재투자, 배당 등에 필요한 자금을 영업활동에서 창출하는 능력을 보다 명확히 보여주기 때문이다. 예를 들면 고객으로부터 현금유입액은 미래에 기업이 판매나 서비스의 제공으로 인해 고객으로부터 수취할 현금을 예측하는 데 도움이 되기 때문이다.

직접법을 적용하여 표시한 현금흐름은 간접법에 의한 현금흐름에서는 파악할 수 없는 정보를 제공하며, 미래현금흐름을 예측하는 데 보다 유용한 정보를 제공한다 할 수 있다. 이에 따라 K-IFRS에서도 영업활동 현금흐름은 "직접법"을 사용하여 보고할 것을 권장하고 있다. 그러나 직접법에는 다음과 같은 한계가 있다.

① 기업의 회계시스템은 현금기준으로 유지되고 있지 않기 때문에 직접법으로 작성하기 위해서는 추가적인 비용이 소요된다. 따라서 이러한 추가비용을 정당화할 만큼 직접법의 효용이 클 것인가 하는 문제가 남는다.

② 직접법은 단순히 현금기준 손익계산서이기 때문에 발생기준 당기순이익에 익숙한 재무제표이용자들에게 혼란을 야기시킬 수 있다. 특히 재무제표이용자들이 기업의 영업성과에 대한 측정치로서 '영업활동 현금흐름'이 당기순이익과 유사하거나 또는 더 유용한 정보일 것이라고 오해할 수 있다.

한편, 간접법을 선호하는 주장도 있는데, 그 주요 근거는 다음과 같다.

① 현금흐름표 작성이 상대적으로 용이하다.

② 간접법에서는 기존의 발생기준으로 산출된 당기순이익과 '영업활동 현금흐름'을 조정함으로써 이 둘간의 차이를 명확하게 부각시킨다. 즉 현금흐름표와 손익계산서 간의 관계에 대한 정보를 제공하고, 당기순이익 구성항목 중 현금의 유입과 유출에 영향을 미치지 않는 항목의 영향을 파악할 수 있다. 이는 미래의 현금흐름을 평가하는 데 매우 유용하다.

예를 들어, 당기순이익은 ₩6,000,000인데 '영업활동 현금흐름'은 ₩2,000,000으로 1/3 수준으로 나타났다. 만일 현금흐름표가 아래와 같이 간접법으로 작성되었다면, 이러한 차이가 주로 재고자산의 증가로 인해 발생했음을 쉽게 파악할 수 있다.

〈부분 현금흐름표〉

당기순이익	₩6,000,000
가산 : 감가상각비	500,000
차감 : 재고자산의 증가	(4,500,000)
영업활동 현금흐름	₩2,000,000

그러나 간접법에서는 감가상각비와 같은 일부 비용이 현금의 유입원천으로 나타나기 때문에 재무정보이용자들을 혼동시킬 수도 있음에 유의해야 한다.

'영업활동 현금흐름'을 보고할 때 직접법과 간접법이 모두 허용된다. 그러나 회계 정보의 일관성을 유지하기 위하여 일단 선택된 방법은 매기 계속해서 적용해야 한다. 실무에서는 간접법을 선호하고 있다. 그 이유는 간접법은 작성하기도 쉽고, 직접법에 비교하여 회사정보가 외부로 유출될 가능성이 낮다고 보기 때문이다.

3 투자활동 현금흐름과 재무활동 현금흐름

투자활동과 재무활동에서 발생하는 현금흐름은 해당 활동의 총현금유입과 총현금유출을 주요 항목별로 구분하여 총액으로 표시한다.

(1) 투자활동 현금흐름

투자활동 현금흐름은 미래수익과 미래현금흐름을 창출할 자원의 확보를 위하여 지출 금액을 나타낸다. 투자활동 현금흐름의 예는 다음과 같다. 1007:16

- 유형자산, 무형자산 및 기타 장기성 자산의 취득에 따른 현금유출(자본화된 개발원가와 자가건설 유형자산에 관련된 지출을 포함)과 이의 처분에 따른 현금유입
- 다른 기업의 지분상품이나 채무상품 및 공동기업 투자지분의 취득에 따른 현금유출(단, 현금성자산으로 간주되는 상품은 제외)과 이의 처분에 따른 현금유입
- 제3자에 대한 선급금 및 대여금(단, 금융회사의 현금 선지급과 대출채권은 영업활동으로 분류함)과 이의 회수에 따른 현금유입
- 선물계약, 선도계약, 옵션계약 및 스왑계약에 따른 현금 유출과 유입(단기매매 목적으로 계약을 체결하거나 재무활동으로 분류된 경우 제외)

예제 22-3 유형자산과 감가상각누계액

영민(주)의 20×5년도 기계장치계정, 관련 감가상각누계액계정, 그리고 미지급금계정의 증감상황 및 증감원인은 다음과 같다.

	기 초	기 말
기계장치	₩7,800	₩8,700
감가상각누계액	4,600	5,300
미지급금	–	500

(증감원인)

1) 기계장치를 ₩1,200에 취득했는데, 취득대금 중 ₩700은 현금으로 지급하고 나머지는 외상으로 하였다.

2) 취득원가 ₩300의 기계장치를 ₩150에 처분했는데, 처분 당시 당해 기계장치에 관련된 감가상각누계액은 ₩200이었다.
3) 당기 기계장치 감가상각비 : ₩900

위의 자료에 근거하여 영민(주)의 기계장치계정과 이에 관련된 감가상각누계액계정 및 미지급금계정의 증감이 현금흐름표에 어떻게 나타나는지 설명하라.

해답

〈각 계정의 증감원인 참고사항 분개〉

1) (차) 기 계 장 치	1,200	(대) 현 금(투자활동)	700
		미 지 급 금	500
2) (차) 현 금(투자활동)	150	(대) 기 계 장 치	300
감가상각누계액	200	유형자산처분이익	50
3) (차) 감가상각비	900	(대) 감가상각누계액	900

〈분석〉

계정과목	기 초		증감원인분석		기 말	
	차변	대변	차변	대변	차변	대변
기 계 장 치	7,800		1) 1,200	2) 300	8,700	
감가상각누계액		4,600	2) 200	3) 900		5,300
미 지 급 금		–		1) 500*		500
(현금흐름표)			현금유입	현금유출	비현금성항목 조정 (간접법에서만 해당)	
Ⅰ. 영업활동 현금흐름						
가산 : 감가상각비					3) 900	
차감 : 유형자산처분이익					2) (50)	
Ⅱ. 투자활동 현금흐름						
• 기계장치 취득				1) 700		
• 기계장치 처분			2) 150			

* 이후에 미지급금은 상환되면 이를 차입금의 상환으로 보아 재무활동으로 분류한다.

〈설명〉 간접법을 사용할 경우에 한해 '영업활동 현금흐름'을 계산할 때 감가상각비 ₩900이 비현금성비용으로 가산되고, 유형자산처분이익 ₩50이 비현금성이익으로 차감된다. 또한 '투자활동 현금흐름'에 기계장치 취득(₩700)이 현금유출로, 기계장치 처분(₩150)이 현금유입으로 나타난다.

(2) 재무활동 현금흐름

재무활동 현금흐름은 미래현금흐름에 대한 자본제공자의 청구권을 예측하는 데 유용하다. 재무활동 현금흐름의 예는 다음과 같다. 1007:17

- 주식이나 기타 지분상품의 발행(유상증자)에 따른 현금유입과 이의 취득이나 상환 또는 배당에 따른 소유주에 대한 현금유출(단, 배당은 영업활동으로 분류 가능)

- 담보 · 무담보부사채 및 어음의 발행과 기타 장 · 단기차입에 따른 현금유입과 이의 상환에 따른 현금유출
- 리스이용자의 리스부채 상환에 따른 현금유출

예제 22-4 사채와 관련 항목의 변동

부민(주)의 20×5년도 사채, 관련 사채할인발행차금, 그리고 미지급사채이자 계정의 증감상황 및 증감원인은 다음과 같다.

	기 초	기 말
사 채	₩3,000	₩5,800
사채할인발행차금	300	360
미지급사채이자	120	150

(증감원인)

1) 사채(액면금액 ₩1,000, 관련 사채할인발행차금 ₩100)를 ₩850에 상환했다.
2) 사채(액면금액 ₩3,800)를 ₩3,600에 발행했다.
3) 당기의 사채이자비용(사채할인발행차금상각액 ₩40을 포함) : ₩210

위의 자료에 근거하여 부민(주)의 사채계정과 이에 관련된 사채할인발행차금계정 및 미지급사채이자계정의 증감이 현금흐름표에 어떻게 나타나는지 설명하라. 단, '영업활동 현금흐름'을 간접법으로 작성하고, 이자지급을 영업활동 현금흐름으로 분류한다.

해답

〈각 계정의 증감원인 참고사항 분개〉

	차변	금액	대변	금액
1)	(차) 사 채	1,000	(대) 현 금(재무활동)	850
			사채할인발행차금	100
			사채상환이익	50
2)	(차) 현 금(재무활동)	3,600	(대) 사 채	3,800
	사채할인발행차금	200		
3)	(차) 사채이자비용	210	(대) 현 금(영업활동)	140
			사채할인발행차금	40
			미지급이자(증가)	30

〈분석〉

계정과목	기 초		증감원인분석		기 말	
	차변	대변	차변	대변	차변	대변
사 채		3,000	1) 1,000	2) 3,800		5,800
사채할인발행차금	300		2) 200	1) 100 3) 40	360	
미지급사채이자		120		3) 30		150

(현금흐름표)	현금유입	현금유출	비현금성항목 조정 (간접법에서만 해당)
Ⅰ. 영업활동 현금흐름			
차감 : 사채상환이익			1) (50)
가산 : 사채할인발행차금상각			3) 40
미지급이자 증가			3) 30
• 이자지급		3) 140	
Ⅱ. 재무활동 현금흐름			
• 사채의 상환		1) 850	
• 사채의 발행	2) 3,600		

〈설명〉 사채이자지급액은 영업활동 또는 재무활동으로 구분할 수 있는데 부민(주)는 이를 영업활동으로 보고하고 있다. 이 경우 사채이자비용 ₩210에 사채할인발행차금상각분 ₩40과 미지급사채이자 증가분 ₩30을 차감한 ₩140을 이자지급액으로 보고한다. 한편, 간접법에서 사채상환이익(비현금성수익)은 차감하고, 사채할인발행차금상각(비현금성비용)과 미지급이자 증가는 가산하여 영업활동 현금흐름 조정항목으로 보고한다. 또한 ₩850이 '재무활동으로 인한 현금유출'(사채상환)로 차감되며, ₩3,600을 '재무활동으로 인한 현금유입'(사채발행)으로 보고한다.

4 비현금거래

현금을 수반하지 않는 투자 및 재무 활동 거래는 자산 및 부채의 구조에 영향을 미치지만, 당기의 현금흐름에는 직접적인 영향을 미치지 않는다. 따라서 K-IFRS에서는 이러한 비현금거래(non-cash transactions)를 현금흐름표에서 제외하도록 규정하고 있다. 이는 현금흐름표가 현금에 영향을 미치는 거래를 보고하는 보고서이기 때문에 비현금거래를 제외하는 것이 현금흐름표의 보고목적에 부합된다는 견해에 근거하고 있다. 비현금거래의 예를 들면 다음과 같다. 1007:44

① 자산 취득시 직접 관련된 부채를 인수하거나 리스를 통하여 자산의 사용권을 취득하는 경우
② 주식발행을 통한 기업의 인수
③ 채무의 지분전환
④ 무상증자, 주식배당
⑤ 현물출자

그러나 이러한 비현금거래도 투자활동과 재무활동에 관련된 목적적합한 정보가 제공되도록 재무제표의 주석에 공시해야 한다.

5 기타 관련 사항

(1) 재무상태표 항목과 연계

현금흐름을 구분하면 〈표 22-4〉에 나타나듯이 ① '영업활동 현금흐름'은 영업활동과 관련된 자산 및 부채 항목과 관련되어 있으며, ② '투자활동 현금흐름'은 대체적으로 비유동자산의 변동과 관련되어 있고, ③ '재무활동 현금흐름'은 대체적으로 차입부채 및 자본의 변동과 관련되어 있다.

▶ **표 22-4**
재무상태표 항목과 관련된 현금흐름의 구분

재무상태표 항목	현금흐름구분			재무상태표 항목	현금흐름구분		
	영업	투자	재무		영업	투자	재무
〈자 산〉				〈부 채〉			
[유동자산]				[유동부채]			
현금및현금성자산	-유입・유출결과-			단기차입금			○
단기금융자산	○	○		매 입 채 무	○		
단기대여금		○		선 수 수 익	○		
매 출 채 권	○			미지급비용	○		
미 수 금 :				미지급법인세 :			
부가세환급미수금	○			투자・재무활동관련		○	○
기 타(회수)		○		기 타	○		
미 수 수 익	○			[비유동부채]			
선 급 비 용	○			퇴직급여부채	○		
재 고 자 산	○			사채・장기차입금			○
[비유동자산]				이연법인세부채	○		
투 자 자 산 :		○		〈자 본〉			
장기성매출채권	○			납 입 자 본			○
기 타		○		이익잉여금 :			
유 형 자 산		○		당기순이익	○		
무 형 자 산		○		배 당 금	○		○
기타비유동자산		○		기타포괄손익누계액	○	○	
이연법인세자산	○			자 기 주 식			○

(주) 법인세는 투자 및 재무 활동과 명백하게 관련된 경우에는 투자 또는 재무 활동으로 구분하고 그 밖의 경우에는 영업활동으로 구분한다.

(2) 현금흐름구분 특수사항

현금흐름의 구분은 일반적으로 ① 당기순이익 결정항목은 '영업활동 현금흐름'으로 분류하고, ② 관련 자산의 재무상태표 분류와 일치하도록 한다는 분류원칙에 따르고 있다. 그러나 또 다른 시각은 투자 및 재무 활동에서 발생한 손익항목은 투자 및 재무 활동으로 분류할 수도 있다고 본다. 이와 관련된 몇몇 특수한 사항은 다음과 같다.

1) 이자 및 배당금 1007:31-34

금융회사의 경우 이자지급, 이자수입 및 배당금수입은 일반적으로 영업활동 현금흐름으로 분류한다. 그러나 다른 업종의 경우 이의 분류방법에 대하여 합의가 이루어지지 않았다. 대체적인 방법으로 이자지급은 재무자원을 획득하는 원가로 보아 재무활동 현금흐름으로, 그리고 이자수입 및 배당금수입은 투자자산에 대한 수익으로 보아 투자활동 현금흐름으로 분류한다. 하지만 이자지급, 이자수입 및 배당금수입은 당기순손익의 결정에 영향을 미치므로 영업활동 현금흐름으로 분류할 수도 있다.

K-IFRS에서는 두 가지 상이한 시각을 모두 받아들여 이들을 영업활동 현금흐름으로 구분할 수도 있고, 투자활동 또는 재무활동 현금흐름으로 구분할 수 있도록 허용하고 있다. 다만 매 기간 일관성 있게 분류해야 하며, 영업활동으로 분류한 경우 이러한 현금흐름을 별도로 표시하도록 요구하고 있다.

회계기간 동안 지급한 이자는 비용으로 인식하는지 또는 자본화(K-IFRS 제1023호(차입원가))하는지에 관계없이 현금흐름표에 총지급액을 공시한다.

배당금의 지급은 재무자원을 획득하는 비용이므로 재무활동 현금흐름으로 분류할 수 있다. 한편, 영업활동 현금흐름에서 배당금을 지급할 수 있는 기업의 능력을 판단하는 데 도움이 되도록 영업활동 현금흐름의 구성요소로 분류할 수도 있다.

2) 법인세비용 1007:35-36

법인세로 인한 현금흐름은 재무활동과 투자활동에 명백히 관련되지 않는 한 영업활동 현금흐름으로 분류하되 별도로 공시한다.

법인세는 현금흐름표에서 영업활동, 투자활동 또는 재무활동으로 분류되는 현금흐름을 유발하는 거래에서 발생한다. 법인세비용이 투자활동이나 재무활동으로 쉽게 식별가능한 경우에도 관련된 법인세 현금흐름은 실무적으로 식별할 수 없는 경우가 많으며, 당해 거래의 현금흐름과 다른 기간에 발생하기도 한다. 따라서 법인세의 납부는 일반적으로 영업활동 현금흐름으로 분류한다. 그러나 투자활동이나 재무활동으로 분류한 현금흐름을 유발하는 개별 거래와 관련된 법인세 현금흐름을 실무적으로 식별할 수 있다면, 그 법인세 현금흐름은 투자활동이나 재무활동으로 분류한다.

법인세 현금흐름이 둘 이상의 활동에 배분되는 경우에는 법인세의 총납부액도 공시해야 한다.

3) 미수금 및 미지급금

미수금과 미지급금은 일반적 상거래가 아닌 유형자산의 처분이나 취득과 관련된 거래에서 발생한 채권 또는 채무이다. 따라서 미수금의 회수 또는 미지급금의 지급은 당초 계상시의 거래내용에 따라 투자활동 현금흐름으로 분류하는 것이 타당하다고 할 수 있다. 그러나 관련된 당초 내용을 일일이 확인하는 것이 어렵고 현금흐름표의 작성이 대체로 재무상태표 계정분류에 따라 이루어지기 때문에 유형자산의 취득과 처분은 취득이나 처분시점에서 이미 완료된 것으로 본다.

이에 따라 재무상태표의 계정분류에 따라 미수금(장기미수금 포함)의 회수는 대여금의 회수로 보아 '투자활동 현금유입'으로 분류하고, 미지급금(장기미지급금 포함)의 상환은 차입금의 상환으로 보아 '재무활동 현금유출'로 분류한다.

4) 대손충당금과 수취채권

대손충당금은 회수불능 수취채권의 추정치로서 수취채권의 평가계정이다. 그런데 수취채권은 영업활동과 관련된 매출채권도 있지만 투자활동으로 분류되는 미수금도 있다.

영업활동 현금흐름을 직접법으로 계산할 때에는 현금으로 회수한 매출채권 금액을 '고객으로부터의 현금유입'에 포함시킨다. 매출채권으로부터 현금회수액을 계산할 때에는 외상매출액에서 순매출채권(매출채권－대손충당금)의 증가액(감소액)을 차감(가산)한다. 한편, 영업활동 현금흐름을 간접법으로 계산할 때에는 순매출채권액(매출채권－대손충당금)의 순증가(감소)액을 '영업활동 관련 자산의 변동'의 한 항목으로 세전당기순이익에 차감(가산)한다.[2]

투자활동으로 분류되는 미수금에 대손충당금이 설정되어 있다면, 영업활동 현금흐름을 간접법으로 계산할 때에는 미수금에 대해서 설정하는 대손상각비[3]를 '비현금성비용'으로 보고 세전당기순이익에 가산해야 할 것이다. 그리고 미수금의 현금회수액은 '투자활동으로 인한 현금유입'에 포함시킨다.

5) 판매보증충당부채 등의 충당부채

판매보증충당부채, 하자보증충당부채 등의 부채가 영업활동 관련 부채일 때 직접법을 이용한 영업활동 현금흐름을 산출할 때에는 판매보증비와 하자보증비의 현금지출액을 영업활동으로 인한 현금흐름 유출로 보고하면 된다. 한편, 간접법을 이용하는 경우에는 판매보증충당부채나 하자보증충당부채의 순증가(감소)액을 '영업활동 관련 자산・부채의 변동' 항목으로 세전당기순이익에 가산(차감)한다.

예제 22-5 대손상각과 영업활동 현금흐름

[사례 1] 매출채권과 대손충당금

포괄손익계산서와 재무상태표의 매출 및 매출채권과 관련된 일부 계정들이 다음과 같을 경우 영업활동 현금흐름을 산출하는 방법을 설명하라.

---

2) 간접법으로 순매출채권의 증감액을 영업활동과 관련된 자산의 변동으로 순이익에 가감하는 경우, 기중에 발생한 대손상각비는 비용으로 처리되어 당기순이익을 감소시키고 그만큼의 매출채권 장부금액을 감소시킴으로써 결과적으로 대손상각비의 영향력은 상쇄된다.

3) 투자활동으로 분류되는 미수금에 관련된 대손상각비는 손익계산서의 계정분류에서 판매관리비가 아니고 영업외비용이다.

포괄손익계산서

매　　출	₩1,000,000
대손상각비	5,000

재무상태표

과 목	기초잔액	기말잔액
매 출 채 권	₩100,000	₩120,000
대손충당금	10,000	15,000
순매출채권	₩90,000	₩105,000

해답

영업활동 현금흐름을 직접법으로 산출할 때 매출채권으로부터의 현금회수액은 다음의 요약분개를 통하여 ₩980,000임을 확인할 수 있다.

(차)	대손상각비	5,000	(대)	대손충당금	5,000
	매 출 채 권(증가)	20,000		매　　출	1,000,000
	현 금 유 입	980,000			

영업활동 현금흐름을 간접법으로 계산할 때에는 매출채권의 순증가액 ₩15,000을 세전당기순이익에 차감한다.

[사례 2] 미수금과 대손충당금

기계장치를 매각하고 받지 못한 미수금 ₩300,000에 대해서 ₩20,000의 대손이 발생하여 ₩280,000을 현금으로 회수했다. 대손상각비 ₩20,000은 영업외비용으로 처리하고 있다. 현금흐름표 작성시 이를 어떻게 회계처리하는가?

해답

미수금은 영업활동과 관련된 계정이 아니고 투자활동으로 분류된다. 따라서 미수금에서 발생한 ₩20,000의 대손상각비는 영업활동 현금흐름을 간접법으로 산출할 경우 마치 감가상각비와 같이 '비현금성비용'으로 세전당기순이익에 가산한다. 영업활동 현금흐름을 직접법으로 산출한 경우에는 미수금에서 발생한 ₩20,000의 대손상각비는 따로 고려하지 않고, 미수금으로부터 현금으로 회수한 ₩280,000을 투자활동 현금흐름에서 현금의 유입 항목 중 하나로 포함시킨다.

6) 환율변동의 효과[4)]

환율변동으로 인한 미실현손익은 현금흐름이 아니다. 그러나 외화로 표시된 현금성자산의 환율변동효과는 기초와 기말의 "현금및현금성자산"을 조정하기 위해 현금흐름표에 보고한다. 이 금액은 영업활동, 투자활동 및 재무활동 현금흐름과 구분하여 별도로 표시한다.

4) 외화거래에서 발생하는 현금흐름은 현금흐름발생일의 기능통화와 외화 사이의 환율을 외화 금액에 적용하여 환산한 기능통화 금액으로 기록한다. 해외 종속기업의 현금흐름은 현금흐름발생일의 기능통화와 외화 사이의 환율로 환산한다.

예를 들면, 현금성외화자산 $1,000(적용환율이 $1=₩1,100)를 보유하고 있다고 하자. 환율이 $1=₩1,030으로 변동하였다면, 외화환산손실 ₩70,000이 발생한다. 이 외화환산손실로 인해 현금의 기말잔액이 변동하였으므로 현금흐름표 어딘가에 반영해야 하는데, 이는 당해 자산의 소속에 따라 영업활동 또는 투자활동 현금흐름으로 보고하되 미실현손익이므로 비현금성항목에 해당하며 별도항목으로 표시한다.

(3) 순액에 의한 현금흐름의 보고

현금의 유입과 유출은 기중 증가와 감소를 상계하지 아니하고 각각 총액으로 기재한다. 사채발행 또는 주식발행으로 인한 현금유입을 발행금액으로 기재하도록 한 것도 총액기재를 적용한 것이다.5) 그러나 다음의 영업활동, 투자활동 또는 재무활동에서 발생하는 현금흐름은 순증감액으로 보고할 수 있다.6)

① 현금흐름이 기업의 활동이 아닌 고객의 활동을 반영하는 경우로서 고객을 대리함에 따라 발생하는 현금유입과 현금유출7)
② 회전율이 높고 금액이 크며 만기가 짧은 항목과 관련된 현금유입과 현금유출8)

제3절 현금흐름표의 작성

1 현금흐름표 작성을 위한 기초자료

수정후시산표로부터 작성되는 다른 재무제표들과는 달리 현금흐름표는 일반적으로 다음 자료를 이용하여 작성된다.

5) 취득 또는 발행시 동시에 계상되는 평가계정의 증가는 관련 자산, 부채 또는 자본계정 증가액에서 차감하여 상계한다. 이러한 예로는 다음과 같은 것이 있다.
① 현재가치할인차금은 관련 자산, 부채의 증가액과 상계
② 사채발행차금은 사채의 증가액과 상계

6) 또한 금융회사의 경우 다음 활동에서 발생하는 현금흐름은 순증감액으로 표시할 수 있다.
① 확정만기조건 예수금의 수신과 인출에 따른 현금유입과 현금유출
② 금융회사간의 예금이체 및 예금인출
③ 고객에 대한 현금 선지급과 대출 및 이의 회수

7) 이에 관련된 현금유입과 현금유출의 예로는, 은행의 요구불예금 수신 및 인출, 투자기업이 보유하고 있는 고객예탁금, 부동산 소유주를 대신하여 회수한 임대료와 소유주에게 지급한 임대료 등이 있다.

8) 이에 관련된 현금유입과 현금유출의 예로는 신용카드 고객에 대한 대출과 회수, 투자자산의 구입과 처분, 기타 단기차입금(예를 들어, 차입 당시 만기일이 3개월 이내인 경우) 등이 있다.

▶ 표 22-5
성진(주)의 비교재무상태표, 손익계산서 및 기타 추가자료

비교재무상태표

성진(주)

계정명	20×4. 12. 31	20×5. 12. 31	차 액	
			차 변	대 변
현 금	₩8,000	₩15,600	₩7,600	
FVPL금융자산	2,000	2,500	500	
매 출 채 권(순액)	12,000	7,300		₩4,700
선 급 비 용	1,000	1,200	200	
재 고 자 산	25,000	31,500	6,500	
토 지	40,000	34,000		6,000
건 물	60,000	95,000	35,000	
차감 : 감가상각누계액-건물	(20,000)	(23,000)		3,000
자산총계	₩128,000	₩164,100		
매 입 채 무	₩6,000	₩7,000		1,000
단기차입금	7,000	600	6,400	
미지급이자	1,000	400	600	
사 채	6,000	13,500		7,500
자 본 금	80,000	100,000		20,000
이익잉여금	28,000	42,600		14,600
부채와 자본총계	₩128,000	₩164,100	₩56,800	₩56,800

손익계산서

성진(주) 20×5. 1. 1~20×5. 12. 31

매 출		₩190,000
매 출 원 가		(120,000)
매출총이익		₩70,000
판매비와관리비 :		
급 여	₩22,000	
감가상각비-건물	3,000	
기 타	15,500	(40,500)
영 업 이 익		₩29,500
이 자 비 용		(2,000)
금융자산평가손실		(500)
유형자산처분이익		1,000
법인세비용차감전이익		₩28,000
법인세비용(30%)		(8,400)
당기순이익		₩19,600

(*) 기타 추가자료

1. FVPL금융자산 ₩1,000을 취득했고, FVPL금융자산평가손실 ₩500이 발생하였다. 성진(주)는 FVPL금융자산을 영업활동과 관련된 자산으로 분류한다.
2. 장부금액 ₩6,000의 토지를 처분하고 현금 ₩7,000을 수취하였다.
3. 건물을 ₩35,000에 취득하고 그 대가로 현금 ₩15,000과 액면 ₩500인 주식 40주를 발행하였다. 건물에 대한 당기의 감가상각비는 ₩3,000이다.
4. ₩7,500의 사채를 발행하고 현금을 수취하다.
5. 당기순이익은 ₩19,600이고, 현금배당으로 ₩5,000을 지급하였다.

① 비교재무상태표 : 자산, 부채 및 자본 항목의 기초 및 기말 잔액에서 각 계정의 기중변동액에 대한 정보를 얻을 수 있다.
② 당기의 포괄손익계산서 : 여기에서 '영업활동 현금흐름'을 계산하는 데 필요한 정보를 얻을 수 있다.
③ 기타 거래자료 : 일반분개장으로부터 기중 현금유입과 현금유출을 결정하는 데 유용한 추가적인 정보를 얻을 수 있다.

위와 같은 자료로부터 현금흐름표를 작성하기 위하여 다음과 같은 세 가지 주요 단계를 거치게 된다.

① 현금증감액의 결정 : 이 절차는 단지 현금의 기초잔액과 기말잔액을 비교하여 수행되므로 비교적 간단하다.
② 영업활동 현금흐름의 결정 : 이 절차는 매우 복잡하다. 당기의 포괄손익계산서뿐만 아니라 비교재무상태표와 기타 거래자료까지도 이용해야 한다.
③ 투자활동 현금흐름과 재무활동 현금흐름의 결정 : 이를 결정하기 위해서는 재무상태표에서 영업활동에 관련되지 않은 다른 모든 계정의 변동을 분석해야 한다.

〈표 22-5〉에는 본장에서 현금흐름표 작성을 예시하는 데 이용하고자 하는 비교재무상태표, 손익계산서 및 기타의 추가자료가 나타나 있다.

2 간접법을 이용한 현금흐름표 작성

복식부기원칙을 적용하여 기록된 모든 항목이 포괄손익계산서와 재무상태표에 나타난다. 현금흐름표는 두 재무제표의 정보를 이용하되 정산표(〈표 22-6〉 참조)를 활용하여 작성할 수 있다.

정산표를 이용하면 현금흐름표를 편리하게 작성할 수 있지만 이는 공식적인 장부가 아니기 때문에 이를 사용하는 것도 임의적이다.

정산표는 크게 재무상태표계정 부분과 현금흐름영향 부분으로 구성되어 있다. 먼저 윗부분인 재무상태표계정 부분에서는 차변잔액을 가진 계정과 대변잔액을 가진 계정을 별도로 나타낸다. 예를 들면 감가상각누계액계정은 설비자산의 차감계정으로 나타내지 않고 대변잔액을 가진 계정들과 함께 나타낸다. 각 계정의 기초잔액과 기말잔액을 정해진 난에 기입하고 당해 연도중에 계정잔액의 변화를 초래했던 거래를 가운데 두 난에서 조정항목으로 나타낸다.

정산표의 아랫부분인 현금흐름영향 부분은 현금흐름표의 양식과 같이 영업활동 현금흐름, 투자활동 현금흐름 그리고 재무활동 현금흐름을 나타낼 수 있도록 구분되어 있다. 정산표에서는 비현금계정의 기초잔액과 기말잔액의 변동을 분석하여 현금의 증감원인을 분석한다.

현금유입은 조정항목란의 차변에 그리고 현금유출은 대변에 기입된다. 예컨대 사채발행은 재무현금유입으로 차변에 기입되고, 유가증권 구입은 투자현금유출로 대변에 기입된다.

▶ **표 22-6**
현금흐름표 작성을 위한 정산표

현금흐름표 작성을 위한 정산표

성진(주) 20×5. 1. 1～20×5. 12. 31

적 요	20×5. 1. 1 잔 액	조정항목 차 변		조정항목 대 변		20×5. 12. 31 잔 액
〈재무상태표계정〉						
현 금	₩8,000	(*)	7,600			₩15,600
FVPL금융자산	2,000	ⓕ	1,000	ⓓ	500	2,500
매 출 채 권	12,000			ⓖ	4,700	7,300
선 급 비 용	1,000	ⓗ	200			1,200
재 고 자 산	25,000	ⓘ	6,500			31,500
토 지	40,000			ⓔ	6,000	34,000
건 물	60,000	ⓛ	15,000			95,000
		ⓜ	20,000			
차변합계	₩148,000					₩187,100
감가상각누계액-건물	₩20,000			ⓒ	3,000	₩23,000
매 입 채 무	6,000			ⓙ	1,000	7,000
단기차입금	7,000	ⓝ	6,400			600
미지급이자	1,000	ⓚ	600			400
사 채	6,000			ⓞ	7,500	13,500
자 본 금	80,000			ⓜ	20,000	100,000
이익잉여금	28,000	ⓑ	5,000	ⓐ	19,600	42,600
대변합계	₩148,000		62,300		62,300	₩187,100
〈현금흐름영향〉		(현금유입)		(현금유출)		
Ⅰ. 영업활동 순현금흐름 :						
당기순이익		ⓐ	19,600			
가감 : 별도보고항목						
법인세비용			8,400			
이 자 비 용		ⓚ	2,000			
가감 : 비현금성손익항목						
감가상각비		ⓒ	3,000			
FVPL금융자산평가손실		ⓓ	500			
유형자산처분이익				ⓔ	1,000	
영업활동 관련 자산·부채의 변동 :						
FVPL금융자산 증가				ⓕ	1,000	
매출채권 감소		ⓖ	4,700			
선급비용 증가				ⓗ	200	
재고자산 증가				ⓘ	6,500	
매입채무 증가		ⓙ	1,000			
이자지급액				ⓚ	2,600	
법인세지급액					8,400	

II. 투자활동 순현금흐름 :				
토 지 처 분		ⓔ 7,000		
건 물 구 입			ⓛ 15,000	
III. 재무활동 순현금흐름 :				
사 채 발 행		ⓞ 7,500		
현 금 배 당			ⓑ 5,000	
단기차입금 상환			ⓝ 6,400	
현금의 증가			(*) 7,600	
		₩53,700	₩53,700	

위에 표시된 영업활동 현금흐름 보고방식은 간접법을 따르고 있다. '영업에서 창출된 현금'을 보고한 후에 이자지급액과 법인세지급액은 별도의 항목으로 보고해야 한다. 따라서 영업에서 창출된 현금을 보고하기 위하여 당기순이익에 법인세비용과 이자비용을 가산한 금액을 발생주의 회계이익에서 출발점으로 사용한다.

[20×5년 거래설명]

ⓐ 이자 및 법인세비용차감전순이익 ₩30,000(당기순이익 ₩19,600에 법인세비용 ₩8,400과 이자비용 ₩2,000을 가산)을 '영업활동 현금흐름'으로 분류함. 이는 아래의 기입 ⓒ~ⓚ에 의해 수정될 것임.
ⓑ ₩5,000의 배당금을 지급함.
ⓒ 감가상각비 ₩3,000은 '영업활동 현금흐름'을 산출하기 위해 당기순이익에 가산함.
ⓓ FVPL금융자산평가손실 ₩500은 '영업활동 현금흐름'을 산출하기 위해 당기순이익에 가산함.
ⓔ 원가가 ₩6,000인 토지를 ₩7,000에 판매함. 토지처분이익 ₩1,000은 '영업활동 현금흐름'을 산출하기 위하여 당기순이익에서 차감함.
ⓕ~ⓚ 영업활동 관련 자산·부채의 변동을 반영함.
ⓛ~ⓞ는 투자 및 재무 활동 현금흐름을 나타냄.
ⓛ ₩35,000의 건물구입대금 중 ₩15,000은 현금으로 지급하고, ⓜ 나머지 ₩20,000에 대해서는 액면 ₩500의 주식 40주를 발행함.
ⓝ ₩6,400의 단기차입금을 상환함.
ⓞ ₩7,500의 사채를 발행함.

여기에서 분석할 항목은 모두 비현금성항목으로서 이들의 증감은 현금에 영향을 미친다는 가정에 근거하고 있다. 분석절차는 ① 이익잉여금계정 변동원인의 분석, ② '영업활동 현금'의 계산, ③ 기타 비현금계정의 변동원인을 분석하는 순으로 진행한다. 분석하는 방법은 본래의 분개를 현금흐름에 미치는 영향을 보여주도록 변형하는 방식으로 성진(주)의 거래에 대한 분석은 다음과 같다.

(1) 이익잉여금계정의 분석

ⓐ 당기순이익 ₩19,600이 발생하여 이익잉여금이 증가했다. 당기순이익은 수익이 비용을 초과한 것으로서 영업활동 현금흐름이 증가한 것으로 본다.

〈본래의 분개〉		〈현금영향 분석 분개〉	
집 합 손 익	19,600	영업현금흐름－당기순이익	19,600
이익잉여금	19,600	이익잉여금	19,600

ⓑ 현금배당 ₩5,000을 지급하였다. 배당금지급은 이익잉여금을 감소시키며, 재무활동 현금흐름이 감소한 것으로 본다.

〈본래의 분개〉		〈현금영향 분석 분개〉	
이익잉여금	5,000	이익잉여금	5,000
현 금	5,000	재무현금흐름	5,000

(2) 영업활동 현금흐름의 계산

ⓒ 당기의 감가상각비 ₩3,000을 계상하였다. 감가상각비는 현금의 유출이 없는 비용으로 '영업활동 현금흐름'을 계산하기 위하여 당기순이익에 가산되어야 한다.

〈본래의 분개〉		〈현금영향 분석 분개〉	
감가상각비	3,000	영업현금흐름－감가상각비	3,000
감가상각누계액	3,000	감가상각누계액	3,000

ⓓ 기말에 금융자산평가손실 ₩500을 계상하였다. 금융자산평가손실은 현금의 유출이 없는 비용으로 영업활동 현금흐름을 계산하기 위하여 당기순이익에 가산되어야 한다.

〈본래의 분개〉		〈현금영향 분석 분개〉	
FVPL금융자산평가손실	500	영업현금흐름－평가손실	500
FVPL금융자산	500	FVPL금융자산	500

ⓔ 토지처분으로 인한 현금유입은 전액 투자활동 현금유입으로 계상하고, 당기순이익으로 계상된 토지처분이익 ₩1,000은 이중기입을 피하기 위하여 영업활동 현금흐름을 계산할 때 당기순이익에서 차감해야 한다.

〈본래의 분개〉		〈현금영향 분석 분개〉	
현 금	7,000	투자현금흐름	7,000
토 지	6,000	토 지	6,000
유형자산처분이익	1,000	영업현금흐름－처분이익	1,000

ⓕ~ⓙ 영업활동과 관련이 있는 비현금계정의 분석 :

ⓕ (차) FVPL금융자산	1,000	(대) 영업현금흐름	1,000
ⓖ (차) 영업현금흐름	4,700	(대) 매 출 채 권	4,700
ⓗ (차) 선 급 비 용	200	(대) 영업현금흐름	200
ⓘ (차) 재 고 자 산	6,500	(대) 영업현금흐름	6,500
ⓙ (차) 영업현금흐름	1,000	(대) 매 입 채 무	1,000

이들은 모두 자산의 증가(감소)는 영업활동 현금흐름의 감소(증가)로 조정하며, 부채의 증가(감소)는 영업활동 현금흐름의 증가(감소)로 조정한다.

이자지급액은 별도로 보고하는 항목이기 때문에 이자비용에서 미지급이자 감소를 차감하여 다음과 같이 이자지급액을 계산한다.

ⓚ (차) 이 자 비 용	2,000	(대) 영업현금흐름	2,600
미지급이자	600		

기초와 기말의 미지급법인세는 잔액이 없으므로 법인세비용과 법인세지급액이 동일하다.

(3) 기타 비현금계정의 분석

₩35,000의 건물을 구입하였다. 건물구입대금 중에서 현금으로 지급한 ₩15,000만큼 투자활동 현금유출이 있었으나, 주식을 발행하여 지급한 ₩20,000에 대해서는 현금의 유출이 없다.

〈본래의 분개〉			〈현금영향 분석 분개〉		
ⓛ 건 물	15,000		건 물	15,000	
현 금		15,000	투자현금흐름		15,000
ⓜ 건 물	20,000		건 물	20,000	
자 본 금		20,000	자 본 금		20,000

ⓝ 단기차입금 ₩6,400을 상환했다. 단기차입금상환은 재무활동 현금유출이다.

〈본래의 분개〉			〈현금영향 분석 분개〉		
단기차입금	6,400		단기차입금	6,400	
현 금		6,400	재무현금흐름		6,400

ⓞ 사채 ₩7,500을 발행했다. 사채발행은 재무활동 현금유입이다.

〈본래의 분개〉		〈현금영향 분석 분개〉	
현 금	7,500	재무현금흐름	7,500
사 채	7,500	사 채	7,500

각 계정의 변동을 구성하는 항목들의 순증감분이 해당 계정의 순증가나 순감소와 일치하는지를 확인함으로써 모든 분석이 완료된다. 예를 들어, 이익잉여금계정은 당기순이익으로 ₩19,600이 증가했으나 배당금지급으로 ₩5,000이 감소하여 순증가는 ₩14,600이라는 것을 확인할 수 있다.

현금흐름표 작성을 위하여 활용한 현금영향 분석 분개를 현금계정에 옮겨보면 당기에 세 가지 활동으로 인한 현금의 변동은 〈표 22-7〉과 같이 요약된다.

▶ 표 22-7

현금흐름표 작성용 현금계정

현 금			
순증가 : ₩7,600			
Ⅰ. 영업활동 순현금흐름			
당기순이익	₩19,600		
가산 : 법인세비용	8,400	차감 : 유형자산처분이익	₩1,000
이자비용	2,000	FVPL금융자산 증가	1,000
가산 : 감가상각비	3,000	재고자산 증가	6,500
FVPL금융자산평가손실	500	선급비용 증가	200
매출채권 감소	4,700	이자지급액	2,600
매입채무 증가	1,000	법인세지급액	8,400
Ⅱ. 투자활동 순현금흐름			
토지처분	7,000	건물구입	15,000
Ⅲ. 재무활동 순현금흐름			
사채발행	7,500	배당금지급	5,000
		단기차입금상환	6,400
유입총계	₩53,700	유출총계	₩46,100

현금흐름표 작성용 현금계정에 요약된 정보를 이용하여 현금흐름표를 작성하면 〈표 22-8a〉 및 〈표 22-8b〉와 같다. 이자지급액은 회사의 선택에 따라 영업활동 또는 재무활동으로 구분할 수 있다. 따라서 〈표 22-8a〉에서는 이자지급액을 영업활동으로 구분하는 경우이고, 〈표 22-8b〉는 이자지급액을 재무활동으로 구분하는 경우를 각각 보여주고 있다.

▶ **표 22-8a**

현금흐름표
(이자지급액을
영업활동으로 구분)

현금흐름표

성진(주) 20×5. 1. 1~20×5. 12. 31

I. 영업활동 순현금흐름			
1. 당기순이익			₩19,600
가산 : 법인세비용	₩8,400		
이 자 비 용	2,000	₩10,400	
2. 가감 : 비현금성항목			
감가상각비	3,000		
FVPL금융자산평가손실	500		
유형자산(토지)처분이익	(1,000)	2,500	
3. 가감 : 영업활동 관련 자산·부채의 변동			
FVPL금융자산 증가	(1,000)		
매출채권 감소	4,700		
선급비용 증가	(200)		
재고자산 증가	(6,500)		
매입채무 증가	1,000	(2,000)	10,900
영업에서 창출된 현금			30,500
이자지급액			
이 자 비 용	(2,000)		
미지급이자 감소	(600)	(2,600)	
법인세지급액		(8,400)	(11,000)
영업활동 현금흐름			19,500
II. 투자활동 순현금흐름			
토 지 처 분		7,000	
건 물 구 입		(15,000)	(8,000)
III. 재무활동 순현금흐름			
사 채 발 행		7,500	
단기차입금상환		(6,400)	
배당금지급		(5,000)	(3,900)
IV. 현금의 증가(I+II+III)			7,600
V. 기초의 현금			8,000
VI. 기말의 현금			₩15,600

▶ 표 22-8b

현금흐름표 (이자지급액을 재무활동으로 구분)

현금흐름표

성진(주)	20×5. 1. 1~20×5. 12. 31		
Ⅰ. 영업활동 순현금흐름			
1. 당기순이익			₩19,600
가산 : 법인세비용	₩8,400		
이 자 비 용	2,000	₩10,400	
2. 가감 : 비현금성항목			
감가상각비	3,000		
FVPL금융자산평가손실	500		
유형자산(토지)처분이익	(1,000)	2,500	
3. 가감 : 영업활동 관련 자산 · 부채의 변동			
FVPL금융자산 증가	(1,000)		
매출채권 감소	4,700		
선급비용 증가	(200)		
재고자산 증가	(6,500)		
매입채무 증가	1,000	(2,000)	10,900
영업에서 창출된 현금			30,500
법인세지급액		(8,400)	(8,400)
영업활동 현금흐름			22,100
Ⅱ. 투자활동 순현금흐름			
토 지 처 분		7,000	
건 물 구 입		(15,000)	(8,000)
Ⅲ. 재무활동 순현금흐름			
사 채 발 행		7,500	
단기차입금상환		(6,400)	
이자지급(〈표 22-8a〉 계산 참조)		(2,600)	
배당금지급		(5,000)	(6,500)
Ⅳ. 현금의 증가(Ⅰ+Ⅱ+Ⅲ)			7,600
Ⅴ. 기초의 현금			8,000
Ⅵ. 기말의 현금			₩15,600

〈표 22-8a〉와 〈표 22-8b〉에서 알 수 있듯이 이자지급액을 영업활동 또는 재무활동으로 보고하는 것에 관계없이 영업에서 창출된 현금의 보고금액은 ₩30,500으로 동일하다. 그러나 선택에 따라 영업활동 현금흐름과 재무활동 현금흐름으로 보고하는 금액만 달라진다. 즉, 〈표 22-8a〉에 비해 〈표 22-8b〉에서는 영업현금흐름이 ₩2,600 증가하고, 재무현금흐름이 그만큼 줄어든다. 동일한 원리를 배당금수취액에 적용할 수 있다. 만약에 배당금수취액을 영업현금흐름 대신 투자현금흐름으로 분류한다면 영업현금흐름이 감소하고 투자현금흐름이 증가할 것이다.

3 직접법을 이용한 영업활동 현금흐름

앞에서는 실무에서 가장 보편적으로 이용되고 있는 간접법으로 '영업활동 현금흐름'을 산출하였다. 즉 당기순이익에 '현금의 유출(유입)이 없는 비용(수익) 등'을 가감하여 '영업활동 현금흐름'을 산출하였다. 한편 '영업활동 현금흐름'을 직접법으로 산출하면 〈표 22-9〉와 같다.

▶ 표 22-9
영업활동 현금흐름 –직접법

(1) 고객으로부터의 현금유입액 :		
매 출	₩190,000	
(+) 매출채권 감소	4,700	₩194,700
(2) 공급자와 종업원에 대한 유출액 :		
매 출 원 가	₩120,000	
판매비와관리비	40,500	
(–) 감가상각비	(3,000)	
(+) FVPL금융자산 증가	1,000	
(+) 선급비용 증가	200	
(+) 재고자산 증가	6,500	
(–) 매입채무 증가	(1,000)	(164,200)
영업에서 창출된 현금		₩30,500
(3) 이자지급액 :		
이 자 비 용	₩2,000	
(+) 미지급이자 감소	600	(2,600)
(4) 법인세납부액 :		(8,400)
영업활동 순현금흐름		₩19,500

참고로 직접법에 의한 각 항목별 영업활동 현금흐름에 대한 요약분개를 하면 다음과 같다.

① 고객으로부터의 현금유입액 :

(차) 영업현금흐름	194,700	(대) 매 출 액	190,000
		매 출 채 권(감소)	4,700

② 공급자와 종업원에 대한 현금유출액 :

(차) 매 출 원 가	120,000	(대) 감가상각비	3,000
판매비와관리비	40,500	매 입 채 무(증가)	1,000
FVPL금융자산(증가)	1,000	영업현금흐름	164,200
선 급 비 용(증가)	200		
재 고 자 산(증가)	6,500		

③ 이자지급액 :

(차) 이 자 비 용	2,000	(대) 영업현금흐름	2,600
미지급이자(감소)	600		

④ 법인세지급액 :

(차) 법인세비용	8,400	(대) 영업현금흐름	8,400

은주(주)의 비교재무상태표, 손익계산서 및 추가자료가 다음에 나타나 있다.

(1) 비교재무상태표

비교재무상태표

은주(주)

계정명	20×4. 12. 31	20×5. 12. 31	차 액	증가 또는 감소
현 금	₩7,100	₩6,500	₩600	감소
매 출 채 권	5,100	10,400	5,300	증가
선 급 비 용	1,700	1,650	50	감소
재 고 자 산	34,100	49,300	15,200	증가
투 자 자 산	1,500	1,850	350	증가
토 지	8,200	13,150	4,950	증가
건 물	26,200	26,200	–	
차감 : 감가상각누계액 – 건물	(7,100)	(7,410)	310	증가
기 계 장 치	14,200	18,700	4,500	증가
차감 : 감가상각누계액 – 기계장치	(3,100)	(2,900)	200	감소
특 허 권	1,000	760	240	감소
자산총계	₩88,900	₩118,200		
매 입 채 무	₩13,100	₩13,200	100	증가
미지급비용	2,700	3,300	600	증가
미지급이자	1,200	1,000	200	감소
미지급법인세	2,200	1,000	1,200	감소
장기미지급금	–	6,000	6,000	증가
사 채	10,000	10,000	–	
가산 : 사채할증발행차금	800	700	100	감소
이연법인세부채	0	200	200	증가
부채총계	₩30,000	₩35,400		
보 통 주	5,000	6,000	1,000	증가
자본잉여금	3,800	18,700	14,900	증가
이익잉여금	50,100	59,800	9,700	증가
자 기 주 식	–	(1,700)	1,700	증가
자본총계	₩58,900	₩82,800		
부채와 자본총계	₩88,900	₩118,200		

(2) 손익계산서와 이익잉여금계산서

손익계산서와 이익잉여금계산서

은주(주) 20×5. 1. 1~20×5. 12. 31

매　　출	₩53,000
매 출 원 가	(31,000)
매출총이익	₩22,000
판매비와관리비	(6,550)
영 업 이 익	₩15,450
배당금수익	1,400
이 자 비 용	(800)
토지처분이익	800
기계장치처분손실	(150)
법인세비용차감전순이익	₩16,700
법인세비용	(5,000)
당기순이익	₩11,700
기초이익잉여금	50,100
처분 : 현금배당	(500)
주식배당	(1,500)
기말이익잉여금	₩59,800

(3) 기타 추가자료

1) 기계장치계정과 관련 감가상각누계액계정을 분석한 결과 다음과 같은 사실이 밝혀졌다.

	기계장치 차변(대변)	감가상각누계액 차변(대변)	이익 또는 손실
20×5년초 잔액	₩14,200	(₩3,100)	
기계장치 구입	5,300		
기계장치 처분	(800)	250	₩150 손실
당기 감가상각		(1,150)	
당기 자본적 지출		1,100	
20×5년말 잔액	₩18,700	(₩2,900)	

2) ₩6,000의 토지를 장기할부매입하다. 이로써 장기미지급금이 증가하였다. 또한 원가 ₩1,050의 토지를 ₩1,850에 처분하였다.

3) 건물감가상각누계액, 특허권 및 사채발행차금 계정의 변동은 상각에 관련되어 발생한 것이다. 한편 이에 관련된 수익·비용은 판매비와관리비 또는 이자비용에 포함되어 있다.

4) 납입자본금의 분석에서 다음과 같은 사실이 밝혀졌다.

	보통주	자본잉여금
20×5년초 잔액	₩5,000	₩3,800
주식배당을 위한 주식발행	100	1,400
주 식 발 행	900	13,500
20×5년말 잔액	₩6,000	₩18,700

요구사항

1. 간접법에 의한 현금흐름표를 작성하라.
2. 직접법으로 '영업활동 현금흐름'을 계산하라.

해 답

1. 정산표에 의한 현금흐름표 작성

〈정산표 작성〉

현금흐름표 작성을 위한 정산표

은주(주) 20×5. 1. 1 ~ 20×5. 12. 31

적 요	20×5. 1. 1 잔 액	조정항목 차 변	조정항목 대 변	20×5. 12. 31 잔 액
〈재무상태표계정〉				
현 금	7,100		(*) 600	6,500
매 출 채 권	5,100	① 5,300		10,400
선 급 비 용	1,700		② 50	1,650
재 고 자 산	34,100	③ 15,200		49,300
투 자 자 산	1,500	1) 350		1,850
토 지	8,200	2) 6,000	ⓕ 1,050	13,150
건 물	26,200			26,200
기 계 장 치	14,200	3) 5,300	ⓖ 800	18,700
특 허 권	1,000		ⓔ 240	760
자 기 주 식	–	6) 1,700		1,700
차변합계	99,100			130,210
감가상각누계액 – 기계장치	3,100	ⓖ 250	ⓒ 1,150	2,900
		4) 1,100		
감가상각누계액 – 건물	7,100		ⓓ 310	7,410
매 입 채 무	13,100		④ 100	13,200
미지급비용	2,700		⑤ 600	3,300
미지급이자	1,200	⑥ 200		1,000
미지급법인세	2,200	⑦ 1,200		1,000
장기미지급금	–		2) 6,000	6,000
사 채	10,000			10,000
사채할증발행차금	800	ⓗ 100		700
이연법인세부채	0		⑧ 200	200
자 본 금	5,000		7) 100	6,000
			5) 900	
자본잉여금	3,800		7) 1,400	18,700
			5) 13,500	
이익잉여금	50,100	ⓑ 500	ⓐ 11,700	59,800
		7) 1,500		–
대변합계	99,100	38,700	38,700	130,210

〈현금흐름영향〉	계산내역	소 계	순현금흐름
Ⅰ. 영업활동 현금흐름 :			
당기순이익	11,700		
가감 : 별도보고항목			
법인세비용	5,000		
이 자 비 용	800		
배당금수익	(1,400)		
가감 : 비현금성손익항목			
감가상각비－기계장치	1,150		
감가상각비－건물	310		
특허권상각	240		
기계장치처분손실	150		
토지처분이익	(800)		
가감 : 영업활동 관련 자산·부채의 변동			
매출채권 증가	(5,300)		
선급비용 감소	50		
재고자산 증가	(15,200)		
매입채무 증가	100		
미지급비용 증가	600		
영업에서 창출된 현금		(2,600)	
배당금수취액		1,400	
이자지급액 :			
이 자 비 용	(800)		
미지급이자 감소	(200)		
사채할증발행차금상각	(100)	(1,100)	
법인세납부 :			
법인세비용	(5,000)		
미지급법인세 감소	(1,200)		
이연법인세부채 증가	200	(6,000)	(8,300)
Ⅱ. 투자활동 현금흐름 :			
토 지 처 분	1,850		
기계장치 처분	400		
투자자산 취득	(350)		
기계장치 취득	(5,300)		
기계장치에 대한 자본적 지출	(1,100)		(4,500)
Ⅲ. 재무활동 현금흐름 :			
보통주 발행	14,400		
자기주식 취득	(1,700)		
현금배당 지급	(500)		12,200
현금의 감소			(600)
기초현금			7,100
기말현금			6,500

[20×5년 거래설명]

영업활동 현금흐름 :

- 당기순이익 ₩11,700에 별도보고대상항목(법인세비용 ₩5,000과 이자비용 ₩800을 가산하고, 배당금수취액 ₩1,400을 차감)을 조정한 후, 비현금성항목과 영업활동 관련 자산·부채의 증감을 조정하여 '영업에서 창출된 현금'을 구함. 추가로 배당금수익, 이자지급액과 법인세지급액을 가감하여 '영업활동 현금흐름'을 구함.
- ₩500의 현금배당은 이익잉여금을 감소시켜서, '재무활동 현금흐름'으로 분류함.
- 기계장치에 대한 당기분 감가상각비 ₩1,150은 현금유출이 없는 비용이므로 '영업활동 현금흐름'을 계산하기 위하여 당기순이익에 가산함.
- 건물에 대한 당기분 감가상각비 ₩310은 현금유출이 없는 비용이므로 '영업활동 현금흐름'을 계산하기 위하여 당기순이익에 가산함.
- 영업활동 관련 자산·부채의 변동을 조정함.

투자 및 재무 활동 현금흐름 :

- ₩350의 투자자산을 취득함.
- 토지를 장기할부로 매입함.
- ₩5,300의 기계장치를 취득함.
- 기계장치에 대한 자본적 지출을 하고, 이 금액을 감가상각누계액에서 차감함.
- 액면 ₩900의 보통주를 ₩14,400에 발행함.
- ₩1,700의 자기주식을 취득함.
- 주식배당 ₩1,500에 대한 주식발행은 계정의 증감을 초래하나 현금의 유입이나 유출을 가져오지 않음.

(1) 이익잉여금계정의 변동을 분석

법인세비용차감전순이익 발생 :

(차) 영업현금흐름 - 당기순이익	16,700	(대) 이익잉여금	16,700

현금배당의 지급 :

(차) 이익잉여금	500	(대) 재무현금흐름	500

(2) 가감 항목

기계장치 감가상각비 계상 :

(차) 영업현금흐름 - 감가상각비	1,150	(대) 감가상각누계액 - 기계장치	1,150

건물 감가상각비 계상 :

(차) 영업현금흐름 - 감가상각비	310	(대) 감가상각누계액 - 건물	310

특허권 상각 :

(차) 영업현금흐름 - 특허권상각비	240	(대) 특 허 권	240

토지처분과 처분이익 계상 :

(차) 투자현금흐름 - 토지처분	1,850	(대) 토 지	1,050
		영업현금흐름 - 토지처분이익	800

기계장치 처분과 처분손익 계상 :

(차) 투자현금흐름 - 기계장치처분	400	(대) 기 계 장 치	800
영업현금흐름 - 처분손실	150		
감가상각누계액 - 기계장치	250		

(3) 영업활동과 관련된 자산과 부채의 증감을 수정

(차) 매 출 채 권	5,300	(대) 영업현금흐름	5,300
(차) 영업현금흐름	50	(대) 선 급 비 용	50
(차) 재 고 자 산	15,200	(대) 영업현금흐름	15,200
(차) 영업현금흐름	100	(대) 매 입 채 무	100
(차) 영업현금흐름	600	(대) 미지급비용	600

(4) 별도보고항목

이자비용의 별도보고 :

(차) 이 자 비 용	800	(대) 영업현금흐름(이자지급액)	1,100
미지급이자	200		
사채할증발행차금	100		

배당금수취의 별도보고 :

(차) 영업현금흐름(배당금수취액)	1,400	(대) 배당금수익	1,400

법인세지급액의 별도 보고 :

(차) 법인세비용	5,000	(대) 이연법인세부채	200
미지급법인세	1,200	영업현금흐름(법인세지급액)	6,000

(5) 나머지 투자 및 재무 활동 현금흐름의 분석

투자자산 취득 :

(차) 투 자 자 산	350	(대) 투자현금흐름	350

토지구입 : 장기미지급금의 발생

(차) 토 지	6,000*	(대) 장기미지급금	6,000

* ₩13,150 − (₩8,200 − ₩1,050) = ₩6,000

기계장치 구입 :

(차) 기 계 장 치	5,300	(대) 투자현금흐름	5,300

기계장치에 대한 자본적 지출 :

(차) 감가상각누계액－기계장치	1,100	(대) 투자현금흐름－자본적 지출	1,100

보통주 발행 :

(차) 재무현금흐름－보통주발행	14,400	(대) 보 통 주	900
		주식발행초과금	13,500

자기주식 취득 :

(차) 자 기 주 식	1,700	(대) 재무현금흐름	1,700

주식배당에 의한 주식발행 :

(차) 미교부주식배당금	1,500	(대) 자 본 금	100
		주식발행초과금	1,400

* 주식배당은 현금흐름에 영향을 주지 않는다.

마지막으로 정산표 윗부분과 아랫부분 각각의 차변과 대변 합계가 일치하는지를 확인하는 것을 끝으로 분석을 완료한다.

〈현금흐름표 작성〉

앞의 정산표의 아래부분에는 현금의 유입과 유출을 나타내는 모든 정보가 나타난다. 여기에 주어진 정보를 이용하면 현금흐름표를 작성할 수 있다.

현금흐름표

은주(주) 20×5. 1. 1~20×5. 12. 31

Ⅰ. 영업활동 순현금흐름			
당기순이익			₩11,700
가감 : 별도보고항목			
법인세비용	₩5,000		
이 자 비 용	800		
배당금수익	(1,400)	₩4,400	
가감 : 비현금성손익항목			
감가상각비-기계장치	₩1,150		
감가상각비-건물	310		
특허권상각	240		
기계장치처분손실	150		
토지처분이익	(800)	1,050	
가감 : 영업활동 관련 자산·부채의 변동			
매출채권 증가	(₩5,300)		
선급비용 감소	50		
재고자산 증가	(15,200)		
매입채무 증가	100		
미지급비용 증가	600	(19,750)	(14,300)
영업에서 창출된 현금			(₩2,600)
배당금수취액		₩1,400	
이자지급액 :			
이 자 비 용	(₩800)		
미지급이자 감소	(200)		
사채할증발행차금상각액	(100)	(1,100)	
법인세지급액 :			
법인세비용	(₩5,000)		
미지급법인세 감소	(1,200)		
이연법인세부채 증가	200	(6,000)	(5,700)
영업활동 순현금흐름			(₩8,300)
Ⅱ. 투자활동 순현금흐름			
토 지 처 분		₩1,850	
기계장치 처분		400	
투자자산 취득		(350)	
기계장치 취득		(5,300)	
기계장치에 대한 자본적 지출		(1,100)	(4,500)
Ⅲ. 재무활동 순현금흐름			
보통주 발행		₩14,400	
배당금의 지급		(500)	
자기주식의 취득		(1,700)	12,200
Ⅳ. 현금의 감소			(₩600)
Ⅴ. 기초의 현금			7,100
Ⅵ. 기말의 현금			₩6,500

2. 직접법을 사용한 영업활동에 의한 현금흐름

매출로부터의 현금유입액 :		
매 출	₩53,000	
(−) 매출채권의 증가	(5,300)	₩47,700
공급자와 종업원에 대한 유출액 :		
매 출 원 가	₩31,000	
판매비와관리비	6,550	
(−) 감가상각비−기계장치	(1,150)	
(−) 감가상각비−건물	(310)	
(−) 특허권상각	(240)	
(+) 재고자산 증가	15,200	
(−) 선급비용 감소	(50)	
(−) 매입채무 증가	(100)	
(−) 미지급비용 증가	(600)	(50,300)
영업에서 창출된 현금		(₩2,600)
배당금수취액 :		
배당금수취		1,400
이자지급액 :		
이 자 비 용	₩800	
(+) 미지급이자 감소	200	
(+) 사채할증발행차금상각(사채이자 감소분)	100	(1,100)
법인세지급액 :		
법인세비용	₩5,000	
(+) 미지급법인세 감소	1,200	
(−) 이연법인세부채 증가	(200)	(6,000)
영업활동 순현금흐름		(₩8,300)

익힘문제

CHAPTER 22

1. 현금흐름표의 작성목적과 현금흐름표가 제공하는 정보에 대하여 설명하라.

2. 현금흐름표에서 현금의 범위에 현금성자산이 포함되고 있다. 현금성자산이란 무엇인가? 구체적인 예를 들어 설명하라. 또한 현금성자산을 현금의 범위에 포함시키는 이유를 설명하라.

3. 다음의 인용문은 어느 대기업의 연차보고서에서 발췌한 것이다. 이에 대해 논평하라.

   "감가상각, 무형자산의 상각 등은 영업활동 현금흐름이 당기순이익을 초과하는 원인이 되는 자금을 제공한다."

4. '영업활동 현금흐름'을 결정하는 과정에서 감가상각비가 당기순이익에 가산되는 이유는 무엇인가? '영업활동현금흐름'을 계산할 때 당기순이익에 가산되는 기타 포괄손익계산서 항목의 예를 들어라.

5. 현아(주)는 발행했던 전환사채 중에서 올해에 ₩400,000이 보통주로 전환되었다. 현아(주)의 사장은 다음과 같이 언급하였다.

   "보통주를 발행하여 사채를 상환함으로써 ₩400,000의 현금을 절약하였다. 따라서, 우리의 현금흐름표에는 사채의 상환을 현금의 유출항목으로 나타낼 필요가 없다." 이에 동의하는가? 그 이유를 설명하라.

6. 현금흐름표를 작성할 때 당기순이익의 산정기준을 발생기준에서 현금기준으로 변경하는 이유를 설명하라.

7. 병선(주)는 20×0년에 ₩350,000의 순이익을 보고했다. 감가상각비는 ₩5,200이었다. 매출채권은 ₩3,500이 증가했고, 매입채무는 ₩4,000이 증가했다. 간접법을 사용하여 '영업활동 현금흐름'을 계산하라.

8. 정민(주)의 발생기준 매출액은 ₩100,000으로 보고되었다. 매출채권이 ₩30,000 증가했고, ₩7,000을 대손상각한 후에 대손충당금이 ₩12,000 증가한 경우 현금매출액을 계산하라.

9. 현금흐름표 작성에서 직접법보다 간접법이 선호되는 근거를 설명하라.

10. 이자비용, 이자수익 및 배당금수익이 영업활동 현금흐름으로 구분되기도 하고, 투자활동 현금흐름 및 재무활동 현금흐름으로 구분되기도 하는 이유를 설명하라.

11. 법인세비용은 어떤 경우에 투자활동 현금흐름 및 재무활동 현금흐름으로 구분되는가?

12. 미수금과 미지급금의 수취와 지급은 현금흐름표에 어떻게 분류되는가?

13. 판매보증비 비용과 지급액을 현금흐름표에 표시하는 방법을 기술하라.

14. 현금성 외화자산에서 발생하는 외화환산손익을 현금흐름표에 나타내는 방법을 기술하라.

연습문제

CHAPTER 22

1. 현금흐름표상의 보고

다음은 20×1. 12. 31로 종료되는 회계연도의 현금흐름표 작성시에 고려해야 할 항목들이다.

(1) 6년 전 ₩10,000에 구입한 유형자산(내용연수 10년, 추정잔존가치 ₩0, 정액법상각)을 ₩3,125에 매각하였다.
(2) 특허권 ₩10,000이 모두 상각되었다.
(3) 주당액면금액이 ₩5,000인 보통주 25주를 주당 ₩6,200으로 발행하였다.
(4) 당해 연도 순손실은 ₩210,000이고, 감가상각비는 ₩90,000이며 특허권상각비는 ₩40,000이다.
(5) 우발성 사건에 대비하여 ₩80,000을 미처분이익잉여금에서 처분하다.
(6) 회수불능 매출채권 ₩2,000을 대손충당금으로 제각하다.
(7) 액면금액 ₩24,000, 미상각 사채할증발행차금 ₩1,800인 사채를 102%에 상환하다. 여기에서 사채상환이익이 발생하여 당기순이익에 가산되었다.

각 항목을 현금흐름표상 어디에 어떤 형태로 표시해야 하는가?

2. 영업활동 현금흐름 – 고객으로부터의 현금유입액

아래 자료를 이용하여 희망(주)의 고객으로부터 유입된 현금액을 계산하라.

계정과목	기 초	기 말
매 출 채 권	₩50,000	₩100,000
선 수 금	10,000	15,000
대손충당금	5,000	8,000
대손상각비	–	3,000
매 출	–	200,000

3. 영업활동 현금흐름 – 공급자에 대한 현금유출액

아래 자료를 이용하여 불정(주)의 공급자에 대한 현금유출액을 계산하라.

계정과목	기 초	기 말
재 고 자 산	₩50,000	₩100,000
재고자산평가충당금	10,000	15,000
매 입 채 무	5,000	8,000
선 급 금	3,000	6,000
매 출 원 가	–	67,000

4. 영업활동 현금흐름 – 간접법 (Ⅰ)

칠성(주)가 20×1년도 포괄손익계산서에 당기순이익 ₩100,000과 법인세비용 ₩20,000을 각각 보고하였다고 할 경우 20×1년 동안 영업활동에서 창출된 현금흐름을 계산하라.

구 분	금 액	구 분	금 액
매출채권의 증가	₩100,000	감가상각비	₩40,000
재고자산의 증가	50,000	이 자 비 용	10,000
매입채무의 증가	30,000	사채상환손실	5,000

5. 영업활동 현금흐름 – 간접법 (Ⅱ)

둘리(주)의 손익계산서상에 당기순손실 ₩600,000이 보고되었다. 당기순손실을 계산하는 데 다음과 같은 항목이 포함되었다.

토지처분이익	₩350,000	감가상각비	₩460,000
재해손실(건물)	630,000	특허권상각비	150,000
사 채 이 자 (사채할증발행차금 환입분)	90,000	법인세비용	0

또한 영업활동과 관련이 있는 자산과 부채의 증감액은 다음과 같다.

매출채권의 감소	₩200,000	선급비용의 증가	₩100,000
재고자산의 증가	70,000	매입채무의 감소	150,000
미지급비용의 증가	50,000		

둘리(주)의 현금흐름표에 표시될 '영업활동 현금흐름'을 간접법으로 계산하라.

6. 영업활동 현금흐름 – 간접법 (Ⅲ)

한솔(주)는 20×1년 순이익이 ₩145,000(법인세비용 ₩62,000을 차감한 금액)이었다. 현금흐름표를 작성하던 중 '영업활동 현금흐름'에 영향을 줄 몇 가지 항목이 발견되었는데, 이는 아래와 같다.

(1) 20×1년에 자기주식을 주당 ₩2,500씩에 10주를 매입하였다. 이 자기주식이 주당 ₩2,000에 다시 매각되었다.
(2) 20×1년에 청아(주)의 보통주 10주를 주당 ₩2,000에 매각하였다. 20×0년도말 현재 이 주식의 장부금액은 주당 ₩1,500이었다. 청아(주)의 보통주는 20×0. 12. 31 재무상태표에 유동자산으로 나타나 있다.
(3) 20×1년 기계의 감가상각방법을 정액법에서 이중체감법으로 변경하였다. 이에 따라 당기의 감가상각비는 ₩13,500에서 ₩53,800으로 증가하였다.
(4) 20×1년에 대손추정을 순매출액의 2%로 변경하였다. 이에 따라 20×1년도에 대손충당금이 ₩10,000만큼 증가하였다.
(5) 20×1년초에 특허권의 취득대가로 액면가 ₩10,000, 보통주 10주를 시가로 발행하였다. 발행일 현재 주식의 시가는 주당 ₩2,300이었다. 특허권은 10년간 정액법으로 상각한다.
(6) 한솔(주)는 투자자산으로 청솔(주)의 보통주 40%를 소유하고 있다. 청솔(주)의 20×1년 당기순이익은 ₩26,000이었다. 한솔(주)는 투자자산을 지분법으로 회계처리하고 있다.
(7) 청솔(주)는 현금배당으로 ₩2,000을 지급하였다.
(8) 20×1년 한솔(주)는 10%의 주식배당을 선언하고, 보통주(액면가 주당 ₩1,000) 10주를 발행하였다. 발행일 현재 보통주의 시가는 주당 ₩2,000이었다.

간접법으로 '영업활동 현금흐름'을 산출하라. 단, 영업활동 관련 자산·부채의 변동은 고려하지 않는다.

7. 영업활동 현금흐름과 경영평가

갑사의 20×1년과 20×2년에 대한 비교재무상태표는 다음과 같다.

자 산	20×1년	20×2년	부채 및 자본	20×1년	20×2년
현 금	₩170,000	₩150,000	매 입 채 무	₩200,000	₩×××
매 출 채 권	430,000	×××	단기차입금	40,000	160,000
재 고 자 산	200,000	300,000	유동성장기부채	120,000	140,000
토 지	1,200,000	1,200,000	장기차입금	620,000	480,000
기 계 장 치	200,000	400,000	자 본 금	1,000,000	1,000,000
감가상각누계액	(20,000)	(30,000)	이익잉여금	200,000	500,000
소 계	₩2,180,000			₩2,180,000	

갑사의 20×2년 당기순이익은 ₩300,000이다. 20×1년말의 유동성장기부채는 당기에 전부 상환되었으며 장기차입금 중 일부분이 적절하게 유동성장기부채로 계정대체되었다. 회사는 매년 ₩200,000씩 영업활동을 위해 기계장치에 신규투자해 오고 있으며 동 기계장치의 신규투자 이외에는 어떠한 유형자산의 취득 및 처분활동도 당기에 발생하지 않았다. 또한 기계장치의 감가상각누계액의 증가액 ₩10,000은 전액 당기의 기계장치와 관련된 감가상각비 계상액이다.

요구사항

1. 위의 자료를 이용하여 당기의 영업활동 순현금흐름액을 구하라.
2. 위에서 구한 영업활동 순현금흐름액을 보아 갑사의 현재 영업상태의 양호여부를 판단하라.

8. 영업활동 현금흐름 – 직접법

현선(주)의 20×4년과 20×5년 연말 현재 시산표가 다음과 같이 주어졌다.

〈차 변〉	20×4	20×5	〈대 변〉	20×4	20×5
현 금	₩3,200	₩3,500	대손충당금	₩110	₩130
매 출 채 권	3,000	3,300	감가상각누계액	1,500	1,650
재 고 자 산	4,700	3,100	매 입 채 무	1,750	2,500
유 형 자 산	9,500	10,000	미지급법인세	2,710	2,100
사채할인발행차금	500	450	이연법인세	460	530
매 출 원 가	38,000	25,000	사 채	2,000	4,500
판 매 비	17,200	14,150	자 본 금	4,000	5,000
일반관리비	15,130	13,700	자본잉여금	750	910
이 자 비 용	260	430	이익잉여금	6,460	4,470
법인세비용	6,120	2,040	매 출	77,870	53,880
	₩97,610	₩75,670		₩97,610	₩75,670

(주) 1) 20×5년중에 ₩500의 유형자산을 취득하였다.
2) 감가상각비의 1/3은 판매비에, 2/3는 일반관리비에 배분된다.
3) 20×5년중에 회수불능으로 대손처리된 매출채권은 없다.

요구사항

20×5년도의 다음 항목을 계산하라.

1. 고객으로부터 유입된 현금
2. 재고자산 공급자에게 지급한 현금
3. 이자로 지급한 현금
4. 법인세로 납부한 현금
5. 판매비로 지급한 현금

9. 간접법에 의한 현금흐름표 작성

선인(주)의 20×1. 12. 31과 20×2. 12. 31 현재 재무상태표는 다음과 같다.

비교재무상태표

선인(주) (단위 : 원)

	20×1. 12. 31	20×2. 12. 31
자 산 :		
현 금	₩10,000	₩16,000
매 출 채 권(순액)	12,000	16,000
재 고 자 산	22,000	31,000
선 급 비 용	3,000	2,000
건 물	70,000	90,000
차감 : 감가상각누계액－건물	(20,000)	(26,000)
자산총계	₩97,000	₩129,000
부채와 자본 :		
매 입 채 무	₩14,000	₩10,000
사 채	－	18,000
자 본 금	50,000	50,000
이익잉여금	33,000	51,000
부채와 자본총계	₩97,000	₩129,000

20×2년의 손익계산서에 나타난 당기순이익은 ₩23,000(법인세비용은 ₩9,000으로 보고됨)이었고, 20×2년의 현금배당으로 ₩5,000을 지급하였다. 건물은 현금으로 구입했으며, 20×2년초에 사채를 발행하였다. 영업활동 현금흐름을 간접법으로 계산하여 현금흐름표를 작성하라.

10. 자산취득 및 처분으로 인한 현금흐름

다음은 생극(주)의 기초와 기말 재무상태표의 일부이다.

계정과목	기 초	기 말
건 물	₩150,000	₩200,000
감가상각누계액	50,000	70,000
유형자산처분이익	－	10,000
감가상각비	－	30,000

당기 취득한 건물의 원가는 ₩70,000이라고 할 때 건물로 인한 현금유입액과 현금유출액은 각각 얼마인가?

11. 사채발행 및 상환으로 인한 현금흐름

다음은 이천(주)의 기초와 기말 재무상태표의 일부이다.

계정과목	기 초	기 말
사 채	₩100,000	₩200,000
사채할인발행차금	5,000	9,000
사채상환손실	－	3,000

당기 사채할인발행차금 상각이자비용은 ₩2,000이며, 당기에 장부금액 ₩38,000(액면금액 ₩40,000)의 사채를 상환하였다. 사채로 인한 현금유입액과 현금유출액은 각각 얼마인가?

12. 자산처분과 부채상환에 관한 현금흐름표 표시

다음은 삼송(주)의 기계장치와 사채에 관련된 정보이다.

(1) 기계장치에 관련된 정보 :

	기초잔액	기말잔액
기 계 장 치	₩70,000	₩230,000
감가상각누계액	(40,000)	(60,000)

기계장치 중의 일부인 취득원가 ₩50,000, 장부금액 ₩30,000의 기계가 처분되었다. 이때 유형자산처분손실 ₩10,000이 발생했다.

(2) 사채에 관련된 정보 :

	기초잔액	기말잔액
사　　채	₩80,000	₩60,000
사채할증발행차금	12,000	4,000

현금 ₩50,000을 지급하고 액면가 ₩40,000의 사채를 상환했으며, 이때 사채상환손실 ₩4,000이 발생했다. 기중에 ₩20,000의 사채를 발행하고 그 대가로 토지를 받았다.

기계장치와 사채에 관련된 거래가 현금흐름표에 어떻게 기재될지 설명하라.

13. 투자활동과 재무활동 현금흐름

다음은 (주)혁스의 재무상태표와 포괄손익계산서의 일부이다(배당금의 지급은 영업활동에 고려하지 않음).

부분재무상태표

	20×1년말	20×2년말
유 형 자 산	₩245,000	₩270,000
감가상각누계액	(167,000)	(178,000)
미 지 급 금	34,000	54,000
미지급배당금	11,000	15,000
사　　채	200,000	170,000
사채할인발행차금	35,000	30,000
이익잉여금	100,000	115,000

포괄부분손익계산서

20×2. 1. 1～20×2. 12. 31

유형자산감가상각비	₩32,000
유형자산처분이익	13,000
사채할인발행차금상각액	4,000
당기순이익	28,000

〈추가정보〉

(1) 20×2. 3. 1 취득원가 ₩45,000의 유형자산을 현금을 받고 처분하였다. 또한 20×2년 8월중 새로운 유형자산의 구입이 있었으며, 구입대금 중 현금지급하지 못한 ₩20,000은 미지급금으로 계상되었다.

(2) 이익잉여금의 변동은 당기순이익과 현금배당의 선언에 의해서만 영향을 받았다.

(3) 20×2년 10월에 사채 ₩30,000을 상환하였다.

20×2년도의 현금흐름표에 보고되어야 할 투자활동 순현금흐름과 재무활동 순현금흐름은 얼마인가?

14. 법인세비용차감전순이익의 산출

[제1부]

다음 자료는 (주)코리의 20×1년 재무상태표와 포괄손익계산서 및 현금흐름표에서 발췌한 회계자료의 일부이다. (주)코리는 이자지급을 영업활동으로 분류하고 있다. 추가로 주어진 자료는 없다고 가정한다.

항 목	금 액	항 목	금 액
감가상각비	₩40,000	이 자 지 급	₩25,000
유형자산처분손실	20,000	매출채권 증가	15,000
이 자 비 용	25,000	대손충당금 증가	5,000
법인세비용	30,000	재고자산 감소	4,000
미지급법인세 감소	5,000	매입채무 감소	6,000
이연법인세부채 증가	10,000	영업활동 순현금흐름	200,000

20×1년 '법인세비용차감전순이익' 및 '영업에서 창출된 현금'은 각각 얼마인가?

[제2부]

(주)수리의 20×1년 영업활동 순현금흐름은 ₩192,000이다. 이는 영업에서 창출된 현금 ₩210,000에서 이자의 지급 ₩8,000과 법인세의 납부 ₩10,000을 차감한 금액이다. 또한 (주)수원의 20×1년 영업활동으로 인한 현금흐름에 영향을 미치는 항목이 다음과 같다.

항 목	금 액	항 목	금 액
감가상각비	₩180,000	FVPL금융자산 증가	₩30,000
FVPL금융자산평가이익	16,000	재고자산 증가	32,000
이 자 비 용	9,600	매출채권 증가	92,400
유형자산처분이익	18,400	미지급이자 감소	400
외환이익(매출채권)	12,000	매입채무 증가	71,200
법인세비용	22,000	미지급법인세 증가	12,000

20×1년 법인세비용차감전순이익은 얼마인가? 단, 이자비용에는 사채할인발행차금상각액 ₩2,000이 포함되어 있다.

15. 현금흐름표 – 직접법과 간접법

다음은 정민(주)의 20×1년과 20×2년 요약재무제표이다.

비교재무상태표

정민(주) 12. 31 현재

	20×1	20×2
현 금	₩1,550	₩2,300
매 출 채 권	1,300	1,800
재 고 자 산	1,900	1,600
건 물	1,700	1,850
감가상각누계액	(1,150)	(1,200)
투 자 자 산	1,400	1,300
	₩6,700	₩7,650
매 입 채 무	₩900	₩1,200
미지급비용	300	200
사 채	1,500	1,400
자 본 금	1,700	1,900
이익잉여금	2,300	2,950
	₩6,700	₩7,650

손익계산서

정민(주)	20×2년 1년간		
매 출			₩6,900
매 출 원 가			(4,700)
매출총이익			₩2,200
판매비와관리비 :			
판 매 비		₩450	
관 리 비		350	
감가상각비		50	(850)
법인세비용차감전순이익			₩1,350
법인세비용			(300)
당기순이익			₩1,050

〈추가정보〉
(1) 20×2년 동안 비유동거래에서는 손익이 발생하지 않았다.
(2) 20×2년 배당금 ₩400을 지급하였다.

요구사항

1. 간접법으로 현금흐름표를 작성하라.
2. 직접법으로 현금흐름표를 작성하라.

16. 현금기준 → 발생기준

다음은 석영(주)의 20×1년 현금흐름표의 영업활동 현금흐름과 재무상태표의 일부이다. 20×1년의 감가상각비는 ₩10,000이다.

영업활동 현금흐름	
고객으로부터 유입된 현금	₩250,000
공급자와 종업원에 대한 현금	
매입에 대한 현금유출액	(70,000)
급여에 대한 현금유출액	(60,000)
이자지급	(20,000)
법인세납부	(30,000)
	₩70,000

재무상태표의 일부	20×1. 1. 1	20×1. 12. 31
매 출 채 권	₩40,000	₩30,000
재 고 자 산	50,000	60,000
매 입 채 무	50,000	70,000
미지급급여	10,000	15,000
미지급법인세	20,000	10,000

위의 정보를 이용하여 20×1년 포괄손익계산서를 작성하라.

공인회계사 기출문제 응용(2020년 이후)

1. 영업활동 현금흐름 – 이자지급액

(2021년 CPA 1차)

다음은 (주)대한의 재무상태표에 표시된 두 종류의 상각후원가(AC)로 측정하는 금융부채(A사채, B사채)와 관련된 계정의 장부금액이다. 상기 금융부채 외에 (주)대한이 보유한 이자발생 부채는 없으며, (주)대한은 20×1년 포괄손익계산서상 당기손익으로 이자비용 ₩48,191을 인식하였다. 이자지급을 영업활동으로 분류할 경우, (주)대한이 20×1년 현금흐름표의 영업활동 현금흐름에 표시할 이자지급액은 얼마인가? 단, 당기중 사채의 추가발행·상환·출자전환 및 차입금의 신규차입은 없었으며, 차입원가의 자본화는 고려하지 않는다.

구 분	20×1. 1. 1	20×1. 12. 31
미지급이자	₩10,000	₩15,000
A사채(순액)	94,996	97,345
B사채(순액)	110,692	107,334

2. 영업활동 현금흐름

(2020년 CPA 1차)

다음은 유통업을 영위하는 (주)대한의 20×1년 현금흐름표를 작성하기 위한 자료이다. (주)대한은 간접법으로 현금흐름표를 작성하며, 이자지급 및 법인세납부는 영업활동 현금흐름으로 분류한다.

- 법인세비용차감전순이익 : ₩534,000
- 건물 감가상각비 : ₩62,000
- 이자비용 : ₩54,000(유효이자율법에 의한 사채할인발행차금상각액 ₩10,000 포함)
- 법인세비용 : ₩106,800
- 매출채권 감소 : ₩102,000
- 재고자산 증가 : ₩68,000
- 매입채무 증가 : ₩57,000
- 미지급이자 감소 : ₩12,000
- 당기법인세부채 증가 : ₩22,000

(주)대한이 20×1년 현금흐름표에 보고할 영업활동 순현금흐름은 얼마인가?

3. 현금흐름표 – 간접법

(2020년 CPA 2차)

다음은 제조업을 영위하고 있는 (주)대한의 재무상태표 계정 중 20×2년 기초 대비 기말잔액이 증가(감소)한 계정의 일부이다(자산 및 부채 모두 증가는 (+), 감소는 (−)로 표시하였음).

계 정	증 감
매 출 채 권	(+) ₩200,000
손실충당금(매출채권)	(+) 30,000
토 지	(+) 50,000
건 물	(+) 250,000
감가상각누계액(건물)	(−) 7,000
제품보증충당부채	(+) 45,000
사 채	?
사채할인발행차금	?

20×2. 12. 31로 종료되는 회계연도의 현금흐름표를 작성할 때 추가적으로 고려해야 할 항목들은 다음과 같다.

1. (주)대한의 매출채권은 전액 미국에 수출하여 발생한 것이다. 매출채권과 관련하여 당기 포괄손익계산서에 계상된 외화환산손실은 ₩40,000이고 외환차손은 ₩20,000이며 손상차손은 ₩5,000이다.
2. 당기중 토지 ₩50,000을 주주로부터 현물로 출자받았고, 건물을 ₩300,000에 신규 취득하였다. 토지와 건물의 증감은 토지의 취득, 건물의 취득 및 처분으로 발생한 것이다. 포괄손익계산서에 계상된 당기의 감가상각비는 ₩3,000이고, 건물의 처분으로 인하여 발생한 처분이익은 ₩10,000이다.
3. (주)대한은 판매한 제품에 대하여 2년간 보증해주고 있으며 재무상태표에 제품보증충당부채를 표시하고 있다. 당기말에 최선의 추정치로 측정하여 포괄손익계산서에 계상한 품질보증비용은 ₩60,000이고, 이 외의 변동은 모두 보증으로 인한 수리활동으로 지출된 금액이다.
4. 사채는 전액 당기초에 발행되었고, 발행시 액면금액은 ₩90,000(액면이자율 연 8%), 사채할인발행차금은 ₩6,000이다. 당기 포괄손익계산서에 계상된 사채의 이자비용은 ₩9,000이다. 동 사채 액면 ₩90,000 중 ₩30,000은 당기말에 상환되었으며, 포괄손익계산서에 계상된 사채상환이익은 ₩800이다.

(주)대한이 20×2. 12. 31로 종료되는 회계연도의 현금흐름표를 간접법으로 작성하는 경우 상기 네 가지 추가항목과 관련하여 현금흐름표상 영업, 투자 또는 재무 활동으로 인한 현금흐름에 가산 또는 차감 표시해야 할 금액을 아래 양식에 따라 각 항목별로 표시하라. 단, (주)대한은 이자수취 및 지급을 영업활동으로 분류하고 있으며, 당기순이익은 영업활동으로 인한 현금흐름에 가산하였다.

(예시) 5. 당기 무형자산의 취득액은 ₩12,000이고, 무형자산 상각액은 ₩4,000이다.

항목 번호	활동 구분	현금흐름 가산(+) 또는 차감(−)	금 액
5	영업	+	₩4,000
	투자	−	₩12,000
	재무	없음	

윤리문제

선명(주)는 고급 피아노를 제조하는 회사이다. 최근 몇 년간에는 공장설비구입과 예상하지 못했던 매출채권의 미회수 및 재고자산의 적체로 운전자본의 상황이 심각히 악화되었다. 회사의 설립자이며 사장인 도승은 씨는 여러 금융기관으로부터 현금을 조달하려고 시도했으나 당해 회사의 현금흐름이 양호하지 못하다는 이유로 거절당했다. 특히 회사의 주거래은행인 제일금융까지 선명(주)가 좋은 현금상태를 유지할 능력이 없는 것에 대해 매우 우려를 표명하고 있다. 제일금융의 대출담당자는 도승은 씨에게 선명(주)가 양의 현금흐름을 창출하지 않는 한 절대로 자금을 추가적으로 대출해 줄 수 없다고 말했다.
은행측의 얘기를 듣자 도승은 씨는 다음과 같은 기발한 계획을 생각하였다. 이러한 계획을 실행에 옮긴다면 현금흐름표가 매우 좋게 보여 은행에서도 기꺼이 장기자금을 대출해 줄 것이라고 도승은 씨는 믿고 있다. 이 계획은 미래현금흐름이 당기에 미리 발생하도록, 즉 window dressing을 하기 위해 선명(주)는 매출채권을 팩토링회사에 매각하고 또한 보유하고 있는 원자재를 팔아치우는 것이다. 이와 같은 거래는 기업에는 약간 손해가 되기는 하지만 많은 현금을 창출하게 된다. 당신은 선명(주)의 수석회계사이기 때문에 사장인 도승은 씨에게 그녀의 계획에 대해 당신의 의견을 제시해야 한다.

요구사항

1. 도승은 씨의 계획에 윤리적인 문제가 있는가?
2. 당신은 도승은 씨에게 어떤 의견을 제시하겠는가?

CHAPTER

23 재무보고와 완전공시

기업의 경영환경이 복잡해지면서 기업의 이해관계자들은 다양한 재무정보를 필요로 한다. 그러나 전통적인 재무제표만으로는 기업의 주요 정보를 적시에 충분히 전달할 수 없다. 따라서 재무제표 이외의 여러 가지 재무보고수단이 이용되고 있다.

본장에서는 이에 대해서 살펴보고자 한다. 이러한 재무보고수단은 회계에서 택하고 있는 완전공시의 원칙을 달성하는 데 크게 공헌하고 있다.

사례 **독립된 감사인의 감사보고서(포스코 2023년 감사보고서)**

포스코홀딩스 주식회사
주주 및 이사회 귀중　　　　　　　　　　　　　　　　　　2024년 3월 12일

감사의견

우리는 별첨된 포스코홀딩스 주식회사(구, 주식회사 포스코, 이하 "회사")의 재무제표를 감사하였습니다. 해당 연결재무제표는 2023년 12월 31일과 2022년 12월 31일 현재의 재무상태표, 동일로 종료되는 양 보고기간의 포괄손익계산서, 자본변동표, 현금흐름표 그리고 유의적인 회계정책의 요약을 포함한 재무제표의 주석으로 구성되어 있습니다.

우리의 의견으로는 별첨된 회사의 재무제표는 회사의 2023년 12월 31일 및 2022년 12월 31일 현재의 재무상태와 동일로 종료되는 보고기간의 재무성과 및 현금흐름을 한국채택국제회계기준에 따라, 중요성의 관점에서 공정하게 표시하고 있습니다.

감사의견근거

우리는 대한민국의 회계감사기준에 따라 감사를 수행하였습니다. 이 기준에 따른 우리의 책임은 이 감사보고서의 재무제표감사에 대한 감사인의 책임 단락에 기술되어 있습니다. 우리는 재무제표 감사와 관련된 대한민국의 윤리적 요구사항에 따라 회사로부터 독립적이며, 그러한 요구사항에 따른 기타의 윤리적 책임들을 이행하였습니다. 우리가 입수한 감사증거가 감사의견을 위한 근거로서 충분하고 적합하다고 우리는 믿습니다.

재무제표에 대한 경영진과 지배기구의 책임

경영진은 한국채택국제회계기준에 따라 이 재무제표를 작성하고 공정하게 표시할 책임이 있으며, 부정이나 오류로 인한 중요한 왜곡표시가 없는 재무제표를 작성하는 데 필요하다고 결정한 내부통제에 대해서도 책임이 있습니다.

경영진은 재무제표를 작성할 때, 회사의 계속기업으로서의 존속능력을 평가하고 해당되는 경우, 계속기업 관련 사항을 공시할 책임이 있습니다. 그리고 경영진이 기업을 청산하거나 영업을 중단할 의도가 없는 한, 회계의 계속기업전제의 사용에 대해서도 책임이 있습니다.

지배기구는 회사의 재무보고절차의 감시에 대한 책임이 있습니다.

재무제표감사에 대한 감사인의 책임

우리의 목적은 회사의 재무제표에 전체적으로 부정이나 오류로 인한 중요한 왜곡표시가 없는지에 대하여 합리적인 확신을 얻어 우리의 의견이 포함된 감사보고서를 발행하는 데 있습니다. 합리적인 확신은 높은 수준의 확신을 의미하나, 감사기준에 따라 수행된 감사가 항상 중요한 왜곡표시를 발견한다는 것을 보장하지는 않습니다. 왜곡표시는 부정이나 오류로부터 발생할 수 있으며, 왜곡표시가 재무제표를 근거로 하는 이용자의 경제적 의사결정에 개별적으로 또는 집합적으로 영향을 미칠 것이 합리적으로 예상되면, 그 왜곡표시는 중요하다고 간주됩니다.

-------------------------- 중략 --------------------------

삼정회계법인 대표이사 김교태

이 감사보고서는 감사보고서일(2024년 3월 12일) 현재로 유효한 것입니다. 따라서 감사보고서일 후 이 보고서를 열람하는 시점 사이에 첨부된 회사의 재무제표에 중요한 영향을 미칠 수 있는 사건이나 상황이 발생할 수도 있으며, 이로 인하여 이 감사보고서가 수정될 수도 있습니다.

제 1 절 재무보고와 완전공시

재무보고(financial reporting)에는 이의 핵심적인 수단인 재무제표(financial statements)뿐만 아니라 재무제표이용자의 의사결정에 유용할 것으로 판단되어 재무제표에 첨부되는 각종의 명세서와 경영자의 분석·검토보고서 등과 같은 설명자료도 포함되며 그 밖에도 투자자에게 보내는 경영자의 서한 등도 포함시킨다.[1] 회계에서 택하고 있는 완전공시의 원칙(full disclosure principle)이란 재무정보이용자들의 의사결정에 영향을 미칠 수 있는 모든 재무적 사실은 재무보고의 대상이 되어야, 즉 공시되어야 한다는 것이다.

회계정보를 특정 정보이용자가 독점한다면 정보불균형이 발생할 수 있다. 따라서 공시되는 정보는 관심 있는 모든 정보이용자가 동시에 이용할 수 있도록 공시제도를 운영해야 한다. 이를 공정공시(fair disclosure)제도라고 하는데, 이는 재무정보를 이용하는 모든 정보이용자에게 균등한 효익이 돌아가도록 공시해야 한다는 윤리적인 측면을 강조하는 개념이다. 우리나라 증권시장의 공시제도를 관할하는 금융감독원에서도 2002년부터 공정공시제도를 공식적으로 도입하여 운용하고 있다.

1 공시요구의 증가와 효율적 시장가설

K-IFRS의 특징 중의 하나는 재무제표 항목의 인식과 측정뿐만 아니라 주석으로 공시되는 정보를 매우 강조하고 있다는 것이다.

(1) 공시요구의 증가

K-IFRS에서도 공시하도록 요구하는 사항이 매우 방대하다. 기업에 대한 공시요구가 증가하는 이유는 다음과 같다.

① 기업환경의 복잡성 : 기업에서 발생하는 모든 경제적 사건을 재무보고서에 요약하여 표현한다는 것은 매우 어렵다. 특히 리스, 사업결합, 연금, 금융상품, 자금조달방법, 수익인식 등과 같은 분야의 기업활동이 점차 복잡해지고 있어 이를 모두 재무제표에 적절히 반영하기가 쉽지 않다. 이에 따라 이러한 거래와 그 거래의 미래 영향을 설명하기 위하여 주석이 크게 확대되고 있다.

1) 제3장의 [그림 3-6]을 참조.

② 적시정보의 필요성 : 과거에 비해 더욱 빈번하고 보다 완전한 중간재무보고가 요구되고 있으며, 회계담당자들이 과거에는 소홀히 했고 심지어는 공시하기를 주저했던 미래예측정보까지도 주요 공시사항으로 등장하기에 이르렀다.
③ 통제 및 감시수단 : 기업의 이해관계자들이 기업을 통제하고 감시하는 수단으로 이용하기 위하여 경영자에 대한 보상, 환경오염, 내부관계자간의 거래, 오류나 횡령, 불법활동 등에 관련된 정보를 공시하도록 요구하고 있다. 이러한 정보의 대부분이 회계시스템을 통하여 산출되고 있다.

(2) 효율적 시장가설

자본주의 사회에서 회계정보의 가장 중요한 이용자는 투자자라고 본다. 투자자들이 증권시장에서 증권의 매입 및 처분에 관련된 의사결정을 하는 데 있어서 회계정보는 매우 중요한 역할을 한다.

증권시장에서 투자자들이 정보를 얼마나 효율적으로 이용하는가는 효율적 시장가설로 표현된다. 효율적 시장가설(efficient market hypothesis)[2)]이란 "증권시장에서 주식가격은 이용가능한 정보를 충분히 그리고 즉시(fully and promptly) 반영할 것이다"라는 가설이다. 효율적 시장가설이 성립하면 정보가 이미 주가에 충분히 반영되어 있기 때문에 투자자들은 그 정보를 이용하더라도 초과수익을 얻을 수 없게 된다는 것이다.

연구결과에 따르면 '공시되어 이용가능한 모든 정보(all publicly available information)'는 주가에 충분히 그리고 즉시 반영된다는 준강형 효율적 시장가설이 성립하는 것으로 밝혀졌다. 이러한 연구결과는 회계정보의 공시정책에 많은 시사점을 제시하는데, 이는 다음과 같다.

① 정보는 가능한 한 빨리 공시해야 하며, 내부정보 형태로 존재하도록 해서는 안 된다. 정보가 즉시 공시되지 않으면 이를 사적으로 이용할 수 있는 정보이용자들만이 혜택을 보기 때문이다.
② 의사결정에 유용할 것으로 예상되는 정보는 모두 충분히 공시되어야 한다. 공시범위의 확대로 투자자는 필요한 정보를 취사선택할 수 있게 된다.
③ 경제적 실질을 충실하게 표현하지 못하는 회계정보는 투자자의 의사결정에 영향을 미치지 못한다. 또한 상이한 회계처리방법으로 인한 차이도 여기에 이용된 회계처리방법을 명확히 공시한다면 투자자를 오도하지 않을 것이다.
④ 정보는 경제적으로 제공되어야 한다. 이용하고 있는 정보원보다 좀더 저렴한 정보원이 존재할 경우 투자자들은 이에 의존하게 된다. 따라서 보다 저렴한

2) 효율적 시장가설은 주가에 반영되는 정보에 따라 약형, 준강형 그리고 강형으로 구분된다. 약형(weak form) 효율적 시장가설에서는 주식가격에 주식의 과거 가격이나 거래량과 같은 역사적 정보를 반영하고 있다는 가설이다. 준강형(semi-strong form) 효율적 시장가설은 공시되어 이용가능한 모든 정보가 주식가격에 반영되어 있다고 보는 가설이고, 강형(strong form) 효율적 시장가설은 주식가격에 내부정보까지 포함하여 이용가능한 모든 정보가 반영되어 있다는 가설이다. 약형에서 강형으로 갈수록 포함되는 정보의 범위가 넓어진다.

방법으로 회계정보를 공시할 수 있다면, 이를 이용할 수 있는 다각적인 공시 정책을 수립해야 한다.

회계의 기능은 크게 인식(recognition) 및 측정(measurement)과 공시(disclosures)로 나눌 수 있다. 효율적 시장가설에 따르면 인식 및 측정의 한계를 공시로 상당히 극복할 수 있다고 본다. 회계정보를 제공함에 있어서 비교적 측정이 쉬운 계량적인 정보뿐만 아니라 측정하기가 어려운 비계량적인 정보(soft information)도 매우 중요하다. 이러한 비계량적인 정보가 "주석(footnote)"으로 공시된다면 정보이용자의 의사결정에 매우 유용할 수 있다. 회계에서는 재무분석가 등의 정보중개인(information intermediary)을 주요 보고대상으로 보고 있는데, 그들은 전문적인 정보이용자(professional user)로서 주석으로 공시된 정보까지도 적절히 해석할 만큼 충분한 능력을 보유하고 있다고 본다.

2 우리나라의 재무제표 공시

회사는 상법규정에 따라 매 회계연도에 결산을 하여 이를 보고해야 한다. 또한 〈표 23-1〉에서 보듯이 회사가 외부감사의 대상이 되거나 한국거래소에 상장되어 있는 경우에는 관련규정에 따라 보다 상세한 정보를 제공해야 한다.

▶ 표 23-1
우리나라 공시제도

회 사	종 류	근거조항
상법상의 회사	영업보고서	상법 제447조의2
외감법상의 회사	감사보고서	외감법 제7조
자본시장법상의 회사	사업보고서	자본시장법 제159조

상법상 회사는 재무제표와 영업보고서[3]를 작성하여 정기주주총회에서 승인을 얻은 후 지체 없이 재무상태표를 공고해야 하는데, 이때 감사인의 명칭과 감사의견을 병기해야 한다. 회사는 재무제표와 영업보고서를 정기주주총회일 1주일 전부터 본점에 5년간, 그 등본을 지점에 3년간 비치·공시해야 한다.

"주식회사 등의 외부감사에 관한 법률(외감법)"에 따라 외부감사대상이 되는 회사는 매 사업연도의 재무제표를 정기주주총회 6주일 전까지(연결재무제표는 4주일 전까지) 감사인에게 제출해야 한다.[4] 감사인은 감사보고서를 작성하여 회사 및 감사에

3) 상행위를 하는 모든 개인과 법인에 적용된다. 상법상 재무제표는 재무상태표, 손익계산서, 자본변동표, 이익잉여금처분계산서와 그 부속명세서로 구성된다. 영업보고서란 영업에 관한 중요사항을 기술한 설명서로서, 「상법의 일부 규정의 시행에 관한 규정」(제5조)에 상세히 규정되어 있다.

4) 회사는 매 사업연도 개시 후 45일(감사위원회 의무설치법인은 사업연도 개시 전까지, 단 초도감사는 4개월) 이내에 감사 또는 감사인선임위원회(상장법인인 경우)의 제청과 이사회의 의결을 거친 후 정기주주총회의 승인을 얻어 감사인을 선임하고, 감사계약을 체결한 날부터 2주일 이내에 감사계약서(감사인을 교체한 경우에는 그 교체사유를 명시)를 첨부하여 증권선물위원회에 보고해야 한다.

게 정기주주총회 1주일 전까지, 그리고 정기주주총회의 승인을 얻은 재무제표를 증권선물위원회에 정기주주총회 종료 후 2주일 내에 제출해야 한다.[5] 회사는 재무제표를 감사보고서와 함께 비치·공시해야 하며, 증권선물위원회도 제출받은 감사보고서를 일정한 장소에 2년간 비치하고, 일반인이 이를 열람할 수 있게 해야 한다.

"자본시장과 금융투자업에 관한 법률(자본시장법)"에 따라 상장법인 등은 공인회계사의 감사의견을 포함한 사업보고서를 각 사업연도 경과 후 90일 이내에 금융위원회와 거래소에 제출해야 한다.[6]

사업보고서를 제출해야 하는 법인 중 종속회사가 있는 법인은 사업보고서에 기재하는 사항을 연결재무제표를 기준으로 기재하되 그 법인의 별도재무제표를 포함해야 한다.

3 차별적 공시

공시는 비용을 수반하게 되는데, 이에 따른 효익과 비용을 적절히 평가할 수 있어야 적정공시수준을 결정할 수 있을 것이다. 그러나 많은 경우 공시에 수반되는 효익과 비용을 평가하기 어렵기 때문에 적정공시수준을 결정하기가 쉽지 않다.

공시에 따른 비용으로 빈번히 거론되는 것 중의 하나는 보고되는 정보가 너무 상세하고 많아서 정보이용자가 이를 충분히 이해할 수 없다는 것이다. 이러한 경우 정보과부하(information overload)의 상태에 있다고 본다. 이를 해소하고 공시의 체계를 세우기 위하여 국제회계기준위원회(IASB)는 회계기준서의 목적에 적합한 공시를 유도하는 목적기준공시(objective-oriented disclosures) 원칙을 채택하고 있다.

또한 정보의 과부하를 해소하기 위하여 차별적 공시제도를 도입할 수 있다. 차별적 공시(differential disclosures)란 상대적으로 과다한 비용이 소요되는 경우 특정 기업에 대해서 보고를 생략할 수 있도록 하는 공시제도이다. 이는 정보작성자의 재무제표 작성에 편의성을 증진시키고, 한편으로는 정보이용자의 이해가능성을 증진시킬 것이다.

예를 들어 중소기업에 대해서 간편한 회계처리나 주석공시를 허용하는 경우가 있다. 국제회계기준위원회(IASB)에서도 중소기업(SME)에만 적용되는 별도의 회계기준이 있으며, 우리나라에서는 일반기업회계기준과 중소기업회계기준이 있다.

비상장기업이나 중소기업에는 간편한 회계처리 및 주석공시를 허용하는 것과는

---

5) 감사보고서에는 감사의견, 감사방법의 개요, 경영자와 감사인의 책임, 회계방침변경이 타당한지 등의 여부와 그 이유를 기재해야 한다.

6) 한국거래소에서 유가증권을 거래하고 있는 회사가 주요 대상이다. 그리고 사업연도 개시일로부터 6월간의 사업보고서(반기보고서)와 사업연도 개시일부터 3월간 및 9월간의 사업보고서(분기보고서)를 각각 그 기간이 경과한 후 45일 이내에 제출해야 한다.
사업보고서에는 회사의 목적, 상호, 사업내용, 재무에 관한 사항 및 기타사항(회사의 개황, 관계회사 현황, 주요주주·주식·임직원에 관한 사항, 이해관계자와 거래내용, 부속명세, 공인회계사 감사의견 등)을 기재해야 한다.

달리, 정보이용자가 많은 기업에 대해서는 상대적으로 세밀한 회계처리기준을 적용하도록 요구하거나 일반재무보고서에 나타나지 않은 자료를 추가적으로 공시하도록 요구하기도 한다. 예를 들면, 우리나라에서는 K-IFRS를 정보이용자가 상대적으로 많은 상장기업(관련 종속회사 포함) 및 대부분 금융회사에만 적용하도록 하고 있으며, 또한 영업부문에 대한 추가 정보도 상장기업(또는 상장예정기업)에 대해서만 공시하도록 규정하고 있다.

4 재무보고의 방법

재무제표는 재무상태표, 손익계산서, 자본변동표와 현금흐름표 및 주석으로 구성되어 있다. 재무제표의 일부를 구성하는 주석은 기업에 관한 보다 적절하고 충분한 정보를 제공하기 위하여 작성된다. 재무제표에는 재무제표이용자의 의사결정에 유용할 것으로 판단되는 각종 명세서와 설명자료를 첨부할 수 있다. 다만, 이러한 첨부자료는 재무제표의 범위에 포함되지 아니한다.

(1) 재무제표

재무정보 공시의 주요 수단은 재무제표의 본문이다. 재무제표에는 거래나 사건이 발생했을 때 이에 관련된 자산·부채·자본 그리고 수익·비용이 정확하게 표시되어야 한다. 이러한 공시의 주요 수단이 되는 재무제표의 양식은 정보이용자들에게 정보를 보다 효과적으로 전달할 수 있도록 고안되어 있다. 예를 들면, 재무상태표에 표시되는 항목들을 자산과 부채 및 자본으로 구분하여 보고한다. K-IFRS에서 재무제표의 양식은 상당히 유연성을 보이고 있다.

K-IFRS는 손익계산서에서 최소한으로 표시해야 할 항목을 제시하고 있으며, 수익과 비용 항목이 중요한 경우 그 성격과 금액을 별도로 공시하도록 요구하고 있다. 특히 비용의 경우 성격별 또는 기능별 분류방법 중에서 더욱 목적적합하고 표현충실한 정보를 제공할 수 있는 방법을 선택하여 비용의 분석내용을 표시하도록 규정하고 있다. 또한 미실현손익인 기타포괄손익에 관한 정보도 반영하도록 하고 있다.

재무제표 양식뿐만 아니라 적절한 용어의 선택과 상세한 설명도 매우 중요하다. 의미가 명료하고 용도가 유사한 경우에는 통일된 용어를 사용하는 것이 좋다. 재무보고 개념체계에서 재무제표의 기본요소에 대한 정의를 내리고 있으며, K-IFRS에서는 매 기준서마다 별도로 용어에 대한 정의를 제시하고 있다. 불명확한 용어와 불충분한 설명은 재무정보이용자들에게 혼동과 오해를 초래할 수 있다. 전문적인 용어로는 되도록 널리 알려져 있는 용어를 사용하는 것이 좋고, 의미가 불명확한 경우에는 가급적이면 서술적으로 나타내는 것이 좋다.

(2) 주기와 주석

주기와 주석은 재무제표의 일부분으로서 재무제표에 나타난 정보를 보다 상세히 설명하기 위하여 이용되고 있다.

주기(parenthetical disclosures)는 재무제표상의 해당 과목 다음에 그 회계사실의 내용을 간단한 자구 또는 숫자로 괄호 안에 표시하는 방법이다. 예를 들면, 다음 사항을 주기로 표시할 수 있다.

① 재무상태표상에서 대손충당금과 감가상각누계액
② (포괄)손익계산서상에서 중단사업손익의 법인세효과

주기가 많으면 재무제표가 복잡하게 보인다. 따라서 재무제표를 간략히 공시하기 위해서 주기를 축소시키고, 그 내용을 주석으로 공시하는 것이 바람직하다.

주석(footnotes)은 재무제표 전반의 이해를 위하여 필요한 양적 및 질적 정보를 제공한다. 주석은 재무제표 본문에 표시되는 항목에 관한 설명이나 금액의 세부내역뿐 아니라 우발상황 또는 약정사항과 같이 재무제표에 인식되지 않는 항목에 대한 추가적인 정보도 포함한다.

주석은 재무정보이용자에게 의미 있는 재무정보를 전달하는 주요 수단의 하나이다. 특히 주석은 특정 재무제표 항목에 관련된 정보를 보완하는 기능도 갖지만, 추가적으로 비계량적인 정보에 대한 설명도 가능하게 하는 장점을 지니고 있다. 주석은 재무제표의 전반적인 이해를 증진시키며 기업의 재무상태, 경영성과, 자본변동 및 현금흐름에 관한 필수적인 정보를 전달하므로, 주석이 제외된 재무제표는 완전한 재무제표라고 할 수 없다.

K-IFRS에서 언급하고 있는 주석공시의 구조, 주요 공시사항인 회계정책 및 중요한 측정상의 가정 등을 살펴보기로 하자.

1) 주석공시의 구조

재무제표의 주석은 다음 사항을 포함한다.

① 재무제표 작성근거와 사용한 구체적인 회계정책에 대한 정보
② K-IFRS에서 요구하는 정보이지만 재무제표 어느 곳에도 표시되지 않은 정보
③ 재무제표 어느 곳에도 표시되지 않았지만 재무제표를 이해하는 데 목적적합한 정보

주석은 재무제표이용자가 재무제표를 이해하고 다른 기업의 재무제표와 비교하는 데 도움을 줄 수 있도록 일반적으로 다음 순서로 작성한다.

(순서 1) K-IFRS을 준수하였다는 사실
(순서 2) 적용한 중요한 회계정책의 요약

(순서 3) 재무제표 본문에 표시된 항목에 대한 보충정보(재무제표의 배열 및 각 재무제표에 표시된 개별 항목의 순서에 따라 표시한다)

(순서 4) 다음을 포함한 기타 공시

- 우발부채 및 재무제표에서 인식하지 아니한 계약상 약정사항
- 비재무적 공시항목, 예를 들어 기업의 재무위험관리목적과 정책

2) 회계정책의 공시

재무제표이용자의 입장에서 특정 유형의 기업이 주석으로 기재할 것으로 기대하는 사업내용과 회계정책이 있다면, 그러한 정보에 대한 주석공시를 고려해야 한다. 예를 들면, 기업이 중요한 해외사업장을 가지고 있거나 외화거래를 하고 있다면 외화환산에 관한 회계정책을 주석으로 기재할 것으로 기대할 것이다.

경영진은 특정 회계정책의 공시 여부를 결정할 때 공시가 재무제표이용자가 거래나 회계사건이 경영성과와 재무상태에 어떻게 반영되었는지를 이해하는 데 도움이 되는지 여부를 고려해야 한다.

주석으로 기재하는 중요한[7] 회계정책의 공시에는 다음 사항을 포함한다.

① 재무제표를 작성하는 데 사용한 측정기준
② 재무제표를 이해하는 데 목적적합한 기타의 회계정책

재무제표 작성의 기초가 된 측정기준(역사적원가, 공정가치 등)에 관한 정보를 재무제표이용자에게 제공할 필요가 있다. 따라서 재무제표에 하나 이상의 측정기준을 사용한 경우에는 각 측정기준이 적용된 자산 및 부채의 범주를 표시한다.

경영진은 추정과는 별도로 기업의 회계정책을 적용하는 과정에서 재무제표에 인식되는 금액에 중요한 영향을 미칠 수 있는 다양한 판단을 한다. 예를 들어, 경영자는 금융자산을 상각후원가측정금융자산으로 분류할지 여부를 결정하기 위해 판단과정을 거친다. 이 경우 이러한 과정을 관련된 추정과는 별도로 중요 회계정책의 요약 또는 기타 주석 사항으로 공시한다.

3) 중요한 측정상의 가정

미래에 대한 가정과 보고기간말에 존재하는 추정의 불확실성에 대한 정보를 공시한다.[8] 주석으로 기재하는 중요한 가정의 예에는 미래의 이자율, 미래의 급여액 변동,

---

7) 회계처리금액이 중요하지 않은 경우에도 사업의 성격 때문에 그와 관련된 회계정책은 중요할 수 있다.
8) 제공하는 정보의 내용과 범위는 가정 및 그 밖의 상황의 성격에 따라 다르다. 그러한 공시사항의 예로는 다음과 같은 것이 있다.
① 가정 또는 기타 추정 불확실성의 성격
② 계산에 사용된 방법, 가정 및 추정에 따른 장부금액의 민감도와 그 이유
③ 불확실성의 영향을 받는 자산과 부채의 장부금액과 관련하여 다음 회계기간 내에 예상되는 불확실성 해소방안과 합리적으로 발생가능한 결과의 범위
④ 불확실성이 계속 미해소 상태인 경우, 해당 자산 및 부채에 대하여 과거에 사용한 가정과의 차이에 대한 설명

원가에 영향을 미치는 미래의 가격변동 및 내용연수 등이 있다.

주석으로 기재하는 중요한 가정 및 측정상의 불확실성은 매우 어렵고, 복잡하거나 주관적인 경영자의 판단을 필요로 하는 추정과 관련된다. 이러한 사항은 차기에 자산과 부채의 장부금액에 대한 중요한 조정을 유발할 수 있는 중대한 위험과 관련이 있다. 따라서 이로부터 영향을 받을 자산과 부채에 대하여 다음 사항 등을 주석으로 기재한다.

① 자산과 부채의 성격
② 보고기간말의 장부금액

4) 자 본

기업은 다양한 방법으로 자본을 관리할 수 있으며, 여러 가지 상이한 자본유지요건이 있을 수 있다. 기업은 자본관리를 위한 기업의 목적, 정책 및 절차를 재무제표이용자가 평가할 수 있도록 관련 정보를 공시해야 한다.

5) 기타 공시

기타로 주석에 공시하는 사항은 다음과 같다.

① 재무제표 발행승인일 전에 제안 또는 선언되었으나 해당 기간 동안에 소유주에 대한 분배금으로 인식되지 아니한 배당금액과 주당배당금
② 미인식 누적적우선주배당금

5 보고기간후사건

재무상태표일 이후에 발생한 사건의 회계처리와 공시에 대해서는 K-IFRS 제1010호(보고기간후사건)에서 규정하고 있다. 보고기간후사건(subsequent events)은 보고기간말(재무상태표일)과 "재무제표 발행승인일" 사이에 발생하고 기업의 재무상태에 유리하거나 불리한 영향을 미치는 사건을 말한다.

재무제표를 발행하기 위한 승인과정은 경영조직, 법적 요구사항, 재무제표를 작성하고 완성하기 위한 절차 등 여러 요건에 따라 다르다. 재무제표를 발행한 이후에 주주총회의 승인을 받기 위하여 제출하는 경우의 재무제표 발행승인일은 주주가 주주총회에서 재무제표를 승인한 날이 아니라 이사회가 주주총회 제출용 재무제표를 최종 승인한 날로 본다. 한편, 경영진이 비집행이사로만 구성된 감사위원회의 승인을 받기 위해 재무제표의 발행을 승인하였다면 이 날을 재무제표승인일로 본다. 1010:5-6

예제 23-1 발행승인일

다음 두 사례에 대해 재무제표승인일을 결정하라.

[1] 경영진은 20×2. 2. 1에 20×1. 12. 31로 종료되는 회계연도의 재무제표 초안을 완성하였다. 이사회는 20×2. 2. 18에 동 재무제표를 검토하고 발행하도록 승인하였다. 20×2. 2. 19에 결산속보를 발표하였다. 주주와 그 밖의 이용자는 20×2. 3. 1부터 재무제표를 이용할 수 있게 되었다. 20×2. 3. 15에 정기주주총회에서 해당 재무제표를 승인하였고 20×2. 3. 17에 감독기관에 제출하였다.

해답

이 경우 재무제표 발행승인일은 20×2. 2. 18(이사회가 발행승인한 날)이다.

[2] 20×2. 2. 18에 경영진은 감사위원회에 제출하기 위하여 재무제표의 발행을 승인하였다. 감사위원회는 사외이사로만 구성되며, 종업원이나 다른 외부 이해관계자의 대표를 포함할 수 있다. 감사위원회는 20×2. 2. 26에 재무제표 발행을 동의하였다. 주주와 그 밖의 이용자는 20×2. 3. 1부터 재무제표를 이용할 수 있게 되었다. 20×2. 3. 15에 정기 주주총회에서 재무제표가 승인되었고 20×2. 3. 17에 감독기관에 재무제표를 제출하였다.

해답

이 경우 재무제표 발행승인일은 20×2. 2. 18(경영진이 감사위원회에 제출하기 위하여 재무제표의 발행을 승인한 날)이다.

보고기간후사건은 결산속보를 공표한 후에 발생하였더라도 재무제표 발행승인일까지 발생한 모든 사건을 포함한다.

(1) 보고기간후사건의 회계처리

보고기간후사건의 회계처리는 재무제표의 수정을 요하는 사건이냐 아니면 수정을 요하지 않는 사건이냐에 따라 다르다.

1) 수정을 요하는 보고기간후사건

수정을 요하는 보고기간후사건은 보고기간말에 존재하였던 상황에 대해 증거를 제공하는 사건으로서 재무제표상의 금액에 영향을 주는 사건을 말한다. 따라서 이러한 사건의 영향을 반영하여 재무제표를 수정한다. 수정을 요하는 보고기간후사건의 예는 다음과 같다. 1010:9

① 보고기간말에 존재하였던 현재의무가 보고기간 후에 소송사건의 확정에 의해 확인되는 경우 : 예를 들면, 소송사건과 관련하여 이전에 인식하였던 충당부채를 수정하거나 새로운 충당부채를 인식한다. 소송사건의 확정은 보고기간말

현재 의무가 존재하는지에 대한 추가적인 증거를 제공하므로 단순히 우발부채로 공시하는 것은 적절하지 아니하다.

② 보고기간말에 이미 자산손상이 발생되었음을 나타내는 정보를 보고기간 후에 입수하는 경우나 이미 손상차손을 인식한 자산에 대하여 손상차손금액의 수정이 필요한 정보를 보고기간 후에 입수하는 경우 : 예를 들면, 보고기간 후 매출처가 파산한 경우 매출채권의 장부금액을 수정할 필요가 있다.

③ 보고기간말 이전에 구입한 자산의 취득원가나 매각한 자산의 대가를 보고기간 후에 결정하는 경우

④ 보고기간말 이전 사건의 결과로서 보고기간말에 종업원에게 지급해야 할 법적의무나 의제의무가 있는 이익분배나 상여금지급금액을 보고기간 후에 확정하는 경우

⑤ 재무제표가 부정확하다는 것을 보여주는 부정이나 오류를 발견한 경우

2) 수정을 요하지 않는 보고기간후사건

수정을 요하지 않는 보고기간후사건의 예로는 보고기간말과 재무제표 발행승인일 사이에 투자자산의 공정가치 하락을 들 수 있다. 공정가치의 하락은 일반적으로 보고기간말의 상황과 관련된 것이 아니라 보고기간 후에 발생한 상황이 반영된 것이다. 따라서 그 투자자산에 대해서 재무제표에 인식된 금액을 수정하지 아니한다. 1010:11

수정을 요하지 않는 보고기간후사건이 중요한 경우에 이를 공시하지 않는다면 재무제표에 기초하여 이루어지는 이용자의 경제적 의사결정에 중요한 영향을 미칠 수 있다. 따라서 기업은 수정을 요하지 않는 보고기간후사건으로서 중요한 것은 그 범주별로 사건의 성격 및 사건의 재무적 영향에 대한 추정치(또는 그러한 추정을 할 수 없는 경우에는 이에 대한 설명)를 공시해야 한다. 이러한 사건의 예로는 다음과 같은 것이 있다.

① 보고기간 후에 발생한 주요 사업결합 또는 주요 종속기업의 처분
② 영업중단계획의 발표
③ 주요 자산의 구입, 처분, 수용 및 매각예정으로 분류
④ 보고기간 후에 발생한 화재로 인한 주요 생산설비의 파손
⑤ 주요한 구조조정계획의 공표나 이행착수 등

(2) 관련 사항

1) 배당금 1010:12

보고기간 후에 배당을 선언한 경우, 그 배당금을 보고기간말의 부채로 인식하지 아니한다. 왜냐하면 배당금은 선언되기 전에는 부채가 아니기 때문이다.

2) 계속기업 1010:14

경영진이 보고기간 후에, 기업을 청산하거나 경영활동을 중단할 의도를 가지고 있거나, 청산 또는 경영활동의 중단 외에 다른 현실적 대안이 없다고 판단하는 경우에는 계속기업의 가정에 따라 재무제표를 작성해서는 아니 된다.

보고기간 후에 영업성과와 재무상태가 악화된다는 사실은 계속기업의 가정이 여전히 적절한지를 고려할 필요가 있다는 것을 나타낼 수 있다. 만약 계속기업의 가정이 더 이상 적절하지 않다면, 그 효과가 중대하고 광범위하게 미치므로 단순히 원래의 회계처리방법 내에서 이미 인식한 금액을 조정하는 정도가 아니라 회계처리방법을 근본적으로 변경해야 한다.

재무제표가 계속기업의 기준하에 작성되지 않은 경우와 계속기업으로서의 존속능력에 대해 유의적인 의문이 제기될 수 있는 사건이나 상황과 관련된 중대한 불확실성을 경영진이 알게 된 경우에는 그 내용을 공시해야 한다.

3) 추가 공시사항 1010:17-18

재무제표의 발행승인일과 승인자를 주석으로 기재한다. 재무제표 발행승인일 후에 발생한 사건의 영향은 재무제표에 반영하지 않으므로 재무제표 발행승인일의 공시는 이용자에게 중요한 정보가 된다. 또한 재무제표 발행 후에 기업의 소유주 등이 재무제표를 수정할 권한이 있다면 그 사실을 공시한다.

제2절 부문별 보고

기업이 다각화된 경우 재무정보이용자들은 기업의 재무제표에 나타나지 않는 정보를 보다 상세히 제공하는 부문별 보고(segmental reporting)를 필요로 한다. 각 부문을 통합한 수치만으로는 각 부문이 전체 회사의 수익성과 위험, 성장잠재력에 기여하는 정도를 파악할 수 없다. 부문별 정보에 의해 특정 부문이 기업의 성장성에 보다 많은 영향을 미치는 부문이라는 것이 식별될 수 있다면, 부문별 정보가 재무정보이용자들의 의사결정에 유용한 정보를 제공하게 된다.

K-IFRS에서는 연결재무제표가 기본재무제표이다. 이러한 상황에서 지배·종속회사가 모두 하나의 재무제표로 통합되어 보고되므로 개별 기업의 재무제표가 공시되지 않게 되어 부문별 정보가 더욱 중요하게 되었다.

부문별 보고는 K-IFRS 제1108호(영업부문)에서 규정하고 있는데, 여기에서는 핵심원칙을 다음과 같이 천명하고 있다. 1108:1

"기업은 재무제표이용자가 기업이 영위하는 사업활동의 내용 및 재무효과 그리고 영업을 영위하는 경제환경을 평가할 수 있도록 정보를 공시한다."

당해 회계기준은 상장기업의 별도재무제표 또는 개별재무제표 그리고 상장기업이 지배기업인 연결실체의 연결재무제표에 적용한다.[9] 또한 당해 회계기준을 반드시 적용하지 않아도 되는 기업이 부문정보라는 표현을 사용하려면 반드시 당해 회계기준을 충족하도록 요구하고 있다.

▶ **그림 23-1**
부문별 보고

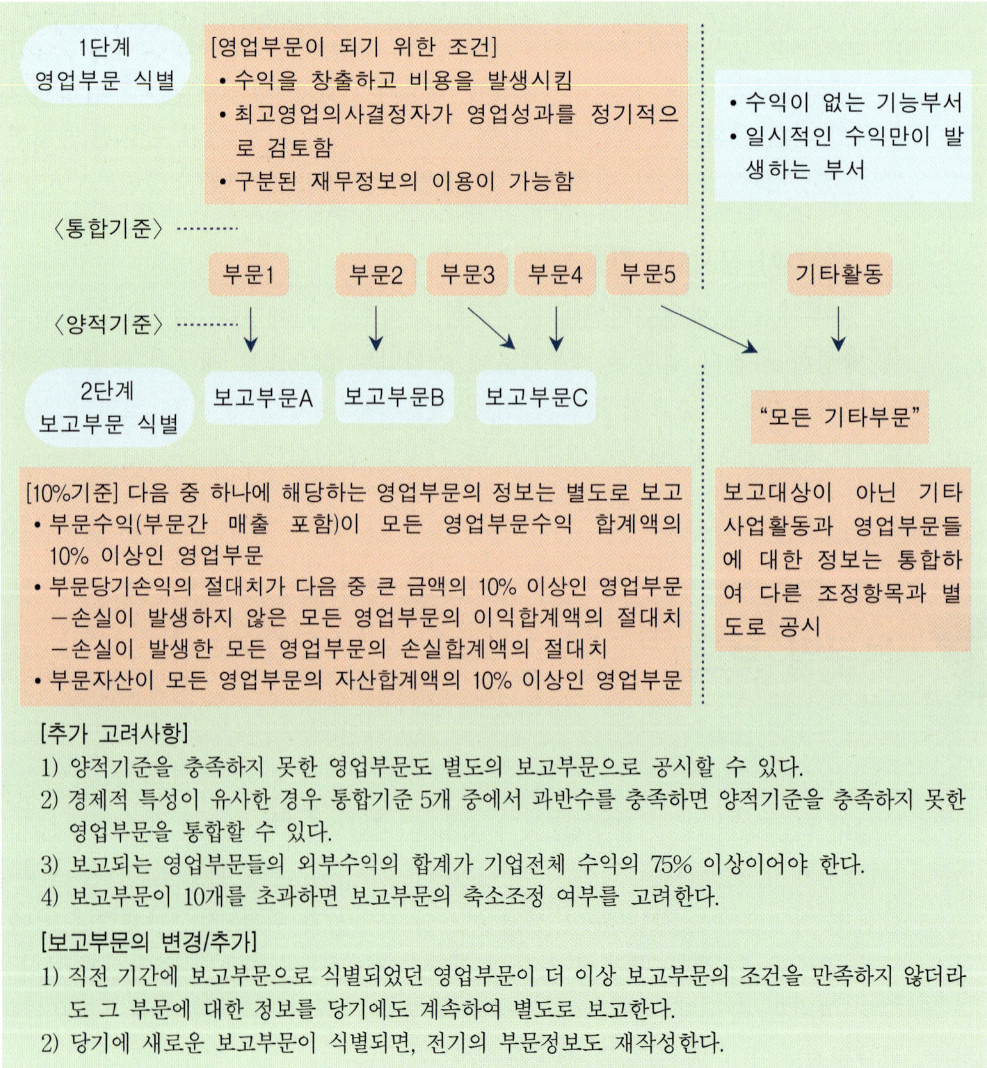

관련 회계기준의 내용을 보다 상세히 검토해 보자([그림 23-1] 참조).

9) 재무보고서가 이 기준서의 적용범위에 해당하는 지배기업의 연결재무제표와 지배기업의 별도재무제표를 모두 포함하는 경우에 부문정보는 연결재무제표에서만 요구된다.

(1) 영업부문과 보고부문

부문별 보고의 보고단위를 보고부문(reporting segment)이라고 하는데, 이를 위하여 먼저 영업부문(operating segment)을 구분해야 한다. 영업부문을 구분하는 방식으로는 다음과 같은 두 가지 접근방법이 있다.

[방법 1] 재무제표와 관련된 제품과 용역 그리고 지역에 기초한 방식
[방법 2] 경영진이 기업을 바라보는 방식에 기초하여 경영진이 영업문제에 대하여 의사결정할 때 사용하는 사업의 구성단위에 기초한 방식

이 중에서 [방법 2]가 내부조직구조에 기초한 부문에 관련된 정보를 제공한다는 장점이 있다. 이는 미래현금흐름 전망에 유의적으로 영향을 줄 수 있는 경영진의 행동이나 반응을 예측하는 데 도움을 준다. 구체적으로 [방법 2]는 다음과 같은 장점을 가진다.

① 기업은 내부경영보고서와 일치하는 부문을 보고하게 된다.
② 기업은 연차보고서나 경영분석보고서와 더 일관성이 있는 부문정보를 보고하게 된다.
③ 상대적으로 낮은 보고비용으로 외부목적 중간보고를 위한 부문정보를 적시에 제공할 수 있게 된다.
④ 부문의 성과에 대한 다양한 측정치를 제공하고, 일부 기업의 경우 더 많은 부문을 보고할 것이다.
⑤ 이용자가 경영진의 관점에서 기업을 볼 수 있게 된다.

[방법 2]를 경영자접근법(management approach)이라고 하는데, K-IFRS에서도 이 접근방식을 택하고 있다. 이에 따라 영업부문은 다음 사항(핵심원칙)을 "모두" 충족하는 구성단위로 식별하도록 규정하고 있다. 1108:5-6

[영업부문 식별기준] – 핵심원칙
① 수익을 창출하고 비용을 발생(동일기업 내의 다른 구성단위와의 거래와 관련된 수익과 비용을 포함)시키는 사업활동을 영위한다.
② 부문에 배분될 자원에 대한 의사결정을 하고 부문의 성과를 평가하기 위하여 최고영업의사결정자[10]가 영업성과를 정기적으로 검토한다.
③ 구분된 재무정보를 이용할 수 있다.

영업부문은 아직까지 수익을 창출하지 않는 사업활동을 영위할 수도 있다. 예를 들면, 신규영업은 수익을 창출하기 전에도 영업부문이 될 수 있다.

10) '최고영업의사결정자'는 반드시 특정 직함의 관리자일 필요는 없다. 그의 역할은 영업부문에 자원을 배분하고, 영업부문의 성과를 평가하는 것이다. 일반적으로 최고영업의사결정자는 최고경영자나 최고영업책임자이지만, 예를 들어 집행임원들이나 기타 인원으로 구성된 집단이 최고영업의사결정자가 되는 경우도 있다.

기업의 모든 부분이 반드시 하나의 영업부문이나 영업부문의 일부에 귀속되는 것은 아니다. 예를 들면, 수익을 창출하지 못하거나 기업활동에 부수적인 수익을 창출하는 본사나 일부 직능부서는 영업부문이 될 수 없을 것이다. 퇴직급여제도도 영업부문에 해당하지 않는다고 본다. 그러나 경우에 따라서는 이자수익이나 이자비용을 담당하는 재무활동을 수행하는 본사의 기능도 영업부문이 될 수 있다.

식별된 영업부문을 다음 통합기준에 따라 둘 이상의 영업부문을 하나로 통합할 수 있다. 1108:12

[통합기준] 영업부문을 통합하는 것이 "핵심원칙"과 일관성이 있으며, 부문들의 경제적 특성이 유사하고 다음 항목이 부문간에 유사한 경우
① 제품과 용역의 성격
② 생산과정의 성격
③ 제품과 용역에 대한 고객의 유형이나 계층
④ 제품을 공급하거나 용역을 제공하는 데 사용하는 방법
⑤ 해당 사항이 있는 경우, 규제환경의 성격(예 : 은행, 보험 또는 공공설비)

영업부문이 별도로 보고해야 할 만큼 중요한지 여부, 즉 "보고부문"을 결정하기 위해서는 부문(또는 통합된 부문)이 다음 양적기준 중의 하나를 충족해야 한다. 1108:13-19

[양적기준 : 10% 기준]
① 부문수익(부문간 매출이나 이전을 포함)이 모든 영업부문수익(내부수익 포함) 합계액의 10% 이상인 영업부문
② 부문당기손익의 절대치가 다음 중 큰 금액의 10% 이상인 영업부문
- 손실이 발생하지 않은 모든 영업부문이익 합계액의 절대치
- 손실이 발생한 모든 영업부문손실 합계액의 절대치

③ 부문자산이 모든 영업부문자산 합계액의 10% 이상인 영업부문

이러한 분류기준을 적용할 때 다음 네 가지 사항을 추가적으로 고려해야 한다.

① 경영진이 재무제표이용자에게 유용한 부문정보라고 판단한다면, 양적기준을 충족하지 못하는 영업부문도 별도의 보고부문으로 공시할 수 있다.
② 양적기준을 충족하지 못한 영업부문들에 관한 정보를 통합하여 하나의 보고부문으로 할 수 있다. 이는 영업부문들의 경제적 특성이 유사하고 앞에서 언급한 통합기준 5개 중에서 "과반수"를 충족하는 경우에만 해당한다.
③ 보고되는 영업부문들의 외부수익 합계가 기업 전체 수익에서 차지하는 비중

이 커야만 한다. 기준에 따르면 보고되는 영업부문들의 외부수익 합계가 기업 전체 수익의 75% 미만인 경우에는 최소 75%가 넘도록 위의 양적기준을 충족하지 못한 영업부문이라도 추가로 보고부문으로 식별하도록 하고 있다.

④ 별도로 공시하는 보고부문의 개수가 한계를 초과하면 부문정보가 지나치게 상세해질 수 있다. 한계가 명확히 정해져 있지는 않으나, 보고부문의 개수가 10개를 초과하는 경우에는 실무적인 한계에 도달했는지를 판단해야 한다. 즉 보고부문 수의 축소조정 여부를 고려할 필요가 있다.

예제 23-2 보고부문의 결정

한미(주)에서는 다음과 같이 6개의 공시가능한 부문을 선정하였다.

부 문	매출액	영업이익(손실)	자 산
A	₩100,000	₩10,000	₩80,000
B	50,000	2,000	30,000
C	700,000	40,000	390,000
D	300,000	20,000	160,000
E	900,000	18,000	280,000
F	100,000	(5,000)	30,000
	₩2,150,000	₩85,000	₩970,000

한편, 한미(주)의 총매출액은 ₩2,150,000이고, 총자산은 ₩970,000이다. 위의 자료에 근거하여 양적기준과 추가적으로 고려할 기준에 의거하여 공시대상부문을 선정하라.

해답

1) 먼저 다음과 같은 선정기준을 적용해야 한다.

① 수익기준 : ₩2,150,000×10%=₩215,000 : C, D, E가 기준에 적합

② 당기손익기준 : ₩90,000(손실이 발생하지 않은 영업부문 이익합계액)×10%=₩9,000 : A, C, D, E가 기준에 적합

③ 자산기준 : ₩970,000×10%=₩97,000 : C, D, E가 기준에 적합

⇒ A, C, D, E가 공시대상부문 후보가 된다.

2) 추가기준

① 공시대상부문의 총매출액이 전체 매출액의 75% 이상이어야 함.

A, C, D, E 매출액 합계 > 총매출액의 75%

(₩2,000,000) > (₩1,612,500=₩2,150,000×75%)

② 공시대상부문이 사업별/지역별로 10개 이상 : 아님

⇒ 공시대상부문은 최종적으로 A, C, D, E로 결정된다.

보고대상이 아닌 기타 사업활동과 영업부문들에 대한 정보는 통합하여 조정사항을 보고(뒤에서 언급할 것임)할 때 '모든 기타부문'으로 분류하여 다른 조정항목과 별도로 공시한다. '모든 기타부문'의 범주에 포함된 수익의 원천은 설명되어야 한다.

추가로 유의할 사항은 다음과 같다.

① 직전 기간에 보고부문으로 식별되었던 영업부문이 당기에는 양적기준을 충족하지 않더라도, 그 부문이 계속 중요하다고 경영진이 판단하는 경우에는 그 부문에 대한 정보를 당기에도 계속하여 별도로 보고한다.

② 당기에 보고부문으로 새로 식별된 경우에, 비교목적으로 표시되는 전기의 부문정보는 그 부문이 전기에 양적기준을 충족하지 못하였더라도 당기의 보고부문에 맞추어 별도의 부문으로 재작성한다.

내부조직의 구조를 변경하여 보고부문의 구성이 변한 경우 과거기간(중간기간 포함)의 해당 부문정보를 재작성한다.[11] 이 경우에는 변경이 발생한 회계연도의 당기 부문정보를 과거 부문구분기준과 새로운 부문구분기준에 따라 모두 작성하여 공시한다.

보고부문을 최종적으로 확정하는 과정을 요약해서 나타내면 [그림 23-2]와 같다.

▶ 그림 23-2
보고부문의 식별

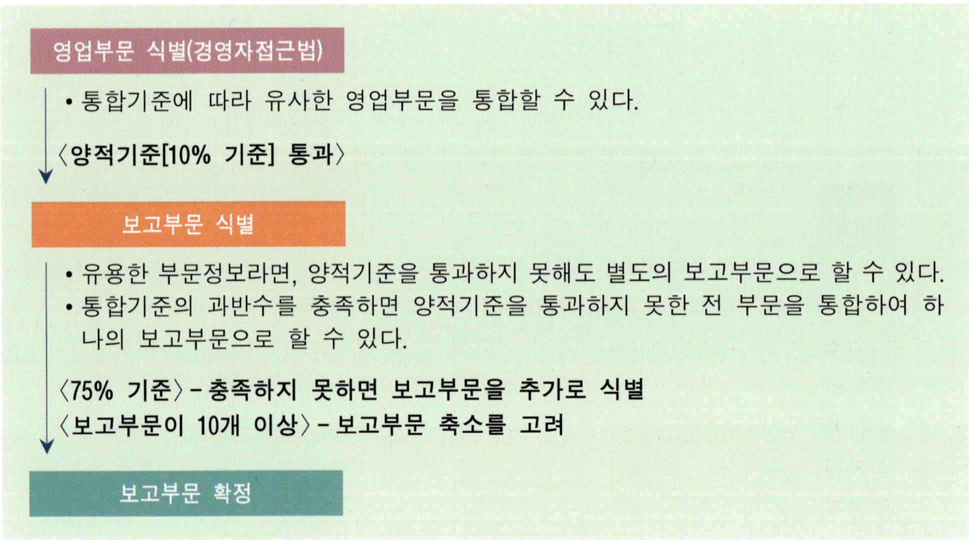

(2) 부문별 정보의 공시내용 및 방법 1108:20-24

기업은 재무제표이용자가 기업이 영위하는 사업활동의 내용 및 재무효과 그리고 영업을 영위하는 경제환경을 평가할 수 있도록 정보를 공시해야 한다. 이를 위해서는

11) 그러나 필요한 정보를 이용할 수 없고 그 정보를 산출하는 비용이 과도한 경우에는 예외로 한다. 필요한 정보를 이용할 수 없고 그 정보를 산출하는 비용이 과도한지는 공시되는 개별 항목별로 결정한다.

포괄손익계산서가 보고되는 매 회계기간에 다음 사항을 공시한다.

① 일반정보
② 부문 당기손익, 부문자산, 부문부채 및 측정기준에 대한 정보
③ 부문 당기손익, 부문자산, 부문부채 및 기타 중요한 부문항목의 합계와 이에 상응하는 기업전체 금액의 조정금액

또한, 표시되는 매 보고기간말에 보고부문의 재무상태표 금액을 기업 전체 재무상태표 금액으로 조정하고, 과거기간의 정보를 재작성해야 한다.

공시대상 보고부문이 하나뿐인 기업의 경우도 있다. 그러나 이러한 기업에도 공시기준이 적용된다.

1) 일반정보

기업의 부문에 관련된 일반정보로는 조직기준을 포함하여 보고부문을 식별하기 위하여 사용한 요소에 대한 정보가 있다. 예를 들면, 경영진이 제품과 용역, 지리적 위치, 규제환경 등의 차이 중 어떤 것을 택하여 기업을 조직하고 영업부문을 통합하였는지에 대한 정보이다.

각 보고부문이 수익을 창출하는 제품과 용역의 유형도 공시되어야 한다.

2) 부문 당기손익, 부문자산, 부문부채 및 측정기준에 대한 정보 1108:IG3

이에 관련된 정보를 보고부문별로 다음과 같이 공시한다(〈표 23-2〉 참조).

▶ **표 23-2**
보고부문에 대한 공시 사례

	자동차부품	소프트웨어	전 자	금 융	기타부문	총 계
외부고객으로부터의 수익	₩3,000	₩9,500	₩12,000	₩5,000	₩1,000[1)]	₩30,500
부문간 수익	–	3,000	1,500	–	–	4,500
이자수익	450	1,000	1,500	–	–	2,950
이자비용	350	700	1,100	–	–	2,150
순이자수익[2)]	–	–	–	1,000	–	1,000
감가상각비 및 상각비	200	50	1,500	1,100	–	2,850
보고부문 이익	200	900	2,300	500	100	4,000
기타 중요한 비현금성 항목 :						
자산손상	–	200	–	–	–	200
보고부문 자산	2,000	3,000	12,000	57,000	2,000	76,000
보고부문 비유동성자산에 대한 지출	300	500	800	600	–	2,200
보고부문 부채	1,050	1,800	8,000	30,000	–	40,850

1) 양적기준에 미달하는 부문들의 수익은 다각화기업의 4개 영업부문에 귀속됩니다. 소규모 부동산사업, 전자장치임대사업, 소프트웨어자문과 창고리스업이 이 부문들에 포함됩니다. 이 부문들 중 어떠한 부문도 보고부문을 결정하는 양적기준을 충족한 경우가 없었습니다.
2) 금융부문 수익의 대부분은 이자수익이며, 경영진은 이 부문을 운영함에 있어서 총수익과 총비용 대신 순이자수익에 주로 의존합니다. 따라서 순액기준의 금액만 공시됩니다.

① 당기손익 : 항상 공시한다.
② 자산과 부채의 총액 : 보고부문의 자산과 부채 금액이 최고영업의사결정자에게 정기적으로 제공된다면 공시한다.
③ 최고영업의사결정자가 검토하는 부문 당기손익에 포함되어 있거나 부문 당기손익에 포함되어 있지 않더라도 최고영업의사결정자에게 정기적으로 제공된다면, 다음 사항을 각 보고부문별로 공시한다.
  • 이자수익과 이자비용[12)]
  • 감가상각비와 상각비, 그리고 이 외의 중요한 비현금항목
  • 외부고객으로부터의 수익과 기업 내 다른 영업부문과의 거래로부터의 수익
  • 수익과 비용의 중요항목(법인세비용이나 법인세수익을 포함)
  • 관계기업 및 공동기업으로부터의 지분법손익
④ 최고영업의사결정자가 검토하는 부문자산에 포함되어 있거나 부문자산에 포함되어 있지 않더라도 최고영업의사결정자에게 정기적으로 제공된다면, 다음 사항을 각 보고부문별로 공시한다.
  • 관계기업 및 공동기업 투자의 지분법적용 투자지분 금액
  • 비유동자산의 증가액(금융상품, 이연법인세자산, 퇴직급여자산 및 보험계약에서 발생하는 권리의 취득액은 제외함)

보고되는 부문 당기손익, 부문자산 또는 부문부채에 배분되는 금액은 합리적 기준에 따라 배분한다.

각 부문항목 금액은 "부문에 대한 자원배분의 의사결정"과 "보고부문의 성과평가"를 위하여 최고영업의사결정자에게 보고되는 측정치이어야 한다. 즉 기업전체 재무제표 작성을 위한 수정과 제거 그리고 수익 및 비용의 배분은 최고영업의사결정자가 이러한 금액을 부문 당기손익 측정에 이용하는 경우에 한하여 부문 당기손익에 포함한다. 이와 마찬가지로 최고영업의사결정자가 이용하는 부문의 자산과 부채 측정치에 포함되어 있는 자산과 부채만을 부문자산과 부문부채로 보고한다.

최고영업의사결정자가 부문성과평가와 자원배분 의사결정에 영업부문의 당기손익, 자산 또는 부채에 대해 하나의 측정치만 이용하는 경우에는 그 측정치로 부문당기손익, 부문자산 및 부문부채를 보고한다. 반면, 둘 이상의 측정치를 이용하는 경우에는 기업전체 재무제표에 상응하는 금액의 측정에 이용되는 측정원칙과 가장 일관성 있게 결정되었다고 경영진이 판단하는 금액을 보고되는 측정치로 한다.

3) 조정사항

다음 사항에 대해서는 보고부문들의 합계에서 기업전체의 금액으로 조정하는 내용을 공시해야 한다.

12) 각 보고부문의 이자수익과 이자비용은 총액으로 보고한다. 다만, 이자수익이 부문수익의 대부분이고 최고영업의사결정자가 부문성과를 평가하고 자원을 배분하기 위하여 주로 순이자수익을 사용하는 경우에는 예외적으로 이자수익에서 이자비용을 차감한 순이자수익으로 보고할 수 있으며 이러한 사실을 공시한다.

① 수익과 당기손익[13]
② 자산과 부채(부문자산 및 부문부채를 보고하는 경우)
③ 공시된 정보 중 기타 중요한 항목

모든 중요한 조정사항은 개별적으로 식별하여 설명한다. 예를 들면, 회계정책의 차이로 인하여 발생하는 보고부문 당기손익을 기업전체 당기손익으로 조정하는 데 필요한 각 중요 조정사항은 개별적으로 식별하여 설명한다.

조정사항의 공시에 대한 사례가 〈표 23-3〉에 제시되어 있다. 1108:IG4

▶ 표 23-3
부문의 조정사항에 대한 공시

[수익]	
보고부문 총수익	₩39,000
기타수익	1,000
부문간 수익 제거	(4,500)
기업전체 총수익	₩35,500
[당기손익]	
보고부문 총손익	₩3,970
기타당기손익	100
부문간손익 제거	(500)
미배분액 :	
수취한 소송합의금	500
기타의 회사비용	(750)
연결기준으로 퇴직급여비용 조정	(250)
법인세비용차감전 이익	₩3,070
[자산]	
보고부문 총자산	₩79,000
기타자산	2,000
본사로부터 받을 채권 제거	(1,000)
기타 미배분액	1,500
기업전체 총자산	₩81,500
[부채]	
보고부문 총부채	₩43,850
미배분 확정퇴직연금부채	25,000
기업전체 총부채	₩68,850

[기타중요항목]

	보고부문총계	조정사항	기업전체총계
이자수익	₩3,750	₩75	₩3,825
이자비용	2,750	(50)	2,700
순이자수익(금융부문에 한정)	1,000	–	1,000
자산에 대한 지출	2,900	1,000	3,900
감가상각비 및 상각비	2,950	–	2,950
자산손상	200	–	200

(주) 자산지출에 대한 조정사항은 본사건물로 인하여 발생한 것이며, 부문 정보에는 포함되지 않았다. 이 외에 중요한 조정사항은 없다.

13) 보고부문에 법인세비용(수익)과 중단사업손익을 배분하지 않은 경우에는, 보고부문들의 당기손익 측정치 합계에서 기업전체 법인세비용(수익)과 중단사업손익 가감 전 당기손익으로 조정한다.

(3) 기업전체 수준에서의 공시 1108:31-34

어떤 기업의 사업활동은 관련된 제품과 용역의 차이나 영업지역의 차이에 근거하여 조직되지 않는 경우가 있다. 그런 기업의 경우 보고부문들이 본질적으로 다른 다양한 제품과 용역에서의 수익을 보고하거나 다수의 보고부문이 본질적으로 동일한 제품과 용역을 제공할 수도 있다. 이와 마찬가지로 보고부문들이 다양한 지역에 자산을 보유하고 다양한 지역의 고객으로부터의 수익을 보고하거나 다수의 보고부문이 동일한 지역에서 영업을 할 수도 있다.

이와 같이 보고부문이 기업의 제품 및 용역별, 지역별 또는 주요 고객별로 제공되지 않는 경우에는 다음과 같은 공시를 해야 한다.

① 제품과 용역에 대한 정보 : 각각의 제품과 용역 또는 유사한 제품과 용역의 집단별로 외부고객으로부터의 수익을 보고한다.

② 지역에 대한 정보 : 지역에 대한 다음의 정보를 보고한다.[14]

- 다음과 같은 외부고객으로부터의 수익
  - 본사 소재지 국가에 귀속되는 금액
  - 수익이 발생하는 모든 외국에 귀속되는 금액의 총계[15]
- 다음과 같은 비유동자산(금융상품, 이연법인세자산, 퇴직급여자산 및 보험계약에서 발생하는 권리는 제외함)
  - 본사 소재지 국가에 소재하는 비유동자산 금액
  - 모든 외국에 소재하는 비유동자산 금액의 총계

한편, 필요한 정보를 이용할 수 없고 그 정보를 산출하는 비용이 과도한 경우에는 예외로 하며, 그러한 경우에는 그 사실을 공시해야 한다. 또한 보고되는 수익금액은 기업전체 재무제표를 작성하는 데 사용하는 재무정보에 근거한 금액이어야 한다.

③ 주요 고객에 대한 정보 : 주요 고객에 대한 의존도에 관한 정보도 매우 중요하다. 따라서 단일[16] 외부고객으로부터의 수익이 기업전체 수익의 10% 이상인 경우에는 그 사실, 해당 고객별 수익금액 및 그러한 수익금액이 보고되는 부문의 명칭을 공시해야 한다. 그러나 주요 고객의 신원이나 그 주요 고객으로부터의 각 부문의 수익금액을 공시할 필요는 없다.

---

14) 특정 외국에 귀속되는 외부고객으로부터의 수익이 중요한 경우에는 그러한 수익금액을 별도로 공시한다. 외부고객으로부터의 수익을 개별 국가에 귀속시키는 기준도 공시한다.

15) 여기에서 요구하는 사항에 추가하여 여러 국가를 하나의 집단으로 간주한 지역정보의 소계를 제공할 수도 있다.

16) 동일 지배력하에 있는 것으로 보고기업이 인지하고 있는 기업들은 단일고객으로 간주한다. 그러나 정부(중앙, 지방 혹은 외국정부 포함)와 그 정부의 지배력하에 있는 것으로 보고기업이 인지하고 있는 기업들은 단일고객으로 간주할 것인지 여부를 평가하기 위해서는 보고기업은 그러한 기업간 경제통합의 정도를 고려하여 판단한다.

제3절 중간재무보고

중간재무보고(interim reporting)란 한 회계연도보다 짧은 회계기간인 중간기간(분기 및 반기)을 대상으로 하는 재무보고이다. 한 회계연도를 대상으로 하는 연차재무제표만으로는 기업에 관한 재무정보를 투자자에게 적시에 제공할 수 없다. 중간재무보고서는 적시성 있는 정보를 제공하여 정보의 유용성을 제고시킬 수 있다.

중간재무보고는 작성대상기간이 연간보다 단기이기 때문에 연차재무보고에 비하여 거래의 인식과 측정을 배분과 추정에 의존해야 하는 경우가 많다. 특히 법인세비용, 수선비용 등 연간기준으로 확정되는 회계사건을 중간기간에 인식하고 측정하기 위해서는 추정 및 배분에 의존해야 한다. 이에 따라 회계정보의 신뢰성이 낮아질 가능성이 있다.

우리나라 자본시장법에서는 상장법인 등은 반기 및 분기 재무제표를 작성하여 기간경과 후 45일 이내에 제출하도록 요구하고 있다. K-IFRS 제1034호(중간재무보고)에서도 "중간기간(한 회계연도보다 짧은 회계기간)"과 "누적중간기간"을 대상으로 중간재무보고서를 작성하도록 요구하는 회계기준을 제시하고 있다.

1 중간재무보고서

중간재무보고서는 직전의 전체 연차재무제표를 갱신하는 정보를 제공하기 위하여 작성된다. 따라서 중간재무보고서는 새로운 활동, 사건과 환경에 중점을 두며 이미 보고된 정보를 반복하지 않는다. 또한 정보의 적시성과 재무제표 작성비용의 관점에서 그리고 이미 보고된 정보와의 중복을 방지하기 위하여 중간재무보고서에는 연차재무제표에 비하여 적은 정보를 공시할 수 있다.

K-IFRS에서는 중간재무보고서의 최소 구성요소로서 요약재무제표와 선별적 주석을 포함하도록 규정하고 있다. 물론 요약재무제표가 아닌 전체 재무제표를 제시할 수도 있으며, K-IFRS에서 규정하고 있는 선별적 주석보다 더 상세한 내용을 제시할 수도 있다.

(1) 중간재무제표의 형식과 내용 1034:9-11A

중간재무보고서는 다음 형식의 중간재무제표(요약 또는 전체)를 포함한다.

① 재무상태표 : 당해 중간보고기간말과 직전 연차보고기간말을 비교
② 손익계산서 : 당해 중간기간과 당해 회계연도 누적기간을 직전 회계연도 동일기간과 비교
③ 자본변동표 : 당해 회계연도 누적기간을 직전 회계연도의 동일기간과 비교
④ 현금흐름표 : 당해 회계연도 누적기간을 직전 회계연도의 동일기간과 비교

또한 계절성이 높은 사업을 영위하는 기업의 경우에는 중간보고기간말까지 12개월 기간의 재무정보와 직전 회계연도의 동일기간에 대한 비교 재무정보를 보고하도록 권장하고 있다.

예제 23-3 중간보고서

우리(주)의 회계연도는 12월 31일로 종료한다. 기업은 20×2. 9. 30 현재의 분기중간재무보고서로서 다음의 재무제표(요약 또는 전체)를 보고한다.

다음 날짜의 재무상태표	20×2. 9. 30	20×1. 12. 31
다음 날짜로 종료하는 3개월간의 손익계산서	20×2. 9. 30	20×1. 9. 30
다음 날짜로 종료하는 9개월간의 손익계산서	20×2. 9. 30	20×1. 9. 30
다음 날짜로 종료하는 9개월간의 현금흐름표	20×2. 9. 30	20×1. 9. 30
다음 날짜로 종료하는 9개월간의 자본변동표	20×2. 9. 30	20×1. 9. 30

(주) 계절성이 높은 사업이라면 중간보고기간말까지 12개월 기간의 재무정보와 직전 회계연도의 동일기간에 대한 비교 재무정보를 보고하도록 권장한다.

중간재무보고서로 전체 재무제표를 제시하는 경우 K-IFRS 제1001호(재무제표의 표시)에서 정한 형식과 내용에 부합해야 한다.

중간재무보고서가 요약재무제표인 경우에는 최소한 직전 연차재무제표에 포함되었던 제목, 소계 및 선별적 주석을 포함해야 한다. 그러나 추가항목이나 다른 주석들이 생략될 경우 재무제표이용자의 오해를 유발할 수 있다면 그러한 항목이나 주석은 추가되어야 한다.

기본주당이익과 희석주당이익은 중간기간의 당기순손익의 구성요소를 표시하는 재무제표에 표시한다. 예를 들면, 별개의 손익계산서에 당기순이익의 구성요소를 표시하는 경우에는 당해 주당이익을 별개의 손익계산서에 표시한다.

직전 연차재무보고서를 연결기준으로 작성하면, 중간재무보고서도 연결기준으로 작성해야 한다.[17]

17) 중간재무제표(직전기 자산총액 5,000억원 초과 주권상장법인에만 해당함)는 공인회계사의 검토의견만을 받아도 된다. 검토의견은 정규감사(적극적 확신에 관한 의견표명)와는 달리 소극적 확신에 대한 의견표명이다.

(2) 선별적 주석

중간재무보고서의 이용자는 해당 기업의 직전 연차재무보고서도 이용할 수 있다. 따라서 직전 연차재무보고서에 이미 보고된 정보에 대한 갱신사항이 상대적으로 경미하다면 중간재무보고서의 주석으로 기재할 필요는 없다. 중간보고기간말에는 직전 연차보고기간말 후 발생한 재무상태와 경영성과의 변동을 이해하는 데 유의적인 거래나 사건에 대한 설명이 더 유용하다.

다음과 같은 정보가 중요하고 중간재무보고서의 다른 곳에 공시되지 않았다면, 최소한 이러한 정보를 중간재무제표에 대한 주석에 포함해야 한다.

① 직전 연차재무제표와 동일한 회계정책과 계산방법을 사용하였다는 사실 또는 회계정책이나 계산방법에 변경이 있는 경우 그 내용과 영향
② 중간기간 영업활동의 계절적 또는 주기적 특성에 대한 설명 등[18]

이러한 정보는 일반적으로 당해 회계연도 누적기준으로 보고한다. 그러나 당해 중간기간을 이해하는 데 중요한 사건이나 거래도 공시한다.

중간재무보고서로 요약재무제표와 선별적 주석만을 제시하는 경우에는 다른 K-IFRS에서 요구하는 공시사항을 제시할 필요는 없다.

(3) 기타 관련 사항

K-IFRS에 따라 중간재무보고서를 작성한 경우, 그 사실을 공시해야 한다. 그러나 중간재무보고서가 K-IFRS의 요구사항을 모두 충족한 경우가 아니라면 K-IFRS를 준수하여 작성되었다고 기재해서는 안 된다.

중간재무보고서를 작성할 때 인식, 측정, 분류 및 공시와 관련된 중요성의 판단은 "해당 중간기간의 재무자료에 근거하여" 이루어져야 한다. 왜냐하면 중간재무보고서의 궁극적인 목표는 중간기간의 재무상태와 경영성과를 이해하는 데 목적적합한 모든 정보를 제공하는 것이기 때문이다. 또한 중요성을 평가하는 과정에서 중간기간의 측정은 연차재무자료의 측정에 비하여 추정에 의존하는 정도가 크다는 점을 고려

---

18) 주석에 포함되어 공시되어야 하는 기타 항목으로는 다음과 같은 것이 있다.
- 내용, 크기 또는 발생빈도 때문에 비경상적인 항목으로서 자산, 부채, 자본, 순이익, 현금흐름에 영향을 미치는 항목의 내용과 금액
- 당해 회계연도의 이전 중간기간에 보고된 추정금액에 대한 변경 또는 과거 회계연도에 보고된 추정금액에 대한 변경으로서 그 변경이 당해 중간기간에 중요한 영향을 미치는 경우 그 내용과 금액
- 채무증권과 지분증권의 발행, 재매입 및 상환
- 보통주식과 기타 주식으로 구분하여 지급된 배당금
- 부문에 대한 정보(부문당기손익 등)
- 중간보고기간말 후에 발생했으나 중간재무제표에 반영되지 않은 중요한 사건
- 사업결합, 종속기업 및 장기투자에 대한 지배력의 획득이나 상실, 구조조정, 중단영업 등으로 중간기간중 기업구성에 변화가 있는 경우 그 효과
- 직전 연차보고기간말 후에 발생한 우발부채나 우발자산의 변동

해야 한다.

특정 중간기간에 보고된 "추정금액"이 최종 중간기간(예를 들면, 4/4분기)에 중요하게 변동했지만 최종 중간기간에 대하여 별도의 재무보고를 하지 않는 경우, 추정의 변동내용과 금액을 해당 회계연도의 연차재무제표에 주석으로 공시해야 한다. 예를 들면, 당해 회계연도의 이전 중간기간에 보고된 재고자산 감액, 구조조정 및 손상차손과 관련된 추정이 최종중간기간에 변경된 경우가 있을 수 있다.

2 인식과 측정

중간재무보고서에서 적용할 인식 및 측정기준, 그리고 작성목적은 중간기간과 연간의 관계를 어떻게 파악하느냐에 따라 결정적인 영향을 받게 된다. 중간보고기간을 보는 기본입장에는 〈표 23-4〉에서처럼 구분접근법과 통합접근법이 있다.

▶ **표 23-4**
중간보고서 인식과 측정을 위한 구분접근법과 통합접근법

구분	내용
구분접근법 (discrete approach)	중간기간을 연간과 별개의 독립적인 회계기간으로 본다. 따라서 연차재무보고서에 적용하는 회계정책은 중간재무보고서에도 동일하게 적용해야 한다.
통합접근법 (integral approach)	중간기간을 연간의 부분 회계기간으로 본다. 즉 중간기간은 독립적인 회계기간이 아니며, 연간의 재무상태 및 경영성과를 예측하기 위한 기간의 분할에 불과하다고 본다. 따라서 연간재무정보를 보다 효과적으로 예측할 수 있도록 연간에 적용하는 회계정책을 적절히 수정하여 적용할 수 있다. 예를 들어 중간기간의 일시적·계절적 변동이 연간성과의 예측을 왜곡시키지 않도록 조정하여 유연화할 수 있다.

구분접근법은 다음과 같은 이유에서 지지된다.

① 연간이 반드시 절대적인 회계기간이 되어야 하는 이론적인 근거가 없다. 회계기간은 계속기업의 전체사업연도에 대한 인위적인 분할의 결과이므로 기간의 장단에 따라 위상이 달라질 이유는 없다.

② 정보이용자들은 직전 연간재무제표에 근거하여 중간재무정보를 해석하기 때문에 중간재무제표에서 직전 연간재무제표와 동일한 회계정책을 적용하면 일관성 및 비교가능성이 확보되고 미래의 예측력은 제고될 것이다.

③ 중간기간 자체의 성과를 충실히 보고하면 기업의 주요 변화에 관한 정보가 즉시 제공된다. 중간재무제표에서 연간과 다른 회계정책의 적용을 허용하면 회계정책 적용에 자의성이 개입되고, 경영성과가 유연화되어 기업의 수익성, 현금흐름, 유동성 등의 추세변화가 은폐될 수 있다.

④ 중간기간의 계절성이 문제된다면 이는 주석사항으로 공시하면 충분할 것이다.

K-IFRS에서 중간재무제표는 연차재무제표에 적용하는 회계정책과 동일한 회계정책을 적용하여 작성하고, 다만 직전 연차보고기간말 후에 회계정책을 변경하여 그 후의 연차재무제표에 반영하는 경우에는 변경된 회계정책을 적용하도록 규정하고 있다. 이와 같이 중간재무제표에 대하여 연차재무제표에서와 동일한 회계정책을 적용한다는 것은 개별 중간기간을 독립적 보고기간으로 간주하는 구분접근법을 따르는 것으로 볼 수 있다.

한편, K-IFRS에서는 연차재무제표의 결과가 보고빈도(연차보고, 반기보고, 분기보고)에 따라 달라지지 않아야 함을 강조하고 있다. 이와 같이 재무보고의 작성빈도가 연차재무제표의 결과에 영향을 미치지 않아야 한다는 것은 중간기간은 회계연도의 부분이라는 사실을 인정하고 있다. 즉 통합접근법도 따르고 있는 것으로 본다. 특히 이러한 목적을 달성하기 위하여 중간재무보고를 위한 측정은 당해 회계연도 "누적중간기간을 기준으로" 하도록 요구하고 있다.[19] 즉 당해 회계연도 누적중간기간의 측정은 당해 회계연도의 이전 중간기간에 보고된 추정금액에 대한 변경을 수반할 수 있다. 그럼에도 불구하고 중간기간에 자산, 부채, 수익 및 비용을 인식하는 원칙은 연차재무제표에서의 원칙과 동일하도록 요구하고 있음에 유의해야 한다.

반기기준 재무보고를 하는 경우에는 반기말 현재 또는 그 직후에 이용가능한 정보를 사용하여 반기재무제표를 작성하며, 연말 현재 또는 그 직후에 이용가능한 정보를 사용하여 연차재무제표를 작성한다. 연차기준의 측정은 첫 반기에 보고된 추정금액에 대한 변경을 반영한다. 그러나 첫 반기에 보고된 금액은 소급하여 수정하지 않고, 다만 중요한 추정의 변동 내용과 금액을 공시해야 한다.

이와 유사하게 반기기준보다 더 자주(예를 들면 분기) 재무보고를 하는 경우에는 각 중간기간에 대한 재무제표를 작성하는 시점에 이용가능한 정보를 사용하여 "누적중간기간 기준으로" 수익과 비용을 측정한다. 이에 따라 당해 중간기간에 보고하는 수익과 비용은 당해 회계연도의 이전 중간기간에 보고한 추정금액에 대한 변경을 반영하게 된다. 그러나 직전 중간기간에 보고한 금액은 소급하여 수정하지 않고, 다만 중요한 추정의 변동 내용과 금액을 공시해야 한다.

〈표 23-5〉는 중간보고서 작성시 적용해야 할 대표적인 항목들과 회계처리를 요약하고 있다. 1035:30, 1034:B1-B9

---

19) 측정은 누적중간기간을 기준으로 하지만 정보이용자들은 개별중간기간의 정보를 중시하므로 K-IFRS에서는 (포괄)손익계산서를 누적중간기간뿐 아니라 개별중간기간에 대하여도 작성하도록 요구하고 있다.

▶ **표 23-5**

중간기간 인식과 측정에 고려할 항목들과 회계처리

항목	회계처리
중간보고기간말 현재 자산의 정의를 충족하지 못하는 원가	해당 중간보고기간 이후에 이러한 정의를 충족할 가능성이 있다는 이유로 또는 중간기간의 이익을 유연화하기 위하여 자산으로 계상할 수 없다. 이와 마찬가지로, 중간보고기간말의 부채는 연차보고기간말과 동일하게, 중간보고기간말 현재 부담하는 의무를 표시해야 한다.
중간기간 재고자산의 감액, 외화환산손익 및 자산손상	연차재무제표만을 작성할 때 따르는 원칙과 동일하다. 그러나 이러한 항목들이 특정 중간기간에 인식되고 측정되었으나 그 추정치가 당해 회계연도의 후속 중간기간에 변경되는 경우에는 "당해 후속 중간기간"에 추가로 손실금액을 인식하거나 이전에 인식한 손실을 환입함으로써 당초 추정치가 변경된다.
법인세비용	전체 회계연도에 대해서 예상되는 최선의 가중평균연간법인세율의 추정에 기초하여 인식한다. 연간법인세율에 대한 추정을 변경하는 경우에는 이미 한 중간기간에 인식한 법인세비용을 이후 중간기간에 조정해야 할 수도 있다.
계절적, 주기적 또는 일시적으로 발생하는 수익	연차보고기간말에 미리 예측하여 인식하거나 이연하는 것이 적절하지 않다면 중간보고기간말에도 미리 예측하여 인식하거나 이연하지 않는다. 배당수익, 로열티수익 또는 정부보조금 등이 그 예이다.
특정 중간기간마다 다른 중간기간에 비해 지속적으로 더 많이 발생하는 수익	이러한 수익은 발생할 때 수익으로 인식한다. 다만, 계획된 대수선비 등과 같이 연중 고르게 발생하지 않는 원가라면 연차보고기간말에 미리 비용으로 인식하거나 이연하는 것이 타당한 방법으로 인정되는 경우에 한하여 중간재무보고서에서도 동일하게 처리한다.
급여 관련 분담금과 상여금	급여 관련 사용자분담금과 정부주관 보험펀드에 대한 출연액이 연차기준으로 부과되는 경우가 있다. 이 경우에는 대부분의 금액이 일시에 지급되더라도 사용자의 관련 비용은 추정평균연간유효분담률이나 유효출연율을 사용하여 중간기간에 인식한다. 상여금은 다음 모두를 충족하는 경우에 한해 중간보고 목적으로 추정한다. • 상여금이 법적 의무이거나 과거의 관행으로 인하여 상여금을 지급하는 것 외에 다른 현실적인 대안이 없는 의제의무이다. • 그 의무금액을 신뢰성 있게 추정할 수 있다.
정기유지보수 등	당해 중간기간 후이지만 회계연도중에 발생할 것으로 기대되는 계획된 주요한 정기유지보수는 어떤 사건이 기업에 법적 의무나 의제의무를 발생시키지 않았다면 중간기간에 반영하지 않는다. 이는 단순한 의도나 필요성만으로 미래의 비용지출에 대한 의무가 발생하지는 않기 때문이다.
충당부채	연차보고기간말과 동일한 기준을 적용한다. 효익을 이전해야 하는 의무가 존재하는지 여부는 보고기간의 장단에 따라 결정되는 것이 아니라 사실에 따라 결정되기 때문이다.
무형자산	인식기준이 충족되기 전에 발생한 원가는 비용으로 인식하고, 인식기준이 충족되는 특정 시점 이후에 발생한 원가는 무형자산 원가의 일부로 인식한다. 회계연도중 당해 중간기간 후에 인식기준을 충족할 것으로 기대하여 원가를 중간 재무상태표에 자산으로 인식할 수 없다.
비정기적원가	회계연도 동안 비정기적으로 발생할 것으로 예상되는 특정 원가(예를 들면, 자선기부금과 종업원훈련원가)는 해마다 발생하는 경향이 있지만 일반적으로 재량적이다. 아직 발생하지 않은 원가를 중간보고기간말에 부채로 인식할 수 없다.
계약상 가격 변경	수량 리베이트나 할인, 그리고 원재료, 노동력, 기타 구매된 재화 및 용역의 계약상 가격변경이 확정되거나 효력을 발생시킬 가능성이 높다면, 지급자와 수령자 모두 중간기간에 이를 추정한다. 그러나 계약상 리베이트와 할인이 아닌 재량적인 리베이트나 할인은 추정하지 않는다.
감가상각	중간기간의 감가상각과 상각은 오로지 그 중간기간에 소유하였던 자산에 기초한다. 이때 회계연도중 당해 중간기간 후에 자산을 취득하거나 처분하기로 한 계획은 고려하지 않는다.

예제 23-4 중간기간의 인식과 측정

(1) 청아(주)는 분기별로 보고하는데, 매 분기에 ₩10,000의 세전이익을 기대하고 있으며, 최초 연간이익 ₩20,000에 20%, 이후 모든 추가이익에 30%의 법인세율을 적용받고 있다. 이에 따라 추정평균법인세율은 다음과 같이 25%로 산출된다.

[₩20,000×20%+(₩10,000×4분기−₩20,000)×30%]/₩40,000=25%]

실제 이익은 기대이익과 일치한다. 매 분기에 보고되는 법인세비용의 금액은 다음과 같다.

	1분기	2분기	3분기	4분기	연간
법인세비용	₩2,500	₩2,500	₩2,500	₩2,500	₩10,000*

* 연간 세전이익 ₩40,000에 대하여 법인세 ₩10,000을 납부해야 할 것으로 기대된다.

(2) 은수(주)는 분기별로 보고하며, 1분기의 세전이익이 ₩15,000이지만 나머지 3분기에 각각 ₩5,000의 손실이 발생(따라서 연간이익은 ₩0)할 것으로 기대되며, 추정평균연간유효법인세율이 25%로 기대된다. 매 분기에 보고되는 법인세비용 금액은 다음과 같다.

	1분기	2분기	3분기	4분기	연간
법인세비용	₩3,750	(₩1,250)	(₩1,250)	(₩1,250)	₩0

K-IFRS에서 중간재무제표상의 인식과 측정에 대하여 특별히 규정하고 있는 다른 항목을 살펴보면 다음과 같다. 1034:41,C1-C7

① 추정치의 사용 : 중간재무보고서 작성을 위한 측정절차는 측정결과가 신뢰성이 있으며 기업의 재무상태와 경영성과를 이해하는 데 적합한 모든 중요한 재무정보가 적절히 공시되었다는 것을 보장할 수 있도록 설계한다. 연차기준과 중간기준의 측정 모두 합리적인 추정에 근거하지만, 일반적으로 중간기준의 측정은 연차기준의 측정보다 추정을 더 많이 사용한다.
중간기간에 대하여 추정을 사용하는 몇 가지 예는 다음과 같다.

- 재고자산 : 전체 재고실사와 평가과정이 중간보고기간말에는 요구되지 않을 수도 있다. 중간보고기간말에는 매출총이익법을 이용하여 추정하는 것으로 충분할 수 있다.
- 자산과 부채의 유동성·비유동성 분류 : 중간보고기간말보다 연차보고기간말에 더욱 자세한 조사를 할 수 있다.
- 충당부채 : 충당부채의 연차계산에 기업은 때때로 외부전문가를 이용한다. 그러나 중간보고기간말의 유사한 추정에는 종종 과거 연차 충당부채를 갱신하는 방법을 사용한다.
- 법인세 : 연차보고기간말에 각 국가에서의 이익에 각 국가의 법인세율을 적용하여 법인세비용과 이연법인세자산(부채)을 계산한다. 또한 그러한 정밀성이 중간보고기간말에도 바람직하지만 보다 구체적인 법인세율을 사용하는

효과에 대한 합리적인 근사치가 된다면, 중간보고기간에는 국가 또는 수익의 범주를 포괄하는 "가중평균법인세율"을 사용하는 것을 인정한다.

- 재평가와 공정가치회계 : 중간보고기간말에는 연차보고기간말과는 달리 자격을 갖춘 평가인에게 의존하지 않을 수 있다.

② 이전에 보고된 중간기간에 대한 재작성 : 회계정책의 변경은 다음과 같이 재무제표에 반영해야 한다. 1034:43-44

- 당해 회계연도 이전 중간기간의 재무제표와 비교표시되는 과거 회계연도 중간기간의 재무제표를 재작성한다.
- 새로운 회계정책을 적용하게 되는 회계연도 개시일에, 회계변경의 누적효과를 이전의 전체 회계기간에 적용하는 것이 실무상 어려운 경우가 있다. 이 경우에는 실무적으로 적용할 수 있는 최초일부터 새로운 회계정책을 전진적으로 적용하여 당해 회계연도의 이전 중간기간과 비교표시되는 과거 회계연도의 중간기간에 대한 재무제표를 조정한다.

제 4 절 기타 재무보고

1 재무예측정보

최근 들어 기업에 관한 보다 유용한 정보를 원하는 정보이용자들은 경영자에 의한 재무예측정보의 공시를 요구하고 있다.

K-IFRS에는 재무예측정보의 작성 및 보고에 관련된 규정이 별도로 존재하지 않는다. 그러나 재무정보이용자들이 이용하고 있는 많은 정보가 비공식적으로 입수된 재무예측정보에 상당히 의존하고 있다. 따라서 이러한 재무예측정보를 제공하는 것을 장려할 필요가 있다. 그러나 경영자들은 재무예측정보의 제공에 따른 법적 책임때문에 재무예측정보의 제공을 꺼릴 수 있다. 따라서 재무예측정보의 제공에 따르는 면책규정이 필요하게 되었다. 우리나라 자본시장법[20]에서는 유가증권신고서의 작성자가 제공하는 재무예측정보에 대한 손해배상책임을 면제하는 규정, 즉 안전보장규칙(safe harbor rule)을 채택하고 있다. 이에 따르면 다음의 각 방법에 따라 재무예측정보가 유가증권신고서에 기재 또는 표시된 경우에는 증권신고서의 작성자는 그 손해에

20) 자본시장법(제125조 제2항) 참조.

관하여 배상의 책임을 지지 아니한다.[21)]

① 그 기재 또는 표시가 예측정보라는 사실이 밝혀져 있을 것
② 예측 또는 전망과 관련된 가정이나 판단의 근거가 밝혀져 있을 것
③ 그 기재 또는 표시가 합리적 근거나 가정에 기초하여 성실하게 행하여졌을 것
④ 그 기재 또는 표시에 대하여 예측치와 실제 결과치가 다를 수 있다는 주의문구가 밝혀져 있을 것

2 감사보고서

정보이용자들이 재무제표를 이용할 때 매우 중요한 정보이면서도 쉽게 간과하는 것이 외부감사인의 감사보고서(auditor's report)이다.[22)] 외부감사인은 공인회계사로서 회사와는 독립적인 입장에서 회사가 제공하는 회계자료를 감사하는 전문가이다.[23)]

감사보고서는 재무제표에 대한 전문가로서의 의견을 표명함으로써 재무제표의 신뢰성, 궁극적으로는 그 유용성을 증진시키는 기능을 수행한다. 또한 감사보고서는 재무제표만으로는 알 수 없었던 새로운 사실이나 강조되어야 할 사실을 공시함으로써 정보전달수단으로서의 기능도 수행한다.

(1) 감사보고서의 양식

감사보고서는 전문적인 지식을 가지고 있지 않은 재무제표이용자의 이해를 돕기 위하여 일정한 형식을 갖추고 의견표시방법에 통일성을 기하고 있다. 이에 대해서는 회계감사기준에 구체적으로 규정되어 있다. 표준감사보고서의 내용을 구체적으로 살펴보면 다음과 같다.

① 제목 : "독립된 감사인의 감사보고서"라는 명칭을 사용하는데, 이는 감사인이 독립성에 관한 윤리적 요구사항을 모두 충족시켰으며, 다른 사람(예를 들면, 내

---

21) 주권상장법인 또는 협회등록법인 외의 법인이 최초로 유가증권을 모집 또는 매출하기 위하여 유가증권신고서를 제출하는 경우에는 이를 적용하지 아니한다. 또한, 당해 유가증권의 취득자가 취득의 청약시에 예측정보에 허위의 기재 또는 표시가 있거나 중요한 사항이 기재 또는 표시되지 아니한 사실을 알지 못한 경우로서 그 기재 또는 표시와 관련하여 고의 또는 중대한 과실이 있었음을 증명한 경우에는 그러하지 아니하다.

22) 다음에 해당하는 기업은 외부감사를 받아야 한다. 외부감사인은 감사보고서를 작성하여 감사의견을 표명한다.
- 상장법인과 자산 또는 매출액 500억원 이상의 회사
- 다음 중에서 3개 이상에 해당하지 않는 경우
  ① 자산 120억원 미만, ② 부채 70억원 미만, ③ 종업원 100명 미만, ④ 매출액 100억원 미만, ⑤ 사원 50명 미만(유한회사만 적용)

23) 감사대상회사는 매 사업연도 개시 후 45일(감사위원회 의무설치법인은 사업연도 개시일까지, 단 초도감사는 4개월) 이내에 감사 또는 감사인선임위원회(상장법인 경우)의 제청에 의해 이사회의 의결을 거친 후 정기주주총회의 승인을 얻어 감사인을 선임하고, 이를 증권선물위원회에 보고해야 한다(외감법 제10조).

부감사인)의 보고서와 구분된다는 것을 나타내기 위한 것이다.

② 수신인 : 해당 감사의 상황에서 요구되는 수신인을 기재하는데, 종종 주주나 지배기구(예를 들면 이사회)를 수신인으로 한다.

③ 재무제표에 대한 보고 : 감사의견 문단에 감사대상기업, 재무제표를 구성하는 단위재무제표의 명칭 및 보고대상 일자와 기간, 해당 재무제표가 감사받았다는 사실, 그리고 유의적인 회계정책의 요약과 그 밖의 설명정보에 대한 언급을 포함한다.

④ 감사의견 : 여기에 나타나는 "우리의 의견으로는"이라는 단어는 문자 그대로 의견일 뿐 절대적 사실을 증명하거나 보증한다는 뜻이 아님을 시사한다. 즉 의견은 전문가로서 감사인의 판단에 따른 합리적 확신에 바탕을 두고 있지만 감사받은 연결재무제표라도 모든 정보위험이 제거되지 않았다는 것을 함축한다.

그리고 재무제표가 중요성의 관점에서 "한국채택국제회계기준"에 따라 공정하게 표시되어 있는지에 관한 감사인의 의견을 표명한다.

"공정하게 표시하고 있습니다"라는 표현은 재무제표의 정확성에 대한 의견을 표명하는 것이 아니고 또한 재무상태나 경영성과가 양호하거나 적절하다는 것을 의미하지도 않는다. 이는 단지 재무보고체계의 근간을 이루는 회계기준이 정하는 바에 따라 공정하게(fairly) 회계처리되었음을 나타내는 표현이다.

감사의견은 "재무제표 전체를 포괄하는(taken as a whole)" 종합적인 의견이어야 한다. 따라서 예를 들면, 손익계산서는 적정하게 표시되어 있으나 재무상태표는 적정하지 못하다는 부분의견을 표현할 수 없다.

⑤ 감사의견의 근거 : 감사의견은 회계감사기준에 근거하여 감사를 실시하여 획득한 감사증거를 바탕으로 표명하였음을 밝힌다. 또한 감사실시과정에서는 감사인이 독립성을 견지하고 윤리적 책임을 이행하였다는 것을 알리고 있다. 마지막으로 입수한 감사증거가 감사의견을 표명하기에 충분하고 적합하다는 사실을 기술한다. 감사의견으로는 적정의견, 한정의견, 부적정의견, 의견거절이 있는데 〈표 23-6〉에서 상세하게 설명한다.

⑥ 핵심감사사항 : 외부감사인이 기업 회계감사 중 가장 중요하거나 위험하다고 판단되는 것에 대해 감사위원회 등 피감사회사의 지배기구와의 커뮤니케이션을 거쳐 감사보고서에 기재한다. 여기에서 핵심감사사항으로 선정한 이유와 각 사항에 대한 감사인의 대응을 서술한다. 국내에서는 단문형의 감사의견 체계를 80년 이상 사용해 오다가 감사과정의 중요·위험 사항을 서술하는 장문 형식의 핵심감사사항을 나타내어야 한다는 의견이 대두되면서 2018년부터 이 제도를 도입하였다. 예를 들어 핵심감사사항은 다음과 같은 성격을 지닌다.

- 중요 왜곡표시위험이 높게 평가되거나 유의적 위험으로 식별된 분야
- 추정의 불확실성이 높은 것으로 식별된 회계추정치
- 보고기간중 발생한 유의적인 사건이나 거래가 감사에 미치는 영향

⑦ 재무제표에 대한 경영진의 책임 : 재무제표 작성과 내부통제에 대한 책임이 경영진에 있음을 언급한다.

⑧ 재무제표에 대한 감사인의 책임 : 이 문단에서는 재무제표 감사에 대한 목적을 먼저 기술한다. 여기서 합리적 확신이란 높은 수준의 확신을 의미하지만 감사기준에 따라서 수행된 감사가 항상 중요한 왜곡표시를 발견할 것을 보장하는 것은 아니며, 왜곡표시는 부정이나 오류로부터 발생할 수 있음을 명시한다. 그리고 감사인이 독립성 관련 윤리적 요구사항들을 준수하고, 독립성 문제와 관련된다고 판단되는 모든 관계와 기타사항들 및 해당되는 경우 관련 제도적 안전장치를 지배기구와 커뮤니케이션한다는 진술을 지배기구에게 제공하고 있음을 밝힌 내용이다.

⑨ 업무수행이사 성명 : 감사인의 업무수행이사 성명이 기재된다. 이로써 누가 감사실무의 책임을 지고 감사를 수행했는지를 나타낸다. 성명의 노출은 감사인의 상당한 부담으로 작용하겠지만 높은 품질의 감사를 수행하게 할 목적으로 제공되는 정보이다.

⑩ 감사인의 명칭 및 주소 : 감사인의 주소는 감사인이 직무를 수행하고 있는 국가 내의 소재지로 한다. 감사인의 명칭은 회계법인인 경우에는 대표이사, 그리고 공인회계사사무소인 경우에는 대표공인회계사가 서명한다. 감사에 직접 참여하지 않은 대표가 서명하는 것은 감사의견이 개인의 의견이 아니라 감사인조직의 의견임을 나타내기 위한 것이다.

⑪ 감사보고서일 : 일반적으로 현장감사를 사실상 종료한 날로서, 그때까지 발생하고 감사인이 인지하게 된 모든 후속사건과 거래가 연결재무제표와 감사보고서에 미칠 수 있는 영향을 충분히 고려했음을 알린다. 따라서 이는 감사인의 책임을 구분하는 역할을 한다.

감사의견의 형성에 기초가 되는 충분하고 적합한 증거의 입수를 완료한 날에는 전체 재무제표(관련 주석 포함)를 구성하는 모든 단위 재무제표가 작성되었고, 인정된 권한을 가진 기구가 해당 재무제표에 대해 책임을 진다고 확인한 증거를 포함하고 있어야 한다.

(2) 감사의견의 종류

감사보고서를 작성했다면, 이는 회사의 재무제표가 K-IFRS에 따라 중요성의 관점에서 공정하게 표시되었다는 감사인의 의견을 표명한 것이다. 이러한 감사인의 의견을 적정의견(unqualified opinion)이라고 하며, 다음 두 가지 조건을 모두 충족시켜야 적정의견이 표명될 수 있다.

① 재무제표가 중요하게 왜곡표시되어 있지 않음

② 감사범위의 제한에 따라 생략된 감사절차가 재무제표에 미치는 영향이 중요하지 않음

기업이 회계기준을 잘 준수하고 있기 때문에 대부분의 경우 적정의견이 표명되고 있으나, 때로는 의견이 변형되어 한정의견이나 부적정의견이 표명되거나 의견표명이 거절되는 경우도 있다(〈표 23-6〉 참조).

▶ 표 23-6
변형된 감사의견의 종류와 발생원인

발생한 사항의 성격 \ 영향의 중요성과 전반성	중요하지만 전반적이지는 않음	중요하며 동시에 전반적임
재무제표가 왜곡표시된 경우	한정의견	부적정의견
감사범위의 제한이 있는 경우	한정의견	의견거절

먼저 한정의견(qualified opinion)은 다음 경우에 표명한다.

① 감사인이 충분하고 적합한 감사증거를 입수하였고, 왜곡표시가 재무제표에 개별적 또는 집합적으로 **중요하지만 전반적이지는 않다**라는 결론을 내리는 경우
② 감사인이 감사의견의 근거가 되는 충분하고 적합한 감사증거를 입수할 수 없었고, 발견되지 않은 왜곡표시가 재무제표에 미칠 수 있는 영향이 **중요하지만 전반적이지 않다**라는 결론을 내리는 경우

한정의견의 경우 한정의견이라고 보고하고 한정의견의 근거문단을 삽입한다. 의견문단에서는 "…한정의견 근거단락에 기술된 사항이 미치는 영향을 제외하고는 재무제표가 해당 재무보고체계에 따라 중요성의 관점에서 공정하게 표시하고 있다"고 기술한다.

부적정의견(adverse opinion)은 감사인이 충분하고 적합한 감사증거를 입수하였고, 왜곡표시가 재무제표에 개별적 또는 집합적으로 **중요하며 동시에 전반적이다**라는 결론을 내리는 경우에 표명하는 감사의견이다.

부적정의견은 한정의견과 마찬가지로 부적정의견이라고 보고하고 부적정의견의 근거문단을 삽입한다. 의견문단에서는 "…부적정의견 근거문단에 기술된 사항의 유의성으로 인하여 재무제표가 해당 재무보고체계에 따라 중요성의 관점에서 공정하게 표시하고 있지 않습니다"라고 기술한다.

의견거절(disclaimer of opinion)은 감사인이 충분하고 적합한 감사증거를 입수할 수 없었으며 발견되지 않은 왜곡표시가 재무제표에 미치는 영향이 **중요하며 동시에 전반적일 수 있다**라는 결론을 내리는 경우에 표명하는 감사의견이다.[24]

의견거절의 경우에도 의견거절이라고 보고하고 의견거절 근거문단을 삽입한다. 의견거절문단에서는 "…의견거절 근거단락에 기술된 사항의 유의성으로 인하여 감사의견의 근거가 되는 충분하고 적합한 감사증거를 입수할 수 없었습니다. 따라서 우리는 회사의 재무제표에 대하여 의견을 표명하지 않습니다"라고 기술한다.

24) 다수의 불확실성이 관련된 극히 드문 상황에서 감사인이 각각의 불확실성에 대해 충분하고 적합한 감사증거를 입수하였음에도 불구하고 이들 개별 불확실성간의 잠재적 상호작용과 각각의 불확실성이 재무제표에 미칠 수 있는 누적적 영향 때문에 재무제표에 대한 의견형성이 불가능하다고 결론을 내리는 경우도 감사의견을 거절해야 한다.

(3) 재무보고의 책임

외부감사인들은 오랫동안 기업의 재무제표 작성, 그리고 재무제표의 완전성과 객관성에 대한 일차적인 책임이 기업의 경영자들에게 있다는 사실을 주지시키려는 노력을 해왔다. 앞에서도 보았듯이 감사보고서에도 재무제표에 대한 경영진의 책임이란 문단에서 재무제표 작성과 내부통제에 대한 책임이 경영진에 있음을 언급하고 있다.

특별히 경영자에게 그들이 재무제표의 진실성에 책임을 지고 있음을 공시하도록 요구할 수 있다. 우리나라 자본시장법(제159조)에서는 유가증권신고서・사업보고서 등 공시서류의 허위기재 및 누락 등을 방지하기 위하여 대표이사 및 신고업무를 담당하는 이사의 확인과 서명을 요구하고 있다(〈표 23-7〉 참조).[25]

▶ 표 23-7
대표이사 등의 확인・서명

확 인 서

우리는 당사의 대표이사 및 신고업무담당이사로서 이 연차(분기)보고서의 기재내용에 대해 상당한 주의를 다하여 직접 확인・검토한 결과, 중요한 기재사항의 기재 또는 표시의 누락이나 허위의 기재 또는 표시가 없고, 이 연차(분기)보고서에 표시된 기재 또는 표시사항을 이용하는 자의 중대한 오해를 유발하는 내용이 기재 또는 표시되지 아니하였음을 확인합니다.

또한, 당사는 「주식회사 등의 외부감사에 관한 법률」 제2조의2 및 제2조의3의 규정에 따라 내부회계관리제도를 마련하여 운영하고 있음을 확인합니다.

20×9. 2. 28
×× 주식회사
대표이사 ××× (서명)
신고업무담당이사 ××× (서명)

또한 상법상 업무집행지시자에 대해서도 공시서류의 허위기재 및 누락 등으로 인한 손해배상책임을 지도록 하였다. 이와 함께 2005년부터는 증권집단소송법에 의거하여 분식회계, 주가조작, 허위공시 등으로 피해를 입은 주주들이 해당 기업을 상대로 손해배상소송을 제기할 수 있게 되었다.

3 연차보고서

기업은 법규에서 요구하는 영업보고서, 감사보고서 및 사업보고서를 작성하여 공시한다(본장의 제1절을 참조). 주로 상장법인이 작성하는 사업보고서에는 감사인의 감사보

25) 미국에서는 2001년 Enron사의 파산으로 촉발된 Sarbanes-Oxley법에 따라 2002년부터 경영자의 회계책임을 확약하는 회계책임인증서(statement under oath 또는 sworn statement)에 주요 경영자들이 서명하도록 요구하고 있다.

고서가 첨부될 뿐만 아니라 회사의 목적과 상호, 회사의 개황, 사업의 내용, 재무에 관한 사항 등에 대한 내용이 추가된다.

이 외에도 기업은 IR(investor relation)을 위하여 매년 연차보고서(annual report)를 발행한다. 연차보고서에는 사업보고서에 나타난 내용 중에서 투자자들이 이해하기 쉽도록 중요한 항목들이 보다 간단하고 명료하게 소개된다. 특별히 연차보고서에는 대부분의 경우 경영자 토론·분석(management discussion and analysis)을 포함하는데, 여기에서는 유동성, 자본조달의 원천 그리고 영업성과 등 기업의 재무적인 측면에 대해서도 언급한다. 또한 여기에서 기업의 재무적인 측면에 대한 긍정적·부정적인 추세를 부각시키고, 이에 영향을 미치고 있는 주요 사건이나 불확실성을 언급하게 된다. 이 경우 필연적으로 많은 추정이 필요하고, 의견이나 자료가 주관적으로 이용될 수밖에 없다. 그러나 일반적으로 이러한 정보의 목적적합성에 따른 효익이 신뢰성의 결여에 따른 비용을 충분히 능가한다.

이러한 정보의 공시는 재무보고 개념체계와도 일치하고 있는데, 여기에서는 기업의 경영자가 재무정보이용자보다 기업에 대해서 잘 알고 있기 때문에 경영자가 기업에 영향을 미치는 주요 거래를 식별하고 이들의 재무적인 영향을 설명함으로써 재무정보의 유용성을 증가시킬 수 있다고 언급하고 있다.

경영자 토론·분석이 어떻게 보다 효과적인 정보전달수단으로 자리 잡을 수 있는가는 다음의 문제를 어떻게 해결하느냐에 달려 있다.

① 경영자 토론·분석이 미래에 관련된 정보를 충분히 제공할 수 있는가?
② 위험분석에 관련된 정보를 더욱 많이 제공할 수 있는가?
③ 외부감사인이 감사할 수 있는가?

제 5 절 지속가능보고서

최근에는 기업은 지속가능보고서(sustainability report)를 작성하여 공시하고 있다. 지속가능보고서는 ESG보고서라고 흔히 부르는데, E는 환경(environment), S는 사회적 책임(social responsibility), G는 지배구조(governance)를 각각 나타낸다. 사회적 책임과 지배구조는 제법 오래전부터 기업들이 보고해왔다. 사회적 책임은 종업원의 인권, 노동환경, 안전, 복지, 지역사회에 대한 공헌 등에 주로 관심을 가지며, 지배구조는 특히 소액주주와 기타이해관계자의 보호에 초점을 맞추어 이사회의 독립성, 감사위원회의 강조 등에 주된 관심을 가지는 보고영역이다.

과거에도 중요하게 여겨졌지만 최근 들어 기후변화에 따른 각종 피해가 전 세계인류에게 끼치는 영향들이 급격하게 증가하면서 환경보전에 대한 보고가 아주 중요한 보고영역으로 대두하였다. 2015년에 196개국 대표에 의해 체결된 파리협정(Paris Agreements)은 2050년까지 산업화 이전(20세기 이전)에 비하여 지구온도의 상승을 1.5°C 이내로 제한하는 것을 골자로 하고 있다. 파리협정 서명국은 국가별 온실가스(GHG, greenhouse gas) 감축계획을 설정하고 단계적으로 실시하도록 요구하고 있다.

파리협정을 준수하기 위해서 각국 대표들은 회계기준과 같은 지속가능성기준을 마련하기로 의견을 모았으며, 그 결과 탄생한 것이 국제지속가능성기준위원회(ISSB, International Sustainability Standards Board)이다. ISSB는 국제회계기준을 제정하는 IASB를 관할하는 IFRS재단의 산하에 속하면서 2023년에 두 개의 IFRS 지속가능성기준(IFRS S1 and S2)을 제정공표하기에 이르렀다. 지속가능회계기준은 연차보고서의 일부로 지속가능성을 공시하도록 요구하고 있다. IFRS S1(Sustainability Standards 1)은 '지속가능관련 재무정보의 공시에 대한 일반 요구사항'에 대한 기준으로 ESG에 관련된 위험과 기회에 대한 정보공시를 다루고 있다. IFRS S2는 '기후변화관련 정보의 공시' 기준으로 기후변화에 관련된 위험과 기회에 대한 정보공시를 다루고 있다. 두 개의 지속가능성기준 중에 IFRS S2가 특히 관심을 끌고 있는데 이는 최근 들어 급격하게 변한 기후문제가 세계적인 관심사로 급부상했기 때문이다. 그중에서도 특히 보고대상으로 지목된 부분이 온실가스에 대한 공시요구이다. 따라서 여기에서는 온실가스의 성격, 분류 및 공시요구사항을 소개한다.

온실가스(GHG)는 적외선을 흡수하여 대기 중에 장기간 체류하는 가스상의 물질로서 지구온난화의 주된 요인이다. 온실가스에는 이산화탄소(CO_2), 메탄가스(CH_4), 아산화질소(N_2O) 등 7개의 물질이 있다. 이 중 가장 양이 많은 것이 이산화탄소이기 때문에 온실가스를 보고할 때에는 이산화탄소등가치($MTCO_2E$, Metric tonnage of CO_2 equivalents)로 보고하도록 하고 있다.

온실가스는 공시목적상 다음과 같은 세 가지의 범주로 구분하고 있다.

범주 1(Scope 1) : 기업실체의 영업활동(운송 및 누출 포함)과 관련하여 기업실체가 직접 배출한 온실가스를 말한다. 예컨대, 천연가스를 사용하는 공장에서 배출되는 온실가스가 이에 해당한다.

범주 2(Scope 2) : 기업실체가 매입한 전기, 냉난방, 스팀 등의 에너지를 사용함으로써 간접적으로 발생시킨 온실가스를 말한다. 예컨대 전력공급회사에서 전력을 구매하여 사용하는 경우 그 전력공급회사가 생산하면서 발생시킨 온실가스에 비례하여 계산한 온실가스가 범주 2에 해당한다.

범주 3(Scope 3) : 기업실체의 가치사슬과 관련된 활동에 기인한 기타 간접적 온실가스배출량을 말한다. 예컨대 기업실체가 공장오수를 정화시설에 보내 처리하는 과정에서 발생하는 온실가스가 범주 3에 해당한다.

범주 1과 2는 비교적 이해하기 쉽고 계산하기도 별로 문제가 없다. 가치사슬 온실가스라고 부르는 범주 3은 나머지를 모두 포괄하는 개념으로 회사의 통제 밖에 있기도 하며 이를 측정하는 것은 범주 1과 2에 비해 훨씬 어렵다는 문제가 있다. 범주 3은 15개로 다시 세분하고 있다. 15개 중 8개는 회사가 구매자의 위치에서 발생하는 구입측 가치사슬배출(upstream emissions)이고 7개는 회사가 판매자의 위치에서 발생하는 공급측 가치사슬배출(downstream emissions)이다. 구입측 가치사슬배출은 ① 재화와 용역의 매입(purchased goods and services), ② 자본재(capital goods), ③ 연료 및 에너지 관련 활동(fuel and energy-related activities(범주 1과 2에 포함되지 않은 부분)), ④ 구매에 따른 운송 및 물류(upstream transportation and distribution), ⑤ 영업활동에서 발생한 쓰레기(waste generated in operations), ⑥ 영업출장(business travel), ⑦ 직원출퇴근(employee commuting), ⑧ 리스이용자의 리스자산(upstream leased assets)으로 세분한다. 공급측 가치사슬배출은 ⑨ 공급에 따른 운송 및 물류(downstream transportation and distribution), ⑩ 판매상품의 처리(processing of sold products), ⑪ 판매상품의 사용(use of sold products), ⑫ 판매상품의 폐기처분(end-of-life treatment of sold products), ⑬ 리스회사의 리스자산(downstream leased assets), ⑭ 프랜차이즈(franchises), ⑮ 금융투자(investments)로 세분한다(https://ghgprotocol.org).

범주 3 중 금융투자는 financed emissions라고 부르기도 하는데 금융기관에 미치는 영향이 클 것으로 예상된다. 예컨대, 은행이 대출하는 경우 차입기관에게 온실가스 보고를 이행한다는 조건을 달아 대출을 하고 대출업체들의 온실가스배출량 총계를 보고한다. 마찬가지로 투자은행이 피투자자의 지분에 투자할 경우 온실가스배출에 대한 정보에 근거하여 투자처를 선정하고 합산한 온실가스배출량을 보고한다. 또한, 보험회사가 피보험회사들의 온실가스배출량을 보고한다. 따라서 각종 금융기관은 범주 1 및 2에 대한 보고는 물론 금융투자에 따른 범주 3에 대한 보고압력도 가중될 것으로 예상된다.

온실가스 보고를 포함한 지속가능성 보고에 대해서는 각국이 그 범위와 집행시기를 결정하도록 허용하고 있다. 한국은 아직 범위와 집행시기에 대해 결정을 하지 않았지만 가까운 장래에 이에 대한 결정을 할 것으로 예상된다. 현재 일부 국가들이 온실가스에 대한 범위와 시기를 결정하고 있는 단계인데 많은 나라들이 범주 3에 대해서는 공시요구를 하지 않거나 않을 것으로 알려지고 있다. 따라서 우리나라도 범주 3에 대한 공시요구를 하지 않을 것으로 전망된다.

온실가스를 줄이기 위해서 각국 정부에서 중장기 배출총량 목표를 설정한다. 배출총량은 배출원(기업, 정부기관 등)별로 배출량 한도를 배정한다. 또한 배출원별 배출한도는 계획기간(통상 2~3년)별로 점진적으로 감소해가도록 되어 있다. 한편, 배출한도는 기업이 자체적으로 에너지효율개선 또는 재생가능에너지로 전환하여 달성할 수도 있다. 자체적 노력으로 배출한도를 달성하지 못하면 탄소크레딧(carbon credits, carbon offsets)을 탄소거래소 또는 자발적 공급업자에게서 구매하여 온실가스규제기관에 제출하는 의무를 이행할 수 있다. 자체적 노력으로 배출한도를 초과 달성한 경우에는 절약한 부분을 다른 실체에게 판매할 수 있다. Carbon credits과 carbon offsets은 동일한 의미로 사용되기도 하지만 carbon credits은 거래소시장에서 거래되는 것이고, carbon offsets은 자발적 공급업자가 공급하는 것으로 구분하기도 한다. 따라서 탄소거래시장은 거래소시장(ETS, emission trading scheme)과 자발적 시장(voluntary offset market)의 두 가지로 구분한다. 한국에서는 거래소시장 내에 탄소거래소가 있으며, 세계적으로는 유럽연합, 영국, 캘리포니아, 호주, 뉴질랜드, 중국 등도 탄소거래소를 운영하고 있다. Carbon offsets은 산업기반(항공산업 등), 자연기반(농림 및 토지사용과 관련) 및 기술기반(탄소포획 및 저장, 대기직접포획 기술) offsets로 구분한다. Carbon offsets은 새로운 개념으로 이를 통하여 새로운 사업기회가 있을 것으로 예상되는 분야이다. 온실가스배출에 따른 이러한 전망을 반영하여 지속가능성기준은 위험과 기회라는 표현을 사용하고 있다.

익힘문제

CHAPTER 23

1. 완전공시의 원칙이 재무보고에 어떠한 연관성을 갖는가에 대해 간단히 설명하라.

2. 효율적 시장가설이란 일반적으로 준강형 효율적 시장가설을 의미한다. 준강형 효율적 시장가설을 기술하고 이 가설이 회계정책에 미치는 영향을 간단하게 설명하라.

3. 유형자산과 관련 감가상각누계액을 주석, '주요 회계정책의 요약' 또는 부속명세서로 공시하는 방안들에 대하여 논의해보라.

4. 재무제표의 주석은 재무정보이용자의 의사결정에 유용한가? 또한, 주석에 공시되는 항목에는 어떠한 것이 있는가?

5. 다음 각 항목에 대하여 어떻게 공시하는 것이 타당한가?
   1) 산업전반에 걸친 노사분규의 증가로 당해 회사도 조만간에 노사분규에 휘말릴 가능성이 높다.
   2) 작년도 법인세 납부액 중에서 상당한 금액을 환급받을 수 있을 것으로 기대하고 있다. 아직은 확정되지 않았지만 회사의 고문변호사는 환급을 받을 수 있다고 장담하고 있다.

6. 보고기간후사건을 전기 재무제표에 반영해야 하는가? 반영해야 한다면, 이를 반영하는 방법에 대해서도 기술하라.

7. 수정을 요하는 보고기간후사건의 예를 두 개 들고 그 이유를 간단하게 설명하라.

8. 영업부문의 결정에서 경영자접근법이란 무엇을 말하는가?

9. 영업부문 중 부문보고의 대상인 보고부문을 결정하는 기준을 기술하라.

10. 부문보고에서 부문별 항목을 기업전체항목과 조정하는 대상에는 어떠한 항목들이 있고 어떤 식으로 조정하는가에 대해 간단하게 설명하라.

11. 중간재무보고에 대한 접근법으로 구분접근법과 통합접근법의 차이를 설명하라. K-IFRS에서는 어떤 방법을 택하고 있는가? 답에 대한 근거를 제시하라.

12. 중간재무보고에서 자산이나 부채의 정의를 충족하지 못하는 항목들은 어떻게 처리하는가에 대해 간단하게 설명하라.

13. 중간재무보고에서 계절성의 문제를 어떻게 회계처리하는가에 대해 간단하게 설명하라.

14. 재무보고에서의 경영자와 감사인의 책임에 대해 간단하게 설명하라.

15. 감사의견의 종류와 그 차이점에 대해 간단하게 설명하라.

16. 기업의 연차보고서(annual report)에 대해서 간략히 기술하라. 여기에 나타나는 "경영자 토론 · 분석"이 효과적인 정보전달수단이 될 수 있는가?

17. 지속가능보고서(sustainability report) 또는 ESG보고서에 대해서 다음 물음들에 간략히 답하라.

1) ESG는 각각 무엇을 의미하고 강조하는가?
2) 온실가스란 무엇이고, 어떤 종류들이 있으며, 어떤 단위로 측정하고 공시하는가?
3) 온실가스의 세 가지 범주는 무엇인가?
4) 금융투자온실가스배출이란 무엇인가?
5) 탄소크레딧이란 무엇이며 어떤 종류들이 있는가?
6) 거래소시장과 자발적 시장이란 무엇인가?

연습문제

1. 주석에 의한 공시

은성(주)의 20×2. 12. 31로 종료되는 사업연도에 대한 재무제표검토업무를 하고 있는 중이다. 은성(주)의 재무제표는 이전에는 감사한 적이 없다. 은성(주)의 재무담당자가 재무제표에 다음과 같은 보충적 주석을 첨부하겠다고 제안하였다.

재무제표 주석(20×2. 12. 31에 종료되는 회계연도)

〈주석 1〉 관할세무서에 정당한 신고를 하고 회사는 20×1. 3. 1자로 재고자산의 회계처리방법을 선입선출법에서 평균법으로 변경하였다. 회사의 판단으로는 이러한 회계변경이 당기에 큰 영향은 미치지 않지만 장래에는 상당한 영향을 미칠 것으로 예상된다.

〈주석 2〉 투자부동산은 20×1년 12월말에 평가증하기 전까지는 취득원가로 기록되어 있었다. 회사는 당해 투자부동산을 20×2년에 매각할 계획이며, 외부의 부동산 전문회사에 따르면 당해 투자부동산 매각시에 평가가격을 충분히 실현할 수 있다고 한다. 투자부동산의 매각이 진행 중에 있으므로 매각에서의 기대되는 이익을 미실현이익계정에 기록하였다.

〈주석 3〉 20×1. 5. 24자로 주주에게 보낸 서한에 명시되었던 주식배당은 100 : 110의 주식분할로 기록되었다. 따라서 이 거래로 인하여 자본계정의 잔액에 아무런 변동도 발생하지 않았다.

상기 각 주석의 적정성에 대해 논하라. 만약 재무제표나 주석에 수정이 필요하다면 이에 대해서도 논하라.

2. 보고기간후사건

다음 질문에 답하라.

(1) 천상(주)는 20×3. 2. 15에 그 종속회사인 지상(주)를 처분하였다. 여기에서 7억원의 손실이 발생하였는데, 그 손실은 천상(주)에게는 중요한 금액이다. 20×2년의 재무제표는 20×3. 2. 27에 확정될 예정이다. 천상(주)의 경영자가 지상(주) 개별 자산의 손상가능성을 검토하였는데, 지상(주)의 개별 재무제표에는 손상차손의 인식이 필요하지 않음을 확인하였다. 또한 20×2년말 이후에 지상(주)의 가치를 손상시킬 만한 어떤 중대한 사건이 발생하지 않았음을 확인하였다. 따라서 회계연도말과 처분일 사이에는 지상(주)의 가치에 중대한 변화가 없었다.
이 경우 천상(주)는 20×2년말 연결재무제표에 지상(주)의 처분손실을 인식해야 하는가?

(2) 삼일(주)는 20×1년말에 향후 법인세소득에서 차감할 수 있는 이월결손금에 대하여 이연법인세자산을 인식하였다. 이연법인세자산을 계산할 때 사용한 법인세율은 30%이었고, 이는 당기에 확정되어 적용된 세율이다. 20×2. 2. 1에 법인세율이 25%로 확정 공표되었다. 이 세율은 20×2년 과세연도부터 적용된다. 이러한 세율의 변경이 20×1년말 이연법인세자산의 계산에 어떻게 반영되어야 하는가?

3. 부문별 보고

다음과 같은 기사가 경제신문에 게재되었다.

“증권선물위원회는 기업이 보고서를 영업부문별로 공시하는 데에 필요한 지침을 발표하였다. ‘영업부문이란 이윤획득을 위하여 관계회사가 아닌 고객들에게 제품, 서비스 혹은 일체의 관련된 상품을 제공하는 기업의 일부분이다’라고 정의되고 있다. 증권선물위원회의 관계자는 경영자의 판단에 의해 결정하기 때문에 매우 주관적인 것이라고는 하지만 기업은 제품, 생산방법, 시장 및 판매방법 등을 고려하여 재화나 용역을 동일

영업부문으로 분류하든지 아니면 별개의 영업부문으로 분류하든지 결정하여야 한다고 언급하였다."

요구사항

1. 영업부문을 어떻게 정의하는가?
2. 영업부문은 보고부문과 어떻게 다른가?
3. 재무자료를 영업부문별로 공시하도록 요구하는 이유는 무엇인가?

4. 중간재무보고

한섭(주)는 아래에 제시된 6개의 항목을 중간재무보고서에 보고하고자 한다. 각각의 경우에 대해 중간재무보고서를 작성하기 위해 채택된 방법들이 중간재무보고서에 대한 일반적으로 인정된 회계기준과 일치하는지 여부를 언급하고 답에 대한 근거를 제시하라.

(1) 한섭(주)는 연차보고서를 작성하기 위해 기말에 재고를 실사하고 있다. 중간재무보고서에 보고되는 기말재고와 매출원가는 추정매출총이익률을 이용하여 계산하고 있다. 왜냐하면 재고실사로 인하여 일시적으로 영업이 중단될 우려가 있기 때문이다. 한섭(주)는 계속적인 재고기록을 유지하고 있는데, 이는 매우 믿을 만하다.
(2) 한섭(주)는 상반기에 1년치 퇴직급여(충당금전입액)의 1/2을 보고하고자 한다.
(3) 한섭(주)는 상반기에 재고자산의 시가가 취득원가보다 낮았기 때문에 저가법을 적용하여 시가로 평가하였다. 연말에는 시가가 취득원가보다 높았다. 따라서 경영자는 연말수정분개를 통해 재고자산을 다시 취득원가로 계상하고자 한다.
(4) 한섭(주)는 상반기 초에 투자자산을 판매하여 상당한 이익을 실현하였다. 당사는 이 이익의 1/2을 하반기에 보고하고자 한다.
(5) 한섭(주)는 1년분 회계감사료를 추정하고, 이를 상·하반기에 걸쳐 균등액을 배분하고자 한다.
(6) 한섭(주)는 하반기에 파업이 발생될 것이라는 사실을 거의 확실히 알 수 있었기에 상반기 중에 많은 수량의 상품을 고객에게 인도했다. 그러나 평상판매량 이상에 해당하는 추가분에 대해서는 매출을 이연하여 파업이 진행중인 하반기에 매출로 계상하고자 한다. 한섭(주)의 경영자는 이러한 수익인식방법이 상반기와 하반기의 평상적인 영업활동을 보다 적절히 나타낼 수 있다고 여기고 있다.

5. 예측정보의 공시

경제신문에 다음과 같은 기사가 게재되었다.

"예측정보는 매우 유용하게 이용될 수 있다. 그러나 많은 회사들은 아직도 외관상으로는 성실한 예측결과에 따른 예측오류에 대해서도 소송이 제기되고, 여기에서 쉽게 패소할 것을 걱정하고 있다. 이러한 불안을 해소하기 위해서 미국의 증권관리위원회는 지난주에 기업이 합리적인 근거에서 성실한 예측을 하였다면 기업이 소송에서 면책될 수 있도록 하는 안전보장규칙(safe harbor rule)을 통과시켰다."

요구사항

1. 이익예측정보의 공시를 지지하는 근거는 무엇인가?
2. 안전보장규칙의 목적은 무엇인가?

6. 감사보고서(Ⅰ)

아래에 적정의견 감사보고서에서 몇 가지 중요한 구절이 제시되고 있다.

(1) "우리의 의견으로는 상기 재무제표는 ···· 공정하게 표시하고 있습니다."
대안 : "상기 재무제표는 ···· 공정하게 표시하고 있습니다."

(2) "우리는 감사기준에 따라 감사를 수행하였습니다."
대안 : "우리는 재무제표의 중요한 오류를 발견하기 위한 감사를 실시하였습니다."
(3) "회사의 재무제표는 ···· 공정하게 표시하고 있습니다."
대안 : "회사의 재무제표는 ···· 정확하게 표시하고 있습니다."
(4) "한국채택국제회계기준(K-IFRS)에 따라 ···· 공정하게 표시하고 있습니다."
대안 : "진정한 경제상태를 ···· 적절히 나타내고 있습니다."
(5) "성균회계법인 대표이사 윤 송 (인)"
대안 : "윤 송 (인)", 즉 회계법인 명칭이 아닌 감사담당회계사의 이름.

위 문안이 대안으로 제시된 것 대신에 이용되고 있는 이유를 설명하라.

7. 감사보고서(Ⅱ)

아래 주어진 항목은 독립된 상황이다.

(1) 재무상태표일 이후에 후속감사절차를 하는 과정에서 감사인은 한 고객이 최근의 화재로 인하여 공장 2개가 막대한 손해를 입었다는 사실을 인지하게 되었다. 이 손실은 보험으로 보상되지 않을 것이다. 신문에서 그 사건을 상세히 보도했다. 고객에 의해 작성된 재무제표와 주석에서는 화재로 인한 손실을 공시하지 않고 있다.
(2) 감사인은 많은 도시에 광범위하게 분산된 지점들을 가지고 있는 대규모 제조회사의 재무제표를 감사하고 있다. 그 감사인은 회계연도 종료시점 현재에 모든 지점들이 보유하고 있는 미입금 현금수취액을 확인할 수 없었다. 회계기말 현금잔고를 정확히 산출할 수 있는 잔고확인 감사절차의 대안으로서 감사인은 연말 은행계정조정표에서 미기록예금이 새 회계연도의 첫 영업일에 은행계정에 입금으로 나타난 것을 확인하였다. 대체적인 방법을 택하여 감사인은 현금잔고를 정확히 계산할 수 있었다고 확신하고 있다.
(3) 20×7년 한 해 동안 과학연구(주)의 연구원들은 새로운 오염방지장치를 개발하는 데 총력을 기울였다. 그 프로젝트에 관련하여 발생한 모든 경상연구개발비가 개발비로 계상되어 20×7. 12. 31 재무상태표에 비유동자산으로 분류되었다. 20×7년 이 회사의 재무제표를 감사하는 과정에서 이제까지 수행된 연구프로젝트로써 새로운 제품을 개발할 가능성이 높을 것이라는 확실한 증거를 확보하였다. 자산화된 경상연구개발비는 당기순이익이나 총자산과 관련시켜볼 때 매우 중요하다.
(4) 기업의 재무제표에 대한 감사의견을 표명하기 위해 기업의 재무제표를 검증하는 과정에서 감사인이 이사회의사록을 조사하는 것을 거절당했다. 대신에 감사인에게 그 회사의 재정담당이사는 회계문제에 관련 있는 모든 결정과 행위에 대한 확인서를 제출하겠다는 제안을 하였다.

위의 각 상황에 대하여 적정의견을 제시할 수 없다면, 그 이유를 밝히고 각 경우 어떠한 감사의견을 제시하는 것이 타당한지 언급하라.

8. 지속가능보고서

강철(주)의 연차보고서에 다음과 같은 사항이 공시되고 있다.

"우리 울산지역에서는 기초적인 산화용광로를 위한 초가압산화오염통제장치의 1차 건설단계를 마무리함으로써 공기오염의 방제가 상당히 개선되었다. 이러한 장치는 철강업계에서는 처음으로 설치된 것으로 철강제조과정에서 발생하는 온실가스의 배출을 억제하기 위해 사용되고 있는 기존의 정전기식 침전장치를 대체한 것이다. 올봄에는 모든 시스템이 완전 가동될 것으로 기대되고 있다."

요구사항

1. 강철(주)는 이러한 내용의 정보를 공시해야만 하는가?
2. 강철(주)가 지속가능성기준에 따라 공시해야 할 내용을 설명하라.

윤리문제

CHAPTER 23

선경(주)의 재무부사장인 서은주 씨와 회계부장인 동의경 씨가 당사의 20×1년과 20×2년 매출순이익률을 검토하고 있다. 서은주 씨는 매출순이익이 2년간 6%에서 12%로 대폭 상승하였음을 발견하고 회사의 효율적인 원가절감에 대한 대대적인 홍보를 계획하고 있다. 그러나 동의경 씨는 이러한 매출순이익률의 상승이 원가절감 때문이 아니라 단순히 제품보증비용과 대손충당금을 낮추어 추정한 회사의 회계정책에 기인한 것임을 잘 알고 있다.

직속상관인 서은주 씨가 왜 그렇게 하는지를 알지 못하는 동의경 씨 입장에서 당해 회사의 매출순이익률 상승이 원가절감과는 전혀 상관없는 것임을 서은주 씨에게 말하기를 주저하고 있다. 일을 더욱 복잡하게 만드는 것은 홍보계획이 수일 내에 실행되기로 예정이 잡혀있다는 것이다.

요구사항

1. 이 상황에서 윤리적인 문제가 개입되어 있는가?
2. 동의경 씨는 계속해서 침묵해야 하는가? 답에 대한 이유를 제시하라.
3. 홍보로 인해 어떠한 이해관계자들이 영향을 받는가?
4. 다음에 대해 당신의 의견을 제시하고 그 이유를 상세히 서술하라.

   "재무부사장인 서은주 씨가 홍보에 대한 모든 책임을 맡고 있다. 따라서 동의경 씨는 이 문제에 대해서는 아무런 실질적인 책임이 없다."

부 록

❐ 가치계산표

《표 A-1》 단일금액 1원의 미래가치 $F_n=(1+r)^n$ 기간이자율(r)

기간수 (n)	1%	2%	3%	4%	5%	6%	7%	8%	9%	10%
1	1.0100	1.0200	1.0300	1.0400	1.0500	1.0600	1.0700	1.0800	1.0900	1.1000
2	1.0201	1.0404	1.0609	1.0816	1.1025	1.1236	1.1449	1.1664	1.1881	1.2100
3	1.0303	1.0612	1.0927	1.1249	1.1576	1.1910	1.2250	1.2597	1.2950	1.3310
4	1.0406	1.0824	1.1255	1.1699	1.2155	1.2625	1.3108	1.3605	1.4116	1.4641
5	1.0510	1.1041	1.1593	1.2167	1.2763	1.3382	1.4026	1.4693	1.5386	1.6105
6	1.0615	1.1262	1.1941	1.2653	1.3401	1.4185	1.5007	1.5869	1.6771	1.7716
7	1.0721	1.1487	1.2299	1.3159	1.4071	1.5036	1.6058	1.7138	1.8280	1.9487
8	1.0829	1.1717	1.2668	1.3686	1.4775	1.5938	1.7182	1.8509	1.9926	2.1436
9	1.0937	1.1951	1.3048	1.4233	1.5513	1.6895	1.8385	1.9990	2.1719	2.3579
10	1.1046	1.2190	1.3439	1.4802	1.6289	1.7908	1.9672	2.1589	2.3674	2.5937
11	1.1157	1.2434	1.3842	1.5395	1.7103	1.8983	2.1049	2.3316	2.5804	2.8531
12	1.1268	1.2682	1.4258	1.6010	1.7959	2.0122	2.2522	2.5182	2.8127	3.1384
13	1.1381	1.2936	1.4685	1.6651	1.8856	2.1329	2.4098	2.7196	3.0658	3.4523
14	1.1495	1.3195	1.5126	1.7317	1.9799	2.2609	2.5785	2.9372	3.3417	3.7975
15	1.1610	1.3459	1.5580	1.8009	2.0789	2.3966	2.7590	3.1722	3.6425	4.1772
16	1.1726	1.3728	1.6047	1.8730	2.1829	2.5404	2.9522	3.4259	3.9703	4.5950
17	1.1843	1.4002	1.6528	1.9479	2.2920	2.6928	3.1588	3.7000	4.3276	5.0545
18	1.1961	1.4282	1.7024	2.0258	2.4066	2.8543	3.3799	3.9960	4.7171	5.5599
19	1.2081	1.4568	1.7535	2.1068	2.5270	3.0256	3.6165	4.3157	5.1417	6.1159
20	1.2202	1.4859	1.8061	2.1911	2.6533	3.2071	3.8697	4.6610	5.6044	6.7275
21	1.2324	1.5157	1.8603	2.2788	2.7860	3.3996	4.1406	5.0338	6.1088	7.4002
22	1.2447	1.5460	1.9161	2.3699	2.9253	3.6035	4.4304	5.4365	6.6586	8.1403
23	1.2572	1.5769	1.9736	2.4647	3.0715	3.8197	4.7405	5.8715	7.2579	8.9543
24	1.2697	1.6084	2.0328	2.5633	3.2251	4.0489	5.0724	6.3412	7.9111	9.8497
25	1.2824	1.6406	2.0938	2.6658	3.3864	4.2919	5.4274	6.8485	8.6231	10.8347
26	1.2953	1.6734	2.1566	2.7725	3.5557	4.5494	5.8074	7.3964	9.3992	11.9182
27	1.3082	1.7069	2.2213	2.8834	3.7335	4.8223	6.2139	7.9881	10.2451	13.1100
28	1.3213	1.7410	2.2879	2.9987	3.9201	5.1117	6.6488	8.6271	11.1671	14.4210
29	1.3345	1.7758	2.3566	3.1187	4.1161	5.4184	7.1143	9.3173	12.1722	15.8631
30	1.3478	1.8114	2.4273	3.2434	4.3219	5.7435	7.6123	10.0627	13.2677	17.4494
35	1.4166	1.9999	2.8139	3.9461	5.5160	7.6861	10.6766	14.7853	20.4140	28.1024
40	1.4889	2.2080	3.2620	4.8010	7.0400	10.2857	14.9745	21.7245	31.4094	45.2593
45	1.5648	2.4379	3.7816	5.8412	8.9850	13.7646	21.0025	31.9204	48.3273	72.8905
50	1.6446	2.6916	4.3839	7.1067	11.4674	18.4202	29.4570	46.9016	74.3575	117.3909
60	1.8167	3.2810	5.8916	10.5196	18.6792	32.9877	57.9464	101.2571	176.0313	304.4816
70	2.0068	3.9996	7.9178	15.5716	30.4264	59.0759	113.9894	218.6064	416.7301	789.7470
80	2.2167	4.8754	10.6409	23.0498	49.5614	105.7960	224.2344	471.9548	986.5517	2048.4002

기간이자율(r)

기간수 (n)	11%	12%	13%	14%	15%	16%	17%	18%	19%	20%
1	1.1100	1.1200	1.1300	1.1400	1.1500	1.1600	1.1700	1.1800	1.1900	1.2000
2	1.2321	1.2544	1.2769	1.2996	1.3225	1.3456	1.3689	1.3924	1.4161	1.4400
3	1.3676	1.4049	1.4429	1.4815	1.5209	1.5609	1.6016	1.6430	1.6852	1.7280
4	1.5181	1.5735	1.6305	1.6890	1.7490	1.8106	1.8739	1.9388	2.0053	2.0736
5	1.6851	1.7623	1.8424	1.9254	2.0114	2.1003	2.1924	2.2878	2.3864	2.4883
6	1.8704	1.9738	2.0820	2.1950	2.3131	2.4364	2.5652	2.6996	2.8398	2.9860
7	2.0762	2.2107	2.3526	2.5023	2.6600	2.8262	3.0012	3.1855	3.3793	3.5832
8	2.3045	2.4760	2.6584	2.8526	3.0590	3.2784	3.5115	3.7589	4.0214	4.2998
9	2.5580	2.7731	3.0040	3.2519	3.5179	3.8030	4.1084	4.4355	4.7854	5.1598
10	2.8394	3.1058	3.3946	3.7072	4.0456	4.4114	4.8068	5.2338	5.6947	6.1917
11	3.1518	3.4785	3.8359	4.2262	4.6524	5.1173	5.6240	6.1759	6.7767	7.4301
12	3.4985	3.8960	4.3345	4.8179	5.3503	5.9360	6.5801	7.2876	8.0642	8.9161
13	3.8833	4.3635	4.8980	5.4924	6.1528	6.8858	7.6987	8.5994	9.5964	10.6993
14	4.3104	4.8871	5.5348	6.2613	7.0757	7.9875	9.0075	10.1472	11.4198	12.8392
15	4.7846	5.4736	6.2543	7.1379	8.1371	9.2655	10.5387	11.9737	13.5895	15.4070
16	5.3109	6.1304	7.0673	8.1372	9.3576	10.7480	12.3303	14.1290	16.1715	18.4884
17	5.8951	6.8660	7.9861	9.2765	10.7613	12.4677	14.4265	16.6722	19.2441	22.1861
18	6.5436	7.6900	9.0243	10.5752	12.3755	14.4625	16.8790	19.6733	22.9005	26.6233
19	7.2633	8.6128	10.1974	12.0557	14.2318	16.7765	19.7484	23.2144	27.2516	31.9480
20	8.0623	9.6463	11.5231	13.7435	16.3665	19.4608	23.1056	27.3930	32.4294	38.3376
21	8.9492	10.8038	13.0211	15.6676	18.8215	22.5745	27.0336	32.3238	38.5910	46.0051
22	9.9336	12.1003	14.7138	17.8610	21.6447	26.1864	31.6293	38.1421	45.9233	55.2061
23	11.0263	13.5523	16.6266	20.3616	24.8915	30.3762	37.0062	45.0076	54.6487	66.2474
24	12.2392	15.1786	18.7881	23.2122	28.6252	35.2364	43.2973	53.1090	65.0320	79.4968
25	13.5855	17.0001	21.2305	26.4619	32.9190	40.8742	50.6578	62.6686	77.3881	95.3962
26	15.0799	19.0401	23.9905	30.1666	37.8568	47.4141	59.2697	73.9490	92.0918	114.4755
27	16.7386	21.3249	27.1093	34.3899	43.5353	55.0004	69.3455	87.2598	109.5893	137.3706
28	18.5799	23.8839	30.6335	39.2045	50.0656	63.8004	81.1342	102.9666	130.4112	164.8447
29	20.6237	26.7499	34.6158	44.6931	57.5755	74.0085	94.9271	121.5005	155.1893	197.8136
30	22.8923	29.9599	39.1159	50.9502	66.2118	85.8499	111.0647	143.3706	184.6753	237.3763
35	38.5749	52.7996	72.0685	98.1002	133.1755	180.3141	243.5035	327.9973	440.7006	590.6682
40	65.0009	93.0510	132.7816	188.8835	267.8635	378.7212	533.8687	750.3783	1051.6675	1469.7716
45	109.5302	163.9876	244.6414	363.6791	538.7693	795.4438	1170.4794	1716.6839	2509.6506	3657.2620
50	184.5648	289.0022	450.7359	700.2330	1083.6574	1670.7038	2566.2153	3927.3569	5988.9139	9100.4382
60	524.0572	897.5969	1530.0535	2595.9187	4383.9987	7370.2014	12335.3565	20555.1400	34104.9709	56347.5144
70	1488.0191	2787.7998	5193.8696	9623.6450	17735.720	32513.165	59293.942	107582.22	194217.03	348888.96
80	4225.1128	8658.4831	17630.941	35676.982	71750.879	143429.72	285015.80	563067.66	1106004.5	2160228.5

《표 A-2》 단일금액 1원의 현재가치

$$P_n = \frac{1}{(1+r)^n}$$

기간이자율(r)

기간수 (n)	1%	2%	3%	4%	5%	6%	7%	8%	9%	10%
1	0.9901	0.9804	0.9709	0.9615	0.9524	0.9434	0.9346	0.9259	0.9174	0.9091
2	0.9803	0.9612	0.9426	0.9246	0.9070	0.8900	0.8734	0.8573	0.8417	0.8264
3	0.9706	0.9423	0.9151	0.8890	0.8638	0.8396	0.8163	0.7938	0.7722	0.7513
4	0.9610	0.9238	0.8885	0.8548	0.8227	0.7921	0.7629	0.7350	0.7084	0.6830
5	0.9515	0.9057	0.8626	0.8219	0.7835	0.7473	0.7130	0.6806	0.6499	0.6209
6	0.9420	0.8880	0.8375	0.7903	0.7462	0.7050	0.6663	0.6302	0.5963	0.5645
7	0.9327	0.8706	0.8131	0.7599	0.7107	0.6651	0.6227	0.5835	0.5470	0.5132
8	0.9235	0.8535	0.7894	0.7307	0.6768	0.6274	0.5820	0.5403	0.5019	0.4665
9	0.9143	0.8368	0.7664	0.7026	0.6446	0.5919	0.5439	0.5002	0.4604	0.4241
10	0.9053	0.8203	0.7441	0.6756	0.6139	0.5584	0.5083	0.4632	0.4224	0.3855
11	0.8963	0.8043	0.7224	0.6496	0.5847	0.5268	0.4751	0.4289	0.3875	0.3505
12	0.8874	0.7885	0.7014	0.6246	0.5568	0.4970	0.4440	0.3971	0.3555	0.3186
13	0.8787	0.7730	0.6810	0.6006	0.5303	0.4688	0.4150	0.3677	0.3262	0.2897
14	0.8700	0.7579	0.6611	0.5775	0.5051	0.4423	0.3878	0.3405	0.2992	0.2633
15	0.8613	0.7430	0.6419	0.5553	0.4810	0.4173	0.3624	0.3152	0.2745	0.2394
16	0.8528	0.7284	0.6232	0.5339	0.4581	0.3936	0.3387	0.2919	0.2519	0.2176
17	0.8444	0.7142	0.6050	0.5134	0.4363	0.3714	0.3166	0.2703	0.2311	0.1978
18	0.8360	0.7002	0.5874	0.4936	0.4155	0.3503	0.2959	0.2502	0.2120	0.1799
19	0.8277	0.6864	0.5703	0.4746	0.3957	0.3305	0.2765	0.2317	0.1945	0.1635
20	0.8195	0.6730	0.5537	0.4564	0.3769	0.3118	0.2584	0.2145	0.1784	0.1486
21	0.8114	0.6598	0.5375	0.4388	0.3589	0.2942	0.2415	0.1987	0.1637	0.1351
22	0.8034	0.6468	0.5219	0.4220	0.3418	0.2775	0.2257	0.1839	0.1502	0.1228
23	0.7954	0.6342	0.5067	0.4057	0.3256	0.2618	0.2109	0.1703	0.1378	0.1117
24	0.7876	0.6217	0.4919	0.3901	0.3101	0.2470	0.1971	0.1577	0.1264	0.1015
25	0.7798	0.6095	0.4776	0.3751	0.2953	0.2330	0.1842	0.1460	0.1160	0.0923
26	0.7720	0.5976	0.4637	0.3607	0.2812	0.2198	0.1722	0.1352	0.1064	0.0839
27	0.7644	0.5859	0.4502	0.3468	0.2678	0.2074	0.1609	0.1252	0.0976	0.0763
28	0.7568	0.5744	0.4371	0.3335	0.2551	0.1956	0.1504	0.1159	0.0895	0.0693
29	0.7493	0.5631	0.4243	0.3207	0.2429	0.1846	0.1406	0.1073	0.0822	0.0630
30	0.7419	0.5521	0.4120	0.3083	0.2314	0.1741	0.1314	0.0994	0.0754	0.0573
35	0.7059	0.5000	0.3554	0.2534	0.1813	0.1301	0.0937	0.0676	0.0490	0.0356
40	0.6717	0.4529	0.3066	0.2083	0.1420	0.0972	0.0668	0.0460	0.0318	0.0221
45	0.6391	0.4102	0.2644	0.1712	0.1113	0.0727	0.0476	0.0313	0.0207	0.0137
50	0.6080	0.3715	0.2281	0.1407	0.0872	0.0543	0.0339	0.0213	0.0134	0.0085
60	0.5504	0.3048	0.1697	0.0951	0.0535	0.0303	0.0173	0.0099	0.0057	0.0033
70	0.4983	0.2500	0.1263	0.0642	0.0329	0.0169	0.0088	0.0046	0.0024	0.0013
80	0.4511	0.2051	0.0940	0.0434	0.0202	0.0095	0.0045	0.0021	0.0010	0.0005

기간이자율(r)

기간수 (n)	11%	12%	13%	14%	15%	16%	17%	18%	19%	20%
1	0.9009	0.8929	0.8850	0.8772	0.8696	0.8621	0.8547	0.8475	0.8403	0.8333
2	0.8116	0.7972	0.7831	0.7695	0.7561	0.7432	0.7305	0.7182	0.7062	0.6944
3	0.7312	0.7118	0.6931	0.6750	0.6575	0.6407	0.6244	0.6086	0.5934	0.5787
4	0.6587	0.6355	0.6133	0.5921	0.5718	0.5523	0.5337	0.5158	0.4987	0.4823
5	0.5935	0.5674	0.5428	0.5194	0.4972	0.4761	0.4561	0.4371	0.4190	0.4019
6	0.5346	0.5066	0.4803	0.4556	0.4323	0.4104	0.3898	0.3704	0.3521	0.3349
7	0.4817	0.4523	0.4251	0.3996	0.3759	0.3538	0.3332	0.3139	0.2959	0.2791
8	0.4339	0.4039	0.3762	0.3506	0.3269	0.3050	0.2848	0.2660	0.2487	0.2326
9	0.3909	0.3606	0.3329	0.3075	0.2843	0.2630	0.2434	0.2255	0.2090	0.1938
10	0.3522	0.3220	0.2946	0.2697	0.2472	0.2267	0.2080	0.1911	0.1756	0.1615
11	0.3173	0.2875	0.2607	0.2366	0.2149	0.1954	0.1778	0.1619	0.1476	0.1346
12	0.2858	0.2567	0.2307	0.2076	0.1869	0.1685	0.1520	0.1372	0.1240	0.1122
13	0.2575	0.2292	0.2042	0.1821	0.1625	0.1452	0.1299	0.1163	0.1042	0.0935
14	0.2320	0.2046	0.1807	0.1597	0.1413	0.1252	0.1110	0.0985	0.0876	0.0779
15	0.2090	0.1827	0.1599	0.1401	0.1229	0.1079	0.0949	0.0835	0.0736	0.0649
16	0.1883	0.1631	0.1415	0.1229	0.1069	0.0930	0.0811	0.0708	0.0618	0.0541
17	0.1696	0.1456	0.1252	0.1078	0.0929	0.0802	0.0693	0.0600	0.0520	0.0451
18	0.1528	0.1300	0.1108	0.0946	0.0808	0.0691	0.0592	0.0508	0.0437	0.0376
19	0.1377	0.1161	0.0981	0.0829	0.0703	0.0596	0.0506	0.0431	0.0367	0.0313
20	0.1240	0.1037	0.0868	0.0728	0.0611	0.0514	0.0433	0.0365	0.0308	0.0261
21	0.1117	0.0926	0.0768	0.0638	0.0531	0.0443	0.0370	0.0309	0.0259	0.0217
22	0.1007	0.0826	0.0680	0.0560	0.0462	0.0382	0.0316	0.0262	0.0218	0.0181
23	0.0907	0.0738	0.0601	0.0491	0.0402	0.0329	0.0270	0.0222	0.0183	0.0151
24	0.0817	0.0659	0.0532	0.0431	0.0349	0.0284	0.0231	0.0188	0.0154	0.0126
25	0.0736	0.0588	0.0471	0.0378	0.0304	0.0245	0.0197	0.0160	0.0129	0.0105
26	0.0663	0.0525	0.0417	0.0331	0.0264	0.0211	0.0169	0.0135	0.0109	0.0087
27	0.0597	0.0469	0.0369	0.0291	0.0230	0.0182	0.0144	0.0115	0.0091	0.0073
28	0.0538	0.0419	0.0326	0.0255	0.0200	0.0157	0.0123	0.0097	0.0077	0.0061
29	0.0485	0.0374	0.0289	0.0224	0.0174	0.0135	0.0105	0.0082	0.0064	0.0051
30	0.0437	0.0334	0.0256	0.0196	0.0151	0.0116	0.0090	0.0070	0.0054	0.0042
35	0.0259	0.0189	0.0139	0.0102	0.0075	0.0055	0.0041	0.0030	0.0023	0.0017
40	0.0154	0.0107	0.0075	0.0053	0.0037	0.0026	0.0019	0.0013	0.0010	0.0007
45	0.0091	0.0061	0.0041	0.0027	0.0019	0.0013	0.0009	0.0006	0.0004	0.0003
50	0.0054	0.0035	0.0022	0.0014	0.0009	0.0006	0.0004	0.0003	0.0002	0.0001
60	0.0019	0.0011	0.0007	0.0004	0.0002	0.0001	0.0001	0.0000	0.0000	0.0000
70	0.0007	0.0004	0.0002	0.0001	0.0001	0.0000	0.0000	0.0000	0.0000	0.0000
80	0.0002	0.0001	0.0001	0.0000	0.0000	0.0000	0.0000	0.0000	0.0000	0.0000

《표 A-3》 정상연금 1원의 미래가치

$$FA_n = \sum_{t=1}^{n}(1+r)^{n-t} = \frac{(1+r)^n - 1}{r}$$

기간이자율(r)

기간수 (n)	1%	2%	3%	4%	5%	6%	7%	8%	9%	10%
1	1.0000	1.0000	1.0000	1.0000	1.0000	1.0000	1.0000	1.0000	1.0000	1.0000
2	2.0100	2.0200	2.0300	2.0400	2.0500	2.0600	2.0700	2.0800	2.0900	2.1000
3	3.0301	3.0604	3.0909	3.1216	3.1525	3.1836	3.2149	3.2464	3.2781	3.3100
4	4.0604	4.1216	4.1836	4.2465	4.3101	4.3746	4.4399	4.5061	4.5731	4.6410
5	5.1010	5.2040	5.3091	5.4163	5.5256	5.6371	5.7507	5.8666	5.9847	6.1051
6	6.1520	6.3081	6.4684	6.6330	6.8019	6.9753	7.1533	7.3359	7.5233	7.7156
7	7.2135	7.4343	7.6625	7.8983	8.1420	8.3938	8.6540	8.9228	9.2004	9.4872
8	8.2857	8.5830	8.8923	9.2142	9.5491	9.8975	10.2598	10.6366	11.0285	11.4359
9	9.3685	9.7546	10.1591	10.5828	11.0266	11.4913	11.9780	12.4876	13.0210	13.5795
10	10.4622	10.9497	11.4639	12.0061	12.5779	13.1808	13.8164	14.4866	15.1929	15.9374
11	11.5668	12.1687	12.8078	13.4864	14.2068	14.9716	15.7836	16.6455	17.5603	18.5312
12	12.6825	13.4121	14.1920	15.0258	15.9171	16.8699	17.8885	18.9771	20.1407	21.3843
13	13.8093	14.6803	15.6178	16.6268	17.7130	18.8821	20.1406	21.4953	22.9534	24.5227
14	14.9474	15.9739	17.0863	18.2919	19.5986	21.0151	22.5505	24.2149	26.0192	27.9750
15	16.0969	17.2934	18.5989	20.0236	21.5786	23.2760	25.1290	27.1521	29.3609	31.7725
16	17.2579	18.6393	20.1569	21.8245	23.6575	25.6725	27.8881	30.3243	33.0034	35.9497
17	18.4304	20.0121	21.7616	23.6975	25.8404	28.2129	30.8402	33.7502	36.9737	40.5447
18	19.6147	21.4123	23.4144	25.6454	28.1324	30.9057	33.9990	37.4502	41.3013	45.5992
19	20.8109	22.8406	25.1169	27.6712	30.5390	33.7600	37.3790	41.4463	46.0185	51.1591
20	22.0190	24.2974	26.8704	29.7781	33.0660	36.7856	40.9955	45.7620	51.1601	57.2750
21	23.2392	25.7833	28.6765	31.9692	35.7193	39.9927	44.8652	50.4229	56.7645	64.0025
22	24.4716	27.2990	30.5368	34.2480	38.5052	43.3923	49.0057	55.4568	62.8733	71.4027
23	25.7163	28.8450	32.4529	36.6179	41.4305	46.9958	53.4361	60.8933	69.5319	79.5430
24	26.9735	30.4219	34.4265	39.0826	44.5020	50.8156	58.1767	66.7648	76.7898	88.4973
25	28.2432	32.0303	36.4593	41.6459	47.7271	54.8645	63.2490	73.1059	84.7009	98.3471
26	29.5256	33.6709	38.5530	44.3117	51.1135	59.1564	68.6765	79.9544	93.3240	109.1818
27	30.8209	35.3443	40.7096	47.0842	54.6691	63.7058	74.4838	87.3508	102.7231	121.0999
28	32.1291	37.0512	42.9309	49.9676	58.4026	68.5281	80.6977	95.3388	112.9682	134.2099
29	33.4504	38.7922	45.2189	52.9663	62.3227	73.6398	87.3465	103.9659	124.1354	148.6309
30	34.7849	40.5681	47.5754	56.0849	66.4388	79.0582	94.4608	113.2832	136.3075	164.4940
35	41.6603	49.9945	60.4621	73.6522	90.3203	111.4348	138.2369	172.3168	215.7108	271.0244
40	48.8864	60.4020	75.4013	95.0255	120.7998	154.7620	199.6351	259.0565	337.8824	442.5926
45	56.4811	71.8927	92.7199	121.0294	159.7002	212.7435	285.7493	386.5056	525.8587	718.9048
50	64.4632	84.5794	112.7969	152.6671	209.3480	290.3359	406.5289	573.7702	815.0836	1163.9085
60	81.6697	114.0515	163.0534	237.9907	353.5837	533.1282	813.5204	1253.2133	1944.7921	3034.8164
70	100.6763	149.9779	230.5941	364.2905	588.5285	967.9322	1614.1342	2720.0801	4619.2232	7887.4696
80	121.6715	193.7720	321.3630	551.2450	971.2288	1746.5999	3189.0627	5886.9354	10950.574	20474.002

기간이자율(r)

기간수 (n)	11%	12%	13%	14%	15%	16%	17%	18%	19%	20%
1	1.0000	1.0000	1.0000	1.0000	1.0000	1.0000	1.0000	1.0000	1.0000	1.0000
2	2.1100	2.1200	2.1300	2.1400	2.1500	2.1600	2.1700	2.1800	2.1900	2.2000
3	3.3421	3.3744	3.4069	3.4396	3.4725	3.5056	3.5389	3.5724	3.6061	3.6400
4	4.7097	4.7793	4.8498	4.9211	4.9934	5.0665	5.1405	5.2154	5.2913	5.3680
5	6.2278	6.3528	6.4803	6.6101	6.7424	6.8771	7.0144	7.1542	7.2966	7.4416
6	7.9129	8.1152	8.3227	8.5355	8.7537	8.9775	9.2068	9.4420	9.6830	9.9299
7	9.7833	10.0890	10.4047	10.7305	11.0668	11.4139	11.7720	12.1415	12.5227	12.9159
8	11.8594	12.2997	12.7573	13.2328	13.7268	14.2401	14.7733	15.3270	15.9020	16.4991
9	14.1640	14.7757	15.4157	16.0853	16.7858	17.5185	18.2847	19.0859	19.9234	20.7989
10	16.7220	17.5487	18.4197	19.3373	20.3037	21.3215	22.3931	23.5213	24.7089	25.9587
11	19.5614	20.6546	21.8143	23.0445	24.3493	25.7329	27.1999	28.7551	30.4035	32.1504
12	22.7132	24.1331	25.6502	27.2707	29.0017	30.8502	32.8239	34.9311	37.1802	39.5805
13	26.2116	28.0291	29.9847	32.0887	34.3519	36.7862	39.4040	42.2187	45.2445	48.4966
14	30.0949	32.3926	34.8827	37.5811	40.5047	43.6720	47.1027	50.8180	54.8409	59.1959
15	34.4054	37.2797	40.4175	43.8424	47.5804	51.6595	56.1101	60.9653	66.2607	72.0351
16	39.1899	42.7533	46.6717	50.9804	55.7175	60.9250	66.6488	72.9390	79.8502	87.4421
17	44.5008	48.8837	53.7391	59.1176	65.0751	71.6730	78.9792	87.0680	96.0218	105.9306
18	50.3959	55.7497	61.7251	68.3941	75.8364	84.1407	93.4056	103.7403	115.2659	128.1167
19	56.9395	63.4397	70.7494	78.9692	88.2118	98.6032	110.2846	123.4135	138.1664	154.7400
20	64.2028	72.0524	80.9468	91.0249	102.4436	115.3797	130.0329	146.6280	165.4180	186.6880
21	72.2651	81.6987	92.4699	104.7684	118.8101	134.8405	153.1385	174.0210	197.8474	225.0256
22	81.2143	92.5026	105.4910	120.4360	137.6316	157.4150	180.1721	206.3448	236.4385	271.0307
23	91.1479	104.6029	120.2048	138.2970	159.2764	183.6014	211.8013	244.4868	282.3618	326.2369
24	102.1742	118.1552	136.8315	158.6586	184.1678	213.9776	248.8076	289.4945	337.0105	392.4842
25	114.4133	133.3339	155.6196	181.8708	212.7930	249.2140	292.1049	342.6035	402.0425	471.9811
26	127.9988	150.3339	176.8501	208.3327	245.7120	290.0883	342.7627	405.2721	479.4306	567.3773
27	143.0786	169.3740	200.8406	238.4993	283.5688	337.5024	402.0323	479.2211	571.5224	681.8528
28	159.8173	190.6989	227.9499	272.8892	327.1041	392.5028	471.3778	566.4809	681.1116	819.2233
29	178.3972	214.5828	258.5834	312.0937	377.1697	456.3032	552.5121	669.4475	811.5228	984.0680
30	199.0209	241.3327	293.1992	356.7868	434.7451	530.3117	647.4391	790.9480	966.7122	1181.8816
35	341.5896	431.6635	546.6808	693.5727	881.1702	1120.7130	1426.4910	1816.6516	2314.2137	2948.3411
40	581.8261	767.0914	1013.7042	1342.0251	1779.0903	2360.7572	3134.5218	4163.2130	5529.8290	7343.8578
45	986.6386	1358.2300	1874.1646	2590.5648	3585.1285	4965.2739	6879.2907	9531.5771	13203.424	18281.310
50	1668.7712	2400.0182	3459.5071	4994.5213	7217.7163	10435.649	15089.502	21813.094	31515.336	45497.191
60	4755.0658	7471.6411	11761.950	18535.133	29219.992	46057.509	72555.039	114189.67	179494.58	281732.57
70	13518.356	23223.332	39945.151	68733.179	118231.47	203201.03	348782.01	597673.46	1022189.6	1744439.8
80	38401.025	72145.696	135614.93	254828.44	478332.53	896429.47	1676557.7	3128148.1	5821071.3	10801137.

《표 A-4》 정상연금 1원의 현재가치

$$PA_n = \sum_{t=1}^{n} \frac{1}{(1+r)^t} = \frac{1-(1+r)^{-n}}{r}$$

기간이자율(r)

기간수 (n)	1%	2%	3%	4%	5%	6%	7%	8%	9%	10%
1	0.9901	0.9804	0.9709	0.9615	0.9524	0.9434	0.9346	0.9259	0.9174	0.9091
2	1.9704	1.9416	1.9135	1.8861	1.8594	1.8334	1.8080	1.7833	1.7591	1.7355
3	2.9410	2.8839	2.8286	2.7751	2.7232	2.6730	2.6243	2.5771	2.5313	2.4868
4	3.9020	3.8077	3.7171	3.6299	3.5460	3.4651	3.3872	3.3121	3.2397	3.1699
5	4.8534	4.7135	4.5797	4.4518	4.3295	4.2124	4.1002	3.9927	3.8897	3.7908
6	5.7955	5.6014	5.4172	5.2421	5.0757	4.9173	4.7665	4.6229	4.4859	4.3553
7	6.7282	6.4720	6.2303	6.0021	5.7864	5.5824	5.3893	5.2064	5.0330	4.8684
8	7.6517	7.3255	7.0197	6.7327	6.4632	6.2098	5.9713	5.7466	5.5348	5.3349
9	8.5660	8.1622	7.7861	7.4353	7.1078	6.8017	6.5152	6.2469	5.9952	5.7590
10	9.4713	8.9826	8.5302	8.1109	7.7217	7.3601	7.0236	6.7101	6.4177	6.1446
11	10.3676	9.7868	9.2526	8.7605	8.3064	7.8869	7.4987	7.1390	6.8052	6.4951
12	11.2551	10.5753	9.9540	9.3851	8.8633	8.3838	7.9427	7.5361	7.1607	6.8137
13	12.1337	11.3484	10.6350	9.9856	9.3936	8.8527	8.3577	7.9038	7.4869	7.1034
14	13.0037	12.1062	11.2961	10.5631	9.8986	9.2950	8.7455	8.2442	7.7862	7.3667
15	13.8651	12.8493	11.9379	11.1184	10.3797	9.7122	9.1079	8.5595	8.0607	7.6061
16	14.7179	13.5777	12.5611	11.6523	10.8378	10.1059	9.4466	8.8514	8.3126	7.8237
17	15.5623	14.2919	13.1661	12.1657	11.2741	10.4773	9.7632	9.1216	8.5436	8.0216
18	16.3983	14.9920	13.7535	12.6593	11.6896	10.8276	10.0591	9.3719	8.7556	8.2014
19	17.2260	15.6785	14.3238	13.1339	12.0853	11.1581	10.3356	9.6036	8.9501	8.3649
20	18.0456	16.3514	14.8775	13.5903	12.4622	11.4699	10.5940	9.8181	9.1285	8.5136
21	18.8570	17.0112	15.4150	14.0292	12.8212	11.7641	10.8355	10.0168	9.2922	8.6487
22	19.6604	17.6580	15.9369	14.4511	13.1630	12.0416	11.0612	10.2007	9.4424	8.7715
23	20.4558	18.2922	16.4436	14.8568	13.4886	12.3034	11.2722	10.3711	9.5802	8.8832
24	21.2434	18.9139	16.9355	15.2470	13.7986	12.5504	11.4693	10.5288	9.7066	8.9847
25	22.0232	19.5235	17.4131	15.6221	14.0939	12.7834	11.6536	10.6748	9.8226	9.0770
26	22.7952	20.1210	17.8768	15.9828	14.3752	13.0032	11.8258	10.8100	9.9290	9.1609
27	23.5596	20.7069	18.3270	16.3296	14.6430	13.2105	11.9867	10.9352	10.0266	9.2372
28	24.3164	21.2813	18.7641	16.6631	14.8981	13.4062	12.1371	11.0511	10.1161	9.3066
29	25.0658	21.8444	19.1885	16.9837	15.1411	13.5907	12.2777	11.1584	10.1983	9.3696
30	25.8077	22.3965	19.6004	17.2920	15.3725	13.7648	12.4090	11.2578	10.2737	9.4269
35	29.4086	24.9986	21.4872	18.6646	16.3742	14.4982	12.9477	11.6546	10.5668	9.6442
40	32.8347	27.3555	23.1148	19.7928	17.1591	15.0463	13.3317	11.9246	10.7574	9.7791
45	36.0945	29.4902	24.5187	20.7200	17.7741	15.4558	13.6055	12.1084	10.8812	9.8628
50	39.1961	31.4236	25.7298	21.4822	18.2559	15.7619	13.8007	12.2335	10.9617	9.9148
60	44.9550	34.7609	27.6756	22.6235	18.9293	16.1614	14.0392	12.3766	11.0480	9.9672
70	50.1685	37.4986	29.1234	23.3945	19.3427	16.3845	14.1604	12.4428	11.0844	9.9873
80	54.8882	39.7445	30.2008	23.9154	19.5965	16.5091	14.2220	12.4735	11.0998	9.9951

기간이자율(r)

기간수 (n)	11%	12%	13%	14%	15%	16%	17%	18%	19%	20%
1	0.9009	0.8929	0.8850	0.8772	0.8696	0.8621	0.8547	0.8475	0.8403	0.8333
2	1.7125	1.6901	1.6681	1.6467	1.6257	1.6052	1.5852	1.5656	1.5465	1.5278
3	2.4437	2.4018	2.3612	2.3216	2.2832	2.2459	2.2096	2.1743	2.1399	2.1065
4	3.1024	3.0373	2.9745	2.9137	2.8550	2.7982	2.7432	2.6901	2.6386	2.5887
5	3.6959	3.6048	3.5172	3.4331	3.3522	3.2743	3.1993	3.1272	3.0576	2.9906
6	4.2305	4.1114	3.9975	3.8887	3.7845	3.6847	3.5892	3.4976	3.4098	3.3255
7	4.7122	4.5638	4.4226	4.2883	4.1604	4.0386	3.9224	3.8115	3.7057	3.6046
8	5.1461	4.9676	4.7988	4.6389	4.4873	4.3436	4.2072	4.0776	3.9544	3.8372
9	5.5370	5.3282	5.1317	4.9464	4.7716	4.6065	4.4506	4.3030	4.1633	4.0310
10	5.8892	5.6502	5.4262	5.2161	5.0188	4.8332	4.6586	4.4941	4.3389	4.1925
11	6.2065	5.9377	5.6869	5.4527	5.2337	5.0286	4.8364	4.6560	4.4865	4.3271
12	6.4924	6.1944	5.9176	5.6603	5.4206	5.1971	4.9884	4.7932	4.6105	4.4392
13	6.7499	6.4235	6.1218	5.8424	5.5831	5.3423	5.1183	4.9095	4.7147	4.5327
14	6.9819	6.6282	6.3025	6.0021	5.7245	5.4675	5.2293	5.0081	4.8023	4.6106
15	7.1909	6.8109	6.4624	6.1422	5.8474	5.5755	5.3242	5.0916	4.8759	4.6755
16	7.3792	6.9740	6.6039	6.2651	5.9542	5.6685	5.4053	5.1624	4.9377	4.7296
17	7.5488	7.1196	6.7291	6.3729	6.0472	5.7487	5.4746	5.2223	4.9897	4.7746
18	7.7016	7.2497	6.8399	6.4674	6.1280	5.8178	5.5339	5.2732	5.0333	4.8122
19	7.8393	7.3658	6.9380	6.5504	6.1982	5.8775	5.5845	5.3162	5.0700	4.8435
20	7.9633	7.4694	7.0248	6.6231	6.2593	5.9288	5.6278	5.3527	5.1009	4.8696
21	8.0751	7.5620	7.1016	6.6870	6.3125	5.9731	5.6648	5.3837	5.1268	4.8913
22	8.1757	7.6446	7.1695	6.7429	6.3587	6.0113	5.6964	5.4099	5.1486	4.9094
23	8.2664	7.7184	7.2297	6.7921	6.3988	6.0442	5.7234	5.4321	5.1668	4.9245
24	8.3481	7.7843	7.2829	6.8351	6.4338	6.0726	5.7465	5.4509	5.1822	4.9371
25	8.4217	7.8431	7.3300	6.8729	6.4641	6.0971	5.7662	5.4669	5.1951	4.9476
26	8.4881	7.8957	7.3717	6.9061	6.4906	6.1182	5.7831	5.4804	5.2060	4.9563
27	8.5478	7.9426	7.4086	6.9352	6.5135	6.1364	5.7975	5.4919	5.2151	4.9636
28	8.6016	7.9844	7.4412	6.9607	6.5335	6.1520	5.8099	5.5016	5.2228	4.9697
29	8.6501	8.0218	7.4701	6.9830	6.5509	6.1656	5.8204	5.5098	5.2292	4.9747
30	8.6938	8.0552	7.4957	7.0027	6.5660	6.1772	5.8294	5.5168	5.2347	4.9789
35	8.8552	8.1755	7.5856	7.0700	6.6166	6.2153	5.8582	5.5386	5.2512	4.9915
40	8.9511	8.2438	7.6344	7.1050	6.6418	6.2335	5.8713	5.5482	5.2582	4.9966
45	9.0079	8.2825	7.6609	7.1232	6.6543	6.2421	5.8773	5.5523	5.2611	4.9986
50	9.0417	8.3045	7.6752	7.1327	6.6605	6.2463	5.8801	5.5541	5.2623	4.9995
60	9.0736	8.3240	7.6873	7.1401	6.6651	6.2492	5.8819	5.5553	5.2630	4.9999
70	9.0848	8.3303	7.6908	7.1421	6.6663	6.2498	5.8823	5.5555	5.2631	5.0000
80	9.0888	8.3324	7.6919	7.1427	6.6666	6.2500	5.8823	5.5555	5.2632	5.0000

《표 A-5》 선불연금 1원의 현재가치

기간이자율(r)

기간수 (n)	1%	2%	3%	4%	5%	6%	7%	8%	9%	10%
1	1.0000	1.0000	1.0000	1.0000	1.0000	1.0000	1.0000	1.0000	1.0000	1.0000
2	1.9901	1.9804	1.9709	1.9615	1.9524	1.9434	1.9346	1.9259	1.9174	1.9091
3	2.9704	2.9416	2.9135	2.8861	2.8594	2.8334	2.8080	2.7833	2.7591	2.7355
4	3.9410	3.8839	3.8286	3.7751	3.7232	3.6730	3.6243	3.5771	3.5313	3.4869
5	4.9020	4.8077	4.7171	4.6299	4.5460	4.4651	4.3872	4.3121	4.2397	4.1699
6	5.8534	5.7135	5.5797	5.4518	5.3295	5.2124	5.1002	4.9927	4.8897	4.7908
7	6.7955	6.6014	6.4172	6.2421	6.0757	5.9173	5.7665	5.6229	5.4859	5.3553
8	7.7282	7.4720	7.2303	7.0021	6.7864	6.5824	6.3893	6.2064	6.0330	5.8684
9	8.6517	8.3255	8.0197	7.7327	7.4632	7.2098	6.9713	6.7466	6.5348	6.3349
10	9.5660	9.1622	8.7861	8.4353	8.1078	7.8017	7.5152	7.2469	6.9952	6.7590
11	10.4713	9.9826	9.5302	9.1109	8.7217	8.3601	8.0236	7.7101	7.4177	7.1446
12	11.3676	10.7868	10.2526	9.7605	9.3064	8.8869	8.4987	8.1390	7.8052	7.4951
13	12.2551	11.5753	10.9540	10.3851	9.8633	9.3838	8.9427	8.5361	8.1607	7.8137
14	13.1337	12.3484	11.6350	10.9856	10.3936	9.8527	9.3577	8.9038	8.4869	8.1034
15	14.0037	13.1062	12.2961	11.5631	10.8986	10.2950	9.7455	9.2442	8.7862	8.3667
16	14.8651	13.8493	12.9379	12.1184	11.3797	10.7122	10.1079	9.5595	9.0607	8.6061
17	15.7179	14.5777	13.5611	12.6523	11.8378	11.1059	10.4466	9.8514	9.3126	8.8237
18	16.5623	15.2919	14.1661	13.1657	12.2741	11.4773	10.7632	10.1216	9.5436	9.0216
19	17.3983	15.9920	14.7535	13.6593	12.6896	11.8276	11.0591	10.3719	9.7556	9.2014
20	18.2260	16.6785	15.3238	14.1339	13.0853	12.1581	11.3356	10.6036	9.9501	9.3649
21	19.0456	17.3514	15.8775	14.5903	13.4622	12.4699	11.5940	10.8181	10.1285	9.5136
22	19.8570	18.0112	16.4150	15.0292	13.8212	12.7641	11.8355	11.0168	10.2922	9.6487
23	20.6604	18.6580	16.9369	15.4511	14.1630	13.0416	12.0612	11.2007	10.4424	9.7715
24	21.4558	19.2922	17.4436	15.8568	14.4886	13.3034	12.2722	11.3711	10.5802	9.8832
25	22.2434	19.9139	17.9355	16.2470	14.7986	13.5504	12.4693	11.5288	10.7066	9.9847
26	23.0232	20.5235	18.4131	16.6221	15.0939	13.7834	12.6536	11.6748	10.8226	10.0770
27	23.7952	21.1210	18.8768	16.9828	15.3752	14.0032	12.8258	11.8100	10.9290	10.1609
28	24.5596	21.7069	19.3270	17.3296	15.6430	14.2105	12.9867	11.9352	11.0266	10.2372
29	25.3164	22.2813	19.7641	17.6631	15.8981	14.4062	13.1371	12.0511	11.1161	10.3066
30	26.0658	22.8444	20.1885	17.9837	16.1411	14.5907	13.2777	12.1584	11.1983	10.3696
35	29.7027	25.4986	22.1318	19.4112	17.1929	15.3681	13.8540	12.5869	11.5178	10.6086
40	33.1630	27.9026	23.8082	20.5845	18.0170	15.9491	14.2649	12.8786	11.7255	10.7570
45	36.4555	30.0800	25.2543	21.5488	18.6628	16.3832	14.5579	13.0771	11.8605	10.8491
50	39.5881	32.0521	26.5017	22.3415	19.1687	16.7076	14.7668	13.2122	11.9482	10.9063
60	45.4046	35.4561	28.5058	23.5284	19.8758	17.1311	15.0219	13.3667	12.0423	10.9639
70	50.6702	38.2486	29.9971	24.3303	20.3098	17.3676	15.1516	13.4382	12.0820	10.9861
80	55.4371	40.5394	31.1068	24.8720	20.5763	17.4997	15.2175	13.4714	12.0988	10.9946

기간이자율(r)

기간수 (n)	11%	12%	13%	14%	15%	16%	17%	18%	19%	20%
1	1.0000	1.0000	1.0000	1.0000	1.0000	1.0000	1.0000	1.0000	1.0000	1.0000
2	1.9009	1.8929	1.8850	1.8772	1.8696	1.8621	1.8547	1.8475	1.8403	1.8333
3	2.7125	2.6901	2.6681	2.6467	2.6257	2.6052	2.5852	2.5656	2.5465	2.5278
4	3.4437	3.4018	3.3612	3.3216	3.2832	3.2459	3.2096	3.1743	3.1399	3.1065
5	4.1024	4.0373	3.9745	3.9137	3.8550	3.7982	3.7432	3.6901	3.6386	3.5887
6	4.6959	4.6048	4.5172	4.4331	4.3522	4.2743	4.1993	4.1272	4.0576	3.9906
7	5.2305	5.1114	4.9975	4.8887	4.7845	4.6847	4.5892	4.4976	4.4098	4.3255
8	5.7122	5.5638	5.4226	5.2883	5.1604	5.0386	4.9224	4.8115	4.7057	4.6046
9	6.1461	5.9676	5.7988	5.6389	5.4873	5.3436	5.2072	5.0776	4.9544	4.8372
10	6.5370	6.3282	6.1317	5.9464	5.7716	5.6065	5.4506	5.3030	5.1633	5.0310
11	6.8892	6.6502	6.4262	6.2161	6.0188	5.8332	5.6586	5.4941	5.3389	5.1925
12	7.2065	6.9377	6.6869	6.4527	6.2337	6.0286	5.8364	5.6560	5.4865	5.3271
13	7.4924	7.1944	6.9176	6.6603	6.4206	6.1971	5.9884	5.7932	5.6105	5.4392
14	7.7499	7.4235	7.1218	6.8424	6.5831	6.3423	6.1183	5.9095	5.7147	5.5327
15	7.9819	7.6282	7.3025	7.0021	6.7245	6.4675	6.2293	6.0081	5.8023	5.6106
16	8.1909	7.8109	7.4624	7.1422	6.8474	6.5755	6.3242	6.0916	5.8759	5.6755
17	8.3792	7.9740	7.6039	7.2651	6.9542	6.6685	6.4053	6.1624	5.9377	5.7296
18	8.5488	8.1196	7.7291	7.3729	7.0472	6.7487	6.4746	6.2223	5.9897	5.7746
19	8.7016	8.2497	7.8399	7.4674	7.1280	6.8178	6.5339	6.2732	6.0333	5.8122
20	8.8393	8.3658	7.9380	7.5504	7.1982	6.8775	6.5845	6.3162	6.0700	5.8435
21	8.9633	8.4694	8.0248	7.6231	7.2593	6.9288	6.6278	6.3527	6.1009	5.8696
22	9.0751	8.5620	8.1016	7.6870	7.3125	6.9731	6.6648	6.3837	6.1268	5.8913
23	9.1757	8.6446	8.1695	7.7429	7.3587	7.0113	6.6964	6.4099	6.1486	5.9094
24	9.2664	8.7184	8.2297	7.7921	7.3988	7.0442	6.7234	6.4321	6.1668	5.9245
25	9.3481	8.7843	8.2829	7.8351	7.4338	7.0726	6.7465	6.4509	6.1822	5.9371
26	9.4217	8.8431	8.3300	7.8729	7.4641	7.0971	6.7662	6.4669	6.1951	5.9476
27	9.4881	8.8957	8.3717	7.9061	7.4906	7.1182	6.7831	6.4804	6.2060	5.9563
28	9.5478	8.9426	8.4086	7.9352	7.5135	7.1364	6.7975	6.4919	6.2151	5.9636
29	9.6016	8.9844	8.4412	7.9607	7.5335	7.1520	6.8099	6.5016	6.2228	5.9697
30	9.6501	9.0218	8.4701	7.9830	7.5509	7.1656	6.8204	6.5098	6.2292	5.9747
35	9.8293	9.1566	8.5717	8.0599	7.6091	7.2098	6.8541	6.5356	6.2489	5.9898
40	9.9357	9.2330	8.6268	8.0997	7.6380	7.2309	6.8695	6.5468	6.2572	5.9959
45	9.9988	9.2764	8.6568	8.1205	7.6524	7.2409	6.8765	6.5517	6.2607	5.9984
50	10.0362	9.3010	8.6730	8.1312	7.6596	7.2457	6.8797	6.5539	6.2621	5.9993
60	10.0717	9.3229	8.6866	8.1397	7.6649	7.2490	6.8818	6.5552	6.2630	5.9999
70	10.0841	9.3300	8.6906	8.1420	7.6662	7.2498	6.8822	6.5555	6.2631	6.0000
80	10.0885	9.3323	8.6918	8.1426	7.6666	7.2499	6.8823	6.5555	6.2632	6.0000

찾아보기

ㅅ

윤 순 석 University of Wisconsin -Madison(Ph.D)
현, Western Illinois University 교수

저서 IFRS Principles of Accounting(신영사, 공저, 2023) | K-IFRS 재무회계(신영사, 공저, 2020)

논문 An accounting perspective on the IFRS sustainability reporting standards for greenhouse gas emissions: Implications for the Asia Pacific(Asia Pacific Business Review, 2024) | Differential impact of fintech and GDP on bank performance: Global evidence(Journal of Risk and Financial Management, 2023) | Are government subsidies or preferential listing policies better for the market performance of tech firms? Evidence from Korea(Asia Pacific Business Review, 2023) | The end of rent sharing corporate governance reforms in South Korea(Asia Pacific Business Review, 2021) | Does technology innovation in finance alleviate financing constraints and reduce debt-financing costs? Evidence from China(Asia Pacific Business Review, 2021) | A critical evaluation of the Jones models and the industry approach for the estimation of discretionary accruals(Asian-Pacific Journal of Accounting and Economics, 2020) 등

송 민 섭 Syracuse University(Ph.D)
현, 서강대학교 경영대학 교수

저서 K-IFRS 회계원리(박영사, 공저, 2021)

논문 원칙중심회계 하에서의 질의회신 운영방안(회계저널, 2019) | The effect of analyst forecasts during earnings announcements on investor responses to reported earnings(The Accounting Review, 2016) | Management earnings forecast and value of analyst forecast revisions (Management Science, 2015) 등

이 종 은 Temple University(Ph.D) | 공인회계사
현, 성균관대학교 경영대학 교수

저서 회계와 사회(신영사, 공저, 2023)

논문 Do PCAOB Inspections Improve Working Capital Accrual Reliability? Evidence from the PCAOB Annual versus Triennial Inspection Exposure(Accounting Horizons, 2020) | Economic Determinants and Consequences of the Proactive Disclosure of Internal Control Weaknesses Remediation Progress in IPO(AUDITING: Journal of Practice & Theory, 2018) | Does the ability of operating cash flows to measure firm performance improve during the financial crisis?(Accounting Horizons, 2017) 등

제14판 K-IFRS 중급재무회계

2009년 2월 20일 제 1 판 1쇄 발행
2025년 2월 10일 제14판 1쇄 인쇄
2025년 2월 20일 제14판 1쇄 발행

저 자 윤순석 · 송민섭 · 이종은
발 행 인 권 영 섭
발 행 처 (주)신 영 사
경기도 파주시 심학산로 12(출판문화단지)
등 록 : 1988. 5. 2 / 제406-1988-000020호
전 화 : 031-946-2894(代)
F A X : 031-946-0799
e - mail : sys28945@naver.com
홈페이지 : http://www.shinyoungsa.co.kr

저자와의 협의하에 인지생략

정가 55,000원

ISBN 978-89-5501-878-3